W0045589

Beck-Wirtschaftsberater

Wirtschafts-Lexikon

Beck-Wirtschaftsberater

Wirtschafts-Lexikon

Über 4000 Stichwörter für Studium und Praxis

von
Werner Rittershofer

3., vollständig überarbeitete Auflage

Deutscher Taschenbuch Verlag

Im Internet:
dtv.de
beck.de

Originalausgabe
Deutscher Taschenbuch Verlag GmbH & Co. KG,
Friedrichstraße 1a, 80801 München
© 2005. Redaktionelle Verantwortung. Verlag C. H. Beck oHG
Druck und Bindung: Druckerei C. H. Beck, Nördlingen
(Adresse der Druckerei: Wilhelmstraße 9, 80801 München)
Satz: Fotosatz Otto Gutfreund GmbH, Darmstadt
Grafik: Hoffmanns Text Office, München
Umschlaggestaltung: Agentur 42 (Fuhr & Partner), Mainz
ISBN 3 423 50844 2 (dtv)
ISBN 3 406 53716 2 (C. H. Beck)

Vorwort zur 3. Auflage

Diese dritte Auflage setzt das erfolgreiche Konzept der vorangegangenen Auflagen fort. Alle Erläuterungen und Grafiken wurden überprüft und ggf. aktualisiert, neu aufgenommen wurden ca. 250 neue Begriffe. Durch eine Straffung des Verweissystems und Zusammenfassungen wurde der Umfang des Buches erhalten.

Erklärt werden mehr als 4000 Fachbegriffe aus dem gesamten Bereich der Wirtschaft. Das Lexikon umfasst ein in sich geschlossenes System von Querverweisen. Dies wird ergänzt durch weiterführende aktuelle Internet-Adressen.

Die wesentlich erweiterten Verweise auf die Rechtsquellen im Wirtschafts-, Arbeits-, Sozial- und Steuerrecht sind auf dem Stand Juli 2005. Das Wirtschaftslexikon wird möglicherweise auch auf CD-ROM erscheinen. Näheres gegebenenfalls unter www.vahlen.de.

Das Lexikon wendet sich an

- Studierende der Sozial- und Wirtschaftswissenschaften und an Verwaltungsakademien,
- Schüler der Mittel- und Oberstufen sowie
- Berufstätige mit politischem und wirtschaftlichem Arbeitsgebiet und Interesse.

Zu Dank verpflichtet ist der Autor den Kollegen und Freunden aus dem wissenschaftlichen Bereich, die durch kritische und konstruktive Hinweise, um die sie gebeten wurden, immer wieder zum Überprüfen und zur Ergänzung des Konzeptes beitrugen. Besonders erwähnen möchte ich meinen Sohn, Dipl.-Kfm. *Christian Rittershofer*, der mich in vielfältiger Weise unterstützte, sowie meinen Lektor, Herrn Dipl.-Volkswirt *Hermann Schenk*, für die gute, konstruktive Zusammenarbeit.

Für Anregungen und aufbauende Kritik sind der Autor und der Verlag wie bisher jederzeit dankbar.

Frankfurt a. M., im Juli 2005   *Werner Rittershofer*

Vorwort zur 1. Auflage

Das vorliegende Lexikon basiert auf dem Konzept einer integrierten Darstellung und Erläuterung von Stichwörtern aus den Gebieten

- Wirtschafts- und Finanzpolitik sowie Steuerrecht
- Arbeits- und Sozialrecht
- Managementbegriffe, Betriebs- und Volkswirtschaft
- Börse und Wertpapiere
- Telekommunikation und Internet
- Europäische Institutionen und Rechtsbegriffe, Änderungen mit Einführung des Euro
- Umweltrecht und Umweltpolitik.

Vorangegangen sind bereits acht Auflagen unter dem Titel *Lexikon Wirtschaft–Arbeit–Umwelt*, die vom Bund-Verlag seit 1975 herausgegeben wurden – zuletzt als 8. Auflage im Herbst 1997.

Die nunmehr 1. Auflage 2000 im dtv führt die bisher sehr erfolgreiche Konzeption des Lexikons weiter fort. Dabei wurde der aktualisierte Inhalt des Buches, das nunmehr als Taschenbuch erscheint, wesentlich erweitert. Das Lexikon ist geschrieben für

- Studierende der Sozial- und Wirtschaftswissenschaften
- Schüler der Mittel- und Oberstufen
- Berufstätige mit politischem und wirtschaftlichem Arbeitsgebiet und Interesse.

Zu Dank verpflichtet ist der Autor den Kollegen und Freunden aus dem wissenschaftlichen Bereich, die durch kritische und konstruktive Hinweise, um die sie gebeten wurden, immer wieder zum Überprüfen und zur Ergänzung des Konzeptes beitrugen. Besonders erwähnen möchte ich meinen Sohn, Dipl.-Kfm. *Christian Rittershofer*, der mich in vielfältiger Weise unterstützte, sowie meinen Lektor, Herrn Dipl.-Volkswirt *Hermann Schenk*, für die gute konstruktive Zusammenarbeit.

Für Anregungen und aufbauende Kritik sind der Autor und der Verlag jederzeit dankbar.

Frankfurt, im Juli 2000 *Werner Rittershofer*

Stichwortübersicht

Abandon

Abfall

Abfallbeseitigung

Abfindung

Abgaben

Abgabenordnung (AO)

Abgabenquote

Abgeld → *Disagio*

Abgeltungsteuer → *Zinsabschlagsteuer/Zinssteuer*

Abgrenzungskonten → *Rechnungsabgrenzungsposten (RAP)*

Abhängig Beschäftigte → *Arbeitnehmer*

Abhängiges Unternehmen

Abhängigkeitsbericht

Ablauforganisation → *Aufbauorganisation*

ABM → *Arbeitslosenversicherung*

Abmahnung

Abonnement-Fernsehen → *Pay-TV*

Abrufarbeit

ABS → *Asset-Backed Securities (ABS)*

Absatz

Abschluss → *Jahresabschluss*

Abschlussprüfer → *Wirtschaftsprüfung*

Abschlussvermittlung → *Finanzdienstleistungen/Finanzdienstleistungsgeschäfte*

Abschöpfungen

Abschreibungen

Abschreibungsgesellschaften → *Verlustzuweisungsgesellschaften*

Abschwung → *Konjunktur*

Absetzung für Abnutzung (AfA)

Absetzung für außergewöhnliche technische oder wirtschaftliche Abnutzung (AfaA)

Absetzung für Substanzverringerung (AfS)

Abspaltung → *Umwandlung*

Absperrklauseln → *Tarifausschlussklauseln*

Abtretung von Forderungen → *Zession*

Abwasser

Abwertung

Abwickler

Abwicklung → *Liquidation*

Abwicklungsbilanz → *Liquidation, → Sonderbilanzen*

Abzahlungsgeschäfte

Abzugskapital → *Kalkulatorische Zinsen*

Access Point

Account

Ad Equity → *Konzernabschluss*

Ad-hoc-Mitteilung

Administrierte Preise

ADR → *American Depositary Receipt (ADR)*

Adresse

ADSL

AfA → *Absetzung für Abnutzung (AfA)*

AfaA → *Absetzung für außergewöhnliche technische oder wirtschaftliche Abnutzung (AFaA)*

AfA-Tabellen

AFG → *Arbeitsförderungsgesetz/ Arbeitsförderung*

AfS → *Absetzung für Substanzverringerung (AfS)*

After Sales Marketing → *Customer Relationship Management (CRM)*

AG → *Aktiengesellschaft (AG)*

AGB-Gesetz → *Allgemeine Geschäftsbedingungen (AGB)*

Bevölkerungspyramide → *Altersaufbau*

Bewegungsbilanz

Bewertungsbedingter Aufwand → *Aufwand*

Bewertungsgesetz (BewG)

bez. → *Börsenkurs*

Bezogener → *Trassat*

Bezugsrecht

BfA → *Bundesversicherungsanstalt für Angestellte (BfA)*

bG → *Börsenkurs*

BGB → *Bürgerliches Gesetzbuch (BGB)*

BGB-Gesellschaft → *Gesellschaft des bürgerlichen Rechts (GbR)*

Biersteuer

Bilanz

Bilanzanalyse

Bilanzgewinn/Bilanzverlust

Bilanzielle Abschreibungen → *Abschreibungen*

Bilanzierungsgrundsätze → *Grundsätze ordnungsmäßiger Buchführung (GoB)*

Bilanzierungshilfen → *Aktivierungspflicht*

Bilanzierungsverbote

Bilanzierungswahlrechte

Bilanzklarheit → *Grundsätze ordnungsmäßiger Buchführung (GoB)*

Bilanzkontinuität → *Grundsätze ordnungsmäßiger Buchführung (GoB)*

Bilanzkontrollgesetz → *Bilanzrechtsreformgesetz*

Bilanzkosmetik → *Window Dressing*

Bilanzpolitik

Bilanzrechtsreformgesetz

Bilanzrichtlinie der EU (4. Richtlinie der EU) → *Bilanzrichtlinien-Gesetz*

Bilanzrichtlinien-Gesetz

Bilanzsumme

Bilanzverlust → *Bilanzgewinn*

Bilanzwahrheit → *Grundsätze ordnungsmäßiger Buchführung (GoB)*

Bilateralismus→*Multilateralismus*

Bildschirm

Bildschirmarbeitsverordnung → *Unfallschutz*

Bildungsgutschein → *Hartz-Gesetze*

Bildungsurlaub

Billigst

Binnenmarkt '92 → *Europäischer Binnenmarkt*

Biometrische Systeme

Biotechnologie

BIP → *Bruttoinlandsprodukt*

Bit

BIZ

Blankogeschäft

Blankoscheck/Blankowechsel

Blue Chips

Bluetooth

BNE → *Bruttonationaleinkommen (BNE)*

Board of Directors

Board-System

BOBL → *Bundesobligationen*

BOBL-Futures

Bodenrechtsreform

Bodenreform

Bodenrente

Bodenschutz

Bogen → *Wertpapiere*

Bonds

Bond Warrant → *Optionsanleihen*

Bonität

Bonus

Bookbuilding-Verfahren

Bookmark

Boom

Börse

Börsenaufsicht

Börsenbericht

Börsenblatt

Börsengang → *Börsenprospekt*

Europäischer Wirtschaftsraum
→ *EFTA*

Europäische Sozialagenda

Europäische Sozialcharta → *Europarat*

Europäisches Parlament → *EG (Europäische Gemeinschaft)*

Europäisches Patentamt → *Deutsches Patent- und Markenamt (DPMA)*

Europäisches System der Zentralbanken (ESZB)

Europäisches Währungsinstitut (EWI) → *Europäische Wirtschafts- und Währungsunion (EWWU)*

Europäisches Währungssystem → *EWS I/EWS II (Europäisches Währungssystem)*

Europäische Union (EU)

Europäische Verfassung → *Europäische Union (EU)*

Europäische Wirtschafts- und Währungsunion (EWWU)

Europäische Zentralbank (EZB) → *Europäisches System der Zentralbanken (ESZB)*

Europa-Kammer des Bundesrats → *Europäische Union (EU)*

Europarat

Euroscheck → *Eurocheque*

EUROSTAT

Euro-Vignette → *Vignetten-Verfahren*

EU-Verordnung → *Europäische Gesetzgebung*

Eventualhaushalt → *Haushaltsplan*

Eventualverbindlichkeiten → *Verbindlichkeiten*

EWG (Europäische Wirtschaftsgemeinschaft) → *Europäische Union (EU)*

EWI → *Europäisches Währungsinstitut (EWI)*

EWR (Europäischer Wirtschaftsraum) → *EFTA*

EWS I/EWS II (Europäisches Währungssystem)

EWWU → *Europäische Wirtschafts- und Währungsunion (EWWU)*

Ex-ante-Analyse

ExDiv → *Börsenkurs*

Exercise price → *Basispreis*

Existenzminimum

Exoten

Expansion → *Konjunktur*

Exploration

Export → *Ausfuhr*

Exporteur

Exportkartell → *Kartellgesetz*

Exportquote

Exportüberschuss → *Ausfuhrüberschuss*

Ex-post-Analyse

Externe Speicher

Extranet → *Intranet*

Extrapolation

EZB → *Europäisches System der Zentralbanken (ESZB)*

Facility → *Fazilität*

Factoring

Fair Presentation

Fair Value

Faktoreinkommen

Faktorkosten

Fakturierung

Fakultativ

Familienförderungsgesetz → *Steuerreform*

Familiengesellschaft

Familienkasse

Familienlastenausgleich

Familienzuschlag → *Besoldung*

FAO (Food and Agricultural Organization)

FASB (Financial Accounting Standards Board) → *US-GAAP*

Fax-Karte → *Steckkarte*

Meistbegünstigung

Meister-BAföG → *Bundesausbildungsförderungsgesetz (BAföG)*

Memorandumgruppe → *Keynesianismus*

Mengentender → *Tenderverfahren*

Menü

Merchandising

MERCOSUR

Merger

Mergers & Acquisitions

Merkantilismus

Mezzanine-Finanzierung

Mid Caps

MIDI

Miete

Mieterschutz

Mietkauf

Mietkaution

Mietspiegel

Mietvertrag → *Miete*

Mietwucher

MIGA (Multilateral Investment Guarantee Agency) → *Weltbankgruppe*

Migration

Mikroökonomie

Mikroprozessor

Mikrozensus

Millionenkredit → *Großkredit*

Minderheitenrechte

Mindestlohn

Mindestrente → *Grundrente*

Mindestreserven

Mindestreservepolitik → *Mindestreserven*

Mindestreservesatz

Mineralölsteuer

Minijobs

Ministerrat der EU → *EG (Europäische Gemeinschaft)*

MIS (Managementinformationssystem) → *Führungsinformationssystem (FIS)*

Mischkalkulation

Mischkonzern

Missbrauchsbekämpfungs- und Steuerbereinigungsgesetz → *Spar-, Konsolidierungs- und Wachstumsprogramm (SKWPG)*

Mitarbeiterbeteiligung → *Erfolgsbeteiligung*

Mitbestimmung

Mitbestimmungsbeibehaltung

Mitbestimmungsergänzungsgesetz

Mitbestimmungsgesetz (MitbestG)

Mitgliedschaftspapier → *Wertpapiere*

Mittelfristige Finanzplanung (Mifrifi)

Mittelstand

Mitwirkung

Mixed Economy

MMS → *SMS*

Mobbing

Mobilfunk

Mobilien

Mobiltelefon → *Handy*

Modem

Modul → *Modularisierung*

Modularisierung

Modulschnittstelle

Monatsgeld → *Geldmarkt*

Monetarismus

Monitor

Monitoring

Monopol

Monopolkommission → *Kartellgesetz*

Montanindustrie

Montan-Mitbestimmungsgesetz

Montanunion

Moratorium

MPC

MSCI Index

MS-DOS

Multilateralismus

Multimedia

Multinationale Konzerne

Multiplikator

Rückstellungen
Ruhegehalt → *Versorgungsbezüge*
Rumpfgeschäftsjahr, Rumpfwirt-
    schaftsjahr → *Geschäftsjahr*
Rürup-Kommission
Rüstkosten
RWI (Institut für Wirtschaftsfor-
    schung) → *Wirtschaftswissen-
    schaftliche Forschungsinstitute*

SA (Societas Europeae) → *Euro-
    päische Aktiengesellschaft
    (EAG)*
Sabbatical → *Arbeitszeitver-
    kürzung*
Sachanlagevermögen → *Bilanz*
Sachbezüge
Sachbezugsverordnung
Sacheinlagen → *Sachgründung*
Sachgründung
Sachenrecht
Sachgüter → *Güter*
Sachverständigenrat zur Begutach-
    tung der gesamtwirtschaftlichen
    Entwicklung (SVR)
Saisonale Arbeitslosigkeit → *Ar-
    beitslosigkeit*
Säkularer Trend → *Konjunktur*
Saldo
Sanierung
Sanierungsbilanz
Sanktionsausschuss
Satzung
Saving Banks
Scanner
Schachtelgesellschaft → *Schachtel-
    privileg*
Schachtelprivileg
Schattenhaushalt
Schattenwirtschaft → *Schwarzar-
    beit*
Schatzanweisungen
Schätze → *Schatzanweisungen*
Schatzwechsel
Scheck
Scheckkarte

Scheinselbständige
Schengener Abkommen → *Euro-
    päischer Binnenmarkt*
Schenkung
Schenkungsteuer → *Erbschaft-
    steuer*
Schenkungsvertrag → *Schenkung*
Schichtarbeit
Schlanker Staat → *Lean Produc-
    tion*
Schlankes Management (Schlanke
    Unternehmensführung) → *Lean
    Management*
Schlechtwettergeld → *Arbeitslo-
    senversicherung*
Schlichtung
Schlüsselindustrie
Schnittstelle
Schrottwert → *Restwert*
SCHUFA
Schuldbuchforderungen
Schulden → *Verbindlichkeiten,*
    → *Verschuldungsgrenze*
Schuldendeckel → *Plafond*
Schuldenstandsquote
    → *Öffentliche Verschuldung*
Schuldner
Schuldnerverzug → *Verzug*
Schuldrecht
Schuldrechtmodernisierungsgesetz
Schuldschein
Schuldscheindarlehen
Schuldverschreibungen
Schuldwechsel → *Besitzwechsel*
Schuldzinsen
Schütt-aus-hol-zurück-Verfahren
Schutzzoll
Schwarzarbeit/Schattenwirtschaft
Schwarzer Freitag → *Weltwirt-
    schaftskrise*
Schwarzer Markt
Schwebende Geschäfte
Schweigepflicht
Schwellenländer → *Entwicklungs-
    länder*
Schwerbehinderte

Schwerbehindertengesetz
→ *Schwerbehinderte*
Schwerindustrie
→ *Schlüsselindustrie*
SCM → *Supply Chain Management (SCM)*
Screen → *Bildschirm*
SDAX → *Deutscher Aktienindex (DAX)*
SEC
Second-Level-Support → *Backoffice*
Securities and Exchange Commission → *SEC*
Segmentberichterstattung
Sektorale Strukturpolitik → *Strukturpolitik*
Sekundäre Kosten
Sekundärer Sektor → *Dienstleistungen*
Sekundärstatistik
Selbständige
Selbständige Arbeit
Selbstfinanzierung → *Finanzierung*
Selbstkosten
Selbstkostenpreis
Selbstkostenrechnung
Selbstverwaltung
Serienfertigung
Server
Service Provider → *Provider*
Services on Demand
Settlement
Settlement Price → *Settlement*
SGB → *Sozialgesetzbuch (SGB)*
Shareholder Value
Shell
Short Call → *Call Option*
Short Position
Short Sale
Sicherheitsbeauftragter → *Arbeitsschutz*
Sicherungshypothek → *Hypothek*
Sicherungsübereignung
Sichteinlagen

Sichtwechsel → *Wechsel*
Signaturgesetz → *Bundesdatenschutzgesetz (BDSG)*
simsen → *SMS*
Site
Skonto
Skontro
Skontroführer
Small Caps
Smart Card
SMS
Soft Skills
Software
Solarenergie
Solawechsel → *Wechsel*
Solidaritätszuschlag
Solidarpakt
Soll → *Debet*
Sollkosten
Solvenz
Sonderabschreibungen
Sonderausgaben
Sonderbilanzen
Sondereinzelkosten
Sonderprüfung → *Prüfungsbericht*
Sondervermögen
Sonderziehungsrechte → *Internationaler Währungsfonds (IWF)*
Sonn- und Feiertagsarbeit
Sorten
Sortenfertigung
Sortengeschäft
Sound-Karte
Sozialabbau
Sozialabgaben → *Sozialversicherung*
Sozialabgabenquote → *Abgabenquote*
Sozialagenda → *Europäische Sozialagenda*
Sozialbeirat
Sozialbericht
Sozialbilanz → *Gesellschaftsbezogene Berichterstattung*
Sozialbudget
Sozialcharta der EU

Wertaufholungsgebot → *Teilwert*
Wertberichtigung
Wertpapieranalyse → *Aktienana-
lyse*
Wertpapierbörse → *Börse*
Wertpapierdienstleistungen
Wertpapierdienstleistungsunter-
nehmen
Wertpapiere
Wertpapierfonds → *Kapitalanlage-
gesellschaften*
Wertpapierhandelsgesetz
(WpHG)
Wertpapiernebendienstleistungen
→ *Wertpapierdienstleistungen*
Wertpapierpensionsgeschäfte,
Wertpapierpensionssatz → *Pen-
sionsgeschäfte*
Wertschöpfung → *Sozialprodukt
(Nationaleinkommen)*
Wertschöpfungskette
Wertsicherungsklausel → *Nomi-
nalwertprinzip*
Wertstellung → *Valutierung*
Wettbewerbsbeschränkungen, Ge-
setz gegen (GWB) → *Kartellge-
setz*
Wettbewerbsklausel
Wettbewerbspolitik
Wettbewerbsrecht
Wettbewerbsverbot (Konkurrenz-
verbot) → *Wettbewerbsklausel*
WHO (World Health Organisa-
tion) → *Weltgesundheitsorgani-
sation (WHO)*
Wiederbeschaffungskosten
Willenserklärung → *Rechtsge-
schäft*
Windfall Profits
Windhund-Verfahren
Window Dressing
Windows
Winterausfallgeld, Wintergeld
→ *Arbeitslosenversicherung*
Wirtschaftliches Wachstum
→ *Wirtschaftswachstum*

Wirtschaftlichkeit
Wirtschaftlichkeitsprinzip
Wirtschaftsausschuss → *Betriebs-
verfassungsgesetz (BetrVG)*
Wirtschaftsgipfel → *G7/G8-Konfe-
renz*
Wirtschaftsgüter → *Güter*
Wirtschaftsinformatik
Wirtschaftskreislauf
Wirtschaftskriminalität
Wirtschaftsordnung
Wirtschaftsplan
Wirtschaftspolitik
Wirtschaftsprüfer
Wirtschaftsprüferkammer
Wirtschaftsprüfung
Wirtschaftssystem
Wirtschaftstheorie → *Volkswirt-
schaftslehre (VWL)*
Wirtschafts- und Sozialausschuss
der EU → *EG (Europäische
Gemeinschaft)*
Wirtschafts- und Sozialwissen-
schaftliches Institut in der
Hans-Böckler-Gesellschaft
(WSI) → *Wirtschaftswissen-
schaftliche Forschungsinsti-
tute*
Wirtschaftsverfassung
Wirtschaftswachstum
Wirtschaftswissenschaften
Wirtschaftswissenschaftliche For-
schungsinstitute
Witwen-/Witwerrente → *Altersver-
mögensgesetz*
Wohneigentum
Wohngeld
Wohnungsbauprämiengesetz
Word für Windows → *Windows*
Working Capital
Workshop
Workstation
World Wide Web (www)
WSA (Wirtschafts- und Sozialaus-
schuss der EG) → *EG (Europä-
ische Gemeinschaft)*

Abkürzungsverzeichnis

A

▶ **Abandon**

Verzicht auf ein Recht mit dem Ziel, von einer Zahlungsverpflichtung befreit zu werden.

▶ **Abfall**

Im allg. Sprachgebrauch übliche Bezeichnung für die im Haushalt, in Büros, im Produktionsprozess oder im täglichen Leben anfallenden Reststoffe. Mit dem **Kreislaufwirtschaftsgesetz** (→ *Abfallbeseitigung*) wurde der Abfallbegriff im Einklang mit der **Abfallrichtlinie der EU** (→ *Europäische Gesetzgebung*) vom 18. 3. 1991 definiert. Danach sind Abfall alle Sachen, die in der Produktion, Herstellung oder Bearbeitung anfallen.

Unterschieden wird in **Abfälle zur Vermeidung** (Verminderung ihrer Menge und Schädlichkeit), **Abfälle zur Verwertung** (**stoffliche** Verwertung oder zur **energetischen** Verwertung, d. h. zur Energiegewinnung) und **Abfall zur Beseitigung**, falls eine Verwertung nicht möglich ist.

▶ **Abfallbeseitigung**

Abfallbeseitigung hat zwei Aspekte: → *Abfall* soll – soweit er nicht vermeidbar ist – möglichst wieder in den Stoffkreislauf zurückgeführt werden, um → *Rohstoffe* zu sparen. Zum anderen muss Abfall, der nicht zurückführbar ist, ohne Schäden beseitigt werden.

Bis Mitte der 70er Jahre gab es kein Gesamtkonzept zur Abfallwirtschaft. Bis dahin wurden Abfälle als → *Abwasser* abgeleitet oder irgendwo im Gelände abgelagert. Hierzu gehörten auch gefährliche Industrieabfälle, die nicht von der kommunalen Abfallbeseitigung erfasst wurden. Aus dieser Zeit stammen so genannte **Altlasten**, deren giftige Bestandteile ein besonders gravierendes Problem, vor allem auch in den neuen Bundesländern, darstellen.

(1) Mit dem 1972 erlassenen Abfallbeseitigungsgesetz, das 1986 durch das **Abfallgesetz** ersetzt wurde, kam eine gesetzliche Regelung, die erstmals vorschrieb, Abfälle so zu beseitigen, „dass das Wohl der Allgemeinheit nicht gefährdet wird". Die Ziele einer neuen **Abfallwirtschaftspolitik** wurden rechtlich verbindlich festgeschrieben. Die Vermeidung und Verwertung von Abfällen erhielt einen besonderen Stellenwert vor der herkömmlichen Beseitigung: Die Zahl der Müllplätze sank daraufhin von ca. 50 000 im Jahr 1971 auf rund 4400 im Jahr 1975. 1990 existierten in Westdeutschland etwa 450 zentrale Großdeponien für Siedlungsabfälle, die große Zahl der Hausmülldeponien ist seitdem rückläufig.

(2) Das Abfallgesetz von 1986 wurde durch ein neues „Gesetz zur Förderung einer abfallarmen Kreislaufwirtschaft und Sicherung der umweltverträglichen Entsorgung von Abfällen" **(Kreislaufwirtschafts- und Abfallgesetz)** vom 27. 9. 1994 ersetzt, das allerdings erst am 7. 10. 1996 – nach Erlass der zur Durchführung notwendigen → *Rechtsverordnungen* und Richtlinien – in Kraft getreten ist. Danach hat die **stoffliche Wiederverwertung** Vorrang vor der Müllverbrennung, ist die Verantwortung des Produzenten und Konsumenten für den gesamten **Lebenszyklus von Produkten** gesetzlich vorgeschrieben.

Wesentlich ist nun für die industrielle Produktion die **Pflicht zur Abfallvermeidung**. Produkte sind so zu gestalten, dass sowohl bei der Herstellung als auch bei ihrem Gebrauch möglichst wenig Abfälle entstehen und anschließend eine umweltverträgliche Entsorgung gewährleistet ist.

Für Massenprodukte oder Produkte mit umweltgefährlichen Inhaltsstoffen, bei denen eine Mehrfachverwendung bzw. umweltverträgliche Verwertbarkeit sinnvoll gewährleistet werden kann, wird die **Produktverantwortung** durch Rechtsverordnungen, z. B. Rücknahmeverpflichtungen nach dem → *Altfahrzeug-Gesetz* oder die Verpackungs-Verordnung (u. a. Dosen- und Flaschenpfand), festgelegt.

Sind Abfälle nicht zu vermeiden, müssen sie ordnungsgemäß und schadlos verwertet werden. Die stoffliche Verwertung hat da-

2

bei Vorrang gegenüber einer Verwertung zur Energiegewinnung (**energetische Verwertung**). Die Verwertungsart kann auch durch Rechtsverordnung geregelt werden.

Die Vorschriften finden keine Anwendung auf die gewöhnliche **thermische** Abfallbeseitigung (Müllverbrennung) von Hausmüll. Besitzer oder Erzeuger von Abfällen sind zur Abfallvermeidung, Verwertung und Beseitigung in erster Linie selbst verpflichtet. Die im Abfallgesetz noch vorgesehene Verpflichtung der öffentlichen Hand (→ *Öffentliche Hand*) zur Durchführung der Abfallentsorgung wurde gelockert: Die Errichtung und der Betrieb von Verwertungs- und Beseitigungsanlagen ist nun prinzipiell Aufgabe der Wirtschaft, die hierbei die Vorschriften im → *Bundesimmissionsschutzgesetz* (BImSchG) zu beachten hat.

Außerdem müssen die Entsorgungsbetriebe ihre Leistungsfähigkeit durch ein **Abfallwirtschaftskonzept** nachweisen und durch eine **Abfallbilanz** dokumentieren (**Abfallwirtschaftskonzept- und -bilanzverordnung** vom 13. 9. 1996).

Neu eingeführt wurde ein **Gütesiegel für Entsorgungsfachbetriebe**, die bestimme Kriterien erfüllen müssen.

(3) Seit 1997 ist mit der **Umweltintegrationsklausel** im Vertrag von Amsterdam (→ *Europäische Union (EU)*) der → *Umweltschutz* und damit auch die Abfallbeseitigung (Abfallwirtschaft) als wichtiges Ziel und Aufgabe der EU festgeschrieben. Die hierzu erlassenen Verordnungen und Richtlinien der EU (→ *Europäische Gesetzgebung*) sind in nationales Recht umzusetzen.

http://bundesrecht.juris.de/bundesrecht/krw-_abfg/

▶ **Abfindung**

Einmalig oder zeitlich gestaffelt gezahlte Entschädigungsleistung zur Abgeltung von gesetzlichen oder vertraglichen Rechtsansprüchen.

Im → *Arbeitsrecht* unterscheidet man Abfindungen
● im Rahmen eines **Prozesses** zum → *Kündigungsschutz* durch **Auflösungsurteil** (§ 9 KSchG),
● bei **Verzicht auf eine Kündigungsschutzklage** (§ 1a KSchG) → *Betriebsbedingte Kündigung*,

● wenn → *Arbeitgeber* und → *Arbeitnehmer* das Arbeitsverhältnis durch **Aufhebungsvertrag** oder **Vergleich** beenden,
● wenn bei einer Betriebsänderung eine Entlassung erfolgt **ohne Anwendung eines** → *Interessenausgleichs* sowie
● durch → *Sozialplan* nach dem → *Betriebsverfassungsgesetz (BetrVG)* (§ 113 BetrVG).

Die Höhe der Abfindung ist Verhandlungssache und richtet sich nach der Dauer der Betriebszugehörigkeit sowie nach dem Lebensalter (§ 10 KSchG).

Im → *Gesellschaftsrecht* sind u. a. zu unterscheiden Abfindungen an Anteilseigner bei → *Verschmelzungen* und → *Umwandlungen* nach § 29 UmwG bis § 34 UmwG, beim Ausscheiden von Gesellschaftern aus → *Personengesellschaften* sowie zur Sicherung von außenstehenden Aktionären, wenn ein→ *Beherrschungsvertrag* oder ein → *Gewinnabführungsvertrag* nach dem → *Aktiengesetz(AktG)* (§ 305 AktG) vorliegt.

▶ **Abgaben**

Einnahmen der → *Gebietskörperschaften* oder der → *Parafisci*, die aus der → *Finanzhoheit* abgeleitet werden. Hierzu zählen → *Steuern*, → *Zölle*, → *Gebühren* und → *Beiträge* sowie die → *Abschöpfungen* in der EU (→ *Europäische Union (EU)*, → *Abgabenordnung (AO)*.

▶ **Abgabenordnung (AO)**

Während die einzelnen Steuergesetze regeln, wann welche → *Steuern* zu zahlen sind, bestimmt die Abgabenordnung 1977 vom 16. 3. 1976, wie dies zu geschehen hat. Sie enthält die steuerrechtlichen Rahmenvorschriften für das → *Steuerrecht* und gilt für alle → *Abgaben* und Steuerrückzahlungen, die durch Bundesrecht oder das Recht in der EU (→ *Europäische Union (EU)*) geregelt und von Bundes- oder Landesbehörden verwaltet werden. Streitigkeiten werden von der → *Finanzgerichtsbarkeit* entschieden. → *Steuerreform*.

Hauptinhalt der neunteiligen Abgabenordnung sind:

- die **einleitenden Vorschriften** (§ 1 AO bis § 32 AO)
mit den Erläuterungen steuerlicher Begriffe, den Zuständigkeiten der Finanzbehörden, die Bestimmungen über das → *Steuergeheimnis* und Haftungsbegrenzungen für Amtsträger;
- das **Steuerschuldrecht** (§ 33 AO bis § 77 AO) mit Vorschriften über die Steuerpflichtigen, die Ansprüche aus dem Steuerschuldverhältnis, über steuerbegünstigte Zwecke und die Haftung;
- die **allgemeinen Verfahrensvorschriften** (§ 78 AO bis § 133 AO) für die Finanzverwaltung;
- die **Durchführung der Besteuerung** (§ 134 AO bis § 217 AO) mit Vorschriften über die Erfassung der Steuerpflichtigen, die Mitwirkungspflichten, das Festsetzungs- und Feststellungsverfahren, die → *Außenprüfung* und → *Steuerfahndung;*
- das **Erhebungsverfahren** (§ 218 AO bis § 248 AO) mit Vorschriften zur Fälligkeit und → *Verjährung von Ansprüchen aus dem Steuerschuldverhältnis* sowie über Säumniszuschläge, Verzinsung und Sicherheitsleistungen;
- zur **Vollstreckung** (§ 249 AO bis § 346 AO) von Steuer- und Zollschulden;
- über **außergerichtliche Rechtsbehelfsverfahren** (§ 347 AO bis § 368 AO);
- die **Straf- und Bußgeldvorschriften** (§ 369 AO bis § 412 AO) und
- die **Schlussvorschriften** (§ 413 AO bis § 415 AO), u.a. die Einschränkung von Grundrechten bei Steuerfahndungen.

http://bundesrecht.juris.de

▶ **Abgabenquote**

Verhältnis der Steuereinnahmen von Bund, Ländern und → *Gemeinden* (→ *Steuerlastquote*) sowie der Beiträge zur → *Sozialversicherung* (→ *Sozialleistungsquote*) zum → *Bruttoinlandsprodukt.*

Die Abgabenquote stieg nach den Abgrenzungskriterien der VGR (→ *Volkswirtschaftliche Gesamtrechnung (VGR)*) in der Zeit von 1990 bis 2000 von 38,2 % auf 43,2 %. Der starke Anstieg war die Folge steigender Sozialversicherungsbeiträge (→ *Lohnnebenkosten,* → *Standortdiskussion*) und wachsender Besteuerung (→ *Steuerquote*) sowie des ab 1995 geltenden → *Solidaritätszuschlags*. Ab 2000 verringerte sich die Abgabenquote durch den sinkenden → *Beitragssatz* zur → *Rentenversicherung* (→ *Ökosteuer*) und der Wirkungen der → *Steuerreform* von 43,2 % bis auf rd. 41,2 % (2003). Quelle: Finanzplanungsrat Nov. 2004.

Die Bundesregierung will mittelfristig als politisches Ziel eine Quote von unter 40 % erreichen.

Berechnungen der → *OECD*, die etwas andere Abgrenzungen von Steuern und Sozialabgaben unterstellen, kommen bei einer internationalen Vergleichsstudie für Deutschland zu einer Abgabenquote von 36,2 % (2003). Zum Vergleich: Schweden 50,8 %, Frankreich 44,2 %, Italien 43,4 %, Großbritannien 35,3 % und USA 25,4 %.

▶ **Abgeld** → *Disagio*

▶ **Abgeltungsteuer** → *Zinsabschlagsteuer/Zinssteuer*

▶ **Abgrenzungskonten** → *Rechnungsabgrenzungsposten (RAP)*

▶ **Abhängig Beschäftigte** → *Arbeitnehmer*

▶ **Abhängiges Unternehmen**

Dies ist nach dem → *Aktiengesetz (AktG)* (§ 17 AktG) ein rechtlich selbständiges Unternehmen, auf das ein anderes (herrschendes) Unternehmen in einem → *Konzern* unmittelbar oder mittelbar einen beherrschenden Einfluss ausüben kann. Dabei wird von einem im Mehrheitsbesitz befindlichen Unternehmen vermutet, dass es von dem an ihm mit Mehrheit beteiligten Unternehmen abhängig ist. → *Abhängigkeitsbericht*.

▶ **Abhängigkeitsbericht**

Muss vom → *Vorstand* eines abhängigen Unternehmens (→ *Abhängiges Unternehmen*), für das kein → *Beherrschungsvertrag* besteht, in den ersten drei Monaten eines → *Geschäftsjahrs* abgegeben werden. Hierin hat er über die Beziehungen der Gesellschaft zu → *verbundenen Unternehmen* zu berichten und u. a. zu erklären, ob die abhängige Gesellschaft bei jedem Rechtsgeschäft eine angemessene Gegenleistung erhielt und nicht benachteiligt wurde. Rechtsgrundlage ist das → *Aktiengesetz (AktG)* (§ 312 AktG).

▶ **Ablauforganisation** → *Aufbauorganisation*

▶ **ABM** → *Arbeitslosenversicherung*

▶ **Abmahnung**

Bezeichnung für eine i. d. R. schriftliche Verwarnung wegen einer Pflichtverletzung unter gleichzeitiger Androhung von Sanktionen im Wiederholungsfall.

Im → *Arbeitsrecht* eröffnet eine vom → *Arbeitgeber* ausgesprochene Abmahnung wegen der Verletzung arbeitsvertraglicher Pflichten die Möglichkeit einer Kündigung. → *Kündigungsschutz*.

Auch bei sonstigen **Vertragsverletzungen** (z. B. beim → *Mietvertrag*), bei Verstößen im **Wettbewerbsrecht** (→ *Unlauterer Wettbewerb*) oder gegen **gewerbliche Schutzrechte** (z. B. bei einer → *Lizenz* oder im → *Gebrauchsmusterschutz*) ist die Abmahnung eine Voraussetzung für Kündigungen oder Schadensersatzforderungen.

▶ **Abonnement-Fernsehen** → *Pay-TV*

▶ **Abrufarbeit**

(Arbeitseinsatz auf Abruf) Vereinbarung zwischen → *Arbeitgeber* und → *Arbeitnehmer*, wonach die Arbeitsleistung entsprechend dem Arbeitsanfall und den betrieblichen Erfordernissen zu erbringen ist.

Hierbei hat der Arbeitgeber nach dem **Teilzeit- und Befristungsgesetz** (→ *Teilzeitarbeit*) bestimmte gesetzliche Vorschriften oder Regelungen im → *Tarifvertrag* zu beachten. → *Arbeitszeitflexibilisierung*.

Solche **Kapovaz-Systeme** (Abkürzung für kapazitätsorientierte variable → *Arbeitszeit*) sind u. a. im Einzelhandel weit verbreitet.

▶ **ABS** → *Asset-Backed Securities (ABS)*

▶ **Absatz**

Bezeichnung für die am Markt abgesetzten → *Güter* und → *Dienstleistungen* eines Unternehmens. Absatzzahlen werden gemessen als Mengengrößen (z. B. Stück, Tonnen, Liter, Arbeitsstunden usw.). Anders: → *Umsatz*.

▶ **Abschluss** → *Jahresabschluss*

▶ **Abschlussprüfer** → *Wirtschaftsprüfung*

▶ **Abschlussvermittlung** → *Finanzdienstleistungen/Finanzdienstleistungsgeschäfte*

▶ **Abschöpfungen**

Abgabe auf die Einfuhr landwirtschaftlicher Erzeugnisse aus → *Drittländern/Drittstaaten* in die Länder der EU (→ *Europäische Union (EU)*). Hierbei wird die Differenz zwischen dem niedrigeren Verkaufspreis des Drittlandes und den im Rahmen der EU-Vorschriften jährlich neu ausgehandelten Inlandspreisen an der Grenze abgeschöpft. Die Einnahmen aus Abschöpfungen werden an den → *Haushalt der EU* abgeführt. → *Agrarpolitik*.

▶ **Abschreibungen**

Bezeichnung für Wertminderungen der betrieblichen Vermögensgegenstände, die durch Abnutzung, technischen Fortschritt, fallende Preise oder sonstige Wertminderungen bedingt sind.

Dabei erfolgt eine Verteilung der → *Anschaffungskosten* oder → *Herstellungskosten* von Gegenständen im → *Anlagevermögen* eines Unternehmens auf jedes → *Geschäftsjahr*. Auch Positionen im → *Umlaufvermögen* können abgeschrieben werden, z. B. wenn eine Abwertung des bisherigen Wertansatzes in der → *Bilanz* eingetreten ist.

Die Rechtsgrundlagen für die **bilanziellen Abschreibungen** ergeben sich aus dem → *Handelsgesetzbuch (HGB)* und dem → *Einkommensteuergesetz (EStG)*. Anders: → *Kalkulatorische Abschreibung*en.

1. Gründe für Abschreibungen

Die **Gründe** von bilanziellen Abschreibungen liegen in der Notwendigkeit, im → *Jahresabschluss* die Veränderungen der Vermögenswerte in der Bilanz und die hierdurch bedingten Veränderungen der Ertragslage in der → *Gewinn- und Verlustrechnung (GuV)* richtig darzustellen. Dies entspricht auch dem Prinzip einer **periodengerechten Erfolgsermittlung**, d. h. der → *Aufwand* für Abschreibungen muss der → *Rechnungsperiode* zugerechnet werden, für die er entstanden ist. Abschreibungen sind aufgrund vorhandener Möglichkeiten – z. B. bei der Schätzung der voraussichtlichen Nutzungsdauer und der gewählten Abschreibungsmethode – auch ein Mittel der → *Bilanzpolitik*.

Für die Aufstellung der → *Steuerbilanz* gelten besondere Vorschriften, die ganz bestimmte Abschreibungssätze und -methoden vorschreiben. Die Höhe oder Form der steuerlich zulässigen Abschreibungen dient dabei auch Zielsetzungen der → *Konjunkturpolitik* und der → *Finanzpolitik*, z. B. durch Veränderungen der → *AfA-Tabellen* oder durch → *Sonderabschreibungen*.

2. Rechtsgrundlagen

Bilanzielle Abschreibungen auf das Anlagevermögen und das Umlaufvermögen sind nach den **handelsrechtlichen** Vorschriften zugelassen
● als **planmäßige Abschreibungen** (§ 253 Abs. 2 Satz 1 und 2 HGB) und
● bei dauernder Wertminderung als **außerplanmäßige Abschreibungen** auf den niedrigeren Wert, der einem Vermögensgegenstand am Abschlussstichtag beizulegen ist (§ 253 Abs. 2 Satz 3 HGB) oder auf den zur steuerlichen Anerkennung notwendigen Wert (§ 254 HGB).

Bei den **planmäßigen** Abschreibungen wird vorausgesetzt, dass ein **Abschreibungsplan** vorhanden ist mit den abzuschreibenden

Anschaffungs- und Herstellungskosten, der voraussichtlichen Nutzungsdauer der Vermögensgegenstände und der jeweils gewählten Abschreibungsverfahren. Dabei sind die → *Grundsätze ordnungsmäßiger Buchführung (GoB)* anzuwenden und insbesondere auf Stetigkeit **(Prinzip der Bilanzkontinuität)** zu achten, um die Vergleichbarkeit mit vorangegangenen Jahresabschlüssen zu gewährleisten. Änderungen sind zulässig, müssen aber begründet und in ihren Auswirkungen erläutert werden.

Die vorgenommenen Abschreibungen sind nach § 275 Abs. 2 bzw. 3 HGB sowie § 277 Abs. 3 HGB auszuweisen und – sofern die Abschreibungen allein nach steuerlichen Vorschriften vorgenommen wurden – gemäß § 281 Abs. 2 HGB im → *Anhang* getrennt nach Anlage- und Umlaufvermögen anzugeben und zu begründen. Dies gilt für den Fall, soweit sich die Beträge nicht bereits aus der Bilanz oder der Gewinn- und Verlustrechnung ergeben.

Nach den **steuerlichen** Vorschriften sind nur bestimmte, begründbare Abschreibungsmethoden und -möglichkeiten zugelassen. So für

• den normalen technischen Verschleiß entsprechend der Vorschriften zur → *Absetzung für Abnutzung (AfA)* nach § 7 Abs. 1 EStG Satz 1 bis 3;

• → *Absetzung für Substanzverringerung (AfS)* nach § 7 Abs. 6 EStG;

• → *Absetzung für außergewöhnliche technische oder wirtschaftliche Abnutzung (AfaA)* nach § 7 Abs. 1 EStG;

• als → *Teilwertabschreibung* nach § 6 Abs. 1 EStG;

• als → *Sonderabschreibungen* z. B. aus wirtschaftspolitischen Gründen nach § 6 b EStG.

3. Wirtschaftliche Bedeutung

Abschreibungen sind für alle Wertminderungen des Anlagevermögens (z. B. infolge Abnutzung, Verwitterung, Katastrophen, technischer oder wirtschaftlicher Veralterung) möglich. Sie werden **planmäßig**, entsprechend der voraussichtlichen Nutzungsdauer eines Anlagegegenstandes, und **außerplanmäßig** vorgenommen.

Eine außerplanmäßige Abschreibung erfolgt dann, wenn Anlagegegenstände durch unvorhersehbare Ereignisse (z. B. Feuer, vorzeitige technische Veralterung) eine über die planmäßige Abschreibung hinausgehende Wertminderung erleiden und ihnen deshalb zum Bilanzstichtag ein niedrigerer als der planmäßig festgelegte Wert beizumessen ist. → *Geringwertige Wirtschaftsgüter* können im Anschaffungs- bzw. Herstellungsjahr voll als → *Betriebsausgaben* abgeschrieben werden.

Abschreibungen bewirken in der Bilanz eine Vermögensminderung entsprechend der verrechneten Wertminderung der Anlagegegenstände bzw. von Positionen des Umlaufvermögens. → *Wertberichtigung.*

In der Gewinn- und Verlustrechnung erscheinen die Abschreibungen als → *Aufwand* (→ *Betriebsausgaben*), wodurch eine Gewinnminderung eintritt.

Innerhalb der handelsrechtlichen Rahmenbestimmungen haben die Unternehmen einen weiten Spielraum, mit Hilfe der Abschreibungen den ausgewiesenen Gewinn zu beeinflussen. So etwa bei Ausschöpfung steuerlich erlaubter, zeitlich befristeter oder unbefristeter **Sonderabschreibungen**, denen kein entsprechender Werteverzehr gegenübersteht. Sie sind Instrumente der staatlichen → *Konjunkturpolitik* und → *Strukturpolitik*, wenn Investitionsentscheidungen der Unternehmen beeinflusst werden sollen.

Außerdem können durch überhöhte Abschreibungen → *Stille Reserven* gebildet werden, wenn etwa die tatsächliche Nutzungsdauer (z. B. 8 Jahre) über dem geschätzten Abschreibungszeitraum (z. B. 5 Jahre) liegt.

Durch Sonderabschreibungen oder überhöhte Abschreibungen werden der Gewinn und damit die abzuführenden → *Steuern* vermindert. Umgekehrt kann durch zu niedrige Abschreibungen der Gewinn erhöht bzw. ein drohender Verlust vermieden werden (Scheingewinne). Abschreibungen sind somit auch ein Mittel für Bilanzmanipulationen. → *Bilanzpolitik.*

Auch → *Arbeitnehmer* haben Möglichkeiten, die steuersparenden Vorteile von Abschreibungen als → *Werbungskosten* zu nutzen, z. B. beim beruflichen Gebrauch des eigenen PKW oder bei Anschaffung eines → *PC.*

Neben den bilanziellen Abschreibungen werden in der betrieblichen → *Kostenrechnung* → *kalkulatorische Abschreibungen* verrechnet, die so bemessen werden, dass bei dem kalkulierten Verkaufspreis eine spätere Ersatzbeschaffung benötigter Produktionsmittel möglich wird.

Abschreibungen sind mit großem Abstand die wichtigste Art der → *Finanzierung.*

Sie sind in den Preisen als **Kostenfaktor** (→ *Kosten*) einkalkuliert und fließen deshalb über die **Umsatzerlöse** als → *Einzahlungen* in das Unternehmen zurück.

• Sie mindern als **Aufwandsposition** (→ *Aufwand*) in der Gewinn- und Verlustrechnung den Periodengewinn und schaffen dadurch **liquide Mittel (Kapitalfreisetzungseffekt).** Die liquiden Mittel stehen sofort für neue Investitionen (→ *Investition) zur Verfügung* **(Kapazitätserweiterungseffekt = Lohmann-Ruchti-Effekt).**

4. Abschreibungsverfahren

Das von einem Unternehmen gewählte Abschreibungsverfahren darf dem tatsächlichen Werteverzehr für ein Wirtschaftsgut nicht offensichtlich widersprechen. Dies ist Ausfluss einer Beachtung der → *Grundsätze ordnungsmäßiger Buchführung(GoB).*

Gebräuchliche Verfahren der Abschreibung sind

• die zu gleichen Teilen **(lineare Abschreibung).** Hierbei werden die Anschaffungs- bzw. Herstellungskosten um den am Ende der voraussichtlichen Nutzungsdauer verbleibenden geschätzten → *Restwert* vermindert und durch die Anzahl der Nutzungsjahre geteilt. Das Resultat sind die linearen Abschreibungsraten.

• die mit einem festgelegten Abschreibungsprozentsatz vom jeweiligen Buchwert, also mit fallenden Jahresbeträgen **(geometrisch-degressive Abschreibung).** Hierbei wird in den ersten Jahren der Nutzung der größte Teil der → *Anschaffungskosten* abgeschrieben. Nach den steuerlichen Vorschriften ist die degressive → *Absetzung für Abnutzung (AfA)* mit bestimmten Obergrenzen zulässig bei beweglichen Wirtschaftsgütern (→ *Güter*) im → *Anlagevermögen.* → *Stabilitätsgesetz.*

• planmäßig laufende **Kombinationen beider Arten,** bei der von der geomerisch-degressiven auf die lineare Methode in steuerrechtlich zulässiger Form gewechselt werden kann (§ 7 Abs. 3 EStG);

- die **degressive Gebäudeabschreibung** mit fallenden %sätzen von den Anschaffungs- oder Herstellungskosten nach § 7 Abs. 5 EStG unter der Bedingung, dass sie auch in der Handelsbilanz angewandt wird (**umgekehrtes** → *Maßgeblichkeitsprinzip* nach § 5 Abs. 1 Satz 2 EStG);

- die **Abschreibung nach Maßgabe der Inanspruchnahme** bei zeitunabhängigem Werteverzehr. Die Anschaffungs- oder Herstellungskosten werden entsprechend den dann in der Steuerbilanz nachzuweisenden jährlichen Leistungen (z. B. gefahrene Kilometer, Stückzahlen, Maschinenstunden u. Ä.) auf die einzelnen Nutzungsjahre verteilt. Eine besondere Form dieses Abschreibungsverfahrens ist die → *Absetzung für Substanzverringerung (AfS)*.

Zu weiteren Abschreibungsarten – die für die Steuerbilanz allerdings nicht zugelassen sind – zählen

- die **progressive Abschreibung** mit steigenden jährlichen Beträgen für Anlagegüter, die bis zur normalen Nutzung eine längere Anlaufzeit brauchen (z. B. Obstplantagen);

- die **arithmetisch-degressive Abschreibung**, bei der sich die jährlichen Abschreibungsraten jeweils um einen festen Betrag vermindern – in ihrer Sonderform als **digitale Abschreibung** bis auf einen Restwert (Buchwert) von Null;

Über das gewählte Abschreibungsverfahren sowie gewählte Verfahrensänderungen ist nach § 284 Abs. 2 Nr. 1 bzw. Nr. 3 HGB im → *Anhang* zu berichten bzw. eine Begründung abzugeben und der Einfluss auf die Vermögens-, Finanz- und Ertragslage gesondert darzustellen.

5. Abschreibungsarten

Hinsichtlich bestimmter Aspekte können folgende Abschreibungsarten unterschieden werden:

- **Bilanzielle** und **kalkulatorische** Abschreibungen. Unterscheidungskriterium: Ausweis in der Bilanz oder der → *Kostenrechnung*.

- **Direkte** und **indirekte** Abschreibungen (→ *Wertberichtigung*). Unterscheidungskriterium: Identifizierung in der Bilanz.

- **Planmäßige** und **außerplanmäßige** Abschreibungen. Unterscheidungskriterium: Abschreibungsgrund.

▶ **Abschreibungsgesellschaften** → *Verlustzuweisungsgesellschaften*

▶ **Abschwung** → *Konjunktur*

▶ **Absetzung für Abnutzung (AfA)**

Begriff aus dem → *Steuerrecht* zur Verteilung der → *Anschaffungskosten* oder der → *Herstellungskosten* abnutzbarer → *Wirtschaftsgüter* auf die voraussichtliche Nutzungsdauer. Sie entspricht den handelsrechtlichen planmäßigen → *Abschreibungen* gemäß § 253 Abs. 2 Satz 1 und 2 → *Handelsgesetzbuch (HGB)*.

Die Methoden der AfA sind im → *Einkommensteuergesetz (EStG)* (§ 7 Abs. 1 bis 3 EStG) festgelegt. Hiernach kann entweder in gleichen Jahresbeträgen (**lineare Abschreibung**), in fallenden Jahresbeträgen (**degressive Abschreibung**) oder sofort (→ *geringwertige Wirtschaftsgüter*) abgeschrieben werden. Für Gebäude und selbständige Gebäudeteile gelten Sonderregelungen mit fallenden gestaffelten AfA-Sätzen.

Dabei unterliegen die in den → *AfA-Tabellen* berücksichtigten Abschreibungssätze nicht nur wettbewerbs- oder konjunkturpolitisch (→ *Konjunkturpolitik*, → *Stabilitätsgesetz*) motivierten Größenordnungen, sondern sie werden auch durch Neuregelungen im → *Einkommensteuergesetz (EStG)* verändert, wenn z. B. finanzieller Spielraum für den → *Bundeshaushalt* geschaffen werden soll. So wurden z. B. zur Gegenfinanzierung der mit dem → *Steuersenkungsgesetz/Steuersenkungsergänzungsgesetz* eingeleiteten Absenkung der → *Körperschaftsteuer* die Abschreibungssätze für bewegliche Wirtschaftsgüter von 30 % auf 20 % und für Betriebsgebäude von 4 % auf 3 % gesenkt. → *Sonderabschreibungen*.

▶ **Absetzung für außergewöhnliche technische oder wirtschaftliche Abnutzung (AfaA)**

Nach dem → *Einkommensteuergesetz (EStG)* erlaubte besondere (außerplanmäßige) → *Abschreibungen* (§ 7 Abs. 1 EStG) auf

→ *Wirtschaftsgüter* für unvorhergesehene Wertminderungen. Beispiel: Ersatz einer bisher verwendeten, noch nicht am Ende ihrer geschätzten Nutzungsdauer von 5 Jahren angelangten Anlage durch eine Neuentwicklung nach bereits 3 Jahren.

▶ **Absetzung für Substanzverringerung (AfS)**

Eine bei Unternehmen z. B. des Bergbaus, Steinbrüchen u. Ä. für den Verbrauch der Substanz nach den Vorschriften im → *Einkommensteuergesetz (EStG)* (§ 7 Abs. 6 EStG) mögliche besondere Art von → *Abschreibungen.*

▶ **Abspaltung** → *Umwandlung*

▶ **Absperrklauseln** → *Tarifausschlussklauseln*

▶ **Abtretung von Forderungen** → *Zession*

▶ **Abwasser**

Häusliches Abwasser enthält überwiegend organische, leicht abbaubare Stoffe, **industrielles** Abwasser enthält zum Teil schwer abbaubare Stoffe wie Säuren, Laugen und Salze sowie Schwermetallverbindungen oder radioaktive Stoffe und **landwirtschaftliches** Abwasser enthält vor allem sauerstoffzehrende organische Stoffe. Die Anforderungen an das Einleiten von Abwasser in Gewässer sind in der **Abwasserverordnung** i. d. F. vom 9. 2. 1999 geregelt. Nach dem **Abwasserabgabengesetz** i. d. F. vom 3. 11. 1994 müssen die Bundesländer von den Einleitern (→ *Verursacherprinzip*) eine zweckgebundene Abgabe erheben, die nach der in Schadeinheiten bestimmten Schädlichkeit des Abwassers bemessen ist. → *Wasserhaushaltsgesetz.*

▶ **Abwertung**

Herabsetzung des Außenwertes einer → *Währung* durch eine Veränderung im → *Wechselkurs.* Die Abwertung dient in der Regel der Beseitigung eines Zahlungsbilanzdefizits (→ *Zahlungs-*

bilanz), dessen Ursache im Allgemeinen auf Preissteigerungen im Inland bzw. einem Währungsraum (z. B. → *Europäische Wirtschafts- und Währungsunion*) beruhen, die höher sind als die Preissteigerungen bei den Handelspartnern. → *Inflation*.

Folgen einer Abwertung: Der → *Import* von Gütern aus dem Ausland wird für das abwertende Land teurer und nimmt deshalb tendenziell ab. Die → *Ausfuhr ins Ausland* wird dagegen billiger mit der Folge ansteigender Ausfuhren. Die Wirkung zielt also ab auf einen möglichen Zahlungsbilanzausgleich durch Beseitigung des Zahlungsbilanzdefizits. Nach einer Abwertung sollten gleichzeitig zusätzliche Maßnahmen ergriffen werden zur Rückführung inländischer Preissteigerungen. Gegensatz: → *Aufwertung*.

▶ **Abwickler**

(Liquidatoren) Zur Auflösung einer Gesellschaft bestellte Personen. Bei einer → *Kapitalgesellschaft* sind dies – falls nicht durch → *Satzung* oder → *Hauptversammlung* bzw. → *Gesellschaftsvertrag* oder → *Gesellschafterversammlung* anders bestimmt – die Mitglieder im → *Vorstand* bzw. der → *Geschäftsführung* (§ 265 AktG bzw. § 66 GmbHG).

Bei einer → *Personengesellschaft* gelten die Vorschriften im → *Handelsgesetzbuch (HGB)* (§ 146 HGB). Dies sind i. d. R. alle Gesellschafter (**geborene** Abwickler) oder durch Gesellschafterbeschluss oder Gesellschaftsvertrag bestimmte Gesellschafter (**gekorene** Abwickler) oder aus wichtigem Grund auch durch Gerichtsbeschluss bestellte Abwickler.

▶ **Abwicklung** → *Liquidation*

▶ **Abwicklungsbilanz** → *Liquidation*, → *Sonderbilanzen*

▶ **Abzahlungsgeschäfte**

Im → *Kaufvertrag* inbesondere über bewegliche Sachen wird vereinbart, die Ware dem Käufer schon vor vollständiger Bezahlung zu übergeben. Der Kaufpreis wird über einen → *Ratenkredit* gezahlt. → *Verbraucherdarlehensvertrag*.

▶ **Abzugskapital** → *Kalkulatorische Zinsen*

▶ **Access Point**

(Anschlussknoten) Bezeichnung für einen technischen Zugangspunkt im → *Online-Betrieb.*

▶ **Account**

Zugangsberechtigung zu einem → *Online-Dienst* oder einer → *Mailbox.* Notwendig ist ein Identifikationscode (→ *ID*).

▶ **Ad Equity** → *Konzernabschluss*

▶ **Ad-hoc-Mitteilung**

Jedes an einer inländischen → *Börse* gehandelte Unternehmen ist nach dem → *Wertpapierhandelsgesetz (WpHG)* verpflichtet, neue Tatsachen, die Auswirkungen auf seine Vermögens- und Finanzlage und damit auf den → *Börsenkurs* haben können, unverzüglich zu veröffentlichen (§ 19 WpHG).

▶ **Administrierte Preise**

Bezeichnung für Preise, die nicht unter Marktbedingungen zustande kommen. Entweder hat der Staat den Marktmechanismus außer Kraft gesetzt (z. B. öffentliche Verkehrstarife, Postgebühren, Agrarpreise) oder private Anbieter (privat-administrierte Preise). Der Anteil privat-administrierter Preise wächst mit zunehmender → *Konzentration* in der Wirtschaft. → *Oligopol,* → *Regulierung.*

▶ **ADR** → *American Depositary Receipt (ADR)*

▶ **Adresse**

Mittel zur Identifikation von Benutzern in einem Netzwerk (z. B. im → *Internet*) oder einer → *Datenbank,* zur Kennzeichnung der → *Computer* in einem → *LAN* oder → *WAN* sowie als Empfänger von Nachrichten per → *E-Mail*.

▶ **ADSL**

(Asymmetrical Digital Subscriber Line) ist ein Verfahren zur Hochgeschwindigkeitsübertragung von Daten über normale Telefonleitungen. Anwendungsbeispiele sind → *Video on demand* oder → *Pay per view*.

▶ **AfA** → *Absetzung für Abnutzung (AfA)*

▶ **AfaA** → *Absetzung für außergewöhnliche technische oder wirtschaftliche Abnutzung (AfaA)*

▶ **AfA-Tabellen**

Vom Bundesfinanzministerium herausgegebene Tabellen. Sie enthalten typisierte Vorgaben für die **betriebsgewöhnliche Nutzungsdauer** für ca. 12 000 *Wirtschaftsgüter*. Unterschieden wird in eine **allgemeine Tabelle** für alle Wirtschaftszweige und in rd. 100 **Branchentabellen**, die gegenüber der allgemeinen Tabelle kürzere Abschreibungsfristen zulassen.

Mit den Afa-Tabellen hat jedes → *Finanzamt* einheitliche Regeln für die Anerkennung von → *Abschreibungen*, von denen allerdings in begründeten Ausnahmen abgewichen werden kann. Sie werden in regelmäßigen Zeiträumen entsprechend den Erfahrungen und dem Stand der technischen Entwicklung, aber auch unter fiskalpolitischen Aspekten angepasst. So gelten z. B. seit dem 1. 1. 2001 als Beitrag zur Finanzierung der → *Steuerreform 2000* für die allgemeine AfA-Tabelle längere Abschreibungsfristen. → *Absetzung für Abnutzung (AfA)*.

http://www.steuernetz.de/afa/tabellen/index.html

▶ **AFG** → *Arbeitsförderungsgesetz/Arbeitsförderung*

▶ **AfS** → *Absetzung für Substanzverringerung*

▶ **After Sales Marketing** → *Customer Relationship Management (CRM)*

▶ **AG** → *Aktiengesellschaft (AG)*

▶ **AGB-Gesetz** → *Allgemeine Geschäftsbedingungen (AGB)*

▶ **AG & Co. KG**

Dies ist eine Sonderform der → *Kommanditgesellschaft (KG)*, bei der eine → *Aktiengesellschaft (AG)* als → *Komplementär* auftritt.

▶ **Agency Costs** → *Prinzipal-Agent-Theorie*

▶ **Agenda**

Aus dem Lateinischen abgeleitete Bezeichnung für „was getan werden muss". Wird heute gebraucht im Zusammenhang mit verschiedenen Zukunftsprogrammen, z. B. → *Agenda 2010*, → *Agenda 2000*, der → *Europäischen Sozialagenda* oder Agenda 21 (Umwelt- und Entwicklungsprogramm bei der → *Konferenz von Rio*).

▶ **Agenda 2000**

Bezeichnung für den beim Treffen im → *Europäischen Rat* im März 1999 in Berlin vereinbarten Finanzplan der EU (→ *Europäische Union (EU)*) für die Jahre 2000 bis 2006, mit dem auch die Eckpunkte für die beabsichtigten Reformen der → *Agrarpolitik* und → *Strukturpolitik der EU* und einer gerechteren Lastenverteilung zwischen den Mitgliedsstaaten vereinbart wurden. Dabei sollen die Ausgaben im → *Haushalt der EU* nicht schneller wachsen als in den Haushalten der Mitgliedsstaaten (reale Stabilisierung).

Notwendig wurden Reformen und längerfristige Planungen wegen des EU-Beitritts der assoziierten Staaten (→ *Assoziierung*) in

Mittel- und Ost-Europa (**Ost-Erweiterung**) zum 1. 4. 2004. Zielsetzungen sind

● eine **Reform der Organe der EU** (Verträge von Amsterdam und Nizza);

● eine **Reform der Finanzverfassung**;

● eine Weiterentwicklung der Verfahren und Finanzierung in der → *Gemeinsamen Agrarpolitik (GAP)* und

● eine Überarbeitung der Förderkriterien in der Strukturpolitik.

http://europa.eu.int/comm/agenda2000/index_de.htm

▶ **Agenda 2010**

Bezeichnung für ein von Bundeskanzler Schröder am 14. März 2003 in einer Regierungserklärung vorgestelltes umfassendes Konzept mit dem Ziel, mehr → *Wachstum* und eine Senkung der → *Arbeitslosigkeit* zu erreichen und den Standort Deutschland auf allen Zukunftsfeldern mittelfristig bis zum Jahre 2010 attraktiver zu machen.

Die Agenda 2010 umfasst u. a. eine Reform des deutschen Sozialsystems und der → *Arbeitsmarktpolitik* (→ *Hartz-Gesetze*, → *Gesundheitspolitik*), eine Änderung der → *Handwerksordnung*, Maßnahmen zur → *Rentenreform* (→ *Nachhaltigkeitsgesetz*, → *Alterseinkünftegesetz*), zur Ausbildung und Bildungspolitik (z. B. Förderung von Ganztagsschulen, Reformen im → *Bundesausbildungsförderungsgesetz (BAfög)*, Einführung einer → *Ausbildungsabgabe*) und zur → *Steuerpolitik* (→ *Steuerreform*).

▶ **Agent**

Andere Bezeichnung für → *Handelsvertreter*.

In der → *Prinzipal-Agent-Theorie* ist es die Bezeichnung für alle Parteien, die einem **Prinzipal** gegenüberstehen. So z. B. der Vorstand, der Geschäftsführer, ein Rechtsanwalt, Steuerberater oder Arzt gegenüber den Aktionären, Gesellschaftern, Mandanten, Steuerpflichtigen oder Patienten.

Agent ist auch ein intelligentes Suchprogramm zur Erledigung von Aufträgen des Benutzers im → *Internet*.

▶ **Agentur**

Vertriebsform, bei der ein → *Agent* im Auftrag des Produzenten Waren oder Dienstleistungen auf dessen Namen und Rechnung verkauft. Hierfür erhält der Agent eine → *Provision* und profitiert von dem Namen und Ruf des Produzenten. **Beispiele:** Auto-Häuser, Agenturen der → *Versicherungen* oder der Deutschen Post AG (→ *Bundespost*) usw. → *Franchising*.

▶ **Agentur für Arbeit** → *Bundesagentur für Arbeit (BA)*

▶ **Agglomeration**

Bezeichnung für eine räumliche Ansammlung von Handelsunternehmen oder Produktionsbetrieben aus der gleichen Branche, von verwandten oder verschiedenen Branchen.

▶ **Aggregation**

Zusammenfassung bestimmter gleichartiger Größen oder Sachverhalte mit dem Ziel, einen Gesamtzusammenhang abzuleiten.

▶ **Agio**

Aufgeld für → *Wertpapiere*, das bei deren Ausgabe über den → *Nennwert* hinaus gezahlt wird. Das Agio beinhaltet den Marktwert eines Wertpapiers und wird meist in % vom Nennwert ausgedrückt (→ *Markt*). Es ist üblich bei der Ausgabe von → *Aktien*, weniger bei der Ausgabe von festverzinslichen → *Schuldverschreibungen*, die meistens unter ihrem Nennwert, also mit einem → *Disagio* ausgegeben werden. **Beispiel:** Nennwert einer Aktie 100 Euro, → *Emissionskurs* an der → *Börse* 180 Euro. Das Agio beträgt 80 Euro bzw 80 % vom Nennwert.

▶ **Agrarbericht**

Jährlicher Bericht der Bundesregierung an den Bundestag zur Situation der Landwirtschaft. → *Agrarpolitik*.

http://www.verbraucherministerium.de/

▶ **Agrarmarktordnung** → *Agrarpolitik*

▶ **Agrarpolitik**

Gesamtheit staatlicher Maßnahmen zur Sicherung einer best-möglichen Versorgung der Bevölkerung mit agrarischen Produkten sowie zur Existenzsicherung der Beschäftigten in der Landwirt-schaft. → *Agrarbericht.*

Agrarpolitik als wissenschaftliche Disziplin beschäftigt sich u. a. mit Fragen der Besitzverteilung und der landwirtschaftlichen Be-triebslehre. Die Probleme der Agrarpolitik ergeben sich aus dem Vorhandensein von kleinbäuerlichen Betrieben und rationell wirt-schaftenden Großbetrieben, aus der Existenz eines Einkommens-gefälles zwischen gewerblicher Wirtschaft und Landwirtschaft so-wie in der Angleichung der nationalen Landwirtschaft als → *Euro-päischer Binnenmarkt.*

Bereits bei Gründung der Europäischen Gemeinschaft (→ *Eu-ropäische Union (EU)*) wurde im EWG-Vertrag das Ziel einer ein-heitlichen Regeln verpflichteten gemeinsamen Agrarpolitik als wichtiger Bestandteil des Gemeinsamen Marktes verankert (Art. 32 bis 38 EG-Vertrag vom 25. 3. 1957). Auf dieser gesetzlichen Grundlage wurde ein kompliziertes agrarpolitisches Instrumenta-rium entwickelt in Form eines Systems von **Agrarmarktordnungen** für die meisten landwirtschaftlichen Erzeugnisse.

Mit Hilfe gemeinsamer Garantiepreise, Stützpreise und Siche-rungsmaßnahmen von Niedrigpreisimporten aus → *Drittländern/ Drittstaaten* sollen die durch nationale Schutzmaßnahmen (→ *Subventionen*) gewachsenen agrarischen Strukturen schritt-weise angeglichen werden. **Stützpreise** garantieren dem Erzeuger für seine Produkte Mindestpreise. Sie werden ergänzt durch eine staatliche Absatzgarantie, die je nach Produkt an unterschiedliche Voraussetzungen geknüpft ist. → *Abschöpfungen* werden bei der Einfuhr aus Drittländern an der Grenze erhoben, Erstattungen er-halten Exporteure in Drittländer, um Unterschiede zwischen dem Preisniveau auf dem Weltmarkt und der EU auszugleichen. Direkte → *Beihilfen* und Prämien werden zur Einkommenssicherung in der Landwirtschaft gezahlt. → *Haushalt der EU.*

Jährlich gibt es ca. 3000 Agrarverordnungen der EU, die meist nur zeitlich begrenzte Gültigkeit besitzen. Ergänzt wird das System der Agrarmarktordnungen durch eine gemeinsame **Agrarstruktur-politik**, die u. a. auf Verbesserungen der Produktionsstruktur der landwirtschaftlichen Betriebe und die Bereitstellung von Aus- und Fortbildungsprogrammen abzielt.

Zur Finanzierung der gemeinsamen Agrarpolitik wurde 1962 ein → *Europäischer Ausrichtungs- und Garantiefonds für die Landwirtschaft (EAGLF)* gegründet.

Daneben betreibt die EU gegenüber Drittländern bei einzelnen Produkten eine Form von Schutzzoll (Abschöpfungen), die wiederum Schutzzölle bei anderen Staaten gegenüber der EU zur Folge haben (z. B. in den USA).

Die mit der gemeinsamen Agrarpolitik verfolgten Ziele (Steigerung der → *Arbeitsproduktivität*, Versorgungssicherheit im gemeinsamen Markt, Stabilität der Verbraucherpreise, Einkommenssicherung in der Landwirtschaft) wurden in wesentlichen Eckpunkten erreicht. Problematisch ist jedoch die Kompliziertheit des Systems und dessen mangelnde Transparenz für die Bürger in der EU sowie die Tendenz zur Überschussproduktion und zu Ungleichgewichten bei den Preisen und zwischen den verschiedenen Teilmärkten im Agrarsektor. Auch sind die Einkommen der Landwirtschaft insgesamt trotz zunehmender Agrarausgaben im EU-Haushalt zurückgegangen.

Vor diesem Hintergrund wurde im Mai 1992 eine umfassende Reform der Agrarpolitik beschlossen. Die bisherige Preisstützung wird schrittweise abgebaut und durch neue, direkte Einkommensbeihilfen ersetzt, die an bestimmte Voraussetzungen, z. B. Produktionsbegrenzung durch Flächenstilllegung, gebunden sind. Weitere flankierende Maßnahmen berücksichtigen Belange zum → *Umweltschutz* sowie Möglichkeiten für den → *Vorruhestand*.

Nach einem Beschluss im Europäischen Rat vom 29. 9. 2003 zur **Reform der Gemeinsamen Agrarpolitik** wurden weitere Maßnahmen beschlossen, die von den nationalen Regierungen umgesetzt werden müssen. Der Deutsche Bundestag hat hierzu am 1. 4. 2004 das → *Artikelgesetz* zur **Umsetzung der europäischen Agrarreform** beschlossen. Es enthält Maßnahmen zur

- Abkehr von der Förderung der Produktion (Entkoppelung) durch Neugestaltung der Direktzahlungen, u. a. durch Einführung einheitlicher Hektarprämienrechte,
- besseren Förderung der Entwicklung in ländlichen Regionen mit Mitteln aus der Kürzung der Direktzahlungen (Modulation) und
- Bindung der Direktzahlungen an Standards in den Bereichen Umweltschutz, Tierschutz und Lebensmittelsicherheit (cross compliance).

Mit der Reform sollen u. a. ab 2005 Ungleichgewicht in der bisherigen Förderung verringert und eine Verbesserung der Förderung von Grünlandstandorten und extensiv bewirtschafteter Standorte erreicht werden. → *Agenda 2000*.

http://www.verbraucherministerium.de/

▶ **AGU** → *Arbeitsgemeinschaft für Umweltfragen (AGU)*

▶ **AGV** → *Arbeitsgemeinschaft der Verbraucher (AGV)*

▶ **Akkordlohn**

Lohnform, bei der die Leistungsmenge je Zeiteinheit bezahlt wird. Die betriebswirtschaftliche Perfektion des Akkordlohnsystems stellt einen Hauptgrund für die Entmenschlichung der Arbeit dar. Mit Hilfe neuer Leistungssysteme und Arbeitsformen (z. B. Gruppenarbeit) wird versucht, modernere Arbeitsmethoden zu finden, die die negativen Begleiterscheinungen des Akkordsystems vermeiden. Deshalb ist der Anteil der nach Maßstäben der Akkordarbeit entlohnten Arbeitnehmer rückläufig und betrug 1999 noch rd. 16 %. Dafür steigt der Anteil an Beschäftigten, die nach Systemen im → *Prämienlohn* (1999 rd. 20 %) oder im → *Zeitlohn* bezahlt werden.

Beim Akkordlohn wird entweder eine bestimmte Leistung mit einem festen Geldbetrag abgegolten **(Stückgeldakkord)** oder eine bestimmte Zeit für die Leistung vorgegeben **(Stückzeitakkord)**. Pro Leistungseinheit wird ein gleich bleibender Lohnbetrag bezahlt, der mit zunehmender Leistung gleichmäßig ansteigt. Beim **Gruppenakkord** tritt die Gruppenleistung an die Stelle der Einzelleistung.

▶ **Akkreditiv**

Im Außenhandel gebräuchliche spezielle Zahlungsform. Hierbei beauftragt z. B. der inländische Kunde seine Bank, seinem ausländischen Lieferanten gegen Vorlage bestimmter Dokumente den im Akkreditiv genannten Betrag auszuzahlen bzw. einen → *Wechsel* zu akzeptieren oder zu diskontieren. → *Diskont.* Die Zahlung mit Akkreditiv ist üblich z. B. bei noch nicht eingespielten Geschäftsbeziehungen, um so dem Exporteur eine größere Sicherheit zu geben.

▶ **AKP-Staaten**

Bezeichnung für 77 → *Entwicklungsländer* (2003) in Afrika, der Karibik und im pazifischen Raum, die durch das am 1. 4. 1976 in Kraft getretene und inzwischen mehrmals erneuerte Abkommen von Lomé durch Assoziierungsabkommen (→ *Assoziierung*) mit der EU (→ *Europäische Union (EU)*) verbunden sind.

Nach dem Partnerschaftsabkommen von Cotonou (Benin) vom 23. 6. 2000 wurde der politische Dialog auf allen Ebenen – regional und überregional – verankert. Außerdem wurde eine verantwortungsvolle Regierungsführung (good governance) neben der Einhaltung der Prinzipien von Rechtsstaatlichkeit, Demokratie und Menschenrechten als wesentliche Voraussetzung für eine Zusammenarbeit (mit der Möglichkeit einer Suspendierung) vereinbart. Bis zum Jahr 2008 sollen einseitige Abkommen der EU durch regionale Freihandelsabkommen oder durch Einbeziehung in das Allgemeine Präferenzsystem der EU ersetzt werden.

Außerdem gelten Vereinbarungen über die Zusammenarbeit beim Aufbau einer eigenen → *Industrie*, zum Ausbau der → *Infrastruktur* und der vorhandenen Agrarstruktur in den Entwicklungsländern sowie zur Bereitstellung finanzieller Mittel **(Europäischer Entwicklungsfonds)**.

Oberstes Beschlussorgan nach dem Abkommen ist der gemeinsame Ministerrat, der von einem Botschafterausschuss unterstützt wird.

http://www.auswaertiges-amt.de/
http://www/de/eu_politik/gasp/eu_aussenbez/akp_html

▶ **Akquisition**

Im Vertriebsbereich übliche Methode der Kundenwerbung durch kundenbezogene Beratungstätigkeit von Außendienstmitarbeitern **(Akquisiteure)**.

Im angelsächsischen Raum wird die Übernahme von Unternehmen auch als Akquisition bezeichnet. → *Mergers & Acquisitions*.

▶ **Aktien**

→ *Wertpapiere*, in denen das Anteilsrecht am → *Grundkapital* einer → *Aktiengesellschaft (AG)* verbrieft ist. Unterschieden wird nach

● der **Beteiligungsart am Grundkapital** entweder als → *Nennbetragsaktien* oder als → *Stückaktien* (§ 8 Abs. 1 AktG);

● der **Übertragbarkeit** in → *Namensaktien* (§ 67 Abs. 1 AktG), → *vinkulierte Namensaktien* (§ 68 Abs. 2 AktG) und → *Inhaberaktien* (§ 929 BGB);

● den mit einer **Aktie verbrieften Rechten** in die mit gleichen Rechten ausgestatteten → *Stammaktien* und die mit Vorrechten ausgestatteten → *Vorzugsaktien* (§ 11 AktG);

● dem **Zeitpunkt der Ausgabe** in alte Aktien, die sich bereits in Umlauf befinden, und → *junge Aktien;*

● bestimmten **Sonderformen** wie → *Belegschaftsaktien*, → *Vorratsaktien* und → *eigenen Aktien*.

Nach einem → *Geschäftsjahr* haben die → *Aktionäre* einen Rechtsanspruch auf einen Anteil am → *Gewinn* ihres Unternehmens (→ *Dividende*).

Aktien können an der → *Börse* zum jeweiligen → *Börsenkurs* gehandelt werden, sofern die Aktiengesellschaft hierfür zugelassen ist.

▶ **Aktienanalyse**

Bedeutendstes Teilgebiet der **Wertpapieranalyse**. Hier werden für eine → *Emission* vorgesehene oder bereits ausgegebene → *Wertpapiere* hinsichtlich ihrer Eignung als Kapitalanlage von einem → *Analyst* systematisch untersucht und beurteilt.

Bei der Aktienanalyse erfolgt die Bewertung – ebenso wie bei einer Wertpapieranalyse – anhand bekannter oder erwarteter Zahlen und Informationen über das analysierte Unternehmen unter Einbeziehung des Marktumfeldes (aktuelle und erwartete Wirtschaftsentwicklung, Situation auf dem → *Kapitalmarkt,* politisches Umfeld u. Ä.).

Die **fundamentale Aktienanalyse** stützt sich auf bekannte oder plausibel geschätzte Daten (→ *Prognose*) wie z. B. → *Umsatz,* → *Gewinn,* → *Kosten* und → *Kurs-Gewinn-Verhältnis (KGV).*

Bei der **technischen Aktienanalyse** sind vor allem die bekannten Aktienkurse und die dazugehörenden Umsätze (Kaufs- und Verkaufszahlen) sowie die anhand von → *Charts* geschätzten Entwicklungstendenzen die Grundlage der Bewertung.

Ziel der Aktienanalyse ist das Gewinnen von Erkenntnissen für Kaufs- oder Verkaufsempfehlungen der → *Kreditinstitute* und → *Finanzdienstleistungsinstitute.* Die Glaubwürdigkeit und Seriosität dieser Empfehlungen sind jedoch seit den gravierenden Fehleinschätzungen im → *Neuen Markt* in den Jahren 1999/2000 erschüttert.

▶ **Aktienbuch** → *Namensaktien*

▶ **Aktienfonds** → *Kapitalanlagegesellschaften*

▶ **Aktiengesellschaft (AG)**

Unternehmensform (→ *Kapitalgesellschaft*), bei der die Gesellschafter (→ *Aktionäre*) mit Einlagen an dem in → *Aktien* zerlegten → *Grundkapital* beteiligt sind. Die Haftung der einzelnen Aktionäre ist auf ihre Einlage beschränkt. Das Mindestgrundkapital zur Gründung einer Aktiengesellschaft beträgt 50 000 Euro.

Organe der AG sind

- die → *Hauptversammlung,*
- der → *Aufsichtsrat* und
- der → *Vorstand.*

Rechtsgrundlage ist das **Aktiengesetz (AktG)** vom 6. 9. 1965, das zum 1. 1. 1966 in Kraft getreten ist und seitdem mehrfach geändert wurde, insbesondere durch

- das → *Bilanzrichtliniengesetz* vom 19. 12. 1985,
- das **Gesetz für kleine Aktiengesellschaften** vom 2. 8. 1994,
- das **Gesetz zur Bereinigung des Umwandlungsrechts** vom 28. 10. 1994 (→ *Umwandlung*),
- das **Gesetz zur Einführung von** → *Stückaktien* vom 25. 3. 1998,
- das **Gesetz zur Kontrolle und Transparenz im Unternehmensbereich** (→ *KonTraG*) vom 27. 4. 1998,
- die → *Euro-Einführungsgesetze* vom 9. 6. 1998.

Zur Harmonisierung zum → *Gesellschaftsrecht* in der EU (→ *Europäische Union (EU)*) hat der Rat der EU mehrere Richtlinien der EU (→ *Europäische Gesetzgebung*) erlassen, die von den Mitgliedsstaaten innerhalb von zwei Jahren auszuführen waren. Sie enthalten einheitliche Vorschriften zur → *Publizität*, zum Schutz der → *Aktionäre* bei Verschmelzungen und Vermögensübertragungen und zur → *Rechnungslegung*, deren Umsetzung in Deutschland u. a. durch das Bilanzrichtlinien-Gesetz erfolgte.

Die AG ist heute die typische Rechtsform eines Großunternehmens. Der Vorteil für den Aktionär liegt darin, dass er jederzeit seine Aktien mit Hilfe der → *Kreditinstitute* an der → *Börse* verkaufen kann. Von den rd. 7000 deutschen AGs im Jahr 2003 waren rd. 1100 zum Handel an der Börse zugelassen.

Wenn die Aktien einer Aktiengesellschaft von vielen Kleinaktionären gehalten werden, spricht man von einer **Publikumsgesellschaft**. Beispiele hierfür sind die Deutsche Telekom AG mit rd. 3 Mio., Volkswagen AG mit rd. 750 000 oder die Siemens AG mit rd. 600 000 Aktionären. → *Volksaktien*.

Mit dem **Gesetz für Kleine Aktiengesellschaften und zur** → *Deregulierung* des Aktienrechts vom 2. 8. 1994 sowie **Gesetz zur Bereinigung des Umwandlungsrechts** vom 29. 10. 1994 wurden für kleine

Aktiengesellschaften besondere Rechtvorschriften erlassen, die Anfang 1995 in Kraft getreten sind. Unternehmen in der Rechtsform z. B. einer → *Gesellschaft mit beschränkter Haftung (GmbH)* haben seitdem die Möglichkeit für eine → *Umwandlung* mit erleichterten Formvorschriften. Hierdurch wurde u. a. eine erleichterte Beschaffung von → *Eigenkapital* sowie prinzipiell ein Zugang zur Börse ermöglicht mit dem Ziel einer Förderung mittelständischer Unternehmen (→ *Mittelstand*). → *Familiengesellschaften*.

Für Unternehmen mit bis zu 500 Beschäftigten, die nach dem 10. 8. 1994 gegründet wurden, gilt im Aufsichtsrat keine drittelparitätische Arbeitnehmervertretung. Für die zum 10. 8. 1994 bereits bestehenden Unternehmen gab es die Möglichkeit, nach 5 Jahren eine vorhandene Arbeitnehmervertretung nicht mehr zu bestellen. Vor allem diese Regelung wurde von den → *Gewerkschaften* heftig kritisiert. → *Betriebsverfassungsgesetz (BetrVG),* → *Mitbestimmung,* → *Corporate Governance,* → *Übernahmegesetz.*

http://www.aktiengesetz.de/

▶ **Aktiengesetz (AktG)** → *Aktiengesellschaft (AG)*

▶ **Aktienindex**

Messzahl zur Darstellung der Kursentwicklung (→ *Börsenkurs*) ausgewählter → *Aktiengesellschaften*. Aktienindizes werden börsentäglich von der → *Börse*, den → *Banken* oder spezialisierten Experten ermittelt. Sie sind eine Art Fieberkurve der Wirtschaft und spiegeln Stimmungen und Entwicklungen auf den jeweiligen Märkten (z. B. bestimmter Branchen).

Der → *Umsatz* an der Börse und die → *Marktkapitalisierung* eines Unternehmens auf der Grundlage von → *Streubesitz* sind maßgebliche Kriterien für die Aufnahme in einen Aktienindex. Es gibt eine Fülle verschiedener Aktienindizes, die weltweit um Aufmerksamkeit konkurrieren (z. B. → *Deutscher Aktienindex (DAX),* → *Dow Jones-Index,* → *MSCI-Index,* → *Nikkei-Index,* → *Standard & Poors 500*). Sie setzen sich aus wenigen, leicht handelbaren repräsentativen Titeln zusammen, die einen bestimmten → *Markt* repräsentieren. Aktienindizes bilden auch die Grundlage für die Zusammensetzung von → *Investmentfonds.* Außerdem eignen sie sich als → *Basiswert* für vielfältige Geschäfte im → *Derivatehandel.*

▶ **Aktienindex-Futures** → *Futures*

▶ **Aktienindexoptionsschein** → *Optionsscheine*

▶ **Aktienkapital**

Das in → *Aktien* zerlegte → *Grundkapital* einer → *Aktiengesellschaft (AG).* Es beträgt mindestens 50 000 Euro.

▶ **Aktienkurs** → *Börsenkurs*

▶ **Aktienmarkt**

Börsenmarkt für die als → *Amtlicher Markt* und im → *Freiverkehr* gehandelten → *Aktien.* → *Börse.*

▶ **Aktienoptionen**

Sammelbezeichnung für → *Optionsscheine* oder eine → *Option* auf → *Aktien* sowie für bestimmte → *Optionsanleihen* (Aktien-Warrants).

▶ **Aktienoptionspläne**

Vereinbarungen für → *Führungskräfte* über die Konditionen für → *Stock Options.*

▶ **Aktienoptionsschein** → *Optionsscheine*

▶ **Aktienpaket**

Ansammlung einer großen Anzahl von → *Aktien* derselben Gesellschaft in einer Hand. Der Besitz von einem Zwanzigstel (5 %) vom → *Grundkapital* reicht aus, um die Einberufung einer

→ *Hauptversammlung* zu erzwingen (§ 122 Abs. 1 AktG). Mit 25 % plus eine Aktie kann die Beschlussfassung der Hauptversammlung in den Fällen verhindert werden, in denen eine Dreiviertelmehrheit vorgeschrieben ist (→ *Sperrminorität*).

Der Besitz von 75 % des Aktienkapitals sichert eine völlige Beherrschung des Unternehmens. Oft genügt jedoch auch ein weitaus geringerer Anteil in einer Hand, um ein Unternehmen zu beherrschen. In diesem Zusammenhang kommt dem Einfluss der → *Kreditinstitute* über das → *Depotstimmrecht* entscheidende Bedeutung zu.

▸ **Aktiensplit**

Bezeichnung für die Vermehrung der Zahl vorhandener → *Aktien* bei gleichem → *Grundkapital*. Das Verfahren wird z. B. von Unternehmen angewandt, die sich von dem Aktiensplit Kaufanreize vor allem für Kleinanleger versprechen, denen der → *Börsenkurs* als Einstiegspreis zu hoch erscheint, oder bei Umwandlung einer Kapitalrücklage (→ *Rücklagen*) in Grundkapital ohne Ausgabe neuer Aktien. Wird z. B. der → *Nominalwert* der Aktie gedrittelt (Aktiensplit 1:3), so erhalten die Aktienbesitzer für jede Aktie zwei weitere zugeschrieben bzw. erhalten für eine alte Aktie drei → *Neue Aktien*. In der Erstnotierung nach dem Aktiensplit führt dies zu dem gewünschten Kursabschlag. Ein Aktiensplit wurde auch von zahlreichen Aktiengesellschaften als Verfahren gewählt bei der Umstellung auf den kleinsten, nach dem Aktiengesetz zulässigen Nominalwert von 1 Euro (früher 5 DM) für eine Aktie. → *Euro-Einführungsgesetz*. Gesplittet werden können auch Anteile an → *Investmentfonds* oder → *Optionsscheine*.

▸ **Aktionäre**

Bezeichnung für Inhaber von → *Aktien* einer → *Aktiengesellschaft (AG)*. Sie haben einen Anspruch auf → *Dividende* und am Erlös im Falle einer → *Liquidation* der Aktiengesellschaft. Aktionäre haben → *Stimmrecht* und Auskunftsrecht in der → *Hauptversammlung* sowie eine ganze Reihe weiterer Rechte, die im → *Aktiengesetz* (AktG) beschrieben sind (z. B.→ *Bezugsrecht*).

▶ **Aktionärsvereinigung**

Zusammenschluss der → *Aktionäre* einer → *Aktiengesellschaft (AG)* mit dem Ziel einer gemeinsamen Interessenwahrnehmung – z. B. Bündelung von → *Stimmrecht* bei der → *Hauptversammlung.*

▶ **Aktiva**

Summe der Vermögensteile eines Unternehmens auf der linken Seite der → *Bilanz.* Sie gibt Auskunft über die **Mittelverwendung.** Hierzu zählen Anlage-, Umlaufvermögen und → *Rechnungsabgrenzungsposten (RAP).* Gegensatz: → *Passiva.*

▶ **Aktive Rechnungsabgrenzung** → *Rechnungsabgrenzungsposten (RAP)*

▶ **Aktivgeschäfte**

Bezeichnung für die Kreditgeschäfte der → *Kreditinstitute.* Die Kreditinstitute können hier im Gegensatz zu ihrem → *Passivgeschäft* selbst über das Zustandekommen des Geschäfts entscheiden.

▶ **Aktivierte Eigenleistungen** → *Innerbetriebliche Leistungen*

▶ **Aktivierung**

Erfassung von Vermögenswerten, → *Rechnungsabgrenzungsposten (RAP)* sowie ggf. von → *Bilanzierungshilfen* auf der **Aktivseite** (→ *Aktiva*) der → *Bilanz.* → *Vermögen,* → *Aktivierungspflicht.*

▶ **Aktivierungspflicht**

Vorschrift im → *Handelsgesetzbuch (HGB),* wonach Vermögenswerte auf der Aktivseite der → *Bilanz* auszuweisen sind (§ 246 HGB). Sinn der Regelung ist es, ein den tatsächlichen Verhältnissen entsprechendes Bild der Vermögens-, Finanz- und Ertragslage eines Unternehmens wiederzugeben. Für bestimmte

→ *Rechnungsabgrenzungsposten (RAP)* sowie für sog. **Bilanzierungshilfen** (bestimmte Aufwendungen ohne Vermögenscharakter) besteht ein **Aktivierungswahlrecht**.

Umgekehrt besteht nach § 246 HGB auch für alle → *Verbindlichkeiten,* → *Rückstellungen* und Rechnungsabgrenzungsposten eine **Passivierungspflicht**. Auch hier gibt es für bestimmte Positionen ein **Passivierungswahlrecht**, z. B. für Pensionszusagen (→ *Pensionsrückstellungen*), die bis zum 31. 12. 1986 bestanden. → *Bilanzierungswahlrechte.*

▶ **Aktivierungsverbot** → *Bilanzierungsverbote*

▶ **Aktivierungswahlrecht** → *Aktivierungspflicht*

▶ **Aktivposten** → *Aktiva*

▶ **Aktivtausch**

Bezeichnung für Veränderungen auf der Aktivseite der → *Bilanz*, die zu keiner Änderung der Bilanzsumme führen und ergebnisneutral bleiben. **Beispiel:** Verwendung flüssiger Mittel zum Kauf der → *Wertpapiere* oder → *Beteiligungen.* → *Passivtausch.*

▶ **Akzelerationsprinzip**

(Beschleunigungsprinzip) Begriff aus der → *Makroökonomie.* Es unterstellt, dass die Unternehmen ihre Neuinvestitionen (→ *Investitionen*) einer Veränderung der Nachfrage (z. B. gemessen am → *Volkseinkommen*) anpassen: Eine Erhöhung (Verringerung) des Volkseinkommens induziert wegen einer dabei unterstellten Erhöhung (Verringerung) der Nachfrage eine Zunahme (Abnahme) der Neuinvestitionen.

Der **Akzelerator** ist das Ergebnis einer Division dieser Neuinvestitionen durch die Veränderung z. B. des Volkseinkommens.

In der → *Wirtschaftstheorie* wurde mathematisch eine Abhängigkeit der Konjunkturzyklen aus einem Zusammenwirken von → *Multiplikator* und Akzelerator beschrieben, das sich bisher empirisch jedoch nicht belegen ließ.

▶ **Akzept**

Annahme eines gezogenen Wechsels durch den Bezogenen (**Akzeptanten**). → *Wechsel.*

▶ **Alimentationsprinzip** → *Beamte*

▶ **Allfinanzaufsicht** → *Bundesanstalt für Finanzdienst-leistungsaufsicht (BaFin)*

▶ **Allgemeine Geschäftsbedingungen (AGB)**

Mit dem → *Schuldrechtmodernisierungsgesetz* wurde das AGB-Gesetz von 1976 ab dem 1. 1. 2002 in das BGB (→ *Bürgerliches Gesetzbuch (BGB)*) (§ 305 BGB bis § 310 BGB) integriert.

Danach gelten „für eine Vielzahl von Verträgen vorformulierte Vertragsbedingungen, die eine Vertragspartei (Verwender der AGB) der anderen Vertragspartei bei Abschluss eines Vertrages stellt". → *Vertrag.*

Diese als AGB bezeichneten Vertragsbedingungen müssen bestimmte, im Gesetz genannte Voraussetzungen erfüllen:

● *Vertragsbedingungen* sind Regelungen, die den Inhalt des Vertrags bestimmen.

● *Vorformuliert* bedeutet die für eine mehrfache Verwendung schriftlich oder in sonstiger Weise aufgezeichnete Festlegung.

● Die ABG müssen für mindestens 3 –5 Verträge angewendet werden, um dem Kriterium „*Vielzahl von Verträgen*" zu genügen.

● Bei *Abschluss eines Vertrages* müssen die Vertragsbedingungen bekannt und ausgehandelt sein und vom Vertragspartner des Verwenders der AGB – i. d. R. durch Unterschrift – akzeptiert werden.

Eine *Individualvereinbarung* hat immer Vorrang vor den AGB (§ 305 b BGB).

Ungewöhnliche bzw. mehrdeutige Bestimmungen können nicht Vertragsbestandteil sein (§ 305 c BGB).

Verträge aus *den Gebieten des Erb-, Familien- und Gesellschaftsrechts* können nicht als AGB ausgestaltet werden.

Bei Arbeitsverträgen sind die Besonderheiten des Arbeitsrechts zu beachten (§ 310 Abs. 4 BGB).

Auch das Gesetz über den Widerruf für → *Haustürgeschäfte* von 1986 sowie das Gesetz über → *Abzahlungsgeschäfte* (Verbraucherdarlehensverträge) von 1991 sowie für → *Fernabsatzverträge* und → *E-Commerce* wurden mit dem Schuldrechtsmodernisierungsgesetz in das BGB eingearbeitet.

▶ **Allgemeines Eisenbahngesetz (AEB)** → *Bundesbahn/ Deutsche Bahn AG*

▶ **Allgemeinverbindlichkeitserklärung von Tarifverträgen**

Nach dem → *Tarifvertragsgesetz* (§ 5 TVG) vorgesehene Möglichkeit, den räumlichen, fachlichen und persönlichen Geltungsbereich eines Tarifvertrages auch auf bisher nicht tarifgebundene – also auf nicht in Verbänden organisierte – → *Arbeitgeber* und → *Arbeitnehmer* zu erweitern. Sie kann vom Bundesminister für Wirtschaft und Arbeit oder im Einzelfall vom zuständigen Landesarbeitsminister auf Antrag einer → *Tarifvertragspartei* erlassen werden. Voraussetzung ist, dass die tarifgebundenen Arbeitgeber mindestens 50 % der unter den Geltungsbereich des Tarifvertrages fallenden Arbeitnehmer beschäftigen und die Allgemeinverbindlicherklärung im öffentlichen Interesse liegt. Dies ist dann der Fall, wenn gleichmäßige Arbeitsbedingungen gewährleistet (z. B. zur Verhinderung von → *Lohndumping*) oder soziale Mindestbedingungen erreicht werden sollen.

Der Antrag auf Allgemeinverbindlichkeitserklärung ist im → *Bundesanzeiger* zu veröffentlichen mit der Möglichkeit einer schriftlichen Stellungnahme für betroffene Arbeitgeber und Arbeitnehmer sowie ihrer Verbände und der obersten Landesarbeitsbehörde. Eine Entscheidung ist im Bundesanzeiger bekannt zu geben und in das → *Tarifregister* einzutragen.

▶ **Allokation**

Bezeichnung aus der → *Wirtschaftstheorie* für den durch Verfügbarkeit und Preis gesteuerten Verteilungsprozess für → *Güter* und deren → *Produktionsfaktoren*.

▶ Alternative Energiequellen

Der Sammelbegriff für alle Energiequellen, die nicht den traditionellen Energiespendern Kohle, Öl und Kernenergie entstammen. Dies sind insbesondere Wasser-, Sonnen- und Windenergie, die Energiegewinnung aus Erdwärme oder Biogas sowie die Ausnutzung der Gezeitenschwankungen (z. B. durch Gezeitenkraftwerke wie an der französischen Atlantikküste).

Mit dem **Gesetz für den Vorrang erneuerbarer Energiequellen (EEG)** vom 29. 3. 2000 wurde festgelegt, dass Elektrizitätsversorgungsunternehmen, die Netze für die allgemeine Versorgung betreiben, Strom aus alternativen Energiequellen abnehmen und mit festen – im Gesetz festgelegten – Sätzen vergüten müssen. Hiermit wurde die jahrelange Diskriminierung alternativer Energiequellen durch die großen Netzbetreiber beseitigt. Alle 2 Jahre muss die Bundesregierung dem Bundestag einen Erfahrungsbericht (§ 12 EEG) vorlegen.

Seit 1992 stieg der Anteil der aus alternativen Energiequellen stammenden Stromerzeugung von 4,3 % auf rd. 9 % (2003). Dabei entfielen im 1.Hj. 2004 rd. 54 % auf die Stromerzeugung aus Windkraft, 29,8 % aus Wasserkraft, 15,3 % aus Biostoffen und Deponiegas und 0,8 % aus Solarenergie (Fotovoltaik).

Nach den Zielen des 2004 novellierten EEG soll der Anteil der erneuerbaren Energiequellen am Primärenergieverbrauch bis zum Jahr 2010 auf mindestens 4,2 %, der Anteil an der Stromversorgung auf mindestens 12,5 Prozent steigen. → *Energiepolitik*.

http://bundesrecht.juris.de

▶ Altersaufbau

Bezeichnung für die Altersstruktur eines Volkes. Sie wird dargestellt durch ein Diagramm mit aufeinander geschichteten Säulen, die so genannte **Bevölkerungspyramide**. Wegen der Einflüsse der beiden Weltkriege mit ihren hohen Menschenopfern sowie bedingt durch Geburtenrückgang ab den 70er Jahren ähnelt die Bevölkerungspyramide der deutschen Bevölkerung nicht mehr der Idealform einer Tanne. Siehe **Abb. 1**.

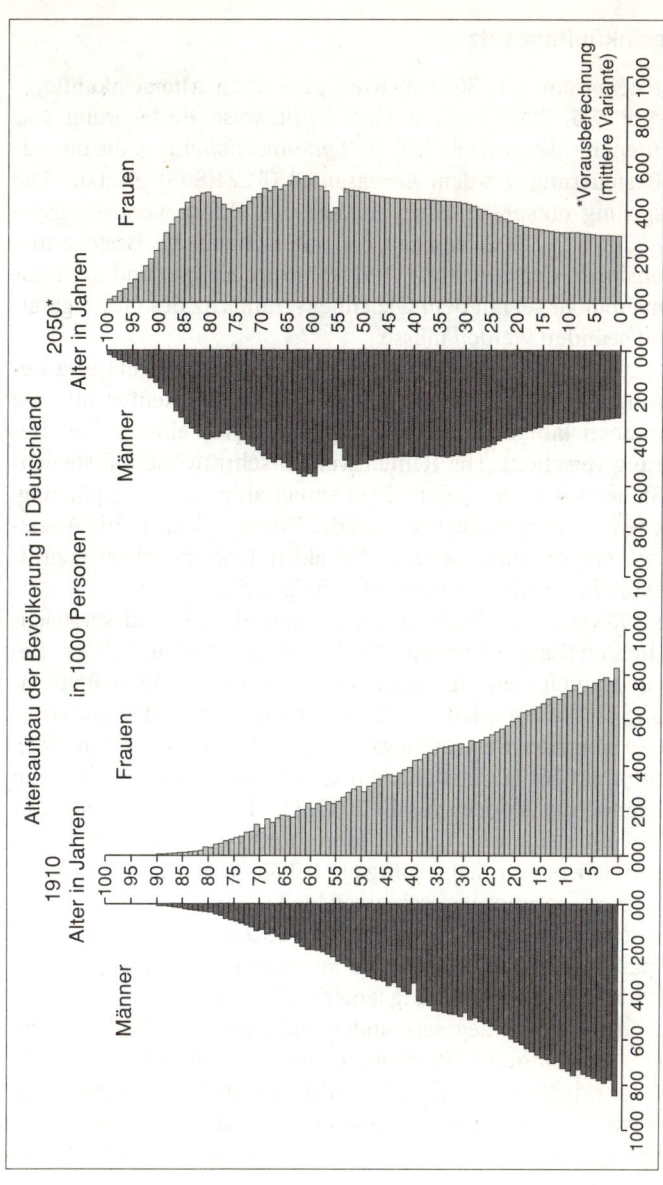

Abb. 1: Altersaufbau der Bevölkerung in Deutschland (Quelle: Globus-Grafik/FR.Infografik; Daten: Statistisches Bundesamt 2003)

▶ **Alterseinkünftegesetz**

Mit dem zum 1. 1. 2005 in Kraft getretenen **Alterseinkünftege-setz** vom 5. 5. 2004 beginnt eine schrittweise Besteuerung von → *Renten* aus der gesetzlichen → *Rentenversicherung*, die die frühere Besteuerung mit dem **Ertragsanteil** (§ 22 EStG) ersetzte. Die Neuregelung entsprach einer Auflage des Bundesverfassungsgerichts vom 6. 3. 2002, wonach die unterschiedliche Besteuerung der Pensionen der Beamten (→ *Versorgungsbezüge*) und der Renten unvereinbar sei mit dem Gleichheitsgrundsatz des Grundgesetzes und geändert werden müsse.

Eingeführt wurde deshalb ab 1. 1. 2005 eine **nachgelagerte Besteuerung** von Altersbezügen. Bereits bestehende Renten und die rentennahen Jahrgänge bleiben weitgehend vor einer vollen Besteuerung verschont. Die Renten werden schrittweise mit steigenden Steuersätzen bei jedem Neurentnerjahrgang steuerpflichtig. Im Gegenzug werden die während der Erwerbsphase in die Altersvorsorge eingezahlten Beiträge für jeden Erwerbstätigen schrittweise von der → *Einkommensteuer* freigestellt.

Ab 2005 werden alle bestehenden gesetzlichen und vergleichbare Renten **(Bestandsrenten)** zu 50 Prozent besteuert. Der Besteuerungsanteil steigt für jeden neu hinzukommenden Rentnerjahrgang ab 2006 um jährlich 2 Prozentpunkte bis 2020 auf 80 %. Ab 2020 steigt der Besteuerungsanteil jährlich nur noch um einen Prozentpunkt bis zur steuerlichen Gleichbehandlung von Renten und Beamtenpensionen im Jahr 2040. Der bei jedem Rentnerjahrgang jeweils steuerfreie Teil der Jahresbruttorente wird auf Dauer festgeschrieben, d. h. jeder Jahrgang behält seinen Festbetrag, der von der Besteuerung ausgeschlossen bleibt.

Mit dem neu eingeführten → *Nachhaltigkeitsfaktor* bei Rentenanpassungen soll außerdem die Finanzierungsgrundlage der gesetzlichen Rentenversicherung langfristig gesichert werden.

Das Alterseinkünftegesetz ändert außerdem die Bedingungen für die → *Betriebliche Altersversorgung* und verbessert die Attraktivität der privaten kapitalgedeckten Altersvorsorge (**Riester-Rente** nach dem → *Altersvermögensgesetz*). Die Aufwendungen zur Altersvorsorge sind ab 2005 bis zu einem Höchstbetrag von 20.000

Euro steuerfrei gestellt. Als Aufwendungen zur Altersvorsorge gelten Beiträge zu gesetzlichen Rentenversicherungen, zu berufsständischen Versorgungseinrichtungen, die den gesetzlichen Rentenversicherungen vergleichbare Leistungen erbringen, sowie zu privaten Versicherungen für eine lebenslange → *Leibrente*, die allerdings erst mit dem 60. Lebensjahr beginnen darf.

Mit dem Übergang zur **nachgelagerten Besteuerung** werden die Abzugsmöglichkeiten als → *Sonderausgaben* schrittweise erhöht.

Die steuerlichen Rahmenbedingungen in der **betrieblichen Altersversorgung** wurden verbessert. So sind die Beiträge des Arbeitgebers für eine → *Direktversicherung* künftig steuerfrei gestellt. Vereinfacht wurden auch die Vorschriften im **Altersvermögensgesetz (Riester-Rente)**.

Im Bereich der **kapitalgedeckten betrieblichen Altersversorgung** wird langfristig – wie bei den Renten aus der gesetzlichen Rentenversicherung – zur **nachgelagerten Besteuerung** übergegangen.

Das **Steuerprivileg** für **Kapitallebensversicherungen** (Sonderausgabenabzug, Steuerfreiheit der Erträge bei längerer Laufzeit) wird für Neuverträge abgeschafft. Die Erträge von Kapitallebensversicherungen, die ab dem Inkrafttreten der Neuregelung im Januar 2005 abgeschlossen werden, werden künftig zur Hälfte besteuert, wenn der Vertrag eine Laufzeit von mindestens zwölf Jahren hat und die Auszahlung erst nach Vollendung des 60. Lebensjahres erfolgt.

www.rechtliches.de/info_Alterseinkuenftegesetz.html

▶ **Altersentlastungsbetrag**

Begriff aus dem Recht der → *Einkommensteuer* und → *Lohnsteuer*. Er steht allen Steuerpflichtigen zu, die das 64. Lebensjahr vollendet haben, und beträgt 40 % des Arbeitslohnes und sonstiger → *Einkünfte*. Höchstens jedoch 1908 Euro pro Jahr dürfen bei der Besteuerung von der Summe aller Einkünfte (z. B. Arbeitseinkommen neben der Altersrente) abgezogen werden (§ 24 a EStG).

▶ **Altersgrenze** → *Rentenreform*

▶ **Altersteilzeitgesetz**

Gesetz zur Alters-Teilzeitarbeit vom 23. 7. 1996 mit späteren Änderungen. Es fördert den gleitenden Übergang vom Erwerbsleben in den Ruhestand durch → *Teilzeitarbeit.* Vorläufer dieses Gesetzes waren das Vorruhestandsgesetz vom 13. 4. 1984 und das Altersteilzeitgesetz vom 20. 12. 1988.

Mit Hilfe des arbeitsmarktpolitischen Instruments der Altersteilzeit (→ *Arbeitsmarktpolitik*) wird versucht, älteren → *Arbeitnehmern* durch zusätzliche Leistungen vom → *Arbeitgeber* und der → *Bundesagentur für Arbeit (BA)* den Wechsel in den Vorruhestand finanziell zu erleichtern und die Besetzung frei werdender Arbeitsplätze nach vorgegebenen Regeln zu sichern.

Im Rahmen der Gespräche zum → *Bündnis für Arbeit* wurden die strengen Wiederbesetzungsregelungen des geltenden Altersteilzeitgesetzes durch eine Gesetzesnovelle **(1. Gesetz zur Fortentwicklung der Altersteilzeit)** mit Wirkung vom 1. 1. 2000 gelockert und die ursprüngliche Laufzeit von Ende 2001 auf Ende 2004 verlängert. Außerdem können seitdem auch Teilzeitbeschäftigte die Regelungen zur Altersteilzeit beanspruchen. Bei einer Halbierung der Wochenarbeitszeit bleibt die Versicherungspflicht in der → *Arbeitslosenversicherung* weiter bestehen.

Mit einem **2. Gesetz zur Fortentwicklung der Altersteilzeit** wurde zum 1. 7. 2000 das Altersteilzeitmodell attraktiver gestaltet und die Geltungsdauer des Altersteilzeitgesetzes bis zum 31. 12. 2009 verlängert. Dabei können Arbeitnehmer ab dem 55. Lebensjahr in eine bis zu sechsjährige Altersteilzeit gehen. Sie arbeiten in der ersten Hälfte des Zeitraums voll und reduzieren ihre Arbeitszeit in der zweiten Hälfte bis auf null. Während der ganzen Zeit erhalten sie mindestens 70 % ihres Nettogehaltes weiter.

Durch Tarifverträge können Aufstockungen und Übernahmeregelungen für spätere Rentenabschläge vereinbart werden. Bei einer Wiederbesetzung für mindestens 4 Jahre zahlt die Bundesagentur für Arbeit (BA) einen Zuschuss an den Arbeitgeber. Jedoch wurde nach den Erfahrungen bis 2004 nur jeder dritte freiwerdende Arbeitsplatz wieder besetzt.

• Mit dem → *Nachhaltigkeitsgesetz* wurden die Regelungen zur Altersteilzeit stark eingeschränkt.

→ *Tariffonds*, → *Rentenreform*.

http://bundesrecht.juris.de

▶ **Altersvermögensgesetz**

Im Rahmen der Strukturreform der → *Rentenversicherung* im Jahre 2001 geschaffene gesetzliche Grundlagen zur langfristigen Stabilisierung des Rentenniveaus (→ *Eckrentenniveau*) bei mindestens 67 %. → *Versorgungsbezüge*. Danach gelten folgende Regelungen:

1. Maßnahmen zur Stabilisierung der gesetzlichen Rentenversicherung

Die jährlichen Rentenanpassungen wurden wieder an Entwicklung der durchschnittlichen Bruttoeinkommen gekoppelt und der Anpassungsmodus der → *Rentenformel* geändert. Außerdem sind nun Kindererziehungszeiten höher bewertet.→ *Rentenreform*.

Die **Hinterbliebenenrente** im → *Sozialgesetzbuch* (§ 46 SGB VI) wurde neu geregelt. Sie beträgt ab 1. 1. 2002 für Ehegatten, die beide zu diesem Zeitpunkt mindestens 40 Jahre alt waren, weiterhin bis zu 60 % der Rente des Verstorbenen, für nach diesem Zeitpunkt Verheiratete nur noch bis zu 55 %. Voraussetzung ist, dass der Witwer bzw. die Witwe mindestens das 45. Lebensjahr vollendet hat (**Große Witwen-/Witwerrente**). Die **Kleine Witwen-/Witwerrente** an Hinterbliebene unter 45 Jahren beträgt maximal 25 %. Sie erhöht sich automatisch nach dem Erreichen des 45. Lebensjahres auf den Satz der Großen Witwen-/Witwerrente.

2. Regelungen zur Förderung einer kapitalgedeckten Zusatzvorsorge (Riester-Rente)

Für Personen, die Pflichtbeiträge zur gesetzlichen Rentenversicherung zahlen, wurde eine zusätzliche staatlich geförderte **kapitalgedeckte Zusatzversorgung** bei zwingender Eigenbeteiligung der Versicherten eingeführt. Hierdurch sollen die Versorgungslücken, die durch das gewollte rückläufige Rentenniveau in der gesetzlichen Rentenversicherung entstehen, geschlossen werden.

Der Eigenbeteiligungssatz für Arbeitnehmer liegt seit dem 1. 1. 2004 bei 2 % und steigt ab 2006 auf 3 % und ab 2008 auf dauerhaft 4 % des Bruttoeinkommens an.

Die Förderung erfolgt in Form einer bis 2008 gestaffelten **Altersvorsorgezulage (Grundzulage plus Kinderzulage)**, deren Voraussetzungen und Höhe im → *Einkommensteuergesetz (EStG)* geregelt sind (§ 79 EStG bis § 99 EStG). Das Finanzamt prüft daneben alternativ bei der Einkommensteuererklärung eines jeden Jahres, ob der Abzug der gezahlten Beiträge als → *Sonderausgaben* innerhalb bestimmter Höchstbeträge (§ 10a EStG) für den Steuerpflichtigen günstiger ist.

Gefördert werden nur Anlagen über spezielle zertifizierte **Altersvorsorgeverträge** (§ 82 EStG) sowie für die selbst bewohnte Immobilie (→ *Wohneigentum*). Außerdem können Arbeitnehmer Teile ihres Lohnes in Beiträge zur → *Betrieblichen Altersvorsorge* umwandeln. Gefördert werden dabei Beiträge als Direktversicherung oder in eine Pensionskasse sowie in neu zu schaffende → *Pensionsfonds*.

Für die → *Versorgungsbezüge* der Beamten wurden entsprechende Regelungen geschaffen.

Das → *Alterseinkünftegesetz* vereinfachte ab 2005 das Antragsverfahren und die Verfahrensvorschriften. So erhält der Anleger z. B. die Möglichkeit, zu Beginn der Auszahlungsphase 30 Prozent des angesparten Kapitals zur freien Verwendung zu entnehmen. Für Altersvorsorgeverträge, die nach dem 1. Januar 2006 abgeschlossen werden, ist die Verwendung geschlechtsneutraler Tarife – so genannter **Unisex-Tarife** – vorgeschrieben. Dies stellt sicher, dass Frauen und Männer bei gleichen Beiträgen auch die gleichen Auszahlungen erhalten.

Bereits abgeschlossene Altersvorsorgeverträge können auf Grund einer einvernehmlichen Vereinbarung zwischen Anbieter und Anleger grundsätzlich auf die neuen Kriterien umgestellt werden.

Das → *Nachhaltigkeitsgesetz* vom 21. 7. 2004 brachte nochmals wichtige Neuregelungen für Alterseinkünfte. → *Rentenreform*.

3. Regelungen gegen Altersarmut

Bei den → *Kommunen* wurde eine neue **Grundsicherung** für alte und erwerbsunfähige Menschen (→ *Erwerbsunfähigkeit*) mit niedrigen Renten geschaffen, deren Leistungsniveau über dem der → *Sozialhilfe* liegt. Hierfür zahlt der Bund den Ländern einen jährlichen Betrag, um den der Bundeszuschuss zur gesetzlichen Rentenversicherung gekürzt wird.

http://www.rechtliches.de/info_Altersvermoegensgesetz.html

▶ **Altersvorsorgefonds** → *Kapitalanlagegesellschaften*

▶ **Altfahrzeug-Gesetz**

Nach einer Richtlinie der EU **(Altfahrzeug-Richtlinie)** (→ *Europäische Gesetzgebung*) vom August 1999 sind Autohersteller und -importeure verpflichtet, alle PKW, die ab 1. 7. 2002 zugelassen wurden, bei Schrottreife kostenlos zu entsorgen, d. h. die vollen Kosten für → *Entsorgung* und → *Recycling* der Altfahrzeuge zu übernehmen. Für die bis dahin bereits zugelassenen PKW gilt die Entsorgungspflicht erst ab 1.1. 2007. Mit dem **Altfahrzeug-Gesetz** wurde die Richtlinie in Deutschland zum 1. 7. 2002 umgesetzt.

Jährlich müssen derzeit in Deutschland etwa 2,6 Mio. Autos entsorgt werden; 40 % gehen davon ins Ausland. Am Ende verbleiben rd. 500 000 t mit Schadstoffen belastete Abfälle aus den Shredder-Anlagen, die auf Deponien gelagert werden. → *Abfallbeseitigung*.

▶ **American Depository Receipt (ADR)**

Bezeichnung für von Banken in den USA ausgestellte → *Wertpapiere* (Aktienzertifikate). Sie entsprechen einer bestimmten Stückzahl von ausländischen → *Aktien*, die bei einer amerikanischen Bank hinterlegt sind. Die ADR können an den internationalen Wertpapiermärkten – vor allem aber in den USA – gehandelt werden. Auf diesem Wege können Zulassungsbedingungen für nicht an ausländischen Börsen zugelassene Aktien umgangen werden.

▶ **Amerikanische Option (American Option)** → *Optionsscheine*

▶ **AMEX**

(American Stock Exchange). Amerikanische → *Börse* in New York, die neben → *NYSE* und → *NASDAQ* arbeitet. Anders als NYSE ist sie vor allem eine spezialisierte Börse für kleinere Unternehmen mit erheblich geringerem Handelsvolumen.

http://www.amex.com/

▶ **Amortisationsdauer**

Zeitspanne, in der das investierte Kapital voll zurückgeflossen ist. → *Investitionen*.

▶ **Amsterdam, Vertrag von** → *Europäische Union (EU)*

▶ **Amtliche Notierung** → *Amtlicher Markt*

▶ **Amtlicher Kursmakler** → *Amtlicher Markt*

▶ **Amtlicher Markt**

Ein an der → *Börse* getätigter → *Organisierter Markt* für → *Wertpapiere*, die nach dem → *Börsengesetz* besonders strenge Regeln der Börsenzulassung erfüllen müssen (§ 38 BörsG). Anders: → *Freiverkehr*.

Die früher von vereidigten **amtlichen Kursmaklern** börsentäglich vorgenommene Notierung für den amtlichen → *Kassakurs* (**amtliche Notierung**) der Wertpapiere ist mit dem 4. Finanzmarktförderungsgesetz (→ *Finanzmarktreform*) entfallen und wurde durch Festlegungen in der jeweiligen → *Börsenordnung* ersetzt. → *Skontroführer*.

▶ **Amtliche Statistik**

Vom Statistischen Bundesamt (→ *Statistisches Bundesamt*) und den Statistischen Landesämtern sowie von Bundes- oder Landesbehörden (z. B. → *Bundesbank*, → *Bundesagentur für Arbeit (BA)*, Kraftfahrbundesamt) und internationalen Behörden (z. B.

→ *EUROSTAT*, Statistische Ämter der → *OECD* oder → *Vereinten Nationen (UN)*) durchgeführte Erhebungen.

Aufgabe der amtlichen Statistik ist das Erheben, Sammeln, Aufbereiten, Darstellen und Analysieren laufender Daten über Massenerscheinungen. Dabei hat sie die Grundsätze der Neutralität, Objektivität und wissenschaftlichen Unabhängigkeit zu beachten. Die Daten werden unter Verwendung wissenschaftlicher Erkenntnisse und unter Einsatz der jeweils sachgerechten Methoden und Informationstechniken erhoben.

Zur amtlichen Statistik zählen die **Bevölkerungs- und Erwerbstätigenstatistik**, die Wirtschaftsstatistik sowie die **Statistiken des öffentlichen Bereichs**. Hinzu kommen noch **Gesamtdarstellungen** wie die → *Volkswirtschaftliche Gesamtrechnung* oder die → *Zahlungsbilanz* der Bundesbank.

Rechtsgrundlage in Deutschland ist das **Bundesstatistikgesetz** vom 22. 1. 1987 und landesgesetzliche Regelungen sowie einzelgesetzliche Regelungen (z. B. das → *Umweltstatistikgesetz*).

www.rechtliches.de/info_BStatG.html

▶ **Amtshaftung** → *Organhaftung*

▶ **Analoge Nachrichtenübertragung** → *Digitale Nachrichtenübertragung*

▶ **Analyst**

Bezeichnung für Personen, die Wertpapieranalysen (→ *Aktienanalyse*) vornehmen. Ihre Empfehlungen, die i. d. R. über → *Kreditinstitute* oder → *Finanzdienstleistungsinstitute* herausgegeben werden, können erheblichen Einfluss auf den → *Börsenkurs* von Wertpapieren – besonders von → *Aktien* bewerteter Unternehmen oder bewerteter → *Branchen* – haben. → *New Economy*.

▶ **Anden-Pakt**

1969 in Bogotá gegründeter Zusammenschluss von Bolivien, Ecuador, Kolumbien, Peru und Venezuela (seit 1993) mit dem Ziel eines Abbaus von Handelsbeschränkungen und einer Abstimmung der → *Wirtschaftspolitik*. Sitz ist Lima. Zum 1. 1. 1992 wurden die Binnenzölle (→ *Zölle*) zwischen den beteiligten Staaten abgeschafft und die → *Freihandelszone* **„Andean Common Market"** errichtet. → *Mercosur*.

▶ **Anderkonto** → *Treuhänder*

▶ **Anderskosten** → *Kalkulatorische Kosten*

▶ **Änderungskündigung**

Kündigung eines Arbeitsverhältnisses (→ *Arbeitsvertrag*) bei gleichzeitigem Angebot eines neuen Arbeitsverhältnisses unter veränderten Bedingungen. Sie unterliegt wie eine ordentliche → *Kündigung* den Bedingungen zum → *Kündigungsschutz* (§ 2 KSchG).

▶ **Angebotstheorie**

Bezeichnung für eine aus der neoklassischen Theorie (→ *Klassiker*) abgeleitete Wirtschaftstheorie.

Hiernach sollen u. a. vor allem die Ursachen einer → *Rezession* direkt angegangen werden.

So etwa durch Senkung der Steuersätze, Verbesserung der staatlichen → *Infrastruktur* und Abbau von → *Bürokratie* (→ *Deregulierung*), Abbau von → *Subventionen* und staatlichem Besitz (→ *Privatisierung*) sowie durch eine Senkung der → *Lohnnebenkosten*. Gestärkt werden soll hierdurch die Investitionsbereitschaft der Unternehmen durch höhere Flexibilität und Kostensenkung.

Vor allem in den USA unter R. Reagan (*Reaganomics*) und in Großbritannien unter M. Thatcher wurden angebotsorientierte Maßnahmen umgesetzt. Dies z. T. mit erheblichen negativen sozialen Folgen.

In Deutschland wurde auf Empfehlung des Sachverständigenrats (→ *Sachverständigenrat zur Begutachtung der gesamtwirtschaftlichen Entwicklung (SVR)*) in den 80er Jahren eine gemilderte Form der angebotsorientierten Wirtschaftstheorie eingeführt.

Zusätzliche Instrumente sind u. a. Programme zur Ausbildung und Umschulung von Arbeitnehmern sowie zur Förderung von Forschung und Entwicklung und Produktinnovationen.

Der → *Monetarismus* als weitere Unterart der neoklassischen Theorie sieht vor allem in der Steuerung der umlaufenden → *Geldmenge* ein Instrument zur Beeinflussung der Preisstabilität und der Beschäftigung und zur Herstellung eines wirtschaftlichen Gleichgewichts. Soziale Sicherungselemente und beschäftigungspolitische Maßnahmen werden als Marktstörungen diskreditiert.

▶ **Angemessenheitsprinzip**

Grundsatz einer beschränkten Gewinnerzielung, der für → *Öffentliche Unternehmen* und → *Gemeinwirtschaftliche Unternehmen* verfolgt werden soll. Das Ziel einer möglichst hohen Verzinsung des eingesetzten Kapitals steht dabei nicht im Vordergrund. → *Gewinnmaximierungsprinzip*.

▶ **Angestelltenrentenversicherung**

Seit dem 1. 1. 1913 Teil der → *Sozialversicherung und seit 1. 1. 1992 im* → *Sozialgesetzbuch (SGB)*, Teil VI, geregelt. Zuständig für die Rentenversicherung der Angestellten ist die **Bundesversicherungsanstalt für Angestellte (BfA)** in Berlin unter dem Dach der **Deutschen Rentenversicherung** (→ *Rentenversicherung*).

Pflichtversichert sind alle Personen, die als Angestellte bzw. als → *Auszubildende* für dieses Beschäftigungsverhältnis tätig sind. Versichert werden müssen auch bestimmte → *Selbständige* (z. B. Artisten, Hebammen, selbständige Lehrer usw.). Außerdem Wehrpflichtige, die im Zeitpunkt der Einberufung in der Angestelltenversicherung pflichtversichert waren, und Mitglieder geistlicher → *Genossenschaften*, Diakonissen, Schwestern usw.

Sie bezieht auch Personen ein, die → *Arbeitslosengeld I* oder → *Arbeitslosengeld II* erhalten, sofern diese vor Beginn der Leistungen bei der BfA versichert waren. → *Erziehungsjahr*.

Nicht versicherungspflichtig sind u. a. Werkstudenten und → *Beamte*. Eine freiwillige Versicherung ist jedoch möglich.

Renten aus der Angestelltenversicherung werden gezahlt als

Altersruhegeld, bei → *Erwerbsminderung* sowie als **Hinterbliebenenrente** (→ *Hinterbliebene*).

Die Beitragshöhe richtet sich nach dem jeweils geltenden → *Beitragssatz* und der → *Beitragsbemessungsgrenze.* Die Beiträge werden im Allgemeinen je zur Hälfte vom → *Arbeitgeber* und → *Arbeitnehmer* getragen und zusammen mit den Beiträgen zur → *Krankenversicherung* und → *Arbeitslosenversicherung* an die jeweiligen → *Krankenkassen* abgeführt. Sonderregelungen gelten für → *Minijobs.*

http://www.bfa-berlin.de/

▶ **Anglizismen**

Anglizismen sind die – mitunter bizarre – Übernahme englischer Begriffe ins (Neu-)Deutsche.

▶ **Anhang** → *Jahresabschluss*

▶ **Anhörungsrecht** → *Betriebsverfassungsgesetz (BetrVG)*

▶ **Anlageintensiv** → *Kapitalintensiv*

▶ **Anlagengitter**

(Anlagenspiegel) Das Anlagengitter ist eine nach dem → *Handelsgesetzbuch (HGB)* (§ 268 Abs. 2 HGB) für jede → *Kapitalgesellschaft* (Ausnahme: → *Kleine Aktiengesellschaft* nach § 174 a HGB) vorgeschriebene tabellarische Zusammenstellung der jährlichen Veränderungen im → *Anlagevermögen.* Sie kann der → *Bilanz* oder dem → *Anhang* beigefügt werden. Dabei wird von den → *Anschaffungskosten* bzw. den → *Herstellungskosten* der Anlagen ausgegangen und Zugänge, Abgänge und Umbuchungen sowie kumulierte → *Abschreibungen* (d. h. alle vorangegangenen und die laufenden Abschreibungen – also alle → *Wertberichtigungen*) und → *Zuschreibungen* wertmäßig aufgelistet. Im Ergebnis ergibt sich der → *Buchwert* für das laufende → *Geschäftsjahr*, das dem Buchwert des Vorjahres gegenübergestellt wird. Entweder in der Bilanz oder im Anlagenspiegel sind noch die Abschreibungen des Geschäftsjahres anzugeben.

Anschaffungs- bzw. Herstellungskosten
+ Zugänge
– Abgänge
± Umbuchungen
– Kumulierte Abschreibungen
+ Zuschreibungen
= **Buchwert am Ende des Gj.**
= Buchwert zu Beginn des Gj.

▶ **Anlagenspiegel** → *Anlagengitter*

▶ **Anlagenvermittlung** → *Finanzdienstleistungsinstitute*

▶ **Anlagevermögen** → *Bilanz*

▶ **Anleihen**

Aufnahme meist langfristigen privaten Geldkapitals (Laufzeit 5 bis 10 Jahre) zur Deckung eines Finanzbedarfs. Die Aufnahme einer Anleihe erfolgt in der Regel durch die Ausgabe von → *Schuldverschreibungen*. Anleihen sind seitens der → *Gläubiger* unkündbar, und auch der → *Schuldner* kann i. d. R. erst nach Ablauf einer Sperrfrist kündigen. Man unterscheidet öffentliche Anleihen und private Anleihen.

Die **öffentlichen Anleihen** können sein → *Staatsanleihen* (z. B. → *Bundesanleihe*n), → *Bundesobligationen*, → *Kommunalobligationen*, → *Pfandbriefe*. Langfristige öffentliche Anleihen sind entweder → *Tilgungsanleihen* oder → *Rentenanleihen*. Mittelfristige Anleihen (→ *Schatzanweisungen*) haben eine Laufzeit von einem Jahr bis sechs Jahre. **Euro-Auslandsanleihen** sind Anleihen ausländischer Staaten, Unternehmen oder internationaler Institutionen (z. B. → *Weltbankgruppe*) in der EWWU → *Europäische Wirtschafts- und Währungsunion (EWWU))*, die auf Euro lauten. Lauten die ausländischen Anleihen nicht auf Euro, so handelt es sich um **Währungsanleihen.**

Am internationalen → *Kapitalmarkt* werden noch Spezialanleihen von Großbanken und Staaten gehandelt wie z. B. → *Floating Rate Notes,* → *Zerobonds* oder → *Junk Bonds.*

Die wichtigste Form der **privaten Anleihen** sind die → *Industrieobligationen,* → *Gewinnschuldverschreibungen,* → *Wandelschuldverschreibungen,* → *Optionsanleihen* sowie die Anleihen (Bankschuldverschreibungen) von privaten → *Hypothekenbanken* (→ *Pfandbriefe*), Spezialkreditinstituten (z. B. → *Deutsche Genossenschaftsbank*) und → *Girozentralen.* Eine Anleihe kann entweder direkt in der Form der → *Subskription* aufgenommen werden oder indirekt in der Form der Negoziation.

Bei der **Subskription** wendet sich der Anleihesuchende unmittelbar an das Publikum. Die → *Banken* sind lediglich Zeichnungsstellen, um eine weitestmögliche Verbreitung zu erreichen. Bei der **Negoziation** wird die Anleihe durch ein → *Bankenkonsortium* übernommen, das nach einer breiten Werbekampagne die Papiere im Publikum platziert. Das Risiko für die Banken wird durch die Gewinnchance in der Differenz zwischen Übernahme- und → *Emissionskurs* ausgeglichen.

▶ **Annahmeverzug** → *Verzug*

▶ **Annual Report**

Bezeichnung im angelsächsischen Raum für den → *Geschäftsbericht.*

▶ **Annuität**

Regelmäßig wiederkehrende und gleich bleibende Zahlungssumme innerhalb eines bestimmten Zeitraumes. Dies kann sein der gleich bleibende Rückzahlungsbetrag eines Kredites (z. B. einer → *Hypothek*) mit einem Zins- und einem Tilgungsanteil, aber auch die regelmäßige Auszahlung einer → *Rente.*

▶ **Annuitätenmethode**

Verfahren der → *Investitionsrechnung,* bei dem die durchschnittlichen jährlichen Auszahlungen einer Investition den durchschnittlichen jährlichen → *Einzahlungen* gegenübergestellt werden.

▶ **Anonymes Konto**

Konto, das unter einem Kennwort geführt wird und nur mit einem Identifikationscode (→ *ID*) benutzt werden kann. Die Identität des Kontobesitzers ist niemandem bekannt. Anders: → *Nummernkonto*.

▶ **Anrechnungsverfahren** → *Körperschaftsteuer*

▶ **Anrechnungszeiten**

(früher Ausfallzeiten) Bezeichnung für alle Zeiten, in denen Versicherte in der gesetzlichen → *Rentenversicherung* aus bestimmten, in ihrer Person liegenden Gründen keine versicherungspflichtige Beschäftigung ausüben konnten. Anrechnungszeiten sind z. B. durch Krankheit oder Unfall bedingte Arbeitsunfähigkeit, Schwangerschaft, der Bezug von → *Schlechtwettergeld*, → *Arbeitslosigkeit* (wenn hierfür keine Beitragszahlung durch die → *Bundesagentur für Arbeit (BA)* erfolgte) sowie Ausbildungszeiten nach dem 16. Lebensjahr mit Lehrabschluss, Fach- oder Hochschulabschluss.

Die Voraussetzungen und die Länge der anrechnungsfähigen Zeiten wurden seit den 80er Jahren mehrfach negativ verändert (→ *Sozialabbau*).

▶ **Anschaffungskosten**

Nach dem → *Handelsgesetzbuch (HGB)* (§ 255 Abs. 1 HGB) Bezeichnung für alle Aufwendungen (→ *Aufwand*), die beim Erwerb eines Vermögensgegenstandes bis zur Betriebsbereitschaft entstehen. Die Anschaffungskosten sind Höchstgrenze für den Bewertungsansatz in der → *Handelsbilanz* und der → *Steuerbilanz* und bilden die Grundlage für → *Abschreibungen*.

▶ **Anschlussknoten** → *Access Point*

▶ **Anspruch**

Das Recht, von einem anderen ein Tun oder Unterlassen zu verlangen. Ein Anspruch unterliegt der → *Verjährung*.

▶ **Anstalt des öffentlichen Rechts**

Rechtsform für → *Öffentliche Unternehmen*, die es ermöglicht, bestimmte Aufgaben außerhalb der unmittelbaren Staatsverwaltung wahrzunehmen, z. B. Bibliotheken, Schulen, Krankenhäuser usw. Die Anstalt hat im Gegensatz zur → *Körperschaft des öffentlichen Rechts* keine Mitglieder, sondern Benutzer.

Die Rechtsverhältnisse zwischen ihr und ihren Benutzern regeln sich nach einer Anstaltsordnung oder → *Satzung* in → *Selbstverwaltung*.

Bei der **nicht rechtsfähigen Anstalt** verbleiben Rechte und Pflichten bei dem Träger (Bund, Länder, → *Gemeinde*). Sie sind weiterhin Teil der → *Gebietskörperschaften* (z. B. Bibliotheken, Schulen, Krankenhäuser).

Für eine **rechtsfähige Anstalt** ist ein Bundesgesetz erforderlich (Errichtungsgesetz), mit dem die jeweils wahrzunehmenden Aufgaben und Rechtsverhältnisse beschrieben werden. Sie erhält ihr → *Eigenkapital* durch Einlagen des Trägers (→ *Dotationskapital*), Ausgabe von Genussscheinen (→ *Genussscheine*) und durch stille Beteiligungen (→ *Stille Gesellschaft*).

Bedeutende Anstalten des öffentlichen Rechts sind z. B. die → *Bundesagentur für Arbeit (BA)* oder die → *Bundesversicherungsanstalt für Angestellte (BfA)*.

▶ **Anteilschein** → *Zwischenschein*

▶ **Antizipative Rechnungsabgrenzungsposten** → *Rechnungsabgrenzungsposten (RAP)*

▶ **Antizyklische Wirtschaftspolitik**

Ziel der antizyklischen Wirtschaftspolitik ist ein Ausgleich konjunktureller Schwankungen (→ *Konjunktur*) durch staatliche

Maßnahmen. So kann etwa der Staat im Falle einer Konjunktur-überhitzung seine Ausgaben für → *Investitionen* bremsen oder auch die → *Steuern* erhöhen, bzw. die Möglichkeiten für → *Abschreibungen* der Unternehmen erschweren.

In der Phase einer → *Rezession* kann er durch vermehrte öffentliche Ausgaben, Steuersenkungen und/oder Abschreibungserleichterungen Einfluss auf die Konjunktur nehmen.

Neben diesen so genannten fiskalischen Mitteln antizyklischer Wirtschaftspolitik gibt es auch die monetären Maßnahmen mit Hilfe der → *Geldpolitik* und → *Kreditpolitik*, die von der → *Zentralbank* gesteuert werden. → *Konjunkturpolitisches Instrumentarium*, → *Keynesianismus*.

▶ **Anwenderprogramm**

Im Handel angebotene fertige Programme für Anwendungsbereiche in der → *Telekommunikation* und → *Datenverarbeitung*.

▶ **AO** → *Abgabenordnung (AO)*

▶ **Applikation**

Bezeichnung für die Anwendung bestimmter Verfahren z. B. in der → *Informatik*.

▶ **Appraisal**

Regelmäßige Leistungsbeurteilung der → *Führungskräfte* in Großunternehmen. Dies geschieht u. a. nach standardisierten Vorgaben **(Appraisal-Programme)**, mit denen vorgegebene Leistungsziele und deren Erreichungsgrad gemessen sowie die Förderungswürdigkeit und die langfristige Zukunftsperspektive einer Führungskraft beurteilt werden.

Erforderlich hierzu ist eine **Personalentwicklungsplanung** (→ *Personalplanung*). Diese beschreibt die Qualifikationserfordernisse für die im Unternehmen zu leistenden Aufgaben mit dem Ziel, die vorhandenen Führungskräfte und die weiteren Beschäftigten so zu fördern und zu motivieren, dass die Unternehmensziele erreicht werden. Hierzu zählen u. a. transparente Bezahlungssysteme und Förderungsprogramme sowie das Bereitstellen von

Systemen der Personalauswahl bei der Besetzung von Führungs-
positionen und anderen Positionen im Unternehmen. → *Leitende
Angestellte.*

▶ **Appropriationsklausel** → *Haushaltsplan*

▶ **Äquivalenzprinzip**

Bezeichnung in der → *Arbeitswissenschaft* für den Anspruch
der → *Arbeitnehmer* nach leistungsgerechter Bezahlung. Dies
setzt voraus, dass eine → *Arbeitsbewertung* vorliegt, die einzelne
Arbeitsvorgänge nach ihren Schwierigkeitsgraden differenziert
und einer Lohnskala zuordnet. Dabei wird von einer Normalleistung ausgegangen, die i. d. R. unterhalb der Durchschnittsleistung
eines Arbeitnehmers definiert ist.

In der → *Rentenversicherung* bezeichnet es den Anspruch des
Versicherten auf eine seiner Beitragsleistung entsprechende spätere → *Rente.* → *Rentenreform.*

In der **Versicherungswirtschaft** (→ *Versicherungen*) wird bei der
Prämiengestaltung und den daraus abgeleiteten Versicherungsleistungen ebenfalls das Äquivalenzprinzip angewendet.

▶ **Arbeit** → *Produktionsfaktoren*

▶ **Arbeit auf Abruf** → *Abrufarbeit*

▶ **Arbeiterkammer**

→ *Körperschaft des öffentlichen Rechts* mit der Aufgabe, die
Interessen der → *Arbeitnehmer* in wirtschaftlicher, sozialer und
kultureller Hinsicht wahrzunehmen und zu fördern. Ursprünglich
als Gegengewicht zur → *Handwerkskammer,* → *Landwirtschaftskammer,* → *Industrie- und Handelskammer* gedacht, wurden Arbeiterkammern in Deutschland jedoch nur in Bremen und im
Saarland errichtet. Arbeiterkammern gibt es auch in Österreich
und Luxemburg.

http://www.arbeiterkammer.de

▶ **Arbeiterrentenversicherung**

Teil der deutschen → *Sozialversicherung*. Sie wurde gegründet durch ein Gesetz aus dem Jahre 1889, das am 1. 1. 1891 in Kraft trat mit späteren Änderungen.

Die Versicherungsträger der Arbeiterrentenversicherung sind die → *Landesversicherungsanstalten (LVA)* unter dem Dach der Deutschen Rentenversicherung (→ *Rentenversicherung*). Rechtsgrundlage sind die Vorschriften im → *Sozialgesetzbuch (SGB)*, Teil VI.

Ebenso wie die *Angestelltenrentenversicherung* beruht auch die Arbeiterrentenversicherung auf dem Prinzip der Versicherungspflicht. **Pflichtversichert** sind u. a. alle Arbeiter und → *Auszubildende*, → *Handwerker*, die in der → *Handwerksrolle* eingetragen sind, arbeitnehmerähnliche → *Selbständige*, wie z. B. Hausgewerbetreibende und → *Heimarbeiter*, sowie Personen, die ihrer Erwerbstätigkeit vorübergehend nicht nachkommen können.

Nicht versicherungspflichtig sind u. a. kurzfristig Beschäftigte und → *Beamte*. Die früher unter bestimmten Voraussetzungen mögliche Befreiung von der Versicherungspflicht **(Geringfügigkeitsgrenze)** wurde mit dem **Gesetz zur Neuregelung der geringfügigen Beschäftigungsverhältnisse** ab dem 1. 4. 1999 beseitigt. → *Minijobs*.

Eine freiwillige Versicherung für nicht versicherungspflichtige Personen ist möglich.

Leistungen und Beiträge in der Arbeiterrentenversicherung sind ähnlich geregelt wie in der Angestelltenrentenversicherung.

http://www.lva.de

▶ **Arbeitgeber**

Natürliche oder → *Juristische Personen*, die wenigstens einen → *Arbeitnehmer* beschäftigen. Sie können sich in einem Arbeitgeberverband der → *Bundesvereinigung der Deutschen Arbeitgeberverbände (BDA)* organisieren, um gemeinsame Interessen in arbeitsrechtlichen (→ *Arbeitsrecht*) und sozialrechtlichen Fragen (→ *Sozialrecht*) wahrzunehmen.

Im arbeitsrechtlichen Sinne tritt der Arbeitgeber auf als **Vertragspartner** des Arbeitnehmers (Arbeitsverhältnis), als **Verhandlungspartner** der gesamten Belegschaft, die durch den → *Betriebsrat* vertreten wird, und als Verhandlungspartner gegenüber den → *Gewerkschaften*.

Der Arbeitgeber hat ein **Weisungs- und Kontrollrecht** (→ *Direktionsrecht*).

Er hat gegenüber seinen Arbeitnehmern die **Hauptpflicht** zur Lohnzahlung und eine Reihe von **Nebenpflichten** wie

● der **Schutz des Lebens** und der **Gesundheit** sowie des eingebrachten **Eigentums** (z. B. Fahrzeuge, Kleidung)

● die Gewährleistung dem → *Arbeitsvertrag* entsprechender **Beschäftigung**

● die **Gleichbehandlung** und

● der Schutz und die Respektierung der **Persönlichkeitsrechte** seiner Arbeitnehmer (freie Meinungsäußerung, Glaubens- und Gewissensfreiheit, → *Datenschutz* – auch für Personalakten – und freie Privatsphäre).

Nach Beendigung des Vertragsverhältnisses hat er die → *Arbeitspapiere* auszuhändigen. Daneben bestehen steuerrechtliche Verpflichtungen wie etwa die ordnungsgemäße Berechnung der → *Lohnsteuer* und → *Sozialversicherung* sowie die Aufbewahrung der → *Lohnsteuerkarte*.

▶ **Arbeitgeberanteil**

Der vom → *Arbeitgeber* neben dem Arbeitnehmeranteil für den → *Arbeitnehmer* an die Träger der → *Sozialversicherung* abzuführende Beitragsanteil. Er ist gesetzlich festgelegt und beträgt 50 % der jeweiligen Beiträge zur Sozialversicherung (Ausnahme: 100 % der Beiträge zur → *Unfallversicherung*).

Die anderen 50 % werden vom → *Bruttolohn* des Arbeitnehmers einbehalten **(Arbeitnehmeranteil)** und zusammen mit dem Arbeitgeberanteil abgeführt.

▶ **Arbeitgeberverbände** → *Bundesvereinigung der Deutschen Arbeitgeberverbände (BDA)*

▶ **Arbeitnehmer**

Bezeichnung für abhängig Beschäftigte, deren Arbeit dem → *Direktionsrecht* des Arbeitgebers unterliegt. Außerdem besteht eine wirtschaftliche Abhängigkeit gegenüber dem → *Arbeitgeber*.

Die **Hauptpflicht** eines Arbeitnehmers besteht im Zurverfügungstellen seiner Arbeitsleistung.

Hinzu kommen eine Reihe von **Nebenpflichten** wie z. B. die Treuepflicht – also die Wahrung schutzwürdiger Interessen des Arbeitgebers.

Hierzu zählen die Wahrung von **Geschäftsgeheimnissen**, das Vermeiden einer **Rufschädigung**, der **pflegliche Umgang** mit Arbeitsmitteln, die **Anzeige drohender Schäden** und keine Annahme von **Schmiergeldern**.

Die Arbeitnehmer organisieren sich zur Wahrung ihrer gemeinsamen Interessen in den → *Gewerkschaften*. Außerdem können sie Vertretungen wählen und Rechte wahrnehmen nach dem → *Betriebsverfassungsgesetz (BetrVG)* bzw. dem → *Bundespersonalvertretungsgesetz (BPersVG)*.

Arbeitnehmer sind Arbeiter, Angestellte, Auszubildende und → *Beamte*. Diese unterscheiden sich aber von Arbeitern und Angestellten durch die im Bundesbeamtengesetz besonders geregelten Rechte und Pflichten. → *Arbeitnehmerähnliche Personen/ Selbständige.*

▶ **Arbeitnehmerähnliche Personen/ Selbständige**

Bezeichnung für selbständig arbeitende Personen, die wegen ihrer wirtschaftlichen Abhängigkeit bestimmte Schutzrechte haben. Sie unterliegen der → *Rentenversicherung*, können unter bestimmten Umständen einen → *Tarifvertrag* abschließen (z. B. Journalisten) und haben einen Anspruch auf → *Urlaub*. Für → *Heimarbeiter* gelten besondere Vorschriften. → *Scheinselbständige.*

▶ **Arbeitnehmeranteil** → *Arbeitgeberanteil*

▶ **Arbeitnehmerentgelt**

(früher: → *Bruttoeinkommen aus unselbständiger Arbeit*). In der VGR (→ *Volkswirtschaftliche Gesamtrechnung (VGR)*) bei der Berechnung für das → *Nationaleinkommen* notwendige Größe. Sie wird berechnet als Summe der → *Bruttolohn- und Gehaltsumme* und → *Arbeitgeberanteil* zur → *Sozialversicherung*.

▶ **Arbeitnehmerfreibetrag** → *Steuerreform*

▶ **Arbeitnehmer-Pauschbetrag** → *Steuerreform*

▶ **Arbeitnehmer-Sparzulage** → *Vermögenswirksame Leistungen*

▶ **Arbeitnehmerüberlassung** → *Leiharbeit*

▶ **Arbeitsamt** → *Bundesagentur für Arbeit (BA)*

▶ **Arbeitsbeschaffungsmaßnahmen (ABM)** → *Arbeitslosenversicherung*

▶ **Arbeitsbescheinigung** → *Arbeitspapiere*

▶ **Arbeitsbewertung**

Begriff aus der → *Arbeitswissenschaft*. Die Anforderungen und Schwierigkeiten einzelner Arbeitsvorgänge oder eines einzelnen Arbeitsplatzes werden erfasst und nach objektiven Kriterien bemessen. Die Arbeitsbewertung soll die Voraussetzungen für eine möglichst gerechte Entlohnung schaffen, aber auch die Bedingungen für eine sinnvolle → *Rationalisierung* des Betriebsablaufes ermitteln. → *Äquivalenzprinzip*.

▶ **Arbeitsdirektor** → *Mitbestimmungsgesetz (MitbestG)*

▶ **Arbeitseinkommensquote** → *Lohnquote*

▶ **Arbeitsförderungsgesetz / Arbeitsförderung**

Das Arbeitsförderungsgesetz (AFG) war ein am 1. 7. 1969 in Kraft getretenes und mehrfach geändertes Bundesgesetz. Seit dem 1. 1. 1998 ist die Arbeitsförderung Teil III im → *Sozialgesetzbuch (SGB)*. Es umfasst die Regelungen der Leistungen und Aufgaben der → *Bundesagentur für Arbeit (BA)*.

Die Leistungen der Arbeitsförderung sollen dazu beitragen, dass ein hoher Beschäftigungsstand erreicht und die Beschäftigungsstruktur ständig verbessert wird. Sie sollen das Entstehen von → *Arbeitslosigkeit* vermeiden oder deren Dauer verkürzen unter Beachtung des Gleichheitsgrundsatzes von Frauen und Männern. Die Leistungen sollen den beschäftigungspolitischen Zielsetzungen der → *Sozialpolitik,* → *Wirtschaftspolitik* und → *Finanzpolitik* der Bundesregierung entsprechen (§ 1 SGB III).

Zur Erreichung dieser Ziele umfasst das SGB III einen Katalog von Leistungen an → *Arbeitnehmer,* → *Arbeitgeber* sowie an die Träger der Arbeitsförderungsmaßnahmen (§ 3 SGB III). Finanziert werden die Leistungen aus den Beiträgen zur → *Arbeitslosenversicherung,* durch Zuschüsse des Bundes und Umlagen der Arbeitgeber (→ *Winterausfallgeld*) (§ 341 SGB III bis § 366 SGB III).

▶ **Arbeitsgemeinschaft der Verbraucher (AGV)**

Gemeinnütziger → *Verein,* der das Ziel verfolgt, Verbraucherinteressen in den entsprechenden Gremien der Gesetzgebung und Verwaltung wahrzunehmen. → *Verbraucherpolitik.* Der Verein veröffentlicht regelmäßig Schriften zur Information (z. B. die Verbraucherpolitische Korrespondenz und die Verbraucherrundschau) und führt Beratungen durch in besonderen Verbraucher-Zentralen. Die AGV wird überwiegend durch Bundeszuschüsse finanziert.

http://www.agv.de/

▶ **Arbeitsgemeinschaft für Umweltfragen (AGU)**

1970 gegründeter → *Verein,* dessen Mitglieder aus Einzelpersonen und Institutionen bestehen. Die AGU unterhält eine Geschäftsstelle, mehrere Fachausschüsse und veranstaltet jährlich ein Umweltforum, bei dem spezielle Schwerpunktthemen behandelt werden.

http://www.ag-umweltfragen.de/

▶ **Arbeitsgemeinschaft Selbständiger Unternehmer (ASU)**

1949 gegründeter eingetragener → *Verein* von meist mittelständischen Unternehmen (→ *Mittelstand*) zur Wahrnehmung ihrer Interessen in Politik und Öffentlichkeit.

http://www.asu.de/

▶ **Arbeitsgericht**

Zur Klärung von Streitigkeiten zwischen → *Arbeitnehmer* und → *Arbeitgeber* aus dem Arbeitsverhältnis und für Streitfälle aus dem → *Betriebsverfassungsgesetz (BetrVG)* zuständige unterste Gerichtsinstanz. Streitigkeiten aus Arbeitsverhältnissen von Nichtarbeitnehmern (z. B. Vorstandsmitgliedern u. Ä.) sind vor den ordentlichen Gerichten auszutragen.

Die Prozessvertretung vor den Arbeitsgerichten kann sowohl durch die Parteien selbst als auch durch Vertreter ihrer → *Gewerkschaften* bzw. einen Vertreter vom zuständigen Arbeitgeberverband (→ *Arbeitgeberverbände*) erfolgen.

Dagegen ist in zweiter **(Landesarbeitsgericht)** und dritter Instanz **(Bundesarbeitsgericht)** eine Vertretung der Parteien durch Rechtsanwälte vorgeschrieben.

▶ **Arbeitsgesetzbuch** → *Arbeitsrecht*

▶ **Arbeitsintensiv** → *Lohnintensiv*

▶ **Arbeitskampf** → *Streik*, → *Aussperrung*

▶ **Arbeitskosten**

Bezeichnung für alle Aufwendungen (→ *Aufwand*) und → *Kosten* im Zusammenhang mit dem Einsatz des Produktionsfaktors

Arbeit (→ *Produktionsfaktoren*). Hierzu zählen alle Löhne und Gehälter sowie die → *Lohnnebenkosten*. Sie werden u. a. vom → *Statistischen Bundesamt* alle drei Jahre nach Wirtschaftszweigen und Unternehmensgrößenklasse erhoben. → *Standortdiskussion.*

▶ **Arbeitslose**

Nach der Definition im → *Sozialgesetzbuch (SGB)*, Teil III (§ 16 SGB III und 118 Abs. 1 SGB III), Bezeichnung für Personen die

- vorübergehend nicht in einem Beschäftigungsverhältnis stehen **(Beschäftigungslosigkeit)**,
- eine versicherungspflichtige (→ *Versicherungspflicht*), mindestens 15 Stunden wöchentlich umfassende Beschäftigung suchen **(Beschäftigungssuche** nach § 119 SGB III) und dabei den Vermittlungsbemühungen der → *Agentur für Arbeit* zur Verfügung stehen,
- sich bei der Agentur für Arbeit arbeitslos **gemeldet** haben.

Teilarbeitslos sind Personen, die eine versicherungspflichtige Beschäftigung verloren haben, die neben einer weiteren versicherungspflichtigen Tätigkeit ausgeübt wurde, und die eine neue versicherungspflichtige Tätgkeit suchen (§ 150 Abs. 2 SGB III). Bei Erfüllung der Anspruchsvoraussetzungen wird **Teilarbeitslosengeld** für höchstens 6 Monate gezahlt.

Nicht erfasst sind alle Personen, die sich aus Resignation nicht mehr bei der Agentur für Arbeit melden, weil sie z. B. ohne Beruf, über 50 Jahre und/oder behindert sind; ferner Jugendliche, die als Schulentlassene keine Lehrstelle oder Anstellung finden. Nicht erfasst werden auch teilzeitbeschäftigte Arbeitnehmer, die bereit wären, auch ganztägig beschäftigt zu sein. Für diesen nicht in der → *Arbeitsmarktstatistik* erfassten Personenkreis hat sich der Begriff „**Stille Reserve**" eingebürgert.

Nicht erfasst sind auch arbeitswillige Personen, die kurzarbeiten (→ *Kurzarbeit*), sich in → *Arbeitsbeschaffungsmaßnahmen (ABM)*, in Umschulung oder → *Vorruhestand* befinden.

Nach einer Neuregelung im Zuge der → *Hartz-Gesetze* müssen sich seit dem 1. 7. 2003 Personen, die arbeitslos werden, unverzüglich nach Kenntnis des Zeitpunkts der Beendigung des Arbeitsverhältnisses persönlich bei der → *Agentur für Arbeit* als arbeitsuchend melden. Nichtbeachtung führt zu einer Kürzung von → *Arbeitlosengeld I* (§ 37 b SGB III und § 140 SGB III). Siehe **Abb. 2**.

http://www.arbeitsagentur.de/

▶ **Arbeitslosengeld I** → *Arbeitslosenversicherung*

▶ **Arbeitslosengeld II**

Mit dem **Vierten Gesetz für moderne Dienstleistungen** (→ *Hartz-Gesetze*, Hartz IV) vom 30. 7. 2004 zum 1. 1. 2005 geschaffene Neuregelung, die die → *Sozialhilfe* für → *Erwerbsfähige* mit der **Arbeitslosenhilfe** zusammenführte. Rechtsgrundlage sind die Bestimmungen im → *Sozialgesetzbuch (SGB)*, Teil II.

Das Arbeitslosengeld II besteht aus einer **Grundsicherung für Arbeitsuchende** mit Leistungen zur Beendigung oder Verringerung der Hilfebedürftigkeit insbesondere durch Eingliederung in Arbeit und zur Sicherung des Lebensunterhalts (§ 1 SGB II).

Anspruchsberechtigt sind alle **erwerbsfähigen Hilfebedürftigen** zwischen 15 und unter 65 Jahren sowie die mit ihnen in einer **Bedarfsgemeinschaft** lebenden Angehörigen wie (Ehe-)Partner, minderjährige Kinder und die im Haushalt lebenden Eltern.

Hilfebedürftig ist, wer seinen Bedarf und den Bedarf seiner mit ihm in einer Bedarfsgemeinschaft lebenden Angehörigen nicht selbst in vollem Umfang decken kann (§ 9 SGB II).

Erwerbsfähige Hilfebedürftige und die mit ihnen in einer Bedarfsgemeinschaft lebenden Personen müssen alle Möglichkeiten zur Beendigung oder Verringerung ihrer Hilfebedürftigkeit ausschöpfen (**Grundsatz des Forderns** nach § 2 SGB II). Die Träger der Leistungen unterstützen dabei erwerbsfähige Hilfebedürftige umfassend mit dem Ziel der Eingliederung in Arbeit (**Grundsatz des Förderns** nach § 14 SGB II). Prinzipiell wird dabei unterstellt, dass einem erwerbsfähigen Hilfebedürftigen jede Arbeit – mit wenigen Einschränkungen – zumutbar ist (§ 10 SGB II). Bei Ablehnung von Eingliederungsmaßnahmen (z. B. für einen → *Ein-Euro-Job*), eines Ausbildungsangebots oder einer zumutbaren Arbeit trotz einer Belehrung über die Rechtsfolgen und ohne wichtigen Grund kann das Arbeitslosengeld II gekürzt oder – vor allem bei Jugendlichen unter 25 Jahren – ganz gestrichen werden (§ 31 SGB II).

Die Leistungen zur **Sicherung des Lebensunterhalts** entsprechen dem Niveau der Sozialhilfe.

Sie umfassen

- ein **Arbeitslosengeld II** als monatliche **Regelleistung** von 345 Euro (West) bzw. 331 Euro (Ost) sowie ggf. ein vom Alter nicht erwerbsfähiger hilfebedürftiger Familienangehörigen (z. B. Kinder) abhängiges **Sozialgeld** (§ 19 SGB II, § 20 SGB II und § 28 SGB II);
- ggf. **Mehrbedarfe** (z. B. für Schwangere, Personen mit minderjährigen Kindern, Behinderte) (§ 21 SGB II);
- Kosten für **Unterkunft und Heizung** bis zu einer bestimmten Höhe (§ 22 SGB II);
- ggf. Kosten für unabweisbaren Bedarf zur Sicherung des Lebensunterhalts (z. B. für Erstausstattung der Wohnung oder mit Bekleidung, Übernahme von Mietschulden) (§ 23 SGB II);
- Beiträge zur sozialen Sicherung als Pflichtversicherte (→ *Pflichtversicherung*) mit monatlichen Pauschalen von 125 Euro zur → *Krankenversicherung* und 14,90 Euro zur → *Pflegeversicherung* bzw. den Mindestbeitrag zur **gesetzlichen Rentenversicherung** oder einen Zuschuss zu den Beiträgen bei **freiwillig Versicherten** (§ 46 SGB I);
- ggf. einen **Kinderzuschlag** von bis zu 140 Euro pro Kind für Familien mit Kindern für längstens 36 Monate, wenn hierdurch auf Grund eigenen Einkommens oder Vermögens kein Anspruch mehr auf Arbeitslosengeld II oder Sozialgeld besteht;
- ggf. einen auf zwei Jahre befristeten **Zuschlag** beim Übergang von Arbeitslosengeld I in die Grundsicherung für Arbeitsuchende (§ 24 SGB II).

Bei der **Bedürftigkeitsprüfung** bleiben vorhandene **Vermögen** bis zu bestimmten altersabhängigen Höchstwerten ohne Anrechnung (§ 12 SGB II). Beim **Einkommen** gelten analoge Regelungen wie bei der Sozialhilfe – allerdings mit höheren Freibeträgen bei Anrechnung von Einkommen aus Erwerbstätigkeit als Anreiz für eine Arbeitsaufnahme (§ 11 SGB II und § 30 SGB II).

Die → *Gemeinden* und → *Landkreise* sind insbesondere zuständig für die Leistungen für Unterkunft und Heizung sowie für die Übernahme der Mehrbedarfe und Kinderbetreuungsleistungen (§ 36 SGB II). Die restlichen Leistungen sowie Eingliederungsleistungen (z. B. Beratung, Vermittlung, Förderung der → *Berufsausbildung* und → *Berufliche Weiterbildung* sowie → *Arbeitsbeschaffungsmaßnahmen*) fallen in die Zuständigkeit der → *Bundesagentur für Arbeit (BA)*.

Die Betreuung der Arbeitsuchenden erfolgt in einem → *Job-Center* einer → *Agentur für Arbeit.* Die kommunalen Träger und die Agenturen für Arbeit sollen zur Verwaltungsvereinfachung **Arbeitsgemeinschaften** bilden (§ 44 b SGB II). In einer für 6 Jahre befristeten **Experimentierklausel** können bis zu 69 Gemeinden oder Landkreise die gesamte Durchführung der Grundsicherung übernehmen (§ 6 a SGB II).

▶ **Arbeitslosenhilfe** → *Arbeitslosenversicherung*

▶ **Arbeitslosenquote**

Verhältnis der Zahl der → *Arbeitslosen* zur Zahl der abhängigen → *Erwerbspersonen* in %, siehe **Abb. 2.**

▶ **Arbeitslosenversicherung**

Teil der → *Sozialversicherung.* Rechtsgrundlage ist das → *Sozialgesetzbuch (SGB),* Teil III, vom 24. 3. 1997 mit spät. Änderungen (→ *Arbeitsförderung*). Die Mittel zur Finanzierung der Arbeitslosenversicherung werden je zur Hälfte durch Beiträge der → *Arbeitnehmer* und → *Arbeitgeber* aufgebracht. Der in den zurückliegenden Jahren mehrfach geänderte → *Beitragssatz* bezieht sich auf den Bruttoarbeitsverdienst des Arbeitnehmers, die abzuführenden Höchstbeträge orientieren sich an der → *Beitragsbemessungsgrenze.* Die Abführung der Beiträge zur Arbeitslosenversicherung erfolgt zusammen mit den Beiträgen zur gesetzlichen → *Krankenversicherung* und → *Rentenversicherung.*

Jahr	Gesamt-deutschland		West-deutschland		Ost-deutschland	
	Zahl in 1000	Arbeits-losen-quote %	Zahl in 1000	Arbeits-losen-quote %	Zahl in 1000	Arbeits-losen-quote %
1991	2602	–	1689	5,7	913	–
1992	2979	7,7	1808	5,9	1170	14,4
1993	3419	8,9	2270	7,3	1149	15,1
1994	3698	9,6	2556	8,2	1142	15,2
1995	3612	9,4	2565	8,3	1047	14,0
1996	3965	10,4	2796	9,1	1169	15,7
1997	4384	11,4	3021	9,8	1364	18,1
1998	4279	11,1	2904	9,4	1375	18,2
1999	4099	10,5	2756	8,8	1344	17,6
2000	3889	9,6	2529	7,8	1359	17,4
2001	3852	9,4	2478	7,4	1374	17,5
2002	4061	9,8	2498	7,7	1563	17,7
2003	4377	10,5	2753	8,4	1624	18,5
2004	4381	10,5	2781	8,5	1600	18,4

Abb. 2: Entwicklung der Arbeitslosigkeit in Deutschland seit 1991 (Quelle: Bundesagentur für Arbeit [BA])

Folgende Leistungen werden neben der → *Berufsberatung* und → *Arbeitsvermittlung* aus der Arbeitslosenversicherung u. a. finanziert:

(1) Arbeitslosengeld I bei Arbeitslosigkeit und beruflicher Weiterbildung wird an Arbeitnehmer gezahlt, die arbeitslos sind, sich bei der Agentur für Arbeit arbeitslos gemeldet und die Anwartschaftszeit erfüllt haben (§ 118 SGB III). Für Bezieher mit mindestens einem Kind beträgt das Arbeitslosengeld I 67 % des pauschalierten Nettoentgelts **(Leistungsentgelt)**, das sich aus dem Bruttoentgelt ergibt, das der Arbeitslose im Bemessungszeitraum erzielt hat **(Bemessungsentgelt)**. Für Arbeitslose ohne Kinder liegt der Satz bei 60 % (§ 129 SGB III). Das Bemessungsentgelt wird seit dem 1. 1. 2005 aus einem **Bemessungszeitraum** und **Bemessungsrahmen** von einem Jahr (§ 130 SGB III bis § 134 SGB III) errechnet. Entsprechendes gilt auch bei → *Teilarbeitslosigkeit* (§ 150 SGB III).

Der Zeitraum, für den Arbeitslosengeld I gezahlt wird, orientiert sich an der Dauer der früher geleisteten Pflichtbeiträge (**Beitragszeit**) und dem **Lebensalter**. Die Höchstdauer von 18 Monaten wird bei eintretender Arbeitslosigkeit nach dem 31.1.2006 bei einer Beitragszeit von 36 Monaten und bei Vollendung des 55. Lebensjahrs erreicht (§ 127 SGB III). Für Arbeitslosigkeit vor diesem Termin beträgt die Höchstdauer noch 32 Monate bei 57-jährigen und älteren Arbeitslosen. Danach gelten die Voraussetzungen für das Arbeitslosengeld II.

(2) **Arbeitslosenhilfe** (wurde ab 1.1.2005 durch das → **Arbeitslosengeld II** ersetzt).

(3) **Unterhaltsgeld** (seit 1.1.2005 durch die → *Hartz-Gesetze* nach **Hartz IV** entfallen).

(4) **Ausbildungsgeld** für behinderte Personen (§ 104 SGB III).

(5) → *Überbrückungsgeld* zur Aufnahme einer selbständigen Tätigkeit (→ *Selbständige).*

(6) → *Übergangsgeld* für Behinderte bei Teilnahme an Maßnahmen zur beruflichen Eingliederung.

(7) **Berufsbildungsbeihilfen** während einer beruflichen Ausbildung oder einer berufsvorbereitenden Bildungsmaßnahme. Gefördert wird die betriebliche oder überbetriebliche Ausbildung in nach dem → *Berufsbildungsgesetz (BBiG)* anerkannten Berufen (§ 59 SGB III).

(8) **Kurzarbeitergeld** wird an Arbeitnehmer gezahlt, deren Entgelt durch vorübergehende Kurzarbeit in einem Zeitraum eines Kalendermonats um mehr als 10 % gekürzt ist und zudem mindestens ein Drittel der Arbeitnehmer betroffen ist. Es beträgt für Bezieher mit mindestens einem Kind 67 %, für Bezieher ohne Kinder 60 % der Nettoentgeltdifferenz. Es wird für die Dauer der Kurzarbeit, längstens jedoch 6 Monate, gezahlt. In Ausnahmefällen kann unter bestimmten Voraussetzungen Kurzarbeitergeld bis zu 12 bzw. 24 Monaten gezahlt werden (§ 169 SGB III, § 177 SGB III und § 178 SGB III).

(9) **Winterausfallgeld, Wintergeld.** Erhalten Arbeitnehmer in der Bauwirtschaft, die auf einem witterungsabhängigen Arbeitsplatz

beitragspflichtig beschäftigt sind. Es ersetzte nach einer tarifvertraglichen Vereinbarung (→ *Tarifvertrag*) das **Schlechtwettergeld**, das seit 1959 als Lohnersatz bei witterungsbedingter Arbeitslosigkeit gezahlt wurde. Rechtsgrundlage sind die Vorschriften im Sozialgesetzbuch III (§ 212 SGB III und § 114 SGB III).

(10) → *Insolvenzgeld* (§ 183 SGB III).

(11) Beiträge zur → *Krankenversicherung*, → *Pflegeversicherung* und → *Rentenversicherung* der Empfänger von Arbeitslosengeld, Arbeitlosengeld II und Unterhaltsgeld, die nicht versicherungspflichtig waren, sowie Übernahme von Pflichtbeiträgen bei Insolvenzen (§ 207 SGB III bis 208 SGB III). Seit dem 1. 1. 1994 muss der Arbeitgeber beim Kurzarbeitergeld von Anfang an selbst die Beiträge tragen.

(12) Allgemeine **Arbeitsbeschaffungsmaßnahmen (ABM)** sind ein wichtiger Bestandteil der Förderungsmaßnahmen für eine Wiedereingliederung von Arbeitslosen in den Arbeitsprozess (§ 260 SGB III). Hierzu zählen z. B. die Förderung von Arbeiten, die im öffentlichen Interesse liegen. Hierbei wird bevorzugt die Schaffung von Dauerarbeitsplätzen zum Ausgleich der Folgen von Strukturveränderungen oder der technischen Entwicklung gefördert.

(13) Förderung der Arbeitsaufnahme (Zuschuss zu Bewerbungskosten, zu Reise- und Umzugskosten, Arbeitsausrüstung, Trennungsbeihilfen, Überbrückungsbeihilfen u. a.).

(14) Beschäftigung schaffende Infrastrukturmaßnahmen. Öffentlich-rechtliche Träger (→ *Öffentliche Unternehmen*) können unter bestimmten Voraussetzungen bis zum 31. Dezember 2007 durch einen angemessenen Zuschuss zu den Kosten von Arbeiten zur Verbesserung der → *Infrastruktur* und zur Erhaltung und Verbesserung der Umwelt gefördert werden. Voraussetzung ist, dass diese Arbeiten Arbeitslose durchführen, die von der Agentur für Arbeit zugewiesen werden (§ 279 a SGB III).

▶ **Arbeitslosigkeit**

Bezeichnung für einen Zustand, bei dem ein Teil der arbeitsfähigen und arbeitsbereiten → *Arbeitnehmer* (→ *Erwerbsfähige*) keine Arbeit findet. Diese Arbeitnehmer sind → *Arbeitslose*. Man unterscheidet zwischen saisonaler, konjunktureller, struktureller und friktioneller Arbeitslosigkeit.

● **Saisonale** Arbeitslosigkeit entsteht in bestimmten Jahreszeiten, z. B. im Fremdenverkehrsgewerbe, im Winter in der Bauwirtschaft und in der Landwirtschaft.

● **Konjunkturelle** Arbeitslosigkeit ist die Folge eines konjunkturellen Abschwungs (→ *Konjunktur*), in dem die Unternehmen nicht vorhandene Aufträge durch einen Abbau von Arbeitskräften zu kompensieren versuchen. Ein Mittel zur Bekämpfung der konjunkturellen Arbeitslosigkeit ist die → *Antizyklische Konjunkturpolitik*.

● **Strukturelle** Arbeitslosigkeit entsteht durch strukturelle Verschiebungen in der Volkswirtschaft, die ausgelöst sein können durch politische Einflüsse oder politische Umwälzungen, wie z. B. in Ostdeutschland, oder durch technischen Wandel. Bei technologisch bedingter Arbeitslosigkeit stimmen die Berufsqualifikationen der Arbeitsuchenden nicht mit den Anforderungen der angebotenen Arbeitsplätze überein (→ *Strukturpolitik*). Ein Mittel, die Auswirkungen struktureller Arbeitslosigkeit zu bekämpfen, sind Maßnahmen zur → *Umschulung* und Weiterbildung.

● **Friktionelle** Arbeitslosigkeit ist die zwischen Beendigung und Beginn einer neuen Beschäftigung liegende Arbeitslosigkeit bei einem Arbeitsplatzwechsel.

Strukturelle Gründe der Arbeitslosigkeit – bedingt z. B. durch zunehmende → *Automatisierung* von Arbeitsabläufen, durch fortschreitende Miniaturisierung (→ *Mikroprozessor*) sowie Änderungen im Verbrauchs- und Sparverhalten der Konsumenten (→ *Konsum*) – werden noch überlagert und verstärkt durch die Auswirkungen der → *Globalisierung* sowie die üblichen Schwankungen der nationalen und internationalen konjunkturellen Entwicklung und deren Wirkungen für das → *Wirtschaftswachstum*.

● Internationale Vergleiche der Arbeitlosigkeit führen nur dann zu sinnvollen Aussagen, wenn die Arbeitslosenzahlen in den zu vergleichenden Ländern mit gleichen statistischen Methoden erhoben wurden, z. B. im Standard der EU (→ *Europäische Union (EU)*) oder der → *OECD*.

http://www.destatis.de/

▶ **Arbeitsmarkt**

Bezeichnung für das Zusammentreffen von Angebot und Nachfrage nach Arbeitskräften. Zur Kennzeichnung der Situation am Arbeitsmarkt dienen die Zahlen für offene Stellen, registrierte → *Arbeitslose* und → *Kurzarbeiter*, wie sie von der → *Bundesagentur für Arbeit (BA)* monatlich veröffentlicht werden. → *Freie Berufe* werden nicht in die Beurteilung des Arbeitsmarktes einbezogen.

Der Arbeitsmarkt lässt sich aufteilen in einzelne Teilarbeitsmärkte, z. B. gegliedert nach Berufsqualifikationen wie ungelernte, angelernte oder gelernte Arbeiter, oder gegliedert nach einzelnen Regionen.

Neben dem **organisierten** Arbeitsmarkt, der über die Arbeitsämter läuft, gibt es noch den **unorganisierten** Arbeitsmarkt. Er wird über die Stellenanzeigen der großen Tages- und Wochenzeitungen sowie über private Arbeitsvermittler abgewickelt. → *Arbeitsvermittlung,* → *Freizügigkeit,* → *Zweiter Arbeitsmarkt.*

▶ **Arbeitsmarktpolitik**

Oberbegriff für alle Maßnahmen, die die Lage auf dem → *Arbeitsmarkt* beeinflussen sollen. Wesentlichstes Ziel ist das Erreichen bzw. die Aufrechterhaltung einer strukturell ausgeglichenen, auf → *Vollbeschäftigung* ausgerichteten Beschäftigungssituation.

Träger der Arbeitsmarktpolitik sind Bund, Länder und → *Gemeinden,* → *Gewerkschaften* und → *Arbeitgeber* sowie die → *Bundesagentur für Arbeit (BA).*

Die Instrumente der Arbeitsmarktpolitik sind vielfältig und interessenabhängig unterschiedlich: Die Grenzen staatlicher Interventionen liegen jedoch in Beschränkungen der Haushalte (→ *Öffentliche Haushalte*). So etwa bei der Finanzierung von Maßnahmen zur Arbeitsförderung (→ *Arbeitsförderungsgesetz/Arbeitsförderung*) oder zur → *Steuerpolitik* und → *Konjunkturpolitik.* Die → *Lohnpolitik* oder Maßnahmen im Bereich → *Arbeitszeit* (z. B. → *Arbeitszeitverkürzung*) unterliegen einvernehmlichen Regelungsabsprachen durch → *Tarifvertrag* usw. → *Bündnis für Arbeit.*

▶ **Arbeitsmarktstatistik**

Teil der amtlichen Statistik. Sie erfasst Zahlen zur Beschäftigung und → *Arbeitslosigkeit* (Bestand, Struktur, Zu- und Abgänge), zur Berufsberatung und Arbeitsvermittlung, zur Kurzarbeit und Zahl der offenen Stellen.

Im engeren Sinne werden als Arbeitsmarktstatistik nur die von der → *Bundesagentur für Arbeit (BA)* erhobenen und veröffentlichten Statistiken bezeichnet. → *Arbeitslose.*

http://www.destatis.de/

▶ **Arbeitsmedizin**

Medizinische Fachdisziplin, die sich mit den gesundheitlichen Begleiterscheinungen befasst, denen Menschen im täglichen Arbeitsprozess unterliegen. Dabei geht es um die Diagnose, Therapie und Behandlungsmethoden sowie um die Vorsorge zur Vermeidung gesundheitlicher Schäden. Ziel ist die Erhaltung bzw. die Wiederherstellung der beruflichen Leistungsfähigkeit.

▶ **Arbeitsmobilität**

Bereitschaft der → *Arbeitnehmer*, ihren Arbeitsplatz zu wechseln. Es lassen sich unterscheiden die **innerbetriebliche, regionale** und **internationale** Mobilität.

Daneben gibt es noch die **berufliche** Mobilität, d. h. die Bereitschaft von Arbeitnehmern, den Beruf zu wechseln. Insbesondere der strukturellen → *Arbeitslosigkeit* kann durch eine erhöhte Arbeitsmobilität entgegengewirkt werden. Dabei kommt der beruflichen Mobilität besondere Bedeutung zu, z. B. wenn Arbeitnehmer strukturgeschädigter Branchen (z. B. Bergbau, Stahlindustrie, Werften) auf neue Arbeitsplätze in anderen Branchen und ggf. in anderen Regionen umgeschult werden.

▷ **Arbeitsordnung**

→ *Betriebsvereinbarung* zwischen → *Arbeitgeber* und → *Betriebsrat*, die alle oder bestimmte Gruppen der → *Arbeitnehmer* zu einem bestimmten Verhalten verpflichtet (z. B. Alkohol- oder Rauchverbot).

▷ **Arbeitspapiere**

Der → *Arbeitgeber* hat nach Beendigung eines Arbeitsverhältnisses seinem früheren → *Arbeitnehmer* unverzüglich die Arbeitspapiere auszuhändigen. Hierfür besteht eine Holschuld des Arbeitnehmers. Die wichtigsten Arbeitspapiere sind:

● **Zeugnis** – nach § 630 BGB entweder als
  – einfaches Zeugnis mit Informationen über Art und Dauer der Tätigkeit oder
  – qualifiziertes Zeugnis mit einer wahrheitsgetreuen Bewertung von Leistung und Führung – mit der Pflicht einer wohlwollenden Beurteilung ohne Geheimmerkmale
  – **Zwischenzeugnis**, das auf Verlangen auch vor Beendigung des Arbeitsverhältnisses ausgestellt werden kann, bis das endgültige Zeugnis ausgehändigt wird;

● → *Lohnsteuerkarte* mit eingetragener Lohnbescheinigung (§ 39 EStG);

● **Sozialversicherungsnachweisheft** und **Sozialversicherungsausweis** (§ 280 SGB III);

● **Arbeitsbescheinigung** mit Informationen über Art der Tätigkeit, Dauer, Arbeitsentgelt und Grund für Beendigung des Beschäftigungsverhältnisses. Diese ist wichtig bei Entscheidungen u. a. über → *Arbeitlosengeld I*, → *Arbeitslosengeld II* oder → *Unterhaltsgeld* (§ 312 SGB III);

● **Urlaubsbescheinigung** als Nachweis für den bereits gewährten Jahresurlaub (§ 6 Abs. 2 BUrlG).

▷ **Arbeitsphysiologie**

Wissenschaft von der körperlichen Reaktion des Menschen auf Art, Gegenstand, Dauer und Umgebung einer betrieblichen Tätigkeit. Sie liefert die Grundlagen zur → *Humanisierung der Arbeit*.

▶ **Arbeitsplatzschutzgesetz**

Das **Gesetz über den Schutz des Arbeitsplatzes bei Einberufung zum Wehrdienst (ArbPlSchG)** i. d. F. vom 14. 2. 2001 bildet für → *Arbeitnehmer* die Rechtsgrundlage zur Erhaltung und den Schutz des Arbeitsplatzes bei Einberufung zum Wehrdienst und zivilen Ersatzdienst. In diesen Fällen ruht das Arbeitsverhältnis. Es tritt nach Beendigung der Dienstverpflichtung wieder ein. → *Kündigungsschutz.*

http://www.sidiblume.de/

▶ **Arbeitsproduktivität**

Wichtige Kennzahl (→ *Kennzahlen*) zur Messung der betrieblichen und volkswirtschaftlichen Leistungsfähigkeit. Sie wird gemessen als **Produktion je Beschäftigten** oder als **Produktion je Arbeitsstunde**.

Steigerungen der Arbeitsproduktivität können bedingt sein durch eine wachsende Leistungsintensität des Produktionsfaktors Arbeit (→ *Produktionsfaktoren*), durch zweckmäßigeren Kapitaleinsatz und durch technische und/oder organisatorische Verbesserungen des Betriebsablaufs. Steigende Produktivitätskennziffern sind Ausdruck zunehmender → *Rationalisierung* und Mechanisierung. → *Produktivität* (siehe Tabelle Seite 1086).

▶ **Arbeitsrecht**

Rechtliche Grundlage zur Regelung der Beziehungen zwischen → *Arbeitgeber* und → *Arbeitnehmer* (**individuelles Arbeitsrecht**) sowie ihrer Interessenvertretungen → *Gewerkschaften,* → *Arbeitgeberverbände* und → *Betriebsrat* (**kollektives Arbeitsrecht**).

Die **Rechtsgrundlagen** des Arbeitsrechts folgen einer **Rangordnung**, die darauf aufbaut, dass der Staat gegenüber Arbeitnehmern eine Schutzpflicht hat:

---

1. **Verfassungsregelungen** (z. B. → *Koalitionsfreiheit*, → *Sozialstaatsgebot*, → *Berufsfreiheit*, Grundsatz der Gleichberechtigung nach Art. 3 GG);

2. **Gesetzliche Regelungen**
   - → *Bürgerliches Gesetzbuch (BGB)* mit seinen Regelungen über den → *Arbeitsvertrag*, Kündigungsfristen (→ *Kündigungsschutz*), → *Entgeltzahlung*, Zeugniserteilung (→ *Arbeitspapiere*)
   - **Gesetze zum Arbeitsrecht** (z. B. → *Kündigungsschutzgesetz*, → *Arbeitsplatzschutzgesetz*, → *Entgeltfortzahlungsgesetz*, → *Arbeitszeitgesetz*, → *Bundesurlaubsgesetz*, → *Tarifvertragsgesetz*, → *Mutterschutzgesetz*, → *Jugendarbeitsschutzgesetz*, → *Schwerbehindertengesetz* (→ *Sozialgesetzbuch (SGB)*, Teil IX) → *Berufsbildungsgesetz (BBiG)*, → *Betriebsverfassungsgesetz (BetrVG)* und → *Bundespersonalvertretungsgesetz (BPersVG)*, → *Mitbestimmungsgesetz (MitbestG)*, → *Nachweisgesetz*),
   - **Gewerbeordnung** mit ihrer Regelung der → *Sonn- und Feiertagsarbeit*;

3. → *Tarifvertrag*;
4. → *Betriebsvereinbarung*;
5. **Einzelarbeitsverträge;**
6. → *Direktionsrecht* des Arbeitgebers aus dem Arbeitsverhältnis.

Das jeweils höher stehende Recht verdrängt das nachfolgende Recht. Jedoch gilt das **Günstigkeitsprinzip**, d. h. eine rangniedere Regelung hat dann den Vorrang, wenn diese einen für den Arbeitnehmer günstigeren Inhalt hat (z. B. Tarifvertrag verbessert gesetzliche Regelungen).

Außerdem bleiben günstigere Bedingungen, die beim Inkrafttreten eines Tarifvertrages in Geltung waren, in Kraft. Ausnahme: → *Verbandsklage*.

Umgekehrt gilt, dass im Falle von Tariflohnerhöhungen sich ein übertariflicher Lohn nicht automatisch um die Tariflohnvereinbarung erhöht – es sei denn, dies war ausdrücklicher Bestandteil im → *Arbeitsvertrag* (→ *Lohndrift*).

Streitigkeiten aus dem Arbeitsrecht werden im Allgemeinen beim → *Arbeitsgericht* geklärt. Zu vielen möglichen Einzelfällen existiert ein umfangreiches Richterrecht, das die geltenden gesetzlichen Rahmenvorschriften ausfüllt.

Bisher ist es noch nicht gelungen, alle das Arbeitsrecht betreffenden Einzelgesetze systematisch in einem **Arbeitsgesetzbuch** zusammenzufassen.

▶ **Arbeitsschutz**

Das sind im weitesten Sinne alle Maßnahmen, durch die → *Arbeitnehmer* im Betrieb in ihrer beruflichen Betätigung geschützt werden. Zum Arbeitsschutz gehören insbesondere die Verhütung von Arbeitsunfällen (→ *Unfallschutz*) und → *Berufskrankheiten*, der → *Jugendarbeitsschutz* und der → *Mutterschutz*, der Arbeitszeit- und Lohnschutz (→ *Tarifvertrag*, → *Betriebsvereinbarung*). Grundlage ist das entsprechend verschiedenen *Richtlinien der EU* (→ *Europäische Gesetzgebung*) zum 7. 8. 1996 geänderte **Arbeitsschutzgesetz** sowie das → *Sozialgesetzbuch (SGB)*, Teil VII, vom 7. 8. 1996 und verschiedene → *Rechtsverordnungen*, Verwaltungsvorschriften und sonstige Regelungen (z. B. → *DIN-Normen*, → *VDE-Vorschriften*).

Für die Überwachung der Arbeitsschutzbestimmungen ist der → *Betriebsrat* oder → *Personalrat* sowie die → *Gewerbeaufsicht* zuständig. Die Überwachung der Einhaltung der Vorschriften für → *Schwerbehinderte* obliegt der jeweils zuständigen → *Agentur für Arbeit* (für Eingliederungsmaßnahmen) und den Hauptfürsorgestellen (für die soziale Betreuung). Für Unfallverhütung und Gewerbehygiene sowie für die Einhaltung der Sicherheitsvorschriften sind die → *Berufsgenossenschaften* und Technischen Überwachungsvereine (TÜV) zuständig.

In Unternehmen mit mehr als 20 Beschäftigten sind ein oder mehrere Sicherheitsbeauftragte zu bestellen. Außerdem müssen vom → *Arbeitgeber* nach dem **Gesetz über Betriebsärzte, Sicherheitsingenieure und andere Fachkräfte für Arbeitssicherheit (Arbeitssicherheitsgesetz)** vom 12. 12. 1973 solche Spezialisten benannt werden. → *Gefährliche Arbeitsstoffe*, → *Frauenarbeitsschutz*.

http://www.sidiblume.de

▶ **Arbeitsschutzgesetz** → *Unfallschutz*

▶ **Arbeitssicherheitsgesetz** → *Unfallschutz*

▶ **Arbeitsspeicher** → *RAM,* → *Zentraleinheit*

▶ **Arbeitsstätten** → *Betrieb*

▶ **Arbeitsstättenverordnung**

Eine am 12. 8. 2004 novellierte → *Rechtsverordnung* auf der Grundlage des Arbeitsschutzgesetzes (§ 18 ArbSchG) (→ *Unfallschutz*), in der Mindestanforderungen für Arbeitsplätze festgelegt werden.

Sie enthält die grundlegenden Pflichten der → *Arbeitgeber* zur Sicherheit und zum Gesundheitsschutz in → *Arbeitsstätten* und beschreibt die zu erreichenden Schutzziele. Durch einheitliche und flexible Grundvorschriften wird den Betrieben – innerhalb der zwingenden Vorgaben in den Richtlinien der EU (→ *Europäische Gesetzgebung*) für das Einrichten und Betreiben von Arbeitsstätten – Spielraum für an ihre Situation angepasste Arbeitsschutzmaßnahmen eingeräumt.

Ausgenommen von den Regelungen sind Arbeitsstätten im Bergbau, in der Landwirtschaft, im Straßen-, Schienen- und Luftverkehr (hier gibt es einen eigenen Arbeitsschutz nach dem geltenden Verkehrsrecht) sowie im öffentlichen Dienst (→ *Öffentlicher Dienst*).

Die Bestimmungen umfassen u. a. Vorschriften zu Lüftung und Raumabmessungen, zum Nichtraucherschutz, zu Raumtemperatur, Beleuchtung, → *Lärmschutz*, Schutz vor giftigen Gasen und Stäuben, über die Bewegungsfläche am Arbeitsplatz, Pausen- und Sanitärräume sowie für Baustellen und Verkaufsstände im Freien.

http://www.bundesrecht.juris.de/bundesrecht/arbst_ttv_2004/

▶ **Arbeitsstättenzählung**

Vom Statistischen Bundesamt (→ *Statistisches Bundesamt*) zuletzt 1987 (die vorletzte war 1970) durchgeführte amtliche Zählung aller → *Arbeitsstätten*. Nicht erfasst werden Arbeitsstätten in der Land- und Forstwirtschaft und der Fischerei, die nicht als Gewerbebetriebe im steuerlichen Sinn gelten. Sie gibt wichtige Auskünfte über Beschäftigungsstruktur und Beschäftigtenzahlen, zur Rechtsform der Unternehmen und der dort gezahlten Löhne und Gehälter (als jeweilige Lohnsumme gemessen).

▶ **Arbeitsvermittlung**

Vermittlertätigkeit zwischen Arbeitgebern, die Arbeitskräfte suchen, und für → *Arbeitnehmer*, die Arbeit suchen. Die staatliche Arbeitsvermittlung durch die → *Bundesagentur für Arbeit (BA)* steht als gemeinnützige Einrichtung allen Arbeitnehmern und Arbeitgebern unentgeltlich zur Verfügung. Den seit 1994 zugelassenen privaten Arbeitsvermittlern (→ *Beschäftigungsförderungsgesetz*) hat der → *Arbeitgeber* eine Vergütung zu zahlen. Seit dem 1. 4. 2002 haben → *Arbeitslose* einen Anspruch auf private Vermittlung, wenn sie mindestens drei Monate arbeitslos gemeldet waren. → *Hartz-Gesetze.*

▶ **Arbeitsvertrag**

Privatrechtlicher → *Vertrag* zwischen → *Arbeitgeber* und → *Arbeitnehmer* zur Begründung eines Arbeitsverhältnisses. Die Arbeitnehmer unterstehen dann dem Weisungs- und Kontrollrecht (→ *Direktionsrecht*) des Arbeitgebers.

Die Gestaltungsfreiheit des Vertragsinhalts eines Arbeitsvertrages ist eingeschränkt durch zwingende gesetzliche Vorschriften im → *Arbeitsrecht* sowie durch die Ergebnisse der Rechtsprechung. Vertragliche Festlegungen, die dem nicht entsprechen, sind nichtig.

Für den Arbeitsvertrag ist die Schriftform nicht gesetzlich vorgeschrieben. Jedoch ist der Arbeitgeber verpflichtet, die wichtigsten Inhalte des Arbeitsvertrages bis spätestens einen Monat nach dem vereinbarten Beginn des Arbeitsverhältnisses nach dem → *Nachweisgesetz* schriftlich zu bestätigen (§ 2 NachwG). In dieser Niederschrift sind mindestens aufzunehmen: Name und Anschrift der Vertragspartei, Zeitpunkt des Beginns des Arbeitsverhältnisses, die vorhersehbare Dauer für → *Befristete Arbeitsverhältnisse*, Arbeitsort, Beschreibung der vom Arbeitnehmer zu leistenden Tätigkeit, Zusammensetzung und Höhe des Arbeitsentgeltes, → *Arbeitszeit*, Dauer des jährlichen Erholungsurlaubs (→ *Bundesurlaubsgesetz*), Kündigungsfristen (→ *Kündigungsschutz*), Hinweis auf einen → *Tarifvertrag* oder eine → *Betriebsvereinbarung*, die auf das Arbeitsverhältnis anzuwenden sind, Unterschrift des Arbeitgebers und Aushändigung. Geht ein Betrieb oder Teile des Betriebs auf einen neuen Arbeitgeber über, so tritt dieser in die Rechte und Pflichten des alten Arbeitgebers ein. Die Rechte und Pflichten des Arbeitnehmers bleiben unberührt (→ *Betriebsübergang*).

Wird eine vom Arbeitgeber erwünschte Veränderung der Arbeitsleistung nicht mehr durch sein Weisungsrecht gedeckt, muss der Arbeitvertrag geändert werden. Dies erfolgt entweder einvernehmlich oder durch → *Änderungskündigung*.

▶ **Arbeitsverwaltung** → *Bundesagentur für Arbeit (BA)*

▶ **Arbeitswissenschaft**

Wissenschaftlicher Fachbereich, der sich mit der menschlichen Arbeit, ihren Bedingungen und Folgewirkungen beschäftigt. Zur Arbeitswissenschaft zählen die → *Ergonomie*, die → *Arbeitsbewertung*, Fragen der Entlohnung der Arbeit, der → *Arbeitsmedizin*, → *Arbeitsphysiologie* und Arbeitspsychologie. → *Humanisierung der Arbeit*.

▶ **Arbeitszeit**

„Zeit vom Beginn bis zum Ende der Arbeit ohne die Ruhepausen" (§ 2 Abs. 1 ArbZG), d. h. also die Zeit, in der → *Arbeitnehmer* dem → *Arbeitgeber* zur Verfügung stehen.

Die durch → *Tarifvertrag* vereinbarte tarifliche Arbeitszeit ist dagegen mit in der Regel weniger als 40 Stunden pro Woche wesentlich kürzer als die gesetzliche Arbeitszeit von 48 Stunden. Außerdem können im Tarifvertrag auch weitere, über die Regelungen des Arbeitszeitgesetzes hinausgehende Vereinbarungen getroffen werden (z. B. über bezahlte Pausen). Im weiteren Sinne kann als Arbeitszeit die gesamte arbeitsgebundene Zeit verstanden werden,

die sich zusammensetzt aus den Wegezeiten von und zur Arbeitsstätte, aus den reinen Tätigkeitszeiten, den Pausenzeiten und Zeiten für die berufliche Fort- und Weiterbildung.

Die **Arbeitszeit-Richtlinie der EU** (→ *Europäische Gesetzgebung*) von 1993, die mit dem **Arbeitszeitgesetz (Gesetz zur Vereinheitlichung und Flexibilisierung des Arbeitszeitrechts (ArbZG))**
vom 6. 6. 1994 in deutsches Recht umgesetzt wurde, legt für Arbeitnehmer Mindeststandards bei der Arbeitszeitgestaltung EU-ein-
heitlich fest. Das Arbeitszeitgesetz ersetzte die alte Arbeitszeitordnung aus dem Jahr 1938. Nunmehr gilt:

● Die tägliche Arbeitszeit kann auf bis zu 10 Stunden verlängert
werden, sofern diese Verlängerung innerhalb von 6 Monaten auf
werktäglich durchschnittlich 8 Stunden ausgeglichen wird (§ 3
ArbZG).

● Die ununterbrochene Ruhezeit nach Beendigung der täglichen
Arbeitszeit muss mindestens 11 Stunden betragen (§ 5 Abs. 1
ArbZG). Für bestimmte Berufe, z. B. in Gaststätten, Krankenhäusern, Verkehrsbetrieben, Landwirtschaft gelten Ausnahmeregelungen.

● Bei mehr als 6 Stunden Arbeit muss eine Unterbrechung von
mindestens 30 Minuten, bei mehr als 9 Stunden Arbeitszeit eine
Unterbrechung von mindestens 45 Minuten erfolgen (§ 4 ArbZG).

● *Nachtarbeit* und → *Schichtarbeit* ist grundsätzlich auf 8 Stunden begrenzt. Dabei muss der Arbeitgeber regelmäßige unentgeltliche arbeitsmedizinische Untersuchungen (→ *Arbeitsmedizin*)
für Nachtarbeit ggf. mit einem Anspruch auf Umsetzung in Tag-
arbeit ermöglichen (§ 6 ArbZG).

● Das Verbot von → *Sonn- und Feiertagsarbeit* gilt grundsätzlich
für alle Beschäftigungsbereiche (§ 9 ArbZG). Allerdings gibt es
eine ganze Reihe von Ausnahmen (§ 10 ArbZG).

● In einem → *Tarifvertrag* oder auf Grund eines Tarifvertrags in
einer → *Betriebsvereinbarung* getroffene abweichende Regelungen sind unter bestimmten Bedingungen möglich (§ 7 ArbZG).

● Durch → *Rechtsverordnungen* der Bundesregierung können
für Arbeitnehmer mit gefährlichen Arbeiten (→ *Gefährliche Güter*, → *Gefährliche Stoffe*) die Arbeitszeiten weiter beschränkt
werden (§ 8 ArbZG).

Bestimmte Regelungen zum → *Frauenarbeitsschutz* wurden mit dem Arbeitszeitgesetz aufgehoben, z. B. das Nachtarbeitsverbot für Arbeiterinnen, Beschäftigungsverbot für Frauen in der Stahlindustrie (verblieben ist nur das Verbot der Untertagearbeit im Bergbau). → *Standortdiskussion*, → *Sozialcharta*; siehe **Abb. 3** (S. 80) und **Abb. 4** (S. 81).

http://bundesrecht.juris.de/bundesrechtl

▶ **Arbeitszeitflexibilisierung**

Bestandteil eines unter dem Stichwort Flexibilisierung im → *Arbeitsrecht* verstandenen Konzepts. Arbeitszeitflexibilisierung soll „Arbeit nach Maß" bringen in dem Sinne, dass → *Arbeitnehmer* in ihrer zeitlichen Verfügbarkeit stärker den betrieblichen Erfordernissen angepasst werden sollen (→ *Kapovaz*). Dieses Konzept entspricht der Forderung der Verbände der → *Arbeitgeber*, durch Ausweitung der → *Teilzeitarbeit* (z. B. über → *Jobsharing*), Ausdehnung der → *Leiharbeit* und befristeter Arbeitsverhältnisse, Kostenentlastungen der Unternehmen zu ermöglichen. → *Standortdiskussion*.

Die Konzepte zur Arbeitszeitflexibilisierung mit dem Ziel einer Anpassung von Arbeitsanfall und Personaleinsatz sollen Leerlaufzeiten weitgehend ausschalten. Die Folge sind für die beschäftigten Arbeitnehmer eine Steigerung der Arbeitsintensität, für die Arbeitgeber steigende Gewinne durch Steigerung der → *Produktivität* und weitere Möglichkeiten zur → *Rationalisierung*.

Die → *Gewerkschaften* akzeptieren Formen der Arbeitszeitflexibilisierung nur unter bestimmten Voraussetzungen. So sollen die Regelungen durch → *Tarifvertrag* und/oder gesetzliche Bestimmungen Aspekte des Arbeitnehmerschutzes sowie weitere Mindestbedingungen umfassen. Die neuen Arbeitszeitsysteme sollen zur → *Humanisierung der Arbeit* beitragen und dem Mitbestimmungsrecht von → *Betriebsrat* bzw. → *Personalrat* unterliegen.

Es existieren eine ganze Reihe von Modellen zur Arbeitszeitflexibilisierung, die durch Tarifvertrag oder → *Betriebsvereinbarung* (z. B. für → *Gleitende Arbeitszeit* oder zur Begrenzung von

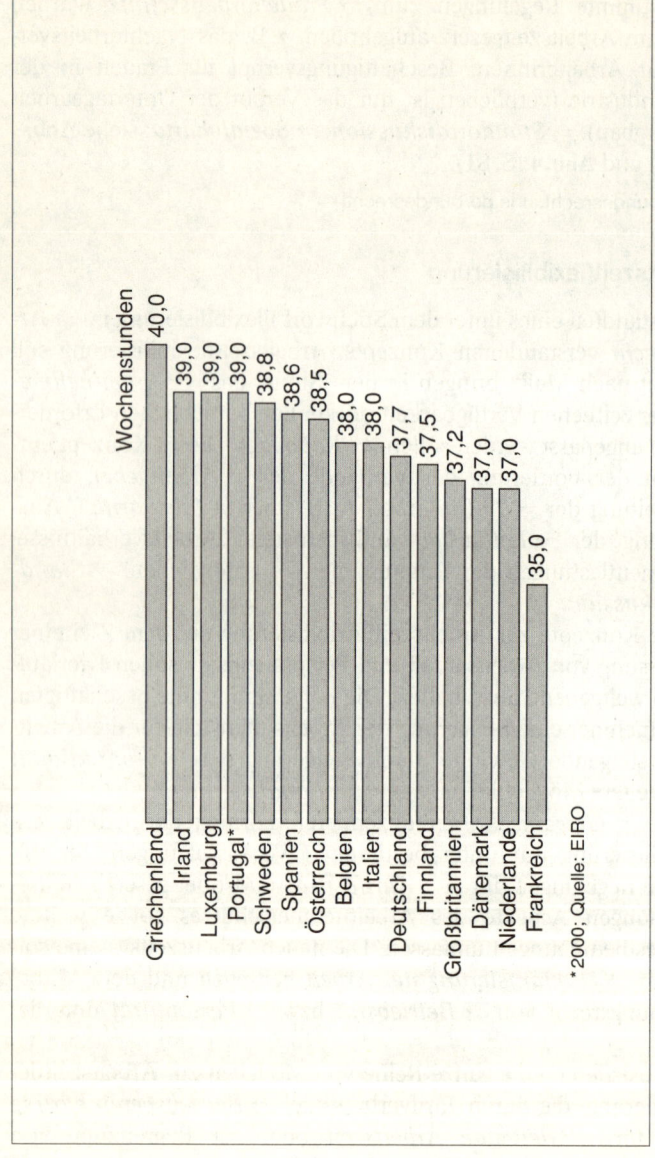

Abb. 3: Durchschnittliche tarifvertragliche Arbeitszeit 2003 in der EU

Wochenstunden

Griechenland	40,0
Irland	39,0
Luxemburg	39,0
Portugal*	39,0
Schweden	38,8
Spanien	38,6
Österreich	38,5
Belgien	38,0
Italien	38,0
Deutschland	37,7
Finnland	37,5
Großbritannien	37,2
Dänemark	37,0
Niederlande	37,0
Frankreich	35,0

* 2000; Quelle: EIRO

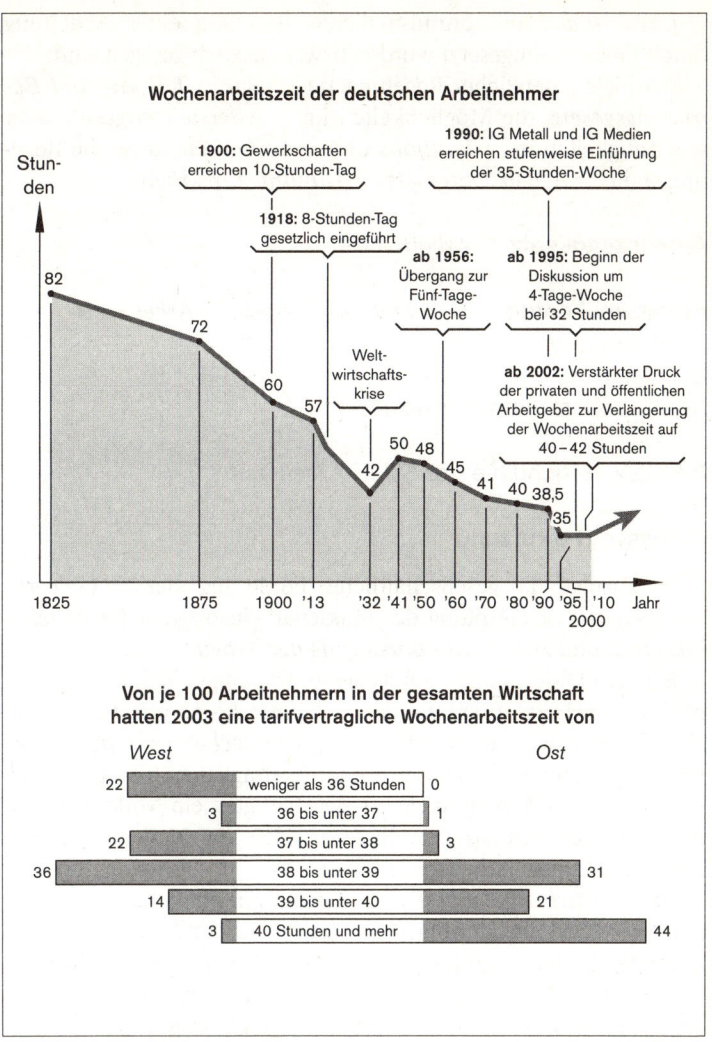

Abb. 4: Entwicklung der Verkürzung der Wochenarbeitszeit (Quelle: Destatis; IdW, Köln)

→ *Überstunden* mit grundsätzlicher Regelung einer Abgeltung durch Freizeit) umgesetzt wurden bzw. gesetzlich geregelt sind.

Beispiele gesetzlicher Regelungen sind das → *Teilzeit- und Befristungsgesetz*, die Möglichkeiten im → *Altersteilzeitgesetz* oder von Tätigkeiten in → *Minijobs* und → *Leiharbeit* sowie die Regelungen im → *Arbeitszeitgesetz.* → *Bündnis für Arbeit.*

▶ **Arbeitszeitgesetz** → *Arbeitszeit*

▶ **Arbeitszeitkonten** → *Gleitende Arbeitszeit;* → *Arbeitszeitflexibilisierung*

▶ **Arbeitszeitordnung** → *Arbeitszeit*

▶ **Arbeitszeit-Richtlinie der EU** → *Arbeitszeit*

▶ **Arbeitszeitverkürzung**

Herausragende gesellschaftliche Forderung der → *Gewerkschaften* zur Bekämpfung der Massenarbeitslosigkeit (→ *Arbeitslosigkeit*) und zur → *Humanisierung der Arbeit.*

Seit den Diskussionen um Kostenentlastungen in den Hauhaltsplänen (→ *Haushaltsplan*) der → *Gebietskörperschaften* sehen einige Politiker und öffentliche → *Arbeitgeber* (→ *Öffentlicher Dienst*) in einer Verlängerung der tarifvertraglichen bzw. gesetzlich vereinbarten → *Arbeitszeit* ihrer Beschäftigten ein Mittel zur Verringerung der → *Kosten* durch Vermeiden von Neueinstellungen bei gleichzeitigem Arbeitsplatzabbau.

Auch → *Arbeitgeberverbände* fordern mit ähnlichen Argumenten eine Rückkehr zu längeren Arbeitszeiten und eine Änderung geltender Tarifverträge (→ *Tarifvertrag*). Sie erwarten von Kosteneinsparungen Mittel (→ *Gewinn*) zur → *Finanzierung* notwendiger → *Investitionen* und hieraus folgend Impulse für mehr → *Wirtschaftswachstum* und Wettbewerbsfähigkeit (→ *Standortdiskussion*).

Die Gewerkschaften lehnen eine Änderung geltender Tarifverträge ab, weil sie von längeren Arbeitszeiten keine Verminderung der Arbeitslosenzahlen erwarten. Gleichwohl gibt es Tarifvereinbarungen (z. B. für die Metall- und Elektrobranche), die eine flexible Handhabung der Arbeitszeiten für hoch Qualifizierte auf höchstens 40 Stunden mit vollem Lohnausgleich zulassen.

Zur Verkürzung der Arbeitszeit gibt es eine Vielzahl von Möglichkeiten, die sich beziehen auf die Verkürzung der

(a) täglichen Arbeitszeit,

(b) wöchentlichen Arbeitszeit,

(c) jährlichen Arbeitszeit,

(d) Lebensarbeitszeit.

Zu (a): Die **tägliche** „Normalarbeitszeit" darf nach dem → *Arbeitszeitgesetz* 8 Stunden nicht überschreiten. Dies gilt aber nur als werktägliche Durchschnittsgröße innerhalb von 6 Monaten. Ansonsten sind bis zu 10 Stunden werktägliche Arbeit erlaubt.

Zu (b): Nach dem Arbeitszeitgesetz gilt im Grundsatz eine **wöchentliche** Arbeitszeit von 48 Stunden. Im Ausnahmefall sind bis zu 60 Wochenstunden erlaubt. Die tarifvertragliche Arbeitszeit liegt dagegen in der Regel unter 40 Wochenstunden.

Die Einführung der 35-Stunden-Woche in allen Wirtschaftsbereichen gilt nach wie vor als vorrangiges Ziel gewerkschaftlicher Bestrebungen zur Sicherung vorhandener und Schaffung neuer Arbeitsplätze. Dabei werden Arbeitszeitverkürzung und voller Lohnausgleich im Grundsatz als zusammengehörende Forderung gestellt, d. h. die Arbeitnehmer sollen auch bei kürzeren Arbeitszeiten den gleichen Lohn erhalten. Modelle wie die im Herbst 1993 bei VW zur Abwendung von → *Massenentlassung* zeitlich befristete Einführung der 4-Tage-Woche durch Tarifvertrag unter Inkaufnahme einer Minderung des Jahreseinkommens gelten als Ausnahmevereinbarungen unter besonderen Bedingungen.

Die 35-Stunden-Woche wurde nach einem 1990 erstreikten Stufenplan erstmals in der Metallindustrie zum 1. 10. 1995 eingeführt.

Zu (c): Die **jährliche** Arbeitszeit kann verkürzt werden durch Verlängerung des jährlichen Erholungsurlaubs (→ *Urlaub*), durch Einführung von → *Bildungsurlaub* oder Möglichkeiten für Sonderurlaub.

Zu (d): Für eine Verkürzung der **Lebensarbeitszeit** gibt es eine ganze Reihe von Möglichkeiten: Durch eine allgemeine Verlängerung der Schulzeit um ein Jahr auf 10 Schuljahre könnten z. B. etwa 100 000 Arbeitsplätze zusätzlich zur Verfügung stehen. Eine allgemeine Herabsetzung der Altersgrenze erscheint nach den existierenden Problemen zur Finanzierung der Renten künftiger Generationen nicht mehr realistisch. Bereits mit der → *Rentenreform* von 1992 wurde eine stufenweise Anhebung der Altersgrenze auf 65 Jahre beschlossen.

Neben den Möglichkeiten eines späteren Eintritts in das Berufsleben und/oder eines früheren Ausscheidens aus dem Erwerbsleben (z. B. auch in Form der Altersteilzeit) gibt es noch das Modell des sog. **Sabbaticals**. Dies ist ein bezahlter Langzeiturlaub von mehreren Monaten, der z. B. älteren Arbeitnehmern mit langjähriger Betriebszugehörigkeit gewährt werden kann. Beispiele hierfür gibt es z. B. in den USA und in Australien. Dies sind allerdings Ausnahmefälle, die meist mit bestimmten Auflagen verbunden sind (z. B. für Weiterbildung, soziale Zwecke, im Rahmen von Austauschprogrammen, aber auch für Erholungszwecke und Ruhestandsvorbereitung).

Die genannten Möglichkeiten können für besondere Personengruppen unterschiedliche Regelungen umfassen, so z. B. für → *Schwerbehinderte* oder bei → *Schichtarbeit*.

Eine Sonderform der Arbeitszeitverkürzung ist der Abbau von → *Überstunden*. So fordern die Gewerkschaften eine Beschränkung der Überstunden auf das unbedingt betrieblich erforderliche Maß bzw. entsprechende Neueinstellungen. → *Bündnis für Arbeit.*

▶ **Arbitrage**

Bezeichnung für Geschäfte, die Preis-, Zins- oder Kursunterschiede (z. B. für → *Wertpapiere*, → *Devisen*, → *Futures*), die zu einem bestimmten Zeitpunkt an verschiedenen Märkten bestehen, ausnutzen. Dies mit dem Ziel, Gewinne zu erzielen **(Differenzarbitrage)** oder Verluste zu vermeiden **(Ausgleichsarbitrage).**

▶ **Armutsbericht** → *Neue Armut*

▶ **Armutsgrenze** → *Neue Armut*

▶ **Artikelgesetz**

Besteht aus mehreren Teilen (Artikel) und ändert oder ergänzt bestehende Gesetze.

▶ **ASEAN-Staaten**

(Association of South East Asian Nations) 1967 gegründete Wirtschaftsgemeinschaft südostasiatischer Länder mit dem Ziel einer Förderung der wirtschaftlichen Entwicklung der Mitgliedsstaaten und einer Stärkung ihrer politischen Stabilität. Seit 1980 existiert mit der EU (→ *Europäische Union (EU)*) ein Kooperationsabkommen. 1991 beschlossen die 6 Gründerstaaten (Brunei, Indonesien, Malaysia, Philippinen, Singapur und Thailand), bis zum Jahr 2008 ihre Binnenzölle aufzuheben und die nicht tarifären Handelshemmnisse abzubauen. Zum 1. 1. 2003 ist eine → *Freihandelszone* – **Asean Free Trade Area (Afta)** – für industrielle Produkte in Kraft getreten. Anfang 2004 hatte ASEAN 10 Mitgliedsstaaten. Hinzugekommen sind noch Burma (Myanmar), Kambodscha, Vietnam und Laos.

Geplant ist nun der Aufbau einer einheitlichen Wirtschaftszone nach dem Vorbild der Europäischen Union spätestens bis 2020. Mit China, Indien, Japan und Südkorea sollen bis 2012 regionale Freihandelsabkommen geschlossen werden.

http://www.aseansec.org/home.htm

▶ **Assessment Center**

Beurteilungs- und Auswahlverfahren für → *Führungskräfte* in meist mehrtägigen Seminaren. Dabei geht es darum, ein möglichst umfassendes Bild von Bewerbern über ihre Führungsqualitäten und ihre fachliche und → *Soziale Kompetenz* (z. B. Verhalten in der Gruppe, Umgang mit Menschen in schwierigen Situationen) zu erhalten. Anschließend nehmen die ausgewählten Kandidaten i. d. R. an einem → *Trainee*-Programm teil.

▶ **Asset-Backed Securities (ABS)**

Bezeichnung für durch → *Forderungen* besicherte → *Wertpapiere*. Dabei werden bisher nicht liquidierbare Forderungen eines Unternehmens (z. B. Forderungen aus Hypotheken (→ *Hypothek*), → *Leasing*-Verträgen, → *Konsumentenkrediten*) in festverzinsliche, am → *Kapitalmarkt* handelbare Wertpapiere auf der Basis von → *Anleihen* umgewandelt.

Dies geschieht über einen Forderungspool, der z. B. von speziellen → *Finanzierungsgesellschaften* (z. B. ABS-Corporation in den USA) verwaltet wird. Auf diese Weise können sich z. B. → *Kreditinstitute,* → *Versicherungen* und → *Vermögensverwaltungsgesellschaften* refinanzieren und zusätzliche → *Liquidität* verschaffen (**Asset-Backed Financing**). Die Anleihegläubiger werden aus dem → *Cashflow* der in Anleihen verbrieften Finanzaktiva (→ *Aktiva*) bedient. Diese in den USA verbreitete Art der → *Finanzierung* gewinnt in Europa zunehmend an Bedeutung.

▶ **Assoziierte Unternehmen**

Bezeichnung für Unternehmen, die unter dem maßgeblichen Einfluss eines an ihm beteiligten → *Konzernunternehmen* stehen und nicht im → *Konzernabschluss* konsolidiert sind. Ein maßgeblicher Einfluss wird nach den Vorschriften im → *Handelsgesetzbuch (HGB)* immer dann vermutet, wenn mindestens 20 % stimmberechtigter Beteiligungsbesitz besteht (§ 311 HGB).

Im Konzernabschluss werden assoziierte Unternehmen nach der **Equity-Methode** entsprechend § 312 HGB bewertet. Die Methode entspricht auch den Vorschriften der → *IAS/IFRS* und → *US-GAAP*. Bei diesem besonderen Bewertungsverfahren, das nicht beim → *Einzelabschluss* anzuwenden ist, wird der jeweilige Beteiligungswert – ausgehend von den jeweils i. d. R. jährlich fortgeschriebenen → *Anschaffungskosten* (Wertansatz im vorangegangenen Konzernabschluss) – erfolgswirksam um anteilige positive oder negative Beteiligungsergebnisse korrigiert. Der neue Beteiligungswert steht in einer besonderen Bilanzposition „Anteile an assoziierten Unternehmen".

In der → *Konzern-Gewinn-und -Verlustrechnung* wird das anteilige Jahresergebnis unter **„Beteiligungserträge von assoziierten Unternehmen"** ausgewiesen. → *Gemeinschaftsunternehmen.*

▶ **Assoziierung**

Besondere Art des Anschlusses dritter Länder an die → *Europäische Union (EU)* mit dem vorrangigen Ziel eines gegenseitigen Abbaus von Handelshemmnissen. Sie wird durch ein völkerrechtliches Abkommen mit gegenseitigen Rechten und Pflichten begründet. Solche Abkommen existieren mit der Türkei und Zypern in Europa sowie mit früheren Kolonialgebieten europäischer Staaten (→ *AKP-Staaten*).

Mit den 10 neu aufgenommenen Ländern sowie mit Rumänien, Bulgarien und Kroatien bestanden bzw. bestehen besondere Assoziierungsabkommen (**„Europa-Abkommen"**) zur schrittweisen Heranführung der europäischen Staaten an die Voraussetzungen für einen Beitritt zur EU. Dies entspricht einem Beschluss im Europäischen Rat beim Gipfeltreffen in Kopenhagen im Juni 1993 und den Zielen in einem → *Weißbuch der EU* vom Mai 1995. → *EFTA.* → *Agenda 2000.*

▶ **AT-Angestellte**

Bezeichnung für Angestellte, die eine durch Einzelvertrag (→ *Arbeitsvertrag*) geregelte Bezahlung erhalten, die über die höchste im → *Tarifvertrag* festgelegte Vergütung hinausgeht (AT = außertariflich). → *Leitende Angestellte.*

▶ **Atomgesetz**

Das Atomgesetz i. d. F. vom 15. 7. 1985 mit späteren Änderungen liefert den rechtlichen Rahmen für die großtechnische Nutzung der → *Kernenergie* in Deutschland. Mit dem **„Gesetz zur geordneten Beendigung der Kernenergienutzung zur gewerblichen Erzeugung von Elektrizität"**, das zum 27. 4. 2002 in Kraft getreten ist, wurde nach jahrelangen politischen Diskussionen im sog. **Atomkonsens** mit der Energiewirtschaft der endgültige Ausstieg aus der

Kernenergie für die ursprünglich 19 (inzwischen 18, Stade wurde 2004 abgeschaltet) noch am Netz befindlichen deutschen Reaktoren in ca. 32 Jahren sowie eine Beendigung der Wiederaufbereitung von Atommüll im Ausland bis 2005 festgelegt.

Das Atomgesetz enthält die Voraussetzungen für die Genehmigung kerntechnischer Anlagen, Vorschriften für die → *Entsorgung* radioaktiver Abfälle, zum Schutz von Leben und Gesundheit sowie von Vermögenswerten vor Gefahren, die von Kernbrennstoffen ausgehen können.

Einfuhr, Ausfuhr, Beförderung, Verwahrung, Besitz und Bearbeitung von Kernbrennstoffen sowie die Errichtung von Anlagen zur Erzeugung oder zur Spaltung dieser Stoffe sind genehmigungspflichtig. Die Genehmigung wird durch das zuständige Ministerium des jeweiligen Bundeslandes erteilt, in dem die Anlage errichtet bzw. betrieben werden soll. Das Atomgesetz enthält außerdem Vorschriften zur Erfüllung internationaler Verpflichtungen der Bundesrepublik auf dem Gebiet der Kernenergie und beim → *Strahlenschutz*.

Mit der Novellierung des Atomgesetzes im Jahr 1994 wurde u. a. die staatliche Förderung der Kernkraftnutzung gestrichen. Außerdem wurden den Betreibern weitergehende Verpflichtungen für regelmäßige Sicherheitsüberprüfungen, Nachrüstungen auf eigene Kosten sowie die Bereitstellung erheblicher finanzieller Rücklagen für Störfälle oder bei vorzeitiger Stilllegung von Atomkraftwerken auferlegt. Die direkte Endlagerung (→ *Atommüll*, → *Castor-Behälter*) unter der Verantwortung der Betreiber ist gleichrangig neben die bisher angestrebte Wiederaufbereitung verbrauchter Brennstäbe getreten.

http://www.bmu.de

▶ **Atomkonsens** → *Atomgesetz*

▶ **Atomkraftwerk** → *Reaktor*

▶ **Atommüll**

Bezeichnung für alle Materialien, die bei der Nutzung der → *Kernenergie* anfallen und nicht weiter verwendet werden.

Hierzu zählen z. B. die radioaktiv verseuchte Arbeitskleidung oder die radioaktiven Brennelemente aus dem → *Reaktor*.

Die → *Entsorgung* des Atommülls bereitet große Probleme. So muss hochaktiver Atommüll mehr als hunderttausend Jahre sorgfältig gelagert und von der Umwelt fern gehalten werden. Die Strahlung radioaktiven Urans ist z. B. erst nach einigen Mio. Jahren auf die von Natur-Uran abgeklungen. Die bisherigen Pläne sehen vor, hochaktiven Atommüll in Salzstöcken abzulagern.

Die Probleme entstehen insbesondere dann, wenn durch Alterung oder Naturkatastrophen der gelagerte Atommüll seine Radioaktivität z. B. an Grundwasser weitergeben kann bzw. in Form von Gasen aus dem Salzstock entweicht. Der bisher anfallende hochaktive Atommüll wird gegenwärtig bis zu seiner Endlagerung in so genannten **Kompaktlagern** und **Zwischenlagern** deponiert.

▶ **Attac**

Kurzbezeichnung für eine 1998 in Frankreich gegründete „**Vereinigung zur Besteuerung von Finanztransaktionen im Interesse der Bürger**". Das ursprüngliche Ziel, der Forderung nach einer demokratischen Kontrolle im internationalen → *Finanzmarkt* und der Einführung der → *Tobin-Steuer* Gehör zu verschaffen, wurde inzwischen erweitert um die gesamte Problematik der → *Globalisierung*. Es wird versucht, als Bildungsbewegung mit Vorträgen, Publikationen und Demonstrationen Druck auf die Verantwortlichen in Politik und Wirtschaft (z. B. bei der → *G 7/G 8-Konferenz*) auszuüben und eine breite Öffentlichkeit zu mobilisieren. Sie hatte 2003 als globale Bewegung rd. 90 000 Mitglieder in 50 Ländern.

http://www.attac.de

▶ **Attachment**

Einer → *E-Mail* beigefügte (angehängte) → *Datei*, die gesondert weitergeleitet oder aufgerufen werden kann.

▶ **Attentismus**

Bezeichnung für eine abwartende Haltung.

▶ **Audio**

Bezeichnung für die akustische elektronische Übermittlung von Informationen. Benötigt werden hierzu Geräte **(Audiogeräte),** die akustische Signale senden und empfangen können.

▶ **Auditing**

Prüfverfahren durch i. d. R. bereichsexterne Personen. Das Audit-Verfahren kann sich z. B. beziehen auf den Finanzbereich (Financial Audit), den Marketingbereich (Marketing Audit) oder den Umweltbereich (→ *Öko-Audit*) eines Unternehmens. Das → *Controlling* ist hingegen regelmäßig und umfassender.

▶ **Aufbauorganisation**

Bezeichnung für das hierarchische System (→ *Hierarchie*) der Organisationseinheiten (z. B. Geschäftsführung – Geschäftsbereichsleiter – Abteilungsleiter – Sachbearbeiter) eines Unternehmens mit deren Aufgabenverteilung und Verantwortungsbereichen.

Dagegen werden mit der **Ablauforganisation** die räumlichen und zeitlichen Prozesse der Aufgabenerledigung geregelt.

▶ **Aufgeld** → *Agio*

▶ **Auflassung**

Bezeichnung für die Einigung zwischen Käufer und Verkäufer eines Grundstücks über den Eigentumsübergang, der im → *Grundbuch* vermerkt und von einem Notar beurkundet werden muss (→ *Urkunde*).

▶ **Aufsichtsrat**

Für die → *Aktiengesellschaft (AG)* und → *Genossenschaften* gesetzlich vorgeschriebenes Organ, ebenso für die → *Gesellschaft mit beschränkter Haftung (GmbH)* mit mehr als 500 Beschäftigten. Hierbei gelten die Vorschriften im → *Aktiengesetz (AktG)* (§ 95 AktG bis § 116 AktG).

Wird für eine GmbH mit weniger als 500 Arbeitnehmern ein Aufsichtsrat gebildet, so kann durch die Satzung eine Anwendung der aktienrechtlichen Vorschriften ausgeschlossen werden. Bei einer → *Kommanditgesellschaft (KG)* kann im → *Gesellschaftsvertrag* zur Beaufsichtigung der persönlich haftenden Gesellschafter die Bildung eines Aufsichtsrates vereinbart werden.

Dem Aufsichtsrat obliegen nach § 111 AktG u. a. folgende **Aufgaben:**

- Überwachung der Geschäftsführung;
- Einsicht und Prüfung von Büchern und Schriften der Gesellschaft sowie der Vermögensgegenstände, ggf. unter Einschaltung von Sachverständigen;
- Erteilung des Prüfauftrags an den → *Abschlussprüfer* für den → *Jahresabschluss* und → *Konzernabschluss*; → *KonTraG*.
- Einberufung der Hauptversammlung, wenn es das Wohl der Gesellschaft erfordert;
- Festlegung von weiteren Geschäften, die seiner Zustimmung bedürfen (zustimmungspflichtige Geschäfte)
- sowie nach § 84 AktG Bestellung und Abberufung (aus wichtigem Grund) von Mitgliedern des Vorstands.

Die **Größe und Zusammensetzung** des Aufsichtsrats ist abhängig vom → *Grundkapital* und von der Beschäftigtenzahl.

Er besteht nach § 95 AktG mindestens aus drei oder eine durch die → *Satzung* bestimmte höhere Zahl von Mitgliedern, die durch drei teilbar sein muss. Die Höchstzahl der Aufsichtsratsmitglieder beträgt bei einem Grundkapital

- von bis zu 1,5 Mio. Euro neun Mitglieder
- von mehr als 1,5 Mio. Euro fünfzehn Mitglieder und
- von mehr als 10 Mio. Euro einundzwanzig Mitglieder.

Ein Drittel der Aufsichtsratsmitglieder müssen nach dem → *Betriebsverfassungsgesetz (BetrVG)* von 1952 (§ 76 BetrVG bis 81 BetrVG von 1952) von den Betriebsangehörigen in geheimer und unmittelbarer Wahl gewählt sein, sofern mehr als 500 Arbeitnehmer und nicht mehr als 2000 Arbeitnehmer beschäftigt werden. Die Arbeitnehmervertreter dürfen keine → *Leitende Angestellte* im Sinne des Betriebsverfassungsgesetzes sein.

Bei der → *Kapitalgesellschaft*, → *Genossenschaften* und einer

→ *Holdinggesellschaft* gelten bei der Zusammensetzung des Aufsichtsrates die Bestimmungen im → *Mitbestimmungsgesetz (MitbestG)*, falls mehr als 2000 Arbeitnehmer im Unternehmen oder → *Konzern* beschäftigt werden.

Besondere Bestimmungen gelten für die Aktiengesellschaften des Bergbaus und der eisen- und stahlerzeugenden → *Industrie* nach dem → *Montan-Mitbestimmungsgesetz* vom 21. 5. 1951 sowie nach dem → *Mitbestimmungsergänzungsgesetz*. Für die → *Kleine Aktiengesellschaft* gelten bei der Mitbestimmungsregelung Ausnahmebestimmungen.

Aufsichtsratsmitglieder brauchen keine Aktionäre der Gesellschaft zu sein, dürfen aber nicht dem → *Vorstand* angehören. Ein Aufsichtsratsmitglied darf u. a. nicht mehr als 10 Aufsichtsräten angehören, wobei Mandate als Aufsichtsratsvorsitzender doppelt gezählt werden (§ 100 Abs. 2 AktG). **Wahl des Aufsichtsrates:** Die Aufsichtsratsmitglieder der Anteilseigner werden von der Hauptversammlung gewählt; die Aufsichtsratsmitglieder der Arbeitnehmer nach den Wahlordnungen der jeweils geltenden gesetzlichen Grundlage für die Mitbestimmungsregelung (§ 101 Abs. 1 AktG).

Der Aufsichtsrat muss mindestens einmal – bei börsennotierten Gesellschaften mindestens zweimal – in jedem Kalenderhalbjahr einberufen werden (§ 110 Abs. 3 AktG). → *Corporate Governance*.

▶ **Aufspaltung** → *Umwandlung*

▶ **Auftragsverwaltung**

Begriff aus dem Verfassungs- und Verwaltungsrecht. Er kennzeichnet einen Rechtszustand, bei dem untergeordnete → *Gebietskörperschaften* im Auftrag der übergeordneten Gebietskörperschaften tätig werden.

Hiernach können die obersten **Bundesbehörden** den **Landesbehörden** nach dem Grundgesetz (Art. 85 GG) Weisungen zur Ausführung von Bundesgesetzen erteilen. Dies gilt für die Verwaltung von Bundesautobahnen und Bundesstraßen nach Art. 90 Abs. 2 GG, von Bundeswasserstraßen nach Art. 89 Abs. 2 GG, von

Bundessteuern durch die Landessteuerbehörden nach § 108 Abs. 3 GG und die Durchführung der Bestimmungen für den → *Lastenausgleichsfonds* nach Art. 120a GG.

Für bestimmte Bereiche können die **Bundesländer** für → *Gemeinden* und → *Landkreise* Weisungen zur Ausführung von Landesgesetzen erteilen. Dies gilt z. B. für die Durchführung der Meldepflicht oder die Betreuung der Volkshochschulen. Anders: → *Selbstverwaltung*.

▶ **Aufwand**

Während die → *Kosten* den zur Erstellung der Betriebsleistung verbrauchten wertmäßigen Verzehr für → *Güter* und → *Dienstleistungen* in einer Rechnungsperiode (z. B. → *Geschäftsjahr*) darstellen, ist der Begriff des Aufwandes umfassender. Der Aufwand setzt sich zusammen aus dem betriebsbedingten Aufwand und dem neutralen Aufwand.

Der **betriebsbedingte** Aufwand wird verursacht durch die gewöhnliche Geschäftätigkeit während einer Rechnungsperiode. In ihm sind alle mit der betrieblichen Leistungserstellung anfallenden Kosten (z. B. Löhne, Gehälter, Materialaufwand) enthalten. Diese Kosten werden daher auch als **aufwandsgleiche Kosten** bezeichnet.

Der **neutrale** Aufwand umfasst darüber hinaus auch den Wertverzehr, der mit der Erstellung der Betriebsleistung nichts oder nichts unmittelbar zu tun hat.

Er stellt keine Kosten dar, ist jedoch in die Erfolgsrechnung eines Unternehmens einzubeziehen, da hier alle Aufwendungen und alle Erträge einer Abrechnungsperiode gegenübergestellt werden. Er setzt sich aus drei Teilen zusammen:

(1) Der **betriebsfremde** Aufwand enthält überhaupt keine Beziehung zur betrieblichen Leistungserstellung (z. B. Spenden an Organisationen).

(2) Der **außerordentliche** Aufwand hat eine Beziehung zur Betriebsleistung, ist jedoch so außergewöhnlich, dass er nicht in der Kostenrechnung erscheinen darf (z. B. Kursverluste für → *Wertpapiere*, Explosions- und Feuerschäden).

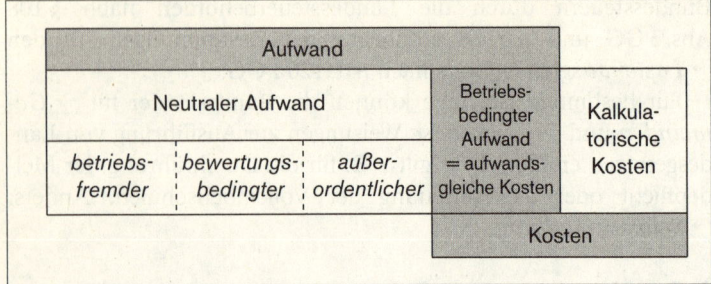

Abb. 5: Aufwand und Kosten

(3) Bewertungsbedingter Aufwand entsteht, wenn z. B. in der → *Bilanz* ein höherer Abschreibungssatz (→ *Abschreibungen*) errechnet wurde als in der Kostenrechnung.

Periodenfremder Aufwand zählt nicht zu einem Abrechnungszeitraum und wird aus den Aufwendungen des betreffenden Zeitraums herausgerechnet. Beispiel: Steuernachzahlung für ein vorangegangenes → *Geschäftsjahr.*

Eine Gegenüberstellung von Aufwand und Erträgen erfolgt in der → *Gewinn- und Verlustrechnung (GuV)* (Erfolgsrechnung).

Die **Kosten** werden dagegen in der → *Kostenrechnung,* die u. a. für eine → *Kalkulation* der Preise maßgebend ist, erfasst, verteilt und zugerechnet. Hierbei darf kein neutraler Aufwand mitverrechnet werden.

In der Kostenrechnung werden noch die → *Kalkulatorischen Kosten* mitverrechnet, die keinen Aufwand darstellen und deshalb nicht in der Erfolgsrechnung erscheinen. Siehe **Abb. 5.**

▶ **Aufwandsgleiche Kosten** → *Aufwand*

▶ **Aufwertung**

Bezeichnung für das Heraufsetzen des Außenwertes einer → *Währung* durch Verändern beim → *Wechselkurs.* Aufwertungen erfolgen u. a. mit dem Ziel, einen Überschuss in der → *Zahlungsbilanz* zu beseitigen oder eine importierte → *Inflation* abzuwehren.

Nach einer Aufwertung werden Einfuhren in das aufwertende Land billiger und deshalb tendenziell gefördert, die → *Ausfuhr* des aufwertenden Landes ins Ausland wird teurer und daher tendenziell gebremst. Gegensatz: → *Abwertung*, → *Floating*.

▶ **Auktion**

Öffentliches Bieterverfahren, bei dem an den Meistbietenden verkauft wird.

▶ **Ausbaugewerbe** → *Baugewerbe*

▶ **Ausbildungsberufe**

Nach dem → *Berufsbildungsgesetz (BBiG)* und der → *Handwerksordnung* Berufe, für die → *Ausbildungsordnungen* existieren und hierdurch eine staatliche Anerkennung gegeben ist (§ 25 BBiG, § 25 HandwO). Ein Verzeichnis der anerkannten Ausbidungsberufe wird beim → *Bundesinstitut für Berufsbildung* geführt.

▶ **Ausbildungsförderungsgesetz** → *Bundesausbildungsförderungsgesetz (BAföG)*

▶ **Ausbildungsfreibetrag** → *Steuerreform*

▶ **Ausbildungsgeld** → *Arbeitslosenversicherung*

▶ **Ausbildungsordnungen**

Nach dem → *Berufsbildungsgesetz (BBiG)* (§ 25 BBiG) bilden sie im Rahmen einer → *Rechtsverordnung* die Grundlage für eine geordnete und einheitliche Berufsausbildung. Mit ihr verbunden sind die staatliche Anerkennung für → *Ausbildungsberufe*. In der Ausbildungsordnung sind mindestens festzulegen
● die **Bezeichnung** des Ausbildungsberufes;
● die **Ausbildungsdauer** (mindestens 2 und nicht mehr als 3 Jahre);

- das **Ausbildungsberufsbild**, d. h. die Fertigkeiten und Kenntnisse, die Gegenstand der Berufsausbildung sind;
- der **Ausbildungsrahmenplan**, d. h. die Anleitung zur sachlichen und zeitlichen Gliederung der Fertigkeiten und Kenntnisse sowie
- die **Prüfungsanforderungen.**

Gegebenfalls kann die berufliche Bildung nach der Ausbildungsordnung für bestimmte, nach dem **Fernunterrichtsgesetz** vom 24. 8. 1976 zugelassene anerkannte Fernlehrgänge auch durch **Fernunterricht** vermittelt werden.

▶ **Ausbildungsplatzabgabe**

(Berufsausbildungssicherungsabgabe) Nach kontroverser Diskussion über Möglichkeiten zur Bereitstellung zusätzlicher Ausbildungsplätze geschaffenes politisches Intrument. Zu der Abgabe nach dem **Berufsausbildungssicherungsgesetz (BerASichG)** vom 7. Mai 2004 können Betriebe verpflichtet werden, deren Ausbildungsquote weniger als 7 % beträgt und insgesamt nicht ausreichend Stellen für Ausbildungsplatzbewerber zur Verfügung stellen. Die Versorgungslage gilt als unzureichend, wenn am 30. September eines Jahres die Zahl der noch offenen Ausbildungsplätze nicht 15 % mehr beträgt als die Zahl der noch nicht vermittelten Bewerber. Betriebe mit einer Ausbildungsquote von mehr als 7 % (gemessen an der Zahl sozialversicherungspflichtiger Beschäftigter des Betriebs) können im Fall der Anwendung des Gesetzes einen finanziellen Ausgleich erhalten aus dem als Kapitalsammelstelle neu errichteten **Berufsausbildungssicherungsfonds**. Ziel ist die Schaffung zusätzlicher Ausbildungsplätze in der privaten Wirtschaft und im Bereich → *Öffentliche Unternehmen*.

Durch eine Selbstverpflichtung der Unternehmerverbände zur Unterbietung der durchschnittlichen Mindestquote (**Ausbildungspakt**) kam es 2004 nicht zur Anwendung des Gesetzes.

▶ **Auseinandersetzungsbilanz**

Sonderform der → *Bilanz*, die beim Ausscheiden eines Gesellschafters aus einer → *Personengesellschaft* aufzustellen ist. Die Gesellschafter sind dabei in der Wahl von Bewertungsansätzen frei, d. h. sie müssen nicht die Bewertungsvorschriften nach dem *Steuerrecht* und dem → *Handelsrecht* zwingend beachten (→ *Steuerbilanz*, → *Handelsbilanz*). Das Ergebnis der Auseinandersetzungsbilanz ist das **Auseinandersetzungsguthaben**, das dem → *Geschäftsanteil* des ausscheidenden Gesellschafters zugerechnet wird und i. d. R. auch offen gelegte → *Stille Rücklagen* umfasst. Es steht dem ausscheidenden Gesellschafter zu.

▶ **Ausfallzeit** → *Anrechnungszeiten*

▶ **Ausfuhr**

(Export) Verkauf von → *Güter* und → *Dienstleistungen* ins Ausland. Zusammengefasst dargestellt werden die nach dem → *Inlandskonzept* erfassten Ausfuhren in der **Handelsbilanz** und in der **Dienstleistungsbilanz** (→ *Zahlungsbilanz*). Der Saldo von Ausfuhr und → *Einfuhr* ist der **Außenbeitrag** als Bestandteil bei der Berechnung für das → *Bruttonationaleinkommen (BNE)*. Siehe **Abb. 49** (Seite 1137).

▶ **Ausfuhrüberschuss**

Wertmäßiger Überschuss der → *Ausfuhr* über die → *Einfuhr*, der in der → *Zahlungsbilanz* zu einer aktiven Handels- bzw. Leistungsbilanz führt.

Eine **aktive Leistungsbilanz** ist notwendig, wenn internationale Zahlungsverpflichtungen (z. B. → *Entwicklungshilfe*, Stationierungskosten für ausländische Streitkräfte, Überweisungen ausländischer Arbeitnehmer an ihre Heimatländer) bestehen und ständige Devisenabflüsse (→ *Devisen*) vermieden werden sollen.

Eine einseitige Exportorientierung mit hohen Ausfuhrüberschüssen führt zu Strukturverzerrungen und Abhängigkeiten von der Wirtschaftsentwicklung im Ausland. → *Globalisierung*.

▶ **Ausgaben** → *Einnahmen*

▶ **Ausgabenkonzept** → *Volkswirtschaftliche Gesamtrechnung (VGR)*

▶ **Ausgeschütteter Gewinn** → *Gewinnverwendung*

▶ **Ausgliederung** → *Umwandlung*

▶ **Ausgründung**

Meist aus steuerlichen und/oder unternehmensstrategischen Gründen vorgenommene Ausgliederung oder Abspaltung (→ *Umwandlung*) eines kompletten Bereichs oder von Teilen eines bestehenden Unternehmens, die gleichzeitig in einem neu gegründeten Unternehmen zusammengeführt werden.

▶ **Auslandsanleihe** → *Anleihen*

▶ **Auslandsbanken**

Bezeichnung für inländische → *Kreditinstitute* in Mehrheitsbesitz ausländischer Banken sowie für Niederlassungen ausländischer Banken in Deutschland.

▶ **Auslandsbonds**

Auf ausländische → *Währung* lautende festverzinsliche deutsche → *Wertpapiere*.

▶ **Ausschreibung**

(Submission oder Verdingung) Die von *öffentlichen Unternehmen* (→ *Öffentliche Unternehmen*) und Verwaltungseinheiten (z. B. → *Gebietskörperschaften*) bekannt gegebene öffentliche Aufforderung zur Abgabe eines Vertragsangebots für den ausgeschriebenen Auftrag, z. B. für Arbeiten im Hoch- oder Tiefbau.

Bei der **offenen Ausschreibung** können sich alle einschlägigen Firmen beteiligen, die in einer Bieterliste aufgenommen wurden. Bei einer **beschränkten Ausschreibung** sind bestimmte Vorbedingungen zu erfüllen, die den Kreis der Anbieter beschränken. Wird ein öffentlicher Auftrag ohne Ausschreibung vergeben, so handelt es sich um eine **freihändige Vergabe**.

Die Vergabe **öffentlicher Aufträge** erfolgt i. d. R. nach der „**Ver-dingungsordnung für Leistungen – ausgenommen Bauleistungen (VOL/A)**" bzw. nach der „**Verdingungsordnung für Bauleistungen (VOL/B)**".

Öffentliche Ausschreibungen müssen innerhalb der EU (→ *Europäische Union (EU)*) nach den Vergabe-Richtlinien der EU (→ *Europäische Gesetzgebung*) im „**offenen Verfahren**" ver-laufen, um nationale Unternehmen nicht zu bevorzugen. Nur in besonderen Fällen sind auch beschränkte Ausschreibungen als „**nichtoffene Verfahren**" und die freihändige Vergabe als **Verhand-lungsverfahren**" möglich.

http://verdingungsordnung.de

▶ **Ausschuss der ständigen Vertreter bei der EU** → *EG (Europäische Gemeinschaft)*

▶ **Ausschüttung** → *Gewinnverwendung*

▶ **Ausschüttungssperre** → *Rücklagen*

▶ **Außenbeitrag** → *Zahlungsbilanz*

▶ **Außenfinanzierung** → *Finanzierung*

▶ **Außenhandel**

Bezeichnung für die → *Einfuhr* und → *Ausfuhr* von Waren ein-schließlich aller Maßnahmen, die zur Abwicklung notwendig sind (Versand, Finanzierung usw.). Siehe **Abb. 49** (Seite 1137), → *Zah-lungsbilanz*, → *Handelsbetrieb*.

▶ **Außenhandelspolitik**

Teil der → *Außenwirtschaftspolitik*, die alle staatlichen Maß-nahmen zur Beeinflussung des Außenhandels umfasst. Sie ist nicht nur abhängig von ökonomischen Gesichtspunkten, sondern dient auch der Durchsetzung politischer Zielsetzungen. Hierbei spielen privatwirtschaftliche Interessen eine große Rolle. Beschränkungen im → *Außenhandel* lassen sich fast immer aus dem Verfolgen nationalstaatlicher Interessen erklären.

Die handelspolitischen Realitäten entsprechen nicht den Erkenntnissen der Außenhandelstheorie, die absoluten → *Freihandel* als letztlich vorteilhafteste Regelung im Sinne des einzelstaatlichen Wohlstandes begreift. → *Außenwirtschaftsgesetz (AWG)*, WTO (→ *World Trade Organisation (WTO)*). Siehe **Abb. 49** (Seite 1137).

▶ **Außenhandelsquote**

Anteil des gesamten Außenhandelsumsatzes (→ *Einfuhr* und → *Ausfuhr*) am → *Bruttoinlandsprodukt* bzw. am → *Bruttonationaleinkommen (BNE)*. Die Außenhandelsquote gibt an, in welchem Umfang der Außenhandel am Bruttoinlandsprodukt bzw. Bruttonationaleinkommen beteiligt ist. → *Exportquote*.

▶ **Außenhandelsvolumen**

Wert der gesamten → *Einfuhr* und → *Ausfuhr* eines Landes, gemessen in Preisen eines Bezugszeitraumes. Siehe **Abb. 49** (Seite 1137).

▶ **Außenprüfung** → *Betriebsprüfung*

▶ **Außenseiterklauseln**

Vereinbarungen zwischen den → *Tarifvertragsparteien*, die sicherstellen sollen, dass nicht organisierte → *Arbeitnehmer* von einem → *Arbeitgeber* zu den gleichen Bedingungen wie organisierte Arbeitnehmer beschäftigt werden. Gegensatz: → *Tarifausschlussklauseln*.

▶ **Außensteuerrecht**

Bezeichnung für Vorschriften im → *Steuerrecht*, die alle internationalen Beziehungen erfassen. Dies gilt z. B. für die Bestimmungen im *Einkommensteuergesetz (EStG)* zur Erfassung von Auslandseinkünften und zur einseitigen Vermeidung einer → *Doppelbesteuerung*.

Von Bedeutung ist im Außensteuerrecht noch das **Gesetz über die Besteuerung bei Auslandsbeziehungen (Außensteuergesetz)** vom 8. 9. 1972 (→ *Steueroasen*), das ungerechtfertigte Steuervorteile aus der Nutzung des internationalen Steuergefälles verhindern soll.

http://rechtliches.de/info_AussenStG.html

▶ **Außenwirtschaftliches Gleichgewicht** → *Zahlungsbilanz*

▶ **Außenwirtschaftsgesetz (AWG)**

Das Außenwirtschaftsgesetz (AWG) i. d. F. vom 28. 4. 1961 mit späteren Änderungen beruht auf dem Grundsatz, dass alle Geschäfte mit dem Ausland uneingeschränkt zulässig sind, soweit sich Beschränkungen nicht aus dem Außenwirtschaftsgesetz selbst sowie aus anderen Gesetzen oder Rechtsvorschriften (z. B. über → *Zölle* und → *Verbrauchsteuern*, Marktordnungsgesetze im Rahmen der EU (→ *Europäische Union (EU)*) usw. ergeben. Weitere Regelungen enthält die **Außenwirtschaftsverordnung** i. d. F. vom 2. 7. 2001.

http://rechtliches.de/info_AWG.html

▶ **Außenwirtschaftspolitik**

Summe aller staatlichen Maßnahmen zur Einwirkung auf die außenwirtschaftlichen Beziehungen eines Landes. Die internationalen Wirtschaftsabkommen innerhalb des → *Internationalen Währungsfonds (IWF)*, der → *WTO (World Trade Organization)*, der → *OECD*, der EU (→ *Europäische Union (EU)*) usw. sehen Spielregeln für die Außenwirtschaftspolitik vor, die jedes Mitglied einhalten soll. → *Außenwirtschaftsgesetz (AWG)*.

▶ **Außergewöhnliche Belastungen**

Aus rechtlichen, tatsächlichen oder sittlichen Gründen zwangsläufig notwendige größere Aufwendungen eines Steuerpflichtigen im Vergleich zu der Mehrzahl der Steuerpflichtigen gleicher Einkommens-, Vermögens- und Familienverhältnisse (§ 33 Abs. 1 und 2 EStG). Sie können in der → *Einkommensteuererklärung* oder im → *Lohnsteuerermäßigungsverfahren* geltend gemacht werden. **Drei Gruppen** außergewöhnlicher Belastungen können unterschieden werden:

(1) Pauschbeträge für Behinderte, Hinterbliebene und Pflegepersonen (§ 33 b EStG)

● **Behinderten-Pauschbeträge** – sie sind vom Grad der Behinderung abhängig – in Höhe von 310 bis 1420 Euro bzw. bei völlig hilflosen Personen und Blinden von 3700 Euro (→ *Schwerbehinderte*).

● **Hinterbliebenen-Pauschbetrag** in Höhe von 370 Euro für Witwen/Witwer und Waisen.

● **Pflege-Pauschbetrag** in häuslicher Pflege für eine nicht nur vorübergehend hilflose Person in Höhe von 924 Euro.

(2) Daneben gibt es Freibeträge in unterschiedlicher Höhe für **außergewöhnliche Belastungen in besonderen Fällen** für
● **Unterhalt bedürftiger Personen** unter bestimmten Voraussetzungen innerhalb festgelegter Höchstsätze (§ 33 a Abs. 1 EStG).
● Abgeltung des **Sonderbedarfs** eines sich in **Berufsausbildung befindlichen, auswärtig untergebrachten, volljährigen Kindes**, für das Anspruch auf Kindergeld oder einen Kinderfreibetrag (→ *Steuerreform*) besteht. Der Freibetrag beträgt 924 Euro pro Kalenderjahr. Es erfolgt eine Anrechnung von eigenen Einkünften des Kindes, soweit diese 1848 Euro übersteigen (§ 33 a Abs. 2 EStG).
● Aufwendungen für die **Beschäftigung einer Haushaltshilfe** unter bestimmten Voraussetzungen bis zu festgesetzten Höchstbeträgen (§ 33 a Abs. 3 EStG).
● **Kinderbetreuungskosten** – soweit sie 774 Euro bzw. 1548 Euro (Alleinstehende/Verheiratete) übersteigen – wenn Kindergeld bezogen wurde und das Kind das 14. Lebensjahr noch nicht vollendet hat bzw. behindert ist. Der die Kosten tragende Elternteil muss erwerbstätig oder zu mindestens 20 % behindert sein oder mindestens drei Monate krank gewesen sein. Bei zusammenlebenden Eltern muss jeder Elternteil eine der Voraussetzungen erfüllen (§ 33 c Abs. 1 EStG). Der abzuziehende Betrag darf je Kind 750 Euro bzw. 1500 Euro (Alleinstehende/Verheiratete) nicht übersteigen (§ 33 c Abs. 2 EStG).

(3) Bei der dritten Gruppe – die durch die Rechtsprechung bestimmt ist – wird nur der Teil an Aufwendungen als abzugsfähig anerkannt, der die sog. **zumutbare Eigenbelastung** übersteigt (§ 33 Abs. 3 EStG). Diese ist nach Familienstand und → *Einkünfte* gestaffelt und wird als Prozentsatz vom Jahreseinkommen – vermindert um die → *Werbungskosten* – berechnet.

Zu dieser Gruppe außergewöhnlicher Belastungen zählen – jeweils nach Abzug von Erstattungen – Belastungen durch schwere Krankheit, Geburt, Todes- und Unglücksfälle (z. B. Brand, Unwetter), Anwalts- und Prozesskosten bei Scheidungen usw.

▸ **Außerordentliche Kündigung** → *Kündigung*

▸ **Außerordentlicher Aufwand** → *Aufwand*

▸ **Außerordentlicher Ertrag** → *Ertrag*

▸ **Außerordentliches Ergebnis**

Resultat der Gegenüberstellung von außerordentlichen Aufwendungen (→ *Aufwand*) und außerordentlichen Erträgen (→ *Ertrag*) in der → *Gewinn- und Verlustrechnung (GuV)*. Periodenfremde Aufwendungen und Erträge, die als → *Gewöhnliche Geschäftstätigkeit* zählen, sind nicht dem außerordentlichen Ergebnis zuzurechnen.

▸ **Aussperrung**

Kampfmaßnahme der → *Arbeitgeber*, wobei für → *Arbeitnehmer* der Zutritt zum Betriebsgelände verweigert und für die Dauer der Aussperrung die materielle Existenzgrundlage entzogen wird. Sie ist hinsichtlich ihrer rechtlichen Zulässigkeit heftig umstritten.

Unterschieden wird zwischen Angriffs- und Abwehraussperrung. Mit der **Angriffsaussperrung** verfolgen die Arbeitgeber die Zielsetzung einer Durchsetzung eigener Forderungen bzw. eines Zuvorkommens gegenüber Kampfmaßnahmen der → *Gewerkschaften*. Die **Abwehraussperrung** ist die Reaktion auf eingeleitete Kampfmaßnahmen der Gewerkschaften. Sowohl bei der Angriffs-

als auch der Abwehraussperrung werden die Arbeitsverhältnisse ausgesetzt, in Ausnahmefällen können sie auch gelöst werden (z. B. bei einem wilden → *Streik*). → *Friedenspflicht*.

Aussperrung zerstört die durch das Streikrecht hergestellte Chancengleichheit. Das Bundesarbeitsgericht hat mit seiner Entscheidung vom 10. 6. 1980 die 1978 beim Arbeitskampf in der Druckindustrie erfolgte **Flächenaussperrung**, die sich auch auf Arbeitnehmer in nicht bestreikten Betrieben erstreckte, für rechtswidrig erklärt, da sie gegen das Gebot der Verhältnismäßigkeit verstoßen hatte. Ebenso ist die Aussperrung dann rechtswidrig, wenn sie sich gezielt nur gegen Gewerkschaftsmitglieder richtet.

▶ **Auszahlungen** → *Einzahlungen*

▶ **Auszehrungsverbot** → *Betriebliche Altersversorgung*

▶ **Auszubildende (Azubi)**

Mit dem → *Berufsbildungsgesetz (BBiG)* 1969 eingeführter neuer Begriff anstelle der heute noch im → *Handwerk* üblichen Bezeichnung „Lehrling".

▶ **Autarkie**

Streben nach wirtschaftlicher Unabhängigkeit und Selbstversorgung; ein autarkes Land ist auf → *Ausfuhr* und → *Einfuhr* aus anderen Ländern nicht mehr angewiesen. Autarkiebestrebungen bestanden z. B. im „Dritten Reich" und fanden sich in der Chinesischen Volksrepublik unter Mao Tse-tung.

▶ **Automatisierung**

Technischer Entwicklungszustand, bei dem Arbeits- und Produktionsprozesse von Maschinen selbsttätig durchgeführt werden. Dies erfolgt z. B. in der Weise, dass ein Vorprodukt von einem Bearbeitungsplatz zum nächsten über mechanische Transporteinrichtungen weitergeleitet wird und dabei Fertigungsprozesse erfolgen, die ohne menschliche Hilfestellung über computergesteuerte Systeme (z. B. → *CAM*) vollautomatisch ablaufen. Menschen sind nur notwendig zur Überwachung und Wartung der Maschinen und → *Computer*, nicht jedoch zur Bearbeitung und zum Transport.

Automatisiert werden je nach technischem Entwicklungsstand oder ökonomischer Zweckmäßigkeit einzelne Arbeitsvorgänge bis hin zu ganzen Produktionsstätten. Der Anteil der in einem Produktionsprozess vorhandenen automatischen Funktionen kennzeichnet den **Automatisierungsgrad** der Fertigung.

Automatisierung kann den Menschen von monotonen Arbeitsverrichtungen oder gefährlichen Arbeitsvorgängen befreien. Andererseits werden Millionen von Arbeitsplätzen überflüssig, die nicht durch neue Arbeitsplätze an anderer Stelle (z. B. im Bereich der → *Dienstleistungen*) voll ersetzt werden können (→ *Arbeitszeitverkürzung*).

Kennzeichen von Wirtschaftsbereichen mit hohem Automationsgrad sind eine große Kapitalbindung in den technischen Anlagen und Systemen (→ *Kapitalintensiv*).

▶ **Avalkredit**

Gute Kunden erhalten ihn mittels Übernahme einer → *Bürgschaft* durch ihr → *Kreditinstitut*. Hierfür wird eine **Avalprovision** berechnet, deren Höhe von der Laufzeit, den gestellten Sicherheiten und dem von dem Kreditinstitut geschätzten Risiko abhängig ist.

Ein mit Aval gesicherter → *Wechsel* oder → *Scheck* dient nach Hinterlegung z. B. bei Behörden zur Sicherung gestundeter → *Zölle*, → *Steuern* oder Frachten. Avalkredite sind auch üblich zur Sicherung einer → *Kaution* bei Mietverhältnissen u. Ä.

▶ **Avalprovision** → *Avalkredit*

▶ **Avis**

Ankündigung über eine bevorstehende Sendung im Warenverkehr **(Versand-Avis)**, als Mitteilung des Ausstellers von einem → *Wechsel* oder → *Scheck* an den → *Bezogenen* über die Deckung der ausgestellten Summe oder als Nachricht einer Bank an ihren Kunden, dass sie für ein → *Akkreditiv* einsteht **(Bank-Avis)**.

B

▶ **b** → *Börsenkurs*

▶ **B** → *Börsenkurs*

▶ **BA** → *Bundesagentur für Arbeit (BA)*

▶ **BAB (Betriebsabrechnungsbogen)** → *Betriebsabrechnung*

▶ **Backbone**

Bezeichnung für zentrale, miteinander verbundene Großcomputer (→ *Computer*) als **Rückgrat** (Knotenpunkte) für eine schnelle Funktionsfähigkeit von Netzen (→ *LAN*, → *Internet*).

▶ **Backoffice**

Bestandteil einer arbeitsteiligen Organisationsform (z. B. in einem → *Call Center*), die aus **Front-** und **Backoffice** (**First-Level-** und **Second-Level-Support**) besteht. Das Frontoffice ist die dem Kunden zugewandte – meist telefonische – → *Schnittstelle*. Hier werden vor allem Standardaufgaben erledigt. Das Frontoffice leitet komplexere Aufgaben an das Backoffice weiter, wo die eigentliche Sachbearbeitung oder Problemlösung stattfindet.

▶ **Back-up Facility**

(Back-up Line) Von einem → *Kreditinstitut* gegenüber einem Kreditnehmer mit guter → *Bonität* eingeräumte zeitlich begrenzte Kreditlinie, um einen möglichen kurzfristigen Finanzbedarf des Kreditnehmers, etwa bei der Ausgabe einer kurzfristigen → *Schuldverschreibung* (z. B. → *Euro-Notes*), zu decken. Hierbei kauft die Bank maximal bis zur Höhe der eingeräumten Back-up Facility die nicht am → *Geldmarkt* absetzbaren Titel für ihren Eigenbestand auf.

▶ **Back-up System**

Zur → *Datensicherung* beim Arbeiten am → *Computer* entwickeltes System für den Störfall. So wird über eine spezielle → *Software* mit einer in einem Parallelsystem in kurzen Zeitabständen erfolgenden regelmäßigen Datenspeicherung nach einem Störfall der Wiederanlauf des ursprünglichen Programms und der gespeicherten Daten ermöglicht.

▶ **Bagatellsteuer**

Zählt zu den → *Steuerarten*, deren Aufkommen gemessen an den gesamten Steuereinnahmen völlig unbedeutend ist und bei der die Eintreibungskosten nahezu gleich dem Aufkommen sind. → *Steuerharmonisierung*.

▶ **Baisse**

Bezeichnung für sinkende Kurse (→ *Börsenkurs*) und Preise an der → *Börse*. Gegensatz: → *Hausse*.

▶ **Balanced Scorecard (BSC)**

In den USA entwickeltes Management-Instrument zur Ausrichtung aller Unternehmensbereiche auf verschiedenartige Unternehmensziele. Diese werden mit Hilfe von messbaren Größen **(Scorecards)** transparent und ausgewogen **(balanced)** dargestellt und nach dem → *Top-down-Prinzip* verdeutlicht und umgesetzt. Dabei geht es vor allem um folgende Zielbereiche:

● Steigerung des Unternehmenswertes (→ *Shareholder Value*);

● Verbesserung der Kundenbeziehungen über zusätzliche Leistungen und verbesserten Service für bestehende Produkte und Dienstleistungen;

● Verbesserung der Flexibilität und Innovationskraft (→ *Innovation*) des Unternehmens;

● Optimierung in der Ausschöpfung vorhandener personeller und materieller → *Ressourcen*.

Diese Ziele werden nicht isoliert betrachtet, sondern – unter Berücksichtigung ihrer gegenseitigen Wechselwirkungen – miteinan-

der vernetzt. Dies gilt vor allem für die Planungsbereiche Finanzen
(→ *Controlling*), Kundenbeziehungen, betriebliche Ablaufpro-
zesse und Entwicklung. Hierin unterscheidet sich BSC von anderen Planungs-, Kontroll- und Führungsinstrumenten, die isolierte,
fest umrissene Aufgaben erfüllen.

▶ Bandbreite

Schwankungsbreite für den → *Wechselkurs*. Festgelegt sind
obere und untere → *Interventionspunkte*. Bandbreitenvereinba-
rungen existieren im Rahmen der Regeln des IWF (→ *Internationalen Währungsfonds (IWF)*) und galten bis zum In-Kraft-Treten
der EWWU (→ *Europäische Wirtschafts- und Währungsunion
(EWWU)*) im → *EWS I/EWS II (Europäisches Währungssystem)*.
→ *Floating*.

▶ Bankbilanzrichtlinie-Gesetz

Mit dem zum 1.1.1993 in Kraft getretenen Gesetz wurde die
Bankbilanzrichtlinie der EU vom Dezember 1986 (→ *Europäische
Gesetzgebung*) in deutsches Recht umgesetzt. Danach gelten u.a.
für alle → *Kreditinstitute* spezielle Rechtsvorschriften für die
→ *Bilanz* und die → *Gewinn- und Verlustrechnung (GuV)*, die
von den Bestimmungen im → *Handelsgesetzbuch (HGB)* abweichen, sowie bestimmte, für die Länder der EU (→ *Europäische
Union (EU)*) angeglichene Bewertungsregelungen u.a. Einschränkungen für → *Stille Reserven*. → *Basel I/II*.

▶ Banken

Private oder öffentlich-rechtliche Unternehmen (→ *Kreditinstitute*), die gewerbsmäßig Geld und → *Wertpapiere* handeln, die
Wirtschaft mit Banknoten und → *Buchgeld* versorgen sowie die
üblichen Bankgeschäfte (→ *Kreditinstitute*) abwickeln.

Die gesetzlichen Rahmenbedingungen sind im → *Kreditwesengesetz (KWG)* vorgegeben. Die Bankgeschäfte werden in Aktiv-
und Passivgeschäfte unterschieden.

Im **Aktivgeschäft** (Kreditvergabe) liegt die Entscheidung über
das Zustandekommen des Geschäfts bei den Banken. Sie sind der

gebende Partner. Beim **Passivgeschäft** sind die Banken der kreditnehmende Partner. Zu den Passivgeschäften zählt die Annahme von Spareinlagen und kurzfristigen Einlagen (→ *Depositen*) sowie die Ausgabe der → *Pfandbriefe* und → *Kommunalobligationen*. Die → *Zentralbank* betreibt darüber hinaus noch die Ausgabe von Banknoten als Passivgeschäft.

Nachdem 1931 in Deutschland im Zuge der allgemeinen → *Weltwirtschaftskrise* mehrere Großbanken ihre Geschäftstätigkeit einstellen mussten (Bankenkrise), wurde das gesamte deutsche Kreditwesen staatlicher Aufsicht unterstellt. Die **Bankenaufsicht** zählt seit dem 1.5. 2002 zu den Aufgaben der → *Bundesanstalt für Finanzdienstleistungsaufsicht (BaFin)*.

Vor allem in → *Kapitalgesellschaften* erreichen Banken über den → *Aufsichtsrat*, in dem sie als Geldgeber vertreten sind, oder über ein → *Bankenkonsortium* wesentlichen Einfluss auf unternehmenspolitische Entscheidungen. Dieser Einfluss wird noch verstärkt durch die Möglichkeiten beim → *Depotstimmrecht*.

▶ **Bankenaufsicht** → *Banken*

▶ **Bankenerlass**

Ist eine Verwaltungsanordnung, die zuerst 1949 erlassen wurde mit dem Ziel einer Selbstbeschränkung der → *Finanzverwaltung*. Er stellt die Grundlage des **Bankgeheimnisses** dar. Er wurde durch ein Schreiben des Bundesfinanzministers vom 31. 8. 1979 konkretisiert: Nur bei Vorliegen konkreter Anhaltspunkte dürfen Finanzämter → *Kreditinstitute* anweisen, Auskünfte über Kunden oder eine allgemeine Überwachung von Konten verlangen.

Außerdem ist es der Finanzverwaltung ohne zwingende Gründe nicht erlaubt, anlässlich von → *Betriebsprüfungen* bei Kreditinstituten Aufzeichnungen (→ *Kontrollmitteilungen*) über Guthaben, Konten und Depots von Bankkunden anzufertigen. Ausnahmen: → *Zinsabschlagsteuer/Zinssteuer*, → *Geldwäschegesetz*.

Durch die → *Steuerreform 1990* wurde der Inhalt des Bankenerlasses in die → *Abgabenordnung (AO)* (§ 30 a AO) aufgenommen und somit auf eine gesetzliche Grundlage gestellt.

Seit dem 1. 4. 2005 können sich jedoch Finanzbehörden über die → *Bundesanstalt für Finanzdienstleistungsaufsicht (BaFin)* nach dem **Gesetz zur Förderung der Steuerehrlichkeit** vom 23. 12. 2003 über eine zentrale → *Datenbank* (**Kontenevidenzzentrale**) Einblick in sämtliche Konten von Steuerzahlern verschaffen. Voraussetzung ist, dass ein Auskunftsbegehren an den Steuerpflichtigen nicht zum Ziel geführt hat oder keinen Erfolg verspricht.

http://www.rechtliches.de/info_Gesetz_zur_Foerderung_der_Steuerehrlichkeit.html

▶ **Bankenkonsortium**

Mit dem Ziel einer Risikoverminderung und leichteren Kapitalaufbringung gebildete Vereinigung mehrerer → *Banken*. Sie dient dem Zweck der Durchführung von Geschäften (**Konsortialgeschäft**) mit hohem Kapitaleinsatz auf gemeinsame Rechnung mit Verteilung der Haftung und des Ertrags. Konsortien werden gebildet z. B. bei der → *Emission* von → *Anleihen*, zur Vergabe von → *Kredit* (**Konsortialkredit**) oder einer → *Bürgschaft*. Die Banken gewinnen dabei großen Einfluss auf die Geschäftsführung der finanzierten Unternehmen. → *Finanzierung*.

▶ **Bankenrechtskoordinierungsrichtlinie** → *Kreditwesengesetz (KWG)*

▶ **Bank für Internationalen Zahlungsausgleich** → *BIZ*

▶ **Bankgeheimnis** → *Bankenerlass*

▶ **Bankgeschäfte** → *Kreditinstitute*

▶ **Bankleitzahl**

Zum 1. 4. 1971 eingeführtes achtstelliges Nummernsystem für alle → *Kreditinstitute* zum Zwecke der → *Automatisierung* des Zahlungsverkehrs. Seitdem müssen alle Bankkunden bei den meisten Zahlungsvorgängen die Bankleitzahl in die Formulare eintragen.

▶ Bankplatz

Das ist ein Ort, an dem sich eine Zweigstelle der Deutschen → *Bundesbank* befindet. → *Europäisches System der Zentralbanken (ESZB)*.

▶ Banner

Bezeichnung für eingeblendete Werbeflächen (statische oder bewegte) auf einer → *Webseite* im → *Internet*. Durch Anklicken (→ *Hyperlink*) können oft über einen → *Webdialer* weitere – manchmal kostenpflichtige – Informationen abgerufen werden. Die **Banner-Werbung** ist für den → *Provider* eine wichtige Einnahmequelle. → *Content*.

▶ Barausschüttung

Form der → *Gewinnverwendung* einer → *Kapitalgesellschaft*.

▶ Bardividende

Begriff aus dem Körperschaftsteuerrecht (→ *Körperschaftsteuer*). Sie verbleibt als auszuschüttende → *Dividende* nach Abzug des Körperschaftsteueranteils von der → *Bruttodividende*.

▶ Barreserve

Eigene Kassenbestände (einschl. ausländischer Zahlungsmittel) sowie Guthaben der → *Kreditinstitute* bei der → *Zentralbank*.

▶ Barscheck → *Scheck*

▶ Bartergeschäfte (Bartering) → *Kompensationsgeschäfte*

▶ Barwert

Mit Hilfe der Zinseszinsrechnung (→ *Zinseszinsen*) auf einen bestimmten Stichtag als Ablösungssumme berechneter Gegenwartswert.

Zur Ermittlung des Barwerts muss der Endbetrag am Ende einer in Jahren oder Monaten bemessenen Laufzeit bekannt sein (z. B. eine Versicherungssumme). Würde der Barwert auf Zinseszins angelegt, so muss sich am Ende der Laufzeit die vereinbarte Summe ergeben.

Um den Barwert zu ermitteln, müssen dieser bestimmte Betrag und ein Abzinsungsfaktor (hierbei wird ein bestimmter Zinssatz für die Zinseszinsrechnung unterstellt) bekannt sein. Die Berechnung des Barwertes ist z. B. in der Versicherungswirtschaft (→ *Versicherungen*) notwendig, um etwa den Gegenwartswert einer noch nicht fällig gewordenen Lebensversicherung zu berechnen.

▶ **Basel I/Basel II** → *Kreditwesengesetz (KWG)*

▶ **Basisgut**

(Basisinstrument, Basisobjekt, Basiswert) Für → *Termingeschäfte* als Basis dienende Waren, → *Wertpapiere*, Währungen, → *Zinsen* oder → *Terminkontrakte*.

▶ **Basisinstrument** → *Basisgut*

▶ **Basisobjekt** → *Basisgut*

▶ **Basis Point**

(Basispunkt), Börsenübliche Bezeichnung für Unterschiede bei der → *Rendite*, im → *Börsenkurs* oder bei Preisen. Ein Basispunkt entspricht 0,01 Prozentpunkten.

▶ **Basispreis**

(Strike Price, Exercise Price) Für → *Optionsgeschäfte* übliche Bezeichnung des Preises, zu dem der Käufer einer Option (→ *Call Option*) → *Wertpapiere*, → *Terminkontrakte*, Waren oder sonstige Vereinbarungen an den Verkäufer der Option liefern bzw. bei einer Verkaufsoption (→ *Put Option*) von ihm kaufen kann.

▶ **Basispunkt** → *Basis Point*

▶ **Basiswert** → *Basisgut*

▶ **Basiszins**

Ersetzte übergangsweise bis 31. 12. 2001 den Diskontsatz. → *Leitzinsen.*

▶ **Basiszins-Bezugsgrößen-Verordnung**

Diese Verordnung vom 10. 2. 1999 regelt als Bezugsgröße für den → *Basiszins* die Entwicklung des Zinssatzes für längerfristige Refinanzierungsgeschäfte im ESZB (→ *Europäisches System der Zentralbanken (ESZB)).*→ *Leitzinsen.*

▶ **Basket**

Aktienkorb, der aus → *Aktien* verschiedener Unternehmen besteht. Er bildet die Grundlage für eine bestimmte Art der → *Optionsscheine* (**Basket Warrants**). Diese können als → *Basisgut* Aktien aus einem bestimmten Land oder einer bestimmten Branche enthalten.

▶ **BAT (Bundes-Angestellten-Tarifvertrag)** → *Öffentlicher Dienst*

▶ **Baugesetzbuch** → *Bodenrechtsreform*

▶ **Baugewerbe**

Bezeichnung für handwerkliche Gewerbebetriebe (→ *Gewerbe/ Gewerbebetrieb*) und industrielle Unternehmen in der **Bauwirtschaft**. Statistisch unterschieden wird in Bauhauptgewerbe und Ausbaugewerbe.

Zum **Bauhauptgewerbe** zählen Betriebe des Hoch- und Tiefbaus sowie Spezialbetriebe wie Gerüstbau, Dachdeckerei und Abbruchunternehmen.

Im **Ausbaugewerbe** überwiegen Betriebe im → *Handwerk*, wie z. B. für die Elektro- und Heizungsinstallation, Fliesenleger, Glaserei, Maler oder Tischler.

Das Baugewerbe ist sehr → *Arbeitsintensiv* mit einem hohen Anteil an Lohnkosten. Deshalb ist in dieser Branche der Anteil an → *Schwarzarbeit* und illegaler Beschäftigung, mit Arbeitsverhältnissen unter den tarifvertraglich abgesicherten Beschäftigungsbedingungen (→ *Tarifvertrag*, → *Entsendegesetz*) traditionell hoch. Hinzu kommt eine starke Abhängigkeit von den Witterungsverhältnissen mit starken saisonalen Schwankungen in der Beschäftigung und der Notwendigkeit zur sozialen Absicherung der Arbeitnehmer, z. B. durch Zahlung von → *Wintergeld* sowie für eine tarifvertraglich abgesicherte → *Betriebliche Altersversorgung*.

Die Auftragslage und damit auch die Beschäftigung in der Bauwirtschaft ist sehr abhängig von der konjunkturellen Entwicklung (→ *Konjunktur*) und hat eine große Bedeutung in der Arbeitslosenstatistik (→ *Arbeitslosigkeit*).

▶ **Bauhauptgewerbe** → *Baugewerbe*

▶ **Baukindergeld** → *Steuerreform*

▶ **Bauleitplanung**

Im → *Baugesetzbuch* vorgeschriebene vorbereitende Arbeit als Nachweis von Grundstücken einer → *Gemeinde* für die bauliche und sonstige Nutzung. Sie umfasst den Flächennutzungsplan (vorbereitender Bauleitplan) und den Bebauungsplan (verbindlicher Bauleitplan). Dabei sind die Bauleitpläne den Zielen der → *Raumordnung* anzupassen.

Mit dem **Flächennutzungsplan** werden die geplanten Flächen für private Wohnbauten, gemischte und gewerbliche Bauten, öffentliche Gebäude und Parks sowie für Land- und Forstwirtschaft ausgewiesen.

Mit dem **Bebauungsplan** wird die Flächennutzung des Gemeindegebiets genau und verbindlich aufgeteilt in Flächen für Gewerbebetriebe, Handel, Industrieproduktion einschließlich der damit verbundenen Vorschriften, die bei der Bebauung und Ansiedlung zu beachten sind. Dies gilt vor allem für die Regelungen nach der → *Baunutzungsverordnung*, für den → *Umweltschutz* (z. B.

→ *Bundesimmissionsschutzgesetz (BImSchG))* und hinsichtlich der Anhörungsrechte der Bürger in der Gemeinde.

▶ **Baunutzungsverordnung** → *Baugesetzbuch*

▶ **Bausparen** → *Bausparkassen*

▶ **Bausparkassen**

Zum Zweck der → *Finanzierung* von Eigenheimen errichtete Institutionen entsprechend den Regelungen im → *Kreditwesengesetz (KWG)*. Für die Spezialvorschriften gilt als Rechtsgrundlage das **Gesetz über Bausparkassen** i. d. F. vom 15. 2. 1991 mit späteren Änderungen.

Sie unterliegen als **private** Bausparkassen in der allein zulässigen Rechtsform einer *Aktiengesellschaft (AG)*, → *Kommanditgesellschaft auf Aktien (KGaA)* oder der → *Gesellschaft mit beschränkter Haftung (GmbH)* der Aufsicht der → *Bundesanstalt für Finanzdienstleistungsaufsicht (BaFin)*.

Als **öffentliche** Bausparkassen – meistens in der Form einer eigenen Abteilung bei den → *Girozentralen* oder → *Landesbanken* – unterstehen sie der Aufsicht des zuständigen Landesministeriums.

Die Bausparkassen verwenden die von den Bausparern eingezahlten Sparbeträge zur Gewährung von Baudarlehen, die an die Sparer nach Erfüllung bestimmter Mindestwartezeiten (12 bis 18 Monate) und einer bestimmten Mindestansparung (20 bis 40 % der Bausparvertragssumme) als zweite → *Hypothek* ausgezahlt werden.

Bausparen wird nach dem → *Wohnungsbauförderungsgesetz* staatlich gefördert.

http://www.bafin.de/gesetze/bauspar.htm

▶ **BDA** → *Bundesvereinigung der Deutschen Arbeitgeberverbände (BDA)*

▶ **BDI** → *Bundesverband der Deutschen Industrie (BDI)*

> **Beamte**

Bezeichnung für → *Arbeitnehmer* im öffentlichen Dienst (→ *Öffentlicher Dienst*), die in einem öffentlich-rechtlichen Dienst- und Treueverhältnis stehen. Für sie gilt das Beamtenrecht. Dies ist für Beschäftigte des Bundes das **Bundesbeamtengesetz (BBeaG)**, das **Bundesbesoldungsgesetz** (→ *Besoldung*), die **Bundeslaufbahnverordnung**, die **Bundesdisziplinarordnung** (bis 31. 12. 2001) und das → *Bundespersonalvertretungsgesetz (BPersVG)*.

Für Beamte der Länder, → *Gemeinden* oder einer landesunmittelbaren → *Körperschaft des öffentlichen Rechts*, → *Anstalt des öffentlichen Rechts* oder → *Stiftung* des öffentlichen Rechts gelten das **Beamtenrechtsrahmengesetz (BRRG)** des Bundes und die Landesbeamtengesetze, Landesdisziplinarordnungen, Landespersonalvertretungsgesetze usw. Diese entsprechen im Wesentlichen dem Beamtenrecht des Bundes.

Das Beamtenrecht hat seine wesentlichen Grundlagen im Art. 33 des Grundgesetzes. Danach dürfen **hoheitliche** Befugnisse nur von Angehörigen des öffentlichen Dienstes, die in einem öffentlich-rechtlichen Dienstverhältnis stehen, ausgeübt werden. Beamte werden durch Aushändigung einer Ernennungsurkunde ernannt. Ihr Streikrecht (→ *Streik*) ist in der Rechtsprechung umstritten, vor allem wegen des mit der Ernennung verbundenen Eingehens eines **Dienst- und Treueverhältnisses**. Für Beamte gilt das **Alimentationsprinzip**, d. h. der Dienstherr muss für das Wohl des Beamten und seiner Familie sorgen. → *Versorgungsbezüge*.

Nach Art. 33 Abs. 5 GG ist das Recht des öffentlichen Dienstes unter Berücksichtigung der „**hergebrachten Grundsätze**" des Berufsbeamtentums zu regeln. Dies sind alle aus der Tradition erwachsenen Rechtsgrundlagen des Berufsbeamtentums, so z. B. Verpflichtung der Beamten auf das → *Gemeinwohl*, das so genannte besondere Gewaltverhältnis des Dienstherrn auf die Beamten mit einer auf die öffentliche Aufgabenerfüllung bezogenen Einschränkung der Grundrechte (z. B. Zurückhaltung in der parteipolitischen Betätigung), Gehorsamspflicht gegenüber den Vorgesetzten, soweit an der Rechtmäßigkeit nicht zu zweifeln ist (hier besteht die so genannte **Remonstrationspflich**t, d. h. Beamte müssen Bedenken gegen die Rechtmäßigkeit dienstlicher Anordnungen geltend machen), **Amtshaftung** des Dienstherrn bei Verletzungen der Amtspflicht durch Beamte. Diesen Pflichten stehen besondere Rechte gegenüber – Unkündbarkeit von Beamten auf Lebenszeit, der Anspruch auf Schutz und Fürsorge durch den Dienstherrn, das Recht auf angemessene Besoldung und → *Versorgungsbezüge*. Durch Rechts- und Verwaltungsvorschriften, die frei von Regelungen zur → *Mitbestimmung* der Arbeitnehmer sind, wird das Beamtenverhältnis vom Dienstherrn einseitig geregelt. Bei Gesetzesverstößen droht Beamten neben der strafrechtlichen Verfolgung auch die disziplinarische Verfolgung durch ein **Disziplinarverfahren**. Dieses wird seit dem 1.1.2002 von besonderen Kammern bei dem zuständigen → *Verwaltungsgericht* bzw. Senat eines Oberverwaltungsgerichts durchgeführt. Nur Deutsche können in das Beamtenverhältnis berufen werden. Sie sind verpflichtet, jederzeit für die freiheitlich-demokratische Grundordnung im Sinne des Grundgesetzes einzutreten.

Man unterscheidet **Beamte auf Lebenszeit**, **Beamte auf Zeit** (Wahlbeamte), **Beamte auf Probe**, die zur späteren Verwendung als Beamte auf Lebenszeit eine Probezeit zu leisten haben, und **Beamte auf Widerruf**, die den vorgeschriebenen Vorbereitungsdienst ableisten oder nur nebenbei oder vorübergehend Beamtenaufgaben erfüllen.

Gesetzlich geregelt ist auch das Recht der **Teilzeitbeamten**, z. B. zur Versorgung von Kindern unter 16 Jahren oder zur Versorgung von Pflegebedürftigen.

Schließlich gibt es noch **politische Beamte**, deren Amt eng mit der jeweiligen politischen Mehrheit verbunden ist (z. B. Staatssekretäre, Ministerialdirektoren, Regierungspräsidenten, usw.). Politische Beamte können jederzeit in den **einstweiligen Ruhestand** versetzt werden und beziehen hierfür – unter Beachtung bestimmter Voraussetzungen → *Ruhegehalt*.

Das Beamtenrecht wird ab 2006 grundlegend reformiert – insbesondere durch Einführung einer leistungsbezogenen Bezahlung für die rd.1,7 Millionen Beamten von Bund, Ländern und Gemeinden (→ *Besoldung*). Die Bezahlungskriterien Alter und Familienstand verlieren ihre maßgebliche Rolle. Auch die **Laufbahngruppen** einfacher, mittlerer, gehobener und höherer Dienst entfallen. → *Rentenreform*.

http://bundesrecht.juris.de

▶ **Beauty Contest**

Bei der → *Emission* von → *Aktien* übliches Verfahren, bei dem die an einer Beteiligung im Emissions- → *Konsortium* interessierten → *Banken* im Wettbewerb ihre Konzeption vorstellen.

▶ **Bebauungsplan** → *Bauleitplanung*

▶ **Bedingtes Termingeschäft** → *Option*

▶ **Befreiender Konzernabschluss und Konzernlagebericht**

Möglichkeiten der Befreiung von der Aufstellung für einen besonderen deutschen → *Konzernabschluss* und → *Konzernlagebericht* für solche Abschlüsse und Berichte von → *Mutterunternehmen*, die ihren Sitz in Ländern der EU (→ *Europäische Union (EU)*) und im → *EWR (Europäischer Wirtschaftsraum)* haben und die die im → *Handelsgesetzbuch (HGB)* (§ 291 HGB) genannten Anforderungen erfüllen.

Darüber hinaus sind in § 292 a HGB nach dem → *Kapitalaufnahmeerleichterungsgesetz* sowie in § 293 HGB (größenabhängige Befreiungen) weitere Befreiungsmöglichkeiten geregelt. → *Bilanzierungsverbote*, → *Bilanzierungswahlrechte*.

▶ **Befristete Arbeitsverhältnisse**

Für eine bestimmte Zeit über einen befristeten → *Arbeitsvertrag* vereinbarte Arbeitsverhältnisse, die ohne Kündigung nach Ablauf der Frist enden. → *Teilzeitarbeit- und Befristungsgesetz*.

▶ **Befristete Transaktionen** → *Offenmarktgeschäfte*

▶ **Begebung**

Andere Bezeichnung für → *Emission*.

▶ **Behauptet**

Kaum veränderter → *Börsenkurs.*

▶ **Beherrschungsvertrag**

→ *Unternehmensvertrag,* mit dem eine → *Aktiengesellschaft (AG)* oder eine → *Kommanditgesellschaft auf Aktien (KGaA)* die Leitung ihrer Gesellschaft einem anderen Unternehmen unterstellt (§ 291 AktG). Das andere Unternehmen ist das **herrschende Unternehmen** (§ 17 AktG). → *Gewinnabführungsvertrag.*

▶ **Behinderten-Pauschbetrag** → *Außergewöhnliche Belastungen*

▶ **Beibehaltungswahlrecht** → *Zuschreibungen*

▶ **Beihilfen**

Staatliche → *Subventionen* in der Form von Finanzhilfen, die zur Unterstützung bestimmter Unternehmen oder Produktionszweige gezahlt werden. Solche Zahlungen sind innerhalb der EU (→ *Europäische Union (EU)*) unzulässig, soweit sie den Wettbewerb verfälschen und den Handel zwischen den Mitgliedsstaaten beeinträchtigen (Art. 87, Abs. 1 EG-Vertrag). Eine Reihe von Ausnahmebestimmungen gelten jedoch u. a. für Beihilfen sozialer Art, im Fall von Naturkatastrophen oder für wirtschaftlich benachteiligte Gebiete (Art. 87 Abs. 2 EG-Vertrag).

Bei Verstößen einzelner Mitgliedsstaaten der EU gegen diese Vorschriften kann die → *Kommission der EU* ein Prüfungsverfahren nach Art. 88 EG-Vertrag einleiten und im Falle einer nicht beachteten Entscheidung den EuGH (→ *Europäischer Gerichtshof (EuGH)*) anrufen.

Im öffentlichen Dienst (→ *Öffentlicher Dienst*) werden Beihilfen in bestimmten Fällen u. a. bei Krankheit, Kuren, Geburt und Todesfällen gewährt.

▶ **Beiträge**

Form von → *Abgaben* in der → *Sozialversicherung* oder an eine → *Körperschaft des öffentlichen Rechts.* → *Beitragsbemessungsgrenze.*

▶ **Beitragsbemessungsgrenze**

Ein Betrag, der höchstens für die Berechnung der jeweils in der → *Sozialversicherung* zu zahlenden → *Beiträge* zugrunde gelegt wird. Sie wird jährlich durch eine → *Rechtsverordnung* der Bundesregierung (unter Anwendung von Rundungsbestimmungen) festgesetzt und der allgemeinen Einkommensentwicklung angepasst. Für die → *Arbeitslosenversicherung* gilt die gleiche Beitragsbemessungsgrenze wie in der Rentenversicherung.

Die Beitragsbemessungsgrenze zur Rentenversicherung beträgt in den **alten Bundesländern** 62400 Euro bzw. monatlich 5200 Euro (2005) und in den **neuen Bundesländern** 52800 Euro bzw. monatlich 4400 Euro (2005).

Die in Deutschland seit dem 1. 1. 2001 einheitliche Beitragsbemessungsgrenze zur gesetzlichen → *Krankenversicherung* und zur → *Pflegeversicherung* beträgt 42300 Euro bzw. monatlich 3525 Euro (2005). Sie liegt damit etwas niedriger als die → *Versicherungspflichtgrenze*, die mit 75 % der in der Rentenversicherung der Arbeiter und Angestellten geltenden Beitragsbemessungsgrenze festgelegt ist und 46800 Euro bzw. monatlich 3900 Euro (2005) beträgt.

In der → *Knappschaftsversicherung* gilt eine erhöhte Beitragsbemessungsgrenze von 76800 Euro bzw. monatlich 6400 Euro (2005). Für antragspflichtversicherte → *Selbständige* und selbständige → *Handwerker* gelten besondere Regelungen. → *Geringfügigkeitsgrenze.*

▶ **Beitragssatz**

Zur Berechnung der Beiträge zur gesetzlichen Rentenversicherung, → *Arbeitslosenversicherung,* → *Krankenversicherung* und → *Pflegeversicherung* festgelegter Anteil am versicherungspflichtigen Arbeitsentgelt. Erreicht dieses Arbeitsentgelt die → *Beitragsbemessungsgrenze*, so ist der Höchstbeitrag zu zahlen. Er bleibt auch bei Überschreiten der Beitragsbemessungsgrenze in der gleichen Höhe bestehen.

Der → *Arbeitgeber* hat die Hälfte des Beitragsanteils der → *Arbeitnehmer* (ausgenommen den Kinderlosenzuschlag zur Pflegeversicherung) zu übernehmen.

Der Beitragssatz im Jahr 2005 zur **gesetzlichen Rentenversicherung** beträgt 19,5 %. → *Ökosteuer*, → *Nachhaltigkeitsgesetz*. In der **Arbeitslosenversicherung** gilt ein Beitragssatz von 6,5 %.

Die Beitragssätze zur gesetzlichen Krankenversicherung liegen – je nach Krankenkasse zwischen 13,6 % und 14,8 % – im Durchschnitt bei 14,2 % (2004). Nach den Neuregelungen in der → *Gesundheitsreform* sind die Beitragssätze um durchschnittlich 0,4 % gesunken. In der *Pflegeversicherung* gilt ein Beitragssatz von 1,7 % plus ggf. dem Zuschlag für Kinderlose (seit dem 1.1.2005) von 0,25 %. **Beispiel:** Bei einem monatlichen Bruttoeinkommen von 5200 Euro im Jahre 2005 zahlten Arbeitnehmer in den **alten Bundesländern** einen Arbeitnehmeranteil zur Rentenversicherung von 507 Euro (9,75 % von 5200 Euro). Dies war gleichzeitig der Höchstbeitrag für das Jahr 2005. Den gleichen Anteil zahlt auch der → *Arbeitgeber*.

▶ **Beitreibung** → *Zwangsvollstreckung*

▶ **Belegschaftsaktien**

Form der Gewinnbeteiligung der → *Arbeitnehmer*. Durch die Ausgabe von meist durch das ausgebende Unternehmen subventionierte → *Aktien* werden die Arbeitnehmer zu Miteigentümern. Sie sind dann über die Schwankungen des Aktienkurses sowohl am → *Gewinn* als auch am Verlust des Unternehmens beteiligt. Durch besondere Vereinbarungen kann eine Verlustbeteiligung, die allerdings auf eine bestimmte Aktienzahl oder eine bestimmte Kaufsumme beschränkt ist, ausgeschlossen werden. 1996 hatten rd. 350 Aktiengesellschaften an 1,6 Mio. Beschäftigte ihrer Unternehmen Belegschaftsaktien ausgegeben. Anders: → *Stock Options*.

Der bei Ausgabe von Belegschaftsaktien beim Arbeitnehmer durch die Subventionierung entstehende → *geldwerte Vorteil* bleibt bis zu einer im → *Einkommensteuergesetz (EStG)* festgesetzten Höhe unter bestimmten Bedingungen steuerfrei. → *Vermögenswirksame Leistungen,* → *Sparförderung,* → *Betriebliche Vermögensbildung.*

▶ **Bemessungsentgelt** → *Arbeitslosenversicherung*

▶ **Benchmark**

Das Setzen von Vergleichsmaßstäben bzw. Richtgrößen (benchmarks), die sich z. B. an → *Kennzahlen* der Besten in der Branche oder an einem → *Aktienindex* orientieren, ist ein im Finanzanlagengeschäft übliches Instrument für die Bewertung von → *Investitionen* in → *Finanzanlagevermögen.*

▶ **Benchmark-Indizes** → *Aktienindex*

▶ **Benchmarking**

Vergleich mit Produkten, Methoden und Verfahren von Konkurrenzunternehmen. Der Abstand zum leistungsbesten Unternehmen wird ermittelt, analysiert und bewertet und dient als Maßstab bei Entscheidungen über eigene unternehmensstrategische Ziele zum Abbau bestehender Defizite.

▶ **Benutzeroberfläche**

Bezeichnung für den auf dem → *Bildschirm* der → *Computer* sichtbare Teil der → *Software*. Mit Hilfe einer sinnvollen grafischen Benutzeroberfläche (**G**rafical **U**ser **I**nterface) werden komplizierte Tastenkombinationen vermieden (→ *Maus*) und die Bedienung des Computers einfacher gestaltet. Instrumente der Benutzeroberfläche sind z. B. → *Menü,* → *Fenster,* → *Maske,* → *Grafik* und Benutzerhinweise. → *Windows.*

▶ **Benutzerschnittstelle** → *Schnittstelle*

▶ **Bereinigte Lohnquote** → *Lohnquote*

▶ **Berichtigungsaktien** → *Gratisaktien*

▶ **Berufliche Fortbildung** → *Berufsbildung*

▶ **Berufliche Umschulung** → *Berufsbildung*

▶ **Berufliche Weiterbildung**

Sammelbegriff für die → *Berufliche Fortbildung* und die → *Berufliche Umschulung.* Maßnahmen der beruflichen Weiterbildung können nach dem → *Sozialgesetzbuch (SGB)*, Teil III, unter bestimmten Voraussetzungen (§ 77 SGB III bis § 94 SGB III) durch Übernahme der Weiterbildungskosten und Leistung von → *Unterhaltsgeld* von der → *Bundesagentur für Arbeit (BA)* gefördert werden.

▶ **Berufsausbildung** → *Berufsbildung*

▶ **Berufsausbildungsbeihilfe** → *Arbeitslosenversicherung*

▶ **Berufsausbildungssicherungsabgabe** → *Ausbildungsplatzabgabe*

▶ **Berufsberatung**

Beratung von Jugendlichen und Erwachsenen durch die → *Agentur für Arbeit.* Die Berufsberater informieren über Anforderungen und Aussichten der verschiedenen Berufe, über Wege und Förderung (→ *Bundesausbildungsförderungsgesetz*) der → *Berufsbildung* und über alle Fragen der Berufswahl.

▶ **Berufsbildung**

Vermittelt die Qualifikationsvoraussetzungen zur Ausübung definierter Berufstätigkeiten. Rechtsgrundlage sind das → *Berufsbildungsgesetz (BBiG)*, die → *Handwerksordnung* sowie landesgesetzliche Regelungen.

Nach dem Berufsbildungsgesetz (§ 1 BBiG) wird unterschieden in Berufsausbildung, berufliche Fortbildung und berufliche Umschulung.

● Die **Berufsausbildung** soll eine breit angelegte berufliche Grundbildung und die für die Ausübung einer qualifizierten beruflichen Tätigkeit notwendigen fachlichen Fertigkeiten und Kenntnisse in einem geordneten Ausbildungsgang vermitteln. Außerdem hat sie den Erwerb der erforderlichen Berufserfahrung zu ermöglichen.

● Ziel der **beruflichen Fortbildung** ist es, die beruflichen Kenntnisse und Fertigkeiten zu erhalten, zu erweitern und der technischen Entwicklung anzupassen oder beruflich aufzusteigen.

● Die **berufliche Umschulung** soll zu einer anderen beruflichen Tätigkeit befähigen.

Die Durchführung der Berufsbildung obliegt den Betrieben der Wirtschaft und vergleichbaren Einrichtungen sowie den berufsbildenden Schulen und sonstigen Berufsbildungseinrichtungen außerhalb der schulischen und betrieblichen Berufsbildung. → *Berufliche Weiterbildung*.

▶ **Berufsbildungsausschuss**

Eine nach dem → *Berufsbildungsgesetz (BBiG)* (§ 56 BBiG bis § 59 BBiG) von der jeweiligen zuständigen Stelle (z. B. → *Industrie- und Handelskammer (IHK)*) einzurichtende Institution. Sie setzt sich zusammen aus je sechs Vertretern der → *Arbeitgeber*, der → *Gewerkschaften* und – mit beratender Stimme – der Lehrer an berufsbildenden Schulen.

Er ist in allen wichtigen Angelegenheiten der beruflichen Bildung zu unterrichten und zu hören und beschließt Rechtsvorschriften für die Durchführung der → *Berufsbildung* (z. B. die Prüfungsordnungen, Eignung von Ausbildungsstätten).

Nach der → *Handwerksordnung* (§ 43 HandwO bis § 44 b HandwO) besteht der Berufsbildungsauschuss aus sechs sachkundigen selbständigen Handwerkern, sechs → *Arbeitnehmer* mit Gesellenprüfung und – beratend – sechs Lehrern der berufsbildenden Schulen.

▶ **Berufsbildungsbericht**

Wird nach dem → *Berufsbildungsförderungsgesetz (BerBiFG)* (§ 3 BerBiFG) einmal jährlich bis zum 1. April vom Bundesministerium für Bildung und Wissenschaft erstattet. Der Bericht gibt Auskunft über die voraussichtliche Weiterentwicklung des Ausbildungsplatz-Angebots der kommenden Jahre und enthält Vorschläge zur Behebung jeweils aktueller Probleme auf dem Berufsbildungssektor. Er wird vom → *Bundesinstitut für Berufsbildung* in Berlin erstellt.

▶ **Berufsbildungsförderungsgesetz**

Das **Gesetz zur Förderung der Berufsbildung durch Planung und Forschung (BerBiFG)** i. d. F. vom 12. 1. 1994 nennt die Ziele der **Berufsbildungsplanung** und regelt den Inhalt im → *Berufsbildungsbericht* und der **Berufsbildungsstatistik**. Außerdem sind Aufgaben, Finanzierung und Haushaltsführung für das → *Bundesinstitut für Berufsbildung* beschrieben. Der Geltungsbereich des BerBiFG entspricht dem im → *Berufsbildungsgesetz (BBiG)*.

http://bundesrecht.juris.de

▶ **Berufsbildungsgesetz**

Das Berufsbildungsgesetz (BBiG) vom 14. 8. 1969 mit späteren Änderungen regelt
● die → *Berufsausbildung* (Begründung, Inhalt, Beginn und Beendigung des Ausbildungsverhältnisses, die Berechtigungsvoraussetzungen zum Ausbilden, die Vorschriften zur Ausbildungsordnung und zur Anerkennung von Ausbildungsberufen sowie zum Prüfungswesen);
● die → *berufliche Fortbildung* und die → *berufliche Umschulung*;
● die Aufgaben und Zusammensetzung für den → *Berufsbildungsausschuss*;
● die besonderen Vorschriften für die Ausbildung in bestimmten Wirtschafts- und Berufszweigen (→ *Handwerk*, → *Land- und Forstwirtschaft*, → *Öffentlicher Dienst*, Anwälte, → *Wirtschafts-*

prüfer, → *Steuerberater*, Ärzte, Zahnärzte und Apotheker und Hauswirtschaft) sowie

• die Bußgeldvorschriften.

Es gilt nicht für die Berufsbildung in den berufsbildenden Schulen, die der Ländergesetzgebung unterliegen, und nicht für die Berufsbildung in einem öffentlich-rechtlichen Dienstverhältnis. Für die Berufsbildung im Handwerk gilt es teilweise neben der → *Handwerksordnung*.

http://bundesrecht.juris.de

▶ **Berufsfeld** → *Berufsgrundbildungsjahr*

▶ **Berufsfreiheit**

Ein nach dem Grundgesetz (Art. 12) gewährleistetes Grundrecht, nach dem alle Deutschen das Recht haben, Beruf, Arbeitsplatz und Ausbildungsstätte frei zu wählen. Durch gesetzliche Regelung kann allerdings die Freiheit der Berufsausübung beschränkt werden, wenn dies im Interesse für das → *Gemeinwohl* zweckmäßig erscheint.

▶ **Berufsgeheimnis**

Eine nur einem beschränkten Personenkreis (z. B. Ärzten, Rechtsanwälten, → *Steuerberater*, → *Wirtschaftsprüfer*) bekannte Tatsache aus dem privaten oder geschäftlichen Umfeld einer Person. Sie unterliegt der → *Schweigepflicht*. → *Betriebs- und Geschäftsgeheimnis*.

▶ **Berufsgenossenschaften** → *Unfallversicherung*

▶ **Berufsgrundbildungsjahr**

Das ist ein schulisches, betriebliches oder überbetriebliches Vorbereitungsjahr, das auf die Ausbildungszeit angerechnet wird. Der Auszubildende kann zwischen 13 **Berufsfeldern** wählen, denen die jeweiligen Ausbildungsberufe zugeordnet sind. Das Berufsfeld 1: Wirtschaft und Verwaltung umfasst z. B. 24 Ausbildungsberufe.

Rechtsgrundlage ist die **Berufsgrundbildungsjahr-Anrechnungsverordnung** vom 17. 7. 1978 mit späteren Änderungen.

▶ **Berufskrankheiten**

Erkrankungen, die als Folge einer beruflichen Tätigkeit entstehen und häufiger als bei der allgemeinen Bevölkerung auftreten. In der **Berufskrankheiten-Verordnung** vom 31. 10. 1997 mit späteren Änderungen werden 68 Berufskrankheiten aufgezählt. Mit Abstand an der Spitze stehen die Lärmschwerhörigkeit und Hauterkrankungen. Sie umfassen fast zwei Drittel aller Berufskrankheiten. Nach dem Recht der gesetzlichen → *Unfallversicherung* werden Berufskrankheiten gleich behandelt wie Arbeitsunfälle. Dies ist wichtig für die Rentenhöhe.

http://www.bmgs.bund.de

▶ **Berufsunfähigkeit**

Die Begriffe Berufsunfähigkeit und Erwerbsunfähigkeit sind nach der → *Rentenreform* von 1999 ab 1. 1. 2001 entfallen und wurden durch die zweistufige → *Erwerbsminderungsrente* ersetzt. Ausgenommen sind die Personen, die bereits vor dem 1. 1. 2001 eine Rente wegen Berufsunfähigkeit bezogen haben. Für sie gilt noch das alte Recht.

Wer bis zum 31. 12. 2000 das 40. Lebensjahr vollendete, hat auch weiterhin einen Anspruch auf → *Teilrente* wegen Berufsunfähigkeit.

▶ **Berufsverbandsprinzip**

Organisationsprinzip, bei dem im Gegensatz zum → *Industrieverbandsprinzip* berufliche oder wirtschaftliche Interessen für die Gründung und Existenz einer Vereinigung maßgeblich sind. Während in Deutschland die Verbände der → *Arbeitnehmer* und → *Arbeitgeber* heute vorwiegend nach dem **Industrieverbandsprinzip** gegliedert sind (das ist z. B. das Organisationsprinzip des DGB (→ *Deutscher Gewerkschaftsbund (DGB)*), sind berufsständische Gesichtspunkte nach wie vor bestimmend für die Existenz der → *Gewerkschaften* in Großbritannien oder den USA. Berufsständische Organisationen sind in der Bundesrepublik z. B. die Berufsverbände im → *Handwerk*. → *Richtungsverbandsprinzip*.

▶ **Beschäftigungsbericht der EU**

Jährlich seit 1991 vorgelegter Bericht der → *Kommission der EU* über die Situation auf dem → *Arbeitsmarkt* und zur Beschäftigung in der EU. → *Sozialer Dialog*.

http://europa.eu.int/

▶ **Beschäftigungsbrücke**

Bezeichnung für Maßnahmen, die den Übergang bis zum Ausstieg aus dem Erwerbsleben erleichtern. Beispiele sind die tarifvertraglichen Vereinbarungen im Rahmen der → *Altersteilzeit*.

▶ **Beschäftigungsförderungsgesetz**

Das war ein am 1. 5. 1985 in Kraft getretenes, ursprünglich bis Ende 1989 befristetes, dann jedoch bis Ende 1995 und mit dem Beschäftigungsförderungsgesetz 1994 nochmals um 5 Jahre bis 31. 12. 2000 verlängertes und gleichzeitig novelliertes Gesetz, das Neueinstellungen von Arbeitskräften erleichtern sollte. Es wurde zum 1. 1. 2001 durch das Teilzeit- und Befristungsgesetz (→ *Teilzeitarbeit*) abgelöst.

▶ **Beschäftigungspolitik**

Schlagwortartige Bezeichnung für alle Maßnahmen und Bestrebungen zum Erhalten oder Erreichen des wirtschaftspolitischen Zieles der → *Vollbeschäftigung*. → *Bundesagentur für Arbeit (BA)*, → *Magisches Viereck*, → *Arbeitsmarktpolitik*.

▶ **Beschäftigungspolitische Leitlinien der EU** → *Europäischer Beschäftigungspakt*

▶ **Besitzsteuern**

→ *Steuerart*, die auf den Ertrag aus dem Einkommen und → *Vermögen* bezogen wird (z. B. → *Grundsteuer*, → *Gewerbesteuer*, → *Körperschaftsteuer*, → *Einkommensteuer*).

▶ **Besitzwechsel**

Ein gezogener → *Wechsel* vom → *Gläubiger* aus gesehen. **Beispiel:** Für die Warenforderung des X an Y zieht dieser in Höhe der → *Forderung* einen Wechsel auf Y. Für X ist dies ein Besitzwechsel, weil er hieraus einen Anspruch auf Zahlung am Fälligkeitstage hat. Für Y ist es ein **Schuldwechsel**.

▶ **Besoldung**

Gesetzlich geregelte Vergütung für → *Beamte*. Das **Gesetz zur Reform des öffentlichen Dienstrechts** brachte zum 1. 7. 1997 eine Reihe von Neuregelungen. So wurde u. a. die jedem Beamten zustehende gleich hohe allgemeine Stellenzulage und der unabhängig vom Familienstand gezahlte Ortszuschlag der Stufe 1 Bestandteil des Grundgehalts. Der Ortszuschlag Stufe 2 (ein Kind) und Stufe 3 (zwei Kinder) wurde in einen **Familienzuschlag** umgewandelt. Außerdem wurden die Aufstiegsintervalle der Besoldungstabelle A von bisher 2 Jahren auf einen 2–3-4-Jahresrhythmus umgestellt und ein Aufrücken auch von der Leistungsbeurteilung abhängig gemacht. Möglich wurde auch die Zahlung von Leistungszulagen und Leistungsprämien. Auch die Grundlagen der → *Versorgungsbezüge* wurden geändert.

Mit einem Eckpunktepapier „**Neue Wege im öffentlichen Dienst**" vom Mai 2005 einigten sich → *Gewerkschaften* (ver.di), → *Deutscher Beamtenbund (DBB)* und Bundesinnenminister auf eine grundlegende Strukturreform. Sie umfasst u. a. eine neue Bezahlungsstruktur mit **Basisgehalt** und **Leistungsstufen** – unabhängig von Alter und Familienstand – auf Grundlage einer Bestandssicherung ab 2006.

▶ **Bestätigungsvermerk**

(Testat) Eine nach den Vorschriften im → *Handelsgesetzbuch (HGB)* (§ 322 HGB) wörtlich vorgeschriebene Schlussbestätigung für den → *Wirtschaftsprüfer*, wonach „die durchgeführte Prüfung zu keinen Einwendungen geführt hat und dass der... → *Jahresabschluss* oder → *Konzernabschluss*... ein den tatsächlichen Verhältnissen entsprechendes Bild der Vermögens-, Finanz- und Ertragslage des Unternehmens oder Konzerns vermittelt." → *KonTraG*.

Der Bestätigungsvermerk dient u. a. dem Zweck, die Feststellung des Jahres- oder Konzernabschlusses durch den → *Aufsichtsrat* oder andere Kontrollgremien zu ermöglichen. Deshalb muss er auch eine leicht verständliche und problembezogene Beurteilung über die Lage des Unternehmens beinhalten, die auch auf erkannte Risiken eingeht. Hierdurch werden die Kontrollgremien, Arbeitnehmer, Gläubiger und die Öffentlichkeit auf mögliche schwerwiegende Probleme hingewiesen.

Sofern ein Konzernabschluss sowohl den → *Rechnungslegungsvorschriften* des Handelsgesetzbuchs als auch den United States Generally Accepted Accounting Prinziples (→ *US GAAP*) oder International Accounting Standards (→ *IAS/IFRS*) entspricht, gibt es die Möglichkeit eines sog. **dualen Bestätigungsvermerks**, mit dem die Übereinstimmung mit diesen Vorschriften bestätigt werden kann.

▶ **Bestens** → *Billigst*

▶ **Beteiligung**

Bezeichnung für die finanzielle Teilhaberschaft an einem Unternehmen. Sie wird durch eine Geld- oder Sacheinlage begründet. Beteiligen können sich natürliche und → *Juristische Personen*. Aus der Höhe und der Qualität einer Beteiligung erwachsen bestimmte Rechte (z. B. als Beteiligung am → *Gewinn* des Unternehmens) und Pflichten (z. B. Beteiligung am → Verlust).

Bei einer → *Aktiengesellschaft (AG)* sind nach den Vorschriften im → *Aktiengesetz (AktG)* drei Beteiligungsquoten bestimmend für den Einfluss aus der Beteiligung: Die → *Sperrminorität* von 25 % plus eine Aktie, die **absolute Mehrheit** von 50 % plus eine Aktie und die **Dreiviertelmehrheit** von 75 % plus eine Aktie, bei der alle Beschlüsse der → *Hauptversammlung* beherrscht werden können. Durch das → *Depotstimmrecht* und bei Entscheidungen der Hauptversammlung, bei denen eine Mehrheit des „erschienenen Aktienkapitals" ausreicht, sind faktisch auch geringere Stimmrechtspakete ausreichend für eine Majorisierung von Beschlüssen der Hauptversammlung.

Beteiligungen an einer → *Kapitalgesellschaft* oder → *Personengesellschaft* werden dem → *Grundkapital*, → *Stammkapital* oder → *Eigenkapital* zugeführt und als solches ausgewiesen. Bei einer Kapitalgesellschaft müssen Beteiligungen von mehr als 20 % vom → *Nennkapital* an einer Gesellschaft im → *Finanzanlagevermögen* dieser Gesellschaft bilanziert werden.

Beteiligungen als → *Partiarisches Darlehen* werden als Darlehen ausgewiesen, die Einlage als → *Stille Gesellschaft* wird Bestandteil des Vermögens. → *Schachtelprivileg.*

Mit Hilfe von Beteiligungen sichern sich Unternehmen Einfluss auf andere Unternehmen. Zum Zweck der Interessenkoordinierung kommt es auch zu gegenseitigen Beteiligungen, z. B. als *Strategische Allianzen.*

Beteiligungsunternehmen, bei denen eine Gesellschaft mehr als 50 % Anteile besitzt, können mit der → *Muttergesellschaft* einen → *Konzern* bilden. → *Kapitalbeteiligungsgesellschaften.*

▶ **Beteiligungsbericht**

Von → *Gebietskörperschaften* abgegebener Bericht über ihre Unternehmensbeteiligungen. Die Bundesregierung veröffentlicht jährlich einen Bericht über die Bundesbeteiligungen. Nach dem Beteiligungsbericht 2002 war der Bund und seine → *Sondervermögen* Ende 2001 unmittelbar an 120 Unternehmen beteiligt. Davon sind 37 mit einer Beteiligung von mindestens 25 % bedeutsam. Einschließlich der mittelbaren Beteiligungen waren es 426 Unternehmen. In den Mehrheitsbeteiligungen arbeiteten Ende 2001 rd. 640 000 Beschäftigte.

Durch → *Privatisierung* ist die Zahl der unmittelbaren Beteiligungen in den letzten Jahren stark zurückgegangen. Bedeutende Beteiligungen hält der Bund über die Bundesanstalt für Post- und Telekommunikation an der Deutschen Telekom AG (→ *Bundespost*) und der Deutschen Post AG, außerdem an der Deutschen Bahn AG (→ *Bundesbahn/Deutsche Bahn AG*)) (100 %) und der → *Kreditanstalt für Wiederaufbau*. Weitere Beteiligungen hält er z. B. an Hafen-, Flughafen- und Wohnungsbaugesellschaften, öffentlich-rechtlichen Banken, Forschungszentren, Museen und Ausstellungshallen sowie Festspielhäusern.

▶ **Beteiligungsfinanzierung** → *Finanzierung*

▶ **Beteiligungsfonds** → *Kapitalanlagengesellschaften*

▶ **Beteiligungsgesellschaft** → *Kapitalbeteiligungsgesellschaften*

▶ **Betrieb**

Örtliche, technische und organisatorische Einheit (Arbeitsstätte), die dem Zweck dient, → *Güter* und → *Dienstleistungen* zu erstellen. → *Unternehmen*, → *Gewerbebetrieb*, → *Arbeitsstättenverordnung*.

▶ **Betriebliche Altersversorgung**

Über die gesetzlichen Verpflichtungen (→ *Sozialversicherung*) hinausgehende freiwillige Maßnahmen der → *Arbeitgeber* zur Alters-, Invaliditäts- und Hinterbliebenenversorgung ihrer → *Arbeitnehmer*.

Rechtliche Grundlage ist das **Gesetz zur Verbesserung der betrieblichen Altersversorgung (BetrAVG) (Betriebsrentengesetz)** vom 19. 12. 1974 mit späteren Änderungen. Es umfasst Regelungen u. a. zur Unverfallbarkeit nach bestimmten Anwartschaftszeiten (§ 1 b Betr AVG), zur Anspruchssicherung und zum Verbot späterer Kürzungen **(Auszehrungsverbot)**, zur Höhe des Anspruchs im Versorgungsfall und im Falle vorgezogener Altersrente (→ *Renten-reform*), zur Begrenzung der Anrechnung anderer Versorgungsbe-züge und zur Prüfung von Anpassungen der Betriebsrente alle drei Jahre.

Im Falle einer → *Insolvenz* tritt ein **Pensions-Sicherungs-Verein** (PSA e.V) nach § 14 BetrAVG) an die Stelle des Arbeitgebers und übernimmt dessen Leistungsverpflichtungen. Verbesserungen der Vorschriften zur betrieblichen Altersversorgung durch → *Tarifver-trag* sind zulässig, wenn sie zugunsten der Arbeitnehmer ausfallen.

Das Betriebsrentengesetz unterscheidet **vier Formen** der betrieb-lichen Altersversorgung (§ 1 BetrAVG):

(1) Direktzusage. Diese kann erfolgen im → *Arbeitsvertrag*, durch einseitige Erklärung des Arbeitgebers (z. B. über eine Pensions-ordnung), durch Tarifvertrag oder → *Betriebsvereinbarung* und durch „betriebliche Übung", die einen gewohnheitsrechtlichen Versorgungsanspruch (→ *Gewohnheitsrecht*) für den Beschäftig-ten (bei Ruhestand oder Invalidität) oder dessen Angehörige (bei Tod) auslöst.

Direktzusagen werden vom Arbeitgeber über → *Pensions-rückstellungen* finanziert. Die daraus folgenden Betriebsrenten sind nach dem → *Einkommensteuergesetz (EStG)* beim Empfän-ger als → *Versorgungsbezüge* und hiermit als → *Einkünfte* aus nichtselbständiger Arbeit zu versteuern (§ 19 EStG). Direktzusagen sind die üblichste Form der betrieblichen Altersversorgung – vor allem in größeren Unternehmen.

(2) Direktversicherung. Sie entsteht durch Abschluss einer Le-bens- oder privaten Rentenversicherung durch den Arbeitgeber als Versicherungsnehmer mit einer Versicherungsgesellschaft zu-gunsten des Arbeitnehmers oder einer gleichgestellten Person (z. B. → *Handelsvertreter*) und/oder deren Hinterbliebenen. Die Beiträge zahlt der Arbeitgeber – meist kleinere Unternehmen.

Beteiligen sich die Arbeitnehmer durch Entgeltumwandelung an den Beiträgen, so können diese nach § 40 b EStG bis zu einer Höhe von 1752 Euro bzw. 2148 Euro (Alleinstehende/Verheira-tete) pauschal mit einem Steuersatz von 20 % (→ *Pauschalierung der Lohnsteuer*) versteuert werden. Die Beiträge bleiben bis zum

31. 8. 2008 von der Sozialversicherung befreit, wenn Sonderzahlungen (z. B. Weihnachtsgeld) umgewandelt wurden. Die späteren Leistungen blieben beim Empfänger i. d. R. steuerfrei. Für den Arbeitgeber ergeben sich steuerliche Vorteile nach § 3 Nr. 62 EStG. Seine Beiträge wurden mit dem → *Altersvermögensgesetz* ab 2005 steuerfrei gestellt. Dafür wird langfristig zur **nachgelagerten Besteuerung** übergegangen.

(3) Unterstützungskassen. Dies sind rechtlich selbständige Einrichtungen i. d. R. in der Rechtsform eingetragener → *Verein* oder – bei größeren Kassen – einer *Gesellschaft mit beschränkter Haftung (GmbH)*. Es entsteht **kein Rechtsanspruch** auf Leistungen (§ 1 b Abs. 4 BetrAVG). Sie unterliegen der → *Mitbestimmung* im → *Betriebsrat*, jedoch nicht der Versicherungsaufsicht (→ *Bundesamt für Finanzdienstleistungsaufsicht (BaFin)*. Das Trägerunternehmen leistet regelmäßig Einzahlungen, die entsprechend den Regelungen nach § 4 d EStG als → *Betriebsausgaben* abgezogen werden dürfen. Spätere Zuflüsse an die Begünstigten sind von diesen als Versorgungsbezüge zu versteuern.

(4) Pensionskassen und Pensionsfonds. Pensionskassen sind rechtlich selbständige Einrichtungen in der Rechtsform → *Versicherungsverein auf Gegenseitigkeit* oder → *Aktiengesellschaft (AG)*, an die der Arbeitgeber Beiträge abführt. Aus den Beiträgen und den Erträgen bildet die Pensionskasse oder ein nach dem → *Altersvermögensgesetz* gebildeter → *Pensionsfonds* das Kapital, aus dem die späteren Versorgungsleistungen gezahlt werden **mit Rechtsansprüchen** auf Versorgungsleistungen für die Beschäftigten (§ 1 b Abs. 3 BetrAVG). Pensionskassen und Pensionsfonds unterliegen der Mitbestimmung des Betriebsrats als betriebliche Sozialeinrichtung und der Versicherungsaufsicht. Für die Besteuerung gelten entsprechende Regelungen wie für die Direktversicherung.

Mit dem **Altersvermögensgesetz** wurde eine obligatorische, staatlich geförderte private Zusatzversorgung als Ergänzung der gesetzlichen Altersrente eingeführt. Außerdem können Beiträge zur Direktversicherung, Pensionskassen oder in Pensionsfonds – in die z. B. Anwartschaften aus Unterstützungskassen oder Direktzusagen zu überführen wären – gefördert werden. Im Betriebsrentengesetz wurde hierzu ein individueller Anspruch des Arbeitnehmers auf betriebliche Altersversorgung durch Entgeltumwandlung mit sofortiger gesetzlicher Unverfallbarkeit aufgenommen (§ 1a BetrAVG).

Im öffentlichen Dienst (→ *Öffentlicher Dienst*) gelten Sonderregelungen nach § 18 BetrAVG. Die **Versorgungsanstalt des Bundes und der Länder** (VBL) gewährt eine eigene Alters- und Hinterbliebenenversorgung an die Beschäftigten von Bund, Ländern und → *Gemeinden* und anderer Einrichtungen des öffentlichen Dienstes, die keine → *Beamte* sind. Hierfür wurden ab 2002 die Voraussetzungen für die staatliche Förderung geschaffen. → *Versorgungsbezüge*.

Nach dem **Alterseinkünftegesetz** können Beschäftigte seit 2005 ihre Betriebsrente zu einem neuen Arbeitgeber mitnehmen und dort auch weiterführen (**Portabilität**).

In Deutschland entfielen 2003 rd. 5 % der Alterseinkommen auf die betriebliche und 10 % auf die private Altersversorgung. Die Rente aus der gesetzlichen Rentenversicherung umfasste 85 % der Alterseinkommen.

Etwa 10 Millionen Arbeitnehmer in der privaten Wirtschaft hatten 2003 eine betriebliche Altersversorgung, z. T. über branchenweite Regelungen (z. B. das **Versorgungswerk Metall-Rente**). Dies waren rd. 42 % (2001: 35 %) der Beschäftigten in der privaten Wirtschaft.

Die Struktur der betrieblichen Altersversorgung wird sich in den nächsten Jahren wegen der zu erfüllenden Bedingungen für eine staatliche Förderung sowie der neuen Möglichkeit der Einrichtung von Pensionsfonds weiter wesentlich verändern. → *Rentenreform*.

http://www.bmgs.bund.de

▶ **Betriebliche Kennzahlen** → *Kennzahlen*

▶ **Betriebliches Ergebnis** → *Gewinn- und Verlustrechnung (GuV)*

▶ **Betriebliches Rechnungswesen** → *Rechnungswesen*

▶ **Betriebliche Vermögensbildung**

Form der → *Vermögensbildung*, bei der Unternehmen auf freiwilliger oder tarifvertraglicher Basis ihre Beschäftigten am → *Gewinn* beteiligen, sofern diese Gewinnteile wieder im eigenen Unternehmen angelegt werden.

Als Beteiligungsform sind in den Großunternehmen vorwiegend → *Belegschaftsaktien* üblich. Vorwiegend bei kleineren Unternehmen gibt es die Form von Mitarbeiterdarlehen (also Gewinnausschüttungen, die die Beschäftigten gegen Zinszahlung dem Unternehmen ausleihen) und stille Beteiligungen (→ *Stille Gesellschaft*).

Die → *Gewerkschaften* stehen betrieblichen Beteiligungsformen skeptisch gegenüber, sofern sie nicht ausdrücklich durch → *Tarifvertrag* geregelt und abgesichert sind.

▶ **Betriebsabrechnung**

Zum Zweck der innerbetrieblichen **Kosten- und Leistungsrechnung** und Kostenkontrolle durchgeführte → *Periodenrechnung* (→ *Kostenrechnung*).

Die systematisch erfassten betrieblichen → *Kostenarten* (z. B. Material-, Personalkosten, → *Abschreibungen,* → *Zinsen*) werden hierbei auf die einzelnen → *Kostenstellen* (z. B. Fertigung, Vertrieb, Verwaltung, Einkauf) verteilt. Dies mit dem Ziel einer möglichst verursachungsgemäßen Zurechnung der angefallenen Kostenarten auf die einzelnen Kostenstellen. Dabei werden auch die → *Gemeinkosten* mit Hilfe festgelegter Gemeinkostenschlüssel auf die verschiedenen Kostenstellen verteilt.

Die so auf die Kostenstellen verteilten Kostenarten werden dann in der **Kostenträgerrechnung** den verschiedenen Kostenträgern (z. B. Produkte, Produktgruppen) zugerechnet. Ziel der Kostenträgerrechnung ist die Ermittlung des Erfolges pro Kostenträger. Sie bildet die Grundlage für die → *Selbstkostenrechnung* (Kalkulation, **Kostenträgerstückrechnung**) unter Verwendung der bei der Kostenzurechnung ermittelten Zuschlagssätze für die Gemeinkosten (in % der Einzelkosten).

Außerdem liefert sie die Daten für die → *Kurzfristige Erfolgs-rechnung*, bei der die Kosten eines Kostenträgers dem → *Ertrag* einer bestimmten Periode (z. B. einem Monat) gegenübergestellt werden (**Kostenträgerzeitrechnung**).

Die Betriebsabrechnung erfolgte früher mit dem → *Betriebsab-rechnungsbogen (BAB)*. Heute ist sie i. d. R. Bestandteil spezieller Programme für die → *Elektronische Datenverarbeitung (EDV)*.

▶ **Betriebsabrechnungsbogen (BAB)**

Früher in der → *Betriebsabrechnung* verwendetes Verfahren zur manuellen Zurechnung von Kosten auf → *Kostenarten*, → *Kostenstellen* und → *Kostenträger* und zur Ermittlung der Zu-schlagsätze für die → *Gemeinkosten*.

▶ **Betriebsänderung**

Begriff aus dem → *Betriebsverfassungsgesetz (BetrVG)* (§ 111 BetrVG bis § 113 BetrVG). Er bezieht sich auf Betriebseinschrän-kungen, -stilllegungen, -verlegungen und -zusammenschlüsse, auf die Einführung grundsätzlich neuer Arbeitsmethoden und Fer-tigungsverfahren sowie auf die grundlegende Änderung der Be-triebsorganisation. In diesen Fällen hat der → *Betriebsrat* ein Mitbestimmungsrecht in Betrieben mit mehr als 20 Beschäftig-ten, wenn durch eine Betriebsänderung wesentliche Nachteile für große Teile der Belegschaft oder für deren Gesamtheit verbun-den sind. Es besteht dann die Pflicht zum → *Interessenausgleich* und zum Entscheiden über einen → *Sozialplan*. → *Betriebs-übergang*.

▶ **Betriebsaufwand** → *Aufwand*

▶ **Betriebsausgaben**

Bezeichnung im → *Einkommensteuergesetz (EStG)* für → *Auf-wendungen*, die durch den Betrieb des Steuerpflichtigen ver-anlasst sind (§ 4 Abs. 4 EStG). Hierzu zählen also nur die für Geschäftszwecke geleisteten Zahlungen sowie die gezahlte → *Ge-*

werbesteuer. Betriebsausgaben dürfen von den → *Betriebseinnahmen* abgesetzt werden.

Im Vergleich zu den Möglichkeiten des Abzugs von → *Werbungskosten*, die Lohnsteuerpflichtigen offen steht, sind die Absetzungsmöglichkeiten von Betriebsausgaben (z. B. Bewirtungsspesen, Dienstwagen usw.) ungleich größer. Zudem müssen mittlere und kleinere Unternehmen im Durchschnitt nur alle 7 bis 15 Jahre mit einer genaueren steuerlichen → *Betriebsprüfung* rechnen. → *Steuerreform.*

▶ **Betriebsausschuss** → *Betriebsverfassungsgesetz (BetrVG)*

▶ **Betriebsbedingte Kündigung**

Ordentliche → *Kündigung* des Arbeitsverhältnisses für → *Arbeitnehmer*, wenn dringende betriebliche Erfordernisse, bedingt z. B. durch Auftragsmangel, Aufgabenverlagerung an externe Unternehmen (→ *Outsourcing*), einer Weiterbeschäftigung entgegenstehen. → *Kündigungsschutz.*

▶ **Betriebsbedingter Aufwand** → *Aufwand*

▶ **Betriebsbedingter Ertrag** → *Ertrag*

▶ **Betriebsbuchführung**

Als Teilgebiet im *betrieblichen* → *Rechnungswesen* umfasst sie die → *Kostenrechnung* einschließlich Lohn-, Lager- und Anlagenbuchhaltung. Ermittelt wird u. a. das → *Betriebsergebnis.* → *Finanzbuchführung,* → *Zweikreissystem.*

▶ **Betriebseinnahmen**

B. sind alle durch betriebliche Tätigkeit bedingten Einnahmen. → *Betriebsausgaben.*

▶ **Betriebsergebnis/Betriebserfolg**

Begriff aus dem betrieblichen → *Rechnungswesen.* Es ergibt sich aus der Gegenüberstellung der → *Kosten* und → *Erlöse.* Anders als das betriebliche Ergebnis, das aus der handelsrechtlichen → *Gewinn- und Verlustrechnung (GuV)* abgeleitet wird, umfasst es auch kalkulatorische Kostenbestandteile (→ *Kalkulatorische Kosten*).

▶ **Betriebsertrag** → *Ertrag*

▶ **Betriebsfremde Erträge** → *Ertrag*

▶ **Betriebsfremder Aufwand** → *Aufwand*

▶ **Betriebsgewinn**

Positives → *Betriebsergebnis.*

▶ **Betriebsgrößen** → *Größenklassen*

▶ **Betriebskapital**

Andere Bezeichnung für → *Umlaufvermögen.*

▶ **Betriebskrankenkasse** → *Krankenkassen*

▶ **Betriebsnotwendiges Kapital** → *Kalkulatorische Zinsen*

▶ **Betriebsnotwendiges Vermögen** → *Kalkulatorische Zinsen*

▶ **Betriebsprüfung**

(auch **Außenprüfung**) Förmliche Prüfung der → *Finanzbuchführung* und → *Betriebsbuchführung* durch einen Betriebsprüfer des Finanzamtes (→ *Finanzamt*) zum Zwecke einer Feststellung der tatsächlichen und der steuerlichen Verhältnisse des Steuerpflichtigen, ggf. unter Anfertigung stichprobenhafter → *Kontrollmitteilungen.* Rechtsgrundlage sind Bestimmungen der → *Abgabenordnung* (AO) sowie die Betriebsprüfungsordnung der Finanzverwaltung. → *Wirtschaftskriminalität.*

▶ **Betriebsrat** → *Betriebsverfassungsgesetz (BetrVG)*

▶ **Betriebsrentengesetz** → *Betriebliche Altersversorgung*

▶ **Betriebsstätte**

Nach der → *Abgabenordnung (AO)* (§ 12 AO) Bezeichnung für jede feste Geschäftseinrichtung oder Anlage, die der Tätigkeit eines Unternehmens dient. Hierzu zählen insbesondere Stätten, in denen sich die Geschäftsleitung befindet, Zweigniederlassungen, Produktionsstätten, Warenlager, Ein- und Verkaufsstellen, Bauausführungs- und Montagestellen und sonstige Geschäftseinrichtungen, die dem Unternehmer oder Mitunternehmer oder seinem ständigen Vertreter in seinem → *Gewerbe* zur Verfügung stehen. → *Gewerbesteuer.*

▶ **Betriebsstättenfinanzamt**

Das für die → *Betriebsstätte* am Ort zuständige → *Finanzamt.*

▶ **Betriebsstoffe** → *Roh-, Hilfs- und Betriebsstoffe*

▶ **Betriebssystem**

Basisprogramm für einen → *Computer.* Es verbindet → *Peripheriegeräte* mit dem jeweiligen → *Anwenderprogramm*, z. B. → *MS-DOS.*

▶ **Betriebsübergang**

Begriff aus dem → *Arbeitsrecht.* Er bezieht sich auf den Übergang eines Betriebes oder Betriebsteils (z. B. durch Verkauf, → *Verschmelzung* oder Erbschaft) auf einen neuen Inhaber. Dabei übernimmt der neue Inhaber als neuer → *Arbeitgeber* alle Rechte und Pflichten aus den zum Zeitpunkt bestehenden Arbeitsverhältnissen (§ 613a BGB). Kündigungen aus Anlass des Betriebsübergangs sind unwirksam. Dies gilt nicht bei Arbeitsmangel.

Der amtierende → *Betriebsrat* bleibt auch nach einem Betriebsübergang bestehen. Er hat jedoch beim Betriebsübergang kein Mitbestimmungsrecht, wenn nicht gleichzeitig eine → *Betriebs-änderung* nach dem → *Betriebsverfassungsgesetz (BetrVG)* er-folgt (§ 111 BetrVG). Ein laufender → *Tarifvertrag* oder eine → *Betriebsvereinbarung* gelten i. d. R. für mindestens ein Jahr fort – es sei denn, der neue Inhaber unterliegt anderen Tarifverträgen oder Betriebsvereinbarungen.

▶ **Betriebs- und Geschäftsgeheimnis**

Bezeichnung für alle betrieblichen und geschäftlichen Vor-gänge, an denen ein Unternehmen ein begründetes schutzwürdiges Interesse hat. Solche Vorgänge können z. B. sein Kalkulationsun-terlagen, Kundenverzeichnisse, Erfindungen, Planungsunterlagen und bestimmte unternehmensstrategische Absichten (z. B. Pläne über Beteiligungen an oder Käufen von anderen Unternehmen) sowie in der Privatsphäre liegende Tatsachen, wie etwa das Ab-stimmungsverhalten von Sitzungen im → *Aufsichtsrat*.

Dem Verschwiegenheitsgebot (→ *Schweigepflicht*) über Be-triebs- und Geschäftsgeheimnisse unterliegen u. a. die Mitglieder im Aufsichtsrat, → *Betriebsrat*, → *Wirtschaftsausschuss* und der → *Einigungsstelle* und alle → *Arbeitnehmer* und Vertreter von → *Gewerkschaften*, die mit geheimhaltungswürdigen Vorgängen befasst sind. → *Wettbewerbsklausel*.

▶ **Betriebsvereinbarung**

Zwischen → *Betriebsrat* und → *Arbeitgeber* in Schriftform ge-troffene Vereinbarung über einzelne betriebliche Angelegenheiten bzw. zur Regelung der betrieblichen Ordnung. Betriebsvereinba-rungen sind unzulässig, wenn die Arbeitsbedingungen und -ent-gelte in den betreffenden Wirtschaftsbereichen üblicherweise durch → *Tarifvertrag* geregelt werden. Ausnahme: In einem Tarif-vertrag ist der Abschluss ergänzender Betriebsvereinbarungen aus-drücklich zugelassen. Es gelten die Regelungen nach § 77 BetrVG.

Die **obligatorischen** (erzwingbaren) Betriebsvereinbarungen be-treffen Arbeitszeit, Ordnung im Betrieb, Entlohnungsmethoden, Auszahlung des Arbeitsentgeltes, Aufstellung eines Urlaubsplanes, Berufsausbildung, die Verwaltung von betrieblichen Sozialeinrichtungen. Sie können nur im Einverständnis zwischen Arbeitgeber und Betriebsrat gekündigt werden. In Streitfragen entscheidet die → *Einigungsstelle* (§ 76 BetrVG und § 87 Abs. 2 BetrVG).

Freiwillige Betriebsvereinbarungen können über betriebliche Sozialeinrichtungen, Regelungen zur → *Vermögensbildung* sowie sonstige über das Betriebsverfassungsgesetz hinausgehende Maßnahmen getroffen werden.

▶ Betriebsverfassung

Bezeichnung für die den Beziehungen zwischen → *Arbeitgeber* und → *Arbeitnehmer* zugrunde liegenden arbeitsrechtlichen Normen (→ *Arbeitsrecht*). Sie sind im → *Betriebsverfassungsgesetz (BetrVG)* geregelt.

▶ Betriebsverfassungsgesetz (BetrVG)

Das Betriebsverfassungsgesetz (BetrVG) 15. 1. 1972 i. d. F. vom 25. 9. 2001 regelt die Beziehungen zwischen → *Arbeitgeber* und Belegschaft. **Betriebsrat** und **Betriebsversammlung** sind hierin Organe der Belegschaft in Betrieben mit mindestens fünf ständigen wahlberechtigten Arbeitnehmern (§ 1 BetrVG) zur Ausübung der im Gesetz festgelegten Mitbestimmungs- und Beteiligungsrechte.

Das zum 1. 1. 1989 in Kraft getretene **„Gesetz zur Änderung des Betriebsverfassungsgesetzes, über Sprecherausschüsse der leitenden Angestellten und zur Sicherung der Montan-Mitbestimmung"** vom 23. 12. 1988 brachte Änderungen in der Amtszeit nach § 21 BetrVG (4 statt bis dahin 3 Jahre), Änderungen der Wahlvorschriften nach § 14 BetrVG, Änderungen bei der Besetzung der Betriebsratsausschüsse nach § 27 BetrVG und 28 BetrVG sowie bei der Freistellung von Betriebsratsmitgliedern nach § 38 Abs. 2 BetrVG (hier gilt nun das Verhältniswahlrecht) und den Versuch einer Begriffsabgrenzung für leitende Angestellte in § 5 Abs. 3 BetrVG. → *Sprecherausschussgesetz.*

Mit dem **Gesetz zur Reform des Betriebsverfassungsgesetzes (BetrVerf-Reformgesetz)** vom 23. 7. 2001 traten ab 2002 wesentliche Änderungen in Kraft durch

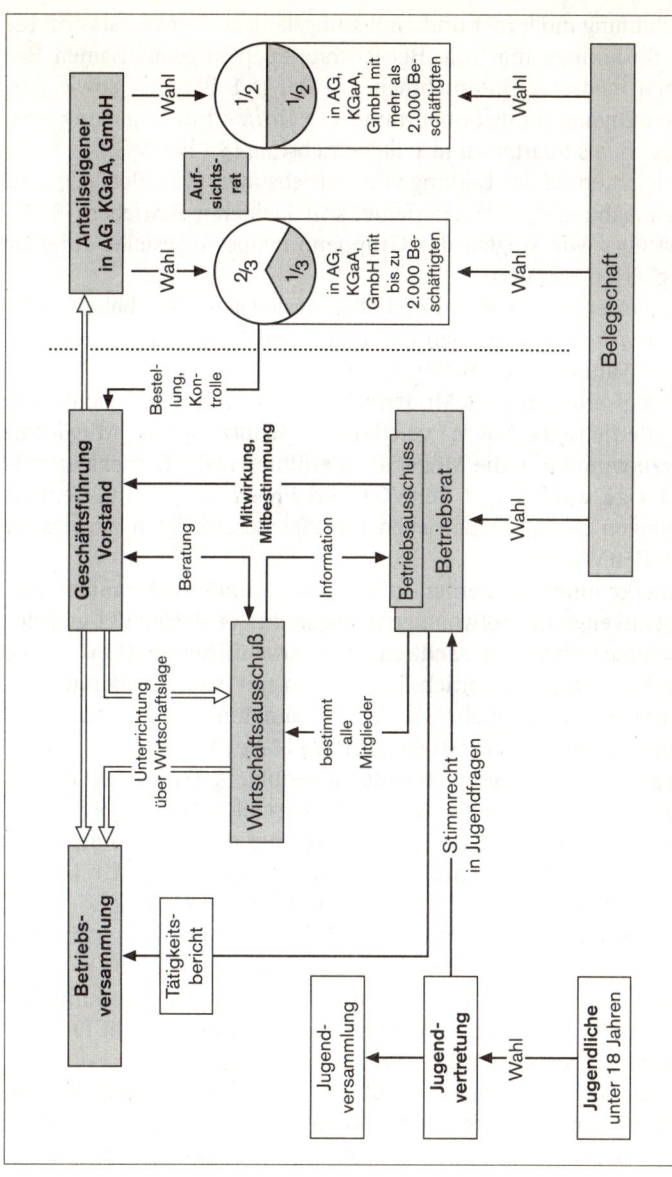

Abb. 6: Die Rechte der Beschäftigten nach dem Betriebsverfassungsgesetz (BetrVG)

● Schaffung moderner und anpassungsfähiger Betriebsratsstrukturen. So können nun u. a. Betriebsräte auch in gemeinsamen Betrieben mehrerer Unternehmen gewählt (§ 1 BetrVG) sowie den neuen Organisationsformen mittels → *Tarifvertrag* angepasst werden, z. B. als Sparten- und Filialbetriebsräte (§ 3 BetrVG);

● Erleichterung der Bildung von Betriebsräten (§ 14 BetrVG) und Vereinfachung des Wahlverfahrens in kleineren Betrieben (§ 14 a BetrVG) sowie Wegfall des Gruppenprinzips Angestellte-Arbeiter (Wegfall § 6 BetrVG);

● Einbeziehung neuer Beschäftigungsformen. So haben z. B. → *Leiharbeitnehmer* nach dreimonatigem Einsatz im Betrieb das aktive Wahlrecht (§ 7 BetrVG);

● Verbesserungen und Modernisierung der Arbeitsmöglichkeiten des Betriebsrats sowie verstärkten Schutz seiner Mitglieder. Hierzu wurde u. a. die Möglichkeit eröffnet, mehr Betriebsratsmitglieder zu wählen (§ 9 BetrVG) und Freistellungen und Teilfreistellungen bereits in Betrieben mit 200 Beschäftigten zuzulassen (§ 38 BetrVG);

● Anerkennung moderner Informations- und Kommunikationsmöglichkeiten als notwendige Arbeitsmittel (§ 40 BetrVG und der Zusammenarbeit mit sachkundigen Arbeitnehmern (§ 80 Abs. 2 BetrVG) sowie bei Betriebsänderungen mit externen Beratern in Unternehmen mit mehr als 300 Arbeitnehmern ohne vorherige Vereinbarung mit dem Arbeitgeber (§ 111 BetrVG);

● Aufnahme der Beschäftigungssicherung (§ 92 a BetrVG) und Einführung betrieblicher Berufsbildungsmaßnahmen (§ 97 Abs. 2 BetrVG) in den Katalog der Initiativrechte des Betriebsrates. Außerdem Einführung eines Mitbestimmungsrechts bei der Durchführung von Gruppenarbeit (§ 87 Abs. 1 Nr. 13 BetrVG);

● Einbeziehung der einzelnen Arbeitnehmer zur Unterstützung des Betriebsrats im Rahmen einer Arbeitsgruppe (§ 28 BetrVG), in Fragen zur Beschäftigungssicherung als sachkundige Auskunftpersonen (§ 80 Abs. 2 BetrVG) und durch ein Initiativrecht für Themen im Betriebsrat (86 a BetrVG);

● Förderung von Frauen durch eine Mindestvertretung im Betriebsrat entsprechend dem Anteil an der Belegschaft (§ 15 BetrVG), erweiterte Freistellungen (§ 38 BetrVG), Freizeitausgleich von teilzeitbeschäftigten Betriebsratsmitgliedern (§ 37 BetrVG) und das Recht des Betriebsrats, Frauenförderpläne vorzuschlagen (§ 92 BetrVG) und sich um die Vereinbarung von Beruf und Familie zu kümmern (§ 80 BetrVG);

• Nutzung des betrieblichen Wissens für den → *Umweltschutz* und Aufnahme des betrieblichen Umweltschutzes in den Aufgabenkatalog des Betriebsrats (§ 88 BetrVG und § 89 BetrVG) sowie Informationspflicht des Arbeitgebers über alle Maßnahmen in der Betriebsversammlung (§ 43 BetrVG);

• Stärkung der Jugend- und Auszubildendenvertretung (JAV) u. a. durch ein vereinfachtes Wahlverfahren (§ 63 BetrVG i. V. mit § 14 a BetrVG), mehr Jugend- und Auszubildendenvertreter (§ 62 BetrVG), eine erleichterte Ausschussarbeit (§ 65 BetrVG) sowie die Möglichkeit, eine Konzern-JAV zu bilden (§ 73 a BetrVG);

• Einbeziehung der Betriebe in den Kampf gegen Rassismus und Fremdenfeindlichkeit. Dies geschieht durch mehr Informationen durch den Arbeitgeber (§ 43 BetrVG), Diskussionsmöglichkeiten auf Betriebsversammlungen (§ 45 BetrVG), Integrationsförderung (§ 80 BetrVG), die Möglichkeit des Abschlusses einer freiwilligen → *Betriebsvereinbarung* (§ 88 BetrVG) sowie von Sanktionsmöglichkeiten (§ 99 Abs. 2 BetrVG und § 104 BetrVG).

Wesentliche Bestimmungen des Betriebsverfassungsgesetzes:

• Der Betriebsrat ist die gewählte Vertretung der Arbeitnehmer zur Wahrnehmung des Rechts zur Mitwirkung und Mitbestimmung. Er beträgt bei 5 bis 20 wahlberechtigten Arbeitnehmern eine Person. Seine Mitgliederzahl steigt gestaffelt mit der Betriebsgröße (BetrVG).

• Hat ein Betriebsrat neun oder mehr Mitglieder, so bildet er einen **Betriebsausschuss**, der die laufenden Geschäfte des Betriebsrats führt (§ 27 BetrVG).

• In Betrieben ab 300 Arbeitnehmer sind Mitglieder des Betriebsrats nach einer entsprechend der Beschäftigtenzahl gestaffelten Regelung von der beruflichen Tätigkeit freizustellen(§ 38 BetrVG).

• Bestehen in einem Unternehmen mehrere Betriebsräte, so ist ein **Gesamtbetriebsrat** zu errichten (§ 47 BetrVG bis § 53 BetrVG).

Für einen → *Konzern* kann durch Beschlüsse der einzelnen Gesamtbetriebsräte ein **Konzernbetriebsrat** gebildet werden (§ 54 BetrVG bis § 59 BetrVG).

• Die **Betriebsversammlung** besteht aus den Arbeitnehmern des Betriebes. Sie wird vom Vorsitzenden des Betriebsrats geleitet und ist nicht öffentlich. Falls zum gleichen Zeitpunkt wegen der Eigenart des Betriebes eine Versammlung aller Arbeitnehmer nicht stattfinden kann, sind **Teilbetriebsversammlungen** durchzuführen. In räumlich oder auch organisatorisch abgegrenzten Betriebsteilen können daneben auch **Abteilungsversammlungen** stattfinden. Der Betriebsrat hat einmal in jedem Kalendervierteljahr eine Betriebsversammlung einzuberufen und in ihr einen Tätigkeitsbericht zu erstatten (§ 42 BetrVG bis § 46 BetrVG).

• In Betrieben mit mindestens 5 Arbeitnehmern, die das 25. Lebensjahr noch nicht vollendet haben, werden nach dem **Gesetz zur Bildung von Jugend- und Auszubildendenvertretungen** vom 20. 7. 1988 **Jugend- und Auszubildendenvertretungen (JAV)** gewählt, deren Aufgaben in besonderen Vorschriften zusammengefasst sind (§ 60 BetrVG bis § 73 BetrVG).

• **Mitbestimmungs- und Mitwirkungsrechte** des Betriebsrats. Arbeitgeber und Betriebsrat sollen mindestens einmal im Monat zu einer Besprechung zusammentreten. Hierbei ist über strittige Fragen mit dem ernsten Willen zur Einigung zu verhandeln (§ 74 Abs. 1 BetrVG). Zur Beilegung von Meinungsverschiedenheiten zwischen Arbeitgeber und Betriebsrat, Gesamtbetriebsrat oder Konzernbetriebsrat ist bei Bedarf eine **Einigungsstelle** zu bilden, die durch Betriebsvereinbarung auch als ständige Einrichtung errichtet werden kann (§ 76 Abs. 1 BetrVG).

(a) Der Betriebsrat hat im Rahmen seiner **allgemeinen Aufgaben** nach § 80 BetrVG u. a. darüber zu wachen, dass die zugunsten der Arbeitnehmer geltenden Gesetze, → *Rechtsverordnungen* und Unfallverhütungsvorschriften (→ *Unfallschutz*), Tarifverträge und Betriebsvereinbarungen verwirklicht werden.

(b) Die Mitbestimmungsrechte des Betriebsrats erstrecken sich in **sozialen Angelegenheiten** nach § 87 Abs. 1 BetrVG u. a. auf die Gestaltung von Arbeitsbedingungen, → *Arbeitszeit*, → *Urlaub* und → *Arbeitsschutz*, auf Fragen der betrieblichen Lohn- und Arbeitsgestaltung und der Festsetzung der Akkord- und Prämiensätze (→ *Akkordlohn*, → *Prämienlohn*).

(c) Bei **personellen Angelegenheiten** (§ 92 BetrVG bis § 105 BetrVG) hat der Arbeitgeber den Betriebsrat u. a. über die Personalplanung zu unterrichten und mit ihm über Vorschläge des Betriebsrats zu beraten. Der Betriebsrat kann bei der Besetzung von Arbeitsplätzen eine innerbetriebliche → *Ausschreibung* verlangen. Er kann außerdem Vorschläge zur Sicherung und Förderung der Beschäftigung machen (§ 92 a BetrVG). Er hat ein Mitbestimmungsrecht bei der Gestaltung von Personalfragebogen, von Beurteilungsgrundsätzen und Richtlinien über die Personalauswahl, bei personellen Einzelmaßnahmen (z. B. Einstellung, Eingruppierung, Versetzung und Kündigung) und bei Maßnahmen der betrieblichen → *Berufsbildung*. Unter bestimmten Voraussetzungen kann er diesen Maßnahmen widersprechen oder eigene Gestaltungsvorschläge/Alternativen einbringen.

(d) In Unternehmen mit mehr als 100 beschäftigten Arbeitnehmern ist ein **Wirtschaftsausschuss** nach § 106 BetrVG bis § 110 BetrVG zu bilden. Die Unternehmensleitung hat den Wirtschaftsausschuss rechtzeitig und umfassend über die wirtschaftlichen Angelegenheiten des Unternehmens unter Vorlage der erforderlichen Unterlagen zu unterrichten. Hierzu zählen insbesondere die wirtschaftliche und finanzielle Lage des Unternehmens, die Produktions- und Absatzlage, das Produktions- und Investitionsprogramm (→ *Investitionen*), Rationalisierungsvorhaben (→ *Rationalisierung*), Fabrikations- und Arbeitsmethoden, Fragen des betrieblichen Umweltschutzes, die Verlegung, Einschränkung oder Stilllegung von Betrieben oder Betriebsteilen, Änderungen der Betriebsorganisation oder des Betriebszwecks. Der Wirtschaftsausschuss besteht aus mindestens drei und höchstens sieben Mitgliedern, die dem Unternehmen angehören müssen, darunter mindestens ein Betriebsratsmitglied. Er soll monatlich einmal zusammentreten. An seinen Sitzungen hat der Unternehmensleiter oder sein Vertreter teilzunehmen.

(e) Bei beabsichtigten → *Betriebsänderungen* (§ 111 BetrVG bis § 113 BetrVG) muss der Betriebsrat rechtzeitig und umfassend unterrichtet und die Maßnahmen müssen mit ihm beraten werden.

Kommt ein → *Interessenausgleich* zwischen Unternehmensleitung und Betriebsrat zustande, so ist dies schriftlich niederzulegen. Das Gleiche gilt, wenn ein → *Sozialplan* erstellt wird. Kommt kein Interessenausgleich zustande, so kann die Unternehmensleitung oder der Betriebsrat die zuständige Regionaldirektion der → *Bundesagentur für Arbeit* um Vermittlung ersuchen. Außerdem kann die Einigungsstelle angerufen werden, falls dieser Vermittlungsversuch nicht erfolgt oder erfolglos bleibt. Diese kann über die Aufstellung eines Sozialplanes entscheiden, falls keine Einigung zwischen den streitenden Parteien zustande kommt.

● Die Beauftragten der im Betrieb vertretenen **Gewerkschaften** haben ein Zutrittsrecht zu den Betrieben nach vorheriger Unterrichtung des Arbeitgebers oder seines Vertreters (§ 2 Abs. 2 BetrVG). Betriebsratsmitglieder sind durch ihr Amt nicht gehindert, Aufgaben für ihre Gewerkschaft im Betrieb zu übernehmen (§ 74 Abs. 3 BetrVG). Gewerkschaftsbeauftragte können unter bestimmten Voraussetzungen an Betriebsratssitzungen (§ 31 BetrVG) und Betriebsversammlungen (§ 46 BetrVG) teilnehmen.

● Die Gewerkschaften können initiativ werden, um die Bildung von Betriebsräten zu erzwingen (§ 14 Abs. 5 BetrVG). Dazu gehört auch die Möglichkeit, im Bedarfsfall durch das → *Arbeitsgericht* nicht dem Betrieb angehörende Gewerkschaftsmitglieder in den Wahlvorstand zu berufen (§ 16 Abs. 2 BetrVG).

● **Mitbestimmung der Arbeitnehmer im Aufsichtsrat.** Falls nicht die Regelungen im → *Mitbestimmungsgesetz (MitbestG)* zur Beteiligung der Arbeitnehmer im → *Aufsichtsrat* einer → *Aktiengesellschaft (AG)* und → *Kommanditgesellschaften auf Aktien (KGaA)* gelten, sind die Bestimmungen im → *Drittelbeteiligungsgesetz (DrittelbG)* (§ 1 DrittelbG, § 2 DrittelbG und § 4 DrittelbG) anzuwenden. Danach müssen die Aufsichtsräte einer AG oder KGaA zu einem Drittel aus Vertretern der Arbeitnehmer bestehen. Die Arbeitnehmervertreter werden von allen wahlberechtigten Arbeitnehmern der Betriebe des Unternehmens gewählt. Wahlvorschläge können die Betriebsräte und die Arbeitnehmer machen.

● Die Vorschriften über die Wahl von Arbeitnehmervertretern in den Aufsichtsrat gelten auch für die Aufsichtsräte einer → *Gesellschaft mit beschränkter Haftung (GmbH)* mit mehr als 500 Arbeitnehmern. Die Mitbestimmungsrechte für die → *Kleine Aktien-gesellschaft* mit weniger als 500 Beschäftigten wurden ab 10. 8. 1994 – mit einer Übergangsregelung für bestehende kleine Aktiengesellschaften – aufgehoben. Für Familienaktiengesellschaften (→ *Familiengesellschaften*) bestehen Sondervorschriften.

• **Tendenzbetriebe und Religionsgemeinschaften.** Die Vorschriften des Betriebsverfassungsgesetzes gelten nur eingeschränkt für Unternehmen und Betriebe, die unmittelbar und überwiegend politischen, koalitionspolitischen, konfessionellen, karitativen, erzieherischen, wissenschaftlichen oder künstlerischen Bestimmungen oder Zwecken der Berichterstattung oder Meinungsäußerung dienen (Tendenzbetriebe). In Tendenzbetrieben ist die Bildung eines Wirtschaftsausschusses ausgeschlossen. Bei Betriebsänderungen ist jedoch ein Sozialplan erzwingbar (§ 118 Abs. 1 BetrVG).

Das Betriebsverfassungsgesetz gilt auch nicht für Religionsgemeinschaften und ihre karitativen und erzieherischen Einrichtungen, unbeschadet deren Rechtsform (§ 118 Abs. 2 BetrVG). → *Europäischer Betriebsrat*. Siehe **Abb. 6**.

http://bundesrecht.juris.de
http://www.igmetall.de/recht_und_rat/rechtsdatenbank

▶ **Betriebsverlust**

Negatives → *Betriebsergebnis*.

▶ **Betriebsvermögen**

Im steuerrechtlichen Sinne (→ *Steuerbilanz*) alle Vermögensteile eines Unternehmens, die zur Erfüllung des betrieblichen Zweckes erforderlich sind und nicht dem Privatvermögen zuzurechnen sind. Die → *Kapitalgesellschaft* hat nur Betriebsvermögen, bei der → *Personengesellschaft* gibt es Besonderheiten. Für Personen, die eine → *Einnahmen–Ausgabenrechnung* führen, muss im Zweifel bei der Zuordnung immer der betriebliche Zweck nachgewiesen werden.

Aufwendungen (→ *Aufwand*) für → *Wirtschaftsgüter*, die dem Betriebsvermögen zugeordnet sind, können steuerlich geltend gemacht werden. Dies gilt z. B. für → *Abschreibungen* und bei der

Feststellung für den → *Einheitswert* nach den Regelungen im → *Bewertungsgesetz (BewG)*. Anders: → *Betriebsnotwendiges Vermögen*.

▶ **Betriebsversammlung** → *Betriebsverfassungsgesetz (BetrVG)*

▶ **Betriebswirtschaftslehre (BWL)**

Teil der → *Wirtschaftswissenschaft*, der sich mit den wirtschaftlichen Problemen von Unternehmen befasst.

Die **allgemeine** Betriebswirtschaftslehre wird unterteilt in die Gebiete Beschaffung, → *Investitionen* und → *Finanzierung*, Produktion, → *Absatz* und betriebliches → *Rechnungswesen*. Daneben beschäftigt sie sich mit den Problemen der Organisation und Planung innerhalb der Unternehmen sowie mit dem Personalwesen.

Die **spezielle** Betriebswirtschaftslehre befasst sich mit besonderen Branchen oder Gebieten, z. B. die Betriebswirtschaftslehre des Handels, der → *Industrie*, der → *Banken*, der → *Versicherungen*. Außerdem gibt es die betriebswirtschaftliche Steuerlehre und das Gebiet des Treuhandwesens (→ *Wirtschaftsprüfung*).

Die Betriebswirtschaftslehre beschäftigt sich mit den Problemen vor Ort, d. h. im Unternehmen selbst. Sie betreibt → *Mikroökonomie*. Dagegen betrachtet die → *Volkswirtschaftslehre (VWL)* die gesamtwirtschaftlichen Zusammenhänge, die sich aus dem Zusammenwirken der einzelnen Wirtschaftsbereiche (private Haushalte, Unternehmen, Staat) ergeben. Die Volkswirtschaftslehre ist deshalb vorwiegend zuständig für die → *Makroökonomie*, wenngleich auch mikroökonomische Zusammenhänge – vor allem in der modernen Volkswirtschaftstheorie – mit einbezogen werden.

▶ **Bevölkerungsaufbau** → *Altersaufbau*

▶ **Bevölkerungsexplosion**

Bezeichnung für eine starke Vermehrung **(Profilateration)** der Bevölkerung. Vor allem einige → *Entwicklungsländer*, in denen der ökonomische Fortschritt nicht Schritt gehalten hat mit der Bevölkerungsentwicklung, haben enorme Probleme bei der Versorgung der Bevölkerung mit Lebensmitteln, Gesundheitsdiensten und Wohnraum.

Ein Lösungsansatz zur Eindämmung der Bevölkerungsexplosion liegt in der Verbesserung der sozialen Bedingungen, in gezielten ökonomischen und bildungspolitischen Maßnahmen, die von den hoch entwickelten Industrieländern (z. B. im Rahmen von Entwicklungsprojekten der → *Vereinten Nationen (UN)* unterstützt werden müssen, sowie in Maßnahmen zur Geburtenkontrolle.

▶ **Bevölkerungspolitik**

Gesamtheit aller Maßnahmen zur Beeinflussung der Bevölkerungsentwicklung. So z. B. Maßnahmen zur Beeinflussung der Geburtenzahlen (z. B. steuerliche Begünstigung von Familien mit Kindern, erleichterte Wohnungsbeschaffung usw.), der Sterberaten (z. B. durch gezielten Kampf gegen Säuglingssterblichkeit) oder Maßnahmen zur Förderung der Ein- oder Auswanderung.

▶ **Bevölkerungspyramide** → *Altersaufbau*

▶ **Bewegungsbilanz**

Darstellung einer → *Bilanz* aus den in einer → *Rechnungsperiode* zu verzeichnenden Veränderungen auf der Aktiv- und der Passivseite. Dabei wird auf der Aktivseite dargestellt, wofür im Unternehmensprozess in der betrachteten Periode die Finanzmittel verwendet wurden (**Mittelverwendungsseite** bestehend aus den einzelnen Positionen an Zugängen im → *Anlagevermögen* und → *Umlaufvermögen* sowie den Abgängen an → *Passiva*). Auf der Passivseite wird dargestellt, woher die Finanzmittel stammen (**Mittelherkunftsseite** bestehend aus den einzelnen Positionen der Zugänge an Passiva sowie Abgängen an → *Aktiva*).

Zweck einer Bewegungsbilanz ist es, über die aus dieser Darstellungsform erkennbaren Kapital- und Vermögensbewegungen und Finanzierungsvorgänge Hinweise zu erhalten für die → *Bilanzanalyse*. Der Mangel einer Bewegungsbilanz liegt in ihrer Abhängigkeit von Bewertungsvorgängen, die zwar durch die buchmäßigen Veränderungen abgebildet werden (z. B. → *Zuschreibungen* als Mittelverwendung, → *Sonderabschreibungen* als Mittelzufluss), andererseits aber Aussagen über die Liquiditätsverhältnisse verfälschen. Bessere Aussagen liefert die → *Kapitalflussrechnung*.

▶ **Bewertungsbedingter Aufwand** → *Aufwand*

▶ **Bewertungsgesetz (BewG)**

Vom 1. 2. 1991 mit späteren Änderungen. Es liefert die bewertungsrechtliche Grundlage mit einheitlichen Vorschriften vor allem für die Berechnung der → *Substanzsteuern* mit Hilfe der → *Einheitswerte*. Es gilt in seinem Anwendungsbereich immer dann, soweit die betreffenden Steuergesetze nichts anderes bestimmen.

http://bundesrecht.juris.de

▶ **bez.** → *Börsenkurs*

▶ **Bezogener** → *Trassat*

▶ **Bezugsrecht**

Das Recht für → *Aktionäre*, bei einer → *Kapitalerhöhung* einen ihrem Anteil am bisherigen → *Grundkapital* entsprechenden Teil → *Junge Aktien* zu einem bestimmten **Bezugspreis** (→ *Basispreis*) zu beziehen. Das gesetzliche Bezugsrecht kann durch Beschluss der → *Hauptversammlung* mit → *Qualifizierter Mehrheit* ausgeschlossen werden. Bezugsrechte können an der → *Börse* während der **Bezugsfrist** (mindestens zwei Wochen) gehandelt werden.

▶ **BfA** → *Angestelltenrentenversicherung*

▶ **bG** → *Börsenkurs*

▶ **BGB** → *Bürgerliches Gesetzbuch (BGB)*

▶ **BGB-Gesellschaft** → *Gesellschaft des bürgerlichen Rechts (GbR)*

▶ **Biersteuer**

zählt zu den → *Verbrauchsteuern*, die allein den Bundesländern zustehen. → *Steuerarten.*

▶ **Bilanz**

Die Vorschriften im → *Handelsgesetzbuch (HGB)* verpflichten → *Kaufleute* zur Aufstellung einer → *Eröffnungsbilanz* zu Beginn der Geschäftstätigkeit für ein → *Handelsgewerbe* bzw. einer Bilanz am Schluss für jedes → *Geschäftsjahr* (§ 242 Abs. 1 HGB). Außerdem sind die Aufwendungen (→ *Aufwand*) und Erträge (→ *Ertrag*) des Geschäftsjahrs in der → *Gewinn- und Verlustrechnung (GuV)* aufzustellen (§ 242 Abs. 2 HGB). Bilanz und Gewinn- und Verlustrechnung bilden den → *Jahresabschluss* (§ 242 Abs. 3 HGB).

Die Bilanz ist somit Bestandteil im → *Rechnungswesen* von Kaufleuten. Ihre Darstellung erfolgt in Form einer Gegenüberstellung von Vermögen **(Aktiva)** und Kapital **(Passiva)** zum Zweck der Erfolgsermittlung bzw. als Vermögensübersicht. Sie ist **zeitpunktbezogen**, meist auf den 31. 12. eines Jahres. Die Vermögensgegenstände werden durch die → *Inventur* bzw. durch Abschluss der Geschäftsbücher festgestellt. Für bestimmte Zwecke sind → *Sonderbilanzen* vorgeschrieben.

Für Kapitalgesellschaften ist die Bilanz in **Kontoform** nach einem festen **Gliederungsschema** aufzustellen (§ 266 HGB). Bei Aufstellung der Bilanz sind ebenso wie bei der Gewinn- und Verlustrechnung die → *Grundsätze ordnungsmäßiger Buchführung (GoB)* zu beachten.→ *Bilanzrichtlinien-Gesetz.*

Für kleine und mittelgroße Kapitalgesellschaften (→ *Größenklassen*) gelten unter bestimmten Voraussetzungen erleichterte Bilanzierungsvorschriften (§ 266 HGB, § 267 HGB und § 274 a HGB).

Der auf der Passivseite der Bilanz unter dem → *Eigenkapital* ausgewiesene **Jahresüberschuss** bzw. **Jahresfehlbetrag** findet sich wieder als Ergebnis der Gewinn- und Verlustrechnung.

Aktivseite	Passivseite
A. Anlagevermögen **I. Immaterielle Vermögensgegenstände** 1. Konzessionen, gewerbliche Schutzrechte und ähnliche Rechte und Werte sowie Lizenzen an solchen Rechten und Werten 2. Geschäfts- oder Firmenwert 3. geleistete Anzahlungen **II. Sachanlagen** 1. Grundstücke, grundstücksgleiche Rechte und Bauten einschließlich der Bauten auf fremden Grundstücken 2. technische Anlagen und Maschinen 3. andere Anlagen, Betriebs- und Geschäftsausstattung 4. geleistete Anzahlungen und Anlagen im Bau **III. Finanzanlagen** 1. Anteile an verbundenen Unternehmen 2. Ausleihungen an verbundene Unternehmen 3. Beteiligungen 4. Ausleihungen an Unternehmen, mit denen ein Beteiligungsverhältnis besteht 5. Wertpapiere des Anlagevermögens 6. sonstige Ausleihungen **B. Umlaufvermögen** **I. Vorräte** 1. Roh-, Hilfs- und Betriebsstoffe 2. unfertige Erzeugnisse und Waren 3. fertige Erzeugnisse und Waren 4. geleistete Anzahlungen **II. Forderungen und sonstige Vermögensgegenstände** 1. Forderungen aus Lieferungen und Leistungen 2. Forderungen gegen verbundene Unternehmen 3. Forderungen gegen Unternehmen, mit denen ein Beteiligungsverhältnis besteht 4. sonstige Vermögensgegenstände **III. Wertpapiere** 1. Anteile an verbundenen Unternehmen 2. eigene Anteile 3. sonstige Wertpapiere **IV. Schecks, Kassenbestand, Bundesbank- und Postgiroguthaben, Guthaben bei Kreditinstituten** **C. Rechnungsabgrenzungsposten**	**A. Eigenkapital** **I. Gezeichnetes Kapital** **II. Kapitalrücklage** **III. Gewinnrücklagen** 1. gesetzliche Rücklage 2. Rücklage für eigene Anteile 3. satzungsmäßige Rücklagen 4. andere Gewinnrücklagen **IV. Gewinnvortrag** **V. Jahresüberschuss/Jahresfehlbetrag** **B. Rückstellungen** 1. Rückstellungen für Pensionen und ähnliche Verpflichtungen 2. Steuerrückstellungen 3. sonstige Rückstellungen **C. Verbindlichkeiten** 1. Anleihen, davon konvertibel 2. Verbindlichkeiten gegenüber Kreditinstituten 3. erhaltene Anzahlungen auf Bestellungen 4. Verbindlichkeiten aus Lieferungen und Leistungen 5. Verbindlichkeiten aus der Annahme gezogener Wechsel und der Ausstellung eigener Wechsel 6. Verbindlichkeiten gegenüber verbundenen Unternehmen 7. Verbindlichkeiten gegenüber Unternehmen, mit denen ein Beteiligungsverhältnis besteht 8. sonstige Verbindlichkeiten, davon aus Steuern; davon im Rahmen der sozialen Sicherheit **D. Rechnungsabgrenzungsposten** Anmerkung: Kleine → *Kapitalgesellschaften* müssen die mit arabischen Ziffern bezeichneten Posten nicht ausweisen. Mittelgroße Kapitalgesellschaften müssen nur die mit einem Kreis umrandeten arabischen Ziffern zum Handelsregister einreichen. → *Bilanzrichtliniengesetz.*

Abb. 7: Gliederung der Bilanz nach § 266 Handelsgesetzbuch (HGB)

Die Bedeutung von veröffentlichten Bilanzen darf nicht überschätzt werden. Jedes Unternehmen ist daran interessiert, mit einer veröffentlichten Bilanz bestimmte unternehmenspolitische Zielsetzungen zu erfüllen. Unter diesem Gesichtspunkt ist auch der ausgewiesene Jahresüberschuss bzw. Jahresfehlbetrag zu werten. Mit Hilfe der Bildung oder Auflösung von → *Stille Reserven* kann der in der Bilanz ausgewiesene Jahresüberschuss bzw. -fehlbetrag in weiten Grenzen beeinflusst werden. → *Handelsbilanz*, → *Steuerbilanz*, → *Bilanzgewinn/Bilanzverlust*, → *US-GAAP*, → *IAS/ IFRS*.

▶ **Bilanzanalyse**

Beurteilung eines Unternehmens aufgrund der Daten und ergänzenden Angaben im vorgelegten → *Jahresabschluss*. Hierzu werden anhand von berechneten → *Kennzahlen* aus der → *Bilanz* und der → *Gewinn- und Verlustrechnung (GuV)* (z. B. → *Cashflow*, → *Rentabilität*, → *Produktivität*) sowie aus den Angaben im → *Anhang* und ggf. im → *Lagebericht* Schlussfolgerungen abgeleitet zur gegenwärtigen und zukünftigen Ertrags- und Finanzlage des Unternehmens. Ziel einer Bilanzanalyse und anschließenden **Bilanzkritik** ist es, für Eigentümer (→ *Aktionäre*, → *Gesellschafter*), → *Gläubiger* und → *Arbeitnehmer* (→ *Mitbestimmung*) Informationen über die tatsächliche Lage des Unternehmens zu gewinnen. → *Bilanzpolitik*, → *Konzernabschluss*.

▶ **Bilanzgewinn/Bilanzverlust**

Der bei → *Kapitalgesellschaften* aus dem in der → *Gewinn- und Verlustrechnung (GuV)* ausgewiesenen Jahresüberschuss/ Jahresfehlbetrag durch Fortführung der Rechnung ermittelte Gewinn bzw. Verlust der → *Bilanz*. Anders → *Reingewinn/Reinertrag*.

Er errechnet sich z. B. nach den Vorschriften im → *Aktiengesetz (AktG)* (§ 158 AktG) wie folgt:

Jahresüberschuss/Jahresfehlbetrag
+/– Gewinnvortrag/Verlustvortrag aus dem Vorjahr
+ Entnahmen aus Gewinnrücklagen
a) aus der gesetzlichen Rücklage
b) aus der Rücklage für eigene Aktien
c) aus satzungsgemäßen Rücklagen
d) aus anderen Gewinnrücklagen
– Einstellungen in Gewinnrücklagen
a) in die gesetzlichen Rücklagen
b) in die Rücklage für eigene Aktien
c) in satzungsmäßige Rücklagen
d) in andere Gewinnrücklagen
= Bilanzgewinn/Bilanzverlust

▸ **Bilanzielle Abschreibungen** → *Abschreibungen*

▸ **Bilanzierungsgrundsätze** → *Grundsätze ordnungsmäßiger Buchführung (GoB)*

▸ **Bilanzierungshilfen** → *Aktivierungspflicht*

▸ **Bilanzierungsverbote**

Im → *Handelsgesetzbuch (HGB)* (§ 248 HGB) aufgezählte Verbote zur Aktivierung bestimmter Positionen als → *Aufwand* (u. a. für die Gründung des Unternehmens, für die Beschaffung von → *Eigenkapital* und für den Abschluss von Versicherungsverträgen) oder zur Passivierung von → *Rückstellungen*, die nicht die in § 249 HGB genannten Kriterien erfüllen. Die handelsrechtlichen Bilanzierungsverbote entsprechen nicht immer den Vorschriften nach → *IAS/IFRS* und → *US-GAAP* und sind deshalb im Zusammenhang mit den Möglichkeiten als → *Befreiender Konzernabschluss und Konzernlagebericht* zu beachten.

▸ **Bilanzierungswahlrechte**

Nach den Vorschriften im → *Handelsgesetzbuch (HGB)* zulässige Entscheidungsspielräume zur Aktivierung (→ *Aktivierungs-*

wahlrecht) und Passivierung (→ *Passivierungswahlrecht*) von Vermögensgegenständen oder → *Verbindlichkeiten*. Die unternehmensspezifisch verschiedene Ausübung von Bilanzierungswahlrechten erschwert die → *Bilanzanalyse*. Die Vorschriften nach → *IAS/IFRS* und → *US-GAAP* setzen den Spielraum für Bilanzierungswahlrechte enger und sind bei den Möglichkeiten als → *Befreiender Konzernabschluss und Konzernlagebericht* zu beachten.

▶ **Bilanzklarheit** → *Grundsätze ordnungsmäßiger Buchführung (GoB)*

▶ **Bilanzkontinuität** → *Grundsätze ordnungsmäßiger Buchführung (GoB)*

▶ **Bilanzkontrollgesetz** → *Bilanzrechtsreformgesetz*

▶ **Bilanzkosmetik** → *Window Dressing*

▶ **Bilanzpolitik**

Instrument der Unternehmenspolitik von Vorständen und Geschäftsführungen, um ein von ihnen gewünschtes Bild ihres Unternehmens gegenüber Eigentümern (→ *Aktionäre*, → *Gesellschafter*), Beschäftigten (→ *Mitbestimmung*) und Gläubigern (→ *Gläubiger*) sowie gegenüber der Öffentlichkeit zu zeichnen. Hierzu werden Positionen der → *Bilanz* sowie der → *Gewinn- und Verlustrechnung (GuV)* im Rahmen möglicher Bewertungs- und Bilanzierungsspielräume (→ *Bilanzierungswahlrechte*) im gewünschten Sinne gestaltet. → *Insider* (z. B. Mitglieder im → *Aufsichtsrat*, Bankenvertreter) können über eine sorgfältige → *Bilanzanalyse* und Bewertung weiterer zugänglicher Informationen das Risiko von Fehleinschätzungen für einen vorgelegten → *Jahresabschluss* verringern. → *Window Dressing*.

▶ **Bilanzrechtsreformgesetz**

Gesetz zur Einführung internationaler Rechnungslegungsstandards und zur Sicherung der Qualität der Abschlussprüfung (Bil-

ReG) vom 4. 12. 2004. Mit dem → *Artikelgesetz* wurden zum 1. 1. 2005 u. a. die Rechnungslegungsstandards → *IAS/IASF* für den → *Konzernabschluss* verbindlich vorgeschrieben. Außerdem wurden die → *Rechnungslegungsvorschriften* im *Handelsgesetzbuch (HGB)* erweitert und zusätzliche Regelungen eingeführt, die eine Unabhängigkeit der → *Wirtschaftsprüfer* gewährleisten sollen.

Mit dem **Gesetz zur Kontrolle von Unternehmensabschlüssen (Bilanzkontrollgesetz)** vom 15. 12. 2005 wurden rechtliche Rahmenbedingungen geschaffen zur Durchsetzung der Rechnungslegungsgrundsätze. Geprüft wird für börsennotierte → *Kapitalgesellschaften* die Rechtmäßigkeit von Unternehmensabschlüssen bei Verdacht auf Unrichtigkeiten. Die Prüfung erfolgt seit dem 1. 7. 2005 in einem zweistufigen sog. **Enforcement**-Verfahren durch eine privatwirtschaftlich organisierte **Deutsche Prüfstelle für Rechnungslegung (DPR)** und die → *Bundesanstalt für Finanzdienstleistungen (BaFin)*. → *Corporate Governance*.

http://www.rechtliches.de/info_Bilanzrechtsreformgesetz.html;
http://www.rechtliches.de/info_Bilanzkontrollgesetz.html

▶ **Bilanzrichtlinie der EU (4. Richtlinie der EU)** → *Bilanzrichtlinien-Gesetz*

▶ **Bilanzrichtlinien-Gesetz**

Das → *Artikelgesetz* vom 19. 12. 1985 gilt seit dem 1. 1. 1987 für die → *Rechnungslegung* von Unternehmen. Mit dem Gesetz wurden Richtlinien der EU (→ *Europäische Gesetzgebung*) umgesetzt, die zu einer → *Harmonisierung in der EU* bei den Rechtsvorschriften zur Rechnungslegung führen. Dies waren die 4. Richtlinie zum Einzelabschluss **(Bilanz-Richtlinie)**, die 7. Richtlinie zum Konzernabschluss **(Konzernbilanz-Richtlinie)** und die 8. Richtlinie zur Abschlussprüfung. Für den → *Konzernabschluss* gelten die Regelungen seit dem 1. 1. 1990.

Das Gesetz beinhaltete u. a. eine Neufassung des Dritten Buches im → *Handelsgesetzbuch (HGB)* über die Handelsbücher. Wesentlich geändert wurden u. a. die Vorschriften zum → *Jahresabschluss* von → *Kapitalgesellschaften*.

Bei den → *Einzelunternehmen* und → *Personengesellschaften* änderte sich dagegen nichts Wesentliches. Hier gelten nach wie vor die weniger strengen Vorschriften zur → *Publizitätspflicht*.

Das Bilanzrichtlinien-Gesetz unterscheidet Kapitalgesellschaften nach → *Größenklassen*. Für die Zugehörigkeit zu einer bestimmten Größenklasse müssen zwei der drei Unterscheidungsmerkmale (Bilanzsumme, Umsatz und Beschäftigtenzahl) an zwei aufeinander folgenden Bilanzstichtagen unter- bzw. überschritten sein.

Hinsichtlich der Veröffentlichung des Jahresabschlusses gelten für die Kapitalgesellschaften entsprechend ihrer Größenordnung unterschiedliche Regelungen. Außerdem wurde ein neues Gliederungsschema für die Gewinn- und Verlustrechnung und für die Bilanz vorgeschrieben. Die alten aktienrechtlichen Vorschriften wurden zum 1. 1. 1986 aufgehoben.

Die Gesellschaftsform → *GmbH & Co. KG* wurde vom Bilanzrichtlinien-Gesetz nicht erfasst. Dies war ebenso ein Mangel wie die Einschränkung der Veröffentlichungspflichten und der Vorschriften eines umfassenden Jahresabschlusses für kleine und mittlere Kapitalgesellschaften. Erst mit dem **Kapitalgesellschaften- und Co-Richtlinie-Gesetz (KapCoRiLiG)** vom 7. 2. 2000 wurden die Vorschriften der EU (→ *Europäische Union (EU)*) zur → *Rechnungslegung*, die 1990 durch Änderungen der 4. und 7. Richtlinie der EU festgelegt wurden, auch für deutsche Unternehmen übernommen.

Für → *Kreditinstitute* gelten besondere Vorschriften nach dem → *Bankbilanzrichtlinie-Gesetz*.

▶ **Bilanzsumme**

Jeweils übereinstimmende Gesamtsumme aller Positionen auf der Aktiv- und der Passivseite der → *Bilanz*.

▶ **Bilanzverlust** → *Bilanzgewinn*

▶ **Bilanzwahrheit** → *Grundsätze ordnungsmäßiger Buchführung (GoB)*

▶ **Bilateralismus** → *Multilateralismus*

▶ **Bildschirm**

(*Monitor* oder *Screen*) Technisches Gerät, das Texte, Daten, Grafiken, Bilder u. a., die in der → *Datenverarbeitung* und bei den Anwendungsmöglichkeiten im Bereich → *Multimedia* anfallen oder zusammengestellt werden, sichtbar macht. → *Peripheriegeräte*.

▶ **Bildschirmarbeitsverordnung** → *Unfallschutz*

▶ **Bildungsgutschein** → *Hartz-Gesetze*

▶ **Bildungsurlaub**

→ *Arbeitnehmer* können in einigen Bundesländern (Bremen, Berlin, Hamburg, Hessen, Niedersachsen und Nordrhein-Westfalen) auf Antrag neben dem Erholungsurlaub vom → *Arbeitgeber* auch Bildungsurlaub erhalten. Voraussetzung ist z. B. der Besuch gewerkschaftlicher Bildungsveranstaltungen oder anderer beruflicher oder politischer Fortbildungsmaßnahmen (→ *Berufliche Fortbildung*).

Eine bundeseinheitliche Regelung, wie sie der DGB (→ *Deutscher Gewerkschaftsbund (DGB)*) fordert, besteht bisher nur für Mitglieder im → *Betriebsrat* oder → *Personalrat*.

▶ **Billigst**

Bezeichnung für einen Kaufauftrag an der → *Börse*, bei dem der Auftrag ohne Limit (→ *Limitieren*) zum jeweiligen Börsenkurs durchgeführt werden soll. Umgekehrt wird ein Verkaufsauftrag ohne Limit **Bestens**, d. h. zum gerade gehandelten Börsenkurs ausgeführt.

▶ **Binnenmarkt '92** → *Europäischer Binnenmarkt*

▶ **Biometrische Systeme**

Sammelbezeichnung für elektronische Systeme zur Identitäts-
prüfung eines Benutzers, z. B. beim Bezahlen, zur Zugangsberechtigung oder am Bankautomat. Diese erfolgt durch Vergleichen von
Fingerabdrücken, Netzhautmuster, Gesichtsform oder mit dynamischen Kennzeichen wie Stimme, Schreibrhythmus auf einer Com-
putertastatur oder Unterschrift über ein Zentralsystem, in dem die
Orginaldaten gespeichert sind.

▶ **Biotechnologie**

Kennzeichnet eine innovative neue → *Branche*, die biologische
Forschung mit der Anwendung modernster Technologie vereinigt.

▶ **BIP** → *Bruttoinlandsprodukt*

▶ **Bit**

(Binary digit) Kleinste Informations- und Speichereinheit
(→ *Speicher*) in einem → *Computer*. Daten werden dabei in einem
Binärcode, bestehend aus Binärzeichen, abgebildet. Ein Binärzeichen besteht aus einer festgelegten Kombination von nur zwei Zeichen (z. B. Ja = 0; Nein = 1). → *Byte*, → *Digitale Nachrichten-
übermittlung*.

▶ **BIZ**

Die **Bank für Internationalen Zahlungsausgleich (BIZ)** ist eine
zwischenstaatliche Bank (→ *Banken*) zur Förderung der Zusammenarbeit der Zentralbanken (→ *Zentralbank*). Wesentliche Aufgaben sind u. a. die Vorbereitung und Abwicklung internationaler
Finanzabkommen und Finanzoperationen. Die 1930 gegründete
BIZ mit derzeit 55 (2003) Zentralbanken als Mitglieder hat ihren
Sitz in Basel. Die BIZ arbeitet in enger Abstimmung mit dem IWF
(→ *Internationaler Währungsfonds (IWF)*). Sie ist u. a. Agentin
der → *OECD* bei der Durchführung internationaler Zahlungsge-
schäfte.

Die Geschäftsführung obliegt 17 Mitgliedern eines Verwaltungs-rats. Dieser bestellt den Präsidenten der BIZ und ernennt den Ge-neraldirektor. Mit ihrem Euro-Währungsausschuss steuert die BIZ die → *Währungspolitik* der zehn wichtigsten Industrienationen (→ *G 10 (Zehner Gruppe)*).

http://www.bis.org

▶ **Blankogeschäft** → *Leerverkauf*

▶ **Blankoscheck/Blankowechsel**

Bereits unterschriebener → *Scheck* bzw. ein → *Wechsel*, in den wesentliche Teile (z. B. der Betrag) noch nicht eingetragen sind.

▶ **Blue Chips**

Bezeichnung für Spitzenpapiere der amerikanischen → *Börse* und bedeutende internationale Standardwerte.

▶ **Bluetooth**

Funkstandard, der die drahtlose Kommunikation zwischen ver-schiedenen Geräten (z. B. → *Notebook*, → *Handy*, → *Drucker*, → *Maus*, Bilder von Digitalkameras) im Nahbereich ermöglicht.

▶ **BNE** → *Bruttonationaleinkommen (BNE)*

▶ **Board of Directors**

Organ der amerikanischen Unternehmensform → *Corporation*, welches von der Generalversammlung (entspricht der deutschen → *Hauptversammlung*) gewählt wird und für die Unternehmens-politik der corporation verantwortlich ist.

Der Board of Directors besteht aus dem hauptberuflichen ge-schäftsführenden **Executive Management**, den sog. **Inside Direc-tors**, mit einem **Chief Executive Officer** oder **President** an der Spitze, sowie ehrenamtlichen **Outside Directors**. Der Board als Ganzes vertritt die Gesellschaft nach außen und vereinigt Führungs- und Kontrollfunktionen. Er wird vom **Chairman of Board** geleitet – gelegentlich auch in Personalunion mit dem Amt als President bzw. Chief Executive officer.

Die Kompetenzen des Board of Directors gehen weiter als die im deutschen → *Vorstand* einer → *Aktiengesellschaft (AG)* oder der Geschäftsführung einer → *Gesellschaft mit beschränkter Haftung (GmbH)*, da er auch vergleichbare Aufgaben wie im → *Aufsichtsrat* deutscher Aktiengesellschaften erfüllt. Diese Vermischung von Führung und Kontrolle in einem Gremium hat in der neueren Entwicklung in den USA zu Überlegungen geführt, sich den in Europa üblichen getrennten Modellen anzunähern.

▶ **Board-System**

Im angelsächsischen Raum übliches Führungssystem für eine → *Kapitalgesellschaft* (→ *Board of Directors*) und Behörden, z. B. Board of Education (Schulaufsichtsbehörde) oder Board of Health (Gesundheitsbehörde).

▶ **BOBL** → *Bundesobligationen (BOBL)*

▶ **BOBL-Futures**

Das sind an der Deutschen Terminbörse (heute → *EUREX*) im Oktober 1991 eingeführte und gehandelte → *Terminkontrakte* auf fiktive mittelfristige → *Bundesobligationen* mit viereinhalb bis fünfeinhalbjähriger Laufzeit als Basiswert bei einer angenommenen Nominalverzinsung von 6 % und einem Kontraktwert von 100 000 Euro. Gehandelt werden außerdem Optionen (→ *Option*) auf BOBL-Futures.

▶ **Bodenrechtsreform**

Anlass für eine Reform des Bodenrechts waren die Auswüchse der Bodenspekulation, bei der Spekulanten enorme Gewinne erzielen konnten, weil Grund und Boden nur beschränkt verfügbar ist.

Ein erster Schritt zur Reform des Bodenrechts war das In-Kraft-Treten des **Städtebauförderungsgesetzes** am 1. 10. 1971. Die Vorbereitung und Durchführung städtebaulicher Sanierungs- und Entwicklungsmaßnahmen, deren einheitliche Planung und zügige Durchführung im öffentlichen Interesse liegt, wurde in einen Förderungskatalog aufgenommen. Die Stadtplanung erhielt das Recht, in Sanierungsgebieten ein Abbruch- oder Modernisierungsgebot zu erlassen. Wertsteigerungen, die durch öffentliche Leistungen entstehen, können seitdem zur Finanzierung dieser Leistungen herangezogen werden.

Mit dem Gesetz wurde außerdem die Verpflichtung eingeführt, gleichzeitig mit der Planung von Investitionsvorhaben umfassende Untersuchungen über deren Auswirkungen durchzuführen sowie einen Finanzierungs- und einen Sozialplan aufzustellen. Mit einem besonderen Verfahren wurden die Planer verpflichtet, die Interessen aller Beteiligten zu berücksichtigen.

Mit einer zum 1. 1. 1977 in Kraft getretenen Neufassung des **Bundesbaugesetzes** wurden die Instrumente des Städtebauförderungsgesetzes (Bau-, Modernisierungs-, Erhaltungs- und Abbruchgebot) in das Städtebaurecht übertragen.

Seitdem hat sich die → *Bauleitplanung* in die städtebauliche Planung der → *Gemeinden* einzufügen. Dabei können die Gemeinden Auflagen erlassen zur konkreten Nutzung bestimmter Flächen, z. B. für den sozialen Wohnungsbau oder für Maßnahmen zur Verbesserung der → *Infrastruktur*.

Die Gemeinden sind verpflichtet, ihre Planungsabsichten frühzeitig bei den Bürgern zur Diskussion zu stellen.

Das Bundesbaugesetz wurde am 1. 10. 1977 durch die **Baunutzungsverordnung** vervollständigt mit besonderen Bestimmungen zur Ordnung und Entwicklung der Baugebiete.

Das **Baugesetzbuch** i. d. Fassung vom 27. 8. 1997 fasste ab 1. 7. 1987 die Vielzahl der in der Vergangenheit geschaffenen gesetzlichen Bestimmungen zusammen.

Es enthält u. a. auch Regelungen zur Verbesserung der Planungshoheit der Gemeinden und der Rechtsicherheit im Bau- und im Planungsrecht. 1990 wurden mit einem „Maßnahmengesetz" zum Baugesetzbuch baurechtliche Erleichterungen zur Verkürzung der Bauleitplanung bis zum 31. 5. 1995 befristet eingeführt. Diese wurden im Mai 1993 durch das **Wohnbaulandgesetz** (Gesetz zur Erleichterung von Investitionen und der Ausweisung und Bereitstellung von Wohnbauland) bis zum 31. 12. 1997 verlängert und damit der Geltungsdauer baurechtlicher Überleitungsregelungen für die neuen Länder angeglichen. Außerdem wurden für den → *Naturschutz* vorhandene Eingriffsregelungen der Kommunen vereinfacht, indem jedes Bauvorhaben nur noch einmal unter diesem Gesichtspunkt geprüft wird. Auch die im Genehmigungsverfahren notwendigen Prüfungen nach dem → *Bundesimmissionsschutzgesetz (BImSchG)* und dem Abfallrecht (→ *Abfall*) wurden vereinfacht. → *Solidarpakt*, → *Vermögensgesetz*.

http://bundesrecht.juris.de

▶ **Bodenreform**

Bezeichnung für die in der ehemaligen sowjetischen Besatzungszone im Herbst 1945 durchgeführte entschädigungslose Enteignung landwirtschaftlichen Großgrundbesitzes (über 100 ha) ohne Belassung eines Restgutes. Etwa zwei Drittel der enteigneten Landmasse wurden in so genannte „Neubauernbetriebe" mit einer Durchschnittsgröße von 7 bis 8 ha aufgeteilt, der Rest in „volkseigene Güter" umgewandelt. In den Jahren 1952 bis 1960 erfolgte dann eine Kollektivierung (Vergesellschaftung) der landwirtschaftlichen Betriebe in Produktionsgenossenschaften. → *Vermögensgesetz*.

▶ **Bodenrente**

Das auf Besitz von Grund und Boden beruhende → *Einkommen*.

▶ **Bodenschutz**

Wichtiger Bestandteil im → *Umweltschutz*, da sämtliche Belastungen, z.B. aus Schadstoffimmissionen aus der Luft und dem Wasser, durch Überdüngung und Einsatz von Pflanzenschutzmitteln, aus Rohstoffausbeutung und Bodenverbrauch, gemeinsam (kumulativ) auf den Boden einwirken. Bodenschutz ist deshalb eine Querschnittsaufgabe, die nur im ganzheitlichen Ansatz erfolgreich sein kann. → *Bundesimmissionsschutzgesetz (BImSchG)*.

Nach langem Streit zwischen Bund und Ländern ist zum 1. 3. 1999 das **Bundes-Bodenschutzgesetz** vom 17. 3. 1998 in Kraft getreten. Es enthält Regelungen zur Abwehr schädlicher Bodenveränderungen, zur Sanierung des Bodens und von Gewässern bei Verunreinigungen und Altlasten nach dem → *Verursacherprinzip* sowie Vorschriften über Sanierungsuntersuchungen und Sanierungsplanung. Es gilt eine Vorsorgeverpflichtung der Grundstückseigentümer zur Vermeidung schädlicher Auswirkungen bei der Bodennutzung. Für die landwirtschaftliche Bodennutzung gelten gesonderte Bestimmungen. → *Umweltkriminalität*.

http://bundesrecht.juris.de/bundesrecht/bbodschg/

▶ **Bogen** → *Wertpapiere*

▶ **Bonds**

Englische Bezeichnung für festverzinsliche → *Wertpapiere*. → *Auslandsbonds*.

▶ **Bond Warrant** → *Optionsanleihen*

▶ **Bonität**

Aussagen über Firmen oder Personen vor allem hinsichtlich ihrer Zahlungsfähigkeit und -bereitschaft sowie über Qualität von Waren oder von einem → *Wechsel*. Auskünfte über die Bonität eines Geschäftspartners setzen eine → *Kreditwürdigkeitsprüfung* voraus. → *Rating*.

▶ **Bonus**

Gutschriften oder Preisnachlässe, die im Gegensatz zum → *Skonto* erst nachträglich gewährt werden, z. B. am Jahresende. Er wird oft verstanden als Treueprämie oder als Anerkennung für besondere Leistungen **(Umsatzbonus)**.

Bei der → *Aktiengesellschaft (AG)* kann neben der → *Dividende* auch noch ein einmaliger Bonus gezahlt werden, etwa bei einem außergewöhnlich guten → *Geschäftsjahr* oder bei Jubiläen. Dies gilt auch entsprechend für andere Unternehmensformen.

▶ **Bookbuilding-Verfahren**

Mögliches Verfahren zur Bestimmung des Ausgabekurses bei der Neueinführung von → *Aktien* eines Unternehmens an der → *Börse*. Dabei wird den zeichnungswilligen Interessenten (→ *Zeichnen*) eine Preisspanne vorgegeben, innerhalb derer sie ein Angebot abgeben können. Bei hoher Nachfrage wird der Ausgabekurs bei der → *Emission* am oberen Ende der Preisspanne festgelegt. Interessenten mit niedrigeren Geboten gehen dann leer aus. Bei zu geringer Nachfrage riskiert das Unternehmen einen niedigeren als den angestrebten Emissionskurs.

▶ **Bookmark**

Notierung (Lesezeichen) über eine einmal aufgerufene Seite im → *WWW*, die mit dem gleichen → *Browser* ein späteres Wiederauffinden erleichtert.

▶ **Boom**

Unvermittelter starker Aufschwung der → *Konjunktur*, an der → *Börse* oder im Geschäftsleben.

▶ **Börse**

Regelmäßig stattfindender → *Markt* für vertretbare → *Güter* (d. h. die Waren müssen nicht an Ort und Stelle sein) mit allgemein bekannter Beschaffenheit und jederzeit untereinander austauschbaren Mengen. Sind die Waren nicht von vollkommen gleichartiger Beschaffenheit (z. B. Getreide, Kaffee, Baumwolle), so werden Typen festgesetzt, um einen Handel an der Börse zu ermöglichen.

Die Errichtung einer Börse bedarf nach dem **Börsengesetz** vom 21. 6. 2002 (§ 1 Abs. 1 BörsG) der Genehmigung der zuständigen obersten Landesbehörde (→ *Börsenaufsicht*). Für die Geschäftstätigkeit der Börse sind weiterhin bedeutsam die für die jeweilige Börse geltende → *Börsenordnung* sowie die → *Börsenzulassungs-VO* i. d.F. vom 9. 9. 1998. → *Finanzmarktreform*.

Die traditionelle → *Präsenzbörse* wird zunehmend durch den → *Computerhandel* ersetzt. → *Insider.*

Börsenorgane sind
- der → *Börsenrat* (§ 9 BörsG bis § 11 BörsG),
- die → *Handelsüberwachungsstelle* (§ 4 BörsG),
- die Geschäftsführung (§ 12 BörsG) und
- der → *Sanktionsausschuss* (§ 20 BörsG).

Im Börsengesetz werden zwei **Arten der Börse** unterschieden (§ 1 Abs. 7 BörsG und § 8 BörsG):

(1) Wertpapierbörsen für den Handel mit Wertpapieren (→ *Wertpapiere*) und → *Devisen* sowie deren → *Derivate.*

(2) Warenbörsen für den Handel mit börsengängigen Waren, wie z. B. Baumwolle, Zucker, Weizen, Edelmetallen und deren Derivate.

http://bundesrecht.juris.de

▶ **Börsenaufsicht**

Wird nach dem **Börsengesetz** (§ 1 BörsG und § 60 BörsG) von der jeweils zuständigen Landesregierung oder deren Beauftragten, z. B. die zuständige → *Industrie- und Handelskammer (IHK)*, durchgeführt. Sie
- genehmigt die Errichtung (oder Auflösung) von einer → *Börse,*
- bestellt den → *Börsenrat,*
- genehmigt die → *Börsenordnung* und die Gebührenordnung,
- überwacht die Preisbildungsprozesse an der Börse und das rechtmäßige Handeln der Börsenorgane und der am Börsenhandel zugelassenen Handelsteilnehmer
- kann der → *Handelsüberwachungsstelle* Weisungen erteilen und die Ermittlungen übernehmen und
- ist zuständig für die Registrierung von elektronischen Handelssystemen (→ *Computerhandel*) und für die Beaufsichtigung von börsenähnlichen Einrichtungen (§ 58 BörsG bis § 60 BörsG).
→ *Finanzmarktreform.*

http://www.boersenaufsicht.de

▶ **Börsenbericht**

In den Tageszeitungen veröffentlichter Tagesbericht über Verkauf und allgemeine Tendenz an der → *Börse*. Grundlage hierfür ist das börsentäglich herausgegebene → *Kursblatt*.

▶ **Börsenblatt**

Pflichtmitteilungen einer → *Börse*, in der wichtige Nachrichten der betreffenden Börse publiziert werden.

▶ **Börsengang** → *Börsenprospekt*

▶ **Börsengängige Wertpapiere**

Das sind alle im amtlichen Markt (→ *Amtlicher Markt*) und im → *Freiverkehr* gehandelten → *Wertpapiere*.

▶ **Börsengeschäfte**

Kauf oder Verkauf von Finanzinstrumenten (→ *Finanzinstrumente*) an einer → *Börse*. Sie werden von einem → *Börsenmakler* durchgeführt. Nach dem Erfüllungstermin werden Börsengeschäfte unterschieden in Kassageschäfte und → *Termingeschäfte*.

▶ **Börsengesetz** → *Börse*

▶ **Börsenhändler** → *Börsenmakler*

▶ **Börsenindex** → *Kursindex*

▶ **Börsenkapitalisierung**

(Marktkapitalisierung) Bewertung einer börsennotierten → *Aktiengesellschaft (AG)* als Produkt von → *Börsenkurs* und emittierten → *Aktien* der Gesellschaft. Dies kann sich nur auf ein Unternehmen oder auch auf alle börsennotierten Unternehmen beziehen.

▶ **Börsenkommissar** → *Börsenaufsicht*

▶ **Börsenkurs**

(Börsenpreis) An der → *Börse* festgestellter Preis für → *Wertpapiere* oder → *Derivate*, die während der Börsenzeit an einer Wertpapierbörse im amtlichen Markt (→ *Amtlicher Markt*) oder im geregelten Markt (→ *Geregelter Markt*) oder an einer Warenbörse ermittelt werden (§ 24 Abs. 1 BörsG).

Die Börsenpreise und die ihnen zugrunde liegenden Umsätze sowie ggf. weitere in der → *Börsenordnung* genannte Informationen sind den Handelsteilnehmern unverzüglich bekannt zu machen (§ 24 Abs. 2 BörsG). Die Preisermittlung an Wertpapierbörsen erfolgt im → *Computerhandel* oder durch für die Feststellung des Börsenpreises zugelassene Unternehmen (→ *Skontroführer*).

Unterschieden wird zwischen **Kassakursen/Kassapreisen** für Wertpapiergeschäfte (Kassageschäfte), die sofort oder ganz kurzfristig erfüllt werden müssen, und **Terminkursen/Terminpreisen** für → *Termingeschäfte*.

Für → *Aktien* werden keine Kassakurse/ Kassapreise mehr berechnet. Sie entsprechen den jeweiligen **Einheitskursen** der Aktien, die aufgrund ihres geringen Handelsvolumens nicht zum variablen Handel zugelassen sind, und werden einmal börsentäglich zur Mitte der Börsenzeit festgestellt. Für den Terminhandel gibt es keine Kassakurse.

Variable (bewegliche) Kurse/Preise entstehen dagegen im **variablen Handel** bei **fortlaufender Notierung**. Hierbei werden die Preise für umsatzstarke Wertpapiere je nach Auftragslage zum nächstmöglichen Zeitpunkt festgestellt. Die Notierung im variablen Handel ist eine Voraussetzung für die Aufnahme in einen Kursindex. → *Prime Standard*.

Die Börsenpreise werden ggf. mit Kurszusätzen versehen, die Hinweise liefern zur vorhandenen Nachfrage bzw. Angebot.

Die wichtigsten **Kurszusätze** im amtlichen → *Kursblatt* einer Börse sind:

bez. b oder bz = bezahlt, d. h. Angebot und Nachfrage waren zu dem notierten Kurs ausgeglichen.

bez. B oder b B = bezahlt und Brief, d. h. es konnten nicht alle Verkaufsaufträge ausgeführt werden.

bez. G oder b G = bezahlt und Geld, d. h. es konnten nicht alle Kaufaufträge ausgeführt werden.

B = Brief, d. h. die Verkaufsaufträge (Angebot) konnten mangels Nachfrage nur in sehr geringem Maße erfüllt werden.

G = Geld, d. h. die Kaufaufträge konnten mangels Angebot nur in sehr geringem Maße erfüllt werden.

−B = gestrichen Brief, d. h. nur Verkaufsaufträge (Angebot), jedoch keine Nachfrage. Kurs wurde deshalb gestrichen.

−G = gestrichen Geld, d. h. nur Kaufaufträge (Nachfrage) vorhanden, jedoch kein Angebot. Kurs wurde deshalb gestrichen.

− = Kurs gestrichen, d. h. es lagen weder Kauf- noch Verkaufsaufträge zu einem vertretbaren Kurs vor. Streichung erfolgt auch auf Anordnung, wenn besonders wichtige Gründe vorliegen.

T = Taxkurs, d. h. wegen mangelnder Umsätze wurde der Kurs geschätzt.

ex Div = ausschließlich → *Dividende*. Dieser Kurszusatz erfolgt am Tage des Dividendenabschlags.

rep. = Aufträge wurden nur teilweise ausgeführt. → *Repartieren*.

Erläuterungen auf der **Maklertafel** (→ *Börsenmakler*) in der Börse:

(+) = Plusankündigung: Markierung hinter dem Namen einer Aktie zeigt an, dass der Kurs gegenüber dem Vortag um mindestens 5 % gestiegen ist.

(++) = Doppelplus: Der Kurs ist mindestens um 10 % gegenüber dem Vortag gestiegen.

▶ **Börsenmakler**

(Börsenhändler) Bezeichnung für Angestellte der zum Handel an der → *Börse* zugelassenen Unternehmen (→ *Skontroführer*), die im Namen und für Rechnung der Unternehmen oder für fremde Rechnung Geschäfte abschließen. → *Eigengeschäfte* sind Börsenhändlern nicht erlaubt. → *Makler*.

▶ **Börsenmarktsegmente**

Das sind die Teilmärkte im Wertpapierhandel an der → *Börse*. Unterschieden werden kann nach Kriterien der Börsenzulassung, Umfang der → *Börsenaufsicht* und Handelsverfahren in die Segmente → *Amtlicher Handel*, → *Geregelter Markt* und → *Freiverkehr* (**vertikale Marktsegmente**).

Der → *Neue Markt* zählte bis zu seiner Auflösung als weiteres vertikales Segment. Ein weiteres vertikales Unterscheidungsmerkmal ist die Zugehörigkeit von Unternehmen zum → *Prime Standard* oder zum General Standard.

Weitere Marktsegmente ergeben sich aus einer horizontalen Weitergliederung der vertikalen Ebenen in Kassageschäfte und → *Termingeschäfte* (**horizontale Marktsegmente**).

▶ **Börsenordnung**

Sie enthält die zur Aufgabenerfüllung einer → *Börse* notwendigen Regelungen und wird vom → *Börsenrat* erlassen. Hierzu zählen u. a. Bestimmungen über den Geschäftszweig und die Organisation der Börse, die Handelsarten, die Veröffentlichung der Preise bzw. Kurse (→ *Börsenkurs*) sowie die ihnen zugrunde liegenden Umsätze (§ 13 BörsG). Bei Wertpapierbörsen regelt sie auch die Zusammensetzung und Wahl der Mitglieder der Zulassungsstelle.

▶ **Börsenplatz**

Standort einer → *Börse*. In Deutschland existieren acht Standorte: Frankfurt, Düsseldorf, München, Hamburg, Stuttgart, Berlin, Bremen und Hannover.

▶ **Börsenpreis** → *Börsenkurs*

▶ **Börsenprospekt**

Voraussetzung für die Zulassung zum amtlichen Handel (→ *Amtlicher Handel*) an der → *Börse* (§ 30 Abs. 3 Nr. 2 BörsG) Vorauszugehen hat eine → *Due Diligence*.

Genaue Vorschriften über den Prospektinhalt sowie weitere Verfahrensregelungen enthält die **Börsenzulassungs-Verordnung** (→ *Börsenzulassung*). Für die Aussagen im Börsenprospekt existieren strenge Haftungsregeln **(Prospekthaftung)** nach § 44 BörsG bis § 46 BörsG.

▶ **Börsenrat**

Der Börsenrat ist ein Kontroll- und Aufsichtsorgan einer → *Börse*, der von der → *Börsenaufsicht* bestellt wird. Er besteht aus höchstens 24 Personen, die die zur Teilnahme am Börsenhandel zugelassenen → *Kreditinstitute*, → *Finanzdienstleistungsinstitute*, → *Kapitalanlagegesellschaften*, die → *Skontroführer* und die Anleger repräsentieren (§ 9 Abs. 1 BörsG). → *Corporate Governance*.

Er erlässt nach § 9 Abs. 2 BörsG die → *Börsenordnung* (§ 13 BörsG) und die Gebührenordnung (§ 14 BörsG), bestellt und abberuft die Geschäftsführer im Einvernehmen mit der Börsenaufsicht und überwacht die Geschäftsführung (§ 12 BörsG). Außerdem erlässt er die Geschäftsordnung für die Geschäftsführung und die Bedingungen für die Geschäfte an der Börse.

▶ **Börsentermingeschäfte** → *Termingeschäfte*

▶ **Börsenusancen**

Meist gewohnheitsrechtlich entstandene Handelsbräuche für die Durchführung der Börsengeschäfte. → *Börse*.

▶ **Börsenwert eines Unternehmens** → *Marktkapitalisierung*

▶ **Börsenzulassung**

→ *Wertpapiere*, die an der → *Börse* gehandelt werden, müssen Zulassungskriterien erfüllen, die je nach → *Börsenmarktsegment* unterschiedlich sind.

Am strengsten sind nach dem → *Börsengesetz* (§ 30 BörsG) und der **Börsenzulassungsverordnung (BörsZulV)** vom 9. 9. 1998 die Zulassungskriterien für den amtlichen Markt (→ *Amtlicher Markt*). Hierzu ist u. a. erforderlich ein → *Börsenprospekt*, ein Mindestunternehmensalter von 3 Jahren (§ 3 BörsZulV), ein Mindestbörsenwert der → *Aktien* (→ *Marktkapitalisierung*) von 1,25 Mio. Euro bzw. bei anderen Wertpapieren von 250 000 Euro (§ 2 BörsZulV) und eine Mindeststreuung von 25 % der zum Börsenhandel zugelassenen Aktien (§ 9 BörsZulV).

Eine Zulassung zum Handel am geregelten Markt (→ *Geregelter Markt*) erfolgt durch die Zulassungsstelle der betreffenden Börse nach den Vorschriften der Börsenordnung (§ 50 BörsG und § 51 BörsG).

Eine Zulassung erfolgt, sofern durch Handelsrichtlinien eine ordnungsgemäße Durchführung des Handels und der Geschäftsabwicklung gewährleistet ist (§ 57 BörsG).

▶ Bottom Up Prinzip

Bei Planungsprozessen im großen → *Konzern* angewendetes Verfahren, bei dem die unteren Organisationseinheiten ihre Planungsgrößen jeweils über die nächsthöhere Hierarchieebene weitergeben bis hin zur Konzernspitze. Dort werden sie für die Konzernplanung koordiniert und zusammengefasst. Anders: → *Top Down Prinzip*.

▶ Bounce

Bezeichnung für eine an den Absender zurückkommende, nichtempfangene → *E-Mail*.

▶ Brainstorming

Verfahren, bei dem die Mitglieder einer Gruppe **querdenken**, d. h. ihre Ideen spontan und ohne Kritik anderer Gruppenmitglieder äußern können mit dem Ziel, Kreativität zu wecken und ggf. neue Wege zu entdecken.

▶ Branche

Andere Bezeichnung für Wirtschafts- oder Geschäftszweig.

▶ **Branding**

Entwickeln, Gestalten und auf den Markt bringen (→ *Merchandising*) einer neuen → *Handelsmarke* (brand) durch spezialisierte Firmen.

▶ **Branntweinmonopol**

Ein aus dem Jahr 1922 stammendes → *Monopol* des Staates zur Herstellung, Einfuhr, Reinigung und Verwertung von Branntwein sowie für den Handel mit unverarbeitetem Branntwein in Deutschland.

▶ **Branntweinsteuer**

Zählt zu den → *Steuerarten*, die neben den Monopolverkaufspreisen beim → *Branntweinmonopol* von der staatlichen Monopolverwaltung erhoben wird.

▶ **Break-even-Point**

Aus dem Amerikanischen stammende Bezeichnung für die so genannte **Gewinnschwelle** oder **Nutzschwelle**. Sie bezeichnet die Umsatzgröße, bei der die → *Fixe Kosten* und → *Proportionale Kosten* eines bestimmten Produktes oder eines Unternehmens gerade gedeckt werden. Ein → *Gewinn* entsteht erst dann, wenn der → *Umsatz* die Nutzschwelle überschreitet.

▶ **Breitbandkommunikation**

Bezeichnung für die Übermittlung von Nachrichten und Bildern (z. B. Kabelfernsehen, Bildfernsprechen) mit hoher Übertragungsqualität. Im Gegensatz zum schmalbandigen Telefonnetz, das wegen seiner begrenzten Leistungsfähigkeit die Übertragung von Bewegtbildern nicht zulässt, sind die Nutzungsmöglichkeiten der → *Breitbandverteilnetze* nahezu unbegrenzt. Eine hohe Stufe seiner Nutzungsmöglichkeiten liegt im Austausch von Bewegtbildern im Dialog zwischen einzelnen Teilnehmern. Voraussetzung hierfür ist der abgeschlossene Aufbau eines **Breitbandvermittlungs-**

netzes mit seinen hohen technischen Voraussetzungen. Endstufe soll in der EU (→ *Europäische Union (EU)*) ein **integriertes Breit-band-Kommunikationsnetz** sein. → *Multimedia*.

▶ **Breitbandverteilnetze**

Kabelgebundene Versorgung von Teilnehmern mit Rundfunk- und Fernsehprogrammen. Die von den Rundfunk- und Fernsehanstalten ausgestrahlten Programme werden von einer so genannten Kopfstation empfangen und über das Breitbandleitungsnetz (→ *Glasfaserkabel*) der Deutschen Telekom AG (→ *Bundespost*) oder über eine Funkstrecke in die Häuser der Teilnehmer weitergeleitet. → *T-Commerce*.

▶ **Bretton-Woods-Abkommen**

Weltweites Währungsabkommen (→ *Währung*), das am 23. 7. 1944 auf einer Tagung der Währungs- und Finanzexperten aus 44 Ländern in Bretton Woods (New Hampshire, USA) geschlossen wurde. Ergebnis der Tagung waren Verträge über die Errichtung eines **Weltwährungsfonds** (→ *Internationaler Währungsfonds (IWF)*) und der → *Weltbankgruppe*. Die damaligen Ostblockländer waren mit Ausnahme Rumäniens nicht beigetreten. Die Bundesrepublik Deutschland ist dem Abkommen 1952 beigetreten.

Die auf der Basis **fester Wechselkurse** (→ *Wechselkurs*) beruhende Idee des Abkommens funktionierte bis 1973. Unter dem Druck der internationalen Devisenspekulation hatte zuerst die Schweiz und kurz darauf auch die Bundesrepublik ihre Währung freigegeben und das System **flexibler Wechselkurse** eingeführt. Andere Länder folgten dem Beispiel, da der Dollar nicht mehr als → *Leitwährung* fungieren konnte und die USA ihre Bereitschaft aufgekündigt hatten, den Dollar jederzeit in Gold umzutauschen. Ursachen der damaligen Währungsturbulenzen waren fundamentale Ungleichgewichte in der → *Zahlungsbilanz* der großen Industriestaaten. Die Folgezeit war gekennzeichnet durch Phasen stark schwankender Wechselkurse und weiterer Währungsspekulationen.

Vor dem Hintergrund der Notwendigkeit, internationale Absprachen auf dem Gebiet der → *Währungspolitik* zu arrangieren, kam es auf Anregung des französischen Staatspräsidenten Giscard d'Estaing und des deutschen Bundeskanzlers Helmut Schmidt im Jahr 1975 zum ersten **Wirtschaftsgipfel** (→ *G 7/G 8-Konferenz*) in Rambouillet. Hauptziel dieses und einiger anderer Gipfeltreffen in den folgenden Jahren war es vor allem, den Dollar wieder zu stabilisieren. Die Antwort der Staaten in der EU (→ *Europäische Union (EU)*) war das „**Block-Floating**"; dies zunächst in der sog. Währungsschlange und dann im → *EWS I/EWS II (Europäisches Währungssystem)*.

▶ **Bridge** → *Gateway*

▶ **Briefhypothek** → *Hypothek*

▶ **Briefing**

Bezeichnung für eine kurz gefasste Information über Ziele und Inhalte eines Projektes oder eines neuen Jobs. Üblich z. B. bei der Kommunikation von Werbeagenturen mit ihren Kunden zur Erarbeitung einer Werbekonzeption.

▶ **Briefkastenfirma** → *Steueroasen*

▶ **Briefkurs** → *Börsenkurs*

▶ **Briefmonopol**

Das ausschließliche Recht der nationalen Postverwaltungen bzw. der Deutschen Post AG (→ *Bundespost*) zum Transport von Briefen. Ursprünglich sollte das Briefmonopol Ende 2002 in den Staaten der EU (→ *Europäische Union (EU)*) auslaufen. Im zuständigen → *Ministerrat der EU* kam im Dezember 2000 jedoch keine Einigung zustande. Deshalb wurde das Briefmonopol bis zu 200 Gramm für Briefe und bis zu 50 Gramm für Massendrucksachen (Infopost) im deutschen → *Postgesetz* im Juli 2001 bis Ende 2007 verlängert.

▶ **Broker**

Bezeichnung für → *Kursmakler* an einer englischsprachigen → *Börse*. Börsenaufträge der → *Banken* und der privaten Kunden werden allein durch die Broker ausgeführt.

▶ **Browser**

Übersichtsprogramm (→ *Software*) zur einfachen Darstellung und Nutzung von Informationen (→ *Portal*, → *Website*) im → *Internet*. Beispiele sind der Internet-Explorer von Microsoft, T-Online oder Netscape Communicator von AOL.

▶ **Bruttodividende**

Das ist die um die anrechnungsfähige → *Körperschaftsteuer* erhöhte → *Bardividende*.

▶ **Bruttoeinkommen aus unselbständiger Arbeit**

1999 durch den neuen Begriff → *Arbeitnehmerentgelt* ersetzte Rechengröße in der VGR (→ *Volkswirtschaftliche Gesamtrechnung (VGR)*).

▶ **Bruttogewinnmarge** → *Gewinnmarge*

▶ **Bruttoinlandsprodukt**

Innerhalb der Landesgrenzen erstellte wirtschaftliche Leistung einer Volkswirtschaft. → *Sozialprodukt (Nationaleinkommen)*.

▶ **Bruttoinvestitionen** → *Investitionen*

▶ **Bruttokreditaufnahme**

Bezeichnung für die im → *Haushaltsplan* von → *Gebietskörperschaften* aufgenommenen → *Kredite* am → *Geldmarkt* (z. B. → *U-Schätze*, → *Schatzwechsel*) und am → *Kapitalmarkt*

(z. B. → *Bundesobligationen*, → *Kassenobligationen*, → *Anleihen*, → *Bundesschatzbriefe*). Wird die für den gleichen Zeitraum im Haushaltsplan der jeweiligen Gebietskörperschaft vorgesehene Tilgung von Altschulden abgezogen, so verbleibt als Saldo die **Nettokreditaufnahme**. → *Verschuldungsgrenze*.

▶ **Bruttolohn/ Bruttogehalt**

Arbeitsentgelt vor Abzug von → *Steuern* und Beiträgen zur → *Sozialversicherung*. → *Arbeitnehmerentgelt*, → *Bruttolohn- und -gehaltssumme (Bruttoeinkommen)*.

▶ **Bruttolohn- und -gehaltssumme (Bruttoeinkommen)**

Summe von Löhnen und Gehältern für Arbeiter, Angestellte und → *Beamte* einschließlich aller Zuschläge und Zulagen, die mit der Arbeitsleistung in unmittelbarem Zusammenhang stehen, z. B. → *Gratifikationen*, → *Urlaubsgeld*, → *Gewinnbeteiligungen*, Werkswohnungen, → *Deputate* usw. Die → *Arbeitgeberbeiträge* zur → *Sozialversicherung* sowie zusätzliche Sozialaufwendungen der → *Arbeitgeber* sind nicht in der Bruttolohn- und -gehaltssumme enthalten. → *Arbeitnehmerentgelt*, → *Nettolohn- und -gehaltssumme (Nettoeinkommen)*.

▶ **Bruttonationaleinkommen (BNE)** → *Sozialprodukt (Nationaleinkommen)*

▶ **Bruttoproduktionswert**

Umfasst in der Industriestatistik den Gesamtumsatz (ohne → *Umsatzsteuer*) eines Unternehmens oder eines Wirtschaftszweiges plus/minus der Bestandsveränderung an unfertigen und fertigen Erzeugnissen aus eigener Produktion plus der selbsterstellten Anlagen.

Der Produktionswert kann auch mit Hilfe der Kostenfaktoren (→ *Kosten*) ermittelt werden. → *Nettoproduktionswert*. Siehe **Abb. 8**.

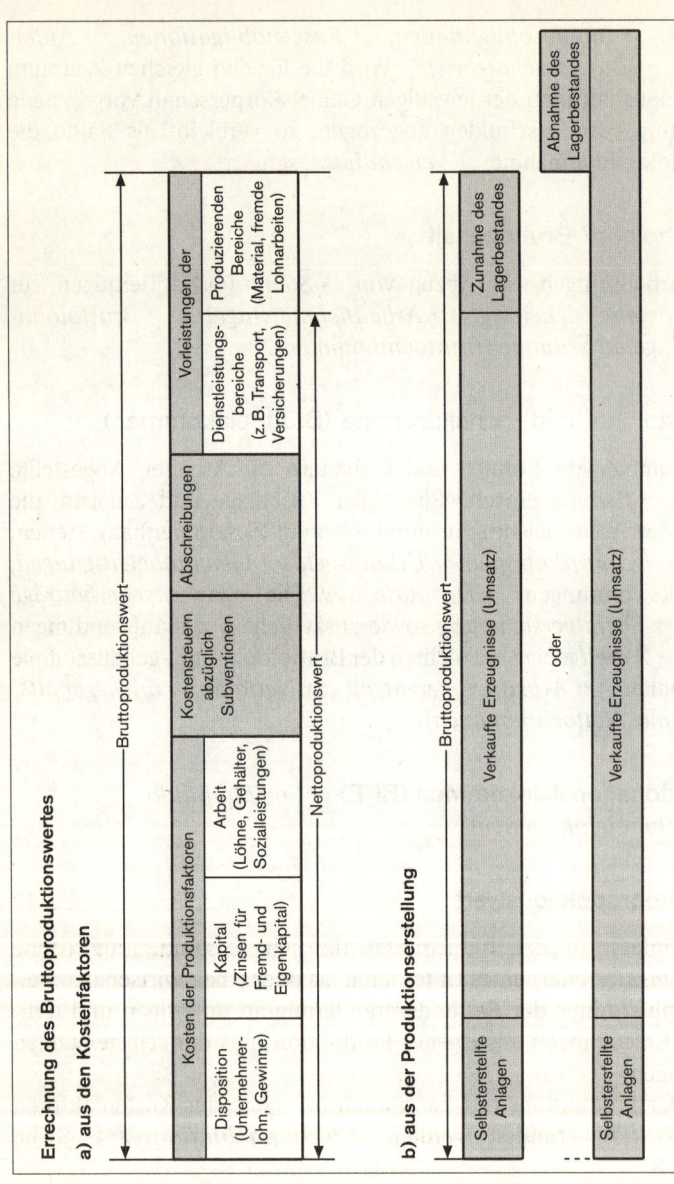

Abb. 8: Errechnung des Bruttoproduktionswertes

▶ **Bruttosozialprodukt (BSP)**

1999 durch den neuen Begriff → *Bruttonationaleinkommen (BNE)* ersetzte Rechengröße der VGR (→ *Volkswirtschaftliche Gesamtrechnung (VGR)*).

▶ **Bruttowertschöpfung** → *Sozialprodukt (Nationaleinkommen)*

▶ **BSC** → *Balanced Scorecard*

▶ **B2B, B2C, B2E** → *E-Business*

▶ **Bubble**

(Blase) Bezeichnung für eine Aufblähung im → *Börsenkurs* aufgrund übersteigerter Erwartungen, die irgendwann auf realitätsnähere Bewertungen zurückfallen (die Blase platzt).

▶ **Buchführung**

Zeitlich geordnete, inhaltlich beschriebene und zahlenmäßig erfasste Aufzeichnung aller betrieblichen und geschäftlichen Vorgänge eines Unternehmens. Sie bildet die Basis für das betriebliche → *Rechnungswesen* und die Ermittlung der Vermögens-, Finanz- und Ertragslage.

In der **Geschäfts- oder Finanzbuchführung** werden alle geschäftlichen Vorgänge erfasst. Sie liefert die Grundlage für die → *Bilanz* und die → *Gewinn- und Verlustrechnung (GuV)*.

Dagegen ist die **Betriebsbuchführung** (kalkulatorische Buchführung) auf die betrieblichen Belange abgestellt und ist Grundlage der betrieblichen → *Kostenrechnung*. → *Zweikreissystem*.

Alle → *Kaufleute* unterliegen nach den Bestimmungen im → *Handelsgesetzbuch (HGB)* und der → *Abgabenordnung (AO)* einer → *Buchführungspflicht* nach § 238 HGB und § 140 AO.

Dabei ist die Einhaltung der aus dem → *Handelsrecht* abgeleiteten → *Grundsätze ordnungsmäßiger Buchführung (GoB)* eine wesentliche Voraussetzung für die Besteuerung. Das → *Finanzamt* hat das Recht zur Schätzung des betrieblichen Ergebnisses, sofern keine lückenlose Buchführung vorhanden ist.

Bei der **doppelten Buchführung** löst jede Buchung auf einem bestimmten Konto (im Soll bzw. im Haben) eine wertgleiche Gegenbuchung auf einem anderen Konto (im Haben bzw. im Soll) aus. Sie bildet die notwendige Voraussetzung zur Erfüllung des Bilanzgleichgewichtes, d. h. die Summe der Konten auf der Aktivseite muss mit der Summe der Konten der Passivseite übereinstimmen. Der jährlich aufzustellende Vermögensbestand und die Bilanz werden im **Inventar- und Bilanzbuch** (→ *Inventar*) geführt. Im **Grundbuch (Journal)** werden alle Geschäftsvorfälle chronologisch verzeichnet und im **Hauptbuch** werden alle Buchungen geordnet und in den einzelnen Konten zusammengefasst. Daneben gibt es noch weitere Hilfsbücher zur systematischen Erfassung bestimmter Geschäftsfälle.

Bei der **einfachen Buchführung** werden dagegen lediglich Zu- und Abgänge in chronologischer Reihenfolge erfasst. Dabei werden für Bargeschäfte das **Kassenbuch**, für unbare Geschäfte das **Tagebuch**, für Lieferantenrechnungen das **Wareneingangsbuch**, für Veränderungen der Forderungen und → *Verbindlichkeiten* das **Kontokorrentbuch** und für die jährliche Bestandsaufnahme das **Inventar- und Bilanzbuch** geführt. Alle Bücher zusammen nennt man hier **Journal**. Die einfache Buchführung ermittelt den Erfolg durch Gegenüberstellung des Vermögens am Anfang und Schluss einer Rechnungsperiode. Dagegen lässt sie keine Schlussfolgerungen über die Zusammensetzung des Geschäftserfolges zu, wie dies in der Gewinn- und Verlustrechnung der Fall ist.

Das älteste System der Buchführung ist die **kameralistische Buchführung**, die in der staatlichen Verwaltung üblich ist. → *Kameralistik*.

▶ **Buchführungspflicht**

Nach den Vorschriften im → *Handelsgesetzbuch (HGB)* (§ 238 HGB) sind → *Kaufleute* zur → *Buchführung* verpflichtet. Dabei hat er die → *Grundsätze ordnungsmäßiger Buchführung (GoB)* zu beachten.

Für die Besteuerung gilt für die Betreiber eines Gewerbes (→ *Gewerbe/Gewerbebetrieb*) bzw. für Land- und Forstwirte nach der → *Abgabenordnung (AO)* (§ 140 AO) eine „**Besondere Buchführungspflicht**", sofern bestimmte Mindestgrenzen beim → *Gewinn,* → *Umsatz* oder → *Einheitswert* überschritten werden. → *Einnahmen-Ausgabenrechnung.*

▶ **Buchgeld** → *Giralgeld*

▶ **Buchgewinn, Buchverlust**

In der Börsensprache (→ *Börse*) Bezeichnung für noch nicht durch Verkauf realisierte Kursgewinne bzw. -verluste. → *Buchwert.*

▶ **Buchhaltung**

Der für die → *Buchführung* zuständige organisatorische Bereich (Abteilung) eines Unternehmens.

▶ **Buchhypothek** → *Hypothek*

▶ **Buchwert**

In der → *Bilanz* ausgewiesene restliche Vermögens- und Schuldteile (→ *Restwert*), nachdem → *Abschreibungen* bzw. → *Zuschreibungen* entsprechend den Bewertungsvorschriften im → *Handelsrecht* und → *Steuerrecht* erfolgt sind. Der Buchwert stimmt mit den tatsächlichen Werten an Vermögen und Schulden überein, wenn Abschreibungen bzw. Zuschreibungen entsprechend den tatsächlichen Wertveränderungen erfolgt sind (→ *Wertberichtigungen*). Werden Vermögensteile (→ *Vermögen*) zu einem vom Buchwert abweichenden Preis veräußert, so entsteht ein **Buchgewinn** bzw. ein **Buchverlust**, der über das Konto außerordentliche Erträge (→ *Ertrag*) bzw. außerordentliche Aufwendungen (→ *Aufwand*) verbucht wird.

▶ **Budget**

Andere Bezeichnung für → *Haushaltsplan.*

In der **betrieblichen Planungsrechnung** stellt das Budget eine Vorausrechnung der zu erwartenden Einnahmen und Ausgaben dar. Es wird unterteilt in den **Absatzplan**, den **Produktionsplan** und den **Investitionsplan** (→ *Investitionen*). Hierbei müssen die Sollzahlen des Budgets laufend mit den Istzahlen (→ *Sollkosten*, → *Istkosten*) verglichen und gegebenenfalls korrigiert werden mit dem Ziel, den Kapital- und Geldbedarf des Unternehmens planmäßig sicherzustellen. → *Finanzierung*.

▶ **Bulle und Bär**

(bull and bear) Andere Bezeichnung für → *Hausse* und → *Baisse* an der → *Börse*.

▶ **Bundesagentur für Arbeit (BA)**

(bis 31. 12. 2003 **Bundesanstalt für Arbeit**). Unter der Aufsicht des Bundesministers für Wirtschaft und Arbeit (BMWA) stehendes Dienstleistungsunternehmen der → *Arbeitsverwaltung* in der Rechtsform einer → *Körperschaft des öffentlichen Rechts*. Sitz ist Nürnberg. Rechtsgrundlagen sind die Regelungen im → *Sozialgesetzbuch (SGB)*, Teil III, zur Arbeitsförderung (→ *Arbeitsförderungsgesetz/Arbeitsförderung*).

Die BA wird seit dem 1. 4. 2002 von einem dreiköpfigen **Vorstand** nach privatrechtlichem Vorbild geleitet. Als Kontrollorgan fungiert ein → *Verwaltungsrat*, dem Vertreter der → *Arbeitgeber*, → *Gewerkschaften* und der → *Gebietskörperschaften* angehören. Er erlässt u. a. die → *Satzung* und stellt den → *Haushaltsplan* der BA fest.

Zu den **Aufgaben** der BA zählen u. a. die → *Arbeitslosenversicherung*, → *Arbeitsvermittlung*, → *Berufsberatung*, Beratung der Arbeitgeber, Förderung der beruflichen Bildung (→ *Berufsbildungsgesetz (BBiG)*), → *Umschulung*, → *Rehabilitation*, → *Kurzarbeitergeld* und → *Kindergeld*.

Die der BA nachgeordneten 10 **Regionaldirektionen** (früher Landesarbeitsämter) haben vor allem Service- und Verwaltungsfunktionen für die 180 **Agenturen für Arbeit** (früher Arbeitsämter), denen jeweils auf jeder Ebene drittelparitätisch besetzte **Verwaltungsausschüsse** als Beratungs- und Entscheidungsorgane zur Seite stehen.

Den Agenturen für Arbeit obliegt auch die Förderung von Eingliederungsmaßnahmen für → *Schwerbehinderte* und die Erteilung von Genehmigungen für ausländische → *Arbeitnehmer*.

Durch die → *Hartz-Gesetze* (**Hartz III**) wurde die **Dienstleistungsfunktion** der BA verstärkt auf die Arbeitnehmer und Arbeitgeber als „Kunden" ausgerichtet, u. a. seit Dezember 2003 mit einem „**Virtuellen Arbeitsmarkt (VAM)**" im → *Internet*, als → *Online*-Vermittlungsdatenbank unter Einbeziehung aller Beteiligten am Arbeitsmarkt.

http://www.arbeitsagentur.de/

▶ **Bundes-Angestellten-Tarifvertrag (BAT)** → *Öffentlicher Dienst*

▶ **Bundesanleihen**

Bezeichnung für festverzinsliche → *Wertpapiere* mit festgesetzten langfristigen Laufzeiten, die von der Bundesrepublik Deutschland durch Gesetz ausgegeben und an der → *Börse* gehandelt werden. → *Bundesobligationen*, → *Anleihen*.

▶ **Bundesanstalt für Arbeit (BA)** → *Bundesagentur für Arbeit (BA)*

▶ **Bundesanstalt für Arbeitsschutz und Arbeitsmedizin**

B. ist eine Bundesbehörde im Zuständigkeitsbereich des Bundesministeriums für Wirtschaft und Arbeit (BMWA). Eine ihrer wichtigsten Aufgaben ist das Beobachten und Bewerten der Arbeitssicherheit (→ *Unfallschutz*), Gesundheitssituation und Arbeitsbedingungen in Betrieben und Verwaltungen. Sie arbeitet eng mit der gesetzlichen → *Unfallversicherung* zusammen. Außerdem ist sie die zuständige Anmeldestelle nach dem → *Chemikaliengesetz*.

http://www.baua.de/

▶ **Bundesanstalt für Finanzdienstleistungsaufsicht (BaFin)**

Mit dem **Gesetz über die Bundesanstalt für Finanzdienstleistungsaufsicht** vom 22. 4. 2002 erfolgte zum 1. 5. 2002 eine Zusammenführung der Banken-, Versicherungs- und Wertpapieraufsicht zu einer **Allfinanzaufsicht** in einer Behörde im Zuständigkeitsbereich des Bundesministeriums der Finanzen (BMF). Sitz ist Frankfurt und Berlin.

Die Zusammenführung erfolgte mit dem Ziel, die Funktionsfähigkeit, Stabilität und Integrität des gesamten deutschen Finanzsystems zu sichern. Die Bundesaufsichtsämter für das Kreditwesen, für das Versicherungswesen und für den Wertpapierhandel wurden mit den bestehenden Aufgaben in die neue Bundesanstalt überführt. Außerdem wurde die enge Zusammenarbeit mit der → *Bundesbank* bei der Bankenaufsicht konkretisiert.

Die Bankenaufsicht (BA), die Versicherungsaufsicht (VA) und der Bereich Wertpapieraufsicht/Asset-Management (WA) sind in der BaFin drei voneinander getrennte Organisationseinheiten, die Solvenzaufsichts- und Marktaufsichtsfunktionen erfüllen.

Mit der **Solvenzaufsicht** – die früher zu den Aufgaben der Bundesaufsichtsämter für das Kreditwesen und für das Versicherungswesen zählte, sollen die Zahlungsfähigkeit der → *Kreditinstitute*, → *Finanzdienstleistungsinstitute* und Versicherungsunternehmen (→ *Versicherungen*) durch einheitliche Regeln für gleiche Risiken gesichert werden.

Mit der **Marktaufsicht** sollen Kunden und Anleger in ihrer Gesamtheit geschützt und Verhaltensstandards durchgesetzt werden mit dem Ziel, das Vertrauen der Anleger in den → *Finanzmarkt* zu wahren.

http://www.bafin.de

▶ **Bundesanstalt für Post und Telekommunikation**
  → *Bundespost*

▶ **Bundesanzeiger**

Amtliches Publikationsorgan für Bekanntmachungen von Behörden, z. B. einer → *Ausschreibung*. Der **nichtamtliche** Teil enthält neben Berichterstattungen über Bundestag und Bundesrat den Teil „Gerichtliche und sonstige Bekanntmachungen", in dem u. a. berichtet wird über Neueintragungen im → *Handelsregister*,

Eröffnungen von → *Insolvenzverfahren* sowie Bekanntmachungen einer → *Handelsgesellschaft* (z. B. Veröffentlichung der → *Bilanz*, Einladungen zur → *Hauptversammlung*).

http://www.bundesanzeiger.de

▶ **Bundesausbildungsförderungsgesetz (BAföG)**

Mit dem **Bundesausbildungsförderungsgesetz (BAföG)** vom 6. 6. 1983 mit späteren Änderungen wird Jugendlichen, die weiterführende allgemein- und berufsbildende Vollzeitschulen, einschließlich Abendschulen und Kollegs sowie höhere Fachschulen, Akademien oder Hochschulen besuchen, finanzielle Hilfe gewährt. Sie erfolgt als Zuschuss oder Darlehen in Abhängigkeit vom Einkommen und Vermögen des Auszubildenden (→ *Auszubildende (Azubi)*), der Eltern und ggf. des Ehepartners. Zuständige Antragstelle ist das **Amt für Ausbildungsförderung**. Gefördert werden nur Schüler (ab Klasse 10), die nicht bei ihren Eltern wohnen können, weil von dort aus keine entsprechende Ausbildungsstätte unter zumutbaren Bedingungen erreichbar ist, außerdem – seit 1990 – Schüler an Abendschulen, Kollegs und in Fachschulklassen, deren Besuch eine abgeschlossene Berufsausbildung voraussetzt (ab Klasse 11). Für Schüler, die zu Hause wohnen, gelten Länderregelungen.

Seit dem 1. 4. 2001 gilt nach In-Kraft-Treten des **Ausbildungsförderungsreformgesetzes** ein neuer Höchstsatz für die Ausbildungsförderung von 583 Euro monatlich. Das Kindergeld wird nicht mehr auf die BAföG-Leistungen angerechnet und die Förderung in den alten und neuen Bundesländern vereinheitlicht. Außerdem wurden die Freibeträge angehoben.

Mit dem **„Gesetz zur Förderung der beruflichen Aufstiegsfortbildung (Aufstiegsfortbildungsförderungsgesetz)"** vom 23. 4. 1996 wurde rückwirkend zum 1. 1. 1996 das so genannte **„Meister-BAföG"** eingeführt. Danach können u. a. Facharbeiter Zuschüsse und zinsgünstige Darlehen erhalten, wenn sie sich weiterqualifizieren wollen. Dies soll zu mehr Gleichbehandlung zwischen akademischer und beruflicher Ausbildung führen. Zum 1. 1. 2002 erfolgte eine Novellierung des Gesetzes mit dem Ziel, den Berechtigtenkreis (im Jahr 2000 waren es 52 000 Personen) erheblich zu erweitern.

Die Finanzierung der Ausbildungsförderung teilen sich Bund (65 %) und Länder (35 %). Die Ausführung der gesetzlichen Bestimmungen obliegt den Ländern. Daneben gibt es darüber hinaus in einigen Bundesländern noch eigene landesgesetzliche Regelungen zur Begabtenförderung (Bayern, Baden-Württemberg) sowie für eine Förderung von Schülern (Berlin, Bremen, Hamburg, Rheinland-Pfalz, Saarland und Nordrhein-Westfalen).
http://www.rechtliches.de

▶ Bundesbahn/Deutsche Bahn AG

Sie war bis zur Gründung der **Deutschen Bahn AG** ein → *Sondervermögen* des Bundes mit eigener Wirtschafts- und Rechnungsführung und öffentliches Infrastrukturunternehmen (→ *Infrastruktur*). Sie arbeitete sowohl im Personen- als auch im Güterverkehr im Wettbewerb unter ungleichen Bedingungen gegenüber den konkurrierenden privaten Unternehmen. Diese müssen z. B. Bundesstraßen oder Bundeswasserstraßen nicht selbst aufbauen und unterhalten, um ihre Transportleistungen abzuwickeln.

Die Bundesbahn wurde bis Ende 1993 von einem Vorstand und einem → *Verwaltungsrat* unter der Rechtsaufsicht des Bundesverkehrsministers geleitet (Bundesbahngesetz vom 13. 12. 1951).

Zum 1. 1. 1994 wurde die „**Bahnreform**" durchgeführt, wie sie 1991 eine Regierungskommission im Grundsatz konzipierte. Das am 16. 12. 1993 verabschiedete → *Artikelgesetz* „**Gesetz zur Neuordnung des Eisenbahnwesens**" beinhaltet 5 neue Gesetze, 130 Gesetzes- und Verordnungsänderungen sowie eine Änderung des Grundgesetzes (Art. 87). Das **Allgemeine Eisenbahngesetz** mit seinen Vorschriften über die Sicherheitspflichten, Eisenbahnaufsicht, Rechnungsführung, Beförderungspflicht, Tarifen sowie zur → *Planfeststellung* bei Schienenneubaustrecken wurde hierbei zum 1. 1. 1994 novelliert.

Die Bahnreform erfolgte in mehreren Schritten:
(1) Zusammenführung der Bundesbahn und → *Deutsche Reichsbahn* zu einem Sondervermögven des Bundes mit der Bezeichnung „**Bundeseisenbahnvermögen (BEV)**.

(2) Übertragung der hoheitlichen Aufgaben auf ein neu errichtetes **Eisenbahn-Bundesamt (EBA)**. Es ist Aufsichts- und Genehmigungsbehörde für die Eisenbahnen des Bundes und Eisenbahnunternehmen mit Sitz im Ausland für das Gebiet der Bundesrepublik Deutschland sowie für die Magnetschwebebahnen. Ihm obliegt auch die Landeseisenbahnaufsicht über die nichtbundeseigenen Eisenbahnen auf Weisung und Rechnung von 13 Bundesländern. Geplant ist die Übertragung von Aufgaben einer Regulierungsbehörde (→ *Regulierung*) im Schienenverkehr im Rahmen der → *Liberalisierung* des Schienennetzes in der EU (→ *Europäische Union (EU)*).

(3) Ausgliederung des unternehmerischen Bereichs und Umwandlung in eine → *Aktiengesellschaft (AG)*, die **Deutsche Bahn AG (DBAG)**, Berlin. Hierzu wurde das Grundgesetz (Art. 87) geändert. Das Rest-BEV wurde zum Dienstherr für verbliebene → *Beamte* der Bahn.

(4) Frühestens nach drei Jahren, spätestens nach fünf Jahren, sollte die DBAG in drei rechtlich selbständige AGs „Personenverkehr", „Güterverkehr" und „Fahrweg" unter Führung einer → *Holdinggesellschaft* aufgeteilt werden. Tatsächlich wurden jedoch mit wirtschaftlicher Wirkung zum 1. 1. 1999 fünf selbständige Unternehmensbereiche als → *Konzernunternehmen* unter Führung der Deutschen Bahn AG gegründet:

Die **DB Reise & Touristik AG** einschl. der **Regio AG** für den Bereich Regional- und Nahverkehr, die **DB Transport und Logistik AG** als Dachgesellschaft für den Bereich Straßen- und Güterverkehr und Logistik, die **Station & Service AG** für den Bereich Bahnhöfe und Service, die **DB Netze AG** für den Bereich Fahrwege sowie die **DB Services GmbH** für den Bereich Dienstleistungen (→ *Telematik*, Energie, Fuhrpark).

(5) Nach weiteren fünf Jahren sollte die Holding aufgelöst werden, wenn neben Vorstand und Aufsichtsrat auch der Bundesrat zugestimmt hat.

Die DBAG trat nach ihrer Gründung am 1. 1. 1994 als neuer → *Arbeitgeber* in die bestehenden Ausbildungs- und Arbeitsverhältnisse ein. Hierzu wurden Besitzstandsregelungen durch einen gesonderten → *Tarifvertrag* vereinbart. Für Neueinstellungen gelten z. T. geänderte Bezahlungsstrukturen.

Die Bundesbahn hat ihr Personal drastisch abgebaut von 330 000 (1970) auf 214 000 (Ende 1993). Die Deutsche Reichsbahn beschäftigte Ende 1993 noch rd. 138 000 Personen, d. h. insgesamt 352 000 Beschäftigte. 2003 hatten die zum 1. 1. 1994 zusammengeführten beiden Bahngesellschaften noch rd. 214 000 Beschäftigte. Bis zum Jahr 2005 will die Bahn bis auf 179 000 Arbeitsplätze schrumpfen.

Wegen der Übernahme der Altschulden von rd. 70 Mrd. DM sowie der vorgesehenen Verpflichtung der Länder und Kommunen zur Finanzierung des öffentlichen Personennahverkehrs war das In-Kraft-Treten der Reform zum 1. 1. 1994 lange Zeit fraglich. Erst nach Zusagen des Bundes u. a. für eine dauerhafte Beteiligung der Länder am Aufkommen an → *Mineralölsteuer* waren diese bereit, ab 1. 1. 1996 die betriebswirtschaftliche Verantwortung für den Schienennahverkehr zu übernehmen und dem Gesetzeswerk im Bundesrat zuzustimmen. → *Solidarpakt,* → *Transeuropäische Netze.*

http://www.bahn.de
http://www.eisenbahn-bundesamt.de
http://bundesrecht.juris.de

▶ Bundesbank

Durch das **Gesetz über die Deutsche Bundesbank** vom 26. 7. 1957 errichtete deutsche → *Zentralbank.* Sie ist Nachfolgeinstitut der früheren Bank deutscher Länder. Mit dem **Gesetz zur Neuordnung der Bundesbank** wurde die Zahl der Landeszentralbanken zum 1. 1. 1992 von 11 auf 9 verringert und eine regionale Neuaufteilung einschl. der neuen Bundesländer vorgenommen.

Mit dem In-Kraft-Treten der Regelungen für das ESZB (→ *Europäisches System der Zentralbanken (ESZB)*) und der dritten Stufe für die → *Europäische Wirtschafts- und Währungsunion (EWWU)* ist die Bundesbank als nationale Zentralbank in der Geldpolitik seit dem 1.1. 1999 nur noch ausführendes Organ: Entscheidungen trifft die → *Europäische Zentralbank (EZB).* Verblieben ist ihr die Verantwortung für die Bargeldversorgung und die → *Refinanzierung* der → *Kreditinstitute*, für die Abwicklung des Zahlungsverkehrs und die Verwaltung der → *Währungsreserven*.

Die Bundesbank wird nach dem **Gesetz zur Bundesbankstrukturreform** seit dem 30. 4. 2002 von einem achtköpfigen Vorstand geleitet. Er nimmt die Aufgaben der früheren drei Organe – **Zentralbankrat**, das **Bundesbankdirektorium** und die **Vorstände** der 9 → *Landeszentralbanken* – wahr, d. h. er bestimmt die Politik der Bundesbank – soweit sie nicht durch Entscheidungen der EZB bereits vorgegeben sind.

Der Bundesbankvorstand setzt sich aus Präsident, Vizepräsident und 6 weiteren Mitgliedern zusammen. Vier Mitglieder bestimmt die Bundesregierung – darunter Präsident und Vizepräsident – und vier die Bundesländer.

http://www.bundesbank.de/

▶ **Bundesbaugesetz** → *Bodenrechtsreform*

▶ **Bundesbeauftragter für Datenschutz** → *Bundesdatenschutzgesetz (BDSG)*

▶ **Bundesdatenschutzgesetz (BDSG)**

Vom 20. 12. 1990 i. d. F. vom 14. 1. 2003. Es regelt den → *Datenschutz* für den Bereich der öffentlichen Verwaltung des Bundes sowie für den gesamten privaten Bereich. Für die öffentlichen Verwaltungen der Länder und Kommunen gibt es gesonderte **Landesdatenschutzgesetze**. Das Bundesland Hessen hatte mit seinem Datenschutzgesetz vom 7. 10. 1970 die erste gesetzliche Regelung der Welt.

Das Bundesdatenschutzgesetz umfasst – ebenso wie alle Ländergesetze – den Schutz **personenbezogener** Daten vor Missbrauch bei ihrer Speicherung, Übermittlung, Veränderung und Verarbeitung. Geschützt werden nicht nur Daten für die → *Elektronische Datenverarbeitung (EDV)*, sondern auch alle Daten in manuellen Dateien wie z. B. Karteien, Register und Formularsammlungen.

Unsortierbare Datenträger wie Akten, Bücher, Listen usw. sind dagegen nicht geschützt. Die Verarbeitung von personenbezogenen Daten durch Behörden, Unternehmen oder Privatpersonen ist nur erlaubt, wenn dies gesetzlich ausdrücklich vorgesehen ist oder wenn der Betroffene schriftlich einwilligt.

Mit dem zum 1. 6. 1991 in Kraft getretenen novellierten BDSG wurde der Informationsaustausch zwischen Polizei und Nachrichtendiensten gesetzlich geregelt. Neu festgeschrieben wurde die **Gefährdungshaftung** beim Datenschutz. Danach haftet ein staatlicher Betreiber einer Datenverarbeitungsanlage für eingetretene Schäden, auch wenn sie nicht von ihm verschuldet sind.

Für die Überwachung der Einhaltung des BDSG ist der vom Parlament gewählte **Bundesdatenschutzbeauftragte** zuständig. Auf Länderebene sind es die jeweiligen **Landesdatenschutzbeauftragten**. Die Kontrollbefugnisse beziehen sich auf Akten der Bundes- bzw. jeweiligen Landesverwaltung.

Für den **Arbeitnehmerdatenschutz** auf betrieblicher Ebene müssen ab einer bestimmten Unternehmensgröße **betriebliche Datenschutzbeauftragte** bestellt werden.

1997 wurden mit dem „**Gesetz zur Regelung der Rahmenbedingungen für Informations und Kommunikationsdienste (IuKDG)**" die Vorschriften des Bundesdatenschutzgesetzes weiter konkretisiert. Das **Signaturgesetz (SigG)** i. d. F. vom 16. 5. 2001 und die **Verordnung zur digitalen Signatur (SigV)** setzen die Rahmenbedingungen der Fälschungssicherheit und sicheren Übertragung für die → *Digitale Signatur.* Das **Teledienstgesetz** (→ *Teledienste*) schafft einheitliche Vorschriften der wirtschaftlichen Rahmenbedingungen für die Nutzungsmöglichkeiten der → *Informations- und Kommunikationstechnologien*, deren datenschutzrechtlichen Probleme mit dem **Teledienstdatenschutzgesetz (TDDSG)** geregelt werden. Dies enthält u. a. die Grundsätze für die Verarbeitung und den Schutz personenbezogener Daten, die datenschutzrechtlichen Pflichten der Diensteanbieter sowie die Auskunftsrechte der Nutzer.

Eine Richtlinie der EU „**zum Schutz natürlicher Personen bei der Verarbeitung personenbezogener Daten und zum freien Datenverkehr**" *(→ Europäische Gesetzgebung)* vom Oktober 1995 wurde mit dem neuen Bundesdatenschutzgesetz vom 22.5.2001 in nationales Recht umgesetzt. Neu sind u. a.

- die Verankerung des Grundsatzes von **Datenvermeidung und Datensparsamkeit** (§ 3 a BDSG),
- einheitliche Regelungen für den **Datenschutzbeauftragten** im privaten und im öffentlichen Bereich (§ 4 f und § 4 g BDSG),
- gesetzliche Vorgaben für **Videobeobachtungen** in öffentlich zugänglichen Räumen (§ 6 b BDSG)
- gesetzliche Vorgaben für die Ausgabe von **Chipkarten** (§ 6 c BDSG) sowie
- Änderungen bei der **Datenverarbeitung nicht-öffentlicher Stellen**, die den Schutz der betroffenen Bürger deutlich stärken (z. B. strikte Geltung des Zweckbindungsgrundsatzes bei der Erhebung personenbezogener Daten und bei der Datenverarbeitung für eigene Zwecke sowie bei der geschäftsmäßigen Datenverarbeitung, Unterrichtspflicht gegenüber Betroffenen über ihr Widerspruchsrecht sowie erweiterte Rechte der Betroffenen bei der Aufnahme in Adress-, Telefon-, Branchen- oder anderen Verzeichnissen),
- Unternehmen müssen genau über den **Zweck informieren**, zu dem sie personenbezogene Daten verarbeiten, u. a. auch, ob sie für Werbezwecke verwendet werden sollen.
- Informationen über **Religionszugehörigkeit** oder den **Gesundheitsschutz** von Personen unterliegen einem besonderen Schutz,
- die **Kontroll- und Sanktionsmöglichkeiten** der staatlichen Aufsichtsbehörden wurden erweitert. → *Volkszählung*.

Das **Gesetz zur Regelung des Zugangs zu Informationen des Bundes (Informationsfreiheitsgesetz)** vom Juli 2005 brachte das Zugangsrecht für jeden Bürger zu amtlichen Informationen – allerdings unter Beachtung des Daten- und Geheimnisschutzes. Ein berechtigtes Interesse muss nicht nachgewiesen werden.

http://bundesrecht.juris.de; http://www.bfd.bund.de

▶ **Bundeseisenbahnvermögen** → *Bundesbahn/Deutsche Bahn AG*

▶ **Bundesergänzungszuweisungen**

Zusätzliche Ausgleichszahlungen des Bundes beim → *Finanzausgleich* an finanzschwache Länder „zur ergänzenden Deckung ihres allgemeinen Finanzbedarfs" (Art. 107 II GG) sowie zum Ausgleich von Sonderlasten (→ *Solidarpakt*).

▶ **Bundesfinanzhof** → *Finanzgerichtsbarkeit*

▶ **Bundesgesetzblatt**

Das nach dem Grundgesetz (Art. 82 GG) vorgesehene ausschließliche Organ zur Verkündung von Bundesgesetzen. Die erste Ausgabe vom 23. 5. 1949 enthielt das Grundgesetz der Bundesrepublik Deutschland.

▶ **Bundeshaushalt**

Der B. ist die planmäßige Veranschlagung von Einnahmen und Ausgaben der Bundesrepublik Deutschland für ein → *Rechnungsjahr*. Aufgrund der Art. 109 bis 115 Grundgesetz und der hieraus abgeleiteten Bestimmungen müssen Bund und Länder in ihrem → *Haushaltsplan* den Erfordernissen für ein → *Gesamtwirtschaftliches Gleichgewicht* Rechnung tragen. Dabei können gemeinsam geltende Grundsätze für eine konjunkturgerechte Haushaltswirtschaft aufgestellt werden.

Die Haushalte von Bund und Ländern müssen wechselseitig unabhängig sein (Art. 109). Nach Art. 110 ist der Haushaltsplan vor Beginn des Rechnungsjahres durch Gesetz festzustellen. Einnahmen und Ausgaben müssen ausgeglichen sein. Bei Bundesbetrieben und bei den → *Sondervermögen* des Bundes brauchen allerdings nur die Zuführungen oder die Ablieferungen in den Haushaltsplan eingestellt zu werden.

Nach Art. 111 GG werden die Bedingungen über das Ausmaß der Ermächtigungen zur Ausgabenleistung festgelegt, wenn der Bundeshaushalt nicht rechtzeitig verabschiedet wurde. Art. 112 bestimmt, dass überplanmäßige und außerplanmäßige Ausgaben der Zustimmung des Bundesministers der Finanzen bedürfen. Art. 113

Gegenstand der Nachweisung	Einheit	1969	1980	1990	1996	2000	2003	2004 Soll[1]	2005 Soll[1]
				— Ist-Ergebnisse —					
I. Gesamtübersicht									
Ausgaben	Mrd. €	42,1	110,3	194,4	232,9	244,4	256,7	255,6	254,3
Einnahmen	Mrd. €	42,6	96,2	169,8	192,8	220,5	217,5	211,8	232,0
Finanzierungssaldo	Mrd. €	0,6	– 14,1	– 24,6	– 40,1	– 23,9	– 39,2	– 43,8	– 22,3
II. Finanzwirtschaftliche Vergleichsdaten									
• Personalausgaben	**Mrd. €**	**6,6**	**16,4**	**22,1**	**27,0**	**26,5**	**27,2**	**27,3**	**26,9**
Anteil an den Bundesausgaben	v.H.	15,6	14,9	11,4	11,6	10,8	10,6	10,7	10,6
• Zinsausgaben	**Mrd. €**	**1,1**	**7,1**	**17,5**	**26,0**	**39,1**	**36,9**	**36,8**	**38,9**
Anteil an den Bundesausgaben	v.H.	2,7	6,5	9,0	11,2	16,0	14,4	14,4	15,3
• Investive Ausgaben	**Mrd. €**	**7,2**	**16,1**	**20,1**	**31,2**	**28,1**	**25,7**	**24,6**	**22,7**
Anteil an den Bundesausgaben	v.H.	17,0	14,6	10,3	13,4	11,5	10,0	9,6	8,9
• Steuereinnahmen[2]	**Mrd. €**	**40,2**	**90,1**	**132,3**	**173,1**	**198,8**	**191,9**	**186,6**	**190,8**
Anteil des Bundes am gesamten Steueraufkommen	v.H.	54,0	48,3		42,3	42,5	43,4	42,2	42,3
• Nettokreditaufnahme	**Mrd. €**	**– 0,0**	**– 13,9**	**– 23,9**	**– 40,0**	**– 23,8**	**– 38,6**	**– 43,5**	**– 22,0**
Anteil an den investiven Ausgaben des Bundes	v.H.	0,0	86,2	–	128,3	84,4	150,2	176,5	96,7
nachrichtlich: Schuldenstand[4]									
öffentliche Haushalte[3]	*Mrd. €*	*59,2*	*236,6*	*536,2*	*1070,4*	*1198,2*	*1325,7*	*1394,5*	*1446,0*
darunter: Bund	*Mrd. €*	*23,1*	*153,4*	*277,2*	*426,0*	*715,6*	*760,5*	*801,5*	*823,5*

[1] inkl. Entwurf Nachtragshaushalt 2004; Stand Sitzung Haushaltsausschuss des Deutschen Bundestages vom 10. und 11. November 2004.

[2] Nach Abzug der Ergänzungszuweisungen an Länder.

[3] Ab 1991 einschließlich Beitrittsgebiet.

[4] Stand Finanzplanungsrat November 2004; 2001–2003 vorläufiges Ist, 2004 und 2005 = Schätzung

[5] ab 2003: Nettokreditaufnahme = Finanzierungssaldo.

Abb. 9: Entwicklung und Struktur des Bundeshaushalts (Quelle: Finanzplanungsrat, Nov. 2004)

enthält eine Sperrklausel für Ausgabenbeschlüsse von Bundesrat und Bundestag, die über den Regierungsvorschlag hinausgehen. Der Einspruch der Bundesregierung hat dabei aufschiebende Wirkung. Der Bundestag muss erneut Beschluss fassen. In Art. 114 wird der Bundesminister der Finanzen zur jährlichen Rechnungslegung gegenüber dem Bundestag und Bundesrat verpflichtet. Der → *Bundesrechnungshof* hat dabei die → *Wirtschaftlichkeit* und Ordnungsmäßigkeit der Haushaltswirtschaftsführung zu überprüfen und jährlich dem Bundestag und Bundesrat darüber zu berichten. Nach Art. 115 müssen die Aufnahme von Krediten (→ *Kredite*) und die Übernahme einer → *Bürgschaft* im Rahmen einer durch Bundesgesetz bestimmten Ermächtigung liegen. → *Öffentliche Haushalt*e. Siehe **Abb. 9**.

http://www.bundesfinanzministerium.de/

▶ **Bundeshaushaltsordnung**

Vom 19. 8. 1969 mit späteren Änderungen enthält Vorschriften

(1) allgemeiner Art;

(2) über die Aufstellung und Ausführung für den → *Haushaltsplan*;

(3) über die Zahlungen, → *Buchführung* und → *Rechnungslegung* (→ *Kameralistik*);

(4) über die Rechnungsprüfung (→ *Bundesrechnungshof*);

(5) über bundesunmittelbare → *Juristische Personen* des öffentlichen Rechts und die → *Sondervermögen* des Bundes.

http://www.rechtliches.de/info_BHO.html

▶ **Bundesimmissionsschutzgesetz (BImSchG)**

Aus dem Jahr 1974 i. d. F. vom 26. 2. 2002 mit späteren Änderungen ist die Kurzbezeichnung für das „**Gesetz zum Schutz vor schädlichen Umwelteinwirkungen durch Luftverunreinigungen, Geräusche, Erschütterungen und ähnliche Vorgänge**". Es soll den Menschen und seine Umwelt vor schädlichen Einwirkungen schützen und Vorsorge gegen das Entstehen solcher Einwirkungen treffen. Diese Ziele werden durch anlagen-, gebiets-, verkehrs- und produktbezogene Regelungen verfolgt, die durch eine Vielzahl von Verwaltungsvorschriften und Verordnungen konkretisiert werden.

Das neugefasste Gesetz von 2002 umfasst sieben Teile:

- Die **allgemeinen Vorschriften (Teil 1)** enthalten u. a. die Begriffsbestimmungen. Hiernach sind schädliche Umwelteinwirkungen → *Immissionen*, die nach Art, Ausmaß oder Dauer geeignet sind, Gefahren, erhebliche Nachteile oder Belästigungen für die Allgemeinheit oder die Nachbarschaft herbeizuführen.

  Emissionen sind die von Anlagen (bauliche und technische Anlagen, Grundstücke) ausgehenden Luftverunreinigungen, Geräusche, Erschütterungen, Licht, Wärme, Strahlen u. Ä. Diese Emissionen werden zu Immissionen, wenn man ihre Einwirkung auf Menschen, Tiere, Pflanzen, Gebäude usw. betrachtet.

- Im **Teil 2 Errichtung und Betrieb von Anlagen** ist festgeschrieben, welche Anlagen genehmigungsbedürftig sind und welche Genehmigungsverfahren und welche Pflichten die Betreiber zu beachten haben. Außerdem gibt es Vorschriften über die Messung von Emissionen und Immissionen.

- Weiter enthält das Gesetz für die Bundesregierung in **Teil 3 und 4** die Ermächtigung, → *Rechtsverordnungen* zu erlassen über die **Beschaffenheit von Anlagen, Stoffen, Erzeugnissen, Brenn-, Treib- und Schmierstoffen** (z. B. → *Störfallverordnung*) und über die **Beschaffenheit und Betrieb von Fahrzeugen, Bau und Änderung von Straßen- und Schienenwegen** (z. B. → *Lärmschutz*).

- Im **Teil 5 Überwachung der Luftverunreinigung im Bundesgebiet** werden Kriterien definiert, nach denen die Länder Belastungsgebiete bestimmen müssen, für die so genannte **Emissionskataster, Luftreinhalte- und Lärmminderungspläne** erstellt werden müssen. Emissionskataster sind Verzeichnisse, die Angaben über Art, Menge, räumliche und zeitliche Verteilung und Austrittsbedingungen von luftverunreinigenden Anlagen enthalten.

- Im **Teil 6** ist die Bundesregierung ermächtigt, mit Zustimmung des Bundesrates allgemeine **Verwaltungsvorschriften** zu erlassen, mit denen Messverfahren sowie Grenzwerte über Emissionen und Immissionen festgelegt und Beschlüsse der EU (→ *Europäische Gesetzgebung*) umgesetzt werden. Außerdem ist beim Bundesminister für Umwelt, Naturschutz und Reaktorsicherheit eine **Stör-**

fall-**Kommission** zu bilden, die in regelmäßigen Abständen oder aus besonderem Anlass gutachterlich Möglichkeiten zur Verbesserung der Anlagensicherheit aufzeigt. Die Betreiber genehmigungspflichtiger Anlagen sind verpflichtet, **Immissionsschutzbeauftragte** und **Störfallbeauftragte** zu bestellen, die die Einhaltung des Immissionsschutzgesetzes überwachen, auf die Entwicklung und Einführung umweltfreundlicher Verfahren und Produkte hinwirken, die Betriebsangehörigen über die von der Anlage ausgehenden umweltschädlichen Wirkungen aufklären sowie einen jährlichen Bericht für den Betreiber erstellen. Die Bundesregierung ist verpflichtet, ein Jahr nach dem ersten Zusammentritt des jeweiligen Bundestages einen **Immisionsschutzbericht** vorzulegen. Zuwiderhandlungen gegen die Bestimmungen des Immissionsschutzgesetzes werden als Ordnungswidrigkeiten (verhältnismäßig milde) bestraft.

• Der **Teil 7** enthält die **Schluss- und Übergangsvorschriften** des umfangreichen Gesetzeswerkes. → *Umweltschutz*, → *Emissionsgrenzwerte*.

http://www.rechtliches.de/info_BImSchG.html

▶ **Bundesinstitut für Berufsbildung**

Bundesunmittelbare Institution im Geschäftsbereich des Bundesministers für Bildung und Wissenschaft mit Sitz in Berlin und Bonn. Rechtsgrundlagen sind die Vorschriften im → *Berufsbildungsgesetz (BBiG)* (§ 7 BBiG bis § 18 BBiG).

Zu seinen Aufgaben zählen u. a. die Vorbereitung von → *Ausbildungsordnungen* und die Führung des Verzeichnisses der anerkannten → *Ausbildungsberufe*, die Vorbereitungen für den → *Berufsbildungsbericht* und die Durchführung der Berufsbildungsstatistik und der Berufsbildungsforschung.

http://www.bibb.de/

▶ **Bundeskartellamt**

Selbständige Bundesoberbehörde im Geschäftsbereich des Bundesministers für Wirtschaft und Arbeit mit dem Sitz in Berlin. Sie überwacht die Durchführung der Bestimmungen aus dem → *Kar-*

tellgesetz und veröffentlicht hierzu alle zwei Jahre einen Bericht (**Kartellbericht**).

http://www.bundeskartellamt.de/

▶ **Bundesknappschaft** → *Knappschaftsversicherung*

▶ **Bundesobligationen (BOBL)**

Von der Bundesrepublik Deutschland in Daueremission (→ *Emission*) mit festem Zins und variablen Ausgabekursen in aufeinander folgenden Serien ausgegebene festverzinsliche → *Wertpapiere* mit 5-jähriger Laufzeit. Sie werden an der → *Börse* gehandelt, sobald der Verkauf der laufenden Serie eingestellt ist. → *Kommunalobligationen*, → *Bundesanleihen*, → *BOBL-Futures*.

http://www.bwpv.de/

▶ **Bundespersonalvertretungsgesetz (BPersVG)**

Für Betriebe und Verwaltungen im öffentlichen Dienst (→ *Öffentlicher Dienst)* im Bereich des Bundes geltendes Gesetz vom 15. 3. 1974 (erste Regelung 5. 8. 1955). Die Rechte zur betrieblichen → *Mitbestimmung* und zur → *Mitwirkung* für den → *Personalrat* sind ähnlich geregelt wie im → *Betriebsverfassungsgesetz (BetrVG)*.

Unterschiede bestehen hinsichtlich der Betonung des Gruppenprinzips (es ist im Bundespersonalvertretungsgesetz schärfer formuliert als im Betriebsverfassungsgesetz) sowie hinsichtlich der Möglichkeit, durch tarifvertragliche Vereinbarungen über das Bunderspersonalvertretungsgesetz hinausgehende oder abweichende Regelungen zu treffen, wie dies nach dem Betriebsverfassungsgesetz möglich ist. Außerdem berücksichtigt das BPersVG noch bestimmte besondere Gegebenheiten im öffentlichen Dienst. Für die Beschäftigten des öffentlichen Dienstes im Bereich der Bundesländer gelten eigene **Landespersonalvertretungsgesetze**, die sich jedoch in den zentralen Bestimmungen an den Rahmenvorschriften des BPersVG orientieren müssen. Siehe **Abb. 28** (Seite 783).

http://www.rechtliches.de/

▶ **Bundespost**

Bis zum In-Kraft-Treten des Poststrukturgesetzes am 1. 7. 1989 mit rd. 550 000 Beschäftigten und rd. 20 Mrd. DM Investitionssumme (1989) größter Arbeitgeber und bedeutendster Investor (→ *Investitionen*) in Europa.

Nach Vorarbeiten einer Regierungskommission Fernmeldewesen und unter den ordnungspolitischen Vorgaben der Bundesregierung (→ *Ordnungspolitik*) sowie Empfehlungen in einem → *Grünbuch der Kommission der EU* wurde im Frühjahr 1989 nach dreijährigen heftigen politischen Auseinandersetzungen (→ *Deregulierung*) das **Poststrukturgesetz** als **Postreform I** in einem → *Artikelgesetz* verabschiedet. Es umfasste in sieben Artikeln als wesentliche Teile das **Postverfassungsgesetz** (Art. 1) und das geänderte **Fernmeldeanlagengesetz** (Art. 3).

Das Postverfassungsgesetz trat an die Stelle des seit 1953 geltenden **Postverwaltungsgesetzes** und brachte eine Aufspaltung der bis Ende Juni 1989 von einem Bundesminister geleiteten Deutschen Bundespost in die drei öffentlichen Teilunternehmen **DBP Postdienst, DBP Postbank** und **DBP Telekom** mit jeweils einem eigenen → *Vorstand* und → *Aufsichtsrat*. Außerdem wurde das → *Sondervermögen* DBP in drei Teilsondervermögen gegliedert. Hoheits- und Aufsichtsaufgaben wurden von den Betriebs- und Unternehmensaufgaben getrennt, um so klare ordnungspolitische Kompetenzabgrenzungen zu schaffen.

Die Kompetenzen des **Bundesministers für Post und Telekommunikation (BMPT)** wurden auf politische und hoheitliche Funktionen begrenzt.

Nach langen politischen Diskussionen wurden mit einer Änderung des Grundgesetzes die verfassungsrechtlichen Grundlagen geschaffen zur → *Privatisierung* der drei Unternehmen der DBP durch Umwandlung in die Rechtsform einer → *Aktiengesellschaft (AG)* zum 1. 1. 1995.

Mit dem **Post- und Telekommunikationsneuordnungsgesetz (PTNeuOG)** vom 14. 9. 1994 wurden als weiteres Artikelgesetz die notwendigen Gesetzesvorschriften für eine **Postreform II** geschaffen (13 Artikel mit 7 neuen Gesetzen).

Mit dem **Gesetz zur Errichtung einer Bundesanstalt für Post und Telekommunikation (BAPostG)** (→ *Anstalt des öffentlichen Rechts*) wurde die Wahrung der Eigentümerrechte des Bundes unter den Bestimmungen im → *Aktiengesetz (AktG)* (u. a. bei einer Einführung der Aktiengesellschaften am → *Kapitalmarkt*) gesichert.

Mit dem **Postsozialversicherungsorganisationsgesetz (PostSVOrgG)** wurde eine Unfallkasse Post und Telekom errichtet sowie die gemeinsame Weiterführung der Bundespost-Betriebskrankenkasse (→ *Krankenkassen*) geregelt.

Das **Postumwandlungsgesetz (PostUmwG)** regelte den formalen Errichtungsakt für die drei Aktiengesellschaften (u. a. Rechtsnachfolge und Haftung, → *Eröffnungsbilanz*, Vorstand und Aufsichtsrat, → *Satzung*).

Das **Postpersonalrechtsgesetz (PostPersRG)** regelte die dienstrechtlichen Übergangsvorschriften für → *Beamte* und Versorgungsempfänger (→ *Versorgungsbezüge*) der Unternehmen. Die Aktiengesellschaften wurden nach einer Änderung des Grundgesetzes vom 30. 8. 1994 Dienstherr der bei ihnen beschäftigten Beamten **(Beleihungsmodell)**.

Mit einer Änderung des zum 31. 12. 1997 ausgelaufenen **Fernmeldeanlagengesetzes (FAG)** von 1928 wurden die ausschließlichen Rechte (→ *Fernmeldemonopol*) der früheren Bundespost nunmehr auf die Deutsche Telekom AG übertragen. Das **Postgesetz (PostG)** wurde ebenfalls entsprechend angepasst.

Das **Gesetz über die Regulierung der Telekommunikation und des Postwesens (PTRegG)** brachte über den Regulierungsrat gegenüber dem früheren Infrastrukturrat erweiterte Beteiligungsrechte der Länder, z. B. Mitbestimmung bei der Festsetzung von Tarifen im Brief- und Telefondienst.

Die Regelungen in den drei letztgenannten Gesetzen waren bis zum 31. 12. 1997 befristet, da bis zu diesem Zeitpunkt eine abschließende Richtlinie der EU (→ *Europäische Gesetzgebung*) zur Herstellung von Wettbewerb im Sektor Post- und Telekommunikaton vorliegen und vom deutschen Gesetzgeber umgesetzt sein sollte. → *Telekommunikationsgesetz*.

Von den rd. 630 000 Arbeitsplätzen im Jahr 1993 waren Ende 1996 nach erfolgter Neuorganisation der drei neuen Aktiengesellschaften, **Deutsche Telekom AG, Deutsche Post AG und Deutsche Postbank AG**, nur noch 485 000 vorhanden.

1996 verkaufte die **Deutsche Telekom AG** über eine → *Kapitalerhöhung* zum ersten Mal Aktien an der → *Börse* – einen Teil davon als verlustgesicherte → *Belegschaftsaktien*. 1999 erfolgte eine weitere Kapitalerhöhung auf insgesamt 15 Mrd. DM. Nach den Bestimmungen des Postumwandlungsgesetzes durfte der Bund bis Ende 1999 keine alten Aktien an der Börse verkaufen und musste bis dahin die Kapitalmehrheit behalten. Diese Mehrheit blieb erhalten, auch nach dem Verkauf eines Teils der Aktien an die bundeseigene → *KFW Deutsche Kreditanstalt*. Im Juni 2000 wurden aus dem bei der KfW „geparkten" Bestand Teile als „dritte → *Tranche*" an der Börse verkauft. 2001 erfolgte eine Übernahme des US-Mobilfunkunternehmens Voicestream. Im Zuge des politischen Ziels der Bundesregierung, mit einer Privatisierung von Teilen des Bundesvermögens zur Entlastung im → *Bundeshaushalt* beizutragen, wurden weitere Anteile an die KfW verkauft. Ende 2004 hielten der Bund noch 26 % und die KfW noch 10 % der Telekom-Aktien.

Die **Deutsche Post AG** ist im November 2000 an die Börse gegangen. Der Bundesanteil verringerte sich daraufhin auf rd. 69 %. Ein weiterer Verkauf aus dem Bestand von auch hier an die KfW übertragenen Aktien erfolgte im Dezember 2003. Nach einer Änderung des Postumwandlungsgesetzes kann der Bund schrittweise seine Anteile vollständig veräußern. Ende 2004 hielt der Bund noch 20 % und die KfW 37 % der Aktien. Die notwendige Präsenz in der Fläche ist durch Bestimmungen im **Postgesetz** und in der **Universaldienstleistungsverordnung** (→ *Universaldienstleistungen*) sichergestellt.

Zum 1. 1. 1999 verkaufte der Bund sämtliche Anteile an der **Deutschen Postbank AG** an die Deutsche Post AG. Die Deutsche Postbank AG fusionierte Mitte 2000 mit der DSL-Bank. Einen kleineren Teil ihrer Postbankaktien brachte die Deutsche Post AG im Juni 2004 an die Börse. Durch Unternehmenszukäufe und → *Beteiligungen* zählt die Deutsche Post AG als Konzern unter dem Namen **Deutsche Post World Net** zu den bedeutendsten → *Logistik*-Dienstleistungsunternehmen.

http://www.postag.de/
http://www.dtag.de/
http://www.postbank.de/

▶ **Bundesrechnungshof**

Unabhängige oberste Bundesbehörde zur Kontrolle des Finanzgebarens und der Haushaltsführung des Bundes mit Sitz in Frankfurt. Rechtsgrundlage ist das **Gesetz über den Bundesrechnungshof** vom 27. 11. 1950 und die → *Bundeshaushaltsordnung*. Seine leitenden Mitglieder haben richterliche Unabhängigkeit. Er überprüft die Rechnungen über sämtliche Einnahmen und Ausgaben sowie über das → *Vermögen* und die Schulden (→ *Öffentliche Verschuldung*) des Bundes und überwacht die Haushalts- und Wirtschaftsführung der Bundesorgane und Bundesverwaltungen, der Träger der gesetzlichen → *Sozialversicherung* und der → *Arbeitslosenversicherung*. Auf der Ebene der Länder gibt es in jedem Bundesland einen **Landesrechnungshof** mit vergleichbaren Befugnissen und Aufgaben. Auf der Ebene der → *Gemeinden* werden die Kontrollaufgaben von einem → *Rechnungsprüfungsamt* durchgeführt.

http://www.bundesrechnungshof.de/

▶ **Bundesregulierungsbehörde für Elektrizität, Gas, Telekommunikation und Post** → *Regulierungsbehörde für Telekommunikation und Post (RegTP)*

▶ **Bundesschatzanweisungen/ Bundesschätze** → *Schatzanweisungen*

▶ **Bundesschatzbrief**

Von der Bundesregierung ausgegebene → *Wertpapiere*, die der → *Finanzierung* im → *Bundeshaushalt* dienen. Sie werden nicht an der → *Börse* gehandelt und sind deshalb ohne Kursrisiko. Der

Vertrieb erfolgt über → *Banken* und → *Sparkassen*. Es gibt zwei Arten: den **Typ A** mit einer Laufzeit von sechs Jahren und jährlicher Zinszahlung, den **Typ B** mit einer Laufzeit von sieben Jahren und Zinsansammlung. Die Zinssätze steigen jährlich während der Laufzeit an. Bundesschatzbriefe können jedoch auch bereits ein Jahr nach Erwerb zum vollen → *Nennwert* zurückgegeben werden.

http://www.bwpv.de/

▶ **Bundesschatzwechsel** → *Schatzwechsel*

▶ **Bundesurlaubsgesetz** → *Urlaub*

▶ **Bundesverband der Deutschen Industrie (BDI)**

Der BDI wurde am 19.10.1949 als Nachfolgeorganisation des 1919 gegründeten Reichsverbandes der → *Industrie* und späteren Reichsgruppe Industrie (1934 bis 1945) gegründet. Er ist die Zentralorganisation der deutschen Industrie und stellt einen Zusammenschluss 36 industrieller Branchenverbände dar, die etwa 100 000 Firmen mit rd. 7 Mio. Beschäftigten repräsentieren. Sitz ist Berlin.

Nach außen hin vertritt der BDI die Belange der unternehmerischen Wirtschaft in Fragen der → *Konjunkturpolitik*, → *Außenhandelspolitik*, → *Finanzpolitik*, → *Energiepolitik* und → *Verkehrspolitik* sowie in der Forschungs- und Bildungspolitik. Außerdem gibt er seinen Mitgliedsverbänden Informationen zum Europäischen Binnenmarkt (→ *Europäischer Binnenmarkt*) und vertritt deren Interessen in Brüssel und über den europäischen Dachverband → *UNICE*. → *Bündnis für Arbeit*. Siehe **Abb. 16** (Seite 433).

http://www.bdi.de/

▶ **Bundesverband deutscher Banken (BdB)**

Spitzenverband der privaten → *Kreditinstitute* mit Sitz in Berlin. Er umfasst 242 private → *Banken* und elf regionale Verbände sowie die Spezialverbände der → *Hypothekenbanken* und der

Schiffsbanken. Er repräsentiert rd. 40 Prozent des Geschäftsvolumens aller Kreditinstitute.

http://www.bdb.de/

▶ **Bundesvereinigung der Deutschen Arbeitgeberverbände (BDA)**

Spitzenorganisation der Arbeitgeberverbände, bestehend aus Mitgliedsverbänden aller wirtschaftlichen Bereiche: → *Industrie*, → *Handwerk*, → *Groß- und Außenhandel*, → *Einzelhandel*, → *Landwirtschaft*, private → *Banken*, private → *Versicherungen*, Verkehrsgewerbe und sonstiges → *Gewerbe/Gewerbebetrieb*.

Der Spitzenverband hat keine → *Tariffähigkeit*, sondern vertritt die → *Arbeitgeber* insgesamt in der Öffentlichkeit. Außerdem obliegt ihm die Koordinierung seiner Einzelverbände. Das organisatorische Fundament sind die lokalen und regionalen Arbeitgeber-Zusammenschlüsse aus insgesamt 1100 Arbeitgeberverbänden in 54 Fachspitzenverbänden und 14 Landesverbänden, die – ähnlich wie die Spitzenorganisation – in gewissem Umfang auch mit öffentlichen Funktionen betraut sind (Mitwirkung bei Verhandlungen vor dem → *Arbeitsgericht*, → *Sozialgericht* usw.). Die BDA ist Ansprechpartner für ihre Mitglieder, die Öffentlichkeit, Bundesregierung und Bundestag in allen Fragen der *Sozialpolitik* und → *Tarifpolitik*, zum → *Arbeitsrecht*, der → *Arbeitsmarktpolitik*, der Bildungs-, der Personal- und Gesellschaftspolitik einschließlich der europäischen und internationalen Sozialpolitik.

Die Selbständigkeit der Mitgliedsverbände darf jedoch auf tarifpolitischem Gebiet nicht durch Maßnahmen der Bundesvereinigung und ihrer Organe eingeschränkt werden.

Die Spitzenvereinigung der Arbeitgeber (BDA) steht dem Dachverband der Arbeitnehmer (→ *Deutscher Gewerkschaftsbund (DGB)*) als Interessenverband gegenüber. → *Solidarpakt*, → *Standortdiskussion*, → *Bündnis für Arbeit*. Siehe **Abb. 16** (Seite 433).

http://www.bda-online.de/

▶ **Bundesversicherungsanstalt für Angestellte (BfA)** → *Angestelltenrentenversicherung*

▶ **Bundesversorgungsgesetz (BVG)**

Gesetz über die Versorgung der Opfer des Krieges i. d. F. vom 22. 1. 1982 mit späteren Änderungen. Es regelt u. a. die Heilbehandlung, Leistungen der Kriegsopferfürsorge, Hinterbliebenenrente, Krankenbehandlung usw. → *Sozialgesetzbuch (SGB)*.

http://www.bma.bund.de/

▶ **Bundeswertpapierverwaltung (BWpV)**

(früher: Bundesschuldenverwaltung) Bundesoberbehörde im Geschäftsbereich des Bundesministeriums der Finanzen (BMF) mit Sitz in Bad Homburg v. d. H. Sie beurkundet (→ *Urkunde*) die vom Bund und seinen → *Sondervermögen* aufgenommenen → *Kredite* und Gewährleistungen und sorgt für die bankmäßige Verwaltung und Bedienung der Kredite. Außerdem arbeitet sie als kostenlose Depotverwaltung für → *Wertpapiere* des Bundes und ermöglicht den gebührenfreien Erwerb der → *Bundesschatzbriefe*, → *Bundesobligationen* und → *Finanzierungsschätze*. Als **Verkaufsstelle für Sammlermünzen** (VfS) veräußert sie die von der Bundesrepublik Deutschland herausgegebenen Gedenkmünzen und Umlaufmünzenserien. Rechtsgrundlage ist das **Bundeswertpapierverwaltungsgesetz (BWpVerwG)** vom 11. 12. 2001.

http://www.bwpv.de

▶ **Bund-Futures (Bunds)**

Das sind → *Terminkontrakte der* → *EUREX* auf fiktive langfristige → *Bundesanleihen* mit achteinhalb- bis zehneinhalbjähriger Laufzeit als → *Basisgut* und einer angenommenen Nominalverzinsung von 6 %. Der Kontraktwert beträgt 100 000 Euro. Gehandelt werden außerdem → *Optionen* auf den Bund-Future (**Bund-Option**).

▶ **Bundling**

Instrument der Preisdifferenzierung, das über geschickte Zusammenstellung der angebotenen Leistungen zu Leistungs- bzw. Produktpaketen einen höheren → *Gewinn* abwirft im Vergleich zu einer Einzelvermarktung dieser Leistungen bzw. Produkte. Beispiele sind die Vermarktung von Film- und Senderechten (z. B. im Fußball) in Form von Rechtepaketen oder aber der Verkauf von → *Computer* mit bereits aufgespielter → *Software*.

▶ **Bündnis für Arbeit**

Das B. geht zurück auf eine Initiative der IG Metall (→ *Deutscher Gewerkschaftsbund (DGB)*) vom November 1995 mit dem Ziel, angesichts steigender → *Arbeitslosigkeit* gemeinsam mit Bundesregierung und → *Arbeitgeberverbänden* nach Möglichkeiten zur Schaffung neuer Arbeitsplätze zu suchen. Nach mehreren „Kanzlerrunden" wurde am 23. 1. 1996 zwischen Gewerkschaften, Arbeitgeberverbänden und Bundesregierung ein Programm verabredet mit dem Titel **„Bündnis für Arbeit und zur Standortsicherung"**. Ziel des Programms war die Halbierung der Arbeitslosigkeit bis zum Jahr 2000.

Die inhaltlichen Schwerpunkte lagen in Absichtserklärungen der **Bundesregierung** zur Verbesserung der Ausgangssituation für die Schaffung neuer Arbeitsplätze. In einem gemeinsamen Programm wurde der → *Flächentarifvertrag* und die → *Tarifautonomie*, der Zusammenhang zwischen → *Arbeitszeitflexibilisierung* und Selbstbestimmung der Arbeitnehmer über ihre zeitliche Verfügbarkeit (Zeitsouveränität) und die beschäftigungspolitische Bedeutung einer Umverteilung vorhandener Arbeit ausdrücklich bestätigt.

Die mit dem „Bündnis für Arbeit" verbundenen Hoffnungen erfüllten sich in der folgenden Zeit nicht.

Unter Beteiligung der Kirchen und großen Sozialverbände veranstaltete der DGB 1996 einen **Sozialgipfel** im Kampf gegen den geplanten weiteren Sozialabbau und im April 1997 organisierte er einen **Beschäftigungsgipfel** in Berlin, bei dem Alternativen zur Bewältigung der hohen Arbeitslosigkeit, u. a. weitere *Arbeitszeitverkürzung*, diskutiert wurden. Auch diese Initiativen brachten jedoch kaum messbare Erfolge.

Nach dem Regierungswechsel im Herbst 1998 kam es zur Neuauflage der Gespräche im Rahmen des Bündnisses für Arbeit. In einer „**Gemeinsamen Erklärung des Bündnisses für Arbeit, Ausbildung und Wettbewerbsfähigkeit**" vom 7. 12. 1998 wurde ein zwölf Punkte umfassendes Programm verabredet, dessen Umsetzung acht Arbeitsgruppen vorbereiteten. Dies zu den Themen Aus- und Weiterbildung (→ *Bundesausbildungsförderungsgesetz (BAföG)*), → *Steuerpolitik*, Lebensarbeitszeit, vorzeitiges Ausscheiden, Reform der Systeme zur → *Sozialversicherung*, → *Arbeitszeit*, Aufbau Ost, Entlassungsabfindungen (→ *Abfindungen*) und → *Benchmarking*.

In einer gemeinsamen Erklärung vom Juli 2001 wurden die Ziele des Programms noch einmal bestätigt, die z. T. auch bereits umgesetzt werden, z. B. in moderaten Lohnabschlüssen (→ *Lohnpolitik*), in der Altersversorgung (→ *Rentenreform*) und dem novellierten → *Altersteilzeitgesetz* oder mit dem Qualifizierungs-Tarifvertrag in der Metallindustrie in Baden-Württemberg.

Defizite bestehen seitens der Arbeitgeber z. B. in der nicht ausreichenden Bereitstellung zusätzlicher Ausbildungsplätze und im Abbau der ansteigenden Zahl von → *Überstunden*. → *Ausbildungsplatzabgabe*.

Ein am 1. 1. 2002 in Kraft getretenes Job-Aktiv-Gesetz umfasste u. a. Maßnahmen zur beruflichen Wiedereingliederung von Langzeitarbeitslosen und zur Verhinderung von drohender Arbeitslosigkeit bei älteren Arbeitnehmern sowie Veränderungen bei der → *Leiharbeit*. Wesentliche Impulse für den Arbeitsmarkt blieben jedoch aus.

Das Bündnis für Arbeit scheiterte im Februar 2003 nach Streit um zusätzliche → *Tariföffnungsklauseln*, über die Höhe von Lohnforderungen in der → *Tarifpolitik* und über eine Lockerung zum → *Kündigungsschutz*. Der DGB gründete nach einem **Makroökonomischen Kongress** im November 2004 ein Institut für Makroökonomie und forderte die Bundesregierung auf, in einen Dialog (→ *Makroökonomischer Dialog*) für mehr → *Wirtschaftswachstum* einzutreten (→ *Makroökonomie*).

http://www.buendnis.de/
http://www.igmetall.de/aktuell/buendnis/
http://www.BMWA.de

▶ **Bund-Options** → *Bund-Futures*

▶ **Bunds** → *Bund-Futures*

▶ **Bürgerliches Gesetzbuch (BGB)**

Das Bürgerliche Gesetzbuch (**BGB**) i. d. F. vom 2. 1. 2002 ist die wichtigste Grundlage der Rechtsbeziehungen für natürliche und → *Juristische Personen*. Es trat am 1. 1. 1900 in Kraft und wurde seitdem mehrfach geändert. Sein Inhalt umfasst **5 Bücher** mit insgesamt 2385 Paragrafen:

---

1. **Allgemeiner Teil** (Personen, Sachen und Tiere, Rechtsgeschäfte, Fristen und Termine, → *Verjährung*, Sicherheitsleistung).
2. **Schuldrecht** (Inhalt des Schuldverhältnisses, → *Allgemeine Geschäftsbedingungen (AGB)*, → *Vertrag* und Rechtsfolgen).
3. **Sachenrecht** (Besitz, Rechte an Grundstücken, → *Eigentum*, Dienstbarkeiten z. B. → *Nießbrauch*, Vorkaufsrecht, → *Reallasten*, → *Hypothek*, → *Grundschuld* und → *Rentenschuld*, → *Pfandrecht*).
4. **Familienrecht** (Bürgerliche Ehe, Verwandtschaft, Vormundschaft).
5. **Erbrecht** (Erbfolge, Rechtliche Stellung des Erben, Testament, Erbvertrag, Pflichtteil, Erbunwürdigkeit, Erbverzicht, Erbschein).

---

http://dejure.org/gesetze/BGB

▶ **Bürgerversicherung**

Zur Verbesserung der Einnahmen in der **gesetzlichen** → *Krankenversicherung* diskutierte Möglichkeit, den Kreis der Beitragszahler zu vergrößern. Dies könnte geschehen durch das Einbeziehen weiterer Beitragszahler wie → *Selbständige*, → *Beamte* und Angehörige der → *Freien Berufe*, durch Anhebung der → *Beitragsbemessungsgrenze* sowie durch Einbeziehung von Kapitalerträgen (Einkünfte aus Vermietung, → *Wertpapiere* u.Ä.) und Vermögen (Zinseinkünfte) in die Beitragsbemessungsgrundlage.

Ein Hauptproblem sind die **privaten** Krankenversicherungen, deren Existenz bei Einführung einer Bürgerversicherung gefährdet ist. → *Gesundheitsprämie*.

▶ **Bürgschaft**

Vertragliche Verpflichtung eines Bürgen gegenüber dem → *Gläubiger* eines Dritten (dem Hauptschuldner), für die Erfüllung einer Verbindlichkeit des Hauptschuldners einzutreten. Rechtsgrundlage ist das BGB (→ *Bürgerliches Gesetzbuch (BGB)*) (§ 765 BGB bis 778 BGB).

▶ **Burn Rate**

Sie kennzeichnet den Mittelabfluss eines jungen Unternehmens (→ *Start-ups*) aus laufender Tätigkeit plus Investitionen in einer Rechnungsperiode (z. B.→ *Geschäftsjahr, Quartal, Monat*). Die Division der vorhandenen → *Liquididät* (liquide Mittel, Erträge aus Börsengängen, → *Wertpapiere*) durch die Burn Rate ergibt die Reichweite der vorhandenen Liquidität, d. h. in wieviel Monaten oder Quartalen die Liquidität „verbrannt" sein könnte.

▶ **Bürokratie**

Mit diesem Begriff verbindet sich die Vorstellung langer Entscheidungswege in der → *Hierarchie* von Verwaltungen und Unternehmen, umständlicher, zeitaufwendiger Verfahren – bedingt durch die Beachtung von Gesetzen, Verordnungen oder kommunaler Vorschriften, z. B. im Bau- und Gewerberecht. Auf Bundesebene existierten Ende 2003 z. B. 2074 Bundesgesetze und 3095 zugehörende → *Rechtsverordnungen*.

Ein im Juli 2003 von der Bundesregierung gestartetes Strategiekonzept „**Initiative Bürokratieabbau**" umfasst Maßnahmen zur Modernisierung des Lohnsteuerverfahrens (→ *Elster*), Reform der → *Handwerksordnung*, Förderung von Existenzgründungen und Kleinunternehmen und Anhebung der Buchführungsgrenzen (→ *Buchführung*) für Unternehmen und Standardisierung der → *Einnahmen-Ausgabenrechnung*, Bereinigung des Bundesrechts durch Streichung von 360 überholten Gesetzen und Rechtsverordnungen, Vereinfachung der amtlichen Statistik (→ *Amtliche Statistik*) und Reduzierung der Statistikpflichten der Wirtschaft, Verschlankung des Vergaberechts (→ *Ausschreibung*), → *E-Com-*

merce mit Arzneimitteln, Elektronische Gesundheitskarte, → *E-Government*, Reform des Tarifrechts für den öffentlichen Dienst (→ *Öffentlicher Dienst*) und zum Meldesystem in der → *Sozialversicherung*. Ein Teil der Reform ist inzwischen umgesetzt.

Der Begriff **Entbürokratisierung** ist allerdings auch von Werturteilen geprägt und wird in der Privatisierungsdiskussion (→ *Privatisierung*) oft als Hilfsargument zur Begründung ideologischer Ziele verwandt. → *Lean administration*, → *Standortdiskussion*.

▶ **Business Angel**

Bezeichnung für private Investoren von → *Start-ups*, die neben ihrer Kapitaleinlage i. d.R auch ihre Erfahrung (→ *Coaching*) und großes Engagement einbringen.

▶ **Business Plan**

(Geschäftsplan). Bei Unternehmensneugründungen (→ *Start-ups*) unerlässliche Voraussetzung zum Gewinnen von Kapitalbeteiligungen und Überzeugen von Geldgebern (→ *Venture Capital*).

Ein Business-Plan enthält Angaben über die Geschäftsidee, die Unternehmensziele und die Konzeption mit Zeitplänen zur Erreichung dieser Ziele. Hierzu zählen Angaben über die erwartete Entwicklung von → *Umsatz*, → *Kosten* und → *Erträge*, → *Cashflow* sowie der erwartete Zeitpunkt zum Erreichen der Gewinnschwelle (→ *Break-even-Point*).

▶ **Business Process Outsourcing (BPO)** → *Outsourcing*

▶ **Business Reengineering**

Als Antwort auf das japanische → *Kaizen* 1994 in den USA entwickelte Idee einer strikt kundenorientierten Ausrichtung von Unternehmenszielen und Geschäftsabläufen. Voraussetzung hierfür ist die Akzeptanz neuer organisatorischer Regeln und Prozessabläufe, die unter Anwendung neuester Entwicklungen der → *Informations- und Kommunikationstechnologien* Gewohntes in

Frage stellen. So sollen z. B. über parallel verlaufende Prozesse in der Produktentwicklung sowie der Fertigungs- und Vertriebsplanung unter ständiger Einbeziehung der Kundenwünsche die Marktreife eines Produktes beschleunigt und → *Kosten* minimiert werden. Dies bei abgebauter → *Hierarchie* unter Einbeziehung der Kreativität von qualifizierten und motivierten Mitarbeitern (→ *Coaching*).

▶ **Business to Business (B2B)/ Business to Consumer (B2C)** → *E-Business*

▶ **Buyout**

Engl. Bezeichnung für Aufkauf.

▶ **BWL** → *Betriebswirtschaftslehre (BWL)*

▶ **Byte**

Maßeinheit zur Darstellung der Speicherkapazität (→ *Speicher*) und Informationsmenge in einem → *Computer*. 8 → *Bit* sind notwendig für die Darstellung von 1 Byte. Hiermit können 256 verschiedene Zeichen übertragen werden. Gebräuchlich ist die Verwendung von Bezeichnungen wie MB (Mega-Byte = 1 Million Byte) sowie GB (Giga-Byte = 1 Milliarde Byte).

▶ **bz.** → *Börsenkurs*

C

▶ **Cache**

Bezeichnung für einen zusätzlichen Zwischenspeicher auf der → *Festplatte* eines → *PC*, der die Kapazität für den → *Arbeitsspeicher* erweitert.

▶ **CAD**

(Computer Aided Design) Computergestütztes Entwickeln und Konstruieren von Werkzeugen, Bauteilen und Produkten (→ *Computer*). Hierbei können Änderungen, Anpassungen oder der Rückgriff auf schon vorhandene Teile – meist durch Verknüpfung mit anderen Systemen der Computertechnik (z. B. → *CAM*, → *CAP*) – mit relativ geringem Aufwand durchgeführt werden.

▶ **CAI**

(Computer Assisted Instruction) Intelligentes Lernsystem, das vorhandenes Wissen und die Fähigkeiten des Lernenden erkennt und sich bei der computergestützten Wissensvermittlung (→ *Computer*) entsprechend anpassen kann.

▶ **Call Option**

Bezeichnung für **Kaufoptionen** (→ *Optionsgeschäfte*) bzw. **Kaufoptionsscheine (Call Warrants)**. Der Käufer eines Calls **(Long Call)** kann vom Verkäufer des Calls **(Short Call)** jederzeit oder nach Ablauf einer vereinbarten Laufzeit die Lieferung des Basisgutes (→ *Basisgut*) zum festgelegten → *Basispreis* **(Strike Price)** verlangen. Für dieses Recht zahlt der Käufer bei Kaufabschluss eine **Call Optionsprämie** an den Verkäufer, die er bei Nichtwahrnehmung seines Calls verliert. Andererseits hat er Gewinnmöglichkeiten in Höhe der Differenz von (höherem) Marktpreis zum (niedrigeren) Basispreis bei Ausübung seines Calls – vermindert um die aufgewendete → *Optionsprämie*. → *Put Option*.

▶ **Call by Call**

(Einzelwahlverfahren für Orts- und Ferngespräche) Bezeichnung für die Möglichkeit von Telefonkunden, für jedes Gespräch eine bestimmte Telefongesellschaft – z. B. der zur jeweiligen Tageszeit billigste Anbieter – auszuwählen. Die Anwahl erfolgt mit der fünfstelligen **Netzkennzahl (010..)** des jeweiligen Anbieters mit folgender kompletter Telefonnummer einschließlich Vorwahl.

Beim **Vorwahlverfahren (Preselection)** schließt der Telefonkunde einen → *Vertrag* mit einer neuen Telefongesellschaft, über deren Netz dann alle Fern- und ggf. auch Ortsgespräche automatisch abgewickelt werden. Beim **Direktanschluss** schließt der Telefonkunde einen Vertrag mit einer Telefongesellschaft, über die alle Gespräche abgewickelt werden. Möglich wurden die neuen Verfahren durch die zum 1.1. 1998 vollzogene Aufhebung für das → *Netzmonopol* der Deutschen Telekom AG (→ *Bundespost*) sowie spätere Entscheidungen der → *Regulierungsbehörde für Telekommunikation und Post (RegTP)*.

▶ **Call Center**

Bezeichnung für telefonische Kundenwerbungs- und -betreuungseinrichtungen. Sie werden mit dem Ziel der Serviceverbesserung und Kosteneinsparung von den Firmenzentralen ausgelagert, vorwiegend in Regionen oder Länder mit niedrigen Lohnkosten und in → *Teilzeitarbeit* (→ *Telearbeit*). Im Frontoffice eines Call Centers werden Standardfragen beantwortet. Im → *Backoffice* sitzen Spezialisten, die schwierige Probleme lösen können.

Kleinere Call Center beschäftigen 10 bis 25 Mitarbeiter, eine → *Direktbank*, → *Versicherungen*, Reiseveranstalter oder Automobilhersteller haben oft mehr als 100 und Versandhändler bis zu 300 Beschäftigte. Die Kontaktaufnahme erfolgt meist über eine Service-Telefonnummer.

Inbound Call Center nehmen lediglich Kundenanrufe entgegen. Im **Outbound Call Center** werden Kunden auch angerufen. → *Virtuelle Unternehmen*, → *Bildschirmarbeitsverordnung*.

▶ **Call Optionsprämie** → *Call Option*

▶ **CAM**

(Computer Aided Manufacturing) Bezeichnung für die computergestützte Steuerung und Überwachung des Fertigungsprozesses (→ *Computer*). Dies setzt im Allgemeinen voraus, dass bereits eine computergestützte Planung (→ *CAP*) und eine computergestützte Konstruktion (→ *CAD*) erfolgte, die in den Fertigungsablauf integriert wird. Ein spezielles elektronisches Produktionsplanungs- und Steuerungssystem (→ *PPS*) steuert die komplexen Prozesse.

▶ **CAP**

(Computer Aided Planning) Bezeichnung für ein computergestütztes System (→ *Computer*) zur Planung von Arbeitsablaufprozessen, das in der Regel auf Ergebnisse des → *CAD* zurückgreift. → *Just in Time*, → *Supply Chain Management (SCM)*.

▶ **Cap**

→ *Hedging*-Geschäft, bei dem sich ein Cap-Käufer gegen steigende → *Zinsen* bei → *Verbindlichkeiten* mit veränderlichem (variablem) Zins absichern kann. Dabei garantiert der Verkäufer eines Cap dem Käufer gegen Zahlung einer **Cap-Prämie**, dass er bei Fälligkeit für den Fall eines über der vereinbarten Zinsobergrenze **(Strike)** liegendem → *Marktzins* den Differenzbetrag ausgleicht. Der Käufer des Cap erhält auf diesem Wege Kalkulationssicherheit gegen steigende Zinsen, die über die vereinbarte Zinsobergrenze hinausgehen.

Bei Vereinbarung einer Zinsuntergrenze, die den Kreditgeber (Käufer) gegen fallende Zinsen absichert, spricht man von einem **Floor**.

Wird sowohl ein Cap als auch ein Floor vereinbart, so handelt es sich um einen **Collar**. Durch dieses Kombinationsgeschäft versucht der Käufer eines Cap einen Teil der gezahlten Cap-Prämie durch einen Floor-Verkauf zu finanzieren.

▶ **Capital-Output-Ratio (Kapitalkoeffizient)** → *Kapitalproduktivität*

▶ **Cap-Prämie** → *Cap*

▶ **Caption**

Bezeichnung für eine → *Option* auf einen → *Cap*.

▶ **Cardiff-Prozess** → *Europäischer Beschäftigungspakt*

▶ **Carrier**

Andere Bezeichnung für Netzbetreiber (→ *Telekommunikationsnetze*).

▶ **Carry Back** → *Verlustrücktrag*

▶ **CAS**

(Computer Aided Selling) Ein in der → *Akquisition* und im Verkauf gebräuchliches computergestütztes Informationssystem (→ *Notebook*), das die mobilen Verkäufer im Außendienst mit den Daten des Innendienstes verknüpft.

▶ **Cash Cow**

Begriff für außerordentlich profitable Produkte, → *Dienstleistungen* oder Unternehmensbereiche.

▶ **Cashflow**

→ *Kennzahl* zur Beurteilung der Finanzkraft (→ *Liquidität*, → *Finanzierung*) eines Unternehmens. Seine Berechnung kann auf zwei Wegen erfolgen:

Bei der **direkten Methode** werden alle auszahlungswirksamen Aufwendungen (→ *Aufwand*) von den einzahlungswirksamen Erträgen (→ *Ertrag*) abgezogen (→ *Einzahlungen*).

Die **indirekte Methode** ist wegen der leichter zugänglichen Daten die gebräuchlichste Form. Sie nimmt als Berechnungsbasis den in der → *Gewinn- und Verlustrechnung (GuV)* ausgewiesenen → *Jahresüberschuss*. Hiervon werden die nicht einzahlungswirksamen Erträge (z. B. → *Zuschreibungen*) abgezogen und die nicht auszahlungswirksamen Aufwendungen (z. B. → *Abschreibungen*, Zuführungen an → *Rückstellungen*) zugezählt.

Im Ergebnis verbleibt der umsatzbedingte Netto-Zufluss an liquiden Mitteln **(Einzahlungsüberschuss)**. Dieser Einzahlungsüberschuss und seine geplante Fortschreibung auf künftige Jahre liefert wichtige Hinweise zur Finanzlage und → *Liquidität* sowie zur künftigen → *Ertragskraft* eines Unternehmens. Er ist eine wichtige Grundlage für die → *Strategische Unternehmensführung* im Zuge mittelfristiger und langfristiger Planungsperioden.

Cashflow-Kennzahlen in Planungsrechnungen liefern u. a. Hinweise für die Liquiditätsplanung, z. B. für den Umfang der durch Außenfinanzierung benötigten Mittel zur Durchführung geplanter → *Investitionen*: Ist der notwendige Kapitalbedarf größer als der Cashflow eines Planungszeitraums, so muss die Differenz durch Außenfinanzierung und/oder Vermögensauflösung finanziert werden.

Die Aussagefähigkeit von Cashflow-Kennzahlen ist allerdings u. a. wegen der im Zeitablauf schwankenden Liquidität eines Unternehmens nur eingeschränkt, wenn nicht gleichzeitig kurze Berichtszeiträume vorhanden sind. Deshalb werden die Zahlen in den → *Controlling*-Abteilungen der Unternehmen zunehmend verfeinert mit dem Ziel, das unternehmenspolitische Steuerungsinstrument weiterzuentwickeln. → *Cash Management*.

Nach den deutschen Vorschriften für den Jahresabschluss im → *Handelsgesetzbuch (HGB)* ist – anders als bei den Regeln der → *IAS/IFRS* oder des → *US-GAAP* (→ *Cashflow Statement*) – eine Cashflow-Darstellung bzw. eine → *Kapitalflussrechnung* nicht zwingend. Lediglich börsennotierte → *Mutterunternehmen* haben ihren → *Konzernanhang* um eine Kapitalflussrechnung zu ergänzen (§ 297 HGB).

▶ **Cash-flow Statement** → *Kapitalflussrechnung*

▶ **Cash Management**

Kontroll- und Führungsinstrument, das unter Einsatz elektronischer Informationssysteme Daten liefert u. a. über die Durchführung von in- und ausländischen Zahlungsvorgängen, über jeweils aktuelle Devisenkurse, über laufende Kontenstände und Umsatzentwicklungen. Ziel ist die laufende Information für das → *Finanzmanagement* über wichtige Daten zur Steuerung der → *Liquidität* und zur Optimierung der → *Rentabilität* verfügbarer Finanzmittel. → *Pooling*, → *Netting*, → *Balanced Scorecard*.

▶ **Cash Settlement** → *Settlement*

▶ **Castor-Behälter**

Transportbehälter für → *Atommüll* mit gusseiserner Hülle.

▶ **Catering**

Versorgung von öffentlichen und privaten Einrichtungen (z. B. Kantinen, Krankenhäuser, Heime, im Flugverkehr) bzw. Personen (z. B. Partyservice) mit Lebensmitteln und fertigen Speisen durch spezialisierte Unternehmen.

▶ **CB-Funk**

Bezeichnung für den lizenzierten Amateurfunk.

▶ **CCITT**

(Consultative Committee for International Telegraph and Telephone) Dies ist ein beratender Ausschuss der → *UIT (Union International de Télécommunication)*. Er entwickelt Empfehlungen für Normen in der internationalen → *Telekommunikation*, die von den nationalen Telekommunikation unternehmen übernommen werden können. Beispiele: → *ISDN*. → *CEN/CENELEC*.

http://www.itu.int/home/

▶ **CDAX** → *Deutscher Aktienindex (DAX)*

▶ **CD-ROM**

(Compact Disk-Read Only Memory) Speichermedium für Daten, Texte, Bilder und Grafiken, die nur gelesen, aber nicht verändert werden können.

▶ **CEFTA**

Kurzbezeichnung für das 1993 gegründete Central European Free Trade Agreement. Es bestand bis zum Beitritt dieser Länder zur EU (→ *Europäische Union (EU)*) aus Ungarn, Polen, der Tschechischen Republik und der Slowakei, Slowenien, Bulgarien und Rumänien. Ziel der CEFTA war der Abbau vorhandener Zollschranken bis zum Jahr 2001. Seit dem 1.1.1997 galt für die meisten Industriegüter eine → *Freihandelszone* zwischen den Staaten der CEFTA.

http://www.cefta.org/

▶ **CELEX**

→ *Datenbank* der → *Kommission der EU* mit den wesentlichen Informationen zum Gemeinschaftsrecht (→ *Europäische Gesetzgebung*). → *JURIS*.

http://europa.eu.int/celex/

▶ **CEN/CENELEC**

Das **Europäische Komitee für Normung (CEN)** wurde 1961 in Paris gegründet und hat seinen Sitz in Coubevoie (Frankreich). Das **Europäische Komitee für elektronische Normung (CENELEC)** wurde 1973 gegründet und hat seinen Sitz in Brüssel. Beiden Institutionen gehören die nationalen Normungsorganisationen und elektrotechnischen Komitees der Staaten der EU (→ *Europäische Union (EU)*) und der → *EFTA* sowie 7 Staaten aus Zentral- und Osteuropa an. Mit dem 1988 errichteten **Europäischen Institut für Telekommunikationsnormen** (→ *ETSI*) besteht eine enge Zusammenarbeit.

Ein wesentliches Ziel der europäischen Normeninstitutionen liegt im Abbau der technischen Handelshemmnisse, die sich aufgrund der unterschiedlichen technischen Vorschriften in den einzelnen Ländern ergeben.

Die europäische Normung wird in enger Abstimmung mit den Organen der EU und der EFTA vorgenommen. Nach dem 1985 beschlossenen Konzept zur technischen Harmonisierung und Normung beschränkt sich die Harmonisierung der Rechtsvorschriften auf die Festlegung der grundlegenden Sicherheitsanforderungen. Unter Erfüllung dieser Bedingungen gilt für die Anwendung der europäischen Normen das Prinzip der Freiwilligkeit.

http://www.cenelec.org/

▶ **Central Processing Unit (CPU)** → *Zentraleinheit*

▶ **CEO (Chief Executive Officer)** → *Board of Directors*

▶ **CE-Zeichen**

An Geräten, Anlagen, Verpackungen, Bedienungsanleitungen u. Ä. angebrachtes Zeichen. Es zeigt an, dass die entsprechenden Normen und Schutzanforderungen der EU (→ *Europäische Union (EU)*) eingehalten sind.

▶ **Charts**

Hilfsmittel für die Beurteilung von Kapitalanlagen (→ *Aktienanalyse*). Dabei werden Kurs- und Umsatzbewegungen z. B. für → *Aktien* oder für Edelmetalle grafisch dargestellt. Der **Chartist** (→ *Analyst*) versucht, hieraus möglichst frühzeitig Signale für Kauf- oder Verkaufsempfehlungen abzuleiten.

▶ **Chat**

Plaudern im → *Internet* über eine → *Mailbox* mit beliebig vielen anderen Teilnehmern durch Austausch von Texten. Im Internet werden hierzu weltweite im → *Online-Betrieb* geschaltete Konferenzen zu speziellen Themen als besondere Dienstleistung angeboten. → *IRC (Internet Relay Chat)*.

▶ **Checkliste**

Auflistung bestimmter Merkmale, Termine oder Fragen, die z. B. bei Planungsarbeiten oder zur Vorbereitung von Entscheidungen zu beachten sind.

▶ **Chemikaliengesetz**

Kurzbezeichnung für das **Gesetz zum Schutz vor gefährlichen Stoffen** i. d. F. vom 20. 9. 2000. Zweck des Chemikaliengesetzes ist es, Mensch und Umwelt vor schädlichen Einwirkungen gefährlicher Stoffe zu schützen. Boden, Wasser und Luft, Pflanzen, Tiere und Mikroorganismen und somit das ökologische Gleichgewicht (→ *Öko-System*) sollen durch die Schutzregelungen erfasst werden. Die gefährlichen Stoffe sind in bestimmte Kategorien eingeteilt, z.B. sehr giftig, giftig, minder giftig, ätzend, reizend, explosionsgefährlich, hochentzündlich, krebserzeugend usw.

Alle neuen Chemikalien müssen vor dem Inverkehrbringen vom Hersteller oder Einführer auf ihre Gefährlichkeit hin überprüft und bei der → *Bundesanstalt für Arbeitsschutz und Arbeitsmedizin* angemeldet werden. „Neu" im Sinne des Gesetzes sind dabei alle Stoffe, die nach Inkrafttreten des Chemikaliengesetzes am 18. 9. 1981 erstmalig in Verkehr gebracht wurden. Die bis zu diesem Termin auf dem → *Markt* befindlichen Stoffe waren in einer **Chemikalien-Altstoffverordnung** vom 2. 12. 1981 veröffentlicht, in der mehr als 60 000 Stoffe aufgeführt sind. Diese wurde durch eine neue Verordnung vom 22. 11. 1990 ersetzt, in der das jeweils aktuellste Altstoffverzeichnis für die → *Europäische Union (EU)* für verbindlich erklärt wird.

Hier liegt ein großes Problem, da für diese alten Stoffe ein internationales Prüfprogramm erarbeitet werden muss. Mit einer **Prüfnachweisverordnung** vom 1. 8. 1994 erfolgte eine Regelung des Anmelde- und Mitteilungsverfahrens mit den nach dem Chemikaliengesetz geforderten Unterlagen, u. a. zu den spezifischen Eigenschaften eines Stoffes (z. B. Giftigkeit, Anhaltspunkte für Krebserzeugung, Erbgutveränderung usw.), die eine Beurteilung der Schädlichkeit für Menschen und Umwelt erleichtern.

Daneben gibt es noch die **Giftinformationsverordnung** vom 31. 7. 1996, mit der die Mitteilungspflichten zur Vorbeugung und Information bei Vergiftungen geregelt sind.

In einer Liste der EU haben die Hersteller über 100 000 Altstoffe registrieren lassen, deren Gefahren für Mensch und Umwelt weitgehend unerforscht sind. Mindestens jeder fünfte dieser Altstoffe wird dabei mit einem hohen Gefahrenanteil bewertet.

Mit der **Chemikalien-Verbotsverordnung** i. d. F. vom 19. 7. 1996 wurden u. a. Richtlinien der EU (→ *Europäische Gesetzgebung*) über Verbote und Beschränkungen des Inverkehrbringens gefährlicher Stoffe, Zubereitungen und Erzeugnisse umgesetzt.

Auch nach den inzwischen erfolgten Novellierungen des Chemikaliengesetzes bleibt das Problem der Altstoffe weitgehend ungelöst. Zwar wurde über die Umsetzung einer Verordnung der EU eine **Allgemeine Verwaltungsvorschrift zur Bewertung und Kontrolle der Umweltrisiken chemischer Altstoffe** vom 16. 9. 1997 erlassen. Nach wie vor muss jedoch die Gefährlichkeit von Altstoffen erst eindeutig nachgewiesen sein, um Maßnahmen wirksam werden zu lassen. Es fehlt auch ein Zulassungsverfahren für neue Stoffe. Es bleibt bei der bloßen Anmeldungsverpflichtung. → *Gefahrstoffverordnung*.

http://bundesrecht.juris.de/bundesrecht/chemg/

▶ **Chip** → *Mikroprozessor*

▶ **Christlicher Gewerkschaftsbund (CGB)**

Nach Mitgliederstand und politischer Schlagkraft unbedeutende Gewerkschaftsorganisation, die 1959 in der Absicht eines Gegengewichtes zum DGB (→ *Deutscher Gewerkschaftsbund (DGB)*) von christlich-katholischen Arbeitnehmern gegründet wurde. Er hat rd. 300 000 Mitglieder. → *Gewerkschaften*.

http://www.dhv-cgb.de/cgb/

▶ **cif**

Abkürzung für *cost, insurance, freight* (englisch = Kosten, Versicherung, Fracht). Cif-Geschäfte sind Außenhandelsgeschäfte

(→ *Handelsgeschäfte*, → *Außenhandel*), bei denen der Verkäufer die Ware frei ausländischem Bestimmungshafen anbietet, d. h. der Verkäufer übernimmt alle → *Kosten* und die Abwicklung der Formalitäten bis zum Zeitpunkt der Entladung im Bestimmungshafen.

▶ **Clearing**

Durch Vereinbarung gesicherte Aufrechnung gegenseitiger → *Forderungen* der Clearingteilnehmer (z. B. → *Banken*). Ausgezahlt werden lediglich Verrechnungssalden. Länder mit Devisenbewirtschaftung müssen bilateral, d. h. zweiseitig abrechnen.

▶ **Clients**

Bezeichnung für → *Computer* oder Programme, die bestimmte Dienste oder Anwendungen von einem anderen → *Server* nutzen. Das → *World Wide Web* (*WWW*) beruht u. a. auf dem Prinzip, dass Anfragen eines Client von einem Server über das Netz weitergeleitet werden.

▶ **Closed Shop**

Vereinbarung zwischen → *Gewerkschaften* und Unternehmern, z. B. in den USA, nach der nur gewerkschaftlich organisierte → *Arbeitnehmer* in einem Betrieb oder Wirtschaftsbereich beschäftigt werden dürfen.

▶ **Closing**

Bezeichnung für den Abschluss einer Kauf- oder Verkaufstransaktion, z. B. an der → *Börse*.

▶ **Cluster**

Bezeichnung für ein System von Datenendgeräten (z. B. Dateneingabe- und -ausgabegeräten), die über eine → *Zentraleinheit* mit einem → *Host* verbunden sind.

In der Statistik bezeinet man ein Verfahren, bei dem heterogene Mengen in möglichst homogene, nach bestimmten Merkmalen geordnete Teilmengen strukturiert und ausgewertet werden, als **Cluster-Analyse**.

▶ **CO$_2$-Abgabe** → *Ökosteuer*

▶ **Coaching**

Bezeichnung für eine individuelle Betreuung von Mitarbeitern durch besonders ausgebildete → *Führungskräfte* oder durch externe Berater (→ *Consulting*) im Rahmen eines Personalentwicklungskonzeptes (→ *Personalplanung*). Ziel ist es dabei, die Mitarbeiter so zu motivieren und vorzubereiten, dass vorgegebene Leistungsanforderungen und Unternehmensziele erfüllt werden können.

▶ **Code**

Programm in der → *Datenverarbeitung* für die Abbildung von Daten in einem → *Computer*. Im Zahlungsverkehr ist es die Bezeichnung für eine Identifikationsnummer (→ *PIN*).

▶ **Collar** → *Cap*

▶ **Comecon**

(Council for mutual economic aid = Rat für gegenseitige Wirtschaftshilfe [RGW]) wurde 1949 als Gegenstück zur → *OECD* mit Sitz in Moskau gegründet. Ziel war die Verflechtung der Volkswirtschaften des Ostblocks im Rahmen der gegenseitigen Wirtschaftshilfe. Basis zur Verrechnung von Lieferungen war der Rubel, als Clearingstelle (→ *Clearing*) diente die Bank für wirtschaftliche Zusammenarbeit (**Comecon-Bank**).

Seit dem 1. 1. 1991 wurde im osteuropäischen Binnenhandel nur noch konvertierbare Währung (→ *Konvertibilität*) akzeptiert und das Comecon aufgelöst.

▶ **Commercial Paper (CP)**

Bezeichnung für → *Geldmarktpapiere* mit einer Laufzeit zwischen 1 und 270 Tagen, die von Schuldnern mit sehr guter → *Bo-*

nität am → *Geldmarkt* platziert (→ *Platzierung*) werden. Die Laufzeiten der ausgegebenen → *Inhaberschuldverschreibungen* können sehr flexibel an den Bedürfnissen des jeweiligen Schuldners gestaltet werden. Die Zinsgutschriften erfolgen bis zum Laufzeitende als Abschlag vom → *Nennwert* des Schuldtitels.

▶ **Commodity Futures** → *Futures*

▶ **Commodity Warrants (Warenoptionsscheine)** → *Optionsscheine*

▶ **Commonwealth of Nations**

1931 gegründete lose Völkergemeinschaft von 54 unabhängigen Staaten aus dem ehemaligen britischen Kolonialreich mit heute rd.1,7 Mrd. Einwohnern, die ohne staatsrechtliche, die Souveränität einschränkende Bindung eine formale Oberhoheit der britischen Krone anerkennen (15 Staaten) oder aber gleichzeitig ein eigenes Staatsoberhaupt haben. Sie sind durch Wirtschaftsabkommen, abgestimmte → *Währungspolitik* und durch die gemeinsame englische Amtssprache sowie durch ähnliches Rechtsdenken verbunden.

hattp://www.thecommonwealth.org

▶ **Compliance**

Wohlverhaltens-Regelungen, die Beschäftigte der → *Kreditinstute* (z. B. → *Analysten*) und sonstige → *Insider* zu beachten haben, um bei den Geschäften Interessenkonflikte mit den Zielen und gesetzlichen Verpflichtungen ihres Instituts und denen der Kunden zu vermeiden. Dies gilt vor allem für alle Geschäfte mit Wertpapieren (→ *Wertpapiere*), → *Devisen*, Edelmetalle und → *Derivate*. Zur Überwachung der Regeln sind in den Kreditinstituten besondere Abteilungen (Vertraulichkeitsbereiche) tätig. → *Finanzmarktreform*.

▶ **Composite-DAX (CDAX)** → *Deutscher Aktienindex (DAX)*

▶ **Computer**

(Rechner, Datenverarbeitungssystem, elektronische Datenverarbeitungsanlage) Sammelbegriff für elektronisch rechnende Maschinen. Nach der → *DIN*-Norm 44 300 ist er als Funktionseinheit zur Verarbeitung von Daten definiert. Hierunter fallen die Durchführung mathematischer, umformender, übertragender oder speichernder Operationen. → *PC*, → *Mainframe-Rechner*.

▶ **Computerbörse** → *Computerhandel*

▶ **Computergeneration**

Entwicklungsstufe in der elektronischen → *Datenverarbeitung*.

▶ **Computerhandel**

(Elektronische Handelssysteme, elektronischer Handel) Über einen Zentralcomputer (→ *Computer*) gesteuerter Handel mit Wertpapieren (→ *Wertpapiere*). Er ersetzt zunehmend die → *Präsenzbörse*. Der Handel an der → *EUREX* wird seit ihrer 1990 (als → *Deutsche Terminbörse*) erfolgten Gründung nur als Computerhandel abgewickelt. Das seit Ende 1997 zunächst alternativ zum Handel an der Präsenzbörse von der → *Deutsche Börse AG* in Frankfurt eingeführte Computerhandelssystem **Xetra** hat seit Juni 1999 den Handel an der Präsenzbörse abgelöst, weil der → *Deutsche Aktienindex (Dax)* nun ausschließlich über Xetra berechnet wird. Der Computerhandel unterliegt der → *Börsenaufsicht* (§ 58 BörsG bis § 60 BörsG). → *NASDAQ*.

▶ **Consultant**

Engl. Bezeichnung für Unternehmensberater. → *Consulting*.

▶ **Consulting**

Bezeichnung für Beratungsleistungen, die von internen Fachleuten oder externen Spezialisten (**Unternehmensberatern**) erbracht werden. Diese arbeiten mit dem Ziel, betriebliche und außerbetriebliche Organisationsabläufe und -strukturen zu verbessern und die → *Effizienz* der Leistungserstellung und die Innovationsbereitschaft (→ *Innovation*) in Unternehmen und Verwaltungen zu steigern. Die Beratungstätigkeit kann sich auch nur auf Teilbereiche des Leistungsprozesses beschränken wie z. B. im Personalbereich (→ *Coaching*), → *Controlling* oder im → *Finanzmanagement*.

Voraussetzungen für die Beratungstätigkeit sind i. d. R. eine vorangehende Problemanalyse mit Ist-Aufnahme und Ergebniskritik sowie die hierauf basierende Erarbeitung von alternativen Empfehlungen und Vorschlägen zur Umsetzung (→ *Implementierung*).

In der Planungsphase ist die dauernde Einbeziehung von Unternehmensführung und Beschäftigten (→ *Betriebsrat*) eine wichtige Voraussetzung für die Akzeptanz. Dies erfolgt i. d. R. in einer oder mehreren, oft hierarchisch (→ *Hierarchie*) aufgebauten Projektgruppen, die mit den Beratern gemeinsam tagen und die möglichen Entscheidungsalternativen erarbeiten und bewerten.

Unternehmensberatungsgesellschaften zählen zu den → *Finanzunternehmen*. In der konzeptionellen Vorgehensweise gibt es dabei unterschiedliche Ansätze der großen Beratungsfirmen wie z. B. *McKinsey* oder *Boston Consulting Group (BCG)*.

▶ **Container**

Im Güterverkehr eingesetztes Transportmittel. Die Behälter sind genormt (→ *Normung*), sind deshalb berechenbar zu be- und entladen, sind sicher zu verschließen und problemlos im Bahn-, Schiffs-, Luft- und Straßenverkehr umzuschlagen.

▶ **Content**

Inhalt einer → *Website*, deren Gestaltung maßgeblich am Erfolg einer Präsentation im → *Internet* beteiligt ist.

▶ **Controller**

Bezeichnung für den Verantwortlichen des betrieblichen Informationssystems. → *Controlling*.

▶ Controlling

In den 30er Jahren in den USA entwickeltes Führungsinstrument zur Koordination und Kontrolle unternehmerischer Zielvorgaben. In seiner heutigen Form umfasst es Aufgaben der Auswertung, Bereitstellung und Erläuterung von Informationen aus dem betrieblichen → *Rechnungswesen*, der Umsetzung dieser Informationen als Kontroll-, Beratungs- und Steuerungsinstrument für die kurz- und mittelfristige Planung sowie einer „Vordenkerrolle" für die → *Strategische Unternehmensführung*. → *Interne Revision*.

Ein umfassendes Controlling-System bezieht sich auf alle Unternehmensbereiche: Neben dem Rechnungswesen gehören dazu die → *Investitionsplanung* und → *Finanzplanung*, der Beschaffungs-, Produktions- und Absatzbereich einschließlich der → *Logistik*. Die Grundlagen für die Arbeit im Controlling bilden Systeme betrieblicher → *Kennzahlen*, die als Vergleichsmaßstäbe dienen. → *Führungsinformationssystem (FIS)*, → *Balanced Scorecard*.

▶ Control-Verhältnis → *Konzernabschluss*

▶ Convertible Bonds

Industrielle Schuldverschreibungen, die dem Inhaber das Recht geben, sie von einem bestimmten Termin ab jederzeit in Aktien umzutauschen. → *Wandelschuldverschreibungen*.

▶ Cookie

(engl. Plätzchen) Programm, das bestimmte Daten eines Nutzers vom → *Server* auf dessen → *PC* überträgt und speichert. Die Server der → *Online-Dienste* können die Anwender bei weiteren Besuchen anhand der gespeicherten Cookies sofort identifizieren und den Inhalt übertragen.

▶ Copyright

Engl. Bezeichnung für → *Urheberrecht*.

▶ **Corporate Behaviour** → *Corporate Identity*

▶ **Corporate Citizenship** → *Unternehmensleitbild*

▶ **Corporate Culture** → *Unternehmenskultur*

▶ **Corporate Design**

Bildliche Erscheinungsform eines Unternehmens (z. B. Firmenzeichen, bestimmte wiederkehrende Farbkombinationen usw.) im Rahmen der Umsetzung eines Konzepts für → *Corporate Identity.*

▶ **Corporate Finance**

Eine Serviceleistung der → *Kreditinstitute,* vor allem für große Kunden bestimmte Aufgaben aus dem → *Finanzmanagement* zu übernehmen oder Beratungsleistungen zu erbringen.

▶ **Corporate Governance**

Bezeichnung für die Regeln einer erfolgsorientierten Unternehmensführung und verantwortlichen Unternehmensüberwachung. Nach den **Leitlinien der OECD** aus dem Jahr 1999 wird hier u. a. vom → *Vorstand* und → *Aufsichtsrat* eine Gleichbehandlung der → *Aktionäre,* umfassende Transparenz und wirksame Kontrollmechanismen verlangt (→ *Risiko-Management-Systeme*). Außerdem werden Regeln definiert für die Behandlung von Interessenkonflikten sowie für → *Eigengeschäfte* von Organmitgliedern mit ihren Unternehmen.

Nach den Vorschlägen von zwei Regierungskommissionen vom Juli 2001 und Februar 2002, die nach den Problemen u. a. mit der *Philipp Holzmann AG* und (→ *Neuer Markt*) eingesetzt wurden, sollen Vorstände einer → *Aktiengesellschaft (AG)* ihren Aufsichtsrat besser informieren, die eigenen Vergütungen offen legen und alle Anteilseigner gleich behandeln. Aufsichtsräte sollen häufiger tagen und zur Vorbereitung einer → *Hauptversammlung* soll das → *Internet* stärker genutzt werden. Neue Tatsachen, die Finanzanalysten mitgeteilt wurden, müssen auch den Anlegern bekannt gemacht werden. Außerdem sollen sich die Bezüge von Vorstand und Aufsichtsrat künftig auch am wirtschaftlichen Erfolg des Unternehmens orientieren und offen gelegt werden.

Das **Gesetz zur weiteren Reform des Aktien- und Bilanzrechts, zu Transparenz und Publizität (TransPuG)** vom 19. 7. 2002 brachte daraufhin entsprechende Änderungen im → *Aktiengesetz (AktG)* und im → *Handelsgesetzbuch (HGB)*. Hierzu zählt u. a. die ausdrückliche Erklärung des Vorstands zu den von ihm umgesetzten Empfehlungen eines **Corporate Governance Kodex** mit 50 nationalen und internationalen Standards, den die Regierungskommission vorgelegt hatte (§ 161 AktG).

Gleichzeitig wurden von der Bundesregierung mit einem **10-Punkte-Programm zur Unternehmensintegrität und zum Anlegerschutz** ergänzende Regelungen angekündigt, die eine besondere Kommission (Cromme-Kommission) vorgeschlagen hat.

In dessen Konsequenz wurde mit dem **Anlegerschutzverbesserungsgesetz (AnSVG)** vom 28.10. 2004 eine **Richtlinie der EU gegen Insidergeschäfte und Marktmanipulationen (EU-Marktmissbrauchsrichtlinie)** (→ *Europäische Gesetzgebung)* aus dem Jahr 2001 in deutsches Recht umgesetzt. Vorgeschrieben wurde u. a. eine Prospektpflicht für nicht durch → *Wertpapiere* verbriefte Anlageformen des so genannten „Grauen Kapitalmarkts". Hierdurch soll die Transparenz der Kapitalmärkte weiter verbessert werden.

Außerdem werden seit dem 1. 7. 2005 nach dem → *Bilanzkontrollgesetz* Unternehmensabschlüsse börsennotierter → *Kapitalgesellschaften* verstärkt geprüft. Mit dem → *Bilanzrechtsreformgesetz* wurden zum 1. 1. 2005 weitere Regelungen zur Gewährleistung der Unabhängigkeit der → *Wirtschaftsprüfer* eingeführt. Eine unabhängige Kommission übernimmt außerdem die Fachaufsicht über die → *Wirtschaftsprüferkammer*.

Mit dem am 1. 11. 2005 in Kraft getretenen **Gesetz zur Unternehmensintegrität und Modernisierung des Anfechtungsrechts (UMAG)**, werden u. a. die Rechte der Aktionäre gestärkt über die Möglichkeit der Durchsetzung von Schadensersatzansprüchen gegen Mitglieder im Vorstand oder Aufsichtsrat.

Außerdem müssen – beginnend mit Geschäftsabschlüssen für 2006 – ab 2007 die Einkommen der Spitzenmanager börsennotierter Aktiengesellschaften einzeln im Anhang zum → *Jahresabschluss* bzw. → *Konzernabschluss* veröffentlicht werden. Nach dem **Gesetz über die Offenlegung von Vorstandsvergütungen** vom 12. 7. 2005 kann diese Offenlegungspflicht nur nach einem Beschluss der Hauptversammlung mit Dreiviertel-Mehrheit für maximal fünf Jahre aufgehoben werden. → *Finanzmarktreform*.

Das geplante **Kapitalmarktinformationsgesetz** zur persönlichen Haftung von Vorstand und Aufsichtsrat gegenüber den Anlegern bei vorsätzlichen oder grob fahrlässigen Falschinformationen wurde auf Drängen der Wirtschaft von der Bundesregierung zurückgezogen.

http://www.rechtliches.de/info_Tranparenz-_und_Publizitätsgesetz.html/

▶ **Corporate Identity**

Die Konzeption für das Corporate Identity geht als Teil der → *Unternehmenskultur* von der Vorstellung aus, dass für den Erfolg eines Unternehmens auch sein Erscheinungsbild und die Selbstdarstellung nach außen (→ *Corporate Design*) wie auch das Selbstverständnis der Beschäftigten im Rahmen eines gewünschten Firmenimages **(Corporate Behaviour)** wesentlich sind. Erwartet werden hiervon → *Synergieeffekte* bei der Unternehmenstätigkeit und eine zusätzliche Motivation der Beschäftigten („Wir-Gefühl"). Der Aufbau und die Durchsetzung eines Corporate-Identity-Konzepts zählen zu den Bestandteilen für eine → *Strategische Unternehmensführung*.

▶ **Corporation**

→ *Kapitalgesellschaft* nach amerikanischem Unternehmensrecht. Ihr Aufbau gleicht der deutschen → *Aktiengesellschaft (AG)*, jedoch ist sie weniger an zwingende Rechtsvorschriften gebunden als die deutsche AG. Aus diesem Grunde fehlt in den USA eine der deutschen → *Gesellschaft mit beschränkter Haftung (GmbH)* entsprechende Rechtsform.

Organe der Corporation sind die **Generalversammlung**, der alle → *Aktionäre* angehören, der → *Board of Directors*, der die Politik der Gesellschaft bestimmt und nach außen vertritt, sowie das **Executive Management**, welches für die Geschäftsführung im Einzelnen verantwortlich ist.

▶ **Cost Benefit Analysis** → *Kosten-Nutzen-Analyse*

▶ **Cost Center** → *Profitcenter*

▶ **CP** → *Commercial Paper*

▶ **CPU**

Central Processing Unit → *Zentraleinheit*.

▶ **Cracker**

Bezeichnung für kriminelle → *Hacker*.

▶ **Crash**

Begriff aus der Börsenwelt (→ *Börse*). Er kennzeichnet eine Situation, die außer Kontrolle ist. Börsenkurse (→ *Börsenkurs*) fallen innerhalb von Stunden ins Uferlose durch panikartige Verkäufe. Spekulanten nutzen die Situation, indem → *Leerverkauf* getätigt wird.

▶ **Currency Warrants (Währungsoptionsscheine)** → *Optionsscheine*

▶ **Cursor**

Optisch hervorgehobene Schreibmarke auf dem → *Bildschirm* eines → *PC*, die anzeigt, an welcher Stelle das nächste eingegebene Zeichen erscheint.

▶ **Customer Relationship Management (CRM)**

(Kundenbindungsmanagement) CRM ist die ganzheitliche Bearbeitung der Beziehungen eines Unternehmens zu seinen Kunden.

Ziel des CRM ist die langfristige, möglichst lebenslange, loyale Bindung des Kunden an das Unternehmen. Mittel hierzu sind nach einer ersten Kontaktaufnahme bzw. Kaufentscheidung eine an den Kundenbedürfnissen zielorientierte Kontaktpflege **(After Sales Marketing)**, die auf Kundenzufriedenheit und Kundenbindung sowie positive Empfehlungen (Mundpropaganda) für neu zu gewinnende Kunden ausgerichtet ist. Der Erfolg des CRM ist messbar in steigendem → *Marktanteil* und sinkenden Kosten u. a. für die Kundengewinnung. → *Target Costing.*

▶ **Cybercash/Cybermoney**

(virtuelles Geld) Zahlungsmittel im → *Internet*, das in Geldersatzfunktion verrechnet wird. Anders: → *Electronic Cash.*

▶ **Cyberkriminalität**

Bezeichnung für Wirtschaftsspionage mit Hilfe des → *Internet* durch kriminelle → *Hacker* (→ *Cracker*). Nach Recherchen von Price Waterhouse waren bis 2001 bereits 42 der größeren Unternehmen in Europa Opfer von Cyberkriminalität.

▶ **Cyberlaw**

Rechtsvorschriften, die für Anbieter und Nutzer im → *Internet* gelten.

▶ **Cyberspace**

Eine vom → *Computer* erzeugte scheinbare (virtuelle) Realität, die unter Anwendung bestimmter → *Hardware* und → *Software* erschlossen werden kann. Sie wird z. B. in der Luftfahrt angewendet bei der Pilotenausbildung.

D

▶ **Dachgesellschaft** → *Holdinggesellschaft*

▶ **Damnum**

Im Hypothekengeschäft (→ *Hypothek*) übliches Abgeld auf das gewährte → *Darlehen*. Es ist der Unterschiedsbetrag zwischen der Darlehenssumme und dem tatsächlichen an den Darlehensnehmer ausgezahlten Betrag.

▶ **Darlehen**

Verzinslicher oder zinsloser → *Kredit* mit vertraglich vereinbarten Rückzahlungsmodalitäten. Das Darlehen kann auch in Form von Sachen gewährt werden. Rechtsgrundlage für einen **Darlehensvertrag** (→ *Vertrag*) sind die Vorschriften im BGB (→ *Bürgerliches Gesetzbuch (BGB)*) (§ 488 BGB bis § 498 BGB). → *Finanzierung*.

▶ **Darlehensvertrag** → *Darlehen*

▶ **Datei**

Datensammlung (z. B. Texte, Grafiken, Tabellen, bestimmte Programme), die unter einem Namen im → *Computer* gespeichert ist.

▶ **Datenautobahn**

Bezeichnung für hochleistungsfähige Übertragungswege in den → *IuK-Technologien* (z. B. → *Glasfaserkabel*), über die große Datenmengen mit hoher → *Übertragungsgeschwindigkeit* transportiert werden.

▶ **Datenbank**

System zur Speicherung großer Mengen von Daten zum Zweck der Informationsbeschaffung. Durch Zusammenfassung von Dateien (→ *Datei*), die sich an unterschiedlichen Orten befinden können, wird die Grundlage für ein umfassendes Informationssystem geschaffen. Hier können Beziehungen zwischen den einzelnen Daten **(Vernetzung)** hergestellt werden. → *Internet.*

Beim Aufbau und der Nutzung integrierter Informationssysteme und Datenbanken müssen die Rechte des **Persönlichkeitsschutzes** beachtet werden. → *Datenschutz,* → *Datensicherung.* Neue Formen der → *Wirtschaftskriminalität* sind negative Begleiterscheinungen.

▶ **Datendienste**

Sammelbezeichnung für elektronisch übermittelte Informationen z.B. über Wetter-, Verkehrs-, Umwelt- oder Börsendaten (→ *Börse*) sowie über Angebote von Waren und → *Dienstleistungen* durch meist kommerzielle Diensteanbieter. → *Teledienste.*

▶ **Datenfernübertragung (DFÜ)**

Bezeichnung für die → *Datenübertragung* zwischen Datenstationen und → *Computer* oder zwischen Computern. Die Datenfernübertragung erfolgt über **spezielle Datennetze** oder **Funkwege** (Richtfunk, Satelliten).

▶ **Datenfernverarbeitung**

Mit Hilfe der → *Datenübertragung* von einem anderen Ort herangeführte Datenmengen, die in einem → *Rechenzentrum* verarbeitet werden. Der anliefernden Stelle werden nach erfolgter Verarbeitung die Ergebnisse zurückübertragen.

▶ **Datenkompression**

Technisches Verfahren, das eine mit großen Datenmengen belastete → *Datei* um redundante Informationen (→ *Redundanz*) bereinigt und damit verdichtet (komprimiert), d. h. die Speicherfähigkeit (→ *Speicher*) erweitert.

▶ **Datennetz** → *Telekommunikationsnetze*

▶ **Datenschutz**

Bezeichnung für alle Maßnahmen zum Schutz vor missbräuchlicher Verwendung der über eine Person gespeicherten Informationen. Im weiteren Sinne fallen auch betriebliche Daten unter den Datenschutz (z. B. über betriebliche Produktionsverfahren). Beim **Benutzerdatenschutz** sollen die anwendungsbezogenen Daten der Benutzer, die extern gespeichert und/oder verarbeitet werden, vor missbräuchlicher Weitergabe geschützt werden.

Beim **Arbeitnehmerdatenschutz** geht es um den Schutz der **Persönlichkeitsrechte** der → *Arbeitnehmer* im Zusammenhang mit den im Betrieb vorhandenen Personaldaten und weiteren betrieblichen, mit der Person verbundenen Daten.

Ebenso unzureichend sind die bisherigen Regelungen beim Benutzerdatenschutz. So wird der Schutz der Persönlichkeitssphäre mit den gegenwärtigen gesetzlichen Bestimmungen nicht hinreichend gewährleistet. → *Bundesdatenschutzgesetz (BDSG)*, → *Sozialdaten,* → *Hacker.*

▶ **Datenschutzbeauftragte** → *Bundesdatenschutzgesetz (BDSG)*

▶ **Datensicherung**

Bezeichnung für alle Maßnahmen und Einrichtungen zur Sicherung eines ordnungsgemäßen Ablaufs der → *Datenverarbeitung,* der Datengeräte, Datenbestände und Programme vor Zerstörung, Diebstahl, Veränderung und unerlaubter Weitergabe. Als Mittel zur Datensicherung stehen u. a. der Einbau von Codewörtern (→ *Code*) für den Zugriff sowie bestimmte technische und organisatorische Maßnahmen zur Verfügung. → *Bundesdatenschutzgesetz (BDSG).*

▶ **Datenträger**

D. sind alle zur elektronischen Speicherung und Lesbarkeit verwendbaren technischen Geräte. Hierzu zählen heute vor allem → *CD-Rom und* → *Diskette,* früher auch Magnetbänder und Magnetplattenspeicher.

▶ **Datenübertragung**

Der Datentransport vom Erfassungsort zur verarbeitenden und/ oder speichernden Stelle (z. B. → *Datenbank*) bis zur Weitergabe an den Empfänger. Dies kann über leitungsgebundene Netze, Funkstrecken bzw. Satelliten erfolgen.

▶ **Datenverarbeitung**

Sammelbegriff für alle Arten der Sortierung, Aufbereitung, Zuordnung, Verknüpfung von Daten – manuell, mechanisch, elektromechanisch oder elektronisch. → *Elektronische Datenverarbeitung (EDV)*, → *Bundesdatenschutzgesetz (BDSG)*.

▶ **Datev**

Service-Gesellschaft mit Sitz in Nürnberg für → *Steuerberater* und → *Wirtschaftsprüfer*. Mit Hilfe der → *Datenübertragung* werden dem angeschlossenen Personenkreis Hilfen und weitere Dienstleistungen u. a. auf dem Gebiet der → *Buchführung*, der Erstellung einer → *Handelsbilanz* oder → *Steuerbilanz* zur Verfügung gestellt.

▶ **Datowechsel** → *Wechsel*

▶ **DAX** → *Deutscher Aktienindex (DAX)*

▶ **DAX-Future**

→ *Terminkontrakt* der → *EUREX* auf den → *Deutschen Aktienindex (DAX)* als → *Basiswert* und einem Kontraktwert von 25 Euro pro Indexpunkt des DAX. **Beispiel:** Kontraktwert bei einem Dax von 8000 wäre 200 000 Euro.

Daneben wird auch mit Optionen (→ *Option*) auf den Dax-Index gehandelt. Die Optionskontrakte auf den DAX-Index beinhalten eine bestimmte Anzahl von Optionen. Sie haben einen Kontraktwert von 5 Euro pro Indexpunkt des DAX.

http://www.exchange.de/dax/

▶ Daytrader

Personen, die → *Aktien* oder → *Derivate* kaufen, um sie am gleichen Tag wieder zu verkaufen mit dem Ziel, → *Spekulationsgewinne* zu erzielen. Ein erheblicher Teil des täglichen Börsenumsatzes beruht auf solchen Spekulationsgeschäften **(Daytrading).**

▶ Deadline

Letzter Zeitpunkt zur Abgabe von Manuskripten (z. B. Redaktionsschluss) und Fristsachen (z. B. bei Gerichten, für Zahlungsvorgänge), für die Fertigstellung einer Arbeit oder für die Erhaltung eines Anspruchs. Die Nichteinhaltung der letzten Frist führt i. d. R. zur Schadensersatzforderung, → *Vertragsstrafe* oder den Verlust von Ansprüchen.

▶ Debentures

Nach einer festgesetzten Laufzeit rückzahlbare → *Schuldverschreibungen* ohne besondere Sicherheit, die in der Regel auf den Inhaber lauten.

▶ Debet

Andere Bezeichnung für die linke Seite eines Kontos (**Soll**), d. h. der Betrag, den der Kontoinhaber seiner Bank oder seinem Geschäftspartner schuldet. → *Haben*.

▶ Debitor → *Kreditor*

▶ Deckungsbeitrag

Bezeichnung für Bestandteile der → *Deckungsbeitragsrechnung*. Auf ein Produkt bezogen ist er die Differenz aus den nach Produktarten in der → *Kostenträgerrechnung* gegliederten → *Erlösen* und den nach dem Verursachungsprinzip zurechenbaren variablen Kosten (→ *Variable Kosten*) eines Produkts in einer Abrechnungsperiode.

Dieser Deckungsbeitrag je Produkt gibt Aufschluss über die Frage, welchen Beitrag ein Produkt oder eine Dienstleistung für gesamte → *Fixe Kosten* leistet. Ist der Deckungsbeitrag positiv, so ist es vorteilhaft, das Produkt weiter abzusetzen.

Werden danach in der Tabelle die fixen Kosten für jedes Produkt abgezogen, so liefern positive Ergebnisse des jeweiligen Produkts Deckungsbeiträge zur Deckung der gesamten fixen Kosten.

Diese Rechnung wird fortgeführt durch Abzug sinnvoll auf bestimmte Aggregate zurechenbarer fixer Kosten (z. B. einer ganzen Produktgruppe, bestimmte → *Kostenstellen* oder Bereiche). Verbleibt ein weiterer positiver Deckungsbeitrag, so dient auch dieser Deckungsbeitrag zur Deckung der gesamten fixen Kosten.

Am Ende dieser stufenweisen Berechnung werden von der Summe der auf der letzten Stufe verbliebenen Deckungsbeiträge die restlichen fixen Kosten des Unternehmens abgezogen. Ist auch hier das Ergebnis positiv, so besteht ein betriebswirtschaftlicher → *Erfolg* der Rechnungsperiode.

Diese stufenweise Vorgehensweise ermöglicht Transparenz über die Beiträge eines jeden Produkts oder bestimmter → *Dienstleistungen* zum Periodenerfolg und erleichtert Rückschlüsse für unternehmerische Entscheidungen, z. B. zur Produktpalette oder Preisgestaltung.

▶ **Deckungsbeitragsrechnung**

Verfahren der → *Kostenrechnung*, bei dem der → *Erfolg* einer Rechnungsperiode durch ein stufenweises und hierarchisch gegliedertes Vorgehen mit Hilfe von Deckungsbeiträgen ermittelt wird. → *Deckungsbeitrag* .

Mit dieser → *Teilkostenrechnung* werden Unzulänglichkeiten der Kostenzurechnung vermieden, die bei einer → *Vollkostenkalkulation* entstehen.

▶ **Decoder**

Gerät bzw. Programm, mit dem es möglich ist, Systeme mit unterschiedlichen Codes (→ *Code*) zu verbinden. Der Decoder wird in der Verbindungsstelle (→ *Schnittstelle*) installiert.

▶ **Deduktive Methode**

Ableiten von Einzelfällen aus allgemein bekannten Umständen oder Erkenntnissen durch logische Schlussfolgerung. → *Induktive Methode*.

▶ **Deficit Spending**

Steuerungsinstrument staatlicher → *Finanzpolitik*, um Impulse für eine stagnierende oder unterbeschäftigte Wirtschaft (→ *Unterbeschäftigung*) zu geben: Im → *Haushaltsplan* werden mehr Ausgaben vorgesehen, als Einnahmen zu erwarten sind. Um den Ausgabenüberschuss zu erzielen, können entweder die Einnahmen gesenkt (Steuersenkung) oder die Ausgaben erhöht bzw. die Einnahmen gesenkt und gleichzeitig die Ausgaben erhöht werden.

Die → *Finanzierung* des Ausgabenüberschusses kann durch Ausgabe von staatlichen → *Schuldverschreibungen* (→ *Staatsanleihen*) erfolgen, wodurch allerdings kaufkräftige Nachfrage entzogen wird, oder durch zusätzliche Verschuldung bei der → *Zentralbank*. Hierdurch wird die → *Geldmenge* im privaten Sektor nicht verringert. → *Keynesianismus*.

▶ **Deflation**

Bezeichnung für eine wirtschaftliche Situation mit dauerhaft sinkendem Preisniveau, in der das gesamtwirtschaftliche Angebot größer ist als die gesamte Nachfrage.

Das Überangebot drückt die Preise und führt tendenziell zu Einkommensminderungen, die zu einem weiteren Rückgang der Nachfrage der → *Konsumgüter* und → *Investitionsgüter* führen. Die Folge ist ein Ansteigen der → *Arbeitslosigkeit*. Andererseits kann durch das Sinken des Preisniveaus (→ *Lebenshaltungspreisindex*) ein Teil des inländischen Nachfrageausfalls durch eine Steigerung der → *Ausfuhr* ausgeglichen werden.

Eine **deflatorische Lücke** vom Binnenmarkt her kann entstehen, wenn radikale Kürzungen der Staatsausgaben erfolgen (→ *Haushalt*) und/oder zu wenig Geld im Umlauf ist (→ *Geldpolitik*). Ursache kann auch ein Rückgang der Auslandsnachfrage sein, der

z. B. durch → *Protektionismus* oder → *Abwertung* ausländischer Währungen bedingt ist.

Die größte Deflation war in den Jahren 1929/30 während der → *Weltwirtschaftskrise*, als die Regierungen durch Haushaltskürzungen und Abwertungen der eigenen Währung die Ursachen der Krise mit den falschen Mitteln bekämpften. Die damals entwickelte Theorie des → *Keynesianismus* lehrte als Mittel zur Bekämpfung das → *Deficitspending* und die → *Antizyklische Konjunkturpolitik*. Zur Bekämpfung einer Deflation ist eine Koordinierung auf internationaler Ebene unumgänglich, z. B. im Rahmen der EU (→ *Europäische Union (EU)*), der → *WTO (World Trade Organization)* und des IWF (→ *Internationaler Währungsfonds (IWF)*).

▶ **Deliktfähigkeit** → *Geschäftsfähigkeit*

▶ **Delkredere**

→ *Wertberichtigung* im betrieblichen → *Rechnungswesen* für den voraussichtlichen Verlust von ausstehenden → *Forderungen*. Hierbei wird unterschieden zwischen **uneinbringlichen Forderungen**, die voll abgeschrieben werden können, und **zweifelhaften (dubiosen) Forderungen**, die in der → *Bilanz* mit ihrem wahrscheinlichen Wert angesetzt werden müssen.

▶ **Delors-Bericht** → *Europäische Wirtschafts- und Währungsunion (EWWU)*

▶ **Demographische Entwicklung**

Andere Bezeichnung für Entwicklung des Bevölkerungsaufbaus (→ *Altersaufbau*).

▶ **Demographischer Faktor** → *Nachhaltigkeitsfaktor*

▶ **DENIC**

Das DENIC e. G. **(Deutsches Network Information Center)** verwaltet als Domain Verwaltungs- und Betriebsgesellschaft die

→ *IP-Adressen* der → *Domain* Deutschland (.de) im → *Internet*. Hierzu verfügt DENIC über einen von der → *InterNIC* zugeordneten Adressenbestand. Mitglieder der DENIC sind Internet-Provider. Sitz der eingetragenen Genossenschaft (e.G) ist Frankfurt/M. → *Genossenschaften*.

http://www.denic.de/

▶ **Denomination** → *Kapitalherabsetzung*

▶ **Deport** → *Report*

▶ **Depositen**

Kurz- oder mittelfristig gegen Verzinsung bei einem Kreditinstitut angelegte Gelder. Das Depositengeschäft ist wichtigstes Geschäft der → *Kreditinstitute* zur Beschaffung kurzfristiger Mittel.

▶ **Depotbanken**

Nach dem → *Depotgesetz (DepotG)* (§ 1 Abs. 3 DepotG) für die Verwahrung und Anschaffung von Wertpapieren zugelassenes → *Kreditinstitut*. Sie verschickt i. d. R. einmal jährlich an ihre Kunden eine Aufstellung **(Depotauszug)** über die von ihr verwahrten → *Wertpapiere* und deren Wertstellung zum Stichtag (z. B. 31.12.).

▶ **Depotgeschäft**

Gewerbsmäßige Aufbewahrung und Verwaltung von Wertgegenständen und Wertpapieren (→ *Wertpapiere)* durch die → *Depotbanken* (→ *Kreditinstitute*), die hierfür **Depotgebühren** berechnen. → *Depotstimmrecht*.

▶ **Depotgesetz (DepotG)**

Gesetz über die Verwahrung und Anschaffung von Wertpapieren i. d. F. vom 11. 1. 1995 regelt die Wertpapierverwahrungs- und -anschaffungsgeschäfte (→ *Wertpapiere)* der → *Kreditinstitute*.

Außerdem dient es durch Vorschriften über die Erhaltung des Wertpapiereigentums und dessen schnelle Beschaffung durch die Kreditinstitute dem Schutz des Kunden.

http://www.rechtliches.de/

▶ **Depotstimmrecht**

(Bankenstimmrecht) → *Stimmrecht* für die von einem Bankkunden ins Depot (→ *Depotgeschäft*) gegebenen → *Aktien*. Nach den Bestimmungen im → *Aktiengesetz (AktG)* (§ 128 AktG und § 135 AktG) können → *Kreditinstitute* das Depotstimmrecht erst mit ausdrücklicher schriftlicher Zustimmung der *Aktionäre* unter Einhaltung bestimmter Formvorschriften in Anspruch nehmen. Dabei können Aktionäre ihrer Bank Weisungen für die Ausübung des Stimmrechts erteilen. Wegen der mangelnden Inanspruchnahme des eigenen Weisungsrechtes durch die Aktionäre beeinflussen vor allem → *Großbanken* über das Depotstimmrecht in hohem Maße die Geschäftspolitik der Unternehmen.

Mit dem **Gesetz zur Kontrolle und Transparenz im Unternehmensbereich** (→ *KonTraG*) wurde die Informationspflicht der → *Banken* gegenüber ihren Depotkunden ausgeweitet und deren Stimmrechtsausübung in Unternehmen, an denen sie mit mindestens 5 % beteiligt sind, beschränkt.

▶ **Depression** → *Rezession*

▶ **Deputate**

In Sachleistungen abgegoltene Gehalts- oder Lohnanteile in Form eines Naturallohns (z. B. Deputatkohle im Bergbau, bestimmte Menge Bier in Brauereien), der neben dem Barlohn gewährt wird. Deputate sind ebenso wie der Barlohn einkommen- und lohnsteuerpflichtig. → *Einkommensteuer,* → *Lohnsteuer.*

▶ **Deregulierung** → *Liberalisierung,* → *Standortdiskussion*

▶ Derivate

(Derivative → *Finanzinstrumente*) Bezeichnung für hybride Finanztitel (→ *Hybrid*, → *Finanzinnovationen*), die aus den Rechten der zugrunde liegenden Geschäfte auf → *Wertpapiere*,→ *Geldmarktpapiere*, → *Devisen*, → *Zinsen*, Edelmetalle oder Waren abgeleitet werden.

Im → *Wertpapierhandelsgesetz* (§ 2 Abs. 2 WpHG) sind sie als → *Festgeschäfte* oder → *Optionsgeschäfte* ausgestaltete → *Termingeschäfte* definiert, deren Preis unmittelbar oder mittelbar abhängt vom → *Börsenkurs* oder Marktpreis bestimmter Wertpapiere, → *Geldmarktinstrumente*, Waren und Edelmetalle, den Kursen für Devisen und Rechnungseinheiten (→ *Devisentermingeschäfte*) sowie von Zinssätzen oder anderen Erträgen. → *Derivatehandel*.

Derivate nennt man auch Produkte, die zwangsläufig bei der Herstellung oder Verarbeitung eines anderen Produkts anfallen. → *Kuppelprodukte*.

▶ Derivatehandel

Bezeichnung für Geschäfte mit Derivaten (→ *Derivate*), die seit Anfang der 90er Jahre einen boomenden Aufschwung erleben. Hierzu zählt u. a. der Handel mit Terminkontrakten (→ *Terminkontrakte*), → *Doppelwährungsanleihen*, → *Swaps*, → *Collars*, → *Caps*, → *Floors*. Sie werden u. a. genutzt im → *Cash Management* mit dem Ziel, Risiken zu streuen und zu eliminieren.

Begünstigt wurde das Geschäft mit Derivaten durch die → *Liberalisierung* und zunehmende weltweite Vernetzung im → *Finanzmarkt*. Etwa drei Viertel des täglichen Geschäftsvolumens wird im → *OTC-Markt* abgewickelt. → *Trading*.

▶ Derivative Finanzinstrumente → *Derivate*

▶ Derivative Indizes → *Aktienindex*

▶ Derivativer Firmenwert → *Firmenwert*

▶ **Deutsche Bahn AG** → *Bundesbahn/Deutsche Bahn AG*

▶ **Deutsche Börse AG**

Zum 1. 1. 1993 von den deutschen → *Banken* gegründete → *Holdinggesellschaft* mit dem Ziel, die internationale Bedeutung des deutschen Finanzplatzes zu erhöhen. Sie betreibt u. a. den Computerhandel (→ *Xetra*) und erstellt den DAX (→ *Deutscher Aktienindex (DAX)*) und seine weiteren Werte sowie – als deutscher Partner – die → *STOXX*-Aktienindizes. Die Deutsche Börse AG hält u. a. Beteiligungen an der Frankfurter Wertpapierbörse AG (FWP) und an der → *EUREX* Deutschland.

http://deutsche-boerse.com/

▶ **Deutsche Genossenschaftsbank** → *Volksbanken*

▶ **Deutsche Girozentrale**

Spitzeninstitut der → *Girozentralen*.

▶ **Deutsche Kreditanstalt** → *KfW Deutsche Kreditanstalt*

▶ **Deutsche Prüfstelle für Rechnungslegung (DPR)**
→ *Bilanzrechtsreformgesetz*

▶ **Deutscher Aktienindex (DAX)**

Der **DAX** ist ein am 23. 6. 1988 auf der Basis des Wertes vom 30. 12. 1987 (Index = 1000 Punkte) eingeführter → *Aktienindex*. Er wird laufend, d. h. alle 15 Sekunden, aus dem → *Börsenkurs* der → *Aktien* der 30 größten deutschen Aktiengesellschaften im → *Prime Standard* berechnet. Das Gewicht der einzelnen Aktien im Aktienindex orientiert sich am Börsenumsatz und an der jeweiligen → *Marktkapitalisierung* auf Basis des → *Free Float* sowie der Branchenrepräsentanz. Regelmäßig wird der Index auf seine Zusammensetzung überprüft. Unternehmen werden ausgewechselt, wenn bestimmte Kriterien nicht mehr erfüllt sind. Siehe **Abb. 10**.

Deutscher Aktienindex (DAX)

Unternehmen	Gewicht	Branche
Fresenius	0,43	Chemie, Pharmazie
TUI	0,60	Automobil, Transport
MAN	0,63	Maschinenbau, Industrieanlagen
Altana	0,65	Chemie, Pharmazie
Linde	0,83	Maschinenbau, Industrieanlagen
Henkel KGaA	0,85	Konsumgüter, Handel
Lufthansa	0,98	Automobil, Transport
Deutsche Börse	1,05	Banken, Finanzdienstleistungen
Infineon	1,10	Software, Technologieanwendungen
Adidas-Salomon	1,21	Konsumgüter
Metro	1,23	Konsumgüter, Handel
Thyssen Krupp	1,45	Maschinenbau, Industrieanlagen
Continental	1,46	Konsumgüter, Handel
Commerzbank	1,62	Banken, Finanzdienstleistungen
Volkswagen	1,65	Automobil, Transport
Deutsche Post	1,66	Automobil, Transport
Schering	2,08	Chemie, Pharmazie
HypoVereinsbank	2,28	Banken, Finanzdienstleistungen
BMW	2,40	Automobil, Transport
Münchner Rückvers.	3,67	Versicherungen
RWE	3,68	Versorgung, Telekommunikation
Bayer	3,76	Chemie, Pharmazie
SAP	5,87	Software, Technologieanwendungen
BASF	6,24	Chemie, Pharmazie
DaimlerChrysler	6,47	Automobil, Transport
Allianz	7,34	Versicherungen
Deutsche Bank	7,84	Banken, Finanzdienstleistungen
Deutsche Telekom	9,41	Versorgung, Telekommunikation
E.on	9,99	Versorgung, Telekommunikation
Siemens	11,43	Software, Technologieanwendungen

Abb. 10: Die Werte im DAX 30 (Quelle: Deutsche Börse AG, Beispiel mit Stand vom Januar 2005)

Die im DAX aufgenommenen 30 Standardwerte entsprechen ca. 75 % vom → *Grundkapital* deutscher börsennotierter Aktiengesellschaften sowie rd. 85 % der in deutschen Beteiligungspapieren getätigten Börsenumsätze. Seit Juni 1999 wird der DAX auf Grundlage der Daten aus dem Computerhandelssystem **Xetra** (→ *Computerhandel*) berechnet.

Der **MDAX** umfasst die Kursentwicklung der 50 größten Aktiengesellschaften im Prime Standard, die nicht im DAX aufgenommen wurden. Der Basiswert 1000 ist – ebenso wie der DAX – auf den 31. 12. 1987 bezogen.

Der **SDAX** ist der Index der 50 größten auf die MDAX-Werte folgenden Unternehmen des Prime Standard – den → *Small Caps*. Er wurde zum 21. 6. 1999 eingeführt auf dem Basiswert 1000 am 30. 12. 1987.

Der **TecDAX** liefert den Index der Aktien der 30 größten Technologieunternehmen des Prime Standard unterhalb des DAX. Er wurde zum 24. 3. 2003 eingeführt auf der Basis vom 1000 Punkten am 30. 12. 1987 und ersetzte den kurzlebigen **NEMAX** der Unternehmen. → *Neuer Markt*.

Außerdem wird noch der **CDAX** (Composite-DAX) berechnet. Der Index wird von der Deutschen Börse AG aus den Börsenkursen aller im Prime Standard und → *General Standard* an der → *FWB (Frankfurter Wertpapierbörse)* notierten deutschen Aktiengesellschaften berechnet.

Der CDAX als Gesamtindex ist daneben noch in 18 **Branchenindizes** untergliedert, die die Kursentwicklung der in der jeweiligen Branche nach Tätigkeitsschwerpunkten zugeordneten Unternehmen abbilden. Der Basiswert 100 ist auf den 31. 12. 1987 fixiert.

Seit Anfang 2005 notiert die Deutsche Börse mit dem **GEX** einen neuen Index, der die Entwicklung eigentümergeführter Unternehmen (→ *Unternehmer*) in Deutschland abbildet. Der GEX enthält alle deutschen Unternehmen dieser Art aus dem Prime Standard der Frankfurter Wertpapierbörse – gewichtet nach der Marktkapitalisierung der frei handelbaren Aktien. Die Unternehmen müssen seit maximal zehn Jahren börsennotiert sein und von Eigentümern geführt werden, die zwischen 25 und 75 Prozent der Anteile halten. Dies sind rd. 130 Unternehmen.

Die Berechnung der DAX-Werte beginnt um 9.00 Uhr und endet mit den Kursen aus der Xetra-Schlussauktion, die um 17.30 Uhr startet. Im Anschluss an die Xetra-Schlussauktion wird ein **Late-Index** berechnet. Der jeweilige **LDAX** zeigt die Marktentwicklung der DAX-Werte nach Xetra-Handelsschluss. Er wird von 17.45 Uhr bis 20.00 Uhr berechnet.

Der **VDAX** (Volatilität DAX) ist ein den Geld- und Briefkursen (→ *Börsenkurs*) für Dax-Optionen (→ *Option*) von der Deutschen Börse AG täglich berechnete → *Kennziffer*. Sie gibt Hinweise über die von den Marktteilnehmern in den nächsten 45 Tagen erwartete → *Volatilität*. Eine Kennziffer von z. B. 25 bedeutet, dass auf der Basis eines Jahres eine Volatilität des DAX von 25 % erwartet wird.

http://deutsche-boerse.com/

▶ **Deutscher Bauernverband e. V.**

Dachverband der regionalen Verbände in der Land- und Forstwirtschaft als Interessenvertretung gegenüber den politischen Institutionen in Deutschland und der EU (→ *Europäische Union (EU)*). → *Agrarpolitik*.

http://www.bauernverband.de/

▶ **Deutscher Beamtenbund (DBB)**

1890 gegründete Standesorganisation, die als Spitzenverband die Dachorganisation für insgesamt 39 Verbände und Fachgewerkschaften (z. B. Gewerkschaft deutscher Bundesbahnbeamter und Anwärter, Deutscher Postverband, Verein der Rechtspfleger, Bund deutscher Steuerbeamter, Deutscher Philologenverband, Deutscher Gerichtsvollzieherbund usw.) darstellt. Der DBB nimmt trotz seiner erklärten Funktion als **Standesorganisation** für → *Beamte* auch Arbeiter und Angestellte auf. Er ist in 16 Landesverbände untergliedert und hatte 2003 rund 1,2 Millionen Mitglieder.

http://www.dbb.de/

▶ **Deutsche Reichsbahn (DR)**

Wurde am 1. 4. 1920 durch Übernahme der in den deutschen Ländern Baden, Bayern, Hessen, Mecklenburg, Oldenburg, Preußen, Sachsen und Württemberg bestehenden Staatseisenbahnen als erstes einheitliches staatliches Eisenbahnunternehmen gegründet und dem Reichsverkehrsministerium zugeordnet. Im Rahmen der Reparationszahlungen (→ *Reparationen*) nach dem Ersten Weltkrieg wurde sie bis 1937 als **Deutsche Reichsbahngesellschaft (DRG)** betrieben und danach wieder in Deutsche Reichsbahn – als → *Sondervermögen* des Deutschen Reiches – umgewandelt. Nach 1945 entstand auf dem Gebiet der BRD die **Deutsche Bundesbahn** (→ *Bundesbahn/Deutsche Bahn AG)* und in der DDR die Deutsche Reichsbahn (DR) als → *Volkseigener Betrieb (VEB)*. Mit rd. 250 000 Beschäftigten war die DR das größte Unternehmen in der ehem. DDR. Sie wurde von dem Ministerium für Verkehrswesen zentral geleitet und umfasste 8 Reichsbahndirektionen. Mit dem → *Einigungsvertrag* blieb das Sondervermögen „Deutsche Reichsbahn" zunächst ein eigenständiges Sondervermögen der Bundesrepublik Deutschland und wurde nicht – wie die Deutsche Post (→ *Bundespost*) – mit dem Sondervermögen ihres Schwesterunternehmens vereinigt.

▶ **Deutsche Rentenversicherung** → *Rentenversicherung*

▶ **Deutscher Gewerkschaftsbund (DGB)**

1949 in München gegründete Spitzenorganisation von ursprünglich 16 Mitgliedsgewerkschaften, die nach dem → *Industrieverbandsprinzip* gegliedert sind. 1978 kam die Gewerkschaft der Polizei (GdP) als 17. Mitgliedsgewerkschaft des DGB hinzu. 1989 vereinigten sich die IG Druck und Papier und die Gewerkschaft Kunst zur IG Medien. Mit Wirkung zum 1. 1. 1996 haben sich die Gewerkschaft Gartenbau, Land- und Forstwirtschaft und die IG Bau, Steine, Erden zur IG Bauen-Agrar-Umwelt zusammengeschlossen. 1997 und 1998 vereinigten sich die Gewerkschaften Leder und die IG Bergbau mit der IG Chemie-Papier-Keramik

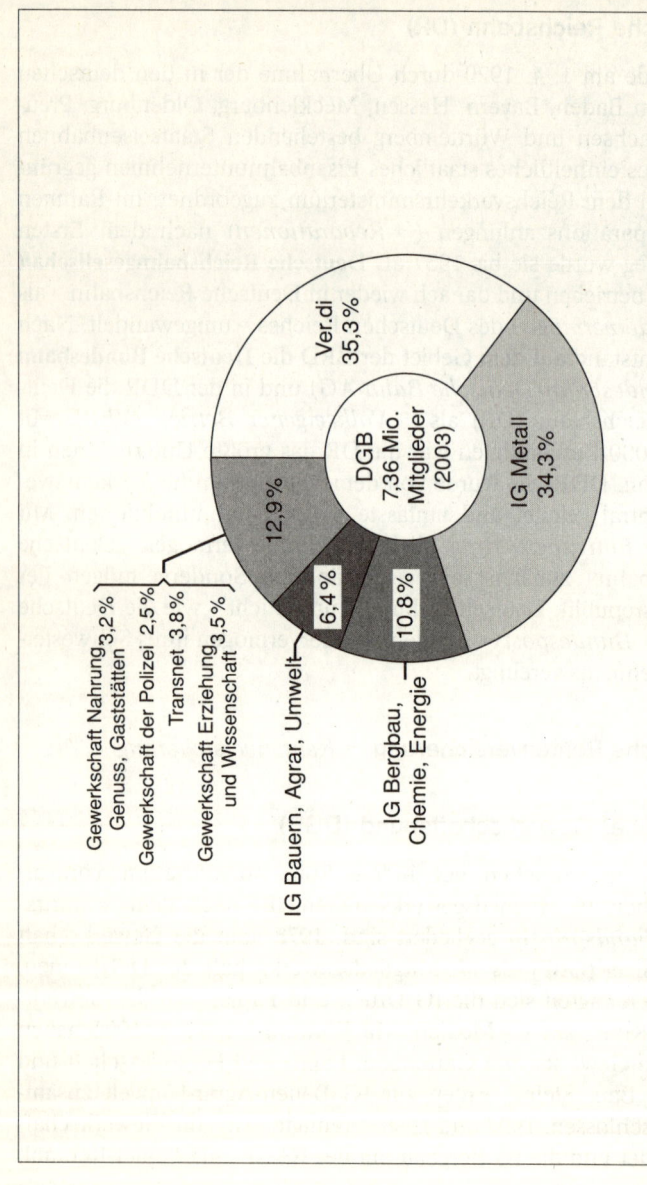

Abb. 11: Der Deutsche Gewerkschaftsbund und seine Gewerkschaften – Struktur und Mitgliederzahlen – (Quelle: DGB)

und die Gewerkschaften Textil-Bekleidung sowie Holz und Kunststoff (ab 1. 1. 2000) mit der IG Metall.

Im März 2001 entschieden sich fünf Gewerkschaften (Deutsche Postgewerkschaft, Gewerkschaft Handel, Banken und Versicherungen, IG Medien, Gewerkschaft Öffentliche Dienste, Transport und Verkehr sowie die Deutsche Angestelltengewerkschaft) auf außerordentlichen Kongressen für einen Zusammenschluss in einer neuen Vereinigten Dienstleistungsgewerkschaft (ver.di). Ver.di war Ende 2003 mit rd. 2,6 Mio. Mitgliedern die größte Gewerkschaft der Welt vor der IG Metall mit 2,5 Mio. Mitgliedern.

Alle Zusammenschlüsse dienen dem Ziel, organisatorische Abgrenzungsprobleme zwischen einzelnen Gewerkschaften in traditionellen, aber auch in neu entstandenen Wirtschaftsbereichen zu beseitigen und große, schlagkräftige Arbeitnehmerorganisationen zu schaffen, in denen sich kleinere Gewerkschaften wiederfinden.

Der DGB ist als → *Einheitsgewerkschaft* parteipolitisch unabhängig. Er ist jedoch nicht neutral, weil er politische Entscheidungen und Entscheidungsträger am Maßstab der Arbeitnehmerinteressen misst. Er vertritt die gesellschaftlichen, wirtschaftlichen, sozialen und kulturellen Interessen der → *Arbeitnehmer*. Er hat jedoch – ebenso wie die → *Bundesvereinigung der Deutschen Arbeitgeberverbände (BDA)* – keine → *Tariffähigkeit*. Diese liegt allein bei den 8 Mitgliedsgewerkschaften des DGB.

Organisatorisch umfasst der DGB 9 Bezirke mit insgesamt 94 Regionen. Der DGB hatte Ende 2004 rd. 7,0 Mio. Mitglieder. Sein Sitz ist in Berlin. Siehe **Abb. 11**.

http://www.dgb.de/

▶ Deutscher Industrie- und Handelskammertag (DIHK)

Spitzenorganisation von 82 IHK (→ *Industrie- und Handelskammer (IHK)*) und 60 Auslandshandelskammern in Deutschland. Sitz ist Berlin. Seine Aufgaben sind:
- Förderung und Sicherung der Zusammenarbeit der IHKn;
- Wahrung und Durchsetzung der Belange der gewerblichen Wirtschaft gegenüber den Instanzen des Bundes und der Gesetzgebung;

- Repräsentation der deutschen Wirtschaft aller Stufen und Branchen und ihrer regionalen Gliederungen;
- Zusammenarbeit mit den Industrie- und Handelskammern des Auslandes. Siehe **Abb. 16** (Seite 433).

http://www.ihk.de/

▶ **Deutscher Juristentag e. V.**

1860 gegründeter → *Verein*, der das Ziel hat, „die Notwendigkeit von Änderungen und Ergänzungen der deutschen Rechtsordnung zu untersuchen, Vorschläge zur Fortentwicklung des Rechts vorzulegen, auf Rechtsmissbräuche hinzuweisen und einen Meinungsaustausch unter den deutschen Juristen herbeizuführen". Hierzu findet alle zwei Jahre der Deutsche Juristentag statt.

http://www.tel.de/JU/JURISTENTAG.htm

▶ **Deutscher Handwerkskammertag (DHKT)**

Koordinierungsgremium in fachlichen Grundsatzfragen und Spitzenorganisation der 55 Handwerkskammern (→ *Handwerkskammer*). Er ist gemeinsam mit der Spitzenorganisation der handwerklichen Fachverbände Mitglied im → *Zentralverband des Deutschen Handwerks (ZDH)*.

http://www.zdh.de/

▶ **Deutscher Landkreistag** → *Kommunale Spitzenverbände*

▶ **Deutscher Mieterbund e. V.** → *Mieterschutz*

▶ **Deutscher Sparkassen- und Giroverband**

Dachverband der Sparkassen-Finanzgruppe. Ende 2003 zählten hierzu 489 → *Sparkassen*, 11 → *Landesbanken*, 11 Landesbausparkassen, 37 öffentlich-rechtliche Versicherer (→ *Öffentliches Recht*) und weitere → *Finanzdienstleistungsinstitute*.

http://www.dsgv.de/

▶ **Deutscher Städtetag** → *Kommunale Spitzenverbände*

▶ **Deutscher Städte- und Gemeindebund** → *Kommunale Spitzenverbände*

▶ **Deutsches Institut für Wirtschaftsforschung (DIW)**
→ *Wirtschaftswissenschaftliche Institute*

▶ **Deutsches Patent- und Markenamt (DPMA)**

Bundesoberbehörde mit Sitz in München, Jena (seit 1998) und Berlin. Sie prüft und registriert die Anmeldung und erteilt ein → *Patent*, → *Markenzeichen*, Recht auf → *Gebrauchsmusterschutz* sowie das **Urheberrecht (Copyright)** zum Schutz der Werke von Schriftstellern und Wissenschaftlern in Deutschland und führt die **Patent-, Gebrauchsmuster- und Urheberrolle** als Register mit allen wesentlichen Daten und Unterlagen.

Europaweit gültige Patente, die den einheitlichen Vorgaben im **Europäischen Patentübereinkommen** vom 5. 10. 1973 mit späteren Ergänzungen entsprechen, erteilt das **Europäische Patentamt** mit Sitz in München. Hier wird u. a. das **Europäische Patentregister** mit allen Daten der europäischen Patente geführt. Außerdem ist das Europäische Patentamt zuständige Anmelde- und Prüfbehörde für internationale Patentrechte, die nach dem **Patent Cooperation Treaty (PTC)** – einem internationalen Kooperationsabkommen auf dem Gebiet des geistigen Eigentums vom 19. 6. 1970 mit späteren Änderungen – erteilt werden können.

http://www.dpma.de/

▶ **Deutsche Terminbörse (DTB)** → *EUREX*

▶ **Devisen**

Bezeichnung für → *Giralgeld*, → *Wechsel*, → *Scheck* in fremder → *Währung*. Anders: → *Sorten*.

▶ **Devisenbewirtschaftung/Devisenzwangswirtschaft**

Staatliche Maßnahmen, die auf eine teilweise oder gänzliche Regelung des Zahlungsverkehrs mit dem Ausland durch Verbote oder Gebote gerichtet sind. Sie schließt stets die zentrale staatliche Lenkung und Kontrolle für den → *Außenhandel* ein und ist notwendiger Bestandteil einer → *Zentralverwaltungswirtschaft*. Gegensatz: freie → *Konvertierbarkeit* der Währung.

▶ **Devisenbilanz** → *Zahlungsbilanz*

▶ **Devisenbörse**

In der Regel den Wertpapierbörsen (→ *Börse*) angegliederter → *Markt* für den Handel in fremden Währungen **(Devisenmarkt)**. An den Devisenbörsen wird aufgrund der Kauf- und Verkaufsaufträge der überall gleich lautende amtliche **Devisenkurs** (→ *Amtlicher Markt*) festgestellt. Es werden Geld- und Briefkurse notiert. → *Devisen*.

▶ **Devisenfuturegeschäfte**

Geschäfte an der *Börse* mit → *Futures* auf → *Devisen*. → *Derivate*.

▶ **Devisenkurs** → *Devisenbörse*

▶ **Devisenmarkt** → *Devisenbörse*

▶ **Devisenoptionsgeschäfte**

Geschäfte an der → *Börse* mit → *Optionen* auf → *Devisen*. → *Derivate*.

▶ **Devisenoptionsschein (Währungsoptionsschein)** → *Optionsscheine*

▶ **Devisenreserven**

Bestand ausländischer → *Zahlungsmittel* in einer Volkswirtschaft, z. B. Gold, Noten, → *Wechsel*, kurzfristig fällige Guthaben bei ausländischen → *Banken* usw. Zentralbanken (→ *Zentral-*

bank) halten ihre Devisenreserven neben dem Gold bevorzugt in → *Devisen* der Hartwährungsländer, d. h. in Ländern oder Währungszonen mit einer relativ stabilen → *Währung*. Neben dem Dollar hat der → *Euro* die Funktion von DM und englischem Pfund als **Reservewährung** ersetzt.

▶ **Devisen-Swapgeschäfte** → *Swapgeschäfte*, → *Derivate*

▶ **Devisen-Swapoptionsgeschäfte**

Geschäfte an der → *Börse* mit Optionen (→ *Option*) auf → *Devisen-Swapgeschäfte*.

▶ **Devisentermingeschäfte**

Bezeichnung für → *Termingeschäfte* auf → *Devisen* (→ *Derivate*), die im organisierten Markt (→ *organisierter Markt*) gehandelt werden. Beispiele sind → *Devisenfuturegeschäfte*, → *Devisenoptionsgeschäfte* oder → *Devisen-Swapoptionsgeschäfte*.

▶ **Dezentralisation**

Das ist die Verteilung von Teilaufgaben auf verschiedene Stellen. Dabei können gleichzeitig auch Entscheidungskompetenzen auf eine niedrigere Ebene der → *Hierarchie* verlagert werden. → *Zentralisation/Zentralisierung*.

▶ **DFÜ** → *Datenfernübertragung*

▶ **DGB** → *Deutscher Gewerkschaftsbund (DGB)*

▶ **Dialer** → *Webdialer*

▶ **Dialogbetrieb**

Austausch von Informationen mit Hilfe eines oder mehrerer → *Computer* zwischen einem oder mehreren Benutzern im Frage- und Antwortspiel. Der Dialog kann auch nur zwischen hoch entwickelten Computern geführt werden.

▶ Dial-up Connection

Verbindungsmöglichkeit von einem → *PC* zu anderen Computern, z. B. im → *Internet.*

▶ Diäten

Bezeichnung für Entschädigungen an politische Mandatsträger (Abgeordnete). Rechtsgrundlage ist das **Grundgesetz** (Art. 48 Abs. 3): Danach haben Abgeordnete einen Anspruch auf eine angemessene, ihre Unabhängigkeit sichernde Entschädigung.

Die Diäten der Bundestagsabgeordneten regelt das **Gesetz über die Rechtsverhältnisse der Mitglieder des Deutschen Bundestages** (AbgG) vom 18. 2. 1977 mit spät. Änd. Diese erhalten eine steuerpflichtige **Aufwandsentschädigung** von 7009 Euro (2004), eine **Kostenpauschale** (3551 Euro) zur Deckung mandatsbedingter Ausgaben (z. B. Zweitbüro) sowie **Sachleistungen** z. B. zur Beschäftigung von Mitarbeitern (9910 Euro).

▶ Dienstaufsichtsbeschwerde

Beschwerderecht eines Bürgers bei der vorgesetzten Stelle über Verhalten von Beschäftigten im öffentlichen Dienst (→ *Öffentlicher Dienst*) oder über das Verhalten einer Behörde. Es besteht allerdings kein Rechtsanspruch auf eine förmliche Entscheidung zur Sache – aber ein Anspruch auf eine fundierte Antwort.

▶ Dienstgeheimnis → *Schweigepflicht*

▶ Dienstleistungen

Sammelbegriff für Leistungen, die nicht in der Produktion von Sachgütern (→ *Güter*) bestehen, sondern persönlicher Art sind.

Zu den **Dienstleistungsbetrieben** gehören die → *Handelsbetriebe, die* → *Banken* und → *Versicherungen*, das Hotel- und Gaststättengewerbe, die Bereiche Verkehr (z. B. die → *Deutsche Bahn AG*) und → *Telekommunikation* sowie öffentliche Dienste (Schulen, Krankenpflege, Polizei, allgemeine Verwaltung u. Ä.)

und → *Freie Berufe* (Ärzte, Rechtsanwälte, Steuerberater, Architekten usw.).

Die Dienstleistungsbereiche werden auch als **„tertiärer Sektor"** bezeichnet, neben dem „primären Sektor" (→ *Urproduktion*) und dem „sekundären Sektor" industrieller Produktion. Der Anteil des tertiären Sektors ist in den letzten 150 Jahren ständig gewachsen.

1998 (1960) arbeiteten in Deutschland rd. 45 (20) % aller Erwerbstätigen im Dienstleistungsbereich. In den USA ist der Anteil des Dienstleistungsbereichs mit 73 % deutlich höher – allerdings auch mit einem sehr hohen Anteil sog. ungesicherter Beschäftigungsverhältnisse.

▶ **Dienstleistungsbetriebe** → *Dienstleistungen*

▶ **Dienstleistungsbilanz**

Teil der → *Zahlungsbilanz*. Sie ist eine Gegenüberstellung der so genannten unsichtbaren Ausfuhren und Einfuhren im → *Außenhandel* (z. B. Transport- und Versicherungsleistungen, Fremdenverkehr usw.).

▶ **Dienstleistungs-Richtlinie** → *Entsendegesetz*

▶ **Dienstprotokoll im Internet** → *Protokoll*

▶ **Dienstreise**

Begriff aus dem → *Steuerrecht* für eine durch den → *Arbeitgeber* veranlasste Reise eines → *Arbeitnehmers*. Hierfür können bestimmte Aufwendungen – soweit sie nicht vom Arbeitgeber erstattet wurden – im Rahmen von Höchstbeträgen als → *Reisekosten* steuerlich geltend gemacht werden.

▶ **Dienstvertrag** → *Werkvertrag*

▶ **Differenzierungsklauseln** → *Tarifausschlussklauseln*

▶ **Digitale Nachrichtenübertragung**

Bei dieser Form der Nachrichtenübertragung ist – anders als in der **analogen** Nachrichtenübertragung (z. B. über das analoge Telefonnetz der Deutschen Telekom (→ *Bundespost*)) – das übertragene Signal in seinem zeitlichen Verlauf kein stetiges Abbild des übertragenen Vorgangs (z. B. Schallschwingungen bei Sprache und Musik). Durch Umwandlung werden digitale Signale erzeugt, die auf **binären** Zeichen (→ *Bit*) beruhen. Soll z. B. die so übertragene Sprache oder Musik wieder akustisch wahrnehmbar sein, werden die digitalen Signale in analoge Schwingungen zurückverwandelt. Die → *Datenübertragung* basiert auf der Anwendung der **Digitaltechnik**, die im → *ISDN* oder im → *Mobilfunk* angewendet wird.

▶ **Digitale Signatur**

Ein vom Benutzer verschlüsselter Datensatz, der die Originalität eines übermittelten Dokuments beweist. Maßnahmen zur Fälschungssicherheit und sicheren Übertragung sind im **Signaturgesetz** (→ *Bundesdatenschutzgesetz (BDSG)*) geregelt. Empfänger von elektronischen Nachrichten können die Originalität der Unterschrift und der übermittelten Nachrichten prüfen, sofern sie und der Absender an ein **Trust-Center** angeschlossen sind. Diese privaten Unternehmen müssen von der **Regulierungsbehörde für Telekommunikation und Post** (→ *Regulierung*) zugelassen sein.

http://bundesrecht.juris.de

▶ **Digital Subscriber Line** → *DSL*

▶ **DIHK** → *Deutscher Industrie- und Handelskammertag (DIHK)*

▶ **DIN**

Verbandszeichen des Deutschen Normenausschusses. Seine Empfehlungen sind nicht verbindlich (→ *Normung*). Seit dem 1. 1. 1993 gilt die DIN-Norm nur noch dann, wenn noch keine entsprechende **Europäische Norm (EN)** von → *CEN/CENELEC* entwickelt worden ist.

▶ **Direct Banking** → *Direktbank*

▶ **Direct Costing**

(Proportionalkostenrechnung) Bezeichnung für eine → *Teilkostenrechnung* in ihrer einfachsten (einstufigen) Form. Dabei werden die → *Erlöse* jedes Produkts in einem Rechnungszeitraum (→ *Periodenrechnung*) um die jeweils anfallenden → *Variable Kosten* vermindert. Es verbleibt der → *Deckungsbeitrag* je Produktart. Sind die gesamten → *Fixe Kosten* kleiner als die Summe der Deckungsbeiträge der einzelnen Produkte, so verbleibt der → *Gewinn* der Rechnungsperiode.

Eine betriebswirtschaftliche Beurteilung der Ergebnisse ist wegen der fehlenden Aufspaltung der fixen Kosten nur eingeschränkt möglich. Bessere Aussagen liefert die mehrstufige Teilkostenrechnung (→ *Deckungsbeitragsrechnung*).

▶ **Direktanschluss** → *Call by Call*

▶ **Direktbanken**

(Direct Banking) Institutionalisierte Form der Kundengewinnung und -betreuung durch → *Kreditinstitute*. Sie erfolgt über schriftliche, elektronische (z. B. über → *E-Mail*) oder telefonische (→ *Call Center*) Kontaktaufnahme und Geschäftsabwicklung mit den Kunden.

▶ **Direkte Abschreibungen** → *Abschreibungen*

▶ **Direkte Kosten (Direct Costs)** → *Einzelkosten*

▶ **Direkte Steuern**

Bezeichnung für → *Steuern*, bei denen der Steuerzahler und der vom Gesetzgeber beabsichtigte Steuerträger identisch sind. Eine Steuerüberwälzung auf Dritte ist anders als für → *Indirekte Steuern* nur sehr eingeschränkt möglich. Direkte Steuern sind die → *Einkommensteuer*, → *Körperschaftsteuer*, → *Grundsteuer*, → *Gewerbesteuer*, → *Erbschaftsteuer* und der → *Solidaritätszuschlag*.

Jahr	Steueraufkommen Insgesamt Mrd. Euro	Direkte Steuern %	Indirekte Steuern %
1991	338,4	55,9	44,1
1995	416,3	53,8	46,2
2000	467,3	52,1	47,9
2001	446,2	49,0	51,0
2004	442,4	47,6	52,3

Quelle: BMF, Nov. 2004

▶ **Direktinvestitionen** → *Kapitalexport*

▶ **Direktionsrecht**

Weisungs- und Kontrollrecht der → *Arbeitgeber* (→ *Unternehmer*) über Zeit, Art, Ort, Inhalt und Umfang der Arbeit. Hierbei hat der Arbeitgeber die gesetzlichen Vorschriften, die Bestimmungen in einem → *Tarifvertrag* oder einer → *Betriebsvereinbarung*, die Mitbestimmungsrechte nach dem → *Betriebsverfassungsgesetz (BetrVG)* und → *Bundespersonalvertretungsgesetz (BPersVG)* sowie individuelle Abreden im → *Arbeitsvertrag* zu beachten.

▶ **Direktorialsystem**

Organisationsprinzip, welches einer Person innerhalb eines mehrköpfigen Gremiums das endgültige Entscheidungsrecht zubilligt. Entscheidungen sind dabei auch gegen die Stimmen der Mehrheit möglich. Dies ist im → *Vorstand* einer → *Aktiengesellschaft (AG)* allerdings ausgeschlossen (§ 77 Abs. 1 Satz 2 AktG). Anders: → *Kollegialsystem*.

▶ **Direktversicherung** → *Betriebliche Altersversorgung*

▶ **Direktvertrieb**

Verkaufsform, bei der Unternehmen mit potenziellen Kunden direkt in Kontakt treten. Häufigste Formen des Direktvertriebs sind der Verkauf über Post-, Telefon- und Fernsehwerbung (→ *Fernabsatz*), über das → *Internet* (→ *E-Commerce*) sowie → *Haustürgeschäfte*.

▶ **Dirigismus**

Durch staatliche Planung gelenkte Wirtschaft mit staatlichen Eingriffen in Preisbildung und Produktion, die umfassender und schärfer sind als beim Interventionismus (→ *Intervention*), aber nicht unbedingt gleichzusetzen sind mit → *Planwirtschaft*.

▶ **Disagio**

Abschlag für → *Wertpapiere*, mit dem der jeweilige → *Kurs* von seinem → *Nennwert* aus vermindert wird. → *Aktien* dürfen nicht mit Disagio ausgegeben werden, hingegen üblich bei → *Schuldverschreibungen*. Gegensatz: → *Agio*.

▶ **Diskette**

Speichermedium für kleine Datenmengen. Sie wird vor allem zur Sicherung von Daten und zum Austausch zwischen Partnern benutzt, die nicht im → *Online-Betrieb* vernetzt sind. Sie besteht aus einer flexiblen, runden Kunststoffplatte und ist mit einer magnetisierbaren Schicht überzogen, auf der Informationen gespeichert werden können. Die Speicherung erfolgt in einem **Diskettenlaufwerk**, das über eine Schreib- und Leseeinrichtung verfügt. Standardgröße einer Diskette ist 3,5 Zoll. → *CD-ROM*, → *Festplatte*.

▶ **Diskont/Diskontsatz**

Bis zum In-Kraft-Treten der 3. Stufe der → *Europäischen Wirtschafts- und Währungsunion (EWWU)* insbesondere beim Ankauf von → *Wechseln* durch die → *Banken* üblicher Zinsabzug bei noch nicht fälligen Zahlungen.

▶ **Diskontgeschäfte** → *Kreditinstitute*

▶ **Diskontpolitik**

Früheres währungs- und kreditpolitisches Mittel der → *Bundesbank* zur Unterstützung der staatlichen → *Konjunkturpolitik*. Durch Änderungen im → *Diskontsatz* wurden das Kreditvolumen (→ *Kreditpolitik*) und das Zinsniveau beeinflusst. Sie ist ab 1.1. 1999 in den geldpolitischen Instrumenten im ESZB (→ *Europäisches System der Zentralbanken (ESZB)*) aufgegangen.

▶ **Diskriminierung**

Unterschiedliche Behandlung von Handelspartnern im Rahmen der internationalen Wirtschaftsbeziehungen. Eines der Hauptziele der internationalen Wirtschaftsorganisationen (z. B. → *Europäische Union (EU)*, → *OECD*, WTO (→ *World Trade Organization (WTO)*), → *MERCOSUR*, → *ASEAN*, → *NAFTA*) liegt in einer Beseitigung von Diskriminierungen ihrer Mitgliedsländer im Verkehr untereinander.

▶ **Dispositionskredit**

Privatkunden der → Kreditinstitute als **Überziehungskredit** eingeräumter Kredit. Er beträgt in der Regel bis zu drei Netto-Monatsgehältern, sofern regelmäßige Zahlungseingänge vorhanden sind. Für das Überschreiten der genehmigten → *Kreditlinie* wird eine → *Überziehungsprovision* berechnet.

▶ **Dispositiver Faktor** → *Produktionsfaktoren*

▶ **Distribution**

Bezeichnung für alle Tätigkeiten zur Verteilung produzierter → *Güter* oder → *Dienstleistungen* sowie von vorhandenen Rechten (z. B. einer → *Lizenz*) über eigene Vertriebs- bzw. andere Abteilungen oder über einen → *Handelsbetrieb*.

▶ **Disziplinarordnung** → *Beamte*

▶ **Disziplinarverfahren** → *Beamte*

▶ **Diversifikation**

Zum Zwecke des Risikoausgleichs erfolgte Streuung des Tätigkeitsfeldes eines Unternehmens. An die Stelle der Spezialisierung auf ein oder wenige Erzeugnisse tritt die Vielseitigkeit des Produktionsprogramms („auf mehreren Beinen stehen").

▶ **Dividende**

Der auf den → *Nennwert* von → *Aktien* entfallende Anteil am jährlichen Reingewinn (→ *Jahresüberschuss*) eines Unternehmens, der an die → *Aktionäre* gegen Vorlage des → *Kupon* ausgeschüttet wird.

Die Höhe der Dividende wird von der → *Hauptversammlung* auf Vorschlag von → *Vorstand* und → *Aufsichtsrat* beschlossen. Im Körperschaftsteuerrecht (→ *Körperschaftsteuer*) entspricht sie der → *Bardividende*. → *Gewinn- und Verlustrechnung (GuV)*, → *Rendite*.

▶ **Dividendenpapiere**

→ *Wertpapiere*, auf die jährlich eine → *Dividende* ausgeschüttet wird. Hierzu zählen → *Aktien* und der → *Zwischenschein*, ggf. auch → *Genussscheine*. Anders: → *Festverzinsliche Wertpapiere*.

▶ **Dividendenpolitik**

Überlegungen der Geschäftsführung einer → *Aktiengesellschaft (AG)* bei der Bemessung der → *Dividende*. Ziel ist es bei europäischen Aktiengesellschaften – anders als in den USA – eine möglichst gleichmäßige Dividende zu halten, um den → *Börsenkurs* der Aktien zu stabilisieren. So wird ein hoher → *Gewinn* günstiger Geschäftsjahre in der Regel nicht voll ausgeschüttet, sondern Reserven gebildet (→ *Stille Reserven*, → *Rücklagen*), um in mageren Jahren die gewohnte Dividende zahlen zu können. Dies führt allerdings zu einer Verschleierung der tatsächlichen Geschäftsergebnisse. Das amerikanische Bilanzierungsrecht (→ *US-GAAP*) verlangt dagegen u.a. eine weitgehende Offenlegung stiller Reserven.

▶ **Dividendenschein** → *Kupon*

▶ **Divisionalisierung**

Führungsorganisation, bei der kleinere dezentrale Einheiten an die Stelle einer zentralisierten Unternehmensorganisation treten, die nach Produkten oder Märkten **(Divisions)** abgegrenzt sind. Die einzelnen Divisions handeln eigenverantwortlich mit relativ großen Entscheidungsbefugnissen im Rahmen eines vorgegebenen Budgets (→ *Budget*). → *Gewinn- und Verlustrechnung (GuV)*.

▶ **Divisionskalkulation**

Division der Gesamtkosten durch die erzeugte Stückzahl. Sie ist neben der → *Zuschlagskalkulation* eine der Hauptformen der Kostenzurechnung (→ *Kosten*) bei der Ermittlung der → *Selbstkosten* für eine Leistungseinheit (→ *Kalkulation*). Sie findet Anwendung für Unternehmen mit → *Massenfertigung* und → *Sortenfertigung*.

▶ **DIW (Deutsches Institut für Wirtschaftsforschung)** → *Wirtschaftswissenschaftliche Forschungsinstitute*

▶ **DNS** → *Domain Name Server*

▶ **Domain**

Bestandteil einer → *Adresse* im → *Internet*.

▶ **Domain-Adresse**

Ist eine weltweit unverwechselbare → *Adresse* für Teilnehmer im → *Internet*. Sie lautet allgemein: host-name.sub-domain. domain.top_level_domain. Dies heißt übersetzt z. B.: Emil Müller. Frankfurter Straße 10.Mühlheim.Deutschland. Für Deutschland

steht z. B. in der Internet-Sprache „.de", für Frankreich .fr, für
Großbritannien .uk oder für Hongkong .hk als top_level_domain.
Der → *Server* für die einzelnen Länder kann dabei an einem belie-
bigen Ort stehen.

Außerdem gibt es noch weitere Top-Level Domain-Abkürzun-
gen, die auf bestimmte Institutionen hinweisen:

- **.com** (commercial) für Server, die von kommerziellen Unternehmen betrieben werden,
- **.edu** (educational) für Server von Bildungseinrichtungen,
- **.gov** (government) für Server von Regierungsbehörden,
- **.mil** (military) für Server im militärischen Bereich,
- **.org** (organization) für nicht kommerzielle Server,
- **.net** (network) für Server von Organisationen mit eigenem Netzwerk.

▶ **Domain Name Server (DNS)**

übersetzt die → *Adresse*, die in einen → *Browser* eingegeben
wird, in eine → *IP-Adresse* – eine Zahlenkombination, die
→ *ICann* zur Identifikation eines Teilnehmers registriert und verwaltet.

▶ **Domäne**

Land- und forstwirtschaftlicher Grundbesitz der öffentlichen
Hand zum Zweck der Erzielung erwerbswirtschaftlicher Einkünfte
(→ *Erwerbswirtschaftliches Prinzip*). Sie werden meist in der
Rechtsform als → *Regiebetriebe* oder einer → *Anstalt des öffentlichen Rechts* betrieben. Finanzwirtschaftlich haben die meist ver-
pachteten (→ *Pacht*) Domänen höchstens für kleinere → *Gemeinden* noch Bedeutung.

▶ **Doppelbesteuerungsabkommen**

Zwischenstaatliche Abkommen (z. B. als Bestandteil von Han-
delsverträgen), um eine Doppelbesteuerung von → *Einkommen*
oder → *Vermögen* zu vermeiden. Hierzu existierten 2003 in
Deutschland Abkommen mit 88 Ländern. Weitere Vereinbarungen

gibt es noch auf dem Gebiet der → *Erbschaftsteuer* und → *Kraftfahrzeugsteuer*. → *Steueroasen*, → *Außensteuerrecht*.

http://www.bff-online.de/

▶ **Doppelte Buchführung (Doppik)**

Buchführungssystem, nach dem jeder Geschäftsvorfall über 2 Konten verbucht wird und bei dem der Unternehmensgewinn sowohl in der → *Bilanz* als auch in der → *Gewinn- und Verlustrechnung (GuV)* ermittelt und ausgewiesen wird. → *Buchführung*.

▶ **Doppelte Haushaltsführung**

Begriff aus dem Lohn- und Einkommensteuerrecht (→ *Einkommensteuer*): Bestimmte Aufwendungen für den beruflich bedingten Unterhalt von zwei Wohnsitzen werden nach § 9 Abs. 1 Nr. 5 EStG für höchstens zwei Jahre als → *Werbungskosten* anerkannt. Hierzu zählen z. B. die Miete für die Zweitwohnung, Kosten für Familienheimfahrten, Verpflegungsmehraufwendungen. Leistungen des Arbeitgebers werden gegengerechnet und sind im Rahmen der in § 3 Nr. 16 EStG genannten Voraussetzungen steuerfrei.

▶ **Dotation**

Bezeichnung für Zuweisungen von Sach- oder Geldmitteln von übergeordneten staatlichen Stellen an eine nachgeordnete → *Körperschaft des öffentlichen Rechts*.

▶ **Dotationskapital**

Bezeichnung für das → *Eigenkapital* von Kreditinstituten des öffentlichen Rechts (z. B. → *Landesbanken*, Kreissparkasse). Es wird von den jeweiligen Trägern (z. B. Bundesländer, → *Landkreise*) eingezahlt. → *Genussscheine*.

▶ **Dotcom-Gesellschaft**

(dot = Punkt; com = commercial) Firmen, die → *Dienstleistungen* im → *Internet* anbieten.

▶ **Dow Jones Euro STOXX 50** → *Dow Jones STOXX*

▶ **Dow Jones Index**

Ein von den Wirtschaftsjournalisten **Charles Henry Dow** und **Edward Davis Jones** am 26. 5. 1896 zum ersten Mal auf der Basis der Börsenkurse von 12 amerikanischen Gesellschaften berechneter → *Aktienindex* (**Dow Jones Industrial Average – DJIA**), der mit einem Ausgangswert von 40,96 $ startete. Seit 1928 wird er aus 30 maßgebenden Aktienwerten berechnet und gilt seitdem als internationaler Maßstab für die Aktienentwicklung in den USA. Über die Zusammensetzung der 30 Spitzenpapiere entscheiden die Redakteure des Wall Street Journal, für das auch die beiden Gründer gearbeitet hatten.

http://www.dowjones.com/

▶ **Dow Jones STOXX**

Gemeinsam von der Dow Jones & Company an der → *Börse* in Frankfurt, Paris und Zürich am 26. 2. 1998 eingeführter neuer → *Aktienindex*. Betreibergesellschaft ist die STOXX Limited mit Sitz in Zürich. Die bekanntesten Indizes sind der **Dow Jones STOXX 50** und der **Dow Jones Euro STOXX 50**. Sie repräsentieren die Kursentwicklung von je 50 bedeutenden Aktiengesellschaften in Europa bzw. in Staaten der EWWU (→ *Europäische Wirtschafts- und Währungsunion (EWWU)*). Sie dienen als Basiswerte für zahlreiche → *Derivate*. Daneben werden noch eine ganze Reihe weiterer Indizes (Branchen-, Marktsektor-, Wirtschaftssektor- und → *Blue Chips*-Indizes) berechnet.

http://www.euroaktien-info.de/

▶ **Downgrade**

Herabstufung der → *Bonität* von Ländern oder der → *Performance* der Emittenten von Wertpapieren (→ *Wertpapiere*). Umgekehrt spricht man bei einer Höherstufung von **Upgrade**. Die Ergebnisse der Einstufung durch → *Rating-Agenturen* oder Analysten (→ *Analyst*) sind ein maßgeblicher Faktor für die Beurteilung des Risikos geplanter → *Investitionen*.

▶ **Download** → *Upload*

▶ **Downsizing**

Im Zuge einer Dezentralisierung von Prozessabläufen vorgenommene Aufteilung in kleinere Einheiten (z. B. bei der Aufteilung von Funktionen für einen → *Mainframe-Rechner* auf kleinere, dezentral selbständig arbeitende → *Computer*, die mit diesem zusammenarbeiten).

▶ **Dreimonatsgeld** → *Termingeld*

▶ **Drittelbeteiligungsgesetz (DrittelbG)**

Mit dem **Gesetz über die Drittelbeteiligung der Arbeitnehmer im Aufsichtsrat (DrittelbG)** vom 27. 5. 2004 wurden die Bestimmungen aus dem alten → *Betriebsverfassungsgesetz (BetrVG)* von 1952, die bei der → *Mitbestimmung* der → *Arbeitnehmer* im → *Aufsichtsrat* außerhalb des Geltungsbereichs im → *Mitbestimmungsgesetz (MitbestG)* anzuwenden waren, aktualisiert und zum 1. 7. 2004 in ein eigenes Gesetz überführt.

http://www.sidiblume.de/info-rom/arb_re/allg_ar/drittelbg.htm

▶ **Dritte Welt** → *Entwicklungsländer*

▶ **Drittländer/Drittstaaten**

Bezeichnung für alle Länder, die nicht der EU (→ *Europäische Union (EU)*) angehören.

▶ **Drittstaateneinlagenvermittlung** → *Finanzdienstleistungsinstitute*

▶ **Drucker**

→ *Peripheriegeräte* für ein- oder mehrfarbige Schrift und Grafik.

Zum Übertragen (Drucken) der im → *Computer* gespeicherten Schriftzeichen und Bilder (→ *Daten*) auf den Drucker ist ein besonderes Programm (→ *Software*) erforderlich. Dieses Programm zur Anpassung an eine für den Drucker verständliche Sprache (→ *Code*) heißt **Druckertreiber**.

▶ **DSL**

(Digital Subscriber Line = Digitale Abonnenten Verbindung) Ein 1999 zunächst nur von der Deutschen Telekom (→ *Bundespost*) angebotenes neu entwickeltes Verfahren für eine im Vergleich zu → *ISDN* wesentlich schnellere → *Datenübertragung* aus dem → *Internet* über Kupfertelefonleitungen. Andere Telefongesellschaften und → *Provider* haben später ebenfalls die DSL-Technik übernommen. Hierfür werden besondere Tarife (z. B. → *Flatrate*) berechnet.

▶ **DTB (Deutsche Terminbörse)** → *EUREX*

▶ **Duale Berufsausbildung**

In Deutschland übliche Berufsausbildung, die im Betrieb und in der Berufsschule stattfindet.

▶ **Dualer Bestätigungsvermerk** → *Bestätigungsvermerk*

▶ **Duales Finanzierungssystem**

Finanzierungform u. a. im Krankenhaussektor, bei der die Patienten für die → *Kosten* des laufenden Betriebs und der öffentliche Träger für die Kosten der → *Investitionen* aufkommen.

▶ **Dubiose Forderungen**

Begriff aus der → *Buchführung* für → *Forderungen*, deren Eingang unsicher ist. In der → *Bilanz* sind dubiose Forderungen mit ihrem wahrscheinlichen Wert anzusetzen. → *Delkredere*.

▶ **Due Diligence**

(angemessene, verkehrsübliche Sorgfalt) Bezeichnung für eine intensive Durchleuchtung und Beurteilung der finanziellen und geschäftlichen Situation einschließlich der Risiken und Perspektiven eines Unternehmens durch externe Fachleute (→ *Banken*, → *Wirtschaftsprüfer*, Fachanwälte). Sie ist Voraussetzung für die Vorbereitung für den → *Börsenprospekt* vor einem Börsengang (→ *Börse*) oder einer → *Kapitalerhöhung*.

▶ **Dumping**

Bezeichnung für den Verkauf von → *Güter* oder → *Dienstleistungen* unter dem eigentlich in der Preiskalkulation (→ *Kalkulation*) berechneten kostendeckenden (→ *Kosten*) Preis. Dies kann sich auch beziehen auf eine bewusste Preisdifferenzierung zwischen Verkaufspreisen für ein bestimmtes Gut (z. B. Pkw, Arzneimittel) im Inland und im Ausland. Entstehen → *Diskriminierung*, z. B. innerhalb des Europäischen Binnenmarktes (→ *Europäischer Binnenmarkt*), so greifen die einschlägigen Bestimmungen im → *Kartellgesetz* und entsprechender Richtlinien der EU (→ *Europäische Gesetzgebung*). → *Sozialdumping*.

▶ **Durchschnittssteuersatz** → *Grenzsteuersatz*

▶ **DVB-T/DVB-H**

(Digital Video Broadcasting Terrestrial/Digital Video Broadcasting for Handhelds) Digitale Übertragungstechnik (→ *Digitale Nachrichtenübertragung*) für Antennenfernsehen, welches seit Herbst 2003 bzw. seit Juli 2004 gestartet wurde und bis 2010 in ganz Deutschland empfangen werden soll. Im Gegensatz zur herkömmlichen analogen Nachrichtenübertragung kann **DVB-T** die Frequenzen besser ausnutzen und so mehr Programme übertragen. Es ermöglicht u. a. Fernseh- und Videorecorderfunktionen am → *PC*. **DVB-H** ist der Standard der digitalen Übertragungstechnik für Fernsehen mit dem → *Handy*.

▶ **DVFA/SG**

Die DVFA/SG (**Deutsche Vereinigung für Finanzanalyse und Anlageberatung/Schmalenbach-Gesellschaft für Betriebswirtschaft**) hat ein in Deutschland häufig verwendetes System von → *Kenn-zahlen* entwickelt u. a. zur Beurteilung des Jahresüberschusses bzw. Jahresfehlbetrags **(DVFA/SG-Ergebnis)**. Dieses Ergebnis ist der mit Hilfe eines Berechnungsschemas **(DVFA-Formel)** um den außergewöhnlichen, periodenfremden und bilanzpolitisch beding-ten → *Aufwand* und → *Ertrag* bereinigte → *Jahresüberschuss* bzw. Jahresfehlbetrag eines Unternehmens. Es dient der verglei-chenden Beurteilung von Jahresabschlüssen (→ *Jahresabschluss*) und erleichtert die Transparenz bei Entscheidungen über → *Kapi-talanlagen.* → *Gewinn* je *Aktie,* → *Kurs-Gewinn-Verhältnis.*

▶ **Dyopol**

Sonderform eines Oligopols (→ *Oligopol*) mit nur zwei Anbie-tern oder Nachfragenden.

E

▶ **Earnings Per Share** → *Gewinn je Aktie*

▶ **Ebit**

(Earnings Before Interest and Taxes) International gebräuchliche Maßgröße als → *Operatives Ergebnis* (Ergebnis für die gewöhnliche Geschäftstätigkeit) ohne Zinsen und → *Ertragsteuern*. Sie schafft durch den Ausschluss national unterschiedlicher Zins- und Steuerbelastungen die Voraussetzungen für die Vergleichbarkeit von Ergebniszahlen. Werden noch die → *Abschreibungen* nicht berücksichtigt – **Ebitda** *(Earnings Before Interest, Taxes, Depreciation and Amortization)* – so entfällt eine weitere, von nationalen Vorschriften abhängige Größe, die Dabei werden auch die außerordentlichen Einflüsse auf das operative Ergebnis ausgesondert.

▶ **Ebitda** → *Ebit*

▶ **E-Business**

Sammelbegriff für alle Arten elektronischer Geschäftsbeziehungen über das → *Internet* oder → *Extranet* wie z. B. → *E-Commerce*, → *M-Commerce* oder neue Formen der öffentlichen → *Ausschreibung*.

Business to Business (B2B) bezeichnet Geschäftsbeziehungen von Unternehmen untereinander. Beim **Business to Consumer (B2C)** handelt es sich um Geschäftsbeziehungen zwischen Unternehmen und Endverbrauchern (Konsumenten), z. B. die Geschäftsverbindungen im Versandhandel. Der innerbetriebliche Informationsaustausch über → *Intranet* wird als **Business to Employee (B2E)** bezeichnet.

▶ **Ecklohn**

Orientierungslohngruppe für Tarifverhandlungen (→ *Tariffähigkeit*, → *Tarifvertrag*). Sie entspricht dem tariflichen Stundenlohn einer vereinbarten Facharbeitergruppe. Ausgehend von diesem Ecklohn werden die Tariflöhne der übrigen Lohngruppen durch Zu- oder Abschläge bestimmt (z. B. Lohngruppe 1 = 60 % des Ecklohns in Lohngruppe 4). In Lohnverhandlungen geht es im Allgemeinen um Erhöhungen des Ecklohnes, wodurch sich automatisch auch die Lohnsätze der übrigen Lohngruppen erhöhen.

▶ **Eckrentenniveau**

Abstrakte Vergleichsgröße in der → *Rentenversicherung.* Das Eckrentenniveau erreicht eine Person, die 45 Jahre beitragspflichtig gearbeitet hat und dabei immer durchschnittlich verdiente, bezogen auf das aktuelle durchschnittliche Arbeitseinkommen der Beitragszahler. Es betrug nach 45 Versicherungsjahren 1971 noch 61 %, stieg dann bis 2003 auf rd. 70 %. Es wird nach der → *Rentenreform* (2004) allerdings bis 2030 stark absinken. → *Nachhaltigkeitsgesetz.*

In Wirklichkeit orientiert sich die tatsächliche individuelle Rente jedoch an den gezahlten Beiträgen und der Erwerbsbiografie eines/einer Versicherten.

▶ **Eckzins**

Zinsfuß für → *Spareinlagen* mit gesetzlicher Kündigungsfrist bzw. für → *Termineinlagen* mit der kürzesten Laufzeit bzw. Kündigungsfrist. Für Einlagen mit längeren Laufzeiten bzw. Kündigungsfristen wird der jeweilige Zins i. d. R. durch Zuschläge zum Eckzins ermittelt.

▶ **ECOFIN-Rat**

Bezeichnung für den für Wirtschafts- und Finanzfragen zuständigen Ministerrat der EU (→ *EG (Europäische Gemeinschaft)*). Zu seinen Aufgaben gehört die Abstimmung der Wirtschafts- und Finanzpolitik der Mitgliedstaaten. Im ECOFIN-Rat werden unter anderem Fragen für die → *Europäische Wirtschafts- und Währungsunion (EWWU)*, den → *Haushalt der EU*, der → *Steuerharmonisierung in der EU* sowie der Finanzbeziehungen zu → *Drittstaaten* erörtert. Er tagt einmal pro Monat.

▶ **E-Commerce**

(ElectronicCommerce) Elektronischer Handel als Teil des → *E-Business* im → *Internet* oder → *Intranet.*

Eine Richtlinie der EU **(E-Commerce-Richtlinie)** (→ *Europäische Gesetzgebung*) vom Juni 2000, die zum 1.1. 2002 mit dem Schuldrechtsmodernisierungsgesetz in das BGB (→ *Bürgerliches Gesetzbuch (BGB)*) übernommen wurde, soll sicherstellen, dass innerhalb der EU (→ *Europäische Union (EU)*) bei Geschäften (→ *Vertrag*) über E-Commerce nach einheitlichen Regeln verfahren wird (312e BGB). → *M-Commerce.*

Dabei gibt es u. a. hinsichtlich der Rechtsfolgen keine Unterschiede zwischen elektronisch oder herkömmlich abgeschlossenen Kaufverträgen. Für Einkäufe per Internet besteht ein Rückgaberecht innerhalb von 2 Wochen auf Kosten des Anbieters. In Streitfällen gilt der Gerichtsstand des Anbieters (→ *Provider*) nach dem Herkunftslandprinzip. Verbraucher können jedoch gerichtliche Streitigkeiten in ihrem Land austragen.

Die Niederlassungs- und Zulassungsrechte (→ *Freizügigkeit in der EU*) von Unternehmen, die Produkte über E-Commerce anbieten, werden garantiert. Die Anbieter müssen auf ihrer → *Website* Namen und Sitz des Unternehmens nennen und über ihre Leistungen und Lieferbedingungen umfassend informieren. → *Fernabsatz.*

▶ **Economies of Scale**

Beziehung zwischen Größenordnung und → *Wirtschaftlichkeit*. Sie zeigt, dass mit wachsender Unternehmensgröße eine Senkung der → *Kosten* (z. B. durch arbeitsteilige Produktion und höhere Kapazitätsauslastung) zu erwarten ist.

Bei zunehmender Größe entstehen jedoch gegengerichtete Effekte, die in steigender Anonymität und → *Bürokratie* sowie sinkender Motivation der Beschäftigten ihre Ursache haben und schließlich die Economies of Scale kompensieren können.

▶ **Economies of Scope**

Bezeichnung für → *Synergieeffekte*, die entstehen, wenn große Unternehmen (→ *Konzern*) auf verschiedenen Märkten tätig sind (→ *Diversifizierung*) oder → *Strategische Allianzen* bilden.

Eine Reduzierung der → *Kosten* kann z. B. erfolgen durch eine mögliche günstigere Bewertung des Kreditrisikos durch die → *Banken* mit einer folgenden Absenkung der Kreditzinsen, durch Aufgabenteilung in der Führungsebene oder im Forschungs- und Entwicklungsbereich strategischer Allianzen.

▶ **ECU (European Currency Unit)** → *EWS I/EWS II (Europäisches Währungssystem)*

▶ **EDC (Electronic Debit Card)** → *Electronic Cash*

▶ **EDI**

(Electronic Data Interchange) Bezeichnung für den elektronischen Datenaustausch im → *Online-Betrieb* im Geschäftsleben.

▶ **EDIFACT**

(Electronic Data Interchange for Administration, Commerce and Transport) Europaweiter Standard für den elektronischen Datenaustausch im → *Online-Betrieb.*

▶ **EDV** → *Elektronische Datenverarbeitung (EDV)*

▶ **Effekten**

(Vertretbare Wertpapiere) Bezeichnung für → *Wertpapiere*, die an der → *Börse* gehandelt werden können: → *Aktien*, → *Obligationen*, → *Pfandbriefe* u. a.

Keine Effekten sind Wertpapiere, denen die Eigenschaft der → *Vertretbarkeit* fehlt, wie z. B. → *Scheck*, → *Wechsel*, → *Hypothekenbrief*, Banknoten.

▶ **Effektengeschäft**

Anschaffung und Veräußerung von → *Effekten* durch → *Kreditinstitute* für andere.

▶ **Effektiver Jahreszins**

Bezeichnung für die in einem Prozentsatz des Nettodarlehensbetrags (→ *Darlehen*) anzugebende Gesamtbelastung pro Jahr.

▶ **Effektivlohn**

Der tatsächlich an → *Arbeitnehmer* gezahlte Lohn. Er liegt in der Regel über dem → *Tariflohn*. Die Differenz zwischen Effektiv- und Tariflohn erklärt sich aus den übertariflichen Zulagen, die in Zeiten guter → *Konjunktur* und geringer → *Arbeitslosigkeit* vor allem in Ballungsräumen als Mittel zur Personalbeschaffung gezahlt werden. Das Auseinanderklaffen zwischen Tarif- und Effektivlohn nennt man Lohnschere (**Lohndrift**). Seit Beginn der hohen Arbeitslosigkeit in Deutschland sind Bestrebungen seitens der → *Arbeitgeberverbände* vorhanden, als Preis für die Einstellung von Dauerarbeitslosen eine untertarifliche Bezahlung, also eine **negative Lohndrift**, durchzusetzen. → *Bündnis für Arbeit*.

▶ **Effektivverzinsung**

Der tatsächliche → *Ertrag* von → *Anleihen* bzw. die → *Rendite* von → *Aktien* in %. Die Berechnung der Effektivverzinsung berücksichtigt den → *Börsenkurs*, den jeweiligen → *Zins* bzw. die jeweilige → *Dividende* sowie das Emissionsdisagio oder Rückzahlungsagio (→ *Emission*, → *Agio*, → *Disagio*). Bei Anleihen sind noch Laufzeit, Zeitpunkt und Form der Tilgung sowie die Zinstermine (jährlich oder halbjährlich) zu berücksichtigen.

▶ **Effizienz**

Bezeichnung für den Wirkungsgrad von Arbeit und/oder technischer Einrichtungen unter Beachtung vorgegebener Ziele.

▶ **EFTA**

(Europäische Freihandelsassoziation) Wurde am 4. 8. 1960 auf Betreiben von Großbritannien mit Sitz in Genf gegründet mit der Absicht, ein Gegengewicht zur damaligen EWG zu schaffen. Ihr gehörten an: Großbritannien, Dänemark, Norwegen, Schweden, Schweiz, Österreich, Portugal und Island. Finnland war seit 1986 Vollmitglied. Der gegenseitige Handel innerhalb der EFTA wird nicht durch → *Zölle* oder → *Kontingente* beschränkt (→ *Freihandelszone*), jedoch kann jedes Mitglied gegenüber Drittländern eine autonome → *Handelspolitik* betreiben. Nach dem Beitritt von Dänemark, Großbritannien und Portugal zur damaligen → *EG (Europäische Gemeinschaft)* besteht nur noch eine so genannte **Rest-EFTA** (Norwegen, Liechtenstein, Island und die Schweiz) mit rd. 34 Mio. Einwohnern.

Seit dem 1. 1. 1994 haben sich die Länder der EU (→ *Europäische Union (EU)*), und der Rest-EFTA (Ausnahme: Schweiz nach einer Volksabstimmung 1992) zu einem 18 Mitglieder umfassenden **Europäischen Wirtschaftsraum (EWR)** mit insgesamt 375 Mio. Menschen zusammengeschlossen. Er repräsentiert 21 % der Weltwirtschaftsleistung (→ *Bruttonationaleinkommen (BNE)*) und 37 % des Welthandelsvolumens. Im EWR sind freier Waren-, Dienstleistungs-, Personen- und Kapitalverkehr – z. T. mit Übergangsfristen und Ausnahmeregelungen – vereinbart. Die Staaten der EFTA haben die wirtschaftlichen Regeln der EU akzeptiert und sich verpflichtet, die Weiterentwicklung der EU mitzumachen.

http://www.efta.int/

▶ **EG (Europäische Gemeinschaft)**

Der seit 1. 11. 1993 → *Europäische Union (EU)* genannte Zusammenschluss europäischer Länder ist inzwischen auf 25 Mitgliedsstaaten angewachsen.

Gegründet wurde die EG von den 6 Staaten Belgien, Bundesrepublik, Frankreich, Luxemburg, Niederlande und Italien, die am 25. 3. 1957 in Rom die → *Römische Verträge* unterzeichneten. Mit Wirkung vom 1. 1. 1958 trat der damals noch als **Europäische**

Wirtschaftsgemeinschaft (EWG) benannte Zusammenschluss in Kraft mit dem Ziel, einen gemeinsamen europäischen Wirtschaftsraum zu schaffen. Vorrangig ging es dabei vor allem um den Abbau der → *Zölle* und Handelsbeschränkungen zwischen den beteiligten Ländern, um den Aufbau eines gemeinsamen Außenzolls, um die Herstellung von Freizügigkeit der Arbeitnehmer, Niederlassungsfreiheit für Selbständige und Unternehmen (→ *Freizügigkeit in der EU*), um einen freien Kapital- und Dienstleistungsverkehr, eine gemeinsame → *Agrarpolitik*, die Herstellung gleicher Wettbewerbsbedingungen, eine Zusammenarbeit in der → *Sozialpolitik* sowie um die Koordinierung der → *Wirtschaftspolitik* und → *Verkehrspolitik* aller Mitgliedsstaaten.

Die Realisierung dieses Vorhabens sollte Ende 1969, also nach 12 Jahren, erreicht sein. Es stellte sich jedoch bald heraus, dass die Zielsetzungen zu ehrgeizig waren. Die mangelnde Bereitschaft der einzelnen Nationalstaaten zum Verzicht auf Souveränitätsrechte sowie die objektiv vorhandenen historisch gewachsenen Unterschiede im Rechtssystem, in der → *Ordnungspolitik*, in der Verkehrspolitik und Wirtschaftspolitik ließen sich nicht in einem 12-Jahres-Zeitraum überbrücken.

Immerhin erreichten die Mitgliedsstaaten die Errichtung eines **gemeinsamen Agrarmarktes** im Jahre 1964 und eine → *Zollunion*, die am 1. 7. 1968 in Kraft trat. Auf einer Konferenz in Den Haag im Dezember 1969 einigten sich die sechs Regierungen schließlich auf zwei strategische Zielsetzungen: die → *Europäische Wirtschafts- und Währungsunion (EWWU)* und eine verstärkte **politische Solidarität**. Auf Initiative des französischen Außenministers Robert Schuman, der bereits am 9. 5. 1950 die Gründung einer **Europäischen Gemeinschaft für Kohle und Stahl** (EGKS) zwischen Frankreich und der Bundesrepublik Deutschland vorgeschlagen hatte, war es zur Gründung der → *Montanunion* gekommen (23. 7. 1952), an der sich ferner Italien, Belgien, die Niederlande und Luxemburg beteiligten. Mit Wirkung zum 1. 1. 1958, also gleichzeitig mit Inkrafttreten des EWG-Vertrages, wurde die **Europäische Atomgemeinschaft** (→ *EURATOM*) mit der Absicht gegründet, Kernforschung und Kernindustrie in Europa zusammenzufassen und die Nutzung der Kernenergie für friedliche Zwecke zu fördern.

1967 wurden alle drei europäischen Gemeinschaften in einer gemeinsamen **Europäischen Kommission** mit einem gemeinsamen Ministerrat zusammengefasst.

Die ursprüngliche Sechsergemeinschaft wurde durch den Beitritt von Großbritannien, Dänemark und Irland zum 1. 1. 1973 auf eine Neunergemeinschaft erweitert. Die Aufnahme Norwegens scheiterte am Votum einer Volksabstimmung. Griechenland wurde zum 1. 1. 1981, Portugal und Spanien zum 1. 1. 1986 aufgenommen.

Ziel der europäischen Integration in der Endstufe ist die **politische Union**, wie sie in der feierlichen Deklaration für die → *Europäische Union (EU)* vom 19. 3. 1983 betont wird, die „**Vereinigten Staaten von Europa**".

Die am 1. 7. 1987 in Kraft getretene → *Einheitliche Europäische Akte* erweiterte die Befugnisse der Gemeinschaft und brachte entscheidende Änderungen zur Funktionsweise der Organe und ihrer Beziehungen zueinander.

Die **Europäische Wirtschafts- und Währungsunion**, der → *Europäische* **Binnenmarkt** und die **Sozialunion** (→ *Sozialcharta der EU*) wurden als Zwischenschritte auf dem Weg zu einer Europäischen Union bezeichnet. Außerdem wurde die seit 1970 praktizierte → *Europäische Politische Zusammenarbeit (EPZ)* ab 1. 7. 1987 vertraglich institutionalisiert. Der „**Vertrag über die Europäische Union**", der vom Europäischen Rat bei seiner Tagung in Maastricht vom 9.–11. 12. 1991 beschlossen und in einer feierlichen Zeremonie am 7. 2. 1992 von den Außen- und Finanzministern der 12 EU-Staaten unterzeichnet wurde, ist ein Meilenstein in der Geschichte der Europäischen Gemeinschaft auf dem Weg zu einer politischen Union (Näheres: → *Europäische Union (EU)*).

Zum 1. 1. 1995 wurden die ehemaligen → *EFTA*-Staaten Österreich, Finnland und Schweden Vollmitglied der EU. In einer Volksabstimmung hatte sich die norwegische Bevölkerung erneut gegen einen Beitritt ausgesprochen. In den 15 Staaten der EU lebten Anfang 2004 rd. 370 Mio. Einwohner.

Die Türkei beantragte 1987, Malta und Zypern beantragten 1990 eine Aufnahme. Es folgten Ungarn und Polen, die tschechische und die slowakische Republik, Rumänien, Bulgarien, Slowenien und die drei baltischen Republiken. Mit diesen Ländern bestanden bzw. bestehen Abkommen zur → *Assoziierung* (**„Europa-Abkommen"**). Ende März 1998 begannen Beitrittsverhandlungen mit der ersten Gruppe von Kandidaten: Polen, die Tschechische Republik, Ungarn, Slowenien, Estland und Zypern. Zum 1.Mai 2004 erfolgte die Aufnahme von 10 der 12 Beitrittskandidaten. Bulgarien und Rumänien sollen später – voraussichtlich 2007 – folgen. Kroatien hat 2003 den Beitritt beantragt (Näheres: Osterweiterung → *Europäische Union (EU)*).

Mit der Türkei ist zum 1. 1. 1996 nach Zustimmung des Europa-Parlaments eine → *Zollunion* – allerdings mit zahlreichen Ausnahmebestimmungen – in Kraft getreten. Wegen laufender Menschenrechtsverletzungen wurde sie noch nicht in den Kandidatenkreis aufgenommen. → *Agenda 2000*. Die Türkei und die Schweiz wurden jedoch zusammen mit den 12 Beitrittskandidaten über die 1998 eingerichtete **Europa-Konferenz** in die institutionellen Überlegungen zur Zukunft der Europäischen Union eingebunden.

Die Organe der Gemeinschaft sind (Art. 7 EGV und Art. 189 EGV bis Art. 265 EGV)

(a) Das **Europäisches Parlament** hatte einen Vorläufer: die **„Gemeinsame Versammlung"** der Europäischen Gemeinschaft für Kohle und Stahl, die 1952 erstmals in Straßburg zusammentrat. Die insgesamt 78 Abgeordneten wurden von den nationalen Parlamenten der sechs Gründerstaaten entsandt und hatten nur beratende Funktion. Seit 1958 war die „Gemeinsame Versammlung" für alle drei Gemeinschaften (EWG, EGKS und EURATOM) zuständig und nannte sich jetzt „Europäisches Parlament" mit nunmehr 142 Abgeordneten.

Am 10. 6. 1979 wurden die Abgeordneten aufgrund eines Beschlusses des Europäischen Rates vom Dezember 1974 erstmals direkt von der Bevölkerung gewählt. Alle fünf Jahre finden nun Wahlen statt. Nach der deutschen Einigung und nach der Aufnahme von Finnland, Österreich und Schweden wurde die Sitzaufteilung geändert auf zuletzt 626.

Vom 10. bis 13. Juni 2004 fanden in den inzwischen 25 Mitgliedstaaten Wahlen zu einem neuen Parlament statt. Die Gesamtzahl der Sitze beträgt nunmehr 732. Jedes Mitgliedsland erhält nach dem Vertrag von Nizza eine bestimmte Anzahl von Sitzen. Für Deutschland sind es 99 Sitze. Alle anderen Staaten verfügen über weniger Abgeordnete. → *Verfassung der EU*.

Die regulären monatlichen Plenarsitzungen des Parlaments sowie die Haushaltsberatungen finden in Straßburg statt. Zusätzliche Plenartagungen, Ausschuss- und Fraktionssitzungen dagegen in Brüssel. Die Parlamentsverwaltung und Forschungsarbeit erfolgt in Luxemburg. Diese lange umstrittene Frage über den Sitz des Parlamentes entschieden die Regierungschefs im Dezember 1992 in Edinburgh bei ihrem Gipfeltreffen (**Europäischer Rat**).

Das Europäische Parlament hat noch nicht alle Rechtsetzungsbefugnisse wie die nationalen Parlamente der Mitgliedsstaaten. Bis 1975 musste es vom **Ministerrat** der EU bei anstehenden Entscheidungen nur angehört werden. Von 1975 bis zum Inkrafttreten der **Einheitlichen Europäischen Akte** wurde das Verfahren der „Konzertierung" angewandt, wonach bei Gesetzesvorhaben von größerem finanziellem Gewicht ein komplizierter Abstimmungsprozess zwischen Parlament und Ministerrat durchzuführen war. Seit 1. 7. 1987 hatte das Parlament insbesondere für Rechtsakte im Bereich der Vollendung des Binnenmarktes sowie für Teile der Sozial-, Regional- und Forschungspolitik verstärkte Befugnisse. Eine relativ starke Position hatte das Parlament bereits seit 1977 bei der Verabschiedung des → *Haushaltes der EU* durch ein weitgehendes Mitspracherecht z. B. bei Ausgaben, die nicht zwingend durch Gesetz vorgeschrieben sind. Außerdem konnte der Haushalt insgesamt abgelehnt werden, wie dies z. B. 1980 und 1985 geschah.

Mit dem am 1. 9. 1993 in Kraft getretenen **Vertrag von Maastricht** wurden die Zustimmungs- und Mitwirkungsrechte des Parlamentes erweitert.

Zustimmungspflichtig durch das Parlament sind Beitritts- und Assoziierungsverträge, die Schaffung neuer Strukturfonds (→ *Strukturpolitik der EU*) und → *Kohäsionsfonds*, der Abschluss wichtiger Abkommen mit → *Drittländer*, die Aufgaben der EZU (→ *Europäische Zentralbank (EZU)*) und die Modalitäten der Europa-Wahlen. Außerdem die Wahl des Präsidenten und die Bestätigung der von den Mitgliedsstaaten benannten und vom Präsidenten vorgeschlagenen 19 Kommissare als Mitglieder der EU-Kommision. Hierzu wurde die Amtszeit der Kommission an die fünfjährige Wahlperiode des Parlaments gekoppelt.

Ein **Recht auf Mitentscheidung** hat das Parlament bei allen Beschlüssen zum → *Binnenmarkt* (→ *Europäischer Binnenmarkt*), auf dem Gebiet des Gesundheitswesens, bei Kultur und Forschung, zur Zusammenarbeit im Bildungswesen, bei Maßnahmen zum Verbraucherschutz und bei Aktionsprogrammen im → *Umweltschutz* sowie bei Entscheidungen über → *Transeuropäische Netze*.

Gesetzesvorhaben mit dem Recht auf Mitentscheidung werden in einem mehrstufigen Verfahren zwischen Rat und Parlament verabschiedet. In Konfliktfällen wird ein **Vermittlungsausschuss** tätig. Bei Nichteinigung kann das Parlament einen Rechtsakt mit absoluter Mehrheit endgültig ablehnen.

Ein **Verfahren der Zusammenarbeit** gilt für alle Gesetzesvorhaben auf dem Gebiet der → *Verkehrspolitik*, der → *Umweltpolitik*, zum → *Arbeitsschutz*, der Zusammenarbeit auf dem Gebiet der → *Entwicklungspolitik*, der Förderung der beruflichen Bildung und zur → *Strukturpolitik der EU*. Das Verfahren der Zusammenarbeit gibt dem Parlament die Möglichkeit zu Änderungsvorschlägen. Stimmt die Mehrheit des Parlaments gegen eine Gesetzesvorlage, so kann der Ministerrat mit einem einstimmigen Votum den Einspruch überwinden.

Zu allen sonstigen Fragen der europäischen Gesetzgebung hat das Parlament nur ein **Anhörungsrecht**.

Mit einem **indirekten Initiativrecht** kann das Parlament mit absoluter Mehrheit die Kommission veranlassen, Vorschläge zu einem von ihm gewünschten Themenbereich vorzulegen. Neu ist auch die Einrichtung eines Bürgerbeauftragten, den das Parlament aus seiner Mitte wählt als Ansprechpartner für Missstände bei der Tätigkeit der EU-Organe.

Das weitestgehende Kontrollrecht des Parlaments gegenüber der Kommission liegt in der Möglichkeit, mit einem Misstrauensantrag die Kommission zu zwingen, geschlossen ihr Amt niederzulegen. So geschehen nach den Korruptionsvorwürfen, die die Kommission im Frühsommer 1999 zum Rücktritt zwang.

Dagegen ist der Ministerrat nur gegenüber den nationalen Parlamenten der Mitgliedsstaaten verantwortlich.

Nach wie vor fehlen jedoch dem Parlament politische Kontrollbefugnisse, so z. B. bei Festlegung der politischen Zielsetzungen der Gemeinschaft. Es kann auch keine eigenen Gesetzentwürfe vorlegen, da dieses Recht allein der Kommission vorbehalten ist. Allerdings kann das Parlament die Kommission auffordern, Gesetzentwürfe auszuarbeiten. Das Parlament hat nach den Beschlüssen von Maastricht zur Europäischen Union den Rat und die Kommission aufgefordert, keine Gesetzestexte zu verabschieden, die von ihm vorher abgelehnt wurden. Die mit der Tagung des Europäischen Rats in Turin im März 1996 beschlossene Regierungskonferenz zur Überprüfung der Vertragsbestimmungen hat gegen den Willen Großbritanniens die Empfehlung gegeben, die Mitentscheidungsrechte des Parlaments auszudehnen und das mit der Einheitlichen Europäischen Akte 1987 eingeführte Verfahren der Zusammenarbeit zu ändern. Das Ergebnis war der Vertrag von Amsterdam. → *Europäische Union (EU)*.

In der → *Agrarpolitik* und → *Außenhandelspolitik* sowie bei Maßnahmen im Zusammenhang mit der EWWU (→ *Europäische Wirtschafts- und Währungsunion (EWWU)*) gibt es jedoch bisher grundsätzlich kein Mitentscheidungsrecht des Parlaments.

(b) Jeder Mitgliedstaat entsendet ein Mitglied in den **Rat der Gemeinschaft (Ministerrat)**, i. d. R. den jeweiligen zuständigen Fachminister oder seinen Vertreter. Der Rat ist oberstes rechtsetzendes Organ (→ *Europäische Gesetzgebung*). In den letzten Jahren verabschiedete er jährlich durchschnittlich 400 bis 500 Verordnungen, etwa 50 Richtlinien und rd. 100 Entscheidungen. Der Vorsitz wird von den Mitgliedsstaaten abwechselnd für jeweils 6 Monate wahrgenommen. Beschlüsse fasst der Rat mit einfacher Mehrheit, durch eine → *Qualifizierte Mehrheit* oder einstimmig. Bei einstimmigen Beschlüssen oder einfachen Mehrheitsbeschlüssen hat jedes Land eine Stimme. Bei Beschlüssen mit qualifizierter Mehrheit besitzen die Länder ein unterschiedliches, ihrer Größe entsprechendes Gewicht.

Bis Ende 1986 galt für alle Beschlüsse des Ministerrats i. d. R.

das Einstimmigkeitsprinzip. Mit dem Inkrafttreten der Einheitlichen Europäischen Akte zum 1.1. 1987 wurde das Einstimmigkeitsgebot für einige Politikbereiche aufgehoben. Allerdings waren 73 Politikbereiche davon ausgenommen, darunter die wichtigen Gebiete → *Steuern*, Fragen von Arbeitnehmerrechten (→ *Europäische Aktiengesellschaft (EAG)*) und der → *Sozialpolitik*, die → *Gemeinsame Außen- und Sicherheitspolitk*, die → *Strukturpolitik der EU* sowie in bestimmten Fragen bei Auseinandersetzungen mit dem Parlament. Mit dem **Vertrag von Nizza** wurden weitere 39 Politikbereiche für Mehrheitsentscheidungen geöffnet – nicht jedoch die genannten Felder.

Beschlüsse, für die keine Einstimmigkeit erforderlich sind, werden seit dem 1.11. 2004 (Inkrafttreten des Vertrags von Nizza) je nach Land mit gewichteten Stimmen getroffen. Die Gesamtstimmenzahl im Ministerrat beträgt 321. Für eine qualifizierte Mehrheit sind 232 Stimmen aus einer Mehrheit von Mitgliedstaaten erforderlich. Außerdem gilt ein zusätzliches Kriterium: Jeder Mitgliedstaat kann eine Überprüfung verlangen, dass die Mitgliedstaaten, die im konkreten Fall eine qualifizierte Mehrheit bilden, mindestens 62 Prozent der EU-Bevölkerung vertreten. → *Verfassung der EU*. Die Beschlüsse des Rates werden von einem wöchentlich tagenden **„Ausschuss der ständigen Vertreter bei der Europäischen Union"** vorbereitet, in das jeder Mitgliedsstaat einen Botschafter entsendet. Dem Ausschuss zur Seite stehen etwa 200 Fachgruppen und Sonderausschüsse, in denen die fachliche Zuarbeit erfolgt.

(c) Die **Kommission der EU** besteht seit dem Inkrafttreten des Vertrags von Nizza zum 1. November 2004 aus 25 Kommissaren (einer pro Mitgliedstaat). Dabei ist festgelegt, dass die Anzahl der Kommissare niedriger sein muss als die Anzahl der Mitgliedstaaten, sobald die EU die Zahl von 27 Mitgliedstaaten erreicht. Die Kommissionsmitglieder werden dann nach einem Rotationsverfahren ausgewählt, das auf dem Grundsatz der Gleichheit aller Mitgliedstaaten beruht.

Der Europäische Rat ernennt den Kommissionspräsidenten. Hierzu genügt die qualifizierte Mehrheit. Er muss vom Europäischen Parlament bestätigt werden.

Der Rat erstellt dann mit dem Präsidenten der Kommission eine Liste mit 24 designierten Kommissaren mit den beabsichtigten Ressorts (Portfolios). Die Vorgeschlagenen müssen sich einer Anhörung durch das Europäische Parlament stellen. Danach stimmt das Europäische Parlament über die Ernennung des Präsidenten und der übrigen Kommissionsmitglieder en bloc ab. Das Parlament kann nicht einzelnen Kandidaten die Zustimmung verweigern.

Nach der Zustimmung des Europäischen Parlaments werden der Präsident und die übrigen Mitglieder der Kommission vom Rat für 5 Jahre ernannt. Dies kann mit qualifizierter Mehrheit erfolgen. → *Verfassung der EU.*

Die Mitglieder der Kommission sind unabhängig gegenüber den Regierungen und dem Ministerrat. Die Kommission kann Rechtsvorschriften für die → *Europäische Gesetzgebung* einbringen, die der **Ministerrat** in Zusammenarbeit mit dem **Europäischen Parlament**, dem **Wirtschafts- und Sozialausschuss** und ggf. dem **Ausschuss der Regionen (Regionalausschuss)** zu behandeln hat.

Auf der anderen Seite haben **Ministerrat** und **Europäisches Parlament** das Recht, Empfehlungen für Gesetzentwürfe vorzulegen, die von der Kommission bearbeitet werden müssen.

Beschlossene Gesetze sind von der Kommission umzusetzen und gegebenenfalls über **Durchführungsverordnungen** zu ergänzen. Die Kommission hat das Recht, Unternehmen, die gegen EU-Bestimmungen verstoßen, mit **Bußgeldern** zu belegen. Bei Verstößen eines Mitgliedstaates gegen EU-Recht muss sie einschreiten und gegebenenfalls vor dem **Europäischen Gerichtshof** klagen.

(d) Der **Europäische Rat** geht zurück auf eine Vereinbarung der Staats- und Regierungschefs der Mitgliedsstaaten auf ihrer Konferenz am 9./10. 12. 1974 in Paris, sich künftig dreimal jährlich zu treffen. Mit der **feierlichen Deklaration** vom 19. 6. 1983 in Stuttgart wurde der Europäische Rat als nunmehr offizielles Gemeinschaftsorgan der EU institutionalisiert. Zu seinen Aufgaben zählt die Festlegung der allgemeinen politischen Zielvorgaben für die europäische Einigung.

Über seine Tagungen hat er dem Europäischen Parlament zu berichten. Er ist außerdem zuständig für alle Fragen der Realisierung der Europäischen Union, wie sie zuletzt im **Vertrag von Maastricht** konkretisiert wurden.

Seit 1986 trifft sich der Europäische Rat nur noch einmal pro Halbjahr. Für die Dauer von sechs Monaten übernimmt jeweils der Regierungschef eines Mitgliedstaates den Vorsitz. Die derzeitige Rotationsreihenfolge im Kommissionsvorsitz wird bis Ende 2006 beibehalten. Nach der irischen Präsidentschaft im ersten Halbjahr 2004 übernehmen folgende Staaten den Vorsitz: die Niederlande, Luxemburg, Großbritannien, Österreich und Finnland. Der Verfassungsentwurf des **Konvents** sieht ein neues System für den Europäischen Rat vor. Es wurde vorgeschlagen, einen dauerhafteren Vorsitz zu schaffen, der mit qualifizierter Mehrheit für zweieinhalb Jahre gewählt wird. → *Verfassung der EU*.

An den Sitzungen des Europäischen Rats nehmen zusätzlich der Präsident der Kommission und die jeweiligen Außenminister teil.

(e) Der 1952 gegründete **Europäische Gerichtshof (EuGH)** (Sitz Luxemburg) besteht aus 15 Richtern, die von den Regierungen der Mitgliedsstaaten nach gegenseitiger Absprache für sechs Jahre ernannt werden. Seine Aufgabe ist die Überwachung der Einhaltung der europäischen Verträge und der Rechtsakte (→ *Europäische Gesetzgebung*) der EU. Zu seiner Unterstützung sind sechs Generalanwälte tätig, die zu jeder Sache mit so genannten „Schlussanträgen" Stellung beziehen.

Der EuGH wird tätig

● als **europäisches Verfassungsgericht** durch Entscheidungen über Rechte und Pflichten der EU-Organe sowie in Fragen des Verhältnisses zwischen Mitgliedsstaaten und Gemeinschaft;

● als **Verwaltungsgericht,** wobei ihm nationale Gerichte Fragen zur Auslegung von Verträgen und Rechtsakten der EU – insbesondere bei verwaltungs- und beamtenrechtlichen Fragen – zur „Vorabentscheidung" vorlegen;

● als **Zivilgericht**, insbesondere in Fragen einer Haftung der Gemeinschaft für Schäden ihrer Organe oder Bediensteten;

● als **Arbeits- und Sozialgericht** in Fragen der → *Freizügigkeit in der EU*, der sozialen Sicherheit der → *Arbeitnehmer* und der Gleichbehandlung von Mann und Frau im Arbeitsleben sowie

• als **internationales Gericht** bei der Auslegung von völkerrechtlichen Verträgen der Gemeinschaft mit → *Drittländer* oder internationalen Organisationen.

• Daneben wird der EuGH in bestimmten Fällen von der Kommission der EU oder ihren Mitgliedsstaaten als **Schiedsgericht**
angerufen. Er kann darüber hinaus auch gutachterlich tätig werden.

Im Oktober 1989 wurde zur Entlastung des EuGH ein „**Gericht
erster Instanz**" mit 12 Mitgliedern geschaffen. Es ist für einen abgegrenzten Zuständigkeitsbereich tätig, so z. B. für Klagen von Bediensteten der EU, von Unternehmen und Verbänden bezogen auf
den inzwischen ausgelaufenen EGKS-Vertrag und für Klagen von
natürlichen und juristischen Personen in Wettbewerbsfragen, die
sich aus dem EG-Vertrag und dem Vertrag über die Europäischen
Union ergeben.

Urteile der ersten Instanz können beim EuGH angefochten
werden – allerdings nur zur Auslegung von Rechtsfragen.

Seit Inkrafttreten des „Vertrags über die Europäische Union"
von Maastricht kann der EuGH Zwangsgelder gegen Mitgliedsstaaten verhängen, die dem Urteil des Gerichtshofs nicht nachge-
kommen sind.

Mit dem Vertrag von Amsterdam wurde allen Bürgern in der
EU das Recht eingeräumt, sich direkt an den Europäischen Gerichtshof zu wenden, falls sie von Institutionen in ihren Grundrechten beeinträchtigt werden.

(f) Der Europäische Rechnungshof ist eine unabhängige Behörde
der EU mit Sitz in Luxemburg. Seine Aufgabe ist die Kontrolle
des Finanzgebarens und der Haushaltsführung der Institutionen
der EU (→ *Haushalt der EU*). Er trat aufgrund vertraglicher Vereinbarungen zwischen den Mitgliedsstaaten am 25. 10. 1977 erstmals zusammen. Im Vertrag von Maastricht wurde er zu einem
gleichberechtigten Organ der EU aufgewertet. Der Europäische
Rechnungshof prüft alle Einnahmen und Ausgaben der Gemeinschaft und ihrer gemeinsamen Einrichtungen, insbesondere deren
Rechtmäßigkeit und Ordnungsmäßigkeit, und hat auf die → *Wirtschaftlichkeit* der Haushaltsführung zu achten. Seine Prüfungen

erstrecken sich auf alle Mitgliedsstaaten – hierbei allerdings in Zusammenarbeit mit den jeweils zuständigen Rechnungsprüfungsbehörden in den Mitgliedsstaaten (→ *Bundesrechnungshof*). In einem jährlichen Bericht und ggf. in Sonderberichten werden die Ergebnisse der Prüfungstätigkeit veröffentlicht. Seine Tätigkeit stärkt die Kontrollrechte des Europäischen Parlaments in Bezug auf die haushaltsführende Kommission der EU.

Der Europäische Rechnungshof besteht aus 15 von den Mitgliedsstaaten benannten Mitgliedern. Diese werden einstimmig vom Ministerrat der EU nach Anhörung des Europäischen Parlaments für 6 Jahre ernannt.

(g) Die Schaffung eines „Beratenden Ausschusses der regionalen und lokalen → *Gebietskörperschaften*" **Ausschuss der Regionen (Regionalausschuss)** war ein besonderes Anliegen der deutschen Bundesländer im Vertrag über die Europäische Union. Dieser „Ausschuss der Regionen" muss in bestimmten Fällen (z.B. bei Maßnahmen zur → *Regionalpolitik*, in den Bereichen Bildung und Kultur sowie im Gesundheitswesen, bei der Errichtung für → *Transeuropäische Netze*) gehört werden und kann auch von sich aus Stellungnahmen abgeben, u. a. wenn bei Anhörung des Wirtschafts- und Sozialausschusses regionale Interessen berührt sind. Von den 222 Mitgliedern entsenden die deutschen Bundesländer 21, die Kommunen 3 Vertreter.

(h) **Der Wirtschafts- und Sozialausschuss (WSA)** hat 222 Mitglieder aus dem wirtschaftlichen und sozialen Leben der Mitgliedsstaaten, die sich auf drei Gruppen gleichmäßig verteilen: → *Arbeitgeber*, → *Arbeitnehmer* und sonstige Vertreter (Landwirtschaft, Verkehr, freie Berufe, Verbraucher u. a.). Deutschland, Frankreich, Italien und Großbritannien stellen je 24 Vertreter.

Die Mitglieder des WSA werden vom Rat anhand von Vorschlagslisten der nationalen Regierungen ausgewählt und für jeweils vier Jahre ernannt. Sie sind fachlichen Gruppen zugeordnet, die den Aufgabenbereichen des EU-Vertrags entsprechen.

Der Wirtschafts- und Sozialausschuss hat ein **Anhörungsrecht** gegenüber dem Rat und der Kommission. Dies gilt insbesondere auf den Gebieten der Sozialpolitik, Bildungs- und Forschungsförderung, Verbraucherschutz, Umwelt-, Struktur- und Regionalpolitik, der Rechtsangleichung, Freizügigkeit und Niederlassungsrecht sowie der Agrar- und → *Verkehrspolitik*. Er kann auch aus eigener Initiative tätig werden und Stellungnahmen der Kommission anfordern. Seine Einwirkungsmöglichkeiten auf die Politik der EU sind jedoch beschränkt. Siehe **Abb. 3** (Seite 80), **12 und 13** (Seite 354/355).

http://europa.eu.int/index-de.htm

▶ **eG**

Abkürzung für eingetragene Genossenschaft (→ *Genossenschaften*).

▶ **EGB** → *Europäischer Gewerkschaftsbund (EGB)*

▶ **E-Government**

(Electronic Government) Möglichkeit der Optimierung verwaltungstechnischer Arbeitsabläufe und Rechtsbeziehungen zwischen Bürger und staatlichen Institutionen unter Nutzung des → *Internet*. → *Digitale Signatur*. → *Elster*, → *Bürokratie*.

▶ **EG-Richtlinien** → *Europäische Gesetzgebung*

▶ **Eigenbetriebe**

Gemeindeeigene Betriebe (→ *Gemeinden*) ohne Rechtspersönlichkeit. Rechtsgrundlage sind die jeweiligen von den Bundesländern erlassenen **Eigenbetriebsverordnungen**. Eigenbetriebe sind als Sondervermögen aus dem Gemeindehaushalt ausgegliedert. Anders als → *Regiebetriebe* verfügen sie über wirtschaftliche Selbständigkeit. Allerdings zählen sie weiterhin zum Vermögen der Gemeinden, der → *Landkreise* oder zu einem → *Zweckverband*.

▶ **Eigene Aktien**

→ *Aktien* einer → *Aktiengesellschaft (AG)* im eigenen Besitz. Dies war nach dem → *Aktiengesetz (AktG)* (§ 71 AktG) nur in wenigen Ausnahmefällen zugelassen, u. a. Erwerb zur Veräußerung an Belegschaftsangehörige (→ *Belegschaftsaktien*), Erwerb zur Abwendung eines unmittelbar bevorstehenden schweren Schadens. Nach dem → *KonTraG* können durch eine auf max. 18 Monate befristete Ermächtigung des Vorstands durch die → *Hauptversammlung* nunmehr bis zu 10 % am eigenen → *Grundkapital* erworben werden – sofern sie nicht dem Handel zugeführt werden.

▶ **Eigenfinanzierung** → *Finanzierung*

▶ **Eigengeschäfte**

(Nostrogeschäfte) Geschäfte, die → *Kreditinstitute* oder → *Finanzdienstleistungsinstitute* mit Wertpapieren (→ *Wertpapiere*) im eigenen Namen und für eigene Rechnung, d. h. ohne Kundenauftrag, durchführen.

▶ **Eigengesellschaft**

In privater Rechtsform befindliches Unternehmen (→ *Aktiengesellschaft (AG)*, → *Gesellschaft mit beschränkter Haftung (GmbH)*) der → *Gemeinden*, → *Landkreise* oder von einem → *Zweckverband*. Anders: → *Eigenbetriebe*.

▶ **Eigenhandel**

Geschäfte der → *Finanzdienstleistungsinstitute* (→ *Eigenhändler*) nach den Vorschriften im → *Kreditwesengesetz (KWG)* (§ 1 Abs. 1 a Nr. 4 KWG).

▶ **Eigenhändler**

Handeln als → *Finanzdienstleistungsinstitute* auf eigene Rechnung im eigenen Namen mit Finanzinstrumenten (→ *Finanzinstrumente*) für andere.

▶ **Eigenheimzulagegesetz** → *Wohneigentum*

▶ **Eigenkapital**

Finanzielle Mittel, die sich aus Einzahlungen der/des Unternehmenseigentümer/s (→ *Einzelkaufmann*, → *Aktionäre*, → *Gesellschafter*) und dem angesammelten → *Gewinn* des Unternehmens zusammensetzen. Eigenkapital steht dem Unternehmen unbefristet zur Verfügung und ist eine Voraussetzung zur Aufnahme von → *Fremdkapital*. In der → *Bilanz* errechnet sich das Eigenkapital als Differenz zwischen den Positionen der Aktivseite (→ *Aktiva*) und den Positionen der Passivseite (→ *Passiva* ohne Eigenkapital).

→ *Kapitalgesellschaften* müssen nach den Vorschriften im → *Handelsgesetzbuch (HGB)* (§ 266 Abs. 3 HGB) in ihrer Bilanz ein Gliederungsschema für das Eigenkapital beachten.

Da in jeder Bilanz Überbewertungen und Unterbewertungen von Vermögens- und Schuldenteilen vorhanden sind (→ *Stille Reserven*, stille Verluste), ist die wirkliche Höhe des Eigenkapitals erst bei einer → *Liquidation* des Unternehmens feststellbar. Die **Höhe des Eigenkapitals** und die Art der Haftung sind von der Rechtsform des Unternehmens abhängig:

Einzelfirmen und Personengesellschaften haben **variables Eigenkapital**.

Bei Kapitalgesellschaften gilt für Aktiengesellschaften ein Eigenkapital von mindestens 50 000 Euro (§ 7 AktG), für die **GmbH** ein Eigenkapital von mindestens 25 000 Euro (§ 5 Abs. 1 GmbHG).

Für → *Kreditinstitute* gelten nach dem → *Kreditwesengesetz (KWG)* (§ 10 KWG) besondere Vorschriften über die Eigenkapitalausstattung und die Zusammensetzung des Eigenkapitals, die dem Schutz der Einleger (→ *Gläubiger*) dienen.

▶ **Eigenkapitalquote**

Verhältnis von → *Eigenkapital* zu → *Fremdkapital*. Diese Kennziffer (→ *Kennzahlen*) liefert Hinweise zur Beurteilung der Finanzlage eines Unternehmens. Unternehmensvergleiche sind nur für gleiche oder von der Kapitalstruktur ähnliche Branchen sinnvoll.

▶ Eigenkapitalrentabilität

Kennziffer (→ *Kennzahlen*) zur Beurteilung der → *Rentabilität* für das in einem Unternehmen eingesetzte → *Kapital*. Sie ergibt sich aus der Division des Jahresüberschusses oder des Ergebnisses der gewöhnlichen Geschäftstätigkeit (→ *Gewinn- und Verlustrechnung (GuV)*) durch das → *Eigenkapital* multipliziert mit 100. Ist die Eigenkapitalrentabilität eines Unternehmens höher als der → *Marktzinssatz*, so ist es für die Kapitalgeber vorteilhaft, das Kapital im Unternehmen zu belassen. Im umgekehrten Fall kann eine alternative Kapitalanlage in Erwägung gezogen werden. → *Leverage-Effekt*.

▶ Eigenkapitalspiegel

Nach dem → *Handelsgesetzbuch (HGB)* (§ 297 Abs. 1 HGB) seit 2002 (→ *Corporate Governance*) für börsennotierte Unternehmen geltende Vorschrift, wonach eine Darstellung und Erläuterung von Veränderungen im → *Eigenkapital* in Form einer → *Matrix* im → *Konzernanhang* erfolgen muss. Auch der → *Jahresabschluss* nach → *US-GAAP* und → *IAS/IFRS* beinhaltet einen Eigenkapitalspiegel.

▶ Eigenmittel-/Eigenkapitalrichtlinie → *Kreditwesengesetz* (KWG)

▶ Eigentum

Im BGB (→ *Bürgerliches Gesetzbuch (BGB)*) definiertes dingliches Recht an Sachen. Dieses ist verbunden mit der Verfügungsmacht über bewegliche oder unbewegliche Sachen innerhalb der von unserer Rechtsordnung gezogenen Vorschriften und Grenzen (§ 903 bis § 1011 BGB).

Im Grundgesetz ist die **Sozialpflichtigkeit des Eigentums** verankert: „Eigentum verpflichtet. Sein Gebrauch soll zugleich dem Wohle der Allgemeinheit dienen." (Art. 14 Abs. 2 GG).

Eigentum darf also nicht als unumschränktes Herrschaftsrecht aufgefasst werden. Sozialpflichtige Einschränkungen sind z. B. das

Verbot der missbräuchlichen Rechtsausübung, Schikaneverbot sowie Maßnahmen im Notstand.

Im öffentlichen Interesse kann in Einzelfällen auch in das Eigentum selbst eingegriffen werden (→ *Enteignung*). Eigentumsbeschränkungen gibt es auch im Baurecht (→ *Bodenrecht*), im Verkehrsrecht (→ *Verkehrspolitik*) und Umweltschutzrecht (→ *Umweltschutz*). → *Einigungsvertrag*.

▶ **Eigentumsvorbehalt**

Bezeichnung für das beim → *Kaufvertrag* über eine bewegliche Sache eingeräumte Recht eines Verkäufers, bis zur vollständigen Bezahlung Eigentümer (→ *Eigentum*) an der verkauften Sache zu bleiben (§ 449 Abs. 1 BGB). Der Verkäufer kann im Falle von → *Verzug* die Sache nur zurückverlangen, wenn er zuvor vom → *Vertrag* zurückgetreten ist (§ 449 Abs. 2 BGB).

▶ **Eigenwechsel** → *Wechsel*

▶ **Eigenwirtschaftlichkeit**

Finanzwirtschaftlicher Begriff aus dem Recht für → *Öffentliche Unternehmen*. Sie liegt dann vor, wenn die Erträge (→ *Ertrag*) bzw. Einnahmen die Aufwendungen (→ *Aufwand*) bzw. Ausgaben decken. Auch kann u. U. noch ein angemessener → *Gewinn* erlaubt sein.

▶ **Ein-Euro-Jobs**

Bezeichnung für von der → *Agentur für Arbeit* bezuschusste gemeinnützige Tätigkeiten für Gemeinden oder kirchliche und soziale Organisationen, die mit ein bis maximal zwei Euro pro Stunde entlohnt werden. Die im Zuge der → *Hartz-Gesetze* (Hartz IV) eingeführten zeitlich begrenzten Beschäftigungsmöglichkeiten, die über private Trägergesellschaften organisiert werden, sollen Bezieher von → *Arbeitslosengeld II*, insbesondere Langzeitarbeitslose, wieder in das Arbeitsleben einbeziehen und die soziale Integration erleichtern. Der steuerfreie Zusatzverdienst wird nicht auf das Arbeitslosengeld II angerechnet.

Die → *Gewerkschaften* kritisieren das Instrument der Ein-Euro-Jobs, weil durch die über ein → *Job-Center* vermittelten Arbeitsmöglichkeiten Vollzeitarbeitsplätze verdrängt werden können.

▶ **Einfuhr**

(Import) Begriff im → *Außenhandel* für den Bezug von → *Gütern* und → *Dienstleistungen* aus dem Ausland. Man unterscheidet sichtbare Einfuhren (Waren) und unsichtbare Einfuhren (Dienstleistungen, wie etwa Vermittlungsleistungen ausländischer → *Banken* und → *Versicherungen*, Leistungen ausländischer Schiffe usw.). Zusammengefasst dargestellt werden die nach dem → *Inlandskonzept* erfassten Einfuhren in der **Handelsbilanz** und in der **Dienstleistungsbilanz** (→ *Zahlungsbilanz*). Der Saldo von → *Ausfuhr* und Einfuhr ist der **Außenbeitrag** als Bestandteil bei der Berechnung für das → *Bruttonationaleinkommen (BNE)*. Siehe **Abb. 49** (Seite 1137).

▶ **Einfuhrkontingentierung**

Beschränkung der → *Einfuhr* für einen bestimmten Zeitraum auf eine Höchstmenge **(Mengenkontingent)** oder einen Höchstwert **(Wertkontingent)**. → *Protektionismus*.

▶ **Einfuhrüberschuss**

Wertmäßiger Überschuss der → *Einfuhr* über die → *Ausfuhr*. Man spricht dann von passiver Handels- bzw. Leistungsbilanz. → *Zahlungsbilanz*, → *Ausfuhrüberschuss*.

▶ **Einfuhrumsatzsteuer**

→ *Verbrauchsteuer* im Sinne der → *Abgabenordnung (AO)* als Sonderform der → *Umsatzsteuer*. Sie wird bei der Einfuhr von Waren aus *Drittländern* in die Bundesrepublik entsprechend der Vorschriften für → *Zölle* von der Bundeszollverwaltung erhoben (§ 1 Abs. 1 Nr. 5 UStG und § 21 Abs. 1 UStG). Sie kann ebenso wie die → *Mehrwertsteuer* als → *Vorsteuer* geltend gemacht werden.

Ziel der Erhebung einer Einfuhrumsatzsteuer ist das Erreichen eines umsatzsteuerlichen Grenzausgleichs. Das Ursprungsland entlastet bei der Ausfuhr die Waren von der Umsatzsteuer, das Bestimmungsland belastet sie mit dem hier geltenden Steuersatz.

Mit dem Inkrafttreten des Binnenmarkts in der EU (→ *Europäischer Binnenmarkt*) am 1. 1. 1993 wurde im Warenverkehr zwischen den Mitgliedstaaten der EU (→ *Europäische Union (EU)*) die Erhebung der Einfuhrumsatzsteuer durch die Zollverwaltungen abgeschafft. Die gewerblich gelieferten Waren gelangen grundsätzlich unversteuert über die innergemeinschaftlichen Grenzen. Die Belastung erfolgt mit der jeweils geltenden Umsatzsteuer (Mehrwertsteuer) erst im Bestimmungsland, in Deutschland durch die Abgabe einer → *Steuererklärung* beim → *Finanzamt*. Rechtsgrundlage ist § 13 Abs. 2 Nr. 3 UStG, wonach der Erwerber eines Gegenstandes im Binnenland Steuerschuldner ist.

Die Mitgliedstaaten der EU konnten sich bisher nicht auf eine völlige Angleichung der Steuersätze einigen. Es gilt bisher lediglich als Kompromiss die Einführung von **Mindeststeuersätzen**. Dies ist ein Mindest-Normalsatz von 15 % und ein Höchstsatz von 25 %. Der ermäßigte Steuersatz muss mindestens 5 % betragen. In Deutschland – wie auch in den übrigen Staaten der EU – gelten für den **innergemeinschaftlichen Erwerb** dieselben Steuersätze wie für die Lieferungen im Inland (§ 12 UStG). Der Anteil der Einfuhrumsatzsteuer am gesamten Umsatzsteueraufkommen beträgt fast 30 %. → *Steuerarten*. Siehe **Abb. 23** (Seite 695).

▶ **Eingangssteuersatz** → *Steuerreform*

▶ **Einheitliche Europäische Akte**

Vom Europäischen Rat am 2./3. 12. 1985 gebilligtes Vertragswerk zur Änderung der bis dahin bestehenden Verträge der → *EG (Europäische Gemeinschaft)*. Es ist am 1. 1. 1987 in Kraft getreten und bedeutete einen entscheidenden Schritt zur Verwirklichung der EU (→ *Europäische Union (EU)*). Mit dem Vertragswerk wurde die Funktion des Europäischen Parlaments gestärkt.

Neu aufgenommen wurde auch die Bestimmung, dass Beschlüsse der Kommission und des Rats mit Mehrheitsentscheidung gefasst werden können – dies allerdings nicht in jedem Fall (→ *Qualifizierte Mehrheit*).

Außerdem verpflichtete sich die Gemeinschaft zur Vollendung des Europäischen Binnenmarktes (→ *Europäischer Binnenmarkt*) bis Ende 1992. Sie enthält weiter Bestimmungen über Befugnisse zur → *Währungspolitik*, zur Entwicklung des Sozialraumes in Europa (→ *Sozialcharta der EU*), zur Forschung und technologischen Entwicklung sowie zum → *Umweltschutz*, die mit dem „**Vertrag über die Europäische Union (EU)**" konkretisiert wurden.

Durch einen gesonderten Vertrag wurden Grundsätze der außenpolitischen Zusammenarbeit festgelegt, die bis dahin nur in einem informellen Rahmen für die → *Europäische Politische Zusammenarbeit (EPZ)* stattfand und nicht vertraglich kodifiziert war.

http://europa.eu.int/abc/obj/treaties/de/detr14a.htm

▶ Einheitliche Leitung

Begriff aus dem Konzernrecht (→ *Konzern*) im → *Handelsgesetzbuch (HGB)* (§ 290 Abs. 1 HGB). Dabei muss bei zwei rechtlich selbständigen Unternehmen das eine Unternehmen von dem anderen Unternehmen mitgeleitet werden, d.h. es ist bestimmend für dessen Geschäftspolitik und → *Geschäftsführung*. → *Konzernabschluss*.

▶ Einheitsgewerkschaft

Nach dem Zweiten Weltkrieg in der Bundesrepublik Deutschland eingeführtes Prinzip parteipolitischer, weltanschaulicher und konfessioneller Unabhängigkeit der → *Gewerkschaften*. In der ehem. DDR gab es dagegen bis 1989 mit dem Freien Deutschen Gewerkschaftsbund (FDGB) nur **Richtungsgewerkschaften** (→ *Richtungsverbandsprinzip*), deren überwiegender Auftrag darin bestand, die Vorgaben der staatstragenden Partei in den Betrieben umzusetzen.

▶ **Einheitskurs** → *Börsenkurs*

▶ **Einheitswerte**

Besteuerungsgrundlage für die Festsetzung der → *Grundsteuer,* → *Gewerbesteuer,* → *Erbschaftsteuer* und der → *Grunderwerbsteuer,* des forstwirtschaftlichen sowie sonstigen Grund- und Betriebsvermögens. Bis zu dem → *Bewertungsgesetz (BewG)* vom 10. 12. 1965 galten die Einheitswerte einer → *Rechtsverordnung* aus dem Jahre 1935.

Seit Inkrafttreten der geänderten Vermögen- und Erbschaftsteuergesetze ab 1. 1. 1974 gelten in den alten Bundesländern die nicht mehr zeitgemäßen und vom → *Bundesrechnungshof* im April 1991 beanstandeten Einheitswerte von 1965 mit einem Aufschlag von 40 %. In den neuen Bundesländern gelten i. d. R. noch die Einheitswerte von 1935.

Nach Schätzungen für das Jahr 1995 lagen in Westdeutschland die Einheitswerte von unbebauten Grundstücken im Durchschnitt bei etwa 10 %, für Einfamilienhäuser bei 30 %, für land- und forstwirtschaftlich genutzte Grundstücke sogar nur bei 1 % der Verkehrswerte (→ *Verkehrswert*).

Nach dem Urteil des Bundesverfassungsgerichts vom 22. 6. 1995 war die Besteuerung von Vermögen und Erbschaften nicht mit dem Gleichheitsgrundsatz (Art. 3 GG) vereinbar, weil Eigentümer von Grundvermögen gegenüber Besitzern von Geld- und Kapitalvermögen bevorzugt werden. Der Gesetzgeber wurde verpflichtet, bis zum 31. 12. 1996 für eine gleichmäßige Vermögensbesteuerung zu sorgen. Die erfolgte mit dem Jahressteuergesetz 1997 (→ *Steuerreform*).

▶ **Einigungsstelle** → *Betriebsverfassungsgesetz (BetrVG)*

▶ **Einigungsvertrag**

Nach dem **Einigungsvertragsgesetz** vom 23. 9. 1990 bildete er die rechtliche Grundlage für die am 3. 10. 1990 vollzogene Vereinigung beider deutscher Staaten durch Beitritt der DDR zur Bundesrepublik nach Art. 23 des Grundgesetzes.

Er enthält Änderungen des Grundgesetzes, die Grundsätze der Rechtsvereinheitlichung und beschreibt Regularien in Bereichen (z. B. zur Eigentumsordnung), die nicht einfach durch Gesetzesänderungen vereinheitlicht werden konnten. Darüber hinaus wurde der gesamtdeutsche Gesetzgeber verpflichtet, in ungelösten Fragen tätig zu werden. Mit dem Einigungsvertrag wurde das **gesamte rechtliche System**, einschließlich des Verwaltungsaufbaus der Bundesrepublik, auf die **fünf neuen Bundesländer** Brandenburg, Mecklenburg-Vorpommern, Sachsen, Sachsen-Anhalt und Thüringen sowie auf Ostberlin übertragen. Vorrangig behandelt der Einigungsvertrag staatsrechtliche und staatspolitische Fragen der Vereinigung. Die **neun Kapitel** des Vertrags sind überschrieben: I. Wirkung des Beitritts; II. Grundgesetz; III. Rechtsangleichung; IV. Völkerrechtliche Verträge und Vereinbarungen; V. Öffentliche Verwaltung und Rechtspflege; VI. Öffentliche Vermögen und Schulden; VII. Arbeit, Soziales, Familie, Frauen, Gesundheitswesen und Umweltschutz; VIII. Kultur, Bildung und Wissenschaft, Sport; IX. Übergangs- und Schlussbestimmung.

Mit dem Einigungsvertrag wurde das Recht der EU (→ *Europäische Union (EU)*) auch im Gebiet der neuen Bundesländer in Kraft gesetzt.

Die Verpflichtungen aus dem Vertrag über die Schaffung einer → *Währungs-, Wirtschafts- und Sozialunion* wurden bestätigt, soweit sie nicht mit dem Einigungsvertrag geändert oder gegenstandslos geworden sind. → *Solidarpakt*, → *Erblast*.

http://www.jura.uni-sb.de/Vertraege/Einheit/

▶ **Einkaufskartell** → *Kartell*

▶ **Einkommen**

Die natürlichen oder → *Juristischen Personen* aufgrund bestehender Rechte zufließenden Geldbeträge oder Naturalleistungen. Das Einkommen kann entstehen durch Arbeitsleistungen (**Arbeitseinkommen** in Form von Löhnen und Gehältern), aus Vermögensbesitz (**Besitzeinkommen** aus Zinsertrag (→ *Zins*), → *Pacht*, → *Dividende*, → *Miete*) und aus **Unternehmertätigkeit** (→ *Ge-*

winn). Außerdem gibt es noch **Übertragungseinkommen** (→ *Transfereinkommen*).

Die → *Volkswirtschaftliche Gesamtrechnung (VGR)* definiert die Gesamtsumme aller zugeflossenen Einkommen als → *Volkseinkommen*.

Aus Verschiebungen der Relationen zwischen Unternehmens- und Vermögenseinkommen und → *Arbeitnehmerentgelt* lassen sich Hinweise ableiten über Entwicklungen in den Verhältnissen der → *Einkommensverteilung*. Diese Größen aus der → *Makroökonomie* liefern jedoch keine Aussagen über die individuellen Einkommensverhältnisse. Die **individuelle** Einkommensbetrachtung stellt ab auf Größen wie → *Bruttolohn/Bruttogehalt* bzw. → *Nettolohn/Nettogehalt*. Im allgemeinen Sprachgebrauch wird der Begriff Einkommen häufig gleichgesetzt mit dem individuellen Einkommensbegriff. So wird beispielsweise bei Analysen des Einkommensniveaus die Entwicklung der Löhne und Gehälter beobachtet. → *Nominaleinkommen*, → *Realeinkommen*, → *Verfügbares Einkommen*.

Im → *Steuerrecht* und in den gesetzlichen Grundlagen für die Zahlung von → *Transfereinkommen* sind die für die Besteuerung oder für die Berechtigung für eine staatliche Leistung jeweils maßgeblichen Einkommen unterschiedlich definiert.

▶ **Einkommen aus unselbständiger Arbeit/Einkommen aus Unternehmertätigkeit und Vermögen**

Bis 1999 Begriffe der VGR (→ *Volkswirtschaftliche Gesamtrechnung (VGR)*).

▶ **Einkommenseffekt** → *Investitionen*

▶ **Einkommensteuer**

Vom → *Einkommen* der natürlichen Personen erhobene Steuer (→ *Steuern*). Rechtsgrundlage ist das **Einkommensteuergesetz (EStG)** i. d. F. vom 19. 10. 2002 sowie die → *Einkommensteuer-Durchführungsverordnung (EStDV)* i. d. F. vom 10. 5. 2000. Daneben gibt es noch zur Klärung von Auslegungsfragen die → *Einkommensteuer-Richtlinien (EStR)* als allgemeine Verwaltungsvorschrift. Die Einkommensteuer zählt zu den → *Gemeinschaftssteuern* von Bund und Ländern.

Unterschieden wird in **unbeschränkte** und **beschränkte** Steuerpflicht. Natürliche Personen mit Wohnsitz oder gewöhnlichem Aufenthalt im Inland sind unbeschränkt – also mit sämtlichen Einkunftsarten – einkommensteuerpflichtig. Natürliche Personen, die im Inland keinen Wohnsitz oder gewöhnlichen Aufenthalt haben, sind beschränkt steuerpflichtig, wenn sie bestimmte inländische Einkünfte haben, z. B. aus einem → *Gewerbe/Gewerbebetrieb*, aus Kapitalvermögen oder Vermietung und Verpachtung (§ 49 EStG bis § 50 a EStG). Hierbei gelten z. T. andere und strengere Maßstäbe für die Besteuerung.

Das Einkommensteuergesetz unterscheidet **sieben Einkunftsarten**, die besteuert werden (§ 2 EStG und § 13 EStG bis 22 EStG). Dies sind:

1. Einkünfte aus **Land- und Forstwirtschaft**,
2. Einkünfte aus **Gewerbebetrieb** (→ *Gewerbe/Gewerbebetrieb*),
3. Einkünfte aus **selbständiger Arbeit** (→ *Freie Berufe*),
4. Einkünfte aus **nichtselbständiger Arbeit** (Arbeitnehmereinkommen, die der → *Lohnsteuer* unterliegen),
5. Einkünfte aus **Kapitalvermögen** (Kapitaleinkünfte),
6. Einkünfte aus **Vermietung und Verpachtung** sowie
7. **Sonstige Einkünfte** (z. B. Leibrenten (→ *Rente*), die besonders besteuert werden (→ *Nachhaltigkeitsgesetz*) oder aus Geschäften, die der → *Spekulationssteuer* unterliegen).

Zur Ermittlung des **zu versteuernden Einkommens** wird zunächst der **Gesamtbetrag der Einkünfte** nach § 2 Abs. 3 Satz 1 EStG errechnet. Dies ist der

(1) Überschuss der Einnahmen über die → *Werbungskosten* bei den Beziehern von Einkünften aus nichtselbständiger Arbeit, aus Kapitalvermögen, aus Vermietung und Verpachtung sowie aus sonstigen Einkünften – ggf. vermindert um einen → *Altersentlastungsbetrag*;

(2) der Überschuss der Betriebseinnahmen über die → *Betriebsausgaben* bei den Einkünften aus selbständiger Arbeit, aus Gewerbebetrieb und aus Land- und Forstwirtschaft. Auch hiervon kann ggf. ein → *Freibetrag* (z. B. für bestimmte Berufsgruppen wie Artisten, Journalisten, Land und Forstwirte) bzw. eine → *Pauschale* abgezogen werden.

Werden von dem errechneten Gesamtbetrag der Einkünfte noch die → *Sonderausgaben*, → *Außergewöhnliche Belastungen*, ggf. ein → *Verlustabzug* nach § 10 d EStG und Steuerbegünstigungen der zu Wohnzwecken genutzten Wohnungen, Gebäude und Baudenkmäler nach § 10 e EStG bis § 10 i EStG sowie bestimmte Freibeträge (z. B. → *Kinderfreibetrag*) abgezogen, so verbleibt das **zu versteuernde Einkommen** nach § 2 Abs. 5 EStG. Dieses bildet die **Bemessungsgrundlage für die Einkommensteuer**, die aus den Einkommensteuertabellen (→ *Einkommensteuer-Grundtabelle* oder Einkommensteuer-Splittingtabelle) abgelesen werden kann.

Von dem so ermittelten Betrag für die **tarifliche Einkommensteuer** (→ *Einkommensteuertarif*) können ggf. noch bestimmte Steuerermäßigungen (z. B. → *Baukindergeld*, hälftige Spenden) abgezogen werden. Am Ende verbleibt die **festzusetzende Einkommensteuer**. → *Steuerreform*.

Die Erhebung der Einkommensteuer erfolgt

● durch **Veranlagung** für ein Kalenderjahr durch nachträgliche → *Einkommensteuererklärung* des Steuerpflichtigen (§ 25 EStG bis § 28 EStG),

● durch **Steuerabzug** bei Einkünften aus nichtselbständiger Arbeit mit Hilfe von → *Lohnsteuertabellen*,

● durch vierteljährliche **Vorauszahlung** in Höhe eines Viertels der bei der letzten Veranlagung festgestellten Steuerschuld. Zuviel bezahlte Beträge werden nach Abgabe der Steuererklärung zurückerstattet.

Zusammenlebende Ehegatten können zwischen **getrennter Veranlagung** (§ 26 a EStG) und **Zusammenveranlagung** (§ 26 b EStG) wählen. Bei Zusammenveranlagung werden die erzielten Einkünfte zusammengerechnet und die Einkommensteuer nach dem → *Splittingverfahren* ermittelt.

http://bundesrecht.juris.de

▶ **Einkommensteuer-Durchführungsverordnung (EStDV)**

→ *Rechtsverordnung*, die das → *Einkommensteuergesetz (EStG)* durch Ausführungsbestimmungen ergänzt. → *Einkommensteuer-Richtlinien (EStR)*.

▶ **Einkommensteuererklärung**

Nach dem → *Einkommensteuergesetz (EStG)* (§ 25 EStG und § 46 EStG) muss eine Einkommensteuererklärung u. a. abgegeben werden

● wenn in einem Jahr andere → *Einkünfte* außer Arbeitslohn vorliegen und diese mehr als 410 Euro betragen,

● → *Lohnersatzleistungen* von mehr als 410 Euro bezogen wurden,

● nebeneinander von mehreren Arbeitgebern Arbeitslohn bezogen wurde,

● beide Ehegatten lohnsteuerpflichtigen Arbeitslohn bezogen haben und einer von beiden hatte die Steuerklasse V oder VI,

● im → *Lohnsteuerermäßigungsverfahren* ein → *Freibetrag* auf der → *Lohnsteuerkarte* eingetragen wurde,

● keine Lohneinkünfte bezogen wurden (z. B. → *Rentner*, Empfänger für → *Versorgungsbezüge*).

Die Einkommensteuererklärung ist bis zum 31.5. des dem Veranlagungszeitraum folgenden Jahres beim Finanzamt einzureichen. In bestimmten Fällen (z. B. wenn ein → *Steuerberater* eingeschaltet war oder durch besondere Begründung) ist eine Fristverlängerung bis zum 30.9. möglich. → *Steuererklärung*. → *Elster*.

▶ **Einkommensteuergesetz (EStG)** → *Einkommensteuer*

▶ **Einkommensteuer-Grundtabelle**

Ist nach dem → *Einkommensteuergesetz (EStG)* (§ 32a Abs. 1 EStG) anzuwenden für alle Steuerpflichtigen, die nicht als Ehepaare zusammen veranlagt werden, also für die → *Lohnsteuerklassen* I, II und IV.

Für zusammen veranlagte Ehepaare und einige im Gesetz genannte zeitlich begrenzte Ausnahmefälle (Tod, Scheidung, Aufhebung) gilt die **Einkommensteuer-Splittingtabelle** (→ *Splittingverfahren*).

▶ **Einkommensteuer-Richtlinien (EStR)**

Sammlung von Entscheidungen der Finanzgerichte und Erläuterungen zur → *Einkommensteuer*, die von der → *Finanzverwaltung* zu beachten sind.

▶ **Einkommensteuer-Splittingtabelle** → *Einkommensteuer-Grundtabelle*

▶ **Einkommensteuertarif** → *Steuerreform*

▶ **Einkommensübertragungen** → *Transfereinkommen*

▶ **Einkommensumverteilung**

Bestrebungen, die vorhandene → *Einkommensverteilung* zu ändern. Eine Umverteilung des Volkseinkommens (→ *Sozialprodukt (Nationaleinkommen)*) kann erfolgen durch die → *Tarifpolitik* und durch staatliche Umverteilungsmaßnahmen wie die → *Steuerpolitik* und → *Finanzpolitik*, über → *Transfereinkommen* und Bereitstellung öffentlicher Güter (→ *Öffentliche Güter*) sowie weitere Maßnahmen im Rahmen staatlicher → *Ordnungspolitik*.

▶ **Einkommensverteilung**

Sie kann nach zwei Arten unterschieden werden:

(1) als **personelle** Einkommensverteilung durch Aufteilung des Volkseinkommens (→ *Sozialprodukt (Nationaleinkommen)*) auf die einzelnen Gruppen von Einkommensbeziehern ohne Rücksicht auf die Quelle des Einkommens. Hierbei ist es üblich, z. B. statistisch die **Haushaltseinkommen** der → *Arbeitnehmer (Arbeiter, Angestellte, → Beamte)*, für → *Selbständige* und Bezieher von → *Transfereinkommen* (Rentner, Pensionäre) darzustellen. Die durchschnittliche Haushaltsgröße beträgt bei Arbeitnehmern 2,6, bei Selbständigen 3,0, bei Rentnern und Pensionären 1,7 und bei Arbeitslosen 2,3 Personen.

(2) als **funktionelle** Einkommensverteilung durch Aufteilung des Volkseinkommens auf die → *Produktionsfaktoren* Arbeit und Kapital mit ihren Entsprechungen Lohn, Gehalt (Faktor Arbeit) sowie → *Gewinn* und → *Zinsen* (Faktor Kapital).

Die Beurteilung dessen, was eine gerechte Einkommensverteilung ist, die sich an den Kriterien Leistungsgerechtigkeit, Bedürfnisgerechtigkeit und Chancengleichheit orientiert, ist kaum objektivierbar und hängt von Werturteilen ab.

Es bestehen nur unzureichende statistische Unterlagen, die Auskünfte darüber erteilen, wie sich die Einkommensschichtung der Selbständigen bzw. die des Faktors Arbeit darstellt. Dagegen weist die Lohnsteuerstatistik (→ *Lohnsteuer*) sehr genaue Daten über die Schichtung der Einkommen der Arbeitnehmer aus. Erschwerend kommt noch hinzu, dass die aus der VGR (*Volkswirtschaftliche Gesamtrechnung (VGR)*) zu entnehmenden Angaben über die Unternehmens- und Vermögenseinkommen nur mit Einschränkungen brauchbar sind. → *Lohnquote*, → *Neue Armut*.

▶ **Einkünfte** → *Einkommensteuer*

▶ **Einlagen**

Geldbeträge, die die Kunden einem Kreditinstitut (→ *Kreditinstitute*) zur Verfügung stellen. Man unterscheidet zwischen → *Sichteinlagen*, die jederzeit fällig sind, befristeten bzw. → *Termineinlagen*, die eine feste Laufzeit oder Kündigungsfrist haben, und → *Spareinlagen*.

Im → *Handelsrecht* bezeichnet man alle Geld- und/oder Sachleistungen als Einlagen, die in ein Unternehmen (z. B. → *Aktiengesellschaft (AG)*, → *Offene Handelsgesellschaft (OHG)*, → *Kommanditgesellschaft (KG)*) eingebracht werden mit dem Ziel einer Beteiligung.

Einlagen im → *Steuerrecht* sind nach den Vorschriften im → *Einkommensteuergesetz (EStG)* alle Wirtschaftsgüter (→ *Güter*), die ein Steuerpflichtiger in Form von Geld- und/oder Sacheinlagen (z. B. Bareinzahlungen, Waren, Grundstücke, Patente (→ *Patent*, → *Forderungen*) im Laufe eines Wirtschaftsjahres seinem Betrieb zuführt (§ 4 Abs. 1 Satz 5 EStG).

▶ **Einlagefazilität** → *Europäisches System der Zentralbanken (ESZB)*

▶ **Einlagengeschäft** → *Kreditinstitute*

▶ **Einnahmen**

Begriff aus dem → *Rechnungswesen* für alle → *Einzahlungen* aus Barverkäufen. Hinzu kommen der Zugang an → *Forderungen* abzüglich der → *Verbindlichkeiten* für einen bestimmten Zeitraum.

Ausgaben umfassen demgegenüber alle Auszahlungen für Bareinkäufe abzüglich Forderungen und zuzüglich der Verbindlichkeiten eines bestimmten Zeitraums.

Daneben unterscheidet man noch in der → *Kameralistik* zwischen Einnahmen und Ausgaben der → *Öffentlichen Haushalte* aus → *Abgaben* und Rückerstattungen sowie im → *Steuerrecht* in → *Betriebseinnahmen* und → *Betriebsausgaben*.

▶ **Einnahmen-Ausgaben-Rechnung**

(Überschussrechnung) Methode der Gewinnermittlung zur Berechnung der → *Einkommensteuer* für nicht der → *Buchführungspflicht* unterliegende kleine Gewerbetriebe (→ *Gewerbe/ Gewerbebetrieb*), für → *Freie Berufe* und bei nicht Buch führenden Betrieben in der → *Land- und Forstwirtschaft*. Dabei werden die → *Einnahmen* den → *Ausgaben* für ein → *Geschäftsjahr* gegenübergestellt. Allerdings gelten die steuerlichen Grenzen der Absetzbarkeit von → *Betriebsausgaben* und beim Ansatz von → *Abschreibungen* entsprechend den → *AfA-Tabellen*.

▶ **Einpersonengesellschaft**

Bezeichnung für eine → *Kapitalgesellschaft*, bei der alle Geschäftsanteile (→ *Geschäftsanteil*) in einer Person vereinigt sind.

▶ **Einzahlungen**

Begriff aus dem → *Rechnungswesen*. Er umfasst die Erhöhung des Bargeldbestandes und der → *Sichteinlagen* für einen bestimmten Zeitraum. Die Einzahlungen können aus Barverkäufen, Vorauszahlungen von Kunden oder bereits ausgezahlten Krediten stammen.

Umgekehrt umfasst der Begriff **Auszahlungen** die Verringerung des Bargeldbestandes und/oder der Sichteinlagen für einen bestimmten Zeitraum. Die Auszahlungen können aus bargezahlten oder abgebuchten Sichteinlagen für Käufe, eigenen Vorauszahlungen oder Rückzahlungen von Krediten resultieren. Anders: → *Einnahmen* und Ausgaben.

▶ **Einzelabschluss**

Bezeichnung für den → *Jahresabschluss* eines Unternehmens. Die Aussagefähigkeit des Einzelabschlusses von Unternehmen in einem → *Konzern* ist (z. B. für eine → *Bilanzanalyse*) wegen der innerkonzernlichen Gestaltungsmöglichkeiten sehr begrenzt. Außerdem sind wegen der Maßgeblichkeit der → *Handelsbilanz* für die → *Steuerbilanz* (→ *Maßgeblichkeitsprinzip*) weitere aus dem → *Steuerrecht* abgeleitete Besonderheiten zu beachten. Dagegen entspricht die Bilanzierung bei einem → *Konzernabschluss* wegen der fehlenden Klammer von Handels- und Steuerbilanz mehr betriebswirtschaftlichen Kriterien.

▶ **Einzelfertigung**

Produktionsverfahren, bei dem das Produkt aufgrund individueller Einzelwünsche gestaltet wird. Voraussetzung für den Betrieb ist das Vorhandensein von hoch qualifiziertem Personal. → *Rationalisierung* des Arbeitsablaufes ist nur in Grenzen möglich.

▶ **Einzelfirma, Einzelkaufleute**

Gebräuchlichste Rechtsform eines Unternehmens, vorwiegend für kleinere und mittlere Betriebe. Nach den Vorschriften im → *Handelsgesetzbuch (HGB)* (§ 19 HGB) betreiben und leiten die Einzelkaufleute ihre → *Firma* entweder unter ihrem Familiennamen oder unter einem bestimmten Firmennamen, der zur Kennzeichnung des Kaufmanns bzw. der Kauffrau geeignet ist und Unterscheidungskraft besitzt. Der Firmennamen darf nicht über die tatsächliche Geschäftstätigkeit in die Irre führen. Einzelkaufleute haften mit ihrem gesamten Privatvermögen für alle Rechtsgeschäfte ihrer Firma.

▶ **Einzelhandel** → *Handelsbetrieb*

▶ **Einzelkaufmann** → *Einzelfirma*

▶ **Einzelkosten**

→ *Kostenarten*, die im Gegensatz zu den → *Gemeinkosten* direkt, d. h. ohne vorherige Verrechnung über die → *Kostenstellen* einem → *Kostenträger* (z. B. Produkt A, B usw.) zugerechnet werden können. Beispiele sind Fertigungslöhne, Verpackungskosten, Materialkosten usw.

▶ **Einzelwahlverfahren** → *Call by Call*

▶ **Eisenbahn-Bundesamt** → *Bundesbahn/Deutsche Bahn AG*

▶ **Eisenbahngesetz** → *Bundesbahn/Deutsche Bahn AG*

▶ **Elastizität**

Begriff aus der → *Wirtschaftstheorie*. Sie bezeichnet das Verhältnis der relativen Änderung einer Größe zu der sie verursachenden relativen Änderung einer anderen Größe.

Man unterscheidet eine ganze Reihe von **Elastizitätsmessziffern**: Die gebräuchlichste Messziffer ist die **Nachfrageelastizität**, und zwar entweder als relative Änderung der nachgefragten Menge eines Gutes aufgrund einer Änderung des Preises (**Preiselastizität der Nachfrage**) oder des Einkommens (**Einkommenselastizität** der Nachfrage).

Der **Elastizitätskoeffizient** wird bei der Preiselastizität berechnet als Verhältnis der prozentualen Mengenänderung zur prozentualen Preisänderung:

Ist das Verhältnis größer als 1, so spricht man von „**elastischer**" Nachfrage, d. h. die prozentuale Preisänderung bewirkt eine prozentual größere Mengenänderung. Ist das Verhältnis kleiner als 1, so ist die Nachfrage „**unelastisch**", d. h. die prozentuale Mengenänderung ist kleiner als die prozentuale Preisänderung.

Ist die Nachfrage unabhängig von der Preishöhe immer gleich groß, so handelt es sich um eine „**starre**" Nachfrage mit dem Elastizitätskoeffizienten = 0. Kann bei einem gegebenen Preis jede beliebige Menge abgesetzt werden, so liegt eine „**unendlich elastische**" Nachfrage mit dem Elastizitätskoeffizienten „unendlich" vor.

Ein dritter Sonderfall ist ein Elastizitätskoeffizient von 1. Hier werden Mengenänderungen durch eine entsprechende Preisänderung ausgeglichen; die Umsätze bleiben gleich.

Bei Preisänderungen ist die Kenntnis wichtig, ob Umsatz und Gewinn gehalten oder erhöht werden können. Hierzu versucht man, die voraussichtlichen Nachfrageelastizitäten abzuschätzen.

▶ **Electronic Banking**

Angebot der → *Kreditinstitute* zur bargeld- und beleglosen Abwicklung von Bankgeschäften. → *Telebanking*.

▶ **Electronic Cash**

Möglichkeit zum bargeldlosen Bezahlen mit → *Kreditkarte* oder Bankkundenkarte und → *PIN*. Außerhalb Deutschlands wird dieses Verfahren auch **Electronic Debit Card** oder einfach **EDC** genannt. Anders: → *Cybercash*.

▶ **Electronic Commerce** → *E-Commerce*

▶ **Elektronische Datenverarbeitung (EDV)**

Sammelbegriff für die Verfahren maschineller → *Datenverarbeitung* mit elektronischen Datenverarbeitungsanlagen (→ *Computer*).

▶ **Elektronische Handelssysteme** → *Computerhandel*

▶ **Elster**

Bezeichnung für die offizielle **E**lektronische **St**euererklärung der Finanzverwaltung. Die benötigten Formulare werden über ein On-line-Portal (→ *Portal*) beim Finanzamt abgerufen, ausgefüllt und zurückgeschickt. Die Software der Elster Formulare beinhalten keine steuerberatenden Funktionen.

Ab Januar 2005 müssen Unternehmen und → *Selbständige* die Daten für ihre Umsatzsteuer-Voranmeldung (→ *Umsatzsteuer*), die Anmeldung für die von ihnen abzuführende → *Lohnsteuer* sowie die Daten der Lohnsteuerbescheinigungen ihrer Beschäftigten (Rückseite der → *Lohnsteuerkarte*) dem Finanzamt auf elektronischem Weg übermitteln.

Sonstige Steuerpflichtige können ihre → *Einkommensteuererklärung* am → *PC* ausfüllen und diese per → *Internet* ihrem Finanzamt übermitteln. Ab 2006 sollen hierfür vereinfachte Steuererklärungen abgerufen werden können. Weiter ist geplant, dass Kreditinstitute, Versicherungen oder mit einer Spende bedachte Organisationen beauftragt werden können, Daten dem Finanzamt zu übermitteln, um auch den Belegnachweis zu erleichtern.

http://www.elster.de/

▶ **Elternzeit** → *Erziehungsgeld/Elternzeit*

▶ **E-Mail**

Elektronischer Brief via → *Internet.* → *Mailbox.*

▶ **Embargo**

Verbot der → *Ausfuhr* bestimmter Waren (z. B. Waffen), der Auflegung einer Auslandsanleihe (→ *Anleihen*) oder Kapitalausfuhren in ein bestimmtes Land (Beispiel: Kuba-Embargo der USA).

▶ **Emission**

Ausgabe und Vertrieb von → *Aktien* und anderen Wertpapieren. In der Regel geschieht dies durch die → *Banken* (→ *Konsortium*). Die neuen → *Wertpapiere* werden durch Auflegung zur öffentlichen → *Zeichnung* zu einem festen → *Emissionskurs* oder durch Einführung an der → *Börse* in den Handel gebracht. → *Überzeichnung*, → *Ertragskraft*.

▶ **Emissionsgeschäft** → *Kreditinstitute*

▶ **Emissionsgrenzwerte**

Bezeichnung für die nach dem → *Bundesimmissionsschutzgesetz (BImSchG)* höchstens zulässige Menge abgegebener Schadstoffe an die Luft.

▶ **Emissionshandel** → *Umweltgipfel*

▶ **Emissionskataster** → *Bundesimmissionsschutzgesetz (BImSchG)*

▶ **Emissionskonsortium** → *Bankenkonsortium*

▶ **Emissionskurs**

Ausgabekurs neu aufgelegter → *Wertpapiere* (→ *Initial Public Offering (IPO)*).

▶ **Emissionsrendite** → *Umlaufrendite*

▶ **Emoticon**

Symbolsprache, die Teilnehmer im → *Online-Betrieb* gebrauchen, um sich selbst und ihren Gefühlszustand zu beschreiben.

▶ **Empirische Wirtschaftsforschung** → *Volkswirtschaftslehre (VWL)*

▶ **Endlagerung** → *Atommüll*

▶ **Energetische Verwertung**

Einsatz von Abfallstoffen als Ersatzbrennstoff. → *Abfallbeseitigung*

▶ **Energiebilanz**

Aufstellung der Energiequellen, Energiereserven, Energieein- und -ausfuhren und des Energieverbrauchs in der Form einer → *Bilanz*. Sie dient der Abschätzung und Beurteilung der energiewirtschaftlichen Situation eines Wirtschaftsraumes und liefert Entscheidungshilfen zur → *Energiepolitik*.

▶ **Energieeinsparungsgesetze**

Nach der sog. Energiekrise 1973 und in der Folgezeit wurde eine ganze Reihe von Gesetzen und Verordnungen für einen sparsameren Energieverbrauch erlassen. Hierzu gehört das Gesetz zur Einsparung von Energie in Gebäuden (**Energieeinsparungsgesetz** i. d. F. vom 20. 6. 1980), das **Modernisierungs- und Energieeinsparungsgesetz** (Gesetz zur Förderung der Modernisierung von Wohnungen und von Maßnahmen zur Einsparung von Heizenergie i. d. F. vom 16. 12. 1986) sowie die am 1. 2. 2002 in Kraft getretene **Energieeinsparverordnung** vom 16. 11. 2001, die den zulässigen Energiebedarf für Heizung, Lüftung und Warmwasserbereitung in Gebäuden um rd. 30 % senkte. Vorgeschrieben ist die Ausstellung eines **Energie-Passes**, der die gesetzlichen Erfordernisse bestätigt. Unter bestimmten Bedingungen können bauliche Maßnahmen zum Energiesparen steuerlich gefördert werden. → *Energiesicherungsgesetz*.

http://bundesrecht.juris.de

▶ **Energiepolitik**

Gesamtheit staatlicher Maßnahmen zur Beeinflussung und Sicherung der Versorgung mit ausreichender und preisgünstiger Energie. Sie ist Teil der allgemeinen → *Wirtschaftspolitik* (→ *Energiewirtschaftsgesetz (EnWG)*) und mit anderen staatlichen Aufgaben (z. B. → *Umweltpolitik*, → *Transeuropäische Netze*) eng verknüpft.

Bei der Abstimmung von Zielen der Energiepolitik mit Erfordernissen zum → *Umweltschutz* treten schwerwiegende **Zielkonflikte** auf, insbesondere bei der Frage des Einsatzes von **Kernenergie**. Aber auch beim verstärkten Einsatz heimischer Steinkohle schaffen die Kohlendioxid- und Schwefeldioxidemissionen (→ *Bundesimmissionsschutzgesetz (BImSchG)*) enorme Probleme bei der Reinigung der umweltschädlichen Abgase in Filteranlagen.

Staatliche Maßnahmen zur Energiepolitik erstrecken sich vor allem auf Mineralöl (→ *OPEC*), die heimische Stein- und Braunkohle, Erdgas und Fernenergie sowie auf die Entwicklung neuer Technologien für die Nutzung weiterer alternativer Energieträger (→ *Alternative Energiequellen*) und die Förderung der umweltschonenden → *Kraft-Wärme-Kopplung*.

Nach der sog. Ölkrise 1973 (→ *Energiesicherungsgesetz*) waren die westlichen Industriestaaten zunehmend bestrebt, den Anteil des Erdöls an den Primärenergieträgern zurückzudrängen, um so politische Abhängigkeiten zu minimieren.

Die Nutzung der Kernenergie und Maßnahmen zur Beseitigung von → *Atommüll* sind heftig umstritten (→ *Atomgesetz*). Die Gegner ihres Einsatzes befürchten nicht kalkulierbare Sicherheitsrisiken für die Bevölkerung durch radioaktive Strahlungen. Dies gilt sowohl für den eigentlichen Kraftwerksbereich als auch für die Wiederaufbereitung von bereits genutztem, spaltbarem Material, den Tranport im → *Castor-Behälter* und für die Lagerung (→ *Entsorgung*).

http://www.bmwi.de/Navigation/Service/Gesetze/rechtsgrundlagen-energiepolitik.html
http://www.kernenergie.de/

	1991	%	2002	%
Kernenergie	138,4	32,5	156,3	32,3
Braunkohle	128,3	30,1	143,7	29,7
Steinkohle	109,6	25,8	114,2	23,6
Erdgas	21,9	5,1	35,8	7,4
Wasserkraft	16,2	3,8	23,2	4,8
Heizöl	7,9	1,9	1,4	0,3
Sonstige	3,3	0,8	9,2	1,9
Insgesamt	425,6	100,0	483,8	100,0

Nettoerzeugung der Kraftwerke der Stromversorger nach Energieträgern in Millionen Kilowattstunden (Quelle: VDEW)

▶ **Energie-Richtlinie**

Richtlinie der EU vom Juni 1996 (**Binnenmarkt-Richtlinie für Strom**) (→ *Europäische Gesetzgebung*). Danach wird der Energie-Markt gestaffelt über sechs Jahre schrittweise geöffnet. Großabnehmer können ab 1997 Strom überall auf dem europäischen → *Markt* frei kaufen. Im Jahr 2006 soll die Energie-Richtlinie überprüft werden. → *Energiewirtschaftsgesetz (EnWG)*.

▶ **Energiesicherungsgesetz**

Aufgrund des Ölboykotts der arabischen Staaten gegenüber den westlichen Industrienationen am 9. 11. 1973 (→ *OPEC*) verabschiedetes **Gesetz zur Sicherung der Energieversorgung bei Gefährdung oder Störung der Einfuhren von Mineralöl oder Erdgas.** Es schafft die rechtliche Grundlage zum Erlass von Rechtsvorschriften zur Sicherung der Versorgung mit dem lebenswichtigen Bedarf an Energie. Ausfluss dieses Gesetzes war z. B. das Sonntagsfahrverbot für Kraftfahrzeuge Anfang 1974 in der Bundesrepublik.

▶ **Energiesteuer** → *Ökosteuer*

▶ **Energiewirtschaftsgesetz (EnWG)**

(Gesetz über die Elektrizitäts- und Gasversorgung) Teil des **Gesetzes zur Neuregelung des Energiewirtschaftsrechts** vom 24. 4.

1998, das das alte, noch von Gebietsmonopolen (→ *Monopol*) der Energiekonzerne geprägte Energiewirtschaftsgesetz aus dem Jahr 1935 ablöste.

Ziel des Gesetzes ist eine möglichst sichere, preisgünstige und umweltverträgliche leitungsgebundene Versorgung mit Elektrizität und Gas für die Allgemeinheit unter den Bedingungen des Wettbewerbs. Dabei sind **Energieversorgungsunternehmen** alle Unternehmen und Betriebe, die andere mit Energie versorgen oder ein Netz für die allgemeine Versorgung betreiben. Ebenso wie der Sektor Post und Telekommunikation (→ *Bundespost*) und der Sektor Verkehr (→ *Bundesbahn/Deutsche Bahn AG*) wurde auch der Energiebereich aufgrund von Vorgaben der Kommission der EU (→ *Europäische Gemeinschaft (EG)*) liberalisiert (→ *Liberalisierung*). Die großen Energiekonzerne wie RWE, VIAG, Bayernwerk verloren ebenso ihre Gebietsmonopole wie die kleineren Stadtwerke. Insgesamt existierten 2004 rd. 1700 Strom- und Gasnetzbetreiber.

Betreiber von Elektrizitätsversorgungsunternehmen (EVU) haben anderen Unternehmen das Versorgungsnetz für Durchleitungen zu den gleichen Bedingungen wie innerhalb ihres Unternehmens zur Verfügung zu stellen. Außerdem können Letztverbraucher von einem in ihrem Gebiet konkurrierenden EVU ihrer Wahl Elektrizität kaufen, sofern das betreffende EVU die Leistung für das gleiche Gebiet zu gleichen Bedingungen anbietet. Dieses EVU muss mit dem früheren Gebietsmonopolisten des gleichen Gebiets keinen Durchleitungsvertrag abschließen und genießt zunächst einen gewollten Wettbewerbsvorteil.

Die Regelung ist bis zum 31. 12. 2005 befristet – sofern sich das neue Gesetz hinsichtlich mehr Wettbewerb, Versorgungssicherheit, in der Preisgestaltung und Umweltfreundlichkeit bewährt hat.

Mit einer für 2005 geplanten Neuregelung des Energiewirtschaftsgesetzes soll ein neuer Rechtsrahmen für die Strom- und Gasversorgung in Deutschland gelten. Hierdurch werden die Regelungen der **Elektrizitätsrichtlinie** und der **Gasrichtlinie** der EU (→ *Europäische Gesetzgebung*) aus dem Jahre 2003 in deutsches Recht umgesetzt. Danach unterliegen die deutschen Strom- und Gasversorger in ihrer Preisgestaltung künftig einer staatlichen Aufsicht durch die → *Regulierungsbehörde für Telekommunikation und Post (RegTp)* (neu: **Bundesregulierungsbehörde für Elektrizität, Gas, Telekommunikation und Post**).

Zum Schutz der kleineren kommunalen EVU, die ihre Energie besonders umweltfreundlich erzeugen (z. B. durch → *Kraft-Wärme-Kopplung* oder mit Anlagen → *Alternativer Energiequellen*), gelten Ausnahmebestimmungen und besondere gesetzliche Regelungen. → *Energie-Richtlinie*, → *Stromeinspeisungsgesetz*, → *Energiepolitik*.

http://www.BMWi.de

▶ **Enforcement-Verfahren** → *Bilanzrechtsreformgesetz*

▶ **Enger Markt**

Bezeichnung beim Handel mit Wertpapieren (→ *Wertpapiere*), wenn nur ein sehr begrenztes Angebot vorhanden ist. Die Folge sind sehr starke Ausschläge im → *Börsenkurs* (→ *Volatilität*).

▶ **Enquete**

Ein Untersuchungsgegenstand wird nicht allein durch Beschaffen und Auswerten von vorhandenem statistischem Material, sondern auch durch Wiedergabe von Berichten und Meinungsäußerungen, z. B. aus einer Umfrage, beschrieben.

▶ **Entbürokratisierung** → *Bürokratie*

▶ **Enteignung**

→ *Hoheitsakt* nach Artikel 14 des Grundgesetzes. Hierbei werden für das → *Gemeinwohl* Grundeigentum oder andere vermögenswerte Rechte gegen Entschädigung einer privaten Nutzung entzogen. Enteignungsverfahren sind z. B. möglich gegen verkaufsunwillige Eigentümer von Grund und Boden, wenn dieser für öffentliche Einrichtungen benötigt wird. → *Bodenrechtsreform*, → *Entschädigungsgesetz*.

▶ **Entfernungspauschale**

(Pendlerpauschale, bis 31. 12. 2000 Kilometerpauschale) Steuerliche Absetzungsmöglichkeit für → *Arbeitnehmer* als Entschädigung für Aufwendungen für den Weg (früher für Fahrten) zwischen Wohnung und Arbeitsstätte. Die Entfernungspauschale ist seit Anfang 2001 unabhängig vom Beförderungsmittel (ausgenommen Flugreisen), um auch für Fußwege, Fahrradbenutzung oder Bus- und Bahnreisen einen ökologisch erwünschten Anreiz zu geben.

Nach den Regelungen im → *Einkommensteuergesetz (EStG)* (§ 9 Abs. 1 Nr. 4 EStG) können seit dem 1. 1. 2004 Arbeitnehmer 0,30 Euro je Entfernungskilometer steuerlich als → *Werbungskosten* absetzen, höchstens jedoch 4500 Euro. Wird ein eigener oder ein zur Nutzung überlassener PKW eingesetzt oder übersteigt bei Bahnfahrt der Preis z. B. eines Jahrestickets diese Grenze, so entfällt die Betragsbegrenzung. Zuschüsse vom → *Arbeitgeber* sind gegenzurechnen. Eine Kürzung der Entfernungspauschale wird diskutiert.

▶ **Entgeltersatzleistungen** → *Lohnersatzleistungen*

▶ **Entgeltfortzahlungsgesetz** → *Lohnfortzahlung*

▶ **Entgeltzahlung**

Bezeichnung für die Pflicht der → *Arbeitgeber* zur Zahlung der vereinbarten Vergütung für die Arbeitsleistung auf der Grundlage der Vereinbarungen im → *Arbeitsvertrag* (§ 611 BGB).

▶ **Entlastungsbetrag für Alleinerziehende** → *Steuerreform*

▶ **Entlohnungsverfahren** → *Lohnformen*

▶ **Entnahmen**

Im steuerrechtlichen Sinne (→ *Steuerbilanz*) die Herausnahme von Vermögensgegenständen (→ *Wirtschaftsgüter*) aus einem Betrieb für private Zwecke im Laufe eines Wirtschaftsjahres. Hierzu zählen nach den Vorschriften im → *Einkommensteuergesetz (EStG)* Barentnahmen einschl. → *Wertpapiere*, Waren, Erzeugnisse, Nutzungen und Leistungen (§ 4 Abs. 1 Satz 2 EStG).

▶ **Entsendegesetz**

Das **Arbeitnehmer-Entsendegesetz (AEntG)** vom 26. 2. 1996 schützt vor allem die Bauwirtschaft vor Billiglohn-Konkurrenz **(Lohndumping)** aus anderen Staaten der EU (→ *Europäische Union (EU)*). Unternehmen aus Mitgliedsstaaten der EU, die in Deutschland mit eigenen Arbeitskräften tätig werden, waren bis dahin bei der Bezahlung ihrer → *Arbeitnehmer* nicht an die deutschen tarifvertraglichen Bestimmungen (→ *Tarifvertrag*) gebunden, sondern zahlten den Lohn des Heimatlandes. Das AEntG enthält die Regelungen der **Entsende-Richtlinie** (→ *Europäische Gesetzgebung*) der EU vom 16. 12. 1996. Hierin gilt der Grundsatz „gleicher Lohn für gleiche Arbeit am gleichen Ort". Außerdem wird in den Mitgliedsstaaten der EU die zwingende Wirkung einer Beschäftigung von Arbeitnehmern auf dem Lohnniveau der jeweils untersten Lohngruppe garantiert. Auch für die Anwendung arbeitsrechtlicher Vorschriften (→ *Arbeitsrecht*) wurde ein verbindlicher Rahmen gesetzt.

Die Kommission der EU plant jedoch seit 2005 mit einer **Dienstleistungs-Richtlinie** (→ *Dienstleistungen*) das Herkunftslandprinzip für Arbeitnehmer einzuführen. Dies würde bedeuten, dass Arbeitnehmer von Unternehmen mit Sitz in Ländern der EU bei einem Einsatz in anderen EU-Ländern den Regelungen der Arbeitsbedingungen ihres Heimatlandes (z. B. Arbeitszeit, Entlohnung, Urlaub) unterliegen sollen. Dies ist bislang am Widerstand vor allem der deutschen und französischen Regierung gescheitert. → *Schwarzarbeit*, → *Arbeitnehmerüberlassung*.

Die Bundesregierung plant demgegenüber, noch 2005 den Geltungsbereich des Entsendegesetzes – statt der Einführung eines → *Mindestlohn* – auf alle Branchen auszudehnen.

http://www.sidiblume.de; http://europa.eu.int/

▶ **Entsorgung**

Bezeichnung für den Abtransport und die Beseitigung von Abfallstoffen (→ *Abfallbeseitigung*). Die Entsorgung der Kernkraftwerke (→ *Atommüll*) ist das gegenwärtig größte, nach wie vor nicht befriedigend gelöste Problem. → *Recycling*.

▶ **Entstaatlichung** → *Privatisierung*

▶ **Entwicklungshilfe**

Bezeichnung für Hilfen an die → *Entwicklungsländer* durch private und öffentliche Organisationen im nationalen und internationalen Rahmen. Ziel ist hierbei, in einem System weltweiter Zusammenarbeit zum wirtschaftlichen und sozialen Fortschritt der Entwicklungsländer beizutragen und die Lebensbedingungen der Bevölkerung in diesen Ländern zu verbessern. Die Hilfeleistungen können unterschieden werden in

(a) **technische Hilfe** in Form von Beratung und Ausbildung,

(b) **Kapitalhilfe** in Form von → *Kredit* oder einer → *Bürgschaft*,

(c) **Güterhilfe** durch Bereitstellung von Nahrungsmitteln, → *Investitionsgüter* und medizinische → *Güter*

(d) **handelspolitische Maßnahmen**, die den Güteraustausch mit den Industriestaaten erleichtern.

Die Träger der Entwicklungshilfe sind staatliche und kirchliche Stellen, politische Stiftungen, z. B. Friedrich-Ebert-Stiftung der SPD, die Konrad-Adenauer-Stiftung der CDU, die Gesellschaft für technische Zusammenarbeit (GTZ), der Deutsche Entwicklungsdienst (DED) sowie internationale Organisationen. → *Weltbankgruppe*, → *OECD*.

Die Entwicklungshilfe der Industriestaaten ist nicht uneigennützig. Der deutsche Handel mit den Entwicklungsländern hat eine große Bedeutung. Arbeitsplätze werden also nicht nur in den Entwicklungsländern, sondern auch in den Industrieländern gesichert bzw. neu geschaffen.

Der größte Teil der Leistungen für Entwicklungshilfe durch die Industrieländer erfolgt durch bilaterale Abkommen und Vereinbarungen. Die Auswahl der Empfängerländer erfolgt meist nach politischen, kommerziellen und traditionellen Gesichtspunkten. Mit der Hilfe sind meist politische und wirtschaftliche Auflagen verbunden.

Die Industriestaaten sollten – so eine Empfehlung beim → *Umweltgipfel* in Rio 1992, 0,7 % vom → *Bruttonationaleinkommen (BNP)* als öffentliche Entwicklungshilfe (die privaten → *Investitionen* sind hierin nicht enthalten) aufbringen. Für die Länder in der EU (→ *Europäische Union (EU)*) gilt eine Zielgröße von 0,33 % vom → *Bruttoinlandsprodukt*. Dieser Richtwert wurde bisher jedoch nur von wenigen Staaten (Dänemark, Belgien, Niederlande, Schweden) erreicht. Der Anteil der deutschen öffentlichen Entwicklungshilfe beträgt in den letzten Jahren rd. 0,27 %.

Bei einem Gipfeltreffen der → *G7/G8-Konferenz* in Gleneagles (Schottland) wurde im Juli 2005 beschlossen, die Entwicklungshilfe bis 2010 zu verdoppeln. → *AKP-Staaten*, → *UNCTAD*, → *World Trade Organization (WTO)*).

http://www.bmz.de/

▶ **Entwicklungsländer**

Bezeichnung für Staaten, deren Entwicklungsstand weit hinter dem der westlichen und östlichen Industrieländer zurückgeblieben ist. Hauptmerkmale von Entwicklungsländern sind:
● niedriges Pro-Kopf-Einkommen der Bevölkerung, wobei oft eine extrem ungleiche Verteilung verfügbarer → *Güter* und → *Ressourcen* vorhanden ist;
● starke Konzentration der Wirtschaftstätigkeit in der Landwirtschaft und Rohstofferzeugung, wobei oft Monostrukturen und eine starke Abhängigkeit vom Weltmarktpreis für diese Rohstoffe (z. B. Kakao, Kaffee, Soja usw.) existieren;
● hohes Bevölkerungswachstum trotz mangelnder medizinischer Versorgung in vielen Gebieten;
● geringe Bildungsmöglichkeiten und hohe Analphabetenrate;
● niedrige → *Investitionsquote* und niedrige → *Sparquote* wegen Armut und Ungleichverteilung der Ressourcen;

• geringe → *Produktivität* wegen zu geringem technischem Wissen, Verharren in traditionalistischen Lebensformen und mangelnde Ausbildung.

Der IWF (→ *Internationaler Währungsfonds (IWF)*) und die → *OECD* orientieren sich bei der Abgrenzung von Entwicklungsländern und wirtschaftlich hoch entwickelten Industriestaaten an einer Länderklassifizierung der → *Weltbankgruppe*. Hiernach sind alle Staaten der Welt nach drei Kategorien unterteilt, die sich am Kriterium → *Bruttonationaleinkommen (BNE)* pro Kopf orientieren.

1970 wurden von den UN zur Unterteilung der Entwicklungsländer die Begriffe „weniger entwickelte Länder" (Less developed Countries LDC) und „am wenigsten entwickelte Länder" (Least Developed Countries (LLDC) eingeführt. Die Länder in der Kategorie **LDC** zählen als sog. **Dritte Welt**.

Zur Gruppe der LLDC zählen 80 bis 85 Länder, die auch als **Vierte Welt** bezeichnet werden. Dies sind Länder mit sehr niedrigem Pro-Kopf-Einkommen, sehr hohem Analphabetentum, geringen Exporterlösen und hohem Schuldendienst. Diese Gruppe repräsentiert rd. zwei Drittel der Weltbevölkerung und tritt als Gesamtheit bei Verhandlungen im Bereich der meisten UN-Organisationen auf.

Die großen Industriestaaten (→ *G7/G8-Konferenz*) haben sich im Juli 2001 beim Gipfeltreffen in Genua darauf verständigt, einen strategischen Ansatz zur Armutsbekämpfung in den ärmsten Staaten der Erde umzusetzen. Dazu zählt neben der Zahlung von **Entwicklungshilfe** auch eine Öffnung der Märkte für Produkte aus diesen Staaten. Hinzu kommen Absprachen zum Schuldenerlass **(Schuldeninitiative)**, die beim Gipfeltreffen 1999 in Köln vereinbart wurden. Eine Sonderstellung nimmt die Gruppe von Entwicklungsländern ein, die zu den Erdöl exportierenden Staaten zählt und in der → *OPEC* zusammengeschlossen ist. Diese Staaten finanzieren ihre Industrialisierung mit den Erlösen aus dem Erdölexport teilweise selbst und leisten zum Teil von sich aus auch Entwicklungshilfe an die ärmeren Länder.

Da sich die meisten Entwicklungsländer auf der südlichen Erdhalbkugel befinden, die reicheren Industriestaaten dagegen auf der nördlichen Hälfte, ist der Gegensatz als **Nord-Süd-Konflikt** bezeichnet worden. Es fanden bereits zahlreiche Konferenzen zu den Problemen der Entwicklungsländer und möglicher Vereinbarungen zur Abwicklung des Welthandels (→ *UNCTAD,* → *World Trade Organization (WTO)*) statt. Bei diesem **Nord-Süd-Dialog** geht es insbesondere um Hilfen und Vereinbarungen mit den Entwicklungsländern, die unter einem chronischen Defizit ihrer → *Handelsbilanz* leiden und in Zahlungsschwierigkeiten geraten.

Schwellenländer sind Entwicklungsländer, deren Entwicklungsstand an der Schwelle zur fortschreitenden Industrialisierung steht und die eine starke exportorientierte Wirtschaft aufbauen. Dies gilt für einige Staaten im früheren Jugoslawien, Griechenland, Türkei und Portugal in Europa, die → *Tigerstaaten* in Südostasien sowie Brasilien und Mexiko in Lateinamerika.

▶ **Equity Methode** → *Assoziierte Unternehmen*

▶ **Erbbaurecht**

(Erbpacht) Vererbbares und veräußerbares grundstücksgleiches Recht. Es bezieht sich darauf, auf oder unterhalb der Oberfläche eines fremden Grundstücks ein Bauwerk als Eigentümer zu besitzen. Hierfür ist ein Erbbauzins an den Grundstückseigentümer zu zahlen. Es ist im → *Grundbuch* einzutragen. Das Erbbaurecht erlischt i. d. R. nach 75 oder 99 Jahren. Das Eigentum geht dann auf den Grundstückseigentümer über. Dieser hat hierfür eine Entschädigung zu zahlen. Rechtsgrundlage ist die **Verordnung über das Erbbaurecht** vom 15. 1. 1919 mit spät. Änderungen.

▶ **Erblast**

Bezeichnung der Verpflichtungen der Bundesrepublik, die bei der Vereinigung Deutschlands übernommen und ab 1. 1. 1995 in einem so genannten **„Erblasttilgungsfonds"** zusammengefasst wurden. → *Solidarpakt,* → *Öffentliche Verschuldung.*

▶ **Erbschaftsteuer**

Besteuert den Übergang von Vermögenswerten durch Erbfall auf den Erben, durch Schenkung unter Lebenden und durch Zweckzuwendungen. Grundlage ist das **Erbschaft- und Schenkungsteuergesetz 1974**. Die Staffelung der Steuersätze und der Freibeträge (→ *Freibetrag*) richtet sich nach dem Verwandtschaftsgrad. Je weiter der Verwandtschaftsgrad, desto höher die Erbschaft- bzw. Schenkungsteuer.

Mit dem Jahressteuergesetz 1997 wurde u. a. die Erbschaft- und die → *Vermögensteuer* ab 1.1.1997 entsprechend den Auflagen des Urteils des Bundesverfassungsgerichts vom 22.6.1995 neu geregelt. → *Steuerreform*.

http://bundesrecht.juris.de/

▶ **Erfolg**

Bezeichnung für ein positives Ergebnis unternehmerischen Handelns, das nach bestimmten Kriterien bewertet wird. In der handelsrechtlichen → *Gewinn- und Verlustrechnung (GuV)* wird dabei z. B. unterschieden in betriebliches Ergebnis, Ergebnis der gewöhnlichen Geschäftstätigkeit und Jahresüberschuss. Erfolg bei einer steuerlichen → *Einnahmen-Ausgabenrechnung* bezeichnet den Ausweis eines Gewinns (→ *Gewinn*).

Weitere Erfolgsmaßstäbe orientieren sich an bestimmten Zielen wie z. B. Steigerung der → *Arbeitsproduktivität*, Einsparen von → *Kosten* oder auch an nicht ökonomischen Größen.

▶ **Erfolgsbeteiligung**

(Mitarbeiterbeteiligung) Zwischen einem → *Arbeitgeber* und seinen Arbeitnehmern (→ *Arbeitnehmer*) festgelegte freiwillige oder vertragliche Vereinbarung (→ *Vertrag*), zusätzlich zum Lohn bzw. Gehalt erfolgsabhängige Entgeltbestandteile zu zahlen. Die Zusage kann einzelvertraglich (z. B. für → *Leitende Angestellte*, → *Führungskräfte*), durch → *Tarifvertrag* oder → *Betriebsvereinbarung* erfolgen. Eine Erfolgsbeteiligung dient dem Schaffen von

Motivations- und Leistungsanreizen zum Erreichen bzw. zur Steigerung der → *Unternehmensziele.*

Formen der Erfolgsbeteiligung sind
- die → *Gewinnbeteiligung* – i. d. R. auf der Basis des erzielten Bilanzgewinns (→ *Bilanz*),
- die **Ertragsbeteiligung** – meist in der Form der Umsatzbeteiligung – und
- die **Leistungsbeteiligung**. Hier werden leistungsbezogene Zurechnungsgrößen als Erfolgsmaßstab zugrunde gelegt, die individuelle oder kollektive Leistungsergebnisse (z. B. Steigerung der → *Produktivität*, Einsparung von → *Kosten*, Erfüllung von Zielvorgaben) beeinhalten.

Die Erfolgsbeteiligung kann als prozentuale und/oder nach dem Arbeitsentgelt oder der Betriebszugehörigkeit gestaffelte feste Auszahlungsgröße bzw. Verrechnungsgröße (z. B. → *Belegschaftsaktien*) vereinbart sein.

Die Erfolgsbeteiligung von Mitgliedern der Führungsorgane (→ *Vorstand*, → *Geschäftsführung*, → *Aufsichtsrat*) heißt → *Tantieme*, zunehmend auch in der Form der → *Aktienoptionspläne.*

▶ **Erfolgsrechnung** → *Gewinn- und Verlustrechnung (GuV),* → *Kurzfristige Erfolgsrechnung*

▶ **Ergänzungshaushalt** → *Haushaltsplan*

▶ **Ergänzungszuweisungen des Bundes** → *Bundesergänzungszuweisungen*

▶ **Ergebnisabführungsvertrag** → *Gewinnabführungsvertrag*

▶ **Ergebnis der gewöhnlichen Geschäftstätigkeit** → *Gewinn- und Verlustrechnung (GuV)*

▶ **Ergonomie**

Teil der → *Arbeitswissenschaft*, der sich speziell mit der Notwendigkeit einer menschengerechten Arbeitsgestaltung befasst. Ergonomische Forderungen stützen sich auf Erkenntnisse der Medizin, Soziologie und Technologie.

▶ **Erinnerungswert**

Merkposten in der → *Bilanz* von 1 Euro, wenn → *Wirtschaftsgüter* vollständig abgeschrieben sind. → *Abschreibungen*.

▶ **Erlöse**

Gegenbegriff zu → *Kosten*. Sie umfassen in der internen Leistungs-(Erlös-) und → *Kostenrechnung* neben den reinen Umsatzgrößen (→ *Umsatz*) auch kalkulatorische Bestandteile (z. B. bei der Bewertung selbsterstellter Anlagen kann ein Gewinnzuschlag einkalkuliert werden).

In der → *Gewinn- und Verlustrechnung (GuV)* werden diesen Umsatzerlösen nach den Vorschriften im → *Handelsgesetzbuch (HGB)* (§ 275 HGB und § 277 Abs. 1 HGB) noch weitere Positionen zugerechnet.

▶ **Erneuerbare Energien** → *Alternative Energiequellen*

▶ **Erneuerungsschein** → *Kupon*

▶ **Eröffnungsbilanz**

Bei Gründung eines Unternehmens oder zu Beginn eines neuen Geschäftsjahres (→ *Geschäftsjahr*) nach den Bestimmungen im → *Handelsgesetzbuch (HGB)* für → *Kaufleute* bestehende Verpflichtung zur Aufstellung einer → *Bilanz* (§ 242 HGB). Bei bestehenden Unternehmen ist sie identisch mit der **Schlussbilanz** (→ *Grundsätze ordnungsmäßiger Buchführung (GoB)*).

Eine besondere Form der Eröffnungsbilanz liegt vor, wenn nach Währungsumstellungen eine Bilanzierung in neuer Währung notwendig ist. **Beispiel:** → *DM-Bilanzgesetz*, DM-Eröffnungsbilanz nach der → *Währungsreform* von 1948.

▶ **ERP**

(European Recovery Program = Europäisches Wiederaufbau-programm). Aufgrund der Vorschläge des amerikanischen Außen-ministers **G. C. Marshall** am 3. 4. 1948 erlassenes, einheitliches Hilfsprogramm für die durch Krieg zerstörten Länder Europas (**Marshallplan**).

Dabei spielten für die USA sowohl humanitäre und politische als auch wirtschaftliche Überlegungen eine Rolle. Infolge der Wei-gerung der damaligen Ostblockländer zur Mitarbeit blieb die Hilfe auf Westeuropa beschränkt. Die Bundesrepublik erhielt bis Ende 1957 1,7 Mrd. Dollar (6,5 Mrd. DM), wovon eine Milliarde inner-halb von 30 Jahren zurückgezahlt werden musste.

Die DM-Gegenwerte führten zum **ERP-Sondervermögen**, das überwiegend als Finanzierungshilfe für kleinere und mittlere Un-ternehmen sowie für Struktur- und Anpassungshilfen eingesetzt wird. → *Solidarpakt.*

▶ **Ersatzinvestitionen**

→ *Investitionen* zum Ersatz verbrauchter Anlagegüter (→ *Bi-lanz*) mit dem Ziel, eine Substanzauszehrung des Unternehmens zu vermeiden. Eine alte Anlage soll ersetzt werden, wenn eine neue Anlage wirtschaftlicher arbeitet. Die wirtschaftliche – im Ge-gensatz zur technischen – Lebensdauer der alten Anlage ist dann abgelaufen. → *Abschreibungen.*

▶ **Ersatzkassen** → *Krankenkassen*

▶ **Ersatzzeiten**

Begriff der gesetzlichen → *Rentenversicherung* für Zeiten, die auf die Rentenberechnung angerechnet werden, ohne dass hierfür Beiträge entrichtet wurden, z. B. infolge Militärdienst, Verschlep-pung, Kriegsgefangenschaft. → *Ausfallzeiten.*

▶ **Ertrag**

Während eines Abrechnungszeitraums (z. B. → *Geschäftsjahr*, Quartal, Monat) erwirtschafteter **Bruttowertzuwachs** eines Unternehmens. Der betriebswirtschaftliche Gegenbegriff ist der → *Auf-wand*.

Die ausschließlich aus der betrieblichen Tätigkeit stammenden Erträge heißen **betriebliche Erträge**, die Summe ist der **Betriebsertrag**. Der Betriebsertrag errechnet sich in der → *Kosten-rechnung* aus dem Umsatz +/– bewerteter Lagerbestandsveränderung.

Betriebsfremde oder **außerordentliche** Erträge zählen zum **neutralen Ertrag**, z. B. Buchgewinne bei Veräußerung von Anlagegegenständen (→ *Bilanz*), Steuerrückerstattungen für das betreffende Geschäftjahr, Veräußerung eines nie für Unternehmenszwecke gedachten Grundstücks usw. Vgl. → *Neutrales Ergebnis*.

Periodenfremder Ertrag betrifft nicht den betrachteten Abrechnungszeitraum (z. B. ein Geschäftsjahr) und wird aus dem Gesamtertrag herausgerechnet. **Beispiel:** Steuerrückerstattungen für ein vorangegangenes Geschäftsjahr.

Der **Gesamtertrag** (als Gegenbegriff zum Gesamtaufwand) ist die Summe von Betriebsertrag und neutralem Ertrag. Aus der Gegenüberstellung von Aufwand und Ertrag in der → *Gewinn- und Verlustrechnung (GuV)* ergibt sich der Erfolg eines Unternehmens in der Rechnungsperiode. → *Ertragsgesetz*.

▶ **Ertragsanteil** → *Alterseinkünftegesetz*

▶ **Ertragsgesetz**

(Gesetz vom abnehmenden Grenzertrag) Aus der → *Wirt-schaftstheorie* stammender Zusammenhang zwischen eingesetzten → *Produktionsfaktoren* (hier insbesondere menschliche Arbeitskraft) und Gesamtertrag: Bezogen auf eine bestimmte Bodenfläche, nimmt der Ertragszuwachs bei gleichmäßiger Steigerung der Arbeitsleistung zunächst überproportional, dann nur noch unterproportional zu. Voraussetzung ist, dass sich die sonstigen Bedingungen (z. B. Einsatz von Düngemitteln, Bewässerung usw.) nicht ändern.

Auf den Produktionsprozess bezogen, lässt sich in der → *Be-triebswirtschaftslehre (BWL)* ein so umschriebener Zusammenhang zwischen eingesetzten Produktionsfaktoren und Gesamtertrag nur sehr bedingt nachweisen. → *Ertrag*.

▶ **Ertragskraft**

Wichtige Bezugsgröße zur Beurteilung der wirtschaftlichen Leistungsfähigkeit eines Unternehmens. Dies gilt vor allem im Zusammenhang mit einer Prüfung der → *Kreditwürdigkeit/Kreditwürdigkeitsprüfung* oder bei → *Emission* von Wertpapieren (→ *Wertpapiere*) dieses Unternehmens. Dabei geht es um die Einschätzung der künftigen Entwicklung von → *Umsatz*, → *Gewinn* bzw. → *Gewinn je Aktie* und → *Cashflow*. Dies geschieht z. B. zur Abschätzung für den voraussichtlichen → *Erfolg* einer geplanten neuen strategischen Ausrichtung oder vor der Einführung neuer Produkte (→ *Innovation*).

▶ **Ertragsteuern**

Bezeichnung für → *Steuerarten*, deren Bemessungsgrundlage am → *Ertrag* orientiert ist, z. B. die → *Einkommensteuer* und die → *Körperschaftsteuer*, die → *Kapitalertragsteuer*, die → *Gewerbeertragsteuer*.

▶ **Ertragswert**

Begriff aus der → *Betriebswirtschaftslehre (BWL)* für den Gesamtwert eines Unternehmens: Alle erwarteten zukünftigen Erträge des Betriebes werden auf den Zeitpunkt abgezinst, zu dem der Gesamtwert des Unternehmens festgestellt werden soll. → *Barwert*.

Die Berechnung des Ertragswertes ist außerordentlich problematisch, da die Ermittlung der beiden dazu benötigten Größen, nämlich der zukünftig erwarteten Erträge (→ *Cashflow*) und der → *Kalkulationszinsfuß*, nur mit großen Unsicherheiten geschätzt werden können. → *Firmenwert*, → *Substanzwert*.

▶ **Ertragswertverfahren**

Spezielles mathematisches Verfahren, mit dem der → *Ertragswert* berechnet wird.

▶ **Erweiterungsinvestitionen** → *Investitionen*

▶ **Erwerbsfähige**

Bezeichnung der amtlichen Statistik (→ *Amtliche Statistik*) für alle Personen zwischen 15 und unter 65 Jahren, unabhängig davon, ob sie tatsächlich einer Erwerbstätigkeit nachgehen oder nicht. → *Erwerbsquote*.

Nach dem → *Sozialgesetzbuch (SGB)* (§ 7 Abs. 1 SGB und § 8 SGB II) ist eine Person zwischen 15 und unter 65 Jahren **erwerbsfähig**, die nicht wegen Krankheit oder Behinderung auf absehbare Zeit außerstande ist, unter den üblichen Bedingungen des allgemeinen Arbeitsmarktes mindestens drei Stunden täglich erwerbstätig zu sein. Ausländer können nur erwerbstätig sein, wenn ihnen die Aufnahme einer Beschäftigung erlaubt ist oder erlaubt werden könnte. → *Arbeitslosengeld II*.

▶ **Erwerbslose** → *Erwerbspersonen*

▶ **Erwerbsminderungsrente**

Mit dem **Rentenreformgesetz 1999** vom 16. 12. 1997 und dem **„Gesetz zur Reform der Renten wegen verminderter Erwerbsfähigkeit"** vom 16. 11. 2000 (→ *Rentenreform*) wurde ab 1. 1. 2001 die Rente wegen → *Berufsunfähigkeit* oder → *Erwerbsunfähigkeit* durch eine Neuregelung ersetzt: Wer weniger als 3 Stunden täglich arbeiten kann, erhält eine **volle**, wer zwischen 3 und weniger als 6 Stunden täglich arbeiten kann, ein **halbe** Erwerbsminderungsrente.

• **Anspruch** auf eine Rente wegen Erwerbsminderung hat, wer
• teilweise oder voll erwerbsgemindert ist
• die allgemeine **Wartezeit** von 5 Jahren erfüllt und
• in den letzten 5 Jahren vor Eintritt des Leistungsfalles mindestens 36 Pflichtbeiträge gezahlt hat.

Für Renten wegen verminderter Erwerbsfähigkeit gelten die mit der Rentenreform 1999 vorgesehenen Abschläge von maximal 10,8 % – allerdings wird die Zeit zwischen vollendetem 55. und 60. Lebensjahr voll als **Zurechnungszeit** angerechnet.

Für Versicherte, die bereits vor dem 1.1.2001 eine Rente wegen Erwerbsunfähigkeit oder Berufsunfähigkeit bezogen haben, gilt noch das alte Recht. Wer bis zum 31.12.2000 das 40. Lebensjahr vollendete, hat auch weiterhin einen Anspruch auf → *Teilrente* wegen Berufsunfähigkeit.

http://www.rententip.de

▶ **Erwerbspersonen**

Begriff aus der amtlichen Statistik (→ *Amtliche Statistik*). Sie stellt die Summe aus **Erwerbstätigen** und **Erwerbslosen** dar. Im Einzelnen sind dies Personen

- im Alter zwischen 15 und unter 65 Jahren mit Wohnsitz in der Bundesrepublik Deutschland;
- die als → *Arbeitnehmer* oder als → *Selbständige* zu Erwerbszwecken einen Beruf ausüben, oder zu der Gruppe der mithelfenden Familienangehörigen zählen (→ *Erwerbstätige*);
- die normalerweise im Erwerbsleben stehen, zum Zeitpunkt der Zählung jedoch arbeitslos sind, sowie
- noch nicht in den Erwerbsprozess eingegliederte Schulentlassene **(Erwerbslose)** (siehe Tabelle Seite 330).

http://www.destatis.de/basis/d/erwerb/erwerbtab1.htm

▶ **Erwerbsquote**

Verhältnis → *Erwerbspersonen* zur Gesamtbevölkerung. Spezifische Erwerbsquoten beziehen sich auf geschlechts- oder altersbezogene Merkmale (siehe Tabelle Seite 330).

▶ **Erwerbstätige**

Bezeichnung aus der VGR (→ *Volkswirtschaftliche Gesamtrechnung (VGR)*) für alle Personen, die als → *Arbeitnehmer* oder als → *Selbständige* und mithelfende Familienangehörige eine auf wirtschaftlichen Erwerb gerichtete Tätigkeit ausüben. Dies unabhängig vom Umfang dieser Tätigkeit.

Grundlage sind die Methoden der → *ILO*, die den Definitionen im Europäischen System der Volkswirtschaftlichen Gesamtrechnungen (ESVG) 1995 entsprechen.

Je nach Verwendungszweck wird die Zahl der Erwerbstätigen für Deutschland insgesamt und gegliedert nach Stellung im Beruf nach dem **Inländerkonzept** (Wohnortkonzept) oder dem **Inlandskonzept** (Arbeitsortkonzept) dargestellt. Für den Übergang vom Inländer- zum Inlandskonzept werden die Einpendler vom Ausland nach Deutschland hinzugezählt und die Auspendler von Deutschland in das Ausland abgezogen.

Die Erwerbstätigenzahlen nach Wirtschaftsbereichen werden im Rahmen der VGR stets nach dem Inlandskonzept nachgewiesen.

Deutschland	2002[1]	2003[1]	2004[1]
Erwerbspersonen (in 1000)	40022	40195	40046
Erwerbstätige	36536	36172	35659
dar.: weiblich	*16200*	*16176*	*15978*
Erwerbslose[2]	3486	4022	4388
dar.: weiblich	*1504*	*1707*	*1836*
Nichterwerbspersonen (in 1000)[3]	42433	42307	42444
männlich	17964	18018	18098
weiblich	*24469*	*24289*	*24346*
Erwerbsquoten der 15- bis unter 65-Jährigen (in %)			
männlich	79,0	79,2	79,3
weiblich	*64,3*	*65,1*	*65,2*
Erwerbstätige nach Wirtschaftsbereichen (in 1000)			
Land- und Forstwirtschaft, Fischerei	923	895	832
dar.: weiblich	*322*	*304*	*274*
Produzierendes Gewerbe	11656	11265	10986
dar.: weiblich	*2814*	*2731*	*2674*
Handel, Gastgewerbe und Verkehr	8355	8297	8188
dar.: weiblich	*4057*	*4034*	*3921*
Sonstige Dienstleistungen	15602	15716	15653
dar.: weiblich	*9006*	*9107*	*9108*
Erwerbstätige nach Stellung im Beruf (in 1000)			
Selbständige	3654	3744	3852
dar.: weiblich	*1026*	*1066*	*1112*

Deutschland	2002[1]	2003[1]	2004[1]
Mithelfende Familienangehörige	414	385	402
dar.: weiblich	*321*	*292*	*307*
Beamte/Beamtinnen	2224	2244	2242
dar.: weiblich	*750*	*775*	*802*
Angestellte[4]	18668	18633	18016
dar.: weiblich	*10489*	*10517*	*10321*
Arbeiter/-innen[5]	11576	11165	11147
dar.: weiblich	*3615*	*3526*	*3436*

[1] Ergebnisse des Mikrozensus – 2002 im April; 2003 im Mai; 2004 im März.
[2] Erwerbslose sind gemäß ILO-Konzept für den Arbeitsmarkt sofort verfügbar.
[3] Nichterwerbspersonen umfassen auch die nicht sofort verfügbaren Arbeit suchenden Nichterwerbstätigen.
[4] Einschl. Auszubildende in anerkannten kaufmännischen und technischen Ausbildungsberufen.
[5] Einschl. Auszubildende in anerkannten gewerblichen Ausbildungsberufen

▶ **Erwerbsunfähigkeit**

Die Begriffe → *Berufsunfähigkeit* und Erwerbsunfähigkeit sind nach dem Gesetz zur → *Rentenreform* 1999 ab 1.1. 2001 entfallen und wurden durch die zweistufige → *Erwerbsminderungsrente* ersetzt. Ausgenommen sind die Personen, die bereits vor dem 1.1. 2001 eine Rente wegen Erwerbsunfähigkeit bezogen haben. Für sie gilt noch das alte Recht.

▶ **Erwerbswirtschaftliches Prinzip**

Das Erreichen einer hohen → *Rentabilität* zählt zu den wichtigsten Zielen unternehmerischen Handelns. In extremer Ausprägung stellt es ab auf eine kurzfristige → *Gewinnmaximierung* unter Ausnutzung von Marktstärke und → *Marktmacht*. Gegensatz: → *Gemeinwirtschaftlichkeitsprinzip*. → *Shareholder Value*.

▶ **Erziehungsgeld/Elternzeit**

wurde zum 1. 1. 1986 mit dem **Bundeserziehungsgeldgesetz** eingeführt. Zusammen mit dem **Erziehungurlaub** (seit dem 1.1. 2001 **Elternzeit**) ersetzte es den **Mutterschaftsurlaub** und das **Mutterschaftsurlaubsgeld**.

Erziehungsgeld und Elternzeit erhalten alle Mütter oder Väter, die das Kind selbst betreuen. Der Anspruch auf Elternzeit besteht für jeden Elternteil zur Betreuung und Erziehung seines Kindes bis zur Vollendung des dritten Lebensjahrs. Das Erziehungsgeld wird als **Regelbetrag** in Höhe von monatlich 300 Euro für 24 Monate gezahlt.

Daneben können Eltern, die sich für eine verkürzte Bezugsdauer von 12 Monaten entscheiden, bis zum 1. Geburtstag ihres Kindes 450 Euro monatlich erhalten (**Budget-Angebot**). Hierdurch soll individuellen Lebenssituationen Rechnung getragen werden

● Für das Erziehungsgeld gelten **Einkommensgrenzen** für das Familieneinkommen. Diese betragen seit dem 1. 1. 2004:

● Für die ersten 6 Monate: 23 000 Euro (Alleinerziehende mit Kind) bzw. 30 000 Euro (Paar mit Kind);

● Ab dem 7. Lebensmonat: 13 500 Euro (Alleinerziehende) bzw. 16 500 Euro (Paar);

● Beim Inanspruchnahme des Budget-Angebots: 19 086 Euro (Alleinerziehende) bzw. 22 086 (Paar).

● In allen Fällen erhöht sich die Einkommensgrenze um 3140 Euro pro Kind.

● Überschreitet das Einkommen die jeweilige Einkommensgrenze, so verringert sich ab dem 7. Lebensmonat das Erziehungsgeld um 5,2 % (Regelbetrag) bzw. um 7,2 % (Budget) des Einkommens, das die jeweiligen Grenzbeträge überschreitet.

Auf den Bezug von → *Mutterschaftsgeld* (d. h. während der ersten 8 Wochen nach der Geburt) wird Erziehungsgeld angerechnet, es sei denn, das Mutterschaftsgeld beträgt weniger als 300 Euro. Väter können während dieses Zeitraums kein Erziehungsgeld erhalten.

Jeder Elternteil kann während der Elternzeit bis zu 30 Stunden die Woche in → *Teilzeitarbeit* tätig sein. Ein Anspruch besteht allerdings erst ab einer Betriebsgröße mit mehr als 15 Beschäftigten. Außerdem können Väter und Mütter gleichzeitig Elternzeit nehmen. Dabei kann jeder Elternteil bis zu 30 Stunden in der Woche in Teilzeitarbeit tätig sein. Frühestens acht Wochen vor Beginn und während der Elternzeit besteht prinzipiell → *Kündigungsschutz*. Mit Zustimmung des Arbeitgebers kann ein Anteil der Elternzeit von bis zu 12 Monaten zwischen dem dritten und dem achten Geburtstag des Kindes genommen werden.

http://bundesrecht.juris.de

▶ **Erziehungsjahr** → *Rentenreform*

▶ **Erziehungsurlaub (Elternzeit)** → *Erziehungsgeld/Elternzeit*

▶ **EStDV/ESTR** → *Einkommensteuer-Durchführungsverordnung (EStDV),* → *Einkommensteuer-Richtlinien (EStR)*

▶ **ESZB** → *Europäisches System der Zentralbanken (ESZB)*

▶ **Etat**

Inhaltlich gleicher Begriff für → *Haushaltsplan.*

▶ **ETSI**

Bezeichnung für das Europäische Institut für Telekommunikationsstandards mit Sitz in Sophia-Antipolis (Frankreich). Diese private europäische Organisation hat ihre Arbeit im Juni 1988 aufgenommen mit dem Ziel, auf dem Gebiet der → *Telekommunikation* einheitliche technische Standards auszuarbeiten.

Zu den Mitgliedern zählen öffentliche Verwaltungen, Betreiber öffentlicher Netze, Gerätehersteller, Benutzerverbände und Forschungseinrichtungen aus 55 Ländern. → *CEN/CELENEC.*

http://www.etsi.org/

▶ **EU** → *Europäische Union (EU),* → *EG (Europäische Gemeinschaft)*

▶ **EU-Charta** → *Europäische Union (EU)*

▶ **EURATOM**

(Europäische Atomgemeinschaft) Wurde von den Gründerstaaten der → *EG (Europäische Gemeinschaft)* am 25. 3. 1957 mit dem **Vertrag zur Gründung der Europäischen Atomgemeinschaft** errichtet mit dem Ziel einer Förderung der Forschung, Verbreitung technischer Kenntnisse und Entwicklung von Sicherheitsnormen für den Gesundheitsschutz der Bevölkerung und der Arbeitskräfte.

Ein gemeinsamer → *Markt* für Kernbrennstoffe und Ausrüstungen wurde am 1. 1. 1959 errichtet. Die gemeinsame Kernforschungsstelle (GFS) betreibt vier Forschungsanstalten in Karlsruhe, Belgien, den Niederlanden und Italien. 2003 betrieben 8 Staaten der EU 147 Reaktoren (→ *Reaktor*). Deutschland, Belgien, Österreich, Italien und die Niederlande haben den Ausstieg aus der → *Kernenergie* beschlossen. → *Atomgesetz*.

http://www.europa.eu.int/

▶ EUREX

(European Exchange) Am 26. 1. 1990 in Frankfurt unter dem Namen **DTB Deutsche Terminbörse GmbH** eröffnete Börse für den → *Computerhandel* mit Optionen (→ *Option*) und Terminkontrakten (→ *Terminkontrakt*). Seit 1998 neuer Name EUREX mit Sitz in Frankfurt (**EUREX Deutschland**) und Zürich. → *Deutsche Börse AG*.

http://www.eurexchange.com/

▶ EURIBOR

(European Interbank Offered Rate) Bezeichnung für den in den Ländern der → *Europäischen Wirtschafts- und Währungsunion (EWWU)* geltenden marktabhängigen Orientierungszinssatz (→ *Referenzzinssatz*) für kurzfristige Finanzgeschäfte (3, 6, 9 oder 12 Monate) der → *Kreditinstitute* am → *Geldmarkt*. Er ersetzte ab 1. 1. 1999 die nationalen Referenzzinssätze (z. B. → *Fibor*) und wird täglich um 11 Uhr berechnet aus den Einzelzinssätzen bei ausgewählten europäischen Banken.

Auch bei sonstigen Finanzgeschäften und Verträgen wird zunehmend auf den Euribor Bezug genommen. Er ist nicht zwangsläufig identisch mit den → *Leitzinsen* der EZU (→ *Europäische Zentralbank (EZU)*). → *Nibor*, → *Libor*.

Daneben wird täglich mit Unterstützung der → *Europäischen Zentralbank* ein **Eonia** (Euro Over Night Index Average) berechnet. Er repräsentiert den durchschnittlichen Referenzzinssatz des nächtlichen Handels zwischen den Banken in der Euro-Zone.

http://www.euribor.org/

▶ **Euro** → *Europäische Wirtschafts- und Währungsunion (EWWU)*, → *Euro-Einführungsgesetze*

▶ **Euroanleihen** → *Euromärkte*

▶ **Eurobonds** → *Euromärkte*

▶ **Euro-Dollarmarkt** → *Euromärkte*

▶ **Euro-Einführungsgesetze**

Im Zusammenhang mit der Einführung des → *Euro* getroffene gesetzliche Regelungen sowie die vorangegangenen Verordnungen der EU (→ *Europäische Gesetzgebung*) in den Jahren 1997 bis 2001.

▶ **Euro Fed** → *Europäisches System der Zentralbanken (ESZB)*

▶ **Euromärkte (Fremdwährungsmärkte, Xenomärkte)**

Bezeichnung für Märkte (→ *Geldmarkt* oder → *Kapitalmarkt*), auf denen Währungen (→ *Währung*) außerhalb des Staates oder Währungsverbundes, in denen sie gesetzliches Zahlungsmittel sind, gekauft und verkauft werden. Dies geschieht ohne Rücksicht auf nationale Grenzen und Gesetze.

Die Euromärkte entwickelten sich seit Ende der 50er Jahre zunächst in Europa (daher Euromärkte) vor allem in London und Luxemburg. Bedingt durch die wachsende → *Globalisierung* handelte man bald auch an außereuropäischen Plätzen, insbesondere in Südostasien (z. B. Hongkong, Singapore, Tokio) oder auf einem → *Offshore-Finanzplatz* (z. B. Bahamas, Grand Caiman).

Trotzdem blieb es bei der ursprünglichen Bezeichnung **Eurodollar-markt**.

Bis Anfang der 70er Jahre handelte es sich fast ausschließlich um Dollarguthaben bei → *Banken* außerhalb der USA, die aus dem Defizit in der → *Zahlungsbilanz* der USA stammten. Diese Dollarbestände wurden bis zur Freigabe der Wechselkurse (→ *Floating*) allein nach Profitgesichtspunkten zwischen den einzelnen Ländern hin und her geschoben **(vagabundierende Dollars)**, um so Wechselkursgewinne zu erzielen. Dabei wurde der Einfluss der nationalen Regierungen und der jeweiligen → *Zentralbank* auf die → *Geldmenge* und den Kurs der eigenen Währung unterlaufen. Diese vagabundierenden Dollarbestände, zu einem großen Teil aus dem Besitz der Ölländer (→ *OPEC*), beschleunigten den Dollarverfall Anfang der 70er Jahre und das Aufbrechen der alten Währungsordnung von → *Bretton Woods* mit festen Wechselkursen und der Goldbindung des Dollars.

Auf dem **Eurogeldmarkt** spielen heute neben dem Dollar auch der Euro (früher auch die DM) und der Schweizer Franken eine bedeutende Rolle. International tätige Banken, manchmal auch Großunternehmen, verleihen dabei überschüssige Mittel in Formen wie z. B. → *Tägliches Geld*, → *Termineinlagen*, → *Schatzwechsel*, → *Commercial Papers*, → *Euronotes* oder als → *Rollover-Kredit* an Regierungen, Banken und Unternehmen.

Der **Eurokapitalmarkt** ist ein Kapitalmarkt für internationale → *Anleihen* **(Euroanleihen, Eurobonds)** in einer Währung (meist in Dollar), die nicht mit der Währung des auflegenden Landes übereinstimmt. Die Zinsen bilden sich ohne nationale oder internationale Reglementierung nach den Gesetzen des freien Marktes. → *Europäische Wirtschafts- und Währungsunion (EWWU)*.

▶ **Euronotes**

Bezeichnung für kurzfristige, nicht an einer → *Börse* notierte → *Schuldverschreibungen*, die von Unternehmen, staatlichen Institutionen und → *Banken* am → *Euromarkt* zur Emission kommen.

▶ **Europa-Abkommen** → *Assoziierung*

▶ **Europäische Aktiengesellschaft (EAG)**

(Societas Europeae SE) Eine auf die Länder der EU (→ *Europäische Union (EU))* beschränkte Rechtsform für Unternehmen. Sie ermöglicht grenzüberschreitende Zusammenschlüsse, unabhängig von nationalen Rechtsformen.

Bis zur politischen Einigung auf die SE war es nur möglich, über die Gründung einer → *Holdinggesellschaft* eine grenzüberschreitende → *Fusion* von Unternehmen durchzuführen. Außerdem bestanden wegen der noch fehlenden → *Steuerharmonisierung in der EU* zahlreiche Hindernisse und Verwaltungsschwierigkeiten bei der Gründung von Gesellschaften. Bereits 1970 hatte die Kommission der EU einen Vorschlag für eine Europäische Aktiengesellschaft vorgelegt (**Vredeling-Richtlinie**). Wegen unüberbrückbarer Schwierigkeiten insbesondere in Fragen der → *Mitbestimmung* der Arbeitnehmer wurden die Beratungen im Rat der → *EG (Europäische Gemeinschaft)* 1982 schließlich ausgesetzt. Weitere Initiativen der Kommission ab 1988 scheiterten vor allem am Widerstand der britischen und später (1998) der spanischen Regierung und einigen Arbeitgeberverbänden (→ *UNICE*). Erst beim Gipfel von Nizza im Dezember 2000 konnte eine prinzipielle Einigung erreicht werden, deren Einzelheiten im Oktober 2001 vom Rat der EU formell beschlossen wurden.

Die neue **Societas Europeae (SE)** war nach der jetzt geltenden Verordnung der EU bis 8.10.2004 (→ *Europäische Gesetzgebung)* in einzelstaatliches Recht zu übertragen. Danach können Unternehmen mit Niederlassungen in mehreren Mitgliedstaaten auf der Grundlage einheitlicher Regeln fusionieren. Außerdem können sie mit einem einheitlichen Management- und Berichtsystem überall in der EU tätig werden, ohne ein Netz von Tochtergesellschaften gründen zu müssen, die dem jeweiligen nationalen Recht unterliegen. Das Mindestkapital beträgt 120 000 Euro.

Die SE wird im → *Handelsregister* des Landes eingetragen, in dem sich die Verwaltungszentrale befindet. Die Registrierung wird im Amtsblatt der EU veröffentlicht. Die Regelungen der Besteuerung, bei Kapitalveränderungen, für die Bilanzierung und für die Haftung von Unternehmen und Managern (→ *Corporate Governance*) folgen allerdings den jeweils geltenden innerstaatlichen Vorschriften.

Nach dem Kompromiss einer Richtlinie der EU zur Mitbestimmung muss zunächst in Verhandlungen zwischen dem Management und Belegschaftsvertretern geklärt werden, wie die Arbeitnehmer in die Entscheidungen des Unternehmens einbezogen werden können. Falls keine Einigung erfolgt, greifen Auffangregelungen, wonach u. a. das Management zur regelmäßigen Berichterstattung über die Geschäftspläne gegenüber den Arbeitnehmervertretern verpflichtet wird.

Außerdem dürfen Beschäftigte einer SE, die zuvor einem Unternehmen mit hohem Mitbestimmungsstandard angehörten, in ihren Mitbestimmungs- und Informationsrechten nicht schlechter gestellt werden. Bei einer Fusion gelten die gleichen Mitbestimmungsregelungen, die zuvor für mindestens ein Viertel der Belegschaft galten. Die Vielzahl der Auffangregeln sind in einem Anhang der Richtlinie beigefügt. Ist an der Gründung einer SE eine deutsche Kapitalgesellschaft beteiligt, so gilt die deutsche Mitbestimmungsregelung. → *Europäische Betriebsräte*, → *Europäische Fusionskontrolle*.

http://europa.eu.int/scadplus/scad_de.htm

▶ **Europäische Bank für Wiederaufbau und Entwicklung (Osteuropa-Bank)**

Sie wurde Ende Mai 1990 gegründet mit dem Ziel, den wirtschaftlichen Fortschritt und Wiederaufbau in den Staaten Mittel- und Osteuropas zu fördern, die ihre Volkswirtschaften nach Grundsätzen der → *Marktwirtschaft* reformieren wollen. Zu den 42 Unterzeichnerstaaten des Vertrages zählten die 12 Mitgliedsstaaten der EU (→ *Europäische Union (EU)*), die auch gleichzeitig mit 51 % die Kapitalmehrheit an dem Institut halten, fast alle osteuropäischen Länder sowie die USA, Kanada, Japan, Australien, aber auch → *Entwicklungsländer* wie Mexiko, Marokko und Ägypten, die hierdurch ihre Solidarität mit Mittel- und Osteuropa bekunden wollen. 1999 zählten 65 Staaten zu den Anteilseignern.

Die Mitgliedsstaaten Mittel- und Osteuropas können Kredite in Anspruch nehmen. Diese sollen zu 60 % für den privatwirtschaftlichen Sektor, für kleine und mittelständische Unternehmen und für Staatsbetriebe, die privatisiert werden, zur Verfügung stehen. Außerdem stehen zum Aufbau einer besseren → *Infrastruktur* und für den → *Umweltschutz* Kreditmittel zur Verfügung. 1993 wurde ein multilateraler Fonds für Sofortmaßnahmen zur Verbesserung und Sicherheit von Kernkraftwerken sowjetischer Bauart eingerichtet. Sitz der Bank ist London.

http://www.ebrd.com/deutsch/main.htm

▶ **Europäische Betriebsräte**

Die Bildung Europäischer Betriebsräte geht zurück auf eine Forderung des EGB (→ *Europäischer Gewerkschaftsbund (EGB)*), die im Zusammenhang mit den Diskussionen um die → *Europäische Aktiengesellschaft (EAG)* bereits 1975 eingebracht wurde. Danach sollten in den europaweit tätigen Unternehmen und Konzernen (→ *Konzern*) → *Betriebsräte* gewählt werden, die in gegenseitiger Konsultation ein Gegengewicht zu den Aktivitäten und Planungen europäischer Multis (→ *Multinationale Konzerne*) bilden.

Ende November 1990 hatte die Kommission der EU den Entwurf für eine Richtlinie der EU (→ *Europäische Gesetzgebung*) verabschiedet. Diese wurde nach langen politischen Diskussionen gegen den Widerstand von → *UNICE* am 22. 9. 1994 vom Ministerrat der EU *(→ Europäische Union (EU))* gegen die Stimme Großbritanniens verabschiedet und mit dem **Gesetz über Europäische Betriebsräte (EBRG)** vom 28. 10. 1996 in deutsches Recht umgesetzt.

Danach müssen alle Unternehmen einen Europäischen Betriebsrat bilden, die mehr als 1000 → *Arbeitnehmer* beschäftigen und davon jeweils mindestens 150 in Niederlassungen in zwei Mitgliedsstaaten der EU (einschl. der Mitglieder im → *EWR (Europäischer Wirtschaftsraum)*) tätig sind.

Nach der Richtlinie muss der Europäische Betriebsrat mindestens einmal jährlich zu einer Sitzung einberufen werden. Ihm muss mindestens ein Vertreter aus jedem Mitgliedstaat mit einem Betrieb angehören. Er ist von der Unternehmensleitung über die wirtschaftliche und finanzielle Lage, die Beschäftigungssituation und Investitionsplanungen sowie die weitere Geschäftspolitik zu unterrichten und anzuhören.

Allerdings gibt es Vorschriften zur Vertraulichkeit, die den Vorständen einen weiten Spielraum geben, bestimmte Informationen zurückzuhalten. Bei Meinungsverschiedenheiten hat der Europäische Betriebsrat keine oder nur unpräzise beschriebene Möglichkeiten, einen Aufschub von Entscheidungen zu erzwingen, wie sie etwa im deutschen → *Betriebsverfassungsgesetz (BetrVG)* für Fälle der → *Mitbestimmung* vorgesehen sind. Er ist lediglich zu unterrichten und auf Verlangen anzuhören, wenn grenzüberschreitende Maßnahmen geplant sind mit erheblichen Auswirkungen auf die Beschäftigten. Dies gilt z. B. bei beabsichtigten europaweiten Massenentlassungen, Betriebsschließungen oder Produktionsverlagerungen. Auch ist keine → *Einigungsstelle* zur schnellen Konfliktlösung vorgesehen. Ein weiteres Problem sind das Fehlen verbindlicher Vereinbarungen für Schulungs- und Bildungsmaßnahmen sowie zur Zusammenarbeit mit den → *Gewerkschaften.*

Etwa 1500 europäische Unternehmen, die grenzüberschreitend tätig sind, fallen in den Geltungsbereich der Richtlinie. Ende 2003 hatten 300 Konzerne allein im Bereich der IG Metall (→ *Deutscher Gewerkschaftsbund (DGB)*) Europäische Betriebsräte gebildet, darunter auch → *Tochterunternehmen/Tochtergesellschaften* in den USA und in Japan.

http://bundesrecht.juris.de/bundesrecht/ebrg/
http://www.igmetall.de/betriebsraete/eurobr/

▶ **Europäische Freihandelsassoziation** → *EFTA*

▶ **Europäische Fusionskontrolle**

Nach der „**Verordnung über die Kontrolle von Unternehmenszusammenschlüssen**", die Ende 1989 vom Rat der EU → *Europäische Union (EU)*) verabschiedet wurde, muss u. a. ein Zusammenschluss von den beteiligten Unternehmen – falls der weltweite Gesamtumsatz mehr als 5 Mrd. Euro beträgt und mindestens zwei Unternehmen einen gemeinschaftsweiten Umsatz von mehr als 250 Mio. Euro haben – bei der Kommission der EU angemeldet werden. Die Kommission hat dann nach einer Vorprüfung innerhalb von 3 Wochen das Recht, einen Aufschub der → *Verschmelzung* anzuordnen, bis sie spätestens nach 4 Monaten den Vollzug „bei Unbedenklichkeit" genehmigen oder ihn endgültig untersagen kann. Dabei kann die Kommission im Falle einer Zustimmung Auflagen an die beteiligten Unternehmen erteilen.

Fürchtet ein Mitgliedsstaat von einem bei der Kommission der EU angemeldeten Zusammenschluss das Entstehen einer marktbeherrschenden Position bei bestimmten Waren oder Dienstleistungen auf seinem Territorium, dann kann er der Kommission seine Bedenken mitteilen. Diese entscheidet, ob sie den Fall selbst weiterverfolgt oder ihn an die zuständige nationale Behörde abgibt. Im Fall des Nichttätigwerdens der Kommission kann das Mitgliedsland beim Europäischen Gerichtshof (EuGH) (→ *EG (Europäische Gemeinschaft)*) klagen.

Nach Vorlage und Diskussion eines Grünbuchs (→ *Grünbuch der Kommission der EU*) im Januar 1995 und eines Weißbuchs zum Wettbewerb Anfang 1999 hat die → *Kommission der EU* Anfang 2003 den Entwurf einer novellierten **EU-Fusionskontrollverordnung** vorgelegt, mit der das bisherige komplizierte Verfahren der Fusionskontrolle geändert werden soll.

Mit einer zurzeit noch streitigen **EU-Fusionsrichtlinie** soll bei grenzüberschreitenden Fusionen die → *Mitbestimmung* der Arbeitnehmer geregelt werden, die nach den bisherigen Vorschlägen nicht den Regelungen für die → *Europäische Aktiengesellschaft (EAG)* entspricht. → *Kartellgesetz.*

http://europa.eu.int/

▶ **Europäische Gemeinschaft** → *EG (Europäische Gemeinschaft),* → *Europäische Union (EU)*

▶ **Europäische Gesetzgebung**

Rechtsetzungsorgane sind der Rat der EU (Ministerrat), das Europäische Parlament sowie die Kommission der EU (Art. 249 EGV). → *EG (Europäische Gemeinschaft)*.

Beschlüsse rechtsetzender Art sind:

(1) Verordnungen entsprechen einem innerstaatlichen Gesetz und gelten unmittelbar mit dem Beschluss des Ministerrats in jedem Mitgliedsstaat.

(2) Richtlinien verpflichten die Mitgliedsstaaten, innerhalb von vier Jahren die auf ein bestimmtes Ziel (z. B. Herstellung gleicher Wettbewerbsbedingungen) ausgerichteten Vorschriften zu erlassen. Form und Mittel zur Zielerreichung bleiben den einzelnen Staaten jedoch freigestellt.

(3) Entscheidungen gelten für die in der Entscheidung benannte Zielgruppe (z. B. Mitgliedsstaaten, Unternehmen) oder Einzelpersonen (z. B. Unternehmenseigentümer) mit der Wirkung wie Richtlinien.

(4) Empfehlungen und **Stellungnahmen** sind im Gegensatz zu Verordnungen, Richtlinien und Entscheidungen nicht rechtsverbindlich. Sie haben nur politisches oder moralisches Gewicht. Sie können auch vom Parlament der EU und vom → *Wirtschafts- und Sozialausschuss der EU* abgegeben werden.

(5) Entschließungen können vom Ministerrat oder vom Europäischen Parlament als programmatische, nicht rechtsverbindliche Willensäußerungen abgegeben werden.

Die bisherige Beteiligung des Europäischen Parlaments an der Gesetzgebung für die Gemeinschaft ist nicht vergleichbar mit der Gesetzgebung in den nationalen Parlamenten. Jedoch wurden seine Entscheidungsbefugnisse seit dem „Vertrag über die → *Europäische Union (EU)*" wesentlich erweitert.

http://www.bib.uni-mannheim.de/bib/jura/db-kap9.shtml

▶ **Europäische Gewerkschaftsausschüsse** → *Internationale Berufssekretariate*

▶ Europäische Investitionsbank (EIB)

1958 gegründete selbständige Bank (→ *Kreditinstitute*) als „Hausbank" der damaligen → *EG (Europäische Gemeinschaft)* (Art. 9 EGV, Art. 266 EGV und 267 EGV). Sitz ist Luxemburg. Sie gewährt langfristige → *Darlehen* und Garantien (→ *Garantie*) zur Finanzierung von Investitionsvorhaben (→ *Investitionen*) u. a. zur Erschließung der wirtschaftlich zurückgebliebenen oder benachteiligten Regionen in der EU (→ *Europäische Union (EU)*), zum Aufbau für → *Transeuropäische Netze* oder im Bereich → *Umweltschutz*. Außerdem werden Vorhaben finanziert zur Modernisierung oder Umstellung von Unternehmen und zur Schaffung von Arbeitsmöglichkeiten sowie Vorhaben von gemeinsamem Interesse für mehrere Mitgliedsstaaten. Die Bank vergibt auch Darlehen an assoziierte Länder (→ *Assoziierung*), an Länder im südlichen und östlichen Mittelmeer, mit denen ein → *Kooperationsabkommen* besteht, sowie an die → *AKP-Staaten*.

http://www.eib.org

▶ Europäische Kommission → *EG (Europäische Gemeinschaft)*

▶ Europäische Normung → *CEN / CENELEC*

▶ Europäische Option

(European Option) Dies ist eine Kauf- (→ *Call Option*) oder Verkaufsoption (→ *Put Option*), die nur am Verfalltag ausgeübt werden kann. → *Optionsscheine*, → *Amerikanische Option*.

▶ Europäische Politische Zusammenarbeit (EPZ)

Im Rahmen des Vertragswerks → *Einheitliche Europäische Akte* 1986 vereinbarte Regelung. Sie verband die Mitglieder der EU erstmals rechtsverbindlich auch in außenpolitischen Fragen. Im Vertrag über die → *Europäische Union (EU)* von Maastricht wurden 1992 die Grundlagen für eine **„Gemeinsame Außen- und Sicherheitspolitik (GASP)"** geschaffen.

Die Grundsätze und allgemeine Leitlinien der GASP werden vom Europäischen Rat (→ *EG (Europäische Gemeinschaft)*) auf seinen Gipfeltreffen festgelegt. Im Rat der Gemeinschaft (Ministerrat) findet eine gegenseitige Unterrichtung und Abstimmung über alle außen- und sicherheitspolitischen Fragen mit allgemeiner Bedeutung statt. Der Rat kann einen **gemeinsamen Standpunkt** festlegen und durch **einstimmige** Beschlüsse auch verbindliche **gemeinsame Aktionen** beschließen.

Auf längere Sicht sollen auch in verteidigungspolitischen Fragen verbindliche Regelungen für eine gemeinsame Politik vereinbart werden. Dies wurde zuletzt im Vertrag von Amsterdam bestätigt.

http://www.bib.uni-mannheim.de/bib/jura/db-kap9.shtml

▶ **Europäischer Ausrichtungs- und Garantiefonds für die Landwirtschaft (EAGLF)** → *Strukturpolitik der EU*

▶ **Europäischer Beschäftigungspakt**

Sozialpolitisch wichtige, vom Europäischen Rat (→ *EG (Europäische Gemeinschaft)*) am 3./4. 6. 1999 in Köln verabschiedete Entschließung. Sie betont noch einmal – wie schon im Vertrag von Amsterdam im Juni 1997 –, dass mehr Beschäftigung wichtigstes wirtschafts- und sozialpolitisches Ziel in der EU darstellt. Zur Realisierung dieses Zieles sollen beitragen

● eine **koordinierte Beschäftigungsstrategie** entsprechend der beim Sondergipfel des Europäischen Rats zur Beschäftigungspolitik in Luxemburg 1997 verabredeten vier Schwerpunkte **(Luxemburg-Prozess)**: Bekämpfung der Jugend- und Langzeitarbeitslosigkeit, eine Verbesserung der Rahmenbedingungen für kleine und mittlere Unternehmen, eine Modernisierung und → *Flexibilisierung* der Arbeitsorganisation durch Vereinbarungen der → *Sozialpartner* sowie eine Stärkung der Beschäftigungschancen von Frauen,

● **Wirtschaftsreformen** und jährliche Berichte entsprechend den bei der Sitzung des Europäischen Rats 1998 in Cardiff verabredeten Zielen zum Ausbau des Europäischen Binnenmarktes (→ *Europäischer Binnenmarkt*) und für eine möglichst beschäftigungs-

und wachstumswirksame Ausgestaltung von Strukturreformen (**Cardiff-Prozess**) sowie

• ein **makroökonomischer Dialog** zwischen den Mitgliedsstaaten im → *ECOFIN-Rat* und des Ministerrats für Arbeit und Soziales unter Beteiligung von Vertretern der Kommission der EU, der EZU (→ *Europäische Zentralbank (EZU)*), der europäischen Gewerkschaften (→ *Europäischer Gewerkschaftsbund (EGB)*) und der Arbeitgeberverbände (→ *UNICE*).

Die Mitgliedsstaaten und die Kommission der EU müssen sich auf die wesentlichen Elemente ihrer Wirtschaftspolitik verständigen und die wesentlichen Elemente einer koordinierten Beschäftigungsstrategie durch **Beschäftigungspolitische Leitlinien** vereinbaren.

Hierzu ist dem Europäischen Rat jährlich ein gemeinsamer Jahresbericht vorzulegen. Die Grundlage hierfür bilden die **Nationalen Beschäftigungspolitischen Aktionspläne (NAP)**. Dieser wird in Deutschland jährlich unter Beteiligung der Bundesländer, → *Gewerkschaften* und → *Arbeitgeberverbände* erstellt.

Bei einem Sondertreffen des Europäischen Rates am 23./24.3. 2000 in Lissabon wurde zur Thematik „Beschäftigung, Wirtschaftsreformen und sozialer Zusammenhalt für ein Europa der Innovation und des Wissens" eine Strategie (**Lissabon-Strategie**) verabschiedet, mit der die EU binnen 10 Jahren zum wettbewerbsfähigsten Wirtschaftsraum der Welt gemacht werden sollte. Dabei sollten u. a. Ziele wie 3 % durchschnittliches jährliches → *Wachstum* oder eine Steigerung der Beschäftigtenquote von 61 % auf 70 % im Jahr 2010 erreicht werden. → *Europäische Sozialagenda*.

Zur Frühjahrstagung des Europäischen Rats Ende März 2005 wurde ein Zwischenbericht vorgelegt, den eine hochrangige Gruppe aus den Mitgliedsstaaten ausarbeitete. Nach dieser Bestandsaufnahme sind die Regierungschefs und die Kommission der EU von ihren ehrgeizigen Zielen aus dem Jahr 2000 teilweise abgerückt und verfolgen nunmehr ein 10-Punkte-Programm zu den Themen:

• **Arbeitsplätze** (Ziel: Schaffung von mehr als sechs Millionen neuer Arbeitsplätze bis 2010 durch eine unternehmensfreundliche Politik,

- **Forschung und Entwicklung** (3 % vom → *Bruttoinlandsprodukt*) sollen in diesen Bereich fließen und ein **Europäisches Industrieinstitut** gegründet werden,
- die geplante Dienstleistungs-Richtlinie (→ *Entsendegesetz*) wird nochmals überarbeitet,
- **Aufgabe des Ziels**, die international **wachstumsstärkste Region** zu werden,
- **Bürokratieabbau** (→ *Bürokratie*) und Streichung überflüssiger Vorschriften,
- **Förderung kleiner und mittlerer Unternehmen** und Unterstützung ihrer Innovationen (→ *Innovation*),
- Vorlage eines Berichts der Kommission der EU zur künftigen **Industriepolitik** (→ *Industrie*) bis Sommer 2005,
- **Förderung von Umwelttechnologien** (→ *Umweltschutz*) und eine Initiative zur Energieeffizienz (→ *Effizienz*) werden angekündigt,
- Einsatz für eine Einigung im Rahmen der **Doha-Runde** der → *WTO (World Trade Organization)*.

http://europa.eu.int/abc/doc/off/bull/de/9906/i1005.htm

▶ **Europäischer Betriebsrat** → *Europäische Betriebsräte*

▶ **Europäischer Binnenmarkt**

War Zwischenziel der 15 Mitgliedsstaaten auf dem Weg in die → *Europäische Union (EU)*. Er ist zum 1.1.1993 in Kraft getreten und bedeutet „einen Raum ohne Binnengrenzen, in dem der freie Verkehr von Waren, Personen, Dienstleistungen und Kapital... gewährleistet ist" (§ 8 a EWG-Vertrag). Er wurde im Dezember 1985 vom Europäischen Rat (→ *EG (Europäische Gemeinschaft)*) auf der Grundlage eines hierzu vorgelegten **Weißbuches zur Vollendung des Binnenmarktes** (→ *Grünbuch der Kommission der EU*) beschlossen und in die Ziele für die → *Einheitliche Europäische Akte* aufgenommen.

Mit dieser ersten großen Revision für die → *Römische Verträge* wurde auch festgelegt, dass alle Entscheidungen, die sich auf die Realisierung des Binnenmarktes 1992 beziehen, durch → *Qualifizierte Mehrheit* getroffen werden können.

Noch nicht zufrieden stellend gelöst ist das Problem der steuerlichen Kontrollen, weil diese nur von den Grenzen in die Unternehmen und nationalen Steuerverwaltungen verlagert wurden.

Auch die Personenkontrollen sind noch nicht in allen Mitgliedsstaaten weggefallen. Mit dem **Schengener Abkommen** hatten bereits 1985 die Benelux-Staaten, Deutschland und Frankreich vereinbart, die Personenkontrollen an den gemeinsamen Grenzen abzubauen. Es trat jedoch erst am 26. 3. 1995 unter Einschluss von Portugal und Spanien in Kraft. Österreich und Italien wenden das Abkommen seit dem 1. 4. 1998 an. Die übrigen Staaten der EU (außer Großbritannien und Irland) sowie Norwegen und Island sind dem Abkommen Ende 1996 beigetreten. Die Schweiz folgte nach einer Volksabstimmung vom Mai 2005.

Begleitend sind eine engere Zusammenarbeit der Polizei- und Justizbehörden (u. a. durch ein gemeinsames Computer-Fahndungs- und Informationssystem), verschärfte Kontrollen an den Außengrenzen, eine Harmonisierung der Bestimmungen über Visa- und Asylanträge sowie eine Rechtsangleichung im Waffen- und Betäubungsmittelrecht vereinbart.

http://www.bib.uni-mannheim.de/bib/jura/db-kap9.shtml

▶ **Europäischer Entwicklungsfonds** → *AKP-Staaten*

▶ **Europäischer Fonds für regionale Entwicklung (Regionalfonds)** → *Strukturpolitik der EU*

▶ **Europäischer Gerichtshof (EuGH)** → *EG (Europäische Gemeinschaft)*

▶ **Europäischer Gerichtshof für Menschenrechte** → *Europarat*

▶ **Europäischer Gewerkschaftsbund (EGB)**

1969 von Mitgliedern des IBFG (→ *Internationaler Bund Freier Gewerkschaften (IBFG)*) aus den damaligen EWG-Staaten (→ *EG (Europäische Gemeinschaft)*) gegründete Gewerkschaftsorganisation unter dem ursprünglichen Namen Europäischer Bund Freier Gewerkschaften (EBFG). Nach Erweiterung der EG erfolgte am 8. 2. 1973 eine Neugründung mit dem Namen Europäischer Gewerkschaftsbund (EGB) mit Sitz in Brüssel. Ihm gehören alle im IBFG zusammengeschlossenen europäischen Gewerkschaften an. 2003 zählten hierzu 77 Organisationen mit insgesamt 60 Mio. Mitgliedern in 35 europäischen Staaten.

Die Organe des EGB sind der Kongress, das Präsidium, der Exekutivausschuss und das Sekretariat.

Der **Kongress** tritt mindestens alle vier Jahre einmal zusammen. Der **Exekutivausschuss** besteht aus wenigstens einem Vertreter je Mitgliedsorganisation und tritt mindestens sechsmal im Jahr zusammen. Er setzt die Entschließungen und Aktionsprogramme des Kongresses um. Das **Präsidium** hat 15 Mitglieder und koordiniert die Entscheidungen des Exekutivausschusses.

Das Sekretariat wird von einem **Generalsekretär** geleitet. Die Ziele des EGB richten sich auf die sozialen, wirtschaftlichen und kulturellen Interessen der → *Arbeitnehmer* in Europa. Hierzu zählt auch die Interessenvertretung innerhalb der Institutionen der EU und der Rest- → *EFTA*. Ein besonderer Arbeitsschwerpunkt ist die gemeinsame Interessenvertretung gegenüber den Multis (→ *Multinationale Konzerne*). → *Europäischer Betriebsrat*.

http://www.etuc.org

▶ **Europäischer Haushalt** → *Haushalt der EU*

▶ **Europäischer Leitzins** → *Europäisches System der Zentralbanken (ESZB)*

▶ **Europäischer Rat** → *EG (Europäische Gemeinschaft)*

▶ **Europäischer Rechnungshof** → *EG (Europäische Gemeinschaft)*

▶ **Europäischer Sozialfonds** → *Strukturpolitik der EU*

▶ **Europäischer Stabilitäts- und Wachstumspakt** → *Europäische Wirtschafts- und Währungsunion (EWWU)*

▶ **Europäischer Wirtschaftsraum (EWR)** → *EFTA*

▶ **Europäische Sozialagenda**

Bezeichnung für ein sozialpolitisches Arbeitsprogramm der EU (→ *Europäische Union (EU)*) für den Zeitraum 2000–2005. Sie geht zurück auf Vereinbarungen bei der Tagung des Europäischen Rats in Nizza im Dezember 2000 (→ *EG (Europäische Gemeinschaft)*). Genannt wird das Ziel einer Modernisierung des europäischen Gesellschaftsmodells und die Umsetzung der Leitlinien bei der Tagung des Europäischen Rates in Lissabon (→ *Europäischer Beschäftigungspakt*). Ziel der Agenda ist es, ein größtmögliches Maß an wirtschaftlicher Dynamik, Beschäftigungswachstum und sozialem Zusammenhalt in den Ländern der EU zu erreichen.

Die Europäische Sozialagenda fasst die Voraussetzungen und Zielsetzungen für das europäische Sozialmodell zusammen. Sie enthält den Vorschlag für ein Maßnahmenpaket mit folgenden Schwerpunkten:

• Auf dem Weg zu mehr und besseren Arbeitsplätzen;
• Ausbau vorhandener Arbeitnehmerrechte als → *Sozialer Dialog in der EU* (z. B. → *Europäische Betriebsräte*, → *Europäische Aktiengesellschaft (EAG)*) und Entwicklung neuer Strategien und Instrumente zur Sicherheit für Arbeitnehmer in einer sich wandelnden Wirtschaft,
• Bekämpfung von Armut, sozialer Ausgrenzung und Diskriminierung;
• Modernisierung der Sozialschutzsysteme,
• Förderung der Gleichstellung von Männern und Frauen und
• Stärkung der sozialen Dimension der Erweiterung und der Außenbeziehungen der Europäischen Union.

Die Umsetzung dieser Agenda wird jährlich bei der Frühjahrstagung des Europäischen Rates überprüft. Im März 2003 fand eine Konferenz für die **Halbzeit-Überprüfung** der Sozialpolitischen Agenda in Brüssel statt. Hierbei ging es auch um die Anpassung und Ausrichtung von Maßnahmen in dem erweiterten Europa mit 25 Mitgliedstaaten. Für die Zeit nach 2005 wurde von der Kommission der EU eine **Hochrangige Expertengruppe „Zukunft der Beschäftigung und Sozialpolitik"** eingerichtet, die eine neue Agenda ausarbeiten soll unter Einbeziehung der Erfahrungen bei der Umsetzung der Strategien und Instrumente der Agenda 2000 bis 2005. Hierzu soll unterstützend wieder eine Konferenz einberufen werden. → *Sozialcharta der EU.*

http://ue.eu.int/uedocs/cms_data/librairie/PDF/SocialAgenda_DE.pdf;
http://europa.eu.int/comm/employment_social/news/2003/jun/
com2003312_de.pdf

▶ **Europäische Sozialcharta** → *Europarat*

▶ **Europäisches Parlament** → *EG (Europäische Gemeinschaft)*

▶ **Europäisches Patentamt** → *Deutsches Patent- und Markenamt (DPMA)*

▶ **Europäisches System der Zentralbanken (ESZB)**

Zentrale Institution für die → *Europäische Wirtschafts- und Währungsunion (EWWU).* Es startete zum 1.1. 1999 mit Beginn der 3. Stufe der EWWU. Grundlage seiner Tätigkeit ist neben den Zielsetzungen der Verträge von Maastricht und Amsterdam (→ *EG (Europäische Gemeinschaft)*) die **Satzung des Europäischen Systems der Zentralbanken und der Europäischen Zentralbank** vom 7.2.1992.

Das Europäische System der Zentralbanken besteht aus der **Europäischen Zentralbank (EZB)** und den **Zentralbanken der Mitgliedsstaaten** der EU (→ *Europäische Union (EU)*).

(1) Ziele und Aufgaben des ESZB: Vorrangiges Ziel des ESZB ist die Gewährleistung von Preisstabilität. Soweit dieses Ziel nicht gefährdet wird, unterstützt es die allgemeine → *Wirtschaftspolitik* in der EU. Seine Aufgaben sind

● die → *Geldpolitik* in der EU festzulegen und auszuführen
● Devisengeschäfte durchzuführen

- die → *Währungsreserven* zu halten und zu verwalten und
- das reibungslose Funktionieren der Zahlungssysteme zu fördern.

(2) Geldpolitische Instrumente des ESZB:
- Wichtigstes geldpolitisches Instrument sind die **Offenmarkt- und Kreditgeschäfte** (→ *Offenmarktpolitik*). Hiermit werden die Zinssätze und die → *Liquidität* am → *Geldmarkt* gesteuert. → *Leitzinsen*.
- Daneben steuern die nationalen Zentralbanken die → *Geldmenge* und die Zinsen am Geldmarkt über **ständige Fazilitäten**. Hierbei können sich die Geschäftsbanken **Übernachtliquidität** zu einem vorgegebenen Zinssatz gegen refinanzierungsfähige Sicherheiten (→ *Refinanzierung*) beschaffen (**Spitzenrefinanzierungsfazilität**). Der Zinssatz für die Spitzenrefinanzierungsfazilität bildet die Obergrenze des Zinssatzes für → *Tägliches Geld* (**Tagesgeldsatz**).

Umgekehrt können sich Geschäftsbanken bei den nationalen Zentralbanken Guthaben bis zum nächsten Geschäftstag anlegen (**Einlagefazilität**). Der Zinssatz für die Einlagefazilität bildet im Allgemeinen die Untergrenze des Tagesgeldsatzes.
- Das **Mindestreservesystem** des ESZB gilt für alle → *Kreditinstitute* seiner Mitgliedsländer. Mit ihm sollen die Zinsen am Geldmarkt stabilisiert werden durch Verknappung oder Vergrößerung der Liquidität. Dabei bestimmt sich die Höhe der jeweiligen → *Mindestreserven* eines Kreditinstituts nach bestimmten Positionen seiner Bilanz.

(3) Organe und Strukturen der Europäischen Zentralbank (EZB):
Die **Europäische Zentralbank** wird von dem **Rat der EZB** geleitet. Dieser besteht aus einem für 8 Jahre benannten sechsköpfigen **Direktorium** mit einem Präsidenten und Vizepräsidenten an der Spitze sowie den **Zentralbankpräsidenten** der Mitgliedstaaten, die den Euro eingeführt haben. Der Rat der EZB ist das Entscheidungsgremium für die Geldpolitik (u. a. → *Leitzinsen*, Mindestreserven), die das Direktorium durch Weisungen an die nationalen Zentralbanken umsetzt.

Der jeweilige Vorsitzende des Europäischen Rats und ein Mitglied der Kommission der EU haben ein Teilnahmerecht an den

Sitzungen des Rats der EZB. Dabei kann der Vorsitzende des Europäischen Rats eigene Anträge im Rat einbringen. Umgekehrt kann der Präsident der EZB an allen Sitzungen im → *ECOFIN-Rat* teilnehmen, sofern geldpolitische Fragen anstehen.

In einem **„Erweiterten Rat der EZB"** – der Beratungsfunktionen für die EZB wahrnimmt – sind auch Vertreter der Zentralbanken noch nicht der Währungsunion angehörender Mitgliedsstaaten der EU vertreten.

Die nationalen Zentralbanken aller EU-Mitgliedstaaten halten das Kapital der EZB entsprechend der Bevölkerungszahl und Wirtschaftskraft ihres Landes. 2003 betrug die deutsche Quote 23,4 %.

Über ihre Tätigkeit legt die Europäische Zentralbank jährlich einen Bericht vor.

http://www.ecb.int

▶ **Europäisches Währungsinstitut (EWI)** → *Europäische Wirtschafts- und Währungsunion (EWWU)*

▶ **Europäisches Währungssystem** → *EWS I/EWS II (Europäisches Währungssystem)*

▶ **Europäische Union (EU)**

Ehemals → *EG (Europäische Gemeinschaft)* – basiert auf den Vertragswerken → *Einheitliche Europäische Akte* aus dem Jahr 1987 und dem vom Europäischen Rat bei seiner Tagung vom 9.–11. 12. 1991 in Maastricht verabredeten **„Vertrag über die Europäische Union"**.

Bereits am 19. 6. 1983 hatten die Mitgliedsstaaten in Stuttgart eine **„Feierliche Deklaration zur Europäischen Union"** unterzeichnet und ihren Willen zur engeren Zusammenarbeit betont.

Beim Gipfeltreffen des Europäischen Rats in Rom am 15. 12. 1990 wurde eine **Regierungskonferenz zur Europäischen Union** eröffnet als Start der Arbeit von Regierungsbeauftragten, die am Ende zu Änderungen der → *Römische Verträge* führte. Parallel dazu arbeitete eine Regierungskonferenz an der Verwirklichung der EWWU (→ *Europäische Wirtschafts- und Währungsunion (EWWU)*). Das Europäische Parlament hatte bereits am 14.2. 1984 einen eigenen Vertragsentwurf für eine politische Union beschlossen und diesen Mitte 1990 konkretisiert. Diese Vorschläge waren Bestandteil der Arbeitsunterlagen der Regierungskonferenz.

1. Der Vertrag von Maastricht

Das Ergebnis der beiden Konferenzen war der Vertrag von **Maastricht**, der am 7.2. 1992 in einer feierlichen Zeremonie von den Außen- und Finanzministern der 12 EG-Staaten unterzeichnet wurde. Die → *Präambel* des Vertrags macht deutlich, dass mit dem Vertrag die Europäische Union nicht vollendet ist: „Dieser Vertrag stellt eine neue Stufe bei der Verwirklichung einer immer engeren Union der Völker Europas dar." Insgesamt umfasst das Vertragswerk 33 Erklärungen und 17 Protokolle. Nach der Ratifizierung durch die nationalen Parlamente ist es am 1.11. 1993 in Kraft getreten (wegen des zunächst ablehnenden Ergebnisses im ersten dänischen Referendum, der Verzögerung der Ratifizierung in Großbritannien sowie wegen der Anrufung des deutschen Bundesverfassungsgerichts musste der ursprüngliche Inkrafttretungstermin vom 1.1. 1993 verschoben werden). Die EG nennt sich seitdem EU (**Europäische Union**).

Die wesentlichsten Inhalte sind:

(1) die Europäische Union stellt das Dach dar mit eigenen institutionellen Rahmen für „**drei Säulen**"
- **die Europäische Gemeinschaft (EU)**,
- die neue „**Gemeinsame Außen- und Sicherheitspolitik (GASP)**" als Weiterentwicklung für die → *Europäische politische Zusammenarbeit (EPZ)* und
- die „**Zusammenarbeit in den Bereichen Justiz und Inneres**";

(2) die Europäische Wirtschafts- und Währungsunion (EWWU);

(3) die Möglichkeit zur Vereinbarung einer gemeinsamen europäischen Verteidigungspolitik;

(4) die Schaffung einer europäischen „**Unionsbürgerschaft**" mit aktivem und passivem Wahlrecht zu Kommunalwahlen und Wahlen zum Europäischen Parlament am Wohnort für jeden EU-Bürger;

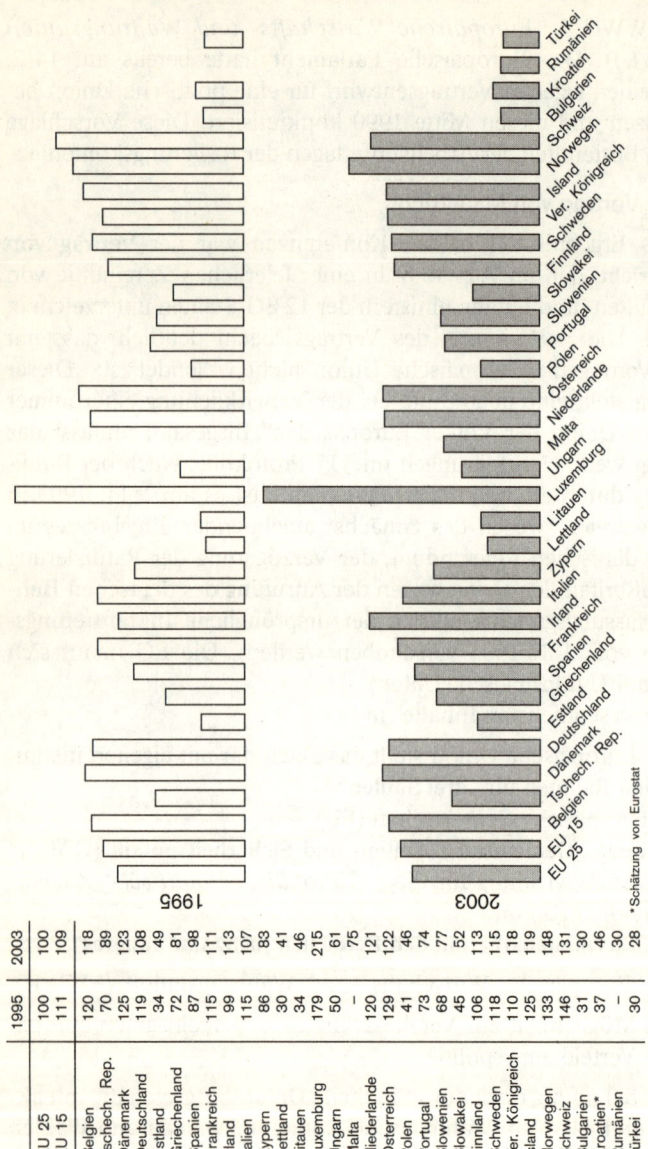

	1995	2003
EU 25	100	100
EU 15	111	109
Belgien	120	118
Tschech. Rep.	70	89
Dänemark	125	123
Deutschland	119	108
Estland	34	49
Griechenland	72	81
Spanien	87	98
Frankreich	115	111
Irland	99	113
Italien	115	107
Zypern	86	83
Lettland	30	41
Litauen	34	46
Luxemburg	179	215
Ungarn	50	61
Malta	–	75
Niederlande	120	121
Österreich	129	122
Polen	41	46
Portugal	73	74
Slowenien	68	77
Slowakei	45	52
Finnland	106	113
Schweden	118	115
Ver. Königreich	110	118
Island	125	119
Norwegen	133	148
Schweiz	146	131
Bulgarien	31	30
Kroatien*	37	46
Rumänien*	–	30
Türkei	30	28

*Schätzung von Eurostat

Abb. 12: Bruttoinlandsprodukt pro Kopf in den 25 EU-Staaten und den Beitrittskandidaten 1995 und 2003 und den Staaten der EFTA (Quelle: Europ. Kommission 2004)

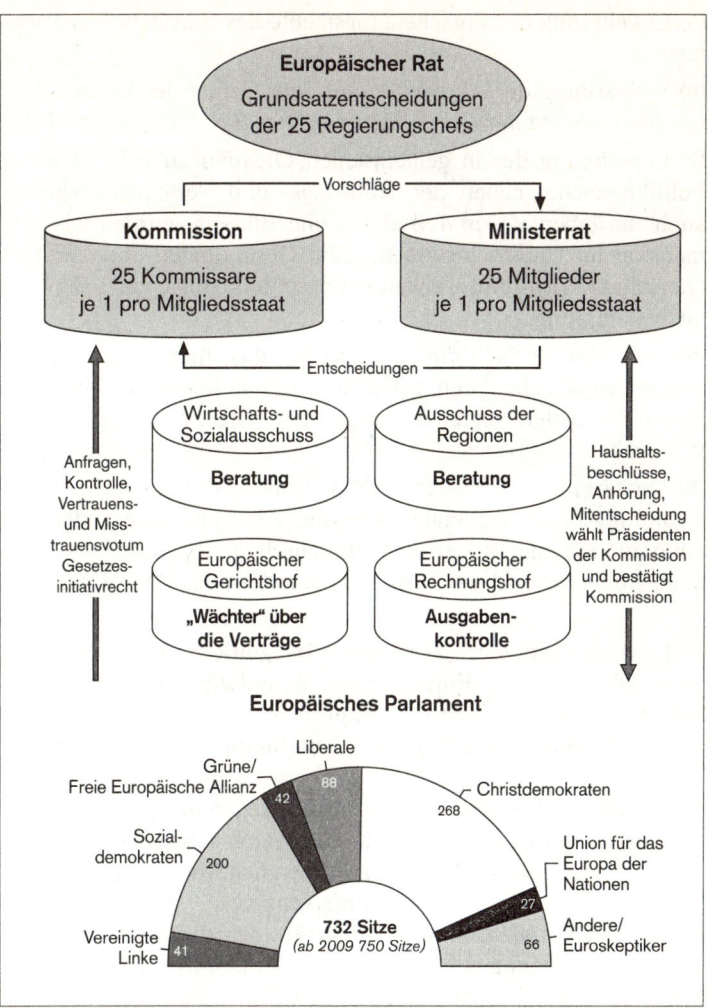

Abb. 13: Die Funktionsweise der EU

(5) Erweiterung der Entscheidungsrechte des Europäischen Parlaments;

(6) Verstärkung der Aktivitäten auf dem Gebiet der Sozialpolitik (→ *Sozialcharta der EU,* → *Europäischer Beschäftigungspakt*);

(7) Erweiterung der in gemeinsamen Organen zu behandelnden Politikbereiche; neben der Währungs- und Verteidigungspolitik auch um einen neuen Teil allgemeine Bildung (europäische Dimension im Unterrichtswesen), zum Gesundheits- und Verbraucherschutz, Visa- und Einwanderungspolitik sowie zur Kriminalitätsbekämpfung;

(8) mit dem → *Subsidiaritätsprinzip*, das nun aufgenommen wurde, wird neben den geregelten Zuständigkeiten eine allgemeine Kompetenzabgrenzung zwischen Mitgliedsstaaten und EU vorgegeben;

(9) Verstärkung der europäischen Entscheidungsebenen durch Gründung eines **Regionalausschusses**, einer „Konferenz der Parlamente" mit nationalen und europäischen Abgeordneten sowie einer Reihe neuer Ausschüsse mit Vertretern der Regierungen der EU;

(10) das Konzept der **„abgestuften Integration"** wird zugelassen beim Übergang zur Europäischen Wirtschafts- und Währungsunion und im Bereich → *Umweltpolitik*.

Die **Tätigkeit der EU** umfasst seit Inkrafttreten des Vertragswerks:

● die Abschaffung der → *Zölle* und mengenmäßigen Beschränkungen bei der Ein- und Ausfuhr von Waren sowie aller sonstigen Maßnahmen gleicher Wirkung zwischen den Mitgliedsstaaten;

● eine gemeinsame → *Außenhandelspolitik*;

● Ziel → *Europäischer Binnenmarkt*, der durch Freizügigkeit und die Beseitigung von Hindernissen für den freien Waren-, Personen-, Dienstleistungs- und Kapitalverkehr zwischen den Mitgliedsstaaten gekennzeichnet ist;

● ein System, das den Wettbewerb innerhalb des Binnenmarktes vor Verfälschungen schützt;

● eine gemeinsame → *Agrarpolitik* (→ *GAP*) und Fischereipolitik;

● eine gemeinsame → *Verkehrspolitik*;

• die Angleichung der innerstaatlichen Rechtsvorschriften, soweit dies für das Funktionieren des Gemeinsamen Marktes erforderlich ist;

• eine gemeinsame → *Sozialpolitik* mit einem Europäischen Sozialfonds (→ *Europäischer Sozialfonds*);

• eine gemeinsame → *Umweltpolitik*;

• die Stärkung der Wettbewerbsfähigkeit der → *Industrie* in der Gemeinschaft;

• die Förderung der Forschung und technologischen Entwicklung;

• die Förderung der Errichtung und des Ausbaus für → *Transeuropäische Netze*;

• die Mitwirkung an der Erreichung eines hohen Gesundheitsschutzniveaus;

• die Mitwirkung an der Förderung einer qualitativ anspruchsvollen Bildung und Ausbildung sowie an der Entfaltung des Kulturlebens in den Mitgliedsstaaten;

• die → *Assoziierung* der überseeischen Länder und Gebiete;

• Maßnahmen in den Bereichen Energie, Verbraucherschutz, Katastrophenschutz und Fremdenverkehr.

Der Deutsche Bundestag hat das Vertragswerk zur Europäischen Union am 2.12.1992 ratifiziert. Dabei musste das Grundgesetz geändert werden. Ein neuer „**Europa-Artikel**" (Artikel 23) wurde aufgenommen und die Europäische Union zum **Staatsziel** deklariert.

Außerdem wurden die Mitspracherechte der Bundesländer an zukünftigen europäischen Gesetzen in die Verfassung aufgenommen und bedeutend erweitert. Der Bundesrat kann eine „**Europa-Kammer**" bilden, deren Beschlüsse als die Beschlüsse des Bundesrates gelten (Artikel 52). Das kommunale Wahlrecht (Artikel 28) und die → *Europäische Zentralbank (EZU)* (Artikel 88 EGV) wurden ins Grundgesetz aufgenommen.

2. Der Vertrag von Amsterdam

Mit dem vom Europäischen Rat am 16./17.6. 1997 verabschiedeten Vertrag von **Amsterdam** wurden die Gründungsverträge der EG zum dritten Mal – nach der Einheitlichen Akte und dem

Maastrichter Vertrag über die Europäische Union – umfassend geändert. Die Revision des Vertragswerks wurde von einer Regierungskonferenz vorbereitet, die ihre Arbeit am 29.3.1996 in Turin begonnen hatte. Bis zum Inkrafttreten des Vertrags von Amsterdam mussten ihn alle Mitgliedsstaaten billigen (ratifizieren).

Wesentliche inhaltliche Änderungen betreffen

● die **Stärkung des Europäischen Parlaments**, dessen Mitentscheidungsrechte auf fast alle Bereiche ausgedehnt werden, in denen der Rat der EU mehrheitlich entscheidet. Auch muss das Parlament künftig nicht nur einer neuen Kommission als Ganzes zustimmen, sondern zuvor auch die Benennung des Kommissionspräsidenten billigen.

● eine engere Zusammenarbeit der Mitgliedsstaaten in der **Beschäftigungspolitik**. Hierzu wurde eine neuer Artikel im Vertrag der EU aufgenommen. Allerdings entscheidet nach wie vor jeder Staat eigenständig über seine nationale Beschäftigungspolitik. → *Europäischer Beschäftigungspakt.*

● **institutionelle Reformen**, wonach u. a.

– Mehrheitsentscheidungen im Rat auf weitere Bereiche ausgedehnt werden,

– eine Obergrenze von 700 Mitgliedern im Parlament der EU festgelegt ist,

– bei Aufnahme neuer Mitglieder die vier großen Staaten Deutschland, Großbritannien, Frankreich und Italien beabsichtigen, auf ihr zweites Kommissionsmitglied zu verzichten,

– eine neue Regierungskonferenz spätestens ein Jahr, bevor die Zahl der EU-Mitglieder 20 überschreitet, eine umfassende Überprüfung der Zusammensetzung und Arbeitsweise der Organe der EU vornimmt. Vgl. → *Agenda 2000*, Vertrag von Nizza.

● eine „**Flexibilitätsklausel**", die Formen engerer Kooperation und Integration zwischen einzelnen Mitgliedsstaaten erlaubt, sofern die anderen Mitgliedsstaaten hiervon nicht ausgeschlossen bleiben und jederzeit beitreten können.

● **verbesserte Verfahren der Zusammenarbeit** in den Bereichen **Innenpolitik und Justiz** sowie auf dem Gebiet der **Außen- und Sicherheitspolitik (GASP)** – allerdings ist hier nach wie vor für die meisten Entscheidungen Einstimmigkeit im Rat erforderlich.

Im Oktober 1999 hat der Europäische Rat im finnischen Tampere beschlossen, mit dem Aufbau einer gemeinsamen Innen- und Justizpolitik zu beginnen. Dabei ging es zunächst um das Finden allgemeiner Regeln, die die 15 nationalen Rechtssysteme zusammenführen, zur gegenseitigen Anerkennung von rechtlichen Entscheidungen, um gemeinsame Definitionen und Grundsätze bei → *Geldwäsche*, Euro-Fälschung, → *Umweltkriminalität* und → *Cyberkriminalität*, der Verfolgung internationaler Banden sowie in der Asyl- und Einwanderungspolitik. Über den Stand der Zusammenführung soll jährlich berichtet werden.

3. Der Vertrag von Nizza

Im Dezember 2000 wurde der **Vertrag über die europäische Union** vom 7. 2. 1992 bei der Sitzung des Europäischen Rats in Nizza im Hinblick auf die anstehende Erweiterung der EU noch einmal wesentlich geändert. Nach Vorbereitung einer Regierungskonferenz wurden Neuregelungen verabredet für

● die künftige Größe und Zusammensetzung einer Kommission für eine EU, die statt bisher 20 bis zu 27 Mitglieder hat,

● die Gewichtung der Stimmen im Ministerrat und

● die weitere Umstellung von Einstimmigkeitsentscheidungen auf qualifizierte Mehrheitsentscheidungen sowie

● eine → *Sozialpolitische Agenda*.

Der Vertrag von Nizza, der am 1. 2. 2003 – nach Ratifizierung durch den letzten Staat Irland – in Kraft trat, enthält komplizierte und unbefriedigende Regelungen (vgl. hierzu die Ausführungen unter → *EG (Europäische Gemeinschaft)*) zu den entsprechenden Institutionen.

Keine Einigung erfolgte über Form der Verkündung und die Verbindlichkeit einer im Oktober 2000 veröffentlichten „**Charta der Grundrechte**", in der u. a. die Rechte der Bürger gegenüber den EU-Institutionen festgelegt sind. Sie war von einem Konvent von 62 Delegierten aus den nationalen Parlamenten, dem Europa-Parlament und der Regierungen erarbeitet worden.

Es wurde vereinbart, auf einer weiteren Regierungskonferenz den Vertrag erneut zu beraten und über die Vorschläge bis Ende 2004 zu entscheiden. Dies gilt

- zur Abgrenzung der Zuständigkeiten zwischen EU und Mitgliedsstaaten
- zur Vereinfachung der Bestimmungen im Vertrag über die Europäische Union und im EG-Vertrag
- über den Rechtsstatus der Grundrechte-Charta der EU und
- über die künftige Rolle der nationalen Parlamente.

4. Die Osterweiterung

Im Oktober 2003 empfahl die Kommission der EU zur so genannten Osterweiterung einen Beitritt von 10 der 12 Kandidaten im Jahr 2004 (Estland, Lettland, Litauen, Polen, Tschechien, Slowakei, Ungarn, Slowenien, Malta und Zypern). Als **Beitrittstermin** wurde im Dezember 2002 beim **Gipfel von Kopenhagen** der **1. 5. 2004** festgelegt. Der Beitrittsvertrag für die 10 neuen Mitgliedstaaten wurde von den Regierungschefs am 16. 4. 2003 beim Gipfeltreffen von Athen unterzeichnet.

Rumänien und Bulgarien wurde ein Beitritt für 2007 in Aussicht gestellt. Kroatien hat Anfang 2003 offiziell bei der EU einen Beitrittsantrag gestellt. Wenn die Kopenhagener Kriterien erfüllt sind und erfolgreiche Beitrittsverhandlungen abgeschlossen sind, könnte Kroatien gemeinsam mit Rumänien und Bulgarien 2007 der EU beitreten.

Im Jahr 2002 legte die EU-Kommission einen Bericht über die politische Situation in der Türkei vor, der trotz deutlicher Fortschritte immer noch Defizite – insbesondere in der Praxis der staatlichen Behörden – feststellte. Die Staats- und Regierungschefs der EU schlossen sich diesem Votum an und bestimmten, dass die EU-Kommission 2004 einen erneuten Bericht über die politische Situation in der Türkei vorlegen soll. Hiernach entschied der Rat der EU im Dezember 2004 mit der Türkei Beitrittsgespräche aufzunehmen mit dem Ziel eines Beitritts frühestens ab 2014.

5. Die neue Verfassung

Die Konsequenzen aus dem Beitritt der 10 Staaten folgten aus den Empfehlungen eines **Konvents zur Zukunft Europas** für eine neue EU-Verfassung, der beim Gipfeltreffen in Laaken im Dezember 2001 beschlossen worden war. Die 105 Delegierten aus den 15

Mitglieds- und 13 Beitrittsländern hatten hierzu unter Leitung des ehemaligen französischen Staatspräsidenten *Giscard d'Estaing* im Herbst 2003 ihre Arbeit abgeschlossen und einen Verfassungsentwurf vorgelegt.

Im Dezember 2003 konnten sich die Mitgliedstaaten und Beitrittsländer bei einem Sondergipfel in Brüssel noch nicht auf alle Punkte der neuen Verfassung verständigen. Nach weiteren Verhandlungen stimmten erst beim Brüsseler Gipfeltreffen vom 18. Juni 2004 alle Staaten den Eckpunkten der geplanten neuen Verfassung zu. Danach

• wird die **Charta der Grundrechte** Bestandteil der Verfassung und eine europäische Staatsbürgerschaft geschaffen;

• wählen die Staats- und Regierungschefs der Mitgliedstaaten der EU jeweils für zweieinhalb Jahre einen **hauptamtlichen Rats-Präsidenten**, der die Arbeit des Europäischen Rats koordiniert, die EU nach außen repräsentiert und jährlich vier Gipfeltreffen vorbereitet;

• ernennt der Europäische Rat nach Zustimmung durch den Präsidenten der EU-Kommission einen **EU-Außenminister**. Dieser ist Vorsitzender des Ministerrats der Außenminister und zugleich Vizepräsident der EU-Kommission;

• werden die **Mitentscheidungsrechte des Europäischen Parlaments** vor allem auch beim → *Haushalt der EU* wesentlich erweitert. Es wählt auf Vorschlag der Staats- und Regierungschefs den Präsidenten der Kommission der EU und stimmt über die weiteren Kommissionsmitglieder ab.

Bei der Wahl zum Europäischen Parlament im Jahre 2009 wird die **Zahl der Abgeordneten** auf 750 begrenzt. Kleine Mitgliedstaaten erhalten mindestens 6 Abgeordnete, die Großen höchstens 96;

• stellt jeder Mitgliedstaat bis 2014 je einen Kommissar in der **Kommission der EU**. Danach ist die **Zahl der Kommissare** auf zwei Drittel der Anzahl der Mitgliedstaaten begrenzt, die nach dem Grundsatz der Gleichberechtigung im **Rotationsverfahren** ernannt werden;

• können mehr **Entscheidungen des Ministerrats** im **Mehrheitsverfahren** getroffen werden. Dabei gilt das Prinzip der **doppelten Mehrheit**: Hierbei müssen 55 Prozent der Länder, die gleichzeitig mindestens 65 Prozent der Bevölkerung in der EU repräsentieren, einer Entscheidung zustimmen. Mindestens vier Staaten können eine Entscheidung verhindern (**Sperrminorität**);

• wird die EU nach dem → *Subsidiaritätsprinzip* nur tätig, soweit die Mitgliedstaaten in der Verfassung der EU Aufgaben zuweisen und sofern diese am besten auf europäischer Ebene gelöst werden können;

• stellt der Ministerrat der EU auf Vorschlag der Kommission der EU ein übermäßiges Haushaltsdefizit (→ *Stabilitäts- und Wachstumspakt*) eines Landes fest. Die Einleitung eines **Defizit-Verfahrens** wird auf Empfehlung einer qualifizierten Mehrheit der Länder im Ministerrat getroffen, die mindestens drei Fünftel der EU-Bevölkerung repräsentieren müssen;

• sind die Regularien für einen **Austritt aus der EU** grundsätzlich festgelegt;

• gilt die blaue Fahne mit zwölf Sternen als **Europaflagge**, Beethovens „Ode an die Freude" als **Hymne der EU** und der 9. Mai als **Europatag**.

Die **Unterzeichnung der Verfassung der EU** erfolgte am 29. Oktober 2004 in Rom (→ *Römische Verträge*). Die Verfassung wird jedoch erst gültig und verbindlich, wenn sie von allen Mitgliedstaaten ratifiziert worden ist.

Nach den negativen Ergebnissen der Volksentscheidungen in Großbritannien und den Niederlanden beschlossen die 25 Sttaten der EU beim Gipfeltreffen in Luxemburg am 16. 6. 2005 eine Denkpause von einem Jahr einzulegen. Danach wird sich der Europäische Rat erneut mit der Frage der Verfassung befassen. Die Ratifizierungsverfahren in weiteren Staaten können jedoch bis dahin fortgeführt werden. Siehe **Abb. 3, Abb. 12** und **Abb. 13**.

http://europa.eu.int/index-de.htm
http://www.bib.uni-mannheim.de/bereiche/jura/db-kap9.html

▶ **Europäische Verfassung** → *Europäische Union (EU)*

▶ Europäische Wirtschafts- und Währungsunion (EWWU)

Bereits bei Gründung der → *EG (Europäische Gemeinschaft)* im Jahre 1957 hatten sich die sechs vertragschließenden Staaten verpflichtet, ihre → *Wirtschaftspolitik* abzustimmen und dabei bestimmte gemeinsame Ziele zu verfolgen. Die Folgezeit war jedoch gezeichnet von nach wie vor ausgeprägtem nationalstaatlichen Denken. Erst 1971 wurde ein neuer Anlauf genommen **(Werner-Plan)**, um in der EG bis 1980 eine **Europäische Wirtschafts- und Währungsunion** zu errichten. Geplant war eine enge Koordinierung wirtschaftspolitischer Entscheidungen, ein europäisches Notenbanksystem und eine gemeinsame europäische Währung.

1. Der Europäische Währungsverbund 1972–1979

1972 wurde mit dem Europäischen Währungsverbund (Währungsschlange) ein Instrument geschaffen, mit dem die angestrebten Ziele erreicht werden sollten. Bedingt durch die Ölkrise 1973, wirtschaftspolitische Schwierigkeiten einzelner Staaten der EU, unterschiedliche → *Inflation* usw. verließen jedoch nacheinander Großbritannien, Irland, Italien und Frankreich die Währungsschlange.

2. Vom Europäischen Währungssystem (EWS I) bis zum Vertrag von Maastricht 1979–1993

Das 1979 eingeführte Europäische Währungssystem (→ *EWS I/ EWS II (Europäisches Währungssystem)*) markierte den Beginn einer verbesserten wirtschafts- und währungspolitischen Zusammenarbeit. Allerdings waren auch hier Großbritannien (bis 1990) und die neuen Mitglieder Spanien (bis 1989), Portugal (bis 1990) und Griechenland nicht beteiligt.

Das Ziel einer echten Währungsgemeinschaft wurde im **Binnenmarkt-Programm der EG** von 1985 (→ *Weißbuch der EU* zur Vollendung des Europäischen Binnenmarktes) ausgeklammert. Erst bei der Sitzung des Europäischen Rats am 27./28. 6. 1988 in Hannover wurde die Frage einer **Europäischen Wirtschafts- und Währungsunion** erneut aufgegriffen. Eine Kommission erarbeitete bis zum Sommer 1989 eine Studie zur Errichtung einer Währungsunion **(Delors-Bericht)**, der einen Dreistufenplan vorsah:

● **1. Stufe:** Stärkere Koordinierung der Wirtschafts- und Währungspolitik der Mitgliedsländer; volle Teilnahme aller Mitgliedsländer am EWS und völlige Freiheit des Kapitalverkehrs;

● **2. Stufe:** Einrichtung eines Europäischen Zentralbanksystems; schrittweise Übertragung nationaler Befugnisse auf Gemeinschaftsebene; Verringerung der → *Bandbreite* der Wechselkurse.

● **3. Stufe:** Übergang zu festen Wechselkursen; Ablösung der nationalen Währungen durch eine Gemeinschaftswährung und Ende der nationalen Souveränität in der Währungspolitik.

Nach den Beschlüssen der Madrider Gipfelkonferenz trat die **erste Stufe** der Europäischen Wirtschafts- und Währungsunion zum 1.7. 1990 in Kraft. Die notwendige enge Koordinierung der Wirtschafts-, Finanz- und Währungspolitik erfolgte über den zuständigen Ministerrat für Wirtschafts- und Finanzfragen, durch die Kommission der EU und über den Ausschuss der Präsidenten der Zentralbanken **(Rat der Notenbank-Gouverneure)**. Außerdem wurde ein System der multilateralen Überwachung zahlreicher volkswirtschaftlicher Daten vereinbart. → *Jahreswirtschaftsbericht der EU*.

Am 15.12. 1990 wurde parallel zur Regierungskonferenz für eine Politische Union auch eine **Regierungskonferenz zur Verwirklichung der EWWU** gestartet mit dem Ziel, die zweite Stufe (ab 1.1. 1994) und dritte Stufe vorzubereiten entsprechend den Leitlinien des Europäischen Rats beim Sondergipfel in Rom 1990.

Die Ergebnisse der beiden Regierungskonferenzen fanden im **„Vertrag über die** → *Europäische Union (EU)*" von Maastricht im Dezember 1991 (Inkrafttreten 1.11. 1993) ihren erfolgreichen Abschluss. Es war nunmehr sichergestellt, dass die angestrebte Politische Union und die Europäische Wirtschafts- und Währungsunion eng miteinander verzahnt sind. Die Vorschläge des Delors-Berichts wurden konkretisiert:

Die Wirtschaftsunion:

Die Wirtschaftsunion ist das wichtige Gegenstück zur Währungsunion. Alle Mitgliedsstaaten sind auf gleiche Grundregeln verpflichtet:

- offene Märkte nach innen und außen mit freiem Wettbewerb,
- Sicherung der → *Preisstabilität*,
- soziale Absicherung der → *Arbeitnehmer*,
- eine stabilitätsorientierte → *Finanzpolitik* und Haushaltspolitik (→ *Haushalt der EU*) sowie
- eine vernünftige Arbeitsteilung zwischen EU, den Mitgliedsstaaten und ihren Regionen.
- Es gilt der Grundsatz der → *Subsidiarität*, d.h. die Mitgliedsstaaten behalten die Zuständigkeit für ihre Wirtschafts- und Finanzpolitik, koordinieren sie jedoch auf Gemeinschaftsebene auf der Grundlage gemeinsamer „Grundzüge".
- Mit einem besonderen abgestimmten Überwachungsverfahren wird die notwendige wirtschaftliche „Konvergenz" (= Annäherung) zwischen den Mitgliedsstaaten beobachtet, auch ggf. „Empfehlungen" an Mitgliedsstaaten gegeben, die von den vereinbarten Konvergenzbedingungen abweichen.

Die Währungsunion:

Für die Währungsunion wurde festgelegt, dass die Mitgliedsstaaten ihre → *Geldpolitik* und → *Währungspolitik* nach folgenden einheitlichen Kriterien durchführen:

- die unwiderrufliche Festlegung der Wechselkurse (→ *Wechselkurs*),
- die Einführung einer einheitlichen Währung und
- die Errichtung eines → *Europäisches System der Zentralbanken (ESZB)*.

3. Die Wirtschafts- und Währungsunion in der zweiten und dritten Stufe bis zur Ablösung der nationalen Währungen am 1. 1. 2002

Die **zweite Stufe** der WWU begann am 1. 1. 1994 und diente als Vorbereitungsstufe vor allem der Zielerreichung einer wirtschaftspolitischen Konvergenz bis zum Beginn der Endstufe. Hierzu mussten die Mitgliedsstaaten Programme aufstellen, mit denen die geforderte Konvergenz der Wirtschaftsentwicklung erreicht werden sollte.

Der 1990 gebildete **„Rat der Zentralbank-Präsidenten"** wurde

1994 durch ein „**Europäisches Währungsinstitut**" (**EWI**) mit Sitz in Frankfurt/M. ersetzt mit der Hauptaufgabe, die Endstufe der EWWU vorzubereiten. Daneben koordinierte es die Geldpolitik der Zentralbanken und hatte Überwachungsaufgaben in Bezug auf das Europäische Währungssystem und die Verwendung des **ECU** (→ *EWS I/EWS II (Europäisches Währungssystem)*). Die Zuständigkeit für die Geld- und Währungspolitik verblieb in der Vorbereitungsstufe noch bei den nationalen Zentralbanken.

Die Entscheidung über den unwiderruflichen Eintritt in die Endstufe (**dritte Stufe**) der Europäischen Wirtschafts- und Währungsunion sollte ursprünglich frühestens 1996 getroffen werden. Die Ende Juli 1993 nach heftigen Währungsturbulenzen vereinbarte befristete Erweiterung der Bandbreiten auf 15 % nach oben und unten um den festgesetzten Mittelwert bedeutete für die Realisierung der WWU einen gewaltigen Rückschritt, der das für spätestens 1998 beabsichtigte Inkrafttreten der dritten Stufe weiter hinausschob. Lediglich die Niederlande und Deutschland hatten für ihre gegenseitigen Verrechnungen an der vereinbarten Bandbreite von +/– 2,25 % festgehalten.

Die Beurteilung der Mitgliedsstaaten erfolgte anhand festgelegter **Konvergenzbedingungen** mit folgenden Kriterien (**Maastricht-Kriterien**):

• Die **Preissteigerungsrate** darf nicht mehr als 1,5 Prozentpunkte über dem Durchschnitt der Inflationsrate der drei preisstabilsten Länder liegen.

• Das **Haushaltsdefizit** (d.h. die Ausgaben sind höher als die Einnahmen) und damit die **Neuverschuldungsquote** (→ *Öffentliche Verschuldung*) darf in der Regel 3 % vom → *Bruttoinlandsprodukt* nicht überschreiten, die Staatsverschuldung (**Staatsschuldenquote**) soll nicht höher sein als 60 % des Bruttoinlandsprodukts.

• Die **Währung** des jeweiligen Mitgliedstaates muss sich mindestens 2 Jahre lang spannungsfrei innerhalb der vereinbarten → *Bandbreite* im Europäischen Währungssystems bewegt haben.

• Der **langfristige Zinssatz**, der den Durchschnitt der langfristigen Zinssätze der drei preisstabilsten Länder des Euroraums um nicht mehr als 2 Prozentpunkte übersteigt.

1995 beschloss der Europäische Rat in Madrid ein verbindliches **Eintrittszenario** des EWI und am 14./15. 12. 1996 wurde in Dublin der Starttermin für die **dritte Stufe** endgültig auf den 1. 1. 1999 festgelegt. Dort wurden auch zum ersten Mal die neuen europäischen Banknoten präsentiert.

Mit einer Entschließung vom 13. 12. 1997 in Luxemburg stellte der Europäische Rat noch einmal ausdrücklich klar, dass die Verantwortung für die Wirtschaftspolitik – mit Ausnahme der Vereinbarungen zum Stabilitäts- und Wachstumspakt – weiterhin bei den Mitgliedsstaaten verbleibt. Die Grundsätze der Wirtschaftspolitik werden dabei vom → *ECOFIN-Rat* beschlossen und koordiniert. → *Stabilitäts- und Wachstumspakt.*

Anfang Mai 1998 entschied der Europäische Rat nach Anhörung des Europäischen Parlaments über den Kreis der Teilnehmerstaaten für die dritte Stufe (Endstufe) der EWWU.

Zwar hatten nicht alle Staaten sämtliche Konvergenzbedingungen erfüllt, jedoch wurde der nach dem Maastricht-Vertrag mögliche Beurteilungsspielraum genutzt und positive Perspektiven für eine mittelfristige Zielerreichung des Kriterienkatalogs für alle Länder – mit Ausnahme Griechenlands (Beitritt zum 1. 1. 2001) – bejaht. Großbritannien, Schweden und Dänemark wollen allerdings erst später der EWWU beitreten und zunächst ihre eigene Währung behalten.

Für die anderen 12 Staaten der EU löste der **Euro** zum 1. 1. 1999 (Griechenland ab 1. 1. 2001) – zunächst nur als Buchgeld im Verrechnungsverkehr, ab dem 1. 1. 2002 auch als Bargeld durch Ausgabe von Euro-Scheinen und Euro-Münzen – die nationalen Währungen ab. Seit dem 1. 3. 2002 haben die nationalen Währungen ihre Gültigkeit verloren.

Auch die neuen Mitgliedstaaten, die am 1. Mai 2004 der Europäischen Union beigetreten sind, können den Euro einführen, sofern sie dies wünschen und die Maastricht-Kriterien erfüllen (vgl. hierzu → *Europäische Union (EU)* – Osterweiterung). Ob die Länder aber schleunigst den Euro einführen sollen, darüber gehen allerdings die Meinungen bei den alten Mitgliedstaaten auseinander.

http://europa.eu.int/index-de.htm;
http://www.bib.uni-mannheim.de/bereiche/jura/db-kap9.html

▶ **Europäische Zentralbank (EZB)** → *Europäisches System der Zentralbanken (ESZB)*

▶ **Europa-Kammer des Bundesrats** → *Europäische Union (EU)*

▶ **Europarat**

E. ist der Zusammenschluss von inzwischen 46 europäischen Staaten – darunter seit 1990 21 mittel- und osteuropäische Staaten – mit dem Ziel einer allgemeinen Zusammenarbeit in politischen, kulturellen, sozialen und wirtschaftlichen Fragen. Er wurde am 5. 5. 1949 mit Sitz in Straßburg gegründet und ist die älteste und umfassendste zwischenstaatliche Organisation Europas. Die USA, Kanada, Mexiko, Japan und der Vatikan haben Beobachterstatus.

Der Europarat ist keine → *Supranationale Organisation.* Seine bisher rd. 193 Konventionen (→ *Konvention*) sind für die Unterzeichnerstaaten verbindlich. Sie betreffen u. a. gemeinsame Normen auf den Gebieten der Menschen- und Bürgerrechte (**Europäische Menschenrechtskonvention**), des Straf- und Zivilrechts, der Bildung und Kultur, im → *Naturschutz* und zum Sozialrecht (z. B. die **Europäische Sozialcharta** vom 18. 10. 1961. Der Neufassung von 1996 hat die deutsche Bundesregierung bislang noch nicht zugestimmt). Organe des Europarates sind der **Ministerausschuss (Außenminister)** der 46 Mitgliedstaaten, die **parlamentarische Versammlung** – bestehend aus 313 Vertretern und 313 Stellvertretern der nationalen Parlamente der Mitgliedsstaaten – sowie der **Kongress der Gemeinden und Regionen** mit seiner **Kammer der Gemeinden** und **Kammer der Regionen**.

Entschließungen und Empfehlungen der parlamentarischen Versammlung richten sich an den Ministerausschuss, der sie an die nationalen Regierungen weiterleiten kann.

Der **Europäische Gerichtshof für Menschenrechte** in Straßburg überwacht die Einhaltung der Menschenrechte und Grundfreiheiten.

http://www.europarat.de/

▶ **Euroscheck** → *Eurocheque*

▶ **EUROSTAT**

Statistisches Amt der EU mit Sitz in Luxemburg. Es fasst die von den nationalen Statistischen Ämtern der EU-Mitgliedsstaaten (z. B. → *Statistisches Bundesamt*) gemeldeten Daten (z. B. für die → *Volkswirtschaftliche Gesamtrechnung (VGR)*) zusammen und führt eigene statistische Erhebungen und Veröffentlichungen durch.

http://europa.eu.int/comm/eurostat/

▶ **Euro-Vignette** → *Vignetten-Verfahren*

▶ **EU-Verordnung** → *Europäische Gesetzgebung*

▶ **Eventualhaushalt** → *Haushaltsplan*

▶ **Eventualverbindlichkeiten** → *Verbindlichkeiten*

▶ **EWG (Europäische Wirtschaftsgemeinschaft)** → *Europäische Union (EU)*

▶ **EWI** → *Europäisches Währungsinstitut (EWI)*

▶ **EWR (Europäischer Wirtschaftsraum)** → *EFTA*

▶ **EWS I/EWS II (Europäisches Währungssystem)**

Das Europäische Währungssystem (EWS) wurde am 13. 3. 1979 durch eine Entschließung im Europäischen Rat vom 5. 12. 1978 als System fester, jedoch anpassungsfähiger Wechselkurse (→ *Wechselkurs*) eingeführt.

Das Ziel war die Schaffung einer Zone mit stabilen Währungen innerhalb der → *EG (Europäische Gemeinschaft)* mit einem einheitlichen Währungsverbund. Es trat an die Stelle der seit 1972 praktizierten Europäischen Währungsschlange. 1989 ist Spanien, 1990 Großbritannien, 1992 Portugal, Anfang 1995 Österreich und Griechenland im März 1998 dem EWS beigetreten. Im September 1992 suspendierten Großbritannien und Italien (Wiederbeitritt im

November 1996) ihre Mitgliedschaft. Finnland und Schweden nahmen nicht teil.

Hauptelemente des EWS I waren:

- die Europäische Währungseinheit (ECU) als Recheneinheit,
- ein Wechselkurs- und Interventionsmechanismus und
- ein umfassendes finanzielles Beistandssystem mit Kreditmechanismen.

1. Die europäische Währungseinheit ECU

Zentraler Bestandteil des EWS I waren Leitkurse, die in der Währungseinheit **ECU (European Currency Unit)** – oder auch EWE (Europäische Währungseinheit) – ausgedrückt wurden. Bis zur Einführung einer einheitlichen Währung zu Beginn der EWWU (→ *Europäische Wirtschafts- und Währungsunion (EWWU)*) stellte die ECU eine Parallelwährung zu den nationalen Währungen dar. Sie war eine künstlich geschaffene Rechnungsgröße für die Festlegung der Wechselkurse zwischen den beteiligten Währungen. Für jeden Mitgliedsstaat war ein Leitkurs festgelegt, der mit Hilfe eines **Währungskorbes** bestimmt wurde, in dem jedes Land entsprechend seinem wirtschaftlichen Gewicht anteilmäßig beteiligt ist.

2. Der Wechselkurs- und Interventionsmechanismus

Die sich am Devisenmarkt bildenden täglichen Kurse jeder Währung konnten bis um 2,25 % nach oben oder unten abweichen. In Ausnahmefällen galt eine Bandbreite von +/– 6 %, die von Großbritannien und Spanien beansprucht wurde. Die Beneluxstaaten praktizieren eine feste Bindung an die DM. Nach heftigen Währungsturbulenzen – vor allem gegen den französischen und belgischen Franc – vereinbarten die Finanzminister der EU (→ *Europäische Union (EU)*) Anfang August 1993 eine Erweiterung der Bandbreiten auf +/– 15 %, was faktisch flexiblen Wechselkursen entspricht. Lediglich die Benelux-Staaten, Frankreich, Dänemark und Deutschland hielten die alte Schwankungsbreite von +/– 2,25 % für ihre gegenseitigen Verrechnungen bei.

Erreichte der Kurs einer Währung den äußeren Rand der vereinbarten Bandbreiten, die so genannten → *Interventionspunkte*, so musste jede → *Zentralbank* durch Verkäufe oder Aufkäufe der gefährdeten Währung oder anderer am EWS beteiligter Währungen tätig werden.

3. Das finanzielle Beistandssystem

Zur Finanzierung gewährten sich die am EWS I beteiligten Zentralbanken gegenseitig kurzfristige Kredite. Außerdem konnten Mitgliedsstaaten, die von Leistungs- und Kapitalbilanzschwierigkeiten (→ *Zahlungsbilanz*) betroffen oder ernstlich bedroht sind, → *Darlehen* gewährt werden.

Um zu gewährleisten, dass die in den Fonds der EU (→ *Strukturpolitik*) und im → *Haushalt der EU* etatisierten Beträge von Wechselkursänderungen unberührt blieben, erfolgten die Rechnungsansätze in ECU und nicht in nationalen Währungen. Außerdem diente die ECU als Verrechnungsgröße für Forderungen und Verbindlichkeiten sowie zum Saldenausgleich der Notenbanken der einzelnen Mitgliedsstaaten.

Das EWS I band nur die beteiligten Währungen. Im Verhältnis zu anderen Währungen gab es dagegen keine festen Kurse. Hier bildeten sich die Kurse frei nach Angebot und Nachfrage am Devisenmarkt, z. B. der Kurs der DM zum US-$.

4. Das EWS II

Mit Inkrafttreten der 3. Stufe der Europäischen Wirtschafts- und Währungsunion am 1. 1. 1999 wurde das EWS I für die teilnehmenden 11 Staaten durch die nun geltenden Regeln und der ECU durch den Euro ersetzt. → *Euro-Einführungsgesetze.*

Für die 4 noch nicht beigetretenen Staaten Großbritannien, Schweden und Dänemark sowie für das zunächst noch wartende Griechenland („Pre-Ins") wurde nach den Beschlüssen des Europäischen Rats am 13./14. 12. 1998 in Dublin mit dem EWS II ein Nachfolgesystem entwickelt. Es dient dem Ziel, allzu große Schwankungen der Währungen dieser Länder zum Euro zu verhindern.

Die nach dem Beitritt Griechenlands zum 1. 1. 2001 verbliebenen 3 Mitgliedsstaaten der EU sind in einem **„Erweiterten Rat der Europäischen Zentralbank"** vertreten und können im → *ECOFIN-*

Rat bei allen wirtschaftspolitischen Fragen mitwirken. Die Teilnahme am EWS II ist nicht obligatorisch, jedoch Bedingung für einen Beitritt zur EWWU.

Griechenland (bis 31. 12. 2000) und Dänemark nehmen seit dem 1. 1. 1999 am EWS II teil. Für den Interventionsmechanismus gelten für die dänische Krone eine Schwankungsbreite von 2,25 %, für die griechische Drachme galten 15 %.

Das EWS II gilt auch für die neuen Mitgliedstaaten, die am 1. Mai 2004 der Europäischen Union beigetreten sind. Diese können den Euro einführen, sofern sie die Maastricht-Kriterien erfüllen (vgl. hierzu → *Europäische Union (EU) – Osterweiterung*).

http://www.bib.uni-mannheim.de/bib/jura/db-kap9.shtml

▶ **EWWU** → *Europäische Wirtschafts- und Währungsunion (EWWU)*

▶ **Ex-ante-Analyse**

E. stammt aus der volkswirtschaftlichen Theorie. Mit Hilfe von Erwartungsgrößen wird hierbei versucht, zukünftige volkswirtschaftliche Abläufe vorauszuschätzen und zu erklären. → *Ex-post-Analyse*.

▶ **ExDiv** → *Börsenkurs*

▶ **Exercise price** → *Basispreis*

▶ **Existenzminimum**

Das für den Lebensunterhalt als notwendig betrachtete Mindesteinkommen. Nach einem Urteil des Bundesverfassungsgerichts vom 25. 11. 1992 muss der Steuerpflichtige von seinen Einkünften (→ *Einkünfte*) so viel behalten, wie er für den notwendigen Lebensunterhalt benötigt. Die Höhe hängt von den wirtschaftlichen Verhältnissen und dem in der Rechtsgemeinschaft anerkannten Mindestbedarf ab.

Für 2003 hat die Bundesregierung in ihrem „**Bericht über die Höhe des Existenzminimums von Kindern und Familien**" das

Existenzminimum für Alleinstehende bei 6948 Euro, für Verheiratete bei 11 640 Euro und für jedes Kind bei 3636 Euro festgelegt. Der steuerfreie → *Grundfreibetrag* liegt etwas höher. Das Existenzminimum darf den Mindestbedarf im Sozialhilferecht nicht unterschreiten.

http://www.bundestag.de/presse/hib/2002/2002_001/02.html

▶ **Exoten**

Bezeichnung für nicht im amtlichen Handel (→ *Amtlicher Handel*) zugelassene, meist hochspekulative → *Wertpapiere*, deren Emittenten einen Sitz in einem „Exotenland" (z. B. → *Steueroasen* in der Karibik oder Ostasien) haben.

▶ **Expansion** → *Konjunktur*

▶ **Exploration**

Erkundung vorhandener Möglichkeit und Vorarbeiten für Forschungsaufgaben.

▶ **Export** → *Ausfuhr*

▶ **Exporteur**

Bezeichnung für eine → *Firma* oder eine Person, die an das Ausland Waren verkauft bzw. → *Dienstleistungen* erbringt.

▶ **Exportkartell** → *Kartellgesetz*

▶ **Exportquote**

Verhältnis der → *Ausfuhr* zum → *Bruttoinlandsprodukt*.
In der → *Außenhandelspolitik* versteht man unter Exportquote das in einem Zeitraum für den Export freigegebene → *Kontingent* bestimmter Warenmengen.

▶ **Exportüberschuss** → *Ausfuhrüberschuss*

▶ **Ex-post-Analyse**

Beschreibung volkswirtschaftlicher Zusammenhänge aufgrund bekannter Daten der Vergangenheit. Die Ex-post-Analyse ist eine Rückschaurechnung, wie z. B. die → *Volkswirtschaftliche Gesamtrechnung (VGR)*. → *Ex-ante-Analyse*.

▶ **Externe Speicher**

Speicher, die als → *Peripheriegeräte* nicht zum → *Zentralspeicher* der → *Computer* zählen.

▶ **Extranet** → *Intranet*

▶ **Extrapolation**

Weiterführung bestehender statistischer Reihen mit Hilfe aus der Vergangenheit ermittelter Regelmäßigkeiten.

▶ **EZB** → *Europäisches System der Zentralbanken (ESZB)*

F

▶ **Facility** → *Fazilität*

▶ **Factoring**

Finanzierungssystem (→ *Finanzierung*), bei dem ein Factor (**Factoringgesellschaft**) die → *Forderungen* eines Unternehmens aus dem Verkauf von Waren oder → *Dienstleistungen* an gewerbliche Kunden ankauft und das Risiko für den Ausfall der Forderungen übernimmt. Das seine Forderungen verkaufende Unternehmen wird durch das Factoringsystem in die Lage versetzt, seinen Kunden Zahlungsziele ohne Kreditrisiko (→ *Kredit*) zu gewähren, um für die Kreditgewährung liquiditätsmäßig (→ *Liquidität*) nicht belastet zu sein. Die Factoringgesellschaft berechnet für ihre Leistungen → *Gebühren* und → *Zinsen* auf die geleisteten Vorschüsse.

Als weitere Dienstleistung übernimmt das → *Finanzunternehmen* mit seiner → *Datenverarbeitung* die gesamte Debitorenbuchhaltung (→ *Debitoren*) ihrer Kunden mit Übernahme des Mahnwesens, der Rechnungsausstellung und das → *Inkasso*.

http://www.factoring.de

▶ **Fair Presentation**

Bezeichnung für eine (eher eigentümerorientierte) Aufstellung des Jahresabschlusses (→ *Jahresabschluss*) nach den Regeln der → *IAS/IFRS* oder → *US-GAAP*.

▶ **Fair Value**

Preis für → *Optionsscheine*, der keine Gewinne durch → *Arbitrage* mehr zulässt.

▶ **Faktoreinkommen**

Einkommensarten (→ *Einkommen*), deren Bezieher als → *Produktionsfaktoren* am Zustandekommen des Nationaleinkommens (→ *Sozialprodukt* (*Nationaleinkommen*)) beteiligt sind, z. B. Löhne und Gehälter, → *Zinsen* und → *Gewinn*, → *Miete* und → *Pacht*. Gegensatz: → *Transfereinkommen*. → *Faktorkosten*.

▶ **Faktorkosten**

Aus dem → *Faktoreinkommen* abgeleiteter Bewertungsmaßstab für die Kosten der → *Produktionsfaktoren* Arbeit, Kapital und Disposition beim Zustandekommen des Nationaleinkommens (→ *Sozialprodukt* (*Nationaleinkommen*)). Bis 1999 galt in der deutschen VGR (→ *Volkswirtschaftliche Gesamtrechnung (VGR)*): Nettosozialprodukt zu Faktorkosten ist die Summe aller von Inländern bezogenen Erwerbs- und Vermögenseinkommen. Die Faktorkosten ergeben sich aus der Multiplikation von Faktoreinsatzmengen und Faktorpreis.

▶ **Fakturierung**

Erstellen und Aushändigung einer Rechnung für Leistungen oder Verkäufe.

▶ **Fakultativ**

Nach eigener Wahl, Entscheidung freigestellt.

▶ **Familienförderungsgesetz** → *Steuerreform*

▶ **Familiengesellschaft**

Bezeichnung für eine → *Kapitalgesellschaft* oder → *Personengesellschaft*, die im Besitz einer oder mehrerer Familien ist, deren Mitglieder nach der → *Abgabenordnung (AO)* (§ 15 AO) als Angehörige anzusehen sind. Durch die weitgehende Gestaltungsfreiheit der Besitzverhältnisse unter den Familienmitgliedern lassen sich steuerliche Vorteile erzielen.

Für **Familienaktiengesellschaften** mit weniger als 500 Beschäftigten gilt als → *Kleine Aktiengesellschaft* nicht die Drittelbeteiligung der → *Arbeitnehmer* im → *Aufsichtsrat* nach dem → *Drit-*

telbeteiligungsgesetz (DrittelbG). Außerdem gelten für die Aufstellung der → *Gewinn- und Verlustrechnung (GuV)* weniger strenge Vorschriften, sofern u. a. kein Handel der → *Aktien* an der → *Börse* erfolgt.

Ende 2002 existierten rd. 2650 Familiengesellschaften mit einem Umsatz von mehr als 50 Mio. Euro mit rd. 1,5 Mio. Arbeitsplätzen.

▶ **Familienkasse**

Verwaltungseinheit einer → *Agentur für Arbeit* zur Regelung der Gewährung und Auszahlung von → *Kindergeld.*

▶ **Familienlastenausgleich**

Direkte (→ *Transferzahlungen*) und **indirekte** staatliche Regelungen (Steuervergünstigungen, familienbezogene Tarifvergünstigungen z. B. im Verkehrsbereich, Kindergärten, Schulen) für Familien mit Kindern. → *Steuerreform.*

▶ **Familienzuschlag** → *Besoldung*

▶ **FAO (Food and Agricultural Organization)**

Ernährungs- und Landwirtschaftsorganisation der → *Vereinten Nationen (UN)* mit Sitz in Rom. Zu ihren Aufgaben zählen die Information sowie die Beratung ihrer Mitglieder über Ernährungs- und Landwirtschaftsfragen, die Gewährung technischer Hilfe und die Förderung gemeinsamer Aktionen der Mitgliedsstaaten (z. B. Bekämpfung von Hungersnöten).

▶ **FASB** *(Financial Accounting Standards Board)* → *US-GAAP*

▶ **Fax-Karte** → *Steckkarte*

▶ **Fazilität**

Einzelheiten eines Geschäftsabschlusses. **Kreditfazilität** sind die dem Kunden eines Kreditinstituts (→ *Kreditinstitute*) eingeräumten Kreditmöglichkeiten. Dies unabhängig von der tatsächlichen

Inanspruchnahme. → *Europäisches System der Zentralbanken (ESZB)*

▶ **Federal Reserve System**

Geld- und Kreditorganisation der USA. Gesetzliche Grundlage ist der **Federal Reserve Act** von 1913. Es gibt 12 **Federal Reserve Banks** (Bundesreservebanken), die die Aufgaben einer → *Zentralbank* erfüllen. Dem Federal Reserve System müssen alle Nationalbanken (Banken, die in den USA tätig sind) angehören. Lediglich die einzelstaatlichen Banken können freiwillig Mitglied sein.

Die Aufsicht über die Federal Reserve Banks wird von dem siebenköpfigen **Board of Governors of the Federal Reserve System** wahrgenommen. Er bestimmt die → *Währungspolitik* und die → *Geldpolitik* der USA.

http://www.federalreserve.gov

▶ **Fehlbelegungsabgabe**

(Ausgleichszahlung für Sozialwohnungen) Die F. dient dem Ziel, Personen, die früher eine Berechtigung zum Bezug von Wohnraum im sozialen Wohnungsbau (→ *Sozialer Wohnungsbau*) nachweisen konnten, später jedoch die Kriterien nicht mehr erfüllten, zu erfassen und mit einer Abgabe zu belegen. Die Fehlbelegungsabgabe wird seit 1982 von Mietern in Westdeutschland erhoben, die in öffentlich gefördertem Wohnraum wohnen und bestimmte Einkommensgrenzen um mehr als 20 % überschreiten. Ihre Höhe bestimmt sich aus der Differenz von Sozialmiete und marktüblicher Miete. Sie hat dadurch unterschiedliche Größenordnungen, die von dem jeweiligen Bundesland und den Kommunen festgesetzt werden. Mit dem **Wohnungsbauförderungsgesetz** vom 6.6. 1994 wurde die Einkommensgrenze für die Berechtigung zum Bezug von → *Sozialwohnungen* angehoben. Etwa 63 % der Mieter einer Sozialwohnung waren Ende 1994 Fehlbeleger.

▶ **Feiertagsarbeit** → *Sonn- und Feiertagsarbeit*

▶ **Feindliche Übernahme**

(Unfriendly Takeover) Bezeichnung eines Aufkaufs der Mehrheit einer → *Aktiengesellschaft (AG)* gegen den Willen im → *Vorstand*. Dabei macht das übernehmungsbereite Unternehmen den Aktionären des Unternehmens, das im Wege einer feindlichen Übernahme gekauft werden soll, ein Abfindungsangebot zu einem bestimmten → *Börsenkurs* pro Aktie oder ein Tauschangebot gegen → *Aktien* des übernahmewilligen Unternehmens. Gelingt die Erringung der Mehrheit, so muss anschließend die → *Hauptversammlung* über die Konsequenzen der Übernahme (z. B. Auflösung der Gesellschaft) beschließen. → *Takeover*.

▶ **Fenster, Fenstertechnik**

System zur Gestaltung der → *Benutzeroberfläche*. Hierbei wird der → *Bildschirm* in zweckbestimmte Bereiche (Fenster) aufgeteilt, die mit Hilfe der → *Maus* geöffnet werden können. Mit Hilfe der Fenstertechnik wird die Bearbeitung von Texten und Grafiken erleichtert.

▶ **Fernabsatzverträge**

Fernabsatzverträge sind Verträge über die Lieferung von Waren oder die Erbringung von → *Dienstleistungen*, die zwischen einem Unternehmen und einem → *Verbraucher* unter ausschließlicher Nutzung von Fernkommunikationsmitteln (Briefe, Kataloge, Telefonanrufe, Telekopien, per → *E-Mail* sowie Rundfunk, Tele- und Mediendienste) abgeschlossen werden (§ 312 b Abs. 1 und 2 BGB).

Dem Verbraucher steht ein Widerrufsrecht oder Rückgaberecht innerhalb von 2 Wochen zu (§ 312 d Abs. 1 und § 355 BGB). Der Unternehmer hat den Verbraucher über sein Widerrufsrecht vor Vertragsabschluss klar und verständlich zu informieren (§ 312 c BGB).

Die Vorschriften für Fernabsatzverträge gelten u. a. nicht für → *Fernunterricht*, Reise- und Hotelbuchungen.

Kein Widerrufsrecht besteht u. a. für Warenlieferungen, die nach spezieller Kundenspezifikation angefertigt werden, verderbliche

Güter, Datenträger, die bereits vom Kunden entsiegelt wurden, Geschäfte an der → *Börse* (z. B. Kauf von → *Aktien*) sowie für bestellte Zeitungen und Zeitschriften.

Für Verträge im Rahmen des elektronischen Geschäftsverkehrs über Tele- und Mediendienste (→ *E-Commerce*) gelten nach § 312e BGB ergänzende Bestimmungen.

▶ **Fernmeldemonopol**

Bezeichnung für die im früheren Fernmeldeanlagengesetz geregelten ausschließlichen Rechte der → *Bundespost*, Fernmeldeanlagen (Telegrafen-, Fernsprech- und Funkanlagen) zu errichten und zu betreiben. Mit der Postreform I und der Postreform II wurden Vorschriften aufgenommen, die im Einklang mit Richtlinien der EU (→ *Europäische Gesetzgebung*) auch private Lizenznehmer (→ *Lizenz*) schrittweise zum Betreiben von Fernmeldeanlagen zuließen. Das noch verbliebene **Telefondienstmonopol** der Deutschen Telekom AG ist zum 31. 12. 1997 ausgelaufen. → *Telekommunikation*.

▶ **Fernmeldenetze** → *Telekommunikationsnetze*

▶ **Fernunterricht** → *Ausbildungsordnungen*

▶ **Fertigungstiefe**

Bezeichnung für das Verhältnis von Eigenfertigung zu fremdbezogenen Waren und → *Dienstleistungen* (z. B. nach → *Outsourcing*). Die Fertigungstiefe hängt auch vom Umfang des Produktangebots ab und kann mit steigender → *Diversifizierung* tendenziell fallen.

▶ **Feste Kosten** → *Fixe Kosten*

▶ **Festgeld** → *Termineinlagen*

▶ **Festgeschäfte**

→ *Termingeschäfte*, die fest – und nicht mit der Möglichkeit eines Differenzausgleichs – erfüllt werden müssen. Dabei werden z. B. → *Aktien* an einem beliebigen Börsentag zum → *Ultimo* oder zur Monatsmitte gekauft oder verkauft mit dem Zwang, nur an diesen beiden Terminen das abgeschlossene Geschäft zu erfüllen.

▶ **Festplatte**

Fest in den → *Computer* eingebautes Speichermedium (→ *Speicher*) zur Aufnahme und Bereitstellung großer Datenmengen.

▶ **Festverzinsliche Wertpapiere**

(Rentenpapiere, Renten) → *Wertpapiere*, für die während der gesamten Laufzeit ein fester Zinssatz gezahlt wird. Beispiele: → *Staatsanleihen*, → *Industrieobligationen*, → *Pfandbriefe*. Anders: → *Dividendenpapiere* oder → *Floating Notes*.

▶ **Fibor**

(Frankfurt Interbank Offered Rate) Mit der **Fibor-Überleitungsverordnung** vom 10. 7. 1998 im Rahmen der → *Euro-Einführungsgesetze* ab dem 1. 1. 1999 durch den → *Euribor* ersetzter → *Referenzzinssatz*.

▶ **Fido-Netz (Fidonet)**

ist ein nicht kommerzielles → *Mailbox*-Netz, das organisatorisch weltweit in fünf Zonen mit Regionen und Netzen aufgeteilt ist. Die einzelnen Mailboxen können unter einer bestimmten Nummer **(Fido-Adresse)** angesteuert werden.

▶ **Fifo**

(First-in-first-out) Verfahren zur Bewertung des Vorratsvermögens in der → *Bilanz*. Hierbei wird unterstellt, dass die zuerst gekauften Waren auch zuerst verbraucht oder weiterveräußert werden. Die Anwendung dieser Bewertungsmethode ist bei sinkenden Preisen zweckmäßig, da sie die Erhaltung des Vermögens (Substanzerhaltung) eines Betriebes dann eher ermöglicht als bei einer Bewertung nach der → *Lifo-Methode*. Bei steigenden Preisen dagegen verstößt die Fifo-Methode gegen das im deutschen Bilanzrecht zwingend vorgeschriebene strenge → *Niederstwertprinzip*.

▶ **File** Bezeichnung für → *Datei*.

▶ **File Transfer Protocol** → *ftp*

▶ **Financial Futures** → *Futures*

▶ **Finanzamt**

Örtliche Behörde der → *Finanzverwaltung*. Sie ist zuständig für die Verwaltung der → *Steuern*.

▶ **Finanzanlagevermögen** → *Bilanz*

▶ **Finanzausgleich**

Politische Regelung der finanziellen Beziehungen zwischen den → *Gebietskörperschaften*. Bei der Verteilung der Steueraufkommen unterscheidet man den Ausgleich zwischen gleichgeordneten Gebietskörperschaften wie den Bundesländern **(horizontaler Finanzausgleich)** und dem Ausgleich zwischen über- und untergeordneten Gebietskörperschaften – also zwischen Bund und Ländern, Ländern und Gemeinden **(vertikaler Finanzausgleich)**.

Die Aufteilung des Steueraufkommens (→ *Steuerarten*) zwischen Bund, Ländern und Gemeinden ist davon abhängig, welche öffentlichen Aufgaben von den einzelnen Gebietskörperschaften wahrzunehmen sind. Rechtliche Grundlage für den Finanzausgleich sind das **Grundgesetz** (Art. 107) und das **Finanzausgleichsgesetz** i. d. F. vom 23. 6. 1993. Nach dem → *Einigungsvertrag* waren die neuen Bundesländer zunächst vom Finanzausgleich ausgeschlossen und wurden erst mit dem Föderalen Konsolidierungsprogramm im → *Solidarpakt* ab 1. 1. 1995 einbezogen.

Die **Verteilungsregelungen** zwischen gebenden und nehmenden Bundesländern hatten bei der Ermittlung der Finanzkraft nach Auffassung einiger Bundesländer (Bayern, Baden-Württemberg und Hessen) gegen die Verfassung verstoßen. Das Bundesverfassungsgericht hat im November 1999 nach einem Normenkontrollantrag (Überprüfung eines Gesetzes) dieser Bundesländer die Verfassungsmäßigkeit der geltenden Regelungen zwar bejaht, dem Gesetzgeber jedoch die Auflage erteilt, bis zum Jahr 2005 das geltende Finanzausgleichsverfahren neu zu gestalten und hierzu bis zum 1. 1. 2003 eine gesetzliche Regelung zu verabschieden. Dies erfolgte mit dem **Maßstäbegesetz** vom 9.9. 2001. Es enthält Vorschriften, die die → *Finanzverfassung* in den Bereichen der vertikalen und horizontalen Umsatzsteuerverteilung (→ *Umsatzsteuer*), des Länderfinanzausgleichs und der → *Bundesergänzungszuweisungen* konkretisieren. Es soll für die Zeit von 2005 bis 2019 gelten.

Außerdem wurde im **Solidarpaktfortführungsgesetz** vom 20. 12. 2001 festgelegt, dass die neuen Bundesländer und Berlin zum Abbau teilungsbedingter Sonderlasten bis 2019 weitere Sonderzahlungen im Rahmen des Solidarpakts II erhalten. → *Gemeinschaftsteuern*, → *Finanzreform*.

http://www.bundesfinanzministerium.de

▶ **Finanzbericht**

Dem jeweiligen Parlament auf Bundes- oder Landesebene oder der Gemeindevertretung vom Finanzminister oder Kämmerer bei der Beratung zum → *Haushaltsplan* schriftlich vorgelegter oder mündlich vorgetragener Bericht. Er umfasst Aussagen über die öffentlichen Einnahmen und Ausgaben und die unter Berücksichtigung der wirtschaftlichen Entwicklung hieraus abgeleitete → *Finanzplanung*. Im Deutschen Bundestag muss der Bericht jährlich in schriftlicher Form vorgelegt werden.

Außerdem hat die Bundesregierung nach dem **Stabilitäts- und Wachstumspakt** (→ *Europäische Wirtschafts- und Währungsunion (EWWU)*) jährlich einen Finanzbericht an die Kommission der EU (→ *Europäische Gemeinschaft (EG)*) zu übermitteln.

http://www.bundesfinanzministerium.de/

▶ Finanzbuchführung

(Geschäftsbuchführung) Liefert die Zahlen zur Erstellung der → *Bilanz* und der → *Gewinn- und Verlustrechnung (GuV)*. Im Gegensatz zur → *Betriebsbuchführung*, die der innerbetrieblichen Abrechnung dient, erfasst die Finanzbuchführung alle Geschäftsbeziehungen eines Unternehmens zu seinen Kunden und Lieferanten, zu seinen Schuldnern und Gläubigern sowie die hieraus folgenden Änderungen der Vermögens- und Kapitalverhältnisse. → *Zweikreissystem*, → *Buchführung*.

▶ Finanzdienstleistungen/ Finanzdienstleistungsgeschäfte

→ *Finanzdienstleistungsinstitute*

▶ Finanzdienstleistungsinstitute

Nach der Definition im → *Kreditwesengesetz (KWG)* Bezeichnung für Unternehmen, die gewerbsmäßig **Finanzdienstleistungen (Finanzdienstleistungsgeschäfte)** erbringen (§ 1 Abs. 1a KWG). Sie unterliegen der Aufsicht der → *Bundesanstalt für Finanzdienstleistungsaufsicht (BaFin)*. Finanzdienstleistungen sind

(1) Anlagenvermittlung durch → *Makler* nach § 34c GewO (→ *Gewerbeordnung*). Dies ist die Vermittlung von Geschäften über die Anschaffung und die Veräußerung von Finanzinstrumenten (→ *Finanzinstrumente*) oder deren Nachweis;

(2) Abschlussvermittlung durch Makler nach § 34c GewO. Dies ist die Anschaffung und die Veräußerung von Finanzinstrumenten im fremden Namen für fremde Rechnung;

(3) Finanzportfolioverwaltung durch → *Vermögensverwaltungsgesellschaften*. Dies ist die Verwaltung einzelner in Finanzinstrumenten angelegter → *Vermögen* für andere mit Entscheidungsspielraum;

(4) → *Eigenhändler*. Dies ist die Anschaffung und die Veräußerung von Finanzinstrumenten im Wege des Eigenhandels für andere;

(5) Drittstaateneinlagenvermittlung. Dies ist die Vermittlung von Einlagengeschäften (→ *Kreditinstitute*) mit Unternehmen mit Sitz außerhalb des EWR (→ *Europäischer Wirtschaftsraum (EWR)*);

(6) Finanztransfergeschäft. Dies ist die Besorgung von Zahlungsaufträgen, die nicht als → *Girogeschäft/ Giroverkehr* abgewickelt werden. Beispiel: Western Union Comp.;

(7) Sortengeschäft. Dies ist der Handel mit → *Sorten* durch Wechselstuben.

▶ **Finanzergebnis**

Resultat der **Gegenüberstellung** von **Erträgen** (→ *Ertrag*) aus → *Beteiligungen*, Wertpapieren und Ausleihungen im → *Finanzanlagevermögen* sowie → *Zinsen* und ähnlichen Erträgen mit den → *Aufwendungen* (→ *Aufwand*) für → *Abschreibungen* auf Finanzanlagen und → *Wertpapiere* des → *Umlaufvermögens* sowie für Zinsen und ähnliche Aufwendungen. Es bildet zusammen mit dem betrieblichen Ergebnis und dem außerordentlichen Ergebnis das **Unternehmensergebnis** vor Steuern.

Vor allem wegen der Abgrenzungsprobleme zu den Positionen des betrieblichen Ergebnisses und des außerordentlichen Ergebnisses ist der Begriff Finanzergebnis **nicht** Bestandteil des handelsrechtlichen Gliederungsschemas nach § 275 HGB für die → *Gewinn- und Verlustrechnung (GuV)*.

▶ **Finanzgericht** → *Finanzgerichtsbarkeit*

▶ **Finanzgerichtsbarkeit**

Nach der **Finanzgerichtsordnung (FGO)** i. d. F. vom 28. 1. 2001 zuständige Gerichtsbarkeit für Streitigkeiten im *öffentlichen Recht* (→ *Öffentliches Recht*) über → *Abgaben* sowie die Vollziehung von Verwaltungsakten (→ *Verwaltungsakt*) der Finanzbehörden des Bundes und der Länder (§ 33 FGO).

Klagen erfolgen vor den **Finanzgerichten** in erster Instanz bzw. beim **Bundesfinanzhof (BFH)** in letzter bzw. in Ausnahmefällen als einziger Instanz entsprechend den in den FGO geregelten Zuständigkeiten (§ 35 FGO bis § 39 FGO).

Klagearten sind insbesondere die **Anfechtungs- und Verpflich-**

tungsklage bzw. die **Feststellungsklage** (§ 40 FGO und § 41 FGO).
→ *Verwaltungsgericht.*

http://bundesrecht.juris.de/bundesrecht/fgo/

▶ **Finanzhilfen des Bundes**

Zahlungen aus dem → *Bundeshaushalt* (z. B. in Form von Zinszuschüssen) an die Bundesländer und → *Gemeinden* zur Finanzierung besonders bedeutsamer → *Investitionen,* zur Abwehr einer Störung des gesamtwirtschaftlichen Gleichgewichts, zum Ausgleich unterschiedlicher Wirtschaftskraft im Bundesgebiet oder zur Förderung des wirtschaftlichen Wachstums (→ *Wachstum*) (Art. 104 a GG). Sie sind im → *Subventionsbericht* der Bundesregierung aufgeführt. → *Finanzreform,* → *Solidarpakt.*

http://www.bundesfinanzministerium.de/

▶ **Finanzhoheit**

Das Recht zur selbständigen Regelung der eigenen → *Finanzverwaltung.*

▶ **Finanzholding**

→ *Finanzunternehmen,* deren → *Tochterunternehmen/Tochtergesellschaften* ausschließlich oder überwiegend → *Kreditinstitute,* → *Finanzinstitute* oder Finanzunternehmen sind. Außerdem müssen sie mindestens ein Einlagenkreditinstitut (→ *Einlagen*) oder ein → *Wertpapierhandelsunternehmen* zum Tochterunternehmen haben. Rechtsgrundlage sind die Vorschriften im → *Kreditwesengesetz (KWG)* (§ 1 Abs. 3 a KWG). → *Holdinggesellschaft.*

▶ **Finanzierung**

Maßnahmen zur Beschaffung von → *Eigenkapital* und → *Fremdkapital.* Dieses steht auf der Passivseite der → *Bilanz* und dient der Beschaffung von → *Vermögen,* das auf der Aktivseite der Bilanz ausgewiesen wird.

Mittelbeschaffung und **Mittelverwendung** stehen in einem engen Zusammenhang: Die Abstimmung zwischen Finanzierungsmög-

lichkeiten und geplanten → *Investitionen* erfolgt durch den **Finanzierungsplan** in der betrieblichen → *Finanzplanung* und über den
→ *Investitionsplan* und umgekehrt. Das rechtzeitige Bereitstellen
der jeweils benötigten Mittel erfolgt – soweit vorhanden – über das
→ *Cash Management.*

• Die verschiedenen **Finanzierungsarten** können u. a. unterschieden werden nach der

• **Herkunft der Finanzierung** in Außen- und Innenfinanzierung;

• **Eigentümerstellung** in Eigenfinanzierung (Summe der Mittel aus
Selbstfinanzierung und Beteiligungsfinanzierung) und Fremdfinanzierung;

• **Fristigkeit der zur Verfügung stehenden Finanzierungsmittel.**
Hierbei wird unterschieden in

– **langfristige Mittel** von außen (z. B. → *Anleihen,* → *Hypothek*
und → *Grundschuld,* → *Darlehen*) und von innen (z. B. aus
→ *Abschreibungen, Selbstfinanzierung,* → *Pensionsrückstellungen*, Vermögensumschichtungen) und

– **kurzfristige Mittel** von außen (z. B. → *Lieferantenkredite*, Kundenanzahlungen, → *Kontokorrentkredit*) und von innen (z. B.
aus der Unterbewertung von → *Rückstellungen*).

Die übliche Darstellung von **Finanzierungsarten** ist die einer
Unterscheidung in Außen- und Innenfinanzierung.

1. Außenfinanzierung

Sie ist eine Finanzierungsart, bei der die benötigten Mittel durch
Beteiligungskapital **(Beteiligungsfinanzierung)** oder durch Aufnahme von → *Fremdkapital* **(Fremdfinanzierung)** beschafft werden.

Zur **Beteiligungsfinanzierung** zählen alle Formen der Bereitstellung von Eigenkapital durch bisherige und neue Anteilsinhaber
(→ *Gesellschafter* und → *Aktionäre*). → *Kapitalbeteiligungsgesellschaften.*

Die hierdurch zufließenden Mittel dienen vorwiegend zur Finanzierung der Gründung eines Unternehmens, einer → *Kapitalerhöhung* (z. B. zur Finanzierung neuer Investitionen) bzw. einer
→ *Kapitalherabsetzung* (z. B. zum Ausgleich von Verlusten oder
beim Ausscheiden von Gesellschaftern), der → *Umwandlung*

(Verschmelzung, Spaltung, Rechtsformwechsel) oder als Hilfe bei einer → *Liquidation*.

Eine Beteiligungsfinanzierung erhöht das Eigenkapital und somit die Haftungsbasis für das Unternehmen.

Fremdfinanzierung (Kreditfinanzierung) ist die Beschaffung von Fremdkapital mit der Verpflichtung zur regelmäßigen Zinszahlung und zur Einhaltung der Rückzahlungstermine gegenüber dem Gläubiger. Im Gegensatz zur **Eigenfinanzierung** stehen fremde Mittel nur eine begrenzte Zeit zur Verfügung.

Bei der Fremdfinanzierung hat der Kapitalgeber – anders als bei der Beteiligungsfinanzierung) keinen unmittelbaren Einfluss auf die Geschäftsführung des Unternehmens. Auch ist der Fremdkapitalgeber in der Regel nicht am → *Gewinn* beteiligt. Kapitalgeber, wie z. B. die → *Banken*, nehmen jedoch i. d. R. über ihre Mandate im → *Aufsichtsrat* mittelbar Einfluss auf die Geschäftspolitik.

Vor einer Kreditfinanzierung prüfen die Banken oder andere Kreditgeber die → *Kreditwürdigkeit* (→ *Bonität*, → *Rating*) und die Kreditsicherheiten (→ *Garantie*, → *Bürgschaft*, Sachsicherheiten wie *Pfandrecht*, → *Eigentumsvorbehalt* und → *Sicherungsübereignung*).

Eine Fremdfinanzierung kann erfolgen durch

- **Kurzfristige Kredite** wie Handelskredite (z. B. → *Lieferantenkredite*, Kundenanzahlungen) oder kurzfristige Bankkredite (z. B. → *Kontokorrentkredit*, → *Wechselkredit*, → *Akkreditiv*).
- **Mittel- und langfristige Kredite** wie Bankkredite (z. B. als Investitionsdarlehen), öffentliche Kreditprogramme (z. B. Kredite der → *KfW Deutsche Kreditanstalt*) sowie → *Schuldverschreibungen* und → *Schuldscheindarlehen*.
- → *Leasing*
- → *Mezzanine-Finanzierung*.

2. Innenfinanzierung

Hier fließen dem Unternehmen liquide Mittel zu bzw. werden liquide Mittel freigesetzt, die als Überschuss aus dem Umsatzprozess stammen oder die im Zuge von Kapitalfreisetzungen eine Vermögensumschichtung ermöglichen.

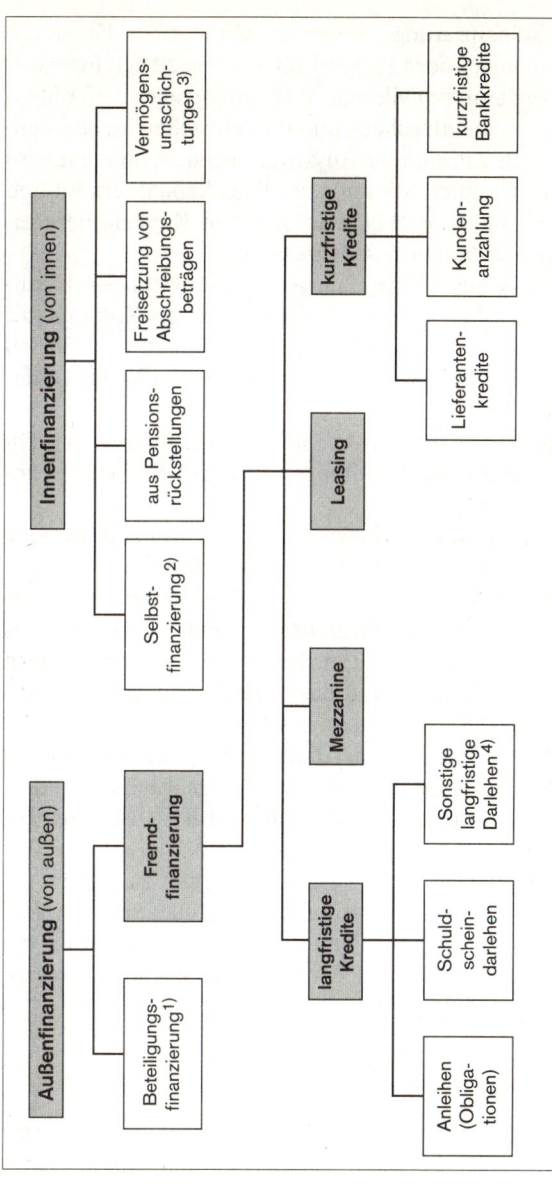

1) z. B. durch Ausgabe von Aktien, Aufnahme neuer Gesellschafter, Erhöhung von Gesellschaftsanteilen.
2) Beteiligungsfinanzierung und Selbstfinanzierung werden üblicherweise unter dem Oberbegriff Eigenfinanzierung zusammengefasst.
3) z. B. durch Factoring, Forfaitierung, Asset-Backed securities, Verkauf von Grundstücken und Gebäuden, Maschinen, Patenten, Lizenzen oder Wertpapieren.
4) Bankkredite, öffentliche Kreditprogramme, durch Hypotheken oder Grundschuld besicherte Kredite.

Abb. 14: Finanzierungsarten

Bei der **Selbstfinanzierung** werden Gewinne eines Unternehmens nicht entnommen oder ausgeschüttet. Es entstehen freie Mittel, die als Finanzierungsquelle zur Verfügung stehen. Hierdurch entfallen Kapitalbeschaffungskosten und es entstehen keine Liquiditätsabflüsse durch Zinsen und Ausschüttungen. Außerdem wird die Kreditwürdigkeit durch Stärkung des Eigenkapitals erhöht und eine zusätzliche Unabhängigkeit von externen Kapitalgebern erreicht. → *Schütt-aus-hol-zurück-Verfahren.*

Die **Finanzierung aus Abschreibungen** ist die wichtigste Finanzierungsart. Abschreibungen sind in den Preisen als Kostenfaktor (→ *Kalkulatorische Abschreibungen*) einkalkuliert und fließen deshalb über die Umsatzerlöse als → *Einzahlungen* in das Unternehmen zurück.

Bei der **Finanzierung aus** → *Rückstellungen* dienen noch nicht abgeflossene Mittel aus Verpflichtungen (z. B. für Betriebspensionen) als Finanzierungsquelle.

Vermögensumschichtungen bewirken durch **Kapitalfreisetzung** Einzahlungen außerhalb des Umsatzprozesses. Dies kann erfolgen durch den Verkauf nicht betriebsnotwendiger Vermögensgegenstände (z. B. nicht genutzter Grundstücke und Gebäude). Dies entspricht einem → *Aktivtausch* in der → *Bilanz.* Weitere Arten der Vermögensumschichtung sind das → *Factoring,* die → *Forfaitierung* oder → *Asset Backed Securities (ABS).*

Die Kombination verschiedener Finanzierungsarten ist abhängig von der speziellen Lage eines Unternehmens. Liquiditätserfordernisse und Ertragskraft (→ *Ertrag*) sind hierbei die entscheidenden Faktoren.

Bei den Überlegungen, welche Finanzierungsart zu wählen ist, spielen auch steuerliche Gesichtspunkte eine Rolle. So kann z. B. unter der Voraussetzung einer hohen Einkommensbesteuerung die Hereinnahme von Fremdkapital der Selbstfinanzierung vorgezogen werden. Siehe **Abb. 14.**

▶ **Finanzierungsgesellschaften**

Sie dienen dem Zweck der Kapitalbeschaffung für meist verbundene Unternehmen. Sie geben zur eigenen Kapitalbeschaffung

→ *Aktien* oder → *Obligationen* aus, mit deren Erlösen sie Aktien oder Obligationen anderer Unternehmen aufkaufen. In der Regel gewinnen die Finanzierungsgesellschaften einen erheblichen Einfluss auf die von ihnen finanzierten Unternehmen. → *Holdinggesellschaft.*

▶ **Finanzierungsschätze**

Finanzierungsinstrument des Bundes. Sie werden in abgezinster Form ausgegeben mit ein- oder zweijähriger Laufzeit. Sie können nicht vorzeitig zurückgegeben und nicht an der → *Börse* gehandelt werden. → *Kreditinstitute* sind vom Erwerb ausgeschlossen. → *Schatzanweisungen.*

http://www.bwpv.de

▶ **Finanzinnovationen**

Bezeichnung für neue Märkte (z.B. der frühere → *Neue Markt*), Geschäftsformen (z.B. → *Forfaitierung,* → *Swap,* → *Cap*) und Produkte (z.B.→ *Derivate*) oder neue Technikanwendungen (z.B. → *Cash Management,* → *Electronic Cash,* → *Internet Banking* usw.) im Finanzwesen.

▶ **Finanzinstrumente**

Begriff aus dem → *Kreditwesengesetz (KWG)* für → *Wertpapiere,* → *Geldmarktinstrumente,* Waren, Edelmetalle, → *Devisen* oder Rechnungseinheiten und → *Derivate* (§1 Abs.11 Satz1 KWG). → *Börsengeschäfte.*

▶ **Finanzkommissionsgeschäft** → *Kreditinstitute*

▶ **Finanzmakler**

Berufsbezeichnung für Vermittler für → *Kredite,* → *Beteiligungen* oder ganzen Unternehmen gegen → *Provision.*

▶ Finanzmanagement

(Treasuring) Wichtiger Teil des unternehmerischen Finanzbereichs. Zu den Aufgaben zählen – unter Einsatz der laufenden Informationen vom → *Cash Management* – alle Formen der Kapitalbeschaffung und der Kapitalanlage am → *Geldmarkt* und am → *Kapitalmarkt*, die Abwicklung von Hedge-Geschäften (→ *Hedging*) und Steuerangelegenheiten. Es bestehen enge Wechselbeziehungen zu den Bereichen des → *Controlling* und der Strategischen Unternehmensführung (→ *Strategische Unternehmensführung*).

Ziel des Finanzmanagements und seiner Steuerungsinstrumente ist die Optimierung von → *Liquidität* und → *Rentabilität* eines Unternehmens und die Vorbereitung und finanzwirtschaftliche Bewertung anstehender Investitionsentscheidungen (→ *Investitionen*). → *Balanced Scorecard*.

▶ Finanzmarkt

Zusammengefasste Bezeichnung für den → *Markt* für kurzfristige (→ *Geldmarkt*) und langfristige (→ *Kapitalmarkt*) Mittel.

Organisierte Finanzmärkte sind die Börsen (→ *Börse*). Der nicht organisierte Finanzmarkt wird außerbörslich u. a. über den → *OTC-Markt* oder an einem → *Offshore-Finanzplatz* abgewickelt. → *Finanzmarktreform*.

▶ Finanzmarktreform

Bezeichnung für alle Bestrebungen, bestehende gesetzliche Vorschriften und sonstige Regelungen zu modernisieren, den Bedingungen des Wettbewerbs (→ *Standortdiskussion*) anzupassen und mit den Richtlinien der EU (→ *Europäische Gesetzgebung*) abzustimmen. Hierzu wurden bisher u. a. vier Finanzmarktförderungsgesetze jeweils als → *Artikelgesetz* erlassen.

Das **1. Finanzmarktförderungsgesetz** von 1990 beseitigte u. a. die Börsenumsatzsteuer und die Wechselsteuer und eröffnete → *Kapitalanlagegesellschaften* neue Möglichkeiten.

Das **2. Finanzmarktförderungsgesetz** von 1994 brachte eine Neuregelung für Geschäfte der → *Insider* und für die → *Börsen-*

aufsicht. Außerdem müssen börsennotierte → *Kapitalgesellschaften* seitdem Beteiligungsänderungen anzeigen. Der Mindestnennwert von → *Aktien* wurde von 50 auf 5 DM herabgesetzt und die gesetzliche Möglichkeit für eine Warenterminbörse (→ *Termingeschäfte*) geschaffen.

Mit dem zum 1. 4. 1998 in Kraft getretenen **3. Finanzmarktförderungsgesetz** wurden alle den → *Finanzmarkt* betreffenden Maßnahmen des „Aktionsprogramms für mehr Investitionen und Arbeitsplätze" umgesetzt. Ziel des 3. Finanzmarktförderungsgesetzes war es, die rechtlichen Rahmenbedingungen des Finanzplatzes Deutschland zu verbessern und die Bereitstellung von Kapital zur Finanzierung arbeitsplatzschaffender → *Investitionen* zu erleichtern.

Das Schwergewicht des Artikelgesetzes mit seinen mehr als 100 Einzelmaßnahmen betrifft den Bereich der → *Börse* und → *Wertpapiere*, des Recht der → *Investmentfonds* und der → *Unternehmensbeteiligungsgesellschaften*. So wurden u. a. für kleine und mittlere nicht an der → *Börse* zugelassene Unternehmen zusätzliche Möglichkeiten vorgesehen zur Kapitalbeschaffung u. a. auch durch Erleichterungen für den Börsenzugang (→ *Neuer Markt*). Auch für börsennotierte Unternehmen wurden Erleichterungen geschaffen, wie z. B. durch Verkürzung der Haftungsfristen bei fehlerhaften Prospekten für die Börsenzulassung und durch Zulassung der → *Stückaktien*. Die Verjährungsfrist für fehlerhafte Beratung und Information bei der Wertpapieranlage wurde von 30 auf 3 Jahre verkürzt, ein Bundesaufsichtsamt für den Wertpapierhandel (heute → *Bundesanstalt für Finanzdienstleistungsaufsicht (BaFin)*) geschaffen und die Selbstverwaltung der Börsen gegenüber der Börsenaufsicht gestärkt.

Mit dem **4. Finanzmarktförderungsgesetz (Gesetz zur weiteren Fortentwicklung des Finanzplatzes Deutschland)** vom 21. 6. 2002 wird das Ziel verfolgt, klare Regeln für den Wertpapierhandel und für Kapitalanlagen in einem veränderten Umfeld zu schaffen. Dabei wird die Aufsicht über die Finanzmärkte verbessert und Verstöße nicht nur strafrechtlich, sondern auch mit Bußgeldern geahndet. Die Überwachung – mit Ausnahme der außerbörslichen Handelssysteme – obliegt nach dem **Gesetz zur Neuordnung der Fi-**

nanzmarktaufsicht nicht den Ländern, sondern dem Bundesaufsichtsamt für Finanzdienstleistungsaufsicht. Für → *Termingeschäfte* wurden neue, unmissverständliche Regeln erlassen.

Über Änderungen des Börsengesetzes sind den Börsen größere Freiräume bei der Ausgestaltung des Handels gestattet. Außerdem wurde der gesamte börsliche Handel im Sinne der **Wertpapierdienstleistungs-Richtlinie** der EU (→ *Europäische Gesetzgebung*, → *Wertpapierdienstleistungen*) angepasst. Hiernach können u. a. an europäischen Börsen zugelassene Aktien auch an deutschen Börsen am geregelten Markt (→ *Freiverkehr*) gehandelt werden. Die amtliche Kursfeststellung durch → *Kursmakler* ist entfallen.

Nach den schlechten Erfahrungen am Neuen Markt, z. B. durch Gewinnmitnahmen über gefälschte Bilanzen bei Verkäufen von Aktienpaketen durch die Alteigentümer (z. B. bei *EMTV* im Jahr 2000), sollen Aktienverkäufe von Vorstands- und Aufsichtsratsmitgliedern transparenter sein. So wird u. a. diese Gruppe von Eigentümern verpflichtet, ihre Aktien für eine bestimmte Zeit nach dem Börsengang zu halten **(Lock-up-Vereinbarung)** und einem Sperrdepot (→ *Depot*) zuzuführen.

Geschäfte von Unternehmensinsidern (→ *Insider*) in Wertpapieren der eigenen Gesellschaft **(Directors' Dealings)** sind unverzüglich zu veröffentlichen. Ergänzend hierzu wurde eine Anspruchsgrundlage geschaffen für Schadensersatzansprüche von Anlegern bei verspäteten, unterlassenen oder unrichtigen Veröffentlichungen kursbeeinflussender Tatsachen. Außerdem sind Finanzanalysten (→ *Analyst*) verpflichtet, bestimmte Grundregeln der Analyse (z. B. Verständlichkeit, Sorgfalt usw.) einzuhalten sowie ihre wirtschaftlichen Interessen in dem analysierten Wertpapier offen zu legen. → *Compliance*.

Geändert wurde auch das Gesetz über → *Kapitalanlagegesellschaften*, indem u. a. einige nicht mehr notwendige Anlagebeschränkungen aufgehoben und z. B. durch großzügigere Vorschriften für → *Offene Immobilienfonds* über die Zulassung von Immobilienerwerb außerhalb des EWR (→ *Europäischer Währungsraum (EWR)*) und zum Erwerb von Wohneigentum ersetzt werden.

Außerdem wurden durch Änderungen im → *Kreditwesengesetz (KWG)* die Grundsätze für eine wirksame Bankenaufsicht des **Ba-**

seler Ausschusses für Bankenaufsicht (→ *Basel I/II*) eingeführt und Vorschriften zum → *Geldwäschegesetz* verschärft. → *Corporate Governance.*

Die Richtlinie der EU über elektronische Bankgeschäfte (E-Geld-Richtlinie) wurde vollständig in deutsches Recht umgesetzt. → *Corporate Governance.*

http://www.bundesfinanzministerium.de/
http://www.bib.uni-mannheim.de/bib/jura/db-kap9.shtml

▶ **Finanzplanung**

Orientierungsrahmen im Haushaltsplan (→ *Öffentliche Haushalte*) der → *Gebietskörperschaften* zur Wahrung des längerfristigen finanzwirtschaftlichen Gleichgewichtes. Dabei werden voraussichtliche → *Einnahmen* und Ausgaben gegenübergestellt und der Finanzbedarf zur → *Finanzierung* laufender Ausgaben und notwendiger → *Investitionen* ermittelt. Nach dem → *Stabilitätsgesetz* (§ 9 StWG) ist die Bundesregierung verpflichtet, für einen fünfjährigen Zeitraum eine → *Mittelfristige Finanzplanung (Mifrifi)* aufzustellen, in der die Ausgaben und ihre voraussichtliche Deckung gegenübergestellt werden.

Innerhalb der **betrieblichen Planungsrechnung** der **Unternehmen** dient die Finanzplanung als Teil der Unternehmensplanung (→ *Investitionsplanung,* → *Personalplanung,* Produktions- und Absatzplanung) dem Ermitteln des Finanzbedarfs und dem Sicherstellen der laufenden → *Liquidität* und → *Rentabilität.* Der Finanzplan wird vom → *Finanzmanagement* erstellt → *Strategische Unternehmensführung.*

http://www.bundesfinanzministerium.de/

▶ **Finanzplanungsrat**

Mit der → *Finanzreform* von 1969 geschaffenes politisches Beratungsgremium zur Koordinierung der → *Finanzplanung* von Bund, Ländern und → *Gemeinden.* Er tagt zweimal jährlich. Mitglieder sind der Bundesfinanz- und der Bundeswirtschaftsminister, alle Länderfinanzminister, Vertreter der Gemeinden sowie Vertreter der → *Bundesbank*. Zu seinen Aufgaben gehört die Ermittlung einheitlicher volks- und finanzwirtschaftlicher Annahmen, auf deren Grundlage die Haushaltspläne (→ *Haushaltsplan*) aufgestellt und die → *Mittelfristige Finanzplanung (Mifrifi)* unter Beachtung des gesamtwirtschaftlichen Gleichgewichts fortgeschrieben werden sollen. Außerdem obliegt ihm die Kontrolle des Haushaltsvollzugs sowie die Festlegung von Schwerpunkten für die öffentliche Aufgabenerfüllung. Rechtsgrundlage ist das → *Haushaltsgrundsätzegesetz* (§ 51 Abs. 1 HGrG). → *Konjunkturrat* für die öffentliche Hand.

http://www.bundesfinanzministerium.de/

▶ **Finanzpolitik**

Gesamtheit staatlicher Maßnahmen zur Gestaltung der öffentlichen Finanzwirtschaft. Sie richtet sich nach den jeweiligen politischen Zielsetzungen und der geltenden → *Finanzverfassung*. Die **öffentlichen Einnahmen** sind Ergebnis der erhobenen → *Abgaben* sowie von Maßnahmen zur Beschaffung von Einnahmen, z. B. über die Ausgabe von → *Anleihen* (→ *Öffentliche Verschuldung*). Die **öffentlichen Ausgaben** spiegeln die Schwerpunkte politischer Ziele. → *Haushaltsplan*.

Mit ihren Ausgaben und → *Einnahmen* können Bund, Länder und → *Gemeinden* die → *Wirtschaftspolitik* unterstützen, so z. B. durch Veränderung der Steuersätze (→ *Steuern*), der Abschreibungsmöglichkeiten (→ *Abschreibungen*) oder durch Vergabe und Finanzierung öffentlicher → *Investitionen* zur Verbesserung der → *Infrastruktur* usw.

Darüber hinaus besteht auch ein enger Zusammenhang zwischen der Finanzpolitik und der → *Sozialpolitik*. Enge Verbindungen und Abhängigkeiten bestehen im Rahmen der EWWU (→ *Europäische Wirtschafts- und Währungsunion (EWWU)*).

http://www.bundesfinanzministerium.de/

▶ **Finanzportfolioverwaltung** → *Finanzdienstleistungsinstitute*

▶ **Finanzreform**

Bezeichnung für alle Bestrebungen, die vom Grundgesetz geregelte → *Finanzverfassung* den politischen, wirtschaftlichen und sozialen Zielen anzupassen. Als Grundsätze gelten:

• Aufgabenzuweisung und Verantwortlichkeiten zwischen Bund und Ländern müssen klar abgegrenzt sein.

• Möglichst optimale Zusammenarbeit bei den in das Grundgesetz eingefügten **Gemeinschaftsaufgaben** von Bund und Ländern (Art. 91 a GG und Art. 91 b GG): Ausbau und Neubau von wissenschaftlichen Hochschulen und Hochschulkliniken, Verbesserung der regionalen Wirtschaftsstruktur (→ *Regionalpolitik*), Verbesserung der Agrarstruktur (→ *Agrarpolitik*) und des Küstenschutzes, Zusammenwirken bei der Bildungsplanung sowie der Förderung von Einrichtungen und Vorhaben der wissenschaftlichen Forschung von überregionaler Bedeutung.

• Aufteilung des Steueraufkommens zwischen Bund und Ländern in der Weise, dass eine jeweils gerechte Aufteilung des Mittelbedarfs der einzelnen Aufgabenträger möglich ist. → *Gemeinschaftsteuern*, → *Einigungsvertrag*.

• Durch den → *Finanzausgleich* soll die Einheitlichkeit der Lebensverhältnisse gewährleistet werden.

• Steuergesetzgebung und Steuerverwaltung sind den Bedürfnissen der jeweiligen wirtschaftlichen und technischen Entwicklung anzupassen.

• Alle → *Gemeinden* müssen die Möglichkeit erhalten, ihre Aufgaben auf der Grundlage einer gesicherten Finanzausstattung zu erfüllen **(Gemeindefinanzreform)**.

Die letzte große Finanzreform war 1969 und wurde zusammen mit dem **Haushaltsreformgesetz** und dem **Gesetz über die Erweiterung der Gesetzgebungskompetenz des Bundes** verabschiedet. Mit dem **Maßstäbegesetz** vom 9. 9. 2001 wurde einer erfolgreichen Klage von drei gebenden Bundesländern vor dem Bundesverfassungsgericht gegen die Regelungen des Finanzausgleichs entsprochen. Neue Belastungen der Länder u. a. im Rahmen der → *Hartz-Gesetze* zeigten erneuten Regelungsbedarf zur Verteilung von Aufgaben zwischen Bund und Ländern und deren Finanzierung, den eine **Kommission zur Reform der Gemeindefinanzen** bis Mai 2003 sowie die sog. **Föderalismus-Kommission** bis Ende 2004 durch Vorschläge u. a. zur Änderung des Grundgesetzes lösen sollte.

Bund und Länder konnten sich in der Föderalismus-Kommission vor allem in der Frage der neuen Aufgabenverteilung im Bereich Bildung bisher nicht einigen. Auch Vorschläge zur Reform der Gemeindefinanzen, u. a. den Ersatz der → *Gewerbesteuer* durch eine neue **Gemeindewirtschaftsteuer**, waren Anfang 2005 politisch noch nicht konsensfähig. Umgesetzt wurde dagegen der Vorschlag einer Zusammenlegung von Arbeitslosen- und Sozialhilfe (→ *Arbeitslosengeld II*). → *Solidarpakt.*

▶ **Finanztermingeschäfte** → *Futures*

▶ **Finanztransfergeschäfte** → *Finanzdienstleistungsinstitute*

▶ **Finanzunternehmen**

Im Zuge der bankenrechtlichen → *Harmonisierung in der EU* zum 1. 1. 1993 neu eingeführte Bezeichnung für **Institute mit spezialisierten Geschäften**. Sie sind nach den Vorschriften im → *Kreditwesengesetz (KWG)* (§ 1 Abs. 3 KWG) keine → *Kreditinstitute* oder → *Finanzdienstleistungsinstitute* und betreiben folgende Geschäfte:

(1) Erwerb von Beteiligungen (→ *Kapitalbeteiligungsgesellschaften*),

(2) entgeltlicher Erwerb von Geldforderungen (→ *Factoringgesellschaften*),

(3) Abschluss von Leasingverträgen (→ *Leasinggesellschaften*),

(4) Handel mit Finanzinstrumenten (→ *Finanzinstrumente*) für eigene Rechnung,

(5) Beratung anderer bei der Anlage von Finanzinstrumenten (**Anlageberatung**),

(6) Beratung von Unternehmen über die Kapitalstruktur, die industrielle Stategie und die damit verbundenen Fragen sowie die

Beratung und Dienstleistungsangebote bei der Übernahme von Unternehmen (→ *Unternehmensberatungsgesellschaften*),

(7) Vermitteln von Darlehen zwischen Kreditinstituten (**Geldmaklergeschäfte**).

Finanzunternehmen unterliegen nur teilweise der Aufsicht durch die → *Bundesanstalt für Finanzdienstleistungsaufsicht (BaFin).*

▶ **Finanzverfassung**

Bezeichnung für sämtliche finanzrechtlichen Rahmenbestimmungen einer Volkswirtschaft. Dies bezieht sich vor allem auf die Einführung, Erhebung und Verwaltung von → *Steuern* und deren Aufteilung zwischen Bund, Ländern und → *Gemeinden* sowie auf die Beziehungen zum → *Haushalt der EU.* Die Rahmenbestimmungen ergeben sich aus dem **Grundgesetz**, insbesondere aus den Artikeln 70 GG bis 91 b GG sowie 104 a GG bis 115 GG. → *Einigungsvertrag,* → *Solidarpakt.*

▶ **Finanzverwaltung**

Behörden von Bund, Ländern und → *Gemeinden*, die den Einzug, die Verwaltung und die Ausgabe öffentlicher Gelder vornehmen. Rechtsgrundlagen sind das **Grundgesetz** (Art. 104 a GG bis Art. 115 GG) und das **Finanzverwaltungsgesetz (FVG)** i. d. F. vom 30. 8. 1971 mit spät. Änderungen.

● **Oberste Behörde** der Finanzverwaltung des Bundes ist der Bundesfinanzminister bzw. bei den Ländern der Landesfinanzminister bzw. zuständige Senator in Berlin, Bremen und Hamburg.

● Nachgeordnet sind **Oberbehörde**n (z. B. Bundesschuldenverwaltung, Bundesmonopolverwaltung (→ *Branntweinmonopol*), das Bundesamt für Finanzen, das Zollkriminalamt und das Bundesamt zur Regelung offener Vermögensfragen. **Mittelbehörden** sind die Oberfinanzdirektionen.

● Nachgeordnet sind **örtliche Behörden** wie Hauptzoll- und Zollämter (→ *Zölle*), Bundesforstämter und Bundesvermögensämter im Zuständigkeitsbereich des Bundes sowie die Finanzämter (→ *Finanzamt*) im Zuständigkeitbereich der Länder.

http://www.rechtliches.de/info_FVG.html

▶ Finanzwechsel

→ *Wechsel*, der ausschließlich der Geldbeschaffung dient. Ihm liegt im Gegensatz zum Warenwechsel kein Warengeschäft zugrunde.

▶ Finanzwissenschaft

Teil der → *Wirtschaftswissenschaften*, der sich mit dem Finanzgebaren des Staates befasst. Eine besondere Rolle spielen innerhalb der Finanzwissenschaft die öffentlichen Einnahmen und Ausgaben sowie die → *Finanzverfassung* und → *Finanzverwaltung*. → *Haushaltsplan*.

Die Finanzwissenschaft lässt sich unterteilen in die **Finanztheorie**, die **Finanzsoziologie** (bezieht die politischen Gegebenheiten in die Untersuchungen mit ein) und die → *Finanzpolitik*.

▶ Finanzzuweisungen des Bundes

Ausgleichszahlungen des Bundes an die Bundesländer zum Ausgleich kurzfristiger Mehrbelastungen, die durch Bundesgesetze in Form von Mehrausgaben oder Einnahmeausfällen entstehen (Art. 106 IV GG). → *Solidarpakt*.

▶ Firewall

Datentechnische Schutzeinrichtung eines firmeneigenen EDV-Netzwerkes (→ *Intranet*) vor unbefugten Zugriffen aus dem → *Internet*, aber auch als Sperre gegen unbefugten Zugang durch Beschäftigte eines Unternehmens.

▶ Firma

Name der → *Kaufleute*, unter dem Geschäfte betrieben und Unterschriften abgegeben werden. Sie können unter dem Namen der Firma klagen und verklagt werden. Rechtsgrundlage sind die Vorschriften im → *Handelsgesetzbuch (HGB)* (§ 17 HGB bis § 37 a HGB). → *Einzelfirma, Einzelkaufleute*.

▶ **Firmenmantel**

Bezeichnung für die gesamten Anteilsrechte an einer → *Kapitalgesellschaft*. Wird der Firmenmantel bei ruhenden Aktivitäten der Gesellschaft aufrechterhalten und nicht im → *Handelsregister* gelöscht, so kann er veräußert werden bzw. die Gesellschaft kann jederzeit wieder aufleben. So entfallen die Gründungskosten (z. B. Notar- und Gerichtskosten) und mit dem Gründungsvorgang verbundene Wartezeiten.

▶ **Firmentarifvertrag**

(auch Haustarifvertrag) Nach dem Tarifvertragsgesetz mögliche Form des Abschlusses eines Tarifvertrages (→ *Tarifvertrag*) mit nur einem → *Arbeitgeber*.

▶ **Firmenwert**

(Geschäftswert, Goodwill) Der immaterielle Wert (→ *Immaterielle Wirtschaftsgüter*) für ein Unternehmen in seiner Ganzheit. Er wird betragsmäßig berechnet als Differenz zwischen dem → *Ertragswert* und dem Substanzwert (→ *Reproduktionswert*) eines Unternehmens. Die in der Regel positive Differenz erklärt sich aus dem eingeführten Firmennamen, dem eingearbeiteten Beschäftigtenstamm, der vorhandenen Markteinführung der Produkte usw. Dieser selbst geschaffene Firmenwert heißt **originärer F**. Interessanter ist der **derivative F**. Er lässt sich betragsmäßig genau errechnen aus der Differenz zwischen dem Reproduktionswert und dem Kaufpreis eines Unternehmens. Da er tatsächlich bezahlt wurde, kann er auch in der → *Bilanz* angesetzt und abgeschrieben werden. Für die → *Steuerbilanz* besteht → *Aktivierungspflicht*.

▶ **First-Level-Support** → *Backoffice*

▶ **FIS** → *Führungsinformationssystem (FIS)*

▶ **Fiscal Policy**

Englische Bezeichnung für → *Fiskalpolitik*.

▶ Fiskalpolitik

Oberbegriff für alle Maßnahmen des Staates, seine Einnahmen und Ausgaben im → *Haushaltsplan* zu gestalten. Dies geschieht durch Erhebung von → *Abgaben* und Aufnahme von Krediten (→ *Kredite*) für die Einnahmenseite. Die Ausgabenseite wird auf die Einnahmenseite kurz-, lang- und mittelfristig abgestellt. → *Öffentliche Verschuldung.*

Da die Fiskalpolitik im Dienste der staatlichen → *Wirtschaftspolitik* steht, sind die Entwicklung von → *Konjunktur* und → *Wirtschaftswachstum*, die Verhältnisse am → *Arbeitsmarkt* sowie die politischen Ziele der jeweiligen Bundes- und Landesregierungen wichtige Rahmenbedingungen für die Fiskalpolitik. Die staatliche Verantwortung für das wirtschaftspolitische Ziel → *Vollbeschäftigung* kann unter Umständen kurzfristige Ausgaben erfordern, die über die Einnahmen hinausgehen (→ *Deficit Spending*). → *Stabilitäts- und Wachstumspakt.*

▶ Fiskus

Ältere Bezeichnung für den Staat in seiner wirtschaftlichen (nicht hoheitlichen) Tätigkeit.

▶ Fixe Kosten

Begriff aus der → *Betriebswirtschaftslehre (BWL)* für den Teil der Gesamtkosten, dessen Höhe unabhängig von Veränderungen des Beschäftigungsgrades – also der Produktionsmenge – bleibt (z. B. die Mieten für Verwaltungsgebäude, → *Zinsen*, → *Abschreibungen*, Lohn- und Gehaltskosten usw.). → *Kosten.*

▶ Fixgeschäft

Bezeichnung für vertragliche Vereinbarungen, eine bestimmte Leistung zu einem bestimmten Zeitpunkt oder einer bestimmten Frist zu erbringen. → *Leerverkauf.*

▶ **Fixum**

Vom Arbeitserfolg unabhängiger Teil des Entgelts, das z. B. ein → *Handelsvertreter* oder → *Reisender* neben der → *Provision* bezieht.

▶ **Flächennutzungsplan** → *Bauleitplanung*

▶ **Flächentarifvertrag** → *Tarifvertrag*

▶ **Flash**

Bezeichnung für einen Werbespot der → *Online-Dienste*.

▶ **Flat Rate**

F. ist ein fester monatlicher Einheitspreis für die Nutzung des → *Internet* unabhängig von der zeitlichen Verweildauer im Netz. Dagegen berechnen die Telefonfirmen im Tarif **Internet by Call** nur die zeittaktbestimmten Nutzungsgebühren für die Telefonleitung in cent pro Minute.

Daneben gibt es auch Mischsysteme, die bei einer bestimmten Tarifstufe eine Mindestnutzungsdauer (z. B. 25 Stunden) unterstellen.

▶ **Flexible Altersgrenze** → *Rentenreform*

▶ **Flexible Arbeitszeit** → *Arbeitszeitflexibilisierung*

▶ **Flexibler Wechselkurs** → *Wechselkurs*

▶ **Flip-Flop-Floater** → *Floating Rate Note*

▶ **Floater** → *Floating Rate Note*

▶ **Floating**

Begriff aus dem Bereich der → *Währungspolitik*. Er bedeutet das freie Pendeln der Wechselkurse auch über oder unter die vorgeschriebene → *Bandbreite* hinaus. Floating ist die moderne Bezeichnung für flexible Wechselkurse (→ *Wechselkurs*).

Wenn mehrere Länder untereinander feste Wechselkurse beibehalten, gegenüber → *Drittländer* jedoch den Wechselkurs beweglich lassen, spricht man von **Block-Floating**. Dies wird praktiziert von den im Europäischen Währungssystem *(→ EWS I/EWS II (Europäisches Währungssystem))* zusammengeschlossenen Ländern gegenüber nicht der Euro-Zone angehörenden Ländern. → *Bretton-Woods-Abkommen*.

▶ **Floating Rate Note**

(Floater) Variabel verzinsliche → *Anleihen* von Großbanken (→ *Kreditinstitute*) oder Staaten, bei der während der gesamten Laufzeit in regelmäßigen Abständen (i. d. R. alle 3 oder 6 Monate) eine Zinsanpassung erfolgt. Die Zinsen richten sich nach dem am jeweiligen Zinsfestsetzungstermin geltenden → *Referenzzinssatz*, der mit Abschlägen oder Zuschlägen berechnet werden kann.

Floater mit vereinbarter Zinsuntergrenze heißen → *Floor*, mit vereinbarter Zinsobergrenze → *Cap*. Besteht ein vorher vereinbartes Umtauschrecht in einen anderen Floater mit kürzerer Laufzeit, der später wieder – jeweils mit vereinbarten Tauschprämien – zurückgetauscht werden kann, so handelt es sich um einen **Flip-Flop-Floater**. Daneben gibt es noch zahlreiche weitere Spielarten auf den Floater.

▶ **Floor** → *Cap*

▶ **Flop**

Bezeichnung für Produkte oder Dienstleistungen, die im → *Markt* erfolglos waren.

▶ **Floppy** → *Diskette*

▶ **Fluktuation**

Durch Kündigung, Ruhestand, Tod, Heirat, Neueinstellung oder Entlassung bedingter Wechsel im Arbeitsleben. Für die Perso-

nalpolitik eines Unternehmens ist die **Fluktuationsquote** von Bedeutung. Sie wird berechnet durch Division der Zahl der Arbeitnehmer, die ihren Arbeitsplatz wechseln, durch die Gesamtzahl
der z. B. in einem Unternehmen beschäftigten Arbeitnehmer, jeweils bezogen auf einen bestimmten Zeitraum.

▶ **Flurbereinigung**

Zusammenlegung landwirtschaftlicher Grundstücke mit dem
Ziel einer Beseitigung der Flurzersplitterung und einer rationelle-
ren und leichteren Bewirtschaftung. Rechtsgrundlagen bilden das
Flurbereinigungsgesetz i. d. F. vom 16. 3. 1976 sowie die Ausfüh-
rungsgesetze der Länder. → *Bodenrechtsreform.*

http://bundesrecht.juris.de

▶ **Flüssige Mittel**

(Liquide Mittel) Vermögenswerte, die schnell in Geld verwan-
delt werden können. Hierzu gehören: Kassenbestände, Bank- und
Postgiroguthaben, → *Wechsel,* → *Scheck* und börsengängige
→ *Wertpapiere.* → *Bilanz.*

▶ **fob**

(free on board = frei an Bord) Im Welthandelsverkehr neben
→ *cif* die bedeutendste Handelsklausel. Hiernach hat der Verkäufer u. a. die Ware an Bord des vom Käufer angegebenen Seeschiffes
auf eigene Gefahr zu dem vereinbarten Zeitpunkt und im vereinbarten Verschiffungshafen zu liefern und hierüber den Käufer unverzüglich zu informieren.

▶ **Föderales Konsolidierungsprogramm** → *Solidarpakt*

▶ **Fonds**

Geld- oder Vermögensbestand für bestimmte Zwecke. Im Besonderen Bezeichnung für Sondervermögen der → *Kapitalanlagegesellschaften.*

405

▶ **Fonds Deutsche Einheit**

→ *Sondervermögen* mit einem Volumen von zunächst 115 Mrd.DM, auf das sich Bund und Länder im Mai 1990 verständigten. Es hatte eine Laufzeit vom 1. 7. 1990 bis 31. 12. 1994 und diente den fünf neuen Bundesländern sowie dem Land Berlin zur Deckung des allgemeinen Finanzbedarfs.

Nach der Neuordnung zum → *Finanzausgleich* seit 1.1. 1995 hat der Fonds nur noch die Aufgabe, die bis dahin aufgelaufene Gesamtverschuldung durch Zins- und Tilgungsleistungen zu bedienen. Dafür erhält er vom Bund Zuschüsse in Höhe von 10 % der insgesamt aufgenommenen Kredite, an denen sich die alten Länder beteiligen müssen. Im Jahr 2013 soll die Tilgung abgeschlossen sein. → *Erblast*.

http://www.bundesregierung.de

▶ **Fördergebietsgesetz** → *Investitionszulagen*

▶ **Forderungen**

Ansprüche auf eine bestimmte Leistung, die in den Unternehmensbilanzen (→ *Bilanz*) als → *Aktiva* ausgewiesen werden und entsprechend den Vorschriften im → *Handelsgesetzbuch (HGB)* (§ 266 Abs. 2 B II.HGB) zu gliedern sind.

Gelieferte Waren oder erbrachte Dienste verursachen Forderungen aufgrund von Warenlieferungen und Leistungen gegenüber dem Kunden. Für diesen sind sie → *Verbindlichkeiten* aus Lieferungen und Leistungen (→ *Lieferantenkredite*).

→ *Spareinlagen* und → *Sichteinlagen* sind Forderungen der Anleger an die → *Kreditinstitute*, die solche Forderungen ihrer Kunden deshalb auf der Passivseite zu bilanzieren haben.

→ *Kapitalgesellschaften* haben den Betrag der Forderungen mit einer Restlaufzeit von mehr als einem Jahr bei jedem gesondert ausgewiesenen Posten zu vermerken (§ 268 Abs. 4 HGB).

▶ **Forderungsabtretung** → *Zession*

▶ **Forfaitierung**

(à forfait = in Bausch und Bogen) Bezeichnung für den Verkauf einzelner mittel- und langfristiger Exportforderungen an eine Factoring-Gesellschaft (→ *Factoring*) oder einen **Forfaiteur**. Diese tragen dann allein das Ausfallrisiko. Sie haben i. d. R. kein Rückgriffrecht auf den Exporteur, wenn der Importeur nicht zahlt. → *Finanzierung*.

▶ **Formatieren**

Vor Beginn einer Arbeit am → *PC* erforderliche Voraussetzung für die Lesbarkeit von elektronischen Speichermedien (→ *Diskette*, → *Festplatte*).

In der **Textverarbeitung** ist formatieren eine Bezeichnung für die äußerliche Textgestaltung (Schriftart, Schriftbreite, Anordnung u. Ä.).

▶ **Formkaufmann** → *Kaufleute*

▶ **Fortlaufende Notierung** → *Börsenkurs*

▶ **Fortschreibung**

Fortlaufende Anpassung von Plandaten, Aufstellungen oder Statistiken aufgrund erwarteter oder bereits eingetretener Veränderungen (z. B. → *Mittelfristige Finanzplanung* oder der Bevölkerungsstatistik).

▶ **Franchising**

Aus den USA stammende Kooperationsform zwischen juristisch und wirtschaftlich selbständigen Unternehmen bezogen auf den Absatzbereich. Der Franchise-Geber verleiht dabei das Recht, unter seinem Namen Dienste oder Waren zu vertreiben. Er übernimmt für die Franchise-Nehmer eine Reihe wichtiger Aufgaben wie → *Marketing*, die Beschaffungs- und Absatzorganisation, die Gestellung der Ladeneinrichtung, Schulungen und die Betreuung der EDV (→ *Elektronische Datenverarbeitung (EDV)*).

Der Franchise-Nehmer profitiert vom Image und von der Werbung eines bekannten Namens, wofür er eine einmalige Einstiegsgebühr und/oder eine laufende Umsatzbeteiligung zahlt. Dieses Vertriebssystem ist üblich bei Gaststätten (z. B. *McDonald's*), Hotels (z. B. *Best Western*), Baumärkten (z. B. *Profi*-Baumärkte), in der Limonadenindustrie (z. B. *Coca-Cola*) usw.

▶ **Franko**

(frei) Dieser Vermerk zeigt an, dass die Transportkosten bereits vom Absender bezahlt wurden.

▶ **Frauenarbeitsschutz**

Besondere Bestimmungen im → *Arbeitsschutz*, die im Arbeitszeitgesetz (→ *Arbeitszeit*) neben dem → *Mutterschutz* für Frauen vorgesehen sind. So gilt ein absolutes Verbot der Frauenarbeit im Bergbau. Das Verbot von Nachtarbeit für Frauen wurde durch ein Urteil des Bundesverfassungsgerichts 1992 aufgehoben und dem Recht in der ehemaligen DDR angeglichen. Weitergehende Bestimmungen zum Frauenarbeitsschutz, die in der Arbeitszeitordnung noch enthalten waren, sind mit dem neuen Arbeitszeitgesetz ab 1994 entfallen.

▶ **Free Cashflow** → *Kapitalflussrechnung*

▶ **Free Float**

Der nicht in festem Besitz befindliche Teil frei handelbarer → *Aktien*.

▶ **Freibetrag**

Begriff aus dem → *Steuerrecht* für Beträge, die steuerfrei bleiben. Anders: → *Freigrenze*.

Freibeträge gibt es bei der → *Einkommensteuer* (z. B. → *Grundfreibetrag*, → *Sparerfreibetrag*, → *Kinderfreibetrag*, → *Versorgungsfreibetrag*), bei der → *Körperschaftsteuer*, bei der → *Gewerbesteuer* und bei der → *Erbschaftsteuer*.

Ein Freibetrag kann nach dem Einkommensteuergesetz (EStG) auf der → *Lohnsteuerkarte* eingetragen werden, wenn die in § 39 a EStG genannten Voraussetzungen erfüllt sind. Errechnen sich – unter Abzug der bereits in der Lohnsteuertabelle berücksichtigten → *Pauschbeträge* – so ist der Eintrag eines Freibetrags auf der Lohnsteuerkarte möglich. Erforderlich ist die Beantragung beim zuständigen → *Finanzamt* auf einem amtlichen Vordruck **(Antrag für Lohnsteuerermäßigung)** bis zum 30. November eines Kalenderjahres. → *Steuerreform.*

▶ **Freie Aktien** → *Zusatzaktien*

▶ **Freie Berufe**

Bezeichnung für Angehörige von Berufsgruppen mit selbständiger Tätigkeit (→ *Selbständige*). Nach einer Definition des Bundesverbandes der Freien Berufe (BFB) erbringen Freiberufler „aufgrund besonderer beruflicher Qualifikation persönlich, eigenverantwortlich und fachlich unabhängig geistig-ideelle Leistungen im Interesse ihrer Auftraggeber und der Allgemeinheit". Hierzu zählen Ärzte, Apotheker, Architekten, Ingenieurbüros, Rechtsanwälte, → *Steuerberater* und → *Wirtschaftsprüfer* sowie die Gruppe der Artisten, Dolmetscher, Schriftsteller, Journalisten, Musiker und bildenden Künstler. → *Partnerschaftsgesellschaft.*

Die rd. 761 000 Angehörigen der freien Berufe unter den 4,2 Millionen Selbständigen im Jahr 2003 zählen nicht zu den Gewerbetreibenden (→ *Gewerbe/Gewerbebetrieb*) und sind auch keine → *Arbeitnehmer*, da sie selbständig gegen Honorar arbeiten. Ihre → *Einkünfte* unterliegen der → *Umsatzsteuer* und → *Einkommensteuer*, nicht jedoch der → *Gewerbesteuer.* → *Selbständige Arbeit.*
http://www.freie-berufe.de/

▶ **Freie Marktwirtschaft** → *Marktwirtschaft*

▶ **Freier Makler**

(auch Privatmakler) Er handelt im Auftrag von Kunden oder für eigene Rechnung an der → *Börse.*

▶ **Freigrenze**

Bezeichnung aus dem Steuer- und Zollrecht (→ *Steuern*, → *Zölle*). Bis zur Höhe eines Grenzbetrages besteht keine Zoll- bzw. Steuerpflicht. Erst bei Überschreiten dieses Grenzbetrages wird der Gesamtbetrag zoll- bzw. steuerpflichtig. Anders: → *Freibetrag*.

▶ **Freihafen**

Seehäfen, die vom nationalen Zollgebiet (→ *Zölle*) ausgeschlossen sind und dem Umschlag und der Lagerung von Waren im → *Außenhandel* sowie dem Schiffsbau dienen. In einem Freihafen dürfen Waren ohne zollrechtliche Beschränkungen gehandelt, gelagert, ein-, aus- und umgeladen werden, Schiffe dürfen gebaut, umgebaut, ausgebessert und abgewrackt werden.

▶ **Freihandel**

Im Idealfall des Freihandels sollte sich der → *Außenhandel* völlig frei von staatlichen Eingriffen und Beschränkungen entwickeln können. In der politischen Wirklichkeit ist Freihandel (d. h. ohne → *Diskriminierung* wie → *Zölle* oder Einschränkungen im Umgang mit → *Devisen*) seit dem 1. 1. 1993 nur in der EU (→ *Europäische Union (EU)*) im Rahmen des Europäischen Binnenmarktes (→ *Europäischer Binnenmarkt*) verwirklicht. Die → *WTO (World Trade Organization)*, die → *OECD* und der → *Internationale Währungsfonds (IWF)* verfolgen das langfristige Ziel einer schrittweisen Annäherung an das Ideal des Freihandels. → *Freihandelszone*.

▶ **Freihandelszone**

Kooperation zwischen souveränen Mitgliedsstaaten mit dem Ziel, den gegenseitigen → *Außenhandel* nicht durch → *Zoll* oder Kontingentierung (→ *Kontingent*) zu beschränken. Im Unterschied zur → *Zollunion* hat jedoch jedes Mitglied einer Freihandelszone gegenüber dritten Ländern das Recht zur autonomen Handelspolitik, d. h. es fehlt der gemeinsame Außenzolltarif. Beispiele für Freihandelszonen sind die Länder der → *EFTA*, → *NAFTA*, → *CEFTA*, → *ASEAN*, → *Anden-Pakt* und → *MERCOSUR*.

▶ **Freihändige Vergabe** → *Ausschreibung*

▶ **Freihändiger Verkauf** → *Platzierung*

▶ **Freistellungsauftrag** → *Zinsabschlagsteuer/Zinssteuer*

▶ **Freiverkehr**

Börsenmarkt für die nicht zum amtlichen Handel an der → *Börse* (→ *Amtlicher Markt*) zugelassenen → *Wertpapiere* sowie für andere Finanzinstrumente wie z. B. → *Futures* und → *Optionen* (→ *OTC-Markt*).

Beim **geregelten Markt** (bis Ende April 1987: geregelter Freiverkehr) sind die Kriterien für die → *Börsenzulassung* weniger streng als im amtlichen Markt. Er dient vor allem kleineren und mittleren Unternehmen als Möglichkeit der Kapitalbeschaffung am → *Kapitalmarkt*. Die Zulassung zum geregelten Markt wurde mit dem 4. Finanzmarktförderungsgesetz (→ *Finanzmarktreform*) erleichtert.

Der **ungeregelte Freiverkehr** wird telefonisch und außerbörslich meist zwischen → *Banken* abgewickelt **(Telefonverkehr)**.

▶ **Freizügigkeit in der EU**

→ *Arbeitnehmer* haben als Staatsangehörige eines Mitgliedstaates der EU *(→ Europäische Union (EU))* das Recht, in jedem anderen Mitgliedstaat ohne jede Beschränkung aufgrund ihrer Staatsangehörigkeit unter gleichen Bedingungen wie heimische Arbeitnehmer tätig zu sein. Die Freizügigkeit von Personen ist inzwischen weitgehend realisiert, nachdem das Recht auf Lohnerwerb, die Gleichheit der Arbeitsbedingungen, die Anerkennung der Diplome und Fähigkeitsnachweise und die soziale Sicherung der Arbeitnehmer auf gleiche Grundlagen gestellt wurden.

Für die Freizügigkeit für → *Selbständige* gilt die **Freiheit des Niederlassungsrechts**. Hiernach haben alle Staatsangehörigen innerhalb der EU das Recht, sich als Selbständige in → *Industrie*, Landwirtschaft und für → *Freie Berufe* ohne Diskriminierung niederzulassen. Dies gilt entsprechend auch für → *Juristische Personen*. → *Gesetzgebung in der EU*.

▶ **Fremdfinanzierung** → *Finanzierung*

▶ **Fremdkapital**

Befristet zur Verfügung stehende fremde finanzielle Mittel (→ *Finanzierung*).

In der → *Bilanz* eines Unternehmens stellt es zusammen mit dem → *Eigenkapital* das Gesamtkapital auf der → *Passivseite* dar und dient der Finanzierung im → *Anlagevermögen* und → *Umlaufvermögen*. Nach den Vorschriften im → *Handelsgesetzbuch (HGB)* (§ 266 Abs. 3 HGB) ist es in → *Rückstellungen*, → *Verbindlichkeiten* und (passive) → *Rechnungsabgrenzungsposten (RAP)* gegliedert.

Die Zurechnung zu den Positionen Eigenkapital oder Fremdkapital ist in der kaufmännischen Praxis nicht immer eindeutig. Beispiel: → *Wandelschuldverschreibungen*. Auch die Rückstellungen können Eigenkapitalteile enthalten (→ *Stille Reserven*).

▶ **Fremdkapitalquote** → *Verschuldungsgrad*

▶ **Fremdwährungsmärkte** → *Euromärkte*

▶ **Friedenspflicht**

Verpflichtung bei beiden → *Tarifparteien* zur Einhaltung des Arbeitsfriedens. Sie untersagt jegliche Kampfhandlung (→ *Streik*, → *Aussperrung*) während der Laufzeit für einen → *Tarifvertrag*, bzw. falls eine Schlichtungsvereinbarung (→ *Schlichtung*) getroffen wurde, bis zum Scheitern des Schlichtungsverfahrens.

▶ **Friktionelle Arbeitslosigkeit** → *Arbeitslosigkeit*

▶ **Frontoffice** → *Backoffice*

▶ **Frühschicht** → *Schichtarbeit*

▶ **Frühwarnsysteme**

Planungs- und Controllinginstrumente (→ *Controlling*), die zum Ziel haben, schwerwiegende Risiken und Probleme unternehmerischer Tätigkeit mit Hilfe bestimmter Indikatoren so rechtzeitig zu erkennen, dass Maßnahmen zur Risikominderung und ein wirksames Gegensteuern (z. B. in der → *Personalplanung*) noch möglich sind. → *Risiko-Management-Systeme.*

▶ **ftp**

(file transfer protocol) Das ist ein für das → *Internet* entwickeltes → *Protokoll*, das dem Benutzer den Zugriff auf eine → *Datei* (**files**) verschiedener → *Computer* sowie deren Übertragung ermöglicht. Allerdings ist hierfür oft ein Loginname (Name des Nutzers) und ein → *Passwort* notwendig. Hilfestellung zum Auffinden bestimmter Dateien (z. B. von Bibliotheken oder Universitäten) liefern spezielle → *Suchhilfen.*

▶ **Führungsgrundsätze**

Werden von der obersten Führungsebene in großen Unternehmen unter Mitwirkung von → *Aufsichtsrat* und → *Gesamtbetriebsrat* und/oder ggf. auch der → *Gesellschafterversammlung* herausgegeben. Danach sind die → *Führungskräfte* auf das Vertreten einer einheitlichen → *Unternehmensphilosophie* sowohl nach innen gegenüber den unterstellten Personen als auch nach außen gegenüber der Öffentlichkeit verpflichtet. Die Einhaltung der Führungsgrundsätze dient neben dem Erreichungsgrad der betriebswirtschaftlichen → *Zielvereinbarungen* – orientiert an bestimmten Erfolgsmaßstäben, die im → *Arbeitsvertrag* vereinbart sind – als ein Maßstab für die interne Beurteilung und Bezahlung von Führungskräften. → *Erfolgsbeteiligung.*

▶ **Führungshierarchie**

Bezeichnung für die → *Hierarchie* der → *Führungskräfte.*

▶ **Führungsinformationssystem (FIS)**

(auch Managementinformationssystem [MIS]) Ein auf der Basis der → *Elektronischen Datenverarbeitung* erstelltes Instrument der Unternehmensführung. Hierdurch wird das → *Management* u. a. über die aktuelle Entwicklung der Zahlen zum → *Umsatz* und → *Absatz,* der → *Kosten* und Erträge (→ *Ertrag*), über wichtige Daten aus dem → *Finanzmanagement*, über die Entwicklung in Tochtergesellschaften (→ *Tochterunternehmen/Tochtergesellschaft*) und → *Beteiligungen* in monatlichen oder vierteljährlichen Abständen unterrichtet. Das Führungsinformationssystem ist eine wichtige Grundlage für strategische Unternehmensentscheidungen (→ *Strategische Unternehmensführung*). Es wird i. d. R. von den zuständigen Abteilungen des → *Controlling* erstellt. → *Balanced Scorecard.*

▶ **Führungskräfte**

Bezeichnung für Personen, die in ihrem Verantwortungsbereich Weisungsbefugnisse haben. Nach Hierarchieebenen (→ *Hierarchie*) wird in Großunternehmen unterschieden in Führungskräfte der ersten Ebene (→ *Vorstand,* → *Geschäftsführer,* Direktor), der zweiten Ebene (Geschäftsbereichsleiter, Hauptabteilungsleiter, Werksleiter), der dritten Ebene (Geschäftsgebietsleiter, Abteilungsleiter, Betriebsleiter) und der vierten Ebene (Referatsleiter, Gruppenleiter, Meister). → *Führungsgrundsätze.* → *Management.*

▶ **Fungibilität**

Fungibilität ermöglicht aufgrund von Gleichartigkeit (→ *Vertretbarkeit*) einen unkomplizierten Kauf oder Verkauf an der → *Börse.*

▶ **Funktionelle Einkommensverteilung** → *Einkommensverteilung*

▶ **Fusion**

(Verschmelzung) Art der Umwandlung nach dem → *Umwandlungsgesetz*. Der Zweck einer Fusion ist meist eine Stärkung der → *Marktmacht* (→ *Kartellgesetz*), die Erzielung von Steuervorteilen, rationellere Organisation von Verwaltung, Produktion und Absatz oder auch die → *Sanierung* eines Unternehmens.

▶ **Fusionskontrolle** → *Kartellgesetz*, → *Europäische Fusionskontrolle*

▶ **Futures**

(unbedingtes Termingeschäft) Bezeichnung für → *Terminkontrakte*. Das → *Wertpapierhandelsgesetz* unterscheidet → *Termingeschäfte* auf → *Derivate* und → *Optionsscheine* (Finanztermingeschäfte nach § 2 Abs. 2a WpHG).

Der Begriff **Financial Futures** umfasst Termingeschäfte auf Finanztitel, die auf einem → *Basiswert* beruhen, der abhängt von den Börsen- oder Marktpreisen am → *Kapitalmarkt*, → *Geldmarkt* oder → *Devisenmarkt* (→ *Devisentermingeschäfte*). In Europa werden sie vor allem an der → *EUREX* (European Exchange) und der → *LIFFE* (London International Financial Futures Exchange) gehandelt.

Bei den **Commodity Futures** (**Warentermingeschäfte**) handelt es sich um Termingeschäfte auf Waren, z. B. für Baumwolle, Kakao, Öl, Getreide, Zucker, Metalle. Hierbei wird die Lieferung, Abnahme und Bezahlung der ge- oder verkauften Waren zu einem späteren Zeitpunkt vereinbart. Der Handel mit den Terminkontrakten wird i. d. R. unter Einschaltung eines → *Broker* über eine **Warenterminbörse** abgewickelt. Die wichtigsten Warenterminbörsen sind in New York, Chicago, London und Tokio. → *Finanzmarktreform*.

▶ **Futures Exchange** → *Terminbörse*

▶ **FWB (Frankfurter Wertpapierbörse)** → *Börse*

G

▶ **G** → *Börsenkurs*

▶ **G 7/G 8-Konferenz**

Bezeichnung für Gipfeltreffen der Staats- und Regierungschefs von sieben westlichen Industrienationen (Deutschland, Frankreich, Großbritannien, Italien, Japan, Kanada und USA), die sich einmal im Jahr zu informellen Gesprächen über weltpolitische Themen an wechselnden Orten zusammenfinden (**Wirtschaftsgipfel**). Dabei werden Probleme der Weltwirtschaft (z. B. Probleme der → *Globalisierung*, Einbindung Afrikas in die Weltwirtschaft, Frühwarnsystem gegen internationale Finanzkrisen, Schuldenerlass für die ärmsten → *Entwicklungsländer*) erörtert mit dem Ziel, zur Ursachenbeseitigung (z. B. Abbau von Ungleichgewichten) Absprachen zu treffen.

Die Konsultationen gehen zurück auf Initiativen des französischen Staatspräsidenten *Giscard d'Estaing* und des deutschen Bundeskanzlers *Helmut Schmidt* vor dem Hintergrund der Energiekrise 1973/1974 (Ölpreisschock) und der folgenden weltweiten Rezession. Der erste Weltwirtschaftsgipfel fand 1975 in Rambouillet statt. Beratend nehmen teil der Präsident der Kommission der EU (seit 1978) (→ *EG (Europäische Gemeinschaft)*) und seit dem Gipfel von Tokio 1993 (Hauptthema: Ende des Ost-West-Konflikts) als Gast der russische Präsident.→ *G 20*. Siehe **Abb. 15**.

▶ **G 10** (**Zehner-Gruppe**) → *Internationaler Währungsfonds (IWF)*

▶ **G 20 (Zwanziger-Gruppe)**

Das G 20 ist ein von den G 7/G 8-Staaten geschaffenes informelles Dialogforum der Finanzminister und Präsidenten der → *Zentralbank* dieser Länder und 12 weiterer wichtigen Indus-

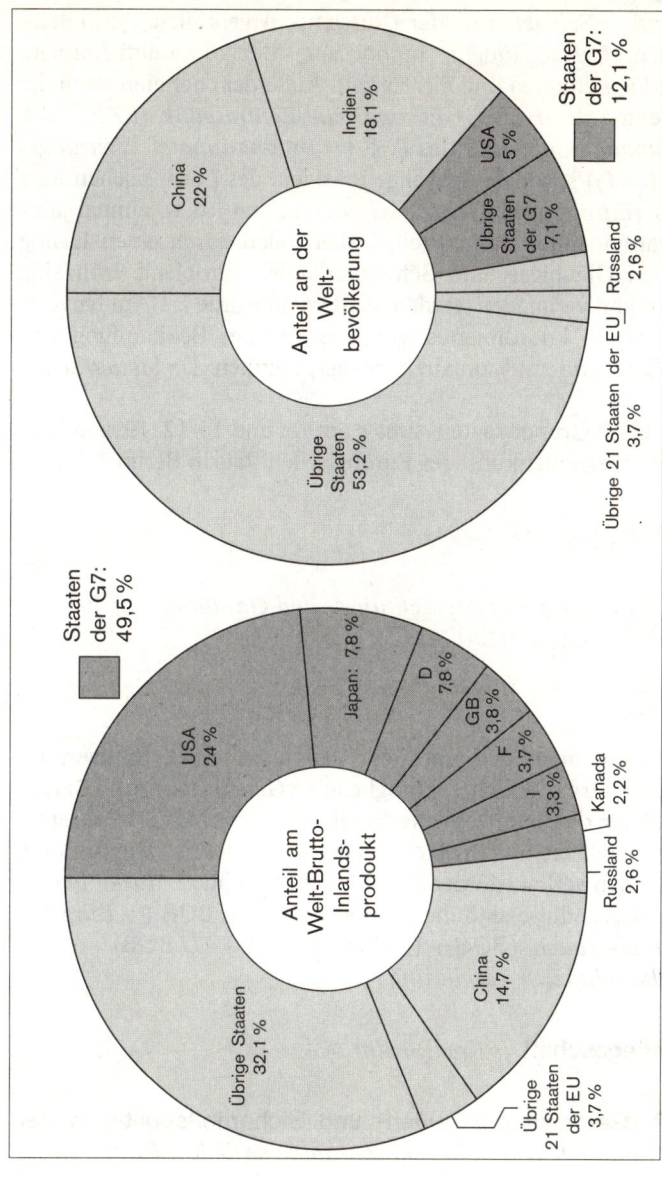

Abb. 15: Die Staaten der G7/G8 im Vergleich zur übrigen Welt

trie- und → *Schwellenländer* (Russland, Argentinien, Australien, Brasilien, China, Indien, Indonesien, Mexiko, Saudi-Arabien, Südafrika, Südkorea und die Türkei). Außerdem nehmen noch die Präsidenten der EZB (→ *Europäische Zentralbank (EZB)*), der → *Weltbankgruppe* und des IWF (→ *Internationaler Währungsfonds (IWF)*) sowie der jeweilige Präsident des Europäischen Rats (→ *EG (Europäische Gemeinschaft)*) an den i. d. R. einmal jährlich stattfindenden Treffen teil. Dabei sollen durch einen Dialog zwischen Gläubiger- und Schuldnerländern Probleme frühzeitig erkannt und vermieden werden. Außerdem wurde z. B. im November 2004 ein koordiniertes Vorgehen bei der Bekämpfung von → *Geldwäsche* und unfairen Steuerpraktiken (→ *Steuerflucht*) verabredet.

Die G 20-Gruppe tagte erstmals am 15. und 16. 12. 1999 anlässlich der Zusammenkunft des Europäischen Rats in Berlin.

▶ **GAAP** → *US-GAAP*

▶ **GAP** → *Europäischer Ausrichtungs- und Garantiefonds für die Landwirtschaft (EAGLF)*

▶ **Garantie**

Im Zusammenhang mit dem Abschluss eines Kaufvertrags (→ *Kaufvertrag*) übliche vertragliche → *Gewährleistung* (**Garantiebrief**) für die unentgeltliche Beseitigung von Mängeln an einer verkauften Sache innerhalb einer vorgegebenen Frist. Die Garantie zählt zu den verkaufsfördernden Maßnahmen im → *Marketing*.

Rechtsgrundlage sind die Bestimmungen im BGB (→ *Bürgerliches Gesetzbuch (BGB)*) (§ 443 BGB und § 477 BGB). → *Verbraucherschutz*, → *Verjährung*.

▶ **Garantiegeschäft** → *Kreditinstitute*

▶ **GASP (Gemeinsame Außen- und Sicherheitspolitik in der EU)** → *Europäische Politische Zusammenarbeit (EPZ)*

▶ **Gateway**

Anpassungsschaltung zum Verbinden verschiedenartiger Netz-werksysteme (→ *Netzwerksystem*), die u. a. mit einem unter-schiedlichen → *Protokoll* arbeiten (z. B. → *Internet* mit T-Online oder mit AOL).

Die Kopplung gleichartiger, aber gegenseitig abgegrenzter Netze (z. B. verschiedene → *Lan*) erfolgt über **Bridges**.

Werden Netze unterschiedlicher Netzstruktur **(Netztopologie)**, aber mit gleichartigen Netzwerk-Protokollen miteinander verbun-den, so erfolgt dies über **Router**. Beispiel: Ein Router im → *ISDN* ermöglicht in einem LAN den Zugang zum Internet über eine ISDN-Anschlussleitung.

▶ **GATS (General Agreement in Trade and Services)** → *WTO (World Trade Organization)*

▶ **GATT (Allgemeines Zoll- und Handelsabkommen)** → *WTO (World Trade Organization)*

▶ **GAU**

GAU ist die Abkürzung für **„Größter anzunehmender Unfall"**. Er gilt in der Bundesrepublik als Ausgangspunkt für die Sicher-heitseinrichtungen für ein *Kernkraftwerk*.

▶ **GbR** → *Gesellschaft des bürgerlichen Rechts (GbR)*

▶ **Gebietskartell** → *Kartell*

▶ **Gebietskörperschaften**

An das Vorhandensein eines territorialen Gebiets gebundene → *Juristische Personen* des öffentlichen Rechts. Hierzu zählen Bund, Länder, → *Gemeinden*, → *Gemeindeverbände*, → *Land-kreise*.

▶ **Geborene Orderpapiere** → *Orderpapiere*

▶ **Gebrauchsgüter**

Bezeichnung für → *Güter*, die entweder zu Konsumzwecken
(→ *Konsumgüter*) gebraucht werden (z. B. Haushaltsgegenstände,
privater → *Computer* oder PKW) oder als → *Investitionsgüter*
Verwendung finden (z. B. Maschinen, Gebäude, geschäftlicher
→ *Computer* oder PKW).

▶ **Gebrauchsmusterschutz**

Gewerbliches Schutzrecht für technische Erfindungen
(→ *Deutsches Patentamt*). Für die Erteilung des Gebrauchsmu-
sterschutzrechts gelten im Vergleich zum → *Patent* vereinfachte
Voraussetzungen. Rechtsgrundlage ist das **Gebrauchsmustergesetz**
(GebrMG) i. d. F. vom 28. 8. 1986. Die Laufzeit des Gebrauchsmu-
sterschutzrechts, das in der **Gebrauchsmusterrolle** eingetragen
wird, beträgt maximal 8 Jahre.

http://bundesrecht.juris.de/bundesrecht/gebrmg/

▶ **Gebühren**

Gebühren zählen zu den → *Abgaben*. Im Gegensatz zu den
→ *Steuern* steht ihnen eine bestimmte Gegenleistung staatlicher
Verwaltungen gegenüber. Sie werden im Allgemeinen nach der
Höhe der entstandenen → *Kosten* gestaltet (**Kostendeckungsprin-
zip**).

▶ **Geburtenrate**

Anzahl der Lebendgeborenen bezogen auf je 1000 Einwohner
eines Landes. Die Geburtenrate hatte in den Jahren 1963/1964 mit
18,3 Lebendgeborenen pro 1000 Einwohner in der Bundesrepublik ihren Höhepunkt. Danach ist sie langsam abgesunken und
verharrt seit Mitte der 70er Jahre bei Werten um 10. In der früheren DDR bewegte sie sich hingegen bei Werten von 13 und 14.
→ *Altersaufbau*.

Wird von der Geburtenrate die Zahl der Gestorbenen pro 1000
Einwohner abgezogen, so erhält man die **Geburtenüberschussrate**.

Sie ist seit 1972 in der Bundesrepublik bezogen auf die deutschen Einwohner negativ. Gezielte familienfreundliche staatliche Maßnahmen (z. B. über die → *Steuerpolitik*, Wohnungsförderung (→ *Wohneigentum*), → *Mutterschaftsurlaub* u. a.) können die Geburtenrate positiv beeinflussen.

▶ **Gefährliche Güter**

Bezeichnung für Stoffe und Gegenstände, bei deren Beförderung Gefahren für die öffentliche Sicherheit, für Leben und Gesundheit von Menschen und Tieren ausgehen können. Die Beförderung gefährlicher → *Güter* ist durch besondere Verordnungen (z. B. die drei **Gefahrgutverordnungen Straße, Eisenbahn bzw. See**) sowie durch das **Gesetz über die Beförderung gefährlicher Güter** i. d. F. von 29. 9. 1998 geregelt. → *Gefährliche Stoffe (Gefahrstoffe)*.

http://bundesrecht.juris.de

▶ **Gefährliche Stoffe (Gefahrstoffe)**

Nach der **Verordnung zum Schutz vor gefährlichen Stoffen (Gefahrstoffverordnung)** i. d. F. vom 15. 11. 1999 sind dies – unter Bezugnahme auf das → *Chemikaliengesetz* – Stoffe und Zubereitungen mit Eigenschaften, die giftig, ätzend, reizend, explosionsgefährlich, brandfördernd, brennbar, leicht entzündlich, krebserzeugend und/oder erbgutverändernd sind.

Mit der Gefahrstoffverordnung wurden zahlreiche Rechtsvorschriften über gefährliche Stoffe zusammengefasst sowie Richtlinien der EU (→ *Europäische Gesetzgebung*) in nationales Recht umgesetzt. So müssen Hersteller und Importeure gefährlicher Stoffe und Zubereitungen für eine **vorschriftengerechte Verpackung** und **Kennzeichnung** sorgen. Hierzu zählen der Aufdruck eines besonderen **Gefahrensymbols** (z. B. für hochentzündlich, reizend oder giftig) oder der Hinweis über mögliche **Risiken** und **Schutzmaßnahmen**. Außerdem besteht die Verpflichtung, Maßnahmen zu treffen für den **Schutz der Beschäftigten**, die mit Gefahrstoffen in Berührung kommen. Hierzu zählen regelmäßige Messungen von Schadstoffkonzentrationen am Arbeitsplatz und im Körper,

Zurverfügungstellen von persönlichen Schutzausrüstungen sowie arbeitsmedizinische Betreuung (→ *Arbeitsmedizin*). Bestimmte Stoffe, die in der Verordnung aufgezählt sind, dürfen nicht in Verkehr gebracht werden. Die Beschäftigten bzw. der → *Betriebsrat* oder → *Personalrat* sind über Risiken und Schutzmaßnahmen zu unterrichten und anzuhören.

Ein **„Ausschuss für Gefahrstoffe (AGS)"** hat die Aufgabe, die zuständigen Bundesminister zu beraten und Vorschläge zur Anpassung der Vorschriften an den jeweiligen Stand von Wissenschaft, Technik und Medizin auszuarbeiten. Er hat u. a 1992 **„Technische Regeln für Gefahrstoffe"** entwickelt.

1993 wurde u. a. das Inverkehrbringen von **Asbest** verboten. Außerdem müssen alle Stoffgemische mit Gefahrensymbolen, Gefahrenhinweisen und Sicherheitsratschlägen gekennzeichnet werden. Kennzeichnungspflicht besteht auch für **gefährliche Haushalts-** und **Hobbychemikalien**. Mit einem **Sicherheitsdatenblatt** wurde EU-weit eine ausführliche Unterrichtung der berufsmäßigen Verwender von gefährlichen Stoffen und Zubereitungen ermöglicht. Darüber hinaus wurden Maßnahmen beim → *Arbeitsschutz* für den Umgang mit krebserzeugenden und erbgutverändernden Gefahrstoffen verbessert bzw. neu eingeführt.

Seit 1999 erfolgt eine systematische Anpassung des nationalen Gefahrenrechts an die geltenden Richtlinien der EU – zuletzt mit der Novellierung der Gefahrstoffverordnung zum 1. 1. 2005.

http://bundesrecht.juris.de/bundesrecht/gefstoffv_1993/

▶ **Gegengeschäfte** → *Kompensationsgeschäfte*

▶ **Gekorene Orderpapiere** → *Orderpapiere*

▶ **Gelbe Gewerkschaften** → *Gewerkschaften*

▶ **Geld** → *Zahlungsmittel*

▶ **Geldkartengeschäft** → *Kreditinstitute*

▶ **Geldkurs** → *Börsenkurs*

▶ **Geldmaklergeschäfte** → *Finanzunternehmen*

▶ **Geldmarkt**

Er ist als Teil des Finanzmarktes (→ *Finanzmarkt*) der Markt für kurzfristige Kredite (→ *Finanzierung*). Hier betreiben vor allem die → *Banken* untereinander den Handel mit → *Zentralbankgeld* und mit kurzfristigen Geldmarktpapieren (→ *Geldmarktpapiere*) **(Banken-Geldmarkt)**. Hierbei bieten die → *Kreditinstitute* entsprechend ihrer jeweiligen → *Liquidität* Geld und Geldmarktpapiere an bzw. fragen sie nach. Bei dem Handel mit Zentralbankgeld unterscheidet man entsprechend den Fristen einer Überlassung zwischen → *Tagesgeld*, d. h. es wird mit täglicher Kündigung ausgeliehen, Monatsgeld, Dreimonatsgeld sowie → *Ultimogeld*.

Daneben gibt es noch den **Unternehmens-Geldmarkt**, in dem sich Unternehmen untereinander kurzfristig überflüssige Liquidität ausleihen.

Für die Überlassung des Geldes werden → *Zinsen* verlangt **(Geldmarktsatz)**. Er steigt im Allgemeinen mit der Länge der Festlegungsfristen und ist das Ergebnis von Angebot und Nachfrage. Die für die → *Geldpolitik* verantwortliche → *Zentralbank* beeinflusst die Zinsentwicklung am Geldmarkt direkt mit ihren geldpolitischen Instrumenten (→ *Europäisches System der Zentralbanken (ESZB)*).

▶ **Geldmarktfonds** → *Kapitalanlagegesellschaften*

▶ **Geldmarktinstrumente**

Bezeichnung für → *Forderungen*, die nicht durch → *Wertpapiere* begründet sind und üblicherweise auf dem → *Geldmarkt* gehandelt werden (§ 2 Abs. 1 a WpHG bzw. § 1 Abs. 11 Satz 3 KWG). → *Europäisches System der Zentralbanken (ESZB)*.

▶ **Geldmarktkredite**

→ *Kredite*, die sich → *Banken* am → *Geldmarkt* gewähren.

▶ **Geldmarktpapiere**

(Geldmarkttitel) Verbriefte Vermögensrechte, die es Kreditinstituten (→ *Kreditinstitute*) ermöglichen, sich jederzeit bei der → *Zentralbank* kurzfristig → *Liquidität* zu verschaffen. Beispiele sind: → *Schatzwechsel*, unverzinsliche → *Schatzanweisungen*, → *Commercial Papers* oder → *Euronotes*. → *Europäisches System der Zentralbanken (ESZB)*.

▶ **Geldmarktsätze**

Bezeichnung für die Referenzzinssätze (→ *Referenzzinssatz*) am → *Geldmarkt*.

▶ **Geldmenge**

Seit Mitte der 70er Jahre wird die umlaufende Geldmenge als ein Instrument angesehen zur Steuerung der Wirtschaftsentwicklung (→ *Angebotstheorie*). Anhand von Erfahrungen der Vergangenheit wird dabei u. a. unterstellt, dass von einer zu reichlichen Versorgung der Volkswirtschaft mit Geld inflatorische Wirkungen ausgehen (→ *Inflation*). Die Anhänger dieser Geldmengentheorie in den Zentralbanken versuchen deshalb, die umlaufende Geldmenge mit Hilfe der → *Geldpolitik* zu steuern.

Die Bundesbank gab deshalb seit Ende 1974 jeweils für das kommende Jahr ihre Zielvorstellung über die Geldmenge und deren Zuwachsrate bekannt. Dieses **Geldmengenziel** versuchte sie dann durch Einsatz ihrer Instrumente im Jahresdurchschnitt einzuhalten.

Ab 1979 wurde die Methode einer Orientierung an Durchschnittszielen ersetzt durch die jährliche Festlegung eines **Geldmengenkorridors** als **Verlaufsziel**, innerhalb dessen die Geldmenge **stabilitätsgerecht**, d. h. ohne Beschleunigung der normativen Preissteigerungsrate, wachsen sollte. Orientierungsmaßstäbe bei der Festlegung dieses Korridors waren die erwartete Zunahme des möglichen Produktionspotentials der Gesamtwirtschaft bei → *Vollbeschäftigung*, die erwartete Veränderung der Umlaufgeschwindigkeit des Geldes und eine **normative** (unvermeidliche) Preissteigerungsrate.

Von der → *Bundesbank* wurden bis zum In-Kraft-Treten der EWWU (→ *Europäische Wirtschafts- und Währungsunion (EWWU)*) am 1.1.1999 verschiedene Arten der Geldmenge unterschieden:

Die **Zentralbankgeldmenge** war definiert als Summe aus dem gesamten Bargeldumlauf und den Einlagen der inländischen → *Kreditinstitute* bei der Bundesbank (→ *Mindestreserven*) und bis 1987 Orientierungsgröße für das Geldmengenziel.

Die **Geldmenge M 1** war die Summe aus dem gesamten Bargeldumlauf und den Sichteinlagen inländischer Nichtbanken bei inländischen Kreditinstituten. Wurden zur Geldmenge M 1 noch die → *Termineinlagen* inländischer Nichtbanken mit weniger als 4 Jahren Laufzeit hinzugezählt, so hatte man die **Geldmenge M 2**. Die Summe aus M 2 und den Spareinlagen mit gesetzlicher Kündigungsfrist (drei Monate) bei inländischen Kreditinstituten ergab die **Geldmenge M 3**, die seit 1988 die neue Orientierungsgröße bei der Formulierung des jährlichen Geldmengenziels war.

Im **ESZB** (→ *Europäisches System der Zentralbanken (ESZB)*) werden keine Geldmengenziele mehr veröffentlicht. Die Steuerung der umlaufenden Geldmenge erfolgt über den Einsatz der geldpolitischen Instrumente.

http://www.bundesbank.de/stat/

▶ **Geldmengenziel** → *Geldmenge*

▶ **Geldpolitik**

Maßnahmen zur Überwachung und Regelung von → *Geldmenge* und Geldumlauf. Für die Geldpolitik in Deutschland war bis zum 31.12.1998 (→ *Europäische Wirtschafts- und Währungsunion (EWWU)*) die Deutsche → *Bundesbank* verantwortlich. Bis dahin hatte sie mit Hilfe ihrer Instrumente (Veränderung der → *Leitzinsen*, → *Offenmarktpolitik*, Zinssatz für → *Pensionsgeschäfte*, → *Rediskontkontingente*, → *Mindestreservepolitik*, → *Geldmengenziel*) die Geldmenge und den Geldumlauf entsprechend den Erfordernissen der → *Wirtschaftspolitik* gesteuert. Seit dem 1.1.1999 ist die Europäische Zentralbank (EZB) im ESZB

($\rightarrow$ *Europäisches System der Zentralbanken (ESZB)*) für die Gestaltung und Durchführung der Geldpolitik verantwortlich.

Untrennbar ist die Geldpolitik mit der $\rightarrow$ *Kreditpolitik* verbunden. So wird die Zentralbank in einer konjunkturellen Überhitzungsphase ($\rightarrow$ *Konjunkturpolitik*) z. B. durch Anhebung der Leitzinsen, durch Erhöhung der Mindestreservesätze und durch Verkauf kurzfristiger $\rightarrow$ *Geldmarktpapiere* im Rahmen ihrer Offenmarktpolitik versuchen, die umlaufende Geldmenge zu verknappen. Durch die steigenden Zinssätze soll erreicht werden, dass der Anreiz zu neuen $\rightarrow$ *Investitionen* verloren geht. Umgekehrt handelt die Zentralbank in Zeiten der $\rightarrow$ *Rezession* normalerweise mit einer **Politik des leichten Geldes**, d. h. mit niedrigen Leitzinsen und einer Versorgung der Wirtschaft mit mehr $\rightarrow$ *Liquidität* wird die umlaufende Geldmenge und damit die Zahlungsfähigkeit der Wirtschaft erhöht.

▶ **Geldpolitische Instrumente** $\rightarrow$ *Europäisches System der Zentralbanken (ESZB)*

▶ **Geldschöpfung**

Bezeichnung für die positive wie auch negative Beeinflussung (Geldvernichtung) der Geldmenge.

Dem Angebot für $\rightarrow$ *Zahlungsmittel* steht das von der Zentralbank geschaffene $\rightarrow$ *Zentralbankgeld* zur Verfügung, das die $\rightarrow$ *Kreditinstitute* über das von ihnen geschöpfte $\rightarrow$ *Buchgeld* **(Giralgeld)** vermehren können.

Die Zentralbank kann als Monopolstelle für den Druck von Banknoten so viel Geld schöpfen, wie sie für richtig hält. Wird aufgrund politischer Einflussnahme ohne jede Verantwortung für die Volkswirtschaft ein Überangebot von gedrucktem Geld geschaffen, dem kein entsprechendes Warenangebot gegenübersteht, so führt dies zu raschen Preissteigerungen. $\rightarrow$ *Inflation.*

Die von den Kreditinstituten geschöpfte **Giralgeldmenge** ist für das Geldangebot wegen des enormen Wachstums des bargeldlosen Zahlungsverkehrs von größter Bedeutung. Sie ist das Ergebnis aus **Aktiv- und Passivgeschäften** der Kreditinstitute. Dabei steht im

Mittelpunkt des Geldangebots die Geldschöpfung durch Kreditgewährung **(Kreditschöpfung)**. Diese Kreditschöpfung der Banken
wird wesentlich beeinflusst durch die → *Geldpolitik* der Zentralbank, die sich am Verhalten der Einleger (Veränderungen der
→ *Termineinlagen* und → *Spareinlagen*), an der → *Inflationsrate*
sowie internationalen Faktoren (z. B. Veränderungen der Bestände
an → *Devisen* oder der → *Zahlungsbilanz*) orientiert.

▶ **Geldtheoretiker** → *Monetaristen*

▶ **Geldwäsche** → *Geldwäschegesetz*

▶ **Geldwäschegesetz/Geldwäsche-Richtlinie**

Am 29. 11. 1993 in Kraft getretenes und zum 8. 8. 2002 ver-
schärftes „**Gesetz zum Aufspüren von Gewinnen aus schweren
Straftaten (Geldwäschegesetz – GWG)**". Es dient einer Bekämpfung und Verminderung der → *Wirtschaftskriminalität*.

Danach müssen → *Kreditinstitute* und → *Finanzdienstleistungsinstitute* sowohl bei Annahme als auch bei Abgabe von Bargeld, Wertpapieren (→ *Wertpapiere*) oder Edelmetallen im Wert
von 15 000 Euro oder mehr die handelnde Person schriftlich identifizieren (§ 2 GwG und § 3 GwG). Dies gilt auch bei der erstmali-
gen Eröffnung von Konten und Depots (→ *Depotgeschäft*) sowie
bei der Vergabe von Schließfächern.

Bei Verdacht auf **Geldwäsche** (d. h. das Einschleusen illegal er-
worbener Vermögenswerte in den legalen → *Wirtschaftskreislauf*)
ist Anzeige zu erstatten. Diese Verpflichtung gilt seit dem 8. 8.
2002 auch für Rechtsanwälte, Notare, → *Wirtschaftsprüfer* und
→ *Steuerberater* sowie Immobilienhändler, Kunsthändler und
Spielkasinos bei begründetem Verdacht (§ 6 GwG und § 11 GwG).
In Verdachtsfällen besteht die Möglichkeit zur Zusammenarbeit
mit dem Bundeskriminalamt (§ 5 GwG).

Kreditinstitute, Lebensversicherungsunternehmen, → *Kapitalanlagegesellschaften*, → *Finanzdienstleistungsinstitute*, Edelme-
tallhändler und Spielkasinos sind darüber hinaus verpflichtet, intern Vorkehrungen zu treffen, dass ihre → *Dienstleistungen* nicht

zur Geldwäsche missbraucht werden, u. a. durch Benennung eines Geldwäsche-Beauftragten (§ 14 GwG). Weitere Rechtsänderungen bezogen auf die Bekämpfung von Wirtschaftskriminalität erfolgten mit dem 4. Finanzmarktförderungsgesetz (→ *Finanzmarktreform*).

Am 20. 11. 2001 hatte die EU ihre aus dem Jahr 1991 stammende Geldwäsche Richtlinie der EU (→ *Europäische Gesetzgebung*) verschärft, die innerhalb von 18 Monaten in nationales Recht umzusetzen war. Dabei wurde neben den o. g. Verschärfungen auch der bisherige Anwendungsbereich (Finanztransaktionen aus Drogengeschäften) erweitert, z. B. um Finanztransaktionen, die auf Menschenhandel oder Steuerhinterziehung beruhen, sowie zur Bekämpfung terroristischer Gruppen. Eine Kommission der EU ist beauftragt, auch mit Drittstaaten wie z. B. der Schweiz, Liechtenstein und den USA entsprechende Maßnahmen im Kampf gegen die Steuerflucht bei Kapitalanlagen zu vereinbaren. Eine weitere Novellierung der Geldwäsche-Richtlinie der EU ist für 2005 geplant, u. a. mit neuen Registrierverpflichtungen für Personen und Gesellschaften, die Geschäfte im Umfang von mehr als 15 000 Euro abschließen.

http://www.rechtliches.de/info_GWG.html

▶ **Geldwerter Vorteil** → *Sachbezüge*

▶ **Gemeinden**

Als → *Gebietskörperschaften* bilden sie die unterste Stufe der öffentlichen Verwaltung. Ihre Angelegenheiten regeln sie unter den Bedingungen der **kommunalen Selbstverwaltung** entsprechend den Regelungen in Art. 28 II des Grundgesetzes. Danach können alle Angelegenheiten der örtlichen Gemeinschaft in eigener Verantwortung geregelt werden. Grundlage hierfür bilden die von den Ländern jeweils als Landesgesetze erlassenen **Gemeindeordnungen**. Hieraus ergeben sich die Hoheitsgewalt über das Gemeindegebiet und die Gemeindebewohner, die Finanzhoheit (→ *Haushaltsplan*), die Personalhoheit (allerdings eingeschränkt durch das Recht für → *Beamte*) sowie das Recht, zur Regelung der örtlichen Angelegenheiten feste Rechtsnormen und Bußgeldvorschriften zu erlassen.

Die Aufsicht unterliegt bei den kreisangehörenden Gemeinden i. d. R. dem Landratsamt, bei den kreisfreien Großstädten den Regierungspräsidenten bzw. Bezirksregierungen. → *Landkreise.*

▶ **Gemeindefinanzreform** → *Finanzreform*

▶ **Gemeindesteuern**

→ *Steuerarten*, die den → *Gemeinden* zufließen. Dies sind u. a. die → *Gewerbesteuer* und die → *Grundsteuer.*

▶ **Gemeindeverbände**

Eigenständige kommunale → *Gebietskörperschaften.* Als Zusammenschlüsse mehrerer → *Gemeinden* dienen sie der Erfüllung bestimmter überregionaler öffentlicher Aufgaben, deren Verwaltung und Finanzierung die Möglichkeiten nur einer Gemeinde übersteigen würde. Solche kommunale Aufgaben sind z.B. die Energie- und Wasserversorgung, die → *Entsorgung* oder der Straßenbau. Die rechtlichen Regelungen und Bezeichnungen sind in den einzelnen Bundesländern unterschiedlich. → *Zweckverband.*

▶ **Gemeindewirtschaftsteuer** → *Finanzreform*

▶ **Gemeiner Wert**

Begriff aus dem → *Steuerrecht.* Nach dem → *Bewertungsgesetz (BewG)* ist es der Preis, der im gewöhnlichen Geschäftsverkehr aufgrund der Beschaffenheit eines Wirtschaftsgutes (→ *Güter*) bei der Veräußerung zu erzielen wäre. Dabei sind alle Umstände, die den Preis beeinflussen, zu berücksichtigen. Ungewöhnliche oder persönliche Verhältnisse bleiben jedoch unbeachtet (§ 9 BewG).

Bei der steuerlichen Bewertung ist der gemeine Wert immer dann anzusetzen, wenn nichts anderes (z. B. → *Kurswert*, → *Ertragswert* usw.) vorgeschrieben ist.

▶ **Gemeinkosten**

Kosten, die von mehreren Erzeugnissen gemeinsam verursacht werden und deshalb einem bestimmten Produkt (→ *Kostenträger*) nicht unmittelbar zugerechnet werden können. Die als Ganzes angefallenen Gemeinkosten werden mit Hilfe so genannter **Gemeinkostenschlüssel** in der → *Betriebsabrechnung* auf die jeweiligen → *Kostenstellen* (z. B. Dreherei), manchmal auch direkt auf die Kostenträger (Produkte) verteilt.

Eine verursachungsgemäße Zuordnung der Gemeinkosten auf die Kostenträger ist in Mehrproduktbetrieben in aller Regel nicht möglich (z. B. die Verrechnung von Mieten und → *Abschreibungen* für Verwaltungsgebäude auf die erstellten Produkte eines Unternehmens). Die → *Kostenstellenrechnung* ist ein Hilfsmittel zur Verteilung der Gemeinkosten.

Man unterscheidet **Material-, Fertigungs-, Verwaltungs- und Vertriebsgemeinkosten**. Die Gemeinkostenschlüssel werden mit Hilfe von Ersatzgrößen ermittelt (z. B. der Heizungskörper in den einzelnen Betriebsräumen zur Verteilung der Heizungskosten). Das verursachungsgerechte Ermitteln von Gemeinkostenschlüsseln, etwa für die Gehälter der Geschäftsführung oder des Verwaltungspersonals, ist jedoch auch mit Hilfe von Ersatzgrößen kaum möglich. → *Zuschlagskalkulation*.

▶ **Gemeinlastprinzip**

Bezeichnung für die Finanzierung von → *Investitionen* aus öffentlichen Mitteln. Ein Beispiel ist die Finanzierung bestimmter Maßnahmen im → *Umweltschutz*, z. B. von Altlasten oder mit dem Ziel der Abwehr akuter Umweltnotlagen (z. B. bei Ölkatastrophen im Meer). → *Verursacherprinzip*.

▶ **Gemeinnützige Unternehmen (Non Profit Organisation)**
→ *Gemeinnützigkeit*

▶ **Gemeinnützige Zwecke**

Eine in der → *Abgabenordnung (AO)* vorgesehene Bezeichnung für alle Aufgaben, die ausschließlich und unmittelbar zur

Förderung der Allgemeinheit beitragen. Dies wird unterstellt, wenn die Tätigkeit „dem allgemeinen Besten auf materiellem, geistigem oder sittlichem Gebiet nutzt". Beispiele sind die Förderung von Wissenschaft und Forschung, Bildung und Erziehung, Kunst und Kultur, Religion, Völkerverständigung, → *Entwicklungshilfe*, → *Umweltschutz* und Denkmalschutz, → *Jugendhilfe* und Altenhilfe, das öffentliche Gesundheitswesen und Sport.

▶ **Gemeinnützigkeit**

Im → *Steuerrecht* werden **gemeinnützige Unternehmen** (z. B. → *Körperschaft des öffentlichen Rechts*, → *Anstalt des öffentlichen Rechts*, die → *Stiftung* oder der → *Verein*) besonders behandelt. Sie zahlen keine → *Körperschaftsteuer* und im Allgemeinen auch keine → *Grunderwerbsteuer*. Voraussetzung für die steuerliche Anerkennung ist die ausschließliche Zweckbestimmung zum Nutzen der Allgemeinheit und nicht dem Ziel der → *Gewinnmaximierung*. → *Gemeinnützige Zwecke*.

▶ **Gemeinsame Agrarpolitik (GAP)** → *Europäischer Ausrichtungs- und Garantiefonds für die Landwirtschaft (EAGLF)*

▶ **Gemeinsame Außen- und Sicherheitspolitik (GASP)**
→ *Europäische politische Zusammenarbeit (EPZ)*

▶ **Gemeinsame Marktordnung** → *Agrarpolitik*

▶ **Gemeinsamer Markt**

Ursprünglicher Begriff aus den Römischen Verträgen (→ *Römische Verträge*), der das Ziel beschrieb, einen gemeinsamen Markt für Waren, → *Dienstleistungen* und → *Kapital* sowie volle → *Freizügigkeit* der → *Arbeitnehmer* und das → *Niederlassungsrecht* für → *Selbständige* und Unternehmen in der damaligen → *EG (Europäische Gemeinschaft)* einzuführen. Inzwischen wird das Ziel des gemeinsamen Marktes umfassender beschrieben (→ *Europäischer Binnenmarkt*).

▶ **Gemeinschaftsaufgaben von Bund und Ländern** → *Finanzreform*

▶ **Gemeinschaftsaufgabe „Verbesserung der regionalen Wirtschaftsstruktur"** → *Regionalpolitik*

▶ **Gemeinschaftsausschuss der deutschen gewerblichen Wirtschaft**

Von den Spitzenverbänden der Wirtschaft 1951 gegründeter loser Zusammenschluss. Sitz ist Berlin. Er besteht aus 15 Mitgliedsverbänden. Der Gemeinschaftsausschuss dient dem Ziel, in grundsätzlichen wirtschaftspolitischen Angelegenheiten eine gemeinsame Auffassung aller Mitgliedsorganisationen herzustellen und einheitlich nach außen zu vertreten. Siehe **Abb. 16**.

http://www.lobbying.de/Verbaendeliste.htm
http://www.verbaende.com

▶ **Gemeinschaftsteuern**

→ *Steuerarten*, deren Aufkommen zwischen Bund und Länder aufgeteilt wird. → *Finanzreform*.

Das Aufkommen aus der **Einkommen- und Körperschaftsteuer** wird seit 1969 nach einem festen Schlüssel zwischen den → *Gebietskörperschaften* aufgeteilt: Bund und Länder erhalten je 42,5 % der → *Lohnsteuer* und der veranlagten → *Einkommensteuer* und 50 % der → *Körperschaftsteuer* und der nicht veranlagten Steuern vom Ertrag (→ *Ertragsteuern*).

Die → *Gemeinden* sind mit 15 % an der Lohnsteuer und veranlagten Einkommensteuer beteiligt. Die Gemeinden haben 40 % ihrer Einnahmen aus der → *Gewerbesteuer* an Bund und Länder abzuliefern.

Dagegen wird die → *Umsatzsteuer* nach Maßgabe eines Bundesgesetzes aufgeteilt. Alle zwei Jahre finden im Zuge der Diskussionen um einen → *Finanzausgleich* zwischen Bund und Ländern Verhandlungen über den Verteilungsschlüssel statt.

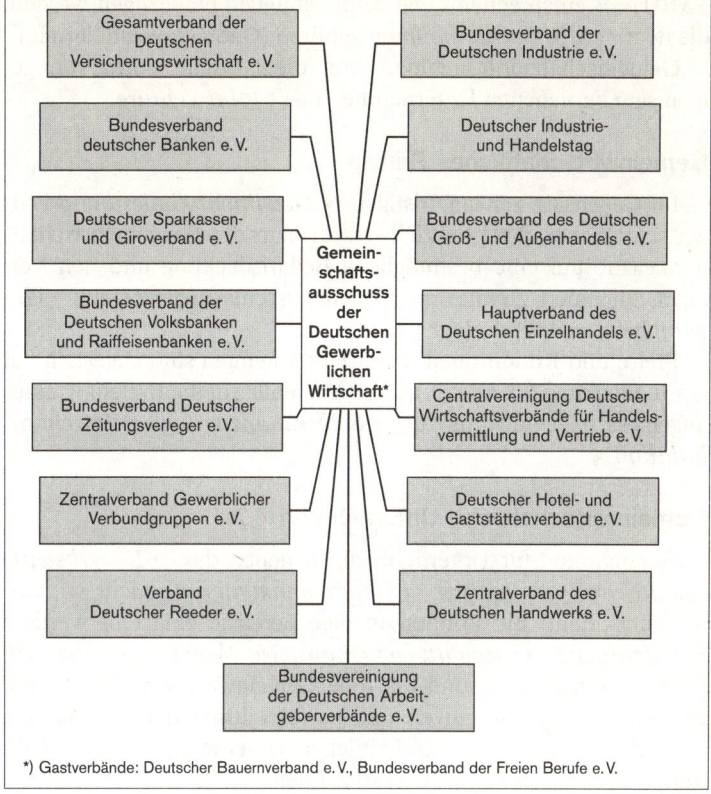

*) Gastverbände: Deutscher Bauernverband e. V., Bundesverband der Freien Berufe e. V.

Abb. 16: Die Organisation der gewerblichen Wirtschaft

Die Länder geben einen Teil des ihnen zustehenden Aufkommens der Gemeinschaftsteuern weiter an die → *Gemeinden* und → *Gemeindeverbände* nach landesgesetzlichen Vorschriften.

▸ **Gemeinschaftsunternehmen**

Bezeichnung für ein rechtlich selbständiges Unternehmen, das von zwei oder mehreren anderen Unternehmen gemeinschaftlich geführt wird. Im → *Konzernabschluss* darf dieses Unternehmen anstatt nach der → *Equity-Methode* nach den Vorschriften des

§ 310 HGB entsprechend den Kapitalanteilen einbezogen werden, die dem → *Mutterunternehmen* gehören (**Quotenkonsolidierung**).

Gemeinschaftsunternehmen sind die typische Form von gemeinsam betriebenen Unternehmen im → *Joint Venture*.

▶ Gemeinwirtschaftliches Prinzip

Im Gegensatz zur langfristigen → *Gewinnmaximierung* privatwirtschaftlicher Betriebe zielt das Prinzip der Gemeinwirtschaftlichkeit ab auf eine bestmögliche Bedarfsdeckung und den Verzicht auf einen zu maximierenden ausschüttungsfähigen → *Gewinn* bzw. → *Shareholder Value*.

Preise und Konditionen dieser Unternehmen sind abgestellt auf Kostendeckung (→ *Kosten*), gegebenenfalls auf die Erzielung eines angemessenen Gewinns zur → *Selbstfinanzierung*. → *Mischkalkulation*.

▶ Gemeinwirtschaftliche Unternehmen

Bezeichnung für Unternehmen, in denen das → *Erwerbswirtschaftliche Prinzip* einer → *Gewinnmaximierung* nicht im Vordergrund steht. Sie können in **vier Bereiche** eingeteilt werden: → *Öffentliche Wirtschaft, gemeinnützige Wohnungswirtschaft,* → *Genossenschaften* und die **freie Gemeinwirtschaft**, zu der neben kirchlichen, karitativen und parteipolitischen Vereinigungen auch die früheren gewerkschaftlichen Unternehmen (*Neue Heimat, BfG, Volksfürsorge, Co op*) zählten.

Die gemeinwirtschaftlichen Unternehmen erbringen – z. T. im Wettbewerb mit erwerbswirtschaftlichen Unternehmen – Leistungen, die über das hinausgehen, was diese Unternehmen gegenüber Verbrauchern sowie Beschäftigten erbringen wollen oder können. Über die notwendige Selbstfinanzierungsrate (→ *Finanzierung*) hinausgehende Gewinnanteile werden zur Verwirklichung der gemeinschaftlichen Zielsetzung verwendet.

▶ Gemeinwohl

In den → *Sozialwissenschaften* gebräuchlicher Begriff zur Beschreibung der Gesamtinteressen in einem staatlichen Gemeinwesen. Die inhaltliche Beschreibung des Begriffs ist abhängig von den jeweiligen Zielen und Interessen derjenigen Gruppen, die den Begriff gebrauchen.

Die → *Gewerkschaften* interpretieren den Begriff z. B. im Zusammenhang mit ihren Forderungen zum → *Umweltschutz*, zur → *Energiepolitik*, zur → *Humanisierung des Arbeitslebens*. Das Interesse des Einzelnen oder einer bestimmten Gruppe an → *Profit* und Wohlstand, der zum Beispiel zu Lasten des Umweltschutzes erzielt wird, hat zurückzutreten vor den Interessen der Gemeinschaft, die z. B. saubere Luft, sauberes Wasser oder die Erhaltung einer intakten Naturlandschaft für lebensnotwendig ansieht. Die Definition des Begriffs Gemeinwohl ist also gekoppelt an Wertvorstellungen, die von den Ergebnissen der Machtverteilung unter den gesellschaftlichen Gruppen und Parteien geprägt wird. → *Beamte*.

▶ **Gemischter Fonds** → *Kapitalanlagegesellschaften*

▶ **Gemischte Wirtschaftsordnung** → *Mixed Economy*

▶ **Gemischtwirtschaftliche Unternehmen** → *Öffentliche Unternehmen*

▶ **Genehmigtes Kapital**

Betrag, bis zu dem der → *Vorstand* einer → *Aktiengesellschaft (AG)* aufgrund eines Beschlusses der → *Hauptversammlung* das → *Grundkapital* durch Ausgabe neuer → *Aktien* erhöhen kann. Die Ermächtigung des Vorstandes kann für höchstens 5 Jahre ausgesprochen werden und bedarf einer Dreiviertelmehrheit des bei der Beschlussfassung vertretenen Grundkapitals. Rechtsgrundlage sind die Vorschriften des → *Aktiengesetzes (AktG)* (§ 202 bis § 206 AktG).

▶ **Generalbevollmächtigter** → *Generalvollmacht*

▶ **General Standard** → *Prime Standard*

▶ **Generalstreik**

Breitangelegte, in der Regel politisch motivierte Methode des Arbeitskampfes mit der Zielrichtung einer Lahmlegung von Wirtschaft und Verkehr. Der Generalstreik stellt die höchste Stufe des Arbeitskampfes dar. → *Streik*.

▶ **Generalunternehmer** → *Subunternehmer*

▶ **Generalversammlung**

Organ der → *Genossenschaften*.

▶ **Generalvollmacht**

Die weitestgehende Art der → *Vollmacht*. Wurde die Generalvollmacht von einem → *Einzelkaufmann* erteilt, so vertritt ihn der **Generalbevollmächtigte** voll bei allen Tätigkeiten des Geschäftslebens. Sie ist umfassender als die → *Gesamthandlungsvollmacht*.

In einer großen → *Kapitalgesellschaft* werden Prokuristen (→ *Prokura*), die nach innen und außen besondere Funktionen wahrnehmen sollen, gelegentlich ebenfalls als Generalbevollmächtigte bezeichnet.

Dagegen gilt eine **Spezialvollmacht** nur für die Vornahme spezieller, genau bezeichneter Geschäfte.

Eine Generalvollmacht bzw. Spezialvollmacht wird – ebenso wie die Handlungsvollmacht – nicht im → *Handelsregister* eingetragen.

▶ **Generationenvertrag** → *Rentenversicherung*

▶ **Genossenschaften**

Personenvereinigungen mit nicht geschlossener Mitgliederzahl. Sie dienen der Förderung des Erwerbs oder der wirtschaftlichen Tätigkeit ihrer gleichberechtigten Mitglieder durch gemeinschaftlichen Geschäftsbetrieb ohne Gewinnorientierung. Die Genossen beteiligen sich mit dem im Statut (→ *Satzung*) der Genossenschaft festgelegten → *Geschäftsanteil*. In **Genossenschaften mit unbeschränkter Haftung** haften die Genossen mit ihrem ganzen Vermögen; bei **Genossenschaften mit beschränkter Haftung** haften sie mindestens in Höhe ihres Geschäftsanteils.

Organe der Genossenschaft sind die **Generalversammlung** oder **Vertreterversammlung**, der **Vorstand** und der **Aufsichtsrat**.

Rechtsgrundlage ist das **Genossenschaftsgesetz** i. d. F. vom 19. 8. 1995. Man unterscheidet:

(a) Genossenschaften der Produzenten. Sie organisieren den Einkauf der Produzenten (Unternehmen) und können gegliedert werden in **Warenbezugsgenossenschaften**, z. B. die Einkaufsgenossenschaften des Handels (wie Edeka, Rewe usw.); **Absatzgenossenschaften** wie etwa in der Landwirtschaft üblich; **Kreditgenossenschaften**, z. B. → *Volksbanken*, ländliche → *Spar- und Darlehnskassen,* → *Raiffeisenbanken* usw.; und **Nutzungsgenossenschaften** wie die landwirtschaftlichen Betriebsgenossenschaften usw.

(b) Genossenschaften der Konsumenten. Sie organisieren den Einkauf der Konsumenten (Verbraucher) und können gegliedert werden in **Warenkonsumgenossenschaften** und **Wohnungsgenossenschaften**.

Darüber hinaus gibt es noch Genossenschaften, deren Mitglieder im Geschäftsbetrieb gemeinsam arbeiten und keinen eigenen Betrieb besitzen. Beispiele hierfür sind die Genossenschaften im Verkehrswesen und in der → *Land- und Forstwirtschaft.*

http://www.rechtliches.de/info_GenG.html

▶ **Gentlemen's Agreement**

Vereinbarung, Absprache auf → *Treu und Glauben.*

▶ **Genussrechte** → *Genussscheine*

▶ **Genussscheine**

Bei der → *Aktiengesellschaft (AG)* und der → *Anstalt des öffentlichen Rechts* mögliche → *Inhaberpapiere,* → *Namens-*

papiere oder → *Orderpapiere*, die in verschiedenen Formen **Genussrechte** verbriefen. So z. B. auf einen bestimmten Anteil am Reingewinn (→ *Gewinn*) des Unternehmens oder am Liquidationserlös (→ *Liquidation*) oder auf den Bezug von Sach- oder → *Dienstleistungen* oder ein → *Bezugsrecht* auf Aktien.

Genussrechte sind mögliche Gegenleistungen bei Unternehmensgründungen mit geringen Sicherheiten und geringer Kapitalkraft oder gegenüber Gründern des Unternehmens bei deren Ausscheiden oder als Entschädigung für Forderungsverzicht bei einer → *Sanierung*.

Die Genussrechte bei Aktiengesellschaften sind nicht an Aktienbesitz gebunden und geben deshalb dem Inhaber auch kein → *Stimmrecht* in der → *Hauptversammlung*. Ihre Ausgabe unterliegt der Zustimmungspflicht durch die Hauptversammlung mit Drei-Viertel-Mehrheit (§ 221 Abs. 1 AktG und § 3 AktG).

Genussscheine haben unter bestimmten Voraussetzungen den Charakter von → *Eigenkapital*.

▶ **Geräte- und Produktsicherheitsgesetz** → *Unfallschutz*

▶ **Geregelter Markt** → *Freiverkehr*

▶ **Geringfügig Beschäftigte** → *Minijobs*

▶ **Geringfügigkeitsgrenze** → *Minijobs*

▶ **Geringverdienergrenze**

Arbeitsentgelt, bis zu dem der → *Arbeitgeber* den Gesamtsozialversicherungsbeitrag (→ *Sozialversicherung*) allein trägt. Die Grenze liegt seit dem 1. April 2003 bei 400 Euro monatlich. → *Minijobs*.

▶ **Geringwertige Wirtschaftsgüter**

Abnutzbare Teile im → *Betriebsvermögen*, deren → *Anschaffungskosten* oder → *Herstellungskosten* den Betrag von 410 Euro nicht überschreiten. Sie können nach den Vorschriften im → *Einkommensteuergesetz (EStG)* § 6 Abs. 2 EStG im Anschaffungsbzw. Herstellungsjahr voll als → *Betriebsausgaben* angesetzt und als → *Aufwand* nach den Vorschriften im *Handelsgesetzbuch (HGB)* § 254 HGB abgeschrieben werden. → *Abschreibungen*, → *Wirtschaftsgüter*.

▶ **Gesamtbetriebsrat** → *Betriebsverfassungsgesetz (BetrVG)*

▶ **Gesamthandlungsvollmacht** → *Handlungsvollmacht*

▶ **Gesamthypothek** → *Hypothek*

▶ **Gesamtjugend- und Auszubildendenvertretung**
→ *Betriebsverfassungsgesetz (BetrVG)*

▶ **Gesamtkapitalrentabilität** → *Rentabilität*

▶ **Gesamtkostenverfahren** → *Gewinn- und Verlustrechnung (GuV)*

▶ **Gesamtprokura** → *Prokura*

▶ **Gesamtschuldnerische Haftung**

Sie bedeutet, dass sich Personen oder Institutionen (z. B. ein Lieferant, ein Geschädigter mit Schadensersatzansprüchen oder das → *Finanzamt*) zur Begleichung ihrer Forderung gegen mehrere gleichhaftende Schuldner (z. B. die Gesellschafter einer → *Gesellschaft des Bürgerlichen Rechts (GbR)* oder die persönlich haftenden Gesellschafter einer sonstigen → *Personengesellschaft*) einen bzw. mehrere Schuldner auswählen können, die die gesamte Schuld zu begleichen haben. Im Innenverhältnis haften dagegen die Gesamtschuldner zu gleichen Anteilen. Rechtsgrundlage sind die Vorschriften im BGB (→ *Bürgerliches Gesetzbuch (BGB)*) (§ 421 BGB bis § 427 BGB) und im → *Handelsgesetzbuch (HGB)* (§ 128 HGB). Das → *Steuerrecht* – hier die → *Abgabenordnung (AO)* (§ 44 AO) – orientiert sich an den Grundsätzen des BGB und HGB.

▶ **Gesamtwirtschaftliches Gleichgewicht** → *Magisches Viereck*

▶ **Geschäftsanteil**

Der eingezahlte Anteil der → *Gesellschafter* einer → *Gesellschaft mit beschränkter Haftung (GmbH)* entsprechend der von ihnen jeweils übernommenen → *Stammeinlage* (§ 14 GmbHG und § 15 GmbHG). Ein Gesellschafter kann mehrere Geschäftsanteile übernehmen, die – soweit der → *Gesellschaftsvertrag* nichts anderes bestimmt – jederzeit einzeln oder zusammen verkauft und vererbt werden können. Die Abtretung von Geschäftsanteilen bedarf der notariellen Beurkundung.

Bei → *Genossenschaften* ist der Geschäftsanteil der Höchstbetrag, mit dem sich die Genossen am → *Geschäftsguthaben* beteiligen können (§ 7 GenG). Er ist an die Person gebunden und nicht veräußerbar. Jeder Genosse kann mehrere Geschäftsanteile erwerben. Die Höhe des Geschäftsanteils und der darauf einzuzahlende Betrag ist im Statut (→ *Satzung*) der Genossenschaft festgelegt.

▶ **Geschäftsbanken**

Andere Bezeichnung für die → *Universalbanken*. Anders: → *Spezialbanken*.

▶ **Geschäftsbericht**

(Annual Report) Bis Ende 1985 vorgeschriebene Publizitätsverpflichtung einer → *Aktiengesellschaft (AG)*. Seit dem 1. 1. 1986 (→ *Bilanzrichtlinien-Gesetz*) ersetzten der → *Jahresabschluss*, → *Anhang* und → *Lagebericht* sowie weitere freiwillige Berichte (z. B. → *Sozialbericht*) den Geschäftsbericht. → *Investor Relations*.

▶ **Geschäftsbuchführung** → *Finanzbuchführung*

▶ **Geschäftsfähigkeit**

Fähigkeit zur Abgabe von rechtsgültigen Willenserklärungen. Rechtsgrundlage sind die Vorschriften im BGB (→ *Bürgerliches Gesetzbuch (BGB)*). → *Rechtsfähigkeit*.

• **Kinder** unter 7 Jahren und entmündigte Personen sind **geschäftsunfähig** (§ 104 BGB) und **deliktunfähig** (§ 828 Abs. 1 BGB).

• **Minderjährige** vom vollendeten 7. Lebensjahr bis zum vollendeten 18. Lebensjahr sind **beschränkt geschäftsfähig**, d. h. ihre Rechtsgeschäfte sind nur mit Einwilligung des gesetzlichen Vertreters wirksam (§ 2 BGB und 106 BGB bis § 113 BGB). Verträge von solchen Personen sind bis zur Zustimmung des gesetzlichen Vertreters **schwebend unwirksam**, d. h. sie können vom anderen Teil widerrufen werden (§ 109 BGB und 184 BGB).

Der Abschluss rechtlich vorteilhafter Rechtsgeschäfte (z. B. Übereignung einer Sache oder Abtretung einer Forderung an den Minderjährigen) ist allerdings möglich. Dies gilt wegen der Zahlungsverpflichtung niemals für einen → *Kaufvertrag*. **Ausnahmen:** Erfüllung durch Taschengeld (§ 110 BGB) sowie die ausdrückliche Ermächtigung (durch gesetzlichen Vertreter und Genehmigung des Vormundschaftsgerichts) zum selbständigen Betrieb eines Erwerbsgeschäfts (§ 112 BGB) – und nur für diese Tätigkeit, allerdings mit bestimmten Ausnahmen (z. B. keine Veräußerung und Belastung von Grundstücken oder kein Erteilen von Prokura). Außerdem können Minderjährige mit Ermächtigung ihres gesetzlichen Vertreters ein Arbeitsverhältnis eingehen, d. h. der Minderjährige kann sein Gehalt empfangen, kündigen oder ein neues Arbeitsverhältnis der gleichen Art eingehen (§ 113 BGB).

• **Minderjährige** sind **nur dann deliktfähig**, d. h. für einen von ihnen verursachten Schaden verantwortlich, wenn sie aufgrund ihrer geistigen Entwicklung imstande sind, das Unrecht ihres Handelns zu erkennen (§ 828 Abs. 2 BGB). Dies muss in jedem Einzelfall festgestellt werden (BGH-Urteil).

▶ **Geschäftsführer**

Gesetzlicher Vertreter einer → *Gesellschaft mit beschränkter Haftung (GmbH)* (§ 35 Abs. 1 GmbHG). → *Geschäftsführung*.

▶ **Geschäftsführung**

Führungsorgan von Unternehmen. Ist die Geschäftsführung identisch mit dem Eigentümer, so handelt es sich um ein **Eigen-**

tümer-Unternehmen. Andernfalls ist der bzw. sind die Geschäftsführer angestellte Manager. In der → *Aktiengesellschaft (AG)* ist die Geschäftsführung als Organ identisch mit dem Vorstand.

▶ **Geschäftsgeheimnis** → *Betriebs- und Geschäftsgeheimnis*

▶ **Geschäftsjahr**

Zeitraum, an dessen Ende → *Kaufleute* eine → *Inventur* und einen → *Jahresabschluss* aufzustellen haben. Ein Geschäftsjahr beträgt höchstens 12 Monate, muss jedoch nicht übereinstimmen mit dem **Kalenderjahr** (z. B. Laufzeit vom 1. April bis 31. März).

Ein **Rumpfgeschäftsjahr** ist ein Geschäftsjahr, das keine zwölf Monate umfasst, z. B. nach Gründung oder → *Liquidation* eines Unternehmens.

▶ **Geschäftsordnung**

Verfahrensregeln, auf die sich ein Gremium für die Abwicklung seiner Geschäfte geeinigt hat. Dies sind z. B. das Verfahren zur Einberufung von Sitzungen, zum Bestimmen des Vorsitzes, zum Ablauf von Abstimmungen und zur Redezeit und Protokollführung.

▶ **Geschäftsplan** → *Business Plan*

▶ **Geschäftswert** → *Firmenwert*

▶ **Gesellschaft des Bürgerlichen Rechts (GbR)**

(BGB-Gesellschaft) Die GbR wird von zwei oder mehr Personen durch → *Gesellschaftsvertrag* gegründet. Sie ist eine Gesellschaft, deren Zweck nicht auf den Betrieb eines Handelsgewerbes (→ *Handelsgewerbe*) der → *Kaufleute* gerichtet ist. Deshalb gelten auch nicht die Vorschriften im → *Handelsgesetzbuch (HGB)*, sondern die Vorschriften im BGB (→ *Bürgerliches Gesetzbuch (BGB)*) (§ 705 BGB bis § 740 BGB).

Die GbR hat keine → *Firma* und zählt nicht als → *Juristische Personen*. Sie kann aber als Gesellschaft seit dem Urteil des Bundesgerichtshofs (BGH) vom Januar 2001 klagen und verklagt werden. Die Gesellschafter einer BGB-Gesellschaft haften als **Gesamtschuldner** (→ *Gesamtschuldnerische Haftung*).

▶ **Gesellschafter**

Bezeichnung für Teilhaber einer → *Personengesellschaft* und → *Kapitalgesellschaft*. Die Rechtsverhältnisse können dabei sehr unterschiedlich sein. Gesellschafter einer OHG (→ *Offene Handelsgesellschaft (OHG)*) und der Komplementär der → *Kommanditgesellschaft (KG)* haften mit ihrem gesamten → *Vermögen*. Bei Kapitalgesellschaften dagegen haften Gesellschafter lediglich mit ihrer Einlage (Aktienbesitz bei der → *Aktiengesellschaft (AG)* bzw. → *Geschäftsanteil* bei der → *Gesellschaft mit beschränkter Haftung (GmbH)*). Vor allem bei Personengesellschaften sind Gesellschafter häufig in der → *Geschäftsführung* tätig. → *Gesellschaftsvertrag*.

▶ **Gesellschafterversammlung**

Organ der → *Gesellschaft mit beschränkter Haftung (GmbH)* (§ 48 GmbHG). Sie bestimmt u. a. das → *Stammkapital*, über Änderungen der → *Satzung* und die Entlastung der → *Geschäftsführer*.

▶ **Gesellschaft mit beschränkter Haftung (GmbH)**

Die GmbH zählt als → *Handelsgesellschaft* zu den Kapitalgesellschaften (→ *Kapitalgesellschaft*). Sie kann von einer oder mehreren Personen errichtet werden und entsteht durch Eintrag in das → *Handelsregister*. Ihre rechtliche Grundlage ist das **Gesetz betreffend die Gesellschaften mit beschränkter Haftung (GmbHG)** i. d. F. vom 28. 10. 1998.

Die → *Gesellschafter* einer GmbH schließen einen → *Gesellschaftsvertrag*, der von sämtlichen Gesellschaftern bzw. dem alleinigen Gesellschafter (→ *Einpersonengesellschaft*) zu unterzeichnen ist. Für seine Abfassung besteht ein weiter Spielraum. Er muss jedoch enthalten (§ 3 GmbHG):

- Die → *Firma* und den Sitz der Gesellschaft;
- den Gegenstand des Unternehmens;
- den Betrag des **Stammkapitals**;
- den Betrag der von jedem Gesellschafter auf das Stammkapital zu leistenden Einlage **(Stammeinlage)**;
- zeitliche Beschränkungen für das Unternehmen oder andere Verpflichtungen, die den Gesellschaftern außer der Leistung von Kapitaleinlagen auferlegt werden.

Das Einlage- oder → *Nominalkapital* der GmbH heißt **Stammkapital**. Es setzt sich zusammen aus der **Summe der Stammeinlagen** (Summe aller Geldeinlagen und ggf. der im Gesellschaftsvertrag festgelegten Sacheinlagen nach § 5 Abs. 4 GmbH-Gesetz) der Gesellschafter. Seine Mindestsumme beträgt 25 000 Euro, die Stammeinlage jedes Gesellschafters mindestens 100 Euro (§ 5 Abs. 1 GmbHG).

Die Hälfte des Stammkapitals muss bei Anmeldung der Gesellschaft eingezahlt sein, dabei von jedem Gesellschafter mindestens ein Viertel seiner Stammeinlage (§ 7 GmbHG). → *Kaduzierung*.

Die **Haftung der Gesellschaft** als solche (eigene Rechtspersönlichkeit) ist **unbeschränkt**.

Die Haftung der **Gesellschafter beschränkt** sich auf ihre Einlagen und evtl. zu erbringende **Nachschüsse** (→ *Nachschusspflicht*) entsprechend § 26 GmbHG.

Die → *Gewinnverwendung* erfolgt entsprechend § 29 GmbHG nach einem im Gesellschaftsvertrag festgelegten Schlüssel, nach Gesellschafterbeschluss oder nach dem Verhältnis der Geschäftsanteile. Der Gewinn kann auch im Unternehmen belassen werden (→ *Selbstfinanzierung*).

Organe der GmbH sind → *Geschäftsführer*, → *Gesellschafterversammlung*, → *Aufsichtsrat*, Beirat, → *Verwaltungsrat* (falls in der → *Satzung* vorgesehen).

Bei mehr als 500 beschäftigten Arbeitnehmern muss die GmbH nach dem → *Drittelparitätsgesetz* einen **Aufsichtsrat** entsprechend den aktienrechtlichen Vorschriften bilden. → *Mitbestimmung*, → *Publizitätspflicht*.

2003 existierten in Deutschland rd. 500 000 GmbHs.

Zum 1. 1. 2006 plant die Bundesregierung eine **Novellierung des GmbH-Gesetzes**, u. a. ist eine Herabsetzung der Mindestsumme für das Stammkapital auf 10 000 Euro geplant.

http://www.gmbh-gesetz.de/

▶ Gesellschaftsbezogene Berichterstattung

Berichtstätigkeit der Unternehmen über die gesellschaftsbezogenen Wirkungen und Beziehungen ihrer Tätigkeit. Manchmal wird der Begriff **Sozialbilanz** verwendet, obwohl diese Beziehungen nicht immer passend im Sinne einer Bilanz rechenhaft darstellbar sind. Zutreffender ist die Bezeichnung **Sozialbericht**. Aussagefähiger als eine Selbstdarstellung der Unternehmen ist der Aufbau objektivierbarer Kennziffernsysteme (→ *Kennzahlen*, → *Soziale Indikatoren*), mit deren Hilfe das innere Beziehungsfeld (z. B. soziale Leistungen für die eigenen Beschäftigten) und das äußere Beziehungsfeld (z. B. Umweltbelastungen, empfangene → *Subventionen*) der Unternehmen in überprüfbarer Form dargestellt wird.

▶ Gesellschaftsrecht

Rechtsnormen für → *Juristische Personen* des privaten Rechts und der → *Personengesellschaft.* → *Europäische Aktiengesellschaft (EAG).*

▶ Gesellschaftsvertrag

Vertragliche Rechtsbeziehungen der → *Gesellschafter* einer → *Gesellschaft mit beschränkter Haftung (GmbH)* (§ 2 HGB und § 3 HGB), OHG (→ *Offene Handelsgesellschaft (OHG)*) (§ 109 HGB), → *Kommanditgesellschaft (KG)* (§ 163 i. V. mit § 161 Abs. 2 HGB), → *Gesellschaft des bürgerlichen Rechts (GbR)* (für das Innenverhältnis nach § 705 BGB) und als **Partnerschaftsvertrag** einer → *Partnerschaftsgesellschaft* (§ 4 PartGG und § 5 PartGG).

▶ Gesellschaftswissenschaft → *Sozialwissenschaft*

▶ **Gesetz gegen Wettbewerbsbeschränkungen (GWB)**
→ *Kartellgesetz*

▶ **Gesetzliche Krankenversicherung** → *Krankenversicherung*

▶ **Gesetzliche Rücklage** → *Rücklagen*

▶ **Gesetz zur Kontrolle und Transparenz im Unternehmensbereich** → *KonTraG*

▶ **Gesundheitsprämie**

(Kopfpauschale) Alle erwachsenen Versicherten der gesetzlichen → *Krankenversicherung* zahlen danach eine feste Monatsprämie als **einheitlichen Pauschalbetrag**. Er soll den durchschnittlichen Pro-Kopf-Ausgaben der jeweiligen → *Krankenkassen* entsprechen. Hierdurch erfolgt eine Abkopplung der Gesundheitskosten von den Arbeitsverhältnissen und vom Arbeitseinkommen.

Der soziale Ausgleich soll über das Steuersystem organisiert werden. Hierdurch soll die Finanzierung einer Beitragsfreiheit für Kinder und einer Familienkomponente möglich werden. → *Rürup-Kommission*.

▶ **Gesundheitsreform**

Bezeichnung für die seit Ende der 80er Jahre durchgeführten gesetzlichen und verordnungsmäßigen (→ *Rechtsverordnungen*) Regelungen zur materiellen und finanziellen Neugestaltung im Gesundheitswesen. Sie soll den gestiegenen Qualitätsansprüchen im Gesundheitswesen und der erhöhten Lebenserwartung Rechnung tragen.

Die Bemühungen, mit immer neuen Regelungen die steigenden Kosten bei sinkenden Einnahmen sozial ausgewogen zu gestalten, sind ein politischer und finanzieller Balanceakt zwischen den Beteiligten – Krankenkassen, Ärzte (→ *Kassenärztliche Vereinigung*), Krankenhäuser, Pharmaindustrie, Apotheken, Patienten (Wähler) und Parteien. Die durch hohe → *Arbeitslosigkeit* und geringes → *Wirtschaftswachstum* verminderten Einnahmen sowie vorhandene strukturelle Mängel brachten seit 1989 viele, teilweise wieder korrigierte Neuregelungen, die bis 2005 noch keine allgemein akzeptierte langfristige Lösung der Probleme beinhalteten.

1. Gesundheitsreformgesetz

Das zum 1.1. 1989 in Kraft getretene **Gesetz zur Strukturreform im Gesundheitswesen (Gesundheitsreformgesetz)** mit seinen 300 Paragraphen war lange heftig umstritten, weil hiermit neue Elemente in die gesetzliche → *Krankenversicherung* eingebaut wurden, die für die meisten Versicherten zusätzliche Belastungen bedeuteten.

Eingeführt wurden **Festbeträge** für Arznei-, Verbands- und Hilfsmittel, die von den → *Krankenkassen* erstattet werden können. Mit Hilfe einer **erweiterten Selbstbeteiligung** (z. B. Erhöhung der Rezeptgebühren) und mit einem System von **Kostenerstattungen** (z. B. beim Zahnersatz) sollte das Kostenbewusstsein der Versicherten geschärft werden. Außerdem wurde bestimmten Personenkreisen (z. B. → *Beamte* und → *Selbständige*) der freiwillige Beitritt als Versicherungsberechtigte verwehrt.

Zum 1.1. 1992 trat an die Stelle einer Rezeptgebühr eine **Selbstbeteiligungsregelung** für alle Arzneimittel, die nicht festbetragsfähig sind. Bei teureren Arzneimitteln, die mit Festbetragspräparaten konkurrierten, mussten Patienten den Unterschiedsbetrag zum Marktpreis bezahlen. Für sozial Schwache bestand eine **Härte- und Überforderungsklausel**. In den neuen Bundesländern galten Übergangsregelungen mit verminderten Preisen für Arzneimittel.

2. Gesundheitsstrukturgesetz

Ab 1.1. 1993 galt eine nach Preisklassen gestaffelte **Zuzahlung** für alle Arzneimittel, die ab 1994 auf die Packungsgröße bezogen wurde. Auch die Zuzahlungen für Krankenhausaufenthalt wurden 1993 und 1994 erhöht. Bei Zahnersatz werden komplizierte Lösungen (z. B. große Zahnbrücken) sowie kieferorthopädische Leistungen für Erwachsene nicht mehr bezahlt. Arbeiter und Angestellte sind seit 1996 bei der Wahl ihrer Krankenkasse gleich gestellt. Neu war der **Risikostrukturausgleich** (vgl. Pkt. 7) zwischen den Krankenkassen. Für Ärzte wurde für 1993 bis 1995 eine Grundlohnanbindung (**Budgetierung**) der Honorare eingeführt. Der Honorarzuwachs wurde auf den Einkommenszuwachs der Mitglieder in der gesetzlichen Krankenversicherung (GKV) begrenzt.

Für Arznei- und Heilmittel galt 1993 ein gesetzliches Budget, das 1994 von **Richtgrößen** abgelöst wurde. Dabei hafteten Ärzte für das Überschreiten des Gesamtbudgets.

Für Apotheken und die Pharmaindustrie wurde zum 1.1.1993 eine gesetzliche Preissenkung bei den nicht mit den 1989 eingeführten Festbeträgen versehenen Arzneimitteln beschlossen und für 1994 festgeschrieben. Außerdem wurde ein **Arzneimittelinstitut** eingerichtet, das eine Liste der verordnungsfähigen Arzneimittel erarbeitete. Diese wurde durch Rechtsverordnung in das Leistungsrecht der GKV eingeführt.

Die Zulassung zur Kassenpraxis für Ärzte und Zahnärzte wurde ab 1993 leicht (**Überversorgungsregelung**) und ab 1999 stark eingeschränkt.

Die **Krankenhausbudgets** wurden wie die der Ärzte und Zahnärzte an den Einkommenzuwachs der Mitglieder in der GKV gekoppelt. Die Abführung von Einnahmen der Chefärzte aus der Behandlung von Privatpatienten an das Krankenhaus wurde neu geregelt.

3. Neuordnungsgesetze zum Gesundheitswesen (1. und 2. NOG)

Mit dem **1. NOG** wurden ab 1998 u. a. die Zuzahlungen für Patienten im Arzneimittelbereich drastisch erhöht. Außerdem sollte über einen „Koppelungsmechanismus" ab dem Jahr 2000 eine Erhöhung für den → *Beitragssatz* der Krankenkassen automatisch zu höheren Zuzahlungen für die Versicherten der jeweiligen Kasse führen.

Mit dem **2. NOG** wurden u. a. Kuren, häusliche Krankenpflege, Fahrtkosten, Hilfsmittel und Auslandsleistungen nur noch freiwillige Gestaltungsleistungen der Krankenkassen – statt wie bisher Pflichtleistungen.

4. Gesetz zur Stärkung der Solidarität in der gesetzlichen Krankenversicherung (GKV-SolG)

Die im Herbst 1998 gewählte neue Bundesregierung korrigierte eine ganze Reihe der mit dem 1. und 2. NOG eingeführten Regelungen, u. a. den geplanten Koppelungsmechanismus der Zuzahlungen an Beitragssatzanhebungen der Krankenkassen. Gleichzeitig wurden Ausgabenbegrenzungen in den zentralen Leistungsbereichen der gesetzlichen Krankenversicherung (**Arzneimittelbudgets**) vorgegeben, um so eine Voraussetzung für stabile Beitragssätze zu schaffen. Diese und der dort vorgesehene Kollektivregress der Ärzte bei Budgetüberschreitungen wurde ab 1. 1. 2002 ersetzt zugunsten einer von Ärzten und Krankenkassen im Rahmen der → *Selbstverwaltung* zu regelnden Garantie von Qualität und → *Wirtschaftlichkeit* der Arzneimittelversorgung. Am 22. 2. 2002 trat ein **Arzneimittelausgabenbegrenzungs-Gesetz** in Kraft, mit dem vorhandene Einsparpotenziale ausgeschöpft werden sollten.

5. Gesetz zur Reform der gesetzlichen Krankenversicherung (GKV)

Seit dem 1. 1. 2000 gelten zahlreiche Neuregelungen und Zielsetzungen, die vor allem einer auf Qualität und Wirtschaftlichkeit gerichteten Versorgung der Patienten dienen sollten. Dabei wurde die Begrenzung der Ausgaben in der gesetzlichen Krankenversicherung auf die jährliche Lohnzuwachsrate fortgeführt.

6. Gesetz zur Rechtsangleichung in der gesetzlichen Krankenversicherung

Dieses Gesetz beseitigte ab 1. 1. 2001 weitgehend die besonderen Vorschriften in der gesetzlichen Krankenversicherung in den neuen Bundesländern („Rechtskreis Ost"). Außerdem wurde – beginnend mit dem 1. 1. 2001 – der vollständige **Risikostrukturausgleich** bis zum Jahr 2007 schrittweise eingeführt.

7. Reform des Risikostrukturausgleichs

Der Risikostrukturausgleich zwischen den Krankenkassen wurde 1996 zusammen mit der Kassenwahlfreiheit im Rahmen des Gesundheitsstrukturgesetzes eingeführt. Hiermit soll verhindert werden, dass Krankenkassen ihre Mitglieder vorwiegend nach wirtschaftlichen Kriterien auswählen. Dabei müssen Krankenkassen mit günstiger Risikostruktur (z. B. viele junge Gesunde mit hohem Einkommen) und daraus folgenden niedrigen Beitragssätzen über ein organisiertes System Finanztransfers zu Krankenkassen mit ungünstiger Risikostruktur leisten. Kriterien beim Risikostrukturausgleich sind die Verteilung von Einkommen, Alter und Geschlecht in der Mitgliederstruktur einer Krankenkasse. Hauptzahler sind die Ersatz- und Betriebskrankenkassen zugunsten vor allem der Allgemeinen Ortskrankenkassen (AOK).

Mit dem **Gesetz zur Reform des Risikostrukturausgleichs in der gesetzlichen Krankenversicherung** vom 10. 12. 2001 wurden zahlreiche Neuregelungen, u. a. in Bezug auf chronisch Kranke, beschlossen.

8. Das Beitragssatzsicherungsgesetz

Mit diesem Gesetz vom 20. 12. 2002 sollte die Finanzgrundlage der gesetzlichen Krankenversicherung (und → *Rentenversicherung*) gestärkt und das Beitragsniveau stabilisiert werden. Die Sofortmaßnahmen ab 1. 1. 2003 waren notwendig, um dem weltwirtschaftlichen Abschwung und den hieraus folgenden Einnahmeverlusten in den öffentlichen Haushalten und den Sozialversicherungen zu begegnen. Der Abwanderung junger gut Verdienender aus der gesetzlichen in die private Krankenversicherung sollte durch eine Anhebung der → *Versicherungspflichtgrenze* für 2003 auf 3825 Euro entgegengewirkt werden. Angekündigt wurde eine Strukturreform im Gesundheitswesen mit dem Ziel, mehr Qualität in der medizinischen Versorgung, mehr Transparenz für die Patienten und mehr Effizienz ärztlicher Leistungen zu schaffen.

9. Gesetz zur Modernisierung der gesetzlichen Krankenkassen (GMG)

Mit diesem von Regierung und Opposition gemeinsam im Konsens erarbeiteten Gesetz traten zum 1. 1. 2004 umfassende strukturelle Änderungen im deutschen Gesundheitswesen in Kraft. Ziel des Gesetzes war die Senkung der Krankenkassenbeiträge, eine Verringerung der Ausgaben und eine Erhöhung des Wettbewerbs im Gesundheitswesen. Der durchschnittliche Beitragssatz zur Krankenversicherung sollte bereits 2004 auf 13,6 % (tatsächlich jedoch nur 14,2 %) und ab 2005 auf unter 13 Prozent fallen. Der umfangreiche Katalog der Einzelmaßnahmen umfasst u. a.:

● Mehr **Transparenz für die Patienten** (u. a. Patientenquittungen auf eigenen Wunsch mit Informationen über Preise und ärztliche Leistungen, eine fälschungssichere Gesundheitskarte ab 2006, Einrichtung eines/r Patientenbeauftragten auf Bundesebene);

● Verpflichtung von Ärzten zur **Fortbildung**;

● Verpflichtung der Krankenkassen, flächendeckend **Hausarztmodelle** (der Hausarzt als Lotse im Gesundheitswesen) anzubieten;

● **Öffnung der Krankenhäuser** für hochspezialisierte Leistungen zur ambulanten Versorgung;

● Zulassung des **Versandhandels mit Arzneimitteln**;

● **Keine Übernahme von Kosten für nicht verschreibungspflichtige Arzneimittel** (außer bei Kindern und Jugendlichen bis zum 12. Lebensjahr). Die Preisbindung für nicht verschreibungspflichtige Arzneimittel wurde aufgehoben.

● **Versicherungsfremde Leistungen** (zum Beispiel → *Mutterschaftsgeld*, → *Krankengeld* bei Betreuung eines Kindes) werden in Zukunft nicht mehr durch die GKV, sondern über → *Steuern* finanziert. Dazu wurde 2004 und 2005 in drei Stufen die → *Tabaksteuer* um einen Euro je Packung angehoben. Das Sterbegeld ist ab 2004 ganz entfallen;

● Für **Zahnersatz** zahlen die Krankenkassen seit dem 1. 1. 2005 nur noch befundbezogene Festzuschüsse.

● Seit dem 1. 7. 2005 müssen die Versicherten für **Krankengeld** und **Zahnersatz** einen Sonderbeitrag in Höhe von 0,9 % des versicherungspflichtigen Einkommens leisten.

● Die **Zuzahlungen** der Patienten zu Arzt- und Zahnarztbesuchen (**Praxisgebühr** von 10 Euro pro Quartal), Arzneimitteln und Krankenhausaufenthalten werden auf zwei Prozent bzw. ein Prozent des beitragspflichtigen Bruttoeinkommens pro Jahr begrenzt. Chronisch Kranke zahlen höchstens ein Prozent, Kinder sind von Zuzahlungen befreit und Familien mit Kindern bekommen Freibeträge. Grundsätzlich gilt eine Zuzahlung von zehn Prozent bei allen medizinischen Leistungen, mindestens fünf Euro und höchstens zehn Euro.

10. Ausblick

Eine **Kommission zur Nachhaltigkeit in der Finanzierung der Sozialen Sicherungssysteme** (→ *Rürup-Kommission*) hatte im April 2003 Vorschläge vorgelegt für die Krankenversicherung. Ein Teil der Vorschläge wurde inzwischen umgesetzt (z. B. neue Zuzahlungsregelungen, Praxisgebühr, Herausnahme des Krankengeldes aus dem Leistungskatalog der Krankenversicherung). Andere bedürfen noch der politischen Entscheidung, so z. B. → *Bürgerversicherung* oder → *Gesundheitsprämie* (Kopfpauschale).

http://www.bmgs.de/

▶ Getränkesteuer

Den → *Gemeinden* aufgrund von Landesrecht zustehende Steuer, in der Regel 10 % des für ein Getränk (Ausnahme Bier und Milch) vom Wirt berechneten Preises. → *Steuerarten.*

▶ Gewährleistung

Begriff aus dem BGB (→ *Bürgerliches Gesetzbuch (BGB)*). Er bedeutet die Verpflichtung des Verkäufers einer Sache (→ *Kaufvertrag*) oder des Erbringers einer Leistung (→ *Werkvertrag*), die Sache bzw. das Werk frei von Sach- und Rechtsmängeln zu verschaffen (§ 433 Abs. 2 BGB und § 633 BGB). Die Gewährleistung erstreckt sich auf die Beseitigung von Mängeln, zur Zahlung von Schadenersatz bis zum Akzeptieren des Rücktrittsrechts vom Kauf. → *Garantie.*

▶ Gewerbe/Gewerbebetrieb

Ein Gewerbebetrieb ist eine auf Dauer angelegte selbständige Tätigkeit mit der Absicht, → *Gewinn* zu erzielen. Ausgenommen sind nach dem → *Einkommensteuergesetz (EStG)* die → *Freien Berufe* und die → *Land- und Forstwirtschaft* (§ 15 Abs. 2 EStG).

Jeder Gewerbebetrieb ist nach den Vorschriften im → *Handels-gesetzbuch (HGB)* ein → *Handelsgewerbe*, soweit er einen in kaufmännischer Weise eingerichteten Geschäftsbetrieb erfordert (§ 1 Abs. 2 HGB). Wer ein Handelsgewerbe betreibt, ist Kaufmann (→ *Kaufleute*).

Erfordert der Betrieb einer am gewerblich-industriellen Erwerbsleben teilnehmenden Person keinen in kaufmännischer Weise eingerichteten Geschäftsbetrieb und ist sie auch kein Kann-kaufmann (§ 2 HGB), so betreibt sie ein **Kleingewerbe**.

Das **Gewerbesteuerrecht** (→ *Gewerbesteuer*) unterscheidet **drei Arten** von Gewerbebetrieben:

• Jeder im Inland betriebene stehende Gewerbebetrieb (d. h. mit fester → *Betriebsstätte*) im Sinne des Einkommensteuergesetzes (§ 2 Abs. 1 GewStG). Hierzu zählen auch die → *Personengesell-schaft* sowie Reisegewerbebetriebe nach § 35 a GewStG;

• Die → *Kapitalgesellschaft*, → *Genossenschaft* und der → *Ver-sicherungsverein auf Gegenseitigkeit (VVaG)* (§ 2 Abs. 2 Gew-StG).

• Sonstige → *Juristische Personen* des privaten Rechts und der nicht rechtsfähige → *Verein*, soweit sie einen wirtschaftlichen Geschäftsbetrieb unterhalten (§ 2 Abs. 3 GewStG).

Der Betrieb eines Gewerbes ist ebenso wie die Geschäftsauf-gabe, Sitzverlegung oder Änderungen des Geschäftsgegenstandes bei der zuständigen Behörde der → *Gemeinde* anzeigepflichtig.

▶ **Gewerbeaufsicht**

Staatliche Überwachung der Einhaltung von Vorschriften und gesetzlichen Bestimmungen zum Schutze der → *Arbeitnehmer* (z. B. → *Arbeitszeitgesetz*, → *Arbeitsschutzvorschriften*, → *La-denschlussgesetz* usw.). Die Gewerbeaufsicht obliegt den Bundes-ländern.

Die Gewerbeaufsicht wird von den Gewerbeaufsichtsämtern in Zusammenarbeit mit den → *Berufsgenossenschaften* durchge-führt. Unterstützt wird die Gewerbeaufsicht z. B. durch den → *Be-triebsrat* bzw. den → *Personalrat*, die ebenfalls für die Einhaltung der Arbeitsschutzvorschriften zuständig sind.

▶ **Gewerbefreiheit**

Ein im Grundgesetz (Artikel 12 GG) und in der → *Gewerbeordnung* (§ 1 GewO) festgeschriebenes Recht, ein → *Gewerbe/Gewerbebetrieb* zu betreiben oder fortzuführen. Die Gewerbeordnung sieht allerdings für Ausnahmefälle bestimmte Einschränkungen (z. B. Erlaubnispflicht) vor.

▶ **Gewerbeordnung**

Bundeseinheitliche Regelung i. d. F. vom 22. 2. 1999 mit Bestimmungen, die – ausgehend vom Grundsatz der → *Gewerbefreiheit* – die Rahmenbedingungen für das gesamte Gewerberecht beschreiben. Geregelt werden u. a. Zulassungen, Untersagung, Umfang und Ausübung eines Gewerbes (→ *Gewerbe/Gewerbebetrieb*), → *Arbeitsschutz*, → *Zeugnis* usw.

http://bundesrecht.juris.de

▶ **Gewerbesteuer**

Wichtigste Einnahmequelle der → *Gemeinden*. Rechtsgrundlage ist das **Gewerbesteuergesetz (GewStG)** i. d. F. vom 15. 10. 2002, die **Gewerbesteuer-Durchführungs-Verordnung (GewStDV)** vom 15. 10. 2002 und die **Gewerbesteuerrichtlinien (GewStR)** vom 21.12. 1998. Die Gewerbesteuer zählt zu den Realsteuern (→ *Steuern*).

Besteuert wird seit 1998 nur noch der **Gewerbeertrag**. Die **Gewerbekapitalsteuer** wurde zum 1. 1. 1998 mit dem **Gesetz zur Fortsetzung der Unternehmensteuerreform** abgeschafft. → *Steuerreform*.

Objekt der Gewerbesteuer ist nach § 2 GewStG jeder stehende inländische Gewerbebetrieb (→ *Stehendes Gewerbe*). Die Gemeinden erheben die Gewerbesteuer von allen Unternehmen, die eine → *Betriebsstätte* in ihrem Gebiet betreiben. Sie wird in einem **zweigliedrigen Verfahren** erhoben:

1. Berechnung des Gewerbeertrags

Berechnungsgrundlage für den Gewerbeertrag ist der um bestimmte – im Gewerbesteuergesetz (§ 7 GewStG bis § 11 GewStG) festgelegte – Beträge erhöhte bzw. gekürzte **Unternehmensgewinn**.

Dieser entspricht dem zur Berechnung der → *Einkommensteuer* oder → *Körperschaftsteuer* zugrunde liegenden steuerpflichtigen → *Gewinn* des Unternehmens.

Der so errechnete **Gewerbeertrag** wird nach § 11 Abs. 1 Satz 3 GewStG um bestimmte Freibeträge (→ *Freibetrag*) vermindert (24 500 Euro für → *Einzelunternehmen* und → *Personengesellschaften*, 3835 Euro u. a. für → *Kapitalgesellschaften* und → *Juristische Personen* des öffentlichen Rechts).

2. Steuermesszahl und Steuermessbetrag

Nun ist der → *Steuermessbetrag* nach § 11 Abs. 1 Satz 1 GewStG und 2 GewStG zu berechnen. Hierzu wird der verbleibende Gewerbeertrag mit einer → *Steuermesszahl* multipliziert. Die Steuermesszahl für natürliche Personen und Personengesellschaften beträgt in vier Schritten von je 12 000 Euro 1 bis 4 %, für über 48 000 Euro hinausgehende Beträge und generell für → *Kapitalgesellschaften* 5 % vom Gewerbeertrag (§ 11 Abs. 2 GewStG).

Der so errechnete Steuermessbetrag wird vom → *Betriebsstättenfinanzamt* in einem **Gewerbesteuermessbescheid** festgesetzt (§ 14 GewStG).

Der festgesetzte **Steuermessbetrag** wird mit dem von den Gemeinden bestimmten → *Hebesatz* nach § 16 GewStG multipliziert. Das Ergebnis ist die zu **zahlende Gewerbesteuer**, die im **Gewerbesteuerbescheid** festgestellt wird. Sie kann als → *Betriebsausgaben* geltend gemacht werden und vermindert hierdurch ihre eigene Bemessungsgrundlage sowie die Bemessungsgrundlage für die Einkommen- bzw. Körperschaftsteuer. Bund und Länder sind durch die **Gewerbesteuerumlage** in Höhe von 40 % des hebesatzbereinigten Aufkommens am Gewerbesteueraufkommen beteiligt. Als Ausgleich erhalten die Gemeinden einen Anteil von 15 % des Aufkommens an der Lohn- und der veranlagten Einkommensteuer ihres Bundeslandes. → *Finanzausgleich*.

Ein Ersatz der Gewerbesteuer durch eine neue **Gemeindewirtschaftsteuer**, wie sie eine Kommission zur Reform der Gemeindefinanzen (→ *Finanzreform*) im Mai 2003 vorgeschlagen hatte, scheiterte bisher im politischen Streit. Siehe **Abb. 37** (Seite 937).

http://bundesrecht.juris.de

▶ **Gewerkschaften**

Interessenvertretungen der → *Arbeitnehmer.* Bereits 1848 wurde mit der „Arbeiterverbrüderung" die erste Arbeiterorganisation gegründet. Allerdings blieb sie nach dem Scheitern der Demokratisierungsversuche in Deutschland ohne nachhaltige Wirkung. 1854 mussten alle noch bestehenden Arbeitervereine aufgelöst werden. Erst am 23. 5. 1863 wurde in Leipzig auf einem Kongress der **„Allgemeine Deutsche Arbeiterverein"** mit dem Präsidenten **Ferdinand Lassalle** gegründet. Die 1869 von Lassalle erkämpfte → *Koalitionsfreiheit* in Preußen schaffte die Voraussetzung für die Gewerkschaftsbewegung. Sie entfaltete sich in drei Richtungen:

(1) die **Arbeitergewerkschaften**, die aus dem „Allgemeinen Deutschen Arbeiterverein" hervorgegangen sind, sowie die 1868 von **August Bebel** begründeten „Internationalen Gewerkschaftsgenossenschaften". Von 1878 bis 1890 waren diese Gewerkschaften durch das Sozialistengesetz verboten, wodurch Kaiser Wilhelm I. und Bismarck ein weiteres Anwachsen der Sozialdemokratischen Arbeiterbewegung gesetzlich unterbinden wollten;

(2) die **Hirsch-Dunckerschen Gewerkvereine**, deren Mitglieder sich 1876 verpflichten mussten, der Sozialdemokratie nicht beizutreten. Die Hirsch-Dunckerschen Gewerkvereine – so genannte **gelbe Gewerkschaften** – spielen in der deutschen Gewerkschaftsgeschichte keine besondere Rolle, zumal sie sich auch dem → *Liberalismus* verbunden zeigten;

(3) die aus der christlich-sozialen Bewegung des Mainzer Bischofs von Ketteler hervorgegangenen **christlichen Gewerkschaften** (gegründet 1869), die der Zentrumspartei politisch nahe standen.

1913 hatten die freien Gewerkschaften 2,5 Mio., die christlichen 340 000 und die Gewerkvereine 105 000 Mitglieder.

Durch das **Novemberabkommen** vom 15. 11. 1918 zwischen Arbeitnehmer- und Arbeitgebervertretern wurden die Gewerkschaften als Vertretung der Arbeitnehmer anerkannt. Die Arbeitsbedingungen werden seither durch Kollektivvereinbarungen mit den Gewerkschaften für alle Arbeitnehmer durch → *Tarifvertrag* geregelt. Betriebe mit mehr als 50 Beschäftigten bildeten Arbeitsausschüsse als Vorläufer für den heutigen → *Betriebsrat.* Der 8-Stunden-Tag wurde eingeführt.

Die Grundsätze dieses Abkommens haben sich bis heute weiterentwickelt zum kollektiven Arbeitsvertragsrecht (→ *Arbeitsvertrag*), zum → *Betriebsverfassungsgesetz (BetrVG)*, Urlaubsrecht (→ *Urlaub*) und zur Verbesserung des Rechts der → *Sozialversicherung.* In den Jahren des Hitlerregimes wurden die Gewerkschaften aufgelöst und ihre Mitglieder in die so genannte **Deutsche Arbeitsfront** überführt.

Nach dem Zusammenbruch bildeten sich 1945 in den drei westlichen Besatzungszonen neue Gewerkschaften, die sich im Oktober 1949 auf einem Gründungskongress in München zum → *Deutschen Gewerkschaftsbund (DGB)* zusammenschlossen. Neben dem im → *Industrieverbandsprinzip* organisierten DGB wurden die nach dem → *Berufsverbandsprinzip* organisierte Deutsche Angestelltengewerkschaft (DAG) und 1954 die Christliche Gewerkschaftsbewegung Deutschlands als → *Richtungsgewerkschaft* neu gegründet, die sich 1959 in Christlicher Gewerkschaftsbund (CGB) umbenannte. Der CGB hat keine Bedeutung erreicht.

Betriebsgewerkschaften (so genannte **gelbe Gewerkschaften**), wie sie vor 1918 in den Gewerkvereinen üblich und heute als vorherrschendes Gewerkschaftsprinzip im angelsächsischen Raum anzutreffen sind, gibt es nicht mehr in der Bundesrepublik.

Heute sind rd. 30 % aller Arbeitnehmer gewerkschaftlich organisiert.

1949 entstand in der damaligen sowjetischen Besatzungszone der **Freie Deutsche Gewerkschaftsbund (FDGB)** als alleinige Gewerkschaftsorganisation. Die westlichen Gewerkschaften sind im IBFG (→ *Internationaler Bund Freier Gewerkschaften (*IBFG)) zusammengeschlossen.

Die kommunistischen Gewerkschaften hatten bis zu ihrer Auflösung als Dachverband den → *Weltgewerkschaftsbund*, dem die Nachfolgeorganisationen z. T. noch immer angehören.

http://www.50jahre.dgb.de/

▶ Gewinn

Positives Ergebnis unternehmerischen Handelns. Die Definition „Was ist Gewinn?" hängt davon ab, ob handelsrechtliche, betriebswirtschaftliche oder steuerrechtliche Ziele verfolgt werden:

● Das → *Handelsgesetzbuch (HGB)* definiert den Gewinn als die Differenz zwischen *Erträgen* (→ *Ertrag*) und → *Aufwand* in einem → *Geschäftsjahr.* Sie wird in der → *Gewinn- und Verlustrechnung (GuV)* ermittelt. Das Ergebnis ist der **Jahresüberschuss** (**Unternehmensgewinn**).

In der → *Bilanz* tritt an die Stelle des Jahresüberschusses bei Berücksichtigung der teilweisen Verwendung des Ergebnisses (→ *Gewinnverwendung*) und ggf. unter Einbeziehung von → *Gewinnvortrag* oder → *Verlustvortrag* der **Bilanzgewinn** (§ 268 Abs. 1 HGB).

● In der → *Betriebsabrechnung* wird der **Betriebsgewinn** als Differenz zwischen Betriebserträgen (→ *Erlös*) und → *Kosten* einer Rechnungsperiode ermittelt. Analog zum neutralen Aufwand und zu den neutralen Erträgen wird die Differenz zwischen Unternehmensgewinn und Betriebsgewinn als **neutraler Gewinn** bezeichnet.

● Der **zu versteuernde Gewinn** wird in der → *Steuerbilanz* ermittelt.

● Bestimmte Gruppen von Selbständigen (→ *Selbständige*) errechnen ihren Gewinn (**Überschuss**) in einer → *Einnahmen-Ausgaben-Rechnung.*

Entsprechendes gilt für einen **Verlust** (**Jahresfehlbetrag** bzw. **Bilanzverlust**, **Betriebsverlust**, **Negatives Einkommen**) – als das **negative Ergebnis** unternehmerischen Handelns. Gemindert wird im Handelsrecht das → *Eigenkapital*, das → *Steuerrecht* erlaubt bestimmte Handlungsspielräume wie z. B. den → *Verlustrücktrag* bzw. Verlustvortrag.

▶ Gewinnabführungsvertrag

Nach → *Aktiengesetz (AktG)* (§ 291 AktG) und im → *Steuerrecht* (→ *Körperschaftsteuer,* → *Organschaft*) mögliche vertragliche Verpflichtung eines Unternehmens (→ *Unternehmensver-*

träge), seinen → *Gewinn* an ein anderes Unternehmen (→ *Beherr-schungsvertrag*) abzuführen. Umgekehrt besteht für das ab-führende Unternehmen auch das Recht, einen → *Verlust* auf das herrschende Unternehmen zu übertragen. Dies ist oft aus unter-nehmensstrategischen Gründen beabsichtigt (→ *Organschaft,* → *Abhängigkeitsbericht*).

Gewinnabführungsverträge sind die Regel in den Beziehungen großer Konzerne (→ *Konzern,* → *Muttergesellschaft*) zu ihren Tochtergesellschaften.

▶ **Gewinnausschüttung** → *Gewinnverwendung*

▶ **Gewinnbeteiligungen**

Form der → *Erfolgsbeteiligung* für → *Arbeitnehmer* sowie für Vorstands- und Aufsichtsratmitglieder (→ *Tantieme*). → *Stille Ge-sellschaft.*

Es gibt eine ganze Reihe von Möglichkeiten der Gewinnbeteili-gung für → *Arbeitnehmer,* die z. T. auch als Vermögensbildung be-zeichnet werden (→ *Vermögenswirksame Leistungen*). Beteili-gungsformen sind die Ausgabe von → *Belegschaftsaktien,* die Ausschüttung eines → *Bonus* bzw. von Prämien, der → *Investiv-lohn* sowie das Einräumen einer Teilhaberschaft am Gesamtunter-nehmen.

▶ **Gewinn je Aktie**

(Earnings per Share) Für die Bewertung von *Aktien* wesentli-che Kennzahl (→ *Kennzahlen*). Berechnet wird dabei ein um Son-dereinflüsse bereinigter → *Gewinn* entsprechend den Empfehlun-gen der Deutschen Vereinigung für Finanzanalysen und Analyse-beratung (→ *DVFA-Ergebnis*). → *Kurs/Gewinn-Verhältnis.*

▶ **Gewinnmarge**

→ *Gewinn* eines Unternehmens bezogen auf den → *Umsatz* in %. Bei der **Bruttogewinnmarge** wird der Gewinn vor Steuern (→ *Gewinn- und Verlustrechnung (GuV)*) auf den Umsatz bezogen. Nach Berücksichtigung der Steuern ergibt sich die **Nettogewinnmarge**.

▶ **Gewinnmaximierung**

Betriebswirtschaftliche Zielgröße einer erwerbswirtschaftlichen Tätigkeit der Unternehmen. → *Erwerbswirtschaftliches Prinzip*.

▶ **Gewinnobligationen** → *Gewinnschuldverschreibungen*

▶ **Gewinnrücklage** → *Rücklagen*

▶ **Gewinnschuldverschreibungen**

(Gewinnobligationen) sind → *Schuldverschreibungen* mit einem Anspruch auf Gewinnbeteiligung, allerdings ohne Umtauschrecht in → *Aktien*. → *Aktionäre* haben ein → *Bezugsrecht* auf Gewinnschuldverschreibungen ihres Unternehmens.

▶ **Gewinnschwelle** → *Break-even-Point*

▶ **Gewinnspanne**

Differenz zwischen → *Kosten* und → *Erlös* entweder einer Rechnungsperiode (z. B. 1 Jahr) oder bezogen auf eine Produkteinheit (z. B. 1 Auto, 1 kg Kartoffeln, 100 l Benzin usw.) bzw. von → *Dienstleistungen* (z. B. einer Autoreparaturstunde). Die Gewinnspanne wird häufig ausgedrückt in % des Erlöses.

▶ **Gewinnthesaurierung**

Bezeichnung für die Ansammlung von Gewinnen (→ *Gewinn*) eines Unternehmens durch Nichtausschüttung an die → *Gesellschafter* bzw. → *Aktionäre*. Sie ist ein Mittel der → *Selbstfinanzierung*. → *Schütt-aus-hol-zurück-Verfahren*.

▶ **Gewinn- und Verlustrechnung (GuV)**

Teil im → *Jahresabschluss* eines Unternehmens, der alle Erträge (→ *Ertrag*) und Aufwendungen (→ *Aufwand*) einer Abrechnungsperiode saldiert und so das Zustandekommen eines Ge-

winns bzw. Verlustes (→ *Gewinn*) erklärt. Sie ist eine **Aufwands-
und Ertragsrechnung** und stellt eine Ergänzung der → *Bilanz* (Erfolg einer Abrechnungsperiode als Saldo durch Gegenüberstellung von Vermögens- und Kapitalpositionen zum Bilanzstichtag) dar.

Die Gewinn- und Verlustrechnung enthält Grundlagen für die **Bilanzanalyse** und **Bilanzkritik**. Jedoch dürfen die aus ihr abgeleiteten Aussagen nicht überbewertet werden, da den Unternehmen genügend Möglichkeiten offen stehen, die wirklichen Ertragsverhältnisse zumindest kurzfristig aus unternehmenspolitischen Gründen zu verschleiern. → *Kurzfristige Erfolgsrechnung.*

Für die → *Kapitalgesellschaft* und für eingetragene → *Genossenschaften* ist die Aufstellung einer Gewinn- und Verlustrechnung gesetzlich vorgeschrieben. Die Gewinn- und Verlustrechnung kann seit dem → *Bilanzrichtlinien-Gesetz* wahlweise nach zwei Verfahren aufgestellt werden, siehe Tabelle nächste Seite.

(1) Als **Gesamtkostenverfahren** nach den Vorschriften im → *Handelsgesetzbuch (HGB)* entsprechend § 275 Abs. 2 HGB. Dieses Verfahren lehnt sich eng an das alte aktienrechtliche Schema an: Dem gesamten erwirtschafteten Produktionsergebnis (also unabhängig vom Umsatz) werden die gesamtbetrieblichen Aufwendungen einer Abrechnungsperiode gegenübergestellt. Das Resultat wird als **Betriebliches Ergebnis** (Anders: → *Betriebsergebnis/Betriebserfolg*) bezeichnet. Dieser Begriff fehlt im handelsrechtlichen Gliederungsschema u. a. wegen der Abgrenzungsprobleme zum Neutralen Ergebnis (→ *Neutrales Ergebnis/Neutraler Erfolg*).

Hiervon ausgehend werden ein **Ergebnis der gewöhnlichen Geschäftstätigkeit** (Operatives Ergebnis) und ein **außerordentliches Ergebnis** ermittelt. Nach Abzug der Steuern vom „außerordentlichen Ergebnis" verbleibt der **Jahresüberschuss bzw. Jahresfehlbetrag**. → *Finanzergebnis.*

(2) Als **Umsatzkostenverfahren** entsprechend § 275 Abs. 3 HGB. Dieses Verfahren stellt ab auf die zur Erzielung des Umsatzes notwendigen → *Herstellungskosten*. Die Kosten werden anders als beim Gesamtkostenverfahren gegliedert. Allerdings müssen die Material- und Personalaufwendungen sowie die → *Abschreibungen* im Anhang beim → *Jahresabschluss* aufgeführt sein.

Gesamtkostenverfahren	Umsatzkostenverfahren
1. Umsatzerlöse	1. Umsatzerlöse
2. Bestandsveränderungen der Erzeugnisse	2. Herstellungskosten der zur Erzielung des Umsatzes erbrachten Leistungen
3. Andere aktivierte Eigenleistungen	3. Bruttoergebnis vom Umsatz
4. Sonstige betriebliche Erträge	4. Betriebskosten
5. Materialaufwand	5. Allgemeine Verwaltungskosten
6. Personalaufwand	6. Sonstige betriebliche Erträge
7. Abschreibungen	7. Sonstige betriebliche Aufwendungen
8. Sonstige betriebliche Aufwendungen	**(Zwischensumme: Betriebliches Ergebnis)**
(Zwischensumme: Betriebliches Ergebnis)	Ab Zwischensumme die gleiche Gliederung wie beim Gesamtkostenverfahren
9. Erträge aus Beteiligungen	
10. Erträge aus Wertpapieren und Ausleihungen	
11. Sonstige Zinsen und ähnliche Erträge	
12. Abschreibungen auf Finanzanlagen des Umlaufvermögens	
13. Zinsen und ähnliche Aufwendungen	
14. Ergebnis der gewöhnlichen Geschäftstätigkeit	
15. Außerordentliche Erträge	
16. Außerordentliche Aufwendungen	
17. Außerordentliches Ergebnis	
18. Steuern vom Einkommen und vom Ertrag	
19. Sonstige Steuern	
20. Jahresüberschuss/Jahresfehlbetrag	

Gewinn- und Verlustrechnung nach § 275 Handelsgesetzbuch (HGB)

Die Zulassung dieses Verfahrens ist auf die starke Verbreitung im angelsächsischen Raum zurückzuführen. Es ist das vorgeschriebene Verfahren nach → *US-GAAP* und wird deshalb von den

Multis (→ *Multinationale Unternehmen*) bevorzugt. → *IAS/IFRS* lässt dagegen beide Verfahren zu.

Kleine und mittelgroße Kapitalgesellschaften (→ *Größenklassen*) können bestimmte Posten auch zusammenfassen (§ 276 HGB).

▶ Gewinnverwendung

Die Verwendung eines im → *Jahresabschluss* ermittelten Gewinns (→ *Gewinn*) wird bei der → *Kapitalgesellschaft* und → *Genossenschaften* durch den → *Vorstand* vorgeschlagen. Die Entscheidung trifft bei einer → *Aktiengesellschaft (AG)* die → *Hauptversammlung* (§ 119 AktG und § 174 AktG), bei der → *Gesellschaft mit beschränkter Haftung (GmbH)* die Gesellschafterversammlung (§ 29 GmbHG) und bei den Genossenschaften die Generalversammlung.

Es gibt folgende Möglichkeiten der Gewinnverwendung:

(1) Gewinnausschüttung als Auszahlung von Gewinnanteilen an Aktionäre (→ *Dividende*, → *Schütt-aus-hol-zurück-Verfahren*), an GmbH-Gesellschafter oder an die Genossen der Genossenschaft (Rückvergütung),

(2) Zuführung zu den → *Rücklagen*,

(3) Zahlung einer → *Tantieme* an Vorstand und → *Aufsichtsrat*,

(4) → *Gewinnvortrag* in das nächste → *Geschäftsjahr*.

Entscheidungen über die Gewinnverwendung in einer → *Personengesellschaft* (z. B. als Entnahmen oder Belassen im Unternehmen) richten sich nach den Vereinbarungen im → *Gesellschaftsvertrag*.

▶ Gewinnvortrag

Dem nächsten → *Geschäftsjahr* zugebuchter Gewinnrest (→ *Gewinn*) nach Beschlüssen zuständiger Organe einer → *Kapitalgesellschaft* und → *Genossenschaften*.

Bei der → *Personengesellschaft* entscheiden die jeweiligen Eigentümer auf der Grundlage von Vereinbarungen im → *Gesellschaftsvertrag* über die Verwendung des Gewinns. → *Verlustvortrag*.

▶ **Gewohnheitsrecht**

Rechtsnormen, die sich im Laufe der Zeit aus dem allgemeinen Rechtsempfinden entwickelt haben und das auch durch die Rechtssprechung anerkannt ist. Auch der → *Handelsbrauch* kann zum Gewohnheitsrecht werden.

▶ **Gewöhnliche Geschäftstätigkeit** → *Gewinn- und Verlustrechnung (GuV)*

▶ **GEX** → *Deutscher Aktienindex (DAX)*

▶ **Gezeichnetes Kapital**

(Nominalkapital, Nennwertkapital) → *Kapital*, auf das die Haftung der → *Gesellschafter* für die → *Verbindlichkeiten* gegenüber den Gläubigern (→ *Gläubiger*) beschränkt ist. Es entspricht bei der → *Aktiengesellschaft (AG)* dem → *Grundkapital* und bei der → *Gesellschaft mit beschränkter Haftung (GmbH)* dem → *Stammkapital* und wird als → *Passiva* in der → *Bilanz* ausgewiesen.

▶ **Gezogener Wechsel (Tratte)** → *Wechsel*

▶ **Giralgeld**

(Buchgeld) Die für den bargeldlosen Zahlungsverkehr verfügbaren, täglich fälligen Guthaben bei Kreditinstituten (→ *Kreditinstitute*). Giralgeld kann jederzeit in Bargeld umgetauscht werden. Eine Verfügung erfolgt durch → *Scheck* oder Überweisung. Neues Giralgeld entsteht durch Kreditgewährung der → *Banken* (→ *Kreditschöpfung*) und durch Einzahlungen der Bankkunden auf ihr Konto.

▶ **Giroeinlagen**

Einlagen bei Kreditinstituten (→ *Kreditinstitute*) als → *Depositen* oder als → *Kontokorrent*, über die durch → *Scheck* oder Überweisung verfügt werden kann.

▶ **Girogeschäft/Giroverkehr**

Durchführung des bargeldlosen Zahlungsverkehrs (z. B. Überweisungen, Abwicklung von Daueraufträgen und Abbuchungsaufträgen, → *Termineinlagen*) für Kunden der → *Kreditinstitute* (→ *Depositen*, → *Kontokorrent*).

▶ **Gironetze**

Zum Zweck der Abwicklung des bargeldlosen Zahlungsverkehrs im In- und Ausland von Kreditinstituten (→ *Kreditinstitute*) eingerichtete zentrale Verrechnungsstellen (→ *Girozentralen*, → *Clearing*-Stellen), die untereinander und mit Hilfe von → *SWIFT* im → *Online-Betrieb* Daten austauschen.

▶ **Girozentralen**

Regional gegliederte zentrale Einrichtungen der öffentlichen → *Sparkassen* und → *Landesbanken* mit der Funktion einer Verrechnungsstelle über die → *Gironetze* der angeschlossenen Institute sowie einer zentralen Interessenwahrnehmung für → *Bankgeschäfte*. Auf Bundesebene sind die Girozentralen in der **DGZ·DekaBank** mit Sitz in Frankfurt a. M. zusammengeschlossen. Die DGZ·DekaBank ist 1999 aus der Fusion von Deutsche Girozentrale/ Deutsche Kommunalbank und DekaBank GmbH hervorgegangen. Sie ist als Zentralinstitut der deutschen Sparkassenorganisation wie → *Finanzdienstleistungsinstitute* tätig.

http://www.dekabank.de/

▶ **Glasfaserkabel**

Optisches Übertragungsmedium, das die Übertragung von Nachrichten über Laserlichtsignale (daher auch **Lichtwellenleiter, Lichtleiter**) ermöglicht. Glasfaserkabel eignet sich hervorragend zur → *Breitbandkommunikation*. Es lässt sich leicht verlegen, hat geringen Durchmesser und geringes Gewicht. → *Multimedia*.

▶ **Glattstellung**

Im Handel an der → *Börse* gebrauchter Begriff für den Ausgleich eines Engagements durch Verkauf oder Kauf von Wertpapieren (→ *Wertpapiere*) oder → *Devisen*.

▶ **Gläubiger**

Ist derjenige, der nach den Vorschriften im BGB (→ *Bürgerliches Gesetzbuch (BGB)*) aufgrund eines Schuldverhältnisses (z. B. aus einem → *Vertrag*) von einem anderen (dem Schuldner) eine Leistung (z. B. in Form von Geld oder einer Arbeitsleistung) zu fordern berechtigt ist (§ 241 BGB). → *Kreditor*.

▶ **Gläubigerschutz**

G. sind Regelungen und Strafvorschriften, die → *Gläubiger* vor Verlust ihrer Rechte schützen sollen. Hierzu dient u. a. der Grundsatz von → *Treu und Glauben*, das Vorsichtsprinzip in den → *Grundsätzen ordnungsmäßiger Bilanzierung*, Maßnahmen im Insolvenzrecht (→ *Insolvenz*) oder die Haftungsregelungen im → *Gesellschaftsrecht*.

Außerdem kann die Beachtung bestimmter Grundregeln bei der Gestaltung eines → *Vertrags* dem Schutz des Gläubigers dienen. Hierzu zählen das Einholen von → *Referenzen*, von Informationen bei der → *Schufa* oder von Zusagen über Sicherheiten wie z. B. einer → *Bürgschaft*, → *Grundschuld* oder → *Hypothek*.

▶ **Gläubigerversammlung**

Beim → *Insolvenzverfahren* eingesetztes Selbstverwaltungsorgan der → *Gläubiger*. Die Rechte der Gläubiger sind in der Insolvenzordnung genau aufgeführt, z. B. Mitsprache bei der Wahl eines Insolvenzverwalters.

▶ **Gläubigerverzeichnis**

Bei der Antragstellung auf Eröffnung für ein gerichtliches → *Insolvenzverfahren* vom → *Schuldner* einzureichendes Verzeichnis der → *Gläubiger* unter Angabe der → *Forderungen*.

▶ **Gleitende Arbeitszeit**

Form der → *Arbeitszeit,* bei der Beginn und Ende der täglichen Arbeitszeit innerhalb bestimmter, durch → *Betriebsvereinbarung* festgelegter Grenzen vom → *Arbeitnehmer* selbst bestimmt werden kann. Anwesenheitspflicht besteht lediglich in der so genannten **Kernarbeitszeit.**

Die Vereinbarung kann auch eine unterschiedliche Dauer der täglichen Arbeitszeit vorsehen und sich z. B. auf die Einhaltung der tarifvertraglichen Wochenarbeitszeit beschränken. Hier sind insbesondere auch die Übertragung und Verwendung von Arbeitszeitguthaben oder -defiziten, die in **Arbeitszeitkonten** geführt werden, sowie die Kernarbeits-Zeiträume zu regeln.

Die gleitende Arbeitszeit unterliegt der → *Mitbestimmung* im → *Betriebsrat* nach § 87 Abs. 1 Nr. 2 BetrVG. Sie ermöglicht eine Anpassung der Arbeitszeit an die individuellen Bedürfnisse der Arbeitnehmer, entlastet den Berufsverkehr in den Ballungszeiten und wird von den → *Gewerkschaften* als mögliche Art der → *Flexibilisierung* i. d. R. akzeptiert. Zu beachten ist nach dem → *Arbeitszeitgesetz* (§ 5 ArbZG) das Einhalten einer ununterbrochenen Ruhezeit von i. d. R. mindestens 11 Stunden.

▶ **Gleitpreisklausel**

In Kaufverträgen übliche Klausel, die eine spätere Korrektur des vereinbarten Preises offen lässt. Sie ist üblich in Zeiten großer Unsicherheit und bei Objekten mit längeren Lieferzeiten.

▶ **Global Governance**

Bezeichnung für eine internationale Zusammenarbeit von Politik, Privatwirtschaft und Nichtregierungsorganisationen zum Zweck einer größeren Transparenz internationaler Politik im Rahmen der → *Globalisierung.* So könnten bei internationalen Verhandlungen betroffene nichtstaatliche Organisationen (z. B. → *Arbeitgeberverbände,* → *Gewerkschaften,* andere Nichtregierungsorganisationen) verstärkt zu Stellungnahmen aufgefordert werden.

▶ Globalisierung

Bezeichnung für die strategische Ausrichtung grenzüberschreitend tätiger Unternehmen (→ *Transnationale Unternehmen (TNCs)* und → *Multinationale Konzerne*), die darauf beruht, durch Ausnutzung von Kosten- und Standortvorteilen in verschiedenen Ländern Wettbewerbsvorteile zu erzielen. Dabei werden z. B. Größenvorteile (→ *Economies of Scale,* → *Economies of Scope*) erzielt durch Standardisierung und Anwendung einheitlicher Netzwerke (→ *Netzwerksystem*) in Beschaffung, Produktion, Verteilung und der → *Finanzierung* unter Ausschöpfung der Möglichkeiten neuester Informationssysteme (→ *Telekommunikation,* → *Multimedia*).

Kennzeichen der Globalisierung sind:

● eine schnelle Einbeziehung neuer **Informationstechnologien** in die Planungs- und Herstellungsprozesse;

● die **Vernetzung internationaler Finanzzentren** (→ *Banken,* → *Börse* und → *Devisenmarkt*);

● **Zunahme von Zahlungsströmen**, die nicht direkt aus dem Welthandel stammen (z. B. → *Euromärkte*);

● Entstehung **globaler Oligopole** (→ *Strategische Allianzen*);

● **Auflösung zentraler Führungsstrukturen** zugunsten flacher, dezentraler Ebenen in der → *Hierarchie* mit eigenen Verantwortlichkeiten (→ *Virtuelle Unternehmen*);

● **Zunehmender Anteil von Vorprodukten und Halbwaren** am Welthandel und im unternehmensinternen grenzüberschreitenden Warenaustausch;

● **Zunehmender Anteil der** → *Direktinvestitionen* zu Lasten des Handels zwischen den Industriestaaten;

● **Wachsende internationale Arbeitsteilung** und Spezialisierung der Industriestaaten auf die Herstellung hochwertiger → *Güter* und → *Dienstleistungen*;

● Wachsender internationaler Austausch von Informationen zur **Forschung und Entwicklung**.

Von den ökonomischen Vorteilen der Globalisierung profitieren bisher vor allem die großen Industrienationen. So erwirtschafteten 2003 die Länder der → *G7/G8-Konferenz* mehr als 68 % vom weltweiten → *Bruttonationaleinkommen (BNE)*, stellten aber nur 11 % der Weltbevölkerung.

Die negativen Begleiterscheinungen der Globalisierung führten zu Demonstrationen und Protesten (z. B. organisiert von → *Attac*) bei Treffen der G7/G8 und der → *WTO (World Trade Organization)*. Erste Erfolge sind Zusagen der Industrienationen, den ärmsten Ländern der Erde durch verstärkte → *Entwicklungshilfe* und Schuldenerlassprogramme zu helfen.

Im Abschlussbericht einer → *Enquete-Kommission* des Deutschen Bundestages zur „**Globalisierung der Weltwirtschaft**" vom Juni 2002 wird darauf hingewiesen, dass auf eine alleinige Steuerung des Weltgeschehens durch den → *Markt* kein Verlass sei und eine Balance zwischen privat und öffentlich wieder hergestellt werden müsse. Empfohlen werden eine wirksamere Bekämpfung der → *Geldwäsche*, die Einführung einer Devisentransaktionssteuer (→ *Tobin-Steuer*), international gültige Arbeits-, Umwelt- und Sozialstandards (→ *Soziale Mindeststandards*), eine Stärkung der → *Global Governance*, die rechtzeitige Einbindung nationaler Parlamente in die internationale Politik und die Gründung einer Weltumweltorganisation bei den → *Vereinten Nationen (UN)*.

http://www.bundestag.de/

▶ **Global Player** → *Strategische Allianzen*

▶ **Global Sourcing**

Beschaffung der → *Rohstoffe*, Bauteile und -systeme sowie von Fachkräften (z. B. Einführung der → *Green Card*) auf dem Weltmarkt.

▶ **Globalsteuerung**

Beeinflussung des Konjunkturablaufes (→ *Konjunktur*) mit gezielten staatlichen Maßnahmen, die je nach Lage der Entwicklung dämpfend oder belebend wirken sollen. Die staatliche → *Wirtschaftspolitik* muss dabei bemüht sein, eine abgestimmte Entwicklung wichtiger gesamtwirtschaftlicher Größen wie → *Kon-*

sum, → *Investitionen,* Staatsausgaben (→ *Haushaltsplan*), → *Einkommen* einschließlich ihrer Verteilung und → *Außenhandel* zu erreichen.

Das Konzept der Globalsteuerung wurde von **J. M. Keynes** entwickelt (→ *Keynesianismus*) und vor allem von **Karl Schiller** in der Bundesrepublik eingeführt. Es hat sich jedoch in Krisenzeiten als unzureichend erwiesen. Zur Bewältigung der enormen Probleme in den neuen Bundesländern wurde allerdings von Bund und Ländern wieder auf Instrumente der Globalsteuerung zurückgegriffen.

▶ **GmbH** → *Gesellschaft mit beschränkter Haftung (GmbH)*

▶ **GmbH & Co., GmbH & Co. KG**

Die **GmbH & Co.** ist eine → *Offene Handelsgesellschaft (OHG),* bei der eine → *Gesellschaft mit beschränkter Haftung (GmbH)* der Hauptgesellschafter ist.

Eine weit verbreitete Sonderform der → *Kommanditgesellschaft (KG)* ist die **GmbH & Co. KG**. Hier ist der Komplementär keine natürliche Person, sondern eine GmbH. Die Kommanditisten sind meist natürliche Personen, die häufig mit den Gesellschaftern und Geschäftsführern der GmbH identisch sind. So wird erreicht, dass alle als Gesellschafter beteiligten natürlichen Personen ihre Haftung und ihre Einlagen beschränkt haben und die Gesellschaft dennoch eine Kommanditgesellschaft ist und steuerlich als solche behandelt wird. Sie ist eine verbreitete Rechtsform bei → *Verlustzuweisungsgesellschaften* (Abschreibungsgesellschaften). Geleitet wird die Kommanditgesellschaft von den GmbH-Geschäftsführern.

Mit dem **Kapitalgesellschaften- und Co.-Richtlinie-Gesetz (KapCoRiG)** vom 24. 2. 2000 wurde eine Richtlinie der EU (→ *Europäische Gesetzgebung*) zur Änderung der 4. und 7. Richtlinie (Bilanz- und Konzernbilanz-Richtlinie der EU) vom 16. 11. 1990 in deutsches Recht umgesetzt. Dies geschah erst nach einem Vertragsverletzungsverfahren des Europäischen Gerichtshofes (→ *EG (Europäische Gemeinschaft)*). Mit dem KapCoRiG wurden u. a.

Bestimmungen im → *Handelsgesetzbuch (HGB)* geändert, wonach die Vorschriften der § 264 HGB bis § 330 HGB zur Rechnungslegung auch auf die GmbH & Co. KG anzuwenden sind. → *Bilanzrichtlinien-Gesetz.*

▶ **GoB** → *Grundsätze ordnungsmäßiger Buchführung (GoB)*

▶ **Going Public/Going Private**

Bezeichnung für den Gang an die → *Börse*, d. h. die → *Aktien* einer durch → *Umwandlung* neu gebildeten oder bis dahin nicht börsennotierten → *Aktiengesellschaft (AG)* werden in den amtlichen Markt (→ *Amtlicher Markt*) eingeführt. → *Initial Public Offering*, → *Greenshoe.*

Beim **Going Private** werden dagegen die Aktien eines Unternehmens vom Alteigentümer oder Hauptaktionär durch ein Rückkaufangebot wieder zurückgenommen (z. B. weil sich bestimmte Erwartungen hinsichtlich der Börsenkursentwicklung nicht erfüllten) und die Börsennotierung – meist unter dem Argwohn und Protest der freien Aktionäre, die sich abgezockt fühlen – eingestellt. → *Neuer Markt.*

▶ **Gold-Devisen-Standard**

Im Gegensatz zur reinen → *Goldwährung* gelten hier auch → *Devisen* als vollwertige → *Währungsreserven*. Neben dem Dollar sind der Euro und der Schweizer Franken wichtige Bestandteile der internationalen Währungsreserven.

▶ **Goldene Aktie**

Symbolische Bezeichnung für ein staatliches Vetorecht bei Entscheidungen vollständig privatisierter Unternehmen (→ *Privatisierung*). Die Goldene Aktie ist nach den Regeln des Binnenmarktes innerhalb der EU (→ *Europäischer Binnenmarkt*) nicht zulässig.

▶ **Goldene Bankregel**

Banktübliche Finanzierungsregel, die eine Deckungsgleichheit von Kapitalüberlassungs- und Kapitalbindungsdauer (**Fristenkongruenz** für → *Aktivgeschäfte* und → *Passivgeschäfte* der → *Banken*) fordert.

▶ **Goldene Bilanzregel**

Faustregel, nach der das langfristig im Unternehmen arbeitende → *Anlagevermögen* ggf. noch zzgl. langfristiges → *Umlaufvermögen* durch langfristiges Kapital (→ *Eigenkapital*, ggf. noch zzgl. langfristiges → *Fremdkapital*) gedeckt sein muss. Wegen der statischen Betrachtungsweise solcher → *Kennzahlen* besteht nur eine eingeschränkte Aussagekraft hinsichtlich → *Liquidität* und → *Bonität* eines Unternehmens.

▶ **Goldwährungen**

Währungssysteme, in denen Gold entweder als gesetzliches Zahlungsmittel dient (Goldumlaufwährung) oder in denen die umlaufenden Zahlungsmittel (z. B. Banknoten) jederzeit in Gold eingelöst werden können (Golddeckung). Sie haben heute nur noch theoretische Bedeutung.

▶ **Goodwill** → *Firmenwert*

▶ **GPRS**

(*General Packet Radio System* = **allgemeines paketvermitteltes Datenübertragungsverfahren**) Eine seit Ende 2000 zur Verfügung stehende schnellere Datenübertragungstechnik für → *Mobilfunk* im → *GSM*-Standard. Sie ermöglicht eine effektivere Nutzung der Möglichkeiten des → *WAP*. → *UMTS*.

▶ **Grafik**

Zeichnerische Darstellung von statistischen Daten und Zusammenhängen. Dies kann geschehen z. B. durch Kreis-, Kurven- oder Balkendiagramme in zwei- oder dreidimensionaler Form.

▶ Grafikkarte

→ *Steckkarte* zur Schaffung der grafischen Leistungsfähigkeit eines → *PC*.

▶ Gratifikationen

Freiwillige oder durch → *Tarifvertrag* bzw. → *Betriebsvereinbarung* abgesicherte Leistungen der → *Arbeitgeber* an ihre → *Arbeitnehmer* aus besonderem Anlass (z. B. Weihnachtsgratifikation usw.).

▶ Gratisaktien

→ *Zusatzaktien*, die im Rahmen einer → *Kapitalerhöhung* an die alten → *Aktionäre* im Verhältnis ihrer bisherigen Beteiligung an der → *Aktiengesellschaft (AG)* ausgegeben werden (z. B. zu drei alten Aktien erhält man eine Aktie zusätzlich).

Die Ausgabe von Gratisaktien wird durch die Auflösung freier → *Rücklagen* und Verzicht auf die Ausschüttung des Gewinns (→ *Gewinn*) finanziert und stellt eine Form der → *Selbstfinanzierung* dar. Bedingt durch die Kapitalerhöhung sinkt der Wert der einzelnen Aktie entsprechend. Deshalb ist auch die Bezeichnung **Berichtigungsaktien** üblich.

▶ Grauer Markt

Bezeichnung für das Umgehen von Handelsstufen durch den Konsumenten. Der Letztverbraucher kauft z. B. direkt beim Fabrikanten oder Großhändler, um so die → *Handelsspanne* des dazwischengeschalteten Einzelhändlers einzusparen.

▶ Greencard

Bezeichnung für eine im März 2000 eingeführte befristete deutsche Arbeitserlaubnis für Arbeitskräfte aus Staaten außerhalb der EU (→ *Europäische Union (EU)*), die als Fachkräfte für den IT-Bereich angeworben werden durften. Die Green Card (rd. 17 400 Arbeitserlaubnisse) wurde ab 1. 1. 2005 durch das **Zuwanderungsgesetz** abgelöst.

http://www.bmi.de/

▶ **Greenshoe**

Im → *Bookbuilding-Verfahren* bei Neueinführung von → *Aktien* an der → *Börse* mögliche Vereinbarung zwischen dem Konsortialführer (→ *Konsortium*) und dem emittierenden Unternehmen (→ *Emission*). Danach erhält die Konsortialbank in einem vereinbarten Rahmen zusätzliche Aktien zu Originalkonditionen, wenn die Nachfrage über das ursprünglich vorgesehene Emissionsvolumen hinausgeht und Mehrzuteilungen notwendig sind.

▶ **Grenzbetrieb**

Bezeichnung für einen Betrieb, dessen → *Erlöse* auf Dauer gesehen lediglich die → *Kosten* decken, jedoch keinen → *Gewinn* ermöglichen.

▶ **Grenzkosten**

(Marginale) → *Kosten*, die zusätzlich entstehen, wenn eine bestimmte Produktionsmenge oder Arbeitsleistung (z. B. Stück eines bestimmten Gutes, Arbeitsstunden) um eine Einheit erhöht wird.

▶ **Grenznutzen**

(Marginaler) Nutzen, der entsteht, wenn bei einem vorgegebenen → *Konsum* bestimmter → *Güter* der Konsum eines Gutes um eine Einheit erhöht wird.

Der Grenznutzen war in der Volkswirtschaftstheorie ein zentraler Begriff der → *Neoklassiker* (**Grenznutzenschule**) in der zweiten Hälfte des vorigen Jahrhunderts.

▶ **Grenzsteuersatz**

Die Erhöhung des Steuersatzes, der sich z. B. nach dem → *Einkommensteuertarif* ergibt, wenn das Einkommen in der → *Einkommensteuer-Grundtabelle* um eine Tabelleneinheit (36 Euro) steigt. Beim gegenwärtigen linear-progressiven Steuertarif (→ *Steuerreform*) ist der Grenzsteuersatz in der Zone des Grundfreibetrags Null, beim Sprung vom Grundfreibetrag zum Beginn der Progressionszone ist er identisch mit dem Eingangssteuersatz, in der Progressionszone ist er gleich bleibend und nach Erreichung des Spitzensteuersatzes wird er wieder Null.

Der **Durchschnittssteuersatz** ändert sich dagegen mit jeder Einkommenssteigerung nach Überschreiten des Grundfreibetrags. Er wird errechnet durch Division der für ein bestimmtes Einkommen zu zahlenden Steuer durch dieses Einkommen.

▶ **Großbanken** → *Banken*

▶ **Größenklassen**

Unterscheidungskriterien für Unternehmen und Konzerne (→ *Konzern*) mit unterschiedlichen Rechtsfolgen vor allem für die → *Rechnungslegung*, → *Publizitätspflicht* und → *Mitbestimmung*.

Nach den Vorschriften im → *Handelsgesetzbuch (HGB)* (§ 267 HGB) werden die Kapitalgesellschaften (→ *Kapitalgesellschaft*) nach Größenklassen (kleine, mittelgroße und große Kapitalgesellschaften) unterschieden. Konzerne werden durch weitere Größenklassen nach § 293 HGB unterschieden. Für Unternehmen und Konzerne in anderen Gesellschaftsformen gelten besondere Größenklassen nach dem Publizitätsgesetz.

Mit einem → *Artikelgesetz* (→ *Kapitalgesellschaften- und Co-Richtlinie-Gesetz* vom 7. 2. 2000) zur Übernahme der 1990 erfolgten Änderungen der 4. und 7. Richtlinie der EU (→ *Europäische Gesetzgebung*) wurde u. a. neu geregelt, dass die Größenmerkmale **Bilanzsumme** und **Umsatzerlöse** zur Einteilung in kleine, mittelgroße und große Kapitalgesellschaften alle fünf Jahre – beginnend mit den geänderten Größenklassen der Bilanzabschlüsse zum 31. 12. 1999 – entsprechend der Preisentwicklung anzupassen sind. Dies erfolgte mit dem → *Bilanzrechtsreformgesetz* zum 1. 1. 2005.

Für die Beteiligung der → *Arbeitnehmer* im → *Aufsichtsrat* gelten die Größenklassen im → *Mitbestimmungsgesetz (MitbestG)* und im → *Betriebsverfassungsgesetz (BetrVG)*.

▶ **Großkredit**

Bezeichnung für einen → *Kredit*, den → *Kreditinstitute* oder eine → *Finanzholding* an einen Kreditnehmer gewähren, sofern dieser 10 % des haftenden Eigenkapitals des Kreditinstituts oder der Gruppe übersteigt. Großkredite müssen der → *Bundesbank* und der → *Bundesanstalt für Finanzdienstleistungsaufsicht (BaFin)* gemeldet werden. Übersteigt der Großkredit die **Großkrediteinzelobergrenze** von 25 % des haftenden Eigenkapitals, so besteht ein Genehmigungsvorbehalt durch das Bundesaufsichtsamt.

Millionenkredite sind gewährte Kredite, die innerhalb der letzten drei Monate jeweils eines Kalendervierteljahrs bei einem Kreditnehmer eine Verschuldungsgrenze von 1,5 Mio. Euro überstiegen. Solche Kreditnehmer müssen der Bundesbank benannt werden. Diese benachrichtigt die anzeigenden Unternehmen, falls einem Kreditnehmer von mehreren Unternehmen Millionenkredite gewährt wurden. Dabei wird die Gesamtverschuldung des betreffenden Kreditnehmers und die Anzahl der beteiligten Unternehmen benannt.

Rechtsgrundlage sind das → *Kreditwesengesetz (KWG)* (§ 13 KWG und § 14 KWG) sowie die **Großkredit- und Millionenkreditverordnung** vom 29. 12. 1997.

▶ **Groß- und Außenhandel** → *Handelsbetriebe*

▶ **Grünbuch der Kommission der EU**

Mittel der Kommission der EU (→ *EG (Europäische Gemeinschaft)*) zum Ingangsetzen einer Debatte über grundlegende politische Ziele in bestimmten Bereichen. Beispiele sind das **Grünbuch** über die Entwicklung des Binnenmarktes für Postdienste in Europa (→ *Postreform*), zur Telekommunikationspolitik (→ *Telekommunikation*), über → *Dienstleistungen* von allgemeinem Interesse, zum → *Verbraucherschutz* oder zur Fortentwicklung der Sozialpolitik (→ *Sozialcharta der EU*).

Die durch ein Grünbuch eingeleitete Diskussion kann zur Veröffentlichung eines **Weißbuchs** führen. Hier werden dann konkrete

Maßnahmen für ein gemeinschaftliches Vorgehen vorgeschlagen. Beispiele sind die Weißbücher zur Vollendung des Binnenmarktes (→ *Europäischer Binnenmarkt*), zu Wachstum, Wettbewerbsfähigkeit und Beschäftigung, zur europäischen → *Verkehrspolitik* bis 2010, zur europäischen Chemikalienpolitik oder zur Angleichung der binnenmarktrelevanten Rechtsvorschriften der assoziierten Staaten Mittel- und Osteuropas (→ *Assoziierung*).

Wird ein Weißbuch vom Ministerrat der EU positiv aufgenommen, kann aus ihm ein Aktionsprogramm der Union für den betreffenden Bereich entstehen.

http://www.europa.eu.int

▶ Grundbuch

Vom **Grundbuchamt** (Abteilung des Amtsgerichts als → *Registergericht*) geführtes **öffentliches Register** zum Zwecke einer Offenlegung der Eigentumsrechte an Grundstücken. Rechtsgrundlage ist die **Grundbuchordnung** i. d. F. vom 26. 5. 1994.

Das Grundbuchamt ist für die in seinem Bezirk liegenden Grundstücke zuständig. Die Grundstücke werden im Grundbuch nach den in den Bundesländern eingerichteten amtlichen Verzeichnissen benannt **(Liegenschaftskataster)**. Jedes Grundstück erhält im Grundbuch eine besondere Stelle **(Grundbuchblatt)**, auf dem auch Lage und Größe des Grundstücks beschrieben ist.

Die Einsicht des Grundbuchs ist jedem gestattet, der ein berechtigtes Interesse darlegt. Eine Eintragung erfolgt i. d. R. auf Antrag. Antragsberechtigt ist jede Person oder → *Handelsgesellschaft*, deren Recht von der Eintragung betroffen wird oder zu deren Gunsten die Eintragung erfolgen soll. Sie wird mit ihrem Namen (Einzelpersonen) oder mit der Bezeichnung der → *Firma* eingetragen.

Gegliedert ist das Grundbuch in die drei Abteilungen **Eigentumsverhältnisse, Lasten und Beschränkungen** (z. B. → *Erbbaurecht*, Vorkaufsrecht oder → *Nießbrauch* für eine Person) sowie → *Grundpfandrechte*.

Eintragungen im Grundbuch unterliegen dem **öffentlichen Glauben**, d. h. es besteht die gesetzliche Vermutung, das ein im Grundbuch für jemanden eingetragenes oder gelöschtes Recht existiert, es sei denn, ein **Widerspruch** gegen die Richtigkeit einer Eintragung ist nach den Vorschriften im BGB (→ *Bürgerliches Gesetzbuch (BGB)*) (§ 891 BGB und § 892 BGB) ebenfalls dokumentiert. Ein → *Kaufvertrag* über ein Grundstück muss notariell beglaubigt sein.

Die **Rangfolge** mehrerer Rechte, mit denen ein Grundstück belastet ist, bestimmt sich nach der Reihenfolge der Eintragungen. Abweichungen in der Rangfolge bedürfen der Eintragung ins Grundbuch (§ 879 BGB).

Die chronologische Aufzeichnung aller Geschäftsvorfälle wird in der doppelten → *Buchführung* ebenfalls Grundbuch bzw. Journal genannt.

http://bundesrecht.juris.de/bundesrecht/gbo/inhalt.html

▶ **Grunderwerbsteuer**

Wird nach dem **Grunderwerbsteuergesetz** (GrEStG) i. d. F. vom 26. 2. 1997 erhoben bei der Veräußerung von inländischen Grundstücken. Steuerschuldner sind die an dem Veräußerungsvorgang beteiligten Personen.

Bestimmte Vorgänge bleiben steuerfrei (§ 3 Nr. 1 GrEStG bis § 8 GrEStG). So z. B. bei einem Erwerbswert mit einer → *Freigrenze* von weniger als 2500 Euro, bei einem Grundstückserwerb von Todes wegen und bei Grundstücksschenkungen unter Lebenden sowie der Grundstückserwerb durch den Ehegatten des Veräußerers oder nach der Scheidung.

Der Steuersatz von 2 % wurde als Ausgleichsmaßnahme für die Bundesländer im Rahmen des Wegfalls der → *Vermögensteuer* zum 1. 1. 1997 auf 3,5 % angehoben. → *Steuerarten.*

http://bundesrecht.juris.de

▶ **Grundfreibetrag** → *Steuerreform*

▶ **Grundhandelsgeschäft** → *Kaufleute*

▶ **Grundhöchstbetrag** → *Sonderausgaben*

▶ **Grundkapital**

(Nominalkapital) Der → *Nennwert* aller ausgegebenen → *Aktien* einer → *Aktiengesellschaft (AG)* (**Aktienkapital**). Er beträgt mindestens 50 000 Euro (§ 1 AktG, § 6 AktG und § 7 AktG).

▶ **Grundpfandrechte** → *Pfandrecht*

▶ **Grundrente**

(Mindestrente) im Zuge der politischen Diskussionen um eine → *Rentenreform* eingeführter Begriff. Dabei geht es um die Einführung einer beitragsunabhängigen Altersrente für alle Bürger, die aus dem Steueraufkommen bezahlt werden soll. Sie ist nicht identisch mit einer **bedarfsorientierten sozialen Grundsicherung** für Personen über 65 Jahre.

▶ **Grundsätze ordnungsmäßiger Bilanzierung** → *Grundsätze ordnungsmäßiger Buchführung (GoB)*

▶ **Grundsätze ordnungsmäßiger Buchführung (GoB)**

GoB sind die Grundlage für die Bilanzierung (→ *Bilanz*) entsprechend den Bestimmungen im → *Handelsgesetzbuch (HGB)* sowie nach → *Gewohnheitsrecht* und → *Handelsbrauch.*

(1) Die GoB im **engeren Sinne** erfordern die Erfüllung von Kriterien für eine **ordnungsmäßige Dokumentation** u. a. entsprechend den Vorschriften nach § 238 HGB und § 239 HGB:

● *Klarheit und Übersichtlichkeit* der → *Buchführung*, um die Nachprüfbarkeit zu ermöglichen;

● *Vollständigkeit und Richtigkeit*;

● Anwendung des *Belegprinzips* („keine Buchung ohne Beleg");

● *rechtzeitige und geordnete Buchung* innerhalb einer angemessenen Frist und in ihrer zeitlichen Reihenfolge;

● Einhaltung der *Aufbewahrungsfristen* entsprechend § 257 HGB (Buchungsbelege 6 Jahre, Bücher 10 Jahre).

(2) Die **Grundsätze ordnungsmäßiger** → *Inventur* entsprechend § 240 HGB und § 241 HGB unterstellt das *Stichtagsprinzip*, d. h.

am Schluss für ein → *Geschäftsjahr* muss Inventur gemacht werden nach dem Prinzip der Einzelerfassung für wesentliche Anlagegegenstände mit einem Wert von mehr als 50 Euro. Weiter gelten die *Grundsätze der Einzelbewertung*, der *Klarheit* und *Rechtzeitigkeit*.

(3) Die **Grundsätze ordnungsmäßiger Bilanzierung:**

Für die **Gliederung** der Bilanz (§ 265 HGB und § 266 HGB) gilt

● der *Grundsatz der Klarheit und Übersichtlichkeit* entsprechend § 243 Abs. 2 HGB,

● der *formellen Kontinuität und Stetigkeit* zur Gewährleistung der Vergleichbarkeit der Jahresabschlüsse (→ *Jahresabschluss*) entsprechend § 252 Abs. 1 Nr. 6 HGB sowie

● der *Grundsatz der Wesentlichkeit*.

Für die **Bilanzierung** gelten

● die *Grundsätze der Klarheit und Übersichtlichkeit*

● das *Stichtagsprinzip* (§ 252 Abs. 1 Nr. 3 HGB),

● die *Grundsätze der Rechtzeitigkeit* und

● der *Bilanzidentität* entsprechend § 252 Abs. 1 Nr. 1 HGB und § 265 Abs. 1 Nr. 1 HGB, d. h. die Schlussbilanz des Vorjahres muss der Eröffnungsbilanz des nächsten Jahres entsprechen.

Für die **Bewertung** der Bilanzpositionen gilt

● der *Grundsatz der Vorsicht* (Vorsichts- oder Gläubigerschutzprinzip nach § 252 Abs. 1 Pkt. 4 HGB), wonach Gewinne erst ausgewiesen werden, wenn sie realisiert sind (Realisationsprinzip) und mögliche Verluste und Risiken bereits vor Eintritt zu berücksichtigen sind;

● der *Grundsatz der materiellen Bilanzkontinuität* nach § 252 Abs. 1 Nr. 6 HGB), wonach die Bewertungsmethoden unverändert bleiben müssen und

● eine *periodengerechte Zuordnung* der Aufwendungen und Erträge.

Die Anwendung der GoB ist u. a. Voraussetzung für eine ordnungsmäßige Besteuerung und bei der → *Kapitalgesellschaft* für die Erlangung des → *Bestätigungsvermerks* der → *Wirtschaftsprüfer.* → *IAS/IFRS*, → *US-GAAP*.

▶ **Grundsätze ordnungsmäßiger Inventur** → *Grundsätze ordnungsmäßiger Buchführung (GoB)*

▶ **Grundschuld**

Belastung eines Grundstückes und daraus folgende Zahlung einer bestimmten Geldsumme. Die Grundschuld dient der Sicherung für langfristiges → *Fremdkapital* (z. B. Bankkredit). Sie ist
nicht an das Bestehen von → *Forderungen* (wie etwa im Falle der
→ *Hypothek*) gebunden. Die → *Finanzierung* durch Grund-
schuldbelastung ist üblich bei Grundstücks- und Gebäudekäufen.
Sie ist als Grundpfandrecht (→ *Pfandrecht*) im → *Grundbuch* einzutragen.

▶ **Grundschuldbrief**

Vom Grundbuchamt über eine → *Grundschuld* (Briefgrund-
schuld) auszustellende → *Urkunde* (→ *Wertpapiere*). Er dient
dem → *Gläubiger* als Legitimation für seine Rechte und erleichtert
die Übertragung.

▶ **Grundsteuer**

Bundesrechtlich geregelte → *Realsteuer*, die den → *Gemeinden*
zusteht. Sie wird auf den im Inland liegenden Grundbesitz als
Grundsteuer A (Betriebe der Land- und Forstwirtschaft) sowie
Grundsteuer B (private und betriebliche Grundstücke) erhoben.
Das Aufkommen betrug 2002 8,9 Mrd. Euro, davon 0,3 Mrd. Euro
aus der Grundsteuer A. → *Steuerarten*.

Rechtsgrundlage ist das **Grundsteuergesetz (GrStG)** vom 7. 8.
1973 mit späteren Änderungen. Von der Grundsteuer befreit sind
die Kirchen und die → *Körperschaft des öffentlichen Rechts*, die
zum Wohle der Allgemeinheit tätig sind ohne Gewinnabsicht (§ 3
GrStG).

→ *Steuerbemessungsgrundlage* ist der nach dem → *Bewertungsgesetz (BewG)* festgestellte → *Einheitswert* von 1964 bzw.
Ersatzwirtschaftswert auf der Basis von 1935 (neue Bundesländer)
des Grundbesitzes. Die Steuerberechnung erfolgt ähnlich wie bei
der → *Gewerbesteuer* in einem zweistufigen Verfahren:

Zunächst wird der → *Steuermessbetrag* ermittelt mit Hilfe einer **Steuermesszahl** (2,6 bis 3,5 ‰ in den alten Bundesländern, 5 bis 10 ‰ in den neuen Bundesländern, 6 ‰ für Betriebe in der Land- und Forstwirtschaft) auf die Steuerbemessungsgrundlage nach den § 13 GrStG, § 14 GrStG und § 15 GrStG.

Der errechnete Steuermessbetrag für ein bestimmtes Steuerobjekt wird vom → *Finanzamt* festgesetzt und der zuständigen Gemeinde mitgeteilt. Diese ermittelt nun die **zu zahlende Grundsteuer** mit dem vom Gemeindeparlament beschlossenen → *Hebesatz* und erteilt hierüber einen **Grundsteuerbescheid.**

In den **neuen Bundesländern** wird die Grundsteuer mit einem vereinfachten Verfahren pauschal berechnet und im **Steueranmeldungsverfahren** erhoben (§ 44 GrStG).

http://bundesrecht.juris.de

▶ **Grundstoff- und Produktionsgüterindustrie**

Bezeichnung in der amtlichen Statistik für alle Industriebereiche, deren → *Güter* der Produktion zugeführt werden. Hierzu zählen die chemische Industrie, die Eisen schaffende und -verarbeitende Industrie, die Mineralölverarbeitung, die Metall verarbeitende Industrie, die Industrie der Steine und Erden sowie die Holz und Gummi verarbeitende Industrie. → *Verarbeitende Industrie.*

▶ **Grundtabelle der Einkommensteuer** → *Einkommensteuer-Grundtabelle*

▶ **Gründungsbilanz** → *Eröffnungsbilanz,* → *Sonderbilanzen*

▶ **Gruppenfreistellungsverordnung**

Bezeichnung von Verordnungen der EU (→ *Europäische Gesetzgebung*) für die zeitlich befristete Aussetzung bestimmter Verbotsbestimmungen z. B. im Kartellrecht (→ *Kartellgesetz*).

▶ **GSM**

(Global System for Mobile Communications) Standard für ein europäisches digitales Mobilfunknetz (→ *Mobilfunk*, → *Digitale Nachrichtenübertragung*). Es ermöglicht z. B. auf Reisen innerhalb Europas die Benutzung des gleichen Telefongeräts unabhängig vom Betreiber. Es wird künftig durch den neuen Standard → *UMTS* abgelöst.

▶ **GUI (Grafical User Interface)** → *Benutzeroberfläche*

▶ **Günstigkeitsprinzip** → *Arbeitsrecht*

▶ **Güter**

Mittel zur Befriedigung menschlicher Bedürfnisse. Dem gleichen Zweck dienen → *Dienstleistungen*.

● **Wirtschaftliche Güter** sind im Gegensatz zu **freien Gütern** gekennzeichnet durch das Kriterium **Knappheit**, d. h. sie sind nicht unbeschränkt verfügbar.

● **Private Güter** sind einem Besitzer zugeordnet und haben einen wirtschaftlichen Wert. Sie stehen im Gegensatz zu **öffentlichen Gütern** (→ *Öffentliche Güter*) nicht jedem zur Verfügung.

● Nach dem **Verwendungszweck** wird unterschieden in → *Konsumgüter* und → *Investitionsgüter* (Produktionsgüter).

● Nach der **Dauer und Art** der Verwendung wird unterschieden in → *Gebrauchsgüter* und → *Verbrauchsgüter*.

● Daneben gibt es noch weitere – oft von subjektiven Kriterien geprägte – Unterscheidungsmerkmale für eine Zuordnung (z. B. lebensnotwendige und nichtlebensnotwendige Güter, (sich gegenseitig ersetzende) → *Substitutionsgüter* und (sich gegenseitig ergänzende) Komplementärgüter, Standardgüter und Luxusgüter usw.).

● **Materielle** (körperliche **Sachgüter**) und **immaterielle** (nicht körperliche) **Güter**.

Immaterielle Güter sind Vermögenswerte (→ *Vermögen*) und sonstige Werte, die nicht körperlich erfasst werden können. Bei einem Unternehmen sind dies z. B. Standortvorteile, funktionie-rende Organisation, Firmenname (→ *Firma*), Erfindungen und Pa-tente (→ *Patent*), vorhandener Kundenstamm usw. Die Schätzung immaterieller Vermögenswerte ist wesentlich für die Beurteilung des Gesamtwertes eines Unternehmens. → *Firmenwert*.

● **Wirtschaftsgüter** sind ein durch die Rechtsprechung definierter Begriff aus dem → *Steuerrecht* für alle realisierbaren Vermögens-werte (→ *Betriebsvermögen*) eines Unternehmens.

H

▶ **Haben**

Rechte Seite eines Kontos, d. h. der Betrag, den die Bank oder
ein Geschäftspartner dem Kontoinhaber schuldet. → *Soll*.

▶ **Hacker**

Bezeichnung für Personen, die sich bei einer fremden → *Datenbank* Zugang verschaffen. Ihr Wirken hat die Öffentlichkeit auf
die Probleme im Umgang mit Computern und dem → *Internet* auf-
merksam gemacht und die Diskussionen und Gesetzesinitiativen
zum → *Datenschutz* beeinflusst. Kriminelle Hacker, die Wirtschaftsspionage oder betrügerische Absichten verfolgen, nennt
man **Cracker**. → *Cyberkriminalität*.

▶ **Halbbelegung** → *Rentenreform*

▶ **Halbeinkünfteverfahren** → *Körperschaftsteuer*, → *Steuerreform*

▶ **Halbfabrikate, Halberzeugnisse**

Erzeugnisse, deren Produktionsprozess noch nicht abgeschlossen ist (z. B. unbearbeitete Gussteile, vorgefertigte Holzteile). Sie
sind die Grundlage für viele Vorprodukte.

▶ **Handelsbetrieb**

Auf die Verteilung (→ *Distribution*) von Gütern (→ *Güter*) spezialisierter Betrieb. Die Güter werden beschafft und ohne wesentliche Be- oder Verarbeitung mit oder ohne vorherige Lagerhaltung
verkauft.

Unterschieden wird in Betriebe im

- stationären **Einzelhandel** (z. B. Fachgeschäft, Kaufhaus, Verbrauchermarkt, Einkaufszentrum) oder ambulanten Einzelhandel (z. B. Stand auf dem Wochenmarkt) sowie **Versandhandel**,
- **Großhandel** (beliefert den Einzelhandel) und
- **Außenhandel** ($\rightarrow$ *Einfuhr* und $\rightarrow$ *Ausfuhr* von Waren).

▶ **Handelsbilanz**

Die nach dem $\rightarrow$ *Handelsgesetzbuch (HGB)* (§ 242 HGB) vorgeschriebene $\rightarrow$ *Bilanz*, die $\rightarrow$ *Kaufleute* bei Beginn ihres Handelsgewerbes ($\rightarrow$ *Handelsgewerbe*) und am Schluss eines jeden Geschäftsjahres ($\rightarrow$ *Geschäftsjahr*) aufzustellen haben. Hierbei haben sie ihre Grundstücke, $\rightarrow$ *Forderungen* und $\rightarrow$ *Verbindlichkeiten*, Bargeld und sonstigen Vermögensgegenstände genau zu verzeichnen, zu bewerten und einen Abschluss zu machen. Für die Aufstellung einer Handelsbilanz gelten nicht die engen Bewertungsvorschriften der $\rightarrow$ *Steuerbilanz*.

Handelsbilanz ist auch die Bezeichnung für einen Teil der $\rightarrow$ *Zahlungsbilanz*.

▶ **Handelsbrauch** $\rightarrow$ *Usancen*

▶ **Handelsbücher** $\rightarrow$ *Handelsgesetzbuch (HGB)*

▶ **Handelsfirma** $\rightarrow$ *Firma*

▶ **Handelsgeschäfte**

Geschäfte der $\rightarrow$ *Kaufleute*, die zum Betrieb für ein $\rightarrow$ *Handelsgewerbe* gehören. Rechtsgrundlage sind die Vorschriften im $\rightarrow$ *Handelsgesetzbuch (HGB)* (§ 343 HGB bis § 475 h HGB).

▶ **Handelsgesellschaft**

Vereinigung von zwei oder mehr Personen zum Betrieb von Handelsgeschäften ($\rightarrow$ *Handelsgeschäfte*). Voraussetzung ist die Eintragung im $\rightarrow$ *Handelsregister*. Rechtsgrundlage sind die Vorschriften im $\rightarrow$ *Handelsgesetzbuch (HGB)* (§ 105 HGB bis § 177 a HGB)

Zu den Handelsgesellschaften zählt die → *Personengesellschaft* (Ausnahme: → *Stille Gesellschaft*) und die → *Kapitalgesellschaft*. → *Genossenschaften* sind hinsichtlich der handelsrechtlichen Vorschriften den Handelsgesellschaften gleich gestellt. Dagegen ist eine → *Gesellschaft des Bürgerlichen Rechts (GbR)* keine Handelsgesellschaft.

▶ Handelsgesetzbuch (HGB)

Vom 10. 5. 1897 (in Kraft getreten zum 1. 1. 1900) mit zahlreichen Änderungen ist die zusammengefasste Darstellung der Rechtsvorschriften für → *Kaufleute*. Die Rechtsvorschriften sind Teil des Handelsrechts (→ *Handelsrecht*). Eine umfassende Änderung des HGB erfolgte 1985 mit dem → *Bilanzrichtlinien-Gesetz* und dem **Handelsrechtreformgesetz** vom 22. 6. 1998 mit seiner Neuregelung des Kaufmannbegriffes und des Firmenrechts. Das Handelsgesetzbuch ist in fünf Bücher gegliedert:

(1) Handelsstand: Es umfasst Vorschriften über Kaufleute, → *Handelsregister*, → *Handelsfirma*, → *Prokura* und → *Handlungsvollmacht*, → *Handlungsgehilfen* und → *Handelsvertreter* sowie → *Handelsmakler*.

(2) Handelsgesellschaften und Stille Gesellschaften: Es enthält Vorschriften über die → *Offene Handelsgesellschaft (OHG)*, die → *Kommanditgesellschaft (KG)* und die → *Stille Gesellschaft*.

(3) Handelsbücher: Hier finden sich Vorschriften z. B. zu → *Buchführung*, → *Inventar*, → *Jahresabschluss*, Aufbewahrungsfristen sowie ergänzende Vorschriften für → *Kapitalgesellschaft*, soweit sie nicht in eigenen Gesetzen (→ *Aktiengesetz (AktG)* und → *GmbH*-Gesetz) geregelt sind, ferner die Vorschriften zum → *Jahresabschluss* der Kapitalgesellschaft und zum → *Lageberict*, zum → *Konzernabschluss* und Konzernlagebericht, die Prüfungsvorschriften (→ *Wirtschaftsprüfer*), die Vorschriften zur Offenlegung (→ *Offenlegungspflicht*) u. a.

(4) Handelsgeschäfte: Dieses Buch enthält u. a. die Vorschriften zum Handelskauf, zum → *Kommissionsgeschäft* und → *Frachtgeschäft* – einschl. der Vorschriften über die Beförderung von

Gütern (→ *Güter*) – sowie zum → *Speditionsgeschäft* und → *Lagergeschäft*.

(5) Seehandel.

http://www.handelsgesetzbuch.de/

▶ **Handelsgewerbe**

Bezeichnung im → *Handelsgesetzbuch (HGB)* (§ 1 Abs. 2 HGB) für jeden Gewerbebetrieb (→ *Gewerbe/Gewerbebetrieb*), der nach Art und Umfang einen in kaufmännischer Weise eingerichteten Geschäftsbetrieb (→ *Kaufmännischer Geschäftsbetrieb*) erfordert. → *Kaufleute*.

▶ **Handelsklassen**

Für Erzeugnisse der Landwirtschaft und der Fischerei bestehende Qualitätsnormen zur Förderung der Marktübersicht des Verbrauchers und Qualitätsorientierung für Erzeugung und Absatz.

▶ **Handelsklauseln** → *Incoterms*

▶ **Handelsmakler** → *Makler*

▶ **Handelsmarke**

Gesetzlich geschütztes **Markenzeichen** einer Handelsfirma. Schutzregelungen enthält das **Gesetz über den Schutz von Markenzeichen und sonstigen Kennzeichen (Markengesetz)** vom 25.10. 1994 in Umsetzung einer entsprechenden Richtlinie der EU von 1988 (→ *Europäische Gesetzgebung*). Ein Markenschutzrecht erteilt das Deutsche Patentamt (→ *Deutsches Patent- und Markenamt (DPMA)*) für 10 Jahre mit Verlängerungsmöglichkeit. Darüber hinaus kann dort auch eine internationale Registrierung beantragt werden. → *Branding*.

▶ **Handelspolitik** → *Außenhandelspolitik*

▶ **Handelsrecht**

Sonderprivatrecht (→ *Privatrecht*) für die Rechtsnormen der
→ *Kaufleute*. Rechtsgrundlagen sind das → *Handelsgesetzbuch
(HGB)* und hier im Zusammenhang stehende internationale Stan-
dards (z. B. → *IAS/IFRS*, → *US-GAAP*) als Handelsrecht i. e. S.
Hinzu treten i. w. S. spezielle weitere Rechtsnormen aus dem
→ *Gesellschaftsrecht*, dem → *Wettbewerbsrecht*, dem BGB
(→ *Bürgerliches Gesetzbuch (BGB)*)(z. B. → *Allgemeine Geschäftsbedingungen*), dem Bankenrecht (u. a. → *Kreditwesengesetz (KWG)*) sowie die Rechtsnormen für → *Wertpapiere* einschl.
des Wertpapierhandels (→ *Börse*).
Eine wichtige Rolle spielen auch die Beachtung gewohnheits-
rechtlicher Handelsbräuche (→ *Usancen*), internationale Handelsabkommen (z. B. im Rahmen der → *WTO (World Trade Organization)*) und Prinzipien aus dem → *Arbeitsrecht*.

▶ **Handelsregister**

Öffentlich geführtes Verzeichnis für → *Kaufleute* und → *Handelsgesellschaften* (→ *Handelsgesellschaft*) und deren Firmen
(→ *Firma*) nach den Vorschriften im → *Handelsgesetzbuch
(HGB)*(§ 8 HGB bis § 16 HGB). In das beim → *Registergericht*
geführte Handelsregister sind bestimmte Vorgänge einzutragen,
deren Eintragungspflicht sich aus dem Handelsgesetzbuch und
verschiedenen gesellschaftsrechtlichen Gesetzen (z. B. → *Aktiengesetz (AktG)*, → *GmbH*-Gesetz) ergibt. Zum 1. 1. 2007 ist die Einführung eines **elektronischen Handelsregisters** geplant.

▶ **Handelsspanne**

Für → *Handelsbetriebe* bedeutsame Kennzahl (→ *Kennzahlen*)
zur Beurteilung von → *Rentabilität* und Ertragslage.
In ihrer einfachsten Form ist sie die Differenz zwischen dem
Einkaufspreis und dem Verkaufspreis (ohne → *Mehrwertsteuer*).
Wird dieser *Rohgewinn* auf den Verkaufspreis (ohne Mehrwertsteuer) bezogenn ergibt sich die Handelsspanne (x 100 in %) oder
auch *Handelsabschlag* (vom marktabhängigen Verkaufspreis).

Bezieht man den Rohgewinn auf den Einkaufspreis, so ergibt sich der *Handelsaufschlag*, der dem Einkaufspreis zugeschlagen wird.

Beide Größen können für einzelne Waren, Warengruppen oder für den ganzen Handelsbetrieb (*Betriebshandelsspanne*) berechnet werden.

Die Verkaufspreise sind in der → *Selbstkostenrechnung* so zu kalkulieren, dass sie mindestens die jeweiligen bzw.die gesamten → *Kosten* decken und insgesamt einen → *Gewinn* für den Handelsbetrieb zulassen. Hieraus ergeben sich die für eine Beurteilung der Kostendeckung (plus Gewinnzuschlag) notwendigen Größen als Handelsspanne bzw. als Handelsaufschlag.

▶ **Handelsüberwachungsstelle**

Kontrollorgan einer → *Börse*, das nach Maßgaben der → *Börsenaufsicht* einzurichten und zu betreiben ist (§ 4 BörsG). Sie überwacht den Handel und die Geschäftsabwicklung an der Börse und hat alle Handelsdaten lückenlos zu erfassen, auszuwerten und ggf. notwendige Ermittlungen durchführen. Sie unterliegt der Weisungsbefugnis der Börsenaufsichtsbehörde. → *Finanzmarktreform*.

▶ **Handelsvertreter**

Bezeichnung für selbständige Gewerbetreibende (→ *Gewerbe/Gewerbebetrieb*), die ständig für andere Unternehmer Geschäfte vermitteln oder in deren Namen i. d. R. für eine → *Provision* abschließen. Rechtsgrundlage sind die Vorschriften im → *Handelsgesetzbuch (HGB)* (§ 84 HGB bis § 92 c HGB). Anders: → *Makler*.

▶ **Handlungsbevollmächtigter**

Eine Person, die nach den Bestimmungen des im *Handelsgesetzbuch (HGB)* (§ 54 HGB) zur Vornahme bestimmter Tätigkeiten oder Geschäfte durch → *Vollmacht* **(Handlungsvollmacht)** ohne Erteilung von → *Prokura* ermächtigt wurde. Handelt der

Handlungsbevollmächtigte im Namen einer → *Firma* oder Einzelperson, so ist mit i. V. zu zeichnen. Für den Fall einer **Spezialvollmacht** wird mit i. A. gezeichnet. Wurde **Gesamthandlungsvollmacht** erteilt, so müssen immer mindestens zwei Handlungsbevollmächtigte zeichnen. Anders: → *Generalvollmacht*.

Im Gegensatz zur Prokura sind Beschränkungen der Handlungsvollmacht beliebig möglich, die jedoch im Außenverhältnis (gegenüber Dritten) nur unter besonderen Bedingungen Gültigkeit haben. Eine Handlungsvollmacht wird nicht im → *Handelsregister* eingetragen.

▶ **Handlungsgehilfe**

Bezeichnung im → *Handelsgesetzbuch (HGB)* für alle in einem → *Handelsgewerbe* zur Leistung kaufmännischer Dienste angestellten Personen (§ 59 HGB bis § 83 HGB).

▶ **Handlungsvollmacht** → *Handlungsbevollmächtigter*

▶ **Handwerk**

Ein → *Gewerbe/Gewerbebetrieb*, das nach dem als Anlage zur → *Handwerksordnung* beigefügten Verzeichnis handwerksmäßig betrieben werden kann. Handwerksbetriebe haben in der Regel eine geringere Betriebsgröße als Industriebetriebe, einen geringeren Technisierungsgrad und werden durch persönliche Mitarbeit des Betriebsinhabers (Handwerksmeister) geprägt. Die handwerkliche Hierarchie der **Handwerker** ist einfach strukturiert: **Lehrling** (Auszubildender), **Geselle**, **Meister**.

Durch umfassende Ausbildung in ihrem Beruf besteht in einem Handwerksbetrieb vergleichsweise geringe Arbeitsteilung. Ein weiteres Kennzeichen ist die überwiegende Einzelfertigung nach Bestellung als Abgrenzungsmerkmal zur Massenfertigung der → *Industrie*.

Mit rund 844 000 Betrieben und 5,4 Mio. Beschäftigten in Deutschland (2002) hat das Handwerk eine enorme volkswirtschaftliche Bedeutung. Rund 33 % der Auszubildenden werden für → *Handwerksberufe* ausgebildet, wovon ein wesentlicher Teil nach erfolgter Abschlussprüfung zur Industrie oder in den öffentlichen Dienst (→ *Öffentlicher Dienst*) abwandert.

Für alle in der → *Handwerksrolle* eingetragenen Handwerker besteht Versicherungspflicht nach dem **Handwerkerversicherungsgesetz** vom 8. 9. 1960. Sie wird in der → *Rentenversicherung* der Arbeiter durchgeführt. → *Sozialgesetzbuch (SGB)*.

http://www.handwerk.de/

▶ **Handwerker** → *Handwerk*

▶ **Handwerksberufe**

Nach der Gliederungssystematik der → *Handwerksordnung* gibt es 151 handwerkliche Berufe.

▶ **Handwerkskammern**

Organe der handwerklichen → *Selbstverwaltung* bei gleichzeitiger Wahrnehmung der Interessenvertretung im → *Handwerk*. Sie sind neben den fachlich orientierten → *Innungen* die Grundlage der Handwerksorganisation. Rechtsgrundlage ist die → *Handwerksordnung* (§ 90 HandwO bis § 116 HandwO). Zu einer Handwerkskammer gehören die Inhaber eines Handwerksbetriebs oder eines handwerksähnlichen Gewerbes (→ *Gewerbe*) des Handwerkskammerbezirks sowie die Gesellen, andere → *Arbeitnehmer* mit einer abgeschlossenen Berufsausbildung und die Lehrlinge dieser Gewerbetreibenden. → *Handwerkstag*.

▶ **Handwerksordnung**

Sie regelt die Ausübung im → *Handwerk*, die Berufsausbildung und Meisterprüfung, die Organisation des Handwerks und enthält als Anlagen ein Verzeichnis der → *Gewerbe/Gewerbebetrieb*, die handwerksmäßig betrieben werden können.

Nach einer Novellierung der Handwerksordnung (HandwO) vom 24. 12. 2003 wurde die Liste der zulassungspflichtigen Handwerksberufe, in denen der Betreiber eines Handwerksbetriebs die Meisterprüfung haben muss, auf 41 (früher 94) Berufe beschränkt (Anlage A zu § 1 Abs. 2 HandwO). Dies sind Handwerke in gefahrenträchtigen und ausbildungsintensiven Bereichen. 53 Handwerksberufe sind zulassungsfrei und 57 gelten als **handwerksähnliches Gewerbe** (Anlage B zu § 18 Abs. 2 HandwO).

Darüber hinaus können sich Gesellen auch in den Berufen mit grundsätzlichem Meisterzwang ohne zusätzliche Meisterprüfung selbständig machen. Voraussetzung ist, dass sie ihren Beruf mindestens sechs Jahre ausgeübt haben – davon vier Jahre in leitender Stellung. → *Berufsbildungsgesetz,* → *Ausbildungsberufe.*

http://bundesrecht.juris.de/bundesrecht/hwo/index.html

▶ **Handwerksrolle**

Verzeichnis nach der → *Handwerksordnung* (§ 6 HandwO) im Bezirk einer → *Handwerkskammer,* in das die Inhaber von Betrieben zulassungspflichtiger Handwerke mit dem von ihnen betriebenen → *Handwerk* einzutragen sind.

▶ **Handwerkstag**

Organisatorischer Zusammenschluss der 55 Handwerkskammern (→ *Handwerkskammer*) auf Landesebene. Der bundesweite Zusammenschluss ist der → *Deutsche Handwerkskammertag (DHKT).*

http://www.zdh.de/

▶ **Handy**

Kleines Taschentelefon, mit dem über das Funktelefonnetz (→ *Mobilfunk*) Verbindungen hergestellt werden können. Die bisherigen Nutzungsmöglichkeiten als mobiles Telefon und Nachrichtenübermittlungsmedium im → *GSM*-Standard werden u. a. im Rahmen von → *M-Commerce* und weiterer Nutzung des → *Internet* ergänzt, z. B. um Funktionen kleiner → *Computer.* Dies erfolgt über besondere Serviceangebote und Technikanwendungen (→ *WAP* seit 1999, → *GPRS* seit 2000, → *EDGE* seit 2002 und → *UMTS* seit 2004).

2004 verfügten 100 private Haushalte im Durchschnitt über 136 Handys (2000: 36).

▶ **Hardcopy**

Bezeichnung für den Ausdruck einer Seite vom → *Bildschirm* eines Computers (→ *Computer*).

▶ **Hardware**

Bezeichnung für die Gesamtheit von technischen Teilen einer Datenverarbeitungsanlage und zugehöriger Netzsysteme. Die Hardware bildet erst zusammen mit der → *Software* ein funktionsfähiges System der → *Datenverarbeitung*.

▶ **Harmonisierung der Alterssicherungssysteme** → *Rentenreform*

▶ **Harmonisierung in der EU**

Bezeichnung für die in der EU (→ *Europäische Union (EU)*) angestrebte Angleichung von Rechts- und Verwaltungsvorschriften zwischen den Mitgliedsstaaten. Dabei wird nicht immer ausdrücklich eine Vereinheitlichung angestrebt, sondern lediglich die Annäherung der Vorschriften und die gegenseitige Anerkennung geltender nationaler Regelungen.

Das Harmonisierungsprogramm der EU bezieht sich u. a. auf das → *Steuerrecht* (→ *Steuerharmonisierung in der EU*), das Aufenthaltsrecht, die → *Fusionskontrolle* (z. B. Fusions-Verordnung), das Recht der → *Banken* (z. B. → *Bankbilanzrichtlinie*) und auf den → *Finanzmarkt* (z. B. → *Insider-Richtlinie*), den Abbau technischer Handelshemmnisse (→ *Europäische Normung*), das öffentliche Auftragswesen (→ *Ausschreibung)*, *Patente* (→ *Patent*), den Straßengüterverkehr und das → *Gesellschaftsrecht* (z. B. → *Europäische Aktiengesellschaft (EAG)*).

▶ **Harte Währung**

Frei konvertierbare (eintauschbare) → *Währung*, die einen besonders stabilen Wert darstellt (z. B. Dollar, Euro, Schweizer Franken). Länder mit harter Währung haben in der Regel eine aktive → *Handelsbilanz*. → *Konvertibilität*.

▶ **Hartz-Gesetze**

Bezeichnung für vier Gesetze (→ *Artikelgesetz*) „**Moderne Dienstleistungen am Arbeitsmarkt**", mit denen Vorschläge einer Kommission (nach ihrem Vorsitzenden **Hartz-Kommission** genannt) vom August 2002 umgesetzt wurden.

Das erste und zweite Gesetz (**Hartz I und II**) vom 23. 12. 2002 regelte zum 1. 1. 2003 die „Rahmenbedingungen für eine rasche und nachhaltige Vermittlung in Arbeit". Geschaffen wurden u. a. die Voraussetzungen zur Einrichtung von → *Personal-Service-Agenturen (PSA)*, für → *Minijobs* und die Gründung von **Ich-AGs** (→ *Ich-AG*).

Arbeitnehmer, bei denen die zuständige **Agentur für Arbeit** die Notwendigkeit einer Weiterbildung festgestellt hat, erhalten einen **Bildungsgutschein**, der innerhalb von drei Monaten bei einem zugelassenen Bildungsträger eingelöst werden muss. Verschärft wurden auch die Regelungen der Zumutbarkeit für die Aufnahme einer neuen Beschäftigung.

Außerdem erhalten kleine und mittlere Betriebe nach einem besonderen Programm „**Kapital für Arbeit**" zinsverbilligte Kredite, wenn sie Arbeitslose einstellen (sog. **Job-Floater**).

Das dritte Gesetz (**Hartz III**) vom 23. 12. 2003 ermöglichte den „Umbau der Bundesanstalt für Arbeit in einen leistungsfähigen und kundenorientierten Dienstleister" – die → *Bundesagentur für Arbeit*. Geändert und z. T. neu geregelt wurden mit dem 124 Artikel umfassenden Gesetz zahlreiche Einzelgesetze und Verordnungen (→ *Rechtsverordnung*) zur Arbeitsförderung (*Arbeitsförderungsgesetz (AFG)/Arbeitsförderung*) und zur → *Arbeitsmarktpolitik*. Eingeführt wurden die → *Job-Center* als zentrale Anlaufstelle für alle arbeitsuchenden Personen.

Kernstück des zum 1. 1. 2005 in Kraft getretenen vierten Gesetzes (**Hartz IV**) vom 24. 12. 2003 ist die Zusammenlegung der → *Arbeitslosenhilfe* und → *Sozialhilfe* für → *Erwerbsfähige* zu einem → *Arbeitslosengeld II*.

▶ **Hauptbuch** → *Buchführung*

▶ **Hauptkostenstellen** → *Kostenstellenrechnung*

▶ **Hauptpersonalrat** → *Bundespersonalvertretungsgesetz (BPersVG)*

▶ **Hauptrefinanzierungsinstrument** → *Offenmarktgeschäfte*

▶ **Hauptversammlung**

Gesetzliches Organ der → *Aktiengesellschaft (AG)* und → *Kommanditgesellschaft auf Aktien (KGaA)* (§ 118 AktG bis § 147 AktG). Als Versammlung der → *Aktionäre* entscheidet sie nach § 119 AktG mindestens über

- die Bestellung der von der Arbeitgeberseite gestellten Mitglieder im → *Aufsichtsrat* (§ 101 Abs. 1 AktG),
- die Verwendung des Bilanzgewinns (→ *Bilanz*) (§ 58 AktG),
- die Entlastung von → *Vorstand* und Aufsichtsrat (§ 120 AktG),
- über Änderungen der → *Satzung* (§ 179 AktG),
- Maßnahmen der Kapitalbeschaffung (§ 182 AktG bis § 221 AktG) und → *Kapitalherabsetzung* (§ 222 AktG bis § 240 AktG),
- die Bestellung der Abschlussprüfer (→ *Wirtschaftsprüfer*),
- die Bestellung von Prüfern zur Prüfung von Vorgängen bei der Gründung oder der Geschäftsführung und
- die Auflösung der Aktiengesellschaft (§ 262 Abs. 1 Pkt. 2 AktG).

Vorstand und Aufsichtsrat sind gegenüber der Hauptversammlung zur Auskunftserteilung verpflichtet (§ 131 AktG). Die Hauptversammlung wird mindestens einmal jährlich vom Vorstand i. d. R. am Sitz der Gesellschaft einberufen (§ 121 AktG bis § 128 AktG. → *Aktienpaket,* → *Übernahmegesetz.*

▶ **Haushalt der EU**

Planmäßige Veranschlagung von Einnahmen und Ausgaben der EU (→ *Europäische Union (EU)*) für ein → *Rechnungsjahr.* Der gemeinwirtschaftliche Finanzrahmen basiert auf einer mittelfristigen Ausgabenplanung, die zwischen der Kommission der EU, dem Rat der EU (→ *ECOFIN-Rat*) und dem Europäischen Parlament vereinbart wird (→ *EG (Europäische Gemeischaft)*). Nach einer Vereinbarung vom 6. 5. 1999 gelten für den Zeitraum 2000 bis 2006 Obergrenzen für die einzelnen großen Ausgabenblöcke.

1. Aufstellung des Haushalts

Der EU-Haushalt wird von der Kommission der EU im Rahmen der mittelfristigen Planung aufgestellt und Mitte Juni dem Rat der EU und dem Europäischen Parlament als Vorentwurf zugeleitet. Der Rat der EU stellt dann den Entwurf des Haushaltsplans bis Ende Juli auf und leitet ihn dem Europäischen Parlament zu.

Im Oktober findet dort die 1. Lesung statt. Dabei kann es den Entwurf des Rats abändern (bei den sog. **nicht obligatorischen Ausgaben**, die nicht zwingend durch Gemeinschaftsrecht vorgeschrieben sind) oder Änderungen vorschlagen (bei den sog. **obligatorischen Ausgaben**, die rd. 60 % der Gesamtausgaben betragen). Hat das Parlament keine Änderungswünsche, so gilt der Haushalt als festgestellt.

Der Rat entscheidet in 2. Lesung mit unterschiedlichen Verfahren über die Abänderungen und Änderungswünsche des Parlaments: Bei den **obligatorischen Ausgaben** entscheidet er endgültig. Änderungsbeschlüsse bei den **nicht obligatorischen Ausgaben** kann der Rat mit qualifizierter Mehrheit abändern oder ganz ablehnen.

Bis Mitte Dezember entscheidet das Parlament in 2. Lesung bei den **nicht obligatorischen Ausgaben** endgültig und stellt den Haushaltsplan fest. Das Parlament kann mit der Mehrheit seiner Mitglieder und mit zwei Dritteln der abgegebenen Stimmen aus wichtigen Gründen den Entwurf des Haushaltsplans auch global ablehnen und die Vorlage eines neuen Entwurfs verlangen.

2. Rechenschaft

Die Ausführung des beschlossenen Haushalts obliegt der Kommission. Sie legt dem Rat und dem Europäischen Parlament jährlich den **Rechenschaftsbericht** für das abgelaufene Jahr vor. Das Parlament entscheidet auf Empfehlung des Rats über die Entlastung unter Berücksichtigung der Stellungnahme des Europäischen Rechnungshofs.

3. Einnahmenseite

Die Einnahmenseite. Bis 1969 wurde der Haushalt der EU durch Beiträge der Mitgliedsstaaten finanziert. Ab 1970 begann die schrittweise Umstellung auf eigene Einnahmen der EU:

● **Agrarabschöpfungen, Zuckerabgaben und** → *Zölle*. Hierfür hat die EU die Ertragshoheit. Diese Einnahmenart wird bei Importen aus → *Drittländern* an der Grenze der EU-Staaten erhoben. Ein Anteil von 10 % des Aufkommens verbleibt den Mitgliedsstaaten zur Deckung der Erhebungskosten an der Grenze.

● **Mehrwertsteuer-Eigenmittel**. Sie wird nach der gleichen Systematik in allen Staaten der EU erhoben. Die EU erhielt ursprünglich 1 % eines festgelegten Anteils **(Mehrwertsteuer-Bemessungsgrundlage)** vom jeweiligen Aufkommen aus der → *Mehrwertsteuer* in den Mitgliedsstaaten. 2004 betrug der Satz nur noch 0,5 %.

● **BNE-Eigenmittel**. Diese 1988 eingeführte größte Einnahmenart im Haushalt der EU bezieht sich auf die Leistungsfähigkeit eines Mitgliedsstaates. Hierbei wird das jeweilige → *Bruttonationaleinkommen (BNE)* mit einem EU-einheitlichen Faktor **(BNE-Eigenmittelsatz)** multipliziert. Der errechnete Anteil geht zu Lasten des Steueraufkommens der jeweiligen Mitgliedsstaaten. Die der EU zugeführten BNE-Eigenmittel dienen der Restfinanzierung, d. h. sie sind nur abzuführen, wenn die Ausgaben durch die anderen Finanzierungsquellen nicht gedeckt werden.

Nach dem Vertrag über die → *Europäische Union (EU)* sollten die Einnahmen des EU-Haushalts in den Jahren 1995 bis 1999 stufenweise bis auf 1,27 % des BNP der Mitgliedsstaaten wachsen. Tatsächlich wurde diese Grenze jedoch nicht erreicht. Nach Vorstellungen der EU-Kommission sollten u. a. auch deshalb ab 2006 neue Regelungen gelten.

Eine **Finanzierung des Haushalts der EU über Kreditaufnahme** – wie es auf nationaler Ebene praktiziert wird – ist **nicht möglich**. 2003 umfasste die **Einnahmenseite** des EU-Haushaltes insgesamt 97,5 Mrd. Euro. Davon entfielen rd. 12 Mrd. Euro auf Einnahmen aus Zöllen, → *Abschöpfungen* und Zuckerabgaben, 24 Mrd. Euro aus der Mehrwertsteuer und 59 Mrd. Euro auf BNE-Eigenmittel und 2 Mrd. Euro auf sonstige Einnahmen.

4. Ausgabenseite

Nach Beschlüssen des Europäischen Rats vom Februar 1988 muss sich das jährliche Ausgabenwachstum an einer **mittelfristi-**

gen Rahmenplanung orientieren. Abänderungen des mittelfristigen Bezugsrahmens für die Gemeinschaftsausgaben können nur aus zwingenden politischen Gründen auf Vorschlag der Kommission mit Zustimmung von Parlament und Rat vorgenommen werden.

Die finanzielle Vorausschau verteilt die vorgesehenen Ausgaben auf **6 Bereiche**:

- → *Europäischer Ausrichtungs- und Garantiefonds für die Landwirtschaft (EAGFL)*;
- Struktur- und regionalpolitische Maßnahmen (→ *Strukturpolitik der EU*);
- Politikbereiche mit mehrjähriger Mittelausstattung;
- sonstige Politikbereiche;
- Erstattungen (z. B. für den Abbau von Lagerbeständen) und
- Verwaltung (Kosten für Personal und Sachmittel der 6 Organe der EU) sowie Währungsreserve.

2003 entfielen von den Gesamtausgaben der EU rd. 41 % auf den Bereich EAGFL und rd. 40 % auf struktur- und regionalpolitische Maßnahmen. Die Verwaltungsausgaben betrugen mehr als 5 %.

Die **Nettozahlungen** eines Mitgliedstaates errechnen sich aus der Differenz der ihm zufließenden Mittel aus dem EU-Haushalt und seinen Zahlungen in den EU-Haushalt. Geplant war, beim Gipfeltreffen der Staats- und Regierungschefs der 25 EU-Mitgliedstaaten in Luxemburg im Juni 2005 eine grundlegende **Reform der Struktur des Haushalts der EU** zu beschließen. Dies scheiterte vor allem am Widerstand Großbritanniens. Nun will die Gemeinschaft in der zweiten Jahreshälfte 2005 unter dem Ratsvorsitz von Großbritannien einen Ausweg aus der entstandenen Krise suchen. → *Agenda 2000*.

http://europa.eu.int/comm/budget/

▶ **Haushaltseinkommen** → *Einkommensverteilung*

▶ **Haushaltsfreibetrag** → *Steuerreform*

▸ **Haushaltsgrundsätzegesetz**

vom 19. 8. 1969 enthält die Vorschriften für die Gesetzgebung des Bundes und der Länder für die Regelung ihres Haushaltsrechts. Es wurde 1993 an die im Rahmen der Verwirklichung des EU-Binnenmarktes (→ *Europäischer Binnenmarkt*) erlassenen Richtlinien der EU (→ *Europäische Gesetzgebung*) zum öffentlichen Auftragswesen angepasst. → *Haushaltsplan*, → *Einigungsvertrag*.

http://www.rechtliches.de/info_HGrG.html

▸ **Haushaltsplan**

Zusammenstellung der voraussichtlichen Einnahmen und Ausgaben für ein kommendes → *Rechnungsjahr* bei den → *Gebietskörperschaften*, gegliedert nach Einnahmequellen und Verwendungszweck. Er bildet die Grundlage für die **Haushalts- und Wirtschaftsführung** und ist das finanzielle Spiegelbild der von einer Regierung bzw. Magistrat, Kreisausschuss oder Gemeindevorstand verfolgten Politik.

Der Haushalt wird jährlich von den Parlamenten im Bund oder den Ländern bzw. Kreistagen/Gemeinderäten beraten und durch ein Haushaltsgesetz bewilligt.

Für die **Länder** gelten die jeweiligen **Landeshaushaltsordnungen**. Für die **Gemeinden** und **Landkreise** gilt die jeweilige (länderverschiedene) → *Haushaltssatzung* mit ihren vereinfachten Bestimmungen.

Die haushaltsrechtlichen Grundlagen für den **Bundeshaushalt** ergeben sich aus:

• den Bestimmungen über das Finanzwesen aus den Artikeln 104 a bis 115 des Grundgesetzes;

• dem → *Haushaltsgrundsätzegesetz*;

• der → *Bundeshaushaltsordnung (BHO)*.

1. Grundsätze für die Aufstellung eines Haushaltsplanes:

(1) Nach dem **Grundsatz der Vollständigkeit** gilt das Bruttoprinzip, wonach vorweg weder Ausgaben noch Einnahmen abgezogen noch Einnahmen auf Ausgaben angerechnet werden dürfen.

(2) Er soll vor Beginn des Rechnungszeitraums festgestellt werden, um so der staatlichen Verwaltung als Richtschnur zu dienen **(Grundsatz der Vorherigkeit)**.

(3) Er muss in Einnahmen und Ausgaben ausgeglichen sein, um den **Grundsatz der Einheit** zu gewährleisten.

(4) Er muss frei sein von Zweckpessimismus oder Zweckoptimismus **(Grundsatz der Wahrheit)**.

(5) Jede Position der Ausgabenseite muss zweckbestimmt sein **(Appropriationsklausel)**. Dabei darf die Regierung nicht mehr als die vom Parlament bewilligte Summe ausgeben, es sei denn, der Mittelansatz ist ausdrücklich als „gegenseitig deckungsfähig" mit anderen Haushaltstiteln ausgewiesen oder es liegen unvorhergesehene und unabweisbare Gründe vor (jedoch Genehmigungsvorbehalte des Finanzministers). Veranschlagte Mittel dürfen nur im jeweiligen Haushaltsjahr ausgegeben werden, es sei denn, die Mittel sind ausdrücklich als übertragbar ausgewiesen. → *Verpflichtungsermächtigungen*.

(6) Dagegen sollen alle Einnahmen als Deckungsmittel für den gesamten Ausgabenbedarf herangezogen werden können **(Nonaffektationsprinzip)**, es sei denn, durch die Steuergesetze ist eine ausdrückliche Zweckbindung vorgesehen (z. B. → *Mineralölsteuer*).

(7) Nach dem **Grundsatz der Klarheit und Übersichtlichkeit** soll der Haushaltsplan auch für den Nichtfachmann durchsichtig werden. Dies geschieht durch eine klare Titelgliederung und durch den dem Haushaltsplan beigegebenen → *Finanzbericht*, der einzelne Positionen erläutert und zeitliche Vergleiche herstellt.

(8) Er muss für jedermann unbeschränkt zugänglich sein, um so die öffentliche Kontrolle und Diskussion zu erleichtern **(Grundsatz der Öffentlichkeit)**.

2. Arten von Haushaltsplänen

Neben dem **ordentlichen Haushalt**, der aus ordentlichen Einnahmen gedeckt wird, kann gegebenenfalls noch ein **außerordentlicher Haushalt** notwendig werden, dessen Ausgabendeckung z. B. durch Einnahmen aus → *Anleihen* erfolgt.

Liegen Änderungsvorschläge zu einem noch **nicht verkündeten** Haushaltsplan vor, so muss ein **Ergänzungshaushalt** eingebracht werden.

Wird ein bereits verkündeter Haushaltsplan geändert, so spricht man vom **Nachtragshaushalt.** Er enthält Änderungen eines **bereits verkündeten** Haushaltsplanes durch eine Zusammenstellung der Positionen, die zur Zeit der Aufstellung des Haushalts noch nicht oder noch nicht in vollem Umfang vorhergesehen werden konnten.

Ein **Eventualhaushalt** wird aufgestellt, um im Bedarfsfall schnell und konjunkturgerecht Mittel einsetzen zu können. Er wird i. d. R. ebenso wie ein Nachtragshaushalt durch zusätzliche Schuldenaufnahme finanziert. → *Haushalt der EU.*

▶ **Haushaltsreform** → *Finanzreform*

▶ **Haushaltssatzung**

Bezeichnung für einen Teil im → *Haushaltsplan* der → *Gemeinden.* Er wird in den Kommunalparlamenten verabschiedet und enthält die Gesamtbeträge der Haushaltsansätze für → *Einnahmen* und Ausgaben, für die beabsichtigte Aufnahme von Krediten (→ *Kredit*) sowie die → *Verpflichtungsermächtigungen.* Außerdem werden die für das → *Rechnungsjahr* geltenden Hebesätze (→ *Hebesatz*) für die → *Gewerbesteuer* und die → *Grundsteuer* festgesetzt. Die Höhe der Kreditaufnahme, der Verpflichtungsermächtigungen und der Hebesätze unterliegt einem Genehmigungsvorbehalt der zuständigen Aufsichtsbehörde in dem betreffenden Bundesland (z. B. Regierungspräsident, Bezirksregierung).

▶ **Haushaltsstrukturgesetze** → *Sozialabbau*

▶ **Hausse**

Bezeichnung aus dem Börsengeschäft (→ *Börse*) für steigende Kurse. Gegensatz: → *Baisse.*

▶ **Haustarifvertrag** → *Firmentarifvertrag*

▶ **Haustürgeschäfte**

Bezeichnung für die Abwicklung eines Geschäfts im direkten Vertrieb. Mit dem → *Schuldrechtsreformgesetz* wurde das „Gesetz über den Widerruf von Haustürgeschäften und ähnlichen Geschäften" von 1986 zum 1. 1. 2002 in das BGB (→ *Bürgerliches Gesetzbuch (BGB)*) integriert.

Voraussetzung für ein Haustürgeschäft ist ein zwischen Unternehmer und Verbraucher geschlossener → *Kaufvertrag*
● durch mündliche Verhandlungen am Arbeitsplatz des Verbrauchers oder einer Privatwohnung;
● anlässlich einer vom Unternehmer durchgeführten Freizeitveranstaltung (z. B. sog. Kaffeefahrten);
● im Anschluss an ein überraschendes Ansprechen in Verkehrsmitteln oder öffentlich zugänglichen Verkehrsflächen (§ 312 BGB).

Solche Geschäfte kann der Verbraucher innerhalb einer Frist von 2 Wochen (maßgeblich ist der Absendetermin) in Textform oder durch Rücksendung der Sache ohne Begründung widerrufen (§ 355 Abs. 1 BGB). Voraussetzung für den Fristbeginn ist der Zeitpunkt, zu dem der Verbraucher eine deutlich gestaltete Belehrung über sein Widerrufsrecht unterschrieben hat (§ 355 Abs. 2 BGB).

http://bundesrecht.juris.de

▶ **HDTV**

(High Definition Television) Kurzbezeichnung für hochauflösendes Fernsehen.

▶ **Headhunter**

Bezeichnung für Berater, die Spezialisten und Führungskräfte mit gezielten Methoden bei anderen Firmen abwerben und an die Auftraggeber vermitteln.

▶ **Headline**

Eine herausgehobene Überschrift, die Interesse für den gesamten Text wecken soll.

▶ **Hearing**

Anhörung der → *Arbeitgeberverbände* und sonstigen Wirt-
schaftsvertreter, → *Gewerkschaften*, Vertreter der → *Bundesbank*
und Sachverständigen zu Gesetzesentwürfen von besonderem öffentlichen Interesse. Dies erfolgt vor den zuständigen Parlaments-
ausschüssen im Beisein von Regierungsvertretern.

▶ **Hebelwirkung** → *Leverage-Effekt*

▶ **Hebesatz**

Ein von den → *Gemeinden* für jedes → *Rechnungsjahr* in der
→ *Haushaltssatzung* festgesetzter Prozentsatz, mit dem sie den
→ *Steuermessbetrag* bei der Erhebung der → *Grundsteuer* oder
→ *Gewerbesteuer* multiplizieren. Mit der Gestaltung des Hebesat-
zes beeinflussen die Gemeinden die Attraktivität ihres Standorts
im Rahmen ihrer Bemühungen zur Ansiedlung von Gewerbebetrieben (→ *Gewerbe/Gewerbebetrieb*). Attraktive Standorte haben trotzdem einen sehr hohen Hebesatz, da das Aufkommen an
der Gewerbesteuer wesentlich zur Finanzierung des Gemeinde-
haushalts beiträgt. Beispiel: Frankfurt/M. liegt mit 515 % an der
Spitze deutscher Gemeinden, Berlin hat 380 %.

▶ **Hedge-Fonds**

Seit 2004 können deutsche → *Kapitalanlagegesellschaften*
nach dem → *Investmentmodernisierungsgesetz* vom 19. 12. 2003
ihre Produkte auch über **Hedge-Fonds** vertreiben, sofern sie von
der → *Bundesanstalt für Finanzdienstleistungsaufsicht (BaFin)*
zugelassen wurden. → *Hedging*

▶ **Hedge-Ratio**

(Hedge-Faktor) Maßzahl, die angibt, wie viele → *Termingeschäfte* betrags- oder anzahlmäßig abzuschließen sind, um Kursschwankungen der abzusichernden Basiswerte (→ *Basisgut*) auszugleichen.

▶ **Hedging**

Bezeichnung für eine Technik zur Begrenzung des Risikos bei Wertpapier-, Währungs- und Warengeschäften. Die Risiken des einen Geschäfts werden mit den Chancen eines anderen Geschäfts kombiniert. So können Risiken durch Schwankungen im → *Wechselkurs*, → *Börsenkurs* oder der → *Zinsen* vermindert werden. Instrumente hierfür sind vor allem die Möglichkeiten der → *Termingeschäfte*. → *Hedge-Fonds*.

▶ **Heimarbeiter**

Personen, die in eigener Wohnung oder in einer selbst gewählten → *Betriebsstätte* allein oder mit ihren Familienangehörigen im Auftrag von Gewerbetreibenden (→ *Gewerbe/Gewerbebetrieb*) oder deren Beauftragten (**Zwischenmeistern**) erwerbsmäßig arbeiten. Dabei wird die Verwertung des Arbeitsergebnisses dem Auftraggeber überlassen. Rechtsgrundlage ist das **Heimarbeitsgesetz** i. d. F. vom 16. 2. 2001.

Heimarbeiter sind keine → *Arbeitnehmer*. Sie gelten als → *Arbeitnehmerähnliche Personen*, weil sie wirtschaftlich abhängig sind. Für die in Heimarbeit Beschäftigten gilt nicht das allgemeine Recht zum → *Arbeitsschutz* und → *Arbeitsrecht*. Zum Arbeitszeitschutz und Gefahrenschutz sowie Entgelt- und → *Kündigungsschutz* gelten lediglich gewisse Mindestnormen gegenüber dem sonst üblichen Tarifvertragsrecht. Bezahlt werden Heimarbeiter grundsätzlich nicht nach Arbeitsstunden, sondern nach Mengen (→ *Stücklohn*). In den alten Bundesländern gibt es etwa 140 000 Heimarbeiter, davon rund 10 % Männer. → *Telearbeit*.

http://bundesrecht.juris.de/

▶ **Hermes-Bürgschaft**

Zum Zweck der Exportförderung übernommene *Ausfuhrgarantie* oder → *Bürgschaft* der Bundesregierung zur Deckung der mit der → *Ausfuhr* verbundenen besonderen politischen und wirtschaftlichen Risiken. Über die Vergabe einer Hermes-Bürgschaft entscheidet ein interministerieller Ausschuss unter Festlegung der Vergabebedingungen. Die notwendige Kreditsicherung und die Abwicklung erfolgt über die **Hermes Kreditsicherungs-AG** in Berlin/Hamburg. Die Anfang der 90er Jahre an Russland vergebenen Milliarden-Kredite waren nur über die Sicherung durch Hermes-Bürgschaften möglich.

2000 waren ca. 3 % der deutschen Exporte in Höhe von 1167,5 Mrd. DM durch Hermes-Bürgschaften gesichert.

http://www.hermes-kredit.com/

▶ **Herrschendes Unternehmen** → *Beherrschungsvertrag*

▶ **Herstellkosten**

In der → *Kostenträgerrechnung* ermittelte Größe. Sie setzen sich zusammen aus den Materialkosten, Fertigungslöhnen, den Material- und Fertigungsgemeinkosten (→ *Gemeinkosten*) sowie den → *Sondereinzelkosten* der Fertigung (z. B. Kosten für Spezialwerkzeuge, Kosten für ein → *Patent*, eine → *Lizenz* oder für Modellzeichnungen). Anders: → *Herstellungskosten*. → *Zuschlagskalkulation*.

▶ **Herstellungskosten**

Handels- und steuerrechtlicher Begriff zur Bewertung ganz oder teilweise im eigenen Betrieb erstellter → *Güter*. Dabei sind die Werte aus der → *Kostenrechnung* maßgeblich – allerdings dürfen keine → *kalkulatorische Kosten* enthalten sein. Hinsichtlich der Einbeziehung einzelner Kostenbestandteile nennt das → *Handelsgesetzbuch (HGB)* (§ 255 Abs. 2 HGB) → *Bilanzierungswahlrechte* u. a. für die → *Gemeinkosten* für Material und Fertigung sowie fertigungsbedingter Werteverzehr (→ *Abschreibungen*). Im Einkommensteuerrecht (→ *Einkommensteuer*) besteht dagegen bei den genannten Kosten eine → *Aktivierungspflicht*.

▶ **HGB** → *Handelsgesetzbuch (HGB)*

▶ **Hierarchie**

Ein nach Rängen geordnetes System der Über- bzw. Unterordnung. Entscheidungsbefugnisse, Informationsabläufe, Zuständigkeiten und Verantwortung verlaufen pyramidenähnlich von der Spitze über einen verzweigten Unterbau der Hierarchieebenen. Militär, Kirche, → *Öffentlicher Dienst* und Unternehmen benutzen hierarchische Strukturen als Herrschaftsinstrument. → *Dezentralisation* und → *Mitbestimmung* können die Starrheit des Systems lockern, die → *Bürokratie* abbauen und die Motivation in den nachgeordneten Hierarchiestufen positiv beeinflussen. → *Lean Administration.*

▶ **Hifo**

(Highest-in-first-out) Verfahren zur Bewertung des Vorratsvermögens in der → *Bilanz.* Dabei wird davon ausgegangen, dass die mit den höchsten Beschaffungspreisen eingekauften Waren zuerst verbraucht werden. Die Bilanzierung der Vorräte erfolgt dabei zum niedrigstmöglichen Wertansatz. Die Anwendung der Hifo-Methode ist im deutschen → *Steuerrecht* nicht erlaubt. → *Fifo,* → *Lifo.*

▶ **High Flyer**

→ *Aktien* von Unternehmen, die aufgrund spekulativer Erwartungen mit einem überhöhten → *Börsenkurs* gehandelt werden und deshalb ein hohes Risiko besitzen.

▶ **High Potentials**

Bezeichnung für hoch qualifizierte und von ihrer Persönlichkeitsstruktur geeignete Hochschulabsolventen, die von den Unternehmen als Nachwuchsführungskräfte umworben werden.

▶ **High Yield Bonds**

→ *Anleihen* aus Staaten, die eine → *Rendite* versprechen, die – bedingt durch ein erhöhtes Anlagerisiko – deutlich über der marktüblichen Rendite für Anleihen liegt.

▶ **Hilfskostenstellen** → *Kostenstellenrechnung*

▶ **Hilfsstoffe** → *Roh-, Hilfs- und Betriebsstoffe*

▶ **Hinterbliebenen-Pauschbetrag** → *Außergewöhnliche Belastungen*

▶ **Hinterbliebenenrente** → *Altersvermögensgesetz*

▶ **Höchstbetragshypothek** → *Hypothek*

▶ **Hoheitsakt**

Oberbegriff für staatliches Handeln oder das Handeln durch → *Verwaltungsakt* einer juristischen Person des öffentlichen Rechts mit Hoheitsgewalt (z. B. → *Gebietskörperschaften*).

▶ **Holdinggesellschaft**

Besitzt und verwaltet als → *Konzern* alle → *Aktien* der von ihr beherrschten Unternehmen. Die beherrschten Gesellschaften bleiben formalrechtlich selbständig, verlieren jedoch ihre wirtschaftliche Autonomie. Bei einer → *Finanzholding* liegt der Führungsanspruch des Holding-Vorstands vor allem auf Planung, Steuerung und Kontrolle der Finanzgeschäfte.

Sind darüber hinaus auch noch Funktionen der strategischen Planung (z. B. Produktionsschwerpunkte, → *Investitionen*, Gewinnung und Ausbildung von Führungspersonal) und Entwicklung auf die Entscheidungsebene des Holding-Vorstandes übertragen, handelt es sich um eine **Management-Holding** oder **Dachgesellschaft**. Eine solche konzernleitende **Obergesellschaft** nimmt – ebenso wie die Finanzholding – keine operativen (Produktions-) Tätigkeiten wahr. Dies ist ein Unterschied zu einem **Stamm-Konzern**, der neben der Funktion als Obergesellschaft auch noch produziert.

Holdinggesellschaften werden durch das → *Schachtelprivileg* begünstigt, um u. a. eine Dreifachbesteuerung bei der → *Körperschaftsteuer* zu vermeiden.

▶ Homebanking

Abwicklung von Bankgeschäften (→ *Kreditinstitute*) von zu Hause im → *Online-Betrieb.* → *Internet-Banking.*

▶ Homepage → *Internet*

▶ Homeshopping

Abwicklung von Einkäufen von zu Hause im → *Online-Betrieb* aus der → *Datenbank* der verschiedenen Anbieter. → *E-Commerce.*

▶ Horizontale Wettbewerbsbeschränkungen → *Kartellgesetz*

▶ Host

Bezeichnung für einen → *Computer,* von dem z. B. Dienste der → *Mailbox* oder einer anderen → *Datenbank* abgerufen werden können. → *Cluster.*

▶ Hot Money

Gelder von Währungsspekulanten, die mit dem Ziel der Abschöpfung von Kursgewinnen bei Wechselkursveränderungen (→ *Wechselkurs*) von Land zu Land transferiert werden.

▶ HSDPA (High Speed Downlink Packet Access) → *UMTS*

▶ HTML

(Hypertext Markup Language) Im → *Internet* verwendete Auszeichnungssprache zur Darstellung von Dokumenteninhalten (→ *Homepage*).

▶ http://www

Anmeldungskürzel im → *Internet*; http (→ *Hypertext* Transfer Protocol) ist das → *Protokoll* zum Datenaustausch im www

(→ *World Wide Web (www)*). Über das multimediale (→ *Multi-media*) Zentrum des Internet, **Web** genannt, wird weltweit der Zugang zu den Informationen und Diensten ermöglicht.

▶ Human Capital

(Humankapital) Die Summe des durch Erziehung, Ausbildung und Fähigkeiten vorhandenen individuellen menschlichen Leistungspotentials oder des gesamten Leistungspotentials einer Volkswirtschaft.

▶ Humanisierung des Arbeitslebens (HdA)

(Quality of Working Life) HdA bedeutet, dass die Arbeit an den Menschen angepasst wird. Dies heißt, dass die Arbeitsbedingungen und betrieblichen Gegebenheiten so zu verändern und zu gestalten sind, dass Menschen mit ihren verschiedenen Fähigkeiten und unterschiedlichen, altersbedingten Leistungsmöglichkeiten aufgenommen und in einer produktiven und sinnvollen Weise integriert werden können.

1975 bis 1989 förderte die Bundesregierung ein großes Forschungsprogramm unter dem Titel Humanisierung des Arbeitslebens. Die → *Gewerkschaften* setzten große Hoffnungen in die Ergebnisse der geförderten Forschungsprojekte und konnten hierzu Vorschläge einbringen. Gefördert wurden Projekte
- zur Entwicklung von menschengerechten Arbeitstechnologien,
- zur Erarbeitung von beispielhaften Vorschlägen und Modellen für die Arbeitsorganisation und die Gestaltung von Arbeitsplätzen,
- zur Erarbeitung von Schutzdaten, Richtwerten, Mindestanforderungen an Maschinenanlagen und Arbeitsstätten.

1983 hatte das Programm noch ein beträchtliches Fördervolumen von rd. 144 Mio. DM. Gewerkschaften und Arbeitgeber waren in Fachausschüssen beteiligt. Mit dem **Forschungsbericht 1984** wurde eine Neuorientierung der Forschungs- und Technologiepolitik eingeleitet. Die Förderung von Einzelprojekten wurde abgebaut zugunsten einer breitangelegten Förderung neuer Technologien. Jedoch wurden gewerkschaftliche Projekte, wie z. B. die

→ *Innovationsberatungsstellen (IBS)* der IG Metall, über einen längeren Zeitraum weiter gefördert. Die IG Metall hatte 1984 der Öffentlichkeit ein **Aktionsprogramm „Arbeit und Technik: Der Mensch muss bleiben"** vorgestellt. Das Aktionsprogramm war auf den Betrieb ausgerichtet, weil dort die → *Rationalisierung* stattfindet und die neuen Techniken eingesetzt werden. Dabei wurden als Aufgabenbereiche in den Vordergrund gestellt:

• die Gestaltung von Arbeit und Technik,
• eine offensive Qualifizierungspolitik,
• aktive Gesundheitsvorsorge und → *Arbeitsschutz* („Arbeit darf nicht krank machen!"),
• die Verhinderung des „gläsernen Menschen".

Nachdem 1987 die Mittel des HdA-Programms erheblich gekürzt wurden, stellte der Bundesminister für Forschung und Technologie im Herbst 1988 „Eckpunkte und Strukturelemente" für das Programm **„Arbeit und Technik (AuT)"** vor. Schwerpunkte des Programms zielten auf ein umfassendes Innovationsverständnis und eine verstärkte Präventionsorientierung. Gegründet wurde 1989 ein **Institut Arbeit und Technik** im Wissenschaftszentrum Nordrhein-Westfalen, Düsseldorf. → *Technologie-/Technikfolgenabschätzung*, → *Technologiepolitik*.

http://www.igmetall.de/gesundheit/arbeit_oekologie/03_11_01.html
http://www.iatge.de/

▶ **Human Relations**

Bezeichnung für eine in den USA vor dem Zweiten Weltkrieg entstandene Strategie betrieblicher Personal- und Sozialpolitik, die neben den organisatorisch vorgeschriebenen Beziehungen im Betrieb die Pflege der zwischenmenschlichen Kontakte zum Führungsprinzip erhoben hat. Dieses betriebspsychologische Instrument soll durch Vermeidung von Konflikten die → *Effizienz* der menschlichen Arbeitskraft im Sinn der Unternehmensziele (→ *Produktivität*, → *Profit*) steigern.

▶ **Human Resources**

(Humanvermögen) Bezeichnung für das einem Unternehmen zur Verfügung stehende gesamte personelle Leistungspotential. Die Kenntnis und Beurteilung der Leistungsfähigkeit sowie deren Förderung durch Maßnahmen zur weiteren Qualifikation und Motivation sind ein wichtiges Instrument der → *Personalplanung* als **Human Resource Management**. Hier geht es um die Planung, Schwachstellenanalyse und die gezielte Bereitstellung bzw. Weiterbildung des vorhandenen Humanvermögens.

▶ **Humanvermögen** → *Human Resources*

▶ **HWWA** → *Wirtschaftswissenschaftliche Forschungsinstitute*

▶ **Hybrid**

Bezeichnung im Zusammenhang mit Techniken oder Verfahren mit unterschiedlichen Eigenschaften, z. B. **Hybridantrieb** als Kombination verschiedener Antriebsarten oder Energieträger; **Hybridrechner**, der analoge oder digitale Daten (→ *Digitale Nachrichtenübertragung*) verarbeiten kann, oder **hybride Finanzinstrumente** (→ *Derivate*).

▶ **Hybride Finanzinstrumente** → *Derivate*

▶ **Hype**

Übermäßige, übertriebene Stimmung z. B. an der → *Börse*, für → *Aktien* oder für eine Veranstaltung.

▶ **Hyperlink** → *Hypertext*

▶ **Hypertext**

Bezeichnung für eine bestimmte → *Software* in der → *Datenverarbeitung* zum Verknüpfen von Texten und → *Multimedia*-Anwendungen. Mit einem System optisch hervorgehobener Textstellen können Querverweise **(Hyperlink)** auf ein → *HTLM*-Dokument z. B. mit der → *Maus* angesteuert werden, die zu Erklärungen

führen oder weitere Dokumente in der → *Datenbank* öffnen. Im
→ *Internet* steht hierfür das → *World Wide Web (www)* zur Verfügung.

▶ **Hypothek**

→ *Grundpfandrecht* an einem Grundstück zur Sicherung von
→ *Forderungen*, z.B. für dem Grundstückseigentümer gewährte
→ *Kredite*. Eine Hypothek ist in das → *Grundbuch* einzutragen.
Voraussetzung ist – anders als bei der Grundschuld – die Existenz
einer persönlichen Forderung. Rechtsgrundlage für die Hypothek
sind die Bestimmungen im BGB (→ *Bürgerliches Gesetzbuch
(BGB)*) (§ 1113 BGB bis § 1190 BGB).

Man unterscheidet:
- **Briefhypothek**, wenn eine → *Urkunde* (Hypothekenbrief) aus-
gestellt wurde. Die Übertragung der Hypothek wird hierdurch er-
leichtert;
- **Buchhypothek**, wenn ausdrücklich vereinbart ist, dass eine
Übertragung nur in Verbindung mit einer Grundbucheintragung
erfolgen kann;
- **Gesamthypothek**, wenn zur Sicherung einer Forderung mehrere
Grundstücke belastet werden;
- **Sicherungshypothek**, wenn der → *Gläubiger* das Bestehen der
Forderung beweisen muss und sich nicht – wie bei der **Verkehrshypothek** (Brief- und Buchhypothek) – auf das Grundbuch berufen kann.
- Besondere Formen der Sicherungshypothek sind die **Zwangshypothek**, die z.B. im Wege der Zwangsvollstreckung im Grundbuch
eingetragen wird, und die **Höchstbetragshypothek**, bei der statt
des Forderungsbetrags der Höchstbetrag der Haftungssumme eingetragen wird.

Bei Fälligkeit der Forderung hat der Hypothekengläubiger Anspruch auf Befriedigung, anderenfalls kann er die → *Zwangsvollstreckung* beantragen.

Die Hypothek dient der Beschaffung von langfristigem
→ *Fremdkapital*. Sie wird als **erste Hypothek** im Allgemeinen mit
60 % oder mehr des von den → *Hypothekenbanken* festgestellten

Beleihungswertes festgesetzt. Sie hat einen ersten Rang bei der Eintragung ins → *Grundbuch*, d. h. sie hat bei der Befriedigung von Ansprüchen, z. B. bei einer Zwangsversteigerung, erste Priorität.

Mit einer **zweiten Hypothek** kann im Bedarfsfall – abhängig von der Bewertung des Risikos – dann noch eine Aufstockung bis auf ca. 90 % des Beleihungswertes i. d. R über → *Bausparkassen* erfolgen. Diese Hypothek ist im Allgemeinen schneller zu tilgen und hat einen niedrigeren Rang als die erste Hypothek.

In der Regel wird das **Hypothekendarlehen** mit einem Abzug ausgezahlt (→ *Damnum*, → *Disagio*). Bei vorzeitiger Rückzahlung einer Hypothek berechnen die → *Kreditinstitute* ggf. eine → *Vorfälligkeitsentschädigung*.

▶ **Hypothekarkredite**

Durch Eintragung einer → *Hypothek* gesicherte → *Kredite*. Hypothekarkredite gewähren sowohl → *Kreditinstitute* – hier insbesondere von → *Realkreditinstitute* – als auch private → *Gläubiger*.

▶ **Hypothekenbanken**

→ *Realkreditinstitute*, die inländische Grundstücke durch → *Hypothekarkredite* beleihen und aufgrund der erworbenen Hypotheken → *Schuldverschreibungen* **(Hypothekenpfandbriefe)** ausgeben. Sie haben weiter das Recht, → *Darlehen* an eine inländische → *Körperschaft des öffentlichen Rechts* oder → *Anstalt des öffentlichen Rechts* oder gegen Übernahme der vollen Gewährleistung durch eine solche Körperschaft oder Anstalt zu gewähren (→ *Kommunaldarlehen*) und aufgrund der erworbenen Forderungen Schuldverschreibungen auszugeben. Rechtsgrundlage ist das **Hypothekenbankgesetz** i. d. F. vom 9. 9. 1998.

▶ **Hypothekenbrief**

Urkunde (→ *Wertpapiere*) über eine im → *Grundbuch* eingetragene Hypothek **(Briefhypothek)**.

▶ **Hypothekenpfandbrief** → *Hypothekenbanken*

I

▶ **IAB** → *Institut für Arbeitsmarkt und Berufsforschung (IAB)*

▶ **IAO (Internationale Arbeitsorganisation)** → *ILO*

▶ **IAS/ IFRS**

(International Accounting Standards/International Financial Reporting Standards) Bezeichnung für die vom → *IASC/IFRIC* entwickelten und empfohlenen → *Rechnungslegungsvorschriften.* Sie weichen in einigen Empfehlungen wesentlich von den Regeln im deutschen → *Handelsrecht* ab. Dies gilt insbesondere für die Bevorzugung einer eigentümerorientierten Gewinnermittlung **(fair presentation)** gegenüber den deutschen, vom Grundsatz der Vorsicht (Gläubigerschutz) geprägten Bilanzierungsvorschriften (→ *Grundsätze ordnungsmäßiger Buchführung (GoB)*). Auch ist nicht das Ergebnis im Einzelabschluss eines Unternehmens, sondern das Ergebnis im → *Konzernabschluss* bestimmend für die Gewinnausschüttung. Schließlich ist der Abschluss nach den IAS/ IFRS-Vorschriften nicht maßgeblich für die Berechnung der abzuführenden → *Steuern* (→ *Maßgeblichkeitsprinzip*).

Nach einer Verordnung der EU (→ *Europäische Gesetzgebung*) vom 19. 7. 2002 und dem → *Bilanzrechtsreformgesetz* vom 4. 12. 2004 ist die Rechnungslegung nach IAS/ IFRS seit dem 1. 1. 2005 für den → *Konzernabschluss* am → *Kapitalmarkt* orientierter Unternehmen verbindlich vorgeschrieben (§ 315a Abs. 1 HGB).

Alle sonstigen Unternehmen müssen einen Einzelabschluss nach den Vorschriften im → *Handelsgesetzbuch (HGB)* vorlegen mit zusätzlicher Wahlmöglichkeit nach IAS/IFRS.

Nur große Kapitalgesellschaften (→ *Größenklassen*) dürfen einen freiwilligen IAS/IFRS-Einzelabschluss anstelle des HGB-Einzelabschlusses vorlegen und veröffentlichen (§ 325 Abs. 2 und Abs. 2a). Mit den Neuregelungen soll die Vergleichbarkeit von

Unternehmensabschlüssen in der EU (→ *Europäische Union (EU)*) gewährleistet und eine größere Transparenz bei einer Übernahme (→ *Übernahmegesetz*) oder → *Fusion* geschaffen werden. Den Staaten der EU war es freigestellt, die Anwendung der IAS/ IFRS-Grundsätze auch für nicht-börsennotierte Unternehmen vorzuschreiben. → *US-GAAP*, → *Kapitalaufnahmeerleichterungsgesetz*.

http://www.ifrs_portal.com/

▶ **IASC/IFRIC**

(International Accounting Standards Committee/ International Financial Reporting Interpretations Committee) Ein freiwilliger, privater Zusammenschluss von über 100 mit Fragen der → *Rechnungslegung* befassten Berufsverbänden aus 80 Ländern mit Sitz in London. Die unter geändertem Namen gleiche Vereinigung verfolgt das Ziel, Grundsätze und Regeln zur Rechnungslegung zu formulieren und deren weltweite Akzeptanz zu fördern. Von den ursprünglich 41 IAS sind noch 31 Standards in Kraft. Hinzu kommen 5 neue IFRS (2004).

Die Standards für ein System internationaler Rechnungslegungsvorschriften werden in Fachausschüssen des IASC/IFRIC erarbeitet (→ *IAS/IFRS*). Nach Verabschiedung im → *Board* des IASC/ IFRIC werden sie als Empfehlungen veröffentlicht mit dem Ziel, zu einer internationalen Harmonisierung der Rechnungslegungsvorschriften beizutragen. Unternehmen, die ihre → *Aktien* auch an einer US-amerikanischen → *Börse* einführen möchten, müssen darüber hinaus die Vorschriften der → *US-GAAP* beachten.

▶ **IBFG** → *Internationaler Bund Freier Gewerkschaften (IBFG)*

▶ **IBFN**

(Integriertes Breitbandfernmeldenetz) Ziel der letzten Ausbauphase zur Vereinigung aller Individualkommunikationsdienste und Massenkommunikationsdienste in einem Netz mit → *Glasfaserkabel.* → *Telekommunikationsnetze.*

▶ **IBRD (International Bank for Reconstruction and Development)** → *Weltbankgruppe*

▶ **ICANN**

(Internet Corporation for Assigned Names and Numbers = Internetvereinigung für zugeteilte Namen und Nummern) Eine nicht-kommerzielle, internationale Organisation. Sie vergibt und verwaltet die → *IP-Adresse* und → *Domain-Adresse* der Teilnehmer und regelt die im → *Internet* maßgeblichen Standards (z. B.→ *Internet-Protocol (JP)*). Sie wurde 1998 vom amerikanischen Handelsministerium gegründet als Nachfolgeorganisation von InterNIC *(Internet Network Information Center)*, die bis dahin im Auftrag der US-Regierung zum gleichen Zweck tätig war.

http://www.icannchannel.de/

▶ **ICC (International Chamber of Commerce)** → *Internationale Handelskammer*

▶ **Ich-AG**

Durch die → *Hartz-Gesetze* (**Hartz II**) seit dem 1. 1. 2003 eingeführte Möglichkeit für → *Arbeitslose*, sich mit einer so genannten Ich-AG selbständig zu machen, sofern sie eine **geprüfte** und **bescheinigte** (z. B. von der → *Industrie- und Handelskammer (IHK)*) **Geschäftsidee** haben. Rechtsgrundlage ist das → *Sozialgesetzbuch (SGB)* (§ 421l SGB III).

Der Existenzgründerzuschuss wird danach in abnehmender Höhe für maximal 3 Jahre gewährt, solange das jährliche Einkommen 25 000 Euro nicht überschreitet. Er beträgt im ersten Jahr monatlich 600 Euro, im zweiten Jahr 360 Euro und im dritten Jahr 240 Euro. Die Leistung wird jeweils für ein Jahr bewilligt. Die Förderung muss vor Aufnahme der selbständigen Tätigkeit bei der zuständigen → *Agentur für Arbeit* beantragt werden.

▶ **Icon**

Darstellung auf dem → *Bildschirm* vom → *Computer*, deren Inhalt durch Anklicken eines Symbols z. B. mit der → *Maus* abgerufen wird.

▶ **ID**

Identifikationscode für die Zugangsberechtigung (**Account**) auf → *Online-Dienste*. Sie besteht aus dem Teilnehmernamen (**Kennung**) und einem Passwort (**Kennwort**). Der ID-Code ist z. B. Bestandteil einer → *Adresse* für → *E-Mail*.

▶ **IDA (International Development Association)** → *Weltbankgruppe*

▶ **Identifikationsnummer**

(PIN = Personal Identity Number) Eine vierstellige persönliche Geheimzahl, die zur Identifikation eines Berechtigten dient und Zugang verschafft zu persönlichen Konten (z. B. beim Geldautomaten, → *Electronic Cash*).

▶ **IFC (International Finance Corporation)** → *Weltbankgruppe*

▶ **Ifo (Institut für Wirtschaftsforschung)** → *Wirtschaftswissenschaftliche Forschungsinstitute*

▶ **Ifo-Geschäftsklimaindex**

Ein vom Ifo-Institut (→ *Wirtschaftswissenschaftliche Forschungsinstitute*) monatlich berechneter → *Index* zum Anzeigen der vorhandenen und der voraussichtlichen Entwicklung der → *Konjunktur* in Deutschland. Es werden 7000 Unternehmensleitungen befragt nach ihrer Einschätzung der gegenwärtigen Lage und über ihre Erwartungen für die nächsten sechs Monate. Die Antworten werden in einem speziellen Berechnungsverfahren gewichtet und auf die Basis 100 (durchschnittlich neutrale Einschätzung) bezogen.

▶ **IFRS** → *IAS/IFRS*

▶ **IHK** → *Industrie- und Handelskammer (IHK)*

▶ **Illiquidität**

Zustand, der eintritt, wenn es einem Unternehmen nicht gelingt, die laufenden → *Verbindlichkeiten* aus vorhandenen flüssigen Mitteln zu befriedigen. Illiquidität führt zur Zahlungsunfähigkeit und zum *Insolvenzverfahren.* → *Liquidität.*

▶ **ILO**

(International Labour Organization) Wurde am 28. 6. 1919 im Rahmen des Friedensvertrages von Versailles als weitgehend unabhängige Organisation gegründet. Ihre Zielsetzung ist der Aufbau gleicher sozialer Bedingungen in allen Ländern als Voraussetzung für einen dauerhaften Frieden.

Durch ein Abkommen vom 19. 12. 1946 wurde die ILO eine Sonderorganisation der → *Vereinten Nationen (UN)* mit weitgehend autonomer Stellung.

Im Unterschied zu anderen Sonderorganisationen sind jedoch in der ILO neben den Regierungen auch die → *Arbeitnehmer* und → *Arbeitgeber* der einzelnen Länder vertreten.

Zu den Aufgaben der ILO zählt das Erarbeiten internationaler Übereinkommen und Empfehlungen zum Schutze aller Arbeitnehmer. Hierzu zählen vor allem die Probleme → *Arbeitszeit*, Arbeitslohn, → *Arbeitsschutz*, → *Mitbestimmung*, → *Sozialversicherung*, → *Arbeitsmarkt* und → *Strukturpolitik*. Außerdem gewährt die ILO technische Hilfe und betreibt eigene Forschungen und statistische Erhebungen.

Bei ihrer Jahrestagung im Juni 2001 forderte die ILO die Einrichtung einer Kommission zur Durchsetzung von Sozialen Mindeststandards (→ *Sozialcharta der EU*) im Rahmen einer **Globalisierungs-Initiative** (→ *Globalisierung*).

Organe der ILO sind:

● Die **Internationale Arbeitskonferenz** als Vollversammlung aller 175 Mitgliedsstaaten (2000). Jedes Land entsendet zwei Regierungs-, einen Arbeitgeber- und einen Arbeitnehmervertreter zu der jährlich einmal stattfindenden Konferenz. Die Vollversammlung entscheidet über die Annahme von Übereinkommen und Empfehlungen, die dann den Regierungen unterbreitet werden müssen.

• Der drei- bis viermal jährlich zusammentretende **Verwaltungsrat** überwacht die Tätigkeit des Internationalen Arbeitsamtes. Er besteht aus 56 Mitgliedern, von denen 28 die Regierungen, 14 die Arbeitgeber- und 14 die Arbeitnehmerorganisationen entsenden.

• Das **Internationale Arbeitsamt (IA)** in Genf ist das ständige Generalsekretariat der ILO und Exekutivorgan des Verwaltungsrates. Zu seinen Aufgaben zählt die Ausarbeitung von internationalen Programmen zur Verbesserung der Arbeits- und Lebensbedingungen in der ganzen Welt sowie die Erstellung von Berichten, die von der Internationalen Arbeitskonferenz beraten werden. Außerdem obliegt ihm die Unterweisung von Fachkräften, die von der ILO im Rahmen des technischen Hilfsprogramms der UN in die Entwicklungsländer gesandt werden.

Die Bundesrepublik ist seit dem 12. 6. 1951 Mitglied der ILO und hat einen ständigen Sitz im Verwaltungsrat. Das ehemalige Deutsche Reich war in der Zeit von 1919 bis 1935 Mitglied der ILO.

http://www.ilo.org/

▶ **IMF (International Monetary Fund)** → *Internationaler Währungsfonds (IWF)*

▶ **Immaterielle Wirtschaftsgüter** → *Güter*

▶ **Immissionen**

Bezeichnung für den Niederschlag ausgestoßener Schadstoffe auf Pflanzen, Tiere, Menschen und Sachen. → *Bundesimmissionsschutzgesetz (BImSchG)*.

▶ **Immissionsgrenzwerte**

Richtwerte für → *Immissionen*, die z. B. bei Genehmigungsverfahren für neue Industrieanlagen zur Beurteilung des möglichen Schadstoffniederschlages verwendet werden.

▶ **Immobilien**

Bezeichnung für unbewegliche Sachgüter (Grundstücke und dazu gehörende Gebäude). Gegensatz: Mobilien (bewegliche Sachgüter).

▶ **Immobilienfonds** → *Kapitalanlagegesellschaften*

▶ **Immobilienmakler** → *Makler*

▶ **Imparitätsprinzip**

Bewertungsvorschrift nach dem → *Handelsgesetzbuch (HGB)*, wonach zum Zeitpunkt der Erstellung einer → *Bilanz* erkennbare Verluste ausgewiesen werden müssen (→ *Nicht realisierte Verluste*). Umgekehrt dürfen Gewinne erst dann ausgewiesen werden, wenn sie auch tatsächlich realisiert sind (→ *Nicht realisierte Gewinne*). **Gewinne** und **Verluste** werden also wegen des anzuwendenden → *Niederstwertprinzips* **ungleich** (imparitätisch) behandelt.

Diese Vorgehensweise ist Bestandteil der → *Grundsätze ordnungsmäßiger Bilanzierung* aufgrund des hier geforderten **Prinzips der kaufmännischen Vorsicht.**

▶ **Implementierung**

Umsetzung von Programmen in der → *Datenverarbeitung*, von Entscheidungen im → *Consulting*-Prozess oder der Ergebnisse von Szenarien (→ *Szenario*) in die Unternehmensplanung.

▶ **Import** → *Einfuhr*

▶ **Importeur**

Bezeichnung für eine Firma oder eine Person, die für das Inland bestimmte Waren im Ausland kauft, um sie weiterzuverarbeiten oder weiterzuverkaufen.

▶ **Importierte Inflation** → *Inflation*

▶ **Importkartell** → *Kartellgesetz*

▶ **Importquote**

Verhältnis des Wertes der → *Einfuhr* zum → *Bruttoinlandsprodukt*. Im → *Außenhandel* auch Bezeichnung für die Beschränkung der Einfuhr auf eine bestimmte wertmäßige oder quotenmäßige Größe.

▶ **Importüberschuss** → *Einfuhrüberschuss*

▶ **Inbound-Call Center** → *Call Center*

▶ **Inc. (Incorporated Company)** → *Corporation*

▶ **Incentives**

(Anreize) Instrument der Unternehmensführung zur Erhöhung von Motivation und Zielorientierung der Mitarbeiter. Dies erfolgt im Allgemeinen durch die Ankündigung von Prämienzahlungen, Sonderausschüttungen, Möglichkeiten der Teilnahme an Reisen oder Veranstaltungen usw.

▶ **Incoterms**

(International Commercial Terms) **Handelsklauseln**, die die → *Internationale Handelskammer* entwickelte mit Festlegungen zur Kosten- und Risikoaufteilung zwischen Käufer und Verkäufer. Beispiele der bisher 13 festgelegten und 1990 an das Recht in der EU (→ *Europäische Union (EU)*) angeglichenen Begriffe sind → *cif* und → *fob*.

▶ **Indexierung**

Die Anpassung bestimmter Größen an einen Orientierungsmaßstab, z. B. Orientierung von Lohnsteigerungen (→ *Indexlohnsystem*), → *Transferzahlungen* oder Mietsteigerungen (→ *Miete*) an die Entwicklung des → *Lebenshaltungspreisindex*.

▶ **Indexlohnsystem**

Bei diesem Lohnsystem werden die Löhne vereinbarungsgemäß **automatisch** erhöht, sobald ein bestimmter Index (z. B. → *Lebenshaltungspreisindex*) um einen bestimmten Prozentsatz gestiegen ist. Indexlohnsysteme lehnen sowohl die deutschen → *Gewerkschaften* als auch die → *Arbeitgeberverbände* ab, da der zwangsläufig ausgelöste Automatismus zur Aushöhlung der → *Tarifautonomie* führt. → *Indexierung.*

▶ **Indexziffern**

(Indexzahlen) Methode zur Veranschaulichung von Entwicklungsvorgängen einer einzelnen oder mehrerer Zahlenreihen. Indexziffern beziehen sich auf eine Grundzahl (Index = 100), die als Ausgangsbasis angesehen wird. In der amtlichen Statistik gibt es eine ganze Reihe so genannter **kombinierter Indexzahlen**, z. B. → *Lebenshaltungspreisindex*, Großhandelspreisindex, Bauindex usw.

▶ **Indirekte Abschreibungen** → *Wertberichtigungen*

▶ **Indirekte Steuern**

Bezeichnung für → *Steuern*, bei denen eine Steuerüberwälzung auf den Verbraucher bzw. Käufer leichter möglich ist als bei → *Direkte Steuern*. Voraussetzung für eine Überwälzung sind vorhandene Preiserhöhungsspielräume für die Unternehmen. Indirekte Steuern sind alle → *Verbrauchsteuern* und → *Verkehrssteuern*. → *Steuerarten*.

▶ **Indossament**

→ *Orderpapiere* werden mit einer Übertragungserklärung versehen (insbesondere auf einem → *Wechsel* oder → *Scheck*), mit der
der jeweilige Inhaber **(Indossant)** das Papier samt allen Rechten
auf den **Indossatar** (z. B. Wechselempfänger, Scheckempfänger)
überträgt. Die Übertragungserklärung lautet gewöhnlich: Für mich
an... oder an..., und muss vom Indossanten unterschrieben werden. Mit einer → *Rektaklausel* kann ein Indossament untersagt
werden.

▶ **Induktive Methode**

Eine wissenschaftliche Methode zur Ableitung allgemein gültiger Beziehungen aus dem gedanklichen Fortschreiben von Ein-
zelbeobachtungen. Die in der Statistik üblichen Stichprobenerhebungen basieren auf der induktiven Methode. → *Deduktive
Methode.*

▶ **Industrie**

Sammelbezeichnung für anlage- und kapitalintensive (→ *Kapitalintensiv*) Unternehmen, in denen überwiegend → *Rohstoffe*
und → *Halbfabrikate, Halberzeugnisse* verarbeitet werden. Die
→ *Amtliche Statistik* unterscheidet die Industrie nach bestimmten
Industriezweigen. → *Verarbeitende Industrie.* Anders: → *Handelsbetriebe,* → *Dienstleistungsbetriebe,* → *Handwerk.*

▶ **Industriegewerkschaft** → *Industrieverbandsprinzip*

▶ **Industrieobligationen**

→ *Anleihen,* die von Industrieunternehmen emittiert werden.
Dem Käufer wird ein fester Zins über die Laufzeit der Industrieob-
ligation garantiert. Die Ausgabe kann zuzüglich → *Agio* oder abzüglich → *Disagio* erfolgen.

▶ **Industrie- und Handelskammer (IHK)**

Interessenvertretung der gewerblichen Wirtschaft eines Kammerbezirks (Zwangsmitgliedschaft). Aufgaben: Vertretung der gewerblichen Wirtschaft gegenüber den kommunalen Instanzen, Beratung der Mitglieder, Auskunftserteilung, Träger der Lehrlingsausbildung, Errichtung von Fach- und Berufsschulen, Gestellung von Sachverständigen. Die Spitzenorganisation der Industrie- und Handelskammern ist der DIHK (→ *Deutscher Industrie- und Handelskammertag (DIHK)*).

http://www.ihk.de/

▶ **Industrieverbandsprinzip**

In Deutschland vorherrschendes Organisationsprinzip, bei dem im Gegensatz zum → *Berufsverbandsprinzip* die Zugehörigkeit zu einem bestimmten Wirtschaftsbereich ausschlaggebend ist. Es ist das Organisationsprinzip des DGB (→ *Deutscher Gewerkschaftsbund (DGB)*) und der → *Arbeitgeberverbände*. Anders: → *Richtungsverbandsprinzip*. → *Verband*.

▶ **Inflation**

Bezeichnung für einen anhaltenden Anstieg des Preisniveaus. Gemessen wird sie im Allgemeinen an Veränderungen des → *Lebenshaltungspreisindex*. Die Folge von Inflation ist eine sinkende → *Kaufkraft* und eine Verringerung des Geldwertes.

Nach der Geschwindigkeit des Geldwertverfalls wird unterschieden in **galoppierende** (z. B. 1923 in Deutschland), in **trabende** und in **schleichende Inflation**. In der Bundesrepublik gab es nach 1950 nur eine mehr oder weniger stark ausgeprägte schleichende Inflation mit Preissteigerungsraten von maximal 7,7 % (1951). Dagegen war der Geldwert bei der galoppierenden Inflation 1923 innerhalb weniger Monate auf ein Milliardstel, in der Endphase auf noch kleinere Einheiten abgesunken.

Die Inflation (Geldentwertung) hat schwerwiegende **ökonomische und soziale Folgen**. So wurden die Sparvermögen 1923 im Verhältnis 1:1 Billion umgestellt, 1948 bei der Währungsreform im

Verhältnis 1:100. Leidtragende sind stets die ärmeren Bevölkerungsschichten, da Sachwerte (z. B. Grundstücke, Häuser, Schmuck und Edelmetalle, → *Wertpapiere* usw.) von einer Geldentwertung nicht betroffen sind – im Gegensatz zu den Sparguthaben. Besitzer von Sachwerten profitieren von steigenden Preisen. Die → *Einkommensverteilung* und → *Vermögensverteilung* wird deshalb bei stark ansteigenden Preisen einseitig zugunsten der Sachwertbesitzer verschoben.

Über die **Ursachen der Inflation** gibt es viele Theorien:

• Nach der **klassischen Lehre** (→ *Klassik*) wird davon ausgegangen, dass Preissteigerungen entstehen, wenn die vorhandene → *Geldmenge* und damit die vorhandene Kaufkraft größer ist als das vorhandene Angebot von → *Gütern* und → *Dienstleistungen*. Diese **Angebotslücke** führt zur **Nachfrageinflation**. Eine übermäßige Nachfrage kann verursacht sein durch inländische Unternehmen, die – bedingt durch ihre Erwartungen für einen künftigen → *Umsatz* und → *Gewinn* – verstärkt neue → *Investitionen* tätigen wollen, durch hohe Auftragseingänge aus dem Ausland und/oder eine zu starke Nachfrage öffentlicher Auftraggeber (→ *Öffentliche Hand*). Auch das Konsumentenverhalten (→ *Konsum*) kann das Angebot bestimmter Güter verknappen, so z. B. bei spekulativen Hamsterkäufen oder nach politischen Veränderungen.

• Von einer so genannten **Kosteninflation** wird gesprochen, wenn die Unternehmen Steigerungen ihrer → *Kosten* für die → *Produktionsfaktoren* auf die Preise weiterwälzen.

• Als weitere Inflationsursache sind die so genannten **autonomen Preiserhöhungen** marktstarker Unternehmen (z. B. im Mineralölbereich) von Bedeutung. Fehlender oder unzureichender Wettbewerb durch → *Konzentration* und → *Marktbeherrschung* führt zu profitorientierten Inflationserscheinungen.

• **Importierte Inflation** entsteht, wenn vom Ausland hohe Auftragsorder eingehen, weil ein hohes Preisniveaugefälle existiert. Durch die hohe Auslandsnachfrage wird – vor allem bei festen Wechselkursen (→ *Wechselkurs*) – die inländische → *Geldmenge* aufgebläht, das inländische Angebot verknappt und die Durchsetzung von Preiserhöhungen erleichtert. Ein ähnlicher Effekt tritt ein, wenn infolge eines zu großen Zinsniveaugefälles zwischen Inland und Ausland Kapitalzuflüsse ins Inland stattfinden.

● Dagegen spricht man von **hausgemachter Inflation**, wenn die Inflationsursachen vorwiegend im Inland zu suchen sind. So steigen z. B. die Mieten (→ *Miete*) bei einem zu knappen Wohnungsangebot oder die sonstigen → *Verbraucherpreise*, wenn → *Indirekte Steuern* (z. B. der → *Mehrwertsteuer*) angehoben wurden.

● Schließlich unterscheidet man die **zurückgestaute Inflation**, wenn durch staatliche Reglementierung (→ *Preisstopp*) ein Anstieg der Preise trotz steigender Geldmenge und Nachfrage verhindert wird. Vor allem im Handel entsteht dabei ein → *Grauer Markt* oder ein → *Schwarzer Markt* für → *Güter*, die wegen des Preisstopps künstlich verknappt werden. Nach Aufhebung eines Preisstopps erfolgt vielfach ein ruckhafter Ausgleich der künstlich zurückgestauten Preisdifferenzen. Beispiele hierfür lieferten die ehemalige DDR und die osteuropäischen Staaten, in denen sich nach einer Beseitigung von → *Subventionen* und Preisreglementierungen teilweise die Preise vervielfachten.

Ein isoliertes Auftreten nur einer Inflationsursache ist in der Praxis kaum anzutreffen. Auch ist zwischen Ursache und Wirkung selten klar zu trennen: Ist es die Geldmenge, die die Nachfrage erhöhte, oder umgekehrt? Steigen die Löhne, weil die Preise stiegen, oder umgekehrt?

Die → *Zentralbank* bekämpft die Inflation mit ihren Instrumenten, die bei den verschiedenen Inflationsursachen unterschiedlich stark wirken können. Unterstützt werden sie durch die → *Konjunkturpolitik* und → *Ordnungspolitik* (z. B. über das → *Kartellgesetz*). Nach dem → *Stabilitätsgesetz* ist die Bundesregierung verpflichtet, neben dem Ziel der → *Vollbeschäftigung* auch das Ziel der Preisstabilität zu verfolgen (→ *Magisches Viereck*). Immerhin wurden durch die in der Bundesrepublik vorhandenen wirtschafts- und geldpolitischen Mittel zweistellige Inflationsraten, wie zeitweilig in anderen europäischen Industriestaaten, in den letzten 35 Jahren vermieden. → *Deflation*.

▶ **Inflationsrate** → *Lebenshaltungspreisindex*

▶ Informatik

Bezeichnung für die Wissenschaft der Informationsverarbeitung mit Hilfe der → *Computer* und ihrer Anwendungsmöglichkeiten. Hierzu zählt die **technische Informatik**, die sich mit der Technik von Anlagen zur → *Datenverarbeitung* (z. B. → *Hardware*) befasst. Die **theoretische Informatik** beschreibt die Verfahren zur Lösung von Problemen, so z. B. die Programmierung von Rechenanlagen, den Entwurf einer → *Programmiersprache* usw.

Anwendungsbezogene eigene Disziplinen sind z. B. die **Betriebsinformatik (Wirtschaftsinformatik)**, die sich mit der computergestützten Anwendung der Informationstechnik für betriebsspezifische Belange befasst, die **Rechtsinformatik** und die **medizinische Informatik**. Werden Informatik und → *Telekommunikation* als vernetzte technische Systeme betrachtet, so spricht man von **Telematik**. → *Datenschutz*.

▶ Informationelle Selbstbestimmung → *Volkszählung*

▶ Informationsfreiheitsgesetz → *Bundesdatenschutzgesetz* (*BDSG*)

▶ Informationsgesellschaft

Bezeichnung für eine von der multimedialen Entwicklung (→ *Multimedia*) geprägte Gesellschaft. Information wird zum eigenständigen Produktionsfaktor (→ *Produktionsfaktoren*).

Optimisten beschreiben eine neue Welt, die geprägt ist von → *Surfen* im → *Internet* mit → *PC* oder → *Handy*, → *Telebanking*, → *Teleshopping*, → *Telelearning* u. ä.), unzähligen Fernsehprogrammen.

Pessimisten sehen als Ergebnis einer Informationsgesellschaft die Spaltung unserer Gesellschaft in „**Information-rich**" und „**Information-poor**", also in eine Informations-Elite – ausgestattet mit allen technischen Attributen der Informationsgesellschaft – und in Teile der Bevölkerung und der Wirtschaft, die sich dies nicht leisten können oder wollen. Gefahren werden beschrieben, wonach der soziale Status des Verbrauchers geprägt wird von den Zugangs- und Anwendungsmöglichkeiten, die er sich leistet. Eine weitere Folge sei die Vereinsamung des Individuums, eine Verarmung an zwischenmenschlichen und sozialen Kontakten. Die Steuerung der Informationsgesellschaft erfolgt – so eine weitere pessimistische Vision – von wenigen Superkonzernen im Sektor Medien und in → *Telekommunikation.*

Ökonomisch bieten die Anwendungsmöglichkeiten der → *Informations- und Kommunikationstechnologie* und ihrer multimedialen Ausprägung für die Wirtschaft und Verwaltung zusätzliche Produktivitätsgewinne (→ *Produktivität,* → *Rationalisierung*) und eine Verbesserung von Standort-Faktoren (→ *Standortdiskussion*) in einer von → *Globalisierung* geprägten Volkswirtschaft. Manche erwarten von den neuen Anwendungsfeldern und verbesserten Standort-Faktoren in einer Informationsgesellschaft sogar Kompensationsmöglichkeiten für weggefallene Arbeitsplätze. Die bisherigen Trends und Erfahrungen bestätigen jedoch nicht diese These.

1994 veröffentlichte eine Expertengruppe der Kommission der EU (→ *EG (Europäische Gemeinschaft)*) einen Bericht **„Europa und die globale Informationsgesellschaft“**, in dem 10 experimentelle Anwendungsprojekte mit vorrangiger Bedeutung vorgeschlagen wurden. So u. a. für → *Telearbeit,* → *Fernlernen,* → *Telematik* für kleine und mittlere Unternehmen, Straßenmanagement (z. B. Fahrstreckenberatung, Fahrerinformationen) oder Aufbau eines transeuropäischen Netzes für Schriftverkehr zwischen den Behörden in den Ländern der EU (→ *Europäische Union (EU)*). Als Ergänzung legte die EU-Kommission noch einen Aktionsplan **„Europas Weg in die Informationsgesellschaft“** vor, u. a. zu den Bereichen der ordnungspolitischen (→ *Ordnungspolitik*) und rechtlichen Rahmenbedingungen, Netze und Grunddienste, Anwendungen und Informationsinhalte sowie der gesellschaftlichen und kulturellen Aspekte. Zur Begleitung des gesellschaftlichen Entwicklungsprozesses wurde 1995 von der EU-Kommission ein Forum „Informationsgesellschaft“ berufen, dem Experten aller Mitgliedsstaaten angehören.

Der Bundestag setzte Anfang 1996 eine → *Enquête-Kommission* ein mit der Aufgabenstellung, **„Deutschlands Weg in die Infor-**

mationsgesellschaft" zu beschreiben. Sieben Themenkomplexe standen unter der Leitfrage, wie werden sich Wirtschaft und Gesellschaft im 21. Jahrhundert entwickeln: Arbeitswelt; Wirtschaft; Technik; Parlament; Staat und Verwaltung; Gesellschaft; Bildung sowie Umwelt und Verkehr.

Im August 1998 wurde der Schlussbericht **„Arbeit 21"** veröffentlicht. Wichtigste Ergebnisse waren die Feststellung, dass der Einsatz neuer Informations- und Kommunikationstechnologien insgesamt wahrscheinlich zu weiteren Arbeitsplatzverlusten führen wird. Nur enorme politische und gesellschaftliche Anstrengungen könnten dem entgegenwirken. Die Bundesregierung antwortete 1999 mit einem Aktionsprogramm **„Innovation und Arbeitsplätze in der Informationsgesellschaft des 21. Jahrhunderts"** als strategisches Gesamtkonzept.

Hierzu wurde im Frühjahr 2002 ein **Fortschrittsbericht Informationsgesellschaft Deutschland** vorgelegt.

Ein **Aktionsprogramm Informationsgesellschaft Deutschland 2006** vom Herbst 2003 benennt die Bereiche Digitale Wirtschaft (Anwendungsfelder im Internet), → *E-Government* und Informations- und Kommunikationstechnologien als Schwerpunkte für Bildung, Forschung und im Gesundheitsbereich.

http://www.iid.de/

▶ **Informations- und Kommunikationstechnologien**

(IuK-Technologien) Das Zusammenziehen der Begriffe Information und Kommunikation soll ausdrücken, dass keine klare Trennung zwischen beiden Technologiezweigen sinnvoll bzw. möglich ist. Informationen als Kenntnis können durch eine Mensch-Mensch-Beziehung (Ansprechen des Gegenübers) oder Mensch-Maschine-Beziehung (z. B. Übermitteln von Kenntnissen über einen → *PC* und einen → *Drucker* auf ein Blatt Papier), aber auch durch eine Maschine-Maschine-Beziehung (z. B. → *Datenübertragung* von einem → *Speicher* über einen PC zu einem Drucker) übermittelt werden.

Die **Informationstechnologie** umfasst die Informationsverarbeitung, -speicherung und -übermittlung. Im strengen Sinne der Kommunikationswissenschaftler wird der Austausch von Informationen dann zur Kommunikation, wenn ein Dialog stattfindet, Informationen intellektuell verarbeitet werden und Rückkopplung stattfindet. Dies mit hoher Geschwindigkeit (z. B. → *E-Mail*) und Informationstiefe (z. B. über das → *Internet*).

Die IuK-Technologien umfassen die **Bürotechnik**, die **Computertechnik** (→ *Wirtschaftsinformatik*) und die **Nachrichtentechnik** (→ *Telekommunikation*, → *Telematik*). Die technische Entwicklung hat eine wachsende Verzahnung dieser einzelnen Zweige zu ganzen Systemen bewirkt. → *Multimedia*.

Beim Zusammentreffen der ungeregelten Märkte (→ *Regulierung*) der Bürotechnik und Computertechnik (Geräte zur → *Datenverarbeitung*) mit dem lange Zeit geregelten → *Markt* der Nachrichtentechnik im Telekommunikationsbereich sowie mit dem durch die Länder regulierten Medienbereich treten Spannungen und Konflikte auf dem Gebiet der → *Ordnungspolitik* auf. → *Bundesdatenschutzgesetz (BGSG)*.

Die Informations- und Kommunikationstechnologien beschleunigen Innovationen in Wirtschaft, Wissenschaft und Gesellschaft. Mehr als die Hälfte der Beschäftigten in Deutschland sind in Informationsberufen tätig, d. h. 75 % der Tätigkeiten sind mit der Datenverarbeitung verbunden). Allein rd. 800 000 Beschäftigte arbeiten direkt in der IuK-Branche.

Nach dem **Global Information Technology Report 2002–2003** des World Economic Forum verbesserte Deutschland im → *Ranking* bei der Anwendung von Informationstechnologien seinen Platz von Rang 17 (2002) auf Rang 10 (2003).

▶ Infotainment

Bezeichnung für die Kombination aus Information und Unterhaltung (Entertainment), wenn z. B. in Fernsehsendungen Wissen in spielerischer Form vermittelt wird.

▶ Infrastruktur

Bezeichnung für die Gesamtheit öffentlicher, aber auch privater Versorgungseinrichtungen einer Region oder eines Landes. Hierzu zählen insbesondere das Straßen-, Schienen- (→ *Verkehrsinfrastruktur*) und Kommunikationsnetz (→ *Telekommunikation*), Einrichtungen zur Wasser- und Energieversorgung (→ *Energiewirtschaftsgesetz (EnWG)*), für Bildung und Sozialangelegenheiten, Krankenhäuser, Flughäfen, → *Entsorgung* usw.

Eine gut ausgebaute Infrastruktur ist die Grundlage für die soziale und wirtschaftliche Entwicklung eines Landes oder einer Region und ist eine wichtige Voraussetzung für die Attraktivität eines Standortes (→ *Standortdiskussion*). So sind z. B. → *Arbeitnehmer* auf das vorhandene Straßen- und Schienennetz angewiesen, um ihre Arbeitsstelle zu erreichen, möchten Bürger und Wirtschaft eines Landes ein gut funktionierendes Telekommunikationsnetz, benötigt die Wirtschaft gut ausgebaute Transportwege für die Durchführung des Produktionsprozesses, sollen Bildungseinrichtungen und ärztliche Versorgung in der Nähe sein, muss die Abfallentsorgung funktionieren usw. → *Infrastrukturpolitik*, → *Ökologische Verträglichkeit*.

▶ **Infrastrukturinvestitionen**

Bezeichnung für → *Investitionen* zu Aufbau und Unterhaltung der → *Infrastruktur* eines Gebietes.

▶ **Infrastrukturpolitik**

Im Rahmen der Infrastrukturpolitik versuchen Bund, Länder, → *Landkreise* und → *Gemeinden* eine möglichst gleichmäßige und leistungsfähige → *Infrastruktur* in ihrem jeweiligen Zuständigkeitsbereich aufzubauen bzw. zu erhalten. Dies gegebenenfalls auch mit Hilfe privater Investoren. Dabei treten Konflikte auf bei der Bereitstellung der notwendigen Mittel für die → *Finanzierung* (→ *Finanzausgleich*). → *Strukturpolitik*, → *Privatisierung*.

▶ **Inhaberaktien**

Die für deutsche → *Aktiengesellschaften* gebräuchliche Form der → *Aktien*. Ihre Übertragung auf den Inhaber erfolgt durch Einigung und Übergabe des Papiers sowie durch Zahlung des Ausgabekurses der Aktien. Anders: → *Namensaktien*.

▶ **Inhaberpapiere** → *Wertpapiere*

▶ **Inhaberschuldverschreibungen**

Die Regelform der → *Schuldverschreibungen*, bei der sich der Aussteller zur Leistung an den Inhaber der Schuldverschreibung verpflichtet.

▶ **Initial Public Offering (IPO)**

(Erstes öffentliches Angebot) Neueinführung von → *Aktien* an der → *Börse* (→ *Going public*) zu einem vom Emittenten gemeinsam mit dem → *Konsortium*, das die → *Emission* durchführt, festgesetzten Ausgabekurs (→ *Emmissionskurs*, → *Bookbuilding-Verfahren*). → *Due Intelligence.*

▶ **Inkasso**

Bezeichnung für das Einziehen fälliger Rechnungsbeträge, → *Wechsel*, → *Scheck*, → *Akkreditiv* usw.

▶ **Inländerkonzept** → *Inlandskonzept*

▶ **Inlandskonzept**

Begriff aus der VGR (→ *Volkswirtschaftliche Gesamtrechnung (VGR)*), bei dem der **Ort der Produktion der** → *Güter* und → *Dienstleistungen* maßgeblich für die Zuordnung ist. Beispiel: Bei der Ermittlung für das → *Bruttoinlandsprodukt* werden alle bei der Produktion von Gütern und Dienstleistungen in Deutschland entstandenen → *Einkommen* berücksichtigt – unabhängig davon, ob derjenige, der das Einkommen bezieht, im Inland oder Ausland residiert.

Beim **Inländerkonzept** ist dagegen der **ständige Wohnsitz oder Standort Deutschland** bei der Zuordnung als Abgrenzungskriterium bestimmend. Das → *Nationaleinkommen* wird z. B. nach dem Inländerkonzept berechnet.

▶ **Inlandsprodukt** → *Nationaleinkommen*

▶ **Innenfinanzierung** → *Finanzierung*

▶ **Innerbetriebliche Leistungen**

Leistungen eines Betriebes, die nicht für den Absatz bestimmt sind. Hierzu zählen z. B. die Materialverwaltung, die Entwicklungs- und Forschungsabteilung, die Verwaltungs- und Vertriebsstellen, die Eigenherstellung oder Reparatur von Anlagen, Maschinen und Werkzeugen usw.

Selbsterstellte Anlagen, die nur der Eigennutzung dienen, werden mit ihren → *Herstellungskosten* (Löhne, Materialien plus dem Zuschlag für die → *Gemeinkosten*) auf einem besonderen Konto gesammelt und als aktivierter Vermögenswert **(aktivierte Eigenleistungen)** abgeschrieben. → *Aktivierung*, → *Abschreibungen*, → *Gewinn- und Verlustrechnung (GuV)* im Gesamtkostenverfahren.

▶ **Innerbetriebliche Leistungsverrechnung**

In der → *Kostenstellenrechnung* angewandte Verfahren zur Weiterverrechnung der in den Hilfskostenstellen angefallenen Kosten auf andere Hilfskostenstellen oder auf die Hauptkostenstellen.

▶ **Innovation**

Bezeichnung für die Ideen und deren Umsetzung in neue Produkte, Produktionsverfahren und Organisationsformen.

Für den dauerhaften Erfolg eines Unternehmens ist seine **Innovationsfähigkeit** (→ *Innovationsrate*) wesentlich mitbestimmend. Hierzu ist ein **Innovationsmanagement** notwendig, das aufgrund von Marktanalysen und Entwicklungsprognosen für bestimmte Produkte oder Technologien den Innovationsprozess plant und steuert sowie für eine gezielte Aktivierung des → *Human Capital* im Unternehmen sorgt.

▶ Innovationsberatungsstellen (IBS)

Von der IG Metall 1976 entwickelte Konzeption staatlicher, halbstaatlicher oder gemeinwirtschaftlicher Beratergremien. Sie sollten privaten und öffentlichen Auftraggebern beim Sammeln und Umsetzen der neuesten technischen, wirtschaftlichen und sozialen Ideen, Erfindungen und Patente in arbeitsplatzsichernde und wohlstandsmehrende Produkte helfen und hierdurch die Arbeits- und Lebensbedingungen verbessern. Die IBS waren eine konstruktive Antwort der → *Gewerkschaften* auf die negativen Auswirkungen von → *Rationalisierung* und neuen Technologien sowie zur → *Humanisierung der Arbeit*. 1979 hatte die IG Metall in Hamburg und Berlin eigene IBS zur Beratung von Mitgliedern im → *Betriebsrat* und der Gewerkschaften eingerichtet, die überwiegend vom Bundesforschungsministerium finanziert wurden.

Nach Auslaufen der staatlichen Förderung aus Bundesmitteln wurden die Erfahrungen mit dem Konzept der IBS bei Einrichtung der nunmehr aus Landesmitteln geförderten **Technologieberatungsstellen** in Hamburg, Niedersachsen, Berlin, Hessen, Schleswig-Holstein und Nordrhein-Westfalen übernommen.

Inzwischen existiert ein in fast allen Bundesländern vertretenes **Netzwerk für arbeitsorientierte Beratung, Bildung, Information (TBS)** mit 14 Einrichtungen und 23 regionalen Niederlassungen, das 1999 von 15 gewerkschaftsnahen Institutionen gegründet wurde. Darüber hinaus gibt es noch ein **Europäisches Technikbüro** der Gewerkschaften für Gesundheit und Qualifizierung in Brüssel. → *Technologie-/Technikfolgenabschätzung*, → *Technologiepolitik*.

http://www.tbs-netz.de/

▶ Innovationsrate

Maßstab für die **Innovationsfähigkeit** eines Unternehmens. Ausgedrückt wird sie als Anteil des Umsatzes neuer Produkte am Gesamtumsatz (→ *Umsatz*) in einem bestimmten Zeitraum (z. B. für ein → *Geschäftsjahr*).

▶ **Innungen**

Freiwillige, fachlich gegliederte Organisationen im → *Hand-werk*. Sie haben als → *Körperschaft des öffentlichen Rechts* die Befugnis zur Abnahme der Gesellenprüfung, Regelung und Über-wachung der Lehrlingsausbildung, Festsetzung von Gebühren und Beiträgen. Sie sind befugt, eine → *Innungskrankenkasse* zu füh-ren. → *Handwerkskammer*.

▶ **Innungskrankenkasse** → *Krankenkassen*, → *Innungen*

▶ **Input**

In der **Statistik** versteht man hierunter die → *Vorleistungen* an-derer Bereiche, die vom → *Bruttoproduktionswert* eines Unter-nehmens oder Industriezweiges abgezogen werden müssen, um den Beitrag zum → *Bruttoinlandsprodukt* zu ermitteln. Bei den Kostenstrukturerhebungen (→ *Nettoproduktionswert*) der Indus-triestatistik gelten z. B. folgende → *Kostenarten* als Input: Mate-rial- und Energieverbrauch, Kosten für fremde Lohnarbeiten und für andere Fremdleistungen (z. B. für eine → *Lizenz* oder für Ver-sicherungen).

In der **Produktionstheorie** wird als Input der mengenmäßige Einsatz der → *Produktionsfaktoren* im Betrieb (Kombinations-prozess) bezeichnet. → *Input-Output-Rechnung*.

▶ **Input-Output-Analyse**

Eine modellhafte Darstellung der Wirkungen des Einsatzes der Produktionsfaktoren innerhalb der verschiedenen Sektoren (→ *In-put*) und der erzeugten Gütermengen (→ *Output*) mit Hilfe von **Input-Output-Tabellen**. Diese von Leontief entwickelte Methode er-möglicht u. a. die Analyse des Produktions- und Absatzprozesses.

▶ **Input-Output-Rechnung**

Ein Teilgebiet der VGR (→ *Volkswirtschaftliche Gesamtrech-nung (VGR)*), die den Produktionsprozess mit Hilfe von **Input-Output-Tabellen** darstellt. → *Input*, → *Output*. Siehe **Abb. 17**.

	Input nach Produktionsbereichen		Letzte Verwendung von Gütern						
Verwendung ⟍ Aufkommen	1 2 3 4 5 6 7 8 9 10 11 12	Summe 1 – 12	Privater Verbrauch im Inland	Staatsverbrauch	Anlage-Investition	Vorrats-veränderung	Ausfuhr	Summe 14 – 18	Gesamtverwendung von Gütern (Summe 13 und 19)
	1 2 3 4 5 6 7 8 9 10 11 12	13	14	15	16	17	18	19	20
00 – 12 — Output nach Gütergruppen									
13 — Vorleistungen der Produktionsber. bzw. letzte Verwendung von Gütern									
14 — Nicht abziehbare Umsatzsteuer									
15 — Vorleistungen der Produktion einschl. Spalte 14									
16 — Abschreibungen									
17 — Produktions-steuern abzügl. Subventionen									
18 — Arbeitnehmer-einkommen									
19 — Unternehmer-einkommen									
20 — Bruttowert-schöpfung z. M. (Summe 16 – 19)									
21 — Produktionswert (Summe 19 u. 20)									
22 — Einfuhr									
23 — Gesamtes Güteraufkommen (Summe 21 u. 22)									

Zahlen stimmen überein

Abb. 17: Input-Output-Tabelle der Volkswirtschaftlichen Gesamtrechnung (VGR)

▶ **Insider**

Personen, die aufgrund ihrer beruflichen Tätigkeit interne Kenntnis beabsichtigter Planungen, z. B. von Unternehmen und Behörden, erhalten. Insiderinformationen können missbräuchlich für → *Spekulationsgeschäfte* ausgenutzt werden. Deshalb hatte jede → *Börse* bis zum In-Kraft-Treten des Wertpapierhandelsgesetzes Insiderregeln in Form von Richtlinien erlassen. Danach waren z. B. Händler, Berater und sonstige Insider in ihrem → *Arbeitsvertrag* zur Verschwiegenheit über Insiderwissen verpflichtet und mussten mit Sanktionen rechnen.

Mit dem **Wertpapierhandelsgesetz (WpHG)** vom 26. 7. 1994, das im Rahmen des Zweiten **Finanzmarktförderungsgesetzes** (→ *Finanzmarktreform*) erlassen wurde, ist u. a. eine Richtlinie der EU (→ *Europäische Gesetzgebung*) über Insidergeschäfte aus dem Jahr 1989 umgesetzt worden. Überwacht wird danach das Insiderrecht von einem neuen Bundesaufsichtsamt für den Wertpapierhandel (heute → *Bundesanstalt für Finanzdienstleistungsaufsicht (BaFin)*). Mit Strafe bedroht wird dabei die vorsätzliche Ausnutzung von Insiderinformationen für den Erwerb oder die Veräußerung der → *Wertpapiere* betroffener Unternehmen. Es wird unterschieden in „**Primärinsider**" (→ *Vorstand*, → *Aufsichtsrat*, Großaktionär, → *Wirtschaftsprüfer*, Unternehmensberater, Mitglieder im → *Betriebsrat*) und „**Sekundärinsider**" (Dritte, deren Spezialwissen von „Primärinsidern" stammt). An der Börse wurde eine **Handelsüberwachungsstelle** als eigenständiges Börsenorgan eingerichtet. → *Kreditinstitute* haben die Überwachung besonderen Stellen im Rahmen der → *Compliance* zu übertragen.

▶ **Insolvenz**

Bezeichnung für die **Zahlungsunfähigkeit** eines Schuldners. Sie löst ein → *Insolvenzverfahren* aus.

▶ **Insolvenzgeld**

Leistung der → *Bundesagentur für Arbeit (BA)* bei → *Insolvenz* eines Unternehmens an die beschäftigten → *Arbeitnehmer*.

Rechtsgrundlage ist das → *Sozialgesetzbuch (SGB)* (§ 183 SGB III bis § 189 SGB III).

Anspruchsberechtigt sind alle Arbeitnehmer, die bei Eröffnung eines → *Insolvenzverfahrens* bzw. Abweisung oder Nichtantragstellung mangels Masse für die vorhergehenden drei Monate noch Ansprüche auf Arbeitsentgelt haben.

Das Insolvenzgeld ist so hoch wie das um die gesetzlichen Abzüge verminderte normale Arbeitsentgelt der letzten drei Monate. Es wird von den Arbeitgebern durch eine besondere Umlage an die Berufsgenossenschaften (→ *Unfallversicherung*) aufgebracht.

▶ **Insolvenzverfahren**

Besonderes gerichtliches Verfahren der → *Zwangsvollstreckung*. Es dient dem Ziel, das gesamte, dem → *Schuldner* zum Zeitpunkt der Insolvenzeröffnung gehörende pfändbare Vermögen zu verwerten und aus dem Erlös eine möglichst gleiche Befriedigung der verschiedenen Gruppen der → *Gläubiger* zu erreichen. Rechtsgrundlage ist die zum 1. 1. 1999 in Kraft getretene **Insolvenzordnung (InsO)** vom 5. 10. 1994, die die mehrfach geänderte Konkursordnung aus dem Jahr 1877 und die Vergleichsordnung aus dem Jahr 1935 ablöste.

Insolvenzgründe sind:

(1) Zahlungsunfähigkeit, d. h. dauerndes Unvermögen eines Schuldners, seine fälligen Geldschulden zu erfüllen.

(2) → *Überschuldung*.

(3) Drohende Zahlungsunfähigkeit, die nur vom Schuldner selbst festgestellt werden kann und dieser einen Antrag auf Eröffnung des Insolvenzverfahrens stellt.

Ein **Insolvenzverfahren** wird auf Antrag des Schuldners oder eines Gläubigers eröffnet, wenn ein Insolvenzgrund vorliegt. Der **Insolvenzantrag** muss innerhalb einer Frist von drei Wochen nach Eintreten eines Insolvenzgrundes beim zuständigen Amtsgericht gestellt werden – ansonsten drohen strafrechtliche Folgen. Hierbei hat der Schuldner als Antragsteller (z. B. der → *Vorstand* einer

AG, die → *Geschäftsführung* einer GmbH) eine **Insolvenzbilanz** (→ *Bilanz*) sowie ein → *Gläubigerverzeichnis* einzureichen. Der Gläubiger als Antragsteller muss u. a. das Gericht davon überzeugen, dass ein Insolvenzgrund vorliegt, und beweisen, dass er fällige Forderungen gegenüber dem Schuldner hat, die vom Schuldner nicht beglichen werden konnten.

Das zuständige Amtsgericht **(Insolvenzgericht)** bestellt dann einen **Insolvenzverwalter** (i. d. R ein Fachanwalt), der alle dem Schuldner entzogenen Rechte ausübt. Er übernimmt das gesamte einer → *Zwangsvollstreckung* unterliegende Vermögen (**Insolvenzmasse**, früher: Konkursmasse) des Schuldners zum Zeitpunkt der Eröffnung des Insolvenzverfahrens, erledigt die Abwicklung vorhandener vertraglicher Verpflichtungen und verwertet die Insolvenzmasse, aus deren Erlös die Gläubiger voll oder teilweise befriedigt werden. Hierzu hat er oder der Schuldner einen **Insolvenzplan** aufzustellen, dessen Ziel in einer einvernehmlichen Regelung der nachgewiesenen Ansprüche besteht.

Die Gläubiger sind je nach der Art ihrer Forderungen in Gruppen einzuteilen und innerhalb ihrer Gruppe gleich zu behandeln. Nachdem Schuldner und die Mehrheit der Gläubiger (→ *Gläubigerversammlung*) einer jeden Gruppe dem Insolvenzplan zugestimmt haben, kann das Insolvenzgericht den Plan bestätigen und ihm damit verbindliche Rechtskraft verleihen. → *Insolvenzgeld*, → *Betriebliche Altersversorgung*.

Auch für **private Verbraucher**, die ihren Zahlungsverpflichtungen nicht nachkommen können, sieht das Insolvenzrecht eine neue Regelung **(Verbraucherinsolvenzschutz)** vor: Über ein dreistufiges Verfahren kann es bei zahlungsunfähigen Privatpersonen nach einem Zeitraum von sieben Jahren **(Wohlverhaltensphase)** durch Beschluss des Insolvenzgerichts zu einem Erlass ihrer Restschulden **(Restschuldbefreiung)** führen.

http://bundesrecht.juris.de

▶ **Institut der deutschen Wirtschaft (IW)** → *Wirtschaftswissenschaftliche Forschungsinstitute*

▶ **Institut für Arbeitsmarkt und Berufsforschung (IAB)**

IAB ist ein Forschungsinstitut der → *Bundesagentur für Arbeit (BA)* mit Sitz in Nürnberg. Seine Arbeitsschwerpunkte liegen u. a. auf den Gebieten Analysen des Arbeitsmarktes (→ *Arbeitsmarkt*) und seiner branchenbezogenen Entwicklung, der Berufsfelder, der Grundlagenforschung, Politikberatung und regelmäßigen Dokumentationen und Veröffentlichungen.

http://www.iab.de/start.htm

▶ **Institut für Makroökonomie und Konjunkturforschung (IMK)**

Unter dem Dach der gewerkschaftsnahen Hans-Böckler-Stiftung Anfang 2005 gegründetes Forschungsinstitut.

http://www.boeckler.de

▶ **Institut für Wirtschaftsforschung Halle (IWH)**
→ *Wirtschaftswissenschaftliche Forschungsinstitute*

▶ **Integration**

Begriff, der den Prozess der Eingliederung bzw. zu einem Ganzen beschreibt. In der **Wirtschaftssprache** wird er gebraucht im Zusammenhang mit der Entstehung von Zusammenschlüssen mehrerer Länder mit dem Ziel, einen gemeinsamen einheitlichen → *Markt* zu schaffen (z. B. → *Europäische Union (EU)*).

In der **Soziologie** bezeichnet er die konfliktfreie Zusammenführung oder Kooperation verschiedener Gruppen bzw. Organisationen (z. B. die Integration ausländischer Arbeitnehmer).

▶ **Integrierte Datenverarbeitung**

Automatischer Ablauf von Erfassungs-, Vergleichs- und Rechenvorgängen im System der EDV (→ *Elektronische Datenverarbeitung (EDV)*). So kann etwa ein Kundenauftrag mit Hilfe der integrierten Datenverarbeitung vollständig vom Auftragseingang bis zur Ausstellung der Rechnungen abgewickelt werden.

▶ **Integrierte Schaltkreise** → *Mikroprozessor*

▶ **Interaktives Fernsehen**

Der Zuschauer hat über einen → *Rückkanal* die Möglichkeit zur Rückäußerung im Dialog. Im Bereich der Anwendungsmöglichkeiten von → *Multimedia* kann z. B. ein eigenes Wunschprogramm zusammengestellt werden.

▶ **Interbankgeschäfte**

Bezeichnung für Geldgeschäfte unter Banken am → *Geldmarkt*. Sie werden mit der jeweiligen **Interbankrate** (→ *Referenzzinssatz*) verzinst. Die Zinserträge sind von der → *Zinsabschlagsteuer/Zinssteuer* befreit.

▶ **Interbankrate** → *Interbankgeschäfte*

▶ **Interdependenz**

Gegenseitige Abhängigkeit. Wechselbeziehung zwischen zwei oder mehreren Größen oder zwischen möglichen Entscheidungen.

▶ **Interessenausgleich**

Ein nach dem → *Betriebsverfassungsgesetz (BetrVG)* (§ 112 BetrVG) vorgeschriebenes Verfahren bei einer → *Betriebsänderung* in Betrieben mit mehr als 20 Beschäftigten. Dabei wird zwischen → *Arbeitgeber* und Betriebsrat die Abwicklung der geplanten Betriebsänderung und deren Folgen (z. B. Zahlung einer → *Abfindung*) festgelegt.

▶ **Interface** → *Schnittstelle*

▶ **Interimschein** → *Zwischenschein*

▶ **International Accounting Standards Committee**
→ *IASC/IFRIC*

▶ **Internationale Arbeitsorganisation** → *ILO*

▶ **Internationale Arbeitsteilung**

Liegt in ihrer idealen Form dann vor, wenn jedes Land nur die → *Güter* produziert, für deren Produktion es die jeweils günstigsten Voraussetzungen hat. Sie ist in ihrer Idealform nur vorstellbar ohne Handelshemmnisse in der Welt und ohne politische Einflussnahme auf den internationalen Handel. Da beide Voraussetzungen nicht vorhanden sind, bleibt das aus der Außenhandelstheorie stammende Modell der internationalen Arbeitsteilung weitgehend undurchführbar. Zwar existierten bereits gewisse Absprachen über Produktionsschwerpunkte (z. B. im früheren → *COMECON*), jedoch sind die vorhandenen Handelsbeschränkungen (→ *Protektionismus,* → *Devisenbewirtschaftung/ Devisenzwangswirtschaft*) große Hemmnisse für das Ziel einer optimalen internationalen Arbeitsteilung. → *WTO (World Trade Organization).*

▶ **Internationale Bank für Wiederaufbau und Entwicklung**
→ *Weltbankgruppe*

▶ **Internationale Berufssekretariate (IBS)**

IBS sind Zusammenschlüsse von Industrie- und Fachgewerkschaften auf internationaler Ebene.

Beispiele sind der Internationale Metallgewerkschaftsbund (IMB), die Internationale der öffentlichen Dienste (IÖD), die Internationale Föderation von Chemie-, Energie- und Fabrikarbeiterverbänden (IFF/ICEF) usw. Ihre Aufgaben bestehen darin, Hilfe für → *Entwicklungsländer* beim Aufbau von → *Gewerkschaften* zu leisten und die Interessen der angeschlossenen Mitgliedsorganisationen auf internationaler Ebene zu vertreten. Besonders in Auseinandersetzungen mit den Multis (→ *Multinationale Konzerne*) und der → *Arbeitgeber,* die sich ebenfalls in internationalen Fachverbänden zusammengeschlossen haben, kommt den IBS eine herausragende Bedeutung zu.

Die 11 IBS mit Sitz in Genf, Brüssel und London und je einem Generalsekretär an der Spitze sind im IBFG (→ *Internationaler Bund Freier Gewerkschaften (IBFG)*) assoziiert. Auf europäischer Ebene gibt es im Rahmen der Struktur des EGB (→ *Europäischer Gewerkschaftsbund (EGB)*) besondere branchenbezogene **Europäische Gewerkschaftsausschüsse**.

http://www.icftu.org

▶ **Internationale Entwicklungsorganisation (IDA)** → *Weltbankgruppe*

▶ **Internationale Fernmeldeunion** → *UIT (Union International de Télécommunication)*

▶ **Internationale Handelskammer**

(International Chamber of Commerce (ICC)). Eine private Organisation als Zusammenschluss von Unternehmen und Unternehmerverbänden der westlichen Welt mit Sitz in Paris, die 1919 gegründet wurde. Ihre Aufgabenstellung erstreckt sich auf alle wichtigen Fragen der Weltwirtschaft, die unter Mitwirkung von nationalen Komitees und Geschäftsstellen erfüllt werden. Zur Klärung handelsrechtlicher Streitigkeiten (→ *Handelsrecht*) existiert ein ständiger Gerichtshof.

▶ **Internationaler Bund Freier Gewerkschaften (IBFG)**

Der im Dezember 1949 in London gegründete Zusammenschluss der freien und demokratischen → *Gewerkschaften* zum Zwecke der gemeinsamen Beratung und Zusammenarbeit über alle → *Arbeitnehmer* betreffenden Probleme. Im Zuge des verschärften Ost-West-Gegensatzes und der Politik des Kalten Krieges hatten die westlichen Gewerkschaften den im Oktober 1945 gegründeten → *Weltgewerkschaftsbund* verlassen.

Zu den Zielsetzungen des Bundes zählt der Aufbau einer starken, leistungsfähigen, von äußeren Einflüssen unabhängigen internationalen Gewerkschaftsorganisation. Gemeinsame Bildungsveranstaltungen sowie das Erstellen von Informationen und Forschungsleistungen über Probleme der gewerkschaftlichen Organisation, Lohn- und Arbeitsbedingungen, Arbeitsgesetze usw. zählen zu den Zielsetzungen. Außerdem werden im Aufbau befindliche Gewerkschaften der → *Entwicklungsländer* unterstützt und gemeinsame Strategien gegen die Multis (→ *Multinationale Konzerne*) organisiert. Der IBFG arbeitet eng mit den IBS (→ *Internationale Berufssekretariate (IBS)*) zusammen. Er vertritt die ihm angeschlossenen Gewerkschaften gegenüber den → *Vereinten Nationen (UN)* und anderen wichtigen internationalen Vereinigungen.

2004 gehörten dem IBFG rd. 233 Organisationen in 152 Ländern mit zusammen 150 Mio. Mitgliedern an. Oberstes Organ des IBFG ist der **Weltkongress**, der alle drei Jahre zusammentritt. Sitz des IBFG ist Brüssel. → *Europäischer Gewerkschaftsbund (EGB)*.

http://www.icftu.org

▶ **Internationaler Währungsfonds (IWF)**

(International Monetary Fund [IMF]) – Wurde auf der internationalen Wirtschaftskonferenz von → *Bretton Woods* am 27. 12. 1945 durch Unterzeichnung eines Übereinkommens von 29 Ländern errichtet. Ihm gehören heute 184 Staaten (2003) an.

Der IWF ist eine **Sonderorganisation** der UN (→ *Vereinte Nationen (UN)*). Das ursprüngliche Währungssystem von Bretton Woods beruhte auf prinzipiell festen Wechselkursen (→ *Wechselkurs*) zwischen den Mitgliedsländern und auf der Anerkennung des Goldes und des US-Dollars als internationales → *Zahlungsmittel* zwischen den Zentralbanken (→ *Zentralbank*).

Das System von Bretton Woods wurde durch neue Vereinbarungen überholt: Die starke Ausweitung der internationalen Handelsbeziehungen erforderte neue Wege zur Sicherstellung der internationalen → *Liquidität*. Die alten Ziehungsrechte aufgrund der Mitgliedsquoten und der hieran gebundenen 25 %igen Bareinzahlung in Gold wurden deshalb im Herbst 1969 durch das Instrument der **Sonderziehungsrechte (SZR)** ersetzt. Hierfür sind keine vorherigen Einzahlungen der Mitgliedsländer notwendig.

Die Sonderziehungsrechte sind von der Höhe der Mitgliedsquote abhängige Gutschriften des IWF zugunsten der Mitgliedsländer. Diese können von den Zentralbanken in marktfähige → *Devisen* umgetauscht werden. Ihre Bewertung erfolgt für jeden Geschäftstag über einen **Standardwährungskorb**, in dem der US-Dollar, der Euro, das britische Pfund und der Yen mit einem festen Anteil vertreten sind.

Die Mitgliedsquote der 10 westlichen Industriestaaten (Belgien, BRD, Frankreich, Großbritannien, Italien, Japan, Kanada, Niederlande, Schweden, USA), die auch **Zehner-Gruppe (G 10)** genannt werden, beträgt 52 %. Die Bundesrepublik hat dabei eine Quote von 6,1 %, die USA von 17,5 %. Hinzu kommen noch weitere 14 Industriestaaten mit insgesamt 9,4 %.

Da die Höhe der Mitgliedsbeiträge von der jeweiligen Wirtschaftskraft abhängt, verfügen die rd. 160 → *Entwicklungsländer* nur über eine Quote von 38,6 %. Wichtige Beschlüsse des IWF bedürfen einer Mehrheit von 85 %. Die USA besitzen deshalb eine Sperrminorität.

Die SZR sind seit 1978 an die Stelle des Goldes getreten und erfüllen die Funktion einer Reservewährung. Hierdurch wurde die **internationale Liquidität** beträchtlich erhöht. Der Fonds erhält seine Währungsreserven und Liquidität dadurch, dass jedes Land in der Regel seine Quote in Sonderziehungsrechten, den Rest in eigener Währung einzahlt. Dieser **Reservepool** steht den Mitgliedern bei nachgewiesenem Devisenbedarf innerhalb festgelegter Grenzen für eine bestimmte Zeit im Austausch gegen eigene Währung zur Verfügung. Der Rückkauf der eigenen Währung muss in konvertiblen Währungen erfolgen (→ *Konvertibilität*). Zu den wichtigsten **Aufgaben des IWF** zählen:

● Förderung der Stabilität der Währungen und der Aufrechterhaltung geordneter Währungsbeziehungen zwischen den Mitgliedern; außerdem soll eine → *Abwertung* nationaler Währungen aus Wettbewerbsgründen vermieden werden;

● Einrichtung eines multilateralen Zahlungssystems (→ *Multilateralismus*) und Beseitigung von Beschränkungen im Verkehr mit → *Devisen*;

● Kreditgewährungen an die Mitgliedsländer bei einem Ungleichgewicht in der → *Zahlungsbilanz*, um so Devisenverkehrskontrollen (→ *Devisenbewirtschaftung*) bei dem in Schwierigkeiten befindlichen Land zu vermeiden;

● Beratung und Information der Mitgliedsländer in währungspolitischen Fragen. → *Währungspolitik*.

Oberstes Organ des IWF ist der **Board of Governors** (Rat der Gouverneure), in dem jedes Mitgliedsland durch einen Minister oder den Notenbankpräsidenten vertreten ist. Die laufenden Geschäfte führt ein Direktorium **(Board of Executive Directors)**. Als wichtigste beratende Gremien gibt es den sog. **Interimsausschuss**, bestehend aus 24 IWF-Gouverneuren, sowie den **Entwicklungsausschuss**, der sich mit Fragen der Beziehungen zu den Entwicklungsländern befasst. Letzterer ist gemeinsames Gremium mit Vertretern der → *Weltbankgruppe*.

Im System des IWF sind Wechselkurse vereinbart, die von den Mitgliedsländern nicht willkürlich geändert werden dürfen. Außerdem sind die Mitglieder zu einer auf Stabilität ausgerichteten → *Finanzpolitik* und → *Wirtschaftspolitik* verpflichtet, um Wechselkursschwankungen in Grenzen zu halten.

Die Wechselkurspolitik jedes Mitgliedslandes wird vom IWF laufend überwacht. In der Vergangenheit ist es mehrfach vorgekommen, dass durch strenge Auflagen des IWF und der Weltbankgruppe Mitgliedsstaaten gezwungen wurden, ihre Wirtschafts- und Finanzpolitik so zu ordnen, dass zu große Zahlungsbilanzdefizite beseitigt wurden. Da allerdings ein Staatsbankrott vermieden werden muss, wie er z.B. zu Beginn der 80er Jahre Mexiko und Brasilien drohte, müssen die Auflagen des IWF und der Weltbank so dosiert sein, dass das jeweilige Mitgliedsland objektiv nicht überfordert wird.

http://www.imf.org/

▶ **Internationales Arbeitsamt (IAA)** → *ILO*

▶ **Internationales Handelszentrum** → *ITC*

▶ **International Labor Organization** → *ILO*

▶ Interne Revision

(Innenrevision) Organisatorische Einheit eines Unternehmens, die sich mit der Überwachung und Prüfung interner Betriebsabläufe im Finanz- und → *Rechnungswesen* befasst. Über die Ergebnisse hat sie der Unternehmensleitung zu berichten. Obwohl die interne Revision vergangenheitsbezogen arbeitet, sind die Schnittstellen zum → *Controlling* fließend.

▶ Interner Zinsfuß

Bezeichnung für den zu errechnenden Zinsfuß, bei dem der → *Barwert* der erwarteten Auszahlungen gleich dem Barwert der erwarteten Einzahlungen einer Investition ist. Der Kapitalwert (→ *Kapitalisierung*) von → *Investitionen* ist dann gleich Null. Die Ermittlung des internen Zinsfußes ist ein mögliches Verfahren der → *Investitionsrechnung*. Liegt der errechnete interne Zinsfuß über dem → *Marktzinssatz* für Kapitalanlagen, so ist die geprüfte Investitionsentscheidung aufgrund der höheren → *Rendite* anderen Formen der Kapitalanlage überlegen.

▶ Internet

(International Network) Ein hierarchisch gegliedertes weltweites → *Computer*-Netz zur Übertragung von Informationen über Text, Grafiken, → *Audio* und Video zu anderen Teilnehmern. Hierzu existiert ein einheitlicher Übertragungsstandard – das **TCP/IP** (Transmission Control Protocol/ Internet Protocol).

Jeder Teilnehmer ist unter einer weltweit gültigen → *Domain-Adresse* erreichbar (→ *http://www*.Name/Domain-Adresse.de), die von → *ICANN* vergeben und verwaltet wird.

Internet Service-Provider (z. B. T-Online, AOL) sind Dienstleistungsunternehmen, die gegen Entgelt u. a. den Zugang zum Internet ermöglichen.

Das Internet bietet nahezu unbegrenzte Informations- und Kommunikationsmöglichkeiten (→ *Telekommunikation*).

(1) Eine Kommunikation zwischen den einzelnen Nutzern (→ *User*) kann erfolgen durch

- Verschicken einer → *E-Mail*
- Diskutieren im → *Usenet* in den → *Newsgroups* (→ *Chat*).

(2) Zum Abrufen der im Internet vorhandenen Informationen stehen eine Reihe von Instrumenten und Möglichkeiten zur Verfügung:

- Zugriff auf ein Suchsystem, mit dessen Hilfe Dateien in → *ftp*-Servern durchsucht und die Suchergebnisse in einer → *Datenbank* katalogisiert dargestellt werden;
- Zugriff auf andere im Internet arbeitende Computer (→ *Host*), die dann dort die gewünschten Aufgaben für den Nutzer erledigen. Hierzu stehen spezielle Programme (z. B. → *Telnet*) zur Verfügung;
- Durchsuchen im Internet vorhandener Dateien nach bestimmten Texten oder Stichwörtern. Dies ist z. B. mit dem Suchsystem → *WAIS* möglich.
- Einstieg in das → *World Wide Web (www)* mit seinen vielfältigen Möglichkeiten auf der Basis von → *Hypertext* (→ *Internetsuchdienste*). Das Internet-Angebot im www beginnt mit einer Begrüßungsseite **(Homepage)**, von der aus über Querverweise **(Hyperlinks)** weitere Unterseiten mit Informationen angesteuert werden können. Die Darstellung der Internetseiten im www erfolgt mit → *HTML*, der Auszeichnungssprache zur Abbildung und Vernetzung der Webseiten. Das Ansteuern der HTML-Dokumente kann über einen → *Browser* oder direkt über die jeweiligen Textverarbeitungsprogramme (z. B. → *Word* oder die verschiedenen E-Mail-Programme) erfolgen.

Anfang 2004 verfügten 47 % (2000: 16 %) der Privathaushalte in Deutschland über einen Internet-Anschluss. Siehe **Abb. 41** (Seite 992).

▶ **Internet-Adresse** → *Adresse*

▶ **Internet Banking**

Nutzung des → *Internet* zur Abfrage über eigene Kontostände und Depot-Auszüge sowie für die Auftragserteilung für Bankgeschäfte der → *Kreditinstitute* wie Überweisungen, Kauf- oder Verkaufsaufträgen für → *Wertpapiere* und Zahlungsmittel u. Ä. Es ist eine Möglichkeit des → *Homebanking*. Für die Auftragserteilung ist die persönliche Identifikation (→ *ID*) notwendig.

▶ **Internet Browser** → *Browser*

▶ **Internet by Call** → *Flat Rate*

▶ **Internet Explorer**

Ein von **Microsoft** kostenlos bereitgestellter → *Browser*, der gleichzeitig auch mit dem Programm **Outlook-Express**, z. B. zum Bearbeiten und Verwalten von → *E-Mail* oder zur Teilnahme an → *Newsgroups* im → *Usenet*, ausgestattet ist.

▶ **Internet Protocol (IP)**

Bezeichnung für den Übertragungsstandard des → *Internet*, mit dem die Datenpakete über die verschiedenen → *Computer*-Stationen des Netzes übersetzt und transportiert werden.

▶ **Internet Service Provider (ISP)** → *Internet*

▶ **Internetsuchdienste**

Sammelbegriff für eine Reihe besonderer Programme mit katalogisierten Datenbanken (→ *Datenbank*), die das Auffinden gesuchter Informationen erleichtern. So gibt es
- Suchdienste im → *World Wide Web (www)* (z. B. google, Altavista, Fireball, Lycos, Web.de, Yahoo)
- Suchdienste z. B. für → *E-Mail*, → *ftp*, → *Newsgroups* sowie
- besondere Suchangebote der Bundesbahn, Flughäfen, Hotels, Internet-Buchhandlungen (z. B. amazon), Auktionshäuser (z. B. ebay), Branchentelefonbuchanbieter, Gebrauchtwagenanbieter usw.

▶ **Internettelefonie**

(IP-Telefonie) Bezeichnung für Telefongespräche über das Internet unter Einschaltung eines → *PC*. Hierzu sind besondere Vor-

aussetzungen erforderlich wie z. B. ein vereinbarter Treffpunkt-
→ *Server*, der die Vermittlungsfunktion übernimmt, oder die jeweilige → *IP-Adresse* der Teilnehmer, eine besondere → *Sound-Karte*
sowie Mikrofon und Lautsprecher am PC.

Die für den Masseneinsatz derzeit (Ende 2004) noch nicht zufrieden stellend funktionierende Technologie der Internettelefonie
ermöglicht ein weltweites Telefonieren zum Ortstarif. Telefonnum-
mern mit der einheitlichen Vorwahl 032 werden von der → *Regulierungsbehörde für Post- und Telekommunikation (RegPT)* zu-
geteilt.

Ab 2005 wird als Weiterentwicklung die → *Video-Telefonie*
(**Voice over IP**) als Kommunikationsmöglichkeit angeboten.

▶ **InterNIC** → *ICANN*

▶ **Intervention**

Staatliche Eingriffe in den Wirtschaftsablauf, die nicht so umfassend und plangerichtet sind wie beim → *Dirigismus*. Die staatliche Intervention orientiert sich an den wirtschaftspolitischen Zielsetzungen der Regierung und entscheidet dabei über notwendige
Eingriffe zur Wahrung dieser Zielsetzungen (→ *Globalsteuerung*).
Bundesregierung und → *Zentralbank* haben das Recht zu inter-
ventionistischen Maßnahmen.

▶ **Interventionspreis**

Ein preispolitisches Instrument der → *Agrarpolitik* in der EU
(→ *Europäische Union (EU)*), das den Bauern Mindestpreise für
bestimmte Agrarerzeugnisse garantiert. Aufgrund der vereinbarten
Interventionspflicht der Mitgliedsstaaten muss jeder Einzelstaat die
ihm angebotenen Agrarprodukte zu den Interventionspreisen abnehmen, auch dann, wenn er selbst Überschüsse produziert.

▶ **Interventionspunkte**

Höchst- bzw. Tiefstkurse in einem System fester Wechselkurse
(→ *Wechselkurs*), bei denen die → *Zentralbank* eines Landes

durch eigene kursregulierende Ankäufe bzw. Verkäufe eigener Währungsbeträge auf dem → *Devisenmarkt* eingreift (interveniert), um die eigene Währung zu stabilisieren.

Nach dem Zusammenbruch des alten Weltwährungssystems (→ *Internationaler Währungsfonds (IWF)*) spielen die Interventionspunkte nur noch im Europäischen Wechselkursverbund (→ *EWS I/EWS II*) eine bedeutende Rolle. → *Floating*.

▶ Intranet

Bezeichnung für interne Firmennetzwerke, die an verschiedenen Standorten über das → *Internet* verbunden sein können. Ein **Extranet** ist ein erweitertes Intranet, bei dem auch externe Teilnehmer mit Zugangsberechtigung (→ *ID*, → *Firewall*) und mehrere getrennt arbeitende Netze im Intranet-Verbund arbeiten können. Die externen Netze sind über das Internet miteinander verbunden. Da für Extranet und Internet die gleichen Übertragungsprotokolle (→ *Protokoll*) eingesetzt werden, kann Standard- → *Software* für das Internet (z. B. Web- → *Browser*) eingesetzt werden. Bedeutsam sind die Anwendungsmöglichkeiten von Extranet für das Wachstum von → *E-Business*.

▶ Inventar

→ *Kaufleute* haben im Anschluss an eine → *Inventur* nach den Vorschriften im → *Handelsgesetzbuch (HGB)* (§ 240 HGB) zu Beginn ihres Handelsgewerbes und am Schluss eines jeden Geschäftsjahres (→ *Geschäftsjahr*) einVerzeichnis aufzustellen über ihre Vermögensgegenstände (→ *Aktiva*) und → *Schulden*. Diese sind detailliert nach Art, Menge und Wert zu einem Stichtag auszuweisen. Das Inventar bildet die Grundlage für den → *Jahresabschluss*.

Im → *Steuerrecht* gelten die Aufzeichnungs- und Aufbewahrungsvorschriften der → *Abgabenordnung (AO)* (§ 140 AO bis § 148 AO).

▶ **Inventur**

Körperliche Bestandsaufnahme aller Vermögensgegenstände (→ *Aktiva*) und → *Schulden* eines Unternehmens (→ *Inventar*) durch Zählen, Messen, Wiegen usw. Für das Durchführen einer Inventur sind die → *Grundsätze ordnungsmäßiger Buchführung (GoB)* zu beachten:

Folgende wichtige Verfahren werden unterschieden:

● Bei der **klassischen Stichtagsinventur** erfolgt die vollständige körperliche Erfassung der Vermögensgegenstände und Schulden am Stichtag und deren Aufzeichnung nach Art und Menge. Bei großen Unternehmen ist dies an einem Tag nicht möglich. Daher sind nach den Vorschriften im → *Handelsgesetzbuch (HGB)* (§ 241 HGB) bestimmte Inventurvereinfachungsverfahren erlaubt.

● Die **zeitlich ausgeweitete Stichtagsinventur** wird wenige Tage vor oder nach dem Abschlussstichtag durchgeführt.

● Eine **vor- oder nachverlegte Stichtagsinventur** (§ 241 Abs. 3 HGB) erlaubt, dass das Inventar ganz oder teilweise zu einem anderen Stichtag innerhalb der letzten drei Monate vor oder in den ersten beiden Monaten nach dem Schluss eines Geschäftsjahres (→ *Geschäftsjahr*) aufgestellt wird.

● Bei der **permanenten Inventur** ist der Zeitpunkt der Bestandsaufnahme innerhalb eines Geschäftsjahres frei wählbar. Alle Bestände müssen jedoch in einer Kartei zuverlässig erfasst, belegmäßig nachgewiesen und mindestens einmal im Jahr körperlich erfasst werden.

● Die **Stichprobeninventur** erlaubt die Anwendung von Teilerhebungsverfahren, bei denen nicht alle Bestände erfasst werden. Sie sind nur zulässig, wenn nach den Grundsätzen ordnungsmäßiger Buchführung und unter Anwendung mathematisch-statistischer Methoden verfahren wird und der Aussagewert wie bei einer vollständigen Inventur erhalten bleibt.

▶ **Investitionen**

Die Verwendung von Geldmitteln mit dem Ziel der Erwirtschaftung künftiger Erträge (→ *Ertrag*).

Voraussetzung ist eine → *Investitionsplanung* und eine → *Investitionsrechnung*. Notwendig ist außerdem eine → *Finanzplanung*, die aussagt, wie die Beschaffung (→ *Finanzierung*) der benötigten Mittel für die beabsichtigten Investitionen erfolgen soll.

Die abgestimmten Investitions- und Finanzierungspläne sind eine wesentliche Entscheidungsgrundlage für die → *Strategische Unternehmensführung*.

(1) In der **Investitionsstatistik** wird unterschieden in:

● **Anlageninvestitionen** (Ausrüstungsinvestitionen wie Maschinen, Fahrzeuge, Betriebsausstattung) und

● **Bauinvestitionen** (Wohn-, Verwaltungs- und gewerbliche Bauten, Verkehrswege).

(2) Betriebswirtschaftlich sind Investitionen eine Veränderung des **Sachanlagevermögens** (Grundstücke, Gebäude, Anlagen, Vorräte) und/oder des **Finanzvermögens** (Finanzanlagen in Form von → *Beteiligungen*, → *Darlehen* u. Ä.), die sich unmittelbar auf der Aktivseite der → *Bilanz* auswirken.

Die Ergebnisse **immaterieller Investionen** für Forschung und Entwicklung, Ausbildung und Werbung sind → *Immaterielle Wirtschaftsgüter*, die sich nur mittelbar in der Gewinn- und Verlustrechnung niederschlagen, z. T. unterliegen sie auch der → *Aktivierungspflicht* in der Bilanz.

(3) Bei den **Investitionen in Sachanlagen** werden folgende Arten unterschieden:

● **Bruttoinvestitionen**: Sie stellen die Gesamtinvestitionen eines Betriebes oder einer Volkswirtschaft in einer Wirtschaftsperiode dar.

● **Ersatzinvestitionen** (auch **Reinvestitionen** oder **Erhaltungsinvestitionen**): Sie sind der Teil der Bruttoinvestitionen, der dem Ersatz verbrauchter Sachanlagen dient. Sie werden aus → *Abschreibungen* finanziert.

● **Nettoinvestitionen (Erweiterungsinvestitionen)**: Sie dienen der Vergrößerung der betrieblichen Kapazität. **Nettoinvestition = Bruttoinvestition ./. Ersatzinvestition.**

Sowohl Ersatz- als auch Erweiterungsinvestitionen können wegen der i. d. R. hierdurch verbundenen Modernisierung gleichzeitig der Rationalisierung dienen **(Rationalisierungsinvestitionen)**. Rationalisierungsinvestitionen dienen einer wirtschaftlicheren Leistungserstellung und führen in aller Regel zu einem Wegfall von Arbeitsplätzen.

(4) Investitionsentscheidungen werden von **Unternehmen (Privatinvestitionen)** und vom **Staat (öffentliche Investitionen)** getroffen.

Während der Staat bei seinen → *Infrastrukturinvestitionen* (z. B. Straßen- und Verwaltungsbauten, Schulen, Nahverkehrsmittel usw.), neben den haushaltspolitischen Gesichtspunkten (→ *Haushalt*) auch Gesichtspunkte für eine → *Antizyklische Wirtschaftspolitik* zu beachten hat, tätigen private Unternehmen ihre Investitionen unter dem Gesichtspunkt größtmöglicher → *Rentabilität* des angelegten Kapitals.

(5) In der → *Wirtschaftstheorie* wird argumentiert, dass durch eine Erhöhung der Nettoinvestitionen zusätzliche Arbeitsplätze an anderer Stelle geschaffen würden, die den Wegfall durch → *Rationalisierung* kompensieren. Es entstehe ein **Kapazitätserweiterungseffekt** durch die Vergrößerung der volkswirtschaftlichen Produktionsausrüstung und -möglichkeiten mit der Folge erhöhter Nachfrage für → *Investitionsgüter*, die wiederum zu zusätzlichen Einkommen führen **(Einkommenseffekt)**. Diese Zusammenhänge konnten bislang jedoch empirisch nicht hinreichend nachgewiesen werden.

▶ **Investitionsgüter**

→ *Güter*, die für private oder öffentliche → *Investitionen* in Sachanlagen verwendet werden.

▶ **Investitionsgüterindustrie**

Industriegruppe, die die → *Amtliche Statistik* innerhalb der → *Verarbeitenden Industrie* getrennt ausweist. Hierzu zählen u. a. der Stahl- und Maschinenbau, der Straßenfahrzeugbau sowie die elektronische Industrie, die Stahlverformung, Eisen-, Blech- und Metallwarenindustrie und die feinmechanische, optische und Uhrenindustrie.

▶ Investitionsplanung

Aufstellung der geplanten → *Investitionen* eines Unternehmens für einen bestimmten Zeitraum. Die Investitionsplanung ist wie die → *Finanzplanung* und → *Personalplanung* Teil der betrieblichen Gesamtplanung. → *Finanzierung*.

▶ Investitionsquote

(Investitionsrate) Anteil der Bruttoinvestitionen (→ *Investitionen*) am → *Bruttoinlandsprodukt* oder einer anderen Bezugsgröße.

▶ Investitionsrate → *Investitionsquote*

▶ Investitionsrechnung

● Vor unternehmerischen Entscheidungen über die Vorteilhaftigkeit einer Investition oder eines Investitionsprogramms (→ *Investitionen*) anzustellendes Rechenverfahren. Das hierzu verwendete Instrumentarium der Rechenverfahren unterscheidet zwischen **statischen** und **dynamischen** Verfahren.

● Bei den **statischen** Verfahren werden → *Kosten*, → *Erlöse*, → *Rentabilität*, → *Gewinn* oder → *Amortisationsdauer* (→ *Payback*) berechnet und ggf. mit Alternativen verglichen.

● Bei **dynamischen** Verfahren werden die erwarteten Auszahlungs- und Einzahlungsströme (→ *Einzahlungen*) über den gesamten voraussichtlichen Lebenszyklus einer Investition oder eines Investitionsprogramms mit mathematischen Verfahren auf einen Bezugszeitpunkt abdiskontiert. Hierbei wird ein → *Kalkulationszinsfuß* unterstellt bzw. ein → *Interner Zinsfuß* berechnet. Das Ergebnis wird dann mit den unternehmerischen Zielsetzungen verglichen.

Übliche Verfahren sind dabei die → *Kapitalwertmethode*, → *Annuitätsmethode* und die Methode des internen Zinsfußes. Für die Rechenbarkeit sind jeweils bestimmte Voraussetzungen (Prämissen) festzulegen. So z. B. die Abschätzung der erwarteten Einzahlungen und Auszahlungen eines Investitionsobjekts, die

Festlegung eines Kalkulationszinsfußes, die sofortige Wiederanlage von Auszahlungen zum Kalkulationszinsfuß bzw. internen Zinsfuß.

Mit Hilfe mathematischer Modelle und Verfahren (→ *Lineare Optimierung*) wird versucht, die Risiken von Fehlentscheidungen einzugrenzen.

▶ **Investitionszulagen**

Staatliche Anreize zur Förderung von → *Investitionen* in strukturschwachen Gebieten (→ *Strukturpolitik*) oder politisch als unterstützungswürdig angesehenen Gebieten (z. B. die frühere Berlin-Förderung oder die Förderung der neuen Bundesländer) oder Branchen (z. B. der Werftindustrie). → *Investitionszulagengesetz*.

▶ **Investitionszulagengesetz**

Gesetz vom 18. 8. 1969, dessen Förderungsmöglichkeiten mit der → *Steuerreform* 1990 zum 31. 12. 1989 ausgelaufen sind. → *Regional- und Strukturpolitik*.

Im Rahmen der deutschen Vereinigung (→ *Einigungsvertrag*) wurden für die neuen Bundesländer ein neues **Investitionszulagengesetz** sowie ein „Gesetz über Sonderabschreibungen und Abzugsbeträge im Fördergebiet" **(Fördergebietsgesetz)** vom 24. 6. 1991 in Kraft gesetzt. Es galt für → *Wirtschaftsgüter*, die nach dem 31. 12. 1990 und vor dem 1. 1. 1995 angeschafft oder hergestellt wurden.

Mit dem **Verbrauchsteuer-Binnenmarktgesetz** vom 18. 12. 1992 wurde die Frist für den Abschluss von Investitionen auf den 31. 12. 1996 verlängert. Ausgenommen waren Investitionen für Betriebstätten des Handels, der → *Kreditinstitute* und → *Versicherungen* sowie die Elektrizitäts- und Gasversorgung. Hier mussten die Investitionen vor dem 1. 1. 1993 begonnen und vor dem 1. 1. 1995 abgeschlossen sein.

Die mit dem Gesetz geschaffenen Möglichkeiten (→ *Abschreibungsgesellschaften*) führten im Ergebnis zu geförderten Fehlinvestitionen in den neuen Bundesländern („Bauruinen auf der Grünen Wiese") und Überkapazitäten.

Mit dem **Steuerbereinigungsgesetz 1999** wurde die mit dem **Investitionszulagengesetz 1996** verlängerte steuerliche Förderung von Industrie-Investitionen in den neuen Bundesländern ab 1.1. 1999 in geänderter Form fortgesetzt. Die Investitionszulage wurde in Abhängigkeit von der Betriebsgröße bei **Erstinvestitionen** erhöht auf 12,5 % (Betriebe mit mehr als 250 Beschäftigten) bzw. 25 % (Betriebe bis 250 Beschäftigte). In Grenzgebieten betragen die Fördersätze 15 und 27,5 Prozent.

Das Investitionszulagengesetz wurde inzwischen mehrfach weiter verlängert – zuletzt für die Jahre 2005 und 2006.

http://bundesrecht.juris.de/bundesrecht/invzulg_1999/index.html

▶ **Investivlohn**

Eine Form des Arbeitsentgelts für → *Arbeitnehmer* (im Gegensatz zum **Barlohn**). Ein Teil des Lohnes wird vom → *Arbeitgeber* zurückbehalten und unter beschränkten Kündigungsmöglichkeiten seitens des Arbeitnehmers im Unternehmen selbst oder anderweitig investiert. Die Vereinbarungen beruhen i. d. R. auf einem → *Tarifvertrag.* → *Betriebliche Vermögensbeteiligung.*

▶ **Investmentaktiengesellschaft** → *Kapitalanlagegesellschaften*

▶ **Investment Center** → *Profitcenter*

▶ **Investmentfonds** → *Kapitalanlagegesellschaften*

▶ **Investmentgeschäfte** → *Kreditinstitute*

▶ **Investmentgesellschaft** → *Kapitalanlagegesellschaften*

▶ **Investmentgesetz** → *Kapitalanlagegesellschaften*

▶ **Investmentmodernisierungsgesetz**

Mit dem → *Artikelgesetz* „Gesetz zur Modernisierung des Investmentwesens und zur Besteuerung von Investmentvermögen" vom 15. 12. 2003 wurden u. a.

- die steuerrechtlichen Regelungen zu → *Investmentfonds* in einem eigenen **Investmentsteuergesetz** zusammengefasst,
- erstmals Hedge-Fonds (→ *Hedging*) in Deutschland zugelassen und entsprechende Regelungen geschaffen,
- die bisherige Einteilung von Fonds in gesetzliche Typen und das Gesetz über → *Kapitalanlagengesellschaften* mit dem neuen **Investmentgesetz (InvG)** aufgehoben,
- die Vorschriften zur → *Rechnungslegung* vereinheitlicht,
- Genehmigungsverfahren vereinfacht,
- Grundstücks-Sondervermögen in die allgemeine Besteuerung einbezogen und
- steuerrechtliche Regelungen für in- und ausländische Investmentanteile angeglichen.

http://www.rechtliches.de/info_Investmentmodernisierungsgesetz.html

▶ **Investmentzertifikat** → *Kapitalanlagegesellschaften*

▶ **Investoren**

Personen oder Unternehmen, die → *Investitionen* vornehmen.

▶ **Investor Relations**

Bezeichnung für die Beziehungen und Kommunikation eines Unternehmens mit Personen und Institutionen (z. B. → *Aktionäre, Analysten* (→ *Analyst*), Wirtschaftsjournalisten und andere wichtige Multiplikatoren) mit dem Ziel einer dauerhaften Vertrauensbildung und Imageverbesserung. Erwartet wird hiervon eine indirekte Einflussnahme auf den → *Börsenkurs* sowie die Bindung vorhandener und Gewinnung neuer → *Investoren*. Dies erfolgt u. a. über Aktionärsbriefe, Quartalsberichte und sonstige Informationen zum Unternehmen sowie eine langfristig stabile Dividendenpolitik (→ *Dividende*).

▶ **IP** → *Internet Protocol (IP)*

▶ **IP-Adressen**

Spezielle numerische Kennzeichnung für jeden im → *Internet* verwendeten → *Computer.* → *ID.*

▶ **IPO** → *Initial Public Offering (IPO)*

▶ **IP-Telefonie** → *Internettelefonie*

▶ **IRC (Internet Relay Chat)**

Dienst im → *Internet*, der die gleichzeitige Kommunikation mit anderen Internet-Benutzern ermöglicht. → *Chat.*

▶ **ISDN**

(Integrated Services Digital Network) Ein diensteintegrierendes digitales Vermittlungsnetz der Deutschen Telekom AG (→ *Bundespost*). Durch die → *Digitale Nachrichtenübertragung* wird eine leistungsfähige Nutzung und Entwicklung von Diensten der → *Telekommunikation* und der zugehörigen Endgeräte ermöglicht. Die bestehenden → *Fernmeldenetze* wurden in einem Universalnetz zusammengefasst. Seit 1995 wird das digitale Verbindungsnetz flächendeckend in Deutschland angeboten. Bis zu 8 verschiedene Endgeräte können an einen Basisanschluss mit einer Telefonnummer angeschlossen werden.

Über den Einsatz von → *Glasfaserkabeln* sind die Möglichkeiten der Telekommunikation wesentlich erweitert und die Übertragungsgeschwindigkeiten vervielfacht.→ *Multimedia*, → *DSL.*

Mit dem **Euro-ISDN** haben sich Netzbetreiber in den meisten europäischen Ländern auf einen gemeinsamen ISDN-Standard geeinigt.

▶ **ISDN-Karte** → *Steckkarte*

▶ **ISIN**

(International Securities Identification Number) Internationale **Wertpapierkennnummer (WKN)** zur weltweit eindeutigen Kennzeichnung für → *Wertpapiere*. Sie ersetzte die nationalen Wertpapierkennnummer an der → **Deutsche Börse AG** ab Oktober 2002. Der ISIN-Code besteht aus zwölf Stellen. Die ersten beiden Stellen stehen für das jeweilige Herkunftsland, z. B. DE für Deutschland. Im Anschluss folgt eine nationale Kennnummer mit bis zu neun Stellen.

▶ **ISO/ISO-Normen**

(International Standards Organization) – Die 1947 gegründete internationale Standardisierungsorganisation mit Sitz in Genf. Ihr gehören die nationalen Normungsgremien von rd. 80 Staaten an. Die zahlreichen spezialisierten Arbeitsgremien der Organisation entwickeln Empfehlungen für internationale Standard-Normen (ISO-Norm), die von den nationalen Organisationen (→ *DIN*) übernommen werden können.

Mit den **ISO-Normen 9000 bis 9004** werden bestimmte Standards vorgegeben, deren Erfüllung die Voraussetzung für die Erlangung eines Zertifikats **(ISO-Zeichen)** sind. So werden konkrete Nachweise verlangt zu dem geforderten Qualitätsmanagement und den Qualitätsstandards (z. B. Aufbau- und Ablauforganisation muss auf Erfüllung der Qualitätsziele ausgerichtet sein, zielorientierte Aus- und Fortbildung der Mitarbeiter, Regeln und Anweisungen für die Qualitätssicherung, Dokumentation durch ein Berichtswesen).

Seit 1996 gibt es Umweltstandards nach den Vorschriften der neuen Norm **ISO 14000**, die für den Aufbau eines **Umweltmanagements** und einer umweltgerechten Unternehmensführung gelten.

Die ISO-Standards wurden in das System der Europa-Normen (EN) der EU (→ *Europäische Union (EU)*) übernommen.

Die Zertifizierung wird durch Zertifizierungsfirmen durchgeführt, die einer besonderen Zulassung bedürfen. Die Zertifizierer vergewissern sich zunächst anhand einer Checkliste, ob ein Unternehmen für das nachfolgende Prüfverfahren geeignet ist. Danach wird das Qualitätssystem des Unternehmens überprüft und einem → *Auditing* unterzogen. Am Ende steht die Vergabe des **ISO-Zeichens**. Die Einhaltung der Standards wird in bestimmten Zeitabständen kontrolliert. → *CEN/CENELEC*.

http://www.iso.ch/

▶ **ISP** → *Internet Service Provider*

▶ **Istkosten**

Die tatsächlich entstandenen → *Kosten* einer Planungsperiode, die den → *Sollkosten* gegenübergestellt werden.

▶ **IT-Branche**

(Abk. für Informations-Technologie) sind Unternehmen, die Produkte und → *Dienstleistungen* der → *Informations- und Kommunikationstechnologien* herstellen und/oder verkaufen.

▶ **ITA**

(Information Technology Agreements) Im Rahmen der WTO-Konferenz (→ *WTO (World Trade Organization)*) in Singapur Ende 1996 getroffene Vereinbarung zwischen den Hauptherstellerländern von Gütern der → *Informations- und Kommunikationstechnologien* über einen Abbau der Zölle für diesen Bereich. Ausgenommen sind Waren der Unterhaltungselektronik. Es soll für alle WTO-Teilnehmerstaaten verbindlich werden, wenn die Unterzeichnerstaaten 90 % des Weltmarktanteils auf sich vereinigen.

▶ **ITC**

(International Trade Center) Nach einer gemeinsamen Initiative aller Mitglieder der → *WTO (World Trade Organization)* und der → *UNCTAD* im Jahr 1964 gegründete Organisation, die das Ziel verfolgt, die Voraussetzungen für die Exportmöglichkeiten der → *Entwicklungsländer* zu verbessern und deren Handel zu fördern. Sitz ist Genf.

▶ **ITU** → *UIT (Union International de Télécommunication)*

▶ **IuK-Technologien** → *Informations- und Kommunikationstechnologien*

▶ **IWF** → *Internationaler Währungsfonds (IWF)*

▶ **IWH** (Institut für Wirtschaftsforschung Halle) → *Wirtschaftswissenschaftliche Forschungsinstitute*

J

▶ **Jahresabschluss**

Alle → *Kaufleute* haben für jedes → *Geschäftsjahr* eine → *Bilanz* und eine → *Gewinn- und Verlustrechnung (GuV)* aufzustellen. Zu beachten sind hiebei die → *Grundsätze ordnungsmäßiger Buchführung (GoB)*. Rechtsgrundlage sind die Bestimmungen im → *Handelsgesetzbuch (HGB)* (§ 242 HGB bis § 245 HGB).

Für die → *Kapitalgesellschaft* und bestimmte Personengesellschaften (→ *Personengesellschaft*) sowie weitere Gesellschaftsformen gelten darüber hinaus noch ergänzende Vorschriften (§ 264 HGB bis § 341 o HGB):

Ein → *Konzern* sowie alle Kapitalgesellschaften und Unternehmen, die den Bestimmungen im → *Publizitätsgesetz* unterliegen, müssen ihren Jahresabschluss durch einen **Anhang** ergänzen, der mit der Bilanz und der Gewinn- und Verlustrechnung eine Einheit bildet. Diese Gesellschaften haben darüber hinaus noch einen **Lagebericht** abzugeben.

Der **Anhang** enthält Erläuterungen der Bilanz und der Gewinn- und Verlustrechnung und gibt weitere Zusatzinformationen zum Verständnis der einzelnen Positionen (§ 284 HGB bis § 288 HGB). → *KonTraG*, → *Bilanzrechtsreformgesetz*.

So müssen u. a.

• die **Bilanzierungs- und Bewertungsmethoden** sowie Änderungen dieser Methoden im Berichtszeitraum angegeben werden;

• genaue **Aufgliederungen der** → *Verbindlichkeiten* und sonstigen finanziellen Verpflichtungen, die nicht in der Bilanz erscheinen, erfolgen;

• die **Umsatzerlöse** nach Tätigkeitsbereichen und nach regionalen Märkten gegliedert sein;

• Auskünfte erteilt werden über **Beeinflussungen des Jahresergebnisses durch steuerliche Vorschriften** (z. B. bei → *Abschreibungen* sowie bei → *Steuern* vom Einkommen und vom Ertrag);

- Informationen gegeben werden über die durchschnittliche Zahl der während des Geschäftsjahres **beschäftigten Arbeitnehmer** (getrennt nach Gruppen);
- bei Anwendung des Umsatzkostenverfahrens in der Gewinn- und Verlustrechnung **Aufstellungen über den Material- und Personalaufwand** des Geschäftsjahres vorhanden sein;
- Angaben über die **Gesamtbezüge** (Gehälter, Gewinnbeteiligung, Aufwandsentschädigungen, Versicherungsentgelte, Provisionen usw.) der Mitglieder in der → *Geschäftsführung* und im → *Aufsichtsrat* sowie über die Gesamtbezüge (Abfindungen, Ruhegehälter, Hinterbliebenenbezüge usw.) der früheren Mitglieder dieser Organe gemacht werden;
- seit dem 1.1. 2005 börsennotierte Unternehmen das Honorar für die → *Abschlussprüfer* und Leistungen der → *Steuerberater* angeben.
- darüber hinaus eine Reihe von Vorschriften beachtet werden über die **inhaltliche Gliederung des Anhangs** (Namen der Mitglieder des Geschäftsführungsorgans, Sitz, Beteiligungsverhältnisse, → *Eigenkapital* und Ergebnisse anderer Unternehmen, an denen die Kapitalgesellschaft mindestens 20 % der Anteile besitzt, und Name und Sitz einer eventuell vorhandenen → *Muttergesellschaft* der Kapitalgesellschaft angegeben werden.
- **Börsennotierte Muttergesellschaften** haben den Konzernanhang um eine → *Kapitalflussrechnung* und eine → *Segmentberichterstattung* zu erweitern (§ 297 Abs. 1 HGB). → *Konzernabschluss*.

   Kleine und mittelgroße Kapitalgesellschaften (→ *Größenklassen*) unterliegen bei den Erläuterungen im Anhang erleichterten Bedingungen. → *Wirtschaftsprüfung*, → *Kleine Aktiengesellschaft*.

   Im **Lagebericht** nach § 289 HGB müssen der Geschäftsverlauf und die Lage der Kapitalgesellschaft so dargestellt werden, dass ein den tatsächlichen Verhältnissen entsprechendes Bild vermittelt wird (Muss-Vorschrift). Außerdem soll er auf Vorgänge von besonderer Bedeutung, die nach dem Schluss des Geschäftsjahres eingetreten sind, sowie die voraussichtliche Entwicklung der Kapitalgesellschaft eingehen.

Angaben über Geschäftsverlauf und Lage der Gesellschaft können z. B. betreffen: die Marktstellung des Unternehmens, Auftragseingang und Auftragsbestand, Produktions- und Absatzprogramm, → *Investitionen* und deren → *Finanzierung*, → *Liquidität* und → *Rentabilität*, Betriebserweiterungen oder -stilllegungen, Gründung von Zweigniederlassungen usw. Außerdem können Angaben gemacht werden über die Zusammensetzung der Beschäftigten, Arbeitsbedingungen, soziale Verhältnisse und Gehälter und Löhne. Dieser letzte Teil wird von manchen Unternehmen **Sozialbericht** genannt.

Nach dem Bilanzrechtsreformgesetz sind große Kapitalgesellschaften (→ *Größenklassen*) seit dem 1. 1. 2005 verpflichtet, bei der Darstellung ihrer Geschäftstätigkeit auch nicht finanzielle Leistungsindikatoren, wie Informationen über Umwelt- und Arbeitnehmerbelange, aufzunehmen (§ 289 Abs. 3 HGB). → *Prüfung des Jahresabschlusses*.

▶ **Jahresabschlussprüfung** → *Prüfung des Jahresabschlusses*

▶ **Jahresarbeitsentgeltgrenze** → *Versicherungspflichtgrenze*

▶ **Jahresprojektion** → *Prognose*, → *Jahreswirtschaftsbericht*

▶ **Jahresüberschuss/-fehlbetrag** → *Gewinn- und Verlustrechnung (GuV)*

▶ **Jahreswirtschaftsbericht**

Nach dem → *Stabilitätsgesetz* aus dem Jahre 1967 von der Bundesregierung, dem Bundestag und dem Bundesrat im Januar eines jeden Jahres zu erstattender Bericht (§ 2 StWG). Er enthält

● eine Stellungnahme zum Gutachten des SVR (→ *Sachverständigenrat zur Begutachtung der gesamtwirtschaftlichen Entwicklung (SVR)*);

● eine Darlegung der für das laufende Jahr von der Bundesregierung angestrebten wirtschafts- und finanzpolitischen Ziele

(→ *Jahresprojektion* in Form der VGR (→ *Volkswirtschaftliche Gesamtrechnung (VGR)*). → *Magisches Viereck*;
• eine Darlegung der für das laufende Jahr geplanten → *Wirtschaftspolitik* und → *Finanzpolitik*.

▶ **Jahreswirtschaftsbericht der EU**

Ein von der Kommission der EU erstmals für 1990/1991 jährlich erstellter Bericht zur Beschreibung der wirtschaftlichen Situation in den Mitgliedsstaaten. Er dient dem Ziel, die Politik und die wirtschaftlichen Ergebnisse der Mitgliedsländer in der EU anzugleichen, und wird vom Rat der EU nach Anhörung des Europäischen Parlaments und des Wirtschafts- und Sozialausschusses verabschiedet. → *EG (Europäische Gemeinschaft)*.

▶ **Java**

→ *Programmiersprache* für das → *Internet* mit erweiterten Funktionen, die im → *Computer* eingesetzt wird und darüber hinaus auch mit einem → *Modem* und mit → *Mobilfunk* kommunizieren kann.

▶ **Job-Center**

Bei einer → *Agentur für Arbeit* eingerichtete Anlaufstelle für alle arbeits- und ausbildungssuchende → *Erwerbsfähige*. Diese werden dort informiert, der Beratungs- und Betreuungsbedarf geklärt und der erste Eingliederungsschritt verbindlich vereinbart. Rechtsgrundlage ist das → *Sozialgesetzbuch (SGB)* (§9 Abs.1a SGB III). → *Hartz-Gesetze*.

▶ **Job-Floater** → *Hartz-Gesetze*

▶ **Job Rotation**

Bezeichnung für einen systematischen Arbeitsplatzwechsel, um Arbeitsmonotonie oder einseitige körperliche Belastung zu vermindern. Sie fördert darüber hinaus berufliche Fachkenntnisse und Erfahrungen (z. B. auch bei der Ausbildung für → *Führungskräfte*).

▶ **Jobsharing**

Eine besondere Form der → *Teilzeitarbeit*. Hierbei teilen sich zwei oder mehrere Personen einen Arbeitsplatz, den sie als Team in gemeinsamer Verantwortung und gegenseitiger Absprache ausfüllen.

▶ **Job Ticket**

Bezeichnung für ein vom → *Arbeitgeber* ganz oder teilweise bezahltes Wochen- oder Monatsticket zur Benutzung des öffentlichen Personennahverkehrs für Fahrten zwischen Wohnung und Arbeitsstätte. Oft geschieht dies durch besondere Vereinbarungen (Rahmenabkommen) zwischen Arbeitgeber (Unternehmen, öffentliche Verwaltungen) und den Verkehrsunternehmen. Die Arbeitgeberleistung ist als → *Geldwerter Vorteil* vom Arbeitnehmer zu versteuern. Auf der anderen Seite kann für die Fahrt zwischen Wohnung und Arbeitsstätte die → *Entfernungspauschale* geltend gemacht werden.

▶ **Joint Venture**

Bezeichnung für spezielle Formen der Kooperation zwischen inländischen Unternehmen mit einem oder mehreren Partnerunternehmen im Ausland. Der Zweck der Unternehmensverbindung liegt in der Regel in der gemeinsamen Durchführung von Projekten, wobei sich die Partner mit ihrem → *Know-how* und vorhandenen → *Ressourcen* (z. B. Arbeitskräfte, Personal, finanzielle Mittel) gegenseitig ergänzen. Oft kommt es auch zur Gründung von → *Gemeinschaftsunternehmen*, an denen sich die einzelnen Partner beteiligen und das Risiko anteilmäßig tragen. Dabei können Absprachen bestehen, dass ein Partnerunternehmen grundsätzlich die Mehrheitsbeteiligung behält. → *Strategische Allianzen*.

▶ **Journal** → *Buchführung*

▶ **Jugendarbeitsschutz**

Ein besonderer → *Arbeitsschutz* für Kinder, d. h. wer noch nicht 15 Jahre alt ist, und Jugendliche, d. h. wer 15, aber noch nicht 18 Jahre alt ist (§ 2 JArbSchG). Rechtsgrundlage ist das **Jugendarbeitsschutzgesetz (JArbSchG)** i. d. F. vom 21. 12. 2000.

Hiernach ist die Beschäftigung von **Kindern** verboten. Es gibt allerdings eine Reihe gesetzlicher (z. B. in der Landwirtschaft, für Betriebspraktika) oder besonderes genehmigungspflichtiger Ausnahmen (§ 5 JArbSchG bis § 7 JArbSchG).

Die allgemeine → *Arbeitszeit* von **Jugendlichen** darf höchstens 8 Stunden täglich und nicht mehr als 40 Stunden wöchentlich betragen. Es gilt grundsätzlich eine 5-Tage-Woche (§ 15 JArbSchG). Jedoch gibt es auch hier Ausnahmen (§ 8 Abs. 2 bis 3 JArbSchG, § 21 JArbSchG und § 21 b JArbSchG sowie für den Fall von Regelungen im → *Tarifvertrag* oder einer → *Betriebsvereinbarung* nach § 21 a JArbSchG).

Darüber hinaus gibt es Regelungen zum Berufsschulunterricht, bei Prüfungen, über Nachtruhe, Ruhepausen, → *Sonn- und Feiertagsarbeit* sowie zum → *Urlaub* (§ 9 JArbSchG bis § 19 JArbSchG).

Insgesamt obliegt dem → *Arbeitgeber* eine besondere Fürsorgepflicht (§ 28 JArbSchG bis § 31 JArbSchG – vor allem auch bei der gesundheitlichen Betreuung (§ 32 JArbSchG bis § 46 JArbSchG). Bei Jugendlichen sind gesetzliche Beschäftigungsverbote und -beschränkungen zu beachten (§ 22 JArbSchG bis § 27 JArbSchG).

Die Einhaltung der Vorschriften zum Jugendarbeitsschutz wird überwacht von einer obersten Landesbehörde, einem Landesausschuss für Jugendarbeitsschutz sowie von Ausschüssen bei den jeweiligen örtlichen Aufsichtsbehörden (§ 51 JArbSchG bis § 57 JArbSchG) und der Jugend- und Auszubildendenvertretung (JAVG) der jeweiligen Betriebe nach dem → *Betriebsverfassungsgesetz (BetrVG)* (§ 70 BetrVG).

http://bundesrecht.juris.de/bundesrecht/jarbschg/

▶ **Jugendarbeitsschutzgesetz** → *Jugendarbeitsschutz*

▶ **Jugendhilfe**

Rechtsgrundlage der Jugendhilfe ist das **Kinder- und Jugendhilfegesetz** (→ *Sozialgesetzbuch (SGB)*, Teil VIII).

Die Regelungen zur Jugendhilfe dienen vor allem der Vorbeugung: Kindern, Jugendlichen und ihren Eltern werden Möglichkeiten der Beratung und Hilfe angeboten für die unterschiedlichen Erziehungs- und Lebenssituationen mit dem Ziel, ein Auseinanderbrechen der Familien oder die Trennung der Eltern von ihren Kindern zu vermeiden. Träger der öffentlichen Jugendhilfe sind vor allem die **Jugendämter** und **Landesjugendämte**r (§ 69 bis 72 SGB VIII).

http://bundesrecht.juris.de/bundesrecht/sgb_8/

▶ **Jugend- und Auszubildendenvertretungsgesetz (JAVG)**
→ *Betriebsverfassungsgesetz (BetrVG)*

▶ **Jugendvertretung** → *Betriebsverfassungsgesetz (BetrVG)*

▶ **Juglar-Wellen** → *Konjunktur*

▶ **Junge Aktien**

(Neue Aktien) Bezeichnung für bei einer → *Kapitalerhöhung* neu ausgegebenen → *Aktien* einer Gesellschaft. In der Regel erhalten die Inhaber alter Aktien ein → *Bezugsrecht* auf die jungen Aktien (z. B. im Verhältnis 3:1, d. h. der Inhaber dreier alter Aktien erhält das Bezugsrecht auf eine neue). Da junge Aktien in der Regel später als die alten Aktien dividendenberechtigt (→ *Dividende*) sind, entsteht zwischen dem → *Börsenkurs* der alten und der jungen Aktien für eine kürzere Zeit eine Bewertungsdifferenz zugunsten der alten Aktien. Wenn diese Bewertungsdifferenz Null geworden ist, entfällt die Bezeichnung junge Aktien und die besondere Notierung an der → *Börse*. → *Zusatzaktien*.

▶ **Junk Bonds**

Bezeichnung für → *Anleihen* von Emittenden (→ *Emission*) mit schlechter → *Bonität* und großer Risikoeinstufung, die mit einer hohen → *Rendite* locken.

▶ **Junktim**

Ein Beratungspunkt kann nur gemeinsam mit einem oder mehreren weiteren Beratungspunkten behandelt und erledigt werden.

▶ **JURIS**

Die größte juristische → *Datenbank* in Deutschland mit Sitz in Saarbrücken. Der durch einen Nutzungsvertrag Zugangsberechtigte kann u. a. Informationen abrufen über die geltenden Gesetze und die neueste Rechtsprechung in Deutschland, die vorhandene Rechtsliteratur und Zugang erhalten zu dem Rechtsinformationssystem → *CELEX* der Kommission der EU (→ *EG (Europäische Gemeinschaft)*).

http://www.juris.de/

▶ **Juristische Personen**

Sind ebenso wie natürliche Personen Träger von Rechten und Pflichten und können in eigenem Namen klagen und verklagt werden.

Zu den juristischen Personen zählt die → *Kapitalgesellschaft* und die → *Personengesellschaft* sowie die eingetragenen → *Genossenschaften* und der → *Verein*. Außerdem die *Körperschaft des öffentlichen Rechts*, die → *Anstalt des öffentlichen Rechts* und die → *Stiftung* des öffentlichen Rechts (→ *Öffentliche Unternehmen*).

▶ **Just in Time**

Ein für die Produktion und Zulieferung entwickeltes Organisationsprinzip, das hohe Markt- und Kundennähe gewährleistet. Dabei werden der Informationsfluss und die Materialbereitstellung möglichst bedarfs- und zeitgerecht dem Produktionsprozess angepasst. Voraussetzung für die Just-in-Time-Produktion sind u. a. **integrierte Planungs- und Steuerungsabläufe** in der Materialwirtschaft und Produktionsstrukturen und Arbeitsabläufe (→ *CAD*, → *CAM*). Im Ergebnis führen Just-in-Time-Prozesse u. a. zu minimierten Lagerbeständen für Vor- und Fertigprodukte und zu einer Verschiebung der Bilanzstrukturen vor allem beim → *Umlaufvermögen.* → *Lean Production,* → *Supply Chain Management (SCM).*

▶ **Justitiar**

Bezeichnung für den verantwortlichen Juristen in einem Unternehmen, Verband oder Verwaltung. Dagegen ist ein **Syndikus** der meist externe Rechtsbeistand (Rechtsanwalt o. Ä.). Oft wird auch ein juristisch vorgebildeter Verbandsgeschäftsführer als Syndikus bezeichnet.

K

▶ **Kabelfernsehen** → *Breitbandkommunikation*

▶ **Kaduzierung**

Bezeichnung für eine schriftliche Aufforderung an → *Aktionäre* einer → *Aktiengesellschaft (AG)* (§ 64 AktG) bzw. → *Gesellschafter* einer → *Gesellschaft mit beschränkter Haftung (GmbH)* (§ 21 GmbHG), die ihren eingeforderten Anteil nicht rechtzeitig einzahlen. Nach fruchtlosem Ablauf der gestellten Frist und Nachfrist verlieren säumige Aktionäre bzw. Gesellschafter ihre bereits eingezahlten Beträge.

▶ **Kaizen**

(japanisch „**Weg zum Guten**", deutsch **Kontinuierlicher Verbesserungsprozess [KVP]**) Japanische Managementphilosophie (→ *Management*), wonach von ihren Vorgesetzen gut informierte und motivierte, in Gruppen eigenverantwortlich tätige und leistungsorientiert bezahlte Mitarbeiter kontinuierlich verbesserte Arbeitsergebnisse erstellen. Dies erfolgt vor allem durch einen Prozess sich verbessernder Qualitätsstandards und steigender → *Produktivität* durch erhöhte Arbeitsleistung und fortschreitendes Kostenbewusstsein. Auch deutsche Unternehmen (z. B. VW) praktizieren die Grundidee des Kaizen unter dem Namen „Kontinuierlicher Verbesserungsprozess (KVP)". Kritiker verweisen auf die stressbedingten hohen gesundheitlichen Risiken und Langzeitfolgen des Systems. Anders: → *Business Reengineering*.

▶ **Kalkulation** → *Selbstkostenrechnung*

▶ **Kalkulationskartell** → *Kartell*

▶ **Kalkulationszinsfuß**

In der → *Investitionsrechnung* notwendige Größe zum Abzinsen erwarteter Erträge auf einen heutigen Zeitpunkt (→ *Kapitalisierung*). Der Kalkulationszinsfuß orientiert sich an einem erwarteten → *Marktzins* am → *Finanzmarkt*.

▶ **Kalkulatorische Abschreibungen**

Werden vom → *Anlagevermögen* vorgenommen mit dem Ziel, in der → *Kostenrechnung* die tatsächliche Wertminderung zu erfassen und als → *Kosten* zu verrechnen. Dagegen werden die in der → *Bilanz* ausgewiesenen → *Abschreibungen* (**bilanzielle Abschreibungen**) von bilanz- und unternehmenspolitischen Zielsetzungen – unter Beachtung der handels- und steuerrechtlichen Normen – beeinflusst. Während die bilanziellen Abschreibungen enden, wenn die der Verteilung der → *Anschaffungskosten* zugrunde liegende geschätzte Nutzungsdauer abgelaufen ist (es erscheint dann in der Bilanz nur noch ein → *Erinnerungswert* von einem Euro), werden die kalkulatorischen Abschreibungen so lange fortgeschrieben, wie die Anlage in Betrieb ist. Durch die kalkulatorischen Abschreibungen wird bei steigenden Preisen eine Substanzerhaltung des Betriebes eher gewährleistet als bei der bilanziellen Abschreibung, die vom Anschaffungswert ausgeht.

▶ **Kalkulatorische Kosten**

Begriff aus der betrieblichen → *Kostenrechnung* für Kostenbestandteile, die in die → *Kalkulation* einfließen sollen. Kalkulatorischen Kosten steht entweder kein → *Aufwand* gegenüber (**Zusatzkosten** wie → *Kalkulatorischer Unternehmerlohn*, → *Kalkulatorische Miete*) oder sie können erst nach Umformung als sog. **Anderskosten** (z. B. → *Kalkulatorische Abschreibungen*, → *Kalkulatorische Zinsen* für Fremdkapital, → *Kalkulatorische Wagnisse*) auf die einzelnen Rechnungsperioden verrechnet werden. Anderskosten sind der Höhe nach verschieden (anders) hinsichtlich ihrer Bewertung oder entsprechen nicht dem tatsächlichen Aufwand.

▶ **Kalkulatorische Miete**

In der betrieblichen → *Kostenrechnung* möglicher Ansatz z. B. für Miete, die ein Unternehmen durch Vermietung einer ihm gehörenden, selbst genutzten Lagerhalle an einen Dritten erhalten könnte.

▶ **Kalkulatorischer Unternehmerlohn**

In der betrieblichen → *Kostenrechnung* angesetzte → *Kosten* für die Mitarbeit der Unternehmer oder ihrer Familienangehörigen im Betrieb, wenn hierfür kein festes Gehalt gezahlt wird. → *Aufwand*.

▶ **Kalkulatorische Wagnisse**

Als → *Kalkulatorische Kosten* ansetzbare nicht versicherbare Risiken des Unternehmens. Hierzu zählen z. B. Forderungsausfälle, Inventurdifferenzen (→ *Inventur*), fehlgeschlagene Produktentwicklungen (→ *Flops*), Ausschussproduktion usw. Die anzusetzenden Beträge basieren auf Erfahrungswerten in Pozent der jeweiligen Gesamtwerte.

▶ **Kalkulatorische Zinsen**

In der betrieblichen → *Kostenrechnung* angesetzte → *Zinsen* für das gesamte beim Leistungserstellungsprozess eingesetzte Kapital **(betriebsnotwendiges Kapital)**.

Dagegen werden in der → *Gewinn- und Verlustrechnung (GuV)* lediglich die Zinsen für → *Fremdkapital* als → *Aufwand* ausgewiesen.

Zur Berechnung des betriebsnotwendigen Kapitals ist es notwendig, das **betriebsnotwendige Vermögen** zu ermitteln. Dies wird berechnet durch Herausrechnen der nicht betriebsnotwendigen Vermögensteile aus dem → *Anlagevermögen* und → *Umlaufvermögen* (z. B. unbebaute Grundstücke, langfristig stillgelegte Anlagen, → *Beteiligungen*, → *Wertpapiere*). Dann wird das Anlagevermögen unter Auflösung der → *Stille Reserven* zu kalkulatorischen

Restwerten, das Umlaufvermögen zu kalkulatorischen Mittelwerten (z. B. mittlerer → *Buchwert* in einem → *Geschäftsjahr* für ausstehende → *Forderungen*, für den Kassenbestand und Bankguthaben) bestimmt.

Das so ermittelte betriebsnotwendige Vermögen auf der Aktivseite der → *Bilanz* wird nun um das sog. **Abzugskapital** vermindert. Zur Berechnung des Abzugskapitals werden von der Passivseite der Bilanz die zinslos zur Verfügung stehenden Kapitalanteile (z. B. geleistete Anzahlungen, → *Lieferantenkredite*) mit ihrem Mittelwert bestimmt.

Das Ergebnis ist das **betriebsnotwendige Kapital**. Es wird i. d. R. mit dem → *Marktzinssatz* verzinst und ergibt den in der Kostenrechnung anzusetzenden Betrag für die kalkulatorischen Zinsen. Ihr Ansatz als kalkulatorische Kosten wird begründet als Gegenwert für die den Unternehmenseigentümern entgangenen Zinsen für das von ihnen zur Verfügung gestellte Eigenkapital.

▶ **Kalte Aussperrung** → *Arbeitsförderungsgesetz/Arbeitsförderung*

▶ **Kameralistik**

Für den Haushalt der → *Gebietskörperschaften* (→ *Öffentliche Haushalte*) übliches Rechnungssystem. Wichtigste Zielsetzung der Kameralistik ist es, den Nachweis einer Einhaltung des Haushaltsrechts und der Ansätze im → *Haushaltsplan* (Soll/Ist-Vergleich) zu erbringen. Hierbei können Einnahmeüberschüsse und Fehlbeträge auftreten, die im Einzelnen ausgewiesen werden. Hinzu tritt noch eine Zusammenschau der Vermögensentwicklung.

Im Zuge einer Reform der kommunalen Haushalte planen einige Bundesländer (z. B. Nordrhein-Westfalen) – beginnend zum Stichtag 31. 12. 2009 – ihren Haushalt nach Grundsätzen für die → *Doppelte Buchführung (Doppik)* aufzustellen.

→ *Öffentliche Unternehmen* arbeiten dagegen bereits überwiegend mit Hilfe betriebswirtschaftlicher Methoden. → *Wirtschaftsplan*.

▶ **Kammer**

Eine gesetzlich geregelte berufsständische → *Körperschaft des öffentlichen Rechts*, z. B. → *Arbeiterkammer*, → *Industrie- und Handelskammer (IHK)*, → *Handwerkskammer*, Rechtsanwaltskammer usw.

In den Verwaltungs- und Landgerichten sind spezialisierte Kammern für Verwaltungsverfahren bzw. Streitfragen zuständig, z. B. Kammer für Handelssachen, Kammer für Baulandsachen usw.

▶ **Kannkaufmann** → *Kaufleute*

▶ **Kapazität**

Bezeichnung für das **Leistungsvermögen** technischer oder wirtschaftlicher Einheiten in einer bestimmten Zeitperiode. Beispiele: Maximalgeschwindigkeit 180 km/h, Durchlauf 10 l/min., Produktionsausstoß 100 St./Monat, maximale Nutzungsdauer einer Einheit 10 Jahre.

▶ **Kapazitätsausnutzungsgrad**

Verhältnis zwischen der tatsächlich in Anspruch genommenen und der tatsächlich möglichen → *Kapazität*. Der Kapazitätsausnutzungsgrad wird in % gemessen.

▶ **Kapazitätserweiterungseffekt** → *Investitionen*, → *Abschreibungen*

▶ **Kapital**

In der → *Volkswirtschaftslehre (VWL)* Bezeichnung für einen der → *Produktionsfaktoren* oder dessen Verwendung für → *Investitionen*.

In der → *Betriebswirtschaftslehre (BWL)* bezeichnet man den auf der Passivseite der → *Bilanz* ausgewiesenen Wert des Gesamtvermögens ebenfalls als Kapital. Dabei wird unterschieden zwischen → *Eigenkapital* und → *Fremdkapital*.

Außerdem existiert eine begriffliche Unterteilung nach der **Form der Bindung** des Kapitals in **Sach- oder Realkapital** (z. B. Grundstücke, Gebäude, Maschinen) und **Geld- oder Finanzkapital**, also liquide Mittel, → *Wertpapiere* usw. Vgl. auch → *Betriebsnotwendiges Kapital*, → *Gezeichnetes Kapital*.

Als **Sozialkapital** werden im Unternehmen die → *Rückstellungen* für die betriebliche Altersversorgung (→ *Pensionsrückstellungen*) oder andere soziale → *Rücklagen* (z. B. für einen Fort- und Weiterbildungsfonds) bezeichnet.

▶ **Kapitaladäquanzrichtlinie** → *Kreditwesengesetz (KWG)*

▶ **Kapitalanlagegesellschaften**

(Investmentfonds, Investmentgesellschaften) Rechtsgrundlage für Kapitalanlagegesellschaften ist das **Investmentgesetz (InvG)** vom 15. 12. 2003. Es ersetzte und änderte das zum 1. 1. 2004 aufgehobene **Gesetz über Kapitalanlagegesellschaften (KAGG)** i. d. F. vom 9. 9. 1998, das für vor 2004 gegründete Fonds jedoch weiter angewendet werden kann.

Kapitalanlagegesellschaften sind → *Kreditinstitute*, deren Geschäftsbereich darauf gerichtet ist, **Sondervermögen** zu verwalten und → *Dienstleistungen* zu erbringen. Eine Kapitalanlagegesellschaft darf nur in der Rechtsform der → *Aktiengesellschaft* (AG) oder der → *Gesellschaft mit beschränkter Haftung (GmbH)* betrieben werden. Sie muss ihren satzungsmäßigen Sitz und die Hauptverwaltung in Deutschland haben (§ 6 Abs. 1 InvG).

Investmentfonds sind von Kapitalanlagegesellschaften verwaltete **Publikums-Sondervermögen** oder **Spezial-Sondervermögen** (§ 2 Abs. 1 InvG).

Sondervermögen sind Investmentfonds, die von einer Kapitalanlagegesellschaft für Rechnung der Anleger nach Maßgabe des Investmentgesetzes und den Vertragsbedingungen, nach denen sich das Rechtsverhältnis der Kapitalanlagegesellschaft zu den Anlegern bestimmt, verwaltet werden, und bei denen die Anleger das Recht zur Rückgabe der Anteile haben (§ 2 Abs. 2 InvG).

Spezial-Sondervermögen sind Sondervermögen, deren Anteile aufgrund schriftlicher Vereinbarungen mit der Kapitalanlagegesellschaft jeweils von nicht mehr als 30 Anlegern, die nicht natürliche Personen sind, gehalten werden.

Das Investmentgesetz unterscheidet in bestimmte **Arten von Sondervermögen**, die von Kapitalanlagegesellschaften gegründet werden können:

1. **Sondervermögen** auf bestimmte, in einer → *Richtlinie der EU* vom 20. 12. 1985 benannte Vermögensgegenstände (z. B. → *Wertpapiere*, → *Geldmarktinstrumente*, Bankguthaben, Investmentanteile, → *Derivate*);
2. **Immobilien-Sondervermögen;**
3. **Gemischte Sondervermögen** aus 1) und 2);
4. **Altersvorsorge-Sondervermögen** (→ *Altersvermögensgesetz*);
5. **Spezial-Sondervermögen;**
6. Sondervermögen mit besonderen Risiken (→ *Hedge-Fonds*) sowie die
7. **Investmentaktiengesellschaft** nach § 96 InvG bis 111 InvG.

Die überlassenen Finanzmittel und deren Anlage müssen in einem anderen Kreditinstitut **(Depotbank)** verwahrt werden (§ 20 InvG bis § 29 InvG). Die Kapitalanleger erhalten für ihre Anlagen und die sich hieraus ergebenden Rechte eine → *Urkunde* (Anteilscheine nach § 33 InvG).

Kapitalanlagegesellschaften, Investmentaktiengesellschaften und die Depotbank unterliegen der Aufsicht durch die → *Bundesanstalt für Finanzdienstleistungsaufsicht (BaFin)* (§ 5 InvG). → *Investmentmodernisierungsgesetz.*

http://www.bafin.de/gesetze/kagg.htm

▶ **Kapitalaufnahmeerleichterungsgesetz (KapAEG)**

War ein am 20. 4. 1998 in Kraft getretenes – spätestens bis Ende 2004 befristetes – **Gesetz zur Verbesserung der Wettbewerbsfähigkeit deutscher Konzerne an Kapitalmärkten und zur Erleichterung der Aufnahme von Gesellschafterdarlehen.** Es wurde durch die in der → *Europäischen Union (EU)* zum 1.1. 2005 verbindlichen Vorschriften zur Rechnungslegung nach → *IAS/ IFRS* ersetzt.

http://www.wiwi.uni-jena.de/Steuern/kapaeg.html

▶ **Kapitalbeteiligungsgesellschaften**

→ *Finanzunternehmen*, die → *Beteiligungen* an anderen Unternehmen kaufen, verwalten und wieder verkaufen.

Die wichtigste Bedeutung haben sie in der Form einer → *Unternehmensbeteiligungsgesellschaft*. Daneben gibt es auch Tochterunternehmen von → *Banken* oder großen Unternehmen, die Beteiligungsbesitz allein mit Gewinnabsicht erwerben und wieder veräußern.

▶ **Kapitalbilanz**

Teil der → *Zahlungsbilanz*.

▶ **Kapitalerhöhung**

Erhöhung für das → *Eigenkapital* eines Unternehmens. Diese Finanzierungsart kann z. B. bei der → *Aktiengesellschaft (AG)* erfolgt durch → *Junge Aktien*, bei der → *Personengesellschaft* durch → *Selbstfinanzierung* oder durch zusätzliche Kapitaleinlagen der bisherigen oder neuer → *Gesellschafter*. → *Finanzierung*, → *Schütt-aus-hol-zurück-Verfahren*.

▶ **Kapitalertragsteuer**

Besteuerung bestimmter → *Einkünfte* aus → *Vermögen* an der Quelle ihres Entstehens (→ *Quellenprinzip*). Rechtsgrundlage ist das → *Einkommensteuergesetz (EStG)* (§ 43 EStG bis § 45 d EStG). Mit den hier genannten Steuersätzen sind u. a. zu versteuern → *Dividende* auf → *Aktien* sowie Erträge aus → *Beteiligungen* an einer → *Gesellschaft mit beschränkter Haftung (GmbH)*, an → *Genossenschaften* usw.

Zinserträge aus → *Spareinlagen* und festverzinsliche → *Wertpapiere* und aus Investmentbeteiligungen (→ *Kapitalanlagegesell-*

schaften) werden mit der → *Zinsabschlagsteuer/Zinssteuer* erfasst.

Seit der Reform der → *Körperschaftsteuer* im Jahr 1977 konnte der Steuerpflichtige seine bezahlte Kapitalertragsteuer auf seine Einkommensteuerschuld anrechnen. Dieses Anrechnungsverfahren wurde mit der Reform der Körperschaftsteuer zum 1. 1. 2001 durch das → *Halbeinkünfteverfahren* ersetzt. Aus Vereinfachungsgründen kann unter der Voraussetzung, dass der Sparerfreibetrag bei der Zinsabschlagsteuer nicht überschritten wird, ein **Freistellungsauftrag** gestellt werden.

▶ **Kapitalexport**

Längerfristige Anlage von → *Vermögen* im Ausland. Hierzu zählt z. B. der Kauf ausländischer → *Aktien* und → *Anleihen* oder die Gewährung von → *Kredit*. Kapitalexporte entstehen durch so genannte **Direktinvestitionen**. Diese sind z. B. → *Beteiligungen* an ausländischen Unternehmen, der Kauf von → *Immobilien* oder die Gründung von → *Tochterunternehmen/Tochtergesellschaften* im Ausland. → *Joint Venture,* → *Zahlungsbilanz,* → *Standortdiskussion.*

▶ **Kapitalflucht**

Verlagerung von liquiden Mitteln in eine andere → *Währung* bzw. in ein anderes Währungsgebiet. Kapitalflucht wird betrieben von Währungsspekulanten in Zeiten währungspolitischer Unsicherheit (z. B. bei einer bevorstehenden → *Abwertung* der inländischen Währung), bei politischer Unsicherheit sowie aus Gründen der → *Steuerflucht*.

▶ **Kapitalflussrechnung**

(Cashflow-Statement) Eine verbesserte → *Bewegungsbilanz,* die für eine Rechnungsperiode detailliertere Aussagen über die in einem Unternehmen abgelaufenen Zahlungsströme und Veränderungen der → *Liquidität* zulässt. An der → *Börse* notierte → *Mut-*

terunternehmen sind nach dem → *Handelsgesetzbuch (HGB)* (§ 297 HGB) verpflichtet, ihren → *Konzernanhang* um eine Kapitalflussrechnung und eine → *Segmentberichterstattung* zu ergänzen.

Die Fachorganisation der → *Wirtschaftsprüfer* hat zur Kapitalflussrechnung ein Schema entwickelt, das weitgehend mit den Empfehlungen der → *IAS/IFRS* und des → *US-GAAP* übereinstimmt:

Gliederungschema (Mindestgliederung) der Kapitalflussrechnung (Indirekte Methode)

1. Jahresüberschuss/ Jahresfehlbetrag
2. +/– Abschreibungen/ Zuschreibungen auf Gegenstände des Anlagevermögens
3. +/– Zunahme/ Abnahme der Rückstellungen
4. +/– Sonstige zahlungsunwirksame Aufwendungen/ Erträge
5. –/+ Gewinn/Verlust aus dem Abgang von Gegenständen des Anlagevermögens
6. –/+ Zunahme/Abnahme der Vorräte, der Forderungen aus Lieferungen und Leistungen sowie anderer Aktiva
7. +/– Zunahme/Abnahme der Verbindlichkeiten aus Lieferungen und Leistungen sowie anderer Passiva

8 **Cashflow aus laufender Geschäftstätigkeit** *(Mittelzufluss/-abfluss aus laufender Geschäftstätigkeit)*

9. Einzahlungen aus Abgängen von Gegenständen des Anlagevermögens (z. B. Verkaufserlöse)
10. – Auszahlungen für Investitionen in das Anlagevermögen (Restbuchwerte der Abgänge plus Gewinne bzw. abzüglich Verluste aus Anlageabgängen)

11. **Cashflow aus der Investitionstätigkeit** *(Mittelzufluss/-abfluss aus der Investitionstätigkeit)*

12. Einzahlungen aus Eigenkapitalzuführungen (z. B. Kapitalerhöhungen, Verkauf eigener Anteile)
13. – Auszahlungen an Kapitaleigentümer (z. B. Dividenden, Kapitalrückzahlungen, Erwerb eigener Anteile)
14. + Einzahlungen aus der Begebung von Anleihen und der Aufnahme von (Finanz-)Krediten
15. – Auszahlungen für die Tilgung von Anleihen und (Finanz-)Krediten

---

Gliederungschema (Mindestgliederung) der Kapitalflussrechnung (Indirekte Methode)

16. **Cashflow aus der Finanzierungstätigkeit** *(Mittelzufluss/-abfluss aus der Finanzierungstätigkeit)*

17. Zahlungswirksame Veränderung des Finanzmittelbestandes (Summe der Zeilen 8, 11 und 16)

18. +/– Wechselkursbedingte und sonstige Wertänderungen des Finanzmittelbestandes

19. + Finanzmittelbestand am Anfang der Rechnungsperiode

20. **Finanzmittelbestand am Ende der Rechnungsperiode**
Die Differenz aus dem Cashflow aus Geschäftstätigkeit (auch **operativer Cashflow**) und dem Cashflow aus Investitionstätigkeit ergibt den **free Cashflow**. Er gibt an, inwieweit die Investitionen aus den Einzahlungsüberschüssen aus Geschäftstätigkeit finanziert werden konnten. → *Working Capital.*

▶ **Kapitalfreisetzungseffekt** → *Abschreibungen*

▶ **Kapitalgedeckte Zusatzversorgung** → *Altersvermögensgesetz*

▶ **Kapitalgesellschaft**

Unternehmensform, die eine Kapitalbeteiligung der → *Gesellschafter* zur Voraussetzung hat. Mit Ausnahme der Komplementäre der → *Kommanditgesellschaft auf Aktien (KGaA)* haften die Gesellschafter nicht mit ihrem ganzen Vermögen für die → *Verbindlichkeiten* der Gesellschaft. Kapitalgesellschaften sind die → *Aktiengesellschaft (AG)*, die Kommanditgesellschaft auf Aktien (KGaA) und die → *Gesellschaft mit beschränkter Haftung (GmbH)*. Daneben gibt es noch einige Sonderformen wie → *Reederei* und Bohrgesellschaft. Anders: → *Personengesellschaften.* → *Größenklassen.*

▶ **Kapitalgesellschaften- und Co-Richtlinie-Gesetz** → *Bilanzrichtlinien-Gesetz*

▶ **Kapitalherabsetzung**

Maßnahme zur Verminderung von → *Grundkapital* bzw. → *Stammkapital* einer → *Kapitalgesellschaft.* Bei der → *Aktiengesellschaft (AG)* kann sie z. B. erfolgen durch Herabsetzung im → *Nennwert* (**Denomination**) oder durch Zusammenlegung der → *Aktien.*

Eine Kapitalherabsetzung kann z. B. erforderlich sein nach Kapitalentnahmen oder dem Ausscheiden von Gesellschaftern oder zum Ausgleich von Verlusten.

▶ **Kapitalintensiv**

Bezeichnung für eine → *Kostenstruktur* von Unternehmen oder Wirtschaftszweigen, bei denen die Kapitalkosten (→ *Abschreibungen,* → *Kalkulatorische Zinsen* usw.) gegenüber den Lohnkosten überwiegen. Maßstab zur Beurteilung, wie kapitalintensiv ein Betrieb arbeitet, ist das Verhältnis von eingesetztem Produktivkapital (→ *Kapitalstock*) zur Zahl der beschäftigten → *Arbeitnehmer.*

Kennzeichen von **anlageintensiven** Unternehmen sind demgegenüber der hohe Anteil an → *Sachanlagenvermögen,* vor allem Grundstücke, Gebäude, technische Anlagen und Maschinen, die mit einem hohen Anteil an → *Fixen Kosten* verbunden sind und für die Erfüllung des Kriteriums → *Wirtschaftlichkeit* einen hohen → *Kapazitätsausnutzungsgrad* erfordern.

Beispiele für kapitalintensive Wirtschaftszweige sind die Zigarettenindustrie und die Mineralölindustrie. Anlageintensive Unternehmen finden sich im Bergbau, in der Stahl- und Zementindustrie sowie bei den Energieversorgungsunternehmen. → *Lohnintensiv.*

▶ **Kapitalisierung**

Bezeichnung für eine Umrechnung laufender Erträge (→ *Ertrag*) oder Geldleistungen (→ *Zinsen,* → *Renten*) auf einen gegenwärtigen, mit Hilfe finanzmathematischer Methoden errechneten **Kapitalwert**. Sie ist eine Form der → *Investitionsrechnung* und wird angewandt zur Beurteilung der voraussichtlichen → *Rentabilität* von geplanten Investitionsentscheidungen. → *Investitionen*.

Die Berechnung des Kapitalwertes erfolgt durch Abzinsen künftiger Zahlungen auf einen heutigen Investitionszeitpunkt. Hierbei ist ein → *Kalkulationszinsfuß* festzulegen. Bei alternativen Investitionsmöglichkeiten ist die Höhe des jeweils errechneten Kapitalwertes ein wichtiges Entscheidungskriterium. → *Ertragswert*, → *Marktkapitalisierung*.

▶ **Kapitalismus**

Schlagwortartige Bezeichnung für die verschiedenen Formen der → *Marktwirtschaft*. Hauptmerkmal des Kapitalismus ist der Besitz von → *Produktivvermögen* durch die Kapitaleigentümer. Ihnen stehen diejenigen gegenüber, die ihre Arbeitskraft als → *Arbeitnehmer* an die Kapitaleigentümer verkaufen müssen, um ihren Lebensunterhalt zu verdienen. Hierdurch entwickelt sich eine soziale und materielle Abhängigkeit zwischen Arbeitnehmern und den Kapitalbesitzern.

Der Kapitalismus wird in drei Epochen unterschieden:

(1) Der **Frühkapitalismus**, der sich im 17. Jahrhundert entwickelte, als einzelne Familien begannen, größere Unternehmenseinheiten aufzubauen.

(2) Der **Hochkapitalismus** begann im ersten Drittel des 19. Jahrhunderts mit der Entwicklung der industriellen Fertigung. Seine Auswirkungen wurden sehr eingehend von Karl Marx analysiert (Marxismus). In England und Deutschland kam es zu den schlimmsten Formen kapitalistischer Ausbeutung, in denen die Besitzlosen von den Kapitaleigentümern gezwungen wurden, unter unmenschlichen Arbeitsbedingungen und schlechtester Bezahlung ihre Arbeitskraft anzubieten. Die Folge waren Überfluss und Wohlstand auf der einen Seite, menschenunwürdige Lebensbedingungen und Armut auf der anderen Seite, deren Auswirkungen durch hohe Kinderzahl (notwendige Alterssicherung) noch verstärkt wurden.

(3) Der **Spätkapitalismus** beginnt nach dem Ersten Weltkrieg, in dem durch gesetzliche Maßnahmen erste Versuche zu einer Wirtschaftslenkung und zu einer Milderung der sozialen Missstände gemacht wurden. In Deutschland lassen sich Ansätze bereits gegen Ende des 19. Jahrhunderts durch die Einführung der → *Sozialversicherung* erkennen.

Trotz der in den Industriestaaten im Laufe dieses Jahrhunderts eingeführten Beschränkungen, die den Aufbau eines rein kapitalistischen Wirtschaftssystems verhindern sollen, bestehen einige Kennzeichen des Kapitalismus fort: Einseitige Vermögenskonzentration in den Händen weniger Kapitalbesitzer und hohes Einkommensgefälle zwischen Kapitaleignern und Arbeitnehmern. → *Gewerkschaften*, → *Vermögensumverteilung*, → *Einkommensverteilung*, → *Arbeitsrecht*.

▶ **Kapitalkoeffizient** → *Kapitalproduktivität*

▶ **Kapitalmarkt**

Teil des Finanzmarktes (→ *Finanzmarkt*). Am Kapitalmarkt werden langfristige → *Kredite* gehandelt, die durch → *Wertpapiere* gesichert sind. Er wird als **organisierter Kapitalmarkt** vorwiegend an der → *Börse* abgewickelt und von staatlichen Stellen und der → *Zentralbank* beaufsichtigt. Die Zentralbank kann über die → *Geldpolitik* auf die Konditionen Einfluss nehmen.

Der Kapitalmarkt dient Unternehmen und Staat als Instrument für die Beschaffung von Mitteln zur → *Finanzierung* beabsichtigter → *Investitionen* und privaten Haushalten der Kapitalanlage aus Ersparnissen.

Der **nicht organisierte Kapitalmarkt** ergibt sich aus den Beziehungen zwischen Unternehmen und privaten Haushalten (z. B. längerfristige Verbraucherkredite) sowie aus Lieferanten- und Kundenbeziehungen zwischen den Unternehmen (z. B. über längerfristige → *Lieferantenkredite*).

▶ **Kapitalmarktpapiere**

→ *Wertpapiere*, die am → *Kapitalmarkt* gehandelt werden.

▶ **Kapitalproduktivität**

Maßstab zur Messung der → *Effizienz* des Kapitaleinsatzes. Sie ist das Ergebnis einer Division der mengenmäßigen oder wertmäßigen Produktion eines Betriebes, einer Branche oder einer gesamten Volkswirtschaft durch den eingesetzten → *Kapitalstock*. Das Ergebnis ist die Produktionsmenge, die durch eine Einheit des eingesetzten Kapitals erzeugt wird. Sie hängt ab von Veränderungen der → *Arbeitsproduktivität* und der → *Kapitalintensität* eines Betriebes, einer Branche oder einer Volkswirtschaft.

Der umgekehrte Wert heißt **Kapitalkoeffizient (Capital-Output-Ratio)**. Er gibt an, wie viel Kapitaleinheiten zur Produktion einer Produktionseinheit notwendig sind.

Der **durchschnittliche Kapitalkoeffizient** einer Volkswirtschaft wird errechnet durch Division des vorhandenen volkswirtschaftlichen Kapitalstocks durch das → *Bruttoinlandsprodukt*.

▶ **Kapitalrendite** → *Return on Investment*

▶ **Kapitalrentabilität** → *Rentabilität*

▶ **Kapitalrücklage** → *Rücklagen*

▶ **Kapitalschnitt** → *Kapitalherabsetzung*

▶ **Kapitalstock**

In einem Betrieb, einer Branche oder einer Volkswirtschaft vorhandener wertmäßiger Bestand an für Produktionszwecke genutzten Gebäuden, Maschinen, Fahrzeugen usw. Das Verhältnis von Kapitalstock zur Beschäftigtenzahl dient als Maßstab, wie → *Kapitalintensiv* ein Betrieb arbeitet.→ *Kapitalproduktivität*.

▶ **Kapitalstruktur**

Bezeichnung für die Zusammensetzung der Passivseite der → *Bilanz* eines Unternehmens. Die Kapitalstruktur (z. B. der **Verschuldungsgrad** als Verhältnis zwischen → *Fremdkapital* und

→ *Eigenkapital*) sowie die **Fristigkeit** des eingesetzten Kapitals (lang-, mittel-, kurzfristig) sind grundlegend für die Beurteilung der → *Finanzierung* eines Unternehmens. Sie erfolgt u. a. durch → *Bilanzanalyse* und Bilanzkritik.

▶ **Kapitalumschlag** → *Umschlagsgeschwindigkeit*

▶ **Kapitalverflechtung**

Bezeichnung für die wechselseitige Kapitalbeteiligung von Unternehmen.

▶ **Kapitalverkehr**

Nicht direkt auf Waren- oder Dienstleistungsgeschäften beruhende finanzielle Transaktionen. Im engeren Sinne umfasst der Kapitalverkehr alle zwischenstaatlichen Kapitalbewegungen, die nicht als direkte Gegenleistungen für Warenlieferungen und → *Dienstleistungen* getätigt wurden.

Enorme Kapitalbewegungen auf dem → *Finanzmarkt* sind ein wesentliches Merkmal der → *Globalisierung*.

▶ **Kapitalwertmethode** → *Kapitalisierung*

▶ **Kapitalzusammenlegung**

→ *Kapitalherabsetzung* bei der → *Sanierung* einer → *Aktiengesellschaft (AG)*.

▶ **Kapovaz** → *Abrufarbeit*

▶ **Karenztage**

Wartezeit für eine Leistung. → *Sperrfrist*

▶ **Kartell**

Ein zeitlich begrenzter, vertraglich vereinbarter Zusammenschluss rechtlich und wirtschaftlich selbständig bleibender Unternehmen derselben Branche mit dem Ziel, den Wettbewerb untereinander in irgendeiner Form zu beschränken.

Man unterscheidet folgende Grundtypen:

(1) Preiskartell: Befristete Vereinbarung selbständiger Unternehmen desselben Produktionszweiges über Zahlungs- und Lieferungsbedingungen sowie über Mindestpreise.

(2) Konditionenkartell/Rabattkartell: Vereinbarung von selbständigen Unternehmen desselben Produktionszweiges über Gewährung von → *Rabatt*, Verzugszinsen, Verpackungsspesen, Zahlungs- und Lieferfristen.

(3) Gebietskartell: Vereinbarung selbständiger Unternehmen über die Aufteilung ihrer Absatzgebiete im Interesse der Einsparung von Transport- und Werbekosten.

(4) Einkaufskartell: Über den Abschluss von Exklusivverträgen werden Hersteller verpflichtet, ausschließlich Mitglieder des Einkaufskartells zu beliefern.

(5) Produktionskartell: Befristete Vereinbarung selbständiger Unternehmen über die Beschränkung der Produktionsmengen (z. B. Fördermengen) auf einen bestimmten Umfang.

(6) Kalkulationskartell: Absprache über einheitliche Kalkulations- und Angebotsrichtlinien. → *Kalkulation*.

(7) Gewinnverteilungskartell (Pool): Zusätzlich zu Vereinbarungen über Konditionen, Preise und Angebots- oder Produktionsmengen tritt noch eine Absprache über die schlüsselmäßige Verteilung für den zentral erfassten → *Gewinn*.

(8) Quotenkartell (Kontingentierungskartell): Die Aufträge oder/und die Angebote für die beteiligten Unternehmen werden nach bestimmten Quoten aufgeteilt.

(9) Exportkartell: Es bestehen Absprachen zwischen den beteiligten in- und ausländischen Unternehmen über gleiche Konditionen und Preise und/oder über bestimmte Quoten bei Angeboten in bestimmten Ländern oder Wirtschaftsgebieten.

(10) Spezialisierungskartell: Es bestehen Absprachen unter den beteiligten Unternehmen über das anzubietende Produktprogramm.

(11) Normen- und Typenkartell: Es existieren Absprachen über die Anwendung einheitlicher Normen- und Typenprogramme.

(12) Syndikat: Dachorganisation mit eigener Rechtspersönlichkeit, zuständig für Auftragsverteilung und Vertrieb des Kartells.

(13) Notstandskartelle, die unter bestimmten Bedingungen und zeitlich begrenzt gebildet werden (z. B. Konjunkturkrisen-, Strukturkrisenkartell).

Nach dem → *Kartellgesetz* sind in Deutschland nur ganz bestimmte Kartelltypen erlaubt.

▶ **Kartellbericht** → *Bundeskartellamt*

▶ **Kartellgesetz**

Gesetz gegen Wettbewerbsbeschränkungen i. d.F vom 26. 8. 1998 der zum 1. 1. 1999 in Kraft getretenen 6. Kartellgesetznovelle, die u. a. zu einer weiteren → *Harmonisierung in der EU* der Rechtsvorschriften beitragen soll. Es setzt die Rahmenbedingungen des Wettbewerbs und gilt neben den einschlägigen Verordnungen der EU (z. B. die **EU-Kartell-Verordnung** vom Dezember 2002) und Richtlinien der EU (z. B. zur → *Europäischen Fusionskontrolle*) als eine der wichtigsten Grundlagen der → *Wirtschaftsordnung* in Deutschland (→ *Soziale Marktwirtschaft*). → *Europäische Gesetzgebung*.

Durch das Kartellgesetz soll die Freiheit des Wettbewerbs sichergestellt und eine Ausnutzung von Marktmacht (→ *Marktform*) verhindert werden. Die Kartellbehörden – das → *Bundeskartellamt* bzw. die in der EU (→ *Europäische Union (EU)*) zuständige Generaldirektion für Wettbewerb – sollen in den Marktablauf nur insoweit lenkend eingreifen, als es zum Funktionieren des Marktmechanismus erforderlich erscheint.

Das Kartellgesetz betrifft grundsätzlich Unternehmen aller Wirtschaftsbereiche. Mit der 6. Kartellnovelle wurde der bis dahin ausgenommene Verkehrssektor in das Kartellrecht einbezogen. Für → *Kreditinstitute,* → *Versicherungen* und Betriebe in der → *Land- und Forstwirtschaft* wurden die Ausnahmetatbestände reduziert. Lediglich im Sportbereich (§ 31 GWB) blieb die zentrale

Vermarktung von Fernsehrechten vom Geltungsbereich des Kartellgesetzes ausgenommen.

Die Aufgaben und Befugnisse aus dem Kartellgesetz werden vom Bundeskartellamt (§ 51 Abs. 1 Satz 1 GWB) – in bestimmten Fällen auch vom Bundesminister für Wirtschaft (z. B. die sog. **Ministerkartelle** nach § 8 GWB und **Ministerfusionen** nach § 42 Abs. 1 GWB) sowie den zuständigen **obersten Landesbehörden** – wahrgenommen.

1. Horizontale Wettbewerbsbeschränkungen

Hierunter sind Vereinbarungen auf derselben Wirtschaftsstufe zu verstehen, die eine Regelung des Wettbewerbs verfolgen.

● Horizontale Wettbewerbsbeschränkungen sind grundsätzlich **verboten** (§ 1 GWB). Jedoch gelten einige Ausnahmebestimmungen.

● Nach der 6. Kartellgesetznovelle müssen alle Zusammenschlüsse mit Ausnahme von Bagatellfällen mit einem Umsatz von weniger als 15 Mio. Euro bei der Kartellbehörde angemeldet werden.

● **Erlaubnispflichtige** Kartelle können auf Antrag von der Kartellbehörde unter bestimmten Voraussetzungen genehmigt werden. Hierzu zählen die Normen- und Typenkartelle sowie Konditionen- und Spezialisierungskartelle (§ 2 GWB und § 3 GWB), Mittelstands- und Rationalisierungskartelle (§ 4 GWB und § 5 GWB) und Strukturkrisenkartelle (§ 6 GWB).

Rationalisierungskartelle sind erlaubt, wenn der mit ihnen erreichte Rationalisierungserfolg in einem angemessenen Verhältnis zu der damit verbundenen Wettbewerbsbeschränkung steht. So z. B. zwischen einem großen und einem kleinen bzw. zwischen zwei kleinen Unternehmen. Hierdurch soll die Leistungsfähigkeit mittelständischer Unternehmen erhalten bleiben bzw. verstärkt werden.

Auch **Strukturkrisenkartelle** sind zulässig, wenn bei einem nachhaltigen Absatzrückgang eine planmäßige Anpassung der Kapazitäten an den niedrigeren Bedarf erfolgt und der Kapazitätsvertrag für die Gesamtwirtschaft und das Gemeinwohl nützlich ist.

Konditionenkartelle sind dann erlaubt, wenn sie sich nur auf die einheitliche Anwendung allgemeiner Geschäfts-, Liefer- und Zahlungsbedingungen beschränken und keine Preisregelungen eingeschlossen sind.

Außerdem können Kartelle auf Antrag vom Bundesminister für Wirtschaft genehmigt werden, wenn ausnahmsweise die Beschränkung des Wettbewerbs aus überwiegenden Gründen der Gesamtwirtschaft und des Gemeinwohls notwendig ist (**Ministerkartelle** nach § 8 GWB). Ausnahmeregelungen gelten dann z. B. für **Konjunkturkrisenkartelle**, wenn Gefahr für den Bestand des überwiegenden Teils der Unternehmen eines Wirtschaftszweiges besteht.

2. Vertikale und andere Wettbewerbsbeschränkungen

Verträge zwischen Unternehmen über Waren oder gewerbliche Leistungen sind nichtig, soweit sie einen Vertragsbeteiligten in der Freiheit der Preisgestaltung und der Gestaltung der Geschäftsbedingungen beschränken. Eine → *Preisbindung der zweiten Hand* ist seit dem 1. 1. 1974 verboten. Erlaubt sind allerdings → *Preisempfehlungen*. Ausgenommen von dem Verbot der Preisbindung (vertikale Preisbindung) sind Verlagserzeugnisse (§ 15 GWB).

3. Missbrauchsaufsicht über marktbeherrschende Unternehmen

Marktbeherrschend ist nach § 19 Abs. 2 GWB ein Unternehmen, wenn es als Anbieter oder Nachfrager von Waren oder gewerblichen Leistungen ohne Wettbewerb ist (→ *Monopol*) oder keinem wesentlichen Wettbewerb ausgesetzt ist (Teilmonopol) oder ein im Verhältnis zu seinen Wettbewerbern überragende Marktstellung hat (marktbeherrschendes Unternehmen). Als marktbeherrschend können auch mehrere Unternehmen angesehen werden, wenn zwischen ihnen für eine bestimmte Art von Waren oder gewerblichen Leistungen kein wesentlicher Wettbewerb besteht und sie die im Gesetz genannten Voraussetzungen marktbeherrschender Unternehmen erfüllen.

Das Kartellgesetz nennt für die Vermutung der Marktbeherrschung genaue Kriterien (§ 19 Abs. 2 und 3 GWB). Nutzen marktbeherrschende Unternehmen ihre Stellung missbräuchlich aus, so kann ein Zivilgericht entsprechende Verträge für unwirksam erklären.

Der Verkauf unter Einstandspreis ist verboten – es sei denn, es liegen sachlich gerechtfertigte Gründe vor, wie z. B. bei verderblicher Ware. Hierfür hat das Unternehmen die Beweispflicht.

4. Vorbeugende Fusionskontrolle

Zusammenschlusswillige Unternehmen müssen ihre Absicht dem Bundeskartellamt unverzüglich anzeigen (§ 39 GBW). Ausgenommen sind lediglich Unternehmen unterhalb bestimmter Größenordnungen (§ 35 Abs. 2 GWB) bzw. die bestimmte Voraussetzungen erfüllen (§ 36 Abs. 1 GWB).

Die Kartellbehörde kann nach Prüfung im Gesetz genannter Kriterien eine Fusion untersagen, wenn eine marktbeherrschende Stellung entsteht oder ausgebaut wird. Ausnahmegenehmigungen kann der Bundeswirtschaftsminister dann erteilen, wenn die aus der Fusion erwartete Wettbewerbsbeschränkung „gesamtwirtschaftlichen Nutzen" bringt (**Ministerfusion** nach § 42 Abs. 1 GWB). Hierzu ist allerdings vorher die Monopolkommission zu hören.

5. Monopolkommission

1973 wurde im Kartellgesetz (§ 44 GWB) die Grundlage verankert zur Bildung einer fünfköpfigen Monopolkommission. Sie hat die Aufgabe, alle zwei Jahre Gutachten zum Stand der Unternehmenskonzentration und zur Anwendung der Missbrauchsaufsicht über marktbeherrschende Unternehmen und zur Fusionskontrolle vorzulegen. Die Bundesregierung kann die Kommission darüber hinaus auch mit Sondergutachten beauftragen. Außerdem kann der Wirtschaftsminister Gutachten im Rahmen der Fusionskontrolle einholen. Die Monopolkommission hat ihren Sitz beim Bundesverwaltungsamt in Köln. → *Konzentration*.

6. Wettbewerbsbeschränkendes und diskriminierendes Verhalten

1973 wurde das Verbot so genannter abgestimmter Verhaltensweisen von Unternehmen (Frühstückskartelle) neu aufgenommen.

Jedoch unterblieb im Gesetz eine Definition dessen, was unter „abgestimmt" und unter „Verhaltensweisen" zu verstehen ist.

Das Verbot diskriminierender Maßnahmen besagt, dass Unternehmen und Vereinigungen von Unternehmen anderen Unternehmen keine Nachteile androhen oder zufügen und auch keine Vorteile versprechen oder gewähren dürfen, um sie zu einem Verhalten zu veranlassen, das nach dem Kartellgesetz verboten ist. Verlangen z. B. Großunternehmen von abhängigen kleineren Unternehmen (z. B. Zulieferbetriebe) Rabatte oder Entgelte ohne Gegenleistung, so kann eine entsprechende Anzeige zum Schutz des wirtschaftlich abhängigen Unternehmens bei der Kartellbehörde auch anonym vorgetragen werden.

Außerdem darf kein anderes Unternehmen gezwungen werden, einer Kartellabrede beizutreten, sich mit anderen Unternehmen zusammenzuschließen oder sich am → *Markt* gleichförmig zu verhalten.

Das Gesetz enthält weiter Bestimmungen über die Ahndung von **Ordnungswidrigkeiten**, über die **Kartellbehörden** (Bundeskartellamt, Bundesminister für Wirtschaft und die nach Landesrecht zuständige oberste Landesbehörde) und über die **Verfahrensregeln**.

http://bundesrecht.juris.de/bundesrecht/gwb/

▶ **Kassageschäfte** → *Termingeschäfte*

▶ **Kassahandel** → *Termingeschäfte*

▶ **Kassakurs** → *Börsenkurs*

▶ **Kassenärztliche Vereinigung**

Organisation der ärztlichen → *Selbstverwaltung* als Zusammenschluss der Kassenärzte zur Wahrnehmung deren Interessen gegenüber den → *Krankenkassen*. Rechtsgrundlage ist das → *Sozialgesetzbuch (SGB)* (§ 75 SGB V und § 77 SGB V).

Die 23 Kassenärztlichen Vereinigungen und die **Kassenärztliche Bundesvereinigung** sind jeweils eine → *Körperschaft des öffentlichen Rechts*.

Ihre Aufgabe besteht u. a. darin, eine ausreichende, zweckmä-
ßige und wirtschaftliche Versorgung der in den Krankenkassen
Versicherten sicherzustellen **(Sicherstellungsauftrag)**. Außerdem
haben sie eine ordnungsgemäße Durchführung der kassenärztlichen Tätigkeit einschl. der Abrechnungsprüfung zu gewährleisten
(Gewährleistungsauftrag). Hierfür schließt die kassenärztliche Vereinigung Verträge mit den Verbänden der gesetzlichen Krankenkassen über Honorarsätze (Leistungsverzeichnis) und die Beschreibung inhaltlicher Anforderungen an die vertragsärztliche
Tätigkeit.

Die **Kassenzahnärzte** sind ähnlich organisiert.

http://www.kbv.de/

▸ **Kassamarkt**

(Spotmarkt) Bezeichnung für einen Teilmarkt an der → *Börse*,
auf dem nur das → *Kassageschäft* abgewickelt wird.

▸ **Kassenkredite**

Kurzfristige → *Kredite* der → *Zentralbank* an den Bund oder
die Bundesländer zur Überbrückung vorübergehender Liquiditäts-
engpässe (→ *Liquidität*).

▸ **Kassenobligation**

Festverzinsliche → *Schatzanweisungen* mit i. d. R. 1 bis 4 Jahren Laufzeit, die im → *Tenderverfahren* ausgegeben werden.

▸ **Kassenscheck** → *Scheck*

▸ **Kataster**

Von den **Katasterämtern** geführtes Grundstücksverzeichnis, das
für Eintragungen im → *Grundbuch* benötigt wird.

▸ **Käufermarkt**

Bezeichnung für eine Marktsituation (→ *Markt*), die durch einen Angebotsüberschuss bei gleich bleibender Nachfrage gekenn-

zeichnet ist bzw. durch sinkende Nachfrage bei gleich bleibendem Angebot auftritt. Das Durchsetzen von Preiserhöhungen ist in dieser Situation kaum möglich.

Dagegen ist der **Verkäufermarkt** gekennzeichnet durch in der Tendenz steigende Preise, weil hier die Nachfrage größer ist als das Angebot.

▶ **Kaufkraft**

Gütermenge (→ *Güter*), die mit einer Geldeinheit (z. B. einem Euro) gekauft werden kann. Die Kaufkraft verringert sich z. B. bei steigenden Preisen und gleich bleibendem → *Nominaleinkommen*. Ein gleich bleibendes Verhältnis zwischen Nominaleinkommen und → *Realeinkommen* ist gleich bedeutend mit stabiler Kaufkraft.

▶ **Kaufkraftparität**

Kurs, bei dem die Kaufkraft zweier Währungen (→ *Währung*) in zwei verschiedenen Ländern gleich ist (gleiche Kaufkraft des Geldes im In- und Ausland). **Beispiel:** Kostet ein bestimmter → *Warenkorb* in Deutschland 100 Euro und in den USA 50 Dollar, so wäre die Kaufkraftparität Euro und Dollar für diesen Warenkorb 2:1. Falls die Preise der für diesen Warenkorb ausgewählten → *Güter* als repräsentativ für das gesamte Preisniveau anzusehen sind, so besagt diese Kaufkraftparität, dass man mit zwei Euro in Deutschland dasselbe kaufen kann wie mit einem Dollar in den USA.

▶ **Kaufleute**

Mit dem **Handelsrechtsreformgesetz** vom 22. 6. 1998 wurde u. a. ein einheitlicher Kaufmannsbegriff geschaffen. Die bis dahin gültigen Unterscheidungen in Muss- und Sollkaufmann, in Voll- und Minderkaufmann sowie der Begriff des Scheinkaufmanns sind entfallen.

Nach der Definition im → *Handelsgesetzbuch (HGB)* (§ 1 Abs. 1 HGB) sind diejenigen, die ein → *Handelsgewerbe* betreiben, **Istkaufleute**.

Durch Eintragung der → *Firma* im → *Handelsregister* wird ein gewerbliches Unternehmen zu einem Handelsgewerbe im Sinne des Handelsgesetzbuches. Der Unternehmer kann sich eintragen lassen, ohne dazu verpflichtet zu sein. Es handelt sich dann um **Kannkaufleute** nach § 2 HGB. Land- oder Forstwirte sind immer Kannkaufleute (§ 3 HGB).

Handelsgesellschaften (→ *Handelsgesellschaft*) sind Kaufleute durch Rechtsform. Sie sind **Formkaufleute**.

▶ Kaufmännischer Geschäftsbetrieb

Voraussetzung für den Istkaufmann (→ *Kaufleute*) zum Betreiben eines Handelsgewerbes (→ *Handelsgewerbe*) nach dem → *Handelsgesetzbuch (HGB)* (§ 1 Abs. 2 HGB). Erforderlich ist eine geordnete → *Buchführung,* die Aufbewahrung der Geschäftsbücher und -korrespondenz sowie das Erstellen einer → *Bilanz* und die regelmäßige → *Inventur.*

▶ Kaufoption → *Call Option*

▶ Kaufvertrag

Der Kaufvertrag (→ *Vertrag*) ist Grundlage für den Kauf – dem bei weitem bedeutsamsten Rechtsgeschäft im Wirtschaftsverkehr. Seine Rechtsgrundlagen finden sich vor allem im BGB (→ *Bürgerliches Gesetzbuch (BGB)*) (§ 433 BGB bis § 514 BGB und § 312 BGB bis 312 f BGB).

Der Kaufvertrag kann **formlos** abgeschlossen werden, d. h. nach Wahl der Parteien mündlich oder schriftlich. Die wichtigste Ausnahme ist der Kauf von Grundstücken, der durch einen Notar zu beurkunden ist (§ 311 b Abs. 1 Satz 1 BGB). → *Urkunde.*

Verkauft werden können Sachen und Rechte: **Sachen** sind körperliche Gegenstände (§ 90 BGB) und durch die Rechtsprechung bestimmte nicht körperliche Sachgesamtheiten, z. B. Energie wie Gas, Wasser, Elektrizität, entwickelte → *Software* u. Ä. **Rechte** sind alle übertragbaren Rechte, z. B. → *Forderungen*, ein → *Geschäftsanteil* oder ein → *Patent.*

Der **Käufer** ist verpflichtet, dem Verkäufer den vereinbarten Kaufpreis zu zahlen und die Sache abzunehmen. Ansonsten kommt er in **Schuldnerverzug** nach § 286 BGB bzw. **Annahmeverzug** nach § 293 BGB bzw. 298 BGB.

Der **Verkäufer** ist verpflichtet, dem Käufer die Sache frei von Sach- und Rechtsmängeln zu übereignen (übergeben und → *Eigentum* an der Sache zu verschaffen) bzw. ein Recht abzutreten (§ 433 BGB). Er haftet für Leistungsstörungen und für Rechtsmängel seines Schuldverhältnisses, wenn er diese zu vertreten hat.

Leistungsstörungen sind:

● Unmöglichkeit, d. h. objektive Unerbringbarkeit der Leistung. Beispiel: Ein verkaufter PKW wird vor der Übergabe durch Unfall zerstört.

● Schuldnerverzug (§ 286 BGB).

● Positive Vertragsverletzung durch Schlechterfüllung (z. B. durch eine Kfz-Werkstatt) oder Verletzung der vertraglichen Nebenpflichten.

● Verschulden bei Vertragsanbahnung (z. B. versäumter Hinweis auf Unfallschaden an einem PKW).

Ein **Rechtsmangel** liegt z. B. vor, wenn die Kaufsache noch mit Rechten Dritter belastet ist. Er bedeutet eine Nichterfüllung des Vertrags.

Rechtsfolgen von Leistungsstörungen und Rechtsmängel können sein das Rücktrittsrecht des Käufers vom Vertrag, das Recht zur Minderung des Kaufpreises, das Verlangen auf Nachbesserung oder Schadensersatz.

Für → *Verbrauchsgüter* gelten beim Kauf ergänzende Vorschriften zum → *Verbraucherschutz*, u. a. für die → *Verjährung*, → *Garantie* und für die Beweisführung bei Mängeln (§ 474 BGB bis § 479 BGB). → *Abzahlungsgeschäft*, → *Allgemeine Geschäftsbedingungen (AGB)*.

▶ **Kaution**

Sicherheitsleistung, die von einem Vertragspartner zur Sicherung der Einhaltung des Vertrages gefordert wird (z. B. → *Mietkaution*).

▶ **KCV (Kurs-Cashflow-Verhältnis)** → *Kurs-Gewinn-Verhältnis*

▶ **Keiretsu**

Japanische Form der Unternehmensorganisation. Sie besteht aus einem Netzwerk kooperierender Unternehmen mit einem Großunternehmen an der Spitze. Das Netzwerk setzt sich zusammen aus Industrie- und Handelsunternehmen, Banken und vielen kleineren Familienbetrieben als zuliefernde → *Subunternehmen*.

Die bestehenden Unternehmensverflechtungen und Abhängigkeiten sind nach außen meist nicht erkennbar. Beispiele sind Mitsubishi oder Sanwa.

▶ **Kennedy-Runde** → *WTO (World Trade Organization)*

▶ **Kennung** → *ID*

▶ **Kennwort** → *ID*

▶ **Kennzahlen**

(Kennziffern) Zahlenwerte, die in ein Verhältnis zueinander gesetzt werden, um sinnvolle Aussagen zu erhalten. .

Gliederungszahlen setzen Teilmengen ins Verhältnis zu einer Gesamtmenge, die die Teilmenge enthält, z. B. Anzahl der Arbeiter bezogen auf die Gesamtzahl der Beschäftigten eines Betriebes. Bei den **Beziehungszahlen** werden zwei Größen ins Verhältnis gesetzt, die in irgendeiner Beziehung zueinander stehen, z. B. die Einwohnerzahl eines Landes zur Landesfläche (= Bevölkerungsdichte). Die dritte Gruppe sind die → *Indexziffern (Indexzahlen)*.

Betriebliche Kennzahlen bzw. Kennziffern stellen auf betriebsindividuelle Größen ab (z. B. Umsatz pro Beschäftigten) oder → *Eigenkapital* zum Gesamtkapital (Eigenkapitalanteil) usw. Für den zwischenbetrieblichen Vergleich gleichartiger Größen gibt es auch sog. **Branchenkennziffern**.

▶ **Kernenergie** → *Energiepolitik*

▶ **Kettenarbeitsvertrag**

Bezeichnung für aufeinander folgende → *Befristete Arbeitsverhältnisse*. Eine Beendigung erfolgt jeweils durch Zeitablauf, es gibt keinen → *Kündigungsschutz*. Kettenarbeitsverträge sind deshalb unzulässig. → *Teilzeitarbeit*.

▶ **Keynesianismus**

Mit seinen theoretischen Ansätzen lieferte der englische Wirtschaftswissenschaftler **J. M. Keynes** zu Beginn der 30er Jahre die theoretische Grundlage für eine staatliche → *Wirtschaftspolitik*, die nicht nur die → *Geldpolitik*, sondern vor allem auch die öffentliche Nachfrage als staatliches Steuerungsmittel einsetzt. In diesem Zusammenhang verwendete Keynes den Begriff des → *Deficit Spending*, d. h. konjunkturelle Schwäche mit hoher → *Arbeitslosigkeit* wird mit Hilfe zeitlich begrenzter Haushaltsdefizite (→ *Haushalt*) bekämpft. Insbesondere ein höherer → *Reallohn* und staatliche → *Transfereinkommen* sollen zu gesteigerter effektiver Nachfrage führen und so zur Wiedererreichung der → *Vollbeschäftigung* beitragen. Diese effektive Nachfrage setzt sich aus dem → *Konsum* der privaten Haushalte, den → *Investitionen* der Unternehmen, der staatlichen Nachfrage und dem → *Außenbeitrag* zusammen.

Sein 1936 erschienenes Buch „**Allgemeine Theorie der Beschäftigung, des Zinses und des Geldes**" gilt als das wichtigste Werk der Nationalökonomie im 20. Jahrhundert. Hier behandelt Keynes die Frage nach den Bestimmungsgründen der Höhe des Produktionsangebotes und der Beschäftigung in gesamtwirtschaftlicher Betrachtung (→ *Makroökonomie*). Hintergrund seiner neuartigen Ideen war, dass die in den 30er Jahren vorherrschende Wirtschaftstheorie die Ursachen der vorhandenen Massenarbeitslosigkeit nicht deuten konnte. Die herrschende Meinung der klassischen Theorie, wonach sich in einem geschlossenen Wirtschaftsraum das Gesamtangebot an → *Güter* und → *Dienstleistungen* auch seine Gesamtnachfrage schaffe, reichte zur Erklärung der Wirtschaftskrise nicht aus. Zwar waren die → *Klassiker* davon ausgegangen,

dass es auf einzelnen Märkten Überschussproduktion und Nach-
fragemangel geben könne, nicht jedoch in einem geschlossenen
Wirtschaftsraum.

Erstmals wurden auch **psychologische Bestimmungsgründe** für
das wirtschaftliche Verhalten eingeführt. So etwa durch Begriffe
wie „Hang zum Verbrauch", „Liquiditätspräferenz" und die „Erwartungen" der Wirtschaftssubjekte. Mit der in der klassischen
Theorie vorherrschenden Auffassung der Neutralität des Geldes
hat Keynes gleichfalls gebrochen, indem er einen Zusammenhang
zwischen monetärem und güterwirtschaftlichem Bereich herstellte.
Außerdem wurde eine Abhängigkeit der Konsumausgaben vom
Einkommen, der Investitionen vom Zinssatz, der Geldnachfrage
von Einkommen und Zinssatz im Einzelnen abgeleitet und hieraus
ein Gesamtmodell konstruiert.

Die bis Anfang der 80er Jahre in der Bundesrepublik vorherrschende Wirtschaftstheorie hatte sich an den Grundelementen des
Keynesianismus orientiert. → *Stabilitätsgesetz,* → *Konjunkturpolitisches Instrumentarium.*

Vor allem die Wirkungen der → *Globalisierung* (außenwirtschaftliche Einflüsse waren nicht Bestandteil des ursprünglichen
Keynesianismus) sowie der tendenziell steigende → *Staatsanteil*
und Wirkungsverzögerungen (→ *Time-lag*) staatlicher Maßnahmen
indizierten ein Umdenken in der Wirtschaftstheorie und -politik.

Mit dem Regierungswechsel 1983 orientierte sich die staatliche
Wirtschaftspolitik in der Bundesrepublik mehr am Vorbild mone-
taristischer Vorstellungen (→ *Monetaristen*) – ähnlich wie auch
die Regierungen in Großbritannien und in den USA.

Die sozialen und strukturellen Probleme in Folge der deutschen
Vereinigung brachten jedoch zumindest bezogen auf Ostdeutschland wieder eine Besinnung der deutschen Wirtschaftspolitik auf
die Instrumente des Keynesianismus – gleichwohl zunehmend vor
dem Hintergrund leerer öffentlicher Kassen.

Die → *Gewerkschaften* und einige Wirtschaftswissenschaftler
(z. B. die sog. Memorandum-Gruppe alternativer Wirtschaftswissenschaftler) halten den Keynesianismus in seinen Grundelementen nach wie vor für ein geeignetes Instrument zur Bekämpfung
der Arbeitslosigkeit.

▶ **KfW Deutsche Kreditanstalt**

Eine 1948 unter dem Namen **Kreditanstalt für Wiederaufbau** (seit 1997 KfW Deutsche Kreditanstalt) gegründete → *Körperschaft des öffentlichen Rechts* mit Sitz in Frankfurt/Main. Sie vergibt mittel- und langfristige → *Kredite* oder eine → *Bürgschaft* zur Förderung der deutschen Wirtschaft. Dies vor allem in den neuen Bundesländern als Aufbauhilfe für kleine und mittlere Unternehmen, als zinsverbilligte Kredite zur Wohnraummodernisierung und als Hilfe für Infrastrukturprogramme (→ *Infrastruktur*) ostdeutscher → *Gemeinden*. Die Darlehen müssen durch Zusagen von Bundes- oder Landesregierungen oder eines Kreditinstitutes gesichert sein.

http://www.kfw.de/

▶ **KG** → *Kommanditgesellschaft (KG)*

▶ **KGaA** → *Kommanditgesellschaft auf Aktien (KGaA)*

▶ **KGV** → *Kurs-Gewinn-Verhältnis (KGV)*

▶ **Kick-off**

Start eines Projektes oder Programms.

▶ **Kilometerpauschale** → *Entfernungspauschale*

▶ **Kinderbetreuungsfreibetrag** → *Steuerreform*

▶ **Kinderbetreuungskosten** → *Steuerreform*

▶ **Kindererziehungszeiten** → *Rentenreform*

▶ **Kinderfreibetrag** → *Steuerreform*

▶ **Kindergeld** → *Steuerreform*

▶ **Kinderzulage** → *Wohneigentum*

▶ **Kirchensteuer**

Wird von den steuerberechtigten Religionsgemeinschaften zur Deckung ihres Finanzbedarfs erhoben. Rechtsgrundlage ist Art. 140 GG in Verbindung mit Art. 137 Abs. 6 der Weimarer Reichsverfassung. Sie wird ebenso wie die → *Lohnsteuer* im **Lohnabzugsverfahren** einbehalten. Bemessungsgrundlage für die Kirchensteuer ist die veranlagte, d. h. die zu zahlende Lohn- oder → *Einkommensteuer*. Die Grundlage für die Steuererhebung bilden die von den Bundesländern erlassenen **Kirchensteuergesetze**. Den vorgegebenen Rahmen füllen die Kirchen durch eigene **Kirchensteuerordnungen** aus.

Der Kirchensteuersatz beträgt in Baden-Württemberg, Bayern, Bremen und Hamburg 8 %, in den übrigen Bundesländern 9 %. Die gezahlte Kirchensteuer ist in vollem Umfang als → *Sonderausgaben* bzw. → *Betriebsausgaben* vom steuerpflichtigen Einkommen abzugsfähig. Daneben wird von einigen evangelischen Landeskirchen und katholischen Diözesen noch ein besonderes so genanntes **Kirchgeld** erhoben, z. B. wenn ein Ehepartner aus der Kirche ausgetreten ist.

2002 betrug das Aufkommen an Kirchensteuern für die beiden großen christlichen Kirchen 8,4 Mrd. Euro, davon 4,3 Mrd. Euro bei der katholischen und 4,1 Mrd. Euro bei der evangelischen Kirche. Rund 40 % dieser Einnahmen kommt aus allgemeinen Steuergeldern, der Rest aus Abgaben der Kirchenmitglieder.

http://www.kirchensteuer.de

▶ **Kirchgeld** → *Kirchensteuer*

▶ **Kladde**

Notizbuch zur vorläufigen Registrierung von Geschäftsvorfällen.

▶ **Klassiker**

Bezeichnung für eine Gruppe vorwiegend englischer Wissenschaftler, die mit ihren Forschungen im 18. und 19. Jahrhundert die

Grundlage für die moderne → *Wirtschaftswissenschaft* gelegt haben. Ein Hauptmerkmal ihrer Lehre besteht in der Auffassung, dass durch die autonome Wahrnehmung privater Interessen gleichzeitig auch der Wohlstand der gesamten Volkswirtschaft genährt werde.

Im Gegensatz zu der am → *Dirigismus* orientierten Lehre des → *Merkantilismus* stehen die Klassiker im Lager des → *Liberalismus*. Hiernach hat der Staat lediglich die Aufgabe, Ordnungs- und Schutzfunktionen auszuüben. Vom freien Wettbewerb erwarteten sie – ebenso wie im Liberalismus – ein natürliches Gleichgewicht von Preisen, Beschäftigung, → *Einkommen* und damit auch der Verteilung der Einkommen, ermöglicht durch freien → *Konsum*, → *Investitionen* und → *Sparen* (→ *Sozialprodukt (Nationaleinkommen)*).

Die Klassiker betonten die Freiheit des handelnden Individuums, für das → *Eigentum* und dessen freie Verwendbarkeit sowie das Recht freier Vertragsgestaltung. Der → *Keynesianismus* hat den Klassikern ein alternatives Modell gegenübergestellt.

Als **Neoklassiker** werden die Ökonomen bezeichnet, die den Ansatz der Klassiker in der zweiten Hälfte des 19. Jahrhunderts weiterentwickelten (z. B. → *Grenznutzenschule*). → *Angebotstheorie*, → *Monetarismus*.

▶ **Kleine Aktiengesellschaft** → *Aktiengesellschaft (AG)*

▶ **Kleingewerbe, Kleinunternehmer**

Bezeichnung für ein → *Gewerbe/Gewerbebetrieb*, für das nach Art und Umfang kein → *Kaufmännischer Geschäftsbetrieb* erforderlich ist. Ein Kleingewerbetreibender wird durch Eintrag ins → *Handelsregister* zum → *Kannkaufmann*.

Für Kleingewerbetreibende gelten für die → *Umsatzsteuer* besondere Regelungen: Ein Kleinunternehmer mit einem Vorjahresumsatz von höchstens 16 620 Euro und einem voraussichtlichen Umsatz von nicht mehr als 50 000 Euro im laufenden Jahr bleibt auf eigenen Antrag von der Umsatzsteuer befreit (Nullbesteuerung). Er darf dann keine Umsatzsteuer auf seinen Rechnungen ausweisen und auch keinen → *Vorsteuerabzug* vornehmen.

▶ **Klimaschutz-Konferenz** → *Umweltgipfel*

▶ **Knappschaftsversicherung**

(Bundesknappschaft) Teil der Deutschen Rentenversicherung
→ *Rentenversicherung.* Sie regelt nach den Vorschriften im → *Sozialgesetzbuch (SGB)* die Krankenversicherung (§ 167 SGB V)
und knappschaftliche Rentenversicherung (§ 136 SGB VI bis § 138
SGB VI) für die im Bergbau beschäftigten Arbeiter und Angestellten. Aufgrund des Zechensterbens und des hohen gesundheitlichen Risikos der Bergleute kamen 2004 auf einen Versicherten
rd. sechs Rentenbezieher. → *Beitragssatz.*

Seit dem 1. 4. 2003 ist die Bundesknappschaft zentrale Meldestelle für die → *Minijobs* und Einzugszentrale für die vom → *Arbeitgeber* abgeführten → *Steuern* und → *Sozialabgaben* (**Minijob-
Zentrale**).

▶ **Know-how**

(Gewusst wie) Bezeichnung für die Summe von Erfahrungen
und Wissen auf bestimmten Spezialgebieten.

▶ **Koalitionsfreiheit**

Im Grundgesetz verankertes Recht (Art. 9 Abs. 3 GG), zur
Wahrung und Förderung der Arbeits- und Wirtschaftsbedingungen
Vereinigungen zu bilden (**Vereinigungsfreiheit**). Die Koalitionsfreiheit bildet u. a. die rechtliche Grundlage für die Existenz der
→ *Gewerkschaften* und der → *Arbeitgeberverbände.* Sie darf von
niemandem eingeschränkt oder behindert werden. Dies gilt insbesondere auch für Arbeitskämpfe (→ *Streik*).

Sie wird auch verstanden als das Recht des Einzelnen, sich
einer Vereinigung anzuschließen (**positive Koalitionsfreiheit**) oder
auch fernzubleiben (**negative Koalitionsfreiheit**).

▶ **Kohäsionsfonds der EU** → *Strukturpolitik der EU*

▶ **Kollegialsystem**

Prinzip aus der Organisationslehre, wonach eine Gruppe mit gleichem Beruf, Rang oder Amt (Kollegium) gemeinsam und gleichberechtigt Entscheidungen trifft. **Beispiel:** Im → *Vorstand* einer → *Aktiengesellschaft (AG)* sind die Vorstandsmitglieder gleichberechtigt an der Geschäftsführung des Unternehmens beteiligt (§ 77 Abs. 1 AktG). Jedes Vorstandsmitglied ist i. d. R. für ein bestimmtes Ressort verantwortlich. Entscheidungen über die Ressortgrenze hinaus trifft das Kollegium der Vorstandsmitglieder, wobei der Vorstandssprecher/Vorstandsvorsitzende lediglich als „Primus inter Pares" (Erster unter Gleichen) fungiert. Allerdings kann in der → *Geschäftsordnung* des Vorstands vereinbart werden, dass dem Vorstandssprecher bei Stimmengleichheit die letzte Entscheidung zufällt.

▶ **Kombilöhne**

Bezeichnung für eine Kombination aus Grundlohn und staatlichem Zuschuss, mit dem Arbeitsleistungen im Niedriglohn-Bereich attraktiver gemacht werden und neue Arbeitsplätze entstehen sollen. Die seit 2001 laufenden Modellversuche zum Kombilohn wurden bisher von den Arbeitgebern nur sehr zögernd angenommen.

▶ **Kommanditaktionär**

Bezeichnung für → *Aktionäre* einer → *Kommanditgesellschaft auf Aktien (KGaA)*. Sie haften nur mit ihrem in → *Aktien* verbrieften Kapitalanteil am → *Grundkapital* und nicht für die → *Verbindlichkeiten* der Gesellschaft (§ 278 Abs. 1 AktG).

▶ **Kommanditgesellschaft (KG)**

→ *Personengesellschaft* als Variante für die → *Offene Handelsgesellschaft (OHG)*. Sie hat einen oder mehrere persönlich unbeschränkt haftende → *Gesellschafter* **(Komplementären)**. Hinzu kommt mindestens ein Gesellschafter **(Kommanditist)**, dessen

Haftung auf die Kommanditeinlage beschränkt ist, die im → *Handelsregister* eingetragen wird. Kommanditisten haben keine Geschäftsführungsbefugnis und keine Vertretungsmacht.

Rechtsgrundlage ist das → *Handelsgesetzbuch (HGB)* (§ 161 HGB bis § 177 a HGB).

▶ **Kommanditgesellschaft auf Aktien (KGaA)**

→ *Kapitalgesellschaft* als Mischform aus → *Kommanditgesellschaft (KG)* und → *Aktiengesellschaft (AG)*. Ein oder mehrere → *Gesellschafter* haften mit ihrem gesamten Vermögen **(Komplementäre)**. Die anderen Gesellschafter **(Kommanditaktionäre)** haften nur mit ihrer Einlage, die durch die → *Aktien* verbrieft ist. Rechtsgrundlage ist das → *Aktiengesetz (AktG)* (§ 278 AktG bis § 290 AktG).

▶ **Kommanditist** → *Kommanditgesellschaft (KG)*

▶ **Kommission** → *Kommissionär*

▶ **Kommissionär**

→ *Kaufleute*, die Waren oder → *Wertpapiere* gewerbsmäßig für Rechnung eines anderen **(Kommittent)** im eigenen Namen kaufen oder verkaufen. Sie handeln dann in Kommission.

Rechtsgrundlage sind die Vorschriften im → *Handelsgesetzbuch (HGB)* (§ 383 HGB bis 406 HGB):

▶ **Kommission der EU** → *EG (Europäische Gemeinschaft)*

▶ **Kommittent**

Vertragspartner für den → *Kommissionär*.

▶ **Kommunalbetriebe**

Gewerbliche Unternehmen der → *Gemeinden* und → *Landkreise*, die den Bedürfnissen der Bürger dienen (z. B. Wasser- und

Energieversorgung, Nahverkehrsbetriebe, städtische Bühnen usw.).
→ *Subsidiaritätsprinzip.*

▶ **Kommunaldarlehen** → *Kommunalkredite*

▶ **Kommunale Selbstverwaltung** → *Gemeinden*

▶ **Kommunale Spitzenverbände**

Die überregionalen Zusammenschlüsse der Städte, → *Landkreise* und → *Gemeinden.*

Dies ist der 1905 gegründete **Deutsche Städtetag** als Zusammenschluss von 275 kreisfreien und einigen kreisangehörigen Städten. Der **Deutsche Städte- und Gemeindebund** ist Ergebnis des 1973 erfolgten Zusammenschlusses des Deutschen Gemeindetages und des Deutschen Städtebundes. Ihm gehören kreisangehörige Städte und Gemeinden an. Der **Deutsche Landkreistag** vertritt die Interessen der deutschen Landkreise.

Ziel der Arbeit der kommunalen Spitzenverbände ist die Stärkung der Selbstverwaltung, der gemeinsame Erfahrungsaustausch und die Vertretung gemeinsamer Belange gegenüber der Regierung und der Gesetzgebung über die **Bundesvereinigung der kommunalen Spitzenverbände.**

http://www.staedtetag.de/
http://www.dstgb.de/
http://www.landkreistag.de/

▶ **Kommunalkredite**

Bezeichnung für → *Kredite* (z. B. **Kommunaldarlehen**) an → *Gebietskörperschaften* und Einrichtungen des öffentlichen Rechts. Die Vergabe erfolgt durch → *Landesbanken,* → *Sparkassen* oder → *Realkreditinstitute.* Die Institute refinanzieren (→ *Refinanzierung*) sich u. a. durch die → *Emission* von → *Schuldverschreibungen* (z. B. → *Kommunalobligationen*).

▶ **Kommunalobligationen**

Bezeichnung für → *Schuldverschreibungen*, die → *Realkredit-institute* (z. B. → *Hypothekenbanken*) zur → *Refinanzierung* der → *Kommunalkredite* ausgeben.

▶ **Kommunalschuldverschreibungen** → *Kommunalobligationen*

▶ **Kommune** → *Gemeinden*

▶ **Kompatibilität**

Bezeichnung für Vereinbarkeit.

▶ **Kompensationsgeschäfte**

Im → *Außenhandel* – besonders mit devisenschwachen Ländern (z. B. → *Entwicklungsländer*) – praktizierte Geschäftsart, bei der ein wertgleicher Tausch von Waren und/oder → *Dienstleistungen* ohne Geldfluss vorgenommen wird **(Bartergeschäft)**. Dabei wird bei Warengeschäften heute nur noch selten spezialisiertes → *Kreditinstitute* oder ein drittes Land dazwischengeschaltet **(Switchgeschäfte)**.

Ist die Gegenleistung an Waren oder Dienstleistungen des Export- bzw. Importlandes oder des Verkäufers bzw. Käufers gekoppelt, so handelt es sich um ein klassisches **Gegengeschäft**.

Die Kompensation kann vollständig **(Vollkompensation)** oder zu einem bestimmten, festgelegten Teil **(Teilkompensation)** unter Ausgleich der Restforderung durch → *Devisen* erfolgen.

Beim **Rückkaufgeschäft** verpflichtet sich der Verkäufer zur Abnahme und Verrechnung mit einem Teil der Produktion. Beispiel: Bau einer Gasleitung und Abnahmeverpflichtung von Erdgaslieferungen durch Deutschland gegenüber Russland.

▶ **Komplementär** → *Kommanditgesellschaft (KG)*

▶ **Konditionenkartell** → *Kartell*

▶ **Kondratieff-Wellen** → *Konjunktur*

▶ **Konferenz von Rio** → *Umweltgipfel*

▶ **Konfiskation**

Durch den Staat veranlasste Eigentumsentziehung mit oder ohne ausreichende Entschädigung.

▶ **Konjunktur**

Zyklischer Ablauf der wirtschaftlichen Entwicklung (z. B. gemessen am → *Wirtschaftswachstum*) in einer Volkswirtschaft. Ein **Konjunkturzyklus** besteht immer aus **vier Phasen**. Diese verlaufen mit unterschiedlicher **Stärke, Dauer** und **Ausprägung**:

(1) Die **Aufschwungphase (Expansionsphase)** beginnt als **Erholung** nach Erreichen des unteren Wendepunktes. Ihre Kennzeichen sind eine zunehmende Auslastung von → *Kapazität*, steigende private und ggf. öffentliche → *Investitionen*, steigender → *Gewinn* und zunehmender privater → *Konsum*.

(2) Je mehr sich der Konjunkturzyklus dem **oberen Wendepunkt** (bei starken Ausschlägen nach oben auch **Boomphase** genannt) nähert, die → *Produktionsfaktoren* also voll ausgelastet sind, desto stärker äußern sich Engpässe in steigenden Preisen, → *Zinsen* und Gewinnen. Die → *Gewerkschaften* müssen nun durch ihre Forderungen versuchen, den entstehenden Verteilungsrückstand mit kräftigen Steigerungen der Lohneinkommen auszugleichen. → *Lohnpolitik*.

(3) Die hohen Preissteigerungen erlauben keine weitere Erhöhung im realen → *Volkseinkommen*, neue Investitionen sind wegen des hohen Zinsniveaus nicht mehr interessant, die **Abschwungphase (Kontraktionsphase)** beginnt. Die rückläufige Nachfrage erlaubt nun nicht mehr die gewollte Auslastung der vorhandenen Kapazitäten, die Gewinne sind rückläufig. Die Gewerkschaften haben es jetzt schwer, einen in der Aufschwungphase entstandenen Verteilungsrückstand durch entsprechende Lohnsteigerungen noch auszugleichen, da auch das wirtschaftspolitische Ziel der → *Vollbeschäftigung* gefährdet ist.

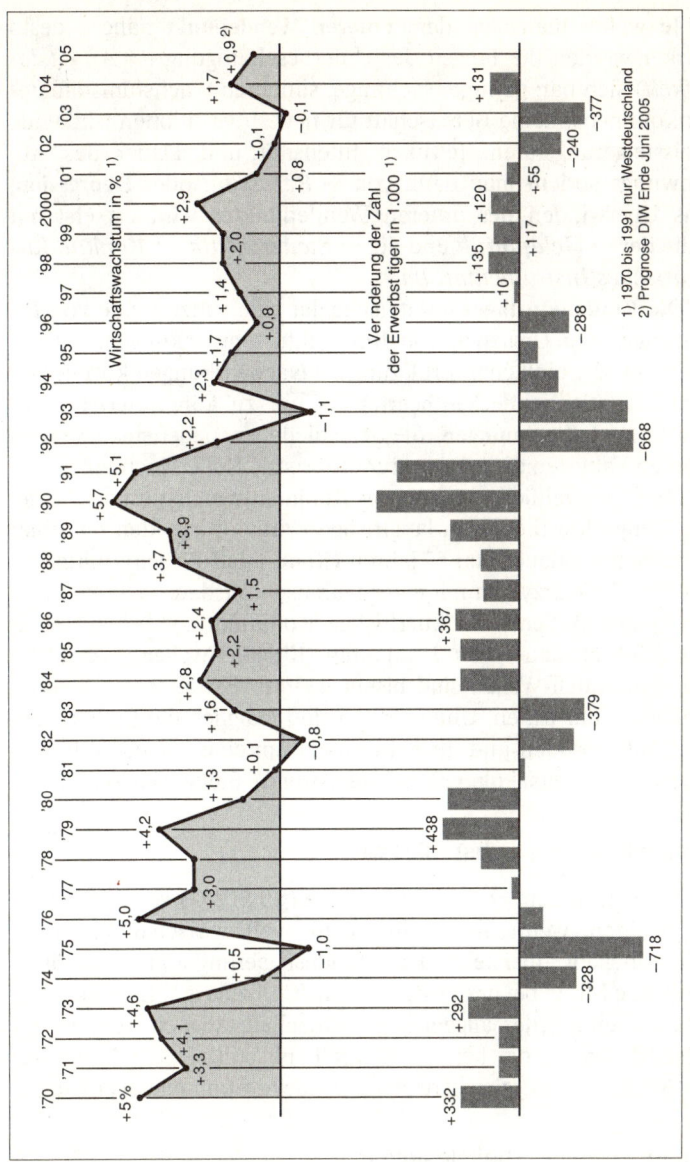

Abb. 18: Konjunkturzyklen 1970–2005 (Quelle: Statistisches Bundesamt)

(4) Je weiter man sich dem **unteren Wendepunkt** nähert, desto stärker werden die Folgen der Unterbeschäftigung (→ *Arbeitslosigkeit*) sichtbar: geringe Nachfrage, sinkende Wachstumsrate des Einkommens, keine Bereitschaft für neue Investitionen, sinkende Preissteigerungsraten. Je nach Intensität und Dauer des Abschwungs spricht man dann von → *Rezession* oder **Depression**. Das Überwinden des unteren Wendepunktes wird oft erst mit Hilfe der → *Geldpolitik* und der → *Steuerpolitik*. → *Konjunkturpolitisches Instrumentarium*.

Die **Konjunkturtheorie** unterscheidet eine ganze Reihe von Erklärungen der Ursachen von Konjunkturschwankungen. Sie reichen von der einfachen Erklärung als Nachwirkungen kosmischer Einflüsse (**Sonnenfleckentheorie**) bis hin zu **komplizierten Konjunkturmodellrechnungen**, die verschiedenen nebeneinander wirkenden Faktoren die konjunkturauslösende Rolle zuschreiben.

Nach der **zeitlichen Dauer der Konjunkturzyklen** unterscheidet die Konjunkturtheorie in langfristige Konjunkturzyklen mit einer Durchschnittsdauer von 57 Jahren (**Kondratieff-Wellen**), mittelfristige Konjunkturzyklen mit einer Durchschnittsdauer von $9^1/_2$ Jahren (**Juglar-Wellen**) und kurzfristige Konjunkturzyklen mit einer Durchschnittsdauer von $3^1/_2$ Jahren (**Kitchins-Wellen**). Vor allem die Kondratieff-Wellen sind bisher in ihrer Existenz und Gesetzmäßigkeit umstritten. Unumstritten sind lediglich die Existenz der Konjunkturzyklen und ihr Schwanken um eine fallende oder ansteigende Linie (**säkularer Wachstumstrend**). Siehe **Abb. 18**.

▶ **Konjunkturausgleichsrücklage**

Muss nach dem → *Stabilitätsgesetz* (§ 5 StWG) von 1967 gebildet werden, wenn die Nachfrage die volkswirtschaftliche Leistungsfähigkeit übersteigt. Die Bundesregierung hat dann überschüssige Mittel bei der → *Zentralbank* stillzulegen. Im Falle einer Abschwächung der allgemeinen Wirtschaftstätigkeit können zur Wiederbelebung die bei der Zentralbank stillgelegten Mittel aus der Konjunkturausgleichsrücklage wieder entnommen werden.

▶ **Konjunkturelle Arbeitslosigkeit** → *Arbeitslosigkeit*

▶ **Konjunkturforschungsinstitute** → *Wissenschaftliche Forschungsinstitute*

▶ **Konjunkturindikatoren**

→ *Zeitreihe* bestimmter ökonomischer Daten (z. B. Auftragsbestände, Auftragseingänge, Produktionszahlen, Umsätze) und daraus abgeleitete → *Kennzahlen*. Aus der Entwicklung der Konjunkturindikatoren wird versucht, → *Prognosen* zu erstellen über den voraussichtlichen Konjunkturverlauf (→ *Konjunktur*).

▶ **Konjunkturpolitik**

Die dämpfende oder belebende Beeinflussung des Konjunkturverlaufs (→ *Konjunktur*) mit gezielten Maßnahmen. → *Konjunkturpolitisches Instrumentarium*.

Zielsetzung der Konjunkturpolitik ist das Erreichen eines möglichst gleichmäßigen → *Wirtschaftswachstums* bei → *Vollbeschäftigung*, Stabilität im → *Preisniveau* und ausgeglichener → *Zahlungsbilanz* (→ *Magisches Viereck*).

Den → *Gebietskörperschaften* und → *Zentralbank* stehen zur Erreichung dieser Zielsetzung eine ganze Reihe von Möglichkeiten zur Verfügung, die allerdings im Rahmen der Zielsetzungen der → *Europäischen Wirtschafts- und Währungsunion (EWWU)* im Stabilitäts- und Wachstumspakt anzuwenden sind.

Dabei richtet sich die staatliche Konjunkturpolitik als → *Policy Mix* auf eine Beeinflussung der → *Investitionen* der Unternehmen, der Innovationsfähigkeit der Wirtschaft (→ *Innovation*) und auf den → *Konsum* der privaten Haushalte. Sie muss von der → *Geldpolitik* und → *Kreditpolitik* der Zentralbank in der jeweils beabsichtigten Wirkung (dämpfend oder belebend) unterstützt werden. Der Staat (d. h. Bund, Länder und → *Gemeinden*) trägt jedoch durch sein eigenes haushaltspolitisches Verhalten und die hieraus folgenden Zielsetzungen wesentlich mit zum Erfolg der Konjunkturpolitik bei.

Probleme für die Zielerreichung von konjunkturpolitischen Maßnahmen treten auf durch die zeitverzögerte Wirkung (→ *Time*

Lag) beim Einsatz des konjunkturpolitischen Instrumentariums. Hinzu kommen verstärkt die Wirkungen der → *Globalisierung* sowie einer gewollten → *Konvergenz* der Lebensbedingungen in den Staaten der EU (→ *Europäische Union (EU)*, die traditionelle europäische Industrienationen belasten. → *Lohndumping*, → *Keynesianismus*.

Die Konjunkturpolitik muss besonders in Krisenzeiten flankiert werden durch längerfristig wirkende Maßnahmen zur Verbesserung der Qualität im Wirtschaftswachstum, insbesondere im Bildungswesen und durch verstärkte Maßnahmen zur Forschungs- und Technologiepolitik sowie im → *Umweltschutz* und der → *Strukturpolitik*.

▶ **Konjunkturpolitisches Instrumentarium**

Sammelbegriff für die Möglichkeiten zur Beeinflussung der → *Konjunktur*. Es umfasst:

(1) Die **geldpolitischen (monetären)** Instrumente der → *Zentralbank*: Hierzu zählen die Festsetzung der Sätze für die → *Mindestreservesätze* und die → *Offenmarktpolitik*. Mit Hilfe dieser Instrumente kann die Zentralbank die umlaufende → *Geldmenge* steuern und die Kreditvergabe beeinflussen.

(2) Die **finanz- und steuerpolitischen** Möglichkeiten der Bundesregierung, aber auch der Länder und Kommunen: Wichtigste Grundlage sind die im → *Stabilitätsgesetz* von 1967 genannten Möglichkeiten. → *Globalsteuerung*.

(3) Allgemeine Appelle der Bundesregierung an die Beteiligten des Wirtschaftsablaufs.

Direkte staatliche Eingriffe zur Konjunkturbeeinflussung, wie etwa Lohnstopp und Preisstopp (→ *Preiskontrolle*), Einfuhr- oder Ausfuhrbeschränkungen, → *Devisenbewirtschaftung* usw. zählen hingegen nicht zu den in der Bundesrepublik Deutschland üblichen konjunkturpolitischen Instrumenten.

▶ **Konjunkturprognose** → *Prognose*

▶ **Konjunkturrat für die öffentliche Hand**

Nach dem → *Stabilitätsgesetz* (§ 18 StWG) von 1967 bei der Bundesregierung eingerichtetes Beratungsgremium. Ihm gehören der Bundeswirtschafts- und der Bundesfinanzminister, je ein Vertreter der 16 Bundesländer, 4 Vertreter der → *Gemeinden* und ein Vertreter der → *Bundesbank* an.

Der Konjunkturrat berät in regelmäßigen Abständen über konjunkturpolitische Maßnahmen und über Möglichkeiten zur Deckung des Kreditbedarfs für die → *Öffentliche Hand*. → *Bruttokreditaufnahme*, → *Finanzplanungsrat*.

▶ **Konjunkturzyklus** → *Konjunktur*

▶ **Konkurrenzklausel** → *Wettbewerbsklausel*

▶ **Konkurrenzverbot** → *Wettbewerbsverbot*

▶ **Konkurs** → *Insolvenz*

▶ **Konnossement**

→ *Wertpapiere* im Seehandelsverkehr, die Rechte auf die schwimmende Ware verbriefen.

▶ **Konservatismus**

Bezeichnung für eine gesellschaftliche Grundhaltung, die auf eine Erhaltung bestehender politischer Zustände und Werthierarchien ausgerichtet ist. Reformbewegungen und Veränderunen werden aus dieser Sicht nur vorsichtig und zögernd in Angriff genommen. Im 18. Jahrhundert kamen konservative Strömungen im modernen Sinne als Gegenbewegung zur politisch-sozialen Revolution (z. B. Französische Revolution und anschließende Restauration) zum Ausdruck. Die Konservativen bildeten Mitte des 19. Jahrhunderts eine organisierte Gegenbewegung gegen sich institutionalisierende demokratische Massenorganisationen der → *Arbeitnehmer*. Dabei sind konservative Ideen immer interessengebunden, z. B. Interessen des Militärs und der hohen Beamten, der Großgrund- und Fabrikbesitzer oder der Kirche.

Die Wiederbelebung konservativen Ideengutes nach dem Zweiten Weltkrieg bezeichnet man als **Neokonservatismus**.

▶ **Konsistenz**

Widerspruchsfreiheit von getroffenen Annahmen.

▶ **Konsolidierte Bilanz**

Mit dem → *Konzernabschluss* aufgestellte → *Bilanz*. Durch Aufrechnen und Herausrechnen bestimmter Bilanzpositionen werden nach den Vorschriften im → *Handelsgesetzbuch (HGB)* (§ 300 HGB bis § 307 HGB) Verhältnisse hergestellt, als handele es sich bei den konzernzugehörigen Unternehmen um ein einziges Unternehmen. Dabei werden die Beteiligungskonten der Obergesellschaft gegen die Beteiligungskonten der Untergesellschaften verrechnet.

Dies im Rahmen möglicher Verfahrenswahlrechte bei der **Kapitalkonsolidierung** nach § 301 HGB und § 302 HGB.

Ermessensspielräume existieren im Rahmen der Verrechnung von → *Forderungen* und → *Verbindlichkeiten* bei der **Schuldenkonsolidierung** nach § 303 HGB, bei der **Behandlung von Zwischenergebnissen** nach § 304 HGB sowie bei der **Aufwands- und Ertragskonsolidierung** nach § 305 HGB.

▶ **Konsolidierung**

Bezeichnung für
● die Bemühungen zur Sicherung der Staatsfinanzen mit dem Ziel eines Schuldenabbaus (→ *Öffentlicher Haushalt*).
● die Zusammenlegung von → *Anleihen* mit verschiedenen Bedingungen zu einer einheitlichen Anleihe bzw. die Umwandlung kurzfristiger → *Verbindlichkeiten* in langfristige Verbindlichkeiten.
● die Zusammenführung bestimmter Positionen im → *Konzernabschluss*.

▶ **Konsolidierungsrichtlinie** → *Kreditwesengesetz (KWG)*

▶ **Konsorten**

Mitglieder in einem → *Bankenkonsortium*.

▶ **Konsortialführer**

(Lead Manager) Federführende → *Kreditinstitute* bei einem → *Konsortialgeschäft*. Sie erhalten für die Konsortialführung eine vorab festgelegte → *Provision*.

▶ **Konsortialgeschäft/Konsortialkredit** → *Bankenkonsortium*

▶ **Konsortium** → *Bankenkonsortium*

▶ **Konsum**

Bezeichnung in der VGR (→ *Volkswirtschaftliche Gesamtrechnung (VGR)*) für den Verbrauch von → *Gütern* und → *Dienstleistungen* zur Befriedigung privater Bedürfnisse (**privater Konsum**). Dies sind Käufe von Gütern (keine Grundstücke, Gebäude und Wohnungen) und Dienstleistungen durch private Haushalte und private Organisationen ohne Erwerbscharakter.

▶ **Konsumentenkredit** → *Verbraucherdarlehen*

▶ **Konsumgüter** → *Verbrauchsgüter,* → *Konsum*

▶ **Konsumgüterindustrie** → *Verbrauchsgüterindustrie*

▶ **Konsumtivkredit** → *Kredite*

▶ **Kontaminierung** → *Dekontaminierung*

▶ **Kontenevidenzzentrale** → *Bankenerlass*

▶ **Kontenklassen** → *Kontenrahmen*

▶ **Kontenplan**

Den betrieblichen Erfordernissen entsprechende systematische Gliederung aller Konten der → *Buchführung*. Grundlage sind die jeweiligen → *Kontenrahmen*.

▶ **Kontenrahmen**

Entsprechend den Vorschriften der → *Grundsätze ordnungsmäßiger Buchführung (GoB)* seit 1937 bestehende Regelung zur Systematisierung der Gliederung im → *Rechnungswesen*. Er dient der innerbetrieblichen und zwischenbetrieblichen Vergleichbarkeit und erleichtert u. a. die Erfassung und → *Konsolidierung* der Einzelabschlüsse für den → *Konzernabschluss*.

Die einzelnen Wirtschafts- und Fachverbände geben ihren Mitgliedern einheitliche Empfehlungen zur Aufteilung der Kontenklassen, Gruppen und Untergruppen, die nach dem Dezimalsystem gegliedert sind. So der **Gemeinschafts-Kontenrahmen (GKR)** der Industrie aus dem Jahr 1949 oder der 1971 vom → *Bundesverband der Deutschen Industrie (BDI)* veröffentlichte, vor allem von Kapitalgesellschaften (→ *Kapitalgesellschaft*) verwendete **Industrie-Kontenrahmen (IKR)**. Daneben existieren z. B. Kontenrahmen für den **Einzelhandel**, den **Großhandel** und der vereinfachte Kontenrahmen für das → *Handwerk*.

Mit Ausnahme des Handwerkskontenrahmens mit 6 Kontenklassen sind die anderen Kontenrahmen in **10 Kontenklassen** (0 bis 9) eingeteilt, die jedoch in ihrer Gliederung voneinander abweichen.

▶ **Kontingente**

Zur Begrenzung der → *Einfuhr* oder Ausfuhr von Waren oder bei der Produktion von → *Güter* vorgegebene wert- oder mengenmäßige Quoten.

▶ **Kontingentierungskartell** → *Kartell*

▶ **Kontokorrent**

(Laufende Rechnung) Verrechnungsart für Ansprüche aus Geschäften unter Kaufleuten (→ *Kaufleute*) oder unter Beteiligung von mindestens einem/r Kaufmann/-frau. Dabei werden gegenseitige Ansprüche und → *Zinsen* in vereinbarten Zeitabständen saldiert in Rechnung gestellt – mindestens jedoch einmal jährlich.

Rechtsgrundlage sind die Bestimmungen im → *Handelsgesetzbuch (HGB)* (§ 355 HGB bis § 357 HGB). → *Kontokorrentkredit.*

▶ **Kontokorrentkredit**

→ *Kredite* in laufender Rechnung (→ *Kontokorrent*), z. B. die Überziehungsmöglichkeiten eines Bankkontos (Kontokorrentkonto).

▶ **Kontrahierungszwang**

Gesetzliche Verpflichtung zum Abschluss eines Vertrages (→ *Vertrag*). Die gilt z. B. für die Beförderungspflicht für öffentliche Verkehrsbetriebe (→ *Bundesbahn (Deutsche Bahn AG)*), für die Postbeförderung (→ *Bundespost*) oder in der Energieversorgung (→ *Energiewirtschaftsgesetz (EnWG)*).

▶ **Kontrakt**

Für → *Termingeschäfte* zugrunde liegende Abschlusseinheit. Hierzu gibt es standardisierte Vorgaben über Angaben zur Menge und Qualität für den → *Basiswert*, zur Laufzeit des Kontraktes und bei Optionskontrakten (→ *Option*) – auch zur Festlegung für den → *Basispreis.*

Im weiteren Sinne auch andere Bezeichnung für einen → *Vertrag*.

▶ **KonTraG**

(Gesetz zur Kontrolle und Transparenz im Unternehmensbereich) Ein zum 1. 5. 1998 in Kraft getretenes → *Artikelgesetz*. Darin werden u. a.

- der → *Vorstand* einer → *Aktiengesellschaft (AG)* ab dem → *Geschäftsjahr* 1999 verpflichtet, ein Überwachungssystem (→ *Frühwarnsysteme*) einzurichten, das die Existenz der Gesellschaft gefährdende Entwicklungen frühzeitig erkennt (Aufbau der → *Risiko-Management-Systeme* gemäß § 91 Abs. 2 AktG). Außerdem müssen im → *Anhang* zusätzliche Angaben zu den Einkünften und Aufsichtsratmandaten von Mitgliedern von Vorstand und → *Aufsichtsrat* gemacht und → *Beteiligungen* an großen Kapitalgesellschaften (→ *Kapitalgesellschaft*), an denen das Unternehmen mehr als 5 % vom → *Stimmrecht* hält, offen gelegt werden;
- der Prüfungsgegenstand und der Prüfungsumfang der → *Wirtschaftsprüfung* erweitert und präzisiert (u. a. muss sie nach § 317 Abs. 4 HGB eine Beurteilung des Überwachungssystems einschließen) sowie der → *Bestätigungsvermerk* aussagefähiger vorgeschrieben;
- die Rechte des Aufsichtsrats gestärkt. Er erteilt künftig anstelle des Vorstands den Auftrag an die Abschlussprüfer und nimmt deren Bericht entgegen. Die Abschlussprüfer müssen an der Bilanzsitzung (→ *Bilanz*) des Aufsichtsrats teilnehmen und berichten. Außerdem hat der Aufsichtsrat nunmehr auch den → *Konzernabschluss* und → *Konzernlagebericht* ab dem Geschäftsjahr 1998 zu prüfen und der → *Hauptversammlung* über das Prüfergebnis zu berichten;
- die bisher zulässige Gesamtzahl von zehn Aufsichtsratmandaten durch Doppelanrechnung von Mandaten als Vorsitzender eines Aufsichtsrats u. U. verringert;
- die Geltendmachung von Schadensersatzansprüchen bei grober Pflichtverletzung gegen Mitglieder des Vorstands oder Aufsichtsrats erleichtert;
- für → *Kreditinstitute* das → *Depotstimmrecht* begrenzt und weitere Offenlegungspflichten eingeführt;
- das grundsätzliche Verbot → *Eigene Aktien* zu erwerben wurde aufgehoben. Es wurde ersetzt durch das Recht, bis max. 10 % vom → *Grundkapital* an eigenen Aktien zu erwerben, sofern sie nicht für den Handel bestimmt sind und eine Ermächtigung der Hauptversammlung vorliegt. → *Corporate Governance*.

▶ **Kontrollmitteilungen**

Aufzeichnungen, die von Außenprüfern (→ *Betriebsprüfung*) der Finanzbehörden am Prüfungsort erstellt werden. Sie sind ein wichtiges Instrument zur Aufdeckung nicht verbuchter und nicht versteuerter Geschäftsvorfälle. → *Bankenerlass*.

▶ **Konvention**

Übereinkunft, völkerrechtlicher → *Vertrag*.

▶ **Konventionalstrafe** → *Vertragsstrafe*

▶ **Konvergenz**

Annäherung, Angleichung. Gegensatz: Divergenz.

▶ **Konvergenzbedingungen in der EU** → *Europäische Wirtschafts- und Währungsunion (EWWU)*

▶ **Konversion**

Nach den Vorschriften im BGB (→ *Bürgerliches Gesetzbuch (BGB)*) mögliche **Umdeutung** eines nichtigen Rechtsgeschäfts entsprechend der Absicht der Vertragspartner (§ 140 BGB).

Die **Umwandlung/Konvertierung** einer Schuld (z. B. von → Anleihen) in eine neue, mit anderen Bedingungen (z. B. günstigere → *Zinsen*, veränderte Laufzeit) ausgestaltete Schuld.

Bezeichnung für die **Umstellung** des Produktionsprogramms eines Unternehmens oder Industriezweiges auf andere → *Güter* im Zuge eines strukturellen Umstellungsprozesses oder eines Wandels gesellschaftlicher Wertvorstellungen.

▶ **Konvertibilität**

(Konvertierbarkeit) Möglichkeit, einheimische oder fremde → *Währung* in unbegrenzter Menge zum geltenden → *Wechselkurs* einzutauschen.

▶ **Konvertierung** → *Konversion*

▶ **Konzentration**

Die Veränderung der Größenstruktur von Unternehmen (**Unternehmenskonzentration**) bzw. von Eigentumstiteln (**Vermögenskonzentration**).

Die Folge von Konzentrationsprozessen ist die Zusammenballung wirtschaftlicher Macht und verstärkter Möglichkeiten zur Nutzung von Vorteilen auf den Beschaffungs- und Absatzmärkten sowie bei der Erschließung von Finanzmitteln auf dem → *Kapitalmarkt*.

Durch personelle und finanzielle Verflechtungen (z. B. über Mitglieder im → *Aufsichtsrat* oder gezielte Beteiligungen an anderen Unternehmen) können die ökonomischen Vorteile noch durch informelle und unternehmensstrategische Verbindungen ergänzt werden. → *Strategische Allianzen*.

Der durch Konzentrationsprozesse möglichen missbräuchlichen Ausnutzung vorhandener → *Marktmacht* wird mit dem Instrumentarium im → *Kartellgesetz* und zur → *Fusionskontrolle* entgegengewirkt. → *Multinationale Konzerne*.

Im jährlichen **Kartellbericht** und im Bericht der → *Monopolkommission* wird über den aktuellen Stand der Konzentration berichtet.

▶ **Konzern**

Nach der Definition des → *Aktiengesetzes (AktG)* (§ 18 Abs. 1 AktG) ein → *Unternehmenszusammenschluss*, bei dem ein herrschendes → *Mutterunternehmen* – meist als → *Holdinggesellschaft* – und ein (oder mehrere) → *Abhängiges Unternehmen* (**Konzernunternehmen/Tochterunternehmen**) unter der einheitlichen Leitung des herrschenden Unternehmens zusammengeschlossen sind (**Unterordnungskonzern**).

Meist existieren **Beherrschungs-** und **Gewinnabführungsverträge** (→ *Organgesellschaft*). Die Koordinierung des Konzerns kann – muss jedoch nicht – erfolgen durch → *Personalunion* im → *Vor-*

stand (z. B. Vorstandsvorsitzender eines abhängigen Unternehmens ist Mitglied des Konzernvorstands) und im jeweiligen gegenseitigen → *Aufsichtsrat.*

Seltener ist der **Gleichordnungskonzern** (§ 18 Abs. 2 AktG), bei dem zwar eine einheitliche Leitung existiert, aber keine Abhängigkeiten zu einem anderen Unternehmen bestehen. Anders: → *Fusion,* → *Verbundene Unternehmen.*

Konzerne haben bei der → *Rechnungslegung* die Sondervorschriften des Aktiengesetzes für einen → *Konzernabschluss* und für die → *Mitbestimmung* der Arbeitnehmer nach dem → *Mitbestimmungsgesetz (MitbestG),* dem → *Drittelbeteiligungsgesetz (DrittelbG)* und dem → *Betriebsverfassungsgesetz (BetrVG)* (§ 5 MitbestG, § 1 DrittelbG bis § 4 DrittelbG und § 54 BetrVG bis § 59a BetrVG) zu beachten.

▶ **Konzernabschluss**

→ *Jahresabschluss* für einen → *Konzern. Er besteht aus* **Konzernbilanz** (→ *Konsolidierte Bilanz*), **Konzern-Gewinn- und Verlustrechnung** und **Konzernanhang** (§ 297 Abs. 1 HGB).

Nach den Bestimmungen des → *Handelsgesetzbuches (HGB)* (§ 290 HGB) ist er zusammen mit einem **Konzernlagebericht** vorgeschrieben für die inländischen Kapitalgesellschaften (→ *Kapitalgesellschaft*), die

● als → *Mutterunternehmen* eine → *Einheitliche Leitung* über die Konzerntochtergesellschaften (einschl. ausländischer Tochtergesellschaften) ausüben oder

● die Möglichkeit haben, über Mehrheitsbeteiligungen oder vorhandene Rechte einen beherrschenden Einfluss geltend zu machen.

Ein solches **Control-Verhältnis** wird nach § 290 Abs. 2 HGB unterstellt, wenn das Mutterunternehmen bei einem Tochterunternehmen

● über die Mehrheit der Stimmrechte verfügt,

● einen beherrschenden Einfluss ausübt über einen → *Beherrschungsvertrag* oder eine darauf hinauslaufende Regelung in der → *Satzung* oder

• über das Recht verfügt, die Mehrheit der Mitglieder der Leitungsorgane (→ *Vorstand*, → *Geschäftsführung*), Aufsichtsorgane (→ *Aufsichtsrat*) oder Verwaltungsorgane zu bestellen oder abzuberufen.

Einen Konzernabschluss müssen auch alle anderen Mutterunternehmen vorlegen, die eine einheitliche Leitung für mindestens ein weiteres Unternehmen ausüben und die mindestens zwei der drei im → *Publizitätsgesetz* (§ 1 Abs. 1 PublG) genannten Mindestgrößen überschreiten. Diese sind eine Konzernbilanzsumme von mehr als 65 Mio. Euro, ein in der → *Gewinn- und Verlustrechnung (GuV)* ausgewiesener Umsatz von mehr als 130 Mio. Euro und eine durchschnittliche Beschäftigtenzahl im Konzern von mehr als 5000. → *Größenklassen*.

Ist eine Konzerngesellschaft selbst wiederum ein Tochterunternehmen eines Mutterunternehmens, so hat sie für den von ihr einheitlich geleiteten oder beherrschten Teil einen eigenen Konzernabschluss **(Teilkonzernabschluss)** vorzulegen.

Ein Konzernabschluss wird als Zusammenfassung der Jahresabschlüsse der Konzernunternehmen erstellt **(konsolidierter Jahresabschluss)**. Hierbei werden bestimmte Positionen der Bilanzen und der Gewinn- und Verlustrechnungen der konzernabhängigen Unternehmen entsprechend den Vorschriften nach § 300 HGB bis § 307 HGB gegenseitig verrechnet (konsolidiert), um Doppelerfassungen zu vermeiden.

→ *Assoziierte Unternehmen* nach § 311 HGB und § 312 HGB werden mit der → *Equity-Methode* bewertet. Für → *Gemeinschaftsunternehmen* gilt eine anteilsmäßige Konsolidierung nach § 310 HGB **(Quotenkonsolidierung)**.

Durch die Konsolidierung wird unabhängig vom → *Einzelabschluss* der Unternehmen eine Beurteilung der Ertragslage sowie der Finanz- und Vermögensverhältnisse des gesamten Konzerns möglich.

Andererseits wird eine → *Bilanzanalyse* wegen der erfolgten Verrechnungen sowie durch das Vorhandensein verschiedener → *Bilanzierungswahlrechte* erschwert. Im **Konzernanhang** müssen deshalb zusätzliche Erläuterungen zum Konzernabschluss (z. B. eine → *Kapitalflussrechnung* und eine → *Segmentbericht-*

erstattung bei börsennotierten Muttergesellschaften) angefügt werden (§ 313 HGB und § 314 HGB).

Im **Konzernlagebericht** sind auf die tatsächlichen Verhältnisse abgestimmte Berichte über Geschäftsverlauf und Lage des Konzerns darzustellen (§ 315 HGB). → *KonTraG.*

▶ **Konzernanhang**

Bestandteil in einem → *Konzernabschluss.*

▶ **Konzernbetriebsrat** → *Betriebsverfassungsgesetz (BetrVG)*

▶ **Konzernbilanz** → *Konzernabschluss*

▶ **Konzernbilanzrichtlinie der EU (7. Richtlinie der EU)**
→ *Bilanzrichtlinien-Gesetz*

▶ **Konzern-Gewinn- und -Verlustrechnung (GuV)**

Bestandteil im → *Konzernabschluss.*

▶ **Konzernlagebericht**

Ist zusammen mit dem → *Konzernabschluss* vorzulegen.

▶ **Konzernobergesellschaft** → *Holdinggesellschaft*

▶ **Konzernrechnungslegung** → *Rechnungslegung*

▶ **Konzernrecht**

Umfasst die Regelungen im → *Aktiengesetz (AktG)* für → *Verbundene Unternehmen* (§ 291 AktG bis § 337 AktG).

▶ **Konzernunternehmen** → *Konzern*

▶ **Konzertierte Aktion**

Im → *Stabilitätsgesetz* (§ 3 StWG) von 1967 geschaffene Institution, die ausgehend von der Idee einer → *Globalsteuerung* der

Wirtschaft „ein gleichzeitig aufeinander abgestimmtes Verhalten der Gebietskörperschaften, → *Gewerkschaften* und Unternehmerverbände" sicherstellen sollte. Der Teilnehmerkreis umfasste Vertreter von Bund, Ländern und → *Gemeinden*, die Spitzenverbände der Wirtschaft (z. B. → *BDA*, → *BDI*, → *DIHK*), der Gewerkschaften, der Landwirtschaft, der → *Bundesbank* und des SVR (→ *Sachverständigenrat zur Begutachtung der gesamtwirtschaftlichen Entwicklung (SVR)*). In der Vergangenheit war dabei wiederholt versucht worden, insbesondere vor Tarifverhandlungen, die Gewerkschaften auf bestimmte Wirtschaftsdaten (z. B. *Lohnleitlinien*) festzulegen. Gesellschaftspolitische Fragen blieben dagegen weitgehend ausgeklammert.

Nach der – später (1978) verlorenen – Klage der Arbeitgeberverbände beim Bundesverfassungsgericht gegen das → *Mitbestimmungsgesetz (MitbestG)* verließen die Gewerkschaften 1977 die Konzertierte Aktion. Sie verbanden eine weitere Teilnahme mit der Forderung einer Rücknahme der Klage und einer Neustrukturierung des Gremiums. Seit 1980 fanden zweiseitige oder dreiseitige Gespräche zwischen Gewerkschaften, Regierung und Arbeitgebern statt.→ *Bündnis für Arbeit*.

▶ **Konzession**

Die befristete behördliche Genehmigung (z. B. der → *Gemeinden*) zur Ausübung eines konzessionspflichtigen Gewerbes (→ *Gewerbe/Gewerbebetrieb*) (z. B. für das Taxigewerbe, Gastgewerbe oder im Bereich → *Entsorgung*) bzw. die Verleihung eines besonderen Rechts an einer öffentlichen Sache, wie z. B. zum Betrieb einer Eisenbahn, Fähre oder Straßenbahn.

▶ **Kooperation**

Die zwischenbetriebliche Zusammenarbeit von Unternehmen. Man unterscheidet:

(1) horizontale Kooperation, z. B. zwischen Herstellern gleicher → *Güter*;

(2) vertikale Kooperation, z. B. zwischen Produzenten und Handel. Die Kooperation kann sich erstrecken vom reinen Erfahrungsaustausch über die gemeinsame Beschaffung und Auswertung von Daten und Informationen bis zur Koordinierung von Unternehmensfunktionen, z. B. gemeinsame Werbung und/oder Forschung. → *Kartellgesetz.*

▶ Kooperationsabkommen

Werden geschlossen zwischen Staaten oder zwischen einer Staatengemeinschaft (z. B. → *Europäische Union (EU)*) und einem oder mehreren Staaten mit dem Ziel einer engen wirtschaftlichen, finanziellen und/oder technischen Zusammenarbeit. → *Assoziierung.*

▶ Kopfpauschale → *Gesundheitsprämie*

▶ Körperschaft des öffentlichen Rechts

→ *Juristische Personen,* die außerhalb der unmittelbaren Staatsverwaltung öffentliche Aufgaben unter staatlicher Aufsicht durchführen und hierfür Steuervergünstigungen in Anspruch nehmen können.

Sie hat einen eigenen Mitgliederbestand und unterscheidet sich hierin von der → *Anstalt des öffentlichen Rechts.* Man unterscheidet zwischen → *Gebietskörperschaften,* **Vereins-** oder **Personalkörperschaften** (z. B. Berufsverbände und Förderungsverbände) und **Verbandskörperschaften** (z. B. die gemeindlichen → *Zweckverbände*). Die Beschäftigten der Körperschaften sind → *Beamte,* Angestellte und Arbeiter des öffentlichen Dienstes (→ *Öffentlicher Dienst*). → *Selbstverwaltung.* Die **Kirchen** nehmen eine Sonderstellung ein.

▶ Körperschaftsteuer

Steuer auf das Einkommen einer → *Kapitalgesellschaft* oder sonstige → *Juristische Personen.* Sie ist als → *Gemeinschaftsteuer* die → *Einkommensteuer* der Unternehmen. Rechtsgrundlage ist das **Körperschaftsteuergesetz (KStG)** i. d. F. vom 15. 10. 2002 und die **Körperschaftsteuer-Durchführungsverordnung** **(KStDV)** vom 22. 2. 1996. → *Steuerreform.*

http://www.rechtliches.de/info_KStG.html

▶ **Korrelation**

Der wechselseitige Zusammenhang zwischen zwei oder mehreren Größen, die miteinander in Beziehung stehen. Durch mathematische Verfahren lassen sich die Wechselbeziehungen darstellen, wenn eine bestimmte Anzahl von Größen, z. B. aufgrund von Stichproben, bekannt ist.

▶ **Kosten**

Wertmäßiger Verzehr von → *Güter* und → *Dienstleistungen* zur Erstellung der Betriebsleistung. → *Aufwand,* → *Kostenarten.*

▶ **Kostenarten**

Aufteilung der → *Kosten* nach der Art ihrer Entstehung. → *Kostenartenrechnung,* → *Betriebsabrechnung.*

▶ **Kostenartenrechnung**

Beantwortet die Frage, welche → *Kosten* angefallen sind. Sie bildet die Grundlage für die Weiterverrechnung der Kosten auf die → *Kostenstellen* und → *Kostenträger* und ist Voraussetzung für die betriebliche Kalkulation. Die → *Kostenarten* können nach folgenden Kriterien gegliedert werden:

(1) Nach **Art der Kosten** für die betriebliche Leistungserstellung
● Personalkosten (Löhne, Gehälter, Sozialversicherung)
● Sachkosten (Roh- Hilfs- und Betriebsstoffe, Abschreibungen)
● Kapitalkosten (Zinsen)
● Kosten für Fremdleistungen (Transportkosten, Beratungskosten)
● Kosten für → *Steuern,* → *Gebühren* und → *Beiträge.*

(2) Nach wichtigen **betrieblichen Funktionen**
● Fertigungskosten
● Vertriebskosten

- Verwaltungskosten
- Beschaffungskosten
- Lagerhaltung.

(3) Nach **Art der Verrechnung auf Kostenträger**
- → *Einzelkosten*
- → *Gemeinkosten.*

(4) Nach **Verhalten der Kosten bei Beschäftigungsänderungen**
- → *Fixe Kosten*
- → *Variable Kosten.*

(5) Nach **Art der Kostenerfassung**
- → *Aufwandsgleiche Kosten* (= betriebsbedingter → *Aufwand*)
- → *Kalkulatorische Kosten.*

(6) Nach **Herkunft der Kosten**
- → *Primäre Kosten*
- → *Sekundäre Kosten.*

▶ **Kostendeckungsbeitrag** → *Deckungsbeitragsrechnung*

▶ **Kostendegression**

Die → *Kosten* steigen relativ schwächer als die Produktions-menge. Bei **Kostenprogression** steigen die Kosten relativ stärker als die Produktionsmenge. Beispiel: Falls die Produktionsmenge um 10 %, die Kosten jedoch nur um 8 % wachsen, liegt Kostendegres-sion vor; bei einer Kostensteigerung von z. B. 12 % dagegen Kos-tenprogression.

▶ **Kostenmanagement**

Modernes Führungsinstrument, das auf der Grundlage und in Abstimmung mit den Ergebnissen des → *Controlling* unternehme-rische Steuerungsfunktionen entwickelt zur **Kostenplanung** und **Kostenoptimierung.**

▶ **Kostenrechnung**

Teil im betrieblichen → *Rechnungswesen.* Hierbei werden die im Produktionsprozess angefallenen → *Kosten* erfasst, verarbeitet und dokumentiert.

Ziel der Kostenrechnung ist es, die innerbetrieblichen Kostenstrukturen transparent zu machen und dadurch unternehmerische Entscheidungen – z. B. über Produkte, Preise oder Investitionen – zu ermöglichen. Die Kostenrechnung ist in eine → *Kostenartenrechnung,* → *Kostenstellenrechnung* und → *Kostenträgerrechnung* unterteilt.

Sie lässt sich nach zwei wesentlichen Kriterien gliedern:

(1) Nach dem **zeitlichen Bezug:**

● Die **Istkostenrechnung** beschäftigt sich nur mit den tatsächlich angefallenen Kosten und Leistungen.

● Die **Normalkostenrechnung** vergleicht die durchschnittlichen Kosten der Vergangenheit (Normalkosten) mit den tatsächlich angefallenen Istkosten.

● Die **Plankostenrechnung** ordnet den durch Planung festgelegten zukünftigen Aktivitäten Kostenwerte zu und vergleicht diese mit den Istkosten.

(2) Nach dem **Umfang der Kostenzuordnung**:

● Bei der → *Vollkostenrechnung* werden dem jeweiligen → *Kostenträger* alle angefallenen Kosten des Unternehmens zugerechnet. Es erfolgt keine Aufteilung in → *Fixe Kosten* und → *Variable Kosten.* Der Nachteil dieses Systems liegt in einer künstlichen Proportionalisierung der Fixkosten und führt daher zu wenig aussagekräftigen Ergebnissen.

● Mit verschiedenen Systemen der → *Teilkostenrechnung* wird die Aussagefähigkeit der Kostenrechnung erheblich verbessert. Hierbei wird unterstellt, dass bei der Produktion der Kostenträger kurzfristig nur variable Kosten entstehen und Fixkosten ohnehin anfallen. Auf die Kostenträger werden somit nur die variablen Kosten verrechnet.

Durch Kombination von Ist-, Plan- und Normalkostenrechnung mit Voll- und Teilkostenrechnung ergeben sich die Varianten der Kostenrechnungssysteme.

▶ **Kostenremanenz**

Bezeichnung für den Kostenverlauf bei zurückgehender Produktion. Dabei verläuft der Rückgang i. d. R. aus arbeitsrechtlichen

($\rightarrow$ *Arbeitsrecht*) und/oder betriebsorganisatorischen Gründen auf einem höheren Niveau als bei zunehmender Beschäftigung. Die Differenz zwischen beiden Kostenverläufen auf einem bestimmten Beschäftigungsniveau heißt **remanente Kosten** oder **Remanenzkosten**.

▶ **Kostenstellen**

Bezeichnung für die betriebswirtschaftlichen Einheiten ($\rightarrow$ *Betriebswirtschaftslehre (BWL)*), in denen $\rightarrow$ *Kosten* verursacht werden. Außerdem dienen sie in der $\rightarrow$ *Kalkulation* als Grundlage für die Weiterverrechnung der in ihnen entstandenen Kosten auf die $\rightarrow$ *Kostenträger*.

Die $\rightarrow$ *Kostenstellenrechnung* ist Bindeglied zwischen der $\rightarrow$ *Kostenartenrechnung* und der Kostenträgerrechnung ($\rightarrow$ *Betriebsabrechnung*).

▶ **Kostenstellenrechnung**

Beantwortet die Frage, wo die Kosten verursacht wurden. Dabei sollte jede Kostenstelle einen eindeutig abgrenzbaren Verantwortungsbereich umfassen mit klar bestimmbaren Bezugsgrößen zur Kostenverursachung. Die Kostenstellenrechnung baut auf der $\rightarrow$ *Kostenartenrechnung* auf und hat folgende Ziele:
● **Verursachungsgemäße Zurechnung** der angefallenen $\rightarrow$ *Gemeinkosten* auf die $\rightarrow$ *Kostenträger*. $\rightarrow$ *Kostenverursachungsprinzip*.
● **Kontrolle und Überwachung** der $\rightarrow$ *Wirtschaftlichkeit* einzelner Unternehmensbereiche.
● **Erstellen von Unterlagen** zur $\rightarrow$ *Preiskalkulation* und für die $\rightarrow$ *Kurzfristige Erfolgsrechnung*. $\rightarrow$ *Betriebsabrechnung*.

Die Bildung von Kostenstellen kann nach **abrechnungstechnischen Gesichtspunkten** in Haupt- und Hilfskostenstellen erfolgen:
● In den **Hauptkostenstellen** werden die betrieblichen Leistungen erstellt und die Gemeinkosten auf die Kostenträger umgelegt.
● In den **Hilfskostenstellen** werden keine betrieblichen Leistungen, sondern die zur betrieblichen Leistungserbringung notwendigen $\rightarrow$ *Vorleistungen* (z.B. Kosten für selbsterzeugten Strom, betriebseigene Werkstätten usw.) erbracht. Die $\rightarrow$ *Innerbetriebliche*

Leistungsverrechnung dient dann als Mittel zur Weiterverrechnung auf die leistungsempfangenden Hauptkostenstellen.

Darüber hinaus kann eine Untergliederung der Kostenstellen nach räumlichen, funktionalen oder betriebsorganisatorischen Gesichtspunkten oder nach Verantwortungsbereichen erfolgen.

▸ **Kostensteuern**

→ *Steuern*, die als Kostenbestandteile in die → *Kalkulation* eingehen und unabhängig vom → *Ertrag* anfallen (z. B. → *Grundsteuer*, → *Kraftfahrzeugsteuer*, → *Versicherungsteuer*).

▸ **Kostenstruktur**

Die Bezeichnung für die Zusammensetzung der → *Kosten*. In einer **Kostenstrukturanalyse** kann z. B. die Aufteilung auf → *Fixe Kosten* und → *Variable Kosten* oder die Aufteilung nach den Kriterien Personal, Sachmittel und → *Kapital* ermittelt werden. → *Kapitalintensiv.*

▸ **Kostenstrukturerhebung** → *Nettoproduktionswert*

▸ **Kostenträger**

Sind betriebliche Leistungseinheiten (Produkte, Produktgruppen, → *Innerbetriebliche Leistungen*), auf die bei der Stückkostenermittlung (→ *Kalkulation*) die von ihnen verursachten → *Kosten* zugerechnet werden. Notwendig ist hierzu eine **Kostenträgerrechnung**.

Hierbei werden die in der → *Kostenartenrechnung* erfassten und gegliederten und in der → *Kostenstellenrechnung* auf die einzelnen betrieblichen Bereiche verteilten Kosten auf die Leistungseinheiten weiterverrechnet. → *Betriebsabrechnung.*

▸ **Kostenträgerrechnung** → *Betriebsabrechnung*

▸ **Kosten- und Leistungsrechnung (KLR)** → *Kostenrechnung*

▶ **Kostenverursachungsprinzip**

Gilt in der → *Kostenrechnung*. Es dürfen jeder Kostenstelle (→ *Kostenstellen*) und jedem → *Kostenträger* (Produkt, Dienstleistung) nur die → *Kosten* zugerechnet werden, die dort verursacht wurden. → *Fixe Kosten* lassen sich nicht verursachungsgemäß zurechnen, sondern können erst nach einer Aufschlüsselung auf die einzelnen Kostenstellen verteilt werden. → *Gemeinkosten*.

▶ **Kostenvoranschlag** → *Werkvertrag*

▶ **Kraftfahrzeugsteuer**

Zählt zu den → *Steuerarten*, die für sämtliche im Straßenverkehr zugelassenen Kraftfahrzeuge gezahlt werden muss. Ausgenommen von der Besteuerung sind Kraftfahrzeuge von Bund, Ländern und → *Gemeinden* im Wegebau, Feuerlösch-, Krankentransport- und Straßenunterhaltungsfahrzeuge sowie landwirtschaftliche Zugmaschinen. Rechtsgrundlage ist das **Kraftfahrzeugsteuer-Gesetz (KraftStG)** i. d. F. vom 26. 9. 2002. Eine umweltorientierte Umgestaltung der Kfz-Steuer erfolgte – nach längeren politischen Diskussionen – zum 1. 4. 1997: Für emmissionsarme und verbrauchsgünstige PKW wurde der Steuersatz gesenkt. Dagegen blieb die Steuerbelastung für PKW, die bei Ozonalarm fahren dürfen, unverändert. PKW mit einem höheren Schadstoffausstoß (PKW mit ungeregeltem oder ohne Katalysator) wurden stärker belastet. → *Ökosteuer*.

http://bundesrecht.juris.de/bundesrecht/kraftstg/

▶ **Kraft-Wärme-Kopplung (KWK)**

Ein ökologisch (→ *Ökologie*) interessantes Verfahren, in dem die bei der Erzeugung von Strom oder mechanischer Energie (z. B. in Heiz- und Blockheizkraftwerken) anfallende Wärme genutzt wird. Die Bundesregierung verfolgt das Ziel, den Anteil der Stromerzeugung aus KWK-Anlagen von 14 % (2000) bis zum Jahr 2010 zu verdoppeln. Die Förderung dieser Technik soll wesentlich dazu beitragen, eine Verringerung des Ausstoßes von Kohlendioxid zu erreichen.

Mit einem **Gesetz zum Schutz der Stromerzeugung aus Kraft-Wärme-Kopplung (Kraft-Wärme-Kopplungsgesetz)** vom 12.5. 2000 wurde eine zeitlich befristete und degressiv ausgestaltete feste Vergütung von Strom aus KWK-Anlagen, die der allgemeinen Versorgung dienen, eingeführt. Dies soll die Wettbewerbsfähigkeit des aus KWK-Anlagen produzierten Stromes sichern. Nach dem **Gesetz für die Erhaltung, die Modernisierung und den Ausbau der Kraft-Wärme-Kopplung** vom 1.3. 2000 erhalten Betreiber begünstigter KWK-Anlagen bis zum Jahr 2010 verbesserte Zuschlagszahlungen.

http://www.gesetzesweb.de/KWK.html

▶ Krankengeld

Eine mit der → *Gesundheitsreform* seit dem 1.7. 2005 hinsichtlich seiner Finanzierung geänderte Leistung der gesetzlichen → *Krankenversicherung* nach dem → *Sozialgesetzbuch (SGB)* (§ 44 SGB V bis § 52 SGB V). Sie wird bei krankheitsbedingter Arbeitsunfähigkeit als Ersatz für den Lohnausfall gezahlt, wenn der → *Arbeitnehmer* keinen Lohn oder kein Gehalt vom → *Arbeitgeber* mehr erhält. Das Krankengeld wurde 1997 von 80 % auf 70 % des **Regelentgelts** (§ 47 SGB V) gekürzt. Die Zahlung ist auf höchstens 78 Wochen in einem Zeitraum von je 3 Jahren beschränkt. → *Lohnfortzahlung*.

Ist die Arbeitsunfähigkeit durch einen Arbeitsunfall bedingt, so tritt an die Stelle des Krankengeldes das so genannte **Verletztengeld** nach § 45 SGB VII. Es wird von der gesetzlichen → *Unfallversicherung* für die Dauer der Arbeitsunfähigkeit gezahlt. Durch → *Tarifvertrag* oder freiwillige Leistung des Arbeitgebers können daneben **Krankenzuschüsse** vom Arbeitgeber gezahlt werden.

▶ Krankenkassen

Als Träger der → *Krankenversicherung* sind sie aus einer Vielzahl von Selbsthilfeorganisationen hervorgegangen, die bei der

Schaffung der deutschen → *Sozialversicherung* vorhanden waren.

Rechtsgrundlage für die **gesetzlichen** Krankenkassen sind die Vorschriften im → *Sozialgesetzbuch (SGB)* (SGB V). Dieses unterscheidet folgende Krankenkassenarten (§ 143 SGB V bis § 171 SGB V):

● In den 17 regionalen **Allgemeinen Ortskrankenkassen (AOK)** waren bis Ende 1996 alle Pflichtversicherten des in der → *Satzung* festgelegten Bezirkes versichert, es sei denn, sie waren bereits aufgrund ihrer Zugehörigkeit zu besonderen Berufsgruppen oder Betrieben Mitglied einer anderen → *Pflichtkrankenkasse.* Daneben gibt es noch besondere Ortskrankenkassen für die Angehörigen einzelner oder mehrerer Gewerbezweige oder Betriebsarten innerhalb eines bestimmten Bezirks. 2003 waren 37,1 % der gesetzlich Versicherten Mitglied einer AOK (1996: 43,6 %).

● **Betriebskrankenkassen (BKK)** sind Versicherungsträger auf betrieblicher Grundlage in der Rechtsform einer → *Körperschaft des öffentlichen Rechts.* Eine Betriebskrankenkasse kann von einem → *Arbeitgeber* errichtet werden, wenn in seinem Betrieb mindestens 450 Versicherungspflichtige beschäftigt sind. Bei landwirtschaftlichen Betrieben und in der Binnenschifffahrt liegt die Grenze bei 150 Beschäftigten je Betrieb. Durch Zusammenschlüsse hat sich die Zahl der Betriebskrankenkassen in den letzten Jahren auf inzwischen rd. 200 (2003) stark verringert. Wegen der günstigen Beitragssätze und der möglichen freien Kassenwahl erhöhte sich der Anteil der Mitglieder einer BKK an der Gesamtzahl der gesetzlich Versicherten von 10,3 % (1996) auf 19,1 % (2003).

● **Innungskrankenkassen (IKK)** als Krankenkassen der bei den Innungsmitgliedern (→ *Innungen*) beschäftigten Handwerksgesellen, → *Auszubildende* und sonstigen → *Arbeitnehmer,* sofern der Betrieb regelmäßig mindestens 450 Versicherungspflichtige beschäftigt. Die 19 IKK hatten 2003 einen Anteil von 6,1 % der gesetzlich Versicherten.

● **Ersatzkassen** waren bis Ende 1996 Krankenkassen für bestimmte Berufsgruppen (ausgenommen Beschäftigte der Landwirtschaft und in knappschaftlichen Betrieben, Seeleute und Hausge-

hilfinnen). Die Mitglieder von Ersatzkassen waren von der Pflicht-
mitgliedschaft in den Orts-, Betriebs-, Innungs-, See- und Knapp-
schaftskrankenkassen befreit, da die Ersatzkassen ausreichenden
Versicherungsschutz zu sozial gestaffelten Tarifen anboten. Der
Anteil der 7 **Angestellten-Ersatzkassen (EAN)** und 3 **Arbeiter-Er-
satzkassen (EAR)** betrug 2003 noch 32,4 % (1996: 36,7 %).

● **Knappschaften (Bundesknappschaft)** als Träger der → *Knappschaftsversicherung* für die im Bergbau Beschäftigten.

● **Landwirtschaftliche Krankenkassen** sind für die in der Landwirtschaft und im Reisegewerbe Beschäftigten sowie für Hausgehilfin-
nen zuständig. Allerdings können sie innerhalb eines Bundeslandes verboten werden, wodurch die Versicherungspflicht in die Zuständigkeit der Ortskrankenkassen fällt.

● **Seekrankenkassen** für alle in der Seefahrt beschäftigten Personen.

Mit dem **Gesetz zur Neuregelung der Krankenkassenwahlrechte**
vom 27.7. 2001 können Versicherte seit dem 1.1. 2002 mit einer
Frist von 6 Wochen zum Monatsende ihre Krankenkasse wechseln, sind dann aber an die neue Kasse 18 Monate gebunden.
→ *Gesundheitsreform.*

Der Wechsel zu einer **privaten Krankenversicherung (PKV)** ist
seit dem 1.1. 2003 nur möglich, wenn das Einkommen mehr als
3825 Euro beträgt. In den 52 **privaten Krankenkassen** können sich
Personen versichern, die nicht unter die Bestimmung der gesetzlichen Krankenversicherung fallen, oder solche, die neben der gesetzlichen Krankenversicherung noch eine zusätzliche Höherversi-
cherung in Anspruch nehmen wollen.

2003 waren in Deutschland 88,4 % der Gesamtbevölkerung
(81,6 Millionen) in einer gesetzlichen Krankenversicherung und
9,4 % in einer privaten Krankenversicherung versichert; 2 % hatten sonstigen Versicherungsschutz und 0,2 % waren nicht versichert. → *Bürgerversicherung,* → *Gesundheitsprämie.*

http://www.aok-bv.de/
http://www.bkk.de/
http://www.ikk.de/
http://www.vdak.de/
http://www.lsv.de/

▶ **Krankenversicherung**

Der älteste Zweig der deutschen → *Sozialversicherung*. Sie soll die Versicherten und deren Familienangehörige bei Krankheit und Unfall ausreichend absichern sowie Arzneien und Heilmittel finanzieren. Rechtsgrundlage ist das → *Sozialgesetzbuch (SGB)*, Teil V, vom 20. 12. 1988.

In der **Gesetzlichen Krankenversicherung** (→ *Krankenkassen*) sind u. a. **pflichtversichert** (§ 5 Abs. 1 SGB V):

● Arbeiter, Angestellte und → *Auszubildende*;

● Rentenbezieher aus der → *Arbeiterrentenversicherung* und → *Angestelltenrentenversicherung* unter bestimmten Voraussetzungen;

● Bezieher von → *Arbeitslosengeld I*, → *Arbeitslosengeld II* und → *Unterhaltsgeld;*

● Wehrpflichtige, die im Zeitpunkt der Einberufung krankenversicherungspflichtig waren;

● bestimmte Gruppen (→ *Selbständige* wie Künstler und Publizisten sowie Studenten an einer staatlichen Hochschule).

● Bestimmte Personengruppen sind von der → *Versicherungspflicht* befreit. Dies gilt u. a. für Arbeiter und Angestellte, deren Jahresentgelt die jeweilige → *Jahresarbeitsentgeltgrenze* übersteigt, → *Beamte*, Richter, Berufssoldaten, Geistliche (§ 6 Abs. 1 SGB V).

Personen, die aus der Pflichtversicherung ausgeschieden sind, können sich **freiwillig** weiterversichern. Hierbei sind allerdings bestimmte Voraussetzungen zu beachten (§ 9 SGB V).

Die Beiträge richten sich nach der Höhe des Einkommens, wobei der → *Beitragssatz* von den jeweiligen Krankenkassen (→ *Selbstverwaltung*) in der → *Satzung* festgelegt wird (§ 241 SGB V bis § 248 SGB V).

Die Pflichtbeiträge zur gesetzlichen Krankenversicherung sind zur Hälfte von → *Arbeitnehmer* und → *Arbeitgeber* zu tragen. → *Landesversicherungsanstalten (LVA)*.

Neben der gesetzlichen Krankenversicherung gibt es noch die **private Krankenversicherung**. → *Gesundheitsreform*.

▶ **Kredite**

Überlassen eines Geldbetrags an Kreditnehmer unter Vereinbarung der Rückzahlung einer gleich hohen Summe zuzüglich der → *Zinsen*. Kredite lassen sich einteilen

● nach dem **Verwendungszweck** in Konsumtivkredit (für den → *Verbrauch* bestimmt) und Produktivkredit (für → *Investitionen* bestimmt);

● nach der **Sicherheit** in → *Personalkredit* (persönliche → *Kreditwürdigkeit/Kreditwürdigkeitsprüfung* ausschlaggebend) und → *Realkredit*, der durch bestimmte Sicherheiten gedeckt ist;

● nach der **Laufzeit** in kurzfristige (bis zu einem Jahr), mittelfristige (2 bis 5 Jahre) und langfristige Kredite.

▶ **Kreditabwicklungsfonds** → *Erblast*

▶ **Kreditanstalt für Wiederaufbau (KfW)** → *KfW Deutsche Kreditanstalt*

▶ **Kreditbanken**

Sammelbezeichnung der → *Bundesbank* für → *Großbanken*, Regional- und sonstige → *Kreditinstitute* und die Zweigstellen ausländischer → *Banken*. Siehe **Abb. 20** (Seite 641).

▶ **Kreditfazilität** → *Fazilität*

▶ **Kreditfinanzierungsquote** → *Öffentliche Verschuldung*

▶ **Kreditgenossenschaften** → *Genossenschaften*

▶ **Kreditgeschäfte**

Bankgeschäfte der → *Kreditinstitute*

▶ **Kreditinstitute**

Unternehmen, die Bankgeschäfte betreiben, wenn deren Umfang einen in kaufmännischer Weise eingerichteten Geschäftsbetrieb (→ *Kaufmännischer Geschäftsbetrieb*) erfordert.

Bankgeschäfte sind nach den Vorschriften im → *Kreditwesen-gesetz* (KWG)(§ 1 Abs. 1 KWG):

---

(1) die Annahme fremder Gelder als Einlagen **(Einlagengeschäft)**

(2) die Gewährung von Krediten (→ *Kredite*) **(Kreditgeschäft)**

(3) der Ankauf von Wechseln und Schecks **(Diskontgeschäft)**

(4) die Anschaffung und die Veräußerung von Finanzinstrumenten (→ *Finanzinstrumente*) im eigenen Namen und für fremde Rechnung **(Finanzkommissionsgeschäft)**

(5) die Verwahrung und Verwaltung von Wertpapieren für andere **(Depotgeschäft)**

(6) die im Investitionsgesetz (→ *Kapitalanlagegesellschaften*) genannten Geschäfte **(Investmentgeschäft)**

(7) die Eingehung der Verpflichtung, Darlehensforderungen vor Fälligkeit zu erwerben

(8) die Übernahme einer → *Bürgschaft,* → *Garantie* und sonstigen Gewährleistungen **(Garantiegeschäft)**

(9) die Durchführung des bargeldlosen Zahlungsverkehrs und des Abrechnungsverkehrs **(Girogeschäft)**

(10) die Übernahme von Finanzinstrumenten für eigenes Risiko zur Platzierung oder die Übernahme gleichwertiger Garantien **(Emissionsgeschäft)**

(11) die Ausgabe vorausbezahlter Karten zu Zahlungszwecken **(Geldkartengeschäft)**

(12) die Schaffung und Verwaltung von Zahlungseinheiten in Rechnernetzen **(Netzgeldgeschäft)**.

Zu den Kreditinstituten zählen u. a. alle → *Kreditbanken,* → *Realkreditinstitute,* → *Girozentralen,* → *Sparkassen,* → *Spar- und Darlehenskassen.*

Nicht zu den Kreditinstituten zählen dagegen die → *Bundesbank,* → *Deutsche Kreditanstalt,* die Pfandleiher, → *Versicherungen,* → *Finanzdienstleistungsinstitute* und → *Finanzunternehmen.* Siehe **Abb. 19** und **Abb. 20.**

▶ **Kreditkarte**

Bargeldloses Zahlungsmittel (Plastikgeld). Kreditkarteninhaber bezahlen durch Vorlage ihrer Karte und bestätigen den Erhalt von

	Anteil an der gesamten Bilanzsumme in %		Zahl der Institute
	2000	2003*	2003
Kreditbanken	**27,7**	**27,9**	**356**
● *Großbanken*	15,8	16,1	4
● *Regionalbanken und sonstige Kreditbanken*	10,0	10,4	231
● *Zweigstellen ausländischer Banken*	2,0	1,4	121
Landesbanken/Girozentralen	19,9	20,8	13
Sparkassen	15,1	15,5	489
Genossenschaftliche Zentralbanken	3,7	2,9	2
Kreditgenossenschaften	8,7	8,7	1394
Realkreditinstitute/Bausparkassen	14,5	16,1	25/27
Kreditinstitute mit Sonderaufgaben	7,5	8,1	15
	100,0	100,0	2294
nachrichtlich: Kreditinstitute im Mehrheitsbesitz ausländischer Banken	2,1	2,1	
		*Dezember 2003	

Abb. 19: Struktur des Geschäftsvolumens der deutschen Kreditinstitute (Quelle: Deutsche Bundesbank)

Waren oder → *Dienstleistungen* (Hotel, Restaurant usw.) durch Unterschrift. In regelmäßigen Abständen erhält dann der Kreditkarteninhaber eine Sammelrechnung.

▶ **Kreditkartengesellschaften**

Unternehmen, die durch Ausgabe von Kreditkarten im **Finanztransfergeschäft** (→ *Finanzdienstleistungsinstitute*) Zahlungsaufträge ausführen. **Beispiele:** American Express, Diners Club, VISA, Eurocard.

▶ **Kreditlinie**

Von → *Banken* einem Kunden eingeräumter maximaler Spielraum für → *Kredite*.

Im internationalen Handel ist es der Betrag, bis zu dem bei **bilateralen** Verrechnungsabkommen ein Land vom Partnerland Kredit

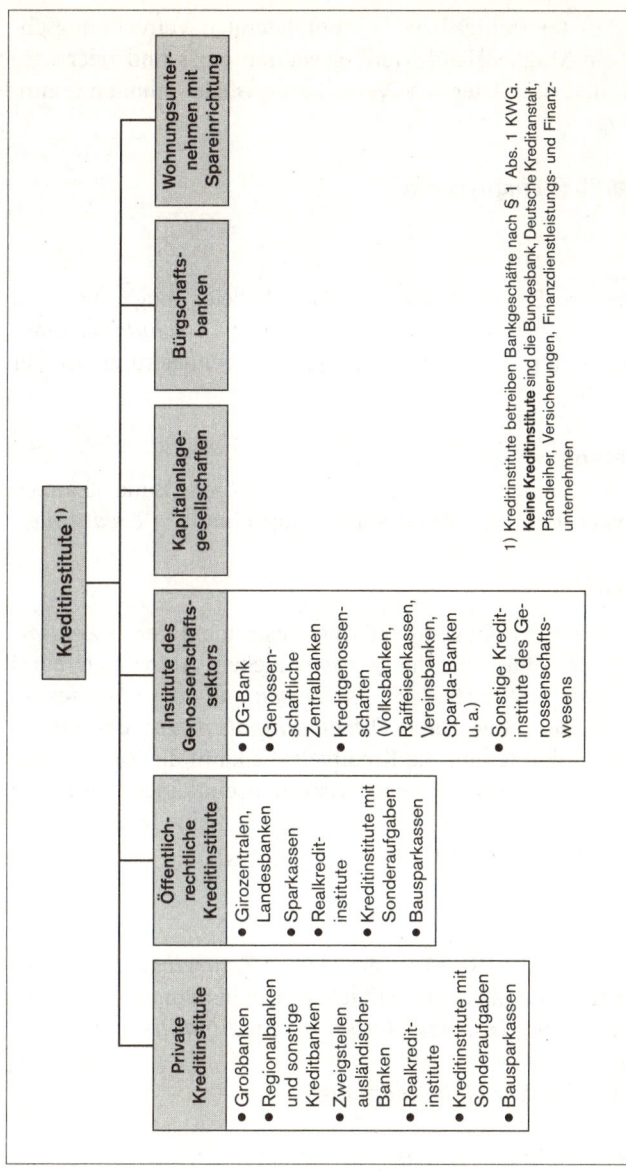

Kreditinstitute [1]

Private Kreditinstitute	Öffentlich-rechtliche Kreditinstitute	Institute des Genossenschaftssektors	Kapitalanlage-gesellschaften	Bürgschafts-banken	Wohnungsunter-nehmen mit Spareinrichtung
• Großbanken • Regionalbanken und sonstige Kreditbanken • Zweigstellen ausländischer Banken • Realkreditinstitute • Kreditinstitute mit Sonderaufgaben • Bausparkassen	• Girozentralen, Landesbanken • Sparkassen • Realkreditinstitute • Kreditinstitute mit Sonderaufgaben • Bausparkassen	• DG-Bank • Genossenschaftliche Zentralbanken • Kreditgenossenschaften (Volksbanken, Raiffeisenkassen, Vereinsbanken, Sparda-Banken u. a.) • Sonstige Kreditinstitute des Genossenschaftswesens			

1) Kreditinstitute betreiben Bankgeschäfte nach § 1 Abs. 1 KWG. **Keine Kreditinstitute** sind die Bundesbank, Deutsche Kreditanstalt, Pfandleiher, Versicherungen, Finanzdienstleistungs- und Finanzunternehmen

Abb. 20: Systematik der Kreditinstitute

erhalten darf (→ *Swing*) bzw. bei **multilateralen** Verrechnungsab-kommen ein Mitgliedsland Kredit gewähren muss und/oder Kre-dite von der multilateralen Verrechnungsstelle erhalten kann. → *Clearing.*

▶ **Kreditmarkt** → *Finanzmarkt*

▶ **Kreditor**

In der → *Buchhaltung* übliche Bezeichnung für den → *Gläubiger* eines Kredits (→ *Kredite*). Der → *Schuldner* eines Kredits (z. B. für eine noch unbezahlte Warenlieferung) ist der **Debitor.**

▶ **Kreditplafond**

Die i. d. R. einem öffentlichen → *Schuldner* (Bund, Länder, → *Sondervermögen* des Bundes usw.) eingeräumte → *Kreditlinie.*

▶ **Kreditpolitik**

Bezeichnung für ein geldpolitisches Instrument der → *Zentral-bank* zur Beeinflussung der wirtschaftlichen Aktivitäten eines Landes. Durch Festsetzen der → *Leitzinsen* und der → *Mindestre-serven* sowie mit Hilfe der → *Offenmarktpolitik* und der Gestal-tung der Konditionen für die Kreditvergabe kann die Zentralbank Art und Umfang der gewährten → *Kredite* beeinflussen. Durch die Beeinflussung des Kreditvolumens erfolgt auch eine Steuerung der umlaufenden Geldmenge (→ *Kreditschöpfung*).

▶ **Kreditrestriktionen**

Maßnahmen des Staates oder der → *Zentralbank* zur Ein-schränkung des volkswirtschaftlichen Kreditvolumens. → *Kon-junkturpolitisches Instrumentarium,* → *Kreditpolitik.*

▶ **Kreditschöpfung** → *Geldschöpfung*

▶ **Kreditsicherheiten** → *Kredite*

▶ **Kreditwesengesetz (KWG)**

Gesetz über das Kreditwesen (KWG) i. d. F. der 6. Novelle vom 9. 9. 1998. Das KWG setzt die Rahmenbedingungen für die geschäftliche Tätigkeit der → *Kreditinstitute* und → *Finanzdienstleistungsinstitute,* → *Finanzholding*-Gesellschaften und → *Finanzunternehmen.* Es enthält Vorschriften über → *Eigenkapital* und → *Liquidität,* über → *Kreditgeschäfte* und → *Publizität,* zur → *Bankenaufsicht,* die Regelungen des Wettbewerbs und die Strafbestimmungen bei Nichteinhaltung der Vorschriften.

Der Zusammenbruch der Herstatt-Bank 1974 (→ *Privatbanken*) führte 1976 zu einer wesentlichen Überarbeitung des aus den Jahren 1934 und 1962 stammenden Gesetzes. Wichtige Ziele der Neufassung waren die Einschränkung der Risiken im Kreditgeschäft (→ *Großkredite*), eine Verbesserung der Eingriffs- und Informationsmöglichkeiten des damaligen Bundesaufsichtsamts für das Kreditwesen (→ *Bundesanstalt für Finanzdienstleistungsaufsicht (BaFin)*) und der → *Bundesbank* sowie weitere Vorschriften zum Schutz von Einlagen der Bankkunden. Privatbankiers in der Form der → *Einzelkaufleute* dürfen seitdem keine erlaubnispflichtigen → *Kreditinstitute* mehr betreiben.

Mit weiteren KWG-Novellen wurden entsprechend den Zielen der → *Einheitlichen Europäischen Akte* für einen harmonisierten → *Finanzmarkt* einschlägige Richtlinien der EU (→ *Europäische Gesetzgebung*) in deutsches Recht umgesetzt:

Mit den beiden **Bankrechtskoordinierungsrichtlinien von 1977 und 1989** der EU (→ *Europäische Union (EU)*) zur Angleichung der Rechts- und Verwaltungsvorschriften über die Aufnahme und Ausübung der Tätigkeit von Kreditinstituten waren die Voraussetzungen für die schrittweise Harmonisierung geschaffen.

Mit der **Eigenmittelrichtlinie** vom 17. 4. 1989, die auf Empfehlung der → *BIZ* (**Basel I**) beruht, wurde für alle Kreditinstitute in den Mitgliedsstaaten der EU eine einheitliche Definition für das → *Eigenkapital* und Richtlinien für die Kreditvergabe eingeführt und so eine nach harmonisierten Kriterien durchzuführende Beaufsichtigung ermöglicht. Mit der **Kapitaladäquanzrichtlinie** wurden Kreditinstitute u. a. verpflichtet, auch ihren Wertpapierbestand mit Eigenkapital zu sichern, und die Befugnisse der Aufsichtsbehörde erweitert.

Zum 1.1.1998 wurden u.a. auch Finanzdienstleistungsinstitute und Kreditinstitute auf konsolidierter Basis (Institutsgruppen und Finanzholding-Gesellschaften) – hierzu hatte der Rat der EU 1992 mit der **Konsolidierungsrichtlinie** die Voraussetzungen geschaffen – den Regeln für die Beaufsichtigung und Zulassung von Kreditinstituten unterworfen und Finanzunternehmen teilweise in die Überwachung einbezogen. Mit der Novelle vom 9.9.1999 wurden die Grundsätze für die Beaufsichtigung bei der Vergabe von Großkrediten verschärft.

Im Juni 2004 einigten sich die Zentralbanken und Aufsichtsbehörden der zehn führenden Industrieländer (→ *G 10 (Zehner-Gruppe)*) auf den Inhalt einer neuen Eigenkapitalrichtlinie (**Basel II**), die die Methoden zur Risikoeinschätzung der Kreditinstitute bei der Kreditvergabe ab 2006 differenziert und individueller (z.B. durch Einschaltung von → *Rating-Agenturen* zur Beurteilung eines Schuldners) bemisst. Dabei haben die nationalen Aufsichtsbehörden das Risikomanagement der Kreditinstitute zu bewerten. Eine schlechte Beurteilung führt zur Auferlegung einer höheren Deckungsquote (→ *Eigenkapitalquote*) für Kredite.

Die Kreditinstitue werden darüber hinaus zu mehr Transparenz verpflichtet. Hierzu müssen sie die Methoden zur Risikobewertung ihrer Schuldner sowie ihre Eigenmittelausstattung offen legen.

Die Umsetzung in deutsches Recht soll für Anfang 2007 mit einer weiteren KWG-Novelle erfolgen.

http://www.bafin.de/gesetze/kwg.htm

▶ **Kreditwürdigkeit/Kreditwürdigkeitsprüfung**

Eine nach dem → *Kreditwesengesetz (KWG)* (§ 18 KWG) vorgeschriebene Offenlegung der wirtschaftlichen Verhältnisse eines Kreditnehmers bei Krediten von insgesamt mehr als 250 000 Euro. Hierzu gehört insbesondere die Vorlage eines mit → *Testat* versehenen → *Jahresabschluss*. Bestimmte Ausnahmen von dieser Pflicht sind bei Vorhandensein von Sicherheiten im KWG genannt.

Üblich ist eine Prüfung der **persönlichen** und der **wirtschaftlichen Kreditwürdigkeit**. Hierbei geht es um die Einschätzung der voraussichtlichen Zahlungs- und Geschäftsmoral des Kreditnehmers sowie um eine Einschätzung der künftigen wirtschaftlichen Verhältnisse, gemessen an den Vermögens- und Einkommensverhältnissen bei Personen und der → *Ertragskraft* und Finanzlage bei Unternehmen. → *Bonität.*

▶ **Kreislaufwirtschaftsgesetz** → *Abfallbeseitigung*

▶ **Kryptologie**

Verschlüsselung und **Entschlüsselung** von Daten mit geheim gehaltenen Schlüsseln oder Schlüsselverfahren. Durch Ändern, Tauschen oder Weglassen von Daten nach bestimmten Regeln wird z. B. ein Klartext in einen verschlüsselten Text verwandelt und wird unverständlich. Verschlüsselungsverfahren werden bei der Datenspeicherung (→ *Speicher*) und → *Datenübertragung* angewandt.

▶ **Kulisse**

Bezeichnung für den nichtamtlichen Markt an einer → *Börse.* → *Amtlicher Markt.*

▶ **Kundenbindungsmanagement** → *Customer Relationship Management (CRM)*

▶ **Kundenkreditbanken**

(Ratenkreditbanken, Teilzahlungsbanken) → *Spezialbanken,* die sich auf die Finanzierung von Käufen z. B. für langlebige → *Konsumgüter* wie Möbel, Autos spezialisiert haben. Dabei werden Teilzahlungsvereinbarungen (→ *Ratenkredit*) abgeschlossen.

▶ **Kündigung**

Die Beendigung einer Rechtsbeziehung, die gegenüber der anderen Vertragspartei (→ *Vertrag*) ausgesprochen werden muss (empfangsbedürftige einseitige Willenserklärung). Eine Begründung ist – mit Ausnahme bei Berufsausbildungsverhältnissen – nicht zwingend.

Für eine Kündigung sind i. d. R. bestimmte **Kündigungsfristen** einzuhalten (z. B. beim → *Arbeitsvertrag* oder → *Mietvertrag*). Rechtsgrundlage sind die Vorschriften des BGB (→ *Bürgerliches Gesetzbuch (BGB)*). Für → *Arbeitnehmer* sind außerdem die Bestimmungen zum → *Kündigungsschutz* sowie bei Berufsausbildungsverhältnissen die Schutzbestimmungen im → *Berufsbildungsgesetz* (§ 15 BBiG) zu beachten.

Für → *Kaufleute* gelten darüber hinaus die Bestimmungen im → *Handelsgesetzbuch (HGB)*, bei → *Versicherungen* die Bestimmungen des → *Versicherungsvertragsgesetzes (VVG)*.

Bei der **ordentlichen Kündigung** wird das Vertragsverhältnis unter Einhaltung der gesetzlich vorgeschriebenen oder der vereinbarten Frist beendigt. Für Arbeitsverhältnisse gelten die Fristen nach § 622 BGB, bei Mietverhältnissen die Fristen nach § 573 BGB bis § 573 c BGB.

Bei einer **außerordentlichen (fristlosen) Kündigung** kann bei Vorliegen eines wichtigen Grundes (z. B. grobe Pflichtverletzung oder wiederholtes pflichtwidriges Verhalten trotz → *Abmahnung*) ohne Einhaltung einer Kündigungsfrist das Rechtsverhältnis beendet werden. Die Kündigung hat z. B. bei Dienstverhältnissen (→ *Dienstvertrag*) innerhalb einer Frist von 2 Wochen nach Bekanntwerden des wichtigen Grundes zu erfolgen (§ 626 BGB).

▶ **Kündigungsschutz**

Wichtiger Teil im → *Arbeitsrecht*. Rechtsgrundlage ist das **Kündigungsschutzgesetz (KSchG)** i. d. F. vom 25. 8. 1969 mit spät. Änderungen. Er bezieht sich nur auf die ordentliche → *Kündigung* und die → *Änderungskündigung* eines Arbeitsverhältnisses (→ *Arbeitsvertrag*) sowie auf anzeigepflichtige Entlassungen (→ *Massenentlassung*).

1. Voraussetzungen

● Beschäftigung in einem Betrieb mit mehr als zehn Beschäftigten – geändert seit 1. 1. 2004 durch die → *Hartz-Gesetze* – (ohne

→ *Auszubildende* und bei anteiliger Zurechnung für → *Teilzeitbeschäftigte) (§ 23 KSchG);*

• das Beschäftigungsverhältnis besteht ununterbrochen mehr als 6 Monate und

• die Kündigung ist sozial ungerechtfertigt (§ 1 KSchG).

Sozial ungerechtfertigt sind Kündigungen, wenn sie nicht durch Gründe, die in der Person oder dem Verhalten des Arbeitnehmers liegen oder durch dringende betriebliche Erfordernisse (→ *Betriebsbedingte Kündigung*) bedingt sind (§ 1 Abs. 2 KSchG). Für die **Sozialauswahl** – insbesondere bei betriebsbedingter Kündigung – gelten darüber hinaus noch eine Reihe besonderer Vorschriften nach § 1 Abs. 3, 4 und 5 KSchG.

Der → *Arbeitgeber* kann seit 1. 1. 2004 dem → *Arbeitnehmer* in der betriebsbedingten Kündigung eine → *Abfindung* zusagen, wenn der Arbeitnehmer auf eine **Kündigungsschutzklage** nach § 4 KSchG verzichtet (§ 1a KSchG).

2. Kündigungsfristen

Das Arbeitsverhältnis kann vom Arbeitgeber oder Arbeitnehmer mit einer Frist von vier Wochen zum 15. oder zum Ende eines Kalendermonats gekündigt werden, sofern einzelvertraglich keine längeren Kündigungsfristen vereinbart wurden.

Für eine Kündigung durch den Arbeitgeber gelten jedoch bei Arbeitnehmern mit vollendetem 25. Lebensjahr besondere, von der Dauer der Betriebszugehörigkeit abhängende Kündigungsfristen (§ 622 BGB).

3. Einspruch beim Betriebsrat und Feststellungsklage beim Arbeitsgericht

Innerhalb einer Woche nach ausgesprochener ordentlichen Kündigung kann der Gekündigte Einspruch beim → *Betriebsrat* (§ 3 KSchG) einlegen, der einen Verständigungsversuch unternimmt bzw. der Kündigung innerhalb dieser Woche schriftlich widersprechen kann. Dies gilt dann, wenn soziale Gründe nicht berücksichtigt wurden oder ein anderweitiger Einsatz (z. B. auch nach entsprechenden Qualifizierungsmaßnahmen) erfolgen kann (§ 102 BetrVG). → *Personalplanung.*

Um die Unwirksamkeit einer Kündigung zu erreichen, muss der Gekündigte vor Ablauf der Ausschlussfrist von 3 Wochen eine **Feststellungsklage** (§ 4 KSchG) beim → *Arbeitsgericht* – ggf. unter Beifügung der Stellungnahme des Betriebsrats – erheben.

Das Arbeitsgericht kann entweder die Fortsetzung des Arbeitsverhältnisses anordnen oder den Arbeitgeber zur Zahlung einer → *Abfindung* verurteilen, wenn eine Fortsetzung des Arbeitsverhältnisses dem Arbeitnehmer nicht zuzumuten ist. Die Abfindungshöhe richtet sich nach der Dauer der Betriebszugehörigkeit und dem Alter des Gekündigten (§ 10 KSchG).

4. Leitende Angestellte

Für → *Leitende Angestellte* gelten – mit Ausnahme der Möglichkeit der Einschaltung des Betriebsrats – gleiche Vorschriften (§ 14 Abs. 2 KSchG).

5. Besonderer Kündigungsschutz

Ein **besonderer Kündigungsschutz** besteht darüber hinaus für einzelne Gruppen von Arbeitnehmern u. a. während der Berufsausbildung nach Ablauf der Probezeit nach dem → *Berufsbildungsgesetz* (§ 15 BBiG), für werdende Mütter nach dem → *Mutterschutzgesetz* (§ 9 MuSchG), für → *Schwerbehinderte* (§ 15 SchwbG bis § 22 SchwbG), bei Einberufung zum Wehrdienst nach dem → *Arbeitsplatzschutzgesetz* (§ 2 ArbPlSchG) und für Mitglieder im Betriebsrat oder → *Personalrat* (§ 15 KSchG und § 16 KSchG).

Nach einer Entscheidung des Bundesverfassungsgerichts vom Mai 1990 wurden mit dem **„Kündigungsfristengesetz"** vom Oktober 1993 die Mindestfristen bei Kündigungen für Arbeiter und Angestellte vereinheitlicht. Abweichende Regelungen durch → *Tarifvertrag* blieben allerdings gültig und sind auch weiterhin möglich. Siehe **Abb. 21**.

http://bundesrecht.juris.de/bundesrecht/kschg/

▶ **Kündigungsschutzgesetz** → *Kündigungsschutz*

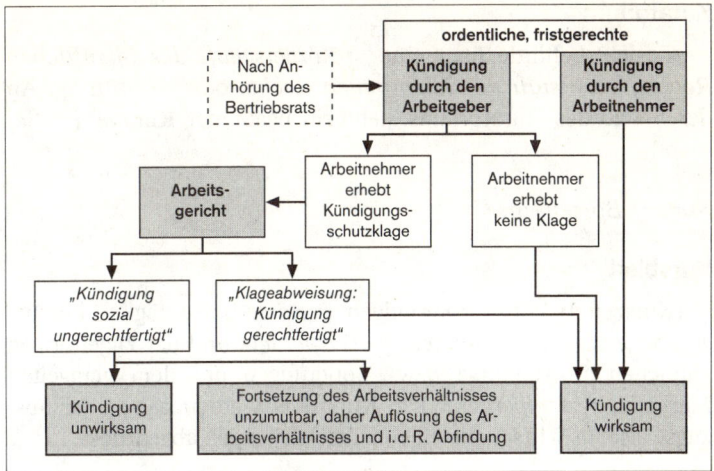

Abb. 21: Kündigung von Arbeitsverträgen

▶ **Kupon**

Zins- oder Dividendenscheine, die festverzinslichen Wertpapieren beigefügt sind. In der Regel werden sie halbjährlich bei einem Kreditinstitut (→ *Kreditinstitute)* eingelöst. Sind die Kupons verbraucht, so dient der dem → *Bogen* beigefügte **Erneuerungsschein (Talon)** zur Legitimation für die Ausstellung eines neuen Bogens. Sind die → *Wertpapiere* in einer → *Depotbank* verwahrt, so wird dies automatisch von der Bank erledigt. → *Tafelgeschäfte.*

▶ **Kuppelprodukte**

Fallen als → *Derivate* bei der Herstellung eines Produkts aus technischen Gründen zwangsläufig mit an. Beispiel: Bei der Eisengewinnung fallen neben dem Roheisen auch Gichtgas und Schlacke an, bei der Benzingewinnung aus Rohöl eine Reihe anderer Produkte wie schweres Heizöl, leichtes Heizöl usw.

▶ **Kuratorium**

Aufsichtsbehörde über eine → *Körperschaft des öffentlichen Rechts*, → *Anstalt des öffentlichen Rechts* oder → *Stiftung*. An der Spitze des Kuratoriums steht ein beamteter **Kurator** (→ *Beamte*).

▶ **Kurs** → *Börsenkurs*

▶ **Kursblatt**

(Kurszettel) Von der jeweiligen → *Börse* börsentäglich herausgegebene Liste der notierten → *Wertpapiere* und der zugehörigen amtlichen Börsenkurse bzw. Notierungen auf dem geregelten Markt im → *Freiverkehr*. Die Kurszettel werden ganz oder auszugsweise im Wirtschaftsteil von Tageszeitungen abgedruckt.

▶ **Kurs-Cashflow-Verhältnis (KCV)** → *Kurs-Gewinn-Verhältnis (KGV)*

▶ **Kurs-Gewinn-Verhältnis (KGV)**

Zur Beurteilung des Wertes von → *Aktien* bei der → *Aktienanalyse* gebräuchliche → *Kennzahlen*, die anzeigen, um das Wievielfache der jeweilige → *Börsenkurs* den Jahresgewinn übersteigt. Sie wird berechnet als Division des Börsenkurses durch den aus dem → *Jahresabschluss* des jeweiligen Unternehmens ermittelten und i. d. R. nach den Empfehlungen der DVFA (→ *DVFA-Ergebnis*) um Sondereinflüsse bereinigten → *Gewinn je Aktie*. Der so ermittelte Wert liefert Hinweise für die Kaufwürdigkeit beim zeitpunkt- oder zeitraumbezogenen Vergleich innerhalb einer Branche. Die Höhe des KGV schwankt mit dem Zyklus der → *Konjunktur* und übertrifft in Wachstumsmärkten (→ *Wachstumswerte*) die Werte in traditionellen Branchen. Darüber hinaus wird häufig noch als ergänzender Wert das Kurs-Cashflow-Verhältnis berechnet.

▶ **Kursindex**

(Börsenindex) Wird aus dem → *Börsenkurs* von → *Aktien* bestimmter Unternehmen berechnet. **Beispiele:** → *Dow-Jones-Index*,

→ *Deutscher Aktienindex (DAX)*. Die Beobachtung der Schwankungen und ihrer Heftigkeit sowie des Trends dienen als Konjunkturbarometer (→ *Konjunktur*) sowie zur Beurteilung der wirtschaftlichen Entwicklung.

▶ **Kursmakler** → *Amtlicher Markt*

▶ **Kurswert**

Der durch den jeweiligen → *Börsenkurs* bestimmte Wert eines Wertpapiers (→ *Wertpapiere*). Er entspricht bei → *Aktien* dem → *Stückkurs*. Bei einer Angabe des Kurses in % vom → *Nominalwert* (z. B. bei → *Anleihen*) wird der Kurswert berechnet Nominalwert x Börsenkurs: 100.

▶ **Kurszettel** → *Kursblatt*

▶ **Kurtage**

(Courtage) Bezeichnung für die Gebühr, die vom → *Makler* berechnet werden darf. Ihre Höhe ist abhängig von der Art des Geschäfts, z. B. → *Wertpapiere*, → *Immobilien*, Versicherungen – bei freien Maklern ist sie auch verhandelbar.

▶ **Kurzarbeit**

Die Herabsetzung der normalen → *Arbeitszeit* bei entsprechender Kürzung des Arbeitsentgelts. Falls im → *Tarifvertrag* eine **Kurzarbeiterklausel** enthalten ist, muss der → *Arbeitgeber* eine angemessene Ankündigungsfrist einhalten sowie die Arbeitszeitkürzung zeitlich begrenzen. Ist er bei einer → *Massenentlassung* nicht in der Lage, die → *Arbeitnehmer* während der Sperrfrist zu beschäftigen, so kann ihn die zuständige Regionaldirektion der → *Bundesagentur für Arbeit (BA)* nach dem → *Kündigungsschutzgesetz* ermächtigen, für die Zwischenzeit Kurzarbeit einzuführen (§ 19 Abs. 1 KSchG). Allerdings bleiben hiervon tarifvertragliche Vereinbarungen über Einführung, Ausmaß und Bezahlung der Kurzarbeit unberührt.

Fehlt eine Kurzarbeiterklausel im Tarifvertrag und kommt es nicht zu einer Einigung zwischen → *Betriebsrat* und Arbeitgeber, so muss der Arbeitgeber die einzelnen Arbeitsverhältnisse kündigen. Hierbei hat dann der Arbeitnehmer nur die Wahl, entweder seinen Arbeitsvertrag aufzulösen oder sich mit der Einführung von Kurzarbeit einverstanden zu erklären.

Die → *Arbeitslosenversicherung* zahlt aufgrund der Bestimmungen des → *Sozialgesetzbuchs (SGB)*, Teil III, ein **Kurzarbeitergeld** (§ 169 SGB III bis § 179 SGB III).

▶ **Kurzarbeitergeld** → *Arbeitslosenversicherung*

▶ **Kurzfristige Erfolgsrechnung**

Feststellen des **Unternehmenserfolges** (→ *Ertrag* abzüglich → *Aufwand*) bzw. des **Betriebserfolgs** (Betriebserträge abzüglich → *Kosten*) in kürzeren als jährlichen Abrechnungsperioden. Sie ist ein wesentliches Instrument der Unternehmensleitung für die Kontrolle, Planung und Organisation unternehmenspolitischer Entscheidungen. → *Betriebsabrechnung,* → *Selbstkostenrechnung*.

▶ **Kurzfristige Beschäftigung** → *Pauschalierung der Lohnsteuer*

▶ **Kurzläufer**

Bezeichnung für festverzinsliche → *Wertpapiere* mit einer vorgesehenen Laufzeit von maximal 4 Jahren bzw. mit einer längeren Laufzeit, aber nur noch kurzer Restlaufzeit.

▶ **Kyoto-Protokoll** → *Umweltgipfel*

L

▶ **Ladenschlussgesetz**

Ein **Gesetz über den Ladenschluss (LadSchlG)** i. d. F. vom 2. 6. 2003. In der anhaltenden politischen Diskussion soll ein Interessenausgleich gefunden werden zwischen den Einzelhandelsbetrieben, ihren Beschäftigten und den Verbrauchern.

Nach den Regelungen des Gesetzes in seiner letzten Fassung wurden die Öffnungszeiten Montags bis Samstags auf 6 bis 20 Uhr als Kann-Bestimmung festgelegt. Sonntags müssen die Läden geschlossen bleiben. Sonderbestimmungen gelten für bestimmte Verkaufsstellen (Tankstellen, Bahnhöfe, Flughäfen, Zeitungskiosken, Apotheken), für bestimmte Orte (Kur- und Erholungsorte), zu bestimmten Zeiten und Anlässen (z. B. Verkauf in ländlichen Gebieten während der Erntezeit sowie für einzelne Gewerbezweige und Marktverkehr). Backwaren dürfen seit 1996 auch sonntags hergestellt und verkauft werden.

http://bundesrecht.juris.de/bundesrecht/ladschlg/

▶ **Lag**

Verzögerung, zeitliche Verschiebung.

▶ **Lagebericht** → *Jahresabschluss*

▶ **Lagergeschäft**

Gewerbsmäßige (→ *Gewerbe/ Gewerbebetrieb*) Aufbewahrung und Lagerung von Gütern (→ *Güter*) durch Abschluss eines Lagervertrags (→ *Vertrag*).

Rechtsgrundlage ist das → *Handelsgesetzbuch (HGB)* (§ 467 HGB bis § 475 h HGB). Der Lagerhalter kann ein Wertpapier **(Lagerschein)** (→ *Wertpapiere*) ausstellen, der die nach § 475 c HGB bezeichneten Angaben beinhalten soll.

▶ **Lagerschein** → *Lagergeschäft*

▶ **Lagerumschlag** → *Umschlagsgeschwindigkeit*

▶ **Laissez faire**

Aus dem 18. Jahrhundert stammendes, von Colbert geprägtes Prinzip des extremen ökonomischen → *Liberalismus*. Es verfolgt die Forderung nach einer möglichst geringen staatlichen Aktivität in der Volkswirtschaft („Nachtwächterstaat" nach **Ferdinand Lassalle**).

▶ **LAN**

(Local Area Network) Ein lokales → *Netzwerksystem* (z. B. in einem Gebäudekomplex oder Betriebsgelände). Es ermöglicht eine schnelle Datenkommunikation innerhalb dieser begrenzten Region. Eine Verbindung mit anderen Netzen erfolgt über eine → *Gateway* und Bridge. → *WAN*.

▶ **Länderfinanzausgleich** → *Finanzausgleich*

▶ **Landesarbeitsamt** → *Bundesagentur für Arbeit (BA)*

▶ **Landesbanken**

Gemeinsam mit den → *Girozentralen* im Organisationsverbund mit den → *Sparkassen* betriebene regional gegliederte → *Kreditinstitute*. Sie dienen der Abwicklung von Bankgeschäften der Bundesländer und einer Unterstützung der regionalen Wirtschaft durch Gewährung von → *Darlehen* und Krediten (→ *Kredite*).

Die → *Refinanzierung* erfolgt über Ausgabe von Pfandbriefen (→ *Pfandbriefe*) und → *Kommunalobligationen*.

▶ **Landesversicherungsanstalten (LVA)**

Die mit der Durchführung der → *Arbeiterrentenversicherung* beauftragten 23 regionalen Versicherungsträger der → *Sozialversi-*

cherung. Neben der Arbeiterrentenversicherung erfüllen sie noch Gemeinschaftsaufgaben der → *Krankenversicherung*, z.B. Betrieb von Kuranstalten und Heimen, vertrauensärztlicher Dienst, Prüfung der Geschäftsrechnung und Betriebsführung der → *Krankenkassen* sowie die Verwaltung der Rücklagen der Krankenkassen.

Bei der Finanzierung der Leistungen findet zwischen den Landesversicherungsanstalten und der → *Bundesversicherungsanstalt für Angestellte ein interner Ausgleich aus den Beitragsaufkommen statt*.

▶ **Landeszentralbanken (LZB)**

Bezeichnung für die neun Hauptverwaltungen der Deutschen → *Bundesbank* auf Länderebene.

▶ **Landkreise**

→ *Gebietskörperschaften*, die nach den Kreisordnungen der Länder für bestimmte öffentliche Aufgaben der kreisangehörenden Städte und → *Gemeinden* zuständig sind (z. B. Bau und Unterhalt eines Kreiskrankenhauses oder von Kreisstraßen). Organe der Landkreise sind der Kreistag, Kreisausschuss und Landrat/Oberkreisdirektor. Die Kreise erhalten zur Erfüllung ihrer Aufgaben finanzielle Mittel aus der Kreisumlage der kreisangehörenden Städte und Gemeinden, → *Gebühren* und → *Beiträge*.

▶ **Land- und Forstwirtschaft**

Landwirtschaft ist die wirtschaftliche Nutzung des Bodens zur Gewinnung von pflanzlichen Erzeugnissen (Acker-, Garten-, Gemüse-, Obst-, Weinbau) und tierischen Produkten (Viehzucht, Molkereien u. Ä.). Sie ist Teil der → *Urproduktion* und wird als bäuerlicher Betrieb oder auch in Form von landwirtschaftlichen → *Genossenschaften* betrieben. Dagegen umfasst die Forstwirtschaft die auf die Gewinnung von Holz ausgerichtete wirtschaftliche Tätigkeit.

▶ **Landwirtschaftskammer**

Berufsständische Organisation der Landwirtschaft in den einzelnen Bundesländern. → *Industrie- und Handelskammer (IHK)*, → *Handwerkskammer.*

▶ **Längerfristige Refinanzierungsgeschäfte** → *Offenmarktgeschäfte*

▶ **Laptop** → *Notebook*

▶ **Lärmschutz**

Lärm ist ein sowohl am Arbeitsplatz als auch in sonstigen Lebensbereichen störender und gesundheitsgefährdender Faktor. Die Geräuschstärke wird in Dezibel (dB) gemessen. Gehörschäden können schon ab 90 dB auftreten – ein Presslufthammer verursacht z. B. 100 bis 130 dB. Aus diesem Grunde gibt es zahlreiche Richtlinien und Verordnungen des Bundes und in den einzelnen Bundesländern, die Vorschriften gegen Lärm enthalten.

Auf Bundesebene existieren Vorschriften als Durchführungsverordnungen zum → *Bundesimmissionsschutzgesetz (BImSchG)*.

http://www.bmu.de

▶ **Lastenausgleichsfonds**

Kapitalsammelstelle für die Vermögensabgabe nach dem **Lastenausgleichsgesetz** i. d. F. vom 2. 6. 1993. Hieraus werden über die **KfW-Mittelstandsbank** u. a. Ausgleichsleistungen gezahlt, insbesondere in Form von Renten an Vertriebene, Flüchtlinge und Kriegsgeschädigte. → *Sondervermögen.*

http://www.rechtliches.de/info_LAG.html
http://www.kfw-mittelstandsbank.de

▶ **Lastschriftverfahren**

Ein Einzugsverfahren, bei dem der → *Gläubiger* seine bankfälligen → *Forderungen* zu Lasten eines Kontos des → *Schuldners* bei dessen Bank einziehen kann.

▶ **Laufende Rechnung** → *Kontokorrent*

▶ **Layout**

Begriff für räumliche Anordnung. In der Werbung und Redaktionsarbeit ist es der Entwurf für die Text- und Bildgestaltung.

▶ **LCD**

(Liquid Crystal Display) Flüssigkeitskristallanzeige im → *Bildschirm* bei einem → *Notebook.* Sie wird zunehmend durch *Thin Film Transistor*-Displays (TFT) abgelöst.

▶ **LDAX** → *Deutscher Aktienindex (DAX)*

▶ **LDCs /LLDCs** *(Less bzw. Least Developed Countries)* → *Entwicklungsländer*

▶ **Lead Manager**

Bezeichnung für den → *Konsortialführer* bei Geschäften der → *Kreditinstitute.*

▶ **Lean Production/Lean Management/Lean Administration**

(Schlanke Produktion/Schlanke Unternehmensführung/Schlanke Verwaltung) Eine vor allem in Japan von der Automobilindustrie entwickelte Fertigungsmethode, die auf einer dezentralisierten, teamorientierten Arbeitsorganisation aufbaut. Ziel ist die Senkung der → *Kosten* und eine Erhöhung der → *Produktivität* und eine konsequente und flexible Orientierung an den Kundenwünschen. Folgende Elemente kennzeichnen die Prinzipien von Lean Production:
- Kontinuierlicher Verbesserungsprozess (KVP),
- Gruppenarbeit bei gleichzeitig verlaufenden internen Planungsprozessen,
- Abflachungen der → *Hierarchie* und kurze Entscheidungswege,
- → *Just-in-Time*-Produktion unter Anwendung vernetzter Kommunikationssysteme (→ *Informationsgesellschaft*),

• Verringerung der Fertigungstiefe über vor- und nachgelagerte Wertschöpfungsketten (→ *Wertschöpfungskette*).

Lean Production setzt eine enge Zusammenarbeit mit Zulieferern, Händlern, Spediteuren und → *Recycling*-Unternehmen voraus, die in Just-in-Time-Prozesse eingebunden sind. Vor allem wegen der gruppenorientierten Arbeitsorganisationen, die eng abgestimmt miteinander für ihren Teil des Produktionsprozesses tätig und verantwortlich sind, ist das System nicht problemlos auf westliche Verhältnisse übertragbar.

Die Schwächen des Systems, die vor allem aus den unterschiedlichen Traditionen und Arbeitsgewohnheiten von japanischen und westlichen Industriearbeitern herrühren, soll die weiterentwickelte Idee des **Lean Managements** abbauen. Hier werden nun die Prinzipien einer Verschlankung, Dezentralisierung und enger Verzahnung der einzelnen Unternehmensteile und externer Bereiche auf alle Unternehmensbereiche (Unternehmensführung, Produktions-, Einkaufs- und Vertriebs-, Personal- und Organisations-, Forschungs- und Entwicklungsabteilungen) angewandt.

Bezogen auf den Abbau von Hierarchien und Bürokratien (→ *Entbürokratisierung*) in Verwaltungen und im öffentlichen Dienst (→ *Öffentlicher Dienst*) spricht man von **Lean Administration**.

Das Modewort „**Schlanker Staat**" umfasst noch den aus der Anwendung von Lean Administration folgenden Personalabbau in öffentlichen Verwaltungen.

▶ **Leasing**

Form des Vermietens von → *Investitionsgütern* und → *Konsumgütern*. Die Besonderheit des Leasingvertrages gegenüber einem normalen Mietvertrag liegt darin, dass statt des Herstellers eine Leasinggesellschaft (→ *Finanzinstitute*) den → *Vertrag* mit dem Mieter schließt. Dies geschieht mit oder ohne → *Kaufoption* auf das geleaste Gut. In Ausnahmefällen kann jedoch auch der Hersteller die Aufgaben der Leasinggesellschaft selbst übernehmen (Herstellerleasing). → *Mietkauf*.

▶ **Lebenshaltungspreisindex**

(Preisindex für die Lebenshaltung) → *Preisindexziffern* zum Vergleich der Preise für → *Güter* und → *Dienstleistungen* des täglichen Lebensbedarfs im Zeitablauf oder – unter Beachtung erhebungstechnischer Besonderheiten – auch mit anderen Ländern.

Berechnet wird vom Statistischen Bundesamt (→ *Statistisches Bundesamt*) seit 2000 aus Vereinfachungsgründen und in Anpassung an die in der EU (→ *Europäische Union (EU)*) üblichen Verfahren nur noch ein **Verbraucherpreisindex**. Bis dahin berechnete man einen allgemeinen Preisindex aller privaten Haushalte und drei weitere einkommensabhängige Preisindices.

Beobachtet wird die Preisentwicklung der Güter und Dienstleistungen in einem → *Warenkorb*, der anhand der spezifischen Bedarfsstruktur von Verbrauchern zusammengesetzt ist.

Die Berechnung des Preisindex für die Lebenshaltung bezieht sich – wie auch andere → *Indexziffern* – auf ein bestimmtes Basisjahr. Der Warenkorb für das Basisjahr wird i. d. R. alle 4 bis 5 Jahre anhand der Verbrauchsgewohnheiten des neueren Zeitraumes angepasst. Die letzte Anpassung erfolgte 2004 auf das Basisjahr 2000. Auf der Grundlage dieses Basisjahres 2000 (= 100) lag der durchschnittliche Preisindex für die Lebenshaltung aller privaten Haushalte im Jahr 2004 bei 106,2. Die Preise sind demnach im Zeitraum von 2000 bis 2004 um 6,2 % gestiegen.

Zur Berechnung des durchschnittlichen Preisanstiegs für ein bestimmtes Jahr wird der durchschnittliche Preisindex mit dem des Vorjahrs verglichen und die Steigerung in % ausgedrückt. 2001 stiegen die Preise für die Lebenshaltung um 2,0 %, 2002 um 1,4 %, 2003 um 1,1 % und 2004 um 1,6 %. Siehe **Abb. 29** (Seite 797).

http://www.destatis.de/

▶ **Lebensmittelgesetz**

Das Gesetz über den Verkehr mit Lebensmitteln, Tabakerzeugnissen, kosmetischen Mitteln und sonstigen Bedarfsgegenständen (LMBG) i. d. F. vom 9. 9. 1997 dient dem Schutz der Verbraucher vor Gesundheitsschäden und vor Täuschung. Verordnungen wie

z. B. die Lebensmittel-Kennzeichnungs-Verordnung i. d. F. vom 15. 12. 1999 ergänzen die Bestimmungen des Lebensmittelgesetzes.

▶ Lebensstandard

Begriff für Vorstellungen der → *Verbraucher*, was nach ihrer Meinung zur Befriedigung ihrer persönlichen Bedürfnisse zählt. Dieses Anspruchsniveau ist abhängig von sozialem Herkommen, Ausbildung, beruflichem Werdegang usw.

Im weiteren Sinne ist Lebensstandard die Bezeichnung für die Art der Befriedigung der Lebensbedürfnisse einer Bevölkerungsgruppe oder eines ganzen Landes. → *Entwicklungsländer* haben einen anderen, wesentlich niedrigeren Lebensstandard als die Industrieländer. Dabei ist das Empfinden des einzelnen, einer Bevölkerungsgruppe oder einer gesamten Nation ein sich ständig ändernder (dynamischer) Prozess, der sich u. a. an den Verbrauchsgewohnheiten von Bezugsgruppen in anderen Ländern orientiert.

▶ Leerverkauf

(Auch **Fixgeschäft, Blankogeschäft, Short Sale**) → *Wertpapiere* werden verkauft, die der Verkäufer noch nicht besitzt. Der Verkäufer leiht sich die Papiere i. d. R. bei einem → *Broker* (**Wertpapierleihe**) und gibt sie an den Käufer zu einem bestimmten Preis weiter. Zu einem vereinbarten Zeitpunkt hat der Verkäufer die ausgeliehenen Wertpapiere an den Verleiher (z. B. Broker) zurückzugeben und muss sie vom Markt kaufen. Ist der → *Börsenkurs* für das Wertpapier inzwischen gefallen, so macht der Verkäufer einen Gewinn. Anderenfalls ist die Wertpapierleihe für ihn ein Verlustgeschäft. Das vor allem in den USA verbreitete Verfahren dient dem → *Hedging* und der Spekulation. In Deutschland ist es seit 1991 zugelassen.

Nach dem 4. Finanzmarktförderungsgesetz (→ *Finanzmarktreform*) kann die → *Bundesanstalt für Finanzdienstleistungsaufsicht (BaFin)* bei drohenden erheblichen Marktstörungen Leerverkäufe untersagen.

▶ **Lehrling** → *Auszubildende (Azubi)*

▶ **Leibrente** → *Rente*

▶ **Leiharbeit**

Andere Bezeichnung für **Zeitarbeit**. Hierbei stellt ein Unternehmen als Entleiher seine bei ihm angestellten Arbeitskräfte anderen Unternehmen als Leiharbeitnehmer zur Verfügung. Rechtsgrundlage ist das **Arbeitnehmerüberlassungsgesetz (AÜG)** i. d. F. vom 3. 2. 1995 – zuletzt geändert durch die → *Hartz-Gesetze* (→ *Personal-Service-Agentur (PSA)*). Die vorhandenen zeitlichen Beschränkungen für Leiharbeit sind entfallen bzw. wurden durch Vereinbarungen im → *Tarifvertrag* ersetzt.

Zwischen dem entleihenden Unternehmen als → *Arbeitgeber* (z. B. **Zeitarbeitsunternehmen**) und den Leiharbeitnehmern besteht ein normaler → *Arbeitsvertrag*. Nach Beendigung der Arbeit bei dem entleihenden Unternehmen muss der verleihende Unternehmer die ausgeliehenen Arbeitskräfte wieder bei sich einstellen.

2001 gab es nach einer Erhebung vom → *Institut für Arbeitsmarkt- und Berufsforschung (IAB)* mehr als 360 000 Zeitarbeitnehmer bei ca. 13 500 Verleihunternehmen. Der größere Teil dieser Arbeitnehmer wurde nach den Erfahrungen der letzten 5 Jahre von den entleihenden Unternehmen in ein normales Anschlussarbeitsverhältnis übernommen.

http://bundesrecht.juris.de/bundesrecht/a_g/

▶ **Leistungsbeteiligung** → *Erfolgsbeteiligung*

▶ **Leistungsbilanz** → *Zahlungsbilanz*

▶ **Leistungsentgelt** → *Arbeitslosenversicherung*

▶ **Leistungsfähigkeitsprinzip**

Bezeichnung im Einkommensteuerrecht (→ *Einkommensteuer*) für ein verfassungsrechtlich anerkanntes Prinzip einer Besteuerung nach der Leistungsfähigkeit, d. h. mit einem bei wachsendem Einkommen steigenden Steuersatz.

▶ **Leistungsgrad**

Begriff aus der → *REFA*-Lehre speziell für Zeitstudien. Er bezeichnet das Verhältnis zwischen beobachteter Leistung und Normalleistung in Prozent.

▶ **Leistungskette** → Wertschöpfungskette

▶ **Leistungslohn**

Lohnform, die auf die pro-Zeiteinheit erbrachte Leistung abstellt. Beispiele: → *Akkordlohn,* → *Prämienlohn.*

▶ **Leitende Angestellte**

Begriff für Personen, die Arbeitgeberfunktion wahrnehmen. Bis zum In-Kraft-Treten des **Sprecherausschussgesetzes** wurde der Begriff des leitenden Angestellten durch die Rechtsprechung definiert. Nach der im → *Sprecherausschussgesetz* erfolgten Ergänzung im → *Betriebsverfassungsgesetz (BetrVG)* (§ 5 Abs. 3 u. § 4 BetrVG) sind leitende Angestellte z. B. zur selbständigen Einstellung und Entlassung von Arbeitnehmern berechtigt oder haben → *Prokura* oder können Entscheidungen im Wesentlichen frei von Weisungen treffen, die für den Bestand und für die Entwicklung des Unternehmens oder eines Betriebs von Bedeutung sind. Ebenso wie der nicht genau umschriebene Kreis für → *AT-Angestellte* sind leitende Angestellte aus dem persönlichen Geltungsbereich in einem → *Tarifvertrag* ausgeschlossen.

▶ **Leitsätze für die Preisermittlung aufgrund von Selbstkosten (LSP)**

Für die Abrechnung von Leistungen für öffentliche Auftraggeber (→ *Gebietskörperschaften* und sonstige → *Juristische Personen* des öffentlichen Rechts) anzuwendende **Verordnung PR 30/53 über die Preise bei öffentlichen Aufträgen** i. d. F. vom 25. 11. 2003.

Sie gilt dann, wenn das Ermitteln von Marktpreisen nicht möglich ist. Danach haben Auftragnehmer, die für öffentliche Auftraggeber arbeiten wollen, ein geordnetes → *Rechnungswesen* zu führen, das jederzeit die Feststellung von → *Kosten* und → *Ertrag* sowie die Ermittlung von Preisen aufgrund von → *Selbstkosten* ermöglicht.

Hierzu sind ein Kalkulationsschema mit Mindestanforderungen sowie die Bestandteile im → *Selbstkostenpreis* sowie für einen kalkulatorischen → *Gewinn* vorgeschrieben.

Im Rahmen der EU (→ *Europäische Union (EU)*) wurde eine Richtlinie der EU (→ *Europäische Gesetzgebung*) erlassen, die zu einer Annäherung der unterschiedlichen Vergabevorschriften in den Ländern der Gemeinschaft führt.

http://www.rechtliches.de/info_OeAPrV.html

▶ **Leitwährung**

Eine → *Währung*, die entweder innerhalb des Geltungsbereichs bestimmter Abkommen, z. B. das britische Pfund innerhalb des → *Commonwealth of Nations* oder der französische Franc innerhalb der Communauté Française der ehemaligen afrikanischen Kolonien (Franc-Zone) oder aufgrund weltweiter Anerkennung (z. B. der amerikanische Dollar und der Euro), als Reservewährung oder Verrechnungseinheit Verwendung findet. → *Sonderziehungsrechte*.

▶ **Leitzinsen**

Bis zum 31. 12. 1998 Sammelbezeichnung für den → *Diskont, Diskontsatz*, den **Lombardsatz** (→ *Lombardkredit/Lombardgeschäft*) und den **Wertpapierpensionssatz** (→ *Pensionsgeschäfte*). Sie wurden von der → *Bundesbank* festgesetzt im Rahmen der → *Geldpolitik*.

Mit dem Start des ESZB (→ *Europäisches System der Zentralbanken (ESZB)*) am 1. 1. 1999 sind die Leitzinsen weggefallen. Trotzdem wird der Begriff in den Medien weiter verwendet, wenn die Europäische Zentralbank Änderungen von Zinssätzen bekannt gibt. Dabei handelt es sich um vier Arten:

● Zins für die **Spitzenrefinanzierungsfazilität** als Obergrenze des Tagesgeldsatzes (→ *Tägliches Geld*). Er ist vergleichbar mit dem früheren Lombardsatz.

● Zins für **Hauptrefinanzierungsgeschäfte**, der heute als Leitzins verstanden wird (→ *Offenmarktpolitik*).

● Zins für **längerfristige Refinanzierungsgeschäfte**.

● Zins für die **Einlagefazilität** als Untergrenze des Tagesgeldsatzes.

▶ Letter of Intent (LoI)

Bestätigung einer Absichtserklärung, z. B. für das Eingehen oder die Erhöhung einer Beteiligung, die beim Eintreten bestimmter Bedingungen vertraglich endgültig gestaltet wird.

▶ Leverage-Effekt

(Hebelwirkung) Spezielle Kennzahl (→ *Kennzahlen*) für die → *Eigenkapitalrentabilität*. Sie beschreibt, dass durch eine Erhöhung des Einsatzes von zinsgünstigem → *Fremdkapital* die → *Rentabilität* für das → *Eigenkapital* erhöht werden kann (**positiver** Leverage-Effekt). Die Wirkung des Leverage-Effektes verringert sich mit zunehmendem Verschuldungsgrad unter der Voraussetzung, dass die Zinssätze für das Fremdkapital bei erhöhtem Risiko steigen. Solange jedoch die Gesamtkapitalrentabilität größer ist als der Fremdkapitalzins, steigt die Eigenkapitalrentabilität mit zunehmendem Verschuldungsgrad an. Bei **negativem** Leverage-Effekt droht die Gefahr der → *Überschuldung*.

Für → *Optionsgeschäfte* beschreibt der Leverage-Effekt das Verhältnis zwischen der größten prozentualen Änderung des Kurswertes einer → *Option* zur prozentualen Änderung des Kurswertes für das zugrunde liegende → *Basisgut*. Der Wert ist immer größer als 1. Deshalb ist der absolute Gewinn oder Verlust – und somit auch das Risiko – bei Optionsgeschäften immer größer als bei Geschäften allein mit dem Basisgut.

▶ Leveraged Buyout

Bezeichnung für einen teilweise oder ganz schuldenfinanzierten Aufkauf eines Unternehmens. Hierbei verfügt das aufkaufende Unternehmen nicht über genügend → *Eigenkapital* für die → *Finanzierung* der Unternehmensübernahme. Deshalb muss es hierfür Mittel mit hohem Risiko (z. B. → *Junk Bonds*) aufnehmen. Dabei hat es den → *Leverage-Effekt* zu beachten.

▶ **Liability Swap** → *Swapgeschäft*

▶ **Liberalisierung**

In der → *Wirtschaftspolitik* seit dem sog. Liberalisierungskodex der → *OECD* von 1950 übliche Bezeichnung für die Aufhebung oder Einschränkung staatlicher, reglementierender Tätigkeit (→ *Regulierung*). Für die hierzu getroffenen nationalen Maßnahmen wird auch der Begriff **Deregulierung** gebraucht. → *Standortdiskussion.*

Im engeren Sinne bezeichnet Liberalisierung alle Maßnahmen zur Beseitigung von Marktzugangsbeschränkungen. Dies kann sowohl auf nationaler Ebene geschehen, z. B. durch Beseitigung von Schranken im Handel (→ *Zölle,* → *Kontingente*), im Dienstleistungs- und Kapitalverkehr (→ *Devisenbewirtschaftung*), als auch im internationalen Rahmen, z. B. im Zuge der Verwirklichung der → *Europäischen Wirtschafts- und Währungsunion (EWWU)* oder in der → *WTO (World Trade Organization).*

Die Deregulierung bestimmter Teilmärkte (z. B. des Flugverkehrs in den USA, auf dem Gebiet der → *Telekommunikation* oder im Verkehrssektor) führt nicht immer zu einer vorteilhafteren Bedarfsdeckung (→ *Natürliches Monopol*). So können sich z. B. Waren und Dienstleistungen nach erfolgter Beseitigung staatlicher Regulierungen verteuern oder werden nicht mehr in gleichem Umfang und gleicher Qualität angeboten, weil jetzt private Anbieter allein nach **Gewinnprinzipien** und nicht mehr unter der Auflage eines staatlich beaufsichtigten **Bedarfsdeckungsprinzips** arbeiten.

Am Beispiel der in den USA Ende der 70er Jahre erfolgten Zerschlagung des privaten Fernmeldemonopols im → *Konzern* AT & T lässt sich zeigen, dass der damals neugeborene Begriff Deregulierung neue Regulierungsmechanismen in Gang setzte (z. B. über die Federal Control Commission, die nun Eingriffe für einen geordneten Wettbewerb vornehmen musste). Die Schlagworte Liberalisierung und Deregulierung entwickelten sich in den 80er Jahren zu einem wirtschaftspolitischen Modebegriff („Mehr Markt, weniger Staat"), der sich aus dem wirtschaftspolitischen Umfeld des → *Liberalismus* ableitet.

▶ Liberalismus

Begrifflicher Inhalt ist die freiheitliche Betätigung aller Beteiligten am Wirtschafts- und Gesellschaftsleben. In der Nationalökonomie unterscheidet man zwischen mehreren Richtungen liberalistischer Geisteshaltung, z. B. → *Manchester-Liberalismus*, → *Neoliberalismus*, hier insbesondere den → *Ordoliberalismus*.

▶ LIBOR

(London Interbank Offered Rate) Ein Orientierungszinssatz **(Referenzzinssatz)** für kurzfristige Finanzgeschäfte der → *Banken* am Londoner → *Geldmarkt*. Banken in den Mitgliedsstaaten der EWWU (→ *Europäische Wirtschafts- und Währungsunion (EWWU)*) orientieren sich am Referenzzinssatz → *Euribor*; in New York orientiert man sich am → *NYBOR*.

▶ Lieferantenkredite

Kurzfristige → *Kredite*, die durch die Gewährung von Zahlungszielen von Warenlieferanten gegenüber ihren Kunden entstehen. Sie werden in der → *Bilanz* ausgewiesen unter der Position → *Verbindlichkeiten* aufgrund von Warenlieferungen und Leistungen. Die durchschnittliche Zinsbelastung aus der Gewährung von Lieferantenkrediten wird von den Lieferanten bei der → *Kalkulation* des Warenpreises mit berücksichtigt. → *Kalkulatorische Kosten*.

▶ Liegenschaften

Andere Bezeichnung für Grundstücke (→ *Immobilien*). Gegensatz: Bewegliche Sachgüter (→ *Mobilien*).

▶ **LIFFE**

(London International Financial Futures Exchange) Die bedeutendste europäische → *Terminbörse*.

▶ **Lifo**

(Last-in-first-out) Bei dieser seit 1. 1. 1990 auch in Deutschland zugelassenen Methode zur Bewertung des Vorratsvermögens wird unterstellt, dass die zuletzt beschafften → *Güter* stets zuerst veräußert oder verbraucht werden und dass die zuerst gekauften Güter als Endbestand verbleiben. Sie bezweckt bei steigenden Preisen eine Verminderung beim ausgewiesenen → *Gewinn*. → *Stille Rücklagen* werden hierdurch gebildet, da der am Jahresende vorhandene Lagerendbestand mit den niedrigsten → *Anschaffungskosten* des Anfangsbestandes bilanziert wird. → *Bilanz*, → *Fifo*, → *Hifo*.

▶ **Limitieren**

Begrenzen von Mengen oder Preisen, zu denen eingekauft oder verkauft werden soll.

▶ **Lineare Optimierung**

Verfahren, das unter mathematisch bestimmbaren Bedingungen die optimale Lösung für ein mathematisch bestimmbares Ziel (z. B. die → *Gewinnmaximierung* oder eine Minimierung der → *Kosten*) ermittelt. → *Operations Research*.

▶ **Link** → *Hyperlink*

▶ **Liquidation**

(Abwicklung) Bezeichnung für die nach der Auflösung einer → *Handelsgesellschaft* notwendige Bereinigung personeller und vermögensrechtlicher Fragen. Dies erfolgt u. a. durch Erledigung der laufenden Geschäfte, die Einziehung ausstehender → *Forderungen* gegenüber Kunden und Bezahlung ausstehender Rechnungen von Lieferanten sowie den Verkauf des vorhandenen Vermögens der in Abwicklung befindlichen Gesellschaft. Außerdem haben die → *Abwickler* **Abwicklungsbilanzen** (→ *Sonderbilanzen*) zu erstellen. So ist bei der → *Kapitalgesellschaft* beim Beginn der Abwicklung eine → *Eröffnungsbilanz* und am jeweiligen Jahresende ein Abwicklungsjahresabschluss (→ *Jahresabschluss*) entsprechend den Vorschriften im → *Aktiengesetz (AktG)* bzw. GmbH-Gesetz (→ *Gesellschaft mit beschränkter Haftung (GmbH)*) zu erstellen. Für die → *Personengesellschaft* gilt Entsprechendes nach den Vorschriften im → *Handelsgesetzbuch (HGB)* für die → *Offene Handelsgesellschaft (OHG)* (§ 154 HGB) und für die → *Kommanditgesellschaft (KG)* (§ 161 HGB).

Auflösungsgründe für eine Gesellschaft können sein ein Beschluss der → *Gesellschafter*, Tod eines vollhaftenden Gesellschafters in Personengesellschaften oder → *Insolvenz*. Kapitalgesellschaften, die in Abwicklung sind, erhalten einen Zusatz **i. L.** beim Namen der → *Firma*.

▶ **Liquidationsbilanz** → *Sonderbilanzen*

▶ **Liquidität/Liquide Mittel**

Möglichkeit eines Unternehmens, seinen Zahlungsverpflichtungen laufend nachzukommen. Zur Beurteilung der Liquidität eines Unternehmens werden die Teile des Betriebsvermögens herangezogen, die sich kurzfristig in flüssige Mittel verwandeln lassen. Dies erfolgt abgestuft nach dem → *Liquiditätsgrad* der vorhandenen Mittel.

Ein Zuviel an flüssigen Mitteln (**Überliquidität**) bedeutet schlechte Kapitalnutzung und führt zu Zinsverlusten. → *Cash Management*.

Ein Zuwenig an Liquidität kann zur Zahlungsunfähigkeit und damit zum → *Insolvenzverfahren* führen.

Für → *Kreditinstitute* gelten schärfere gesetzliche Bestimmungen nach dem → *Kreditwesengesetz (KWG)*, um hier die jederzeitige Liquidität zu gewährleisten.

▶ **Liquiditätsgrad**

→ *Kennzahlen*, die den Deckungsgrad von kurzfristigen Verbindlichkeiten anzeigen. Hierzu gibt es hinsichtlich der Verfügbarkeit eine abgestufte Ordnung.

Den höchsten Liquiditätsgrad **(Liquidität erster Ordnung)** haben die flüssigen Mittel (Bargeld, → *Giroeinlagen* und → *Scheck*). Bei der **Liquidität zweiter Ordnung** werden noch die Forderungen aus Lieferungen und Leistungen und die Bestände an → *Effekten* hinzugezählt. Die **Liquidität dritter Ordnung** umfasst das ganze → *Umlaufvermögen*.

Werden die kurzfristigen Verbindlichkeiten jeweils zu den drei Bestandszahlen ins Verhältnis gesetzt, so ergeben sich die Deckungsgrade (Liquidität ersten, zweiten oder dritten Grades bzw. die **Barliquidität**, die **Quick Ratio** und die → *Working Capital Ratio*) der flüssigen Mittel.

Wegen ihres statischen Charakters müssen die Kennzahlen durch weitere Erläuterungen (z. B. über die Fälligkeiten in einem Finanztableau) und Rechnungen ergänzt werden. → *Bewegungsbilanz*, → *Kapitalflussrechnung*.

▶ **Lissabon-Strategie** → *Europäischer Beschäftigungspakt*

▶ **Listing**

Bezeichnung für die → *Notierung* oder Einführung (→ *Going Public*) von → *Aktien* an der → *Börse*.

▶ **Lizenz**

Die vertraglich zugesagte Erlaubnis, das Recht eines anderen zu benutzen. Hierfür sind in der Regel **Lizenzgebühren** zu entrichten. Lizenzen sind z. B. üblich im Urheber- und Patentrecht (→ *Patent*).

▶ **LKW-Maut** → *Vignetten-Verfahren*

▶ **Lobby**

Bezeichnung für Interessengruppen, die (in den Wandelhallen = Lobby) auf eine Beeinflussung der Gesetzgebung und Regierung hinwirken. „Lobbyisten" gibt es jedoch auch innerhalb der Parlamente, wenn etwa Abgeordnete durch Beraterverträge materiell mit der sie verpflichtenden Interessengruppe verbunden sind.

▶ **Lock-up-Vereinbarung** → *Finanzmarktreform*

▶ **Locogeschäfte**

Auf sofortige Lieferung abgeschlossene Geschäfte an der Warenbörse (→ *Börse*). Gegensatz: Termingeschäfte.

▶ **Login**

Anmeldung für den Zugang zu einem → *Netzwerksystem* unter Eingabe eines Identifikationscodes (→ *ID*).

▶ **Logistik**

Aus dem militärischen Transport- und Versorgungswesen stammender Begriff. Entsprechend wird er auch in der Unternehmensorganisation (Beschaffungs-, Produktions- und Absatzbereich) i. S. einer zielgerichteten Organisation und Steuerung benutzt. Ein aktuelles logistisches Organisationsprinzip ist etwa die Just-in-Time-Zulieferung (→ *Just in Time*) in der Automobilindustrie zur Einsparung von Lagerkosten. → *Supply Chain Management (SCM)*.

▶ **Logo**

Ein Firmenzeichen, das als Symbol untrennbar mit dem Firmennamen verbunden ist. → *Firma*.

▶ **Lohmann-Ruchti-Effekt** → *Abschreibungen*

▶ **Lohnabstandsgebot** → *Sozialhilfe*

▶ **Lohnausgleich**

Vereinbarung durch → *Tarifvertrag*, wonach bei einer → *Arbeitszeitverkürzung* keine anteilige Kürzung der Löhne und Gehälter erfolgt (Arbeitszeitverkürzung bei vollem Lohnausgleich).

▶ **Lohndrift**

Unterschiedsbetrag zwischen den Steigerungsraten beim → *Tariflohn* und → *Effektivlohn*.

▶ **Lohndumping** → *Entsendegesetz*

▶ **Lohnersatzleistungen/Entgeltersatzleistungen**

Leistungen der → *Arbeitslosenversicherung* wie Arbeitslosengeld, Kurzarbeitergeld sowie das von der gesetzlichen Krankenversicherung gezahlte → *Krankengeld*. Nicht zu den Lohnersatzleistungen zählt die → *Sozialhilfe*, die an das Kriterium der Bedürftigkeit gebunden ist und aus Bundesmitteln bzw. dem kommunalen Haushalt bezahlt wird. → *Rentenreform*, → *Progressionsvorbehalt*.

▶ **Lohnformen**

Entlohnungsverfahren, nach denen → *Arbeitnehmer* bezahlt werden. Unterschieden wird in → *Zeitlohn*, → *Akkordlohn* und → *Prämienlohn* sowie in kombinierte Formen. Die Einstufung der Arbeitnehmer in → *Lohngruppen* soll die qualitativen Merkmale wie Berufsausbildung und fachliche Erfahrung berücksichtigen und zu einem gerechten Bezahlungssystem beitragen.

▶ **Lohnfortzahlung**

Nach einem 16-wöchigen → *Arbeitskampf* im Tarifgebiet der Metallindustrie in Schleswig-Holstein 1956 erstmals für Arbeiter durchgesetztes Recht auf Lohnfortzahlung im Krankheitsfall für die Dauer von 6 Wochen. Mit dem „Gesetz zur Verbesserung der wirtschaftlichen Sicherung der Arbeiter" vom 26. 6. 1957 wurde

ein vom → *Arbeitgeber* zu zahlender Zuschuss zum → *Krankengeld* bis zur Höhe von 90 % des Nettoverdienstes eingeführt – zunächst noch mit 2 unbezahlten → *Karenztage*. Erst mit dem **Lohn-
fortzahlungsgesetz** vom 27. 7. 1969 wurde der letzte Karenztag abgeschafft. 1961 war die Zuschussregelung auf 100 % erhöht und
die Sperrfrist auf einen Karenztag vermindert worden. Für Angestellte bestand bereits seit 1930 eine unabdingbare Gehaltfortzah-
lung.

Mit dem **Gesetz über die Zahlung des Arbeitsentgelts an Feiertagen und im Krankheitsfall (Entgeltfortzahlungsgesetz)** vom 26. Mai
1994 wurden alle Vorschriften zur Entgeltfortzahlung im Krankheitsfall zusammengefasst und für Arbeiter und Angestellte vereinheitlicht.

Der im Herbst 1998 gewählte neue Bundestag machte eine 1996
nach langen politischen Diskussionen – u. a. auch über die Wiedereinführung von Karenztagen – erfolgte Kürzung der Entgeltfortzahlung auf 80 % wieder rückgängig.

http://bundesrecht.juris.de/bundesrecht/entgfg/

▶ **Lohngruppen**

Wie **Gehaltsgruppen** Einteilungskriterien für Bezahlungssysteme, deren Merkmale in einem **Lohngruppenverzeichnis** i. d. R. als
→ *Manteltarifvertrag* oder → *Betriebsvereinbarung* ausgehandelt
sind.

Kriterien für die Zuordnung in eine bestimmte Lohn- bzw. Ge-
haltsgruppe sind vor allem Ausbildung, Fachkenntnisse und
Berufserfahrung. Beispiel: Lohngruppe 2 (einfache Arbeiten mit
nur kurzer Einarbeitungszeit ohne Ausbildung); Lohngruppe 6
(schwierige Arbeiten, die besondere Fachkenntnisse und Berufserfahrung voraussetzen); Lohngruppe 9 (schwierigste Arbeiten, die
völlig selbständig und eigenverantwortlich ausgeführt werden müssen und ein Höchstmaß an Präzision und Fachkenntnis erfordern).

▶ **Lohnkonto** → *Lohnsteuer*

▶ **Lohnkosten**

Die Summe aller Bruttolöhne eines Unternehmens für eine Abrechnungsperiode und Teil der → *Personalkosten.*

▶ **Lohnintensiv**

Bezeichnung für eine Arbeitsweise, bei der der Anteil der Arbeitskosten gegenüber anderen Kostengruppen (Material- und Kapitalkosten) überwiegt. Lohnintensive Betriebe sind z. B. das → *Handwerk*, der Bergbau oder die feinmechanische und optische → *Industrie.* → *Kapitalintensiv.*

▶ **Lohnnebenkosten**

(Personalzusatzkosten, Personalnebenkosten) Zusätzlich zum Lohn oder Gehalt anfallende Personalkosten. Sie bestehen aus dem Arbeitgeberanteil zur → *Sozialversicherung*, Beiträgen zur → *Berufsgenossenschaft*, Zahlungen im → *Mutterschutz*, Urlaubsansprüchen, bezahlten Feiertagen, → *Lohnfortzahlung* im Krankheitsfall und den Kosten aus dem → *Betriebsverfassungsgesetz (BetrVG).* Diese **gesetzlichen** Lohnnebenkosten werden noch ergänzt durch die Lohnnebenkosten aufgrund von Vereinbarungen im → *Tarifvertrag* oder aufgrund von **freiwilligen** Leistungen des Arbeitgebers z. B. für Werksverpflegung, betriebliche Aus- und Fortbildung, Altersversorgung usw. Die Höhe der Lohnnebenkosten in Deutschland wird in der politischen Auseinandersetzung zur Wettbewerbsfähigkeit der deutschen Wirtschaft als Standortnachteil (→ *Standortdiskussion*) kritisiert. → *Ökosteuer.* Siehe **Abb. 22.**

▶ **Lohnpolitik**

Gesamtheit der Maßnahmen zur Beeinflussung der → *Einkommen* der → *Arbeitnehmer.* In Deutschland sind die → *Tarifvertragsparteien* die Hauptträger der Lohnpolitik (→ *Tarifautonomie*).

Der Staat hat – soweit er nicht selbst Tarifvertragspartei ist (→ *Öffentlicher* Dienst) – im Allgemeinen lediglich Möglichkeiten

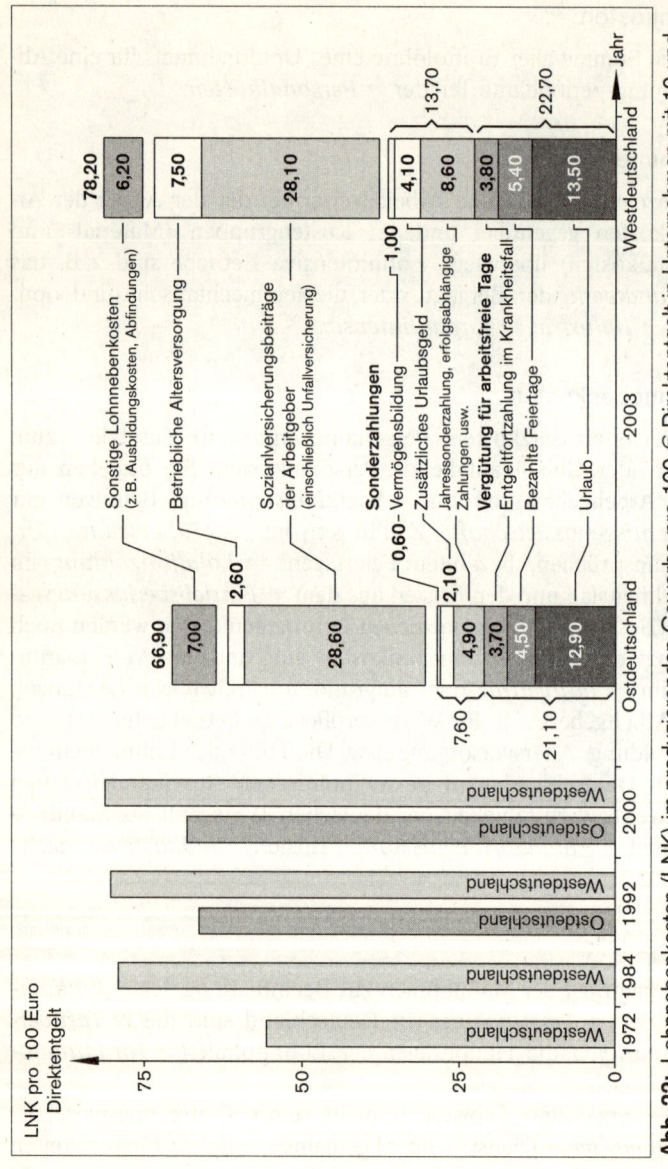

Abb. 22: Lohnnebenkosten (LNK) im produzierenden Gewerbe pro 100 € Direktentgelt in Unternehmen mit 10 und mehr Beschäftigten (Quelle: IdW Köln 2004)

indirekter Einflussnahmen. Sie reichen von allgemeinen Maßhalteappellen an die Tarifvertragsparteien bis hin zu den Versuchen, *Lohnleitlinien* vorzugeben. Eine direkte Möglichkeit der Einflussnahme wäre das Verordnen eines allgemeinen → *Lohnstopp.* → *Standortdiskussion.*

Ziel der gewerkschaftlichen Lohnpolitik ist es, die Arbeitnehmer am Gesamtergebnis des Wirtschaftsprozesses in gerechter Weise zu beteiligen und deren → *Lebensstandard* entsprechend zu steigern.

Kriterien für die Lohnpolitik sind dabei u. a.:

● die für die Laufzeit neu abzuschließender Tarifverträge erwarteten Steigerungsraten von Preisen und → *Produktivität*;

● die vorhandene → *Einkommensverteilung* und → *Vermögensverteilung*;

● die gesamtwirtschaftlichen Rahmenbedingungen, in denen sich die Preisbildung vollzieht (→ *Konzentration*);

● die jeweilige und die zu erwartende Lage der → *Konjunktur* und das voraussichtliche → *Wirtschaftswachstum.*

Mittel der lohnpolitischen Auseinandersetzung sind u. a. der → *Streik* und die rechtlich umstrittene → *Aussperrung.*

Nach Einführung der EWWU (→ *Europäische Wirtschafts- und Währungsunion (EWWU)*) verliert die nationale Lohnpolitik an Bedeutung. Dies vor allem, weil das frühere Korrektiv → *Wechselkurs* nunmehr völlig ausgeschaltet ist und die über eine einheitliche Währung mögliche Transparenz des Lohnniveaus in den einzelnen Mitgliedsstaaten den Einfluss des Konkurrenzdrucks auf die Lohnentwicklung verstärkt. Um zu vermeiden, dass die – bezogen auf den gewerkschaftlichen Einfluss bei einer tarifvertraglichen Gestaltung – schwächsten Glieder in der EU künftig die europäische Lohnpolitik bestimmen, versuchen die Gewerkschaften über ihre europäischen Dachorganisationen (→ *Europäischer Gewerkschaftsbund (EGB)* und europäische Branchenorganisationen, wie z. B. der **Europäische Metallarbeiterbund** oder die **Europäische Föderation der Chemiegewerkschaften**), u. a. auch die nationalen Interessen in der Lohnpolitik zu koordinieren. → *Entsendegesetz,* → *Sozialdumping.*

▶ **Lohnquote**

Anteil für das → *Arbeitnehmerentgelt* am → *Volkseinkommen* einer Volkswirtschaft (2001: 73,2 %; 2002: 71,9 %; 2003: 72,2 %). Sie liefert als → *Zeitreihe* Hinweise auf Verschiebungen in der → *Einkommensverteilung*.

Die Folgen von Verschiebungen in der Struktur zwischen Selbständigen und Arbeitnehmern werden in dieser **„unbereinigten"** Lohnquote jedoch nicht erfasst und verfälschen das Bild. Deshalb wird bei der **„bereinigten Lohnquote"** das Verhältnis zwischen Arbeitnehmern und Selbständigen von einem bestimmten Zeitpunkt an als gleich bleibend unterstellt.

Die Lohnquote folgt Konjunkturschwankungen (→ *Konjunktur*) mit zeitlicher Verzögerung, da Tarifverträge (→ *Tarifvertrag*) eine bestimmte Laufzeit haben und nicht mit der Entwicklung der Gewinne (→ *Gewinn*) gleichlaufen: Sie steigt i. d. R. im Abschwung tendenziell an, im Aufschwung fällt sie zurück.

Eine bessere Aussagefähigkeit als Lohnquoten bringen Pro-Kopf-Vergleiche und → *Kennzahlen* zur personellen Einkommensverteilung.

Die **Arbeitseinkommensquote** wird in der VGR (→ *Volkswirtschaftliche Gesamtrechnung (VGR)*) berechnet als Verhältnis zwischen Arbeitnehmerentgelt je Arbeitnehmer und Volkseinkommen je Arbeitnehmer (2000: 81,3 %; 2001: 81,2 %; 2002: 80,5 %; 2003: 80,5 %). Quelle: Ifo-Institut.

▶ **Lohnschere** → *Effektivlohn*

▶ **Lohnsteuer**

Der vom → *Arbeitgeber* vom Bruttolohn nach dem → *Einkommensteuergesetz (EStG)* (§ 38 bis § 42 f EStG) als Steuer einzubehaltende Teil des Arbeitslohns. Sie ist eine Erhebungsform der → *Einkommensteuer*. Hierzu ist der Arbeitgeber verpflichtet, für jeden → *Arbeitnehmer* am Ort der Betriebsstätte in der **Lohnbuchhaltung** (→ *Buchhaltung*) ein **Lohnkonto** zu führen (§ 41 EStG). Der Abzug erfolgt mit Hilfe von → *Lohnsteuertabellen*.

Zu viel gezahlte Lohnsteuer kann jährlich mit einem **Antrag auf Veranlagung** (→ *Lohnsteuerjahresausgleich*) vom Finanzamt zurückerstattet werden. Darüber hinaus gibt es auch die Möglichkeit für einen → *Steuerfreibetrag* auf der → *Lohnsteuerkarte*.

Rechtsgrundlagen sind neben dem **Einkommensteuergesetz** die **Lohnsteuer-Durchführungsverordnung (LStDV)** und die **Lohnsteuer-Richtlinien (LStR)**. Die LStDV enthält die Vorschriften zur Besteuerung der Einkünfte aus unselbständiger Arbeit, die LStR enthalten Entscheidungen der Finanzgerichte sowie ergänzende Erläuterungen, die von der Finanzverwaltung zu beachten sind.

Die Lohnsteuer wird ebenso wie die Einkommensteuer als → *Gemeinschaftsteuer* zwischen Bund und Ländern aufgeteilt. Sie stellt mit rd. einem Drittel den größten Anteil am Steueraufkommen dar. → *Lohnsteuerquote*. → *Steuerreform*.

http://bundesrecht.juris.de

▶ **Lohnsteuer-Durchführungsverordnung (LStDV)** → *Lohnsteuer*

▶ **Lohnsteuerermäßigungsverfahren** → *Lohnsteuerkarte*

▶ **Lohnsteuerfreibetrag** → *Freibetrag*

▶ **Lohnsteuerhilfevereine**

Eine Selbsthilfeeinrichtung für → *Arbeitnehmer* zur Hilfeleistung in Lohnsteuersachen für ihre Mitglieder. Nach dem Steuerberatungsgesetz (→ *Steuerberater*) ist jedoch nur eine eingeschränkte Hilfeleistung möglich.

▶ **Lohnsteuerjahresausgleich**

Regelung mit dem Ziel, → *Arbeitnehmer* nicht schlechter zu stellen als die nachträglich zu veranlagenden Einkommensteuerpflichtigen. Eine Rückerstattung zu viel einbehaltener → *Lohnsteuer* erfolgt nach den Vorschriften im → *Einkommensteuergesetz (EStG)*, wenn im Laufe des Kalenderjahres die einbehaltene

Lohnsteuer höher ist, als nach der → *Lohnsteuertabelle* aufgrund des Jahresarbeitslohnes zu berechnen gewesen wäre. Die Verrechnung erfolgt durch den → *Arbeitgeber* ohne besonderen Antrag des Arbeitnehmers am Jahresende (§ 42 b EStG).

Darüber hinaus kann nach besonderem **Antrag auf Veranlagung zur** → *Einkommensteuer* (§ 46 Abs. 2 Nr. 8 EStG) beim → *Finanzamt* eine Rückerstattung zu viel einbehaltener Lohnsteuer erfolgen. Dies ist erfolgsversprechend, wenn die verschiedenen → *Pauschbeträge* bei den → *Werbungskosten* und den → *Sonderausgaben* überschritten werden, → *Außergewöhnliche Belastungen* vorliegen oder ein bestimmter → *Freibetrag* (z. B. für Körperbehinderung) nicht berücksichtigt wurde. Der Antrag auf Veranlagung kann nur bis zum Ablauf des auf den Veranlagungszeitraums folgenden zweiten Kalenderjahres erfolgen. Um Überzahlungen im laufenden Jahr zu vermeiden, besteht die Möglichkeit für ein → *Lohnsteuerermäßigungs-Verfahren*.

▶ **Lohnsteuerkarte**

Von den → *Gemeinden* entsprechend den Vorschriften im → *Einkommensteuergesetz (EStG)* (§ 39 EStG) ausgestellte amtliche → *Urkunde* zur Berechnung der → *Lohnsteuer*. Hierin wird eingetragen die → *Steuerklasse* und die Zahl der Kinderfreibeträge (Steuerklasse I bis IV) (→ *Steuerreform*). Ändern sich die Voraussetzungen, so ändert das zuständige → *Finanzamt* auf Antrag die Eintragungen. → *Elster*.

Das Finanzamt trägt jährlich wiederkehrende Freibeträge, → *Sonderausgaben*, → *Außergewöhnliche Belastungen* oder über dem → *Arbeitnehmer-Pauschbetrag* liegende → *Werbungskosten* als steuerfrei auf der Lohnsteuerkarte ein, sofern sie auf einem besonderen **Antrag auf Lohnsteuer-Ermäßigung** glaubhaft gemacht werden (§ 39a Abs. 1 EStG) und einen **Mindestbetrag von 600 Euro** überschreiten. Der Mindestbetrag von 600 Euro gilt nicht für die Eintragung der **Pauschbeträge für Behinderte und Hinterbliebene** (→ *Behinderten-Pauschbetrag*). Diese hat die Gemeinde von Amts wegen einzutragen (§ 39a Abs. 2 EStG).

▶ **Lohnsteuerklassen**

Zur Durchführung des Abzugs der → *Lohnsteuer* werden → *Arbeitnehmer* nach dem → *Einkommensteuergesetz (EStG)* bestimmten Lohnsteuerklassen zugeordnet (§ 38b EStG):

● **Steuerklasse I** für Ledige sowie Verheiratete, Verwitwete oder Geschiedene, bei denen die Voraussetzungen für die Steuerklasse III oder IV nicht erfüllt sind;

● **Steuerklasse II** für alle Arbeitnehmer, für die der Entlastungsbetrag für Alleinerziehende (früher der Haushaltsfreibetrag) zu berücksichtigen ist (→ *Steuerreform*);

● **Steuerklasse III** u. a. für Verheiratete und nicht dauernd getrennt lebende Arbeitnehmer, wenn der Ehegatte des Arbeitnehmers keinen Arbeitslohn bezieht oder der Ehegatte des Arbeitnehmers auf Antrag beider Ehegatten in die Steuerklasse V eingereiht ist;

● **Steuerklasse IV** für Verheiratete, die nicht dauernd getrennt leben und der Ehegatte ebenfalls Arbeitslohn bezieht *(Faustregel: Einkommensunterschied nicht größer als 40 zu 60)*;

● **Steuerklasse V** für Verheiratete, deren Ehegatte in die Steuerklasse III eingereiht ist;

● **Steuerklasse VI** für Arbeitnehmer, die nebeneinander von mehreren Arbeitgebern Arbeitslohn beziehen, für die Einbehaltung der Lohnsteuer vom Arbeitslohn aus dem zweiten und aus weiteren Dienstverhältnissen.

▶ **Lohnsteuerpauschalierung** → *Pauschalierung der Lohnsteuer*

▶ **Lohnsteuerquote**

Das Verhältnis des Lohnsteueraufkommens (→ *Lohnsteuer*) zur volkswirtschaftlichen → *Bruttolohn- und -gehaltssumme (Bruttoeinkommen)*. Sie ist aufgrund der progressiven Wirkung des Steuertarifs (→ *Steuerprogression*) in ihrer Tendenz steigend und betrug z. B. 1960 6,3 %; 1970 11,8 %; 1980 15,3 %; 1990 16,2 % (→ *Steuerreform*); 1995 20,1 % und ist seitdem wegen der Wirkungen der → *Steuerreform* leicht zurückgegangen auf rd. 19 % (2003). → *Steuerlastquote*.

▶ **Lohnsteuer-Richtlinien (LStR)** → *Lohnsteuer*

▶ **Lohnsteuertabellen**

Tabellen zum Errechnen der → *Lohnsteuer* entsprechend den Vorschriften im → *Einkommensteuergesetz (EStG)* (§ 39 b EStG). Die Tabellen werden nach **Tag, Woche, Monat** und **Jahr** unterschieden. Sie sind unterteilt nach der **Höhe des Arbeitslohns** in Euro, den einzelnen → *Lohnsteuerklassen* (I bis VI) und der Zahl der Freibeträge für **Kinder** (0,5 bis 4,0).

Mit ihrer Hilfe wird von den Lohnbüros die jeweils in einer Steuerklasse anfallende **Lohnsteuer** ermittelt. Außerdem kann die von der Zahl der Kinderfreibeträge (→ *Kinderfreibetrag*) abhängige Lohnsteuer-Bemessungsgrundlage für → *Kirchensteuer* und → *Solidaritätszuschlag* abgelesen werden.

In den Tabellen eingearbeitet sind – bei der Tages-, Wochen- und Monatstabelle jeweils anteilig –

● der **tarifliche** → *Grundfreibetrag* (§ 32 a Abs. 1 EStG) in den Steuerklassen I, II und IV bzw. der doppelte Betrag in der Steuerklasse III;

● der → *Arbeitnehmer-Pauschbetrag* (§ 9 a Satz 1 Nr. 1 EStG) in den Steuerklassen I bis V;

● der → *Sonderausgaben-Pauschbetrag* (§ 10 c Abs. 1 EStG) in den Steuerklassen I, II und IV bzw. der doppelte Betrag in der Steuerklasse III;

● der **Entlastungsbetrag für Alleinerziehende** (→ *Steuerreform)* in Höhe von 1308 Euro (§ 24 b EStG) in der Steuerklasse II (ab 2004);

● die → *Vorsorgepauschale* (§ 10 c Abs. 2 bis 5 EStG) in den Steuerklassen I, II und IV bzw. der doppelte Betrag in der Steuerklasse III.

▶ **Lohnstopp** → *Preiskontrolle*

▶ **Lohnstückkosten**

Bezeichnung für den auf eine Produktionseinheit (→ *Güter* oder → *Dienstleistungen)* entfallenden Lohnkostenanteil. Sinkende Lohnstückkosten signalisieren eine Erhöhung der Kapazitätsauslastung (→ *Kapazitätsausnutzungsgrad*) eines Betriebes oder die Wirkung von Maßnahmen zur → *Rationalisierung*. Bei gleich bleibenden → *Kapitalkosten* pro Stück und Verkaufspreisen steigt der → *Gewinn* pro produziertem Stück oder erstellter Dienstleistungseinheit.

Aus der VGR (→ *Volkswirtschaftliche Gesamtrechnung (VGR)*) werden die **durchschnittlichen Lohnstückkosten** einer Volkswirtschaft oder Branche errechnet als Verhältnis aus → *Arbeitnehmerentgelt* bezogen auf die Zahl der abhängig Beschäftigten (→ *Arbeitnehmer*) zum realen Bruttoinlandsprodukt (→ *Nationaleinkommen*) bezogen auf die Zahl der → *Erwerbstätigen*. Die so berechneten → *Kennzahlen* erfassen gleichzeitig die Arbeitskosten und die Leistungsfähigkeit einer Volkswirtschaft (→ *Produktivität*) und sind für die beschäftigungspolitische Beurteilung als → *Zeitreihe* interessant (siehe Tabelle Seite 1086).

Die Entwicklung der Lohnstückkosten wird oft im internationalen Vergleich verwendet als Beurteilungsgröße für die Wettbewerbsfähigkeit einer Volkswirtschaft (→ *Standortdiskussion*). Dies ist jedoch nur sinnvoll, wenn Schwankungen im → *Wechselkurs* herausgerechnet werden und die statistischen Erhebungsmethoden der verglichenen Länder übereinstimmen.

▶ **Lohntarifvertrag** → *Tarifvertrag*

▶ **Lombardkredit/Lombardgeschäft**

War bis zum 31.12. 1998 ein Bankkredit gegen Verpfändung von → *Effekten*, Edelmetallen oder Waren. Die → *Bundesbank* nahm bestimmte festverzinsliche › *Wertpapiere* im Lombardgeschäft an. Sie setzte einen Zinsfuß – den **Lombardsatz** – fest, der von ihr auf die im **Lombardgeschäft** gewährten → *Kredite* berechnet wurde. Er lag meist ein bis eineinhalb Prozentpunkte über dem → *Diskontsatz*. Der Lombardkredit ist in die geldpolitischen Instrumente im ESZB (→ *Europäisches System der Zentralbanken (ESZB)*) aufgegangen. Der Lombardsatz wurde mit der **Lombardsatz-Überleitungsverordnung** ab 1.1. 1999 durch den Zinssatz der Spitzenrefinanzierungsfazilität ersetzt.→ *Leitzinsen*.

▶ **Lomé-Abkommen** → *AKP-Staaten*

▶ **Long Call** → *Call Option*

▶ **Long Position**

Kauf (noch) nicht in Besitz befindlicher → *Wertpapiere* im → *Termingeschäft*. Der Käufer wartet auf steigende Kurse. → *Short Position*.

▶ **LSP** → *Leitsätze für die Preisermittlung aufgrund von Selbstkosten (LSP)*

▶ **Luxemburg-Prozess** → *Europäischer Beschäftigungspakt*

▶ **Luxussteuer**

Die besondere steuerliche Belastung gehobener → *Gebrauchsgüter* oder → *Verbrauchsgüter* z. B. durch eine eigene Steuerart (→ *Steuerarten*) oder durch einen Zuschlag zur → *Mehrwertsteuer (MwSt)*. In Deutschland gab es eine Luxusbesteuerung lediglich zeitweise bis 1926.

▶ **LZB** → *Landeszentralbanken (LZB)*

M

▶ **Maastricht-Kriterien** → *Europäische Union (EU)*

▶ **Maastricht, Vertrag von** → *Europäische Union (EU)*

▶ **Magisches Viereck**

Die populäre Bezeichnung für die im → *Stabilitätsgesetz* von 1967 genannten wirtschaftspolitischen Zielsetzungen → *Preisstabilität*, → *Vollbeschäftigung* und außenwirtschaftliches Gleichgewicht (→ *Zahlungsbilanz*) bei stetigem → *Wirtschaftswachstum*. Das Viereck heißt magisch, weil es bisher nicht gelungen ist, alle vier Ziele gleichzeitig zu erreichen und somit gesamtwirtschaftliches Gleichgewicht herzustellen. Die → *Wirtschaftspolitik* muss deshalb darauf ausgerichtet sein, eine optimale Kombination der Ziele zu erreichen.

Der „Vertrag über die → *Europäische Union (EU)*" enthält im Vertragsteil zur EWWU (→ *Europäische Wirtschafts- und Währungsunion (EWWU)*) als wirtschaftspolitische Ziele „ein beständiges, nicht inflationäres und umweltverträgliches Wirtschaftswachstum, ein hohes Beschäftigungsniveau und den wirtschaftlichen und sozialen Zusammenhalt".

▶ **Mail**

Bezeichnung für die Nachrichten, die im → *Internet* oder anderen Netzsystemen zwischen den Benutzern ausgetauscht werden. → *E-Mail*.

▶ **Mailbox**

Die Bezeichnung für ein elektronisches Postfach, das in einem zentralen → *Computer* verwaltet wird. Die Mailbox dient dem Austausch von Informationen, z.B. innerhalb einer Unternehmensgruppe oder zwischen Unternehmen mit ihren Geschäftspartnern oder zwischen privaten Teilnehmern (**Usern**). Die Informationen sind in der Mailbox gespeichert und können jederzeit unter Verwendung einer → *Kennung* abgerufen (→ *Netcall*), ausgedruckt und ggf. auch im eigenen Computer weiterverarbeitet werden.

Auf elektronischem Wege durchgeführte Nachrichtenübertragung heißt → *E-Mail*. Wegen ihrer Schnelligkeit und der möglichen zusätzlichen Leistungsmerkmale der Mailbox ersetzt sie im Geschäftsverkehr zunehmend die herkömmliche Briefübermittlung. In den **Mailbox-Netzen** (z. B. → *Usenet*, → *Fido-Netz (Fidonet)*, → *Z-Netz*), die untereinander kommunizieren können, laufen auch öffentliche Diskussionsforen zu bestimmten Themenschwerpunkten (→ *News*) zwischen interessierten Teilnehmern.

▶ **Mainframe-Rechner**

Großrechner (→ *Computer*) der obersten Leistungsklasse. Mainframe-Systeme bestehen aus einem Großrechner (→ *Host*) und einer größeren Zahl von Datenendgeräten (→ *Terminal*), über die auf die zentral gespeicherten Daten und Anwendungsprogramme zugegriffen werden kann. → *Downsizing*.

▶ **Makler**

(Mäkler) Bezeichnung für Personen, die gewerbsmäßig für andere Personen, für die sie nicht ständig aufgrund eines Vertragsverhältnisses tätig sind, gegen Entgelt (→ *Kurtage*) Verträge vermitteln oder eine Gelegenheit zum Vertragsabschluss nachweisen. Die Verträge beziehen sich auf den Kauf oder Verkauf von Waren, → *Wertpapiere* (→ *Börsenmakler*), → *Versicherungen*, Güterbeförderung, Schiffsmiete und sonstige Gegenstände. Rechtsgrundlage sind die Vorschriften → *Handelsgesetzbuch (HGB)* (§ 93 HGB bis § 104 HGB) über die **Handelsmakler.** Anders: → *Handelsvertreter*.

Wer für den Nachweis der Gelegenheit zum Abschluss eines Vertrags (→ *Vertrag*) oder für die Vermittlung eines Vertrags (**Maklervertrag**) einen Maklerlohn verspricht, hat diesen bei einem

Erfolg entsprechend der Vorschriften im BGB (→ *Bürgerliches Gesetzbuch (BGB)*) (§ 652 BGB bis § 655 BGB) zu entrichten. Diese Vorschriften gelten u. a. für **Immobilienmakler** (→ *Immobilien*).

▶ **Maklergebühr/Maklerlohn**

Die → *Provision* für einen → *Makler.* → *Kurtage.*

▶ **Maklervertrag** → *Makler*

▶ **Makroökonomie**

Bezeichnung für ein Teilgebiet der → *Volkswirtschaftslehre (VWL)*, dessen Grundlage volkswirtschaftliche Gesamtgrößen sind. Diese ergeben sich aus der Zusammenfassung (Aggregation) von Ergebnissen der Einzelwirtschaftspläne der Haushalte und Unternehmen, also den Ergebnissen der → *Mikroökonomie*. Die moderne → *Wirtschaftspolitik* orientiert sich bei ihren Entscheidungen überwiegend an makroökonomischen Größen, z. B. an den Ergebnissen der VGR (→ *Volkswirtschaftliche Gesamtrechnung (VGR)*).

▶ **Makroökonomischer Dialog** → *Europäischer Beschäftigungspakt*

▶ **Management**

Aus dem Englischen (to manage = führen, leiten) abgeleiteter Begriff für alle Personen **(Manager)**, denen entweder als Einzelperson oder als Gremium (z. B. → *Vorstand*, → *Geschäftsführung*) die verantwortliche, mit dem → *Direktionsrecht* versehene Leitung eines Unternehmens oder Betriebs obliegt.

Im allgemeinen Sprachgebrauch wird jedoch noch unterschieden nach → *Hierarchie*-Ebenen in **Top-Management, Middle-Management** und **Lower-Management**. Auch → *Selbständige* in bestimmten Berufen bezeichnen sich gelegentlich als Manager, z. B. Konzertmanagement.

▶ **Management-Buy-out/Management-Buy-in**

Management-Buy-out (MBO) ist die Bezeichnung für die Übernahme der Mehrheit in einer → *Kapitalgesellschaft* oder → *Personengesellschaft* durch das bestehende → *Management*. Das Management kauft die Eigentümer aus dem Unternehmen heraus und stellt sein → *Know-how* weiterhin zur Verfügung. Dies ist gelegentlich der Fall, wenn z. B. eine unerwünschte Übernahme der Gesellschaft durch Dritte oder eine → *Liquidation* verhindert werden soll.

Beim **Management-Buy-in (MBI)** kauft sich ein externes Management in das Unternehmen ein. Dieser Gruppe von Investoren stehen i. d. R. bessere Möglichkeiten einer → *Finanzierung* notwendiger → *Investitionen* und Umstrukturierungsprozesse zur Verfügung als den bisherigen Eigentümern.

▶ **Management-Holding** → *Holdinggesellschaft*

▶ **Managementinformationssystem (MIS)** → *Führungsinformationssystem (FIS)*

▶ **Management Shares**

→ *Aktien* im Besitz von → *Vorstand* und anderer → *Führungskräfte* einer → *Aktiengesellschaft (AG)*. → *Erfolgsbeteiligung*.

▶ **Manager**

Einzelperson oder Mitglied im → *Management*.

▶ **Manchester-Liberalismus**

Eine früher in Manchester beheimatete Schule der klassischen Nationalökonomie (→ *Klassiker*) mit extrem liberaler Richtung, die grundsätzlich alle Eingriffe des Staates in das Wirtschaftsleben ablehnte. Die Praktizierung dieser Wirtschaftsordnung brachte Mitte des 19. Jh. in England und später auch in Deutschland und anderen westeuropäischen Ländern katastrophale Zustände innerhalb der arbeitenden Bevölkerung, weil deren soziale Probleme überhaupt keine Beachtung fanden. → *Liberalismus*.

▶ **Mantel** → *Firmenmantel* → *Wertpapiere*

▶ **Manteltarif**

Ein meistens längerfristig geltendes Rahmenabkommen (→ *Tarifvertrag*) zwischen den → *Tarifvertragsparteien*, das vor allem auf eine Regelung der Arbeitsbedingungen abzielt.

▶ **Marge**

Unterschiedsbetrag (absolut oder in %) zwischen Soll- und Habenzinsen (**Zinsmarge**), An- und Verkaufspreis oder dem → *Börsenkurs* – z. B. an verschiedenen Börsenplätzen (→ *Arbitrage*) oder zwischen Geldkurs und Briefkurs.

Auch die für → *Termingeschäfte* mögliche Mindesteinzahlung (Einschuss) zur Risikoabsicherung, die → *Kreditinstitute* oder eine → *Börse* fordern können, wird als Marge (engl. **margin**) bezeichnet.

▶ **Margin** → *Marge*

▶ **Marginalanalyse**

Grenzwertmethode der modernen Wirtschaftstheorie, bei der die Ergebnisse einer geringfügigen Änderung einer bzw. mehrerer Größen (Variablen) auf die Ausgangslage untersucht werden. Z. B.: Wie verändert sich die Nachfrage, wenn der Preis um eine Einheit erhöht wird?

▶ **Markenzeichen** → *Handelsmarke*

▶ **Marketing**

Vieldeutig auslegbarer Begriff. Er umfasst alles, was ein Unternehmen mit verfügbaren Mitteln tun kann, um seine Produkte und

→ *Dienstleistungen* sowie seine Vertriebs-, Verkaufs- und Werbemaßnahmen so zu gestalten, dass sie auf lange Sicht mit höchst-
möglichem → *Erfolg* produziert und verkauft werden können.
→ *Marktforschung.*

▶ **Markt**

In der → *Wirtschaftswissenschaft* eine abstrakte Zusammenfassung für Angebots- und Nachfragebeziehungen, bei denen eine
Preisbildung für → *Güter* oder → *Dienstleistungen* erfolgt. Richtet
sich das Zusammentreffen von Käufer und Verkäufer nach bestimmten Regeln, so spricht man vom **organisierten Markt**, z. B. an
der → *Börse.* Der gesamte Leistungsaustausch im Inland bzw.
in einem wirtschaftlich zusammengeschlossenen Raum (z. B.
→ *Europäischer Binnenmarkt*) wird als **Binnenmarkt** bezeichnet.
Der sich vollziehende Leistungsaustausch zwischen den einzelnen
Staaten ist der **Weltmarkt.**

Das Aufeinandertreffen von Angebot und Nachfrage nach Arbeitskräften wird als → *Arbeitsmarkt* bezeichnet, das Aufeinandertreffen langfristiger → *Kredite* und → *Beteiligungen* als → *Kapitalmarkt.* Daneben gibt es viele Teilmärkte für einzelne Güter,
z. B. Getreidemarkt, Viehmarkt, Antiquitätenmarkt usw. → *Marktform.*

▶ **Marktanalyse** → *Marktforschung*

▶ **Marktanteil**

Menge eines von einem Unternehmen oder → *Konzern* verkauften Produktes bezogen auf die am → *Markt* insgesamt verkaufte
Menge des Produktes. **Beispiel:** Von den 100 000 in Deutschland
verkauften Einheiten einer bestimmten Maschinenart stammen
65 000 von dem Konzern X. Der Konzern X hat demnach in
Deutschland für die betreffende Maschinenart einen Marktanteil
von 65 % und steht am Rand der Marktbeherrschung. → *Kartellgesetz,* → *Marktform.*

▶ **Marktbeherrschende Unternehmen** → *Kartellgesetz*

▶ **Marktform**

Kennzeichnet Struktur und Eigenschaften für einen → *Markt*. Je nachdem, ob viele oder wenige oder nur ein Anbieter und/oder Nachfrager vorhanden sind, unterscheidet man Märkte in Konkurrenz (Polypol), als → *Oligopol* und im → *Monopol*. Stehen einem Anbieter viele Nachfrager gegenüber, so spricht man vom **Angebotsmonopol** (z.B. das frühere → *Fernmeldemonopol*). Stehen einem Nachfrager viele Anbieter gegenüber, so spricht man von einem **Nachfragemonopol**, z.B. das → *Branntweinmonopol* des Staates. Stehen viele Nachfrager vielen Anbietern gegenüber, so heißt diese Marktform **Polypol**.

Auf oligopolistischen und monopolistischen Märkten herrscht kaum oder überhaupt kein Wettbewerb. Anbieter im Angebotsmonopol bzw. -oligopol oder Nachfrager im Nachfragemonopol bzw. -oligopol besitzen **Marktmacht**. Sie ist am stärksten auf einem monopolistischen Markt ausgeprägt.

Beim **Oligopol** hängt der Umfang der Marktmacht vom jeweiligen → *Marktanteil* der beteiligten Unternehmen ab. → *Konzentration*, → *Kartellgesetz*, → *Marktwirtschaft*.

▶ **Marktforschung**

Mit Hilfe systematischer Verfahren betriebene Untersuchung (**Marktanalyse**) und Beobachtung (**Marktbeobachtung**) für einen → *Markt*. Ziel der Marktforschung ist es, Kenntnis über die zu erwartenden und vorhandenen Bedingungen am Beschaffungs-, Absatz- und → *Kapitalmarkt* zu erhalten.

▶ **Marktkapitalisierung**

Andere Bezeichnung für den aktuellen **Börsenwert** eines Unternehmens. → *Börsenkapitalisierung*.

▶ **Marktmacht** → *Marktform*

▶ **Marktnische**

Teil eines Gesamtmarktes, den ideenreiche Unternehmen mit bestimmten Produkten ausfüllen können, für die zwar ein Bedarf existiert, jedoch in dem speziellen Marktsegment kein oder kein ausreichendes Angebot gegenübersteht.

▶ **Marktordnung in der EU** → *Agrarpolitik*

▶ **Markttransparenz**

Überschaubarkeit der Marktbedingungen für alle Beteiligten.

▶ **Marktwirtschaft**

Bezeichnung für ein → *Wirtschaftssystem*, bei dem die individuelle Entscheidungsfreiheit des Einzelnen ohne staatliche Eingriffe zum Prinzip erhoben wird. Das von den klassischen Wirtschaftstheoretikern (**Smith, Malthus, Ricardo, Say, Mill** u. a., → *Klassiker*) entworfene Modell sieht in der Selbstverwirklichung des Einzelnen die beste Möglichkeit zur optimalen Befriedigung der Bedürfnisse aller am Wirtschaftsprozess Beteiligten.

Allerdings gilt dies nur unter den **theoretischen Voraussetzungen** eines idealen Wettbewerbs, freier Konsumwahl und Wahl des Arbeitsplatzes, freier Spar- und Investitionsentscheidungen sowie einer Garantie des Privateigentums am → *Produktivvermögen*. Nach dem Anspruch des theoretischen Modells vollzieht sich dann die Preisbildung allein durch Angebot und Nachfrage auf einem freien → *Markt* (= **dezentrale Steuerung des Wirtschaftsablaufs**).

Bei einem Vergleich von Modellanspruch und Realität zeigte sich jedoch bereits in der Epoche des **Frühkapitalismus** (→ *Kapitalismus*), dass eine optimale Befriedigung der Bedürfnisse beider am Marktgeschehen beteiligten Seiten nicht zustande kommen konnte. Der von der klassischen Wirtschaftstheorie umschriebene Prozess der Preisbildung für Kapital und Arbeit auf freien Märkten scheiterte am vorhandenen Ungleichgewicht der Machtverhältnisse zwischen den Eigentümern der Produktionsmittel und den besitzlosen Arbeitern. Schlechte Arbeitsbedingungen und soziale Leistungen auf niedrigstem Niveau führten im Ergebnis in der beginnenden Industrialisierungsperiode zu Massenarbeitslosigkeit, sozialem Elend und Ausbeutung der Besitzlosen durch die Produktionsmittelbesitzer. Dies waren die Begleiterscheinungen eines Systems der reinen Marktwirtschaft (→ *Manchester-Liberalismus*).

Die dem marktwirtschaftlichen System zugrunde liegenden ideellen Vorstellungen der liberalistischen Geisteshaltung waren in der Realität nicht anzutreffen. Deshalb begannen fortschrittliche Staaten bereits in der zweiten Hälfte des 19. Jahrhunderts, dem Wirtschaftsablauf gewisse Spielregeln vorzugeben.

Der Manchester-Liberalismus ist jedoch auch heute noch in der Wirtschaftsordnung einiger Schwellen- und → *Entwicklungsländer* erkennbar.

Die Vorgabe staatlicher Rahmenbedingungen ist das Grundanliegen des → *Neoliberalismus* und des hieraus abgeleiteten Systems für eine → *Soziale Marktwirtschaft*. Aus den Krisenerscheinungen des Systems der Marktwirtschaft heraus entwickelten Marx und Engels ihre Lehre vom wissenschaftlichen Sozialismus (**Marxismus**). → *Mixed Economy*.

▶ **Marktzinssatz**

Bezeichnung für den Zinssatz, der im Durchschnitt auf dem → *Geldmarkt* und → *Kapitalmarkt* eines geschlossenen Wirtschaftsgebietes vorhanden ist bzw. für eine bestimmte Rechnungsperiode (Monat, Jahr) gilt.

▶ **Marshallplan** → *ERP*

▶ **Maske**

Die Bezeichnung für den strukturierten Rahmen auf dem → *Bildschirm* z. B. eines → *PC*. Der Benutzer kann mit dem → *Cursor* auf der Maske Zeichen, Texte und Grafiken eingeben und verändern sowie weitere mögliche Funktionen aufrufen. Die Feldbezeichnungen einer vorgegebenen Maske können nicht verändert werden.

▶ **Massenentlassung**

(Anzeigepflichtige Entlassungen) Plant ein → *Arbeitgeber* die Entlassung von Arbeitskräften und werden dabei innerhalb eines Zeitraums von 30 Kalendertagen bestimmte, von der Betriebsgröße abhängige Mindestgrenzen überschritten, so liegen nach dem → *Kündigungsschutzgesetz* (§ 17 KSchG bis § 22 KSchG) anzeigepflichtige Entlassungen nach (Massenentlassungen) vor. Sie sind bei der zuständigen → *Agentur für Arbeit* meldepflichtig. Beizufügen ist eine Stellungnahme vom → *Betriebsrat*.

Für die Wirksamkeit der Massenentlassung besteht eine Sperrfrist von einem Monat nach Eingang der Anzeige bei der Agentur für Arbeit. Diese kann von der zuständigen Regionaldirektion der → *Bundesagentur für Arbeit (BA)* rückwirkend bis zum Tage der Antragstellung verkürzt oder bis zu höchstens 2 Monaten verlängert werden. Ist während der Sperrfrist keine Vollbeschäftigung möglich, kann die Regionaldirektion → *Kurzarbeit* zulassen.

▶ **Massenfertigung**

Ist ein industrielles Fertigungsverfahren mit dem Kennzeichen ständiger Wiederholung gleicher Arbeitsgänge. Hierdurch wird ein hoher Grad an → *Rationalisierung* möglich.

▶ **Massenkaufkraft**

Bezeichnung für die → *Kaufkraft* aller → *Arbeitnehmer*, die die große Masse der → *Erwerbspersonen* darstellen. → *Einkommen*, → *Einkommensverteilung*.

▶ **Maßgeblichkeitsprinzip**

Bedeutet nach den GoB (→ *Grundsätze ordnungsmäßiger Bilanzierung (GoB)*), dass die → *Handelsbilanz* für die → *Steuerbilanz* maßgeblich ist – solange nicht zwingend Vorschriften im → *Einkommensteuergesetz (EStG)* ein Abweichen verlangen (§ 5 Abs. 1 EStG).

Die in der Steuerbilanz wahrgenommenen → *Bilanzierungswahlrechte* sind dann allerdings auch für die Handelsbilanz verbindlich (**umgekehrtes Maßgeblichkeitsprinzip**).

▶ **Maßregelungsverbot**

Nach Beendigung eines Arbeitskampfes (→ *Streik*) im → *Tarifvertrag* zusätzlich getroffene Vereinbarung, wonach Streikende oder „Rädelsführer" wegen ihrer Teilnahme am Arbeitskampf nicht gemaßregelt werden.

▶ **Maßstäbegesetz** → *Finanzausgleich*

▶ **Matrix**

Schematische Darstellungsform von Beziehungen, bestehend aus Zeilen und Spalten.

▶ **Maus**

Kleines Eingabegerät, das auf einer glatten Oberfläche mit der Hand bewegt wird, um den → *Cursor* auf dem → *Bildschirm* eines → *PC* zu steuern. In bestimmten Positionen des Cursors können außerdem durch Anklicken mit der Maus oder mit Hilfe der Tastatur Funktionen im → *Menü* aufgerufen werden.

Sie wird beim → *Notebook* zunehmend verdrängt durch einen bei der Tastatur integrierten **Touchpad**, der eine Steuerung des Cursors mit dem Finger ermöglicht. Neu ist auch die Technik des **Touchscreen**, die es ermöglicht, mit dem Finger direkt auf dem Bildschirm Funktionen anzusteuern.

▶ **Maut** → *Vignetten-Verfahren*

▶ **M-Commerce**

Elektronischer Handel (→ *E-Commerce*) im → *Internet* über → *Handy*. Dies erfolgt über den Standard → *WAP* (Wireless Application Protocol), der vereinfachte Versionen von Internet-Seiten abbildet, die im → *GSM*-Standard (Global System for Mobile

Communication) übertragen werden. Von den schnelleren, in der Entwicklung befindlichen Übertragungsstandards wie → *GPRS* und → *UMTS* wird eine starke Verbreitung von Einkauf per Handy erwartet.

▶ **MDAX** → *Deutscher Aktienindex (DAX)*

▶ **Mediendienste-Staatsvertrag** → *Multimedia*

▶ **Mehrarbeit**

Die über die im Arbeitszeitgesetz (ArbZG) festgelegte regelmäßige werktägliche → *Arbeitszeit* von 8 Stunden bzw. die für das Arbeitsverhältnis übliche im → *Tarifvertrag* oder durch → *Betriebsvereinbarung* entsprechend geregelte Arbeitszeit hinausgehende Arbeitszeit (§ 7 ArbZG). Mehrarbeit wird entweder durch Freizeit oder durch ein zusätzliches Arbeitsentgelt (Mindestzuschlag 25 %) abgegolten. Durch Tarifvertrag können auch höhere Zuschläge vereinbart werden z. B. für → *Überstunden*. Für eine Anordnung von Mehrarbeit muss in der Regel der → *Betriebsrat* bzw. → *Personalrat* zustimmen. Für Jugendliche und Frauen gelten die besonderen Schutzbestimmungen zum → *Jugendarbeitsschutz* bzw. → *Frauenarbeitsschutz*.

▶ **Mehrstimmrecht** → *Vorzugsaktien*

▶ **Mehrwertdienste**

Im Englischen: VANS *(Value Added Network Services)* genannt, sind Dienstleistungen im Sektor der → *Telekommunikation*, die auf einem vorhandenen Übertragungsdienst aufbauend zusätzliche Informationsmerkmale umfassen.

▶ **Mehrwertsteuer (MwSt)** → *Umsatzsteuer*, siehe **Abb. 23**

▶ **Meistbegünstigung**

Hierbei verpflichtet sich ein Staat, alle Vorteile seiner → *Außenhandelspolitik*, insbesondere Zollvergünstigungen, die einem

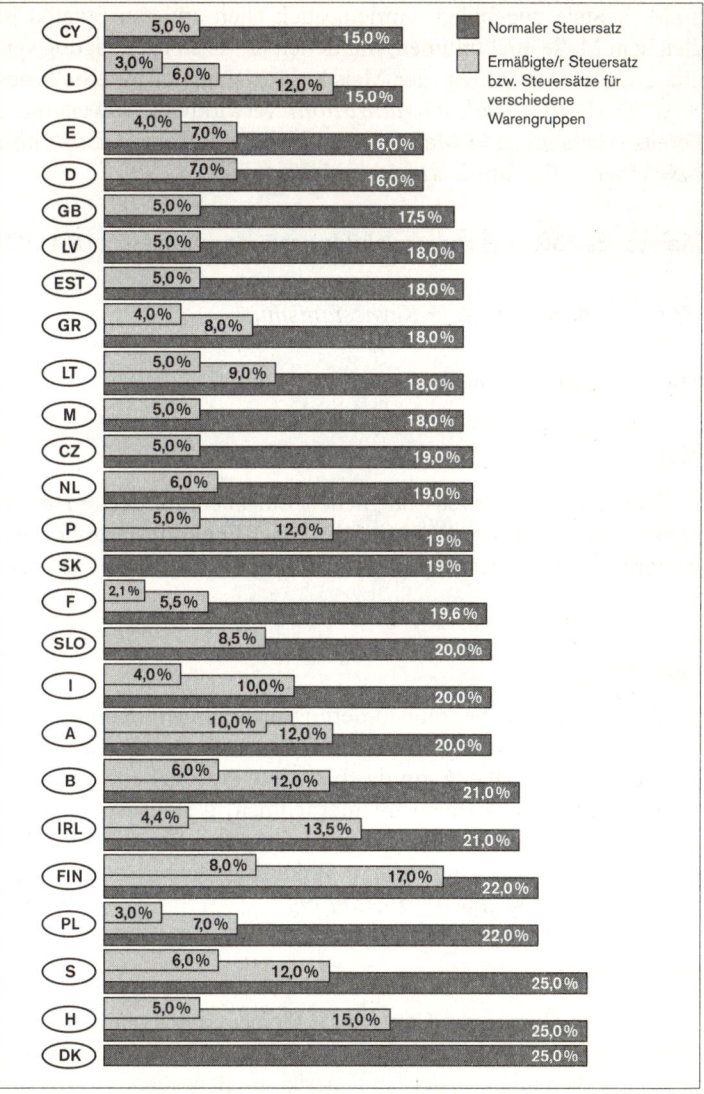

Abb. 23: Mehrwertsteuersätze in den 25 Staaten der Europäischen Union 2004 (Quelle: Europäische Kommission (Dok/2008/2004 – DE))

anderen Staat zugebilligt wurden, auch allen anderen Staaten in gleichem Maße einzuräumen, mit denen er Meistbegünstigung vereinbart hat. Das Prinzip der Meistbegünstigung ist innerhalb des → *WTO (World Trade Organization)* verwirklicht, soweit nicht bereits weitergehende Maßnahmen innerhalb einer → *Zollunion* bzw. einer → *Freihandelszone* vereinbart sind.

▶ **Meister-BAföG** → *Bundesausbildungsförderungsgesetz (BAföG)*

▶ **Memorandumgruppe** → *Keynesianismus*

▶ **Mengentender** → *Tenderverfahren*

▶ **Menü**

Verzeichnis der jeweils möglichen Eingaben auf der → *Benutzeroberfläche* eines → *PC*. Mit Hilfe einer Funktionstaste können weiterführende Erläuterungen zum Menü abgerufen werden. → *Maus*.

▶ **Merchandising**

Bezeichnung für Verkaufsförderungsmaßnahmen (Kundenberatung, Markteinführung neuer Produkte, Verkaufspräsentation, Werbung u. Ä.). Dabei kann das benötigte Personal entweder von einem **merchandiser** (Service-Unternehmen) gestellt werden oder der Produkthersteller übernimmt Schulung und Beratung des Verkaufspersonals bzw. unterstützt Verkaufsmaßnahmen durch eigene Propagandisten u. Ä. → *Branding*.

▶ **MERCOSUR**

(Mercado Común del Cono Sur = Gemeinsamer Markt im südlichen Lateinamerika) 1991 gegründete, seit 1995 als → *Zollunion* gestaltete Vereinigung der südamerikanischen Staaten Argentinien, Brasilien, Uruguay und Paraguay in einem Wirtschaftsraum mit rd. 270 Millionen Menschen (EU: 370 Millionen).

Chile wurde 1996, Bolivien 1997 und Peru 2003 assoziiertes Mitglied (→ *Assoziierung*). Angestrebt wird eine Angleichung der handelsrechtlichen Vorschriften sowie eine Abstimmung der → *Wirtschaftspolitik* in den vier Staaten und schließlich ein → *Binnenmarkt* nach dem Vorbild der EU (→ *Europäische Union (EU)*). Im Jahr 2005 soll mit den Staaten der → *Nafta* und des → *Anden-Pakt* eine **Gesamtamerikanische Freihandelszone (FTAA)** gegründet werden.

Mit der EU finden seit 2001 Verhandlungen statt mit dem Ziel, innerhalb von 10 Jahren einen schrittweisen Zollabbau für 90 % des Handels zwischen den Blöcken zu erreichen.

http://www.mercosur-info.com/al/geschichte.shtml

▶ **Merger**

Amerikanische Bezeichnung für → *Fusion*.

▶ **Mergers & Acquisitions**

Ist die amerikanische Bezeichnung für Fusionen (→ *Fusion*) und Unternehmenskäufe und -verkäufe. Dabei werden die Transaktionen i. d. R. durch berufsmäßige Vermittler, Vermittlungsunternehmen oder → *Banken* eingeleitet. → *Unternehmenszusammenschluss*, → *Takeover*.

▶ **Merkantilismus**

Volkswirtschaftliches System, das seit dem 16. Jh. bis ins ausgehende 18. Jh. vor allem von den absolutistischen Staaten praktiziert wurde. Seine Grundlage ist der Ausbau der heimischen Wirtschaft nach staatlichen Richtlinien mit starken Schutzzöllen (→ *Schutzzoll*) nach außen. Durch Außenhandelsüberschüsse sollten möglichst viel ausländisches Geld und Edelmetalle zur Stützung der absolutistischen Herrschaft ins Land fließen. Oberstes Ziel war die Erreichung eines nationalen Reichtums.

▶ **Mezzanine-Finanzierung**

Mischform einer → *Finanzierung* zwischen → *Eigenkapital* und → *Fremdkapital*. Dies geschieht z. B. durch Einräumen einer stillen Beteiligung (→ *Stille Gesellschaft*), Ausgabe einer → *Wandelanleihe* oder von → *Vorzugsaktien* und → *Genussscheinen*.

Bei dieser Finanzierungsart fehlt i. d. R. die dingliche Besicherung eines Darlehens (→ *Sicherungsübereignung*). Sie ist üblich bei der Gründung von jungen Unternehmen mit geringen Sicherheiten und Kapitalkraft in Wachstumssektoren (z. B. → *Start-ups*).

▶ **Mid Caps**

Aktien von Unternehmen mit einer → *Marktkapitalisierung* zwischen 250 und 1000 Mio. Euro. Der größte Teil dieser Unternehmen ist im → *MDAX* enthalten. → *Small Caps*.

▶ **MIDI**

(Musical Instruments Digital Interface) → *Schnittstelle* für das Verbinden von elektronischen Musikinstrumenten und → *PC*.

▶ **Miete**

Das im **Mietvertrag** (→ *Vertrag*) vereinbarte Entgelt **(Mietzins, Mietpreis)** für eine zum zeitlich begrenzten Gebrauch überlassene Sache. Rechtsgrundlage ist das BGB (→ *Bürgerliches Gesetzbuch (BGB)*) (§ 90 BGB und § 535 BGB bis § 580 a BGB).

Die Miete unterscheidet sich von der **Pacht** (§ 581 BGB bis § 597 BGB) dadurch, dass beim **Pachtvertrag** auch noch die Fruchtnutzung (z. B. in einem Garten) eingeschlossen ist. In der betrieblichen → *Kostenrechnung* sind die Miet- und Pachtzinsen Kostenbestandteile.

▶ **Mieterschutz**

Vorschriften, die Wohnungsmieter gegen willkürliche Kündigungen des Vermieters schützen. Rechtsgrundlage sind die Vorschriften im BGB (→ *Bürgerliches Gesetzbuch (BGB)*) zur Beendigung von Mietverhältnissen (§ 568 bis 576 b BGB).

Danach ist u. a. eine Kündigung zum Zweck der Mieterhöhung ausgeschlossen. Eine Kündigung ist nur bei Nachweis eines berechtigten Interesses an der Beendigung des Mietverhältnisses (z. B. Eigenbedarf) möglich. Der Mieterschutz umfasst alle **unbefristeten** oder mit einer **Verlängerungsklausel** versehenen Mietverhältnisse, die **ordentlich**, d. h. unter Einhaltung bestimmter Fristen, gekündigt werden können.

Das Bundesverfassungsgericht hat mit einem Urteil vom Juli 1993 dem Mietverhältnis (Mieter) den gleichen grundgesetzlichen Schutz wie dem Eigentum (Vermieter) eingeräumt und damit „das berechtigte Interesse" des Vermieters bei einer Kündigung sehr eng gefasst.

Nicht erfasst vom Mieterschutz werden die **außerordentliche fristlose Kündigung** nach § 543 BGB und 569 BGB bei schweren Verstößen gegen den Mietvertrag und **einverständliche Mietaufhebungsverträge**.

Mit dem am 1. 9. 2001 in Kraft getretenen „**Gesetz zur Neugliederung und Vereinfachung des Mietrechts**" wurden die Regelungen im alten **Miethöhegesetz (MHG)** von 1974 in das Bürgerliche Gesetzbuch aufgenommen und die Rechte der Mieter erweitert. Dies u. a. durch Verkürzung der für Mieter verbindlichen Kündigungsfristen auf drei Monate (seit 1. 7. 2005 wirksam für alle Mietverträge) und Begrenzung der innerhalb von drei Jahren insgesamt zulässigen Mieterhöhung auf 20 % (früher 30 %). Hierzu gelten die Vorschriften nach § 557 BGB bis 561 BGB.

Die Interessen der Mieter werden vom **Deutschen Mieterbund e. V.** mit Sitz in Köln wahrgenommen. → *Mietwucher*.

http://www.mieterbund.de/

▶ **Mietkauf**

Form des → *Leasing*. Den Kunden werden die gemieteten → *Güter* (z. B. Fernsehgeräte, Waschmaschinen usw.) nach Ablauf des befristeten Mietvertrages zum Kauf angeboten, wobei Mietzahlungen teilweise auf den Kaufpreis angerechnet werden. Wird der Mietvertrag verlängert, so geht der Mietgegenstand nach Ablauf einer bestimmten Zeit in das Eigentum des Mieters über. Der Mieter kann aber auch nach Ablauf seines Mietvertrages den Mietgegenstand zurückgeben.

▶ **Mietkaution**

Die Sicherheitsleistung des Mieters an den Vermieter. Sie darf nach den Vorschriften im BGB (→ *Bürgerliches Gesetzbuch (BGB)*) das Dreifache der Monatsmiete nicht übersteigen und muss verzinst werden (§ 551 BGB und 566a BGB).

▶ **Mietspiegel**

Eine Übersicht über die → *Ortsübliche Vergleichsmiete*, die von den → *Gemeinden* oder von Interessenvertretern der Vermieter und der Mieter gemeinsam erstellt oder anerkannt worden ist. Allerdings existiert z.Zt. nicht in jeder Gemeinde ein Mietspiegel. Rechtsgrundlage ist das BGB (→ *Bürgerliches Gesetzbuch (BGB)*) (§ 558c BGB und § 558d BGB).

▶ **Mietvertrag** → *Miete*

▶ **Mietwucher**

Mietwucher begeht, wer als Vermieter eine → *Miete* vereinbart oder kassiert, die in einem auffälligen Missverhältnis zum Mietwert steht, und dabei u. a. die Zwangslage, die Unerfahrenheit des Mieters ausnutzt. Die Rechtsprechung unterstellt Mietwucher, wenn die Miete um mehr als 50 % die → *Ortsübliche Vergleichsmiete* übersteigt. Der Mieter braucht maximal nur die Vergleichsmiete plus 20 % zu zahlen.

▶ **MIGA (Multilateral Investment Guarantee Agency)** → *Weltbankgruppe*

▶ **Migration**

Wanderungsbewegung der Bevölkerung zwischen verschiedenen ständigen Aufenthaltsorten.

▶ **Mikroökonomie**

Begriff aus der Wirtschaftswissenschaft für Untersuchungen, die von den Wirtschaftsplänen der einzelnen Haushalte und Unternehmen ausgehen. → *Makroökonomie.*

▶ **Mikroprozessor**

Ein elektronisches Bauteil, bestehend aus einer sehr kleinen Siliziumscheibe, auf der elektrische Schaltungen aufgedampft sind **(Chip)**. Im Verbund mit so genannten **integrierten Schaltkreisen** entsteht ein → *Computer* von der Größe eines Fingernagels **(Mikrocomputer)**. → *Datenverarbeitung.*

Die vielseitigen Verwendungsmöglichkeiten von Mikroprozessoren und die hieraus folgende Miniaturisierung führten zu beschleunigter → *Rationalisierung* und Arbeitsplatzvernichtung. Dies sowohl in der Produktion als auch in den Bereichen der Anwendung von Mikroprozessoren.

▶ **Mikrozensus**

In der Bundesrepublik übliche Form einer Repräsentativstatistik, die auf der Grundlage von Stichprobenerhebungen bevölkerungs- und berufsstatistische Daten beschafft. Dabei werden zwischen den Volkszählungen (→ *Volkszählung*) in jährlichen bis dreijährigen Abständen zwischen 0,1 % und 1 % der Bevölkerung befragt. Die Befragungsquoten und Befragungsintervalle richten sich nach dem jeweiligen Befragungsziel.

▶ **Millionenkredit** → *Großkredit*

▶ **Minderheitenrechte**

Bezeichnung für besondere Quoten im → *Aktiengesetz (AktG)*, die ein bestimmtes Handeln erzwingen können. Dies gilt z. B. für die **Einberufung einer außerordentlichen Hauptversammlung,** wenn Aktionäre dies verlangen, die mindestens 5 % des Aktienanteils (§ 122 Abs. 1 AktG) oder 10 % vom → *Grundkapital* vertreten zur

Geltendmachung von Ersatzansprüchen gegen Mitglieder aus dem
→ *Vorstand* oder → *Aufsichtsrat* (§ 147 AktG). → *Sperrminorität.*

▶ **Mindestlohn**

Die Untergrenze für betriebliche Lohnvereinbarungen. Sie ist in
Deutschland für → *Arbeitgeber*, die der Tarifbindung unterliegen,
bestimmt durch die untersten → *Lohngruppen* im → *Tarifvertrag.*
Dieser kann für allgemeinverbindlich (→ *Allgemeinverbindlichkeitserklärung*) erklärt werden – wie z. B. mit dem → *Entsendegesetz* in der Bauwirtschaft.

Ein **gesetzlicher Mindestlohn** existiert in den meisten Mitgliedstaaten der EU (→ *Europäische Union (EU)*) – allerdings in den
osteuropäischen neuen Mitgliedstaaten auf sehr niedrigem Niveau.
Keine Regelung gibt es in Dänemark, Finnland, Italien, Österreich,
Schweden und Zypern.

In Deutschland existiert zwar ein **Gesetz über die Festsetzung
von Arbeitsbedingungen** aus dem Jahr 1952 für Wirtschaftszweige
und Beschäftigungsarten, die vom Arbeitsministerium bestimmt
werden. Es wurde jedoch bisher nie angewandt.

▶ **Mindestrente** → *Grundrente*

▶ **Mindestreserven**

Guthaben, die → *Kreditinstitute* zwangsweise bei der EZB
(→ *Europäische Zentralbank (EZB)*) in Höhe eines bestimmten
Prozentsatzes ihrer **reservepflichtigen Verbindlichkeiten** unterhalten müssen. Rechtsgrundlage ist eine **Verordnung der Europäischen Zentralbank über die Auferlegung einer Mindestreserve-
pflicht** vom 1. 12. 1998. Eine Verzinsung erfolgt nach den Vorschriften des Art. 8 EZB-VO.

Der von der Zentralbank festgelegte Mindestreservesatz ist
→ *Konjunkturpolitisches Instrumentarium* (**Mindestreservepolitik**). Z. B. wird durch Anheben der **Mindestreservesätze** zusätzliches Zentralbankgeld bei den → *Banken* gebunden, das sonst für
→ *Kredite*, → *Konsum* und → *Investitionen* zur Verfügung ge-
standen hätte.

Im Mindestreservesystem der Europäischen Zentralbank (EZB) wird die Höhe der von einem Kreditinstut zu unterhaltenden Mindestreserven **(Mindestreserve-Soll)** durch Multiplikation der reservepflichtigen Positionen der → *Bilanz* mit den jeweiligen **Mindestreservesätzen** berechnet. Diese werden für jede Kategorie von der EZB festgesetzt. Die **Mindestreserveerfüllungsperiode** beträgt einen Monat, beginnend mit dem Zeitpunkt der Einlagepflicht.

▶ **Mindestreservepolitik** → *Mindestreserven*

▶ **Mindestreservesatz** → *Mindestreserven*

▶ **Mineralölsteuer**

Vom Aufkommen her bedeutendste Steuerart (→ *Steuerarten*) unter den → *Verbrauchsteuern*. Sie wird erhoben auf eingeführte und im Inland hergestellte Mineralöle und dient neben der → *Umsatzsteuer* als fiskalpolitische Manövriermasse zur Haushaltsfinanzierung. Rechtsgrundlage ist das **Mineralölsteuergesetz** vom 21.12. 1992. → *Solidaritätszuschlag*, → *Ökosteuer*.

http://www.rechtliches.de/info_MinOelStG.html

▶ **Minijobs**

(400-Euro-Jobs) Seit dem 1.4.2003 gelten für **geringfügig Beschäftigte** (→ *Hartz-Gesetze*) im → *Sozialgesetzbuch (SGB)* (§ 8 SGB IV) neue Regelungen für sog. **Minijobs** (früher 325-Euro-Arbeitsverhältnisse). Sie ergänzen die mit dem Teilzeit- und Befristungsgesetz (→ *Teilzeitarbeit*) zum 1.1.2001 eingeführten Regelungen und ersetzten die seit dem 1.4.1999 geltende **Geringfügigkeitsgrenze** von 325 Euro.

● Eine **geringfügige Beschäftigung** liegt vor, wenn das Arbeitsentgelt aus dieser Beschäftigung **regelmäßig 400 Euro/Monat nicht übersteigt**. Das Zusammenrechnen mehrerer Arbeitsverhältnisse ist möglich. Dies gilt bis max. 400 Euro/Monat. Alle Arbeitsverhältnisse bis 400 Euro/Monat bleiben für → *Arbeitnehmer* steuer- und sozialversicherungsfrei.

● Bei Vorliegen einer **Hauptbeschäftigung** bleibt die erste geringfügige Beschäftigung für Arbeitnehmer steuer- und sozialversicherungsfrei. Jede weitere geringfügige Beschäftigung wird durch Zusammenrechnen mit der versicherungspflichtigen Hauptbeschäftigung steuer- und sozialversicherungspflichtig, sofern 400 Euro überschritten werden. Ist der Hauptberuf sozialversicherungsfrei (z. B. → *Beamte* oder → *Selbständige*), erfolgt keine Zusammenrechnung der Einnahmen aus diesen Tätigkeiten.

● Der → *Arbeitgeber* zahlt für geringfügig Beschäftigte einen Pauschbetrag (→*Pauschbeträge*) von insgesamt 25 % (→*Krankenversicherung* 11 %, → *Rentenversicherung* 12 %, → *Lohnsteuer* 2 %). **Ausnahme**: Für geringfügig Beschäftigte in **Privathaushalten** zahlt der Arbeitgeber einen Pauschbetrag von 12 Prozent (KV 5 %, RV 5 %, LSt 2 %). Zentrale Einzugs- und Meldestelle ist die → *Knappschaftsversicherung* (**Minijob-Zentrale**).

● Für Arbeitsentgelte zwischen **400,01** und **800 Euro/Monat (Midi-Jobs)** gilt eine sog. **Gleitzone**. Hier teilen sich Arbeitgeber und Arbeitnehmer die Beitragsanteile zur Sozialversicherung nach einer speziellen Formel. Dabei steigt der Arbeitnehmer-Anteil mit 4 % beginnend zunächst langsam an. Der Arbeitgeber zahlt jedoch 21 %. Bei 800 Euro/Monat wird ein Aufteilungssatz Arbeitnehmer und Arbeitgeber von jeweils 50 % (i. d. R. je 21 %) erreicht (RV 19,5 plus AV 6,5 % plus KV ca. 14,3 % plus → *Pflegeversicherung* 1,7 % = 42,0 %).

Hinzu kommt für den Arbeitnehmer noch die Besteuerung nach dem individuellen Steuersatz auf das jeweilige Einkommen.

Die Vorschriften für den Mini-Job gelten auch bei **kurzfristiger Beschäftigung**. Diese liegt vor bei einer Beschäftigung, die im Laufe eines Kalenderjahres seit ihrem Beginn auf **nicht mehr als zwei Monate oder insgesamt 50 Arbeitstage** im Laufe eines Kalenderjahres begrenzt ist.

Mitte 2004 hatten rd. 8 Millionen Personen einen oder mehrere Minijobs.

http://bundesrecht.juris.de/bundesrecht/sgb_5/inhalt.html

▶ **Ministerrat der EU** → *EG (Europäische Gemeinschaft)*

▶ **MIS (Managementinformationssystem)** → *Führungsinformationssystem (FIS)*

▶ **Mischkalkulation**

Bezeichnung für ein Prinzip, wonach eine Kostendeckung (→ *Kosten*) – z. B. für eine Produktgruppe oder innerhalb einer Sparte – durch eine Preisgestaltung für einzelne → *Güter* oder → *Dienstleistungen* erreicht wird, die einerseits auf die eigentlich nach der Kostenverursachung notwendigen Preiskalkulationsgrundlagen (→ *Kalkulation*) verzichtet, andererseits durch Gewinnzuschläge bei anderen Produkten oder Dienstleistungen die eintretenden kalkulatorischen Verluste kompensiert.

Gründe für eine Mischkalkulation können sein die Markteinführung eines neuen Produkts, Lockvogelangebote im Handel, Lagerräumung usw. → *Dumping*.

▶ **Mischkonzern**

Ein → *Konzern* besteht aus Unternehmen mit unterschiedlichen Produktionen oder/und → *Dienstleistungen*. Mischkonzerne wollen das geschäftliche Risiko vermindern, das entsteht, wenn das Schwergewicht der Produktionstätigkeit des Konzerns nur in einer Sparte besteht.

▶ **Missbrauchsbekämpfungs- und Steuerbereinigungsgesetz** → *Spar-, Konsolidierungs- und Wachstumsprogramm (SKWPG)*

▶ **Mitarbeiterbeteiligung** → *Erfolgsbeteiligung*

▶ **Mitbestimmung**

Dient dem Ziel, den Einfluss der → *Arbeitnehmer* und ihrer → *Gewerkschaften* in allen Bereichen des gesellschaftlichen Lebens zu erhöhen. Sie umfasst vor allem den Willensbildungs- und Entscheidungsprozess im wirtschaftlichen und sozialen Bereich.

Ansätze einer Mitbestimmung gab es bereits gegen Ende des vergangenen Jahrhunderts in den **Arbeiterausschüssen** nach der

Gewerbeordnungsnovelle von 1891 und zwischen den beiden Weltkriegen durch die Betriebsratsgesetzgebung von 1920.

Die Gewerkschaften begründen die Notwendigkeit nach Mitbestimmung der Arbeitnehmer mit der Forderung, dass Demokratie auch im wirtschaftlichen Bereich verwirklicht sein muss. Dies ergibt sich aus dem → *Sozialstaatsauftrag* des Grundgesetzes und ist begründet durch soziale Grundrechte wie die Würde des Menschen, die Entfaltung der Persönlichkeit und die demokratische Teilhabe an Entscheidungsprozessen.

Arbeitnehmer unterliegen in vielfältiger Weise unmittelbar oder mittelbar den Auswirkungen von Entscheidungen der Anteilseigner und der von ihnen beauftragten → *Manager*. Mitbestimmung ist ein Mittel, um jene Entscheidungen zu kontrollieren und Arbeitnehmerinteressen durchzusetzen. Dies gilt vor allem für Dispositionen, von denen → *Einkommen*, Sicherheit der Arbeitsplätze und die Arbeitsbedingungen abhängen. Die Gewerkschaften bestreiten allerdings nicht die Notwendigkeit, dass Mitentscheiden auch Mitverantworten heißt.

Die Forderung nach Mitbestimmung umfasst **vier Ebenen**:

(1) Betriebliche Mitbestimmung und Mitbestimmung am Arbeitsplatz: Im → *Betriebsverfassungsgesetz (BetrVG)* und → *Bundespersonalvertretungsgesetz (BPersVG)* werden den Arbeitnehmern Mitbestimmungs- und Mitwirkungsrechte in sozialen, personellen und ökonomischen Fragen eingeräumt. Hier fordern die Gewerkschaften eine Erweiterung der Mitbestimmungsrechte. → *Europäische Betriebsräte*.

(2) Unternehmensbezogene Mitbestimmung: Sie bezieht sich auf eine Mitbeteiligung an den Entscheidungen der Unternehmensorgane. Bereits 1951 wurde die → *Montanmitbestimmung* von den Gewerkschaften erkämpft. Sie sieht eine paritätische Besetzung für die → *Qualifizierte Mitbestimmung* im → *Aufsichtsrat* und die Bestellung eines vom Vertrauen der Arbeitnehmer getragenen **Arbeitsdirektors** als gleichberechtigtes Mitglied im Vorstand vor. 1952 wurde durch das Betriebsverfassungsgesetz vorgeschrieben, dass Aufsichtsräte einer → *Aktiengesellschaft (AG)* und → *Kommanditgesellschaft auf Aktien (KGaA)* zu einem Drittel von Arbeitnehmervertretern zu besetzen sind. Diese Regelung ist allerdings für Kleine Aktiengesellschaften, die ab 10.8.1994 gegründet wurden – mit einer Übergangsvorschrift für jede bestehende → *Kleine Aktiengesellschaft* – entfallen. Der → *Deutsche Gewerkschaftsbund (DGB)* fordert die Einführung der **paritätischen Mitbestimmung** nach dem Montanmodell für alle Unternehmen, weil mit dem → *Mitbestimmungsgesetz (MitbestG)* von 1976 diese gewerkschaftliche Forderung nicht erfüllt ist. → *Europäische Aktiengesellschaft (EAG)*.

(3) Überbetriebliche (gesamtwirtschaftliche) Mitbestimmung: Hierzu wurde vom Deutschen Gewerkschaftsbund in den 70er Jahren die Einrichtung von Wirtschafts- und Sozialräten auf Bundes-, Landes- und regionaler Ebene vorgeschlagen. Die Aufgabenschwerpunkte dieser Wirtschafts- und Sozialräte sollten in einer Beratungsfunktion für die → *Gebietskörperschaften* in Fragen der → *Wirtschaftspolitik* und *Sozialpolitik* liegen. Außerdem sollten sie bei der Wahrnehmung bestimmter Aufgaben der → *Industrie- und Handelskammer (IHK)*, → *Handwerkskammer* und → *Landwirtschaftskammer* (z.B. → *Berufsbildung*) beteiligt sein. Die Gremien, deren Sitzungen grundsätzlich öffentlich sein sollten, wären paritätisch zusammenzusetzen aus Vertretern der tarifvertragsfähigen Spitzenorganisationen (→ *Tariffähigkeit*). → *Wirtschafts- und Sozialausschuss der EU*.

(4) Mitbestimmung im öffentlichen Dienst: Analog zur Mitbestimmung in der Privatwirtschaft wird von den Gewerkschaften auch die Mitbestimmung im öffentlichen Dienst (→ *Öffentlicher Dienst*) gefordert. Das novellierte Bundespersonalvertretungsgesetz (BPersVG) von 1974 hatte zwar die Mitbestimmungsrechte der Beschäftigten im öffentlichen Dienst gegenüber dem alten Bundespersonalvertretungsgesetz (BPersVG) aus dem Jahre 1955 erweitert, jedoch nicht in dem Umfange, wie es im → *Betriebsverfassungsgesetz (BetrVG)* von 1972 geschehen ist. Siehe **Abb. 24**.

http://www.bma.de/download/gesetze/MitbestG.htm

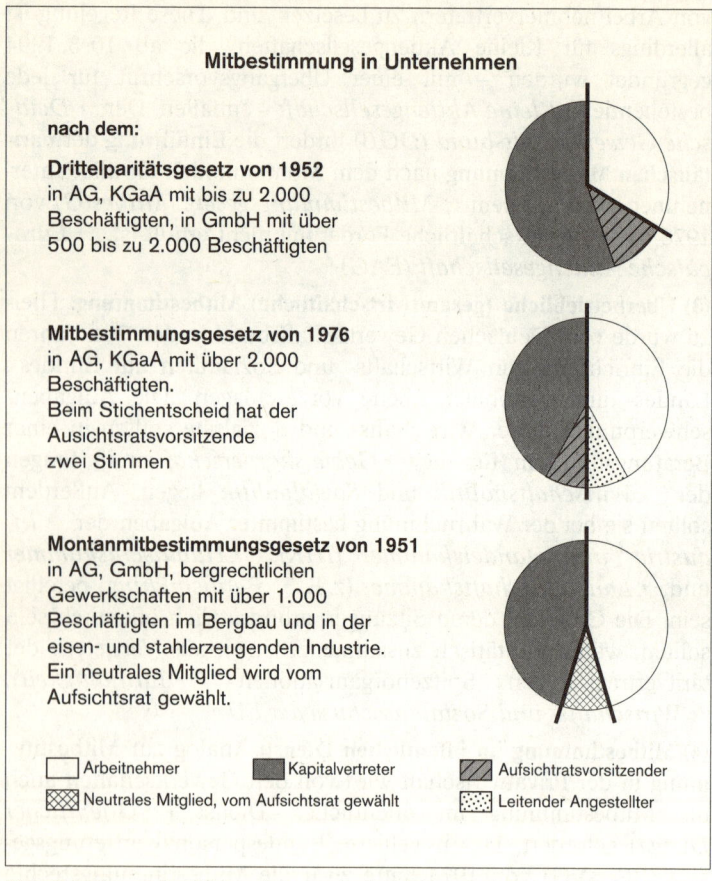

Mitbestimmung in Unternehmen

nach dem:

Drittelparitätsgesetz von 1952
in AG, KGaA mit bis zu 2.000
Beschäftigten, in GmbH mit über
500 bis zu 2.000 Beschäftigten

Mitbestimmungsgesetz von 1976
in AG, KGaA mit über 2.000
Beschäftigten.
Beim Stichentscheid hat der
Ausichtsratsvorsitzende
zwei Stimmen

Montanmitbestimmungsgesetz von 1951
in AG, GmbH, bergrechtlichen
Gewerkschaften mit über 1.000
Beschäftigten im Bergbau und in der
eisen- und stahlerzeugenden Industrie.
Ein neutrales Mitglied wird vom
Aufsichtsrat gewählt.

☐ Arbeitnehmer   ■ Kapitalvertreter   ▨ Aufsichtratsvorsitzender
▨ Neutrales Mitglied, vom Aufsichtsrat gewählt   ▨ Leitender Angestellter

Abb. 24: Arten der Mitbestimmung in Aufsichtsräten

▶ **Mitbestimmungsbeibehaltung**

Mit dem → *Umwandlungsgesetz* vom 28. 10. 1994 wurde die
→ *Mitbestimmung* der Arbeitnehmer im → *Aufsichtsrat* für den
Fall beibehalten, dass Betriebsteile ins Ausland verlagert werden
und das Restunternehmen dann unter die für die Mitbestimmung
maßgeblichen Beschäftigtenzahl absinkt (§ 325 UmwG).

▶ **Mitbestimmungsergänzungsgesetz**

Gesetz zur Ergänzung des Gesetzes über die Mitbestimmung der Arbeitnehmer in den Aufsichtsräten und Vorständen der Unternehmen des Bergbaus und der Eisen und Stahl erzeugenden Industrie (**MitbestErgG**) vom 7. 8. 1956 mit späteren Änderungen. Es überträgt die Grundsätze im → *Montan-Mitbestimmungsgesetz* auf Konzernobergesellschaften (→ *Holdinggesellschaft*), wenn die Montanumsätze (→ *Montanindustrie*) in einem → *Konzern*, an dessen Spitze die Holding steht, mindestens 20 % des Konzernumsatzes betragen. Eine durch das Gesetz zur Sicherung der Montanmitbestimmung vom 20. 12. 1988 erfolgte Änderung des MitbestErgG wurde nach einem Urteil des Bundesverfassungsgerichts vom 2. 3. 1999 noch einmal korrigiert (alternatives Kriterium von mindestens 2000 Arbeitnehmern in der Montanproduktion war unzulässig).

http://www.sidiblume.de/info-rom/arb_re/allg_ar/mitbesterg.htm

▶ **Mitbestimmungsgesetz (MitbestG)**

Nach langen Diskussionen am 1. 7. 1976 mit zweijähriger Übergangsfrist in Kraft getretene Regelung für die Besetzung im → *Aufsichtsrat* einer → *Kapitalgesellschaft*, von → *Genossenschaften* sowie einer → *Holdinggesellschaft*, die neben das → *Montan-Mitbestimmungsgesetz* und das → *Mitbestimmungsergänzungsgesetz* getreten ist. Sie gilt für Unternehmen und herrschende Unternehmen von Konzernen mit mehr als 2000 Arbeitnehmern im Unternehmen bzw. im → *Konzern*. Die Aufsichtsräte dieser Unternehmen werden je zur Hälfte mit Vertretern der Anteilseigner und Beschäftigten besetzt, höchstens im Verhältnis 10:10 bei Unternehmen mit mehr als 20 000 Arbeitnehmern bzw. wenn es die → *Satzung* des Unternehmens so bestimmt. In diesem Höchstfall entsenden die im Unternehmen vertretenen → *Gewerkschaften* 3 Vertreter.

Die restlichen 7 Arbeitnehmervertreter aus dem Unternehmen verteilen sich auf **Arbeiter** und **Angestellte** entsprechend ihrem Anteil an der Gesamtbelegschaft. Allerdings müssen alle → *leiten-*

den Angestellten in jedem Fall mindestens einen Vertreter entsenden.

Die Wahl wird in der Regel durch **Urwahl** (bis 8000 Beschäftigte) bzw. durch **Wahlmänner** (über 8000 Beschäftigte) vorgenommen. Allerdings kann jeweils $1/_{20}$ der Arbeitnehmer eine Änderung des jeweiligen Wahlverfahrens beantragen, was dann der Bestätigung durch einfache Mehrheit der wahlberechtigten Arbeitnehmer bedarf.

Der Vorsitzende des Aufsichtsrates und sein Stellvertreter werden mit $2/_3$-Mehrheit gewählt. Im Nichteinigungsfall wählt die Gruppe der Anteilseigner den Vorsitzenden, die Gruppe der Arbeitnehmer den Stellvertreter. Bei Abstimmungen im Aufsichtsrat erhält der Vorsitzende bei Stimmengleichheit (Patt) eine zweite Stimme.

Die Vorstandsmitglieder der mitbestimmten Unternehmen werden mit $2/_3$-Mehrheit des Aufsichtsrates bestellt. Im Nichteinigungsfall wird ein vierköpfiger **Vermittlungsausschuss** gebildet, der einen eigenen Vorschlag macht. Der Aufsichtsrat beschließt dann mit einfacher Mehrheit, wobei der Vorsitzende im Nichteinigungsfall wieder zwei Stimmen hat. Als gleichberechtigtes Mitglied des Vorstandes wird ein **Arbeitsdirektor** bestellt, der im Gegensatz zur Montanmitbestimmung auch gegen den Willen der Arbeitnehmervertreter gewählt werden kann. Das Mitbestimmungsgesetz gilt nicht für Tendenzbetriebe.

Der DGB (→ *Deutscher Gewerkschaftsbund (DGB)*) fordert dagegen die allgemeine Anwendung der Grundsätze im → *Montan-Mitbestimmungsgesetz* für alle Großunternehmen. Nach der geltenden Regelung haben die Anteilseigner trotz formeller paritätischer Besetzung des Aufsichtsrats durch die zweite Stimme des von ihnen gestellten AR-Vorsitzenden letztlich das Entscheidungsrecht.

Außerdem besteht durch die zusätzliche Verankerung einer eigenständigen Gruppe der leitenden Angestellten die Gefahr, dass Arbeitnehmerinteressen auseinander dividiert und in ihrer Durchsetzungskraft geschwächt werden.

Obwohl ursprünglich rd. 600 Unternehmen unter die Bestimmungen des Mitbestimmungsgesetzes gefallen wären, gelang es

den Arbeitgebern u. a. durch Unternehmensverlagerungen und
-aufspaltungen (→ *Ausgründung*) sowie Änderungen der Gesellschaftsform, die tatsächliche Zahl der nach dem Mitbestimmungsgesetz mitbestimmten Unternehmen auf 472 (1978) zu vermindern. Insbesondere bedingt durch Konzernumstrukturierungen,
auch durch Ausgliederung von Holdinggesellschaften (→ *Holdinggesellschaft*) war die Zahl bis 1991 wieder auf 573 angestiegen. Mit den Unternehmen Ostdeutschlands stieg die Zahl der
mitbestimmten Unternehmen bis Ende 2000 auf 716. Davon waren
382 Unternehmen in der Rechtsform einer → *Aktiengesellschaft
(AG)*, 301 als → *Gesellschaft mit beschränkter Haftung
(GmbH)*, 19 als → *GmbH & Co. KG*, 8 als → *Kommanditgesellschaft auf Aktien (KGaA)* sowie 6 als → *Genossenschaften.*

http://www.sidiblume.de/info-rom/arb_re/allg_ar/mitbestg.htm

▶ **Mitgliedschaftspapier** → *Wertpapiere*

▶ **Mittelfristige Finanzplanung (Mifrifi)**

Nach dem → *Stabilitätsgesetz* vom 6. 6. 1967 ist der Haushaltswirtschaft des Bundes eine **fünfjährige Finanzplanung** zugrunde zu
legen und jährlich der Entwicklung anzupassen und fortzuschrei-
ben. Sie ist vom Bundesminister der Finanzen aufzustellen und zu
begründen und wird von der Bundesregierung beschlossen und
dem Bundestag und Bundesrat vorgelegt (§ 9 StWG).

Auch die Bundesländer und die → *Gemeinden* beschließen
ihre mittelfristige Finanzplanung. Sie ermöglicht eine größere Kontinuität bei der Finanzgebarung und liefert Aussagen über die Wirkungen geplanter Gesetzesvorhaben, die mit Ausgaben oder Mehreinnahmen verbunden sind. → *Finanzplanung*, → *Finanzplanungsrat.*

▶ **Mittelstand**

Bezeichnung im weiteren Sinne für Landwirte, Gewerbetreibende (→ *Gewerbe/Gewerbebetrieb*) und freiberuflich Tätige
(→ *Freie Berufe*). Im engeren Sinne werden kleine und mittlere

Unternehmen verstanden, die von einem selbständigen Inhaber geleitet werden. Als Abgrenzungskriterium gilt in der → *Industrie* eine Beschäftigtenzahl bis zu 500, im Handel bis zu 100 und im sonstigen Gewerbe bis zu 200. Alternativ hierzu wird als Orientierungsgröße auch ein Jahresumsatz bis zu 50 Mio. Euro genannt.

Der gewerbliche Mittelstand umfasste 2003 mit rd. 3,3 Mio. Betrieben mehr als 99 % aller Unternehmen. Fast 70 % der → *Erwerbspersonen* – rd. 20 Mio. – sind in mittelständischen Betrieben beschäftigt. Rund 49 % des gesamten Umsatzes stammt aus dem mittelständischen Bereich. Die arbeitsmarktpolitische und wirtschaftliche Bedeutung des Mittelstandes kommt auch darin zum Ausdruck, dass rund 80 % aller → *Auszubildende (Azubi)* von kleinen und mittleren Unternehmen beschäftigt werden (→ *Handwerk*). → *Kleine Aktiengesellschaft.*

http://www.bmwi.de/Navigation/Wirtschaft/mittelstandspolitik.html

▶ **Mitwirkung**

Schwächere Form der betrieblichen → *Mitbestimmung* von → *Betriebsrat* oder → *Personalrat.* Bei bestimmten Unternehmensentscheidungen kann dabei auch gegen den Willen des Betriebs- oder Personalrats entschieden werden, falls keine Übereinstimmung gefunden wird. → *Sprecherausschussgesetz.*

▶ **Mixed Economy**

(Gemischte Wirtschaftsordnung) Wirtschaftstheoretischer Ansatz, wonach in einer → *Marktwirtschaft* neben dem Marktmechanismus (→ *Markt*) noch weitere Einflussfaktoren bestimmend sind. Hierzu zählen vor allem die von demokratisch legitimierten Institutionen erlassenen Gesetze sowie die Ergebnisse von Verhandlungen zwischen Interessengruppen (z. B. im → *Tarifvertrag*).

▶ **MMS** → *SMS*

▶ **Mobbing**

Psychoterror am Arbeitsplatz, der sowohl von Kollegen/Kolleginnen als auch von Vorgesetzten ausgelöst sein kann. Ziel ist meist ein „Herausekeln" des Opfers.

▶ **Mobilfunk**

Ein Funkdienst, bei dem Daten zwischen stationären und mobilen oder nur zwischen mobilen Funkstellen ausgetauscht werden (z. B. über → *Handy*, Autotelefon oder im Funkverkehr mit Schiffen und Flugzeugen). In Deutschland erteilt das Bundesamt für Post und Telekommunikation die jeweilige → *Lizenz* für den Betrieb von Mobilfunknetzen. So z. B. für die beiden D-Netze (D = digitales, zellulares Mobilfunknetz), die seit Herbst 1989 von der Deutschen Telekom (D1) und von einer privaten Betreibergruppe um Mannesmann/Vodafone (D2) nach langer ordnungspolitischer Debatte (→ *Ordnungspolitik*) aufgebaut wurden, sowie die elektronisch digitalen Funktelefonnetze E-plus und E2. Diese Netze lösten das bis dahin übliche analoge C-Netz der Deutschen Telekom ab (→ *Analoge Nachrichtenübertragung*).

Der Mobilfunk zählt bei den Telekommunikationsdiensten (→ *Telekommunikation*) zu dem Bereich mit den höchsten jährlichen Zuwachsraten. Die deutschen und die meisten europäischen Mobilfunk-Betreiber übertragen Nachrichten mit dem 1992 eingeführten → *GSM*-Standard. Eine Weiterentwicklung für GSM-Netze ist die schnellere Datenübertragungstechnik → *GPRS*, die mit dem Handy eine computerähnliche Nutzung des Internet ermöglicht. 2004 startete der Aufbau neuer sehr schneller Mobilfunknetze nach dem → *UMTS*-Standard, die schrittweise die GSM-Netze ersetzen sollen.

▶ **Mobilien**

Bezeichnung für bewegliche Sachen. Gegensatz: → *Immobilien*.

▶ **Mobiltelefon** → *Handy*

▶ Modem

Ein Gerät, in dem digitale Signale (→ *Digitale Nachrichten-technik*) in analoge Signale umgesetzt (**moduliert**) werden, um eine Übertragung von Daten z. B. über das analoge Telefonnetz (→ *Fernmeldenetze*) zu ermöglichen. Um den Empfang mit einem digitalen Endgerät (z. B. einen → *PC*) zu ermöglichen, ist ein weiteres Modem erforderlich, das die analogen Signale wieder in digitale Signale verwandelt (**demoduliert**). Die Standards für die Modems werden vom → *CCITT* festgelegt, um die → *Kompatibilität* der verschiedenen Geräte zu erreichen.

▶ Modul → *Modularisierung*

▶ Modularisierung

Bezeichnung für die Aufspaltung einer zu lösenden Aufgabe eines → *Software*-Systems in mehrere Teilaufgaben (**Module**). Die durch die Zerlegung mögliche Vereinfachung schafft mehr Transparenz zur Verständlichkeit und für die Wartung. Außerdem wird durch eine Zerlegung in Module die Übertragbarkeit (**Portabilität**) in andere Systeme erleichtert und der Anpassungsaufwand verringert.

▶ Modulschnittstelle

In diesem Teil eines Moduls (→ *Modularisierung*) werden die für den Benutzer möglichen Leistungen aufgegliedert.→ *Schnittstelle*.

▶ Monatsgeld → *Geldmarkt*

▶ Monetarismus

Aus der → *Angebotstheorie* der → *Neoklassiker* abgeleitete Lehre, wonach → *Wirtschaftswachstum* und → *Preisstabilität* allein durch eine gleichmäßige Ausdehnung der → *Geldmenge* entsprechend der Zunahme der Güterproduktion (→ *Güter*) erreicht werden kann. Die von dem Amerikaner **M. Friedman** in den 50er Jahren entwickelte Theorie wurde insbesondere von konservativen Regierungen in die → *Wirtschaftspolitik* aufgenommen. Die allein auf die Beeinflussung der Geldmenge ausgerichtete Wirtschaftspolitik ignoriert die Probleme der → *Arbeitslosigkeit*, zumal sie eine so genannte **natürliche Arbeitslosenrate** einkalkuliert.

Der Monetarismus steht im **Gegensatz zum** → *Keynesianismus*. Die Ausrichtung des Monetarismus auf die einseitige Anwendung der Instrumente der → *Geldpolitik* macht die Theorie ungeeignet zur Bekämpfung einer → *Rezession*, da eine Erhöhung der Geldmenge oder eine Senkung des Zinssatzes nicht automatisch zu mehr Nachfrage führt.

▶ **Monitor**

Andere Bezeichnung für → *Bildschirm*.

▶ **Monitoring**

Die systematische Beobachtung neuer oder in betriebswirtschaftlich kritischer Situation befindlicher Produkte oder Abläufe eines Unternehmens. Ziel des Monitoring ist das Erkennen von Schwachstellen und Problemen, deren Analyse zu Handlungsalternativen führen soll.

▶ **Monopol**

→ *Marktform*, bei der auf Seiten des Angebots oder der Nachfrage nur jeweils ein Käufer oder ein Verkäufer vorhanden ist. Die in die Hand des Monopolisten gegebene Machtstellung infolge → *Marktbeherrschung* kann zu Missbrauch führen und wird deshalb in den meisten Industrienationen sehr kritisch beobachtet. → *Kartellgesetz*.

▶ **Monopolkommission** → *Kartellgesetz*

▶ **Montanindustrie**

Gesamtheit der auf dem Bergbau aufbauenden Kohlen-, Eisenhütten- und Stahlindustrie.

▶ **Montan-Mitbestimmungsgesetz**

Vom 21. 5. 1951 mit spät. Änd. betrifft die Unternehmen der → *Montanindustrie*. Der Geltungsbereich umfasst Kapitalgesellschaften (→ *Kapitalgesellschaft*) mit mehr als 1000 Beschäftigten. Dies waren Anfang 1999 noch 45 Unternehmen, davon je rd. die Hälfte in der Rechtsform einer AG und in der Rechtsform einer GmbH. Die Besetzung im → *Aufsichtsrat* wird als paritätisch bezeichnet, obwohl eine echte Parität wegen der ungeraden Zahl der Aufsichtsratsmitglieder nicht möglich ist. → *Qualifizierte Mitbestimmung*.

Der Aufsichtsrat besteht aus 11, 15 oder 21 Mitgliedern. Im Falle eines Aufsichtsrates mit 11 Mitgliedern ergibt sich folgende Zusammensetzung: 4 Vertreter der Anteilseigner und ein weiteres Mitglied, 4 Vertreter der → *Arbeitnehmer* und ein weiteres Mitglied sowie ein weiteres Mitglied (neutraler Mann).

Das jeweils weitere Mitglied soll weder dem Unternehmen noch einer Spitzenorganisation der → *Arbeitgeber* oder → *Gewerkschaften* angehören. 2 Arbeitnehmervertreter müssen dem Unternehmen angehören und werden vom → *Betriebsrat* vorgeschlagen. 2 Mitglieder werden von der Spitzenorganisation nach Beratung mit den im Unternehmen vertretenen Gewerkschaften und dem Betriebsrat entsandt. Das 11. Mitglied wird von den übrigen Mitgliedern jeweils mit Mehrheit beider Gruppen vorgeschlagen.

Die → *Hauptversammlung* wählt alle Aufsichtsratsmitglieder, ist jedoch bei den Arbeitnehmervertretern an die Vorschläge der Betriebsräte und Gewerkschaften gebunden. Eine Besetzung des 15- bzw. 21-köpfigen Aufsichtsrates erfolgt analog.

Dem → *Vorstand* gehört ein **Arbeitsdirektor** als gleichberechtigtes Mitglied an, der nicht gegen die Stimmen der Mehrheit der Arbeitnehmervertreter im Aufsichtsrat bestellt oder abberufen werden kann. → *Mitbestimmungsgesetz (MitbestG)*, → *Mitbestimmungsergänzungsgesetz*.

http://www.sidiblume.de/info-rom/arb_re/allg_ar/montan.htm

▶ **Montanunion**

(EGKS, Europäische Gemeinschaft für Kohle und Stahl) Wurde am 23. 7. 1952 mit dem Vertrag über die Gründung der Europäischen Gemeinschaft für Kohle und Stahl vom 18. 4. 1951 gegründet mit dem Ziel der Errichtung eines gemeinsamen Marktes für Kohle, Eisen und Stahl durch Verzicht aller Teilnehmer auf → *Zölle*, → *Subventionen* und → *Beihilfen*.

Seit 1965 legte die Kommission der EU (→ *EG (Europäische Gemeinschaft)*) jedoch wegen der trotzdem beibehaltenen Beihilfezahlungen nationaler Regierungen die Höhe der staatlichen Kohle- und Stahlförderung in **EGKS-Anschlussverträgen** fest. Seit dem 1. 7. 1967 hatten die EG (Europäische Gemeinschaft), → *EURATOM* und die Montanunion mit der Kommission der EU bereits eine gemeinsame Verwaltung, einen gemeinsamen Haushalt und eine gemeinsame Exekutive.

Die Laufzeit des Vertrags endete am 23. 7. 2002. Seitdem muss jeder Staat eine Einzelfallgenehmigung für Kohlebeihilfen bei der Kommission der EU beantragen.

http://europa.eu.int/ecsc/index_de.htm

▶ **Moratorium**

Ein Zahlungsaufschub für die Rückzahlung fälliger → *Verbindlichkeiten*. Dieser Zahlungsaufschub kann sich beziehen auf Unternehmen oder auch Staaten, die in Zahlungsschwierigkeiten (z. B. fällige → *Zinsen* und Tilgungszahlungen) geraten sind.

▶ **MPC**

(Multimedia PC) → *PC*, der mit dem Standard für Anwendungen von → *Multimedia* ausgerüstet ist, z. B. → *CD-ROM*, → *Grafikkarte*, → *Sound-Karte*.

▶ **MSCI-Index**

Ein vom weltweit führenden Index-Anbieter **Morgan Stanley Capital International (MSCI)** börsentäglich veröffentlichter → *Aktienindex*. Dieser wird seit Ende 2001 anhand der im → *Free*

Float gehandelten → *Aktien* berechnet. Insgesamt umfasst der Welt-Aktienindex 1470 Aktien aus 20 Ländern. Außerdem werden regionale und branchenbezogene Aktienindices veröffentlicht.

▶ **MS-DOS**

(Microsoft Disk Operating System) → *Betriebssystem* für den → *PC*, das seit 1981 von der Firma Microsoft entwickelt und von IBM übernommen wurde. Beide Firmen haben dieses Standardsystem unter dem Namen OS/2 weiterentwickelt und ab 1988 vertrieben. Heute betreibt IBM sein **Operating System** (OS/2 Warp) in Konkurrenz zu den integrierten Produkten → *Windows* und MS-DOS von Microsoft.

▶ **Multilateralismus**

Bedeutet in seiner weitesten Auslegung, dass innerhalb des Systems einer vielseitig verflochtenen Weltwirtschaft alle Länder uneingeschränkt und ohne → *Diskriminierung* Handel miteinander betreiben, d. h. mehrseitige (multilaterale) Wirtschaftsbeziehungen eingehen können bei freier → *Konvertierbarkeit* der Währungen. → *WTO (World Trade Organization)*, → *OECD*.

Gegensatz: **Bilateralismus**, d. h. der Handel wird aufgrund zweiseitiger Verträge betrieben. → *Internationale Arbeitsteilung*.

▶ **Multimedia**

→ *Interaktiv* steuerbare Daten-, Text-, Ton-, Sprach-, Bild- und Videoinformationen in unterschiedlichsten Kombinationen auf der Grundlage digitaler Datenverarbeitung (→ *Digitale Nachrichtenübertragung*). Der Multimediamarkt gilt als großer Wachstumsmarkt der Zukunft. Neue Möglichkeiten der Präsentation von Informationen, gezielte Rückgriffe auf große Mengen digital gespeicherter Informationen sowie deren neue Verknüpfung ermöglichen interaktive Formen des Dialogs zwischen Mensch und Informationsmaschine.

Die Vermarktung von Informationen erfolgt über integrierte Datenträger und Netze (→ *ISDN*, → *Glasfaserkabel*). Die Informationsausgabe geschieht über das Fernsehen, den → *Personalcomputer* oder multifunktionale Endgeräte. Anwendungsbeispiele sind das Bildtelefon, Video auf CD-Platte, interaktives Fernsehen (mit Teilnehmerdialog), Dienste auf Abruf (→ *Video on Demand*, → *Services on Demand*), interaktiv betriebene Videospiele, → *Pay Per View*, → *Telelearning*, → *Telemedizin* usw.

Die multimedialen Anwendungsfelder eröffneten den Industrienationen neue Möglichkeiten, die Abhängigkeiten von Zeit und Raum zu relativieren. Multimediatechniken sind eine wesentliche Grundlage für die Ausprägungen der → *Informationsgesellschaft*.

Mit dem „**Informations- und Kommunikationsdienste-Gesetz**" (**Multimedia-Gesetz**) vom 13. Juni 1997 wurde ein bundesgesetzlich geregelter Rahmen für Multimedia-Angebote gesetzt. In dem Gesetz sind die grundlegenden rechtlichen Bedingungen für Angebot und Nutzung von Multimediadiensten – u. a. auch für das → *Internet* – festgelegt. Es enthält u. a. Regelungen über Kennzeichnungspflichten, Bestimmungen zum → *Urheberrecht*, zum Jugendschutz und zum → *Datenschutz*. Geregelt wurden auch die Übertragungs- und Fälschungssicherheit von elekronischen Unterschriften (→ *Digitale Signatur*).

Das Multimedia-Gesetz ist zusammen mit dem **Mediendienste-Staatsvertrag** mit den Bundesländern, die über die Rundfunkhoheit verfügen, am 1. 8. 1997 in Kraft getreten. Hiermit wurde der alte **Bildschirmtext-Staatsvertrag** ersetzt. Der neue Staatsvertrag regelt die Dienste, die sich „in Text, Ton oder Bild" an die Allgemeinheit richten. Hierunter fallen z. B. Fernseheinkauf, Fernsehtexte oder Abrufdienste, die nicht der Einzelkommunikation dienen.

http://www.netlaw.de/gesetze/iukdg.htm
http://www.datenschutz-berlin.de/recht/de/stv/mdstv.htm

▶ **Multinationale Konzerne**

Unternehmensgiganten, die weltweit Niederlassungen betreiben und deren Produkte in den Ländern der westlichen Welt einen großen → *Marktanteil* besitzen (sog. **Multis**). Die Unternehmenspolitik der Konzernleitungen (→ *Konzern*) nimmt häufig keine Rücksicht auf nationale Interessen (z. B. Stabilität, Arbeitneh-

Rang	Unternehmen	Land	Industrie	Ausländ. Vermögen (in Milliarden Dollar)	Anzahl Beschäftigte
1.	General Electric	Vereinigte Staaten	Elektronik	141	143 000
2.	Exxon Mobil	Vereinigte Staaten	Öl	99	68 000
3.	Royal Dutch/Shell	Holland/Großbritannien	Öl	68	57 367
4.	General Motors	Vereinigte Staaten	Auto	68	162 300
5.	Ford	Vereinigte Staaten	Auto	**	191 468
6.	Toyota	Japan	Auto	56	130 500
7.	Daimler-Chrysler	Deutschland	Auto	55	225 715
8.	Total Fina	Frankreich	Öl	**	50 500
9.	IBM	Vereinigte Staaten	Elektronik	44	161 612
10.	BP	Großbritannien	Öl	39	62 150
11.	Nestlé	Schweiz	Nahrungsmittel	33	224 554
12.	Volkswagen	Deutschland	Auto	**	148 000
13.	Nippon Mitsubishe Oil	Japan	Öl	31	11 900
14.	Siemens	Deutschland	Elektronik	**	251 000
15.	Wal-Mart	Vereinigte Staaten	Handel	30	k. A.

*) Rangfolge basiert auf dem Anteil des ausländischen Vermögens 1999; **) Ausländisches Vermögen (Rangfolge) geschätzt

Abb. 25: Die 15 größten global tätigen Unternehmen (Multis) 1999 (Anteil des Auslandsvermögens am Gesamtvermögen) (Quelle: Unctad, World Investment Report 2001)

merinteressen) der Staaten, in denen Niederlassungen dieser Konzerne bestehen. Zielsetzung der → *Konzentration* ist meistens die → *Marktbeherrschung* zum Zwecke einer Maximierung der → *Rentabilität* des eingesetzten Kapitals.

Nach einer Schätzung der → *UNCTAD* in ihrem **Weltinvestitionsbericht 2004** gab es 2002 etwa 65 000 → *Transnationale Unternehmen (TNCs)* mit rd. 866 000 ausländischen → *Tochterunternehmen/Tochtergesellschaften*. Der Umsatz dieser Konzernunternehmen betrug dabei ca. 25 % vom Welt- → *Bruttonationaleinkommen (BNE)* und überstieg beträchtlich das gesamte Welthandelsvolumen. → *Shareholder Value*, → *Internationaler Bund Freier Gewerkschaften (IBFG)*, → *Europäischer Betriebsrat*. Siehe **Abb. 25.**

http://globstat.unctad.org/html/index.html

▶ **Multiplikator**

Aus der → *Makroökonomie* stammender mathematischer Zusammenhang, der die Änderungen im → *Volkseinkommen* aufgrund zusätzlicher Ausgaben für → *Konsum,* → *Investitionen* oder Ausgaben des Staates beschreibt. Der Multiplikatorprozess kann ein Vielfaches der ursprünglichen Ausgabenänderung ausmachen und muss deshalb in der → *Konjunkturpolitik,* → *Geldpolitik* und → *Kreditpolitik* beachtet werden. → *Akzelerationsprinzip.*

▶ **Multis** → *Multinationale Konzerne*

▶ **Multitasking**

Bezeichnung für den gleichzeitigen (parallelen) Ablauf mehrerer Programmteile in einem → *Betriebssystem.*

▶ **Mündelsichere Papiere**

Begriff aus dem BGB (→ *Bürgerliches Gesetzbuch (BGB)*) für bestimmte, dort genannte risikolose → *Wertpapiere* und mit → *Urkunde* verbriefte → *Forderungen.* Hierzu zählen nach § 1807 BGB öffentliche → *Anleihen* und → *Schuldbuchforderungen,* sichere Forderungen aus einer → *Hypothek* oder → *Grundschuld,* → *Rentenpapiere* oder → *Spareinlagen* bei einer inländischen öffentlichen → *Sparkasse.*

In diesen Papieren darf ein vom Vormundschaftsgericht bestellter Vertreter **(Vormund)** minderjähriger oder entmündigter Personen **(Mündel)** das zum Vermögen des Mündels gehörende Geld verzinslich anlegen.

U. a. haben auch → *Versicherungen* nach den Vorschriften der Versicherungsaufsicht (→ *Bundesamt für Finanzdienstleistungsaufsicht (BaFin)*) die zur Deckung von Lebensversicherungen vorgeschriebenen Anlagen in mündelsicheren Papieren vorzunehmen.

▶ **Muttergesellschaft** → *Mutterunternehmen*

▶ **Mutterschaftsgeld**

Wird nach dem **Mutterschutzgesetz** (→ *Mutterschutz*) für Frauen nach der Geburt ihres Kindes in Höhe des Nettoarbeitsentgeltes gezahlt. Die Dauer beträgt 6 Wochen vor dem berechneten Geburtstermin und 8 Wochen (Früh- und Mehrlingsgeburten 12 Wochen) nach der Entbindung – insgesamt mindestens jedoch 14 Wochen. Anschließend besteht die Möglichkeit für Erziehungsurlaub und → *Erziehungsgeld/Elternzeit*.

▶ **Mutterschaftsurlaub** → *Erziehungsurlaub*

▶ **Mutterschutz**

Nach dem **Mutterschutzgesetz (MuSchG)** i. d. F. vom 20. 6. 2002 die Gesamtheit aller Maßnahmen zum Schutz erwerbstätiger Frauen während der Schwangerschaft und nach der Entbindung. Er gilt für alle Frauen, die in einem Arbeitsverhältnis stehen, auch für → *Heimarbeit*. Danach müssen Arbeitsplatz und Arbeitsgeräte sowie sonstige Betriebseinrichtungen den besonderen Bedürfnissen der schwangeren oder stillenden Frau Rechnung tragen. Verboten sind schwere körperliche Arbeiten, Arbeit im → *Akkordlohn*, → *Sonn- und Feiertagsarbeit* sowie → *Nachtarbeit*. Außerdem die Beschäftigung von Frauen innerhalb einer Schutzfrist von 6 Wochen vor dem berechneten Geburtstermin und 10 Wochen nach der Entbindung – insgesamt jedoch mindestens 14 Wochen.

Zur wirtschaftlichen Sicherung zählen die Weiterzahlung des Arbeitsentgelts während der Beschäftigungsverbote sowie die Zahlung von → *Mutterschaftsgeld*. Für 36 Monate wird → *Erziehungsurlaub* gewährt.

Außerdem besteht für die gesamte Zeit der Schwangerschaft und für die ersten vier Monate nach der Entbindung **Kündigungsverbot**. Kein → *Kündigungsschutz* besteht bei befristeten Arbeitsverhältnissen, die während der Schutzfrist auslaufen, sowie in einigen Sonderfällen (z. B. Auflösung des Arbeitsverhältnisses im beiderseitigen Einverständnis, bei Anfechtung des Arbeitsvertrages).

http://bundesrecht.juris.de/bundesrecht/muschg/

▶ **Mutterunternehmen**

(Obergesellschaft) → *Kapitalgesellschaft-* oder → *Personenge-sellschaft,* die durch eine → *Beteiligung* oder andere für sie güns-tige vertragliche Bedingungen einen beherrschenden Einfluss auf ein oder mehrere andere Unternehmen **(Tochterunternehmen)** aus-übt. Die Tochterunternehmen sind rechtlich selbständig, jedoch fi-nanziell, wirtschaftlich und organisatorisch von der Muttergesell-schaft abhängig. Ein Tochterunternehmen kann selbst wiederum Mutterunternehmen sein. → *Konzernabschluss.*

N

▶ **Nachbörse**

Bezeichnung für Geschäfte mit Wertpapieren (→ *Wertpapiere*) nach dem offiziellen Ende der Börsenzeit (→ *Börse*). → *Xetra*.

▶ **Nacherfüllung, Nachbesserung** → *Werkvertrag*

▶ **Nachfrageelastizität** → *Elastizität*

▶ **Nachhaltige Entwicklung**

(Sustainable Development) In der → *Konferenz von Rio* 1992 in einem umfangreichen Umwelt- und Entwicklungsprogramm **(Agenda 21)** betonte Verpflichtung der Unterzeichnerstaaten zur konsequenten Fortführung einer **Umweltvorsorgepolitik**. Diese **Nachhaltigkeitsstrategie** bedeutet, dass beim → *Wirtschaftswachstum* und der Nutzung vorhandener → *Ressourcen* darauf zu achten ist, dass die Existenzgrundlage künftiger Generationen erhalten bleibt.

2002 veröffentlichte die Bundesregierung zur Rio-Folgekonferenz in Johannesburg einen Bericht für eine **nationale Nachhaltigkeitsstrategie**, mit dem der Begriff der Nachhaltigkeit erweitert wurde als „Vorsorge zur Generationengerechtigkeit, Lebensqualität, sozialen Zusammenhalt und internationale Verantwortung".

▶ **Nachhaltigkeitsfaktor** → *Nachhaltigkeitsgesetz*

▶ **Nachhaltigkeitsgesetz**

Mit dem **Nachhaltigkeitsgesetz** vom 21. 7. 2004 wurde in die Rentenanpassungsformel zum 1. 1. 2004 ein **Nachhaltigkeitsfaktor** eingeführt. Dies ist eine mathematische Größe, die mindernd auf die jährliche Rentenanpassung (Orientierung an der Entwicklung der Nettolöhne) einwirkt, wenn sich das zahlenmäßige Verhältnis von Rentnern (höhere Lebenserwartung) zu aktiv Beschäftigten (rückläufige → *Geburtenrate*, Veränderungen in der → *Erwerbsquote*) zuungunsten der Beitragszahler (aktiv Beschäftigten) verändert. Er ersetzte den anstiegsdämpfenden **demographischen Faktor**, der 1998 wieder abgeschafft wurde.

Eingeführt wurde der neue Begriff „**Nettorentenniveau vor Steuern**" (Verhältnis zwischen einer verfügbaren Standardrente und dem verfügbaren Durchschnittsentgelt jeweils vor Steuern) als Mindestsicherungsziel der gesetzlichen Rentenversicherung. Bei neuen Rentnern darf dieses Niveau bis 2020 nicht unter 46 %, bis 2030 nicht unter 43 % absinken. Als Ziele für den → *Beitragssatz* zur Rentenversicherung gelten 20 % bis 2020 und 22 % bis 2030 (**Niveausicherungsklausel**).

Ab 2008 muss die Bundesregierung alle vier Jahre einen **Bericht** vorlegen, ob die den Neuregelungen zugrunde liegenden Annahmen zutreffen und ob ggf. neuer Handlungsbedarf besteht.

In der Zeit von 2006 bis 2008 erfolgt eine schrittweise Anhebung der **Altersgrenze wegen Arbeitslosigkeit oder nach Altersteilzeit** von 60 auf 63 Jahre. Dies beginnt für ab dem 1. 1. 1946 Geborene und endet für Personen, die ab Dezember 1948 geboren sind mit einem Eintrittsalter von frühestens 63 Jahren. Versicherte, die vor dem 1. 1. 1952 geboren wurden und vor dem 1. 1. 2004 rechtsverbindliche Verträge zur Beendigung ihrer Beschäftigung geschlossen hatten bzw. arbeitslos waren, gilt ein Vertrauensschutz, d. h. Altersgrenze wie vereinbart.

Schul- und Hochschulzeiten werden mit einer vierjährigen Übergangsregelung ab 2009 als unbewertete Ausbildungszeit (und nicht mehr mit drei bewerteten Jahren ab dem 18. Lebensjahr) ausgestaltet.

http://www.rechtliches.de/info_RV-Nachhaltigkeitsgesetz.html

▶ **Nachkalkulation**

Zum Zweck der Kostenermittlung und -kontrolle auf die Leistungseinheit bezogene → *Kalkulation* aufgrund der tatsächlich vorhandenen → *Kosten* (**Ist-Rechnung**).

▶ **Nachschusspflicht**

Bei → *Genossenschaften* mögliche Verpflichtung der Genossen, Nachschüsse auf die schon bestehenden Einzahlungen zu leisten (z. B. bei eingetretenen Verlusten). Bei der → *Gesellschaft mit beschränkter Haftung (GmbH)* kann im Gesellschaftervertrag eine Nachschusspflicht vereinbart werden, dagegen nicht bei der → *Aktiengesellschaft (AG)*, der → *Offenen Handelsgesellschaft (OHG)* und der → *Kommanditgesellschaft (KG)*. Nachschüsse dienen meist der → *Sanierung* des Unternehmens.

▶ **Nachsichtwechsel** → *Wechsel*

▶ **Nachtarbeit**

Tätigkeit in der Zeit von 22 Uhr bis 6 Uhr. Sie ist i. d. R. notwendig aus Versorgungsgründen (z. B. in Krankenhäusern, Elektrizitätswerken, bei der Polizei) oder technischen Gründen (z. B. im Stahlwerk, in der Papiererzeugung). → *Schichtarbeit*. Für Nachtarbeit gibt es besondere durch → *Tarifvertrag* oder → *Betriebsvereinbarung* geregelte Lohnzuschläge, die bis zu einer Höhe von 25 % steuerfrei bleiben. Ein stufenweiser Abbau der Steuervergünstigung zur Gegenfinanzierung einer neuen → *Steuerreform* wird diskutiert.

2001 waren rd. 18 % der männlichen und 7 % der weiblichen Beschäftigten gelegentlich oder ständig während der Nachtstunden tätig.

▶ **Nachtragshaushalt** → *Haushaltsplan*

▶ **Nachtschicht** → *Schichtarbeit*

▶ **Nachtwächterstaat**

Von dem Arbeiterführer **F. Lasalle** geprägter Spottbegriff für die Rolle des Staates im → *Manchester-Liberalismus*, der lediglich das persönliche Eigentum zu schützen habe.

▶ **Nachversicherung**

Die nachträgliche Einbeziehung von bis dahin nicht rentenversicherungspflichtigen Personen in die → *Rentenversicherung*. Dabei handelt es sich vor allem um → *Beamte*, Berufssoldaten, Soldaten auf Zeit und Personen in konfessionellen Einrichtungen, die aus ihrem Dienstverhältnis ausscheiden, ohne die Mindestzeiten für beamtenrechtliche oder dem angeglichene → *Versorgungsbezüge* zu erreichen. Sie müssen von ihrem Arbeitgeber für die Zeit der rentenversicherungsrechtlichen Freistellung nachversichert werden.

▶ **Nachweisgesetz**

Im Zuge der Anpassung arbeitsrechtlicher Bestimmungen (→ *Arbeitsrecht*) in der EU (→ *Europäische Union (EU)*) am 20. 7. 1995 in Kraft getretenes Gesetz. Hiernach hat ein → *Arbeitgeber* spätestens einen Monat nach dem vereinbarten Beginn des Arbeitsverhältnisses die wesentlichen Inhalte im → *Arbeitsvertrag* schriftlich zu bestätigen.

http://bundesrecht.juris.de/bundesrecht/nachwg/

▶ **Nachwirkung von Tarifverträgen** → *Tarifvertrag*

▶ **NAFTA (North American Free Trade Area)**

Eine seit dem 1. 1. 1994 in Erweiterung des bereits bestehenden Freihandelsabkommens zwischen den USA und Kanada in Kraft getretene → *Freihandelszone* mit Mexiko. Nach den vereinbarten Zielen soll bis zum Jahr 2009 ein Handelsblock geschaffen werden, der in Größe und wirtschaftlicher Stärke der EU (→ *Europäische Union (EU)*) gleicht. Hierzu sollen die im grenzüberschreitenden Waren-, Kapital- und Dienstleistungsverkehr zwischen USA, Kanada und Mexiko existierenden Zollhürden und sonstigen Beschränkungen schrittweise abgebaut werden. → *Mercosur*.

http://www.nafta-sec-alena.org/

▶ **Nahrungs- und Genussmittelindustrie**

Die → *Amtliche Statistik* zählt die Nahrungs- und Genussmittelindustrie als Teil in die → *Verarbeitende Industrie*. Sie umfasst die Ernährungsindustrie und die tabakverarbeitende Industrie.

▶ **Naked Warrant** → *Optionsschein*

▶ **Namensaktien**

Im Gegensatz zu den → *Inhaberaktien* auf den Namen des Aktionärs ausgestellte → *Aktien*. Sie sind mit Adresse und Stand des Aktionärs im **Aktienbuch** der → *Aktiengesellschaft (AG)* einzutragen (§ 67 Abs. 1 AktG).

Die Rechte der Stimmrechtsausübung (→ *Stimmrecht*) wurden mit dem **Gesetz zur Namensaktie und zur Erleichterung der Stimmrechtsausübung** vom 18. 1. 2001 weitgehend mit denen der Inhaberaktien gleichgestellt. → *Vinkulierte Namensaktien*.

▶ **Namenspapiere**

Bezeichnung für → *Wertpapiere*, die auf den Namen einer bestimmten Person lauten. Verbriefte Ansprüche aus einem Namenspapier können nur von dem namentlich genannten Inhaber oder seinem Rechtsnachfolger geltend gemacht werden **(Rektapapiere)**. Eine Übertragung erfolgt durch Abtretung des Anspruchs auf die Forderung (→ *Zession*). Zu den Rektapapieren zählt die → *Hypothek* und der nicht auf den Inhaber lautende → *Grundschuldbrief*. → *Wechsel* und → *Scheck* werden durch Anwendung der → *Rektaklausel* zu Namenspapieren.

▶ **NASDAQ**

(National Association of Securities Dealers Automated Quotations) Bezeichnung für den → *Computerhandel* und das Kursinformationssystem im → *Freiverkehr* (→ *OTC-Markt*) in den USA. Der Handel wird von der **NASD** organisiert und überwacht.

http://www.nasdaq.com

▶ **NASDAQ-Composite/NASDAQ-Future**

→ *Aktienindex* der NASD (→ *NASDAQ*) für Hightech-Werte bzw. für → *Terminkontrakte.*

▶ **NASDAQ-International**

→ *Computerhandel* und Kursinformationssystem (→ *Börsenkurs*) der NASD (→ *NASDAQ*) für international gehandelte US-amerikanische Aktien sowie für die → *American Depositary Receipt (ADR)* europäischer Aktienwerte.

▶ **Nationaleinkommen**

Seit 1999 verwendete neue Bezeichnung für das Sozialprodukt (→ *Sozialprodukt (Nationaleinkommen))*.

▶ **Natürliche Personen**

Im juristischen Sprachgebrauch alle Menschen, im Gegensatz zu → *Juristische Personen.*

▶ **Natürliches Monopol**

Die Bezeichnung für Wirtschaftsbereiche, in denen am kostengünstigsten Produkte oder Dienstleistungen nur von einem Unternehmen angeboten werden, weil hiervon auch der größte volkswirtschaftliche Nutzen zu erwarten ist. Ein natürliches Monopol wurde unterstellt in der → *Energiewirtschaft*, bei der Eisenbahn, im Luftverkehr und der → *Telekommunikation.* Verbunden ist die Definition eines natürlichen Monopols mit der Auflage der Zulassungspflicht für jedermann, des flächendeckenden Angebots und gleicher Preise bzw. Gebühren im Monopolgebiet. Das natürliche Monopol unterliegt deshalb dem Zwang der → *Regulierung.*

Die ordnungspolitischen Diskussionen (→ *Ordnungspolitik*) seit Beginn der 70er Jahre haben ausgehend von den USA die → *Deregulierung* der ursprünglichen Monopolbereiche in Deutschland und Europa eingeleitet.

▶ **Naturschutz**

Die Gesamtheit von Maßnahmen zum Schutz und zur Pflege besiedelter und unbesiedelter Natur, die die Lebensgrundlage für den Menschen und seine Erholung darstellt. Der Naturschutz ist im **Bundesnaturschutzgesetz (Gesetz über Naturschutz und Landschaftspflege)** i.d.F. vom März 2002 mit Rahmenvorgaben beschrieben, deren Ausfüllung der Ländergesetzgebung vorbehalten ist. Naturschutz wird erreicht durch allgemeine Schutz-, Pflege- und Entwicklungsmaßnahmen sowie durch Pflege und Entwicklung des Natur- und Landschaftsschutzes im Rahmen einer Landschaftsplanung. Teile der Natur und Landschaft können zum **Naturschutzgebiet, Nationalpark, Biosphärenreservat, Landschaftsschutzgebiet**, **Naturpark** oder zum **Naturdenkmal** oder geschützten Landschaftsbestandteil (z.B. Schilfbestände) erklärt werden. Die Verwaltungsaufgaben des Bundes werden von dem 1993 errichteten **Bundesamt für Naturschutz** mit Sitz in Bonn wahrgenommen.

http://www.bmu.de

▶ **NC**

(Network Computer) → *Computer* ohne eigene → *Festplatte* und eigenes → *Betriebssystem*. Er holt sich die benötigte → *Software* bedarfsorientiert aus dem → *Internet* oder einem → *Intranet*.

▶ **Nebenbeschäftigung**

Andere Bezeichnung für geringfügige Beschäftigung (→ *Minijobs*).

▶ **Nebeneinkünfte**

Begriff aus dem Einkommensteuerrecht. Sie sind – mit wenigen im → *Einkommensteuergesetz (EStG)* ausdrücklich geregelten Ausnahmen (§ 46 Abs. 2 Nr. 1 EStG) – steuerpflichtig.

▶ **Nebentätigkeit**

Eine neben dem Hauptberuf ausgeübte, steuer- und sozialversicherungspflichtige Tätigkeit entsprechend den Hinweisen in den → *Einkommensteuer-Richtlinien (EStR)* (H 146 EStR). → *Nebeneinkünfte,* → *Minijobs.*

▶ **Nebenwert**

Bezeichnung für → *Aktien* einer kleineren → *Aktiengesellschaft (AG)* mit geringem täglichen Handelsvolumen an der → *Börse.*

▶ **Negativsteuer**

Staatlicher Zuschuss (→ *Transfereinkommen*) zur Differenz zwischen Arbeitseinkommen und → *Existenzminimum.*

▶ **Negativzins**

Gebührenerhebung statt Zinszahlung auf bestimmte Konten der → *Kreditinstitute.* Ein Negativzins wird gelegentlich zur Abwehr spekulativer Geldzuflüsse (→ *Hot Money*) erhoben.

▶ **Negoziation** → *Anleihen*

▶ **NEMAX** → *Neuer Markt*

▶ **Nennbetrag** → *Nennwert*

▶ **Nennbetragsaktien**

Bezeichnung für → *Stammaktien,* die auf mindestens einen Euro lauten (§ 8 Abs. 2 AktG). Anders: → *Stückaktien.*

▶ **Nennkapital** → *Gezeichnetes Kapital*

▶ **Nennwert**

(Nominalwert, Nennbetrag) Der → *Aktien* oder → *Anleihen* usw. aufgedruckte Geldbetrag. Der Nennwert weicht in der Regel vom Marktwert (→ *Börsenkurs*), insbesondere bei Aktien, stark ab. → *Stückaktien*.

▶ **Nennwertaktien** → *Nennbetragsaktien*

▶ **Nennwertlose Aktien** → *Quotenaktien*

▶ **Neoklassiker** → *Klassiker*

▶ **Neokonservatismus** → *Konservatismus*

▶ **Neoliberalismus** → *Ordoliberalismus*

▶ **Netcall**

Nachrichten- und Datenaustausch in → *Mailbox*-Systemen. Die eingehenden Nachrichten und Daten werden gesammelt und bei Anruf (Netcall) zum Empfänger übertragen.

▶ **Netting**

Beim → *Cash Management* durchgeführte Aufrechnung periodengleicher → *Forderungen* und → *Verbindlichkeiten* zwischen den einzelnen Unternehmen im → *Konzern* oder für → *Strategische Allianzen*. Ziel der gegenseitigen Verrechnung ist das Einsparen von Transferkosten und eine Minimierung von Währungsrisiken durch Schwankungen im → *Wechselkurs*. Dies geschieht u. a. durch vorherige Festlegung der Umrechnungskurse bei → *Devisen*.

Auch das Verrechnen von Forderungen und Verbindlichkeiten mit einem Geschäftspartner zu einem Nettosaldo, der auszugleichen ist, wird als Netting bezeichnet.

▶ **Nettodividende**

Das Ergebnis aus der → *Dividende* abzüglich zu zahlender → *Kapitalertragsteuer*.

▶ **Nettoeinkommen aus unselbständiger Arbeit/Nettoeinkommen aus Unternehmertätigkeit und Vermögen**

Seit 1999 nicht mehr verwendete Begriffe in der VGR (→ *Volkswirtschaftliche Gesamtrechnung (VGR)*.

▶ **Nettoinvestitionen** → *Investitionen*

▶ **Nettokreditaufnahme** → *Bruttokreditaufnahme*

▶ **Nettolohn /Nettogehalt**

Verbleibender Bruttolohn/Nettogehalt (z. B. verbleibender → *Tariflohn, Tarifgehalt*) nach Abzug von direkten Steuern (→ *Direkte Steuern*) und der Beiträge zur → *Sozialversicherung* (Arbeitnehmeranteile). → *Reallohn*.

▶ **Nettolohn- und -gehaltsumme (Nettoeinkommen)**

Verbleibendes Arbeitsentgelt in der VGR (→ *Volkswirtschaftliche Gesamtrechnung (VGR)*) nach Abzug der direkten Steuern (→ *Direkte Steuern*) und Beiträge zur → *Sozialversicherung* (Arbeitnehmeranteile). → *Verfügbares Einkommen*.

▶ **Nettonationaleinkommen** → *Sozialprodukt (Nationaleinkommen)*

▶ **Nettoneuverschuldung** → *Nettokreditaufnahme*

▶ **Nettoproduktionswert**

In der Industriestatistik näherungsweise berechnete Größe für die Bruttowertschöpfung eines Industriezweigs. Mit der Berechnung werden Doppelzählungen von Einsatzmaterialien (Roh-, Hilfs- und Betriebsstoffe) und von fremden Lohnarbeiten ausgeschaltet. Ohne eine solche Bereinigung im → *Bruttoproduktionswert* würden die → *Vorleistungen* anderer Industriezweige bei der Ermittlung des **Nettonationaleinkommens** doppelt gezählt, nämlich einmal bei der Wertschöpfung des die Vorleistungen erbringenden Industriezweiges und zum anderen bei der Wertschöpfung des die Vorleistungen empfangenden Industriezweiges.

Um Anhaltspunkte für die näherungsweise Bestimmung des Nettoproduktionswertes zu erhalten, werden in größeren zeitlichen Abständen vom Statistischen Bundesamt **Kostenstrukturerhebungen** durchgeführt. Hierbei wird der fremdbezogene Materialkostenanteil aus der Summe der → *Herstellungskosten* eines Industriezweiges ermittelt. Das Verhältnis zwischen Bruttoproduktionswert und Nettoproduktionswert ist die **Nettoquote**. Hierbei wird der Bruttoproduktionswert einer Periode entweder primärstatistisch oder näherungsweise ermittelt als Summe aus dem wirtschaftlichen Umsatz laut Umsatzsteuerstatistik (→ *Umsatzsteuer*) plus dem Wert von selbsterstellten Anlagen zuzüglich bzw. abzüglich Veränderungen der Lagerbestände von Halb- und Fertigwaren. Der Nettoproduktionswert ergibt sich dann durch Abzug der Vorleistungen (Materialverbrauch, Einsatz für Handelsware, Kosten für Lohnarbeiten) der produzierenden Industriezweige vom ermittelten **Bruttoproduktionswert**.

Für jeden Industriezweig wird dann die Nettoquote errechnet, die über einen längeren Zeitraum ungefähr als konstant angesehen werden kann.

Die jährliche Berechnung des Nettoproduktionswertes eines Industriezweiges aus dem bekannten Bruttoproduktionswert erfolgt dann mit Hilfe der jeweiligen Nettoquote dieses Industriezweiges. → *Sozialprodukt (Nationaleinkommen)*.

http://www.destatis.de/fdz/downloads/campus/nettowert_prodg.pdf

▶ **Nettorendite** → *Rendite*

▶ **Nettosozialprodukt z. M.**

Seit 1999 durch den neuen Begriff **Nettonationalprodukt** ersetzte Rechengröße in der VGR (→ *Volkswirtschaftliche Gesamtrechnung (VGR)*).

▶ **Nettoumlaufvermögen** → *Working Capital*

▶ **Nettoumsatzsteuer** → *Umsatzsteuer*

▶ **Nettozinsen** → *Nettorendite*

▶ **Netzgeldgeschäft** → *Kreditinstitute*

▶ **Netzmonopol**

Bezeichnung für das Alleinrecht zum Aufbau und Betrieb der → *Telekommunikationsnetze,* die als → *Natürliches Monopol* angesehen wurden. In Deutschland ist das Netzmonopol der Deutschen Telekom AG (→ *Bundespost*) am 1. 7. 1996 entfallen. → *Regulierung,* → *Fernsprechmonopol.*

▶ **Netzwerksystem**

Bezeichnung für zusammengeschaltete → *Computer,* die arbeitsteilig, gleichberechtigt (→ *Peer-to-Peer*), sich ergänzend (z. B. zur Kapazität in einem→ *Zentralspeicher*) oder nach einer hierarchischen Struktur (z. B. → *Mainframe-Rechner*) arbeiten. Sie können an einem Ort (→ *LAN*) oder an mehreren Orten (→ *WAN*) stehen.

▶ **Neue Aktien** → *Junge Aktien*

▶ **Neue Armut**

Seit Mitte der 80er Jahre gebräuchliche Bezeichnung, die sich auf die Auswirkungen von → *Arbeitslosigkeit* und → *Sozialabbau* bezieht. Die EU (→ *Europäische Union (EU)*) definiert Personen bzw. Haushalte als arm, wenn sie über weniger als 60 Prozent vom durchschnittlichen → *Nettoeinkommen* von Einzelpersonen oder Nettoeinkommen eines Durchschnittshaushalts in einem Land verfügen. Bei der Definition von Armut spielt ein möglicher Besitz von → *Immobilien* keine Rolle, wohl aber für den Bezug von → *Arbeitslosengeld II* oder → *Sozialhilfe.*

Einkommensarmut geht oft einher mit **Wohnraumunterversorgung,** → *Arbeitslosigkeit* und **mangelnder beruflicher Qualifika-**

tion. Mit Beschluss vom 27. Januar 2000 beauftragte der Deutsche Bundestag die Bundesregierung, regelmäßig einen **Armuts- und Reichtumsbericht** vorzulegen. Dies erfolgte zu ersten Mal im April 2001. Der 2. Armut- und Reichtumsbericht wurde im März 2005 verabschiedet.

Definiert wird dabei Armut als gleich bedeutend mit einem Mangel an Verwirklichungschancen, Reichtum mit einem hohen Maß an Verwirklichungschancen, deren Grenzen kaum erreicht werden.

Der Bericht stellt fest, dass eingeschränkte Verwirklichungschancen und ein höheres Armutsrisiko auch durch unzureichende Ausbildung, fehlende Bildungsabschlüsse sowie einen erschwerten Zugang zur Erwerbstätigkeit – beispielsweise aufgrund familiärer Pflichten oder gesundheitlicher Beeinträchtigungen und Behinderung – bedingt sind. Arbeitslosigkeit bleibt jedoch die wesentliche Ursache für ein erhöhtes Armutsrisiko. Das Armutsrisiko, d. h. Anteil der Personen unterhalb der Armutsrisikogrenze von 60 % des durchschnittlichen Nettoeinkommens von 938 Euro (2003) in der Zeit von 1998 bis 2003 von 12,1 % auf 13,5 % angestiegen (**vgl. Tabelle**).

Deutschland gehört jedoch nach Erhebungen von → *EUROSTAT* aus dem Jahr 2001 zu den Ländern in der EU mit der niedrigsten Armutsrisikoquote (Deutschland: 11 %; Durchschnitt EU-15: 15 %)

Das Armutsrisiko älterer Menschen ist deutlich unterdurchschnittlich, auch ihre Sozialhilfeabhängigkeit lag deutlich unter dem Durchschnitt der Gesamtbevölkerung.

Betroffen von der neuen Armut sind vor allem allein erziehende Mütter, kinderreiche junge Familien, Empfänger von Arbeitslosenhilfe II und Sozialhilfe. Ein weiteres Kennzeichen ist die Ausweitung der so genannten ungeschützten Beschäftigungsverhältnisse, die ohne → *Kündigungsschutz* und soziale Absicherung von den Arbeitnehmern akzeptiert werden müssen, wenn sie überhaupt einen Arbeitsplatz erhalten wollen. → *Steuerpolitik*, → *Vermögensumverteilung*.

http://www.bmgs.bund.de/

Bevölkerungsgruppe	1998	2003
Nach Geschlecht:		
Männer	10,7	12,6
Frauen	13,3	14,4
Nach Alter:		
bis 15 Jahre	13,8	15,0
16 bis 24 Jahre	14,9	19,1
25 bis 49 Jahre	11,5	13,5
50 bis 64 Jahre	9,7	11,5
65 und älter	13,3	11,4
Nach Erwerbsstatus:		
Selbständige	11,2	9,3
Arbeitnehmer	5,7	7,1
Arbeitslose	33,1	40,9
Rentner/ Pensionäre	12,2	11,8
Nach Einpersonenhaushalten:		
Gesamt	22,4	22,8
Männer	20,3	22,5
Frauen	23,5	23,0
Nach Haushalten mit Kind:		
Alleinerziehende	35,4	35,4
2 Erwachsene	10,8	11,6
Armutsrisiko insgesamt	**12,1**	**13,5**

Tab.: Gruppenspezifische Armutsrisikoquoten in Deutschland in %
Weniger als 60 % des durchschnittlichen Nettoeinkommens von 938 Euro (2003) (Quelle: Armuts- und Reichtumsbericht der Bundesregierung März 2005)

▶ **Neuer Markt**

Ein 1997 von der → *Deutsche Börse AG* als deutsche Variante zu der US-Wachstumsbörse → *NASDAQ* eingeführtes Kapitalbeschaffungsinstrument für junge, innovative Wachstumsunternehmen. Dies waren insgesamt 353 Unternehmen. → *Wachstumswerte,* → *New Economy.* Die Zulassungsbedingungen zum Handel an der → *Börse* waren für diese Unternehmen weniger streng als im Amtlichen Markt (→ *Amtlicher Markt*).

Die Probleme vieler junger Unternehmen am Neuen Markt mit der Erfüllung der selbst gesteckten Ziele und die hierdurch enttäuschten Erwartungen der Anleger – nicht zuletzt gefördert durch falsche Einschätzungen der Analysten (→ *Analyst*) – hatten seit Mitte 2000 zu einem dramatischen Fall der Börsenkurse (→ *Börsenkurs*) für Unternehmen der New Economy geführt.

Der Börsenindex **NEMAX50** für die Unternehmen am Neuen Markt wurde am 21. März 2003 zum letzten Mal berechnet und durch den im Zuge einer Neuordnung der Aktienindices geschaffenen **TecDAX** ersetzt. → *Deutscher Aktienindex (DAX), → Finanzmarktreform.*

▶ **Neutraler Aufwand** → *Aufwand, → Neutrales Ergebnis*

▶ **Neutraler Ertrag** → *Ertrag, → Neutrales Ergebnis*

▶ **Neutraler Mann** → *Montan-Mitbestimmungsgesetz*

▶ **Neutrales Ergebnis**

(Neutraler Erfolg) Das Resultat der Gegenüberstellung von neutralem → *Aufwand* und neutralem → *Ertrag*. Es zeigt das Ergebnis an, das nicht im Zusammenhang mit der betrieblichen Tätigkeit erzielt wurde. Eine eindeutige Abgrenzung zwischen den neutralen und betriebsbezogenen Positionen ist nicht immer möglich. Deshalb wird im Gliederungsschema der → *Gewinn- und Verlustrechnung (GuV)* die Begrifflichkeit neutraler Aufwendungen und Erträge nicht verwendet.

▶ **Neuverschuldungsquote** → *Öffentliche Verschuldung*

▶ **New Economy**

Bezeichnung für die im Zusammenhang mit den neuen Technologieanwendungen (→ *Internet, → Multimedia, → Biotechnologie*) im Dienstleistungsbereich entstandenen Unternehmen. Sie sind gekennzeichnet durch sehr hohe Wachstumsraten (→ *Wirtschaftswachstum*) und durch hohe Anforderungen an die Beschäftigten hinsichtlich beruflicher Qualifikation und → *Arbeitsmobilität* sowie durch flexible Arbeits- und Bezahlungsstrukturen. → *Arbeitszeitflexibilisierung, → Tarifvertrag.*

Der zunächst künstlichen Trennung zwischen den traditionell gewachsenen Industriezweigen **(Old Economy)** und einer boomenden und erfolgreichen New Economy ist inzwischen eine Kooperation großer traditioneller Unternehmen mit den kleinen neuen Unternehmen gefolgt. Dabei setzen die Unternehmen der Old Economy innovative Ideen und Erfahrungen der New Economy um und sichern dafür deren Existenz – teilweise auch durch Aufkauf oder Beteiligung. → *Neuer Markt*.

▶ **Newsgroups** → *News*

▶ **Newsletter**

Informationen, die regelmäßig an einen bestimmten Abonnenten- bzw. Verteilerkreis per → *E-Mail* oder auf dem Postweg verschickt werden. Sie sind ein Instrument der Werbung und des → *Marketing* und dienen vor allem der Kundenbindung und/oder Imagepflege.

▶ **News/Net News/Usenet News**

Bezeichnung für die im → *Internet* nach Gruppen und Untergruppen (Themen) geordneten Nachrichten, die im → *Usenet* ausgetauscht und zur Diskussion gestellt werden können. Spezielle Themen werden in **Newsgroups** als öffentliche Kommunikations-Foren diskutiert.

▶ **Newsreader** → *Usenet*

▶ **NIBOR (New York Interbank Offered Rate)** → *NYBOR*

▶ **Nichtbanken**

Bezeichnung für alle nicht als → *Kreditinstitute* zuzurechnenden Sektoren einer Volkswirtschaft. Dies sind der Staat, die privaten Haushalte, alle privaten Unternehmen, die nicht zu den Kreditinstituten zählen, sowie der Auslandssektor.

▶ **Nicht entnommener Gewinn**

Gewinnteile (→ *Gewinn*), die im Unternehmen verbleiben, also nicht von den Eigentümern eines Gewerbebetriebes (→ *Gewerbe/ Gewerbebetrieb*), in der → *Land- und Forstwirtschaft* oder bei selbständiger Tätigkeit (→ *Selbständige*) entnommen werden.

Für die → *Aktiengesellschaft (AG)* bestehen gesetzliche Gewinnverwendungsvorschriften, wonach ggf. ein Teil vom → *Jahresüberschuss* (**nicht ausgeschütteter Gewinn**) in die gesetzlichen → *Rücklagen* eingestellt werden muss (§ 150 Abs. 2 AktG) bzw. nach einem Beschluss von → *Vorstand* und → *Aufsichtsrat* Teile vom Jahresüberschuss (bis 50 %) in die freien Rücklagen eingestellt werden können (§ 58 Abs. 1 AktG).

In einer → *Personengesellschaft* haben die Eigentümer i. d. R. über den → *Gesellschaftsvertrag* die Regeln für eine Gewinnverwendung bestimmt.

▶ **Nicht realisierte Gewinne**

In der → *Handelsbilanz* bzw. → *Steuerbilanz* entstehende Gewinne (→ *Gewinn*), die im Fall einer Veräußerung von Vermögensgegenständen auftreten würden, wenn der → *Tageswert* über dem → *Buchwert* liegt. Nicht realisierte Gewinne werden in der → *Bilanz* nicht ausgewiesen. → *Imparitätsprinzip*.

▶ **Nicht realisierte Verluste**

In der → *Handelsbilanz* bzw. → *Steuerbilanz* entstehende buchmäßige Verluste, wenn der → *Tageswert* der Vermögensgegenstände unter die → *Anschaffungskosten* bzw. → *Herstellungskosten* sinkt. → *Niederstwertprinzip*.

▶ **Niederlassungsrecht in der EU** → *Freizügigkeit in der EU*

▶ **Niederstwertprinzip**

Für alle → *Einzelkaufleute* und alle Handelsgesellschaften (→ *Handelsgesellschaft*) verbindliche Wertansatzbestimmung, die besagt, dass bei der Bilanzierung von Gegenständen im → *Umlaufvermögen* jeweils der niedrigere Wert (entweder → *Anschaffungskosten* bzw. → *Herstellungskosten* oder der → *Tageswert*) anzusetzen ist (**strenges Niederstwertprinzip** nach § 253 Abs. 3 HGB).

Für Gegenstände des Anlagevermögens gilt eine Abwertungspflicht durch → *Abschreibungen* für den Fall einer dauernden Wertminderung. Bei nur vorübergehender Wertminderung besteht ein Wahlrecht, ob eine Abschreibung vorgenommen wird.

Mit dem Niederstwertprinzip soll der Gläubigerschutz gewährleistet sein und jegliche Spekulationsbewertung vermieden werden: → *Nicht realisierte Gewinne* werden nicht ausgewiesen. → *Nicht realisierte Verluste* gehen dagegen wegen der Bewertung nach dem Niederstwertprinzip in die → *Bilanz* ein. → *Stille Reserven* können dabei gebildet werden.

▶ **Nießbrauch**

Das nicht veräußerliche oder vererbbare personengebundene Recht, alle Nutzungen eines Gegenstandes (bewegliche Sachen, Grundstücke, Rechte, Sachen und Rechte eines ganzen Vermögens) auszuüben. Der Nießbrauch ist auf einen anderen übertragbar und muss im → *Grundbuch* eingetragen sein. Rechtsgrundlage sind die Bestimmungen im BGB (→ *Bürgerliches Gesetzbuch (BGB)*) (§ 1030 BGB bis 1089 BGB).

▶ **Nikkei-Index**

(Nikkei Stock Average Index) Von der japanischen Wirtschaftszeitung „Ni-hon Kei-zai Shimbun" seit 16. 5. 1949 mit einem Basiswert von 176,21 berechneter → *Aktienindex*. Er enthält 225 Werte japanischer Aktiengesellschaften mit hoher → *Marktkapitalisierung*. Seine Berechnung orientiert sich an dem von Dow Jones (→ *Dow Jones Index*) entwickelten Verfahren.

http://www.nikkei.com

▶ **Niveausicherungsklausel** → *Nachhaltigkeitsgesetz*

▶ **Nizza, Vertrag von** → *Europäische Union (EU)*

▶ **Nominaleinkommen**

Berücksichtigt nur das Geldeinkommen ohne Beziehung zur realen → *Kaufkraft* dieses Einkommens. Wird das Nominaleinkommen um die Preissteigerungen bereinigt, z. B. Division durch den → *Preisindex* für die Lebenshaltung, so erhält man das **Realeinkommen**. → *Reallohn*.

▶ **Nominalkapital** → *Gezeichnetes Kapital*

▶ **Nominallohn** → *Nominaleinkommen*

▶ **Nominalwert** → *Nennwert*

▶ **Nominalwertprinzip**

Vor allem bei Auslandsgeschäften zu beachtendes Prinzip, wonach sich bedingt durch Währungsverfall bzw. Inflationswirkungen (→ *Inflation*) der reale Wert einer Schuld für den → *Gläubiger* im Zeitablauf verringern kann. Um dies zu verhindern, können **Wertsicherungsklauseln** vereinbart werden, die sich z. B. am → *Wechselkurs* oder Weltmarktpreis der → *Güter* orientieren. Sie sind nur mit Genehmigung der → *Zentralbank* zulässig.

▶ **Nominalzins**

Der fest vereinbarte Zinssatz (→ *Zinsen*) für festverzinsliche → *Wertpapiere*.

▶ **Nonaffektationsprinzip** → *Haushaltsplan*

▶ **Non Profit Organisation** → *Gemeinnützige Unternehmen*

▶ **Nord-Süd-Konflikt** → *Entwicklungshilfe*

▶ Normenkontrollverfahren

Überprüfung eines Gesetzes oder Rechtsverordnung (i. d. R. durch das Bundes- oder Landesverfassungsgericht) auf die Vereinbarkeit mit den Verfassungen des Bundes oder eines Bundeslandes. Es gelten die Vorschriften im Grundgesetz (Art. 93 Abs. 1 GG und Art. 100 GG) sowie Bestimmungen in den Verfassungen der Bundesländer.

▶ Normung

Zum Zwecke der Vereinheitlichung geschaffene und von den jeweils Beteiligten anerkannte Festlegung von Begriffen, Arten, Größen, Formen, Farben, Abmessungen, Kennzeichnungen, Typen, Stoffen, Mustern, Rezepten u. Ä.

Der 1926 gegründete **Deutsche Normenausschuss** ($\rightarrow$ *DIN*) betreibt systematische Normungsvorschläge und deren Durchsetzung auch auf internationaler Ebene. Auf europäischer Ebene arbeiten die Institutionen $\rightarrow$ *CEN/CENELEC* und $\rightarrow$ *ETSI*.

▶ Nostroeffekten

$\rightarrow$ *Wertpapiere,* die $\rightarrow$ *Kreditinstitute* bei anderen Kreditinstituten (dort als **Loroeffekten**) verwahren lassen.

▶ Nostrogeschäft $\rightarrow$ *Eigengeschäft*

▶ Nostroguthaben $\rightarrow$ *Nostrokonten*

▶ Nostrokonten

Konten, die von einer Bank bei anderen $\rightarrow$ *Banken* unterhalten werden als **Nostroguthaben** oder **Nostroverbindlichkeiten**. Die anderen Banken führen diese Konten als **Lorokonten**, d. h. als **Loroverbindlichkeiten** bzw. **Loroguthaben**.

▶ Nostroverbindlichkeiten $\rightarrow$ *Nostrokonten*

▶ **Notebook**

Tragbarer → *PC* **(Laptop)** von besonders geringer Größe. Er verfügt u. a. über Akku, Tastatur und → *LCP-* oder *TFT*-Display, internes → *Modem,* Laufwerke für eine → *Diskette* und/oder → *CD-ROM* sowie ein oder mehrere → *USB*-Anschlüsse, → *Bluetooth*, Infrarotverbindung, Kopfhörer-, → *LAN-* und Mikrofonbuchse und TV-Ausgang sowie die Möglichkeit für drahtlose Verbindungen (Wireless → *WAN).*

▶ **Notenbank**

Die zur Ausgabe von Banknoten berechtigte Bank eines Landes. → *Bundesbank.*

▶ **Notierung** → *Börsenkurs*

▶ **Nullkuponanleihe** → *Zero Bond*

▶ **Nummernkonto**

Ein Konto, bei dem lediglich die Kontonummer vermerkt ist, der Kontoinhaber jedoch nicht namentlich erscheint. Die Identität des Kontoinhabers ist nur wenigen Personen bekannt, die auch die Verfügungsberechtigung prüfen.

Die Eröffnung eines Nummernkontos ist in Deutschland verboten, in der Schweiz und in einigen Offshore-Finanzzentren (→ *Offshore-Finanzplatz*) dagegen möglich. Anders: → *Anonymes Konto.*

▶ **Nutzen**

Begriff, der lediglich mit subjektiven Wertmaßstäben zu messen ist. Man kann ihn nur mit dem Kriterium größer als … oder kleiner als … beschreiben. → *Grenznutzen.*

▶ **Nutzschwelle (Gewinnschwelle)** → *Break-even-Point*

▶ **Nutzungswertbesteuerung** → *Wohneigentum*

▶ **NYBOR**

(New York Interbank Offered Rate) US-amerikanischer → *Referenzzinssatz* für → *Futures*.

▶ **NYFE**

(New York Future Exchange) Bezeichnung für die US-amerikanische → *Terminbörse* in New York. → *EUREX*, → *LIFFE*.

http://www.nyfe.com/

▶ **NYSE**

(New York Stock Exchange) Bezeichnung für die bedeutendste Aktienbörse der Welt in New York (→ *Börse*). → *NASDAQ*, → *AMEX*. Für eine Zulassung zum Handel an der NYSE müssen ausländische Unternehmen die Rechnungslegungsvorschriften von → *US-GAAP* beachten. Für deutsche Unternehmen genügt auch eine Überleitungsrechnung vom nach den Vorschriften im *Handelsgesetzbuch (HGB)* erstellten → *Konzernabschluss* u. a. mit den aus dem deutschen → *Anhang* ergänzten Angaben entsprechend den **Notes** der amerikanischen Offenlegungsvorschriften. → *SEC*.

http://www.nyse.com/

▶ **NYSE Composite Index**

Ein US-amerikanischer → *Aktienindex*, der sich an der gewichteten Marktkapitalisierung der an der → *NYSE* gehandelten Aktien orientiert.

O

▶ **OAPEC**

(Organization of Arab Petroleum Exporting Countries) 1968 gegründete Interessengemeinschaft von zehn arabischen Ländern,
die Erdöl exportieren. Sitz ist Kuweit. → *OPEC*.

▶ **Oasenländer** → *Steueroasen*

▶ **Obergesellschaft** → *Muttergesellschaft*

▶ **Objektförderung** → *Wohneigentum*

▶ **Objektsteuern** → *Realsteuern*

▶ **Obligationen**

Gleichbedeutend mit → *Schuldverschreibungen*.

▶ **Obligo**

Andere Bezeichnung für Verpflichtung, Verbindlichkeit gegenüber Dritten. Wird mit einem Zusatz o. O. (**ohne Obligo**) gezeichnet, so ist eine Gewährleistung ausgeschlossen.

▶ **OECD**

(Organization for Economic Corporation and Development –
Organisation für wirtschaftliche Zusammenarbeit und Entwicklung) Nachfolgeorganisation (seit 1. 10. 1961) der 1948 gegründeten OEEC. Ursprüngliche Aufgabe der OEEC war die Koordinierung der europäischen Wiederaufbaupläne und der amerikanischen Wirtschaftshilfe (→ *Marshallplan*).

Das Schwergewicht ihrer Tätigkeit liegt auf Beratungstätigkeiten
und Forschungsarbeiten zur → *Wirtschaftspolitik* mit jährlichen

Berichten über die Wirtschaftslage in den Mitgliedstaaten sowie in der → *Energie-* und → *Umweltpolitik*.

Die OECD hatte 2003 30 Mitgliedstaaten. Dies sind neben west- und osteuropäischen Ländern die Türkei, Australien, Neuseeland, Japan, die USA, Kanada, Mexiko und Südkorea. An den wichtigsten Beratungen nehmen darüber hinaus auch Vertreter internationaler Organisationen teil, so der Kommission der EU (→ *EG (Europäische Gemeinschaft)*), der → *Weltbankgruppe*, des → *Internationalen Währungsfonds (IWF)* usw.

http://www.oecd.org/deutschland/

▶ **Offene Ausschreibung** → *Ausschreibung*

▶ **Offene Handelsgesellschaft (OHG)**

Die OHG ist eine → *Personengesellschaft*. Ihr Zweck liegt im Betrieb eines Handelsgewerbes (→ *Handelsgewerbe*) unter gemeinschaftlicher → *Firma*. Die → *Gesellschafter* einer OHG haften gegenüber einem → *Gläubiger* unmittelbar und unbeschränkt mit ihrem vollen → *Vermögen* (Privat- und Gesellschaftsvermögen) für alle → *Verbindlichkeiten* als → *Gesamtschuldner*.

Die Geschäfte der OHG führt jeder Gesellschafter grundsätzlich allein (**Alleingeschäftsführung**). Die Gesellschafter müssen sich jedoch untereinander abstimmen. Es kann jedoch ein **geschäftsführender Gesellschafter** im → *Gesellschaftsvertrag* bestimmt sein, der die OHG nach außen vertritt. Dies muss im → *Handelsregister* eingetragen sein.

Rechtsgrundlage sind die Bestimmungen im → *Handelsgesetzbuch (HGB)* (§ 105 HGB bis § 160 HGB).

▶ **Offener Immobilienfonds** → *Kapitalanlagegesellschaften*

▶ **Offener Markt**

Bezeichnung für einen → *Markt* ohne Zugangsbeschränkungen.

▶ **Offener Netzzugang**

Regelung aus dem Telekommunikationsgesetz (TKG). Danach hat ein Anbieter, der auf einem → *Markt* für Telekommunikationsdienstleistungen (→ *Telekommunikation*) über eine marktbeherrschende Stellung verfügt (→ *Kartellgesetz*), anderen Wettbewerbern auf diesem Markt den Zugang zu seinen intern genutzten und zu seinen am Markt angebotenen Leistungen zu den gleichen Bedingungen zu ermöglichen, die er sich selbst einräumt. Außerdem muss ein Anbieter mit marktbeherrschender Stellung die von einer Richtlinie der EU (→ *Europäische Gesetzgebung*) zur Verwirklichung eines offenen Netzzugangs **(ONP-Richtlinie vom 28. 9. 1990)** vorgegebenen Normen erfüllen. Die Missbrauchsaufsicht und die Kontrolle über die Einhaltung der ONP-Richtlinie obliegt der → *Regulierungsbehörde für Telekommunikation und Post (RegTP)*.

Entsprechende Regelungen gelten für andere Betreiber von öffentlichen Netzen (z. B. Energieversorgung, Eisenbahn), die über eine marktbeherrschende Stellung verfügen hinsichtlich der Zusammenschaltung mit öffentlichen Netzen anderer Betreiber. Mit einer **Netzzugangsverordnung,** die am 1. 11. 1996 in Kraft getreten ist, wurden Rahmenvorschriften für Vereinbarungen zum offenen Netzzugang erlassen.

http://bundesrecht.juris.de/bundesrecht/tkg/
http://bundesrecht.juris.de/bundesrecht/nzv/

▶ **Offenlegungspflicht**

Andere Bezeichnung für → *Publizitätspflicht*. Nach dem → *Kreditwesengesetz (KWG)* besteht für → *Kreditinstitute* die Verpflichtung, von einem Kreditnehmer die Offenlegung seiner wirtschaftlichen Verhältnisse einzufordern, sofern → *Kredite* die Höhe von insgesamt 250 000 Euro übersteigen (§ 18 KWG).

▶ **Offenmarktgeschäfte** → *Offenmarktpolitik*

▶ **Offenmarktpolitik**

Geldpolitisches Instrument der → *Zentralbank* zur Unterstützung der → *Wirschaftspolitik*. Die Offenmarktgeschäfte werden auf Initiative der Zentralbank am → *Finanzmarkt* durchgeführt. Sie sollen die Zinssätze und die → *Liquidität* beeinflussen. → *Leitzinsen*.

Das ESZB (→ *Europäisches System der Zentralbanken (ESZB)*) unterscheidet **fünf Arten von Offenmarktgeschäften**, die in der Regel im → *Tender-Verfahren* durchgeführt werden:

● Das wichtigste Instrument der Offenmarktpolitik sind „**Befristete Transaktionen**". Hierbei kauft oder verkauft das ESZB refinanzierungsfähige Sicherheiten oder führt Kreditgeschäfte gegen Verpfändung refinanzierungsfähiger Sicherheiten (→ *Refinanzierung*) durch. Die nationalen Zentralbanken im ESZB führen dabei → *Pensionsgeschäfte* durch oder Pfandkredite, bei denen ein Sicherheitsrecht an den als Pfänder hinterlegten Vermögenswerten eingeräumt wird, das Eigentum jedoch – anders als beim Pensionsgeschäft – beim Schuldner verbleibt.

● **Käufe oder Verkäufe** von refinanzierungsfähigen Vermögensgegenständen, ohne dass eine Rückübertragung vereinbart wird. Sie dienen nur der Beeinflussung der Liquidität als Instrument der Feinsteuerung.

● **Emission von** → *Schuldverschreibungen* der Europäischen Zentralbank mit einer Laufzeit von weniger als 12 Monaten. Sie dienen der Liquiditätsabschöpfung, werden in abgezinster Form emittiert und bei Fälligkeit zum → *Nennwert* eingelöst.

● → *Devisenswapgeschäfte* beeinflussen die Liquidität und die Zinsgestaltung. Hierbei kaufen oder verkaufen die Zentralbanken Euro für eine Fremdwährung. Gleichzeitig wird die Fremdwährung zu einem festgelegten Datum wieder verkauft bzw. gekauft.

● **Hereinnahme von** → *Termineinlagen*. Die Einlagen der Geschäftspartner der Zentralbanken haben eine feste Laufzeit und einen festen Zinssatz, der von der EZB festgelegt wurde.

Das ESZB unterscheidet hinsichtlich der **zeitlichen Folge und des Verfahrens** von Offenmarktgeschäften folgende **Kategorien**:

- **Hauptrefinanzierungsinstrument.** Dies ist von dem für den Finanzsektor bereitgestellten Volumen die bedeutendste Kategorie: In **wöchentlichem** Abstand und mit einer Laufzeit von zwei Wochen werden von den nationalen Zentralbanken liquiditätszuführende **befristete Transaktionen** in der Form von **Standardtendern** durchgeführt.

- **Längerfristige Refinanzierungsgeschäfte.** Hier wird dem Finanzsektor **monatlich** von den nationalen Zentralbanken durch **befristete Transaktionen** in der Form von **Standardtendern** Liquidität mit einer Laufzeit von drei Monaten zugeführt.

- **Feinsteuerungsoperationen.** Sie werden **fallweise** durchgeführt. Dabei sollen vor allem Auswirkungen unerwarteter marktbedingter Liquiditätsschwankungen auf die Zinssätze ausgeglichen werden. Eingesetzt werden vor allem **befristete Transaktionen.** Dies auch durch direkte Käufe oder Verkäufe, *Devisenswapgeschäfte* und durch Hereinnahme von Termineinlagen. Die Form sind **Schnelltender** oder **bilaterale Geschäfte**, die im Regelfall von den nationalen Zentralbanken – als Ausnahme auch von der EZB – durchgeführt werden.

- **Strukturelle Operationen.** Hierbei werden **Schuldverschreibungen** emittiert oder **befristete Transaktionen** und **direkte Käufe oder Verkäufe** durchgeführt. Das ESZB verfolgt hierbei das Ziel, von Zeit zu Zeit seine strukturelle Liquiditätsposition gegenüber dem Finanzsektor anzupassen. Dabei werden die Verkäufe oder Käufe im Wege bilateraler Geschäfte und die Emission von Schuldverschreibungen bzw. die befristeten Transaktionen als Standardtender von den Nationalbanken abgewickelt.

▶ **Öffentliche Abgaben** → *Abgaben*

▶ **Öffentliche Anleihen** → *Anleihen*

▶ **Öffentliche Aufgaben**

Von den öffentlichen Aufgabenträgern (→ *Gebietskörperschaften*, → *Parafiski*, → *Öffentliche Unternehmen*, Kirchen, Sozialeinrichtungen) wahrgenommene Aufgaben für das Gemeinwesen.

Die Abgrenzung öffentlicher Aufgaben von privater Aufgabenwahrnehmung ist fließend und von politischen Entscheidungen und finanziellen Voraussetzungen abhängig. → *Subsidiaritätsprinzip,* → *Öffentliche Güter.*

▶ **Öffentliche Auftragsvergabe** → *Ausschreibung*

▶ **Öffentliche Ausschreibung** → *Ausschreibung*

▶ **Öffentliche Banken** → *Öffentliche Kreditinstitute*

▶ **Öffentliche Einnahmen**

Einnahmen für → *Öffentliche Haushalte* aus → *Abgaben,* eigener Wirtschaftstätigkeit (→ *Öffentliche Unternehmen*) durch → *Öffentliche Kreditaufnahme.*

▶ **Öffentliche Einrichtungen**

Bezeichnung der Nutzungsmöglichkeiten für → *Öffentliche Güter* durch die Mitglieder eines Gemeinwesens.

▶ **Öffentliche Güter**

Die Bezeichnung für die von staatlichen Institutionen angebotenen → *Güter,* die jedem Staatsbürger zur Verfügung stehen (z. B. Schwimmbäder, Bibliotheken, Staatstheater, Museen, aber auch Bildungseinrichtungen, Verkehrswege und das Rechtswesen). Die Kosten der öffentlichen Güter sind in den Öffentlichen Haushalten (→ *Öffentliche Haushalte*) ausgewiesen. → *Öffentliche Aufgaben.*

▶ **Öffentliche Hand**

Andere Bezeichnung für → *Gebietskörperschaften* und deren → *Öffentliche Unternehmen.* Sie wird vor allem gebraucht in Verbindung mit dem Staat als Auftraggeber für → *Öffentliche Güter* und Verwalter öffentlichen Vermögens sowie im Zusammenhang mit der → *Bruttokreditaufnahme.*

▶ **Öffentliche Haushalte**

Sammelbezeichnung für den → *Bundeshaushalt*, die Haushalte der Länder, → *Landkreise* und → *Gemeinden* (→ *Gebietskörperschaften*). Aus ihnen werden u. a. → *Öffentliche Güter* finanziert. Die Haushaltspläne (→ *Haushaltsplan*) werden von der Bundesregierung, der jeweiligen Landesregierung oder dem Magistrat/Kreisvorstand/Gemeindevorstand aufgestellt und von den jeweiligen Parlamenten, dem Kreistag/Gemeinderat bewilligt. Die nachträgliche Kontrolle erfolgt über den → *Bundesrechnungshof*, die Landesrechnungshöfe und bei den Kreisen bzw. Gemeinden über das → *Rechnungsprüfungsamt* oder besondere Rechnungsprüfer. → *Kameralistik*.

▶ **Öffentliche Kreditaufnahme**

→ *Öffentliche Einnahmen* aus der Aufnahme kurzfristiger → *Kredite* am → *Geldmarkt* (z. B. → *Schatzwechsel*, → *Schatzanweisungen*) oder mittel- und langfristiger Kredite am → *Kapitalmarkt* (z. B. → *Bundesschatzbriefe*, → *Bundesobligationen*, → *Anleihen*). → *Öffentliche Verschuldung*.

▶ **Öffentliche Kreditinstitute**

→ *Öffentliche Unternehmen*, die Bankgeschäfte (→ *Kreditinstitute*) betreiben. Hierzu zählen die öffentlichen → *Sparkassen* und → *Bausparkassen*, die → *Landesbanken* und → *Girozentralen* sowie einige Spezialinstitute, die allerdings von den öffentlichen Trägern in den 80er und 90er Jahren ganz oder teilweise privatisiert (→ *Privatisierung*) wurden.

▶ **Öffentlicher Dienst**

Bezeichnung für die Beschäftigung bei Bund, Ländern, → *Landkreisen* und → *Gemeinden* sowie bei einer → *Körperschaft des öffentlichen Rechts*, → *Anstalt des öffentlichen Rechts* und → *Stiftung* des öffentlichen Rechts. Die Beschäftigten im öffentlichen Dienst können je nach ihrem Anstellungsverhältnis → *Beamte*, Angestellte oder Arbeiter sein.

Für Angestellte und Arbeiter im öffentlichen Dienst gelten der **Bundes-Angestellten-Tarifvertrag (BAT)** sowie jeweils ein → *Manteltarifvertrag* für Bund, Länder und Gemeinden. Daneben gibt es noch besondere Lohntarifverträge.

Im öffentlichen Dienst kommen die → *Bundespersonalvertretungsgesetze (BPersVG)* des Bundes und der Länder zur Anwendung.

Das westdeutsche Beamtenrecht wurde mit dem → *Einigungsvertrag* auf das Gebiet der neuen Bundesländer übertragen. Da es in der früheren DDR keine Beamten gab und für den Staatsdienst ganz andere Maßstäbe galten, waren umfangreiche Überleitungsvorschriften notwendig, wobei prinzipiell für eine Übernahme vor allem ins Beamtenverhältnis eine Einzelfallprüfung zu erfolgen hatte.

2003 arbeiteten rd. 4,1 Mio. Beschäftigte (1991: 5,3 Mio.) im **unmittelbaren** öffentlichen Dienst. 1,8 Mio. waren Beamte – davon 0,2 Mio. Berufs- und Zeitsoldaten, 1,8 Mio. Angestellte und 0,5 Mio. Arbeiter. Der Bund beschäftigte 0,5 Mio., die Länder 2,1 Mio. und die Gemeinden 1,5 Mio. Mitarbeiter.

Hinzu kommen noch rd. 0,6 Mio. Beschäftigte im **mittelbaren** öffentlichen Dienst, also bei einem → *Zweckverband*, bei den Trägern der → *Sozialversicherung* und der Arbeitsverwaltung (→ *Bundesagentur für Arbeit (BA)*).

Von den insgesamt 4,7 Mio. Beschäftigten arbeiteten rd. 1,3 Mio. (28 %) in → *Teilzeitarbeit*.

http://www.bmi.bund.de/
http://www.destatis.de/

▶ **Öffentlicher Glaube** → *Grundbuch*

▶ **Öffentlicher Haushalt** → *Öffentliche Haushalte*

▶ **Öffentlicher Personennahverkehr (ÖPNV)**

Angebot an öffentlichen Verkehrsmitteln zur Beförderung von Personen im näheren räumlichen Bereich von 50 km Umkreis.

▶ **Öffentliches Recht** → *Privatrecht*

▶ **Öffentliche Unternehmen**

Wirtschaftliche Unternehmen, die entweder ganz oder zu einem wesentlichen Teil im Besitz öffentlicher Träger sind. Sind die Anteilsrechte nicht allein in öffentlichem Besitz, sondern sind daran auch private Personen oder Gesellschaften beteiligt, so spricht man von **gemischtwirtschaftlichen Unternehmen.**

● **Öffentliche Unternehmen des Bundes** sind z. B. die Nachfolgeunternehmen der → *Bundesbahn/Deutsche Bahn AG* und → *Bundespost*, solange dort die Mehrheit der Aktien noch im Besitz des Bundes ist, oder die → *Kreditanstalt für Wiederaufbau (KFW)*. Im Zuge der → *Privatisierung* öffentlicher Unternehmen hat der Bund große Teile seines Unternehmensbesitzes verkauft. Von den 676 000 Beschäftigten bei Mehrheitsbeteiligungen des Bundes arbeiteten Ende 2000 rd. 94 % in den Nachfolgeunternehmen der Bundesbahn und Bundespost.

● **Öffentliche Unternehmen der Länder** sind die öffentlichen → *Kreditinstitute* oder die Rundfunkanstalten sowie Mehrheitsbeteiligungen z. B. an Unternehmen der Energie-, Verkehrs- und Wohnungswirtschaft.

● **Öffentliche Unternehmen** (kommunale Unternehmen) **der Gemeinden und** → *Landkreise* sind die → *Eigenbetriebe* und → *Regiebetriebe* in der Verkehrs-, Versorgungs- und Wohnungswirtschaft. Auch hier sind viele Betriebe in den letzten Jahren vor allem aus fiskalischen Gründen an private Träger verkauft worden. Anders: → *Eigengesellschaft.* Siehe **Abb. 26.**

Rechtsform des öffentlichen Rechts

als juristische Person des öffentlichen Rechts			als Teil von Gebietskörperschaften ohne eigene Rechtspersönlichkeit			
			wirtschaftlich selbständig			wirtschaftlich unselbständig
öffentlich-rechtliche Stiftung	öffentlich-rechtliche Anstalt [2]	öffentlich-rechtliche Körperschaft [3]	autonome Wirtschaftskörperschaften [4]	Betriebe nach § 26 BHO [5]	kommunale Eigenbetriebe	reine Regiebetriebe

Rechtsform des privaten Rechts

gemischtwirtschaftlich				100 % öffentlich			
	Kapitalgesellschaften						
Genossenschaft [6]	mit Sperrminorität	mit einfacher Mehrheit	mit qualifizierter Mehrheit	AG	GmbH	bergrechtliche Gewerkschaft	Genossenschaft [7]

1) Schema nach einer Systematik von W. Hasenack
2) z. B. kommunale Sparkassen, Landeszentralbanken, Girozentralen
3) z. B. Zweckverbände, öffentlich-rechtliche Genossenschaften, Gemeindeverband
4) z. B. die frühere Bundespost und Bundesbahn
5) Kaufmännisch geführte Wirtschaftsbetriebe des Bundes und der Länder, die jedoch ein Wirtschaften nach Einnahmen- und Ausgabensätzen nicht zulassen
6) z. B. Wohnungsbausiedlungsgesellschaft
7) sehr selten, z. B. Verwaltungsgenossenschaft gemeindeeigener Forstwirtschaft

Abb. 26: Rechtsformen öffentlicher Unternehmen

▶ **Öffentliche Verschuldung**

Finanzierungsinstrument für → *Öffentliche Haushalte*. Die Zunahme der öffentlichen Verschuldung in einem → *Haushaltsplan* wird als → **Nettokreditaufnahme** (→ *Bruttokreditaufnahme*) bezeichnet. Kriterien zur Beurteilung der öffentlichen Verschuldung sind bestimmte → *Kennzahlen:*

● Die **Kreditfinanzierungsquote** bezeichnet im Allgemeinen das Verhältnis von Nettokreditaufnahme zu der Summe an öffentlichen Ausgaben (z. B. im → *Bundeshaushalt*). Es können jedoch auch andere Bezugsgrößen gewählt werden wie z. B. das → *Bruttonationaleinkommen (BNE)*.

● Die **Neuverschuldungsquote** ist das Verhältnis der Nettokreditaufnahme zum → *Bruttoinlandsprodukt*. Sie ist eines der Beitrittskriterien zur → *Europäischen Wirtschafts- und Währungsunion (EWWU)*.

● Die **Staatsschuldenquote** (**Schuldenstandsquote**) ist das Verhältnis der gesamten Staatsschulden zum → *Bruttoinlandsprodukt*. Sie ist ebenfalls eines der Beitrittskriterien zur EWWU.

Siehe **Abb. 27**.

http://www.bsv.de

▶ **Öffentliche Wirtschaft**

Sammelbezeichnung für → *Öffentliche Unternehmen*.

▶ **Öffentlich-rechtliche Körperschaft** → *Körperschaft des öffentlichen Rechts*

▶ **Offerte**

Angebot zum Abschluss eines Vertrags.

▶ **Offline-Betrieb** → *Online-Betrieb*

▶ **Öffnungsklauseln** → *Tariföffnungsklauseln*

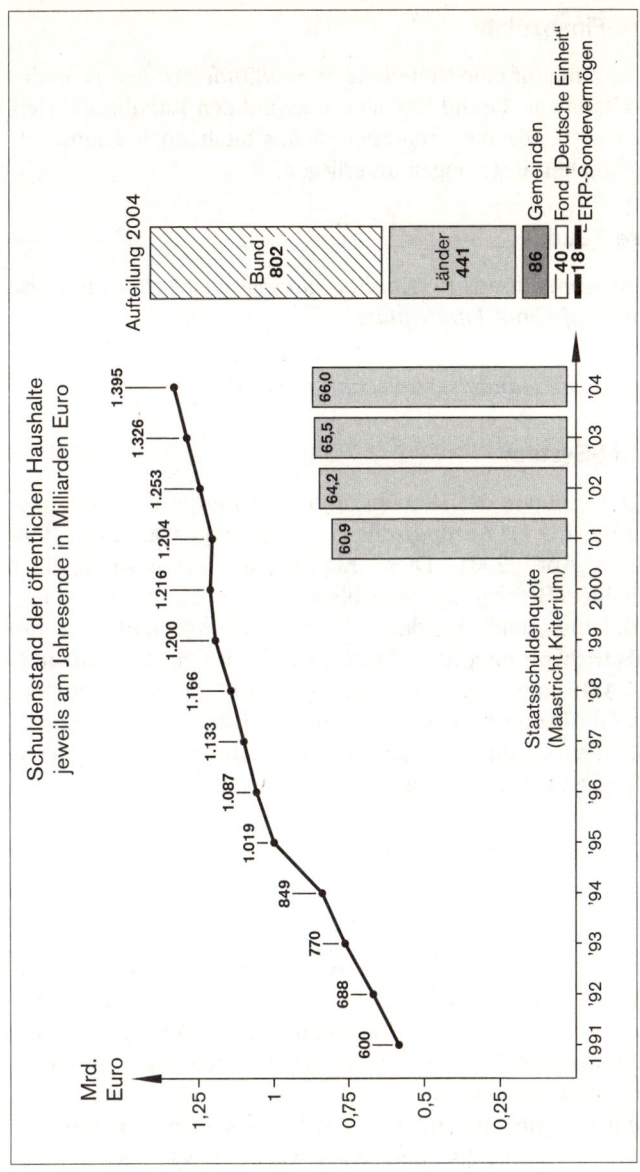

Abb. 27: Die öffentliche Verschuldung 1991–2004 (in Milliarden Euro) (Quelle: BMF, Nov.2004)

757

▶ **Offshore-Finanzplatz**

Bezeichnung für eine steuerfreie → *Freihandelszone* z. B. in der Karibik (Bahamas, Grand Cayman) oder auf den Kanalinseln (Jersey, Guernsey), die meist darüber hinaus auch noch kaum aufsichtsrechtlichen Regelungen unterliegen.

▶ **Offshore Fund**

Ein Investmentfonds (→ *Kapitalanlagegesellschaften*) mit Sitz in einem → *Offshore-Finanzplatz*.

▶ **OHG** → *Offene Handelsgesellschaft (OHG)*

▶ **Öko-Audit-System**

(Audit = Analyse des Betriebszustandes) Beruht auf einer Verordnung der EU (→ *Europäische Gesetzgebung*) vom 29. 6. 1993 i. d. F. vom April 2001. Diese **EU-Öko-Audit-Verordnung** über die freiwillige Beteiligung gewerblicher Unternehmen an einem Gemeinschaftssystem für das → *Umweltmanagement* und die **Umweltbetriebsprüfung** ist in Deutschland mit dem **Umweltauditgesetz (UAG)** vom 7. 12. 1995 am 15. 12. 1995 in Kraft getreten. Ziel des Öko-Audit-Systems ist es, den → *Umweltschutz* zunehmend in die Planung der Unternehmensführung zu integrieren und ihm einen klar definierten Stellenwert im Betriebsablauf zuzuweisen.

http://www.bmu.de/de/800/js/sachthemen/oeko/emas_zwei/

▶ **Ökobilanz**

Erfasst alle umweltrelevanten Wirkungen auf dem gesamten Lebensweg eines Produktes. Die → *Aktiva* und → *Passiva* der → *Bilanz* sollen mit den ökologischen Bewertungen anderer Erzeugnisse und Verfahren verglichen und zur Grundlage umweltpolitischer Entscheidungen werden.

Mit einer Ökobilanz sollen alle Belastungen im Produktions-, Verteilungs-, Verbrauchs- und Wiederverwertungs- bzw. Entsorgungsweg deutlich gemacht und Verantwortlichkeiten offen gelegt werden. Dabei geht es nicht um eine Bilanz im betriebswirtschaftlichen Sinne, weil in Geld ausgedrückte Bewertungsmaßstäbe nicht immer zur Verfügung stehen. Vielmehr sollen Informationen für die technische Gestaltung von Stoffkreisläufen gewonnen werden. So z. B. über den Energie- und Rohstoffverbrauch sowie die Schadstoffemission **(Mengenbilanz)**, um Informationen, welche Stoffe verbraucht und freigesetzt werden **(Stoffbilanz)** und welche Wirkungen der Stoffverbrauch auf Luft, Wasser und Boden auslöst **(Wirkungsbilanz)**.

Eine → *Enquete* „Schutz des Menschen und der Umwelt" des Deutschen Bundestags ergab 1992 u. a. konkrete Vorschläge für einheitliche Kriterien für die Ausgestaltung von Ökobilanzen.

▶ **Ökologie**

Lehre über die Wechselbeziehungen zwischen den vorhandenen Organismen (Mikroorganismen, Pflanzen, Tiere und Menschen) zu ihrer Umwelt. Die Ökologie umfasst eine Reihe naturwissenschaftlicher Fachgebiete, so z. B. die Biologie, Chemie, Klimaforschung, Boden- und Wasserkunde. Aufgabe der Ökologie ist die umfassende Untersuchung der Ökosysteme (→ *Ökosystem*) und ihrer wechselseitigen Beeinflussung. Sie betreibt Ursachenforschung und beschreibt Lösungsansätze zur Bekämpfung von Störungen des ökologischen Gleichgewichts.

▶ **Ökologisches Gleichgewicht** → *Ökosystem*

▶ **Ökologische Verträglichkeit**

Bezeichnung für die Beachtung der Grundsätze für eine → *Nachhaltige Entwicklung*. Dies gilt z. B. bei der Planung und Entwicklung von Produkten und Produktionsverfahren, bei Standortentscheidungen und der Planung von Maßnahmen zur Veränderung der → *Infrastruktur*.

▶ **Ökonometrie**

Zweig der → *Wirtschaftswissenschaft* mit dem Ziel, eine Verbindung zwischen quantitativer ökonomischer Theorie und empirischer Wirtschaftsforschung herzustellen. „Das Wesen der Ökonometrie liegt in der Synthese von mathematischer Wirtschaftstheorie und hoch entwickelten statistischen Methoden, die zum Teil im Hinblick auf spezifisch ökonometrische Fragestellungen neu geschaffen worden sind. Die ökonometrische Forschung strebt nach einer empirischen Überprüfung theoretischer Modelle und ist dabei bemüht, nicht nur allgemeine Entwicklungstendenzen und Größenordnungen anzugeben, sondern möglichst genaue numerische Aussagen zu machen." *(Bombach)*

▶ **Ökonomisches Prinzip** → *Wirtschaftlichkeitsprinzip*

▶ **Ökosteuer**

Ein erstmals 1988 vom Heidelberger Umwelt-Prognoseinstitut veröffentlichtes Modell, das gleichzeitig als Lenkungs- und Finanzierungsinstrument dienen sollte.

Die Vorstellungen aus der Wissenschaft und den Parteien lösten in Deutschland eine Diskussion aus, die unter dem Begriff **„Ökologische Steuerreform"** geführt wird. Die Grundidee sind zwei untrennbar verzahnte Teile: Der schrittweisen Belastung des umweltschädlichen Energieverbrauchs **(Energiesteuer)** soll eine Entlastung des Faktors Arbeit gegenüberstehen durch Senkung der → *Lohnnebenkosten*.

Mit dem am 1. 4. 1999 in Kraft getretenen **„Gesetz zum Einstieg in die ökologische Steuerreform"** wurden die Steuersätze für Strom, Heizöl, Gas, Benzin und Diesel erhöht. Die Mehreinnahmen wurden vom Bund an die gesetzliche → *Rentenversicherung* weitergeleitet, und hierfür der → *Beitragssatz* von 20,3 % auf 19,5 % gesenkt.

Mit Beginn der zweiten, dritten und vierten Stufe der Ökosteuerreform zum 1. 1. 2000, 1. 1. 2001 und 1. 1. 2002 wurden die Steuersätze weiter erhöht und dafür der Beitragssatz zur Rentenversicherung bis auf 19,1 % gesenkt. Zum 1.1. 2003 trat mit dem **Gesetz zur Fortführung der ökologishen Steuerreform** vom 23.12. 2002 die fünfte Stufe in Kraft, bei der die Steuersätze für Benzin und Diesel noch einmal um 3.06 Cent/Liter erhöht wurden. Der Regelsatz für Strom wurde um die → *Stromsteuer* erhöht. Für energieintensive Wirtschaftsbereiche gelten wesentlich geringere Steuersatzanhebungen, um Wettbewerbsverzerrungen (→ *Globalisierung*) und Standortnachteile (→ *Standortdiskussion*) zu vermeiden.

http://www.bmu.de/
http://www.stromsteuer.de

▶ **Ökosystem**

Bezeichnung für das Zusammenwirken zwischen Lebewesen verschiedenster Arten und ihrem Lebensraum. Ein gesundes Ökosystem kann sich selbst regulieren. → *Naturschutz*.

▶ **Öko-Tarifvertrag**

Ein → *Tarifvertrag*, der Regelungen über umweltrelevante betriebliche Tatbestände umfasst. Hierzu zählen die Bestellung betrieblicher Umweltbeauftragter und Regelungen über deren Aufgaben und Befugnisse, Vereinbarungen zum → *Umweltmanagement* und über Mitspracherechte im → *Betriebsrat* oder → *Personalrat*. Bisher existieren nur wenige Öko-Tarifverträge.

▶ **Öko-Zulage** → *Wohneigentum*

▶ **Old Economy** → *New Economy*

▶ **Oligopol**

→ *Marktform*, bei der nur einige wenige marktstarke Anbieter bzw. Nachfrager auftreten.

Da es im Falle oligopolistischer Konkurrenz leicht zu abgestimmten Verhaltensweisen kommen kann, enthält das → *Kartellgesetz* einschränkende Bestimmungen.

▶ Online-Banking

→ *Online-Dienste* der → *Kreditinstitute*, zur Abwicklung von Bankgeschäften über → *Internet*.

▶ Online-Betrieb

Ein Verfahren, bei dem Datenein- oder -ausgabegeräte direkt mit der Zentraleinheit in einem → *Computer* verbunden sind. Ist dies nicht möglich, so spricht man von **Offline-Betrieb**.

▶ Online-Dienste

Bezeichnung für alle Dienste, die im → *Online-Betrieb* (z. B. von einer → *Datenbank*, → *Mailbox*) über das → *Internet* abgerufen werden können. Unterschieden wird in **persönliche** Online-Dienste (→ *E-Mail*, → *Online-Banking*, → *Online-Vertrieb*), die den strengen Bestimmungen zum → *Datenschutz* unterliegen, und **öffentliche** Online-Dienste wie z. B. T-Online oder AOL.

▶ Online-Vertrieb

→ *Online-Dienste* von Unternehmen, die im → *Internet* werben und Informationen anbieten (Online-Marketing) sowie direkt beim Kunden (Business to Consumer) oder bei Geschäftspartnern (Business to Business) Bestellungen entgegennehmen und Versand sowie Bezahlung organisieren. → *E-Business*.

▶ OPEC (Organization of Petroleum Exporting Countries)

Ein 1960 gegründeter Zusammenschluss von 11 Erdöl exportierenden Ländern mit dem Ziel einer gemeinsamen Preispolitik gegenüber den Abnehmern. Sitz ist Wien. Ihr gehören die Förderländer Algerien, die Vereinigten Arabischen Emirate, Indonesien, Irak, Iran, Libyen, Kuwait, Katar, Saudi-Arabien, Venezuela, Nigeria an. Die OPEC-Staaten repräsentieren zusammen rd. ein Drittel der Welterdölförderung und ca. 70 Prozent der Welterdölreserven. → *Energiepolitik*.

http://www.opec.org/

▶ **Operations Research**

Teilgebiet der → *Betriebswirtschaftslehre (BWL)*, das sich mit der Entwicklung mathematischer Modelle und Verfahren für unternehmerische Entscheidungen und zur Optimierung betrieblicher Abläufe (z. B. in der Produktion und Lagerhaltung oder im Transportwesen) befasst.

▶ **Operativer Cashflow** → *Kapitalflussrechnung*

▶ **Operatives Ergebnis**

Andere Bezeichnung für das **Ergebnis der gewöhnlichen Geschäftstätigkeit** (→ *Gewinn- und Verlustrechnung (GuV)*).

▶ **Operator**

Spezialist für den Umgang mit Computersystemen (→ *Computer*) in Bedienung und Wartung.

▶ **Opportunitätskosten**

Der entgangene → *Deckungsbeitrag* aus einer nicht gewählten Handlungsalternative. Sie dienen u. a. als Vergleichsgröße in der → *Kostenrechnung* zur Beurteilung einer ermittelten Preisuntergrenze für ein Produkt.

▶ **Optical Disc** → *Optische Speicherplatte*

▶ **Optimal**

Unter den gegebenen Umständen bestmögliche Lösung.

▶ **Option**

(Bedingtes Termingeschäft) Ein zeitlich begrenztes Recht, das der Käufer der Option nach freiem Belieben ausüben **kann** (lat. optio = das Recht, zu wünschen). Der Verkäufer der Option hingegen verfügt über kein Wahlrecht. Er hat seiner Liefer- (→ *Call Op-*

tion) bzw. Übernahmeverpflichtung (→ *Put Option*) im Falle der Optionsausübung durch den Optionskäufer in der vereinbarten Menge und dem vereinbarten → *Basispreis* (**Strike Price**) im vereinbarten Zeitraum oder Zeitpunkt nachzukommen.

▶ **Optionsanleihen**

(Warrant Bond) → *Schuldverschreibungen*, die mit einem zusätzlichen Sonderrecht in Form der → *Optionsscheine* (→ *Wertpapiere*) ausgegeben werden. Es ermöglicht den Bezug von → *Aktien* (**Aktien Warrants**) innerhalb oder am Ende einer bestimmten Frist. Das für den Bezug von Aktien durch Ausübung des Optionsscheines relevante Bezugsverhältnis wird durch die Anleihebedingungen bestimmt.

Der Inhaber einer Optionsanleihe hat die Wahl, sein → *Bezugsrecht* (**Optionsschein**) in Anspruch zu nehmen oder zu verkaufen. Im Falle des Verkaufs seines Optionsscheins verbleibt ihm nur noch eine normale Anleihe (→ *Anleihen*).

Der Wert des Bezugsrechts ist von der Kursentwicklung der jeweiligen Aktie an der → *Börse* abhängig, die mit Hilfe der Option (Optionsschein) gekauft werden kann. Die Kursschwankungen von Optionsanleihen sind daher höher als die normaler Schuldverschreibungen. Optionsanleihen werden ausgegeben, um eine Senkung der → *Kosten* für das hereingenommene → *Fremdkapital* zu erreichen. Daneben werden Optionsanleihen auch als → *Incentives* für → *Führungskräfte* im Rahmen des → *Shareholder Value*-Konzepts (→ *Ertragsbeteiligung*). Anders: → *Wandelschuldverschreibung*.

▶ **Optionsgeschäfte**

Seit 1. 7. 1970 an der deutschen → *Börse* wieder zugelassene Art für → *Termingeschäfte*.

Das Optionsgeschäft ist ein **bedingtes Termingeschäft**. Der Käufer der → *Option* hat das Recht, seine Option auszuüben, wenn dies für ihn wirtschaftlich sinnvoll ist. Der Käufer der Option entrichtet an den Verkäufer eine Optionsprämie (→ *Optionspreis*) als Entschädigung für das eingegangene Risiko an die andere Partei

(Stillhalter), die kein Rücktrittsrecht hat. → *Put Option*, → *Call Option*. Anders: → *Futures* als **unbedingtes Termingeschäft**.

Optionsgeschäfte sind ebenso wie alle Termingeschäfte besonders spekulativ und waren deshalb in Deutschland seit 1931 (→ *Weltwirtschaftskrise*) verboten. Die Geschäfte basieren auf bestimmten Mindestabschlussmengen.

▶ **Optionsprämie** → *Optionspreis*

▶ **Optionspreis**

(Optionsprämie) Zahlt der Käufer an den Verkäufer einer → *Call Option* bzw. einer → *Put Option*.

▶ **Optionsscheine**

(Warrants) Eigenständiges verbrieftes Recht zum Kauf (→ *Call Option*) oder Verkauf (→ *Put Option*) für einen → *Basiswert* innerhalb einer bestimmten Laufzeit **(amerikanische Option)** oder am Ende einer Laufzeit **(europäische Option)**.

Nach der Art des Basiswertes werden u. a. **Aktien-, Zins-, Währungs- bzw. Devisen-, Waren- oder Aktienindexoptionsschein**e unterschieden. Werden die Optionsscheine ohne den zugrunde liegenden Basiswert ausgegeben, so handelt es sich um **Naked Warrants**. Diese werden ausschließlich über → *Kreditinstitute* emittiert. Die Bewertung von Optionsscheinen und ihr Preis erfolgt mit Hilfe bestimmter → *Kennzahlen* und mathematischer Verfahren. → *Optionsanleihen*.

▶ **Optionsschuldverschreibungen** → *Optionsanleihen*

▶ **Optische Speicherplatte**

(Optical Disc) → *Externe Speicher* für Texte und Bilder (z. B. → *CD-ROM*), die von einem → *Computer* gelesen werden kann.

▶ **Optische Zeichenerkennung**

Verfahren, mit dem Ziffern oder Buchstaben oder Strichmarkierungen maschinell gelesen werden können. So werden z.B. die Postleitzahlen auf den Briefen in den Briefzentren der Deutschen Post AG (→ *Bundespost*) mit hoher Geschwindigkeit von Briefverteilanlagen mit optischer Zeichenerkennung gelesen, entschlüsselt und die Briefe nach Zielgebieten sortiert.

▶ **Ordentliche Kündigung** → *Kündigung*

▶ **Order**

Bezeichnung für einen Auftrag an → *Kreditinstitute* (z.B. Kauf oder Verkauf für *Wertpapiere*) oder für die Kennzeichnung einer Empfangs- oder Verfügungsberechtigung (z.B. → *Orderpapiere*).

▶ **Orderklausel** → *Orderpapiere*

▶ **Orderpapiere**

→ *Wertpapiere*, die einen bestimmten Berechtigten namentlich benennen und eine bestimmte Leistung versprechen, jedoch durch schriftliche Abtretungserklärung auf dem Papier (→ *Indossament*) und Übergabe des Papiers an eine andere Person übertragen werden können („Für mich an die Order des..."").

Man unterscheidet **geborene Orderpapiere**, die kraft Gesetzes Orderpapiere sind (→ *Wechsel*, → *Namensaktien*, → *Scheck*), und **gekorene Orderpapiere**, die durch die **Orderklausel** („An Order") zu Orderpapieren gemacht werden (→ *Konossement*, → *Lagerschein* u.a.).

▶ **Ordnungspolitik**

Die Bezeichnung für wirtschafts- und gesellschaftspolitische Einwirkungen auf die → *Wirtschaftsverfassung* eines Landes. Hierbei geht es vor allem um die Regelung wirtschaftlicher Entscheidungsbefugnisse zwischen den gesellschaftspolitisch agierenden Personen, Gruppen und Institutionen.

Ordnungspolitische Auseinandersetzungen sind Auseinandersetzungen um politische und wirtschaftliche Macht. Dominiert der privatwirtschaftliche Teil über den öffentlichen Sektor, so geht dies zu Lasten sozialer Bestandteile eines Staatswesens. Die früheren konservativen Regierungen z. B. in den USA (Reagan, Bush) und in Großbritannien (Thatcher) handelten in der Ordnungspolitik im Sinne des → *Neoliberalismus* konsequent nach dem Grundsatz: „Mehr → *Markt*, weniger Staat". Dabei wurden sozialstaatliche Komponenten in den Wirtschaftsverfassungen zurückgedrängt. → *Privatisierung*, → *Liberalisierung*, → *Politische Ökonomie*.

▶ **Ordoliberalismus**

Neoliberale Richtung der Nationalökonomie, die Ende der 30er Jahre von **Walter Eucken** und seiner Freiburger Schule gegründet wurde. Die Grundidee des Ordoliberalismus beruht auf einer freiheitlichen Wirtschaftsordnung mit möglichst weitgehender Verantwortung des Einzelnen. Die gewollte Ordnung vollzieht sich innerhalb vorgegebener Rahmenbedingungen. Hierbei soll Wettbewerb gefördert und gegen Missbrauch geschützt werden. **Ludwig Erhards** → *Soziale Marktwirtschaft* basiert auf den Grundgedanken des Ordoliberalismus. → *Kartellgesetz*.

▶ **Organe**

Gesetzliche Vertreter für → *Juristische Personen*, z. B. Vorstand, Aufsichtsrat und Hauptversammlung einer → *Aktiengesellschaft*.

▶ **Organgesellschaft**

Begriff aus dem → *Steuerrecht* für eine Gesellschaft, die finanziell, wirtschaftlich und organisatorisch von einem anderen Unternehmen **(Organträger)** beherrscht wird. Es besteht eine **Organschaft**.

Neben der finanziellen, wirtschaftlichen und organisatorischen Eingliederung muss auch ein → *Gewinnabführungsvertrag* zwischen Organgesellschaft und Organträger abgeschlossen sein. Für die rechtlich selbständig bleibende Organgesellschaft wird das Einkommen nach den körperschaftsteuerrechtlichen Bestimmungen (→ *Körperschaftsteuer*) ermittelt. Das so ermittelte Ergebnis wird dem Organträger zugerechnet und mit dessen Einkommen zusammengefasst und veranlagt. Verluste der Organgesellschaft können mit Gewinnen (→ *Gewinn*) des Organträgers verrechnet werden und umgekehrt.

▶ **Organhaftung**

Haftung für → *Juristische Personen* bei Verschulden ihrer gesetzlichen Vertreter (→ *Organe*). Die Organhaftung entspricht der **Amtshaftung** des Staates und der → *Körperschaft des öffentlichen Rechts* bei Verschulden ihrer Bediensteten.

▶ **Organigramm**

Eine schematische Darstellung der → *Aufbauorganisation* eines Unternehmens oder einer Institution.

▶ **Organisation für wirtschaftliche Zusammenarbeit und Entwicklung** → *OECD*

▶ **Organisationsklauseln** → *Tarifausschlussklauseln*

▶ **Organisierter Markt**

Nach dem → *Wertpapierhandelsgesetz (WpHG)* (§ 2 Abs. 5 WpHG) ein Markt, der von staatlich anerkannten Stellen geregelt und überwacht wird, regelmäßig stattfindet und für das Publikum unmittelbar oder mittelbar zugänglich ist.

▶ **Organizer**

Kleines Datenspeichergerät für die Verwaltung von Adressen und Terminen. → *PDA*.

▶ **Organkredite**

Sind → *Darlehen* einer → *Aktiengesellschaft (AG)* an Mitglieder im → *Vorstand* und weitere → *Leitende Angestellte* sowie deren Ehefrauen und minderjährige Kinder. Sie sind nach dem → *Aktiengesetz (AktG)* (§ 89 AktG) an die Zustimmung im → *Aufsichtsrat* gebunden.

▶ **Organschaft** → *Organgesellschaft*

▶ **Originärer Firmenwert** → *Firmenwert*

▶ **Ortskrankenkasse** → *Krankenkassen*

▶ **Ortsübliche Vergleichsmiete**

Die übliche Miete, die in einer Gemeinde oder in vergleichbaren → *Gemeinden* für nicht preisgebundenen Wohnraum vergleichbarer Größe, Art, Ausstattung, Beschaffenheit und Lage gezahlt wird. Berücksichtigt werden dabei nur Mieten, die in den letzten drei Jahren vereinbart oder geändert (Nebenkosten bleiben dabei unberücksichtigt) worden sind. Sie ist nach den Vorschriften im BGB (→ *Bürgerliches Gesetzbuch (BGB)*) Maßstab und Obergrenze für Mieterhöhungen (§ 558 BGB).

▶ **Ortszuschlag** → *Besoldung*

▶ **Osteuropa-Bank** → *Europäische Bank für Wiederaufbau und Entwicklung (Osteuropa-Bank)*

▶ **OTC-Markt**

(Over the Counter) Aus dem Englischen übernommene Bezeichnung für den außerbörslichen Handel (→ *Freiverkehr*).

▶ **Outbound-Call Center** → *Call Center*

▶ **Outperformer**

Bezeichnung für → *Wertpapiere* oder Indizes (z. B. eines → *Aktienfonds*) mit überdurchschnittlicher Entwicklung. Wertpapiere mit unterdurchschnittlicher Entwicklung sind **Underperformer**.

▶ **Outplacement**

Mögliche begleitende Maßnahmen bei einer beabsichtigten → *Kündigung* – vor allem für → *Leitende Angestellte*, die den Betroffenen Hilfe bei der Bewältigung des Kündigungsschocks und bei der Suche nach einem neuen Arbeitsplatz bieten. Hierzu nehmen die → *Arbeitgeber* i. d. R. die Hilfe externer Berater in Anspruch. Ziel ist dabei die Vermeidung von langwierigen rechtlichen Auseinandersetzungen und ggf. die schnellere Möglichkeit einer Wiederbesetzung.

▶ **Output**

Die mengenmäßige Produktion eines Unternehmens, Betriebs oder auch einer Maschine.

In der **Statistik** wird unter Output die Summe der Lieferungen eines Wirtschaftszweiges oder Unternehmens an andere verstanden. Er entspricht dem → *Bruttoproduktionswert*.

▶ **Outsourcing**

Bezeichnung für die Ausgliederung von bestimmten Tätigkeiten in einem Unternehmen (z. B. → *Datenverarbeitung*, → *Kostenrechnung*) auf Fremdfirmen. Diese sind oft wegen anderer Kostenstrukturen im Ausland ansässig.

Im weiteren Sinne wird auch die Ausgliederung von Betrieben oder Betriebsteilen aus einem → *Konzern* und deren Fortführung als rechtlich selbständige Unternehmen, die im Extremfall auch den Konzernverbund verlassen können, als Outsourcing (**Outside Resource**) bezeichnet. Die neuere Entwicklung geht hin zur Auslagerung ganzer Geschäftsabläufe als **Business Process Outsourcing (BPO)**.

▶ **Overhead Costs**

Aus dem Englischen übernommene Bezeichnung für → *Fixe Kosten* – umgangssprachlich oft fokussiert auf die Kosten des Verwaltungsbereichs („Wasserkopf").

▶ **Over the Counter** → *OTC-Markt*

P

▶ **Pacht** → *Miete*

▶ **Parafisci**

Bezeichnung für Institutionen, deren Tätigkeit sich zwischen dem öffentlichen und dem privaten Bereich vollzieht. Sie sind oft als sog. **Nebenhaushalte** außerhalb vom staatlichen → *Haushaltsplan* entstanden, um eine eigene Wirtschaftsführung zu ermöglichen oder die direkte politische Verantwortlichkeit zu vermeiden (z. B. die → *Sondervermögen*, → *Sozialversicherung*). Andere sind **berufsständisch** gewachsen (z. B. die → *Industrie- und Handelskammer (IHK)*, → *Handwerkskammer*) oder haben – wie die Kirchen und religiösen Vereinigungen – **konfessionellen** Ursprung.

▶ **Pari**

→ *Wertpapiere* entsprechen im → *Börsenkurs* ihrem → *Nennwert*.

▶ **Parität** → *Kaufkraftparität*

▶ **Paritätische Mitbestimmung** → *Mitbestimmung*

▶ **Paritätischer Wohlfahrtsverband, Deutscher**

Dachorganisation der Freien Wohlfahrtspflege, dem rd. 9000 rechtlich selbständige Organisationen sowie Selbsthilfeinitiativen aus allen sozialen Tätigkeitsgebieten angehören. Sein Sitz ist Berlin.

http://www.paritaet.org/

▶ **Parketthandel** → *Präsenzbörse*

772

▶ **Partiarisches Darlehen**

Der Geldgeber erhält für sein → *Darlehen* einen vereinbarten Anteil am Gewinn oder Umsatz.

▶ **Partnerschaftsgesellschaft**

Ist eine mit dem **Partnerschaftsgesellschaftsgesetz (PartGG)** vom 25. 7. 1994 neu geschaffene Rechtsform für die Berufsgruppe → *Freie Berufe*. Danach können sich mindestens zwei Mitglieder dieser Berufsgruppe zur Ausübung ihres Berufes in einer solchen Gesellschaft zusammenschließen (z. B. mehrere Rechtsanwälte oder mehrere Ärzte verschiedener Fachrichtungen).

Die Gesellschaft hat als Firmennamen (→ *Firma*) mindestens einen Partner auszuweisen mit dem Zusatz „und Partner" oder „Partnerschaft". Die Vertretung nach außen (Geschäftsführung) kann zwischen den Partnern vertraglich in einem → *Gesellschaftsvertrag* vereinbart werden – andernfalls ist jeder Partner zur Vertretung berechtigt. Auch die Haftungsverhältnisse sind vertraglich gestaltbar – ansonsten haften die Partner genau wie bei einer → *Gesellschaft des Bürgerlichen Rechts (GbR)* als → *Gesamtschuldner*.

Die Partnerschaftsgesellschaft ist in das beim Amtsgericht geführte **Partnerschaftsregister** einzutragen. Dabei sind u. a. Name, Sitz und die in der Partnerschaft ausgeübten Berufe anzugeben. Steuerlich wird sie wie eine → *Personengesellschaft* behandelt.

http://www.rechtliches.de/info_PartGG.html

▶ **Partnerschaftsregister** → *Partnerschaftsgesellschaft*

▶ **Passiva**

Rechte Seite der → *Bilanz*. Sie gibt Auskunft über die **Mittelherkunft**. Hierzu zählen → *Eigenkapital*, → *Rücklagen*, → *Rückstellungen*, → *Verbindlichkeiten* und → *Rechnungsabgrenzungsposten (RAP)*. Gegensatz: → *Aktiva*.

▶ **Passive Rechnungsabgrenzung** → *Rechnungsabgrenzungsposten (RAP)*

773

▶ Passivgeschäfte

Geschäfte der → *Kreditinstitute* zur Beschaffung von Einlagen, z. B. Annahme kurzfristiger → *Einlagen*, → *Depositen* und → *Spareinlagen*, Ausgabe von → *Kommunalobligationen* oder Pfandbriefen (→ *Pfandbriefe*) sowie bei der → *Zentralbank* die Ausgabe von Banknoten. Die Kreditinstitute können hierbei im Gegensatz zum → *Aktivgeschäft* nicht allein über das Zustandekommen des Geschäftes entscheiden.

▶ Passivierung

Buchungen, die auf der rechten Seite der → *Bilanz* (**Passivseite**) erfasst werden.

▶ Passivierungspflicht → *Aktivierungspflicht*

▶ Passivierungsverbot → *Bilanzierungsverbote*

▶ Passivierungswahlrecht → *Aktivierungswahlrecht*

▶ Passivposten → *Passiva*

▶ Passivtausch

Bezeichnung für Veränderungen auf der Passivseite der → *Bilanz*, die zu keiner Änderung der Bilanzsumme führen und ergebnisneutral bleiben. **Beispiel:** Ausstellung eines gezogenen → *Wechsels* zur Begleichung von → *Verbindlichkeiten* aus Lieferungen und Leistungen. → *Aktivtausch*.

▶ Passwort (Kennwort) → *ID*

▶ Patent

Das für eine neue Erfindung vom Deutschen Patentamt (→ *Deutsches Patent- und Markenamt (DPMA)*) verliehene Recht zur ausschließlichen Nutzung und gewerblichen Verwer-

tung einer technischen Erfindung. Rechtsgrundlage ist das **Patent-
gesetz** i. d. F. vom 16. 12. 1980 mit späteren Änderungen. Im
Rechtsstreit entscheidet das **Bundespatentgericht** in München. Pa-
tentschutzrechte sind auf 20 Jahre befristet. → *Gebrauchsmuster*.

▶ **Patentamt** → *Deutsches Patent- und Markenamt (DPMA)*

▶ **Patent Cooperation Treaty (PTC**)

Internationaler → *Vertrag* auf dem Gebiet des Patentrechts.
→ *Deutsches Patent- und Markenamt (DPMA)*.

▶ **Patentrolle**

Ein beim Patentamt (→ *Deutsches Patent- und Markenamt
(DPMA)*) geführtes Verzeichnis über alle Anmeldungen für ein
→ *Patent* sowie für bestehende Patente. Sie enthält Informationen
über die Patentinhaber, Patentlaufzeiten und evtl. bestehende
Rechtsstreitigkeiten.

▶ **Patentschrift**

Wird vom Patentamt (→ *Deutsches Patent- und Markenamt
(DPMA)*) veröffentlicht, wenn ein → *Patent* vergeben wurde. Sie
enthält alle wesentlichen Informationen zum Patent und den
Patentinhaber.

▶ **Pauperismus**

Andere Bezeichnung für Armut (→ *Neue Armut*).

▶ **Pauschale**

Meist aus Vereinfachungsgründen vorgenommene Abgeltung
oder Verrechnung von Einzelansprüchen mit einem Gesamtbetrag,
z. B. bei der → *Pauschalierung der Lohnsteuer* oder für steuerliche *Pauschbeträge*.

▶ **Pauschalierung der Lohnsteuer**

Bezeichnung im → *Einkommensteuergesetz (EStG)* für ein vereinfachtes Verfahren zur Berechnung der → *Lohnsteuer* (§ 40

EStG, §40a EStG und §40b EStG). Dabei zahlt der → *Arbeit-geber* die Lohnsteuer für den → *Arbeitnehmer* in Form eines bestimmten Prozentsatzes vom Arbeitslohn.

Dies gilt für **besondere Fälle** (§40 EStG) (z. B. bei unentgeltlichen oder verbilligten arbeitstäglichen Mahlzeiten im Betrieb, Arbeitslohn bei Betriebsveranstaltungen), für **kurzfristige Beschäftigung** (§40a Abs. 1 EStG) und → *Minijobs* (§40a Abs. 2 EStG) sowie bei bestimmten **Zukunftssicherungsleistungen** für Prämien an eine Direktversicherung der Arbeitnehmer oder Zuwendungen für eine Pensionskasse (§40b EStG) (→ *Betriebliche Altersversorgung*).

▶ **Pauschalbesteuerung** → *Pauschalierung der Lohnsteuer*

▶ **Pauschbeträge**

Steuerlicher Begriff für eine bestimmte → *Pauschale*, die z. B. bei der Veranlagung zur → *Einkommensteuer* bei den → *Werbungskosten* (§9 EStG und §9a EStG) (z. B. → *Arbeitnehmer-Pauschbetrag*), bei den → *Sonderausgaben* (§10c EStG) (Sonderausgaben-Pauschbetrag), für → *Außergewöhnliche Belastungen* (§33b EStG) (z. B. die Behinderten-Pauschbeträge, Pflege-Pauschbeträge) oder für → *Reisekosten* (§4 Abs. 5 Nr. 5 EStG) angesetzt werden können.

▶ **Payback**

Zeitpunkt, an dem die Summe der Einzahlungsüberschüsse bzw. der Kapitalwert (→ *Kapitalisierung*) von → *Investitionen* die Anschaffungsauszahlung zum ersten Mal übersteigt. → *Investitionsrechnung*.

▶ **Pay Per View**

Anwendungsbereich von → *Multimedia*. Der Nutzer bezahlt nur für Sendungen, die er ausgewählt hat. Es ist eine Weiterentwicklung von **Pay-TV**. Hier zahlt der Teilnehmer für ein komplettes Programm eines abonnierten Fernsehkanals **(Abonnement-Fernsehen)**.

▶ **Pay-TV** → *Pay Per View*

▶ **PC**

Kleiner → *Computer*, an dem zu einem bestimmten Zeitpunkt nur eine Person arbeitet **(Einplatzsystem)**. → *Notebook*. Anfang 2004 verfügten 64 % (2000: 47 %) Privathaushalte in Deutschland über einen eigenen *PC*.

▶ **PDA**

(Personal Digital Assistent) Kleiner → *PC* im Taschenformat mit Tastatur oder berührungsempfindlichem Bildschirm (→ *Touch Screen*), der mehr Funktionen aufweist als der einfache → *Organizer*.

▶ **Peer-to-Peer**

(engl. gleichgestellt zu gleichgestellt) Alle in einem solchen → *Netzwerksystem* angeschlossenen → *Computer* können untereinander sowohl als → *Server* oder als → *Client* kommunizieren.

▶ **Pendlerpauschale** → *Entfernungspauschale*

▶ **Penetrationsrate**

Verhältnis der tatsächlichen Käufer eines Produkts oder von → *Dienstleistungen* zur Gesamtzahl möglicher (potentieller) Käufer zu einem bestimmten Zeitpunkt. Sie ist ein Maß für die Marktdurchdringung

▶ **Penny-Stocks**

Bezeichnung für → *Aktien*, die bei einer → *Marktkapitalisierung* von unter 20 Mio. Euro mehr als 30 Handelstage in Folge an der → *Börse* unterhalb der 1 Euro-Marke notieren.

▶ **Pension** → *Versorgungsbezüge*

▶ **Pensionsfonds**

Instrument zur Finanzierung für die → *Betriebliche Altersversorgung*. Dabei werden Vermögensteile aus dem Unternehmen ausgelagert und dem Pensionsfonds zugeordnet. Die Zahlungen in den Pensionsfonds sind steuerfrei, die späteren Versorgungsleistungen aus dem Fonds dagegen steuerpflichtig (nachgelagerte Versteuerung). Die Pensionsfonds legen die ihnen zur Verfügung gestellten Mittel am → *Rentenmarkt* und → *Kapitalmarkt* an und zählen zu der bedeutendsten institutionellen Anlegergruppe.

Wegen der nach dem → *Einkommensteuergesetz (EStG)* (§ 6 a EStG) vorhandenen Möglichkeit der Bildung steuermindernder → *Pensionsrückstellungen* und dem Vorhandensein betrieblicher Pensions- und Unterstützungskassen konnten Pensionsfonds in Deutschland bisher keine Bedeutung gewinnen. Bildet ein Unternehmen trotzdem einen Pensionsfonds, so kann dieser seit 1994 nach dem → *Versicherungsaufsichtsgesetz* (§ 1 und § 112 VAG) bei einer deutschen Lebensversicherung (→ *Versicherungen*) angesiedelt und verwaltet werden. Im → *Altersvermögensgesetz* ist im Rahmen der Förderung der privaten Altersvorsorge auch das Modell besonderer Pensionsfonds vorgesehen, die z. B. durch → *Tarifvertrag* vereinbart werden können. Rechtsgrundlage ist u. a. die **Pensionsfonds-Kapitalanlageverordnung** vom 31.12. 2001.

www.rechtliches.de/info_VAG.html

▶ **Pensionsgeschäfte**

Bezeichnung für Verträge (→ *Vertrag*), mit denen → *Kreditinstitute* oder deren Kunden **(Pensionsgeber)** ihnen gehörende Vermögensgegenstände (z. B. → *Wertpapiere*, → *Forderungen*) anderen Kreditinstituten oder deren Kunden **(Pensionsnehmer)** gegen Zahlung eines Betrags übertragen. Gleichzeitig wird vereinbart, dass die Vermögensgegenstände später gegen Entrichtung eines empfangenen oder im Voraus vereinbarten anderen Betrags an den Pensionsgeber zurückübertragen werden müssen **(echte Pensionsgeschäfte)**. Wird aus der „Muss"- eine „Kann"-Bestimmung und bleibt der Pensionsgeber in der Rücknahmeverpflichtung, so handelt es sich um ein **unechtes Pensionsgeschäft**. Rechtsgrundlage sind die Bestimmungen im → *Handelsgesetzbuch (HGB)* (§ 340 b HGB).

Von 1979 bis Ende 1998 stellte die → *Bundesbank* im Rahmen ihrer damaligen Verantwortung für die → *Geldpolitik* den Kreditinstituten u. a. → *Zentralbankgeld* über → *Offenmarktgeschäfte* mit **Wertpapieren unter Rückkaufsvereinbarung** zur Verfügung.

Der **Wertpapierpensionssatz (Reposatz, Tendersatz)** zählte bis zur Einführung des ESZB (→ *Europäisches System der Zentralbanken (ESZB)*) neben dem → *Diskont/Diskontsatz* und dem *Lombardsatz* zu den → *Leitzinsen* der Bundesbank und diente vor allem der geldpolitischen Feinsteuerung.

▶ **Pensionskasse** → *Betriebliche Altersversorgung*

▶ **Pensionsnehmer/Pensionsgeber** → *Pensionsgeschäfte*

▶ **Pensionsrückstellungen**

→ *Rückstellungen* für betriebliche Pensionsverpflichtungen in der → *Bilanz* eines Unternehmens. Pensionsrückstellungen werden steuerlich nur anerkannt (Pensionsrückstellungen sind langfristige → *Verbindlichkeiten* und wirken gewinnmindernd), wenn den Beschäftigten des Unternehmens rechtsverbindliche Versorgungszusagen durch Einzelvertrag, → *Betriebsvereinbarung* oder → *Tarifvertrag* gemacht wurden.

Außerdem müssen in der → *Handelsbilanz* bestimmte Grundsätze für die Zuführung als Pensionsrückstellung beachtet werden. Hierzu zählen die Anwendung versicherungsmathematischer Methoden und der jährliche Ausweis als Altersversorgungsaufwand in der → *Gewinn- und Verlustrechnung (GuV)* bzw. im → *Anhang* nach den Vorschriften im → *Handelsgesetzbuch (HGB)* (§ 277 Abs. 2 HGB und § 285 Ziffer 8 b HGB). Für die → *Steuerbilanz* gelten darüber hinaus noch die Vorschriften im → *Einkommensteuergesetz (EStG)* (§ 6 a EStG). → *Betriebliche Altersversorgung*.

▶ **Pensions-Sicherungs-Verein e. V.** → *Betriebliche Altersversorgung*

▶ **Performance**

In der → *Elektronischen Datenverarbeitung (EDV)* die Bezeichnung für die Leistungsfähigkeit für einen → *Computer* bzw. einer → *Software*.

In der Börsensprache (→ *Börse*) bezeichnet sie die Wertentwicklung für → *Wertpapiere* über einen bestimmten Zeitraum.

▶ **Periodenfremde Aufwendungen** → *Aufwand*

▶ **Periodenfremde Erträge** → *Ertrag*

▶ **Periodenrechnung**

Zum Zweck der Feststellung des Unternehmenserfolges innerhalb eines Rechnungszeitraums (z. B. wöchentlich, monatlich, vierteljährlich, halbjährlich, jährlich) aufgestellte Rechnung. → *Bilanz*, → *Gewinn- und Verlustrechnung (GuV)*, → *Betriebsabrechnung*.

▶ **Peripheriegeräte**

Bezeichnung für alle Geräte, die mit einer → *Zentraleinheit* verbunden sind. Hierzu zählen alle Datenein- und -ausgabegeräte wie der → *Bildschirm*, → *Diskettenlaufwerk*, → *Scanner* und → *Drucker* sowie → *Externe Speicher*.

▶ **Personalcomputer (PC)** → *PC*

▶ **Personalentwicklung** → *Personalplanung*

▶ **Personalinformationssystem (PIS)**

Ein mit Hilfe der EDV (→ *Elektronische Datenverarbeitung (EDV)*) einsatzfähiges betriebliches Informationssystem. Gespeichert und verarbeitet werden persönliche Daten der Beschäftigten (z. B. Lohngruppe, Stammdaten, Beurteilung). Bei der Einführung und Ausgestaltung hat der → *Betriebsrat* bzw. → *Personalrat* ein Mitbestimmungsrecht. → *Datenschutz*.

▶ **Personalkosten**

Alle im Zusammenhang mit der Beschäftigung von Arbeitnehmern (→ *Arbeitnehmer*) anfallenden → *Kosten* für Löhne und Gehälter, gesetzliche und freiwillige → *Sozialleistungen* sowie sonstige → *Personalnebenkosten.* → *Arbeitskosten.*

▶ **Personalkredit**

Bankkredit (→ *Kredite*), der im Vertrauen auf die wirtschaftliche Leistungsfähigkeit des Schuldners ohne Hinterlegung von Sicherheiten oder nach Einholung z.B. einer → *Bürgschaft* gewährt wird. Der → *Kontokorrentkredit* ist die übliche Form des Personalkredits. Gegensatz: → *Realkredit.*

▶ **Personalnebenkosten** → *Lohnnebenkosten*

▶ **Personalplanung**

Teil der Unternehmensplanung. Hierbei werden im Rahmen der betriebswirtschaftlichen Plandaten das benötigte Personal in quantitativer und qualitativer Sicht geplant und bereitgestellt sowie die erforderliche Maßnahmen (Personalwerbung und -rekrutierung, Aus- und Fortbildung, Umschulung, Personalabbau) beschrieben. Die Personalplanung wird gegliedert in **Personalbedarfs-, Personaleinsatz-** und **Personalentwicklungsplanung** mit einem Personalentwicklungskonzept. → *Coaching.*

Für → *Führungskräfte* gibt es darüber hinaus die **Karriereplanung.** → *Appraisal.*

Teil der Personalplanung ist ebenso die durch → *Rationalisierung* oder veränderte Arbeitsorganisation zu steuernde **Personalkostenplanung** (→ *Lohnnebenkosten,* → *Sozialplan*). Aus der Personalplanung ergeben sich die einzelnen Maßnahmen der **betrieblichen Personalpolitik.** Sie betreffen die Beschäftigten unmittelbar.

Gegenüber diesen Einzelmaßnahmen besitzt der → *Betriebsrat* bzw. → *Personalrat* bestimmte Mitbestimmungsrechte. Dagegen unterliegt die Personalplanung insgesamt nur einer abgeschwäch-

ten Form der Beteiligung (→ *Mitwirkung*). Verstärkte Einfluss-
möglichkeiten müssen durch ergänzende tarifvertragliche Bestimmungen (→ *Tarifvertrag*) abgesichert sein, so zum Beispiel durch
→ *Rationalisierungsschutzabkommen* oder → *Betriebsvereinba-*
rungen über Mitbestimmung bei der Personalplanung.

▶ **Personalrat**

Von den Beschäftigten des öffentlichen Dienstes (→ *Öffent-*
licher Dienst) gewählte Vertretung zur Wahrnehmung ihrer
Rechte auf → *Mitbestimmung* und → *Mitwirkung* nach dem
→ *Bundespersonalvertretungsgesetz (BPersVG)*.

▶ **Personal-Service-Agenturen (PSA)**

Über die → *Hartz-Gesetze* (**Hartz I**) zum 1. 1. 2003 geschaffene
Möglichkeit der → *Leiharbeit*. In Zusammenarbeit mit Firmen für
→ *Zeitarbeit* verleihen die PSA die ihnen von der für ihren Bezirk
zuständigen → *Agentur für Arbeit* zugewiesenen und als versicherungspflichtige (→ *Versicherungspflicht*) Angestellte beschäftigten
Arbeitsuchenden an andere Betriebe. Dies gilt auch für Ausbildungssuchende.

Finanziert werden die PSA aus den Entleihgebühren und aus
Zuschüssen der Agentur für Arbeit. Die Arbeitsbedingungen und
Arbeitsentgelte der PSA-Beschäftigten entsprechen entweder den
im Betrieb des Entleihers für vergleichbare Stammarbeitnehmer
geltenden Arbeitsbedingungen oder einem → *Tarifvertrag* für
→ *Arbeitnehmerüberlassung*.

Ziel der PSA-Beschäftigung ist die Übernahme in ein dauerhaf-
tes Beschäftigungsverhältnis im Betrieb des Entleihers. Die Agentur für Arbeit fördert die Beschäftigten der PSA in Weiterbildungs-
und Qualifizierungsprogrammen. Rechtsgrundlage ist das → *So-*
zialgesetzbuch (SGB) (§ 37 SGB III).

▶ **Personalunion**

Die Besetzung mehrerer organisatorischer Einheiten mit derselben Person.

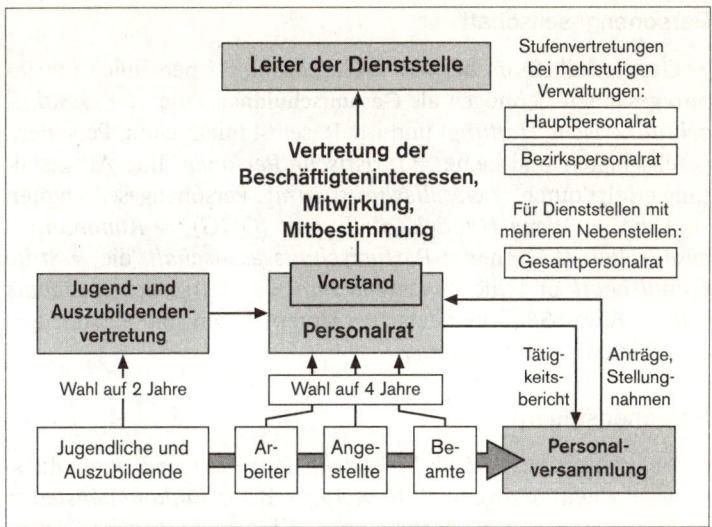

Abb. 28: Die Rechte der Beschäftigten nach dem Bundespersonalvertretungsgesetz (BPersVG)

▶ **Personalvertretungsgesetz** → *Bundespersonalvertretungsgesetz (BPersVG)*. Siehe **Abb. 28**

▶ **Personalzusatzkosten/Personalnebenkosten** → *Lohnnebenkosten*

▶ **Personelle Einkommensverteilung** → *Einkommensverteilung*

▶ **Personenbezogene Daten** → *Bundesdatenschutzgesetz (BDSG)*

▶ **Personenfirma**

Bezeichnung der → *Firma* mit Familienname und mindestens einem ausgeschriebenen Vornamen der persönlich haftenden Gesellschafter für → *Einzelkaufleute* und für die → *Personengesellschaft*, z. B. Max Müller OHG.

▶ **Personengesellschaft**

Gesellschaftsform, bei der → *Gesellschafter* persönlich mit ihrem gesamten Vermögen als **Gesamtschuldner** haften (→ *Gesamtschuldnerische Haftung*) und i. d. R. selbst mitarbeiten. Personengesellschaften sind keine → *Juristische Personen*. Ihre Ausgestaltung erfolgt durch → *Gesellschaftsvertrag*. Personengesellschaften sind die → *Offene Handelsgesellschaft (OHG)*, → *Kommanditgesellschaft (KG)*, die → *Partnerschaftsgesellschaft*, die → *Stille Gesellschaft* und die → *Gesellschaft des bürgerlichen Rechts (GbR)*. Etwa 85 % aller deutschen Unternehmen sind Personengesellschaften. → *Unternehmer*.

▶ **Personensteuern**

Auf natürliche oder → *Juristische Personen* und deren Leistungsfähigkeit bezogene → *Steuern*, z. B. → *Einkommensteuer*, → *Lohnsteuer*, → *Vermögensteuer*, → *Körperschaftsteuer*. Gegensatz: → *Realsteuern*.

▶ **Persönlich haftende Gesellschafter**

Die → *Gesellschafter*, die mit ihrem vollen Vermögen gegenüber jedem → *Gläubiger* ihrer Gesellschaft haften. Hierzu zählen alle Gesellschafter der OHG (→ *Offene Handelsgesellschaft (OHG)*, die Komplementäre der → *Kommanditgesellschaft (KG)* und der → *Kommanditgesellschaft auf Aktien (KGaA)*.

▶ **Petrodollars**

Die Bezeichnung für US-Dollars, die sich im Besitz Erdöl exportierender Staaten befinden und auf dem internationalen → *Finanzmarkt* angelegt werden. → *OPEC*.

▶ **Pfandbriefe**

(Hypothekenpfandbriefe) In der Regel auf den Inhaber lautende festverzinsliche → *Schuldverschreibungen* der privaten → *Hypothekenbanken*, der öffentlich-rechtlichen Kreditanstalten (→ *Real-*

kreditinstitute) und (seit 2005) sonstiger → *Kreditinstitute*. Sie verbriefen eine Forderung des Inhabers gegen das jeweilige Kreditinstitut. Die aus der → *Emission* von Pfandbriefen hereinfließenden Gelder verwenden die Kreditinstitute zur Gewährung von → *Darlehen*, die sie sich durch → *Hypothek* oder → *Grundschuld* sichern lassen.

Pfandbriefe werden an der → *Börse* gehandelt, wobei es in der Regel zu keinen großen Kursschwankungen kommt.

▶ **Pfandrecht**

Zur Sicherung von → *Forderungen* erfolgte Belastung einer **beweglichen Sache** oder von **Rechten** entsprechend den Vorschriften im BGB (→ *Bürgerliches Gesetzbuch (BGB)*) (**Gesetzliches Pfandrecht** nach § 1204 BGB bis § 1296 BGB). → *Sicherungsübereignung*.

Das **Pfandrecht an unbeweglichen Sachen** als Sicherheitsleistung für einen → *Realkredit* wird als **Grundpfandrecht** bezeichnet. Hierzu zählen Grundstücke und grundstücksgleiche Sachen (z. B. das → *Erbbaurecht*, → *Wohneigentum*). Ein Grundpfandrecht entsteht durch Eintragung im → *Grundbuch*. Die **Verpfändung** entsteht durch die Bestellung einer → *Hypothek*, → *Grundschuld* oder/und → *Rentenschuld*.

▶ **Pflege-Pauschbetrag** → *Steuerreform*

▶ **Pflegeversicherung**

Nach langen politischen Diskussionen im Mai 1994 von Bundestag und Bundesrat beschlossene neue Versicherungsleistung der gesetzlichen → *Krankenversicherung*. Rechtsgrundlage ist das → *Sozialgesetzbuch (SGB)*, (Teil XI). → *Arbeitnehmer* und → *Arbeitgeber* tragen je zur Hälfte die Beitragsleistung von 1 % (ab 1. 1. 1995) bzw. 1,7 % (seit 1. 7. 1996) vom → *Bruttoeinkommen* – maximal bemessen bis zur → *Beitragsbemessungsgrenze*. Die Arbeitgeberseite erhielt als Ausgleich eine finanzielle Entlastung in Form der Streichung eines Feiertages durch die Länder. Als Alternative zur Streichung eines Feiertags hätten die Arbeitnehmer den Arbeitgeberanteil übernehmen müssen.

Die Regelungen zur Pflegeversicherung gelten für alle Mitglieder der gesetzlichen Krankenkasse, ihre nichtberufstätigen Ehepartner und Kinder in der **sozialen** Pflegeversicherung. Privat versicherte und → *Beamte* in einer **privaten** Pflegeversicherung.

Bei Beziehern von Sozialleistungen (z. B. → *Arbeitslosengeld I,* → *Arbeitslosengeld II,* → *Sozialhilfe* usw.) werden die Beiträge (→ *Beitragssatz*) ganz oder teilweise vom jeweiligen Leistungsträger (z. B. → *Bundesagentur für Arbeit (BA)*) übernommen. Rentner haben seit dem 1. 1. 2004 ihre Beiträge selbst zu tragen.

Bei den jeweiligen gesetzlichen Krankenkassen wurden als Träger der Pflegeversicherung selbständige **Pflegekassen** in der Rechtsform einer → *Körperschaft des öffentlichen Rechts* eingerichtet, die von den Organen und dem Personal der jeweiligen Krankenkasse mitverwaltet werden.

Das monatliche Pflegegeld beträgt seit dem 1. 4. 1995 bei häuslicher Pflege 205 bis 665 Euro. Möglich sind alternativ auch monatliche Sachleistungen im Wert von bis zu 1432 Euro bzw. in Härtefällen von bis zu 1918 Euro.

Für die seit dem 1. 7. 1996 hinzugetretene Leistungsmöglichkeit bei stationärer Pflege in Pflegeheimen werden reine Pflegekosten bis zu 1432 Euro im Monat erstattet. Kosten für Unterkunft und Verpflegung hat der Versicherte zu tragen.

Seit dem 1. 1. 2005 zahlen kinderlose Beschäftigte ab Jahrgang 1940 bzw. ab dem 24. Lebensjahr einen Beitragszuschlag von 0,25 % zum Arbeitnehmeranteil zur Pflegeversicherung (0,85 % plus 0,25 % für 2005). Bezieher von Arbeitlosengeld II sind ausgenommen. Die neuen Regelungen gelten nicht für private Pflege- und Krankenversicherungen, weil dort das **Solidarprinzip** keine Geltung hat.

http://bundesrecht.juris.de/bundesrecht/sgb_11/

▶ **Pflichtenheft**

Bei einer → *Ausschreibung* und bei geplanten Projekten in der → *Datenverarbeitung* übliche Unterlage mit allen notwendigen technischen, rechtlichen und zeitlichen Anforderungen, die ein Anbieter erfüllen muss.

▶ **Pflichtkrankenkasse**

→ *Krankenkassen*, in denen → *Pflichtmitglieder* in der gesetzlichen → *Krankenversicherung* versichert sein müssen.

▶ **Pflichtmitglieder** → *Krankenkassen*, → *Pflegeversicherung*

▶ **Pflichtprüfung** → *Prüfung des Jahresabschlusses*

▶ **Pflichtversicherung**

Prinzip der deutschen → *Sozialversicherung*. Pflichtversicherung besteht u. a. auch bei der Autohaftpflicht nach dem Gesetz über die Pflichtversicherung für Kraftfahrzeughalter vom 5. 4. 1965. → *Versicherungspflicht*.

▶ **Phillipskurve**

ist die graphische Darstellung eines Zusammenhangs zwischen Preissteigerungsrate (→ *Lebenshaltungspreisindex*) und Beschäftigungsgrad in einer Volkswirtschaft. Sie behauptet: Mit steigender Beschäftigung steigt auch das Preisniveau. Dieser sehr umstrittene Zusammenhang würde bedeuten, dass → *Vollbeschäftigung* und Preisniveaustabilität unvereinbar wären (→ *Stabilitätsgesetz*).

▶ **PIN** → *Identifikationsnummer*

▶ **PISA-Studien**

(**P**rogramme for **I**nternational **S**tudent **A**ssessment) Projekt der → *OECD* zur Bewertung der Leistungen von 15-jährigen Jugendlichen in den 32 an der Studie beteiligten Ländern.

Alle drei Jahre (zuletzt 2003) werden die Leistungen in den Bereichen Leseverständnis, Mathematik und Naturwissenschaften ermittelt und bewertet. Zusätzlich werden fächerübergreifende Kompetenzen erfasst mit dem Ziel festzustellen, inwieweit die Jugendlichen in der Lage sind, die erworbenen Kenntnisse und Fertigkeiten zur Bewältigung von alltäglichen Aufgaben und Problemen einzusetzen. Bei der Auswertung der Ergebnisse werden die sozialen Lern- und Lebensbedingungen der Jugendlichen in ihrem jeweiligen Umfeld bzw. in ihrer jeweiligen Heimat einbezogen.

http://www.pisa.oecd.org/

▶ **Pixel**

(Picture Element) Bezeichnung für die kleinste Einheit (Bildpunkt) einer Grafik auf dem → *Bildschirm* eines Computers (→ *Computer*) oder für den → *Drucker.*

▶ **Plafond**

Obere Grenze bis zu der sich der Staat bei der → *Zentralbank* verschulden darf. Nach dem → *Stabilitätsgesetz* kann die Bundesregierung zur Abwehr einer Störung des gesamtwirtschaftlichen Gleichgewichts (→ *Magisches Viereck*) durch → *Rechtsverordnung* Beschränkungen für eine zusätzliche Verschuldung von → *Gebietskörperschaften* vorschreiben (**Schuldendeckel**).

▶ **Planfeststellung**

Ein Verwaltungsverfahren, in dem die Zulässigkeit von öffentlichen Bauprojekten (z. B. Straßenbau, Ausbau von Gewässern, Bau von Flugplätzen oder Anlagen der → *Deutsche Bahn AG*) geprüft und u. U. mit Auflagen versehen wird. Der Träger von Bauvorhaben muss den Plan bei den Behörden einreichen, die die Stellungnahme von Beteiligten einholt und die öffentliche Auslegung des Plans veranlasst. Am Ende steht ein **Planfeststellungsbeschluss** der Genehmigungsbehörde. Er kann von den Betroffenen vor einem → *Verwaltungsgericht* angefochten werden.

▶ **Plankostenrechnung**

Eine zukunftsbezogene Rechnung, die das vergangenheitsbezogene → *Rechnungswesen* ergänzt. Sie besteht in der Aufstellung und Vorgabe von **Soll-Werten** für bestimmte Zeiträume (monatlich, halbjährlich, jährlich, mehrjährig), an denen die tatsächlichen **Ist-Werte** fortlaufend kontrolliert werden (**Budgetkontrolle**).

Eine Fortschreibung der Planungswerte aufgrund der tatsächlichen Entwicklung muss dann erfolgen, wenn die bisher angenommenen Plandaten nicht erreichbar (z. B. aufgrund von Preisänderungen, Ausgabenänderungen usw.) erscheinen. Die Vorgabe der Plandaten wird von den Planungsabteilungen (→ *Controlling*) in Zusammenarbeit mit den Leitern der einzelnen Verantwortungsbereiche erstellt. Bei dem späteren Ist/Soll-Vergleich müssen die Ursachen von Abweichungen erklärbar sein.

Voraussetzung für eine Plankostenrechnung sind eine gut gegliederte → *Betriebsabrechnung* sowie die Möglichkeit einer Analyse der Einflussfaktoren auf die Kostengestaltung. Sie hat ihre wesentlichste Bedeutung in der Bereitstellung von Entscheidungsunterlagen für zukunftsbezogene Unternehmensentscheidungen.

▶ **Planwirtschaft** → *Zentralverwaltungswirtschaft*

▶ **Platzierung**

Im Emissionsgeschäft (→ *Emission*) der → *Banken* übliche Bezeichnung für die Unterbringung neu ausgegebener → *Wertpapiere*. Sie kann erfolgen durch öffentliches → *Zeichnen*, bei dem anlegewillige Personen oder Institutionen innerhalb einer bestimmten Frist ihre Kaufwünsche anzeigen (zeichnen) können. Wird eine Emission überzeichnet, d. h. es gibt mehr Nachfrage als Angebot, erfolgt die Zuteilung nach der Reihenfolge, Losentscheid o. Ä. Bei einem freihändigen Verkauf verkaufen die Banken ihre Kontingente ohne Zeichnung. → *Bookbuilding-Verfahren*.

▶ **Plusankündigung** → *Börse*

▶ **Police**

Bezeichnung für Versicherungsschein. → *Versicherungen*

▶ **Policy Mix**

Bezeichnung für die gleichzeitige Anwendung verschiedener Instrumente der → *Wirtschaftspolitik*, so z. B. die Kombination von

→ *Geldpolitik* und → *Fiskalpolitik.* → *Konjunkturpolitisches Instrumentarium.*

▶ Politische Ökonomie

Ursprünglich in der Wirtschaftslehre des absolutistischen Staatshaushalts (→ *Merkantilismus*) benutzter Begriff, der die Zielsetzung einer Machtvermehrung des Staates verfolgt. In der klassischen Nationalökonomie (→ *Klassiker*) sollte die politische Ökonomie dem Ziel eines sich selbst regulierenden, allen am Wirtschaftsprozess Beteiligten zum Vorteil gereichenden Systems dienen. Harmonie und wirtschaftliches Gleichgewicht sind die dominierenden Ziele der klassischen politischen Ökonomie.

Die politische Ökonomie des **Marxismus** unterstellte dagegen eine krisenhafte Tendenz des → *Kapitalismus*, der erst im Klassenkampf durch die Arbeiterklasse beseitigt werden kann.

Ende der 60er Jahre entstand die sog. **„neue politische Ökonomie"**. Sie unterstellt die Gleichartigkeit ökonomischer und politischer Entscheidungen. Kritisiert wird die neoklassische Wirtschaftstheorie, die bisher wenig zur Lösung aktueller wirtschaftspolitischer Probleme beigetragen habe. Dies vor allem deshalb, weil die Erklärung des ökonomischen Geschehens in der Theorie getrennt von den Vorgängen im politischen und gesellschaftlichen Bereich erfolgt. Diesen falschen Ansatz will die neue politische Ökonomie korrigieren, indem sie zwischen dem ökonomischen und dem politischen System eine wechselseitige Abhängigkeit unterstellt. Hierzu wird das Verhalten von Regierungen, Bürokratien, Verbänden und Wählern in die ökonomischen Modelle eingebaut.

▶ Politische Union in Europa → *Europäische Wirtschafts- und Währungsunion (EWWU)*

▶ Polypol → *Marktform*

▶ Pool

Bezeichnung für eine Kartellform (→ *Kartell*) oder den Bestand bestimmter → *Wertpapiere.*

▶ Pooling

Im → *Cash Management* übliches Verfahren einer automatischen Verrechnung bestimmter Konten im Zahlungsverkehr bei internationalen Unternehmen oder Konzernen (→ *Konzern*) in einer → *Währung* gegen ein zentrales Konto. Dadurch werden voraussichtliche Über- oder Unterdeckungen in Devisen sichtbar und erleichtern die Dispositionen. → *Netting*.

▶ Portabilität

Eignungsgrad der → *Software* eines Computersystems (→ *Computer*) auf das System eines anderen Computers.

▶ Portal

Bezeichnung für die Einstiegsseite (→ *Website*) im → *Internet*, die den Zugang zu weiteren Websites ermöglicht.

▶ Portfolio Management

Andere Bezeichnung für Vermögensverwaltung (→ *Vermögensverwaltungsgesellschaften*).

▶ Portfolio/Portefeuille

Die Bezeichnung für den von Privatpersonen, Investmentfonds (→ *Kapitalanlagegesellschaften*) oder → *Kreditinstitute* gehaltenen Bestand für → *Wertpapiere* oder → *Wechsel*.

▶ Postgesetz

Das alte Postgesetz von 1969 wurde mit der Postreform I (→ *Bundespost*), u. a. im Hinblick auf die Umstellung von öffentlich-rechtlichen Rechtsbeziehungen zwischen der Post und ihren Kunden auf privatrechtliche Vertragsverhältnisse (z. B. auf → *Allgemeine Geschäftsbedingungen (AGB)*), geändert.

Am 1. 1. 1998 ist ein neues Postgesetz vom 22.12. 1997 in Kraft getreten. Wichtige Teile der traditionellen ausschließlichen Rechte der Deutschen Post AG wurden für den Wettbewerb geöffnet. Lediglich für einen Teil des Briefdienstes blieb das → *Postmonopol* – allerdings befristet – erhalten.

Die Deutsche Post AG unterliegt wegen des vorhandenen → *Briefmonopols einer umfassenden* → *Regulierung* durch die → *Regulierungsbehörde für Telekommunikation und Post (RegTP)*. Sie muss einen flächendeckenden → *Universaldienst* bereitstellen und ist in den Wettbewerbs- und Monopoldiensten zur getrennten Rechnungslegung verpflichtet. Außerdem muss sie ihren Konkurrenten u. a. Zugang zu ihren Postfachanlagen und ihren Adressverzeichnissen gewähren.

http://bundesrecht.juris.de/bundesrecht/postg_1998/

▶ **Postmonopol**

War die allgemeine Bezeichnung für das frühere → *Fernmeldemonopol* der Deutschen Telekom AG (→ *Bundespost*) und das Beförderungsmonopol (→ *Briefmonopol*) für den geschlossenen Brief der Deutschen Post AG. → *Postgesetz.*

▶ **Postreform I, Postreform II** → *Bundespost*

▶ **ppa (per prokura)**

Nach den Vorschriften im → *Handelsgesetzbuch (HGB)* (§ 51 HGB) verbindlicher Zusatz bei der Zeichnung des Prokuristen (→ *Prokura*).

▶ **PPS** → *CAM*

▶ **PR** → *Public Relations*

▶ **Präambel**

Vorangehende Einleitung oder feierliche Erklärung bei wichtigen Verträgen (z. B. → *Europäische Verfassung*) oder Gesetzen.

▶ **Pragmatismus**

Bezeichnung für ein auf Nützlichkeit und Durchsetzung ausgerichtetes Handeln.

▶ **Prämienlohn**

Eine Lohnform, bei der zu einem vereinbarten Grundlohn, der nicht unter dem → *Tariflohn* liegen darf, eine zusätzliche Prämie gewährt wird, deren Höhe von Mehrleistungen des Arbeiters abhängig ist. Anders als beim → *Akkordlohn*, wo die volle Mehrleistung vergütet wird, tritt beim Prämienlohn eine Aufteilung der Mehrleistung zwischen Unternehmen und Arbeiter ein.

Prämien werden gezahlt für **quantitative** Mehrleistungen. Sie sind jedoch auch üblich für besondere Leistungen **qualitativer** Art, wie z. B. Unterschreiten der zulässigen Ausschussquote, Materialsparsamkeit, Termineinhaltung usw.

▶ **Prämiensparen**

Begünstigtes Sparen nach dem → *Wohnungsbauprämiengesetz.*

▶ **Prämisse**

Andere Bezeichnung für Annahme bzw. Voraussetzungen.

▶ **Präsenzbörse**

(Parketthandel) Der von Börsenmaklern (→ *Makler*) durchgeführte Handel im Gebäude der → *Börse.* → *Computerhandel.*

▶ **Pre-Ins** → *EWS I/EWS II (Europäisches Währungssystem)*

▶ **Preisbindung der zweiten Hand**

(Vertikale Preisbindung) Vertragliche Händlerverpflichtung gegenüber dem Hersteller, einen bestimmten Verkaufspreis einzuhalten. Sie ist nach dem → *Kartellgesetz* (Gesetz gegen Wettbewerbsbeschränkungen (GWB)) (§ 14 GWB) seit 1. 1. 1974 in Deutschland verboten. Ausnahmen gelten allerdings u. a. für Verlagserzeugnisse (Bücher, Zeitschriften)(§ 15 GWB). Die Kommission der EU (→ *Europäische Gemeinschaft (EG)*) strebt bei den Verlagserzeugnissen eine Aufhebung der Preisbindung an.

▶ **Preiselastizität** → *Elastizität*

▶ **Preisempfehlungen**

Als **unverbindliche Richtpreise** nach dem → *Kartellgesetz* (Gesetz gegen Wettbewerbsbeschränkungen [GWB]) (§ 23 GWB) prinzipiell erlaubte Form der Preisvorgabe durch die Hersteller. Wegen der oft praktizierten unverbindlichen Verbindlichkeit bzw. in der Form überhöhter sog. **Mondpreise** mit anschließenden Scheinrabatten sind unverbindliche Richtpreise problematisch und rechtlich umstritten. → *Unlauterer Wettbewerb*.

▶ **Preisgleitklausel** → *Gleitpreisklausel*

▶ **Preisindex für die Lebenshaltung** → *Lebenshaltungspreisindex*

▶ **Preisindexziffern**

Diese werden im Rahmen der amtlichen Preisstatistik errechnet zur Beobachtung der Preisentwicklung. Sie lassen erkennen, wie sich die Preise für gleiche Waren bei gleichen Marktbedingungen verändert haben. Hierbei bleiben Änderungen von Menge, Art und Qualität der → *Güter* unberücksichtigt. Preisindexziffern werden heute für die wichtigsten wirtschaftlichen Bereiche innerhalb des volkswirtschaftlichen Güterkreislaufs berechnet. → *Lebenshaltungspreisindex*, → *Warenkorb*, → *Preisniveau*.

▶ **Preiskalkulation**

Bei der → *Kalkulation* des Verkaufspreises betrieblicher Leistungen muss davon ausgegangen werden, dass langfristig sämtliche → *Fixe Kosten* und → *Proportionale Kosten* des Betriebes bzw. eines Unternehmens gedeckt werden und ein angemessener → *Gewinn* sichergestellt ist.

Für **kurzfristige** Preiskalkulationen muss dieser Grundsatz nicht immer unbedingt eingehalten werden, beispielsweise wenn mit Hilfe eines niedrigen Preises ein neues Produkt im → *Markt* eingeführt werden soll oder wenn beabsichtigt ist, den → *Marktanteil* zu erhöhen. Unterlagen für die Preiskalkulation liefert die betriebliche → *Kostenrechnung*. → *Betriebsabrechnung*, → *Leitsätze für die Preisermittlung aufgrund von Selbstkosten (LSP)*.

▶ **Preiskartell** → *Kartell*

▶ **Preiskontrolle**

Eine Form staatlicher Preispolitik, die als äußerstes Mittel den **Preisstopp** für einzelne oder alle Güter vorsehen kann. Ziel von Preiskontrollen ist die staatliche Überwachung der Preisbildung vor allem marktstarker Unternehmen und des Handels, um inflationäre Tendenzen (→ *Inflation*) zu bekämpfen. In den 70er Jahren wurden Preiskontrollen, teilweise auch ein Preisstopp, in fast allen westeuropäischen Industriestaaten als Mittel zur Inflationsbekämpfung eingesetzt. Die Erfolge waren jedoch bescheiden.

Durch einen Preisstopp wird lediglich die Inflation zurückgestaut. Es bilden sich ein → *Grauer Markt* oder → *Schwarzer Markt* mit nach oben abweichenden Preisen. In Deutschland haben deshalb sowohl → *Gewerkschaften* als auch → *Arbeitgeber* die Einführung eines allgemeinen Preisstopps abgelehnt.

▶ **Preisniveau**

Die Bezeichnung für die durch → *Indexziffern* beschriebene Höhe der Preise in einer Volkswirtschaft.

Hilfsmittel zur Feststellung von Änderungen des gesamten Preisniveaus sind die einzelnen Indizes für die Lebenshaltung (→ *Lebenshaltungspreisindex*), für Grundstoffpreise, für die Erzeugerpreise industrieller Produkte, für die Erzeugerpreise landwirtschaftlicher Produkte, für die Großhandelspreise sowie die Einfuhr- und Ausfuhrpreise. Siehe **Abb. 29** (Seite 797).

▶ **Preisstabilität**

Eines der Ziele im → *Stabilitätsgesetz*. Bis Ende der 60er Jahre sah man diese Zielsetzung als erfüllt an, wenn das jährliche → *Preisniveau* nicht mehr als um 1 bis 2 % gestiegen war. Später –

seit den 70er und 80er Jahren und bis heute – wurde dieses Ziel aufgrund der wirtschaftspolitischen Realitäten weit großzügiger ausgelegt. → *Europäische Wirtschafts- und Währungsunion (EWWU)*.

▶ **Preissteigerungsrate** → *Lebenshaltungspreisindex*. Siehe **Abb. 29**.

▶ **Preisstopp** → *Preiskontrollen*

▶ **Preistheorie**

Teil der → *Volkswirtschaftslehre (VWL)*, der sich mit der theoretischen Erklärung der Preisbildung beschäftigt.

▶ **Preselection** → *Call by Call*

▶ **Primäreinkommen** → *Volkswirtschaftliche Gesamtrechnung (VGR)*

▶ **Primäre Kosten**

Alle → *Kosten*, die durch die externe (von außen) Beschaffung von → *Gütern* oder → *Dienstleistungen* entstanden sind. Anders: → *Sekundäre Kosten*.

▶ **Primärer Sektor** → *Dienstleistungen*

▶ **Primärstatistik**

Statistisches Verfahren der unmittelbaren Zählung bzw. Aufzeichnung, z. B. → *Volkszählung*, Straßenverkehrszählung usw. Gegensatz: → *Sekundärstatistik*.

▶ **Prime Rate**

Der Zinssatz, den die amerikanischen Großbanken ihren Großkunden in Rechnung stellen. Die Prime Rate entsprach dem früheren deutschen Diskontsatz in seiner Funktion als → *Leitzinsen* für → *Kredite*.

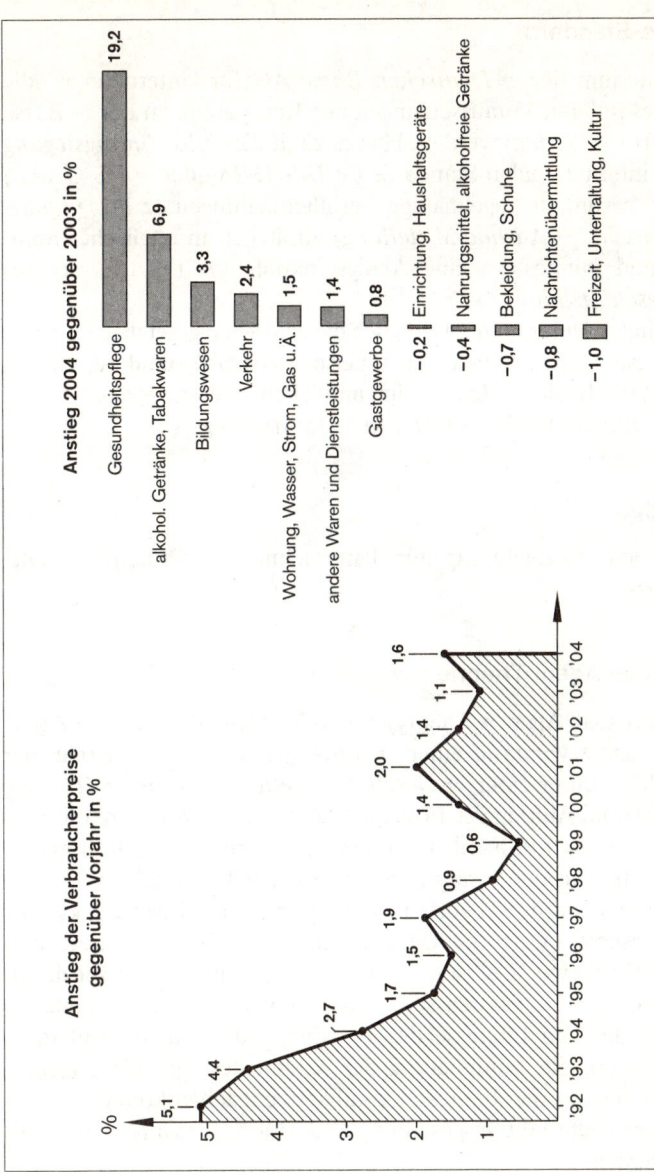

Anstieg 2004 gegenüber 2003 in %

Gesundheitspflege	19,2
alkohol. Getränke, Tabakwaren	6,9
Bildungswesen	3,3
Verkehr	2,4
Wohnung, Wasser, Strom, Gas u.Ä.	1,5
andere Waren und Dienstleistungen	1,4
Gastgewerbe	0,8
Einrichtung, Haushaltsgeräte	–0,2
Nahrungsmittel, alkoholfreie Getränke	–0,4
Bekleidung, Schuhe	–0,7
Nachrichtenübermittlung	–0,8
Freizeit, Unterhaltung, Kultur	–1,0

Anstieg der Verbraucherpreise gegenüber Vorjahr in %

'92 5,1 · '93 4,4 · '94 2,7 · '95 1,7 · '96 1,5 · '97 1,9 · '98 0,9 · '99 0,6 · '00 1,4 · '01 2,0 · '02 1,4 · '03 1,1 · '04 1,6

Abb. 29: Die Entwicklung der Preise für die Lebenshaltung seit 1992 (Quelle: Statistisches Bundesamt)

▶ **Prime Standard**

Kriterium der → *Deutschen Börse AG* für Unternehmen, die mit besonderen Voraussetzungen zur Transparenz an der → *Börse* geführt (→ *Listing*) werden. Hierzu zählt die → *Rechnungslegung* nach internationalen Standards (→ *IAS/IFRS* oder → *US-GAAP*) sowie bestimmte regelmäßige Veröffentlichungen (z. B. → *Quartalsbericht*, → *Ad-hoc-Mitteilung*) zusätzlich in englischer Sprache und mindestens eine Analystenkonferenz (→ *Analyst*) pro → *Geschäftsjahr*.

Erfüllen Unternehmen lediglich die deutschen gesetzlichen Transparenzstandards, so fallen sie unter den **General Standard**, für den automatisch ein → *Listing* im amtlichen bzw. geregelten Markt (→ *Amtlicher Markt*, → *Geregelter Markt*) erfolgt.

▶ **Prinzipal**

Andere Bezeichnung für Unternehmer. → *Prinzipal-Agent-Theorie*.

▶ **Prinzipal-Agent-Theorie**

(Principal Agency Theory) Sie unterstellt, dass der → *Agent* (z. B. der → *Vorstand* einer → *Aktiengesellschaft (AG)* oder der Geschäftsführer einer → *Gesellschaft mit beschränkter Haftung (GmbH)* im Auftrag des **Prinzipals** (z. B. die → *Aktionäre* oder die → *Gesellschafter*) handelt und der Agent über bessere Informationen verfügt als der Prinzipal (asymmetrische Information).

Gegenstand der Theorie ist die Optimierung dieser Beziehung. Dies geschieht durch die Untersuchung verschiedener Anreiz- und Kontrollsysteme. Ziel ist es dabei, den Agent mit seinen speziellen Kenntnissen zu veranlassen, trotz individueller Eigeninteressen bestmöglich im Interesse des Prinzipals zu handeln. Außerdem geht es um die Minimierung der Kosten des Agenten **(Agency-Costs)**, die aus den Interessenkonflikten entstehen können, indem eine geeignete Vertragsgestaltung und Motivationsanreize geschaffen werden.

▶ **Privatbanken**

Im → *Kreditwesengesetz (KWG)* und von der → *Bundesbank* nicht mehr verwendeter Begriff für meist auf bestimmte Geschäfte spezialisierte private Bankhäuser.

▶ **Private Equity**

Bezeichnung für private, nicht öffentlich bekannt werdende Beteiligungsformen an Unternehmen, z. B. als → *Stille Gesellschaft.*

▶ **Privater Konsum** → *Konsum*

▶ **Privater Verbrauch**

Bis 1999 verwendeter Begriff der VGR (→ *Volkswirtschaftliche Gesamtrechnung (VGR)*), der durch den Begriff **Konsumausgaben der privaten Haushalte** und der privaten Organisationen ohne Erwerbszweck ersetzt wurde (→ *Konsum*).

▶ **Privatisierung**

Bezeichnung für die Übertragung von Aufgaben oder Leistungen, die von den → *Gebietskörperschaften* oder öffentlichen Unternehmen (→ *Öffentliche Unternehmen*) erbracht werden, auf private Träger oder in private Rechtsformen (z. B. als → *Aktiengesellschaft (AG)*, → *Gesellschaft mit beschränkter Haftung (GmbH)*).
Neben Argumenten der → *Ordnungspolitik* wie Gleichheit im Wettbewerb mit Weltmarktkonkurrenten innerhalb der EU (→ *Europäische Union (EU)*), → *Entbürokratisierung* und → *Subsidiaritätsprinzip* stehen oft auch nur rein fiskalische (→ *Fiskus*) Gesichtspunkte im Vordergrund. So etwa wenn Bund, Länder oder → *Gemeinden* Anteile von ganz oder teilweise in ihrem Besitz befindlichen öffentlichen Unternehmen verkaufen und den Erlös ihrem → *Haushaltsplan* zuführen.

▶ **Privatrecht**

(Zivilrecht) Es regelt die Rechtsbeziehungen zwischen **privaten Personen** (Einzelpersonen und → *Juristische Personen*). Bestimmendes Element privatrechtlicher Beziehungen ist der → *Vertrag*. Rechtsquellen sind das BGB (→ *Bürgerliches Gesetzbuch (BGB)*), das → *Handelsrecht* und das → *Arbeitsrecht*. Privatrechtliche Rechtsbeziehungen gehen aus vom **Prinzip der Gleichordnung** und der **Gleichrangigkeit**. Zuständig für die Klärung von Streitfällen sind in erster Instanz die **Amts- oder Landgerichte**.

Dagegen regelt das **Öffentliche Recht** die Beziehungen zwischen privaten Personen mit staatlichen Organen oder ihnen untergliederten, mit Hoheitsgewalt (→ *Hoheitsakt*) ausgestatteten Verbänden sowie deren Beziehungen untereinander. Das typische Gestaltungsmittel ist der → *Verwaltungsakt*. Für diese öffentlichrechtlichen Beziehungen gibt es keine Gleichordnung, sondern ein Überordnungs- und Unterordnungsverhältnis (**Subordinationsprinzip**). In allen Fällen, die dem Subordinationsprinzip unterliegen, ist das → *Verwaltungsrecht* anzuwenden.

▶ **PR-Maßnahme** → *Public Relations*

▶ **Produktenbörse** → *Börse*

▶ **Produkthaftung**

Haftung des Produzenten gegenüber dem → *Verbraucher* für seine Produkte. Rechtsgrundlage ist das **Gesetz über die Haftung für fehlerhafte Produkte (Produkthaftungsgesetz)** vom 15. 12. 1989 mit späteren Änderungen. Wird durch den Fehler eines Produkts jemand geschädigt, so ist der Hersteller des Produkts schadenersatzpflichtig (§ 1 Abs. 1 ProdHaftG). Der Hersteller muss beweisen, dass ihn an dem Fehler des Produkts kein Verschulden trifft. Haftungsfreizeichnungen auf Packungsbeilagen sind gegenüber dem Endverbraucher wirkungslos. Es haften auch diejenigen, die nach außen hin den Eindruck erwecken, als seien sie der Hersteller.

Das Produkthaftungsgesetz trat ab 1. 1. 1990 neben die Vorschriften des damals 90 Jahre alten BGB (→ *Bürgerliches Gesetzbuch (BGB)*). Die in der **Produzentenhaftung** des BGB geltenden Grundsätze bleiben dort anwendbar, wo sie für den Verbraucher günstiger sind als in einer Richtlinie der EU (→ *Europäische Gesetzgebung*) vom 25. Juli 1985 und des hiernach folgenden Produkthaftungsgesetzes. Deshalb gilt in Deutschland keine Selbstbeteiligung und Begrenzung des Schadensersatzes. Außerdem erlischt die Produkthaftung nicht nach 10 Jahren.

http://bundesrecht.juris.de/bundesrecht/prodhaftg/

▶ **Produktinnovation**

Bezeichnung für Weiter- und Neuentwicklung von Produkten und deren aktive Verwertung.

▶ **Produktionsfaktoren**

Sind die zur Produktion von → *Güter* und → *Dienstleistungen* notwendigen Einsatzfaktoren. Sie werden in den einzelnen Teilgebieten der → *Wirtschaftswissenschaft* unterschiedlich definiert:

(1) Die → *Volkswirtschaftslehre (VWL)* unterscheidet in die drei klassischen Produktionsfaktoren **Arbeit, Boden** und **Kapital**, denen die Einkommensarten Lohn, → *Bodenrente* und → *Profit* entsprechen.

(2) In der → *Betriebswirtschaftslehre (BWL)* wird in vier Produktionsfaktoren unterschieden: die Elementarfaktoren **betriebliche Arbeitsleistung, Betriebsmittel** (technische Anlagen, Gebäude) und → *Werkstoffe.* Als vierter Produktionsfaktor kommt noch der so genannte **dispositive Faktor** hinzu, mit dem die unternehmerische Tätigkeit erfasst wird. Er kombiniert die Elementarfaktoren und ist der Sammelbegriff für die Geschäftsleitung, die Planungs-, Organisations- und Kontrollabteilungen.

Die Betriebswirtschaftslehre erkennt dem volkswirtschaftlichen Faktor Boden keine besondere Bedeutung zu.

(3) Die **sozialistische Theorie** kennt nur den Produktionsfaktor **Arbeit**, der allein Grundlage für die Entstehung von Werten darstellt. Der Faktor Arbeit ist untrennbar mit dem Arbeiter verbunden. Zwischen Kapital und Kapitalbesitzer besteht dagegen nicht der gleiche Zusammenhang.

In der neueren Literatur wird noch der Produktionsfaktor „**Information**" genannt als wesentliche Voraussetzung zur effektiven Leistungserstellung (→ *Informationsgesellschaft*).

▶ **Produktionsfunktion**

Bezeichnung für die funktionale (mathematische) Beziehung zwischen mengenmäßigem Einsatz der → *Produktionsfaktoren* und der hierdurch erzielten Produktionsmenge. Die → *Betriebswirtschaftslehre (BWL)* unterscheidet verschiedene Typen von Produktionsfunktionen, die von unterschiedlichen Annahmen (→ *Prämisse*) ausgehen.

▶ **Produktionsgüter** → *Investitionsgüter*

▶ **Produktionsindexziffern**

Werden in der **amtlichen Produktionsstatistik** errechnet unter der Voraussetzung gleich bleibender Preise nach einem zugrunde gelegten Basisjahr. Der Index der **industriellen Nettoproduktion** liefert Aussagen über die Entwicklung der Nettoleistung der einzelnen Industriezweige und der Gesamtindustrie.

Beim Index der **industriellen Bruttoproduktion** für → *Investitionsgüter* und → *Verbrauchsgüter* wird die Entwicklung des Ausstoßes der von der → *Industrie* hergestellten investitionsreifen und verbrauchsreifen Waren, gruppiert nach ihrem vermutlichen Verwendungszweck, errechnet. → *Bruttoproduktionswert*.

http:// www.statistik-bund.de/

▶ **Produktionskartell** → *Kartell*

▶ **Produktionsmittel** → *Produktivvermögen*

▶ **Produktionswert** → *Sozialprodukt (Nationaleinkommen)*

▶ **Produktivität**

Messziffer zur Kennzeichnung der Ergiebigkeit der → *Produktionsfaktoren* Arbeit (→ *Arbeitsproduktivität*) bzw. Kapital (→ *Kapitalproduktivität*). Gebräuchlichste Messziffer ist die Arbeitsproduktivität.

In der → *Volkswirtschaftslehre (VWL)* wird das Nettoinlandsprodukt bzw. Bruttoinlandsprodukt (→ *Sozialprodukt (National-*

einkommen)) in Beziehung zu den Produktionsfaktoren Arbeit oder Kapital gesetzt. Hierbei können die jeweiligen Netto- bzw. Bruttogrößen ins Verhältnis gesetzt werden zu den geleisteten Arbeitsstunden (übliche Form der Messung der Arbeitsproduktivität), zu dem in Geld gemessenen Einsatz des Faktors Arbeit oder zu den geleisteten Kapitalstunden bzw. zum wertmäßigen Einsatz des Faktors Kapital.

Die Produktivität einer Volkswirtschaft wird durch die Verhältniszahl des jeweiligen realen Bruttoinlandsproduktes je Erwerbstätigenstunde ausgedrückt.

In der → *Betriebswirtschaftslehre (BWL)* wird demgegenüber auf die Leistung von Produktions- oder Arbeitseinheiten abgestellt. So wird etwa der gesamte → *Output* eines Unternehmens zum → *Input* ins Verhältnis gesetzt. Gemessen wird jedoch auch die Leistung bzw. der Ertrag pro Einsatzeinheit und damit der → *Rationalisierung*. **Beispiel:** 21 Autos pro Arbeitsstunde oder 10 qm Tuch pro Maschinenstunde oder 70 Doppelzentner Weizen je ha Anbaufläche im Jahr. Daneben können auch wertmäßige Größen ins Verhältnis gesetzt werden, z. B.: Bei einem Produktionswert von 50 000 Euro und einem Einsatz von Löhnen und Gehältern von 10 000 Euro ist die Wertproduktivität gleich 5.

Die Produktivitätssteigerung wird durch zeitlichen Vergleich errechnet. **Beispiel:** Beträgt die Produktivitätskennziffer im Jahr 1996 120 und im Jahr 2000 132, so errechnet sich hieraus eine Produktivitätssteigerung von 10 %.

▶ **Produktivkapital** → *Produktivvermögen*

▶ **Produktivkredit** → *Kredite*

▶ **Produktivvermögen**

Bezeichnung für das der gewerblichen Produktion zur Verfügung stehende → *Vermögen* (**Produktivkapital**). Es spielt bei den Diskussionen um die → *Vermögensumverteilung* eine große Rolle, da der weitaus größte Teil des Produktivvermögens sich in den Händen einer kleinen Schicht von Vermögensmillionären befindet.

▶ Produktlebenszyklus

Zeitspanne, die alle Phasen der Herstellung, des Gebrauchs und der Verwertung bzw. → *Entsorgung* eines Produktes umfasst.

▶ Produktpiraterie

Unerlaubtes Nachahmen oder Kopieren von Produkten (z. B. in der Musikbranche, im Uhren- und Textilgewerbe) unter Verletzung von Gesetzen zum → *Urheberrecht (Copyright)* und → *Gebrauchsmusterschutz.* Vor allem auf ostasiatischen Märkten hergestellte und vertriebene Produkte verursachen bei den Originalherstellern beträchtliche wirtschaftliche Schäden. Im Rahmen der → *WTO (World Trade Organization)* wurde 1998 ein Abkommen zum Schutz des geistigen Eigentums vereinbart, um den Problemen ansatzweise zu begegnen.

▶ Produzentenhaftung → *Produkthaftung*

▶ Profit

Aus der klassischen Nationalökonomie (→ *Klassiker*) stammender Begriff für das Unternehmereinkommen. Er umfasst die → *Zinsen* auf → *Eigenkapital*, den → *Unternehmerlohn* und den Unternehmergewinn (→ *Gewinn*). Die **Profitrate** stellt hierbei das Verhältnis von Profit zum eingesetzten Kapital dar. Sie entspricht dem heutigen Begriff der → *Rentabilität*.

▶ Profitcenter

Eine Organisationseinheit (z. B. Sparte bzw. Division (→ *Divisionalisierung*), Produktionsbereich eines Unternehmens), für die in der → *Rechnungslegung* ein eigener → *Gewinn* errechnet wird. Die organisatorische Ausgliederung eines Profitcenters setzt eigenverantwortliches Handeln seiner Leitung voraus, d. h. → *Aufwand* und → *Ertrag* müssen klar zurechenbar und von der Leitung beeinflussbar sein.

Dagegen verfügt ein **Cost Center** als organisatorische Einheit (→ *Kostenstellen*) über keine eigenen Erträge. Seine Leitung muss eigenverantwortlich mit einem vorgegebenen oder durch → *Zielvereinbarungen* festgelegten Kosten-Budget wirtschaften.

Eine abgewandelte Art des Profitcenters ist das **Investment Center**, das zusätzliche Dispositionsspielräume für Tochtergesellschaften vorsieht. Hier bestehen Vereinbarungen, dass erwirtschaftete Gewinne autonom für → *Investitionen* verwendet werden können. Oft existieren jedoch daneben festgelegte Gewinnablieferungen an die → *Muttergesellschaft* oder → *Holdinggesellschaft*.

▶ **Profitrate** → *Profit*

▶ **Prognose**

In der Unternehmensplanung wie auch in der → *Wirtschaftspolitik* übliche Methode zur Vorausschätzung wichtiger betrieblicher oder wirtschaftlicher Größen.

Empirische Konjunkturprognosen (→ *Konjunktur*) beruhen auf Erfahrungen. So wird z. B. eine → *Zeitreihe* der Vergangenheit in ihre einzelnen Einflussfaktoren zerlegt, von außergewöhnlichen Ereignissen bereinigt und dann in die Zukunft fortgeschrieben (**empirische Wirtschaftsforschung**).

Auf anderen Methoden beruht die **ökonometrische Konjunkturprognose** (→ *Ökonometrie*), die von Konjunkturmodellen ausgeht, die auf bestimmten Erfahrungswerten basieren.

Im Gegensatz zur Prognose, die auf Beobachtung und Erfahrung basiert, geht die **Projektion** von bestimmten Annahmen und Bedingungen aus, deren Erfüllung eine berechenbare Eintrittswahrscheinlichkeit der Vorausrechnungen gewährleistet. → *Jahreswirtschaftsbericht*.

▶ **Programmiersprache**

Eine künstliche Sprache zwischen Mensch und → *Computer*. Sie dient der Darstellung von Problemlösungsanweisungen in der für den Computer jeweils verständlichen Form. Programmiersprachen sind z. B. Cobol, Fortran, Pascal, Basic, → *Java* usw.

▶ **Progressionsvorbehalt**

Begriff aus dem *Einkommensteuergesetz (EStG)* (§ 32 b EStG). Danach haben Steuerpflichtige, die bestimmte steuerfreie Bezüge erhalten (→ *Lohnersatzleistungen*), diese in ihrer → *Einkommensteuererklärung* anzugeben. Sie haben Einfluss auf die Bemessung des Steuersatzes für ihr zu versteuerndes Einkommen (→ *Einkommensteuer*).

▶ **Progressionszone** → *Steuerreform*

▶ **Projekt**

Ein zielgerichtetes Vorhaben zur Lösung schwieriger Aufgabenstellungen. Ein Projekt ist zeitlich befristet und bedarf einer besonderen organisatorischen Betreuung durch ein **Projektmanagement**, in dem die Führungsebene eines Unternehmens integriert ist (z. B. als **Lenkungssauschuss**).

Das Projektmanagement plant und überwacht den zeitlichen und inhaltlichen Ablauf des Projekts, koordiniert die Zusammenarbeit der einzelnen **Projektgruppen** und ist für die Erstellung des Projektergebnisses verantwortlich. Der **Projektleiter** und die im Projekt direkt mitarbeitenden Personen sind i. d. R. für die Laufzeit des Projekts von ihrer normalen Tätigkeit im Unternehmen freigestellt. Oft sind auch externe Unternehmensberater (→ *Consulting*) bei der Projektarbeit eingeschaltet.

▶ **Projektion** → *Prognose*

▶ **Projektmanagement** → *Projekt*

▶ **Prokura**

Bezeichnung für die einem **Prokuristen** vom Inhaber eines Handelsgeschäftes nach den Vorschriften im → *Handelsgesetzbuch (HGB)* (§ 48 HGB bis § 53 HGB) durch ausdrückliche Erklärung erteilte Vollmacht, alle Arten von gerichtlichen und außergerichtlichen Geschäften und Rechtshandlungen vorzunehmen, die zum

Betrieb in einem → *Handelsgewerbe* notwendig sind. Sie ist in das → *Handelsregister* einzutragen.

Die Prokura geht jedoch nicht so weit, dass vom Prokuristen die Einstellung des Geschäftsbetriebs bzw. dessen Veräußerung veranlasst werden kann; es sei denn, der Prokurist wäre hierzu besonders ermächtigt. Wird **Gesamtprokura** erteilt, so können immer nur mehrere Prokuristen gemeinschaftlich handeln.

▶ **Prokurist** → *Prokura*

▶ **Promotion**

Maßnahmen zur Steigerung des Umsatzes (Verkaufsförderung).

▶ **Proportionale Kosten**

Sind → *Kosten*, die sich im gleichen Verhältnis wie die Beschäftigung (oder Produktionsmenge) verändern. Steigt z. B. die Produktionsmenge um 10 %, so steigen auch die Kosten um 10 %. Rein proportionale Kosten sind selten, denn die meisten → *Kostenarten* setzen sich aus → *Fixe Kosten* und → *Proportionale Kosten* zusammen. Der Stücklohn oder die Verpackungskosten pro Stück sind Beispiele für rein proportionale Kosten.

▶ **Proportionalkostenrechnung** → *Direct Costing*

▶ **Proportionalzone** → *Steuerreform*

▶ **Prospekthaftung** → *Börsenprospekt*

▶ **Prosperität**

Begriff aus der → *Konjunkturpolitik* für die Phase des Aufschwungs und der Hochkonjunktur. → *Konjunktur*.

▶ **Protektionismus**

Eine → *Außenhandelspolitik*, die mit Hilfe von → *Schutzzoll*, Kontingenten (→ *Kontingent*), Ausgleichsprämien usw. die inländische Wirtschaft gegen die ausländische Konkurrenz zu schützen versucht. Gegensatz: → *Freihandel*.

▶ Protest

Begriff aus dem Wechsel- und Scheckrecht. Er bedeutet eine amtliche Beurkundung (vorgenommen durch einen Notar, Gerichts- oder Postbeamten) über die **Annahmeverweigerung** bei einem → *Wechsel* und über die **Zahlungsverweigerung** bei einem Wechsel oder → *Scheck*. Der Protest ist durch die Bestimmungen des Wechselgesetzes bzw. Scheckgesetzes geregelt und ermöglicht die Ausübung des Rückgriffrechts.

▶ Protokoll (Dienstprotokoll)

Bezeichnung für die genaue Aufzeichnung von Abläufen. So sind z. B. die Übermittlungsvorschriften zur Steuerung und den Betrieb der → *Datenübertragung* in einem **protocol** vorgegeben. Im → *Internet* stehen hierfür Standardsysteme (z. B. → *http:// www*, → *ftp*, → *Telnet* oder → *WAP*) zur Verfügung. → *Internet-Protocol (IP)*.

▶ Provider → *Internet*

▶ Provision

Vor allem im **Vertriebswesen** übliche Form der Vergütung für geleistete Dienste. Gezahlt wird ein Vom-Hundert-Satz des Wertes der verkauften Waren. Die Provision ist in der Regel die Vergütung für → *Handelsvertreter*.

Außerdem unterscheidet man im Bankwesen (→ *Kreditinstitute*) verschiedene Formen von Provisionen. Diese werden als Entgelt für geleistete Dienste dem Kunden in Rechnung gestellt (z. B. für gewährte → *Kredite*, → *Inkasso* oder für das Ausstellen eines Akzepts (→ *Akzept*)).

▶ **Prozessrechner**

Ein → *Computer,* der automatisch industrielle Produktionsabläufe steuert, regelt und überwacht.

▶ **Prozyklische Wirtschaftspolitik**

Eine → *Wirtschaftspolitik,* die konjunkturelle Zyklen (→ *Konjunktur*) in ihrem Ausmaß verstärkt. Gegensatz: → *Antizyklische Wirtschaftspolitik.*

▶ **Prüfung des Jahresabschlusses**

Eine nach Rechtsform, bestimmten Größenmerkmalen (→ *Bilanzsumme,* → *Umsatz,* Beschäftigtenzahl) und Branchenzugehörigkeit unterschiedliche → *Pflichtprüfung* der → *Rechnungslegung* von Konzernen (→ *Konzern*), einer → *Kapitalgesellschaft,* → *Personengesellschaft* und sonstigen Gesellschaften (→ *Einzelunternehmen,* → *Kreditinstitute,* → *Versicherungen,* → *Genossenschaften*).

Rechtsgrundlage für die Prüfung von → *Jahresabschluss* und → *Lagebericht* von Kapitalgesellschaften und Konzernen sind die Vorschriften und Größenmerkmale im → *Handelsgesetzbuch (HGB)* (§ 316 HGB bis § 324 HGB), für die Prüfung von NichtKapitalgesellschaften und Konzernen gelten die Bestimmungen und anderen Größenmerkmale zur → *Publizitätspflicht* nach dem Publizitätsgesetz (PublG) (§ 1 PublG, § 6 PublG, § 7 PublG und § 14 PublG).

Alle Versicherungsunternehmen und Kreditinstitute sind unabhängig von ihrer Größe prüfungspflichtig. Rechtsgrundlage sind neben den Bestimmungen des Handelsgesetzbuches noch die Vorschriften im → *Versicherungsaufsichtsgesetz (VAG)* bzw. im → *Kreditwesengesetz (KWG).* Für Genossenschaften gilt die genossenschaftliche Pflichtprüfung entsprechend den Regelungen im Genossenschaftsgesetz.

Die Prüfung des Jahresabschlusses für → *Öffentliche Unternehmen* erfolgt nach landesrechtlichen Verordnungen und Vorschriften.

Neben den Pflichtprüfungen gibt es noch die **freiwilligen Prüfungen** des Jahrsabschlusses, die meist durch → *Banken* oder andere → *Gläubiger* veranlasst werden und deren Ergebnis nur dem Auftraggeber bekannt ist.

▶ **Prüfungsbericht**

Schriftliche Berichterstattung der → *Wirtschaftsprüfer* über die Auftragserteilung, den Umfang, Ablauf und die Methoden sowie die Prüfungsfeststellungen und das Prüfungsergebnis (→ *Bestätigungsvermerk*) einer durchgeführten → *Prüfung des Jahresabschlusses* oder einer **Sonderprüfung** (z. B. Gründungsprüfung oder Umwandlungsprüfung, bei einer beabsichtigten → *Kapitalerhöhung* bzw. → *Kapitalherabsetzung* oder → *Verschmelzung*) nach den Bestimmungen im → *Handelsgesetzbuch (HGB)* und im → *Aktiengesetz AktG*). → *KonTraG*.

Nach den Vorschriften des Aktiengesetzes unterscheidet man z. B. zwischen dem **Bericht der Wirtschaftsprüfer** über das Ergebnis der Prüfung zum → *Jahresabschluss* an den → *Aufsichtsrat* (§ 170 Abs. 2 AktG), dem Bericht von → *Vorstand* und Aufsichtsrat über die **Gründungsprüfung** einer → *Aktiengesellschaft (AG)* (§ 32 AktG und § 33 AktG) sowie Berichten über gelegentlich von der → *Hauptversammlung* angeordnete **Sonderprüfungen** entsprechend § 119 Abs. 1 Pkt. 6 AktG und § 142 AktG. Die inhaltliche Substanz des Prüfungsberichts ergibt sich u. a. aus § 321 HGB.

Nach erfolgter → *Betriebsprüfung* des Finanzamtes wird ebenfalls ein Prüfungsbericht erstellt.

▶ **Prüfungsvermerk** → *Bestätigungsvermerk*

▶ **Public Relations (PR)**

Pflege der Beziehungen zur Öffentlichkeit als Vertrauenswerbung.

▶ **Public Private Partnership (PPP)**

Bezeichnung für Projekte, die von → *Gebietskörperschaften* gemeinschaftlich mit privaten Unternehmen finanziert werden,

z. B. der geplante Bau neuer Autobahnen unter Beteiligung privater Trägergesellschaften.

▶ **Publikumsgesellschaft** → *Aktiengesellschaft (AG)*

▶ **Publizitätsgesetz** → *Publizitätspflicht*

▶ **Publizitätspflicht**

(Offenlegungspflicht) Die gesetzliche Verpflichtung für die → *Kapitalgesellschaft* und eingetragene → *Genossenschaften* nach dem → *Handelsgesetzbuch (HGB)* (§ 325 HGB bis § 329 HGB und § 339 HGB) sowie für andere Großunternehmen u. a. zur Veröffentlichung von Daten ihrer → *Rechnungslegung* sowie von Berichten über die wirtschaftliche Lage des Unternehmens.

Der Umfang der Publizitätspflicht ist abhängig von der Größe des Unternehmens (→ *Größenklassen*): **Kleine Kapitalgesellschaften** müssen ihre Jahresbilanz, einen verkürzten Anhang (→ *Jahresabschluss*) und die Ergebnisverwendung bekannt geben. **Mittlere und große Kapitalgesellschaften** sowie **Konzerne** in der Rechtsform einer Kapitalgesellschaft müssen die Jahresbilanz, die → *Gewinn- und Verlustrechnung (GuV)*, den → *Anhang* und den → *Lagebericht*, den → *Prüfungsvermerk* der → *Wirtschaftsprüfer*, die Ergebnisverwendung sowie den Bericht des Aufsichtsrats (→ *Aufsichtsrat*) offen legen. Hierzu zählen für börsennotierte Kapitalgesellschaften – ähnlich wie nach den Vorschriften der → *US-GAAP* – auch ein → *Cashflow-Statement* und eine → *Segmentberichterstattung* sowie ein → *Eigenkapitalspiegel* (§ 297 Abs. 1 HGB). Dabei besteht für große Gesellschaften die Verpflichtung zur Veröffentlichung im → *Bundesanzeiger* und – wie auch bei kleinen und mittelgroßen Kapitalgesellschaften – zur Einreichung der Unterlagen zum → *Handelsregister*. Bei Genossenschaften gilt dies entsprechend mit Ausnahme der Offenlegung der Ergebnisverwendung und ggf. des Prüfungsvermerks. → *Corporate Governance*.

Mit dem **Gesetz über die Rechnungslegung von bestimmten Unternehmen und Konzernen (Publizitätsgesetz)** vom 15. 8. 1969 i. d. F.

vom 27. 4. 1998 wurde die Publizitätspflicht auch auf Großunternehmen in der Rechtsform → *Einzelkaufmann,* → *Offene Handelsgesellschaft (OHG),* → *Kommanditgesellschaft (KG),* wirtschaftlicher → *Verein,* → *Körperschaft des öffentlichen Rechts,* → *Stiftung* oder → *Anstalt des öffentlichen Rechts* – sofern sie → *Kaufleute* sind – sowie auf den → *Konzern* ausgedehnt. Sie müssen allerdings bestimmte Größenkriterien erfüllen. Die Publizitätspflicht gilt auch für Unternehmen wie Hertie, Reemtsma, Schickedanz (Quelle), Melitta, C&A, Brenninkmeyer u. a. Für → *Kreditinstitute* gelten besondere Bestimmungen.

▶ **Put Option**

Bezeichnung für **Verkaufsoptionen** (→ *Optionsgeschäfte*) bzw. **Verkaufsoptionsscheine (Put Warrants)**. Der Käufer einer Put Option **(Long Put)** kann dem Verkäufer **(Stillhalter, Short Put)** jederzeit oder zu einem vereinbarten Termin das → *Basisgut* zum festgelegten → *Basispreis* **(Strike Price)** liefern. Hierfür zahlt er dem Verkäufer eine **Put Optionsprämie**, die er bei Nichtwahrnehmung seines Optionsrechts verliert. Der Käufer hat andererseits Gewinnchancen in Höhe des Differenzbetrags von (niedrigerem) Marktpreis und festgelegtem (höherem) Basispreis – vermindert um die aufgewendete → *Optionsprämie.* → *Call Option.*

▶ **Put Optionsprämie** → *Put Option*

Q

▶ **Qualifizierte Mehrheit**

Besondere Bestimmung für Abstimmungen. So etwa Dreiviertelmehrheit der abgegebenen Stimmen, der Stimmberechtigten oder des bei der → *Hauptversammlung* einer → *Aktiengesellschaft (AG)* vertretenen Grundkapitals (→ *Grundkapital*).

In der EU (→ *Europäische Union (EU)*) ist die qualifizierte Mehrheit eine komplizierte Abstimmungsvorschrift, die nach der → *Einheitliche Europäische Akte* die bis Ende 1985 geltende Einstimmigkeitsregel bei Entscheidungen des Rates der EU ersetzte. Sie wird nach Einführung der neuen Verfassung der EU durch andere Regelungen abgelöst.

▶ **Qualitatives Wachstum**

Ergänzender Begriff zum traditionellen quantitativen Begriff für das → *Wirtschaftswachstum*, der nur Mengengrößen (→ *Bruttonationaleinkommen (BNE)*) in ihren Veränderungen misst. Gesellschaftliche Fehlentwicklungen und ihre Folgen, so z. B. Umweltschäden (→ *Ökosystem*), → *Berufskrankheiten*, Bildungsdefizite, Energieverschwendung, spielen bei der quantitativen Wachstumsbetrachtung keine Rolle. Dagegen umfasst der Begriff des qualitativen Wachstums mehr. Die Frage, was produziert wird (→ *Konversion*), steht gleichwertig neben der rein quantitativen Betrachtungsweise. → *Humanisierung des Arbeitslebens (HdA)*.

▶ **Qualitätsmanagement** → *Total Quality Management (TQM)*

▶ **Quartalsbericht**

Vierteljährlicher Zwischenbericht einer börsennotierten → *Kapitalgesellschaft*, der mindestens den → *Umsatz* und den → *Ge-*

winn umfasst. In den USA besteht dagegen nach → *US-GAAP* für börsennotierte Unternehmen eine weitergehende Berichterstattung mit → *Bilanz,* → *Gewinn- und Verlustrechnung (GuV)* und → *Cashflow-Statement* (**Quarterly Report**). Aus diesem Grund veröffentlichen auch viele deutsche Unternehmen einen dem US-GAAP entsprechenden Quartalsbericht. → *Publizitätspflicht.*

▶ **Quellenabzugsverfahren** → *Quellenprinzip*

▶ **Quellenprinzip**

(Quellenabzugsverfahren) Begriff aus dem → *Steuerrecht* als Erhebungsart der Steuer am Ort und zum Entstehungszeitpunkt der steuerpflichtigen Summe. Pünktlicher Steuereingang ist die Folge. **Beispiel:** → *Lohnsteuer,* → *Kapitalertragsteuer,* → *Zinsabschlagsteuer/Zinssteuer.*

▶ **Quellensteuer** → *Quellenprinzip*

▶ **Querdenken** → *Brainstorming*

▶ **Quick ratio** → *Liquiditätsgrad*

▶ **Quorum**

Die gesetzliche oder satzungsgemäß (→ *Satzung*) vorgeschriebene Mindestzahl von Mitgliedern eines Gremiums für die Beschlussfassung.

▶ **Quotation** → *Quotieren*

▶ **Quotenaktien** → *Stückaktien*

▶ **Quotenkartell** → *Kartell*

▶ **Quotenkonsolidierung** → *Gemeinschaftsunternehmen*

▶ Quotieren

(Quotation) Bezeichnung für die Zulassung von Wertpapieren (→ *Wertpapiere*) für den amtlichen Markt (→ *Amtlicher Markt*) durch die Zulassungsstelle der → *Börse*.

R

▶ **Rabatt**

Preisnachlass, der in verschiedenen Formen möglich ist, z. B. Barzahlungsrabatt (→ *Skonto*), Mengenrabatt oder Treuerabatt. Für die Rabattgewährung an Letztverbraucher galten bis Juli 2001 die überholten Bestimmungen des **Rabattgesetzes** und der **Zugabenverordnung** aus dem Jahr 1933. Hiernach durfte der Rabatt für Barzahlung 3 % des Warenpreises nicht übersteigen. Obwohl in den anderen Staaten der EU (→ *Europäische Union (EU)*) keine entsprechenden Regelungen existieren, scheiterten in Deutschland bis zu der nun erfolgten Neuregelung alle Versuche einer Aufhebung der gesetzlichen Vorschrift. Anders: → *Unlauterer Wettbewerb*.

▶ **Rack Jobber**

Bezeichnung für eine im → *Handelsbetrieb* übliche Form der Vermietung von Verkaufsflächen an Hersteller oder andere Handelsbetriebe, die auf eigene Rechnung verkaufen.

▶ **Rahmentarifvertrag** → *Manteltarif*

▶ **Raiffeisenbanken**

Ländliche → *Kreditinstitute*, teilweise aus → *Spar- und Darlehenskassen* hervorgegangen, in der Rechtsform einer Genossenschaft (→ *Genossenschaften*). Sie gehen auf **F. W. Raiffeisen** zurück, der 1862 den ersten Darlehenskassenverein als Selbsthilfeeinrichtung der ländlichen Wirtschaft gründete. Sie arbeiten im Verbund mit den → *Volksbanken*.

▶ **RAM**

(Random Access Memory) Der **Arbeitsspeicher** für einen → *Computer*. Auf ihm befinden sich die laufend vorgenommenen

Arbeiten in den Programmen, die zuvor in den Arbeitsspeicher geladen wurden. Nach Abschluss der Arbeit muss das Ergebnis auf einem → *Datenträger* gespeichert werden. Das Programm kann auch in bestimmten Zeitabständen eine automatische Zwischenspeicherung vorsehen, um das Verlorengehen von Daten beim Abschalten oder bei Betriebsausfall des Computers zu verhindern.

▶ **Rangreihenverfahren** → *Ranking*

▶ **Ranking**

(Rangreihenverfahren) Befragungsmethode, bei der die befragten Personen bestimmte Befragungsobjekte einer Rangreihe zuordnen, ohne vorgegebene Eigenschaften zu beurteilen. Anders: → *Rating*.

▶ **RAP** → *Rechnungsabgrenzungsposten (RAP)*

▶ **Rat der EU** → *EG (Europäische Gemeinschaft)*

▶ **Ratenkredit**

Kreditform mit fester Rückzahlungsverpflichtung bestimmter Raten (Teilzahlungen). → *Verfallklausel*, → *Abzahlungsgeschäfte*.

▶ **Ratenlieferungsvertrag**

→ *Vertrag* zwischen einem Unternehmer und einem → *Verbraucher* über die Lieferung verkaufter Sachen in Teilleistungen mit vereinbarten Teilzahlungen für die Gesamtheit der Sachen bzw. die regelmäßige Lieferung von Sachen gleicher Art bzw. die Verpflichtung zum wiederkehrenden Erwerb oder Bezug von Sachen. Rechtsgrundlage sind die Vorschriften im BGB (→ *Bürgerliches Gesetzbuch (BGB)*) (§ 505 BGB). Es besteht i. d. R. ein Widerrufsrecht nach § 355 BGB.

▶ **Rating**

Von → *Rating-Agenturen* und einigen internationalen Fachzeitschriften (z. B. Euromoney) durchgeführte Beurteilung der → *Bonität* von einzelnen Staaten **(Länderrating)**, Banken **(Bankrating)** und der Emittenten für → *Geldmarktpapiere* und → *Kapitalmarktpapiere* **(Emissionsrating)**.

Das Rating erfolgt über bestimmte Kriterien (z. B. Verschuldungsgrad, politische und ökonomische Daten eines Landes, Wahrscheinlichkeit der Einhaltung von Zins- und Tilgungsleistungen), deren Bewertung zu der jeweiligen Einordnung in eine **Rating-Skala** führt. So z. B. AAA (S&P) bzw. Aaa (Moody's) für die höchste Bonitätsstufe bis zur schlechtesten Bonitätsstufe D(S&P) bzw. C (Moody's) bei bereits bestehenden Zahlungsschwierigkeiten.

▶ **Rating-Agenturen**

Auf das → *Rating* spezialisierte Agenturen (z. B. Moody's Investors Service, New York; Standard & Poor's Corporation, New York). → *Kreditwesengesetz (KWG)*.

▶ **Rationalisierung**

Die planmäßige Anwendung technischer, wirtschaftlicher und/ oder organisatorischer Mittel zur Steigerung des wirtschaftlichen Erfolgs. Durch Rationalisierung sollen die → *Kosten* für → *Werkstoffe*, Energie und → *Kapital* sowie für menschliche Arbeitsleistung verringert werden. Das Ziel ist eine Steigerung der → *Produktivität*, der → *Wirtschaftlichkeit* und schließlich der → *Rentabilität*. Dabei kann auch gleichzeitig eine Verbesserung der Arbeitsbedingungen die Folge sein.

Zu den Mitteln der Rationalisierung gehören u. a. → *Investitionen* zur → *Automatisierung* von Arbeitsabläufen, die → *Normung* und Typisierung von Erzeugnissen und die Verbesserung der Arbeitsweise von Organisationsstrukturen. Die größten Rationalisierungseffekte folgen aus dem Einsatz der Anwendungsmöglichkeiten der → *Informations- und Kommunikationstechnologien*.

Da im Allgemeinen durch Rationalisierung Menschen veränderte Arbeitsbedingungen vorfinden, ihren gewohnten Arbeitsplatz verlieren oder gar völlig „wegrationalisiert" werden, sind soziale Probleme als Folge nie auszuschließen. Die → *Gewerkschaf-*
ten sind aus diesem Grunde bestrebt, bereits in der Planungsphase
von Rationalisierungsvorhaben beteiligt zu sein. Dabei sollen
durch → *Rationalisierungsschutzabkommen* und Sozialpläne
(→ *Sozialplan*) die betroffenen → *Arbeitnehmer* vor den negativen Auswirkungen von Rationalisierungsmaßnahmen geschützt
bzw. eine Milderung sozialer Härten erreicht werden.

Eine wichtige gewerkschaftliche Forderung besteht darin, dass
die wirtschaftlichen Erfolge der Rationalisierung nicht nur dem
Betrieb, sondern auch den Beschäftigten zugute kommen müssen.
→ *Innovationsberatungsstellen*, → *Humanisierung der Arbeit*
(HdA).

▸ **Rationalisierungsinvestitionen** → *Investitionen*

▸ **Rationalisierungsschutzabkommen**

Werden von den → *Gewerkschaften* durch → *Tarifvertrag*, gelegentlich auch vom → *Betriebsrat* als → *Betriebsvereinbarung*
abgeschlossen mit dem Ziel, die → *Arbeitnehmer* eines Unternehmens vor den Folgen der → *Rationalisierung* zu schützen. Dabei
kann z. B. vereinbart werden der Schutz vor Entlassung, Herab-
gruppierung oder Umsetzung in andere Betriebsteile gegen den
Willen des Betroffenen. Vereinbart werden können auch Maßnahmen zur sozialen Abfederung eines freiwilligen Ausscheidens, z. B.
→ *Abfindungen*.

▸ **Raumordnung**

Kaum eindeutig abzugrenzender Begriff für die gestaltende und
ordnende staatliche Tätigkeit mit dem Ziel, in allen Teilen eines
Staatsgebietes gleichwertige Lebenschancen für alle Menschen zu
schaffen. Nach der deutschen Einigung haben sich die Bedingungen für die Raumordnung grundlegend verändert (z. B. → *Zonen-*
randförderung, Berlin-Förderung).

Rechtsgrundlage ist das **Raumordnungsgesetz (ROG)** i. d. F. vom 18. 8. 1997. Hiernach hat die Bundesregierung u. a. für den Gesamtraum der Bundesrepublik Deutschland und seine Teilräume zusammengefasste abgestimmte **Raumordnungspläne** zu entwickeln, zu ordnen und zu sichern (§ 1 ROG). Außerdem hat sie in Zusammenarbeit mit den für die Raumordnung zuständigen obersten Landesbehörden Leitvorstellungen für die raumbedeutsamen Planungen von Bund und Ländern zu erstellen und die Ziele für die großräumige Entwicklung festzulegen.

In regelmäßigen Abständen hat die Bundesregierung **Raumordnungsberichte** zum Stand und zur Planung der räumlichen Entwicklung sowie über die Auswirkungen der Politik der EU (→ *Europäische Union (EU)*) auf die räumliche Entwicklung vorzulegen (§ 21 ROG).

Maßnahmen zur Raumordnung, die erhebliche Auswirkungen auf die Nachbarstaaten haben können, müssen mit den betroffenen Nachbarstaaten abgestimmt werden (§ 16 ROG).

Finanzielle Hilfen bei der Realisierung der Ziele zur europäischen Raumordnung werden aus dem Europäischen Fonds für regionale Entwicklung (**Regionalfonds**) zur Verfügung gestellt (→ *Strukturpolitik*).

http://bundesrecht.juris.de

▶ Reaktor

Eine Anlage in einem Kernkraftwerk, mit deren Hilfe sich eine Kernspaltungs-Kettenreaktion auslösen und steuern lässt. Im Reaktorinnern befinden sich die Spaltzone mit dem Kernbrennstoff, das Kühlmittel zur Abführung der erzeugten Wärme, die Regelvorrichtungen und die Strahlenabschirmung. Neben der Gefahr frei werdender Radioaktivität in Kernreaktoren stellt die Beseitigung der radioaktiven abgebrannten Kernbrennstoffe ein großes Problem dar. Ein weiteres Problem ist die Endlagerung abgebrannter Kernbrennstoffe, deren Radioaktivität unter Umständen viele Jahrtausende fortdauert. → *Atommüll*, → *Energiepolitik*.

http://www.kernenergie.de

▶ **Realeinkommen** → *Nominaleinkommen*

▶ **Realisationsprinzip** → *Grundsätze ordnungsmäßiger Buchführung (GoB)*

▶ **Realkredit**

Gegen → *Verpfändung* oder → *Sicherungsübereignung* von realen Vermögenswerten (z. B. → *Grundschuld, Hypothek,* → *Rentenschuld,*→ *Wertpapiere*) gewährte → *Kredite*. Gegensatz: → *Personalkredit*.

▶ **Realkreditinstitute**

Spezialkreditinstitute (→ *Kreditinstitute*), die durch → *Hypothek* gesicherte, langfristige → *Kredite* auf Grundstücke, Gebäude und Schiffe gewähren. Sie beschaffen sich die notwendigen Mittel durch → *Pfandbriefe (Hypothekenpfandbriefe)* bzw. → *Rentenpapiere*.

Zu den Realkreditinstituten zählen die → *Hypothekenbanken* und → *Landesbanken*, die Deutsche Pfandbriefanstalt sowie die landwirtschaftlichen Rentenbanken und Schiffshypothekenbanken. Mit Ausnahme der Hypothekenbanken sind Realkreditinstitute Gesellschaften des öffentlichen Rechts (z. B. → *Anstalt des öffentlichen Rechts*, → *Körperschaft des öffentlichen Rechts*). Siehe **Abb. 20**.

▶ **Reallasten**

Belastung eines Grundstücks (durch im → *Grundbuch* eingetragene Rechte eines Dritten) in der Weise, dass an den Berechtigten wiederkehrende Leistungen (Geld, Naturalien, Dienste oder sonstige Verpflichtungen) aus dem Grundstück zu erbringen sind. Rechtsgrundlage sind die Bestimmungen im BGB (→ *Bürgerliches Gesetzbuch (BGB)*) (§ 1105 BGB bis § 1112 BGB).

▶ Reallohn

Der um die Preissteigerungen bereinigte → *Nettolohn/Nettogehalt.* Er stellt die Menge von → *Güter* und → *Dienstleistungen* dar, die mit dem → *Nominallohn* gekauft werden kann (→ *Kaufkraft*). Soll die Kaufkraft des Nominallohnes erhalten bleiben, so muss er im gleichen Verhältnis steigen wie die Preise.

Steigen z. B. die Bruttolöhne nach einem neuen → *Tarifvertrag* um 5 %, die Nettolöhne wegen steigender Steuerabzüge nur um 4 %, die Preise im Zeitraum der Laufzeit des Tarifvertrages um 3 %, so beträgt die durchschnittliche Reallohnerhöhung 1 % (Nettolohnerhöhung – Preissteigerungsrate = Reallohnerhöhung).

Sind Bruttolohnerhöhung und Preissteigerung prozentual gleich, so bedeutet dies noch nicht automatisch auch eine Reallohnerhöhung. Der Grund liegt in der steigenden Wirkung der Steuerprogression (→ *Steuerreform*) und gegebenenfalls in geänderten Beitragssätzen (→ *Beitragssatz*) in der → *Sozialversicherung.* Wurden die Beitragssätze angehoben, so steigt der Nettolohn in einem geringeren Maße als der Bruttolohn. Eine gleiche Bruttolohnerhöhung bedeutet wegen der von der Einkommenshöhe abhängigen steuerlichen Belastung und der Sozialabgaben (→ *Beitragsbemessungsgrenze*) individuell verschiedene Zuwächse des Nettoeinkommens und damit auch des Realeinkommens.

▶ Realprodukt

Volkswirtschaftliche → *Wertschöpfung* eines Jahres unter Ausschaltung von Preissteigerungen (reales → *Sozialprodukt (Nationaleinkommen)*).

▶ Realsplitting

Bei der Veranlagung zur → *Einkommensteuer* mögliche Aufteilung der Belastung bei Unterhaltszahlungen an geschiedene oder getrennt lebende Ehegatten (§ 10 Abs. 1 Nr. 1 EStG). Hiernach können Unterhaltszahlungen an den Ehegatten bis zu 13 805 Euro im Kalenderjahr als → *Sonderausgaben* abgezogen werden. Beim Unterhaltsberechtigten werden allerdings die Unterhaltsleistungen als sonstige Einkünfte erfasst und müssen versteuert werden. Voraussetzung ist ein gemeinsamer Antrag mit Zustimmung des Unterhaltsberechtigten zu dieser Verfahrensweise. Sie gilt dann bis zum Widerruf.

▶ **Realsteuern**

(Objektsteuern) Auf einzelne Gegenstände im → *Vermögen* erhobene **Sachsteuer**. Das → *Leistungsfähigkeitsprinzip* bleibt dabei unberücksichtigt. Realsteuern sind nach der → *Abgabenordnung* (§ 3 Abs. 2 AO) die → *Grundsteuer* und die → *Gewerbesteuer*. Die gezahlten Realsteuern können als → *Betriebsausgaben* oder → *Werbungskosten* vom steuerpflichtigen Einkommen abgesetzt werden. → *Personensteuern*.

▶ **Rechenzentrum**

Eine mit den Systemen der EDV (→ *Elektronische Datenverarbeitung (EDV)*) ausgerüstete betriebliche oder auch selbständige Organisationseinheit, die umfangreiche Datenmengen verarbeitet.

▶ **Rechner** → *Computer*

▶ **Rechnungsabgrenzungsposten (RAP)**

Sowohl auf der Aktivseite als auch auf der Passivseite der → *Bilanz* angesetzte Bilanzierungsgröße. Hierbei sind Positionen, die nicht oder nicht nur der abzurechnenden Periode zugehören, sondern in eine andere hineinreichen, gegen das laufende Jahr abzugrenzen, herauszurechnen und auszuweisen.

Transitorische Posten sind die Summen für → *Aufwand* oder → *Ertrag*, die zwar im abgelaufenen Abrechnungszeitraum – i. d. R. das zurückliegende → *Geschäftsjahr* – als → *Ausgaben* bzw. → *Einnahmen* angefallen sind, aber das folgende Geschäftsjahr betreffen. **Beispiel**: Vorausbezahlte Versicherungsprämien, Lohnabschläge z. B. für den Januar, vorausbezahlte Zinsen. Sie sind nach den Vorschriften im → *Handelsgesetzbuch (HGB)* (§ 250 Abs. 1 und 2 HGB) und in der → *Steuerbilanz* nach dem → *Einkommensteuergesetz (EStG)* (§ 5 Abs. 5 EStG) als durchlaufende Posten in der Bilanz als **aktive RAP** zu aktivieren bzw. als **passive RAP** zu passivieren.

Antizipative Posten betreffen Aufwendungen und Erträge, die den vorangegangenen Abrechnungszeitraum betreffen, aber im abgelaufenen Geschäftsjahr als Ausgaben bzw. Einnahmen angefallen sind. **Beispiel**: Zinserträge oder Zinsaufwendungen für das vorangegangene Geschäftsjahr, Lohnrückstände z. B. für Dezember. Sie sind in der Bilanz als „Sonstige Vermögensgegenstände" bzw. „Sonstige Verbindlichkeiten" (gegenüber dem betreffenden vorangegangenen Abrechnungszeitraum) auszuweisen.

▶ **Rechnungshof** → *Bundesrechnungshof*

▶ **Rechnungsjahr**

Abrechnungszeitraum des öffentlichen Haushalts (→ *Haushaltsplan*). Das Haushaltsjahr umfasst in Deutschland seit 1961 den Zeitraum vom 1. 1. bis 31.12.

▶ **Rechnungslegung** → *Rechnungslegungsvorschriften*

▶ **Rechnungslegungsvorschriften**

Bindende oder empfohlene Regeln für die → *Buchführung* und die Aufstellung im → *Jahresabschluss*. Sie sind bedeutsam für die → *Handelsbilanz*, die → *Steuerbilanz* sowie für das betriebliche → *Rechnungswesen*.

Die Regelungen im → *Handelsgesetzbuch (HGB)* (§ 238 HGB bis § 261 HGB) gelten für alle → *Kaufleute*. Diese werden noch ergänzt durch weitergehende Vorschriften für die → *Kapitalgesellschaft* (§ 264 HGB bis § 335 HGB), besondere Regeln für → *Kreditinstitute* und → *Versicherungen* sowie durch die nur nach Größenmerkmalen gestaffelten Vorschriften zur → *Publizitätspflicht*.

In der EU (→ *Europäische Union (EU)*) sind die 4. Richtlinie der EU (→ *Europäische Gesetzgebung*) von 1978 zu den Bilanzierungsvorschriften im Einzelabschluss von Unternehmen sowie die 7. Richtlinie der EU von 1983 zu den Bilanzierungsvorschriften im konsolidierten Abschluss (→ *Konsolidierte Bilanz*) von Konzernen (→ *Konzernabschluss*) der Versuch einer → *Harmonisierung in der EU* zur Rechnungslegung. → *Bilanzrichtlinien-Gesetz*.

Schließlich gibt es noch die Rechnungslegungsgrundsätze nach → *IAS/IFRS*, die dem Ziel dienen, mit international vergleichbaren Regeln zu verfahren. Sie sind seit dem 1. 1. 2005 für alle am → *Kapitalmarkt* orientierten Unternehmen vorgeschrieben.

Unternehmen, die an der Börse in New York notiert werden, müssen für die Zulassung nach den amerikanischen Vorschriften zur Rechnungslegung entsprechend den Regeln der → *US-GAAP* verfahren. Betroffene deutsche Unternehmen (z. B. Deutsche Bank AG, Deutsche Telekom AG) stellen deshalb neben dem Jahresabschluss nach deutschem Recht auch einen ergänzenden Jahresabschluss nach US-GAAP auf.

▶ **Rechnungsprüfungsamt**

Prüft das Finanzgebaren der → *Gemeinden* und → *Gemeindeverbände* auf landesgesetzlicher Grundlage. → *Bundesrechnungshof*.

▶ **Rechnungswesen**

Das **betriebliche Rechnungswesen** hat die Aufgabe, Bestände und Bestandsveränderungen sowie den Erfolg des Unternehmens zu ermitteln, Planungen zu erstellen, Soll/Ist-Vergleiche vorzunehmen und eine Dokumentation zu führen. Es kann in vier Teilgebiete gegliedert werden:

1. **Buchführung und Jahresabschluss**
   - → *Buchführung*
   - → *Inventar*
   - → *Jahresabschluss* (Jahresbilanz und Erfolgsrechnung)
   - → *Sonderbilanzen*, Zwischenbilanzen
2. **Kosten- und Leistungsrechnung (KLR)**
   - → *Betriebsabrechnung*, → *Betriebsbuchführung*,
   - → *Kostenartenrechnung*
   - → *Kostenstellenrechnung*
   - → *Kostenträger-Zeitrechnung*
   - → *Kurzfristige Erfolgsrechnung*
   - → *Selbstkostenrechnung* (Kostenträger-Stückrechnung)
3. **Betriebliche Gesamtplanung/Strategische Unternehmensführung/Steuern**
   - → *Investitionsplanung* und → *Investitionsrechnung*
   - → *Finanzplanung*
   - → *Finanzmanagement*
   - → *Strategische Unternehmensführung* (Strategisches Management)
   - → *Steuern* (→ *Ertragsteuern*, → *Realsteuern*, → *Verkehrssteuern*, Steuern im Ausland)
4. **Betriebswirtschaftliche Statistik**
   - betriebswirtschaftliche Statistik (Ist-Zahlen), → *Kennzahlen*
   - innerbetriebliche Vergleiche
   - zwischenbetriebliche und internationale Vergleiche.

Die Aufgabenerfüllung des betrieblichen Rechnungswesens wird in der unternehmerischen Wirklichkeit in unterschiedlich gegliederten organisatorischen Unternehmenseinheiten vollzogen.

Das **Rechnungswesen einer Volkswirtschaft** ist die → *Volkswirtschaftliche Gesamtrechnung (VGR)*.

▶ Rechtsangleichung in der EU

Alle Maßnahmen, die darauf gerichtet sind oder waren, nationale Rechts- und Verwaltungsvorschriften in der → *EU (Europäische Union)* anzugleichen. Hierzu zählen → *Zölle*, → *Freizügigkeit* und → *Niederlassungsrecht* in einem → *Binnenmarkt*, aber auch alle Rechts- und Verwaltungsvorschriften für die beabsichtigte → *Politische Union in Europa.* Die Rechtsangleichung erfolgt durch Richtlinien oder Verordnungen der EU (→ *Europäische Gesetzgebung*). → *Einheitliche Europäische Akte.*

▶ **Rechtsfähigkeit**

Die Rechtsfähigkeit des Menschen beginnt nach dem BGB (→ *Bürgerliches Gesetzbuch (BGB)*) mit der Vollendung der Geburt (§ 1 BGB). Rechtsfähig sind auch alle → *Juristische Personen*, d. h. sie sind ebenfalls fähig, Träger von Rechten und Pflichten zu sein. Anders: → *Geschäftsfähigkeit.*

▶ **Rechtsgeschäft**

Ergebnis einer **einseitigen** (z. B. → *Kündigung,* Testament) oder **zweiseitigen** (z. B. → *Vertrag*) **Willenserklärung.** Für die Voraussetzungen, die Gestaltung und Auslegung von Rechtsgeschäften gelten die Vorschriften im BGB (→ *Bürgerliches Gesetzbuch (BGB)*) (§ 104 BGB bis 185 BGB). → *Geschäftsfähigkeit.*

▶ **Rechtsverordnungen**

Für alle Bürger verbindliche Anordnungen der Bundesregierung (bei wichtigem Länderinteresse auch unter Zustimmung des Bundesrats), eines Bundesministers oder einer Landesregierung. Für den Erlass einer Rechtsverordnung ist eine **gesetzliche Ermächtigung** notwendig.

▶ **Recycling**

Die Rückgewinnung von Stoffen, die bei der Produktion und beim → *Konsum* anfallen und zur Wieder- oder Weiterverwendung geeignet sind. Hierdurch werden der Verbrauch der → *Rohstoffe* und von Energie vermindert, die Umwelt durch Vermeiden von Abfall und Entsorgungsproblemen (→ *Abfallbeseitigung*) geschont und → *Kosten* reduziert. Recycling kann erfolgen durch Mehrfachverwendung (z. B. Mehrwegbehältnisse statt Einweg-Verpackung), Weiterverwendung von Bestandteilen (z. B. Blei aus Altbatterien, Kupfer bei Elektronikschrott) oder Weiterverwertung durch Umwandlung (Altöl, Altpapier, Autoreifen, Kunststoffe).

▶ **Redundanz**

Begriff aus den → *Informations- und Kommunikationstechnologien* für Daten, die eigentlich überflüssig sind, weil sie keine zusätzlichen Informationen enthalten. → *Datenkompression*.

▶ **Reederei**

Gesellschaftsform des Seerechts, bei der mehrere Personen ein ihnen nach Bruchteilen gehörendes Schiff zum Erwerb durch Seefahrt auf gemeinschaftliche Rechnung verwenden. Rechtsgrundlage sind die Vorschriften zum Seehandel im → *Handelsgesetzbuch (HGB)*. Als Reederei wird in der Binnenschifffahrt auch ein Unternehmen bezeichnet, das gewerbsmäßig Transporte mit eigenem oder fremdem Schiffsraum durchführt.

▶ **REFA-Verband**

Aus dem 1924 gegründeten Reichsausschuss für Arbeitszeitermittlung hervorgegangener Verband (seit 1951 Verband für Arbeitsstudien REFA e.V., Darmstadt) mit dem Zweck der Untersuchung von Arbeitsvorgängen durch Arbeitsstudien und Zeitaufnahmen. Er betreibt Aus- und Fortbildung von REFA-Fachleuten, erstellt die Lehrpläne für REFA-Lehrgänge, wertet das internationale Schrifttum für die Weiterentwicklung der REFA-Lehre aus und betreibt arbeitswissenschaftliche Forschungsarbeit.

http://www.refa.de/

▶ **Referenzen**

Geschäftliche Empfehlungen, die z.B. bei Bewerbungen für einen Erfolg maßgeblich sein können. Dabei werden Auskunftspersonen benannt und Empfehlungsschreiben vorgelegt.

▶ **Referenzperiode**

Zeitabschnitt, auf den Bezug genommen wird.

▶ **Referenzzinssatz**

Eine Bezugsgröße für den Zinssatz, der bei Finanzgeschäften (z. B. für eine → *Floating Rate Note*, einen → *Roll-over-Kredit*) zugrunde gelegt wird. Der Referenzzinssatz (**Interbankrate**) orientiert sich an dem am jeweiligen → *Finanzmarkt* festgestellten Marktzinssatz, z. B. → *EURIBOR*, → *LIBOR*, → *NIBOR*, → *TIBOR*.

▶ **Refinanzierung**

Liegt vor, wenn der Kreditgeber nicht in der Lage ist, aus eigenen Mitteln → *Kredite* zu gewähren, und sich diese erst von anderer Stelle besorgen muss.

Im ESZB (→ *Europäisches System der Zentralbanken (ESZB)*) refinanzieren sich die → *Kreditinstitute* bei den nationalen Zentralbanken im Rahmen der Anwendungsmöglichkeiten der geldpolitischen Instrumente des ESZB.

▶ **Regelaltersrente** → *Rentenreform*

▶ **Regelentgelt**

Bemessungsgrundlage für das → *Krankengeld* der → *Krankenkassen*. Es ist im → *Sozialgesetzbuch (SGB)* (§ 47 Abs. 2 SGB V) definiert als das Arbeitsentgelt im letzten Abrechnungszeitraum vor Beginn der Arbeitsunfähigkeit, mindestens jedoch das während der letzten 4 Wochen (Bemessungszeitraum) erzielte Arbeitsentgelt.

▶ **Regelleistung**

Durch Gesetz für alle Träger der → *Sozialversicherung* jeweils vorgeschriebene Mindestleistung.

▶ **Regelsatz** → *Sozialhilfe*

▶ **Regelungsabrede**

Eine den → *Arbeitgeber* bindende Absprache mit dem → *Betriebsrat* über regelungsbedürftige betriebliche Angelegenheiten, über die noch eine Einigung erzielt werden muss. Die Regelungsabrede ist eine Vorstufe für den Abschluss einer → *Betriebsvereinbarung* oder für einen → *Tarifvertrag.*

▶ **Regenerative Energiequellen**

Bezeichnung für Energiequellen, die sich selbst erneuern. → *Alternative Energiequellen.*

▶ **Regiebetriebe**

→ *Öffentliche Unternehmen*, die unmittelbar der öffentlichen Verwaltung eingegliedert sind. Einnahmen und Ausgaben erscheinen im → *Haushaltsplan* der jeweiligen → *Gebietskörperschaften* (Bund, Länder oder → *Gemeinden*). Beispiel für Regiebetriebe sind die → *Domäne*, Gemeindeforsten, Schlachthöfe usw.

▶ **Regionalausschuss der EU** → *EG (Europäische Gemeinschaft)*

▶ **Regionalbanken**

Bezeichnung für → *Kreditinstitute* mit nur regionaler Bedeutung oder Kreditinstitute, die ursprünglich nur eine regionale Bedeutung hatten (z. B. die damalige Bayerische Vereinsbank). Siehe **Abb. 19**.

▶ **Regionales Fördergebiet** → *Strukturpolitik der EU*

▶ **Regionalfonds, Europäischer (Europäischer Fonds für regionale Entwicklung)** → *Strukturpolitik der EU*

▶ **Regionalförderung** → *Strukturpolitik*

▶ **Regionalpolitik**

Regionalpolitik ist Teil der allgemeinen → *Wirtschaftspolitik* und zählt nach dem Grundgesetz zum Aufgabenbereich der Bundesländer (Art. 30 GG). Ihr Ziel ist es, wirtschaftlich schwächeren Regionen den Anschluss an die allgemeine Wirtschaftsentwicklung in Deutschland zu ermöglichen und regionale Entwicklungsunterschiede abzubauen.

Die Fördermaßnahmen müssen mit den Grundsätzen der allgemeinen Wirtschaftspolitik übereinstimmen und den Zielen und Erfordernissen der → *Raumordnung* und Landesplanung entsprechen. Außerdem sind die Ziele der **Regionalförderung in der EU** (→ *Strukturpolitik*) zu beachten.

Als **Maßstab für die Förderungswürdigkeit** bestimmter Regionen gilt u. a. das Kriterium, dass die Wirtschaftskraft einer zu fördernden Region unter dem Bundesdurchschnitt liegt oder darunter abzusinken droht oder dass durch Strukturwandel erhebliche Nachteile für eine Gebiet zu erwarten sind. Entsprechendes gilt für den EU-Raum.

Der Bund wirkt bei der Regionalförderung als **Gemeinschaftsaufgabe** von Bund und Ländern nach Art. 91 a GG mit. Hierzu dient als weitere Rechtsgrundlage das **Gesetz über die Gemeinschaftsaufgabe zur Verbesserung der regionalen Wirtschaftsstruktur** vom 6. 10. 1969 mit späteren Änderungen. Finanziert werden die verabredeten Fördermaßnahmen mindestens je zur Hälfte von Bund und Ländern.

Zum Ausgleich von Standortnachteilen erhalten Unternehmen der gewerblichen Wirtschaft Zuschüsse zu → *Investitionen* für die Errichtung, Erweiterung sowie Umstellung und grundlegende → *Rationalisierung* einer → *Betriebsstätte*. Außerdem können → *Gemeinden* und → *Gemeindeverbände* Zuschüsse für den Ausbau der → *Infrastruktur* erhalten, soweit diese für die Entwicklung der gewerblichen Wirtschaft erforderlich.

● Die **Durchführung** – insbesondere die Förderentscheidungen über konkrete Investitionsprojekte – ist Sache der Länder. Der jährlich zwischen Bund und Ländern in einem Planungsausschuss abgestimmte **Rahmenplan zur Förderung der Wirtschaft** bedarf

z. B. im Fall einer Änderung der Förderregeln der Genehmigung durch die Kommission der EU (→ *EG (Europäische Gemeinschaft)*).

http://www.rechtliches.de/info_GRWG.html

▶ Register

Amtliches Verzeichnis für rechtlich verbindliche Vorgänge, die beim → *Registergericht* registriert werden.

▶ Registergericht

Für die Führung amtlicher Verzeichnisse (**Register**) am Ort zuständiges Amtsgericht, z. B. für das → *Handelsregister,* → *Grundbuch,* → *Vereinsregister,* → *Patentrolle.*

▶ Regulierung

Im weitesten Sinne die Bezeichnung für alle Maßnahmen des Staates zur Beeinflussung des Verhaltens von Marktteilnehmern (→ *Markt*). Regulierung ist ein Begriff aus der → *Ordnungspolitik* mit dem Ziel, ein bestimmtes Verhalten zu erzwingen. Dies geschieht durch **Aufsicht** (z. B. → *Kartellgesetz,* → *Versicherungsaufsichtsgesetz (VAG),* → *Kreditwesengesetz (KWG)*) oder **direkte staatliche Gestaltungs- und Eingriffsmöglichkeiten** (z. B. in der → *Versorgungswirtschaft,* → *Regionalpolitik* und → *Umweltpolitik,* im Sektor des Verkehrs, der → *Telekommunikation* und bei den Mediendiensten (→ *Multimedia*)) oder im sozial- und sicherheitspolitischen Bereich. Dabei wird u. a. auch die → *Gewerbefreiheit* und die → *Vertragsfreiheit* bestimmten Auflagen unterworfen.

Die für die Regulierung zuständigen Behörden (z. B. die → *Regulierungsbehörde für Telekommunikation und Post (RegTP)*) verfügen über eine ganze Reihe von Instrumenten wie z. B. Erlass von Vorschriften zur Preis- und Tarifgestaltung, über Qualität und Konditionen, über Voraussetzungen zum Marktzugang, zum → *Kontrahierungszwang,* zur Lenkung von → *Investitionen* sowie zur Verhinderung von Machtmissbrauch und ruinöser Konkurrenz.

Auf europäischer Ebene existieren zahlreiche Richtlinien der EU (→ *Europäische Gesetzgebung*), die z. B. die Chancengleichheit beim Angebot von → *Telekommunikationsdienstleistungen*, Endgeräten und Funkanlagen sichern sollen. Für den Schienenverkehr ist eine Richtlinie in Vorbereitung (→ *Transnationale Netze*). → *Deregulierung*.

http://www.regtp.de/gesetze/start/fs_04.html

▶ **Regulierungsbehörde für Telekommunikation und Post (RegTP)**

Für die Aufsicht über die Einhaltung der Vorschriften im → *Telekommunikationsgesesetz (TKG)* und → *Postgesetz* zuständige Behörde.

Mit dem für 2005 geplanten neuen → *Energiewirtschaftsgesetz* sollen die Kompetenzen der Behörde unter der neuen Bezeichnung **Bundesregulierungsbehörde für Elektrizität, Gas, Telekommunikation und Post** auf die Elektrizitäts- und Gaswirtschaft ausgedehnt werden. → *Regulierung*.

http://www.regtp.de

▶ **Rehabilitation**

Bezeichnung für Maßnahmen zur Wiederherstellung der vollen Leistungsfähigkeit und Wiedereingliederung in die Gesellschaft bzw. den Arbeitsprozess. Seit 1. 7. 2001 sind alle Vorschriften zur **Rehabilitation und Teilhabe behinderter Menschen** im → *Sozialgesetzbuch (SGB)*, Teil IX, zusammengefasst.

http://www.bma.de/download/gesetze_web/SGB 09xinhalt.htm

▶ **Reichsmark**

Deutsche Währungseinheit, gültig vom 30. 8. 1924 bis zur → *Währungsreform* am 20. 6. 1948.

▶ **Reichsversicherungsordnung (RVO)**

RVO war die gesetzliche Grundlage der → *Sozialversicherung*. Sie war am 1. 1. 1912 in Kraft getreten und wurde seitdem mehrfach geändert und ergänzt. Sie bestand aus sechs Büchern, die Zug um Zug durch die einzelnen Bücher im → *Sozialgesetzbuch (SGB)* ersetzt wurden. Die noch nicht geregelten Teile der RVO gelten bis zu ihrer endgültigen Ablösung als besonderer Teil des Sozialgesetzbuches.

http://www.sidiblume.de/info-rom/arb_re/sgb/rvo.htm

▶ **Reingewinn/Reinertrag**

Positive Restgröße aus der Differenz von Aufwendungen (→ *Aufwand*) und Erträgen (→ *Ertrag*) in der → *Gewinn- und Verlustrechnung (GuV)* sowie auf der Kapitalseite der → *Bilanz*. Eine negative Restgröße ist ein **Reinverlust**. Die gilt für die → *Einzelfirma, Einzelkaufleute* und die → *Personengesellschaft*.

Bei der → *Kapitalgesellschaft* sind beide Begriffe identisch mit dem → *Jahresüberschuss/-fehlbetrag* – Ausnahme: Das Bilanzergebnis wurde nach § 268 Abs. 1 HGB (→ *Handelsgesetzbuch (HGB)*) unter Berücksichtigung einer teilweisen Verwendung des Jahresergebnisses mit → *Gewinnvortrag* oder → *Verlustvortrag* aufgestellt. Das saldierte Ergebnis heißt dann → *Bilanzgewinn/ Bilanzverlust*.

▶ **Reinverlust** → *Reingewinn*

▶ **Reinvermögen** → *Vermögen*

▶ **Reinvestitionen** → *Investitionen*

▶ **Reisekosten**

Begriff aus dem → *Einkommensteuergesetz (EStG)* für Aufwendungen eines Steuerpflichtigen für Fahrten, Verpflegung und Übernachtung sowie für bestimmte Nebenkosten, die mit einer Geschäftsreise verbunden sind. Diese können entweder durch Einzelnachweis im Rahmen bestimmter Höchstbeträge oder durch → *Pauschbeträge*, z. B. für Verpflegungsmehraufwendungen (§ 4 Abs. 5 EStG) oder Fahrtkosten (§ 9 Abs. 1 Nr. 4 EStG), steuermindernd als → *Werbungskosten* oder als → *Betriebsausgaben* geltend gemacht werden.

In der → *Kostenrechnung* werden Reisekosten unter den → *Kostenarten* weiter verrechnet, z. B. als → *Einzelkosten* des Vertriebs.

▶ **Reisender**

Im Außendienst tätiger weisungsgebundener Angestellter eines Unternehmens, der mit einem Festgehalt (→ *Fixum*) und einer umsatzabhängigen → *Provision* bezahlt wird. Anders: → *Handelsvertreter*.

▶ **Reisevertrag** → *Vertrag*

▶ **Rektaklausel**

Durch den Hinweis „nicht an Order" auf einem → *Wechsel* und auf einen Namen lautenden → *Scheck* kann der Aussteller ein → *Indossament* untersagen.

▶ **Rektapapiere** → *Namenspapiere*

▶ **Relaunch**

Anpassung von Produkten an die Kundenwünsche. Dabei wird das Produkt i. d. R. für eine gewisse Zeit vom Markt genommen und dann in einer veränderten Version – oft auch unter einem neuen Namen und einer veränderten Werbestrategie – erneut angeboten.

▶ **Remanenzkosten** → *Kostenremanenz*

▶ **Remboursgeschäft**

Bezeichnung für überseeische Warengeschäfte, die mit Hilfe spezialisierter → *Kreditinstitute* abgewickelt werden.

▶ **Remissionsrecht**

Bezeichnung für das Recht auf Rückgabe, wenn unter diesem Vorbehalt gekauft wurde.

▶ **Remittent** → *Wechsel*

▶ **Remonstrationspflicht** → *Beamte*

▶ **Rendite**

Allgemein der in % ausgedrückte Gesamtertrag bezogen auf das jeweils angelegte Kapital in einer bestimmten Zeitperiode (z. B. 1 Jahr). Beträgt z. B. die ausgeschüttete → *Dividende* von → *Aktien* 10 % – bei einem → *Nennwert* von 100 und einem → *Börsenkurs* von 400 –, so ist die Rendite nur 2,5 % (→ *Effektivverzinsung*), da die 10-prozentige Dividende auf den Nennwert 100 bezogen ist.

Nettorendite ist die nach Abzug von → *Steuern* (→ *Zinsertragsteuer*, → *Kapitalertragsteuer*) und sonstigen Gebühren verbleibende Rendite bzw. Verzinsung.

Umlaufrendite ist die aktuelle Rendite im Umlauf befindlicher festverzinslicher → *Wertpapiere*. Sie wird am Ende eines Börsentages (→ *Börse*) von der → *Bundesbank* als Durchschnittswert errechnet und gilt als Stimmungsbarometer für die Zinsentwicklung am → *Rentenmarkt* und am → *Aktienmarkt*.

▶ **Rentabilität**

Das Verhältnis des in einer Rechnungsperiode (z. B. → *Geschäftsjahr*) erzielten Ergebnisses (→ *Gewinn* mit oder ohne Fremdkapitalzinsen bzw. vor oder nach → *Steuern*) zu einer bestimmten Bezugsgröße (z. B. zum eingesetzten Kapital). Sie gibt an, in welcher Höhe sich die jeweils betrachtete Kapitalgröße in einer Rechnungsperiode verzinst hat. Die wichtigsten Rentabilitätskennziffern sind:

$u - k =$

Gesamtkapitalrentabilität $= \dfrac{\text{Gewinn} + \text{Fremdkapitalzinsen}}{\text{Gesamtkapital} \; (E + F)} \times 100$

Eigenkapitalrentabilität $= \dfrac{\text{Gewinn}}{\text{Eigenkapital}} \times 100$

Betriebsrentabilität $= \dfrac{\rightarrow \textit{Betriebsgewinn}}{\rightarrow \textit{Betriebsnotwendiges Kapital}} \times 100$

Wird der Gewinn statt auf das Kapital auf den Umsatz bezogen, so ist dies die Umsatzrentabilität.

Umsatzrentabilität $= \dfrac{\text{Gewinn}}{\text{Umsatz}} \times 100$

Ferner gibt es noch eine ganze Reihe weiterer Rentabilitäts-kennziffern, z. B. die Rentabilität einer → *Betriebsstätte* oder von → *Investitionen*, die die groben Aussagen der Unternehmensren-tabilität noch verfeinern können.

Bewertungsspielräume im → *Jahresabschluss* und Gründe der → *Bilanzpolitik* können ein verfälschtes Bild der unternehmens-politischen Wirklichkeit verursachen. Deshalb sind Rentabilitäts-kennziffern nur mit der gebotenen Vorsicht zu interpretieren. → *Return on Investment*, → *Leverage-Effekt*.

▶ **Rentabilitätsmaximierung** → *Erwerbswirtschaftliches Prinzip*

▶ **Rente**

Regelmäßig in gleichen Zeitabschnitten zu leistende Zahlung aufgrund eines Rechtsanspruchs. Ist die Anzahl der Zahlungen be-grenzt, spricht man von **Zeitrenten**; ist sie mit der Lebenszeit des Berechtigten verknüpft, spricht man von **Leibrenten**. Der Renten-anspruch leitet sich ab aus → *Versicherungen*, Schadenersatzan-sprüchen oder aus verzinslich angelegtem Kapitalvermögen. Ren-ten werden nach dem → *Alterseinkünftegesetz* besteuert.

Unter dem Sammelbegriff Renten versteht man auch alle → *Festverzinsliche Wertpapiere*, die am → *Rentenmarkt* gehan-delt werden.

▶ Rentenanleihen

Staatsanleihen, für die kein Tilgungszwang besteht. Allerdings gibt es auch Rentenanleihen, bei denen der Staat sich ein Kündigungsrecht vorbehalten hat oder Tilgungen aufgrund eigener Entscheidungen vornehmen kann. → *Anleihen.*

▶ Rentenartfaktor → *Rentenformel*

▶ Rentenbemessungsgrundlage

Die Berechnungsgrundlage für die Renten aus der → *Arbeiterrentenversicherung,* → *Angestelltenversicherung* und → *Knappschaftsversicherung,* die vor dem 1. 1. 1992 berechnet wurden.

Mit der → *Rentenreform* 1992 und dem → *Altersvermögensgesetz* wurde das Berechnungs- und Anpassungsverfahren neu geregelt (→ *Rentenformel*).

▶ Rentenfonds → *Kapitalanlagegesellschaften*

▶ Rentenformel

Die Berechnungsgrundlage für die Altersrente seit der → *Rentenreform* 1992. Bis dahin wurden Renten über die → *Rentenbemessungsgrundlage* berechnet. Mit dem → *Altersvermögensgesetz* wurde das Anpassungsverfahren noch einmal geändert (Rentenreform).

Nach der Rentenformel im → *Sozialgesetzbuch (SGB)* (§ 63 SGB VI) ergibt sich die monatliche Rente aus der Multiplikation von vier Faktoren:

● **Entgeltpunkte** berücksichtigen das individuelle Arbeitseinkommen und die Versicherungsdauer.

● **Zugangsfaktor** mindert die Rente bei vorgezogenem, erhöht sie bei aufgeschobenem Rentenbeginn über die Regelaltersgrenze von 65 Jahren hinaus.

● **Rentenartfaktor** zur Unterscheidung der jeweiligen Rentenart.

● **Aktueller Rentenwert** berücksichtigt den jeweiligen Stand der Nettolohn- und -gehaltsentwicklung. Hierdurch wird die Dynamisierung der Renten und Rentenanwartschaften erreicht.

Die Rentenformel orientiert sich an vier Grundprinzipien:

(1) Versicherungsprinzip mit seinen Bestimmungsgrößen Zeitverlauf der Beitragsleistung sowie Zeitpunkt der Verrentung.

(2) Solidarprinzip, das auch Zeiten ohne Beitragszahlung (z. B. Ausbildung, Krankheit, Arbeitslosigkeit) berücksichtigt.

(3) Äquivalenzprinzip, das die während des aktiven Erwerbslebens gezahlten Rentenversicherungsbeiträge in ein Verhältnis setzt zur allgemeinen Einkommensentwicklung.

(4) Dynamisierung zur Erhaltung des Wertes der Rente im Verhältnis zur Entwicklung der durchschnittlichen Nettoeinkommen.

▶ Rentenmark

Als Hilfswährung am 13. 10. 1923 ausgegebenes Papiergeld zur Stabilisierung der → *Währung* und zur Beendigung der → *Inflation*. Sie wurde am 30. 8. 1924 von der → *Reichsmark* abgelöst. → *Währungsreform*.

▶ Rentenmarkt

Sammelbegriff für den Börsenmarkt (→ *Börse*) von → *Festverzinslichen Wertpapieren* (Renten). Hierzu zählen die öffentlichen → *Anleihen*, → *Pfandbriefe* und → *Kommunalobligationen*, → *Industrieobligationen*, → *Wandelschuldverschreibungen* und → *Optionsanleihen*. → *Umlaufrendite*.

▶ Rentenpapiere

(Rentenwerte, Rentenbriefe) Bezeichnung für → *Festverzinsliche Wertpapiere*, die am → *Rentenmarkt* gehandelt werden.

▶ Rentenreform

Die **Rentenreform** von 1992 war ein nach langjährigen politischen und wissenschaftlichen Diskussionen über die Zukunft der Alterssicherung am 9. 11. 1989 vom Bundestag beschlossenes Gesetzeswerk. Die absehbare → *Demographische Entwicklung* in Deutschland erforderte schnelles Handeln und führte durch neue gesetzliche Regelungen zu einer grundlegenden Veränderung der Leistungen in der → *Rentenversicherung.*

Alle mit dem Rentenreformgesetz 1992 vorgesehenen Maßnahmen sollten dazu dienen, die Finanzierung der gesetzlichen Rentenversicherung für einen mittelfristigen Zeitraum (bis zum Jahre 2010) sicherzustellen.

Nachfolgend wurden mit dem **Wachstums- und Beschäftigungsförderungsgesetz** und dem → *Altersteilzeitgesetz* von 1996, der **Rentenreform 1999** vom 16. 12. 1997, dem → *Altersein-künftegesetz* sowie dem → *Nachhaltigkeitsgesetz* in der Folgezeit jedoch wesentliche Regelungen zu Lasten der Versicherten noch weiter verändert.

Zusätzlich zur gesetzlichen Rentenversicherung ist seit dem 1. 1. 2002 auch die → *Betriebliche Altersversorgung* und die private Altersvorsorge mit dem → *Altersvermögensgesetz* (Riester-Rente) in ein Gesamtversorgungskonzept einbezogen.

1. Bundeszuschuss

Zur Finanzierbarkeit der Rentenversicherung ist die Höhe des aus dem → *Bundeshaushalt* gewährten Zuschusses von entscheidender Bedeutung. In der politischen Praxis gilt er als fiskalpolitische Manövriermasse.

2. Beitragssatz

Bis 1995 sollte nach der Rentenreform 1992 ein Beitragssatz von 18,7 % in der Rentenversicherung der Arbeiter und Angestellten festgeschrieben und danach kontinuierlich erhöht werden bis zu einem Beitragssatz von 21,4 % im Jahre 2010. Jedoch hat die durch Arbeitslosigkeit und Frühverrentung geprägte finanzielle Lage der Rentenversicherung eine Beschleunigung der Beitragssatzanhebung erzwungen – dies flankiert von gleichzeitigen Verschlechterungen für die Versicherten (vgl. weiter unten). So wurde der Beitragssatz durch die jährliche Rechtsverordnung der Bundesregierung (**Beitragssatzverordnung**) bereits ab 1997 auf 20,3 % angehoben und erst im April 1999 wieder auf 19,5 % herabgesetzt. Finanziert durch die Einnahmen aus der → *Ökosteuer* wurde der Beitragssatz zum 1. 1. 2001 auf 19,1 % gesenkt, betrug jedoch 2005 wieder 19,5 %. Er soll nach dem **Nachhaltigkeitsgesetz** bis zum Jahr 2020 unter 20 Prozent gehalten werden und bis 2030 nicht über 22 % steigen.

3. Berechnung der Renten und Rentenanpassungsverfahren

Die Renten und das verfügbare Arbeitnehmereinkommen (→ *Verfügbares Einkommen*) sollten sich gleichgewichtig entwickeln. Das bruttolohnbezogene Berechnungs- und Anpassungsverfahren wurde mit der Rentenreform 1992 durch ein **nettolohnorientiertes** Verfahren ersetzt. Nach mehreren weiteren Korrekturen des Verfahrens erfolgte mit dem **Nachhaltigkeitsgesetz** eine grundlegende Neuregelung für Rentenanpassungen.

4. Altersrenten

Im → *Sozialgesetzbuch (SGB)* (§ 33 Abs. 2 SGB VI), werden nach den Änderungen im **Rentenreformgesetz 1999** ab dem 1. 1. 2000 bzw. 1. 1. 2001 folgende **Altersrenten** unterschieden:

(1) Regelaltersrente: Die allgemeine verbindliche Altersgrenze ist 65 Jahre (§ 35 SGB VI). Sie berechtigt zum Rentenbezug, sofern die **allgemeine Wartezeit** von 60 Kalendermonaten erfüllt ist, d. h. der Arbeitnehmer muss eine bestimmte Mindestzeit im Arbeitsverhältnis zurückgelegt haben.

(2) Altersrente für langjährig Versicherte (Vorgezogene Altersrente): Langjährig Versicherte, die das 62. Lebensjahr vollendet haben und die Wartezeit von 35 Jahren erfüllt haben, können eine vorgezogene Altersrente nach § 36 SGB VI beziehen.

Eine vorzeitige Inanspruchnahme der Regelaltersrente ist möglich unter Inkaufnahme von Kürzungsbeträgen: Für jedes Jahr der vorzeitigen Inanspruchnahme mindert sich die Rente um 3,6 %. Umgekehrt erhöht sich die Rente für jedes Jahr des Hinausschiebens über das 65. Lebensjahr um 6 %.

(3) Altersrente für → *Schwerbehinderte*: Seit dem 1. 1. 2001 gilt eine neue Altersgrenze für Schwerbehinderte ab dem 63. Lebensjahr bei einer Wartezeit von 35 Jahren (§ 37 SGB VI). Eine Vorzeitige Inanspruchnahme der Rente ab dem 60. Lebensjahr führt zu Rentenabschlägen.

(4) Altersrente für Bergleute

Sie ist möglich ab dem 60. Lebenjahr bei einer Wartezeit von 25 Jahren (§ 40 SGB VI).

(5) Altersrente wegen → *Arbeitslosigkeit*: Die mit der Rentenreform 1992 eingeführten Regelungen wurden mit dem **Nachhaltigkeitsgesetz** schrittweise aufgehoben.

(6) Altersrente für Frauen: Mit dem **Programm für mehr Wachstum und Beschäftigung** wurde die nach der Rentenreform 1992 beschlossene schrittweise Anhebung der Altersgrenze bereits zum 1. 1. 2000 begonnen (§ 237 a SGB VI). Für alle Frauen, die im Dezember 1944 und später geboren wurden, gilt nun die Regelaltersgrenze nach § 35 SGB VI.

5. Teilrente

Seit 1992 kann jeder auch die neu geschaffene Teilrente nach § 42 SGB VI in Anspruch nehmen. Hierdurch soll ein Übergang in den Ruhestand – unter gleichzeitiger Einschränkung der Erwerbstätigkeit – ermöglicht werden.

Die Teilrente kann beansprucht werden, wenn die Voraussetzungen für eine volle Altersrente erfüllt sind. Die Teilrente kann in Höhe von einem Drittel, der Hälfte oder von zwei Drittel der zustehenden Vollrente bezogen werden. Je geringer der Anteil der Teilrente an der Vollrente ist, desto höher sind die Hinzuverdienstmöglichkeiten im Vergleich zu einer Vollrente. Die Inanspruchnahme von Teilrenten mindert jedoch die spätere, ab dem 65. Lebensjahr gezahlte Vollrente – es sei denn, die Teilrente wird über das 65. Lebensjahr hinaus in Anspruch genommen.

6. Beitragsfreie Zeiten

Beitragsfreie Zeiten sind → *Anrechnungszeiten* (z. B. wegen Krankheit, Ausbildung, Arbeitslosigkeit), → *Ersatzzeiten* (z. B. für Wehrdienst) und die so genannte **Zurechnungszeit**, die bei Frühinvalidität rentensteigernd berücksichtigt wird. Seit 1995 werden so genannte → *Lohnersatzleistungen* (z. B. Krankengeld und Arbeitslosengeld) wie Beitragszeiten behandelt und mit einer Höhe von 80 % des Bruttoarbeitsentgelts angerechnet.

Die Anrechnung und Bewertung von beitragsfreien Zeiten erfolgt seit 1995 nach dem durchschnittlichen Beitragswert des gesamten Versicherungslebens (**Gesamtleistungsbewertung**), wobei die versicherungsrechtlichen Lücken mit einbezogen werden.

Zeiten der Ausbildung an einer Schule sowie an Fach- bzw. Hochschulen nach dem vollendeten 17. Lebensjahr wurden mit dem **Programm für mehr Wachstum und Beschäftigung** ab 1.10. 1996 auf eine Gesamtdauer von 3 Jahren (vorher 7 Jahre) beschränkt. Mit dem **Nachhaltigkeitsgesetz** wurden Schul- und Hochschulzeiten mit einer vierjährigen Übergangsregelung ab 2009 als **unbewertete Ausbildungszeit** ausgestaltet.

7. Kindererziehungszeiten

Die im Jahre 1986 eingeführten **Kindererziehungszeiten** wurden mit der Rentenreform 1992 für Geburten ab 1992 von einem Jahr (Erziehungsjahr) auf drei Jahre verlängert. Die **Berücksichtigungszeiten** wegen Kindererziehung wurden bis zum 10. Lebensjahr des Kindes erweitert. Außerdem wurde eine Berücksichtigungszeit wegen nichterwerbsmäßiger Pflege neu eingeführt. Die Berücksichtigungszeiten werden bei der Berechnung des Gesamtleistungswerts wie Beitragszeiten mit 100 % des Durchschnittsverdienstes behandelt.

Mit dem **Altersvermögensergänzungsgesetz** wurden für Mütter oder Väter, die nach 1991 Kinder erziehen, unter bestimmten Voraussetzungen höhere Rentenansprüche festgelegt.

8. Harmonisierung der Alterssicherungssysteme

Mit der Rentenreform 1992 blieb das Problem einer Harmonisierung der Alterssicherungssysteme bei Altersrenten, der Versorgung von Beamten (→ *Versorgungsbezüge*) und der Zusatzversorgung im öffentlichen Dienst (→ *Öffentlicher Dienst*) ungelöst. Dies wurde erst mit dem **Alterseinkünftegesetz** ab 2005 begonnen.

Mit dem **Rentenüberleitungsgesetz** erfolgte zum 1.1. 1992 die Angleichung des ostdeutschen an das westdeutsche Rentenrecht.

http://bundesrecht.juris.de/bundesrecht/sgb_6/index.html

▶ **Rentenschuld**

→ *Grundpfandrecht*, das im → *Grundbuch* einzutragen ist. Hiernach ist regelmäßig ein bestimmter Geldbetrag (Rentenschuld) aus dem belasteten Grundstück zu zahlen. Sie ist – anders als eine → *Hypothek* – unabhängig von persönlichen → *Forderungen*. Rechtsgrundlage ist das BGB (→ *Bürgerliches Gesetzbuch (BGB)*) (§ 1199 BGB bis § 1203 BGB).

▶ **Rentenversicherung**

(Deutsche Rentenversicherung) Seit dem 1. 10. 2005 im → *Sozialgesetzbuch (SGB)* (§ 125 SGB VI) festgelegter gemeinsamer Name der Träger der gesetzlichen Rentenversicherung. Dies sind die gesetzliche → *Arbeiterrentenversicherung,* → *Angestelltenrentenversicherung* und → *Knappschaftsversicherung* sowie die Bahnversicherungsanstalt (→ *Bundesbahn/Deutsche Bahn AG*) und die Seekassen. Zum 1. 1. 2005 wurde die rentenversicherungsrechtliche Unterscheidung in Arbeiter und Angestellte aufgehoben.

Die Finanzierung der Rentenversicherung erfolgt im **Umlageverfahren**. Dies bedeutet, dass die gezahlten Beiträge der → *Arbeitgeber* und → *Arbeitnehmer* nicht als Kapital angesammelt, sondern – unter Beachtung einer vorgeschriebenen Mindestreserve – an die vorhandenen Rentenempfänger weitergeleitet werden. Die Jungen finanzieren die Alten **(Generationenvertrag)**. → *Rentenreform*.

http://www.deutsche-rentenversicherung.de/

▶ **Rentenwerte** → *Rentenpapiere*

▶ **Reparationen**

Kriegsentschädigungen in Form von Geld-, Sach- oder → *Dienstleistungen*, die besiegte Staaten an die Siegermächte zu erbringen haben.

Deutschland hatte nach dem verlorenen Ersten Weltkrieg gewaltige Reparationszahlungen zu leisten. Nach dem Zweiten Weltkrieg hatten die Bundesrepublik und die damalige DDR Reparationszahlungen in Form von Demontagen von Industrieanlagen zu erbringen. Außerdem wurden das deutsche Auslandsvermögen und die Handelsflotte an die Siegermächte verteilt.

Durch das **Reparationsschädengesetz** vom 12. 2. 1969 wurden von der Bundesrepublik Deutschland Entschädigungen gezahlt für Reparations-, Wiederherstellungs-, Zerstörungs- und Rückerstattungsschäden, die natürlichen Personen deutscher Staats- oder Volkszugehörigkeit entstanden sind.

▶ **Repartieren (rep.)**

Bezeichnung für ein Zuteilungsverfahren im Börsenhandel (→ *Börse*). Kauf- oder Verkaufaufträge werden repartiert, wenn sich nach der Kursfeststellung Angebot und Nachfrage nicht im Gleichgewicht befinden, also entweder zu viel Nachfrage oder zu viele Anbieter vorhanden sind. Im Falle einer → *Überzeichnung* (Nachfrage größer als das Angebot) wird die Zuteilung entweder prozentual herabgesetzt oder es werden, wie etwa im Falle der Ausgabe der so genannten → *Volksaktien*, die Zeichner mit kleinem Einkommen bevorzugt.

▶ **Repo-Geschäft**

(Repurchase Agreement) Für → *Wertpapierpensionsgeschäfte* abgeschlossene Rückkaufvereinbarung.

▶ **Report**

Bezeichnung bei Devisengeschäften für die Differenz zwischen dem höheren Kurs im Termingeschäft (→ *Termingeschäfte*) einer → *Währung* und ihrem → *Kassakurs*. Ist dagegen der Kassakurs höher als der Terminkurs, heißt der Differenzbetrag **Deport**. → *Repo-Satz*.

▶ **Repo-Satz** → *Pensionsgeschäfte*

▶ **Reproduktionswert**

(Substanzwert, Wiederherstellungswert) Summe aller Vermögenswerte am Bewertungsstichtag zu → *Wiederbeschaffungskosten* unter Abzug der Schulden. → *Firmenwert*.

▶ Reservewährung

Als → *Devisenreserve* bei der → *Zentralbank* gehaltene → *Währung*.

▶ Ressourcen

In der → *Volkswirtschaftslehre (VWL)* versteht man hierunter alle Mittel, die der Produktion von → *Gütern* und → *Dienstleistungen* zur Verfügung stehen. Hierzu zählen die Arbeitskraft der Beschäftigten ebenso wie die zur Verfügung stehenden Sachmittel, Bodenfläche, Bodenschätze und Energiequellen.

▶ Restitution

Andere Bezeichnung für Rückübertragung auf alte Eigentümer z. B. von eingezogenem Grundvermögen. → *Vermögensgesetz*.

▶ Restnutzungsdauer

Für die Berechnung der → *Absetzung für Abnutzung (AfA)* maßgebliche restliche Nutzungsdauer eines Anlagegutes.

▶ Restschuldbefreiung → *Insolvenzverfahren*

▶ Restwert

Der nach einer bestimmten Abschreibungsdauer (→ *Abschreibungen*) in der → *Bilanz* aktivierte → *Buchwert* eines Anlagegegenstandes. Ist der Restwert bereits auf den → *Erinnerungswert* zusammengeschmolzen, so heißt er auch **Schrottwert**.

▶ Return on Investment (ROI)

(Rückfluss des investierten Kapitals; Kapitalrendite) Methode der Rentabilitätsrechnung, wobei die → *Rentabilität* des investierten Kapitals für eine Rechnungsperiode ermittelt wird:

$$\text{Return on Investment} = \frac{\text{Gewinn}}{\text{Umsatz}} \times \frac{\text{Umsatz}}{\text{investiertes Kapital}} \times 100$$

Der erste Faktor ist die **Umsatzrentabilität**, der zweite Faktor die Messziffer für den **Kapitalumschlag**.

Diese Form der Rentabilitätsrechnung dient unternehmenspolitischen Entscheidungen, z. B. der Beurteilung geplanter → *Investitionen* (Nachteil: Unsicherheit über die künftige Entwicklung) oder der Beurteilung des Erfolgs bestimmter Produkte oder Produktgruppen, eines Teilbetriebs oder des ganzen Unternehmens. → *Kurzfristige Erfolgsrechnung.*

▶ **Revision** → *Interne Revision*

▶ **Revolving-System** → *Schuldscheindarlehen*

▶ **REX**

Von der → *Deutsche Börse AG* täglich seit 1991 errechneter und veröffentlichter Index (→ *Indexziffern*) für 30 idealtypische (d. h. nach einem bestimmten Schema abgebildete) deutsche → *Rentenpapiere.* Grundlage sind die Kassakurse (→ *Börsenkurs*) an der → *FWB (Frankfurter Wertpapierbörse).*

▶ **Rezession**

Abschwungphase der → *Konjunktur.* Kennzeichen sind: ein abnehmendes oder kaum mehr zunehmendes → *Wirtschaftswachstum* (**Stagnation**) und rückläufige Beschäftigung. Die Rezession ist eine abgeschwächte Form der wirtschaftlichen **Depression**. Diese ist gekennzeichnet durch einen langanhaltenden Abschwung, oft verbunden mit negativem Wirtschaftswachstum, → *Deflation* und immer mit sehr hoher → *Arbeitslosigkeit.*

▶ **Reziprozitätsprinzip**

Im zwischenstaatlichen Handelsverkehr gültiger Grundsatz, wonach eine vereinbarte → *Meistbegünstigung* nur bei entsprechender Gegenleistung des Partnerlandes gilt (**Reziprozitätsklausel**).

▶ **Richtlinien der EU** → *Europäische Gesetzgebung*

▶ **Richtungsverbandsprinzip**

Organisationsprinzip, bei dem die Zugehörigkeit zu einer bestimmten Konfession oder Partei ausschlaggebend ist. Beispiele liefern die sozialistischen oder christlichen → *Gewerkschaften* in einzelnen Ländern, wie etwa Italien und Frankreich, oder die früheren kommunistischen Gewerkschaften in den osteuropäischen Staaten. → *Berufsverbandsprinzip*, → *Industrieverbandsprinzip*.

▶ **Riester-Rente** → *Rentenreform*

▶ **Rimesse**

Bezeichnung für einen bei der Bank (→ *Banken*) eingereichten → *Wechsel* oder → *Scheck*.

▶ **Risikokapital** → *Venture Capital*

▶ **Risiko-Management-Systeme**

(Risk-Management) Kontrolleinrichtungen und Regeln, die der → *Vorstand* einer → *Aktiengesellschaft (AG)* oder die → *Geschäftsführer* einer großen → *Gesellschaft mit beschränkter Haftung (GmbH)* in ihrem Unternehmen aufzubauen haben und beachten müssen. Die rechtliche Verpflichtung zur Einrichtung eines Überwachungssystems (→ *Frühwarnsystem*) ergeben sich für die Vorstände aus § 91 II AktG (→ *KonTraG*) und den Regeln zur → *Corporate Governance*. Für die Geschäftsführung großer GmbHs werden entsprechende Verpflichtungen abgeleitet.

▶ **RKW (Rationalisierungskuratorium der deutschen Wirtschaft)**

1921 gegründete und 1949 mit Sitz in Frankfurt/Main neu errichtete Institution. Zielsetzung des RKW ist die Förderung und Gestaltung von Rationalisierungsmaßnahmen. Hierzu werden die internationale Zusammenarbeit auf dem Gebiet der → *Rationalisierung* gepflegt sowie durch Finanzierung von Forschungsarbeiten und Beratungsleistungen Rationalisierungsschritte vorbereitet. Dem RKW gehören die Spitzenorganisationen der Wirtschaft, der → *Gewerkschaften*, der Wissenschaft sowie Firmen und Einzelpersonen an.

http://www.rkw.de/

▶ **Roadshow**

Eine internationale Präsentation, die vor einem Börsengang oder → *Emission* von → *Anleihen* von Repräsentanten eines Unternehmens gemeinsam mit dem Konsortialführer (→ *Konsortium*) in den Haupthandelsplätzen (z. B. New York, London, Tokio, Singapur) durchgeführt wird. Ziel ist es dabei, das Unternehmen institutionellen Investoren (z. B. → *Kapitalanlagegesellschaften*) vorzustellen und für den Kauf der → *Aktien* oder Anleihen zu werben.

▶ **Roaming**

Bezeichnung für die Möglichkeit, auch im Ausland ins Inland mit dem → *Handy* zu telefonieren oder ein → *SMS* zu verschicken. Voraussetzung hierfür ist, dass der heimische Netzbetreiber mit dem ausländischen → *Mobilfunk*-Betreiber einen Roaming-→ *Vertrag* abgeschlossen hat und der Handynutzer das Roaming bei seinem Netzbetreiber beantragt hat.

▶ **Rohergebnis**

Möglichkeit nach den Vorschriften im → *Handelsgesetzbuch (HGB)* für kleine und mittelgroße → *Kapitalgesellschaft* (Größenunterscheidung nach § 267 HGB), in der → *Gewinn- und Verlustrechnung (GuV)* diesen Zwischensaldo auszuweisen (§ 276 HGB).

Beim **Umsatzkostenverfahren** ist dies das Bruttoergebnis plus die sonstigen betrieblichen Erträge. Beim **Gesamtkostenverfahren** ist dies die Summe aus Umsatzerlösen, Bestandsveränderungen, andere aktivierte Eigenleistungen und sonstige betriebliche Erträge abzüglich Materialaufwand. Die beiden Rechnungsverfahren führen zu unterschiedlichen Ergebnissen für das Rohergebnis.

▶ **Rohertrag**

(Rohgewinn) Wichtige Maßzahl für die → *Kalkulation* und den Betriebsvergleich in den Handelsbetrieben. Er stellt den Teil des um die → *Umsatzsteuer* bereinigten Umsatzes dar, der über den vorsteuerbereinigten Waren- und Materialeinsatz hinausgeht; gemessen wird er in der → *Handelsspanne*.

▶ **Rohgewinn** → *Rohertrag*

▶ **Roh-, Hilfs- und Betriebsstoffe**

Sammelbegriff für Stoffe, die als → *Produktionsfaktoren* in den Produktionsprozess eingehen.

Rohstoffe sind als Grundstoff wesentlicher Teil eines Produktes (z. B. Metall, Holz, Kunststoff). **Hilfsstoffe** gehen in das Produkt ein, sind aber nicht für das fertige Produkt bestimmend (z. B. Lacke, Farbzusätze, Klebstoffe). **Betriebsstoffe** sind notwendig für den reibungslosen Ablauf des Produktionsprozesses (z. B. Schmiermittel, Büromaterial).

▶ **Rohstoffe** → *Roh-, Hilfs- und Betriebsstoffe*

▶ **ROI** → *Return on Investment*

▶ **Roll-over-Kredit** → *Revolvingsystem*

▶ **ROM**

(Read Only Memory) → *Datenträger*, von dem nur Informationen abgerufen werden können.→ *CD-ROM*.

▶ **Römische Verträge**

Kurzbezeichnung für die Verträge zur EWG (→ *EG (Europäische Gemeinschaft)*) und → *EURATOM* und deren Zusatzprotokolle. Sie wurden am 25. 3. 1957 in Rom unterzeichnet. Eine erste große Revision der Römischen Verträge fand mit dem In-Kraft-Treten der → *Einheitliche Europäische Akte* zum 1. 7. 1987 statt. Der Vertrag von Amsterdam brachte eine zweite große Änderung zum 1. 5. 1999. Mit dem Vertrag von Nizza erfolgte 2001 eine nochmalige Revision, die mit dem Entwurf für eine Europäische Verfassung (→ *Europäische Union (EU)*) ihren vorläufigen Abschluss gefunden hat.

▶ **Router** → *Gateway*

▶ **Routing**

Weg einer Information in vernetzten Systemen. Im → *Internet* erfolgt dies über die → *Domain-Adresse*. → *Store and Forward*.

▶ **Rückkanal**

Ein besonderer Kanal in einem → *Breitbandverteilnetz*, der eine Rückäußerung des Teilnehmers erlaubt. → *Interaktives Fernsehen*.

▶ **Rücklagen**

Bestandteile im → *Eigenkapital*, das über das in der → *Bilanz* ausgewiesene → *Grundkapital* oder → *Stammkapital* oder Gesellschaftskapital hinausgeht. Sie werden aus unverteilten Gewinnen gebildet. Die Rücklagen sind entweder als gesonderte Rücklagekonten ausgewiesen (**offene Rücklagen**) oder treten als **stille Rücklagen** überhaupt nicht in der Bilanz in Erscheinung, da entweder Vermögensteile unterbewertet sind oder Passivposten der Bilanz (z. B. → *Rückstellungen*) zu hoch ausgewiesen werden. Die Bildung stiller Rücklagen entspricht dem legalen **Prinzip kaufmännischer Vorsicht.**

Nach dem im → *Handelsgesetzbuch (HGB)* (§ 266 HGB) vorgegebenen Gliederungsschema für eine Bilanz sind aufzuführen:

(1) **Kapitalrücklagen** – hier sind die von den Anteilseignern über das → *Gezeichnete Kapital* hinaus zugeführten Beträge (z. B. Agio, Zuzahlungen der Gesellschafter) aufzuführen.

(2) Gewinnrücklagen – diese getrennt nach gesetzlicher Rücklage, Rücklage für eigene Anteile, satzungsmäßige Rücklagen (→ *Satzung*) und andere Gewinnrücklagen.

Die Bildung einer **gesetzlichen Rücklage** ist nach dem → *Aktiengesetz (AktG)* zwingend vorgeschrieben. Sie muss nach § 150 Abs. 2 AktG zusammen mit der Kapitalrücklage (ohne Beträge eigener Zuzahlungen, die Gesellschafter in das Eigenkapital leisten) 10 % des Grundkapitals (ggf. auch ein durch Satzung bestimmter höherer Betrag) erreichen. Bis die gesetzliche Rücklage aufgefüllt ist, sind dort jährlich 5 % des um einen evtl. vorhandenen Verlustvortrag aus dem Vorjahr geminderten → *Jahresüberschusses* einzustellen. Für die Verwendung der gesetzlichen Rücklage (z. B. für den Ausgleich eines Jahresfehlbetrags) gelten besondere Vorschriften § 150 Abs. 3 und 4 AktG. Das GmbH-Gesetz (→ *Gesellschaft mit beschränkter Haftung (GmbH)*) kennt dagegen keine gesetzliche Rücklage.

Die **Rücklage für eigene Anteile** dient dem Gläubigerschutz und ist in Höhe der auf der Aktivseite der Bilanz ausgewiesenen Beträge für eigene Anteile zu bilden. Die Rücklage auf der Passivseite verhindert eine Ausschüttung der Beträge für eigene Anteile (**Ausschüttungssperre**) und schützt somit das Grundkapital bzw. Stammkapital vor Auszehrung.

Freie Rücklagen sind zusätzliche Rücklagen, die erst dann gebildet werden können, wenn die gesetzlich oder satzungsgemäß festgelegte Rücklage erreicht ist. Sie müssen zur Abdeckung eines etwaigen Verlustes herangezogen werden, bevor die gesetzliche Rücklage aufgelöst werden darf. Freie Rücklagen dienen der Dividendenstabilisierung (Zahlung einer gleich bleibenden → *Dividende*) oder einer → *Kapitalerhöhung* aus Gesellschaftsmitteln.

▶ **Rückstellungen**

Passivposten der → *Bilanz*, deren Höhe und Fälligkeit ungewiss sind, deren Inanspruchnahme am Bilanzstichtag jedoch bereits erkennbar ist.

Für die Bildung einer Rückstellung genügt die Wahrscheinlichkeit einer späteren Inanspruchnahme, wenn die Verursachung der laufenden Rechnungsperiode zuzurechnen ist. Ihre Höhe muss geschätzt werden und mindert in diesem Umfang den → *Gewinn* der Rechnungsperiode. Rückstellungen haben den Charakter von → *Fremdkapital*.

Nach den Vorschriften im → *Handelsgesetzbuch (HGB)* (§ 249 Abs. 1 Satz 1 und 2 HGB) **müssen** in der → *Handelsbilanz* Rückstellungen gebildet werden für ungewisse → *Verbindlichkeiten* (z. B. → *Pensionsrückstellungen*) und drohende Verluste für → *Schwebende Geschäfte* sowie für Gewährleistungen ohne rechtliche Verpflichtung (z. B. Kulanz-Garantieleistungen). Dies sind die sog. **Schuldrückstellungen**. Hinzu kommt die Verpflichtung für Rückstellungen bei den sog. **Aufwandsrückstellungen** für unterlassenen → *Aufwand* für Instandhaltung, die im folgenden → *Geschäftsjahr* innerhalb von 3 Monaten, sowie für eine notwendige Abraumbeseitigung, die im folgenden Geschäftsjahr nachgeholt werden.

Für weitere Aufwandsrückstellungen besteht nach § 249 Abs. 1 Satz 3 und Abs. 2 HGB ein **Ansatzwahlrecht**. Genannt werden Aufwendungen für Instandhaltung, die in einer Frist von 4 bis 12 Monaten des kommenden Geschäftsjahres nachgeholt werden. Außerdem weitere Aufwendungen im Geschäftsjahr oder einem früheren Geschäftsjahr, die wahrscheinlich oder sicher, aber hinsichtlich der Höhe und des Zeitpunkts ihres Eintritts noch unbestimmt sind und die Art der Rückstellung klar beschrieben wird.

Rückstellungen dürfen nur aufgelöst werden, soweit der Grund hierfür entfallen ist (§ 249 Abs. 3 HGB).

Aufwandsrückstellungen sind ein wesentliches Instrument der → *Bilanzpolitik* und werden deshalb in der → *Steuerbilanz* mit Ausnahme der Instandhaltungsrückstellungen, die innerhalb von 3 Monaten nachgeholt werden, nicht anerkannt.

Nach den Richtlinien → *IAS/IFRS* und → *US-GAAP* gelten für den Ansatz von Rückstellungen wesentlich schärfere Maßstäbe.

▶ **Ruhegehalt** → *Versorgungsbezüge*

▶ **Rumpfgeschäftsjahr, Rumpfwirtschaftsjahr** → *Geschäftsjahr*

▶ Rürup-Kommission

Eine von der Bundesregierung berufene Kommission **Nachhaltigkeit in der Finanzierung der Sozialen Sicherungssysteme.** Ihre im April 2003 veröffentlichten Empfehlungen zur langfristigen Sanierung der → *Krankenversicherung* und → *Pflegeversicherung* wurden mit der → *Gesundheitsreform* ab 2004 teilweise umgesetzt. Offen ist noch eine politische Entscheidung über die Modelle einer → *Bürgerversicherung* oder → *Gesundheitsprämie* (Kopfpauschale).

Die im Abschlussbericht enthaltenen Vorschläge für die → *Rentenversicherung*, z.B. den → *Nachhaltigkeitsfaktor*, wurden in der → *Rentenreform* berücksichtigt. Der Vorschlag einer Anhebung der Regelaltersgrenze von 65 auf 67 Jahre fand dagegen keine politische Mehrheit.

http://www.soziale-sicherungssysteme.de/download/

▶ Rüstkosten

Bei der Vorbereitung der Produktion entstehende → *Kosten* (z.B. bedingt durch Reinigungsarbeiten an Maschinen, Einstellarbeiten).

▶ RWI (Institut für Wirtschaftsforschung) → *Wirtschaftswissenschaftliche Forschungsinstitute*

S

▶ **SA (Societas Europeae)** → *Europäische Aktiengesellschaft (EAG)*

▶ **Sabbatical** → *Arbeitszeitverkürzung*

▶ **Sachanlagevermögen** → *Bilanz*

▶ **Sachbezüge**

Zuwendungen des Arbeitgebers in Form von Sachleistungen, die als so genannter **geldwerter Vorteil** als Teil des Arbeitsentgeltes zählen. Beispiele: freie Dienstwohnung, Dienstwagen, freie Verpflegung, → *Deputate* usw. Sachbezüge sind steuer- und sozialversicherungspflichtig. Dabei gelten für die *Lohnsteuer* und → *Einkommensteuer* (§ 8 Abs. 2 EStG) und die Sozialabgaben besondere Werte nach der → *Sachbezugsverordnung*, die von Mittelpreisen am Verbrauchsort ausgeht. Allerdings darf keine unzutreffende Besteuerung erfolgen, z. B. wenn eine Dienstvilla zur Verfügung steht. Hier gelten dann höhere, individuell festgesetzte Werte.

▶ **Sachbezugsverordnung**

Vom Bundesfinanzministerium i. d. R. jährlich erlassene → *Rechtsverordnung* zur Festlegung der steuer- und sozialversicherungsrechtlich anzusetzenden Durchschnittsätze zur Bewertung der → *Sachbezüge*.

http://www.rechtliches.de/info_SachBezV.html

▶ **Sacheinlagen** → *Sachgründung*

▶ **Sachgründung**

Bei Gründung einer → *Kapitalgesellschaft* (→ *Gründungsbilanz*) mögliche Form des Einbringens von Vermögensgegenständen als **Sacheinlagen** (z. B. Maschinen, Grundstücke, *Immaterielle → Güter*) als Bestandteile im → *Eigenkapital*.

▶ **Sachenrecht**

Teil (Buch 3) des BGB (→ *Bürgerliches Gesetzbuch (BGB)*), der sich mit dem Recht an körperlichen Gegenständen (Sachen) befasst.

▶ **Sachgüter** → *Güter*

▶ **Sachverständigenrat zur Begutachtung der gesamtwirtschaftlichen Entwicklung (SVR)**

Auch die „**Fünf Weisen**" genannt. Seine Gutachten sollen die Urteilsbildung der wirtschaftlich verantwortlichen Instanzen und der Öffentlichkeit erleichtern. Er besteht nach dem **Gesetz über die Bildung des Sachverständigenrates** vom 14. 8. 1963 aus 5 unabhängigen Mitgliedern, die über besondere wirtschaftswissenschaftliche Kenntnisse und volkswirtschaftliche Erfahrungen verfügen sollen. Sie werden auf Vorschlag der Bundesregierung durch den Bundespräsidenten für 5 Jahre berufen. Das Gutachten ist jährlich bis zum 15. November zu erstatten. Die Bundesregierung muss im → *Jahreswirtschaftsbericht* hierzu Stellung nehmen.

Neben dem regulären Gutachten kann der Sachverständigenrat von sich aus auch Sondergutachten erstellen, wenn Entwicklungen eingetreten sind, deren Auswirkungen im regulären Jahresgutachten nicht berücksichtigt wurden.

http://www.sachverstaendigenrat-wirtschaft.de/

▶ **Saisonale Arbeitslosigkeit** → *Arbeitslosigkeit*

▶ **Säkularer Trend** → *Konjunktur*

▶ **Saldo**

Begriff aus der → *Buchführung* für den Unterschiedsbetrag zwischen Soll- und Habenseite eines Kontos, der das Konto ausgleicht.

▶ **Sanierung**

Finanzierungstechnische und organisatorische Maßnahmen zur Wiederherstellung der Leistungsfähigkeit eines Unternehmens: Eine Sanierung wird notwendig, wenn die Summe aus → *Eigenkapital* und → *Fremdkapital* größer ist als das vorhandene → *Vermögen* (**Unterbilanz**), der Verlust also nur durch eine Korrektur im nominal ausgewiesenen → *Grundkapital* beseitigt werden kann. → *Bilanz*, → *Finanzierung*.

Eine Sanierung kann erfolgen durch Zusammenlegung oder Einziehung von → *Aktien* oder durch Zuführung neuer Mittel. Sie sollte nur dann durchgeführt werden, wenn tatsächlich Aussicht auf eine Gesundung des Unternehmens besteht. Wenn dies nicht möglich erscheint, ist ein → *Insolvenzverfahren* einzuleiten.

▶ **Sanierungsbilanz**

Zählt zu den → *Sonderbilanzen*, die zum Zwecke der → *Sanierung* eines Unternehmens aufgestellt wird.

▶ **Sanktionsausschuss**

Börsenorgan (→ *Börse*) zur Ahndung von Verstößen gegen börsenrechtliche Vorschriften und bei Verletzung von kaufmännischen Gepflogenheiten des Vertrauens und der Ehre eines anderen Handelsteilnehmers (§ 20 BörsG).

▶ **Satzung**

Die Grundordnung einer → *Kapitalgesellschaft*, von → *Genossenschaften* (heißt hier **Statut**) und Institutionen des öffentlichen Rechts (z. B. → *Anstalt des öffentlichen Rechts*, → *Körperschaft des öffentlichen Rechts*) sowie für den → *Verein*.

▶ **Saving Banks**

Bezeichnung für → *Sparkassen* im angelsächsischen Raum.

▶ **Scanner**

Lesegerät für optische Zeichen- und Strichcodes. Gebräuchlich u. a. im Einzelhandel zur Identifizierung von Artikelnummern und Preisen an der Kasse oder zur Übertragung von Bildern und Texten von einer Vorlage in einen → *Computer.*

▶ **Schachtelgesellschaft** → *Schachtelprivileg*

▶ **Schachtelprivileg**

Die steuerliche Begünstigung von → *Kapitalgesellschaften* und bestimmten anderen Gesellschaften des öffentlichen Rechts unter der Bedingung, dass bestimmte Voraussetzungen erfüllt sind. So muss eine Gesellschaft mindestens 12 Monate 10 % oder mehr vom → *Grundkapital* bzw. → *Stammkapital* einer anderen Gesellschaft besitzen.

Das Schachtelprivileg wurde eingeführt, um zu vermeiden, dass Mehrfachbesteuerungen auftreten. Deshalb werden Beteiligungswerte von Schachtelgesellschaften bei der Festlegung der Bemessungsgrundlage für die Erhebung der → *Gewerbeertragsteuer* (früher auch der → *Vermögensteuer* und der Gewerbekapitalsteuer) nicht berücksichtigt.

Unter bestimmten Voraussetzungen und unter Beachtung von → *Doppelbesteuerungsabkommen* gilt das Schachtelprivileg für ausländische Beteiligungen. Hier gilt dann auch noch ein Anrechnungsverfahren bei der → *Körperschaftsteuer.*

▶ **Schattenhaushalt**

Bezeichnung für aus dem normalen → *Haushaltsplan* ausgelagerte Sonderhaushalte. Sie werden gebildet, um die Finanzierung bestimmter Aufgaben aus dem politischen Tagesgeschäft herauszuhalten. Allerdings trägt ihre Existenz auch zur Verschleierung der tatsächlichen Verhältnisse für die → *Öffentliche Verschuldung* bei. In Deutschland zählen zu den Schattenhaushalten z. B. die → *Sondervermögen* des Bundes. Der Umfang vorhandener Schattenhaushalte ist bedeutsam z. B. bei der Beurteilung der geforderten Erfüllung des Kriteriums Staatsverschuldung für einen Beitritt zur EWWU (→ *Europäische Wirtschafts- und Währungsunion (EWWU)*).

▶ **Schattenwirtschaft** → *Schwarzarbeit*

▶ **Schatzanweisungen**

→ *Schuldverschreibungen* der öffentlichen Hand mit kurz- oder mittelfristigen Laufzeiten zur Deckung kurzfristigen Geldbedarfs. Sie zählen ebenso wie die → *Schatzwechsel* als → *Geldmarktpapiere*. → *Offenmarktpolitik*.

Man unterscheidet zwei Arten von Schatzanweisungen: Bei den **verzinslichen** Schatzanweisungen verpflichtet sich die ausgebende Stelle (z. B. die Bundesrepublik Deutschland) zur Zahlung eines bestimmten Geldbetrages. Der Käufer zahlt den vollen Nennwert der Schatzanweisung und erhält bei Fälligkeit den Nennwert plus einen nach der Laufzeit gestaffelten Zinsertrag zurück. Die Rückzahlung erfolgt entweder durch Auslosung oder zu einem vorgegebenen Termin.

Auch bei den **unverzinslichen** Schatzanweisungen **(U-Schätze)** verpflichtet sich die ausgebende Stelle nach Ablauf der Laufzeit (3 bis 24 Monate) zur Zahlung des Nennwertes. Der Käufer zahlt den Nennwert abzüglich eines Zinsabschlages.

http://www.bwpv.de

▶ **Schätze** → *Schatzanweisungen*

▶ **Schatzwechsel**

→ *Geldmarktpapiere* des Bundes **(Bundesschatzwechsel)** und der Länder mit maximal dreimonatiger Laufzeit. Sie dienen der Deckung vorübergehenden Geldbedarfs der öffentlichen Hand. Sie zählen ebenso wie die unverzinslichen → *Schatzanweisungen* als → *Geldmarktpapiere*. → *Offenmarktpolitik*.

▶ **Scheck**

Die Zahlungsanweisung auf ein Guthaben des Ausstellers bei einer Bank (→ *Kreditinstitute*). Schecks sind → *Orderpapiere*, werden jedoch durch den üblichen Zusatz „oder Überbringer" zum Inhaberpapier. Rechtsgrundlage ist das **Scheckgesetz (SchG)** vom 14. 8. 1933 mit spät. Änd.

Ein Scheck muss bestimmte formale Bedingungen erfüllen (Art. 1 SchG): Die Bezeichnung als Scheck im Text der → *Urkunde*, die unbedingte Anweisung, eine bestimmte Geldsumme zu zahlen, den Namen dessen, der zahlen soll **(Bezogener)**, den Zahlungsort sowie Tag und Ort der Ausstellung und die Unterschrift des Ausstellers.

Eine Übertragung durch → *Indossament* (Art. 14 bis 24 SchG) ist möglich. Die Zahlung der Schecksumme wird **bei Sicht** fällig (Art. 28 SchG). Sie kann durch eine **Scheckbürgschaft** gesichert sein (Art. 25 SchG bis Art. 27 SchG).

Beim **Blankoscheck** wird die Summe erst vom Einreicher eingesetzt, ein **Bar- oder Kassenscheck** wird bar eingelöst. Dagegen werden Schecks, auf denen vermerkt ist „nur zur Verrechnung" (**Verrechnungsschecks** nach Art. 39 SchG), nicht bar ausgezahlt, sondern dem Konto des Empfängers gutgeschrieben. **Eurocheques** sind seit dem 1. 1. 2002 ganz normale Schecks ohne Garantiesumme.

▶ **Scheckkarte**

Zahlungsvereinfachung für den Bankkunden. Wird ein → *Scheck* zusammen mit der Scheckkarte vorgelegt, ist die bezogene Bank auch ohne vorhandene Deckung bis zu einem bestimmten Höchstbetrag zur Einlösung verpflichtet. Die Scheckkarte hat inzwischen internationale Verbreitung gefunden.

▶ **Scheinselbständige**

→ *Erwerbstätige*, die die Pflichten der → *Arbeitnehmer* mit den Risiken eines Unternehmers in sich vereinigen. Sie übernehmen Arbeiten auf Einzelvertragsbasis (→ *Vertrag*), die z. B. als → *Tele-*

arbeit ausgeführt werden. Das Unternehmerrisiko wird dabei auf die auftragnehmenden Personen abgewälzt, die zwar selbständig arbeiten, in Wirklichkeit aber voll vom auftraggebenden Unternehmen abhängig sind. Nachdem ein Ende 1998 zur versicherungsrechtlichen Erfassung und zum Schutz von Scheinselbständigen beschlossenes Gesetz auch die → *Freie Berufe* und Existenzgründer belastete, wurde es nach Vorschlägen einer Sachverständigenkommission Ende 1999 rückwirkend zum 1.1.1999 überarbeitet (**Gesetz zur Förderung der Selbständigkeit** vom 20.12.1999). Ausgehend vom Beschäftigungsbegriff des → *Sozialgesetzbuches (SGB)* (§ 7 Abs. 1 SGB IV) wurden versicherungspflichtige Tätigkeiten von beitragsfreier echter selbständiger Tätigkeit (→ *Selbständige*) durch von der Rechtsprechung entwickelte Kriterien abgegrenzt. Danach gilt als Scheinselbständiger, wer drei von den folgenden Merkmalen erfüllt:

● Die Person beschäftigt im Zusammenhang mit ihrer Tätigkeit regelmäßig keinen versicherungspflichtigen Arbeitnehmer mit mehr als 400 Euro Monatslohn (→ *Minijobs*);

● Sie ist auf Dauer nur für einen → *Arbeitgeber* beschäftigt;

● Ihr Auftraggeber lässt entsprechende Tätigkeiten regelmäßig durch von ihm beschäftigte Arbeitnehmer verrichten;

● Ihre Tätigkeit lässt typische Merkmale unternehmerischen Handelns nicht erkennen;

● Die Tätigkeit der Person entspricht dem äußeren Erscheinungsbild nach der Tätigkeit, die sie für denselben Auftraggeber zuvor aufgrund eines Beschäftigungsverhältnisses ausgeübt hatte.

Beteiligte können im Zweifel bei der → *Angestelltenrentenversicherung* schriftlich anfragen, ob sie selbständig tätig oder abhängig beschäftigt sind (§ 7a SGB VI).

Neben den Scheinselbständigen unterliegen der Versicherungspflicht in der → *Rentenversicherung* alle → *Arbeitnehmerähnliche Personen/Selbständige*. Sie sind definiert als Personen, die im Zusammenhang mit ihrer selbständigen Tätigkeit keinen versicherungspflichtigen Arbeitnehmer mit regelmäßig mehr als 400 Euro Arbeitsentgelt beschäftigen und die auf Dauer und im Wesentlichen nur für einen Auftraggeber tätig sind. Das Gesetz erlaubt wenige Ausnahmefälle. → *Ich-AG*.

▶ **Schengener Abkommen** → *Europäischer Binnenmarkt*

▶ **Schenkung**

Zuwendung von Vermögensteilen (→ *Vermögen*) an einen Be-
schenkten. Voraussetzung ist die Einigung beider Teile, dass die
Zuwendung **unentgeltlich** erfolgt. Der zu Beschenkende kann eine
Zuwendung ablehnen und hat eine Herausgabepflicht der Schenkung. Eine Schenkung kann unter bestimmten Bedingungen auch
widerrufen werden.

Die Wirksamkeit eines Schenkungsversprechens bedarf – sofern
noch kein Vollzug erfolgt – der Beurkundung durch einen Notar.
Rechtsgrundlage für einen **Schenkungsvertrag** (→ *Vertrag*) ist das
BGB (→ *Bürgerliches Gesetzbuch (BGB)*) (§ 516 BGB bis § 534
BGB). → *Erbschaftsteuer*.

▶ **Schenkungsteuer** → *Erbschaftsteuer*

▶ **Schenkungsvertrag** → *Schenkung*

▶ **Schichtarbeit**

Die Besetzung eines Arbeitsplatzes in einem bestimmten Turnus
durch verschiedene → *Arbeitnehmer*. Im 2-Schicht-Betrieb mit
zweimal 8 Stunden Arbeitszeit wird in der Regel von 6 bis 14 Uhr
und von 14 bis 22 Uhr **(Früh- und Spätschicht)** gearbeitet. Beim
dreischichtigen Betrieb kommt eine **Nachtschicht** zwischen 22 und
6 Uhr hinzu. Für Schichtarbeit und → *Nachtarbeit* gelten die Regelungen im → *Arbeitszeitgesetz* (§ 6 ArbZG und § 7 ArbZG).

Arbeitnehmer, die regelmäßig Nachtschicht arbeiten, sind wegen des menschlichen Biorhythmus nicht nur gesundheitlich, sondern auch in ihren gesellschaftlichen und sozialen Beziehungen
stark beeinträchtigt.

Die gesundheitliche Gefährdung erhöht sich bei Einsatz in
Wechselschicht, bei der die Schichtzeiten in regelmäßigen Abständen wechseln: Der natürliche 24-Stunden-Rhythmus des menschlichen Körpers mit seiner unterschiedlichen Leistungsfähigkeit
wird hier am nachhaltigsten gestört. Um die gesundheitlichen Ge-

fährdungen einzuschränken, haben Arbeitsmediziner modifizierte 3-Schicht-Modelle entwickelt, die jedoch bisher nur wenig in der Praxis Anwendung finden (→ *Arbeitswissenschaft*).

Schichtarbeit ist sehr verbreitet. Etwa jeder 7. Arbeitnehmer muss nachts arbeiten. Hiervon sind rund zwei Drittel Arbeitnehmer, die regelmäßig Nachtarbeit ausführen müssen. Von diesen wiederum sind mehr als 80 % Schichtarbeiter.

Die → *Gewerkschaften* fordern die Einschränkung des 3-Schicht-Betriebes auf betrieblich und versorgungspolitisch unumgängliche Fälle (z. B. in der eisen- und stahlerzeugenden → *Industrie*, Druckereien von Tageszeitungen, Krankenhäuser etc.). Für Schichtarbeit gelten durch → *Tarifvertrag* abgesicherte zusätzliche Urlaubsregelungen und Lohnzuschläge.

▶ **Schlanker Staat** → *Lean Production*

▶ **Schlankes Management (Schlanke Unternehmensführung)** → *Lean Management*

▶ **Schlechtwettergeld** → *Arbeitslosenversicherung*

▶ **Schlichtung**

Ein Verfahren, das bei Auseinandersetzungen zwischen den Tarifparteien (→ *Sozialpartner*) in Gang gesetzt werden kann mit dem Ziel, eine Einigung herbeizuführen. Bei Tarifverhandlungen müssen zuvor die Verhandlungen für gescheitert erklärt werden. Man unterscheidet die vereinbarte Schlichtung und die staatliche Schlichtung.

Bei der **vereinbarten** Schlichtung können → *Gewerkschaften* und → *Arbeitgeber* aufgrund ihrer → *Tarifautonomie* eigene Institutionen schaffen, vor denen sie ihre Streitigkeiten austragen. Dabei haben vereinbarte Schlichtungsstellen Vorrang vor dem staatlichen Schlichtungsverfahren. Schlichtungsabreden werden durch → *Tarifvertrag* oder in besonderen Schiedsvereinbarungen getroffen. Die Schlichtungsstelle ist mit einer gleichen Anzahl von Mitgliedern der beiden Tarifparteien und einem unparteiischen Vorsitzenden besetzt. Sie macht einen Einigungsvorschlag, der für die Tarifparteien so lange unverbindlich ist, als sie sich nicht im Voraus verbindlich zur Annahme des Vorschlages verpflichtet haben. Nehmen die Parteien den Einigungsvorschlag nicht an, so kann der → *Arbeitskampf* eingeleitet werden, sofern nicht die staatliche Schlichtung noch eingeschaltet werden soll.

Die **staatliche** Schlichtung findet nur dann statt, wenn keine tarifliche Schlichtungsstelle vereinbart ist und sich eine oder beide Parteien an die staatliche Stelle gewandt haben. Außerdem kann die staatliche Schlichtung ihre Tätigkeit aufnehmen, wenn das vereinbarte Schlichtungsverfahren ohne Erfolg geblieben ist und sie von den Tarifparteien angerufen wurde.

Die staatliche Schlichtung wird unterteilt in das **Ausgleichs- oder Vermittlungsverfahren** und das eigentliche **Schlichtungsverfahren**. Die Länder haben bei der obersten Arbeitsbehörde eine **Ausgleichsstelle** mit einem **Landesschlichter** an der Spitze eingerichtet. Die Tarifparteien müssen sich jedoch nicht auf ein Verfahren vor dem Landesschlichter einlassen. Kommt es zum **Vermittlungsverfahren**, so führt es entweder zu einer Einigung in der Streitfrage oder zu einem Abbruch der Verhandlungen. Dabei ist auch eine Einigung der Parteien darüber möglich, den Streit dem **Schlichtungsausschuss** zu unterbreiten.

Die Schlichtungsausschüsse sind landesgesetzlich unterschiedlich geregelt. Für die Einleitung des Schlichtungsverfahrens und die Annahme des Schiedsspruches gilt der Grundsatz der Freiwilligkeit. Es wird eingeleitet, wenn beide schlichtungsfähigen Parteien es beantragen.

Die Schlichtung von Streitfragen zwischen Arbeitgeber und Betriebsrat/Gesamtbetriebsrat oder Konzernbetriebsrat (z. B. über eine → *Betriebsvereinbarung*) erfolgt im gesetzlich geregelten Verfahren der **Einigungsstelle** nach dem → *Betriebsverfassungsgesetz (BetrVG)* (§ 76 BetrVG).

▶ **Schlüsselindustrie**

Hierzu zählen weite Bereiche der → *Grundstoff- und Produktionsgüterindustrie* (→ *Industrie*). Wesentliches Kriterium für die

Einteilung ist die große Bedeutung, die diesen Industriezweigen in einer Volkswirtschaft zukommt, z. B. Eisen- und Stahlindustrie, chemische Industrie, Energieerzeugung.

▶ **Schnittstelle**

(Interface) Bezeichnung für die Verbindungsmöglichkeit eines Gerätes mit anderen Geräten (z. B. zwischen → *PC* und → *Peripheriegeräte*) einschließlich der hierfür erforderlichen elektrischen und physikalischen Eigenschaften. Im Bereich der → *Software* schafft die Schnittstelle die Voraussetzungen zur Verbindung mit dem Benutzer eines Systems und dessen Einweisung in die Nutzungsmöglichkeiten. → *USB,* → *Benutzeroberfläche,* → *Modul.*

▶ **Schrottwert** → *Restwert*

▶ **SCHUFA**

Abkürzung für die „**Schutzgemeinschaft für allgemeine Kreditsicherung**" mit Sitz in Wiesbaden. Sie ist eine Gemeinschaftseinrichtung von → *Banken,* → *Sparkassen,* → *Volksbanken* und → *Raiffeisenbanken,* Ratenkreditbanken und Einzelhandelsunternehmen, die Kreditgeschäfte machen. Der Zweck ist die Vermeidung von Verlusten im Kreditgeschäft mit Konsumenten (→ *Verbraucherdarlehensvertrag*). Dies erfolgt durch gegenseitige Information, Speicherung der Daten und Auskunftserteilung. Der Kreditkunde hat hierzu seine Einwilligung zu geben (SCHUFA-Klausel). → *Datenschutz.*

http://www.schufa.de/

▶ **Schuldbuchforderungen**

→ *Forderungen* aus → *Darlehen* an den Staat, die in Schuldbücher eingetragen werden und für die keine → *Schuldverschreibungen* ausgestellt werden. Schuldbuchforderungen sind zum Börsenhandel (→ *Börse*) zugelassen. Sie werden in einem **Staatsschuldbuch** eingetragen (z. B. Bundesschuldbuch, Landesschuldbücher).

▶ **Schulden** → *Verbindlichkeiten*, → *Verschuldungsgrenze*

▶ **Schuldendeckel** → *Plafond*

▶ **Schuldenstandsquote** → *Öffentliche Verschuldung*

▶ **Schuldner**

Derjenige, der aufgrund eines Schuldverhältnisses gegenüber dem → *Gläubiger* zum Erbringen einer Leistung verpflichtet ist.

▶ **Schuldnerverzug** → *Verzug*

▶ **Schuldrecht**

Teil (**Buch 2**) des BGB (→ *Bürgerliches Gesetzbuch (BGB)*) der sich mit dem Recht der Schuldverhältnisse befasst. → *Schuldrechtmodernisierungsgesetz*.

▶ **Schuldrechtmodernisierungsgesetz**

Mit dem **Gesetz zur Modernisierung des Schuldrechts** vom 26. 11. 2001 wurden Richtlinien der EU (→ *Europäische Gesetzgebung*) mit Wirkung vom 1. 1. 2002 umgesetzt. Die Schuldrechtsreform brachte eine Zusammenfassung der Vorschriften und Ergebnisse der Rechtsprechung zum BGB (→ *Bürgerliches Gesetzbuch (BGB)*).

Die Stellung der Verbraucher (→ *Verbraucherschutz*) beim Kauf von Verbrauchsgütern wurde durch die Neufassung gestärkt (u. a. durch Neuregelung der Fristen für die → *Verjährung* für einen → *Anspruch* nach § 194 BGB bis § 218 BGB und der Mängelgewährleistung/→ *Garantie* nach § 477 BGB).

Unternehmern verschafft sie eine Reihe von neuen Gestaltungsmöglichkeiten, die das Haftungsrisiko vermindern (z. B. einheitliche Regelungen für Pflichtverletzungen und Schadensersatzleistungen u. a. nach § 280 BGB sowie Neuregelungen im → *Werkvertrag* u. a. nach § 634a BGB).

http://www.rechtliches.de/info_Gesetz_zur_Modernisierung_
des_Schuldrechts.html

▶ Schuldschein

→ *Urkunde*, mit der der → *Schuldner* eine bestimmte Leistung, in der Regel Zahlung einer Geldsumme, verspricht. Schuldscheine sind keine → *Wertpapiere*.

Nach den Vorschriften im BGB (→ *Bürgerliches Gesetzbuch (BGB)*) ergeben sich die Rechte des Gläubigers aus § 952 Abs. 1 BGB, die Rechte des Schuldners aus § 371 BGB.

Für → *Kaufleute* gelten Schuldscheine nach den Vorschriften im → *Handelsgesetzbuch (HGB)* als im Betrieb für ihr → *Handelsgewerbe* gezeichnet, sofern nicht anderes vereinbart wurde (§ 344 Abs. 2 HGB).

▶ Schuldscheindarlehen

Ein → *Darlehen*, über das ein → *Schuldschein* ausgestellt wird.

Eine spezielle Art der → *Refinanzierung* von langfristigen Schuldscheindarlehen ist das **Revolvingsystem** nach den Vorschriften für → *Bankgeschäfte* im → *Kreditwesengesetz (KWG)* (§ 1 Abs. 1 Nr. 7 KWG). Hierbei werden kurzfristige Gelder (entstanden z. B. aus überschüssiger → *Liquidität* von → *Versicherungen*) vom → *Finanzmakler* gesammelt und z. B. für einen langfristigen Großkredit als Schuldscheindarlehen bereitgestellt. Durch dauernde Erneuerung zurückgerufener kurzfristiger Kredite wird der Effekt langfristiger Kreditgewährung erreicht. Zurückgerufene kurzfristige Kredite werden vom Finanzmakler durch neue ersetzt. Für Kreditnehmer und Kreditgeber entstehen dabei Zinsvorteile.

▶ Schuldverschreibungen

Vom Aussteller einer Schuldverschreibung wird – verbrieft durch eine → *Urkunde* – eine Leistung versprochen. Diese Leistung besteht in der Regel aus einem Geldbetrag und einer laufenden Verzinsung. Ist darüber hinaus noch eine Gewinnbeteiligung vorgesehen, so spricht man von → *Gewinnschuldverschreibungen*.

Zu den Schuldverschreibungen zählen sämtliche → *Anleihen* der → *Gebietskörperschaften* (z. B. → *Bundesanleihen*, → *Bun-*

desobligationen und → *Bundesschatzanweisungen*) und privaten Unternehmen (→ *Industrieobligationen*), → *Pfandbriefe* und → *Rentenpapiere*.

Ist ein Umtausch- oder → *Bezugsrecht* auf → *Aktien* vorgesehen, so handelt es sich um → *Wandelschuldverschreibungen* einer → *Aktiengesellschaft (AG)*. Schuldverschreibungen, die auf den Inhaber lauten, sind → *Inhaberschuldverschreibungen*. Die einzelnen Stücke einer Anleihe nennt man **Teilschuldverschreibungen**, weil jedes Stück ein Gläubigerrecht an einem bestimmten Teil der Anleihe verbrieft.

▶ **Schuldwechsel** → *Besitzwechsel*

▶ **Schuldzinsen**

→ *Zinsen* für → *Verbindlichkeiten*. Schuldzinsen sind unter bestimmten Voraussetzungen nach den Vorschriften im → *Einkommensteuergesetz (EStG)* als → *Betriebsausgaben* (§ 4 Abs. 4a EStG) bzw. → *Werbungskosten* (§ 9 Abs. 1 Nr. 1 EStG) oder → *Sonderausgaben* (§ 10e Abs. 6a EStG) absetzbar.

▶ **Schütt-aus-hol-zurück-Verfahren**

Möglichkeit der → *Finanzierung* für die → *Aktiengesellschaft (AG)*. Hierbei wird der von der → *Hauptversammlung* für die Ausschüttung einer → *Dividende* beschlossene Betrag durch eine gleichzeitige genehmigte → *Kapitalerhöhung* von der Gesellschaft wieder vereinnahmt. Der Aktionär hat die ausgeschüttete Dividende allerdings zu versteuern. Die Aktiengesellschaft kann bei diesem Verfahren eine Gewinnausschüttung vornehmen, ohne das ausgeschüttete Kapital zu verlieren. Die Vorteilhaftigkeit des Verfahrens muss jeweils unter steuerlichen und sonstigen finanzpolitischen Aspekten geprüft werden. Seit der zum 1. 1. 2002 erfolgten Vereinheitlichung des Satzes der → *Körperschaftsteuer* auf 25 % für ausgeschüttete und einbehaltene Gewinne bringt das Verfahren in Deutschland keine Vorteile mehr.

▶ **Schutzzoll**

Bestimmte eingeführte Waren werden durch → *Zölle* belastet, um entweder im Aufbau befindliche einheimische Wirtschaftszweige vor der ausländischen Konkurrenz zu schützen **(Erziehungsschutzzoll)** oder um unrentable Wirtschaftszweige, etwa die Landwirtschaft, zu erhalten **(Erhaltungsschutzzoll)**.

Trotz aller Bestrebungen im Rahmen der weltweiten Zollabkommen (z. B. → *WTO (World Trade Organization)*) sind Schutzzölle in irgendeiner Form in fast allen Staaten gebräuchlich.

▶ **Schwarzarbeit/Schattenwirtschaft**

Bezeichnung für Arbeit unter Umgehung gesetzlicher Anmelde- und Abgabepflichten. Ihr Umfang steigt tendenziell mit der Höhe der Belastung der Arbeit durch → *Steuern* und → *Sozialabgaben.*

Schwerpunkte der Schwarzarbeit oder – wie sie auch umfassender genannt wird – der **Schatten- oder Untergrundwirtschaft** liegen bei der Wohnungsrenovierung, beim Hausbau, bei der Reparatur von Kraftfahrzeugen (ca. 40 %), bei Schreib- und Übersetzungsarbeiten sowie im Gaststättengewerbe.

Der volkswirtschaftliche Schaden der Schwarzarbeit ist enorm. Er wird von der → *Bundesagentur für Arbeit (BA)* für 2003 in Deutschland auf ca. 17 % (1975: 5,75 %) vom → *Bruttoinlandsprodukt* geschätzt. Dies waren – bezogen auf das Jahr 2003 – rd. 370 Mrd. Euro mit einem Steuerausfall von rd. 120 Mrd. Euro. Hinzu kommen noch Beitragsausfälle in der → *Sozialversicherung.*

Schwarzarbeit, die insbesondere im Baugewerbe oft durch kriminell organisierten illegalen Arbeitnehmerverleih betrieben wird, führt nicht nur zum Ausfall staatlicher Einnahmen, sondern verhindert auch Dauerarbeitsplätze in den betroffenen Wirtschaftszweigen.

Die Agenturen für Arbeit versuchen mit dem seit 1. 7. 1991 eingeführten **Sozialversicherungsausweis** und verstärkten Baustellenkontrollen wirksamer gegen Schwarzarbeit vorzugehen. Als weitere Gegenmaßnahmen wurden neben dem **Gesetz zur Bekämpfung**

der Schwarzarbeit i. d. F. vom 16. 12. 1997 mit dem am 30. 8. 2001 in Kraft getretenen **Gesetz zur Eindämmung illegaler Betätigung im Baugewerbe** die Auftraggeber im Baugewerbe verpflichtet, einen Steuerabzug von 15 % der Rechnung des Leistenden einzubehalten und an das → *Finanzamt* abzuführen. Freigestellt von dieser Verpflichtung sind in- und ausländische Bauunternehmer, die eine Freistellungsbescheinigung des zuständigen Finanzamts vorlegen.

Mit dem **Gesetz zur Erleichterung der Bekämpfung der illegalen Beschäftigung und Schwarzarbeit** vom 29. 7. 2002 und dem **Gesetz zur Intensivierung der Bekämpfung der Schwarzarbeit und damit zusammenhängender Steuerhinterziehung** vom 23. 7. 2004 wurden ab 1. 8. 2002 bzw. 1. 8. 2004 die Bestimmungen gegen Schwarzarbeit verschärft. Hierzu zählen intensivere Kontrollen – u. a. auch durch Einsatz von Beamten der → *Zollfahndung* –, die Einführung der Haftung der → *Generalunternehmer* für Sozialversicherungsbeiträge, eine Verbesserung der Zusammenarbeit zwischen zuständigen Behörden (z. B. Sozialämter, Polizei, Zollverwaltung) durch Zugriff auf Datenbestände der Bundesagentur für Arbeit, der Ausschluss von der Vergabe öffentlicher Aufträge für bis zu drei Jahren und die Erhöhung der Straf- und Bußgelder für nachgewiesene Beschäftigung von Schwarzarbeitern. → *Wirtschaftskriminalität*. Siehe **Abb. 30**.

http://www.rechtliches.de; http://www.steuernetz.de

▶ **Schwarzer Freitag** → *Weltwirtschaftskrise*

▶ **Schwarzer Markt**

(Schwarzer Handel) Verkauf von Waren unter Umgehung polizeilicher oder gesetzlicher Vorschriften zu überhöhten Preisen. → *Grauer Markt*.

▶ **Schwebende Geschäfte**

Geschäfte, die am Bilanzstichtag noch von keiner der Vertragsparteien beendet wurden. In der → *Bilanz* sind → *Rückstellungen* anzusetzen, wenn dabei ein Verlustrisiko vorhanden ist (→ *Imparitätsprinzip*).

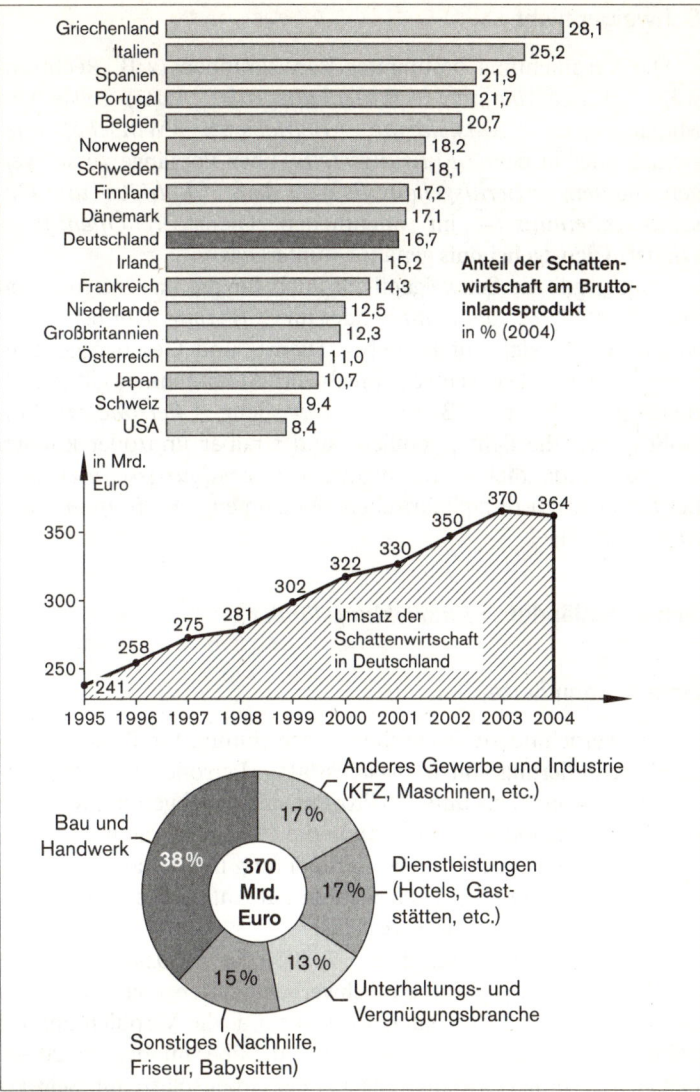

Abb. 30 Schattenwirtschaft; Quelle: Institut für Angewandte Wirtschaftsforschung (IAW)

▶ Schweigepflicht

Die Verpflichtung bestimmter Berufsgruppen (z. B. Rechtsanwälte, → *Steuerberater*, → *Wirtschaftsprüfer*, Ärzte) sowie von Mitgliedern im → *Aufsichtsrat*, → *Betriebsrat*, → *Wirtschaftsausschuss* oder in der → *Einigungsstelle*, über Vorgänge zu schweigen, die dem → *Berufsgeheimnis* oder dem → *Betriebs- und Geschäftsgeheimnis* – im öffentlichen Dienst (→ *Öffentlicher Dienst*) **Dienstgeheimnis** genannt – unterliegen.

Analog gilt die Schweigepflicht auch für die im Unternehmen beschäftigten → *Arbeitnehmer* oder für → *Beamte* über bestimmte Vorgänge, die sich auf Betriebs-, Dienst- und Geschäftsgeheimnisse beziehen. Die Schweigepflicht für Arbeitnehmer gilt jedoch nicht gegenüber dem Betriebsrat bzw. dem → *Personalrat*. Verstöße gegen die Schweigepflicht sind strafbar und/oder können zur außerordentlichen Kündigung (→ *Kündigungsschutz*) bzw. bei Beamten zu disziplinarischen Maßahmen (→ *Disziplinarordnung*) führen.

▶ Schwellenländer → *Entwicklungsländer*

▶ Schwerbehinderte

(Schwerbehinderte Menschen) Bezeichnung für Personen mit einer Behinderung von wenigstens 50 %. Personen mit einer Behinderung von 30 bis unter 50 Prozent sind gleichgestellt, wenn sie durch ihre Behinderung oder ohne die Gleichstellung u. a. keinen Arbeitsplatz erlangen können. Behinderung und Grad der Minderung der → *Erwerbsfähigkeit* werden auf Antrag des Behinderten vom → *Versorgungsamt* festgestellt.

Rechtsgrundlage ist seit dem 1. 7. 2001 das → *Sozialgesetzbuch (SGB)*, Buch IX. Das frühere **Schwerbehindertengesetz** (SchwbG) ist hierin aufgegangen. Danach besteht u. a. die Verpflichtung für öffentliche und private → *Arbeitgeber*, die über mindestens 20 Arbeitsplätze verfügen, wenigstens 5 % der Arbeitsplätze mit **Schwerbehinderten** zu besetzen. Falls dies nicht geschieht, ist eine monatliche **Ausgleichsabgabe** zu zahlen. Für Arbeitgeber mit weniger als

60 Beschäftigten und öffentliche Arbeitgeber des Bundes gelten Sonderregelungen.

Schwerbehinderte genießen einen besonderen → *Kündigungsschutz.* Ihre Interessen werden durch eine/n von ihnen gewählte/n **Vertrauensmann/Vertrauensfrau** vertreten, der/die unter anderem an allen Sitzungen im → *Betriebsrat* oder → *Personalrat* beratend teilnehmen kann.

Für Schwerbehinderte gilt ein besonderer **Zusatzurlaub** von 5 (bzw. 6) Arbeitstagen im Jahr bei 5-Tage-(6-Tage-)Woche. Behinderte erhalten – abhängig vom Behinderungsgrad – ab mindestens 25 % Behinderungsgrad bei der Berechnung ihrer → *Lohnsteuer* oder → *Einkommensteuer* einen **Behinderten-Pauschbetrag** als → *Außergewöhnliche Belastungen.* In Deutschland waren 2003 insgesamt 6,6 Mio. Menschen schwer behindert, davon 3,1 Mio. Frauen. Danach ist etwa jeder zwölfte Einwohner schwer behindert – davon 85 % bedingt durch Krankheit, 5 % durch angeborene Behinderung.

http://bundesrecht.juris.de/bundesrecht/sgb_9/

▶ **Schwerbehindertengesetz** → *Schwerbehinderte*

▶ **Schwerindustrie** → *Schlüsselindustrie*

▶ **SCM** → *Supply Chain Management (SCM)*

▶ **Screen** → *Bildschirm*

▶ **SDAX** → *Deutscher Aktienindex (DAX)*

▶ **SEC**

(Securities and Exchange Commission) Die US-amerikanische Aufsichtbehörde für Geschäfte mit → *Wertpapiere* mit Sitz in Washington. Sie ist u. a. zuständig für Neuzulassungen der *Wertpapiere* an der → *Börse* in den USA (z. B. an der → *NYSE*) und für die Überwachung des Börsenhandels. Die Vorschriften zur Offenlegung aller börsenrelevanten Informationen (**SEC-Richtlinien**) sowie die Möglichkeiten zur Kontrolle der Vorschriften zur → *Rechnungslegung* sind wesentlich strenger als nach deutschem Recht. So müssen börsennotierte Unternehmen vierteljährlich und jährlich unter Erfüllung bestimmter Form- und Prüfungsvorschriften einen Bericht zur Geschäftslage erstellen und veröffentlichen. Außerdem verfügt sie über mehr Sanktionsmöglichkeiten als die → *Bundesanstalt für Finanzdienstleistungsaufsicht (BaFin)*. → *US-GAAP*.

http://www.sec.gov/

▶ **Second-Level-Support** → *Backoffice*

▶ **Securities and Exchange Commission** → *SEC*

▶ **Segmentberichterstattung**

Eine im → *Handelsgesetzbuch (HGB)* (§ 297 Abs. 1 HGB) für an der → *Börse* notierte → *Mutterunternehmen* vorgeschriebene besondere Berichterstattung. Sie ergänzt den Bericht im → *Konzernanhang* über die einzelnen Geschäftsbereiche **(Segmente)** im → *Konzern*. Dabei wird für jedes Segment eine gesonderte → *Bilanz* und → *Gewinn- und Verlustrechnung (GuV)* erstellt und somit die Aussagefähigkeit im → *Jahresabschluss* erheblich verbessert. Nach den Vorschriften von → *US-GAAP* sowie nach → *IAS/IFRS* ist die Segmentberichterstattung regelmäßiger Bestandteil der → *Rechnungslegung*.

▶ **Sektorale Strukturpolitik** → *Strukturpolitik*

▶ **Sekundäre Kosten**

(gemischte bzw. abgeleitete Kosten) → *Kosten*, die innerhalb des Unternehmens entstanden sind und dem geldmäßigen Gegenwert für den Verbrauch für → *Innerbetriebliche Leistungen* entsprechen (z. B. Material, Löhne und Gehälter für Reparaturen von Maschinen, Gebäuden). Aus den primären → *Kostenarten* Löhne, Material, Maschinen entsteht z. B. die sekundäre Kostenart Reparaturen. Sie werden in der → *Kostenstellenrechnung* erfasst. Anders: → *Primäre Kosten.*

▶ **Sekundärer Sektor** → *Dienstleistungen*

▶ **Sekundärstatistik**

Hier wird im Gegensatz zur → *Primärstatistik* keine unmittelbare zweckgerichtete Erhebung vorgenommen, sondern es werden zu anderen Zwecken vollzogene Aufzeichnungen von Behörden, Verbänden, Unternehmen usw. herangezogen. Beispiele: Geburten- und Sterbestatistik aufgrund des Standesamtsregisters, → *Arbeitsmarktstatistik* aufgrund der Daten der → *Bundesagentur für Arbeit (BA).*

▶ **Selbständige**

Personen, die einen Betrieb oder eine Arbeitsstätte gewerblicher (→ *Gewerbe/Gewerbebetrieb*), handwerklicher (→ *Handwerk*) oder landwirtschaftlicher Art als Eigentümer oder Pächter leiten. Außerdem zählen zu den Selbständigen alle Angehörigen der → *Freien Berufe,* → *Zwischenmeister* und → *Heimarbeiter.* Anfang 2003 gab es in Deutschland rd. 4,2 Mio. Selbständige. → *Scheinselbständige,* → *Arbeitnehmerähnliche Personen/Selbständige.*

▶ **Selbständige Arbeit**

Begriff aus dem Einkommensteuerrecht (→ *Einkommensteuergesetz (EStG)*). Die Definition nach § 18 EStG zu § 2 Abs. 1 Satz 1 Nr. 2 EStG gilt vor allem für die Steuerpflichtigkeit der → *Einkünfte* aus freiberuflicher Tätigkeit (→ *Freie Berufe*).

▶ **Selbstfinanzierung** → *Finanzierung*

▶ **Selbstkosten**

Summe der bei der Erstellung der betrieblichen Leistungen anfallenden → *Kosten.* Bezogen auf die Leistungseinheit sind es die

→ *Stückkosten.* Sie werden in der → *Betriebsabrechnung* als **Kostenträgerstückrechnung** (Kalkulation oder → *Selbstkostenrechnung*) ermittelt. Die Kenntnis der Selbstkosten ist Voraussetzung für die Kalkulation des Angebotspreises.

▶ **Selbstkostenpreis**

Der Preis, der die → *Selbstkosten* einer Leistungseinheit deckt. → *Leitsätze für die Preisermittlung aufgrund von Selbstkosten (LSP).*

▶ **Selbstkostenrechnung**

(Kalkulation) Sie bildet die Grundlage für die Preisermittlung und spätere Preiskontrolle und basiert auf den Daten der → *Betriebsabrechnung.*

Bei der **Vorkalkulation** wird mit Hilfe der Selbstkostenrechnung ein Angebotspreis errechnet, der in der später folgenden → *Nachkalkulation* auf seine Richtigkeit hin überprüft wird.

Das Zurechnungsverfahren in der Selbstkostenrechnung richtet sich nach der Art der erbrachten Leistungen: Bei → *Massenfertigung* kann sie als → *Divisionskalkulation* aufgebaut sein. Hingegen muss in einem mehrstufigen Produktionsbetrieb mit verschiedenen Arten von Produkten eine differenzierte → *Zuschlagskalkulation* angewandt werden.

▶ **Selbstverwaltung**

Der Ursprung der Selbstverwaltung geht in Deutschland zurück auf die Verordnung des Freiherrn vom Stein, der sie durch kaiserlichen Erlass vom 17. 11. 1881 für die kommunalen Körperschaften (→ *Gemeinden*) einführte. Sie ist heute im Grundgesetz (Artikel 28 Abs. 2 GG) als **kommunale Selbstverwaltung** garantiert.

Nach dem Ersten Weltkrieg wurden die Prinzipien der Selbstverwaltung auch für Sozialeinrichtungen (→ *Sozialversicherung,* → *Arbeitsverwaltung*), für Wirtschafts- und Berufsorganisationen (→ *Industrie- und Handelskammer (IHK),* → *Innungen* usw.), Kulturträger (Schulen, Universitäten) und Kirchen übernommen –

allerdings während der NS-Herrschaft durch das Führerprinzip ersetzt. Mit dem **Selbstverwaltungsgesetz** vom 13. 8. 1952 wurde die Selbstverwaltung wieder eingeführt.

Seit dem 1. 7. 1977 gilt als Rechtsgrundlage für die **Selbstverwaltung der Sozialversicherung** das → *Sozialgesetzbuch (SGB)* (§ 29 SGB IV), in das die Grundsätze des Selbstverwaltungsgesetzes übernommen wurden. Hiernach gelten als Merkmale der Selbstverwaltung:

● Die rechtliche Selbständigkeit,

● die Mitwirkung der Betroffenen durch gewählte Organe (§ 43 SGB IV bis § 66 SGB IV) und die Ehrenamtlichkeit (§ 40 Abs. 1 Satz 1 SGB IV) sowie

● die Ausgliederung aus der allgemeinen Staatsverwaltung mit eigenverantwortlichen selbständigen Entscheidungsbefugnissen. Siehe **Abb. 31**, → *Auftragsverwaltung*.

http://bundesrecht.juris.de/bundesrecht/sgb_4/

▶ Serienfertigung

Produktionsverfahren im Mehrproduktbetrieb, bei dem mehrere gleichartige Produkte (Serien) neben- oder nacheinander hergestellt werden. Die Stückzahl einer Serie ist begrenzt. Gegensatz: → *Einzelfertigung*.

▶ Server

Ein → *Computer*, der Speichereinheiten (→ *Speicher*) und Anwendungsprogramme für andere angeschlossene Netzteilnehmer (→ *Clients*) bereitstellen kann.

▶ Service Provider → *Provider*

▶ Services on Demand

Anwendungsfeld von → *Multimedia*. Hierzu zählt das **Teleshopping**, bei dem der Nutzer in einem elektronischen Katalog blättern und daraus bestellen kann, oder das **Telebanking**, bei dem fast alle Bankgeschäfte (→ *Kreditinstitute*) abgewickelt werden können. → *E-Commerce*.

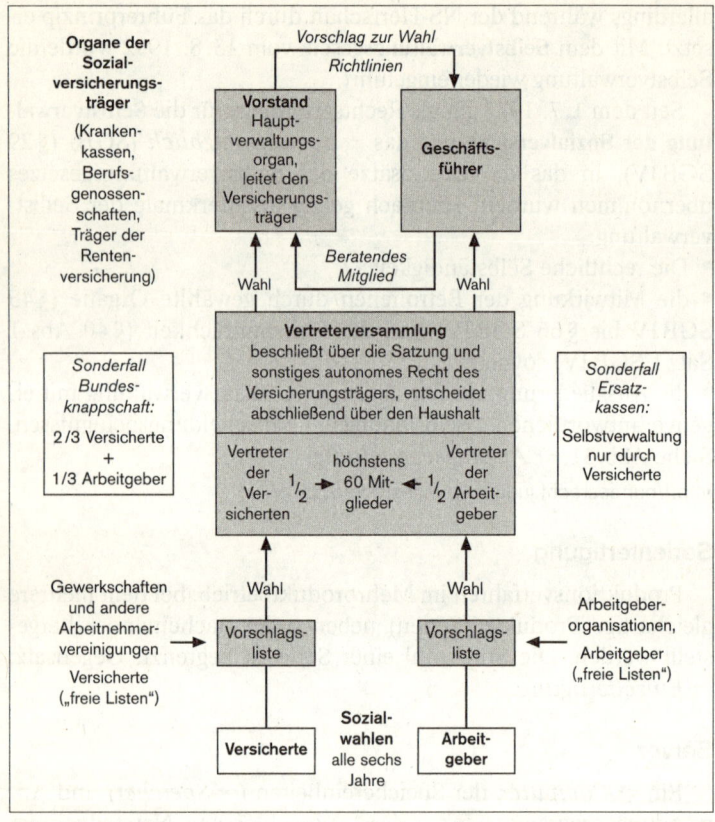

Abb. 31: Die Selbstverwaltung in der Sozialversicherung

▶ **Settlement**

Erfüllung von Geschäften an der → *Börse*. Im engeren Sinne gebraucht vor allem im Zusammenhang mit Termingeschäften (→ *Termingeschäfte*). Beim Ausgleich der Geschäfte durch Verrechnung in Geld spricht man von **Cash-Settlement**. Bei Lieferung des Basiswerts handelt es sich um ein **physisches Settlement**. Die tägliche Schlussnotiz, z. B. für einen → *Basiswert*, ist der **Settlement Price**.

▶ **Settlement Price** → *Settlement*

▶ **SGB** → *Sozialgesetzbuch (SGB)*

▶ **Shareholder Value**

(Stockholder Value) Ein unternehmerisches Zielsystem, bei dem sich unternehmerische Entscheidungen weitgehend orientieren am Ziel, den Wert des Unternehmens für die → *Aktionäre* und sonstigen Geldgeber zu steigern. Bewertungsmaßstab ist vor allem der kurzfristige Erfolg wie die Höhe der → *Dividende* und die Entwicklung im → *Börsenkurs*. So wirkt z. B. allein die Ankündigung und Veröffentlichung eines Personalabbaukonzeptes an der → *Börse* kurssteigernd für das betreffende Unternehmen und steigert so den Shareholder Value.

Das Shareholder-Value-Konzept wird gestützt von den amerikanischen Bilanzierungs- und Bewertungsgrundsätzen (→ *US-GAAP*) und Jahresabschlussvorschriften nach einer Richtlinie der → *SEC* mit ihren Pflichten zur Offenlegung stiller Reserven sowie kurzfristiger Erfolgsausweise. Durch das weitgehende Fehlen finanzieller Polster, wie z. B. hohe → *Pensionsrückstellungen* oder → *Stille Reserven*, wird die Unternehmenspolitik und der Börsenkurs stark abhängig von tagespolitischen Ereignissen. → *Stakeholder Value*.

▶ **Shell**

Bezeichnung für die → *Schnittstelle* in einem → *Betriebssystem*.

▶ **Short Call** → *Call Option*

▶ **Short Position**

Eine durch → *Leerverkauf* von Wertpapieren (→ *Wertpapiere*) geschaffene, noch einzudeckende Position. In Short Position ist auch der Verkäufer einer → *Option* oder eines Terminkontraktes (→ *Terminkontrakte*). → *Long Position*.

▶ **Short Sale**

Andere Bezeichnung für → *Leerverkauf*.

▶ **Sicherheitsbeauftragter** → *Arbeitsschutz*

▶ **Sicherungshypothek** → *Hypothek*

▶ **Sicherungsübereignung**

Vertragliche Eigentumsübertragung durch den → *Schuldner* an den → *Gläubiger* als Sicherheitsleistung. Der Gläubiger ist zur Rückübertragung verpflichtet, sobald die Schuld getilgt ist. Die Sicherungsübereignung spielt eine große Rolle bei Abzahlungsgeschäften. Rechtsgrundlage sind die Vorschriften im BGB (→ *Bürgerliches Gesetzbuch (BGB)*) (§ 930 BGB und § 216 Abs. 2 BGB).

▶ **Sichteinlagen**

Jederzeit fällige Geldeinlagen bei Kreditinstituten (→ *Kreditinstitute*) oder der → *Zentralbank*. Sie werden i. d. R. sehr niedrig verzinst und dienen dem bargeldlosen Zahlungsverkehr (→ *Giroeinlagen*, → *Tägliches Geld*). Sichteinlagen bei der Zentralbank bleiben dagegen unverzinst.

▶ **Sichtwechsel** → *Wechsel*

▶ **Signaturgesetz** → *Bundesdatenschutzgesetz (BGSG)*

▶ **simsen** → *SMS*

▶ **Site**

Bezeichnung für einen → *Computer*, der mit einer Standleitung zum → *Internet* als → *Server* eingesetzt ist oder ausschließlich für einen bestimmten Nutzer (User) arbeitet. Der Begriff Site wird auch als Kurzbezeichnung für → *Website* verwendet.

▶ **Skonto**

Prozentualer Abzug vom Rechnungsbetrag bei Barzahlung innerhalb einer bestimmten Frist. Betriebswirtschaftlich stellt das Skonto die Verzinsung für einen → *Lieferantenkredit* dar, die bei der → *Preiskalkulation* berücksichtigt wurde. Üblich ist eine Skontofrist für Barzahlung von 8 Tagen. → *Rabatt*.

▶ **Skontro**

In der → *Buchführung* übliches Hilfsbuch, in dem quantitative Ein- und Ausgänge täglich aufgezeichnet werden (z. B. in der Lagerbuchführung).

▶ **Skontroführer**

Für den Handel und die Preisfeststellung an der → *Börse* zugelassene → *Kreditinstitute* oder → *Finanzdienstleistungsinstitute*. Rechtsgrundlage sind das Börsengesetz (§ 25 BörsG bis § 29 BörsG).

▶ **Small Caps**

(Small Capitalisation) Bezeichnung für → *Aktien* von Unternehmen mit einer → *Marktkapitalisierung* von weniger als 250 Mio. Euro mit hohen Wachstumschancen. → *Mid Caps*.

▶ **Smart Card**

(Chipkarte) → *Chip* aus Plastik, mit der mittels → *PIN* anonym Zahlungsvorgänge abgewickelt werden können. Das Aufladen erfolgt über → *Online-Banking* oder Bareinzahlung am Ladegerät.

▶ **SMS**

(Short Message Service) Ein System zur Übermittlung von Kurznachrichten (auch **simsen** genannt), die vom → *Handy* auf dem → *Display* wiedergegeben werden. Die per SMS verschickten Mitteilungen sind i. d. R billiger als telefonieren und für den Empfänger – mit Ausnahme beim → *Roaming* – kostenlos. Mit **MMS (Multimedia Message Service)** können mit dem Handy z. B. fotografierte Bilder weitergeleitet werden.

▶ Soft Skills

Eigenschaften eines Menschen, die über die fachliche Qualifikation hinausgehen, z. B. Teamfähigkeit, Menschenkenntnis, → *Soziale Kompetenz.*

▶ Software

Gesamtheit der zum Betrieb in der EDV (→ *Elektronische Datenverarbeitung (EDV)*) erforderlichen Programme. Die Software ist zusammen mit der → *Hardware* die Voraussetzung für ein funktionsfähiges System in der EDV. Sie kann sowohl von den Computerherstellern **(Hersteller-Software)** als auch vom Anwender selbst oder von spezialisierten Firmen entwickelt werden.

▶ Solarenergie

Die Nutzung von Sonnenstrahlen zur Energiegewinnung. → *Regenerative Energiequellen.*

▶ Solawechsel → *Wechsel*

▶ Solidaritätszuschlag

Der Solidaritätszuschlag ist eine Ergänzungsabgabe nach dem Grundgesetz (Art. 106 Abs. 1 Nr. 6 GG). Er wurde zunächst erhoben für den Zeitraum vom 1. 7. 1991 bis 30. 6. 1992 als Zuschlag zur → *Lohnsteuer*, → *Einkommensteuer* und → *Körperschaftsteuer* in Höhe von 7,5 % im Rahmen eines Finanzierungspakets (Haushaltsbegleitgesetz 1991) für den Aufbau in Ostdeutschland.

Am 1. 1. 1995 wurde der Solidarzuschlag mit den Vereinbarungen zum → *Solidarpakt* wieder eingeführt mit dem Ziel, die Sonderbelastungen des Bundes aus dem Erblastentilgungsfonds (→ *Erblast*) zu finanzieren. Um das Beitrittskriterium → *„Öffentliche Verschuldung"* für die → *Europäische Wirtschafts- und*

Währungsunion (EWWU) zu erfüllen, erfolgte die ursprünglich für 1997 im Jahressteuergesetz 1997 vorgesehene Absenkung auf 5,5 % erst ab 1. 1. 1998.

▶ **Solidarpakt**

Bei einer Klausurtagung des Bundeskanzlers mit den Regierungschefs der Bundesländer sowie den Partei- und Fraktionsvorsitzenden vom 11. bis 13. 3. 1993 getroffene Vereinbarung für den Aufbau in den neuen Bundesländern. Der Solidarpakt umfasste 8 Teile:

1. Föderales Konsolidierungsprogramm

● Sicherung der Finanzausstattung der neuen Bundesländer und ihrer → *Gemeinden* durch eine Neuordnung der Finanzbeziehungen zwischen Bund, alten Ländern und neuen Ländern entsprechend der Ankündigung im → *Einigungsvertrag*: Seit 1995 nehmen die neuen Bundesländer am normalen → *Finanzausgleich* teil. Die neue Finanzausstattung sollte den Aufholprozess zu den alten Bundesländern ermöglichen.

● Einvernehmen über Ausgabenkürzungen und Abbau von Steuerbegünstigungen. Schwerpunkte der Ausgabeneinsparungen lagen beim Personal im öffentlichen Dienst (→ *Öffentlicher Dienst*), beim Abbau von → *Subventionen*, bei den → *Lohnersatzleistungen* sowie Korrekturen beim → *Erziehungsgeld/Elternzeit*, → *Wohngeld* und bei der → *Sozialhilfe*.

● Wiedereinführung → *Solidaritätszuschlag* in Höhe von 7,5 % zum 1. 1. 1995 mit einer sozialen Komponente (→ *Standortsicherungsgesetz*), die über den → *Grundfreibetrag* hinausgeht. Außerdem Erhöhung der → *Vermögensteuer* (→ *Steuerreform*) unter gleichzeitiger Anhebung der Freibeträge und weitere Erhöhung der → *Versicherungsteuer* zum 1. 7. 1993 und 1. 1. 1995.

● Bund und alte Länder stellten für 1993 ihre Mehreinnahmen aus der → *Zinsabschlagsteuer/Zinssteuer* dem → *Fonds Deutsche Einheit* zur Verfügung. Ab 1994 sollten Bund und alte Länder weitere Hilfen zur Verfügung stellen.

● Die finanzielle → *Erblast* in Höhe von ca. 420 Mrd. DM wurden ab 1. 1. 1995 in einem **Erblasttilgungsfonds** zusammengefasst. Dieser wird über einen Zeitraum von 30 Jahren vom Bund finanziert, einschließlich Tilgung. Ab 1995 sollten hierfür jährlich ca. 40 Mrd. DM erforderlich sein.

● Ab 1994 wurden besonders belastete Unternehmen der Wohnungswirtschaft in den neuen Ländern entlastet, indem Bund und neue Länder einen Teil der Zins- und Tilgungslasten übernahmen und diese dem Erblasttilgungsfonds zugeführt wurden.

Mit dem **„Gesetz zur Umsetzung des Föderalen Konsolidierungsprogramms"** vom 28.5. 1993 wurden konkrete Vereinbarungen festgelegt. Danach wurden ab 1995 die bundesstaatlichen Finanzbeziehungen zwischen Bund und Ländern neu geregelt. Dabei wurde u. a. der Anteil der Länder am Umsatzsteueraufkommen ab 1.1. 1995 von 37 % auf 44 % erhöht. → *Spar-, Konsolidierungs- und Wachstumsprogramm.*

2. Sicherung des Standorts Deutschland

● Das → *Standortsicherungsgesetz* mit seinem Kern einer Absenkung der Steuersätze bei der → *Körperschaftsteuer* von 50 auf 44 %. Außerdem wurden die steuerlichen Rahmenbedingungen für kleine und mittlere Unternehmen ab 1. 1. 1994 verbessert.

● Das **Investitionserleichterungs- und Wohnbaulandgesetz** (→ *Bodenrechtsreform*) sowie weitere ländergesetzlich zu vereinbarende Regelungen u. a. im Umweltrecht, Bauplanungsrecht, Wirtschafts- und Gewerberecht.

● Die → *Privatisierung* der Bundesbahn (→ *Bundesbahn/Deutsche Bahn AG*, und → *Bundespost*).

● Eine Änderung der → *Arbeitszeitordnung (AZO)* u. a. mit dem Ziel, längere Maschinenlaufzeiten zu ermöglichen.

3. Beitrag der Wirtschaft zum Solidarpakt

Die Wirtschaftsverbände gaben eine Reihe von Zusagen, u. a. eine **Ausbildungsstellengarantie** in Ost- und Westdeutschland, eine **„Einkaufsoffensive neue Bundesländer"** mit dem Ziel, bis 1995 das Einkaufsvolumen zu verdoppeln, und Hilfen beim Aufbau von Fach- und → *Führungskräften* für ostdeutsche Unternehmen.

4. Beitrag der → *Tarifparteien*

Die Bundesregierung erwartete, dass → *Arbeitgeberverbände* und → *Gewerkschaften* bei Tarifabschlüssen die Konjunkturschwäche in den alten Ländern und den Strukturanpassungsprozess in Ostdeutschland berücksichtigen.

5. Sicherung und Erneuerung industrieller Kerne

Hierzu wurde der Kreditrahmen der → *Treuhandanstalt* erweitert mit dem Ziel, Privatisierung und Sanierung industrieller Kerne (Automobil- und Stahlindustrie, Mineralölverarbeitung, Großchemie, Werften, Elektroindustrie) fortzusetzen. Im Solidarpakt wurden u. a. Kriterien für eine deutlichere Akzentuierung der Sanierungspolitik der Treuhandanstalt verabredet.

6. Maßnahmen zugunsten der neuen Bundesländer

Es wurden eine Reihe finanzieller Hilfen zugunsten der neuen Länder angekündigt, u. a. zur Stärkung kommunaler Investitionen, für die Gemeinschaftsaufgabe „Verbesserung der regionalen Wirtschaftsstruktur" (→ *Regionalpolitik*), für das → *ERP*-Sondervermögen zur Förderung kleiner und mittlerer Unternehmen.

7. Vereinfachung von Planungs- und Genehmigungsverfahren

Bundesregierung und die Regierungen der neuen Länder wollen gemeinsam Verwaltungs- und Rechtsvereinfachungen anstreben. Dies soll u. a. mit dem Investitionserleichterungs- und Wohnbaulandgesetz (vgl. Punkt 2) erreicht werden.

8. Verstärkte Vergabe öffentlicher Aufträge durch Bund und Länder an Betriebe in den neuen Bundesländern

Innerhalb von 2 Jahren sollten die Direktaufträge der Bundesressorts und bundeseigenen Unternehmen an ostdeutsche Unternehmen verdoppelt werden und die alten Bundesländer die Präferenzregelungen zugunsten ostdeutscher Anbieter anwenden. Nach einer politischen Übereinkunft zwischen der Bundesregierung und den ostdeutschen Ländern vom Mai 2001 wurde der Ende 2004 ausgelaufene Solidarpakt I mit dem **Solidarpaktfortführungsgesetz** als Solidarpakt II von 2005 bis 2019 verlängert. Darin verpflichtet sich der Bund, den neuen Ländern für den Aufbau Ost insgesamt 156,5 Milliarden Euro zur Verfügung zu stellen. Davon sind 105,3 Milliarden Euro Teil des Finanzausgleichs „zum Abbau teilungsbedingter Lasten". → *Bündnis für Arbeit,* → *Finanzausgleich.*

http://www.bundesregierung.de/

▶ **Soll** → *Debet*

▶ **Sollkosten**

Bei der Aufstellung für ein → *Budget* in der Kostenplanung vorgegebene → *Kosten* unter Voraussetzung eines bestimmten Beschäftigungsgrades, der sich aus dem Verhältnis von Ist-Produktionsmenge zu Plan-Produktionsmenge ergibt. In der → *Plankostenrechnung* werden die Sollkosten für den Soll/Ist-Vergleich benötigt.

▶ **Solvenz**

Zahlungsfähigkeit und Zuverlässigkeit einer Person oder eines Unternehmens. Gegensatz: → *Insolvenz.*

▶ **Sonderabschreibungen**

Zeitlich begrenztes Lenkungsinstrument in der → *Konjunkturpolitik* und → *Strukturpolitik.* **Beispiel:** Sonderabschreibungen nach dem → *Investitionszulagengesetz.* → *Abschreibungen,* → *AfA-Tabellen.*

▶ **Sonderausgaben**

Begriff des Einkommensteuerrechts (→ *Einkommensteuer*) für Aufwendungen, die als **Kosten der Lebensführung** anzusehen sind. Sie können entsprechend den Regelungen im → *Einkommensteuergesetz (EStG)* (§ 10 EStG bis § 10i EStG) in der **Einkommensteuererklärung** oder im **Antrag auf Veranlagung** (→ *Lohnsteuer*) (§ 46 Abs. 2 Nr. 8 EStG) uneingeschränkt oder eingeschränkt vom steuerpflichtigen Einkommen abgesetzt werden. Dies gilt, soweit sie nicht bereits als → *Betriebsausgaben* oder → *Werbungskosten* geltend gemacht wurden.

Drei Gruppen von Sonderausgaben werden unterschieden:

(1) **Vorsorgeaufwendungen.** Hierunter fallen alle Beiträge zur → *Sozialversicherung* sowie Beiträge zu Haftpflichtversicherungen sowie für bestimmte freiwillige Versicherungen auf den Erlebens- und Todesfall unter bestimmten Voraussetzungen (§ 10 Abs. 1 Nr. 2 und 3 EStG und § 10 Abs. 2 EStG).

Vorsorgeaufwendungen zur gesetzlichen Rentenversicherung bzw. zum **Aufbau einer kapitalgedeckten Altersvorsorge** können seit dem 1.1.2005 (→ *Alterseinkünftegesetz*) bei Alleinstehenden bis zu 20000 Euro bzw. bei zusammenveranlagten Eheleuten bis zu 40000 Euro unter bestimmten Voraussetzungen als Sonderausgaben berücksichtigt werden. Diese Höchstbeträge werden jedoch erst im Jahr 2025 erreicht. Für 2005 betragen sie jeweils 60 % von 40000 bzw. 60000 Euro. Dieser Anrechnungssatz steigt jährlich um 2 Prozentpunkte an. Gegenzurechnen sind Zuschüsse des Arbeitgebers (§ 10 Abs. 3 EStG).

Sonstige Vorsorgeaufwendungen (Beiträge zur → *Arbeitslosenversicherung*, → *Krankenversicherung*, → *Pflegeversicherung* und Haftpflichtversicherung sowie bestimmte vor dem 1.1.2005 abgeschlossene Versicherungen) können pro Alleinstehenden oder pro Ehegatte bis 2400 Euro jährlich abgezogen werden (§ 10 Abs. 4 EStG).

In den → *Lohnsteuertabellen* ist eine vom Arbeitslohn abhängige **Vorsorgepauschale** eingearbeitet, die nach einem komplizierten Verfahren errechnet wird (10c Abs. 2 bis 5 EStG).

Geprüft wird außerdem von 2005 bis 2019 in einer besonderen Rechnung, ob die bis Ende 2004 geltenden Höchstbeträge beim sog. **Vorwegabzug** für den Steuerpflichtigen günstiger sind als die Neuregelungen. Die abzugleichenden Beträge für den Vorwegabzug werden dabei jedoch bis 2019 zurückgeführt, bis sie ab 2020 entfallen (§ 10 Abs. 4a EStG).

(2) **Begrenzt absetzbare Sonderausgaben** sind z. B. **Aufwendungen** für

- **die eigene Berufsausbildung** bis 4000 Euro/Jahr (§ 10 Abs. 1 Nr. 7 EStG),
- **Beiträge zur zusätzlichen Altersvorsorge** u. a. nach dem → *Altersvermögensgesetz* (§ 10a EStG) und → *Alterseinkünftegesetz,*
- **Spenden** und **Beiträge an politische Parteien** bis zu jährlich 1650 Euro/3300 Euro (Alleinstehende/Verheiratete) unter Gutschrift von 50 % der Zahlungen (§ 10b Abs. 2 EStG),
- **mildtätige, religiöse, wissenschaftliche oder gemeinnützige Zwecke** (§ 10b Abs. 1 EStG),
- **Schulgeld** für Privatschulen (30 % – jedoch keine Kosten für Beherbergung und Verpflegung) (§ 10 Abs. 1 Nr. 9 EStG).
- **Unterhaltsleistungen** bis 13 805 Euro im Rahmen des → *Realsplitting* (§ 10 Abs. 1 Nr. 1 EStG).

(3) Unbegrenzt absetzbare Sonderausgaben, z. B. → *Kirchensteuer,* bestimmte Renten und dauernde Lasten aus Verpflichtungen für eine Gegenleistung, Steuerberatungskosten (→ *Steuerberater*) (§ 10 Abs. 1 Nr. 1a, 4 und 6 EStG).

Für die begrenzt und unbegrenzt absetzbaren Sonderausgaben ist in den Lohnsteuertabellen ein **Sonderausgaben-Pauschbetrag** von 36 bzw. 72 Euro (Alleinveranlagte/zusammen Veranlagte) eingearbeitet (§ 10c Abs. 1 EStG). Dieser gilt, wenn in der Steuererklärung keine höheren Sonderausgaben geltend gemacht werden.

▶ **Sonderbilanzen**

→ *Bilanz* aus besonderen Anlässen, z. B. bei Neugründung (**Gründungsbilanz**), → *Abwicklung* (**Abwicklungs- oder Liquidationsbilanz**) oder bei der → *Verschmelzung* von Unternehmen.

▶ **Sondereinzelkosten**

In der → *Kalkulation* bei der → *Vollkostenrechnung* berücksichtigte Sonderkosten der **Fertigung** (z. B. → *Kosten* für Patente (→ *Patent*), Lizenzen (→ *Lizenz*), Spezialwerkzeuge, Modellanfertigungen) und des **Vertriebs** (Provisionen, Kosten für Verpackung und Transport) für den kalkulierten Auftrag.

▶ **Sonderprüfung** → *Prüfungsbericht*

▶ **Sondervermögen**

Aus dem Vermögensbestand ausgegliederter und besonders ausgewiesener Teil, z. B. bei → *Kapitalanlagegesellschaften.*

Sondervermögen des Bundes sind die aus dem → *Bundeshaushalt* ausgegliederten → *Vermögen*, die für besondere Zwecke eingesetzt sind. Rechtsgrundlage ist das Grundgesetz (Art. 110 Abs. 1 GG).

Zu den Sondervermögen zählen das → *ERP*-Sondervermögen, der → *Lastenausgleichsfonds* sowie die im → *Einigungsvertrag* befristet vereinbarten Sondervermögen zur Übernahme der Schulden der ehemaligen DDR (→ *Fonds Deutsche Einheit* und Erblastentilgungsfonds (→ *Erblast*)). Die frühere → *Bundesbahn/Deutsche Bahn AG* und → *Bundespost* waren ebenfalls Sondervermögen des Bundes. 2004 gab es noch sechs Sondervermögen neben dem Bundeshaushalt. Drei Sondervermögen wurden 1999 erstmals in den Bundeshaushalt einbezogen: der Erblastentilgungsfonds, das Bundeseisenbahnvermögen und der Ausgleichsfonds zur Sicherung des Steinkohleeinsatzes. → *Schattenhaushalt.*

▶ **Sonderziehungsrechte** → *Internationaler Währungsfonds (IWF)*

▶ **Sonn- und Feiertagsarbeit**

Arbeit an Sonntagen und gesetzlichen Feiertagen. Grundsätzlich gilt an diesen Tagen nach den Vorschriften im → *Arbeitszeitgesetz* ein Arbeitsverbot (§ 9 ArbZG). Zahlreiche Ausnahmeregelungen gelten nach § 10 ArbZG, § 13 ArbZG und § 14 ArbZG und im → *Ladenschlussgesetz* (§ 17 LadenschlussG). Beim → *Jugendarbeitsschutz* gelten besondere Regelungen.

Ausnahmeregelungen gelten nach § 10 Abs. 1 ArbZG u. a. für Beschäftigung in Not- und Rettungsdiensten, bei Polizei und Feuerwehr, in Krankenhäusern und Altenheimen, in Gaststätten, bei Musik- und Theateraufführungen, in Freizeitanlagen, Museen und im Fremdenverkehr, bei Rundfunk und Fernsehen, in Verkehrsbetrieben und in der Energieversorgung, in der Landwirtschaft sowie zur Vermeidung einer Zerstörung von Produktionsanlagen (z. B. Hochöfen). Mindestens 15 Sonntage im Jahr müssen beschäftigungsfrei bleiben (§ 11 ArbZG). Für besondere Vereinbarungen im → *Tarifvertrag* gelten abweichende Regelungen (§ 12 ArbZG).

Lohnzuschläge für Sonn- und Feiertagsarbeit, die neben dem Grundlohn (z. B. nach einem Tarifvertrag oder durch → *Betriebsvereinbarung*) gezahlt werden, bleiben bis zu bestimmten Höchstgrenzen steuerfrei (§ 3 b EStG). Ein stufenweiser Abbau der Steuerfreiheit zur Gegenfinanzierung einer weiteren → *Steuerreform* wird diskutiert.

▶ **Sorten**

Bezeichnung für Münzen und Banknoten in fremder → *Währung*. Sie werden im → *Sortengeschäft* an der → *Devisenbörse* gehandelt.

▶ **Sortenfertigung**

Die Produktion von verwandten Erzeugnissen, die sich lediglich durch einzelne Merkmale unterscheiden, z. B. unterschiedliche Abmessung von Rohren, Blech usw. oder verschiedene Farbzusammensetzung in der Lackindustrie. → *Einzelfertigung,* → *Massenfertigung* und → *Serienfertigung*.

▶ **Sortengeschäft**

Bezeichnung für den Handel mit → *Sorten.* → *Finanzdienstleistungsinstitute.*

▶ **Sound-Karte**

→ *Steckkarte* für den → *PC* zur akustischen Wahrnehmung elektronisch umgeformter Musikstücke.

▶ **Sozialabbau**

Bezeichnung für die bereits seit der zweiten Hälfte der 70er Jahre wirksam gewordenen gesetzlichen Maßnahmen und Verwaltungsvorschriften zum Abbau sozialpolitischer Leistungen.

Die → *Sozialpolitik* wurde in den 80er Jahren unter dem Druck knapper werdender öffentlicher Einnahmen und steigender öffentlicher Ausgaben am wirtschafts- und gesellschaftspolitischen Gedankengut konservativer Politik (→ *Konservatismus*) ausgerichtet. Dies entsprach auch den Vorstellungen und Forderungen der → *Bundesvereinigung Deutscher Arbeitgeberverbände (BDA)*, wie sie z. B. bereits 1982 in den „Leitlinien zur sozialen Sicherheit in der Zukunft" der BDA veröffentlicht waren. Insgesamt besteht seitdem das durchgängige Bestreben der Haushaltspolitik des Bundes, sich aus der Finanzierung der Ausgaben der → *Sozialversicherung* soweit wie möglich zurückzuziehen und Sozialleistungen zu kürzen.

Hierzu wurden seit 1983 Maßnahmen beschlossen, bei denen oft nur das Verschieben der Finanzierung („Verschiebebahnhof") zwischen den verschiedenen Leistungsträgern → *Rentenversicherung*, → *Krankenversicherung* und → *Bundesagentur für Arbeit (BA)* im Vordergrund stand. Diese haben besonders nach der Vereinigung Deutschlands große politische Lasten zu tragen, die eigentlich aus dem allgemeinen Steueraufkommen finanziert werden müssten.

Der Sozialabbau seit Ende der 70er Jahre sowie die → *Gesundheitsreform* bewirkten starke Belastungen bei Beziehern von Sozialleistungen (insbesondere Rentner, Arbeitslose, Schüler, Mütter, Behinderte) und Arbeitnehmern (u. a. durch Beitragssatzerhöhungen, Besoldungsabsenkungen für → *Beamte*, Selbstbeteiligungsmaßnahmen im Krankheitsfall). Das → *Föderale Konsolidierungsprogramm*, das → *Spar-, Konsolidierungs- und Wachstumsprogramm* und die → *Hartz-Gesetze* brachten weitere Einschnitte im Sozialen Netz.

Begründet wird der Sozialabbau mit der Notwendigkeit, vorhandene und absehbare Finanzierungslücken in den öffentlichen Haushalten (→ *Bundeshaushalt*) zu schließen. Dies soll erfolgen durch ein Anpassen der Strukturen in der sozialen Sicherung an die voraussehbaren Entwicklungen im Gesundheitswesen und bei der gesetzlichen Rentenversicherung, die u. a. bedingt sind durch die längere Lebenserwartung der Bevölkerung. Die Folge ist ein Rückgang der → *Sozialleistungsquote*.

Im Rahmen der → *Standortdiskussion* versuchen die Verbände der Arbeitgeber darüber hinaus eine Verschlechterung betrieblicher Sozialleistungen sowie tarifvertraglicher Regelungen (→ *Tarifvertrag*) zur → *Arbeitszeit*, zum → *Kündigungsschutz* und bei der → *Mitbestimmung* durchzusetzen.

▶ **Sozialabgaben** → *Sozialversicherung*

▶ **Sozialabgabenquote** → *Abgabenquote*

▶ **Sozialagenda** → *Europäische Sozialagenda*

▶ **Sozialbeirat**

Sachverständigen-Gremium beim Bundesministerium für Arbeit und Sozialordnung (BMA) für alle Zweige der gesetzlichen → *Rentenversicherung* und gesetzlichen → *Unfallversicherung*. Er erstellt Gutachten für Anpassungen der Renten, zum → *Sozialbericht* und für die gesetzliche Unfallversicherung und Rentenversicherung.

▶ **Sozialbericht**

Ein Regierungsprogramm zur → *Sozialpolitik*. Er besteht aus zwei Teilen: Im **Teil A** werden alle vier Jahre – zuletzt für 2001 – u. a. die geplanten Vorhaben der Bundesregierung auf dem Gebiet der → *Rentenversicherung*, → *Arbeitsmarktpolitik*, Familienpolitik (→ *Armutsbericht*) und → *Vermögenspolitik* dargestellt.

Der **Teil B** ist ein dazugehöriger Finanzbericht (**Sozialbudget**). Er gibt einen zusammenfassenden Überblick zu den Ausgaben für soziale Sicherheit und liefert eine Grundlage für politische Entscheidungen. Das alle 4 Jahre erstellte Sozialbudget enthält neben dem Vergangenheitsteil eine → *Projektion* der Bundesregierung für das Endjahr des jeweiligen mittelfristigen Finanzplanungszeitraums. Dazwischen veröffentlichte Sozialbudgets sind eine Aktualisierung der Vergangenheitsergebnisse durch das Bundesministerium für Gesundheit und Soziale Sicherung. Der nächste Sozialbericht der Bundesregierung mit Sozialbudget (Sozialbericht/Sozial-

Mrd.Euro	1991	2002
Allgemeine Systeme	**259,6**	**436,9**
• *Gesetzliche Rentenversicherung*	*133,3*	*232,9*
• *Gesetzliche Krankenversicherung*	*92,7*	*141,2*
• *Gesetzliche Pflegeversicherung*	*–*	*17,3*
• *Gesetzliche Unfallversicherung*	*7,6*	*11,2*
• *Arbeitsförderung*	*44,6*	*71,0*
Sondersysteme		
(Alterssi. der Landwirte, Versorgungswerke)	**3,6**	**5,5**
Leistungssysteme des öffentlichen Dienstes	**34,5**	**52,1**
• *Pensionen*	*23,2*	*35,4*
• *Familienzuschläge*	*5,8*	*6,9*
• *Beihilfen*	*5,4*	*9,7*
Leistungssysteme der Arbeitgeber	**45,3**	**56,0**
• *Entgeltfortzahlung*	*24,2*	*28,2*
• *Betriebliche Altersversorgung*	*10,8*	*16,5*
• *Zusatzversorgung*	*6,0*	*8,5*
• *Sonstige Arbeitgeberleistungen*		
Entschädigungssysteme		
(Soziale E., LAG, Wiedergutmachung)	**8,7**	**5,7**
Förder- und Fürsorgesysteme	47,3	55,2
• *Sozialhilfe*	*18,1*	*26,7*
• *Jugendhilfe*	*10,9*	*17,6*
• *Erziehungsgeld*	*3,2*	*3,6*
• *Ausbildungsförderung*	*1,3*	*1,5*
• *Wohngeld*	*2,5*	*4,8*
• *Vermögensbildung (Staat)*	*0,8*	*0,8*
Direkte Leistungen insgesamt	**398,8**	**610,4**
Indirekte Leistungen	**27,2**	**74,6**
• *Steuerliche Maßnahmen (ohne FLA)*	*27,2*	*38,6*
• *Familienlastenausgleich (FLA)*	*–*	*36,0*
Sozialbudget insgesamt	**426,0**	**685,1**

Ausgaben für die soziale Sicherung (Sozialbudget 1991 und 2002) (Quelle: BMGS 2004)

budget 2005) wird im Frühjahr 2006 veröffentlicht. → *Sozialleistungsquote*, → *Sozialbilanz*.

http://www.bmgs.de

▶ **Sozialbilanz** → *Gesellschaftsbezogene Berichterstattung*

▶ **Sozialbudget** → *Sozialbericht*

▶ **Sozialcharta der EU**

(Gemeinschaftscharta der sozialen Grundrechte der Arbeitnehmer) Mit der → *Einheitlichen Europäischen Akte,* die am 1.7. 1987 in Kraft getreten ist, wurde die Notwendigkeit der Entwicklung eines **Sozialraums** in Europa zwar betont, jedoch nicht ausdrücklich konkretisiert. Erst im Juni 1988 wurden auf Drängen des EGB (→ *Europäischer Gewerkschaftsbund (EGB)*), des DGB (→ *Deutscher Gewerkschaftsbund (DGB)*) und der deutschen Präsidentschaft vom Europäischen Rat (→ *EG (Europäische Gemeinschaft)*) in Hannover hierzu Maßnahmen angekündigt. Bekräftigt wurde, dass der angestrebte Europäische Binnenmarkt (→ *Europäischer Binnenmarkt*) der gesamten Bevölkerung zugute kommen muss. Die Maßnahmen sollten für die → *Arbeitnehmer* neben einer Verbesserung der Arbeitsbedingungen und für den → *Lebensstandard* auch den Gesundheitsschutz und die Arbeitssicherheit (→ *Unfallschutz*) umfassen. Das bereits erreichte Niveau sozialer Schutzrechte sollte nicht eingeschränkt werden. → *Sozialer Dialog* in der EU.

Nur 11 der 12 Staats- und Regierungschefs (bis 1998 ohne Großbritannien) akzeptierten schließlich im Europäischen Rat im Dezember 1989 in Straßburg eine **„Gemeinschaftscharta der sozialen Grundrechte der Arbeitnehmer".** In einem **Aktionsprogramm** kündigte die Kommission der EU daraufhin 47 Initiativen an. Allerdings betrafen hiervon nur weniger als die Hälfte Vorschläge zur Schaffung sozialer Mindeststandards (→ *Sozialklauseln*). Die von der Kommission daraufhin erarbeiteten Richtlinien wurden bisher nur in einigen Fällen vom Ministerrat auch verabschiedet (z. B. über → *Europäische Betriebsräte*).

Die **Sozialcharta** enthält eine Auflistung von 26 politischen Forderungen und Verpflichtungen, u. a.:

- Recht auf Freizügigkeit für Arbeitnehmer, Gleichbehandlung bei den Lebens- und Arbeitsbedingungen, Harmonisierung der Bedingungen für Aufenthalt und Familienzusammenführung, Gleichbehandlung in der → *Sozialversicherung*;
- Recht auf angemessene Bezahlung, freie Berufswahl und Berufsausübung und unentgeltliche Vermittlungsdienste;
- Verbesserung der Lebens- und Arbeitsbedingungen durch Angleichung der → *Arbeitszeit* und Arbeitszeitgestaltung, das Recht auf bezahlten Jahresurlaub und wöchentliche Ruhezeit (→ *Arbeitszeitrichtlinie der EU*);
- Recht auf angemessenen sozialen Schutz und → *Sozialhilfe*;
- Recht auf → *Koalitionsfreiheit* und Tarifverhandlungen einschließlich → *Streik* und → *Aussperrung*, Ausbau des Sozialen Dialogs;
- Recht auf Berufsausbildung und gleicher Zugang hierzu für alle Bürger der EU; Voraussetzungen für Weiterbildung einschl. Bildungsurlaub schaffen;
- Recht auf Gleichbehandlung von Mann und Frau, Verstärkung der Chancengleichheit insbesondere beim Arbeitsentgelt u. a.;
- Recht auf Unterrichtung, Anhörung und Mitwirkung von Arbeitnehmern bei Entscheidungen über technologischen Wandel und bei Umstrukturierungen;
- Recht auf Gesundheitsschutz und Sicherheit am Arbeitsplatz;
- Kinder- und Jugendschutz, Kinderarbeitsverbot unter 15 Jahren, Verbot der Nachtarbeit und Festlegung von Höchstarbeitszeiten.

Ende 1991 wurde ein Abkommen über die Sozialpolitik (**Sozialprotokoll**) beschlossen – allerdings zunächst ohne Großbritanniens Beteiligung – das 1997 mit dem Vertrag von Amsterdam (→ *Europäische Union (EU)*) in den EG-Vertrag übernommen wurde.

Im Dezember 2000 verabschiedete der Europäische Rat der EU eine → *Europäische Sozialagenda* als weiteren Meilenstein für einen europäischen Sozialraum. Europäischer Beschäftigungspakt.

http://www.europa.eu.int/index_de.htm
http://www.europarl.eu.int/

▶ **Sozialdaten**

Personenbezogene Daten, die von den Trägern der → *Sozialversicherung,* → *Sozialhilfe* und Versorgungsbehörden bei der Erfüllung ihrer gesetzlichen Aufgaben gespeichert werden.

Sie unterliegen nach den Bestimmungen im → *Sozialgesetzbuch (SGB)* (§ 35 SGB I) dem **Sozialgeheimnis** und dürfen nur unter bestimmten Voraussetzungen (§ 67 SGB X bis § 67 e SGB X) herausgegeben werden (u. a. bei schriftlicher Einwilligung des Betroffenen, im Rahmen der Amtshilfe zwischen Behörden, bei Verletzung der Unterhaltspflicht, zur Durchführung von Strafverfahren).

▶ **Sozialdumping**

Bezeichnung für ein Verhalten, bei dem Unterschiede in den Arbeits- und Sozialkosten (z. B. zwischen benachbarten Staaten der EU (→ *Europäische Union (EU)*) bewusst eingesetzt werden, um → *Arbeitnehmer* und ihre → *Gewerkschaften* unter Druck zu setzen. Der EGB (→ *Europäischer Gewerkschaftsbund (EGB)*) hat deshalb gefordert, rechtlich verbindliche soziale Mindestnormen (→ *Sozialklauseln*) und eine EU-weite Sicherung grundlegender Arbeitnehmerrechte festzulegen. → *Sozialcharta der EU,* → *WTO (World Trade Organization),* → *Dumping.*

▶ **Soziale Dimension**

Bezeichnet die vielfältigen Beziehungen im → *Arbeitsrecht* und → *Sozialrecht,* die nach Realisierung der EU (→ *Europäische Union (EU)*) zu beachten sind. Während noch im → *Weißbuch der EU* zur Vollendung des Europäischen Binnenmarktes der sozialpolitische Teil unbehandelt blieb, nahm die → *Einheitliche Europäische Akte* das Problem des **„Europäischen Sozialraums"** ausdrücklich in den politischen Zielkatalog auf. → *Sozialcharta der EU,* → *Europäische Sozialagenda.*

▶ **Soziale Grundrechte in der EU** → *Sozialcharta der EU*

▶ **Sozialeinrichtungen**

Einrichtungen in einem Betrieb, Unternehmen oder → *Konzern* für die Beschäftigten. Hierzu zählen z. B. die Kantine, das Wohnheim für → *Auszubildende*, die → *Pensionskasse* bzw. → *Unterstützungskasse* oder die Werksbücherei. Der → *Betriebsrat* oder → *Personalrat* hat bei der Ausgestaltung, Mittelverteilung und Verwaltung das Recht auf → *Mitbestimmung*. Seine Rechte können durch → *Betriebsvereinbarung* noch verstärkt werden (z. B. Mitbestimmung bei der Errichtung oder Schließung).

▶ **Soziale Kompetenz**

Bezeichnet die Fähigkeit von Führungspersonen (→ *Vorstand*, → *Geschäftsführer*) und → *Leitende Angestellte*, sowohl nach innen gegenüber den Beschäftigten als auch nach außen gegenüber der Gesellschaft die soziale Verantwortung neben den sonstigen Unternehmenszielen (z. B. Steigerung des → *Shareholder Value*) gleichrangig zu beachten. → *Stakeholder Value*.

▶ **Soziale Kosten**

Volkswirtschaftliche Kosten, die durch die Tätigkeit von Unternehmen entstehen, die dort aber nicht als → *Kosten* in Erscheinung treten. Hierzu zählen z. B. alle von Unternehmen verursachten Umweltschäden (→ *Umweltschutz*), Krankheiten, früher eintretende → *Erwerbsunfähigkeit* usw. und die hierdurch bedingten, von der Allgemeinheit zu tragenden Kosten.

▶ **Soziale Marktwirtschaft**

Aus dem → *Ordoliberalismus* entwickeltes Modell, welches dem ökonomischen Wiederaufbau der Bundesrepublik Deutschland nach dem 2. Weltkrieg zugrunde lag. Die geistigen Väter der Sozialen Marktwirtschaft sind die Neoliberalen **Eucken** und **Rüstow** sowie **Müller-Armack** und **Ludwig Erhard**, der erste Bundeswirtschaftsminister der Bundesrepublik. Die Grundidee ist, die → *Effizi*enz im → *Markt* mit gesellschaftlichem Konsens und sozialem Ausgleich zu kombinieren.

Der Staat hat in dem Modell die Aufgabe, sozial unerwünschte Ergebnisse der → *Marktwirtschaft* zu korrigieren. Dies gilt vor allem bei der Sicherung eines freien Wettbewerbs durch das → *Kartellgesetz* und das **Gesetz gegen unlauteren Wettbewerb** (→ *Unlauterer Wettbewerb*), einer Beteiligung der Arbeitnehmer an den Ergebnissen des Wirtschaftsprozesses mit dem Ziel einer sozial gerechtfertigten → *Einkommensverteilung* und → *Vermögensverteilung* sowie einer Beeinflussung von Konjunkturschwankungen durch → *Antizyklische Wirtschaftspolitik* (→ *Stabilitätsgesetz*). Mit Hilfe der → *Arbeitsmarktpolitik*, → *Strukturpolitik*, der → *Sozialpolitik* und der Bildungspolitik sowie der Anwendung des → *Subsidiaritätsprinzips* sollen soziale Ungleichgewichte vermieden und korrigiert werden. → *Ordnungspolitik*, → *Privatisierung*, → *Sozialabbau*.

▶ **Soziale Mindeststandards** → *Sozialcharta der EU*

▶ **Sozialer Dialog in der EU**

Ergebnis von Forderungen des EGB (→ *Europäischer Gewerkschaftsbund (EGB)*), die in der EU (→ *Europäische Union (EU)*) vorhandenen sozialen Probleme mit der Kommission der EU (→ *EG (Europäische Gemeinschaft)*) zu diskutieren und Regelungen zu verabreden.

In einer Experimentierphase in den Jahren 1985 bis 1988, in der die Kommission der EU mit Gewerkschaften sowie den Verbänden der Arbeitgeber (→ *UNICE*) und der öffentlichen Unternehmen (→ *Öffentliche Unternehmen*) Gespräche und Diskussionen führte, kam es im Januar 1989 nach einem Treffen von Vertretern des EGB mit der Kommission zu einigen festen Verabredungen. So wurde ein so genannter **Lenkungsausschuss**, bestehend aus Vertretern der drei Organisationen und der Kommission, mit dem Ziel gebildet, Anstöße für den Sozialen Dialog zu geben und Stellungnahmen zu ausgewählten Themen zu erarbeiten. Zu den Themenbereichen des Sozialen Dialogs zählte die Vorbereitung der → *Sozialcharta der EU*, die → *Europäische Aktiengesellschaft (EAG)* und → *Europäische Betriebsräte*, sowie alle Fragen der Qualifizierung und Ausbildung. Verabredet wurde außerdem – beginnend mit dem Jahr 1991 – die jährliche Veröffentlichung eines **Beschäftigungsberichts der EU**. Hierin wird die Situation auf dem europäischen Arbeitsmarkt untersucht und Projekte zur Beschäftigungsförderung vorgeschlagen.

Seit November 1993 sind die drei Teilnehmergruppen des Sozialen Dialogs an der Gestaltung der Sozialgesetzgebung in der EU beteiligt.

▶ **Sozialer Wohnungsbau**

Bezeichnung für Maßnahmen von Bund, Ländern und → *Gemeinden* zur Schaffung von mietgünstigem Wohnraum für die sozial schwächeren Bevölkerungsschichten (→ *Sozialwohnungen*). In den 80er Jahren ist der Anteil staatlich geförderten Wohnraums drastisch zurückgegangen. Erst unter dem Eindruck massiver Probleme, vor allem in den Ballungsgebieten, bei der Unterbringung von zugewanderten Bevölkerungsschichten sowie der Bereitstellung von Wohnraum für junge Familien wurden wieder verstärkt Programme im sozialen Wohnungsbau durchgeführt. Sie erreichen jedoch unter dem Zwang der Finanzprobleme der öffentlichen Haushalte (→ *Öffentlicher Haushalt*) nicht das frühere Volumen. Träger des sozialen Wohnungsbaus sind vor allem gemeinnützige Wohnungsunternehmen sowie Bund, Länder und Kommunen. → *Fehlbelegungsabgabe*. Die Voraussetzungen der öffentlichen Förderung für den sozialen Wohnungsbau sind im → *Wohnungsbaugesetz* beschrieben.

▶ **Soziale Symmetrie**

Besagt, dass die in einer Volkswirtschaft erarbeiteten → *Einkommen* und → *Vermögen* möglichst gleichmäßig auf → *Arbeitnehmer* und → *Arbeitgeber* verteilt werden. In der Theorie müssten beide Gruppen Einkommens- und Vermögenszuwächse entsprechend ihrem tatsächlichen Beitrag an der → *Wertschöpfung* erhalten. In den letzten Jahren hat sich jedoch durch → *Sozialabbau*, hohe → *Arbeitslosigkeit* und ungleiche Wirkungen von

Steuergesetzen die → *Einkommensverteilung* besonders stark zu Lasten der → *Arbeitnehmer* verschoben.

▶ **Sozialfonds** → *Europäischer Sozialfonds*

▶ **Sozialgeheimnis** → *Sozialdaten*

▶ **Sozialgeld** → *Arbeitslosengeld II*

▶ **Sozialgerichtsbarkeit**

Zur Klärung von Streitfragen aus der Sozialgesetzgebung zuständiges Gericht. Hierzu zählen Angelegenheiten der → *Sozialversicherung*, der Arbeitsförderung (→ *Arbeitsförderungsgesetz/ Arbeitsförderung*), der Kassenärzte, zum → *Kindergeld* und → *Erziehungsgeld* und des Rechts für → *Schwerbehinderte*.

Rechtsgrundlage ist das **Sozialgerichtsgesetz (SGG)** i. d. F. vom 23. 9. 1975. Weitere Instanzen sind die Landessozialgerichte und das Bundessozialgericht in Kassel.

http://bundesrecht.juris.de/bundesrecht/sgg/inhalt.html

▶ **Sozialgesetzbuch (SGB)**

Ein noch nicht ganz abgeschlossenes Gesetzesvorhaben, mit dem alle Sozialleistungsgesetze zusammengefasst werden sollen. Es geht auf eine Reformidee zurück, die zuerst von **Willy Brandt** in seiner Regierungserklärung am 28. 10. 1969 aufgegriffen und angekündigt wurde. Mit dem Sozialgesetzbuch werden am Ende etwa 800 Gesetze und Verordnungen auf eine einheitliche Grundlage gestellt. Das noch nicht ganz abgeschlossene Gesetzeswerk umfasst 12 **Bücher:**

Im **Allgemeinen Teil (I. Buch)** sind seit 1. 1. 1976 allgemeine und in allen sozialrechtlichen Bereichen gleichermaßen auftauchende Fragen einer einheitlichen Regelung zugeführt.

Mit dem Gesetz über die **Gemeinsamen Vorschriften für die Sozialversicherung** ist das **IV. Buch** zum 1. 7. 1977 in Kraft getreten. Auch hier sind übereinstimmende Strukturprinzipien festgelegt, wie z. B. Grundsätze und Begriffsbestimmung, Leistungen und Beiträge, Träger der Sozialversicherung und deren Haushalts- und Rechnungswesen, Rechtsaufsicht sowie Bußgeldvorschriften.

Das **X. Buch** befasst sich mit den **Verwaltungsverfahren**, dem Schutz der Sozialdaten, der Zusammenarbeit der Leistungsträger und ihren Beziehungen zu Dritten. Die Verwaltungsverfahren sind am 1.1. 1981, die übrigen Vorschriften am 1.7. 1983 in Kraft getreten.

Mit dem Gesundheitsreformgesetz wurden die Vorschriften über die **gesetzliche Krankenversicherung** mit Wirkung vom 1.1. 1989 im **V. Buch** des Sozialgesetzbuches zusammengefasst.

Das Paket der → *Rentenreform* von 1992 bildete mit seinen 320 Vorschriften das **VI. Buch (Gesetzliche Rentenversicherung)**.

Das **VIII. Buch** zur **Kinder- und Jugendhilfe** gilt seit dem 3. 10. 1990 in den neuen bzw. seit dem 1. 1. 1991 in den alten Bundesländern.

Mit dem „Gesetz zur sozialen Absicherung des Risikos der Pflegebedürftigkeit" (→ *Pflegeversicherung*) vom 26. 5. 1994 wurde auch das **XI. Buch (Soziale Pflegeversicherung)** fertig gestellt. Es ist bis zum 1.7. 1996 stufenweise in Kraft getreten.

Die Eingliederung der **Unfallversicherung** als **VII. Buch** ist am 1.1. 1997 in Kraft getreten. Das **III. Buch (Arbeitsförderung)** ersetzte zum 1.1. 1998 das → *Arbeitsförderungsgesetz/Arbeitsförderung*.

Zum 1.7. 2001 ist das **IX. Buch** mit einer Zusammenfassung aller Vorschriften zur → *Rehabilitation* und Eingliederung behinderter Menschen in Kraft getreten.

Seit dem 1. Januar 2005 gilt das **II. Buch (Grundsicherung für Arbeitsuchende)** mit den Neuregelungen zur Reform der → *Arbeitsmarktpolitik* und des Sozialrechts bei Arbeitslosigkeit sowie das **XII. Buch** (→ *Sozialhilfe*). Die beiden neuen Bücher des Sozialgesetzbuchs sind die Rechtsgrundlage zur Umsetzung von **Hartz IV** (→ *Hartz-Gesetze*).

Noch nicht eingegliedert sind die Sozialleistungsbereiche der sozialen Entschädigung wie z. B. → *Versorgungsbezüge*, → *Wohngeld*, → *Familienlastenausgleich* und der Ausbildungsförderung (→ *Bundesausbildungsförderungsgesetz (BAföG)*.

http://www.sozialgesetzbuch-bundessozialhilfegesetz.de/
_buch/sozialgesetzbuch.htm

▶ **Sozialhilfe**

Sozialhilfe nach dem → *Sozialgesetzbuch (SGB)*, Teil XII, soll in Not geratenen Personen helfen, ein menschenwürdiges Leben zu führen mit dem Ziel, den Hilfeempfänger möglichst bald wieder unabhängig von der Sozialhilfe zu machen. Dabei wird die Mitwirkung des Hilfeempfängers erwartet (§ 1 SGB XII).

Keine Sozialhilfe erhält nach § 2 Abs. 2 SGB XII, wer sich vor allem durch Einsatz seiner Arbeitskraft, seines Einkommens (§ 85 SGB XII bis § 89 SGB XII und § 96 SGB XII) und seines Vermögens (§ 90 SGB XII und § 91 SGB XII) selbst helfen kann oder wer die erforderliche Leistung von anderen, insbesondere von Angehörigen oder von Trägern anderer Sozialleistungen, erhält. Für Auszubildende und Ausländer gelten Sonderregelungen (§ 22 SGB XII und § 23 SGB VII).

Personen, die nach dem neuen **SGB II** (→ *Hartz-Gesetze*) als → *Erwerbsfähige* oder als Angehörige dem Grunde nach leistungsberechtigt sind, erhalten i. d. R. keine Leistungen für den Lebensunterhalt mit Ausnahme von Leistungen zur Sicherung der Wohnung (§ 34 SGB XII).

Die Leistungen richten sich nach den persönlichen Verhältnissen des Hilfeempfängers und umfassen:

- Hilfe zum Lebensunterhalt (§ 27 SGB XII bis § 40 SGB XII),
- Grundsicherung im Alter und bei Erwerbsminderung (§ 41 SGB XII bis § 46 SGB XII),
- Hilfen zur Gesundheit (§ 47 SGB XII bis § 52 SGB XII),
- Eingliederungshilfe für behinderte Menschen (§ 53 SGB XII bis § 60 SGB XII),
- Hilfe zur Pflege (§ 61 SGB XII bis § 66 SGB XII),
- Hilfe zur Überwindung besonderer sozialer Schwierigkeiten (§ 67 SGB XII bis § 69 SGB XII),
- Hilfe in anderen Lebenslagen z. B. (§ 70 SGB XII bis § 74 SGB XII).

Die **Hilfe zum Lebensunterhalt** setzt sich zusammen aus:
- **Regelbedarf**, der nach monatlichen **Regelsätzen** erbracht wird. Diese werden von den Landesregierungen zum 1. Juli eines jeden Jahres durch → *Rechtsverordnung* festgesetzt;

- **Leistungen für Unterkunft und Heizung**;
- **Leistungen zur Abdeckung eines Sonderbedarfs.** Dies sind
  - **Mehrbedarf** für Personen ab dem 65. Lebensjahr und für voll Erwerbsgeminderte oder werdende Mütter in Höhe von 17 % des jeweiligen Regelsatzes – bei Alleinerziehenden und Behinderten mit unterschiedlichen Zuschlägen,
  - **einmalige Bedarfe** (Erstausstattung für Wohnung und Bekleidung sowie bei Geburten und Schwangerschaften, Zuschüsse bei Klassenfahrten),
  - **Beiträge** zur → *Krankenversicherung* und → *Pflegeversicherung*, Beiträge zur Vorsorge für angemessene Alterssicherung oder Sterbegeld sowie
  - **Sonderfälle** (z. B. Schuldübernahme bei drohender Wohnungslosigkeit).

Für Personen in Heimen gelten abweichende Vorschriften, z. B. Taschengeld in Höhe von 26 % des **Eckregelsatzes** (Regelsatz für einen Haushaltsvorstand). Der Eckregelsatz beträgt seit 1. 1. 2005 in den alten Bundesländern 245 Euro, in den neuen Bundesländern 331 Euro.

Zur Beurteilung der Auswirkungen der Regelungen und zu ihrer Fortentwicklung erfolgen in der Bundesstatistik regelmäßige Erhebungen über die Empfänger sowie über die Ausgaben und Einnahmen aus Sozialhilfe (§ 121 SGB XII bis § 129 SGB XII).

www.rechtliches.de/info_SGB_XII.html

▶ **Sozialkapital** → *Kapital*

▶ **Sozialklauseln**

Bestimmungen in internationalen Handelsvereinbarungen zur Durchsetzung **sozialer Mindeststandards** in einzelnen Ländern. Hierzu zählen die in Konventionen (→ *Konvention*) der → *ILO* enthaltenen Festlegungen auf ein Verbot von Kinderarbeit, von → *Diskriminierung* und Zwangsarbeit, für das Recht auf → *Koalitionsfreiheit* und kollektive Tarifverhandlungen (→ *Tarifvertrag*). Vermieden werden soll das → *Sozialdumping*. Dies ist andererseits jedoch kurz- und mittelfristig oft die einzige Chance für

→ *Entwicklungsländer,* aufgrund der niedrigen heimischen → *Produktivität* am Weltmarkt konkurrenzfähig zu sein. Nur finanzielle Stützung beim Aufbau konkurrenzfähiger Strukturen sowie zeitlich begrenzte Abnahmegarantien durch die Industrieländer im Rahmen der → *WTO (World Trade Organization)* und der → *Entwicklungshilfe* können die Entwicklungsländer aus diesem Dilemma befreien.

▶ **Sozialleistungen**

Bezeichnung für die sozialen Leistungen des Staates bzw. spezieller öffentlich-rechtlicher Institutionen. Dies sind die → *Krankenversicherung,* → *Unfallversicherung,* → *Rentenversicherung* und → *Arbeitslosenversicherung* sowie die → *Sozialhilfe* und → *Jugendhilfe.*

▶ **Sozialleistungsquote**

Verhältnis aller → *Sozialleistungen* zum → *Bruttoinlandsprodukt.* Sie betrug nach dem → *Sozialbudget* 2002 32,2 %. → *Sozialabbau.*

▶ **Sozialpartner**

Bezeichnung für die beiden Tarifvertragsparteien → *Gewerkschaften* und → *Arbeitgeberverbände.* Der Begriff verwischt jedoch die eigentliche Funktion der beiden Interessengruppen. Der Begriff der Partnerschaft wird oft dazu missbraucht, die von der Natur der Sache her gegensätzlichen Interessen als gleichlaufend aufzuzeigen. Der Begriff der Sozialpartnerschaft muss vielmehr allein im Sinne der **Gleichberechtigung** der beiden Kontrahenten interpretiert werden. → *Bündnis für Arbeit.*

▶ **Sozialpflichtigkeit des Eigentums** → *Eigentum*

▶ **Sozialplan**

Regelung zum Ausgleich oder zur Milderung wirtschaftlicher Nachteile, die für → *Arbeitnehmer* infolge einer geplanten Betriebsänderung im Rahmen eines **Interessenausgleichs** entstehen können. Er wird zwischen → *Arbeitgeber* und → *Betriebsrat* ausgehandelt und hat die Wirkung einer → *Betriebsvereinbarung*. Rechtsgrundlage ist das → *Betriebsverfassungsgesetz (BetrVG)* (§ 112 BetrVG und § 112a BetrVG).

▶ **Sozialpolitik**

Bezeichnung für alle Maßnahmen zur Verbesserung der Stellung sozialer Gruppen in Beruf und Gesellschaft. Sozialpolitik soll die Risiken des Lebens – Krankheit, Unfall, Invalidität, Tod – sowie die Schutzbedürftigkeit bestimmter Lebenslagen – als → *Arbeitnehmer*, als Kind und Jugendliche, als Familie und im Alter – erfassen und absichern. Sie soll vor wirtschaftlicher Not und gesellschaftlicher Diskriminierung schützen. Im weiteren Sinne zählen heute auch die → *Verbraucherpolitik* und der → *Umweltschutz* als sozialpolitische Maßnahmen.

Ihren Ursprung hat die Sozialpolitik in den Auswüchsen der liberalistisch ausgerichteten Wirtschaftsordnung des vergangenen Jahrhunderts (→ *Manchester-Liberalismus*). Einsichtige Kräfte begannen damals zu begreifen, dass vor allem die sozial benachteiligten Gruppen einer kollektiven Hilfe bedürfen. Hierzu bedurfte es allerdings des organisierten Drucks durch die → *Gewerkschaften*.

Die staatliche Sozialpolitik findet ihre Ausprägung in der → *Sozialversicherung*, in der → *Sozialhilfe* für Bürger, die in Not geraten sind, sowie in → *Transferzahlungen* und **Steuervergünstigungen**.

Neben der staatlichen Sozialpolitik gibt es eine Reihe von karitativen, konfessionellen und privaten Organisationen, die **soziale Selbsthilfe** betreiben.

Entsprechend den **Stationen im Arbeitsleben** kann man unterscheiden in sozialpolitische Leistungen

● **vor** Eintritt in den Beruf, wie z.B. Ausbildungsförderung (→ *Bundesausbildungsförderungsgesetz (BAföG)*, → *Arbeitsvermittlung*,

● **während** der Berufsperiode, z.B. bei Krankheit (→ *Krankenversicherung*), Berufsunfall (→ *Unfallschutz*), → *Umschulung*,

→ *Arbeitslosigkeit*, sowie die Regelungen im → *Betriebsverfassungsgesetz (BetrVG)* oder im → *Tarifvertrag* und für

• **nicht mehr im Erwerbsleben** stehende bzw. **nicht mehr voll** arbeitsfähige Personen, z. B. Zahlung einer → *Rente* und → *Ruhegehalt*.

Frauen und **Jugendliche** genießen darüber hinaus besondere Rechte (→ *Mutterschutz*, → *Jugendarbeitsschutz* usw.). **Familien mit Kindern** werden durch den → *Familienlastenausgleich* besonders gefördert.

Die Wechselwirkungen zwischen Sozialpolitik und → *Wirtschaftspolitik* und → *Finanzpolitik* sind sehr eng und müssen aufeinander abgestimmt sein. Zum Beispiel werden von den Folgen der → *Inflation* vor allem die sozial Schwachen betroffen. Der **Realwert** der Sozialleistungen soll deshalb durch die Wirtschaftsentwicklung möglichst nicht verringert werden.

Eine Übersicht über die staatlichen Sozialleistungen gibt das von der Bundesregierung erstellte → *Sozialbudget*. → *Sozialabbau*, → *Sozialcharta der EU*.

▶ **Sozialprodukt (Nationaleinkommen)**

Zentrale Größe der VGR (→ *Volkswirtschaftliche Gesamtrechnung (VGR)*). Es vermittelt in zusammengefasster Form ein Bild der Leistung einer Volkswirtschaft in einer Rechnungsperiode (z. B. eines Jahres). Das Nationaleinkommen ist die wertmäßige Summe aller erwirtschafteten → *Güter* und → *Dienstleistungen*, die nach dem → *Inländerkonzept* ermittelt werden.

Das **Inlandsprodukt** umfasst nach dem → *Inlandskonzept* alle Güter und Dienstleistungen, die im Inland von In- und Ausländern (Personen und Institutionen) produziert werden. Das **Nationaleinkommen** errechnet sich dann, indem alle von Inländern aus dem Ausland empfangenen Primäreinkommen (→ *Arbeitnehmerentgelte*, Vermögenseinkommen und → *Subventionen*) dem Inlandsprodukt hinzugezählt und alle von Ausländern im Inland bezogenen Primäreinkommen (Arbeitnehmerentgelte, Vermögenseinkommen und Produktions- und Importabgaben) abgezogen werden **(Saldo der Primäreinkommen aus der übrigen Welt)**.

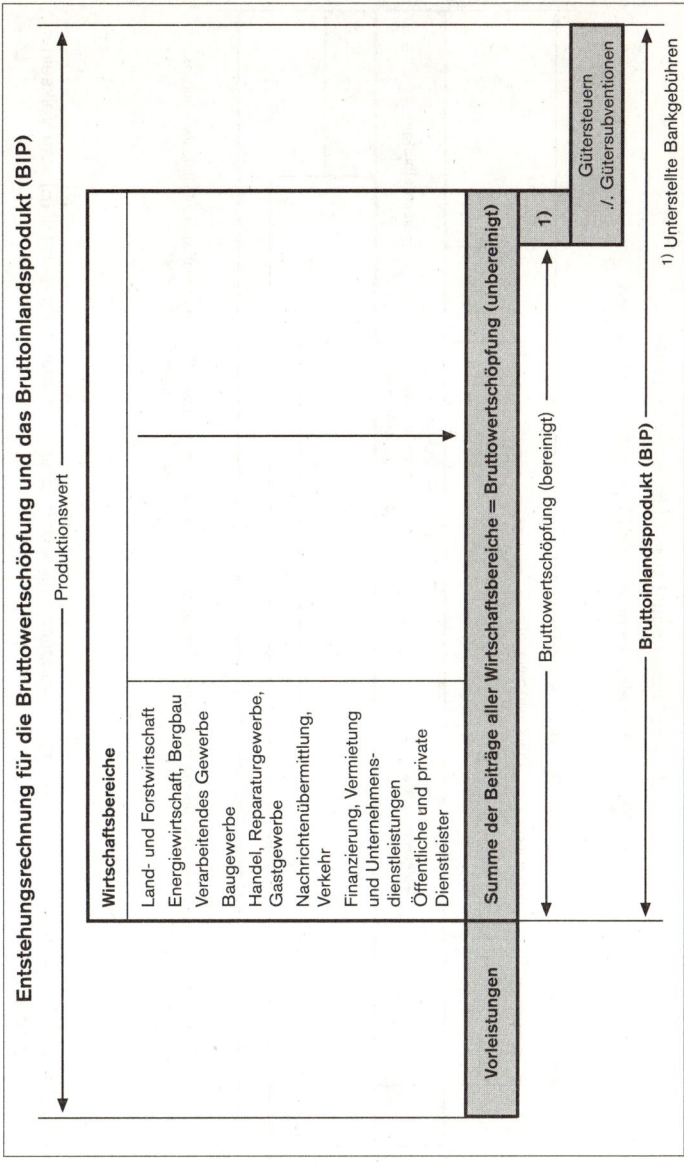

Abb. 32: Entstehungsrechnung für den Bruttoproduktionswert, die Bruttowertschöpfung und das Nettoinlandsprodukt

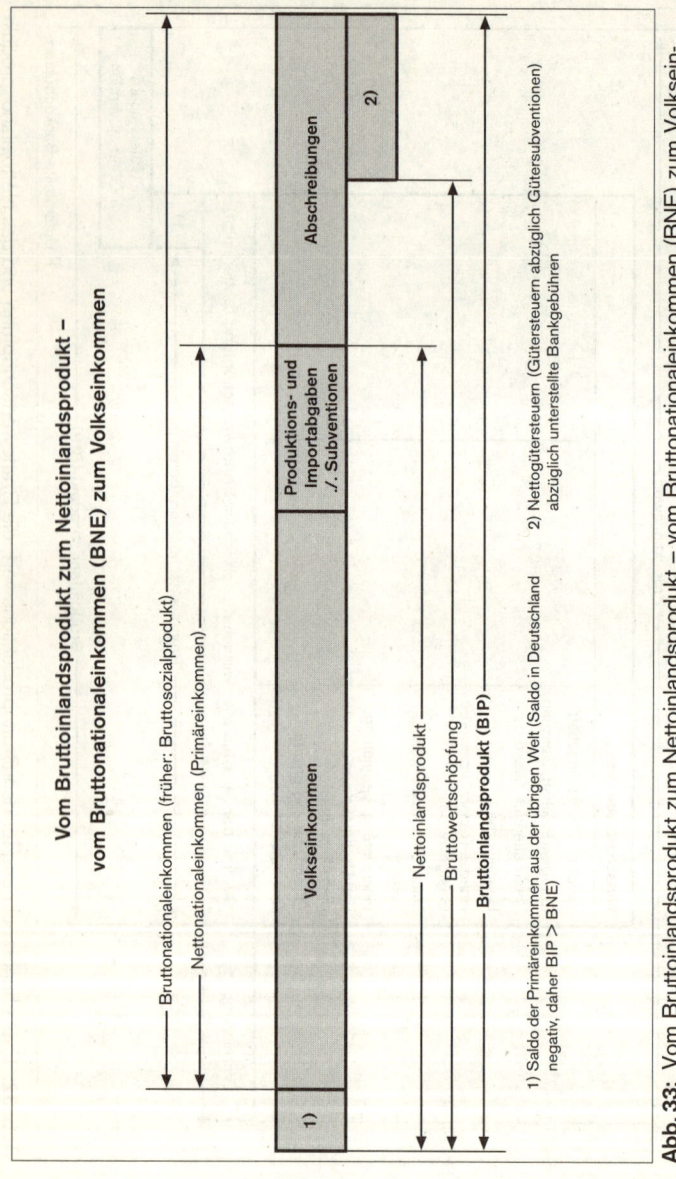

Vom Bruttoinlandsprodukt zum Nettoinlandsprodukt –
vom Bruttonationaleinkommen (BNE) zum Volkseinkommen

Bruttonationaleinkommen (früher: Bruttosozialprodukt)

Nettonationaleinkommen (Primäreinkommen)

Abschreibungen

2)

Produktions- und Importabgaben ./. Subventionen

Volkseinkommen

1)

Nettoinlandsprodukt

Bruttowertschöpfung

Bruttoinlandsprodukt (BIP)

1) Saldo der Primäreinkommen aus der übrigen Welt (Saldo in Deutschland negativ, daher BIP > BNE)

2) Nettogütersteuern (Gütersteuern abzüglich Gütersubventionen) abzüglich unterstellte Bankgebühren

Abb. 33: Vom Bruttoinlandsprodukt zum Nettoinlandsprodukt – vom Bruttonationaleinkommen (BNE) zum Volkseinkommen

Inlandsprodukt und Nationaleinkommen werden sowohl „**brutto**" als auch „**netto**" (nach Abzug der → *Abschreibungen*) berechnet und dargestellt. Siehe **Abb. 33**.

Das Bruttoinlandsprodukt wird in der Entstehungs-, Verwendungs- und Verteilungsrechnung ausgewiesen. Siehe **Abb. 36**.

1. Entstehungsrechnung

In **Abb. 32** ist die Berechnung des Bruttoinlandsprodukts nach seiner Entstehung schematisch dargestellt.

(a) Ausgangspunkt der Berechnung ist die **unbereinigte Bruttowertschöpfung** aller Wirtschaftsbereiche. Sie ergibt sich aus den Produktionswerten der Wirtschaftsbereiche abzüglich der → *Vorleistungen*.

(b) Die **Produktionswerte** der Unternehmen stellen den Wert der Verkäufe von Waren und Dienstleistungen aus eigener Produktion sowie von Handelswaren an andere in- und ausländische Wirtschaftseinheiten dar. Hinzugezählt wird der Wert der Bestandsveränderungen an Halb- und Fertigwaren aus eigener Produktion und der Wert selbst erstellter Anlagen.

(c) Durch Abzug einer **unterstellten Bankgebühr** (Unterschied der Soll- und Habenzinsen der → *Kreditinstitute*) von der unbereinigten Bruttowertschöpfung ergibt sich die **bereinigte Bruttowertschöpfung**.

(d) Das **Bruttoinlandsprodukt** ist die Summe aus der bereinigten Bruttowertschöpfung plus dem Saldo aus **Gütersteuern minus Gütersubventionen**. Hierbei werden alle → *Steuern* und ähnliche Abgaben, die für gehandelte Waren und Dienstleistungen zu entrichten sind (nicht als → *Vorsteuerabzug* abziehbare → *Umsatzsteuer*, Importabgaben wie → *Zölle*, → *Verbrauchsteuern*, → *Abschöpfungen* und sonstige Verbrauchsteuern) erfasst und um laufende Zahlungen ohne Gegenleistung (Subventionen) aus dem Haushalt der Nationalstaaten oder der EU (→ *Europäische Union (EU)*) vermindert.

2. Verteilungsrechnung

In **Abb. 34** ist das Bruttoinlandsprodukt in der Verteilungsrechnung schematisch dargestellt.

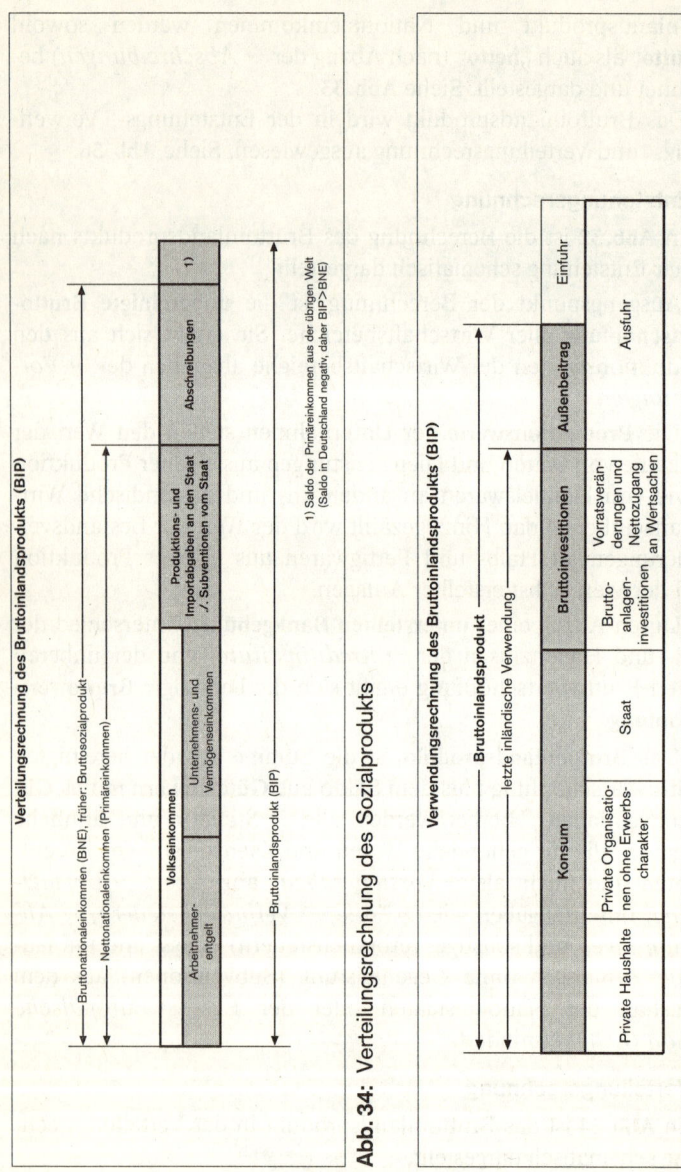

Abb. 34: Verteilungsrechnung des Sozialprodukts

Abb. 35: Verwendungsrechnung des Bruttoinlandsprodukts

(a) Ausgangspunkt der Berechnung ist das **Nettonationaleinkommen (Primäreinkommen)**. Durch Hinzuzählen des (in Deutschland seit 1994 negativen) Saldos der Primäreinkommen aus der übrigen Welt zum Bruttoinlandsprodukt ergibt sich das **Bruttonationaleinkommen**. Hiervon werden die → *Abschreibungen* abgezogen.

(b) Das **Volkseinkommen** wird errechnet, indem vom Nettonationaleinkommen (Primäreinkommen) die Produktions- und Importabgaben an den Staat – vermindert um die staatlichen Subventionen – abgezogen werden. Es umfasst das von Inländern empfangene Arbeitnehmerentgelt sowie die Unternehmens- und Vermögenseinkommen, die an → *Selbständige* oder → *Arbeitnehmer* geflossen sind. → *Verfügbares Einkommen*. Siehe **Abb. 33**.

3. Verwendungsrechnung

Abb. 35 zeigt die Berechnung des Bruttoinlandsprodukts von den Arten seiner Verwendung:

(a) Der → *Konsum* wird unterschieden in den **privaten Konsum** und in **Konsumausgaben des Staates**.

(b) Die **Konsumausgaben der privaten Haushalte** umfassen die Waren- und Dienstleistungskäufe der inländischen privaten Haushalte für Konsumzwecke. Die **Konsumausgaben der privaten Organisationen ohne Erwerbszweck** bestehen aus dem Eigenverbrauch. Dieser setzt sich zusammen aus dem Wert der von diesen Organisationen produzierten Güter abzüglich selbst erstellter Anlagen und Verkäufe sowie den Ausgaben für Güter, die als soziale Sachtransferleistungen den privaten Haushalten für ihren Konsum zur Verfügung gestellt werden.

(c) Die **Konsumausgaben des Staates** umfassen den Wert der Güter, die vom Staat selbst produziert werden (ohne selbst erstellte Anlagen und Verkäufe) sowie die Ausgaben für Güter, die als soziale Sachtransferleistungen den privaten Haushalten für ihren Konsum zur Verfügung gestellt werden.

(d) Die **Bruttoinvestitionen** setzen sich zusammen aus den → *Bruttoanlageinvestitionen* (Käufe neuer Anlagen einschl. selbsterstellter Anlagen sowie dem Saldo aus Käufen und Verkäu-

Sozialprodukt (Nationaleinkommen)

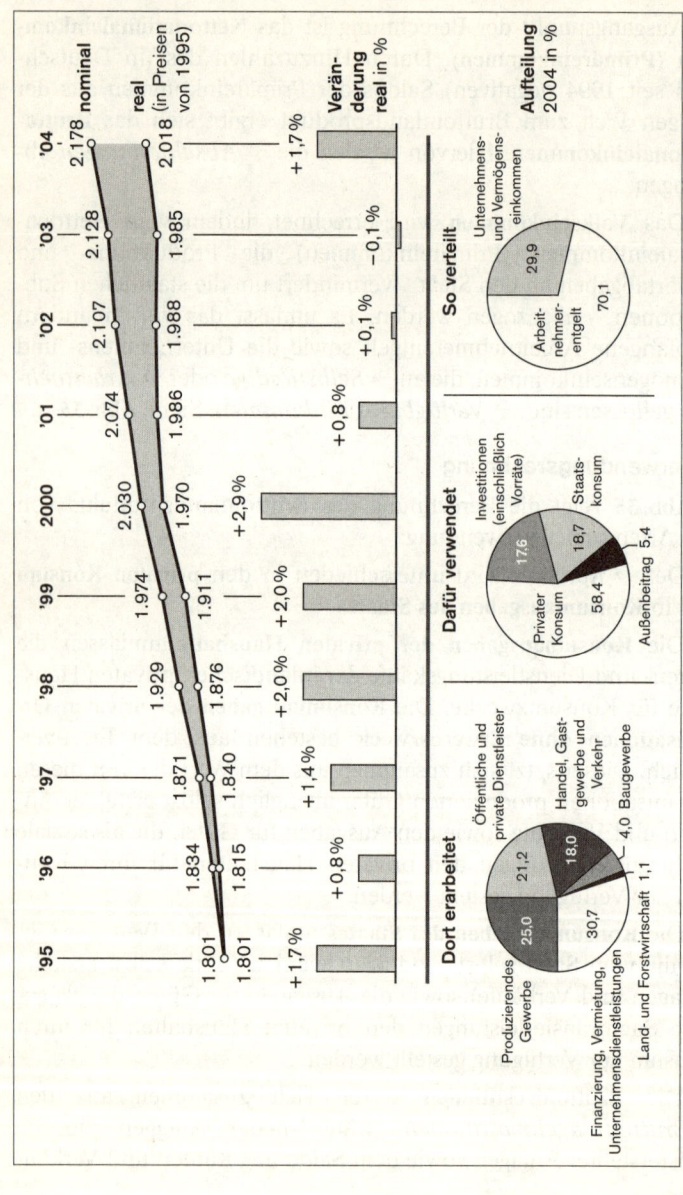

Abb. 36: Bruttoinlandsprodukt in Deutschland in Milliarden Euro

	1991	1995	2000	2001	2002	2003	2004
Bruttoinlandsprodukt in jeweiligen Preisen							
Neues Ergebnis in Mrd. Euro	1534,60	1848,45	2062,50	2113,56	2148,81	2164,87	2207,24
Bisheriges Ergebnis Mrd. Euro	1502,20	1801,30	2030,00	2074,00	2107,30	2128,20	2177,00
Differenz in Mrd. Euro	32,40	47,15	32,50	39,56	41,51	36,67	30,24

	1992	1995	2000	2001	2002	2003	2004
Bruttoinlandsprodukt, preisbereinigt, verkettet Veränderung gegenüber dem Vorjahr in %							
Neues Ergebnis	2,2	1,9	3,2	1,2	0,2	0,0	1,6
Bisheriges Ergebnis	2,2	1,7	2,9	0,8	0,1	− 0,1	1,6
Differenz in %-Punkten	0,0	0,2	0,3	0,4	0,1	0,1	0,0

Neue Werte für das Bruttoinlandsprodukt durch geänderte Berechnungsbasis. (Quelle: Statistisches Bundesamt 2005.)

fen von gebrauchten Anlagen und Grundstücken) und den **Vorratsveränderungen** und dem Nettozugang von Wertsachen.

(e) Der **Außenbeitrag** ist der Saldo des Wertes aus Exporten und Importen von Waren und Dienstleistungen mit Wirtschaftseinheiten mit ständigem Sitz oder Wohnsitz außerhalb Deutschlands.

(f) Die Summe aus Konsumausgaben, Bruttoinvestitionen und Außenbeitrag ergibt das **Bruttoinlandsprodukt**.

4. Reales Bruttoinlandsprodukt

Das Bruttoinlandsprodukt und die wichtigsten Größen der Verwendungsrechnung werden sowohl **nominal** (zu laufenden Preisen) als auch **real** (zu konstanten Preisen) dargestellt. Bis zur großen Revision der Volkswirtschaftlichen Geamtrechnung 2005 wurden bei der Berechnung der realen Größen die Preissteigerungen der laufenden Jahre bis zu einem Basisjahr (zuletzt 1995 und 2000) herausgerechnet – so als seien die Preise seit 1995 bzw. 2000 nicht gestiegen.

Die realen Veränderungen beim Bruttoinlandsprodukt in einer bestimmten Periode (Quartal, Jahr) sind das reale → *Wirtschaftswachstum*. Siehe **Abb. 36**.

5. Neue Berechnungsbasis seit 2005

Seit 2005 ist die Berechnungsbasis immer das jeweilige Vorjahr. Alle Daten für das Bruttoinlandsprodukt wurden deshalb revidiert mit der Folge, dass sowohl das nominale als auch reale Bruttoinlandsprodukt im Ergebnis nach oben korrigiert werden musste. Korrigiert wurden auch die Ergebnisse für das jährliche Wirtschaftswachstum (siehe Tabellen S. 913 und S. 1086).

http://www.destatis.de

▶ **Sozialrecht**

Oberbegriff für den rechtlichen Rahmen der öffentlichen Leistungsverwaltung als Teil im → *Verwaltungsrecht*. Es bezieht alle Rechtsgebiete ein, die vom *Sozialgesetzbuch (SGB)* in seinen einzelnen Teilen erfasst werden (§ 1 Abs. 1 SGB I).

Zuständig für die Klärung von Streitfragen aus dem Sozialrecht ist die → *Sozialgerichtsbarkeit*

▶ **Sozialstaatsprinzip/Sozialstaatsgebot**

Die Bundesrepublik Deutschland ist nach dem Grundgesetz ein **demokratischer und sozialer Bundesstaat (Art. 20 GG)** und muss den **Grundsätzen eines sozialen Rechtstaats (Art. 28 Abs. 1 GG)** entsprechen. Das Prinzip der Rechtsstaatlichkeit ist also um die soziale Komponente erweitert. Dies bedeutet, dass der Inhalt der Gesetzgebung und die Auslegung von Gesetzen sich am sozialstaatlichen Auftrag des Grundgesetzes zu orientieren haben. Dies bedeutet die Verpflichtung zur Beachtung der Prinzipien von sozialer Gerechtigkeit (Chancengleichheit, soziale Korrekturen, → *Subsidiaritätsprinzip*) in den gesellschaftlichen Verhältnissen. → *Sozialpflichtigkeit des Eigentums.*

▶ **Sozialversicherung**

Gesetzlich geregelte Einrichtungen zur Sicherung der Bevölkerung gegen Krankheit, dauernde oder vorübergehende Arbeitsunfähigkeit und Tod. Die staatliche Sozialversicherung ist i. d. R. eine **Pflichtversicherung** und umfasst die → *Krankenversicherung,* → *Pflegeversicherung,* → *Unfallversicherung,* → *Rentenversicherung* und → *Knappschaftsversicherung* sowie die → *Arbeitslosenversicherung.*

Träger der Sozialversicherung ist ausschließlich eine → *Körperschaft des öffentlichen Rechts* oder eine → *Anstalt des öffentlichen Rechts,* deren Leistungen und Beiträge sowie die Beitragsstaffelung **gesetzlich** festgelegt sind. → *Beitragsbemessungsgrenze.* Die Krankenversicherungen können innerhalb eines vom Gesetzgeber vorgegebenen Rahmens selbst über die Beitrags- und Leistungshöhe entscheiden. → *Selbstverwaltung.*

In Streitigkeiten über Angelegenheiten der Sozialversicherung entscheidet die → *Sozialgerichtsbarkeit.*

▶ **Sozialversicherungsausweis** → *Schwarzarbeit/Schattenwirtschaft*

▶ **Sozialversicherungsträger** → *Sozialversicherung*

▶ **Sozialverträglichkeit**

Dieser Begriff umschreibt die Forderung der → *Gewerkschaften* und sozial engagierter Wissenschaftler, bei der Einführung und Anwendung neuer Technologien und von Maßnahmen zur → *Rationalisierung* die Rückwirkungen auf den Menschen zu beachten. → *Humanisierung der Arbeit (HdA)*, → *Sozialstaatsprinzip*.

▶ **Sozialwahlen**

Bezeichnung für die alle sechs Jahre stattfindenden Wahlen für die Einrichtungen der → *Selbstverwaltung* bei den Trägern der → *Sozialversicherung*.

▶ **Sozialwissenschaften**

Die Sammelbezeichnung für alle wissenschaftlichen Disziplinen, die sich mit dem Verhältnis von Mensch und Gesellschaft befassen. Die Sozialwissenschaften werden auch **Gesellschaftswissenschaften** genannt. Als Oberbegriff stehen den Sozialwissenschaften die Naturwissenschaften gegenüber.

Die genaue Zuordnung einzelner wissenschaftlicher Disziplinen zu den Sozialwissenschaften ist bislang umstritten.

▶ **Sozialwohnungen**

Nach dem 20. 6. 1948 bezugsfertig gewordene Wohnungen, für die öffentliche Mittel eingesetzt wurden als → *Darlehen* oder Zuschüsse zur Deckung der Baukosten, der laufenden Aufwendungen oder der Finanzierungsmittel. Sie unterliegen einer **Preisbindung** und einer **Belegungsbindung**, d. h. sie dürfen nur einem bestimmten einkommensabhängigen Personenkreis überlassen werden, der über einen vom Wohnungsamt ausgestellten **Berechtigungsschein** verfügen muss. Es darf nur eine Miete in Höhe der laufenden Aufwendungen **(Kostenmiete)** verlangt werden. → *Sozialer Wohnungsbau*, → *Fehlbelegungsabgabe*.

▶ **Spaltung von Unternehmen** → *Umwandlung*

▶ **Spam**

Werbebotschaften, die unaufgefordert z. B. über → *E-Mail* – aber auch per → *Telefax* oder → *SMS* verschickt werden. Dabei geht es bei den E-Mails oft auch darum, den Empfänger der Spam zu einem → *Download* für einen kostenpflichtigen → *Webdialer* zu veranlassen bzw. im → *Attachement* Viren zu übertragen.

Die Versender **(Spammer)** besorgen sich die Adressen z. B. über → *Chat*, → *Newsgroups* oder auf einem speziellen → *Markt* für elektronische Post.

Die meisten → *Internet Service Provider (ISP)* bieten einen **Spam-Schutz** an, mit dem unerwünschte E-Mails sofort ausgesondert werden.

▶ **Sparbuch** → *Spareinlagen*

▶ **Spareinlagen**

Die auf einem → *Sparkonto* angelegten Spargelder, über die eine → *Urkunde* (→ *Wertpapiere*), das **Sparbuch**, ausgestellt wird. Spareinlagen müssen der Vermögensanlage dienen. Sie können mit einer Kündigungsfrist von 3 Monaten oder länger vereinbart sein. Mit der Länge der Kündigungsfristen steigen auch die → *Zinsen*. Eine Auszahlung von Spareinlagen ist ohne Kündigung bis 1500 Euro innerhalb von 30 Zinstagen möglich. → *Kreditwesengesetz (KWG)*.

▶ **Sparerfreibetrag** → *Zinsabschlagsteuer/Zinssteuer*

▶ **Sparförderung**

Staatliche Maßnahmen zur Beeinflussung des freiwilligen Sparens in der Bevölkerung. Hierbei wurde in der Vergangenheit ein Anreizsystem entwickelt, das Impulse für den Sparprozess geben sollte. → *Wohnungsbauprämiengesetz*, → *Vermögenswirksame Leistungen*, → *Volksaktien*. Durch eine familien- und einkommensbezogene Sparförderung sollte erreicht werden, dass auch sozial schwächere Bevölkerungsteile Rücklagen für Notfälle und zur Alterssicherung anlegen. Das Fehlen einer Einkommensgrenze für die Sparförderung hatte allerdings zur Folge, dass von den Begünstigungen des früheren **Sparprämiengesetzes (bis 1980) und** heute noch gültigen **Wohnungsbauprämiengesetzes** vor allem die ohnehin sparfähigen Bezieher höherer Einkommen profitierten, und zwar umso mehr, je höher die Einkommen waren. Deshalb wurden ab 1. 1. 1975 Einkommensgrenzen festgelegt, die in unregelmäßigen Abständen angehoben werden. Bei den **vermögenswirksamen Leistungen** wurden bereits am 27. 6. 1970 Einkommensgrenzen eingeführt.

Verteilungspolitisch haben die Maßnahmen zur Sparförderung wenig bewirkt. Deshalb sind auch die Fördermittel seit 1980 – beginnend mit dem Auslaufen des Sparprämiengesetzes – Schritt für Schritt zurückgenommen und umgeschichtet worden.

▸ **Spargiroverkehr**

Der für die Kunden mögliche Überweisungsverkehr bei den deutschen → *Sparkassen*, für dessen Abwicklung die → *Girozentralen* in der Bundesrepublik zuständig sind. Dem Gironetz sind neben den Sparkassen auch alle kommunalen → *Kreditinstitute* angeschlossen. Bei einer Überweisung im Spargiroverkehr von einer Sparkasse zu einer anderen Sparkasse wird immer die jeweils zuständige Girozentrale dazwischengeschaltet.

▸ **Sparkassen**

Fast ausschließlich kommunale (→ *Gemeinden*) gemeinnützige Einrichtungen des öffentlichen Rechts (→ *Öffentliches Recht*). Ebenso wie die → *Banken* unterliegen die Sparkassen der Aufsicht der → *Bundesanstalt für Finanzdienstleistungsaufsicht (BaFin)*.

Die 489 verschiedenen Sparkassen (2005) sind regional in → *Girozentralen* zusammengeschlossen, die in der DGZ·Deka-Bank mit Sitz in Frankfurt a. M. ihre gemeinsame Spitze haben.

Die Sparkassen sind im Dachverband → *Deutscher Sparkassen- und Giroverband e. V.* in Berlin zusammengeschlossen.

▶ **Spar-, Konsolidierungs- und Wachstumsprogramm (SKWPG)**

SKWPG war ein Gesetzespaket der Bundesregierung, das aus zwei Teilen bestand:

Mit dem **1. SKWPG** wurden ab 1. 1. 1994 Leistungen der → *Bundesagentur für Arbeit (BA)* nach dem → *Arbeitsförderungsgesetz/Arbeitsförderung* eingeschränkt.

Außerdem wurde zum 1. 1. 1994 die → *Mineralölsteuer* erhöht. Das Mehraufkommen in Höhe von 8,5 Mrd. DM jährlich wird zweckgebunden zur Finanzierung der Altlasten bei der Bahnreform (→ *Bundesbahn/Deutsche Bahn AG*) verwendet.

Mit dem **2. SKWPG**, das der Zustimmung des Bundesrats bedurfte, wurde u. a. die Anhebung der Regelsätze der → *Sozialhilfe* bis 1996 auf 2 % begrenzt.

Der steuerliche Teil des SKWPG wurde ab 1. 1. 1994 mit dem **Missbrauchsbekämpfungs- und Steuerbereinigungsgesetz (StMBG)** umgesetzt. Es setzte sich zusammen aus geänderten Vorschriften mit dem Ziel

● der Haushaltskonsolidierung (→ *Konsolidierung*), Missbrauchsbekämpfung und Wachstumsförderung (z. B. Einschränkungen bei Steuersparmodellen, bei Unternehmensumwandlungen (→ *Umwandlung*), zeitnahe Besteuerung von betrieblichen Veräußerungsgewinnen, Einschränkungen bei der → *Arbeitnehmer-Sparzulage*, Begrenzung steuersparender Gestaltungen durch Verlagerung von Gewinnen ins Ausland u. v. a.);

● der Rechtsanpassung und Rechtsbereinigung;

● steuerlicher Maßnahmen im Zusammenhang mit der Bahnreform und zur Verbesserung der Wettbewerbslage des Straßengüterverkehrs (Senkung der → *Kraftfahrzeugsteuer* für LKW und Anhebung für Diesel-PKW, Anhebung der → *Kilometerpauschale* von 0,65 DM auf 0,70 DM je Entfernungskilometer).

▶ **Sparkonto**

Bei einem Kreditinstitut (→ *Kreditinstitute*) geführtes Konto, das nicht Zwecken des Zahlungsverkehrs dient. Ein Sparkonto muss immer ein Guthaben (→ *Spareinlagen*) aufweisen. Es darf nicht durch → *Scheck* oder Überweisung darüber verfügt werden. Die laufende Höhe des Sparkontos ist aus dem Sparbuch ersichtlich. Die Zinssätze sind nach Kündigungsfristen gestaffelt. Im Unterschied zum Sparkonto kann beim → *Spargirokonto* durch Überweisung oder Scheck verfügt werden.

▶ **Sparquote**

Errechnet aus dem Verhältnis zwischen den in einer Periode gesparten Teilen des verfügbaren Einkommens (→ *Verfügbares Einkommen*) und dem → *Volkseinkommen*. Die Sparquote ist seit 1991 von 12,9 % (1991) auf 9,2 % (2000) kontinuierlich gefallen. Diese Entwicklung war bedingt durch die Folgen hoher → *Arbeitslosigkeit*, aber auch durch Änderungen im Anlageverhalten jüngerer Generationen vor allem durch eine Abkehr vom traditionellen → *Sparbuch* hin zu risikofreudigeren Anlageformen (z. B. in → *Kapitalanlagegesellschaften*). Seit 2001 stieg die Sparquote – bedingt durch Konsumzurückhaltung und „Angstsparen" – wieder leicht an auf 10,6 % (2004). Quelle: → *Volkswirtschaftliche Gesamtrechnung (VGR)* (siehe Tabelle Seite 1086).

▶ **Spar- und Darlehenskassen**

Ländliche Kreditgenossenschaften (→ *Genossenschaften*), die sich wie die → *Raiffeisenbanken* zur Aufgabe gestellt haben, ihre Mitglieder mit kurzfristigen Betriebskrediten zu versorgen. Die i. d. R. nur lokale Bedeutung erlangenden Institute betreiben neben dem Kredit- und Spargeschäft auch Warengeschäfte in Form von Beschaffungs- und Absatzfunktionen für ihre Mitglieder. Es besteht ein zunehmender Trend zum Zusammenschluss zu größeren Einheiten.

▶ **Spätschicht** → *Schichtarbeit*

▶ **Spediteur**

Derjenige, der gewerbsmäßig im Rahmen der für **Speditionsgeschäfte** gültigen Rechtsvorschriften Güterversendungen durch

Frachtführer oder Verfrachter von Seeschiffen für Rechnung eines anderen (Versender) im eigenen Namen besorgt. Rechtsgrundlage sind die Vorschriften im → *Handelsgesetzbuch (HGB)* (§ 453 HGB bis § 466 HGB).

▶ **Speicher**

(Memory) Bezeichnung für elektronische Medien, die → *Computer*-Daten speichern können. Zu den dauerhaften Speichern zählen die → *Festplatte*, → *Diskette* oder → *CD-ROM*. Der → *Arbeitsspeicher* eines Computers ist dagegen ein nur vorübergehender (flüchtiger) Speicher. Die **Speicherkapazität** ist die maximal von einem Speicher aufnehmbare Informationsmenge in → *Byte*. → *Zentralspeicher*, → *Externe Speicher*.

▶ **Spekulationsgeschäfte**

Auf die Erzielung kurzfristiger Gewinne (**Spekulationsgewinne**) ausgerichtete Geschäfte. Sie richten sich auf erwartete Veränderungen von Preisen für Waren, Grundstücke und → *Immobilien*, → *Zinsen*, → *Devisen* sowie dem → *Börsenkurs* für → *Effekten* oder → *Termingeschäfte*. Anders: → *Arbitrage*. → *Einkünfte* aus solchen privaten Veräußerungsgeschäften unterliegen innerhalb bestimmter Fristen zwischen Erwerb und Veräußerung der → *Spekulationssteuer*.

▶ **Spekulationsgewinn** → *Spekulationsgeschäfte*

▶ **Spekulationssteuer**

Nach den Vorschriften im *Einkommensteuergesetz (EStG)* auf → *Einkünfte* **aus privaten Veräußerungsgeschäften** (§ 22 Nr. 2 EStG) zu zahlende besondere → *Einkommensteuer* (§ 23 Abs. 2 EStG). Für das Anfallen einer Spekulationssteuer gelten besondere Fristen und Voraussetzungen. Sie ist nach Überschreiten einer → *Freigrenze* von jährlich **512 Euro** zu entrichten (§ 23 Abs. 3 Satz 6 EStG).

Einkünfte aus privaten Spekulationsgewinnen sind zu versteuern, wenn bei → *Effekten* und anderen Wirtschaftsgütern (z. B.

Kunstwerken, Schmuckgegenständen oder Privatfahrzeugen) zwischen Kauf und Verkauf nicht mehr als ein Jahr vergangen ist. Für Grundstücke und Gebäude (bei Errichtung, Ausbau oder Erweiterung) beträgt die **Spekulationsfrist** seit dem 1. 1. 2001 zehn Jahre, sofern die Wirtschaftsgüter (→ *Güter*) nicht für eigene Wohnzwecke genutzt wurden (§ 23 Abs. 1 EStG). Eine Verrechnung von Spekulationsverlusten mit anderen Einkunftsarten ist nicht zulässig. Sie dürfen aber steuerlich wirksam vor- oder zurückgetragen werden (§ 23 Abs. 3 Satz 8 und 9).

Spekulationsgewinne gelten seit dem 1. 1. 2001 als Kapitaleinkünfte und werden deshalb nach dem → *Halbeinkünfteverfahren* besteuert.

▶ **Sperrfrist**

Zu beachtender Zeitraum, um einen gewährten Vorteil (z. B. für die steuerliche oder mit Sozialrabatt versehene Begünstigung bei → *Belegschaftsaktien* oder für die staatliche Prämie für → *Vermögenswirksame Leistungen*) zu behalten. Mit Sperrfrist ausgegebene → *Wertpapiere* heißen **Sperrstücke**.

▶ **Sperrminorität**

Liegt dann vor, wenn z. B. eine Gesellschaft oder ein oder mehrere → *Aktionäre* eine Beteiligung von mehr als 25 % an einer anderen Gesellschaft besitzen. Bei einer → *Aktiengesellschaft (AG)* kann die → *Hauptversammlung* dann keinen Beschluss mehr fassen gegen den Willen derjenigen, die über eine Sperrminorität verfügen, falls eine 75 %ige Mehrheit erforderlich ist. Dies ist der Fall bei **Satzungsänderungen** (§ 179 Abs. 2 AktG), bei **Erhöhung oder Herabsetzung des Grundkapitals** (§ 182 Abs. 1 AktG), bei **Auflösung der Gesellschaft** (§ 262 Abs. 1 Nr. 2) oder bei einer → *Fusion* mit anderen Unternehmen nach dem → *Umwandlungsgesetz* (§ 65 UmwG). → *Minderheitenrechte*.

▶ **Sperrstücke** → *Sperrfrist*

▶ **Spezialbanken**

Auf bestimmte Aufgaben oder bestimmte Kundengruppen spezialisierte → *Kreditinstitute.* Hierzu zählen die → *Realkreditinstitute* und die → *Kundenkreditbanken* sowie Kreditinstitute mit Sonderaufgaben wie z. B. die → *Kreditanstalt für Wiederaufbau (KfW).* Gegensatz: → *Universalbanken.*

▶ **S&P 500 (S&P Future)** → *Standard & Poor's 500 (S&P 500)*

▶ **Spieltheorie**

Die in den 40er Jahren erstmals von Neumann und Morgenstern entwickelte Spieltheorie versucht als wirtschaftstheoretische Methodenlehre, Denkfehler bei der strategischen Planung mit Hilfe mathematischer Modelle zu vermeiden. Unternehmerisches Handeln wird als Strategiespiel betrachtet, bei dem der Gegner, also die Konkurrenz, mitspielt und mitdenkt. Die aus der Spieltheorie gewonnenen Erkenntnisse erleichtern beim Bestehen verschiedener Handlungsalternativen die Entscheidungsfindung (z. B. bei geplanten Preisänderungen).

▶ **Spin Off**

Abspaltung eines Unternehmensteils durch Ausgliederung, Neugründung oder Verkauf einer neuen Gesellschaft. → *Umwandlung.*

▶ **Spitzenrefinanzierungsfazilität** → *Europäisches System der Zentralbanken (ESZB)*

▶ **Spitzensteuersatz** → *Steuerreform*

▶ **Split** → *Aktiensplit*

▶ **Splitting** → *Aktiensplit,* → *Splittingverfahren*

▶ **Splittingtabelle der Einkommensteuer** → *Splittingverfahren*

▶ **Splittingverfahren**

Verfahren nach den Vorschriften im → *Einkommensteuerge-setz (EStG)* (§ 32a Abs. 5 und 6 EStG) für **zusammenveranlagte Ehepaare** und einige im Gesetz genannte zeitlich begrenzte Ausnahmefälle (Tod, Scheidung, Aufhebung). Hierbei wird zunächst die **Summe** der zu versteuernden Einkommen der Ehegatten **halbiert**, in der → *Einkommensteuer-Grundtabelle* nun die auf das **halbierte Einkommen** entfallende **tarifliche Einkommensteuer** abgelesen und die so ermittelte **Einkommensteuer verdoppelt**.

Je größer der Unterschied ist zwischen den Einkommen eines Ehepaares, umso höher ist der Splitting-Vorteil: Er ist Null bei gleich großen Einkommen, er ist am größten, wenn ein Ehegatte kein zu versteuerndes Einkommen hat.

Aus den Ergebnissen des Splitting-Verfahrens wird die **Einkommensteuer-Splittingtabelle** entwickelt als Grundlage der Lohnsteuerklasse III (→ *Lohnsteuerklassen*).

▶ **Sponsoring**

Förderung von Sportlern, Sportvereinen oder Sportveranstaltungen, von kulturellen Institutionen, Veranstaltungen und Sendungen in Hörfunk oder Fernsehen oder von Wissenschaft und Forschung durch einen Sponsor. Dies erfolgt durch Geld- oder Sachleistungen. Hiefür verlangt der Sponsor – anders als beim Mäzenatentum – eine bestimmte vertraglich festgelegte Gegenleistung, z. B. Nennung seines Namens oder eines Unternehmens bzw. dessen Markennamen (→ *Handelsmarke*), bestimmte Nutzungsrechte oder Leistungen.

▶ **Spotgeschäft**

Geschäft gegen Barzahlung und sofortige Lieferung.

▶ **Spotmarkt** – andere Bezeichnung für → *Kassamarkt*.

▶ **Spotpreis**

Aktueller Kurs (→ *Kassakurs*) für → *Wertpapiere*.

▶ **Spotrate**

Zinssatz am → *Kassamarkt*.

▶ **Spread**

Mehrdeutiger Begriff für
- den Zuschlag auf einen → *Referenzzinssatz*, z. B. in Abhängigkeit von der → *Bonität* eines Kreditnehmers;
- die Spanne zwischen zwei Zinssätzen oder Preisen (z. B. → *Zinsspanne*);
- die Differenz zwischen gleichzeitigem Kauf- und Verkaufspreis z. B. bei Kombinationen für bestimmte → *Termingeschäfte* bzw. → *Optiongeschäfte*.

▶ **Sprecherausschussgesetz (SprAuG)**

Gesetz über Sprecherausschüsse der leitenden Angestellten vom 20. 12. 1988 (→ *Leitende Angestellte*). Es gibt den durch gleichzeitige Änderung im → *Betriebsverfassungsgesetz (BetrVG)* definierten leitenden Angestellten das Recht, Sprecherausschüsse zu bilden. Diese können gebildet werden, wenn mindestens 10 leitende Angestellte in einem Betrieb beschäftigt sind (§ 1 Abs. 2 SprAuG), und erreichen bei über 300 leitenden Angestellten mit 7 Mitgliedern ihre maximale Vertreterzahl (§ 4 Abs. 1 SprAuG). Organisation und Wahlvorschriften sind dem Betriebsverfassungsgesetz nachgebildet. So gibt es auch **Gesamt- und Konzernsprecherausschüsse** (§ 16 SprAuG und 21 SprAuG).

Durch besondere Abstimmung unter den leitenden Angestellten kann auch nur ein **Unternehmenssprecherausschuss** (§ 20 SprAuG) gewählt werden. Er tritt dann an die Stelle von Sprecherausschüssen und einem Gesamtsprecherausschuss in Unternehmen mit mehreren Betrieben und mindestens 10 leitenden Angestellten.

Der Sprecherausschuss vertritt die Belange der leitenden Angestellten des Betriebs. Er hat lediglich **Mitwirkungsrechte** (§ 25 SprAuG bis § 32 SprAuG) und keine Mitbestimmungsrechte wie der Betriebsrat. Der Sprecherausschuss muss vor jeder Kündigung eines leitenden Angestellten gehört werden. Er kann außerdem mit dem Arbeitgeber Richtlinien und Vereinbarungen über den Inhalt, den Abschluss oder die Beendigung von Arbeitsverhältnissen abschließen. Mit dem Betriebsrat muss mindestens einmal im Jahr eine gemeinsame Sitzung stattfinden (§ 2 Abs. 2 Satz 3 SprAuG).

Nach der Rechtsprechung des Bundesarbeitsgerichts fallen etwa 2 % der Angestellten aufgrund ihrer funktionalen Zuordnung in die Kategorie der leitenden Angestellten. Erstmals wurden die leitenden Angestellten im → *Mitbestimmungsgesetz (MitbestG)* von 1976 mit einem Vertretungsrecht ausgestattet, nachdem zuvor durch freiwillige Vereinigungen Sprecherausschüsse mit Hilfe der Standesorganisation **„Union der Leitenden Angestellten" (ULA)** organisiert worden waren. Führungskräfte, Prokuristen (→ *Prokura*) und Verhandlungspartner des Sprecherausschusses sind nicht wählbar (§ 3 Abs. 2 SprAG).

http://bundesrecht.juris.de/bundesrecht/spraug/

▶ Staatsanleihen

Bezeichnung für vom Bund, den Ländern oder fremden Staaten ausgegebene → *Schuldverschreibungen*.

▶ Staatshandelsländer

Bezeichnung für die Länder, in denen der Staat die Kontrolle über den Handel ausübt bzw. ihn selbst betreibt. Hierzu zählten die Länder des früheren Ostblocks und heute eine ganze Reihe auch nichtsozialistischer Staaten, in denen der Warenverkehr durch staatliche Stellen betrieben oder kontrolliert wird.

▶ Staatsquote

Das Verhältnis der Ausgaben (→ *Haushaltsplan*) aller → *Gebietskörperschaften* (einschl. → *Sondervermögen*) und der → *Sozialversicherung* zum → *Bruttoinlandsprodukt*.

Sie war nach einem 1982 erreichten Höchststand von 48,9 % bis 1989 nach z. T. drastischen Einsparungen bei den Staatsausgaben (→ *Sozialabbau*) auf einen Wert von 44,0 % abgesunken. Bedingt durch die Vereinigung Deutschlands (→ *Einigungsvertrag*) stieg die Staatsquote ab 1990 an und erreichte 1996 einen neuen Höchststand von 50,3 %. Nach fallendem Verlauf bis 2000 auf 48,2 % stieg die Staatsquote ab 2001 – vor allem wegen der Erhöhung des Kindergeldes und der altersbedingten Aufwendungen – wieder auf 48,8 % (2003) an. Quelle: Finanzplanungsrat Nov. 2004. Wegen der unterschiedlichen Zusammensetzung einzelner Positionen der Staatsausgaben ist die Höhe der Staatsquote für sich allein betrachtet wenig aussagefähig. → *Deregulierung*.

▶ **Staatsschuldenquote** → *Öffentliche Verschuldung*

▶ **Staatsverbrauch**

Bis 1999 verwendeter Begriff der VGR (→ *Volkswirtschaftliche Gesamtrechnung (VGR)*), der durch den Begriff **Konsumausgaben des Staates** (→ *Konsum*) ersetzt wurde.

▶ **Staatsverschuldung** → *Öffentliche Verschuldung*

▶ **Stabilitätsgesetz**

Gesetz zur Förderung der Stabilität und des Wachstums der Wirtschaft (StWG) vom 8. 5. 1967. Hierdurch soll eine bessere Koordinierung und Wirksamkeit der → *Wirtschaftspolitik* gewährleistet werden. Das Grundgesetz verweist auf die Notwendigkeit eines Bundesgesetzes zur „Abwehr einer Störung des gesamtwirtschaftlichen Gleichgewichts" (Art. 115 Abs. 1 GG).

Das Stabilitätsgesetz enthält u. a. folgende Vorschriften:
● Die Bundesregierung hat zu Anfang eines jeden Jahres einen → *Jahreswirtschaftsbericht* vorzulegen (§ 2 StWG).
● Jährliche Vorlage gesamtwirtschaftlicher **Orientierungsdaten** (allerdings nicht in der Form von Orientierungsdaten für Tarifabschlüsse) und die Einrichtung der so genannten → *Konzertierten Aktion* (§ 3 StWG).
● Zur Konjunktursteuerung kann die Bundesregierung eine → *Konjunkturausgleichsrücklage* bilden, die bei Bedarf auch wieder aufgelöst werden kann (§ 5 StWG).

- Die Bundesregierung muss eine → *Mittelfristige Finanzplanung (Mifrifi)* erstellen (§ 9 StWG).
- Es sind **mehrjährige Investitionsprogramme** zu erstellen (§ 10 StWG).
- Eine Beratung der Bundesregierung erfolgt durch den → *Konjunkturrat für die öffentliche Hand* (§ 18 StWG).
- Zur Abwehr von **drohenden Zahlungsbilanzungleichgewichten** ist die Bundesregierung ermächtigt, die ihr zur Verfügung stehenden wirtschaftspolitischen Mittel einzusetzen. → *Zahlungsbilanz.*
- Zur Abwehr einer **Störung des gesamtwirtschaftlichen Gleichgewichts** (→ *Magisches Viereck*) kann die Bundesregierung durch Rechtsverordnung steuerliche Maßnahmen beschließen, so u. a. die zeitliche Aussetzung von → *Sonderabschreibungen,* der degressiven → *Abschreibungen* und erhöhten → *Absetzungen für Abnutzung (AfA).* Des Weiteren kann sie Vorschriften erlassen, nach denen die → *Einkommensteuer,* → *Lohnsteuer* und → *Kapitalertragsteuer* um höchstens 10 % herabgesetzt oder erhöht werden können. Das Gleiche gilt u. a. für die → *Körperschaftsteuer* und die → *Gewerbesteuer.* → *Konjunkturzuschlag,* → *Stabilitätszuschlag.*
- Außerdem hat die Bundesregierung die Möglichkeit, mit Hilfe einer **Gestaltung des Bundeshaushalts** (→ *Bundeshaushalt*) den Umfang und die Zusammensetzung ihrer Ausgaben sowie die Ermächtigungen zum Eingehen von Verpflichtungen zu Lasten zukünftiger Rechnungsjahre so zu bemessen, wie es zur Erreichung der Ziele des Stabilitätsgesetzes erforderlich ist. Darüber hinaus kann die Bundesregierung den Finanzminister ermächtigen, die Verfügung über bestimmte Ausgabemittel, den Beginn von Baumaßnahmen und das Eingehen von Verpflichtungen zu Lasten künftiger Rechnungsjahre von seiner Einwilligung abhängig zu machen.
- Die Bundesregierung kann zur Abwehr einer Störung des gesamtwirtschaftlichen Gleichgewichtes die Kreditaufnahme im Rahmen der **Kreditermächtigungen** durch den Bund, die Länder und → *Gemeinden* und → *Gemeindeverbände* sowie die öffentlichen → *Sondervermögen* und Zweckverbände beschränken.

Oberste Zielsetzung des Stabilitätsgesetzes ist das Erreichen eines stabilen Preisniveaus, eines hohen Beschäftigungsstandes und einer ausgeglichenen Zahlungsbilanz bei stetigem und angemessenem Wirtschaftswachstum (→ *Magisches Viereck*). Bund und Länder sind verpflichtet, diesen Zielsetzungen bei ihren wirtschafts- und finanzpolitischen Entscheidungen Rechnung zu tragen.

Die in das Stabilitätsgesetz gesetzten Erwartungen haben sich nicht voll erfüllt. Vor allem außenwirtschaftliche Abhängigkeiten (z. B. von den Ölpreisen), strukturelle Änderungen im Wirtschaftsprozess (→ *Strukturpolitik*, → *Globalisierung*), Vermachtung vieler Märkte (→ *Multinationale Konzerne*) und die hohe → *Arbeitslosigkeit* zeigen, dass die dem Stabilitätsgesetz zugrunde liegende Idee einer → *Globalsteuerung* der Wirtschaft – auch im Hinblick auf die zunehmenden internationalen Verflechtungen (z. B. EU (→ *Europäische Union (EU)*) – neu durchdacht und verbessert werden muss. Berücksichtigt werden müssen auch die Vorgaben im **Stabilitäts- und Wachstumspakt** der EU (→ *Europäische Wirtschafts- und Währungsunion (EWWU)*).

http://www.sachverstaendigenrat-wirtschaft.de/wueu/gesetz.html

▶ **Stabilitätspolitik**

Schlagwortartige Bezeichnung für alle Maßnahmen des Staates und der → *Zentralbank* zum Erhalten oder Erreichen des wirtschaftspolitischen Zieles Preisstabilität. → *Magisches Viereck.*

▶ **Stabilitätsprogramm** → *Stabilitäts- und Wachstumspakt*

▶ **Stabilitäts- und Wachstumspakt**

Im **Stabilitäts- und Wachstumspakt** haben sich die Staaten der EWWU (→ *Europäische Wirtschafts- und Währungsunion (EWWU)*) verpflichtet, dem → *ECOFIN-Rat* jährlich zur „Überwachung und Koordinierung" ein aktualisiertes **Stabilitätsprogramm** (übrige Mitgliedstaaten **Konvergenzprogramm**) mit den Grundzügen ihrer Haushalts- und Wirtschaftspolitik vorzulegen.

Ziel ist es, mittelfristig einen nahezu ausgeglichenen Haushalt oder einen Überschuss zu erzielen. Dabei müssen haushaltspolitische Maßnahmen beschrieben sein, die der Erreichung dieses Zieles dienen.

Die Umsetzung der Programme wird von der Kommission der EU überwacht. Bei erheblichen Abweichungen wird sie im Rahmen eines **Frühwarnsystems** Anpassungen empfehlen („blauer Brief"). Auch Sanktionen sind vorgesehen. Dieses Verfahren führte oft zu Differenzen in der Beurteilung zwischen EU-Kommission und betroffenen Mitgliedstaaten (z. B. Deutschland und Frankreich).

Durch einen Beschluss im Europäischen Rat vom 22./23. März 2005 wurden deshalb die Beurteilungsvoraussetzungen zur Einhaltung der Kriterien flexibler gestaltet: Hiernach kann die Frist zur Defizitverminderung bei einer Überschreitung der Dreiprozentmarke auf drei Jahre ausgedehnt werden. Außerdem wurden Ausnahmeregelungen festgelegt, die vor Einleitung eines Defizit-Strafverfahrens gegen einen Mitgliedstaat von der EU-Kommission gewürdigt werden müssen. Hierzu gehören z. B. Reformen der → *Rentenversicherung* oder Gesundheitssysteme, Kosten für „internationale Solidarität" (z. B. Militäreinsätze von EU-Staaten, Nettozahlungen eines Landes an den → *Haushalt der EU* oder die Kosten der Deutschen Einheit (→ *Einigungsvertrag*)).

Die Neuregelungen wurden als Aufweichung des Stabilitäts- und Wachstumspakts heftig kritisiert – so z. B. von den Zentralbanken im ESZB (→ *Europäisches System der Zentralbanken (ESZB)*).

▶ **Stabstellen**

Mit Beratungsfunktion ausgestattete Abteilungen ohne eigene Weisungsbefugnis, die der Unternehmensleitung unmittelbar unterstellt sind. Sie sind in der Regel mit Spezialisten besetzt.

▶ **Staffelmiete**

Eine schriftliche Vereinbarung zwischen Vermieter und Mieter nach den Vorschriften im BGB (→ *Bürgerliches Gesetzbuch*

(BGB)) (§ 557 a BGB), die im Vorhinein für einen bestimmten Zeitraum betragsmäßig festlegt, wann sich die Miethöhe verändert. Die Miete muss jeweils mindestens ein Jahr unverändert bleiben. Während der Laufzeit einer Staffelmiete ist eine anders begründete Erhöhung ausgeschlossen. Das Kündigungsrecht des Mieters kann für höchstens vier Jahre seit Abschluss der Staffelmietvereinbarung ausgeschlossen werden.

▶ **Stagflation**

Bezeichnung für eine wirtschaftliche Situation, die gekennzeichnet ist von negativem oder geringem → *Wirtschaftswachstum* (→ *Stagnation*) und hoher → *Arbeitslosigkeit* bei gleichzeitig anhaltend hohem Preisniveau (→ *Inflation*). Dies war z. B. in Deutschland der Fall in der Rezessionsphase 1974 und 1975, 1981 und 1982 sowie 1992 und 1993. → *Konjunktur.*

▶ **Stagnation** → *Rezession*

▶ **Stakeholder Value**

Dieses unternehmerische Zielsystem orientiert sich im Gegensatz zu dem mehr an kurzfristigen Erfolgsperspektiven ausgerichteten Konzept des → *Shareholder Value* an breiter angelegten Zielgrößen. Es berücksichtigt nicht nur die → *Rendite*-Interessen der Eigentümer (Shareholder), sondern in gleichem Maße auch die langfristigen Interessen anderer Gruppen. Hierzu zählen vor allem die **Beschäftigten** (Ziel: Sicherung von Arbeit und Einkommen, sozialem Besitzstand und Qualifizierung), aber auch **Kunden** (Ziel: Kundenzufriedenheit und langfristige Kundenbindung), **Lieferanten** (Ziel: verlässliche Bindungen und Arbeitsplatzsicherung), **Staat** und **Gesellschaft** (Ziel: Standortsicherung (→ *Standortdiskussion*) durch Innovationsfähigkeit (→ *Innovation*) und Umweltverträglichkeit (→ *Umweltverträglichkeitsprüfung (UVP)*), gesellschaftliches Engagement) sowie **Kreditgeber** (Ziel: dauerhafte Erhaltung der Finanzkraft). → *Soziale Kompetenz.*

Das Zielsystem des Stakeholder-Value-Konzeptes stellt ab auf die mittel- und langfristige Ertragskraft und Lebensfähigkeit des

Unternehmens. Die deutschen → *Rechnungslegungsvorschriften*, das → *Handelsgesetzbuch (HGB)* und das Aktienrecht (→ *Aktiengesellschaft (AG)*) kommen diesem Zielsystem weitaus näher als die handelsrechtlichen Vorschriften im angelsächsischen Raum (→ *US-GAAP*, → *SEC-Richtlinien*).

▶ **Stammaktien**

Gebräuchlichste Form von an der → *Börse* handelbaren → *Aktien*. Sie gewähren dem Inhaber das normale im → *Aktiengesetz (AktG)* vorgesehene → *Stimmrecht* und Dividendenrecht (→ *Dividende*). Sie muss auf einen bestimmten → *Nennbetrag* lauten oder als → *Stückaktien* gestaltet sein.

Nennbetragsaktien müssen auf mindestens einen Euro lauten (§ 8 Abs. 2 AktG) bei Neugründungen nach dem 31. 12. 2001. Der bei **Stückaktien** auf die einzelne Aktie entfallende anteilige Betrag des Grundkapitals darf einen Euro nicht unterschreiten (§ 8 Abs. 3 AktG). → *Vorzugsaktien*.

▶ **Stammeinlage** → *Gesellschaft mit beschränkter Haftung (GmbH)*

▶ **Stammkapital** → *Gesellschaft mit beschränkter Haftung (GmbH)*

▶ **Standard & Poor's 500 (S&P 500)**

Ein US-amerikanischer → *Aktienindex*, der 500 an den amerikanischen Börsen (→ *Börse*) gehandelte Werte umfasst. Der **S&P Future** ist der Index für → *Terminkontrakte* auf den S&P 500. Dabei errechnet sich der Wert eines Terminkontraktes – ausgedrückt in US-$ – aus der Multiplikation des jeweils aktuellen Indexstandes mit dem Faktor 500.

▶ **Standardtender** → *Tenderverfahren*

▶ **Standardwerte** → *Deutscher Aktienindex (DAX)*

▶ **Standing**

Bezeichnung für die wirtschaftliche und finanzielle Leistungsfähigkeit (→ *Performance,* → *Bonität*) eines Unternehmens.

▶ **Standortdiskussion**

Auseinandersetzung über die Wettbewerbsfähigkeit der Wirtschaft am Standort Deutschland. Die Arbeitgeberverbände begannen sie während der → *Rezession* 1993/94 vor dem Hintergrund steigender → *Arbeitslosigkeit.* In dieser Rezessionsphase, die mit zweijähriger Verzögerung zur allgemeinen weltweiten Konjunkturkrise (→ *Konjunktur*) den einigungsbedingten deutschen → *Boom* ablöste, zeigten sich die Fehler von Unterlassungen und Fehleinschätzungen (z. B. in der Forschungs- und → *Technologiepolitik* und Unternehmensorganisation). Bedingt durch Nachfrageschwäche und vorhandene Überkapazitäten im Unternehmenssektor explodierte die Arbeitslosigkeit, deren Kosten gemeinsam mit der Finanzierung der Aufbauleistungen in Ostdeutschland – gepaart mit konjunkturbedingten Steuerausfällen – die → *Öffentliche Verschuldung* auf Rekordniveau trieb. Seitdem versuchen alle Bundesregierungen mit verschiedenen Programmen die öffentlichen Kassen zu entlasten (→ *Spar-, Konsolidierungs- und Wachstumsprogramm,* → *Privatisierung*), die Kosten der Wirtschaft zu vermindern bzw. den Kostenanstieg zu bremsen (→ *Gesundheitsreform,* → *Hartz-Gesetze,* → *Rentenreform*) und eine Wiederbelebung der → *Konjunktur* zu erreichen (→ *Standortsicherungsgesetz*, Programm für Wachstum und Beschäftigung von 1996).

Mit einem im Herbst 1993 vorgelegten **„Bericht zur Zukunftssicherung des Standortes Deutschland"** hatte die Bundesregierung u. a. die Frage der → *Arbeitszeit* und der → *Arbeitskosten* problematisiert und in Zusammenhang gestellt mit den deutschen → *Investitionen* im Ausland. Sie kam zu dem Ergebnis, Löhne und → *Lohnnebenkosten* seien im internationalen Vergleich zu hoch, die Arbeitszeiten zu kurz und bisherige Maßnahmen zur → *Deregulierung* noch unzureichend. Deshalb seien die → *Direktinvestitionen* in Deutschland geringer als in anderen Industriestaaten. Die Verbände der Wirtschaft (z. B. → *BDI,* → *BDA,* → *DIHK*) nannten noch zu kurze Maschinenlaufzeiten, zu hohe Unternehmensteuern (→ *Gewerbesteuer,* → *Vermögensteuer,* → *Körperschaftsteuer*), ein Zuviel an → *Bürokratie* und Auflagen zum → *Umweltschutz.* → *Sozialabbau.*

Seit 1999 versuchte man im Rahmen der Gespräche im → *Bündnis für Arbeit* die Diskussionen zum Standort Deutschland wieder zu versachlichen. Außerdem kam die ab 2001 eingeleitete Senkung der Einkommensteuer und Körperschaftsteuer (→ *Steuerreform*) sowie die 1997 erfolgte Streichung der → *Vermögensteuer* der arbeitgeberseitig gestellten Forderung nach einer weiteren Senkung der Unternehmenssteuern weitgehend entgegen.

Seit dem Beitritt neuer Staaten zur EU (→ *Europäische Union (EU)*) und den hierdurch verschärften Wettbewerb mit Niedriglohn- und Niedrigsteuerländern haben die Verbände der Wirtschaft die Standortdiskussion wieder verstärkt in den Vordergrund gerückt. Zu ihren Forderungen zählen eine Verlängerung der wöchentlichen Arbeitszeit, Lohnkürzungen (z. B. Streichung oder Verminderung von Weihnachts- und Urlaubsgeld) und Verkürzung des Jahresurlaubs (→ *Urlaub*).

Im öffentlichen Dienst (→ *Öffentlicher Dienst*) – vor allem in einigen Bundesländern – wurden diese Ideen bereits aus haushaltspolitischen Erwägungen teilweise umgesetzt. Dagegen müssen in der gewerblichen Wirtschaft neue Tarifverträge (→ *Tarifvertrag*) geschlossen werden. Diese sind seit 2003 in einzelnen Tarifbereichen und einigen großen Unternehmen unter dem Druck drohender Betriebsschließungen und Verlagerungen ins Ausland auch abgeschlossen worden.

Nach einer Studie **„Global Competitiveness Report 2004"** des World Economic Forum (WEF) zählt Deutschland mit Rang 6 unter 104 verglichenen Ländern zu den 10 Ländern mit der weltweit höchsten Wettbewerbsfähigkeit (Wettbewerbsfähigkeit der Unternehmen Rang 3, Wachstumspotenzial Rang 13). Nur die USA, Finnland, Dänemark, die Schweiz und Schweden wurden noch besser bewertet. Deutschland folgten Singapur, Hongkong, Großbritannien und Japan.

http://www.weforum.org/gcr

▶ **Standortsicherungsgesetz**

Nach den im Steueränderungsgesetz 1992 enthaltenen Teilen zur **Reform der Unternehmenssteuern** die 2. Stufe des in der Regierungserklärung von Kanzler Kohl 1991 angekündigten Programms zur Entlastung der Wirtschaft. Nach dem im Juli 1993 verabschiedeten Gesetz wurden ab 1. 1. 1994 die Steuersätze bei der → *Körperschaftsteuer* von 50 auf 45 % und für den ausgeschütteten → *Gewinn* von 36 auf 30 % gesenkt. Außerdem wurde der Spitzensatz der → *Einkommensteuer* bei gewerblichen Einkünften von mehr als 100 000 DM von 53 auf 47 % herabgesetzt. Die bereits mit dem Steueränderungsgesetz 1992 um 1 Jahr verlängerte Aussetzung der → *Gewerbekapitalsteuer* und → *Vermögensteuer* in den neuen Bundesländern wurde bis Ende 1995 verlängert. Zur Finanzierung des Programms wurde ein linearer Abschreibungssatz von 4 % über 25 Jahre für Betriebsgebäude (vorher degressive → *Abschreibungen*) festgelegt, die steuerliche Abschreibungsfrist von betrieblich genutzten PKW von 4 auf 5 Jahre verlängert. Außerdem wurden die Sätze für das steuerfreie → *Existenzminimum* (Erhöhung für den → *Grundfreibetrag* ab 1993, 1994 und 1995) sowie die soziale Komponente beim → *Solidaritätszuschlag* geregelt. → *Standortdiskussion*.

▶ **Start-ups**

Eine Bezeichnung für neugegründete kleine Unternehmen, die eine Geschäftsidee umsetzen oder bereits entwickelte Produkte oder → *Dienstleistungen* auf den Markt bringen wollen. Die notwendige → *Finanzierung* erfolgt meist durch → *Eigenkapital* der Gründer oder durch → *Venture Capital* (→ *Business Angel*). → *Burn Rate*.

▶ **Stationäre Wirtschaft**

Eine Volkswirtschaft, deren wichtigste Größen im Zeitablauf unverändert bleiben. Eine stationäre Wirtschaft hat weder Bevölkerungs- noch → *Wirtschaftswachstum*.

▶ **Statistisches Bundesamt**

Als selbständige Bundesoberbehörde des Bundesministeriums des Inneren zuständig für die → *Amtliche Statistik*, die → *Volkswirtschaftliche Gesamtrechnung (VGR)* sowie das Erstellen sonstiger z. B. für Gesetzesvorhaben benötigte statistische Unterlagen. Außerdem obliegt ihm das Sammeln und Auswerten von Statistiken des Auslands und der internationalen Organisationen. Die Ergebnisse werden im **Statistischen Jahrbuch** veröffentlicht.

http://www.destatis.de/

▶ **Status**

Gegenüberstellung von → *Vermögen* und → *Schulden* zum Zwecke einer Feststellung des **Vermögensstandes**. Anlass für die Erstellung eines Status können sein → *Insolvenzverfahren*, → *Liquidation*, → *Sanierung*, Erbschafts- oder Gesellschafterauseinandersetzungen (→ *Gesellschafter*) oder auch die Beantragung eines Großkredits (→ *Kredite*).

▶ **Statut** → *Satzung*

▶ **Steckkarte**

Ein → *Modul* für den → *PC*, mit dem bestimmte Anforderungen (z. B. grafische Darstellungen mit der → *Grafikkarte*, Schaffung der Voraussetzung für → *Telefax* mit der **Fax-Karte** oder für Datenübertragung und Fax über → *ISDN* mit der **ISDN-Karte**) erfüllt werden können.

▶ **Steuerarten**

Die verschiedenen → *Steuern*, die innerhalb eines Steuersystems erhoben werden. In der Bundesrepublik gibt es noch 37 verschiedene Steuerarten. Die zehn größten Steuerarten bringen dabei jedoch fast 90 %, die → *Lohnsteuer* allein rd. ein Drittel des gesamten Steueraufkommens. Siehe **Abb. 37**.

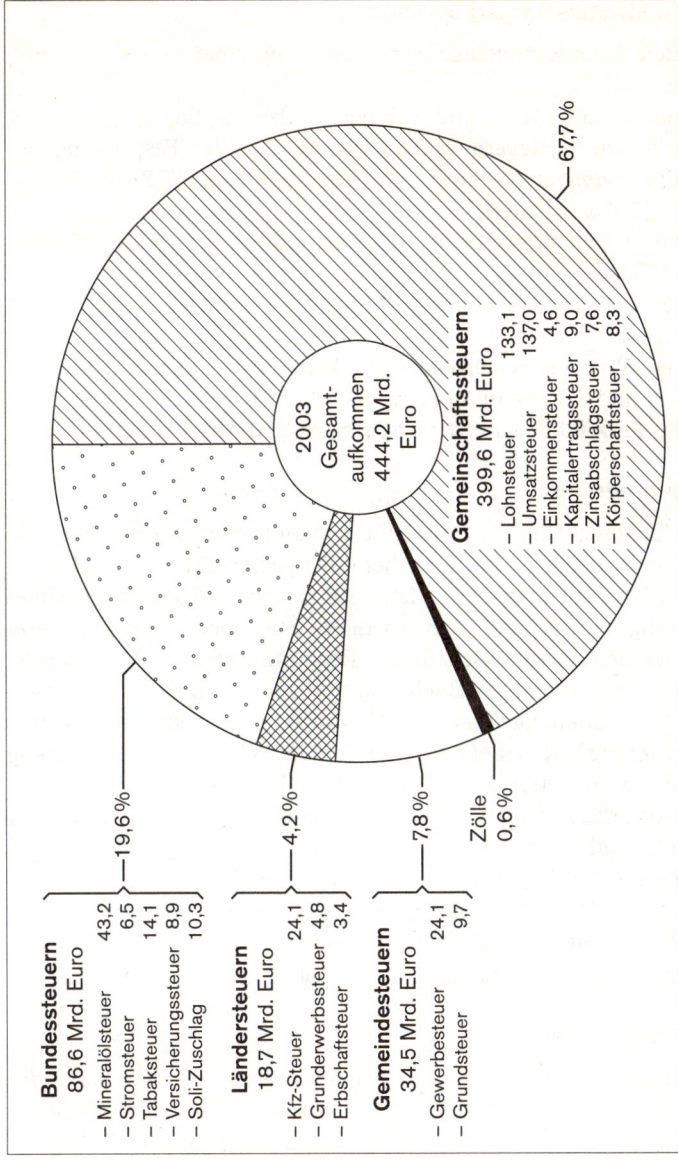

Abb. 37: Steuerarten und Steueraufkommen 2003

67,7 %

Gemeinschaftssteuern
399,6 Mrd. Euro
– Lohnsteuer   133,1
– Umsatzsteuer   137,0
– Einkommensteuer   4,6
– Kapitalertragssteuer   9,0
– Zinsabschlagsteuer   7,6
– Körperschaftsteuer   8,3

2003
Gesamt-
aufkommen
444,2 Mrd.
Euro

19,6 %

Bundessteuern
86,6 Mrd. Euro
– Mineralölsteuer   43,2
– Stromsteuer   6,5
– Tabaksteuer   14,1
– Versicherungssteuer   8,9
– Soli-Zuschlag   10,3

4,2 %

Ländersteuern
18,7 Mrd. Euro
– Kfz-Steuer   24,1
– Grunderwerbssteuer   4,8
– Erbschaftsteuer   3,4

7,8 %

Gemeindesteuern
34,5 Mrd. Euro
– Gewerbesteuer   24,1
– Grundsteuer   9,7

Zölle
0,6 %

▶ **Steuerbemessungsgrundlage**

Berechnungsgrundlage zur Feststellung einer → *Steuerschuld*. Dies sind

● die einkommen- und körperschaftsteuerpflichtigen → *Einkünfte* (**zu versteuerndes Einkommen**) bei der Feststellung der → *Einkommensteuer* und → *Körperschaftsteuer* (§ 2 Abs. 5 EStG bzw. § 7 Abs. 2 KStG),

● die → *Einheitswerte* bei der Feststellung der → *Grundsteuer* (§ 13 GrStG)

● der → **Steuermessbetrag** bei der → *Gewerbesteuer* (§ 11 Abs 1 GewStG)

● der **Wert des steuerpflichtigen Erwerbs** bei der → *Erbschaftsteuer* und Schenkungsteuer (§ 10 ErbStG)

● das **Entgelt** bei der → *Umsatzsteuer* (§ 10 Abs. 1 UStG).

▶ **Steuerberater**

Übt geschäftsmäßig eine Hilfeleistung in Steuersachen aus. Die Befugnis hierzu ist im **Steuerberatungsgesetz (StBerG)** i. d. F. vom 4.11. 1975 mit späteren Änderungen geregelt. Allgemein zur Hilfeleistung befugt sind Steuerberater, Steuerbevollmächtigte und Steuerberatungsgesellschaften, Rechtsanwälte, → *Wirtschaftsprüfer* und vereidigte Buchprüfer. Unter bestimmten Voraussetzungen dürfen auch andere Personen, Unternehmen und eine → *Körperschaft des öffentlichen Rechts* in beschränktem Umfang Hilfe in Steuersachen leisten, so z. B. → *Handwerkskammer*, → *Gewerkschaften*, Haus- und Grundbesitzervereine, andere auf berufsständischer Grundlage gebildete Organisationen sowie → *Lohnsteuerhilfevereine* jeweils für ihre Mitglieder. Die unbefugte Ausübung von Hilfeleistungen in Steuersachen ist untersagt und kann mit einem Bußgeld geahndet werden.

http://www.rechtliches.de/info_StBerG.html

▶ **Steuerbescheid**

Bezeichnung für einen → *Verwaltungsakt* im → *Steuerrecht*. Nach der → *Abgabenordnung (AO)* ist er grundsätzlich schriftlich zu erteilen, muss die festgesetzte Steuer nach Art und Betrag bezeichnen, den Steuerschuldner ausweisen, eine Rechtsbehelfsbelehrung (z. B. Einspruch) enthalten und aufzeigen, bei welcher Behörde und in welcher Frist der Rechtsbehelf einzulegen ist (§ 157 Abs. 1 AO).

▶ **Steuerbilanz**

Aufstellung für das → *Betriebsvermögen* zum Zweck der Gewinnermittlung nach den Vorschriften im → *Steuerrecht*. Für das Aufstellen der → *Steuerbilanz* ist die → *Handelsbilanz* maßgeblich (**Maßgeblichkeitsprinzip**). Rechtsgrundlage ist das → *Einkommensteuergesetz* (EStG) (§ 4 EStG). Danach ist der → *Gewinn* der Unterschiedsbetrag zwischen dem → *Betriebsvermögen* am Schluss des Wirtschaftsjahrs und am Schluss des vorangegangenen Wirtschaftsjahres. Der Wert der → *Entnahmen* ist hinzuzuzählen, der Wert der → *Einlagen* ist abzuziehen.

Der steuerrechtliche Gewinn kann wegen der strengeren Bewertungsvorschriften im Steuerrecht von dem handelsrechtlichen Gewinn abweichen. Diese Abweichungen und Anpassungen an die Vorschriften des Steuerrechts (§ 4 EStG bis § 7 k EStG) können durch Anmerkungen hervorgehoben werden. Der ausgewiesene Gewinn dient als → *Steuerbemessungsgrundlage* zur Errechnung der → *Einkommensteuer,* → *Körperschaftsteuer* und → *Gewerbesteuer.*

▶ **Steuerentlastungsgesetz 1999/2000/2002** → *Steuersenkungsgesetz*

▶ **Steuererklärung**

Eine i. d. R. nach einem amtlich vorgegebenen Muster vom Steuerpflichtigen nach bestem Wissen und Gewissen abgegebene Erklärung über steuerlich erhebliche Sachverhalte. Rechtsgrundlage sind die → *Abgabenordnung* (AO) (§ 149 AO) und die jeweiligen Steuergesetze, die bestimmen, wer zur Abgabe einer Steuererklärung verpflichtet ist (z. B. → *Einkommensteuererklärung*). Zur Abgabe einer Steuererklärung ist auch verpflichtet, wer hierzu vom → *Finanzamt* aufgefordert wird. → *Elster.*

Die Steuererklärung ist Ausgangspunkt für die von den Steuerbehörden zu treffende Feststellung der **Besteuerungsgrundlagen** und der **Steuerfestsetzung**. Die Abgabe einer Steuererklärung kann mit Zwangsmitteln durchgesetzt werden. → *Steuerbemessungsgrundlage.*

▶ Steuerfahndung/Zollfahndung

Abteilung der Finanzbehörden zur Klärung möglicher Steuerstraftaten. Rechtsgrundlage sind Vorschriften der → *Abgabenordnung (AO)* (§ 208 AO). Steuer- und Zollfahnder verfügen über erweiterte Befugnisse zur Sachaufklärung, die z. T. noch über die der Polizei hinausgehen.

▶ Steuerflucht

Verlegung des Wohn- oder Unternehmenssitzes ins Ausland zum Zwecke der Steuerersparnis. Bevorzugt werden hierbei vor allem die als → *Steueroasen* bekannten meist kleineren Länder.

▶ Steuerfreibetrag → *Freibetrag*

▶ Steuerfreigrenze → *Freigrenze*

▶ Steuergeheimnis

Die allen Amtsträgern und amtlich zugezogenen Sachverständigen auferlegte **Verpflichtung zur Verschwiegenheit**. Dies gilt für alle Daten und persönlichen Verhältnisse eines Steuerpflichtigen, die ihnen aufgrund ihrer Amtsausübung bekannt geworden sind. Bei der Übermittlung elektronischer Dokumente, die dem Steuergeheimnis unterliegen, müssen die Finanzbehörden für → *Datenschutz* sorgen. Rechtsgrundlage für das Steuergeheimnis ist die → *Abgabenordnung (AO)* (§ 30 AO, § 30 a AO, § 87 a AO und § 96 AO). → *Bankgeheimnis.*

▶ Steuerharmonisierung in der EU

Das Ziel einer Vereinheitlichung des Steuersystems in den Ländern der EU (→ *Europäische Union (EU)*).

Bisher gelten in den einzelnen Mitgliedstaaten der EU noch abweichende Steuersätze, da nur eine Annäherung statt einer Vereinheitlichung politisch durchzusetzen war. So gilt z. B. für die → *Umsatzsteuer* seit dem 1. 1. 1993 in der EU ein Mindestsatz von 15 %. Auch bei anderen → *Verbrauchsteuern* gelten nur Mindestsätze. Für die Zinsbesteuerung (→ *Zinsabschlagsteuer/Zinssteuer*) ist zwischen den EU-Mitgliedstaaten eine einheitliche Regelung verabredet.

▶ **Steuerkarte** → *Lohnsteuerkarte*

▶ **Steuerklassen** → *Lohnsteuerklassen*

▶ **Steuerlastquote**

Verhältnis von Steuereinnahmen zum → *Bruttoinlandsprodukt*. Nach den verschiedenen Steueränderungen seit 1989 (→ *Steuerreform*) veränderte sich die Steuerlastquote nach den Abgrenzungskriterien der VGR (→ *Volkswirtschaftliche Gesamtrechnung (VGR)*) jeweils nur kurze Zeit nach unten. Im Jahr 2000 erreichte sie einen neuen Höchststand von 24,6 %. Bis 2003 sank sie auf 22,6 % ab und soll 2004 nur noch rd. 22 % betragen. Quelle: Finanzplanungsrat Nov. 2004. Gleichzeitig ist jedoch die → *Abgabenquote* wegen des relativ stärkeren Anstiegs der Sozialabgabenquote im gleichen Zeitraum gestiegen.

Die zeitliche Entwicklung der Steuerlastquote gibt keine Auskünfte über Änderungen der gruppenspezifischen Steuerbelastung (z. B. → *Arbeitnehmer*, → *Selbständige*). → *Lohnsteuerquote*.

▶ **Steuermessbetrag**

Bemessungsgrundlage zur Festsetzung der → *Gewerbesteuer* (Besteuerungsgrundlage: Gewerbeertrag) und → *Grundsteuer* (Besteuerungsgrundlage: → *Einheitswert*).

▶ **Steuermesszahl**

Ein im Gewerbesteuergesetz bzw. Grundsteuergesetz festgesetzter, gestaffelter Prozent- bzw. Protausendsatz (Promille) für die Er-

mittlung des Steuermessbetrags (→ *Steuermessbetrag*) bei der
→ *Gewerbesteuer* und der → *Grundsteuer*.

▶ **Steuern**

Öffentliche → *Abgaben*, die vom Staat in einseitig festgesetzter
Höhe und ohne Gewähr einer speziellen Gegenleistung von natürlichen und → *Juristische Personen* im Staatsgebiet erhoben werden. **Steuerhoheit** einerseits und **steuerliche Unterwerfung** andererseits gelten heute als unbestrittene, weil gemeinschaftsbedingte
Normen. Der Steuerbegriff ist in der → *Abgabenordnung (AO)* definiert (§ 3 Abs. 1 AO). Erhoben werden Steuern vom jeweils für
den Steuerpflichtigen zuständigen → *Finanzamt*.

Die → *Steuerarten* können nach verschiedenen **Kriterien** eingeteilt werden:

● Nach der **Ertragshoheit** in *Bundessteuern* (z. B. → *Mineralölsteuer*, → *Versicherungsteuer*), *Ländersteuern* (z. B. → *Erbschaftsteuer*, → *Kraftfahrzeugsteuer*), *Gemeindesteuern* (z. B.
→ *Gewerbesteuer* und → *Grundsteuer* – jedoch mit Umlage für Bund
und Länder), *Gemeinschaftsteuern Bund/Länder* (z. B. → *Körperschaftsteuer*), *Gemeinschaftsteuern Bund/Länder/Gemeinden*
(z. B. → *Einkommensteuer*, → *Umsatzsteuer*), → *Kirchensteuer*

● sowie *EU-Steuern* (→ *Zölle*). Nach der **Möglichkeit der Überwälzung** in → *Direkte Steuern* und → *Indirekte Steuern*.

● Nach dem **Steuergegenstand** in → *Besitzsteuern*, → *Verkehrsteuern*, → *Verbrauchsteuern* und Zölle.

● Schließlich gibt es noch die Unterscheidung in **Personensteuern**
(Subjektsteuern) und → *Realsteuern* (Objektsteuern/Sachsteuern)
sowie in **Veranlagungsteuern** (Einkommensteuer, Körperschaftsteuer, Umsatz- und Gewerbesteuer), in → *Substanzsteuern und
in* **Fälligkeitsteuern** (z. B. → *Lohnsteuer*, → *Kapitalertragsteuer*,
Versicherungsteuer) oder → *Kostensteuern* und **Gewinnsteuern**.
→ *Steuerrecht*, → *Steuerpolitik*. Siehe **Abb. 37** (Seite 937).

▶ **Steueroasen**

Meist kleinere Länder mit niedrigem Steuerniveau. Sie dienen
als Ziel der → *Steuerflucht*. Durch Gründung von Tochterunter-

nehmen (→ *Mutterunternehmen*) in dem Oasenland – die in der Regel jedoch nur aus einer **Briefkastenfirma** bestehen – werden Geschäfte über diese Scheinfirmen abgewickelt, die Waren oder → *Dienstleistungen* auf dem Weltmarkt einkaufen und zu überhöhten Preisen an das Mutterunternehmen weiterverkaufen. Die so in der Steueroase entstehenden Gewinne (→ *Gewinn*) brauchen kaum versteuert zu werden. Dagegen macht das Mutterunternehmen keine oder kaum nennenswerte steuerpflichtige Gewinne.

Durch das **Außensteuergesetz** (→ *Außensteuerrecht*) wird versucht, diesen Möglichkeiten der Steuerhinterziehung entgegenzuwirken.

▶ **Steuerpauschbetrag** → *Pauschalierung der Lohnsteuer*

▶ **Steuerpolitik**

Alle Maßnahmen im Rahmen der staatlichen → *Finanzpolitik*, mit Hilfe steuerlicher Be- oder Entlastungen folgende Ziele zu erreichen:
- Bereitstellung der zur Erfüllung staatlicher Aufgaben benötigten Mittel **(fiskalpolitisches Ziel)**;
- Steuerung der → *Konjunktur* **(konjunkturpolitisches Ziel)**;
- **Steuerung der** → *Einkommensverteilung* und → *Vermögensverteilung* **(verteilungspolitisches Ziel)**;
- Steuerung **bevölkerungs-, familien- und sozialpolitischer Ziele**.

Durch Erhöhung bzw. Senkung der Steuersätze (→ *Steuerarten*) können Bund, Länder und → *Gemeinden* ihre Einnahmen regulieren, aber auch Einfluss auf den Konjunkturverlauf und die Verteilungsverhältnisse nehmen. Mit Hilfe von Freibeträgen (→ *Freibetrag*) werden sozial-, familien- und bevölkerungspolitische Ziele beeinflusst, z. B. Kinder- oder Ausbildungsfreibetrag (→ *Steuerreform*). Dabei soll das → *Leistungsfähigkeitsprinzip* in der Besteuerung gewahrt sein und jeder Steuerpflichtige unter Berücksichtigung der Summe seiner → *Einkünfte* und seiner persönlichen Verhältnisse besteuert werden. → *Steuerreform*.

▶ **Steuerprogression**

Bezeichnung für steigende Belastungssätze mit zunehmender Höhe der → *Steuerbemessungsgrundlage.* → *Splittingverfahren,* → *Steuerreform.*

▶ **Steuerquote** → *Steuerlastquote*

▶ **Steuerrecht**

Sammelbegriff für alle Rechtsnormen, die → *Steuern* und → *Steuerarten* zum Inhalt haben. Diese Rechtsnormen sind die Steuergesetze (z. B. → *Einkommensteuergesetz (EStG)*) und dazu gehörende → *Verordnungen* (z. B. → *Einkommensteuer-Durchführungsverordnung (EStDV)*) und weitere Verwaltungsvorschriften (z. B. → *Einkommensteuer-Richtlinien (EStR)*, Lohnsteuer-Richtlinien (LStR)), → *Doppelbesteuerungsabkommen* sowie steuerrechtliche Verordnungen und Richtlinien der EU nach Art. 90 bis 93 EG-Vertrag (→ *Europäische Gesetzgebung*).

Für steuerrechtliche Streitigkeiten zuständig sind die Finanzgerichte der Bundesländer, der Bundesfinanzhof und als oberste Instanz – das Bundesverfassungsgericht. Hier wurden dem Gesetzgeber in den letzten Jahren mehrfach Auflagen für die Steuergesetzgebung gemacht, die teilweise zu kostspieligen Gesetzesänderungen führten.

▶ **Steuerreform**

Begriff für die Gesamtheit von Bemühungen, die jeweils geltende Steuerordnung (Steuergesetze und sonstige Vorschriften) entsprechend den politischen Zielen einer Regierung unter Beachtung vorhandener finanzieller Handlungsmöglichkeiten zu gestalten.

Die Diskussionen um eine erste große Reform der → *Steuern* in der Bundesrepublik begannen mit dem 1953 erstellten Gutachten des Wissenschaftlichen Beirats beim Bundesfinanzministerium zur **organischen Steuerreform**.

1967 veröffentlichte der Beirat ein weiteres Gutachten einer Reform der direkten Steuern (→ *Direkte Steuern*). Im Frühjahr 1971 unterbreitete eine 1968 von der Bundesregierung berufene unabhängige Steuerreformkommission erneut Vorschläge für eine große Steuerreform, die schließlich eine Reform der → *Einkommensteuer* zum 1. 1. 1975 einleiteten.

Bereits am 1. 1. 1968 wurde die nahezu 50 Jahre alte → *Umsatzsteuer* wegen der Notwendigkeit einer → *Steuerharmonisierung in der EU* durch die → *Mehrwertsteuer* ersetzt.

Die erste große **Steuerreform von 1975** erfolgte in mehreren Schritten. Seitdem wurden die Steuergesetze durch weitere Steuerreformen mehrfach geändert – zuletzt mit dem **Steuerentlastungsgesetz 1999/2000/2002** und dem → *Steuersenkungsgesetz/ Steuersenkungsergänzungsgesetz* (Steuerreform 2000) einschl. dem durch den Bundesrat veranlassten **Steuersenkungsergänzungsgesetz**.

1. Reform der Abgabenordnung (AO)

In einem 1. Steuerreformpaket der Reform von 1975 wurde die aus dem Jahre 1919 stammende Reichsabgabenordnung zum 1. 1. 1977 abgelöst. Ziel der neuen → *Abgabenordnung (AO)* war die Zusammenfassung des stark zersplitterten allgemeinen Abgabenrechts in einem Mantelgesetz.

2. Reform der Grund-, Vermögen-, Erbschaft-, Schenkung- und Gewerbesteuer

Das 2. Steuerreformpaket umfasste die einheitswertabhängigen Steuern: → *Grundsteuer*, → *Vermögensteuer* sowie die → *Erbschaftsteuer* und **Schenkungsteuer** und trat am 1.1. 1974 in Kraft. Für die Bewertung von Grundbesitz galten bis zu der durch das Urteil des Bundesverfassungsgerichts von 1995 notwendig gewordenen und am 1. 1. 1997 in Kraft getretenen Reform der Erbschaft- und Vermögensteuer die völlig überholten → *Einheitswerte*.

Seit 1974 wurde der Vermögensteuersatz für natürliche Personen und → *Juristische Personen* mehrfach geändert. Die seit Ende der 80er Jahre beabsichtigte Abschaffung der **Vermögensteuer** wurde mit dem **Steueränderungsgesetz 1991** nur auf die neuen Bundesländer beschränkt. Nach den Vereinbarungen im Föderalen Konsolidierungsprogramm (→ *Solidarpakt*) wurde der Vermögensteuersatz für Grundvermögen und sonstige Vermögen mit

Ausnahme der Beteiligungswerte ab 1. 1.1995 von 0,5 % auf 1 % erhöht bei gleichzeitiger Anhebung des Freibetrags für natürliche Personen. Zum 1.1. 1997 ist dann die Vermögensteuer nach langen politischen Diskussionen mit der Reform der Erbschaftsteuer völlig weggefallen.

Neben der Abschaffung der Vermögensteuer verlangten die Verbände der Wirtschaft auch die Streichung der **Gewerbekapitalsteuer** und Senkung der **Gewerbeertragsteuer** (→ *Gewerbesteuer*). Dies war ursprünglich mit dem Jahressteuergesetz 1997 auch beabsichtigt. Da das Aufkommen dieser Steuerarten ebenso wie die Vermögensteuer den → *Gemeinden* bzw. den Bundesländern zusteht, ging es in der politischen Diskussion vor allem um die Kompensation der Steuerausfälle. Nach einer politischen Einigung ist die Gewerbekapitalsteuer rückwirkend zum 1. 1. 1997 weggefallen, ansonsten hätte sie nach dem Jahressteuergesetz 1996 in den bis dahin von der Gewerbeertragsteuer befreiten neuen Bundesländern eingeführt werden müssen. Der Steuerausfall aus dem Wegfall der Vermögensteuer wurde durch eine Anhebung des Steuersatzes der → *Grunderwerbsteuer* und durch das Mehraufkommen bei der Erbschaftsteuer kompensiert.

3. Reform der Lohn- und Einkommensteuer, Familienlastenausgleich

Das 3. Steuerreformpaket von 1975 bezog sich auf die Lohn- und Einkommensteuer und die → *Sparförderung*. Zum Tarifverlauf, den arbeitnehmerbezogenen Freibeträgen und zur Familienförderung gab es seitdem mehrfach wesentliche Änderungen.

Zum 1. 1. 1990 wurde eine grundlegende Reform des progressiv ansteigenden Einkommensteuertarifs mit einem inzwischen mehrfach erhöhten Grundfreibetrag und einer sich im gleichen Maße verkürzenden – inzwischen weggefallenen – Proportionalzone eingeleitet. Mit verschiedenen Steuersenkungsgesetzen – zuletzt mit dem **Steuerentlastungsgesetz 1999/2000/2002** und dem **Steuersenkungsgesetz** – wurden die Steuerzahler weiter entlastet. Gleichzeitig wurden auch u. a. die Sätze und das Verfahren zur → *Körperschaftsteuer* (Einkommensteuer der Unternehmen) wesentlich geändert.

a) Der Einkommensteuertarif

Die Regelungen zum Einkommensteuertarif ergeben sich aus den Regelungen im → *Einkommensteuergesetz (EStG)* (§ 32 a EStG).

(1) Tarifverlauf: Das **Steuersenkungsgesetz 1986/87** und weitere Maßnahmen ab 1. 1. 1988 brachten bereits im Vorgriff auf die **Steuerreform 1990** eine starke Abflachung des Progressionsanstiegs und damit eine kräftige Entlastung vorwiegend der höheren Einkommen.

Mit dem Inkrafttreten der 3. Stufe der Steuerreform 1990 galt ab 1. 1. 1990 ein gerade ansteigender, so genannter **linear-progressiver** Steuertarif. Mit ihm wurden die Nachteile des alten **progressiv** ansteigenden Tarifverlaufs beseitigt. Dieser erforderte z. B. immer wieder eine Ausdehnung der Proportionalzone, um so die Mehrheit der Arbeitnehmer aus der Progressionszone herauszunehmen, in die sie durch Lohnerhöhungen automatisch hineinwuchsen. Außerdem wurde so die progressiv wachsende Beteiligung des Staates an Lohnerhöhungen abgeschwächt.

Der **linear progressive Einkommensteuertarif** besteht aus

• dem **Grundfreibetrag**, der allen Steuerpflichtigen zusteht und bei jedem Einkommensbezieher wie eine Nullbesteuerung wirkt;

• der **Proportionalzone** mit einem festen Steuersatz (**Eingangssteuersatz**) (sie ist mit dem Jahressteuergesetz 1996 weggefallen);

• einer linear ansteigenden **Progressionszone**, die bis zur

• Zone des **Spitzensteuersatzes** ansteigt.

(2) Grundfreibetrag: Durch ein Urteil des Bundesverfassungsgerichts vom 25. 9. 1992 wurde der Gesetzgeber verpflichtet, bis spätestens 1. 1. 1996 die Voraussetzungen zu schaffen, um das → *Existenzminimum* über einen wesentlich erhöhten Grundfreibetrag steuerfrei zu stellen. Im Vorgriff auf die so erforderlich gewordene allgemeine Anpassung des Steuertarifs wurde bereits zum 1. 1. 1993 ein Übergangstarif eingeführt, der für 1994 und 1995 mit dem → *Standortsicherungsgesetz* noch einmal korrigiert wurde.

Ab 1. 1. 1996 galt nach dem **Jahressteuergesetz 1996** ein geänderter Steuertarif, bei dem die Proportionalzone weggefallen ist. Der Grundfreibetrag wurde seitdem mehrfach erhöht und dem

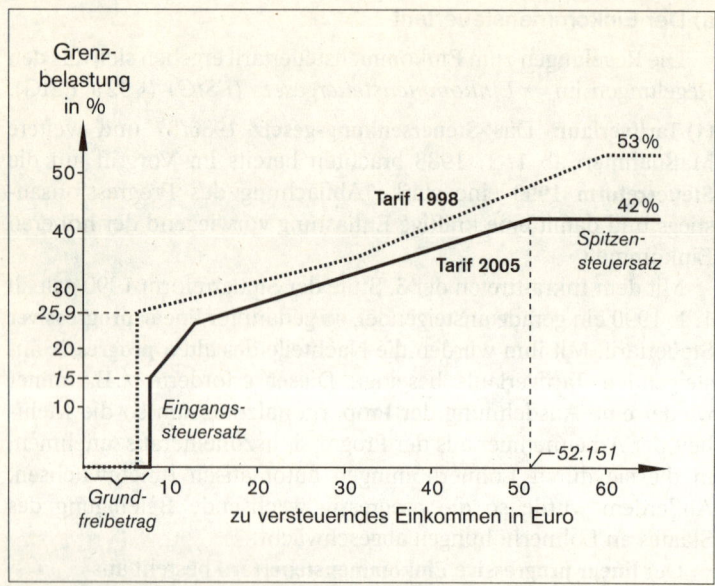

Abb. 38: Einkommensteuertarif 1998 und 2005

Existenzminimum angenähert. Dies zuletzt mit dem **Steuersenkungsgesetz** auf 7664/15 329 Euro pro Jahr (seit 1. 1. 2005).

(3) Eingangssteuersatz und Spitzensteuersatz: Nach dem Grundfreibetrag springt der Steuertarif auf den sog. **Eingangssteuersatz** und steigt dann mit wachsendem zu versteuerndem Einkommen geradlinig (linear) an bis zu einem Einkommen, bei dem der **Spitzensteuersatz** erreicht wird. Beide Sätze wurden seit 1996 mehrfach gesenkt. Mit dem **Steuerentlastungsgesetz 1999/2000/2002** wurde der seit 1996 geltende Eingangssteuersatz von 25,9 % auf 23,9 % (1999) herabgesetzt und liegt nun nach dem Steuersenkungsgesetz seit dem 1. 1. 2005 bei 15 %. Gleichzeitig wurde der Spitzensteuersatz von 53,0 % (1999) nach dem **Steuersenkungsergänzungsgesetz** bis zum Jahr 2005 auf 42 % abgesenkt. Eine weitere Absenkung des Eingangssteuersatzes auf 12 % und des Spitzensteuersatzes auf 39 % sind in der Diskussion.

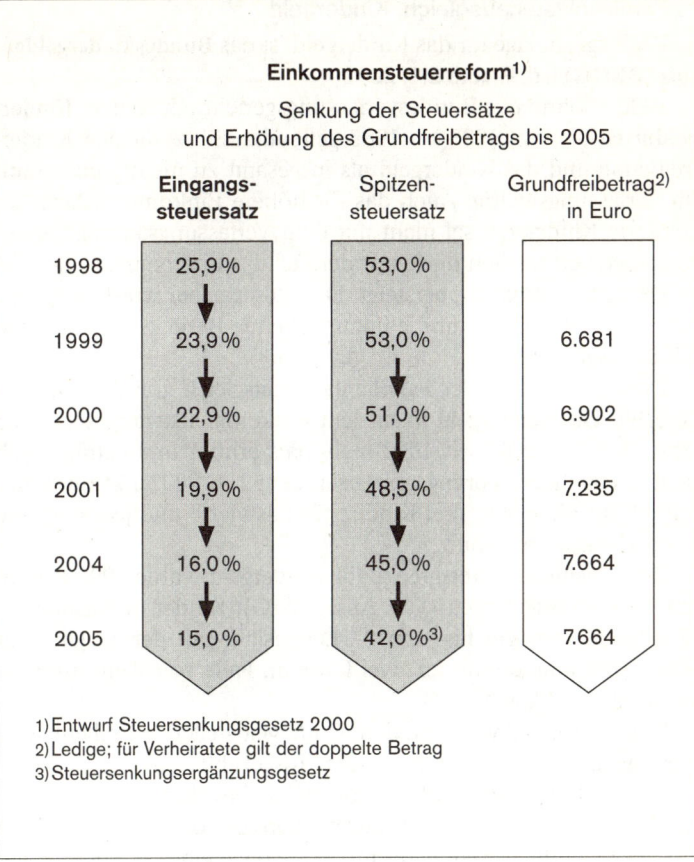

Einkommensteuerreform[1]

Senkung der Steuersätze
und Erhöhung des Grundfreibetrags bis 2005

	Eingangs-steuersatz	Spitzen-steuersatz	Grundfreibetrag[2] in Euro
1998	25,9%	53,0%	
1999	23,9%	53,0%	6.681
2000	22,9%	51,0%	6.902
2001	19,9%	48,5%	7.235
2004	16,0%	45,0%	7.664
2005	15,0%	42,0%[3]	7.664

1) Entwurf Steuersenkungsgesetz 2000
2) Ledige; für Verheiratete gilt der doppelte Betrag
3) Steuersenkungsergänzungsgesetz

Abb. 39: Einkommensteuerreform

Die Einkommensgrenze, bei der der Spitzensteuersatz erreicht wird, sinkt allerdings bei sinkendem Spitzensteuersatz ebenfalls ab: Betrug sie nach der Steuerreform 1996 bis 1999 noch 61 280/ 122 560 Euro, so liegt sie seit 2005 bei 52 151/104 302 Euro. Siehe **Abb. 38** und siehe **Abb. 39**.

b) Familienlastenausgleich, Kindergeld

Rechtsgrundlage für das Kindergeld ist das **Bundeskindergeldgesetz (BKGG)** i. d. F. vom 2.1. 2002.

1990 erklärte das Bundesverfassungsgericht mit seinem **Kindergeldurteil** die von 1983 bis 1985 geltenden Sätze für den Kinderfreibetrag und das Kindergeld als insgesamt zu niedrig und somit für verfassungswidrig. Auch das für höhere Einkommensbezieher gekürzte Kindergeld sei nicht mit dem Verfassungsauftrag vereinbar. Besteuert werden dürfe nur der Teil des Einkommens, der das → *Existenzminimum* übersteigt. Der Gesetzgeber wurde aufgefordert, einen Ausgleich für die unzureichende Berücksichtigung von Kindern zu schaffen.

Daraufhin wurde der **Familienlastenausgleich** grundlegend neu geregelt: Das **Kindergeld** nach dem Einkommensteuergesetz (§ 66 Abs. 1 EStG) wurde seit 1992 mehrmals erhöht und beträgt nach dem **2. Familienförderungsgesetz** seit dem 1. 1. 2002 154 Euro monatlich für die ersten drei Kinder, für das vierte und jedes weitere Kind 179 Euro pro Kind.

Die allgemeine Altersgrenze für Kindergeld wurde 1996 von 16 auf 18 Jahre angehoben (§ 32 Abs. 3 EStG). Kinder in Ausbildung erhalten Kindergeld bis zum 27. Lebensjahr mit der Möglichkeit einer Erhöhung um bis zu zwei Jahre im Falle von Wehr- und Zivildienst (§ 32 Abs. 4 EStG).

Das Kindergeld wird von den Kindergeldstellen (Familienkasse) der jeweiligen → *Agentur für Arbeit* ausgezahlt.

Das → *Finanzamt* prüft automatisch bei der → *Steuererklärung*, ob der Ansatz eines **Kinderfreibetrags** von 1824/3648 Euro (Alleinstehende/Verheiratete) pro Jahr sowie eines mit dem **1. Familienförderungsgesetz** ab dem Jahr 2000 neu eingeführten **Betreuungsfreibetrags** von **1080/2160 Euro** für den Steuerpflichtigen günstiger ist als das Kindergeld (§ 32 Abs. 6 EStG). **Kinderbetreuungskosten** wurden ab dem 1. 1. 2000 an neue Voraussetzungen gebunden: Sie können unter bestimmten Umständen unter Beachtung von Höchstbeträgen als → *Außergewöhnliche Belastungen* angesetzt werden (§ 33 c EStG).

Bei Kindern ab dem 18. Lebensjahr dürfen die eigenen Einkünfte – nach Abzug von → *Werbungskosten*, einer → *Pauschale* und besonderen Ausbildungskosten – die Grenze von **7680 Euro** pro Jahr nicht übersteigen. Ansonsten entfallen der Anspruch auf Kindergeld bzw. Kinderfreibeträge (§ 2 Abs. 2 Satz 2 BKGG) und hierdurch auch die meisten anderen an die Voraussetzung des Bezugs von Kindergeld gebundenen weiteren Kinderbegünstigungen.

c) Weitere Kindervergünstigungen (Kinderadditive)

Familien oder Alleinstehenden mit Kindern stehen noch weitere steuerliche Vergünstigungen (Kinderadditive) zu:

- Seit 1977 gab es einen **Ausbildungsfreibetrag** für Kinder in Berufsausbildung. Er betrug jährlich je nach Alter und Unterbringungsart 924 Euro bis 2148 Euro pro Kind. Seit dem 1. 1. 2002 (2. Familienförderungsgesetz) gilt der Ausbildungsbedarf von Kindern durch den einheitlichen **Freibetrag für die Betreuung und Erziehung oder Ausbildung von Kindern** (früher Betreuungsfreibetrag) in Höhe von 1080/2160 Euro abgedeckt (§ 32 Abs. 6 EStG). Nur noch für volljährige Kinder, die sich in Ausbildung befinden und auswärts untergebracht sind, wird außerhalb des Familienlastenausgleichs ein **Sonderbedarf** von 924 Euro – unter Gegenrechnung eigener Einkünfte, soweit sie 1848 Euro übersteigen – anerkannt (§ 33 a Abs. 2 EStG).

- Alleinstehende mit Kindern erhielten bis Ende 2004 einen **Haushaltsfreibetrag** (§ 32 Abs. 7 EStG). Hierdurch sollte ein Teil des Splitting-Vorteils (→ *Splittingverfahren*) bei Verheirateten kompensiert werden. Er wurde nach dem 2. Familienförderungsgesetz schrittweise wegen der vom Bundesverfassungsgericht geforderten Gleichbehandlung aller Eltern abgeschafft. Im August 2004 wurde er rückwirkend zum 1. 1. 2004 durch den **Entlastungsbetrag für Alleinerziehende** in Höhe von 1308 Euro ersetzt (§ 24 b EStG).

- **Unterhaltsleistungen** an Kinder (sowie an andere bedürftige Angehörige) können unter bestimmten Voraussetzungen (§ 33 a Abs. 1 EStG) jährlich bis zu 7680 Euro unter Gegenrechnung eigener Einkünfte des Empfängers als → *Außergewöhnliche Belastungen* geltend gemacht werden, sofern diese 624 Euro überschreiten.

• Für **pflegebedürftige Kinder** (und Erwachsene) gibt es besondere → *Pauschbeträge* für Behinderte, die je nach dem Grad der Behinderung bis zu 1420 Euro im Jahr betragen können. Bei völliger Pflegebedürftigkeit erhöht sich der Pauschbetrag auf 3700 Euro (§ 33 b Abs. 3 EStG).

• Seit 1987 gab es nach dem Wohneigentumsförderungsgesetz (→ *Wohneigentum*) für 8 Jahre ein so genanntes **Baukindergeld** für jedes Kind als Steuerermäßigung von zuletzt 512 Euro entsprechend den Vorschriften in § 34 f EStG. Mit dem Eigenheimzulagegesetz (→ *Wohneigentum*) wurde das Baukindergeld durch eine **Kinderzulage** von 800 Euro je Kind ersetzt.

d) Wesentliche Änderungen durch die Steuerreform 1990

• Arbeitnehmerfreibetrag und der Weihnachtsfreibetrag wurden durch einen **Arbeitnehmer-Pauschbetrag** bei den Werbungskosten ersetzt (§ 9 a EStG). Er beträgt seit 1. 1. 2004 jährlich 920 Euro (zuvor 1044 Euro).

• **Belegschaftsrabatte** wurden grundsätzlich steuerpflichtig, wenn sie über einen Freibetrag von 1224 Euro hinausgehen (§ 8 Abs. 3 EStG).

• Die Steuerfreiheit des **Essenszuschusses** von 1,50 DM je Arbeitstag entfällt.

• Für die Steuerfreiheit von **Lohnzuschlägen für** → *Sonn- und Feiertagsarbeit* und → *Nachtarbeit* wurden Höchstgrenzen eingeführt: Bei Lohnzuschlägen für Nachtarbeit (20.00 Uhr bis 6.00 Uhr früh) bis zu 25 %, für Sonntagsarbeit bis zu 50 %, für Silvester (ab 14.00 Uhr) und gesetzliche Feiertage bis 125 %, für den 24. 12. (ab 14.00 Uhr), den 25. und 26. 12. sowie den 1. Mai bis 150 % (§ Abs. 3 b EStG).

• Einführung eines **Pflegepauschbetrags** (→ *Pauschalierung der Lohnsteuer*) von 924 Euro als außergewöhnliche Belastungen für die Pflege eines hilflosen Angehörigen (§ 33 b Abs. 6 EStG).

4. Reform der Körperschaftsteuer

Am 1. 1. 1977 trat das Körperschaftsteuerreformgesetz in Kraft. Die bis dahin übliche Doppelbelastung der ausgeschütteten Gewinne mit → *Körperschaftsteuer* bei → *Kapitalgesellschaften* und mit Einkommensteuer bzw. nochmals mit Körperschaftsteuer beim

Anteilseigner wurde durch ein Anrechnungsverfahren beseitigt. Dabei wurde der an die Anteilseigner einer Kapitalgesellschaft ausgeschüttete → *Gewinn* seit dem → *Standortsicherungsgesetz* ab 1. 1. 1994 nur noch mit 30 % versteuert. Der feste Satz der Körperschaftsteuer von 56 % für nicht ausgeschüttete Gewinne wurde mit der Steuerreform von 1990 auf 50 % und mit dem Standortsicherungsgesetz zusammen mit der Absenkung des Spitzensteuersatzes für die gewerbliche Einkommensteuer nochmals bis auf 40 % gesenkt.

Nach der **Reform der Unternehmenssteuern** im Rahmen des Steuersenkungsgesetzes gilt seit dem 1. 1. 2001 für ausgeschüttete und einbehaltene Gewinne von Kapitalgesellschaften ein einheitlicher Körperschaftsteuersatz von 25 %. Anteilseigner müssen seit dem 1. 1. 2001 die Hälfte der Ausschüttungsbeträge (z. B. → *Dividende*) von inländischen Kapitalgesellschaften (von ausländischen Kapitalgesellschaften seit dem 1. 1. 2002) mit ihrem persönlichen Satz bei der Einkommensteuer versteuern **(Halbeinkünfteverfahren)**. Werbungskosten aus diesen Kapitaleinkünften können allerdings auch nur noch zur Hälfte abgezogen werden.

Ab 2007 ist eine weitere Absenkung des Satzes der Körperschaftsteuer auf 22 % geplant.

→ *Personengesellschaften* können seit 2001 die → *Gewerbesteuer* bei der Einkommensteuer pauschal verrechnen.

Bei privater Veräußerung eines Betriebs für aus dem Berufsleben ausscheidende Unternehmer ab dem 55. Lebensjahr gilt nach einer Korrektur des Steuersenkungsgesetzes durch das **Steuersenkungsergänzungsgesetz** ein Freibetrag von 50 000 Euro und der halbe Steuersatz – allerdings nur einmal im Leben. Die Veräußerung von → *Beteiligungen* durch deutsche Kapitalgesellschaften bleibt ab 2002 dagegen steuerfrei.

Die Bundesregierung plant für 2006 eine weitere Absenkung des nominellen Steuersatzes zur Körperschaftsteuer auf 19 Prozent. Hierdurch soll die Ausgangslage für den Standort Deutschland (→ *Standortdiskussion*) verbessert werden. Die Steuersenkung soll allerdings kostenneutral gestaltet werden durch Streichung von Steuerbegünstigungen der Unternehmen.

http://bundesrecht.juris.de

▶ **Steuerschuld**

Der Geldbetrag, den der Steuerpflichtige aufgrund seiner persönlichen Verhältnisse nach den geltenden Bestimmungen im → *Steuerrecht* an die Finanzverwaltung zu entrichten hat.

▶ **Steuersenkungsgesetz/Steuersenkungsergänzungsgesetz**

Ein erst im Vermittlungsverfahren entschiedenes **Gesetz zur Senkung der Steuersätze und zur Reform der Unternehmensbesteuerung** vom 23.10. 2000 sowie das **Steuersenkungsergänzungsgesetz** vom 1.12. 2000 mit folgenden Schwerpunkten:

● Die → *Körperschaftsteuer* wurde ab 2001 auf 25 % gesenkt und das Halbeinkünfteverfahren (→ *Steuerreform*) eingeführt.

● Die nach dem **Steuerentlastungsgesetz 1999/2000/2002** erst für 2002 vorgesehene weitere Erhöhung des Grundfreibetrags und Senkung des Eingangs- und des Spitzensteuersatzes wurde auf den 1.1. 2001 vorgezogen.

● Weitere Erhöhungen beim Grundfreibetrag und Absenkungen des Eingangs- und Spitzensteuersatzes 2003 und 2005, wobei der Spitzensteuersatz nach einer nochmaligen Änderung (Steuersenkungsergänzungsgesetz) ab 2005 auf 42 % (ursprünglich nur auf 43 %) sinkt (→ *Steuerreform*).

● Zur Gegenfinanzierung wurden u. a. die Möglichkeiten für → *Abschreibungen* (z.B durch Überarbeitung der → *AfA-Tabelle*) neu strukturiert oder eingeschränkt.

http://www.bundesfinanzministerium.de/infos/steuerindex.htm

▶ **Steuertarif** → *Steuerreform*

▶ **Steuerveranlagung** → *Veranlagungsverfahren*

▶ **Steuervorauszahlung**

Zahlung bestimmter Steuern vor der Steuerfestsetzung durch einen → *Steuerbescheid*. Nach der → *Abgabenordnung (AO)* sind Vorauszahlungen eine Steuerfestsetzung unter dem Vorbehalt der

Nachprüfung (§ 164 AO). Steuervorauszahlungen können vorgeschrieben sein bei der → *Einkommensteuer* (§ 37 EStG), der → *Körperschaftsteuer* (§ 31 KStG), der → *Umsatzsteuer* (§ 18 UStG) und der → *Gewerbesteuer* (§ 19 GewStG).

▶ **Stiftung**

Von einem Stifter zu einem bestimmten Zweck zur Verfügung gestellte Vermögenswerte. Dies können sein ein Unternehmen (z. B. Bertelsmann-Stiftung, Krupp-Stiftung) oder auch Sammlungen in Museen oder Bibliotheken (z. B. Stiftung preußischer Kulturbesitz, Senckenberg-Stiftung). Dabei verfolgen die Stifter das Ziel, dass ihr Unternehmen oder ihre Sammlungen dauerhaft entsprechend ihrem Willen fortgeführt werden.

Stiftungen können als → *Juristische Personen* des öffentlichen oder des privaten Rechts ausgestaltet sein. Rechtsgrundlage für private Stiftungen sind die Vorschriften im BGB (→ *Bürgerliches Gesetzbuch (BGB)*) (§ 80 BGB bis § 88 BGB), ansonsten handelt es sich meist um eine → *Anstalt des öffentlichen Rechts* in der Form einer Stiftung. Der schriflich festgelegte Stiftungsakt bedarf einer Genehmigung durch die jeweilige Landesregierung. Stiftungen werden i. d. R. von einem **Kuratorium** (im Einvernehmen mit dem Stifter staatlich eingesetzte Aufsichtsbehörde) und einem **Stiftungsrat** geleitet.

Stiftungen zu kirchlichen, gemeinnützigen oder mildtätigen Zwecken werden steuerlich bevorzugt behandelt.

▶ **Stille Gesellschaft**

Hierbei beteiligen sich natürliche oder → *Juristische Personen* über einen → *Gesellschaftsvertrag* mit einer Vermögenseinlage als **stille Gesellschafter** am → *Handelsgewerbe* eines anderen. Die Person des stillen Gesellschafters tritt dabei nirgends sichtbar auf. Sie ist jedoch anders als ein bloßer Darlehensgeber auch am → *Gewinn* und ggf. auch am Verlust des Unternehmens beteiligt. Der stille Gesellschafter kann Einsicht in die → *Handelsbücher* nehmen und eine Abschrift vom → *Jahresabschluss* verlangen. Rechtsgrundlage für die stille Gesellschaft sind die Vorschriften im → *Handelsgesetzbuch (HGB)* (§ 230 HGB bis 236 HGB).

▶ **Stille Reserve auf dem Arbeitsmarkt** → *Arbeitslose*

▶ **Stille Reserven** → *Stille Rücklagen*

▶ **Stiller Gesellschafter** → *Stille Gesellschaft*

▶ **Stille Rücklagen**

(Stille Reserven) Eigenkapitalteile, deren Existenz aus der → *Bilanz* nicht zu ersehen ist. Sie entstehen durch die im deutschen → *Handelsrecht* geltenden Bewertungsprinzipien – vor allem das **Prinzip der Vorsicht** im Rahmen der → *Grundsätze ordnungsmäßiger Bilanzierung (GoB)* und die hierdurch bedingte tendenzielle Unterbewertung von Aktiva (z. B. Anlagen, Gebäude) oder Höherbewertung von Passiva (Schulden).

Durch das Auflösen oder Bilden stiller Rücklagen kann der Bilanzgewinn in gewissen Grenzen in einer der Unternehmenspolitik dienenden Weise verändert werden. Die Auflösung stiller Rücklagen dient auch Zwecken der → *Selbstfinanzierung*. Die Vorschriften nach → *US-GAAP* und → *IAS/IFRS* lassen die Bildung stiller Reserven nur in einem eng begrenzten Maße zu.

▶ **Stillhalter** → *Optionsgeschäfte*

▶ **Stimmrecht**

Jede → *Stammaktie* einer → *Aktiengesellschaft (AG)* gewährt ein ihrem → *Nennwert* oder der Stückzahl (→ *Stückaktien*) entsprechendes Stimmrecht in der → *Hauptversammlung* (§ 134 AktG). Lediglich bei → *Vorzugsaktien* kann das Stimmrecht ausgeschlossen werden. Zur Ausübung für das → *Depotstimmrecht* gelten besondere Bestimmungen nach § 128 AktG und § 135 AktG.

▶ **Stock Options**

Aus den USA übernommene Praxis als Anreizsystem für → *Führungskräfte*, Aktienbezugsrechte in der Form der → *Call Option* auszugeben. Sie berechtigen die Begünstigten nach Ablauf einer bestimmten Frist in einem festgelegten Zeitraum zum Bezug von → *Aktien* des eigenen Unternehmens. Der Optionspreis wurde vorher – z. B. durch → *Zielvereinbarungen* – unter Berücksichtigung des aktuellen Börsenkurses festgelegt. Stock Options werden als Teil der Gesamtvergütung verstanden und sollen eine Beteiligung der Führungskräfte am Erfolg des Unternehmens darstellen, der sich im (steigenden) → *Börsenkurs* und damit im → *Shareholder Value* widerspiegelt.

Für den Fall einer → *Rezession* oder bei einem allgemeinen Vertrauensverlust in bestimmte Branchen oder Märkte sind die Optionsrechte nicht mehr attraktiv und können verfallen, wenn das jeweilige Unternehmen keine Ersatzangebote macht.

Stock Options sind als Teil einer allgemeinen Mitarbeiterbeteiligung (→ *Belegschaftsaktien*) ohne zusätzliche Sicherungen durch → *Tarifvertrag* oder → *Betriebsvereinbarung* problematisch. → *Prinzipal-Agent-Theorie*.

▶ **Stockholder Value**

Andere Bezeichnung für → *Shareholder Value*.

▶ **Stop-Loss-Order/Stop-Buy-Order**

Ein Verkaufs- bzw. Kaufauftrag an der → *Börse* unter Vorgabe eines → *Limit*.

Wird bei einer **Stop-Loss-Order** der vom Verkäufer festgesetzte → *Börsenkurs* unterschritten, so wird der Auftrag → *Bestens* ausgeführt. Hierbei sollen bereits vorhandene Gewinne schnell gesichert werden.

Dagegen wird ein **Stop-Buy-Auftrag** bei Überschreiten des Limit → *Billigst* ausgeführt, mit dem Ziel, bei steigenden Kursen möglichst schnell zu kaufen.

▶ **Store and Forward**

Austausch von Daten und Nachrichten zwischen → *Mailbox*-Systemen in bestimmten Zeitabständen und nach einem festgelegten → *Routing*. Eingehende Daten werden in der einzelnen Mailbox gespeichert und bei Abruf (→ *Netcall*) an den Empfänger weitergegeben.

▶ **Störfallverordnung**

Eine → *Rechtsverordnung* mit mehreren Verwaltungsvorschriften zum → *Bundesimmissionsschutzgesetz (BImSchG)* i. d. F. vom 26. 4. 2000.

Die Störfallverordnung gilt für bestimmte genehmigungsbedürftige Anlagen, in denen die in den Anhängen zur Störfall-Verordnung aufgeführten gefährlichen Stoffe vorhanden sind oder entstehen können und bestimmte Mengenschwellen erreicht werden. Sie verlangt für solche Anlagen besondere Meldepflichten und Sicherheitsvorschriften (Sicherheitsbericht, Sicherheitsmanagementsystem, Alarm- und Gefahrenabwehrpläne, Bestellung eines Störfallbeauftragten).

Ein Störfall liegt dann vor, wenn ein in der Verordnung genannter Stoff frei wird, entsteht, in Brand gerät, explodiert und eine Gefahr für Leben und Gesundheit von Menschen und Sachen von hohem Wert entsteht **(Gemeingefahr)**. Störfälle müssen der zuständigen Behörde und dem → *Betriebsrat* unverzüglich gemeldet werden.

http://www.qumsult.de/stoerfallverordnung.htm

▶ **STOXX** → *Dow Jones-STOXX*

▶ **Strahlenschutz**

Die Gesamtheit von Maßnahmen zum Schutz des Menschen und der Umwelt vor Strahlenschäden.

Die **Strahlenschutzverordnung** i. d. F. vom 30. 6. 1989 enthält Vorschriften über die maximal zulässige Strahlenbehandlung von

Menschen und regelt u. a. den Umgang mit Stoffen sowie deren Beförderung, Einfuhr und Ausfuhr, die Errichtung und den Betrieb von Anlagen zur Erzeugung ionisierender Strahlen. Die Verordnung enthält darüber hinaus Vorschriften über den Schutz der Bevölkerung und der Umwelt vor radioaktiven Strahlen, zur ärztlichen Überwachung sowie zur Lagerung und Sicherung radioaktiver Stoffe. Mit dem **Gesetz zum vorsorgenden Schutz der Bevölkerung (Strahlenschutzvorsorgegesetz)** vom 29. 9. 1986 wurden die bis dahin zersplitterten Zuständigkeiten auf den Bund konzentriert.

Nach dem **Gesetz über die Errichtung eines Bundesamtes für Strahlenschutz** (Sitz: Salzgitter) vom 9. 10. 1989 obliegt diesem die Aufgabe, Endlager des Bundes für radioaktive Abfälle zu errichten und zu betreiben, die Beförderung und Aufbewahrung von Kernbrennstoffen zu genehmigen und die Umweltradioaktivität zu überwachen. → *Umweltschutz*.

http://www.bmu.de/sachthemen/gesetzestexte/alphabetische_liste.php

▶ **Strategische Allianzen**

(Strategische Partnerschaften) Kooperationen von gleichartigen oder verschiedenartigen Unternehmen mit dem Ziel, → *Kosten* und Risiken zu senken durch eine Zusammenarbeit bei Forschung und Entwicklung, im Vertrieb oder der Beschaffung z. B. der → *Rohstoffe*. Es besteht jedoch keine gemeinsame Obergesellschaft (→ *Management-Holding*). Die kooperierenden Konzerne (→ *Konzern*) bemühen sich, mit Hilfe der gebildeten Allianzen fehlendes eigenes Wissen zu ergänzen, mangelnde → *Ressourcen* zu erschließen, den → *Marktanteil* zu verbessern sowie Präsenz in den verschiedenen Regionen der Erde zu gewinnen. → *Joint Venture*, → *Synergieeffekte*.

▶ **Strategische Unternehmensführung**

(Strategisches Management) Bezeichnung für eine vom operativen Tagesgeschäft losgelöste Unternehmensführung. Sie setzt **Zielvorstellungen**, eine **Unternehmensvision** voraus zur künftigen Geschäftstätigkeit (z. B. Produkte und Geschäftsfelder, → *Umsatz* und → *Marktanteil*, Entwicklung von → *Ertrag* und → *Rentabilität*). Außerdem erfordert sie den Einsatz bestimmter **Kontrollinstrumente** zur Steuerung der erwünschten Prozesse und Ergebnisse (z. B. ein ausgebautes → *Führungsinformationssystem (FIS)*, → *Total Quality Management (TQM)*, → *Customer Relationship Management (CRM)*, → *Risk-Management*, Kenntnisse zur → *Wertschöpfungskette* des Unternehmens).

Eingebettet ist die strategische Unternehmensführung in die eigenen Vorgaben zur → *Unternehmenskultur* und zur → *Unternehmensphilosophie*.

▶ **Streik**

Von den → *Gewerkschaften* organisierte Kampfmaßnahme der → *Arbeitnehmer* zur Durchsetzung von Forderungen (**Angriffsstreik**) oder zur Abwehr geplanter Maßnahmen der → *Arbeitgeber* (**Abwehrstreik**).

(1) Nach dem **Kampfziel** wird unterschieden zwischen:

● **Warnstreik**, wenn gewerkschaftliche Solidarität und Kampfbereitschaft der Arbeitnehmer demonstriert werden sollen. Der Warnstreik ist zeitlich begrenzt. Er hat mit der Verschärfung im § 116 des → *Arbeitsförderungsgesetzes/Arbeitsförderung* (heute im → *Sozialgesetzbuch (SGB)* § 146 SGB III) stark an Bedeutung gewonnen. Die Gewerkschaften nennen es Strategie der „**neuen Beweglichkeit**", wenn während der → *Friedenspflicht* kurze, spontane Warnstreiks und *Betriebsversammlungen* (→ *Betriebsverfassungsgesetz (BetrVG)*) von Belegschaften in den Betrieben durchgeführt werden.

● **Erzwingungsstreik** als länger andauernde Kampfmaßnahme mit dem Ziel, Forderungen zur Verbesserung der Arbeitsbedingungen und/oder des Arbeitsentgeltes durchzusetzen bzw. den Arbeitgeber zur Rücknahme geplanter oder durchgeführter Maßnahmen zu veranlassen (z. B. Entlassungen, Kürzung übertariflicher Zulagen, Betriebsstilllegungen usw.). Der Erzwingungsstreik endet normalerweise erst dann, wenn sich Gewerkschaften und → *Betriebsrat* mit dem Arbeitgeber geeinigt haben.

• **Sympathiestreik** soll Solidarität bekunden, z. B. mit streikenden Gewerkschaften anderer Industriebereiche oder in anderen Ländern. Der Sympathiestreik ist in der Regel zeitlich begrenzt.

(2) Nach der **Art der Durchführung** des Streiks wird unterschieden zwischen:

• **Generalstreik**, wenn alle Wirtschaftsbereiche eines Landes bestreikt werden.

• **Vollstreik**, wenn eine Gewerkschaft ein oder mehrere Unternehmen bzw. alle Unternehmen ihres Organisationsbereiches bestreiken lässt.

• **Teilstreik**, wenn nur Teile von Unternehmen oder Betrieben bestreikt werden.

• **Schwerpunktstreik** liegt dann vor, wenn nur bestimmte, besonders wichtig erscheinende Unternehmen bzw. Betriebe mit Schlüsselpositionen innerhalb eines Unternehmens (z. B. die Energieversorgung) im Organisationsbereich einer Gewerkschaft bestreikt werden.

• Eine weiterentwickelte Streikform orientiert sich an der „**Mini-Max-Strategie**". Er ist die moderne Form des Streiks, bei dem die gewerkschaftlichen Zielsetzungen mit relativ geringem Mitteleinsatz (Zahlung der Streikunterstützung) erreicht werden können. Dabei werden nur bestimmte Betriebe bestreikt, die jedoch aufgrund ihres hohen Spezialisierungsgrads (z. B. ausgewählte Zulieferbetriebe in der Automobilindustrie) im Falle eines Streiks den Produktionsprozess einer ganzen Branche beeinträchtigen. Es wird jedoch darauf geachtet, dass Fernwirkungen auf nicht bestreikte Tarifbezirke möglichst vermieden werden.

• Werden die Schwerpunktstreiks ausgedehnt auf immer mehr Betriebe bzw. werden Teilstreiks zu Vollstreiks, so spricht man von einem **Sukzessivstreik** (schrittweise sich steigernden Streik).

Ein Streik ist erst nach Ablauf der **Friedenspflicht** und der Erklärung des Scheiterns von Verhandlungen durch eine Tarifpartei zulässig. Falls keine **Schlichtungsvereinbarung** (→ *Schlichtung*) getroffen ist, endet die Friedenspflicht mit dem Scheitern der Verhandlungen. Dem Streik geht grundsätzlich eine → *Urabstimmung* voraus, bei der die gewerkschaftlich organisierten Arbeitnehmer befragt werden, ob sie zum Streik bereit sind. Die jeweiligen Quoten der Jastimmen sind in der jeweiligen → *Satzung* der Gewerkschaften geregelt. Soll ein Streik beendet werden, erfolgt erneut eine Urabstimmung. Gewerkschaftlich organisierte Arbeitnehmer erhalten während des Streiks von ihrer Gewerkschaft eine Streikunterstützung. Siehe **Abb. 40** (Seite 982).

▶ **Strike Price**

Bezeichnung für den → *Basispreis* im → *Optionsgeschäft*.

▶ **Streubesitz**

Bezeichnung für die an der → *Börse* unter vielen Aktionären frei handelbaren → *Aktien* eines Unternehmens, d. h. von Aktien, die nicht von Großaktionären gehalten werden. → *Aktienindex*.

▶ **Strip**

(Separate Trading of Interest and Principal; auch Stripped Bonds) sind → *Anleihen*, bei denen der Zinskupon (→ *Kupon*) und der Kapitalbetrag des Wertpapiers getrennt gehandelt werden.

▶ **Stripped Bonds** → *Strip*

▶ **Stromeinspeisungsgesetz** → *Alternative Energiequellen*

▶ **Stromsteuer**

Mit der → *Ökosteuer* eingeführte neue Steuerart auf elektrischen Strom. Rechtsgrundlage ist das **Stromsteuergesetz (StromStG)** vom 24. 3. 1999 und die **Stromsteuer-Durchführungsverordnung** i. d. F. vom 31. 5. 2000.

http://www.rechtliches.de/info_StromStV.html

▶ **Strukturelle Arbeitslosigkeit** → *Arbeitslosigkeit*

▶ **Strukturkrisenkartell** → *Kartellgesetz*

▶ **Strukturpolitik**

Ein Teil der staatlichen → *Wirtschaftspolitik*. Die **regionale Strukturpolitik** (→ *Regionalpolitik*) dient dem Ziel, eine bestmögliche Verteilung der → *Produktionsfaktoren* innerhalb eines Wirtschaftsraumes (z. B. innerhalb Deutschlands oder der EU (→ *Europäische Union (EU)*) zu erreichen. Dabei sollen leistungsschwache Regionen durch staatliche Hilfen bevorzugt werden. Notwendige Voraussetzung ist die Verbesserung der → *Infrastruktur*. Hierdurch wird Unternehmen die Standortwahl erleichtert und für → *Arbeitnehmer* die notwendige Attraktivität für einen neuen Arbeitsplatz geschaffen.

Mit dem 1970 in Kraft getretenen und 1991 geänderten Gesetz über die **Gemeinschaftsaufgabe „Verbesserung der regionalen Wirtschaftsstruktur"** existiert seit 1972 in der Bundesrepublik ein jährlich fortzuschreibender **Rahmenplan** mit regionalen Aktionsprogrammen und Schwerpunktorten. Mehr als die Hälfte der Fläche der Bundesrepublik war bis 1990 als Fördergebiet ausgewiesen.

Nach der Vereinigung Deutschlands (→ *Einigungsvertrag*) wurde ein schrittweiser Abbau der Zonenrand- und Berlinförderung bis Ende 1994 vollzogen. Das gesamte Gebiet der ehemaligen DDR wurde durch Änderung des Gesetzes über die Gemeinschaftsaufgabe „Verbesserung der regionalen Wirtschaftsstruktur" zum Fördergebiet erklärt. Außerdem wurden die neuen Bundesländer in die **Regionalförderung** der EG (→ *Strukturpolitik in der EU*) aufgenommen.

Mit Hilfe der **sektoralen Strukturpolitik** soll das → *Wachstum* von zukunftsweisenden Wirtschaftsbereichen gefördert oder die Anpassung schrumpfender Wirtschaftsbereiche erleichtert werden. Im letzteren Fall kommt der sektoralen Strukturpolitik eine wesentliche Bedeutung zu, weil soziale Härten mit Hilfe gesetzlicher Regelungen (→ *Arbeitsförderungsgesetz/Arbeitsförderung*, → *Berufsbildungsgesetz*) gemildert werden können. Gefördert werden soll vor allem die berufliche Mobilität der vom Strukturwandel betroffenen Arbeitnehmer über staatliche Zuschüsse, Steuererleichterungen und → *Subventionen*. Dies erfolgt über **Gestaltungs-**,

Erhaltungs- oder Anpassungshilfen aus den Haushaltsplänen (→ *Haushaltsplan*) der → *Gebietskörperschaften*.

Im Rahmen der fortschreitenden Integration Europas hat die gesamte sektorale und regionale Strukturpolitik eine neue Dimension erhalten.

▶ Strukturpolitik der EU

Ziel der Strukturpolitik in der EU (→ *Europäische Union (EU)*) ist es, den Abstand zwischen den verschiedenen Regionen der Gemeinschaft und den Rückstand der am stärksten benachteiligten Gebiete zu verringern. Hierzu verfügt die Kommisson der EU (→ *EG (Europäische Gemeinschaft)*) über eine Reihe von Instrumenten, die einer Förderung der Wirtschaftstätigkeit und dem Ausgleich sozialer Benachteiligung in den weniger entwickelten Gebieten dienen. Die zentralen Instrumente der gemeinschaftlichen Strukturpolitik sind dabei die **drei Strukturfonds** nach den Regelungen im **Vertrag zur Gründung der europäischen Gemeinschaft** (Art. 159 EGV bis Art. 162 EGV):

1. Europäischer Ausrichtungs- und Garantiefonds (EAGLF)

Er wurde 1962 gegründet zur Finanzierung des Ziels einer gemeinsamen → *Agrarpolitik*.

Die Agrarausgaben über den EAGLF umfassen rd. 60 % der Gesamtausgaben im → *Haushalt der EU*. Der größte Teil (mehr als 90 %) der Mittel des EAGLF entfällt auf die **Abteilung „Garantie"** für die Finanzierung der gemeinsamen Marktordnung. Diese beinhaltet u. a. Eingriffe **(Interventionen)** zur Regulierung der Agrarmärkte (z. B. für Milchprodukte, Rindfleisch, Ölsaaten u. a.) über Preisstützungsmaßnahmen und Ausfuhrerstattungen beim Export von Agrarprodukten in Nicht-EU-Länder (z. B. für Milcherzeugnisse, Getreide und Zucker).

Aus der **Abteilung „Ausrichtung"** werden strukturpolitische Maßnahmen der EU in den einzelnen Mitgliedsstaaten gefördert, z. B. im Rahmen der Betriebsmodernisierung.

Mit einer Verordnung der EU (→ *Europäische Gesetzgebung*) vom 17. 5. 1999 wurde die im Rahmen der → *Agenda 2000* beschlossene Anpassung des **Systems zur Finanzierung der gemeinsamen Agrarpolitik (GAP)** vorgenommen. Hierbei wurden u. a. die bestehenden dezentralen Finanzierungsregelungen über nationale Zahlstellen beibehalten und zusätzlich Ausgaben für die Finanzierung von Maßnahmen zugunsten des ländlichen Raums aufgenommen.

Zur Budgetkontrolle müssen die Mitgliedstaaten monatlich der Europäischen Kommission berichten und dem Europäischen Parlament und dem Rat der EU jährlich vor dem 1. Juli einen Finanzbericht über die Verwaltung des Fonds vorlegen.

2. Europäischer Sozialfonds (ESF)

Aus dem 1960 gegründeten ESF werden vorwiegend Maßnahmen gefördert zur Bekämpfung der Jugendarbeitslosigkeit (z. B. Ausbildungs- und Umschulungsmaßnahmen), zur Verbesserung der Beschäftigungslage in strukturschwachen Gebieten sowie Maßnahmen zugunsten von Behinderten.

3. Europäischer Fonds für regionale Entwicklung (EFRE)

Der EFRE wurde 1975 gegründet mit dem Ziel einer Förderung des Strukurwandels in benachteiligten Regionen der EU und einer Verringerung des Gefälles zwischen entwickelten und rückständigen Regionen. Hierzu sind bestimmte Regionen der EU als **regionale Fördergebiete** ausgewiesen. Die Förderung erfolgt ergänzend zu der nationalen Förderung in den Mitgliedstaaten der EU. → *Strukturpolitik*.

Die → *Einheitliche Europäische Akte* brachte Vereinbarungen zur engen Koordinierung der drei Fonds mit folgenden politischen Zielsetzungen:

• Förderung der Entwicklung und der strukturellen Anpassung der Regionen mit
• Entwicklungsrückstand;
• Umstellung der vom industriellen Niedergang betroffenen Regionen;
• Bekämpfung der Langzeitarbeitslosigkeit;
• Erleichterung der Eingliederung von Jugendlichen in das Erwerbsleben;

• Anpassung der Erzeugungs-, Verarbeitungs- und Vermarktungs-strukturen in Land- und Forstwirtschaft sowie Förderung des ländlichen Raums.

Auf Drängen der weniger wohlhabenden Staaten der EU wurde mit dem Vertrag über die → *Europäische Union (EU)* 1993 in Er-gänzung der drei Strukturfonds ein **Kohäsionsfonds** eingerichtet (Art. 161 EGV). Er dient der Hilfe bei Vorhaben in den Bereichen Umwelt (→ *Umweltschutz*) und → *Transeuropäische Netze (TEN)* für Mitgliedstaaten mit einem Pro-Kopf-Einkommen (ge-messen am jeweiligen → *Bruttonationaleinkommen (BNE)*) von weniger als 90 % des Gemeinschaftsdurchschnitts.

Bis 2004 stieg der Ausgabenanteil der Strukturfonds am Ge-samthaushalt der EU von 25 % (1993) auf über 35 %.

http://europa.eu.int/comm/agenda2000/index_de.htm

▶ **Stückaktien**

Lauten auf keinen bestimmten → *Nennwert*, sondern stellen einen bestimmten Bruchteil vom → *Grundkapital* einer → *Ak-tiengesellschaft (AG)* dar. Man bezeichnet sie auch als **Quoten-aktien**. Der auf einzelne → *Aktien* entfallende anteilige Betrag des Grundkapitals durfte seit dem 1. 4. 1998 nach dem **Gesetz über die Zulassung von Stückaktien** vom 25. 3. 1998 fünf DM nicht unterschreiten. Bis zu diesem Zeitpunkt waren Quotenaktien in Deutschland (im Gegensatz zu den USA) nicht erlaubt.

Seit dem 1. 1. 2002 darf der bei **Stückaktien** auf die einzelne Aktie entfallende anteilige Betrag des Grundkapitals **einen Euro** nicht unterschreiten (§ 8 Abs. 3 AktG).

▶ **Stückgeldakkord** → *Akkordlohn*

▶ **Stückkosten**

Auf die betriebliche Leistungseinheit bezogene → *Kosten*. Sie werden durch die Kalkulation in der → *Selbstkostenrechnung* er-mittelt.

▶ **Stückkurs**

Der → *Börsenkurs* von → *Aktien* in Euro je Stück. Der Stückkurs bezieht sich auf den kleinsten → *Nennbetrag* der Aktien eines Unternehmens.

▶ **Stücknotierung** → *Stückkurs*

▶ **Stückzeitakkord** → *Akkordlohn*

▶ **Stützpreise der EU** → *Agrarpolitik*

▶ **Submission** → *Ausschreibung*

▶ **Subordinationsprinzip** → *Öffentliches Recht*

▶ **Subsidiaritätsprinzip**

Eine der katholischen Sozialphilosophie entnommene Lehre, wonach jede gesellschaftliche und staatliche Tätigkeit ihrem Wesen nach „**subsidiär**" sei, d. h. unterstützend und ersatzweise eintretend. Der Staat soll deshalb nur dann tätig werden, wenn andere Institutionen (z. B. Unternehmen) bestimmte Aufgaben nicht wahrnehmen können. → *Öffentliche Aufgaben.*

Das Subsidiaritätsprinzip ist Bestandteil der liberalistischen Staatsauffassung (→ *Liberalismus*) in den Diskussionen um die → *Privatisierung* staatlicher Leistungen. Es spielt vor allem aber auch bei den christlichen Parteien in der Programmatik, insbesondere der → *Sozialpolitik* und Bildungspolitik, eine bedeutende Rolle. Es hat sich jedoch wegen seiner unzureichenden Erklärung gesellschaftlicher Aufgaben, die vom Staat, von den → *Gewerkschaften* und sonstigen Verbänden oder Institutionen wahrgenommen werden, nicht als allgemein gültiges Prinzip durchsetzen können.

Mit dem Vertrag über die → *Europäische Union (EU)* wurde das Subsidiaritätsprinzip Bestandteil des Vertragstextes und erweitert definiert: Danach darf die Europäische Union in Bereichen, die nicht in ihre ausschließliche Zuständigkeit fallen, nur tätig werden, „sofern und soweit die Ziele der in Betracht gezogenen Maßnahmen auf der Ebene der Mitgliedsstaaten nicht ausreichend erreicht werden können und daher wegen ihres Umfangs oder ihrer Wirkungen besser auf Gemeinschaftsebene erreicht werden".

▶ **Subskription**

Durch Unterschrift bestätigte Vorbestellung (→ *Zeichnen*) von Neuemissionen (→ *Emission*), für → *Wertpapiere* oder auch Vorherbestellung von später erscheinenden Büchern. → *Anleihen*.

▶ **Substanzsteuern**

Bezeichnung für → *Steuern* nach dem → *Bewertungsgesetz (BewG)*, die sich auf Substanzgrößen beziehen. Hierzu zählen die → *Gewerbekapitalsteuer*, → *Grundsteuer* und die → *Erbschaftsteuer* und Schenkungsteuer, früher auch die abgeschaffte → *Vermögensteuer*.

▶ **Substanzwert**

Andere Bezeichnung für → *Reproduktionswert*. → *Firmenwert*.

▶ **Substitution**

Ersatz eines wirtschaftlichen Gutes durch ein anderes Gut, z. B. Butter durch Margarine, Kohle durch Heizöl usw. Der Substitutionseffekt kann u. U. preisregulierend wirken.

▶ **Substitutionsgüter**

→ *Güter*, die sich gegenseitig ersetzen können. → *Substitution*.

▶ **Subunternehmen**

Ein Unternehmen, das von einem so genannten **Generalunternehmer** (Gesamtunternehmer), der von einem Auftraggeber den Gesamtauftrag erhalten hat (z. B. ein großes Bauprojekt), die

Durchführung eines Teilauftrages übernimmt. Die Rechtsbeziehungen bestehen nur zwischen Subunternehmer und Generalunternehmer, nicht dagegen zwischen Subunternehmer und Auftraggeber des Gesamtauftrages. Die hieraus folgenden Probleme aus dem → *Arbeitsrecht* (→ *Schwarzarbeit, Schattenwirtschaft*, Beschäftigung illegaler → *Arbeitnehmer*, Nichteinhaltung von Vorschriften zur → *Arbeitszeit* usw.) sind wegen der oft undurchsichtigen Geschäftsbeziehungen zwischen Generalunternehmer und Subunternehmer äußerst kritisch zu beurteilen.

▶ **Subventionen**

Staatliche Zuschüsse an förderungsbedürftige Wirtschaftszweige, Wirtschaftsregionen oder Personengruppen, die mit bestimmten Auflagen verbunden sein können. Unterschieden wird zwischen **Finanzhilfen**, die direkt an den Empfänger gezahlt werden, und **steuerlichen Vergünstigungen**. In der politischen Diskussion spielt der Abbau von Subventionen eine große Rolle als Beitrag zur Entlastung öffentlicher Haushalte (→ *Öffentlicher Haushalt*).

Entsprechend den politischen Zielsetzungen, die mit der Gewährung von Subventionen erreicht werden sollen, kann unterschieden werden in:

● **Krisen-Subventionen** zur Beeinflussung der Wirtschaftsentwicklung (→ *Konjunktur*);

● **Schutz-Subventionen** (→ *Protektionismus*), die vor ausländischer Konkurrenz schützen sollen;

● **Erhaltungs-Subventionen**, die bestimmte Wirtschaftszweige erhalten sollen, wie etwa die Schiffsbau-, die Kohle- und Stahlindustrie;

● **Anpassungs- und Produktivitäts-Subventionen** (→ *Produktivität*) als Hilfe zum Aufbau neuer Wirtschaftsbereiche z. B. mit völlig neuen Technologien in alten oder neuen Regionen; → *Strukturpolitik*.

● **Sozialpolitisch motivierte Subventionen** an Personengruppen (z. B. mit geringem Einkommen in der Form von → *Transferleistungen*) oder in als förderungswürdig eingestuften Wirtschaftsbereichen (z. B. Landwirtschaft, Wohnungsbau).

Die Bundesregierung erstellt nach dem → *Stabilitätsgesetz* alle zwei Jahre einen **Subventionsbericht**, in dem die Entwicklung der Subventionen und die damit verfolgten wirtschafts- und gesellschaftspolitischen Ziele dargestellt werden. In ihm werden die **Finanzhilfen** des Bundes ausgewiesen, z. B. Zuschüsse für den Absatz deutscher Steinkohle, zur Verbesserung der → *Verkehrsinfrastruktur*, für die → *Land- und Forstwirtschaft*, als → *Sozialer Wohnungsbau*, Zinszuschüsse für das Wohnraummodernisierungsprogramm der → *KfW Deutsche Kreditanstalt* oder zur Förderung von → *Wohneigentum*. Außerdem die verschiedenen **Steuervergünstigungen**, die zum Teil auch von den Bundesländern mitfinanziert werden. Hierzu zählen die Steuervergünstigungen nach dem → *Eigenheimzulagegesetz*, Steuerbefreiungen der Zuschläge für → *Nachtarbeit* oder für Betriebe mit → *Kraft-Wärme-Kopplung (KWK)*.

Der Einsatz von Instrumenten und politischen Maßnahmen zur Kontrolle des beabsichtigten volkswirtschaftlichen Nutzens und des Erfolgs gezahlter Subventionen ist bisher nur unzureichend entwickelt. → *Beihilfen*, → *Strukturpolitik der EU*.

http://www.bundesfinanzministerium.de/

▶ **Subventionsbericht** → *Subventionen*

▶ **Suchmaschine, Suchhilfen** → *Internetsuchdienste*

▶ **Supply Chain Management (SCM)**

Unternehmensübergreifendes prozessorientiertes Logistik-Management (→ *Logistik*) für den Vertrieb. Mit abnehmender → *Fertigungstiefe* werden immer mehr logistische Dienstleistungen auf externe Spezialunternehmen verlagert (→ *Outsourcing*). So können Kunden- und Lieferanteninteressen und die zur Verfügung stehenden → *Ressourcen* eines Unternehmens nicht mehr von diesem Unternehmen allein optimiert werden. Mit Hilfe einer speziellen, auf Logistikprobleme zugeschnittenen → *Software* werden die komplexen Teile der → *Wertschöpfungskette* vernetzt und von allen beteiligten Unternehmen im Team geplant, realisiert und überwacht. Ziel ist u. a. eine Optimierung von Lagerhaltung und Bereitstellungszeiten (→ *Just in Time*) und die hierdurch erreichbare Einsparung von → *Kosten*.

▶ **Support**

Servicedienst der Hersteller von → *Hardware* und → *Software*.

▶ **Supranationale Organisation**

Eine durch völkerrechtlichen → *Vertrag* begründete Staatenverbindung, deren Exekutivorgane über selbständige Entscheidungs- und Handlungsbefugnisse verfügen. Der Begriff gilt heute u. a. für die Organe der EU (→ *Europäische Union (EU)*).

▶ **Surfen**

Spielerisches Erforschen der Möglichkeiten im → *World Wide Web (www)*.

▶ **Swap** → *Swapgeschäft*

▶ **Swapgeschäfte**

Tauschgeschäfte in → *Devisen* **(Devisenswap)**, → *Zinsen* **(Zinsswap)** sowie Kombinationen beider Arten **(Zins-/Devisenswap)**.

Der **Devisenswap** ist möglich am → *Devisenmarkt* als Tauschgeschäft im → *Terminhandel*. Dabei handelt es sich um eine Kombination aus einem Verkauf von Devisen am → *Kassamarkt* und gleichzeitigem Rückkauf dieser Devisen zu einem festen Termin. Es wird also gleichzeitig ein Kassageschäft und ein Termingeschäft (→ *Termingeschäfte*) abgeschlossen.

Vor allem → *Banken* nutzen das Devisen-Swapgeschäft zur Wechselkurssicherung für → *Kredite* an ausländische Kreditnehmer und von Geldanlagen im Ausland. Dabei können im Bestand befindliche, aber gerade nicht benötigte Währungen bis zur Erfüllung des Termingeschäfts in heimische Währung umgetauscht und so anderweitig Kosten sparend oder ertragssteigernd verwendet werden. Betriebswirtschaftlich ist dieses Swap-Geschäft eine kostengünstige Variante zur Beschaffung von → *Fremdkapital.*

Neben dem Devisenswap ist auch der **Zinsswap** ein in mehreren Formen übliches Swapgeschäft. Gegenstand dieses Swapgeschäfts sind dabei → *Verbindlichkeiten* (**Liability-Swaps**) oder → *Forderungen* (**Asset-Swaps**) aus Zinszahlungen. So können z. B. zwei Partner (z. B. zwei Banken oder Bank und Unternehmen) unterschiedlicher → *Bonität* ihre Zinspositionen mit festem Zins gegen variabel verzinste Zinspositionen austauschen – sofern die Währungen und Laufzeiten übereinstimmen. Über dieses Tauschgeschäft können die Zinsänderungsrisiken bei beiden Zinsarten verringert werden.

Beispiel: A möchte **feste** Zinszahlungen, **B** wünscht **variable** Zinszahlungen.

	Festzinssatz %	variabler Zinssatz %
Es nimmt auf zum		
A	6,0	5,2
B	6,8	6,4
Es übernimmt die Zinszahlung		
A	6,8	–
B	–	5,2

A und B einigen sich auf einen Aufschlag von 1,0 %. den B an A zahlt.

Es zahlt dann für die gewünschte Zinsart		
A	5,8 (statt 6,0)	–
B	–	6,2 (statt 6,4)

Der Zinsvorteil liegt für A und B bei jeweils 0,2 %. Risiken bestehen u. a. aus der Struktur der Schuldner und der tatsächlichen Entwicklung des variablen Zinssatzes.

▶ **Swapsätze**

Kursaufschläge (**Report**, d. h. der → *Terminkurs* ist höher als der → *Kassakurs*) und Kursabschläge (**Deport**, d. h. Terminkurs ist niedriger als der Kassakurs), die am Devisenterminmarkt gegenüber den Kassakursen zustande kommen. Sie entsprechen also der

Differenz zwischen dem → *Wechselkurs* der Termintransaktion und dem Wechselkurs der Kassatransaktion – ausgedrückt in der jeweiligen Untereinheit einer Währung (z. B. cent pro ausländischer Währungseinheit). Diese Differenz wird zum Kassakurs ins Verhältnis gesetzt und für Zinsvergleichszwecke auf einen bestimmten Vergleichszeitraum – z. B. 3 Monate oder ein Jahr – umgerechnet. Betriebswirtschaftlich entsprechen die Swapsätze den → *Kosten* für eine Kurssicherung.

▶ **Swaption**

Ein Geschäft als Kombination aus → *Swap* und → *Option*. Der Käufer einer Option auf ein → *Swapgeschäft* erhält das Recht, gegen Zahlung einer → *Optionsprämie* zu einem festgelegten Zeitpunkt in ein hinsichtlich Laufzeit und Zinshöhe festgelegtes Swapgeschäft einzutreten.

▶ **SWIFT**

(Society for Worldwide Interbank Financial Telecommunication) Eine Vereinigung europäischer und nordamerikanischer → *Banken*, → *Makler*, → *Kapitalanlagegesellschaften* und Börsen (→ *Börse*) v. a. zu dem Zweck, Standards für den internationalen Zahlungsverkehr durchzusetzen. Mit Hilfe eines eigenen Systems zur → *Datenfernübertragung (DFÜ)*, das über nationale Rechenzentren und drei internationale Schaltzentralen gesteuert wird, werden zwischen den Teilnehmern die zur Abwicklung des Zahlungsverkehrs notwendigen Daten im → *Online-Betrieb* ausgetauscht und von den kontoführenden Banken konventionell weiterverarbeitet. Das seit 1977 eingesetzte System wird inzwischen von Banken in mehr als 130 Staaten genutzt.

http://www.swift.com/

▶ **Swing**

Im Rahmen bilateraler Abkommen vereinbarte → *Kreditlinie* zwischen zwei Ländern, von denen mindestens ein Land über eine nicht frei konvertierbare Währung (→ *Konvertibilität*) verfügt.

Darüber hinausgehende Spitzen sind i. d. R. mit → *Devisen* zu begleichen. Swing-Vereinbarungen waren z. B. üblich im innerdeutschen Handel.

▶ **Switchgeschäfte** → *Kompensationsgeschäfte*

▶ **Syndikalismus**

Eine aus den romanischen Ländern stammende Art der Organisation von → *Gewerkschaften*, die ihre Ziele durch direkte Aktionen (Demonstrationen, politischer → *Streik*) zum Ausdruck bringt.

▶ **Syndikat**

Straffste Form für ein → *Kartell*. Die zwischen den beiden Weltkriegen in Deutschland aufgebauten Syndikate (z. B. die IG-Farben in der Chemischen Industrie) wurden 1945 aufgelöst.

▶ **Syndikus** → *Justitiar*

▶ **Synergieeffekte**

Treten auf, wenn es gelingt, verschiedene vorhandene Möglichkeiten so zu kombinieren, dass als Resultat ein besseres Ergebnis folgt als beim Einsatz nur einer der beteiligten Möglichkeiten. Dies gilt z. B. für Ergebnisse einer Arbeitsgruppe, für die Kombination verschiedener Dienstleistungen an einem Arbeitsplatz, für die gleichzeitige Anwendung verschiedener Produktionsverfahren oder für → *Strategische Allianzen*.

▶ **Systemanalyse**

Die analytische Aufbereitung von Problemstellungen, die durch den Einsatz der EDV (→ *Elektronische Datenverarbeitung (EDV)*) gelöst werden sollen.

▶ **Szenario**

Bezeichnung für die Beschreibung von zukünftigen Entwicklungen, die unter verschiedenen Annahmen (Prämissen) eintreten können. Dabei werden z. B. in der Unternehmenspolitik mögliche Trends wie für die Entwicklung von Marktpreisen, der → *Konjunktur* oder ordnungspolitischer Vorgaben (→ *Ordnungspolitik*) alternativ unterstellt und die hieraus folgenden Ergebnisse (z. B. Auswirkungen auf den → *Marktanteil*, → *Umsatz*, → *Wirtschaftswachstum*) mit Hilfe mathematischer Modelle abgeleitet. Sie werden anschließend im Prozess der Unternehmensplanung oder bei politischen Entscheidungen mit einbezogen (→ *Implementierung*).

Die Beschreibung der Zukunft mit Hilfe von Szenarien beschränkt sich nicht nur auf den ökonomischen Bereich, sondern sie ist u. a. auch im politischen Leben (z. B. bei Wahlprognosen) oder im militärischen Bereich üblich. Sie kann sowohl unter Anwendung quantitativer als auch qualitativer Methoden erfolgen.

Die Szenarien-Technik wurde Anfang der 60er Jahre von dem amerikanischen Zukunftsforscher Herman Kahn – zunächst für den militärtechnischen Bereich – entwickelt.

T

▶ **Tabaksteuer**

Auf alle Tabakwaren, tabakähnliche Waren und Zigaretten-papier erhobene Steuer (→ *Verbrauchsteuern*).

http://www.rechtliches.de/info_TabStG.html

▶ **Tafelgeschäfte**

Bezeichnung von Schaltergeschäften für → *Kreditinstitute*, bei denen Leistung und Gegenleistung gleichzeitig und anonym ge-schieht. Bis zum Inkrafttreten der → *Zinsabschlagsteuer/Zins-steuer* am 1. 1. 1993 waren solche Geschäfte wegen der bis dahin möglichen anonymen Einlösung von Zinsscheinen (→ *Kupon*) weit verbreitet.

▶ **Taft Hartley Act**

Amerikanisches Gesetz, welches nach den Streikwellen (→ *Streik*) von 1947 erlassen wurde und den rechtlichen Rahmen gewerkschaftlicher Tätigkeit (→ *Gewerkschaften*) in den USA ab-steckt.

▶ **Tagesgeld** → *Tägliches Geld*

▶ **Tageswechsel** → *Wechsel*

▶ **Tageswert**

(Zeitwert) Der Preis, zu dem bestimmte → *Güter* (z. B. eine Ma-schine) zu einem bestimmten Zeitpunkt am → *Markt* erhältlich sind. Der Tageswert ist identisch mit dem steuerrechtlichen Begriff → *Gemeiner Wert* und dem Begriff **Zeitwert** im → *Handelsrecht*. Er kann sowohl Anschaffungswert als auch Veräußerungswert sein.

▶ Tägliches Geld

(Tagesgeld) Mit täglicher Kündigung ausgeliehenes bzw. den → *Banken* überlassenes Geld, insbesondere das am → *Geldmarkt* der → *Börse* auf tägliche Kündigung gehandelte Leihgeld, für das gegebenenfalls vom Geldnehmer → *Wertpapiere* als Sicherheit hinterlegt werden müssen. Zwischen Großbanken wird tägliches Geld ohne Sicherheiten gegeben.

▶ Takeover

Übernahme eines Unternehmens durch ein anderes Unternehmen. Diese kann im Einverständnis mit Unternehmensorganen (→ *Vorstand*, → *Geschäftsführung*, → *Aufsichtsrat*) geschehen oder in aller Stille (z. B. durch heimlichen Aufkauf der Mehrheit der → *Aktien*) oder durch eine → *Feindliche Übernahme* **(Unfriendly Takeover)**. Mit der Unternehmensübernahme muss auch über die Form für den → *Unternehmenszusammenschluss* entschieden werden.

▶ Talon

Andere Bezeichnung für → *Erneuerungsschein*.

▶ Tantieme

Anteil am Jahresgewinn eines Unternehmens. Form für → *Gewinnbeteiligungen*, vor allem bei der → *Aktiengesellschaft (AG)*. Tantiemen erhalten die Mitglieder im → *Aufsichtsrat* und in der Regel auch die Mitglieder im → *Vorstand*.

▶ Tara

Bezeichnung für das Gewicht der Verpackung. Wird vom Bruttogewicht das Taragewicht abgezogen, so erhält man das Nettogewicht.

▶ **TARGET**

(Trans-European Automated Realtime Gross-Settlement Express Transfer System) Überweisungssystem für die → *Kreditinstitute* in der EWWU (→ *Europäische Wirtschafts- und Währungsunion (EWWU)*). Träger sind die jeweilige nationale → *Zentralbank* und die → *Europäische Zentralbank (EZB)*.

▶ **Target Costing**

(Zielkostenrechnung) Ein Instrument zur kostenorientierten Produktgestaltung. Dabei haben sich – ausgehend von den durch Kundenbefragungen und → *Marktforschung* ermittelten Kundenbedürfnissen und dem wahrscheinlich durchsetzbaren Marktpreis – alle → *Kosten* an diesen Ergebnissen durch bereichsspezifische Kostenbudgets zu orientieren.

▶ **Tarif**

Unter staatlicher Aufsicht festgesetztes Verzeichnis für bestimmte Preise oder → *Abgaben*. Beispiele: → *Steuertarif*, Versicherungstarif, Verkehrstarif.

Auch die zwischen den Tarifvertragsparteien ausgehandelten Tarifverträge (→ *Tarifvertrag*) werden als Tarif bezeichnet (z. B. Lohntarif, Manteltarif).

▶ **Tarifausschlussklauseln**

Vereinbarungen zwischen den → *Tarifvertragsparteien*, durch die der → *Arbeitgeber* verpflichtet wird, keine nicht Organisierten in seinem Betrieb zu beschäftigen (**Organisations-** oder **Absperrklauseln**, → *Closed Shop*) oder eine unterschiedliche Behandlung von Organisierten und nicht Organisierten durchzuführen (**Differenzierungsklauseln**). Die rechtliche Zulässigkeit von Tarifausschlussklauseln wie auch von → *Außenseiterklauseln* ist in Deutschland umstritten, da ein Eingriff in die negative → *Koalitionsfreiheit* vermutet wird. → *Allgemeinverbindlicherklärung*.

▶ **Tarifautonomie**

Bezeichnung für das Recht der → *Arbeitgeberverbände* und Arbeitnehmerverbände (→ *Gewerkschaften*), ihre vertraglichen Beziehungen ohne staatliche Einflussnahme zu regeln. Soweit der Staat nicht selbst Tarifvertragspartei (→ *Tarifvertrag*) ist, wie im öffentlichen Dienst (→ *Öffentlicher Dienst*), darf er höchstens als Vermittler auftreten. Die Tarifautonomie wird abgeleitet aus dem im Grundgesetz (Art. 9 Abs. 3 GG) festgelegten Recht der → *Koalitionsfreiheit*. → *Bündnis für Arbeit*.

▶ **Tarifbindung** → *Tarifvertrag*

▶ **Tariffähigkeit** → *Tarifvertrag*

▶ **Tarifgemeinschaft deutscher Länder (TdL)**

Die Arbeitgebervereinigung der deutschen Länder. Ebenso wie die → *Vereinigung der kommunalen Arbeitgeberverbände (VKA)* verfolgt sie das Ziel, eine gewisse Einheitlichkeit der Arbeitsbedingungen des öffentlichen Dienstes (→ *Öffentlicher Dienst*) durch → *Tarifvertrag* und sonstige Vereinbarungen sicherzustellen.

▶ **Tarifkommission** → *Tarifverhandlungen*

▶ **Tariflohn**

Der zwischen den beiden Tarifvertragsparteien durch → *Tarifvertrag* vereinbarte Lohn, der nicht unterschritten werden darf. Orientierungsgröße für die einzelnen Tariflohngruppen ist der so genannte → *Ecklohn*. → *Effektivlohn*.

▶ **Tariföffnungsklausel**

Die Möglichkeit, gesetzliche Regelungen durch → *Tarifvertrag* zu ändern. Dies muss jedoch in dem jeweiligen Gesetz ausdrücklich vorgesehen sein. Tariföffnungsklauseln sind z. B. im → *Beschäftigungsförderungsgesetz* und im → *Arbeitszeitgesetz* enthalten.

Darüber hinaus sind in Tarifverträgen selbst u. U. Öffnungsklauseln für Regelungen auf Unternehmens- und Betriebsebene in Form von → *Betriebsvereinbarungen* (z. B. hinsichtlich Entgelt, Umsetzung der → *Arbeitszeitverkürzung*, Pausen- und Springerregelungen) enthalten.

▶ **Tarifpartner** → *Sozialpartner*

▶ **Tarifpolitik**

Die Gesamtheit aller Bemühungen der → *Gewerkschaften* zur Verbesserung der Arbeits- und Lebensbedingungen der → *Arbeitnehmer*, wie sie sich aus der → *Tarifautonomie* ergeben. Ziel ist der Abschluss eines Tarifvertrags (→ *Tarifvertrag*) und/oder einer → *Betriebsvereinbarung*.

Tarifvertragliche Verhandlungen und Vereinbarungen erstrecken sich auf die → *Lohnpolitik*, Sicherung bestehender Beschäftigungsverhältnisse (→ *Rationalisierung*), Erhaltung und Verbesserung der Qualifikation (z. B. → *Bildungsurlaub*), → *Arbeitszeitverkürzung*, → *Arbeitsschutz*, Abdeckung sozialer Risiken (z. B. → *Betriebsrente*), → *Urlaub*, → *Vermögenswirksame Leistungen* sowie zum räumlichen und zeitlichen Geltungsbereich geschlossener Tarifverträge.

▶ **Tarifregister** → *Tarifvertrag*

▶ **Tarifverhandlungen**

Bezeichnung für Verhandlungen zwischen den Tarifvertragsparteien über einen → *Tarifvertrag*.

In der **privaten Wirtschaft** können sowohl der zuständige Arbeitgeberverband (→ *Arbeitgeberverbände*) als auch ein einzelnes Unternehmen (**Haustarifvertrag**) Verhandlungspartner der → *Gewerkschaften* sein.

Im **öffentlichen Dienst** (→ *Öffentlicher Dienst*) verhandeln auf Arbeitgeberseite für die Arbeiter und Angestellten des Bundes der Bundesinnenminister, für die Länder die → *Tarifvereinigung deutscher Länder (TdL)* und für die Städte, → *Landkreise* und → *Ge-*

meinden die → *Vereinigung kommunaler Arbeitgeberverbände (VKA)*. Bei großen Lohnrunden oder Verhandlungen über grundlegende Neuregelungen (z. B. → *Arbeitszeitverkürzung*) sitzen die Vertreter dieser drei Arbeitgeber i. d. R. gemeinsam am Tisch.

Für → *Beamte* gibt es hingegen keine Tarifverhandlungen, sondern lediglich Anhörungsgespräche, z. B. mit dem Bundesinnenminister nach § 94 Bundesbeamtengesetz.

Tarifverhandlungen vollziehen sich auf unterschiedlichen Ebenen: Bundesgebiet (z. B. **Bundes-Angestellten-Tarif – BAT**), Landesebene, regionale Ebene (**Regionaltarifvertrag**) sowie unternehmensbezogen (z.B. **Haustarifvertrag** bei VW). Tarifverhandlungen werden geführt von den **Tarifkommissionen** der Gewerkschaften und der Arbeitgeberverbände. Sie können mit Ablauf oder Kündigung des bestehenden Tarifvertrages beginnen. Siehe **Abb. 40**.

▶ **Tarifvertrag**

Ein schriftlicher → *Vertrag* zwischen den **Tarifvertragsparteien** aufgrund der Tarifautonomie. Er regelt deren Rechte und Pflichten und enthält Rechtsnormen, die den Inhalt, den Abschluss und die Beendigung von Arbeitsverhältnissen sowie betriebliche und betriebsverfassungsrechtliche (→ *Betriebsverfassungsgesetz (BetrVG)*) Fragen ordnen können. Rechtsgrundlage ist das **Tarifvertragsgesetz (TVG)** i. d. F. vom 25. 8. 1969. Siehe **Abb. 40**.

1. Tariffähigkeit/Tarifvertragsparteien

Nach dem **Tarifvertragsgesetz** (§ 2 TVG) steht nur den Tarifvertragsparteien das Recht zu, Tarifverträge abzuschließen (**Tariffähigkeit**). Dies sind auf der Arbeitnehmerseite die → *Gewerkschaften* oder Zusammenschlüsse von Gewerkschaften und auf der Arbeitgeberseite jeder → *Arbeitgeber* oder Arbeitgeberverband, der die Wahrung kollektiver Arbeitgeberinteressen zur Aufgabe hat. Die Spitzenorganisationen der → *Arbeitgeberverbände* und Gewerkschaften sind tariffähig, wenn der Abschluss von Tarifverträgen zu ihren Aufgaben in der → *Satzung* zählt.

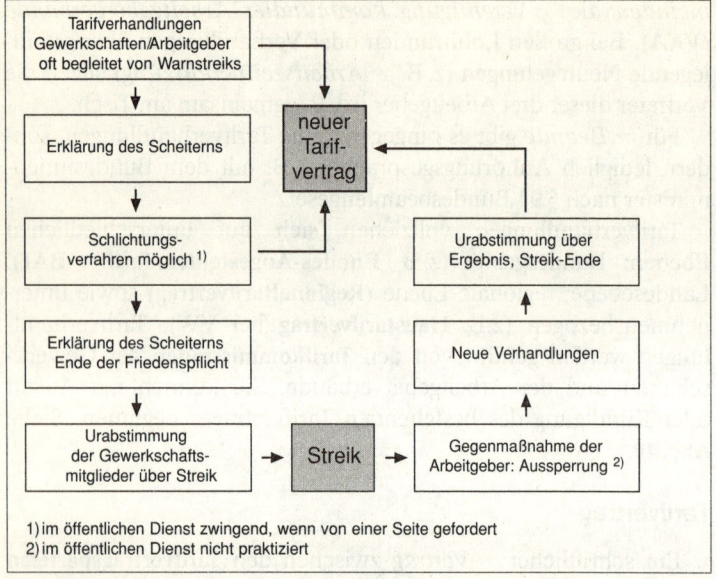

Abb. 40: Tarifverhandlungen und Arbeitskampf

2. Tarifbindung

Die **Tarifbindung**, d. h. die Frage, welche Personen unter die Normen eines Tarifvertrages fallen, ist gesetzlich geregelt. Dies sind i. S. von § 2 TVG:

● der Arbeitgeber, der selbst Tarifvertragspartei ist;

● die Mitglieder der Tarifvertragsparteien im Zeitpunkt der Feststellung der Tarifwirkungen;

● Arbeitnehmer und Arbeitgeber, die im Zeitpunkt des Wirksamkeitsbeginns des Tarifvertrages Mitglied der Tarifvertragsparteien waren, es aber zum Zeitpunkt der Feststellung der Tarifvertragswirkungen nicht mehr sind. Hierdurch soll verhindert werden, dass sich Arbeitgeber oder Arbeitnehmer durch Austritt aus ihrem Verband einem möglicherweise ungünstigen Tarifvertrag entziehen;

● Mitglieder der Verbände, die Spitzenorganisationen angehören, wenn die Spitzenorganisationen den Tarifvertrag im eigenen Namen abgeschlossen haben;

• Arbeitnehmer und Arbeitgeber, die durch Allgemeinverbindlichkeitserklärung (§ 5 TVG) an den Tarifvertrag gebunden werden (→ *Allgemeinverbindlichkeit von Tarifverträgen*).

• Sind durch Tarifvertrag gemeinsame Einrichtungen (z. B. Lohnausgleichskassen) vorgesehen, so sind an diese Tarifverträge alle unter a) bis e) genannten Gruppen gebunden.

3. Geltungsbereich von Tarifverträgen

Der **Geltungsbereich** eines Tarifvertrages wird durch die Tarifvertragsparteien bestimmt. Die getroffenen Regelungen sind für alle Arbeitgeber eines Tarifgebiets, die dem abschließenden Arbeitgeberverband angehören, verbindlich (§ 3 TVG) **(Flächentarifvertrag)**. Die Arbeitgeberverbände (z. B. → *BDA*, → *BDI*) wollen die generelle Geltung des Flächentarifvertrags zugunsten der Möglichkeit betrieblicher Vereinbarungen zwischen Unternehmen und Betriebsrat öffnen. Die Gewerkschaften hingegen wollen solche Öffnungsklauseln nur im Rahmen tarifvertraglich getroffener Regelungen zulassen.

4. Wirkungen von Tarifverträgen

Die Wirkung des Tarifvertrages besteht in der → *Friedenspflicht* und in der **Vertragserfüllungspflicht** der Tarifvertragsparteien (§ 4 TVG). Nur in einer tarifschließenden Gewerkschaft organisierte Arbeitnehmer haben einen Rechtsanspruch auf die Rechtsnormen des Tarifvertrages. Ein Tarifvertrag kann vom Bundesminister für Arbeit und Sozialordnung für allgemeinverbindlich erklärt werden.

5. Arten von Tarifverträgen

• **Mit einem Lohn- oder Gehaltstarifvertrag** werden die Höhe der Bezahlung – bezogen auf die → *Lohngruppen* bzw. Gehaltsgruppen – festgesetzt. Dies erfolgt gewöhnlich in jährlichen Tarifverhandlungen und mit der Vereinbarung einer jährlichen Laufzeit des Tarifvertrags.

• Ein **Manteltarifvertrag** hat in der Regel eine längere Laufzeit und regelt die allgemeinen Arbeitsbedingungen (→ *Arbeitszeit*,

Bezahlung für → *Überstunden,* → *Sonn- und Feiertagsarbeit* und → *Nachtarbeit* sowie besondere Erschwernisse, → *Urlaub,* Regelungsverfahren bei Meinungsverschiedenheiten).

• In den **Lohn- und Gehaltsrahmentarifverträgen** werden die Lohn- und Gehaltsgruppen, ihr Verhältnis zueinander, die Tätigkeitsmerkmale ihrer Festlegung, Altersregelungen u. a. festgelegt.

• Daneben gibt es noch Tarifverträge z. B. über → *Vermögenswirksame Leistungen,* zum → *Umweltschutz* oder zum Rationalisierungsschutz (→ *Rationalisierung*). → *Tarifpolitik.*

6. Beendigung von Tarifverträgen und Mitteilungspflichten

• Tarifverträge enden mit Ablauf der vereinbarten Laufzeit oder durch Kündigung, wenn sie im Tarifvertrag mit den notwendigen Fristen vereinbart wurde. Bis zum Abschluss eines neuen Tarifvertrages gelten die alten Vereinbarungen weiter **(Nachwirkung),** es sei denn, die Nachwirkung wurde vertraglich ausgeschlossen (§ 4 Abs. 5 TVG).

• Abschlüsse und Änderungen sowie das Außerkrafttreten von Tarifverträgen sind dem Bundesminister für Arbeit und Sozialordnung sowie den obersten Arbeitsbehörden der Länder, auf deren Bereich sich ein Tarifvertrag erstreckt, zu übersenden bzw. mitzuteilen (§ 7 TVG).

• Abschluss, Änderungen oder Aufhebungen von Tarifverträgen werden in einem **Tarifregister** (§ 6 TVG) eingetragen, das beim Bundesminister für Arbeit und Sozialordnung geführt wird und für jedermann frei zur Einsichtnahme zur Verfügung steht.

In Deutschland bestanden Ende 2000 rd. 55 000 Tarifverträge. Davon waren rd. 6400 als → *Firmentarifvertrag* abgeschlossen. Die übrigen **Verbandstarifverträge** galten in ca. 300 Wirtschaftszweigen. Etwa 550 Tarifverträge sind als allgemeinverbindlich erklärt.

Etwa 92 % der 27,2 Millionen Arbeitnehmer arbeiten in Branchen, für die Tarifverträge abgeschlossen sind. Allerdings arbeiten davon nur rd. 70 Prozent bei tarifgebundenen Arbeitgebern, rd. 15 % bei Arbeitgebern, die sich am einschlägigen Tarifvertrag ihrer Branche orientieren. Nur für wenige Branchen, vor allem in Teilen des Dienstleistungssektors (z. B. in der → *New Economy*), gibt es noch keine Tarifverträge. (Quelle: → *Institut für Arbeits-markt- und Berufsforschung (IAB)*).

http://bundesrecht.juris.de/bundesrecht/tvg/

▶ **Tarifvertragsgesetz (TVG)** → *Tarifvertrag*

▶ **Tarifvertragsparteien** → *Tarifvertrag*

▶ **Taxkurs**

Geschätzter Kurs von → *Aktien*, für die an der → *Börse* keine Umsätze stattgefunden bzw. die längere Zeit nicht notiert wurden. Die Taxkurse werden nach der Marktlage (→ *Amtlicher Markt*) geschätzt und im → *Kursblatt* durch ein T. bezeichnet. → *Börsenkurs*.

▶ **T-Commerce**

(Television-Commerce) Kurzbezeichnung für den Vertrieb von Waren und den Verkauf von → *Dienstleistungen* unter Nutzung des Fernsehgeräts in einem → *Breitbandverteilnetz*. Er soll schrittweise neben den über das → *Internet* abgewickelten → *E-Commerce* treten.

▶ **TCP/IP (Transmission Control Protocol/Internet Protocol)** → *Internet*

▶ **TecDax** → *Deutscher Aktienindex (DAX)*

▶ **Technische Handelshemmnisse** → *CEN/CENELEC*

▶ **Technologieberatungsstellen** → *Innovationsberatungsstellen*

▶ **Technologiepolitik**

Gesamtheit der Maßnahmen von Bund und Ländern zur Förderung der Innovationsfähigkeit (→ *Innovation*) der Wirtschaft. Dabei geht es um die Unterstützung wissenschaftlicher Forschungsarbeit und Hilfen bei der Umsetzung der Forschungsergebnisse.

Dies geschieht durch Bereitstellen finanzieller Mittel an private Einrichtungen für Forschung und Entwicklung sowie durch Bereitstellen staatlicher Forschungsinstitutionen. Eine weitere Förderung erfolgt innerhalb der Forschungs- und Technologiepolitik der EU (→ *Europäische Union (EU)*) durch Fördermitteln für Projekte in staatlichen Forschungseinrichtungen und privaten Unternehmen im Rahmen mehrjähriger Programme. → *Humanisierung des Arbeitslebens (HdA)*, → *Technologieberatungsstellen*, → *Technologie-/Technikfolgenabschätzung*.

▶ **Technologie-/Technikfolgenabschätzung**

(Technology Assessment) Interdisziplinäres Forschungsgebiet, das sich mit den Wirkungen und Folgen der Anwendung neuer Technologien (z. B. → *Biotechnologie*, → *Kernenergie*, Mikrotechnologie, → *Informations- und Kommunikationstechnologie*) für die natürliche und soziale Umwelt befasst. Aus Erfahrungen vergangener Entwicklungsprozesse werden Parallelen für heutige und zukünftige Entwicklungen gesucht und hieraus Prognosen abgeleitet. Diese sollen Hinweise geben zur Risikoabschätzung und Verhinderung von nicht gewünschten Folgen technischer Entwicklungen. Der Deutsche Bundestag unterhält ein **„Büro für Technikfolgenabschätzung (TAB)"** in Berlin, das vom Institut für Technikfolgenabschätzung und Systemanalyse (ITAS) des Forschungszentrums in Karlsruhe betrieben wird. → *Innovationsberatungsstellen*, → *Humanisierung des Arbeitslebens (HdA)*.

http://www.tab.fzk.de/

▶ **Teilarbeitslosigkeit** → *Arbeitslose*

▶ **Teilkonzernabschluss** → *Konzernabschluss*

▶ **Teilkostenrechnung**

Berücksichtigt im Gegensatz zur → *Vollkostenkalkulation/Vollkostenrechnung* nur die direkt zurechenbaren → *Kosten* (→ *Einzelkosten*) bei der Verteilung auf die → *Kostenträger*. Dagegen bleiben die gesamten nicht zurechenbaren → *Gemeinkosten* als Kostenblock bestehen. Liegt der erzielte Absatzpreis über den Einzelkosten, so wird ein Teil der Gemeinkosten noch gedeckt. Die Teilkostenrechnung in ihrer einfachsten einstufigen Form ist das → *Direct Costing*.

Soll die → *Kostenrechnung* als Instrument der Betriebspolitik verwendet werden, muss bekannt sein, welchen Beitrag ein Produkt (Kostenträger) zur Deckung der Gemeinkosten leistet. Hierzu werden die Gemeinkosten der einzelnen Kostenträger getrennt in → *Fixe Kosten* und → *Variable Kosten*. Notwendig wird dann eine hierarchisch abgestufte Vorgehensweise. Dies leistet die → *Deckungsbeitragsrechnung* als eine mehrstufige Teilkostenrechnung.

Noch weiter differenziert die **relative Einzelkostenrechnung** nach P. Riebel, bei der nach einer entscheidungsorientierten Kostenzurechnung unterschieden wird. Im Ergebnis können die von dem Leiter einer Kostenstelle beeinflussbaren relativen Einzelkosten beurteilt werden.

▶ **Teilrente** → *Rentenreform*

▶ **Teilschuldverschreibungen** → *Schuldverschreibungen*

▶ **Teilwert**

Begriff aus dem → *Einkommensteuergesetz (EStG)* (§ 6 Abs. 1 EStG). Er entspricht dem Betrag, den der Käufer eines gesamten Unternehmens im Rahmen des Gesamtkaufpreises für einzelne → *Wirtschaftsgüter* (z. B. eine Maschine) zahlen würde, unter der Voraussetzung, dass das Unternehmen von dem Erwerber weitergeführt wird. Er soll eine Bewertung nach objektiven und nachprüfbaren Gesichtspunkten ermöglichen. Fällt der in der Bilanz angesetzte Teilwert unter die → *Anschaffungskosten* oder → *Herstellkosten* (→ *Maßgeblichkeitsprinzip*), so kann die Differenz entsprechend den Vorschriften nach § 52 Abs. 16 EStG durch eine steuermindernde Rücklage (→ *Rücklagen)* berücksichtigt werden **(Teilwertabschreibung)**. Sie ist in den dem Erstjahr folgenden vier

Wirtschaftsjahren durch eine Zuschreibung (→ *Zuschreibungen*) von jeweils mindestens einem Viertel gewinnerhöhend aufzulösen. Insoweit konkretisiert diese steuerliche Vorschrift für die Teilwertabschreibung verbindlich auch für die → *Handelsbilanz* das **Wertaufholungsgebot** im → *Handelsgesetzbuch (HGB)* (§ 280 Abs. 1 HGB). Anders: → *Gemeiner Wert*.

▶ **Teilwertabschreibung** → *Teilwert*

▶ **Teilzahlungsbanken** → *Kundenkreditbanken*

▶ **Teilzahlungsgeschäft** → *Abzahlungsgeschäfte*

▶ **Teilzeitarbeit**

Ein Arbeitsverhältnis, bei dem eine kürzere → *Arbeitszeit* als die im → *Tarifvertrag* oder im Betrieb übliche Arbeitszeit vereinbart ist.

Etwa sechs Millionen → *Arbeitnehmer* hatten Ende 2000 ein Teilzeitarbeitsverhältnis, davon waren ca. 87 % Frauen. Der Anteil der **Teilzeitbeschäftigten** an den abhängigen → *Erwerbspersonen* stieg von 1991 bis Ende 2002 von 14 % auf 21,4 % (1976: 7,1 %). → *Minijobs*.

Das **Gesetz über Teilzeitarbeit und befristete Arbeitsverträge (TzBfG)** vom 21. 12. 2000 mit spät. Änderungen – zuletzt geändert durch die → *Hartz-Gesetze* – ersetzte das → *Beschäftigungsförderungsgesetz*:

● Die Rechte von Arbeitnehmern in Teilzeitarbeit bzw. befristeter Tätigkeit wurden mit denen in Vollzeitarbeit bzw. unbefristeter Tätigkeit gleichgestellt.

● Betriebe mit mehr als 15 Beschäftigten (ohne → *Auszubildende*) können Teilzeitarbeit vereinbaren, wenn der Arbeitnehmer oder → *Leitende Angestellte* eine Reduzierung der Arbeitszeit wünscht und dem Verlangen keine betrieblichen Gründe entgegenstehen. Wird eine Verlängerung der Arbeitszeit gewünscht, so sind diese Personen bei der Besetzung freier Vollzeitarbeits- oder Teilzeitarbeitsplätze bevorzugt zu berücksichtigen.

● Der Arbeitgeber muss über freie Teil- oder Vollzeitarbeitsplätze informieren und befristet Beschäftigte auf vorhandene unbefristete Beschäftigungsmöglichkeiten hinweisen.

● Die → *Betriebsräte* und → *Personalräte* sind vom Arbeitgeber über die Teilzeitarbeit und über die Anzahl der befristet beschäftigten Arbeitnehmer im Betrieb und Unternehmen zu unterrichten.

● Ohne sachlichen Grund (z.B. vorübergehend zusätzlicher Arbeitsbedarf, Vertretung) ist eine Befristung von Arbeitsverträgen nicht zulässig. Ausgenommen sind neueingestellte Arbeitnehmer, die das 58. Lebensjahr vollendet haben. Nach **Hartz I** gilt – befristet bis Ende 2006 – die Vollendung des 52. Lebensjahres.

● Für sonstige neueingestellte Arbeitnehmer ist eine kalendermäßige Befristung bis zu 2 Jahren (bei neugegründeten Unternehmen – nach Hartz I – bis zu 4 Jahren) ohne sachlichen Grund zulässig. In diesem Zeitraum darf ein zunächst kürzer befristeter Arbeitsvertrag höchstens dreimal verlängert werden. Die Befristung ist nicht zulässig, wenn zu einem vorhergehenden unbefristeten Arbeitsvertrag mit demselben Arbeitgeber ein enger sachlicher Zusammenhang besteht, z.B. wenn zwischen den Arbeitsverträgen ein Zeitraum von weniger als 6 Monaten liegt. Der → *Kettenarbeitsvertrag* ist nicht mehr möglich.

Für Auszubildende ist nach Abschluss der Berufsausbildung eine maximal auf zwei Jahre begrenzte Befristung zulässig.

http://www.rechtliches.de/info_TzBfG.html

▶ **Teilzeitbeschäftigte**

→ *Arbeitnehmer* mit → *Teilzeitarbeit*.

▶ **Telearbeit**

Eine andere Bezeichnung für **elektronische Fernarbeit**. Hierbei werden Bildschirmarbeitsplätze aus den Betrieben in den häuslichen Bereich ausgelagert und im → *Online-Betrieb* mit der unternehmensinternen EDV (→ *Elektronische Datenverarbeitung (EDV)*) verbunden. Dabei sparen die Unternehmen Raum- und Arbeitskosten. Untersuchungen gehen davon aus, dass 20 bis 40 % aller Büroarbeitsplätze für Telearbeit geeignet sind.

Mit der Beschränkung auf das Kerngeschäft und der zunehmenden Auslagerung von Arbeitsplätzen werden neben der **Teleheimarbeit** verstärkt auch höherqualifizierte Tätigkeiten und Aufgaben auf **alternierende Telearbeit** verlagert. Dies gilt z. B. für Programmierungs-, Forschungs- und Entwicklungsaufgaben, Vertrieb- und Kundenbetreuung oder Managementaufgaben. Bei einem → *Call Center* handelt es sich um **kollektive Telearbeit**.

Mehr als zwei Drittel der europäischen Unternehmen mit mehr als 500 Beschäftigten boten 2000 regelmäßig Telearbeitsplätze an – zum größeren Teil für hoch qualifizierte Fachkräfte in verantwortungsvollen Leitungsfunktionen. Im gleichen Jahr waren in Deutschland 2,2 Mio. Erwerbstätige mindestens einmal pro Woche zu Hause als Telearbeiter tätig; 20,9 Mio. interessierten sich für eine solche Tätigkeit.

Um arbeitsrechtliche Nachteile (→ *Arbeitsrecht*) von Telearbeit zu vermeiden oder zu verringern, versuchen die → *Gewerkschaften* gesonderte Tarifverträge (→ *Tarifvertrag*) abzuschließen.

▶ **Telebanking** → *Services on Demand*

▶ **Teledienste**

Bezeichnung für bestimmte Kommunikationsdienste, die im **Teledienstgesetz (TDG)** vom 22.7. 1997 beschrieben sind (§ 2 Abs. 2 TDG). Hierzu zählen Angebote zur Individualkommunikation (z.B → *Telebanking*, Datenaustausch), Angebote zur Information und Kommunikation (→ *Informations- und Kommunikationstechnologien*), → *Datendienste*, Angebote zur Nutzung des → *Internet* sowie von Waren und → *Dienstleistungen* in elektronisch abrufbaren Datenbanken (→ *Datenbank*) mit Bestellmöglichkeit. → *Bundesdatenschutzgesetz (BDSG)*.

http://bundesrecht.juris.de/bundesrecht/tdg/

▶ **Telefax (FAX)**

Die Übermittlung von Schrift und → *Grafik* mit Hilfe eines **Fernkopierers** über das öffentliche Fernsprechnetz der Deutschen

Telekom AG (→ *Bundespost*). Voraussetzung ist, dass jeder Teilnehmer ein Telefaxgerät bzw. einen → *PC* mit Faxkarte (→ *Steckkarte*) besitzt. Parallel zum amtlichen Fernsprechbuch gibt es auch ein amtliches Telefaxverzeichnis. → *Telekommunikation*.

▶ **Telefonhandel** → *Freiverkehr*

▶ **Telefonmonopol** → *Fernsprechmonopol*

▶ **Telefonverkehr** → *Freiverkehr*

▶ **Telekommunikation**

Die elektronische Aussendung und Übertragung sowie das Empfangen von Nachrichten in der Form von Zeichen, Sprache, Tönen und Bildern mit Hilfe von → *Telekommunikationsanlagen*. Zu unterscheiden ist in → *Telekommunikationsnetze* und → *Telekommunikationsdienstleistungen*.

Die Anwendungsmöglichkeiten der Telekommunikation sind sehr vielfältig. Hierzu zählen u. a. neben dem traditionellen Telefondienst auch → *Telefax*, → *Mobilfunk*, die → *Online-Dienste*, Ton-Rundfunk und Fernsehen. → *Multimedia*. Siehe **Abb. 41**.

Bei der **Individualkommunikation** (z. B. Telefonieren, Übermittlung eines Telefax) kann ein Nachrichtensender über einen ihm zugeordneten Fernmeldeweg mit nur einem Nachrichtenempfänger in Verbindung treten. Dies kann über eine **feste** oder über eine **vermittelte** Verbindung geschehen.

Bei der **Massenkommunikation** – genauer: **Verteilkommunikation** – tritt ein Nachrichtensender mit mehreren Nachrichtenempfängern, also mit der Allgemeinheit, in Verbindung. Radio und Fernsehen sind die klassischen Massenkommunikationsmittel. Die benötigten Fernmeldewege werden durch Lizenzvergabe von der → *Regulierungsbehörde für Telekommunikation und Post (RegTP)* geregelt, sei es als zugeteilte Übertragungsfrequenz für Funk oder als Übertragungskanal für Fernsehen. Auch für die Satellitenübertragung werden zugeteilte Übertragungskanäle und Lizenzen benötigt.

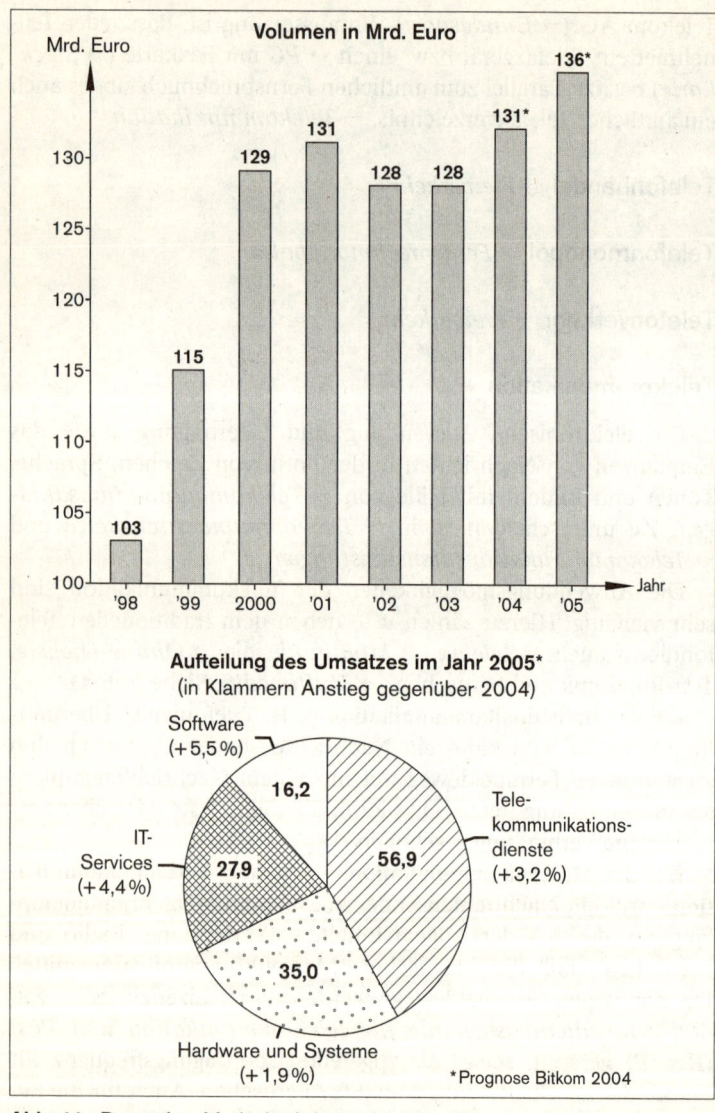

Abb. 41: Deutscher Markt für Informations- und Kommunikationstechnik (Quelle: Bitkom)

Die rasante Entwicklung der letzten Jahre auf dem Gebiet der Telekommunikation mit Dialogmöglichkeiten in der Massenkommunikation (→ *Rückkanal*) sowie möglicher Öffentlichkeit in der Individualkommunikation (z. B. im → *Internet*) lassen eine saubere Unterscheidung in diese beiden Telekommunikationsarten nicht mehr zu. Auch mit Änderungen bei der Übermittlung im Bereich der klassischen Kommunikationsform Brief – etwa durch die Möglichkeit der Zwischenschaltung elektronischer Medien – wird der Telekommunikationsbegriff erweitert.

Als Rechtsgrundlage regelt das neugefasste **Telekommunikationsgesetz (TKG)** vom 22. 6. 2004 die Rechte und Pflichten der Anbieter und Kunden von Telekommunikations-Dienstleistungen sowie die dazu geltenden Kompetenzen der Regulierungsbehörde für Telekommunikation und Post. Hierdurch wurde das nationale Telekommunikationsrecht den geltenden Rechtsvorschriften in der EU (→ *Europäische Union (EU)*) angepasst.

Das vorangegangene TKG von 1996 war dagegen der Schlussstrich zu der vorangegangenen **Postreform I** von 1989 und **Postreform II** von 1994 (→ *Bundespost*). Damals war mit dem **Post- und Telekommunikationsneuordnungsgesetz (PTNeuOG)** festgelegt worden, das novellierte **Fernmeldeanlagengesetz (FAG)** und das **Telegraphenwegegesetz (TWG)** spätestens bis Ende 1997 zeitlich zu befristen. Außerdem waren Richtlinien der EU (→ *Europäische Gesetzgebung*) zur → *Liberalisierung* im Telekommunikationsbereich mit ihren zeitlichen Vorgaben zu beachten.

Das deutsche Telekommunikationsgesetz wird als das weltweit liberalste bezeichnet, weil es gleichzeitig Wettbewerb auf allen Ebenen ermöglicht. Seine Vorschriften regeln u. a. das Verhältnis des im Telekommunikationssektor dominanten Unternehmens Deutsche Telekom AG zu seinen Wettbewerbern.

http://bundesrecht.juris.de/bundesrecht/tkg
http://bundesrecht.juris.de/bundesrecht/tkv_

▶ **Telekommunikationsanlagen**

Technische Einrichtungen oder Systeme, die als Nachrichten identifizierbare elektronische oder optische (→ *Glasfaser*) Signale senden, übertragen, vermitteln, empfangen, steuern oder kontrollieren können.

▶ **Telekommunikationsdienstleistungen**

Das gewerbliche Angebot von → *Telekommunikation* einschließlich des Angebots von Übertragungswegen für Dritte.

▶ **Telekommunikationsgesetz** → *Telekommunikation*

▶ **Telekommunikationsnetze**

Die Gesamtheit der technischen Einrichtungen (Übertragungswege, Vermittlungseinrichtungen und sonstige Einrichtungen), die zur Erbringung von → *Telekommunikationsdienstleistungen* erforderlich sind. Hierzu zählen das Telefonnetz, das Direktrufnetz, das → *ISDN* und die → *Breitbandverteilnetze* der Deutschen Telekom AG (→ *Bundespost*) sowie die lizensierten Leitungs- und Funknetze privater Betreibergesellschaften (z. B. im → *Mobilfunk*).

▶ **Telelearning**

Anwendungsbereich von → *Multimedia*. Hierbei werden Fort- und Weiterbildungsangebote durch interaktives Lernen (→ *Interaktiv*) meist unter Anwendung eines → *Intranet* vermittelt und durchgeführt.

▶ **Telematik** → *Informatik*

▶ **Telemedizin**

Anwendungsbereich von → *Multimedia*. Medizinische Leistungen (Beratung, Diagnose und Therapie) werden Anwendungsfelder im Multimediabereich. Dies erstreckt sich z. B. auch auf medizinische Eingriffe, die von mehreren, räumlich getrennten Chirurgen überwacht und geleitet werden können.

▶ **Teleshopping** → *Services on Demand*

▶ **Telnet**

Spezielles Programm im → *Internet*, das einen direkten Zugriff auf andere im Internet arbeitende → *Computer* erlaubt.

▶ **Tendenzbetrieb** → *Betriebsverfassungsgesetz (BetrVG)*

▶ **Tendersatz** → *Pensionsgeschäfte*

▶ **Tenderverfahren**

Ein öffentliches Bieterverfahren **(Auktion)** vor allem für kurzfristige → *Geldmarktpapiere*. Das Emissionsvolumen wird an den bzw. die Meistbietenden, z. B. eine Bank oder die Mitglieder in einem → *Bankenkonsortium*, abgegeben. Diese geben ihre Pakete i. d. R. an den → *Finanzmarkt* weiter.

Bei einem **Mengentender** wird der Zinssatz über den Emissionskurs vorgegeben. Die Teilnehmer an der Auktion geben Gebote ab über den Betrag – und damit über die Menge –, die sie bereit sind, zu diesem festen Zinssatz zu kaufen oder zu verkaufen.

Bei einem **Zinstender** geben die Teilnehmer Gebote ab über die Beträge und die Zinssätze, zu denen sie das Geschäft abschließen möchten. Die vorgesehene Menge wird dann an den oder die Meistbietenden zu dem gebotenen Zinssatz abgegeben. Der Zinstender ist ein für → *Pensionsgeschäfte* übliches Verfahren.

Das Tenderverfahren ist u. a. üblich für → *Offenmarktgeschäfte* im ESZB (→ *Europäisches System der Zentralbanken (ESZB)*). Dabei werden die Geschäfte abgewickelt entweder als **Standardtender** (Durchführung von der Bekanntmachung des Tenders bis zur Bestätigung des Zuteilungsergebnisses innerhalb von 24 Stunden) oder als **Schnelltender** (Durchführung innerhalb von einer Stunde – ggf. unter Auswahl einer begrenzten Zahl von Geschäftspartnern für die Teilnahme durch das ESZB).

▶ **Terminal**

Bezeichnung für ein Datenendgerät (z. B. → *PC*, → *Mailbox*).

▶ **Terminbörse**

Auf den Handel mit standardisierten → *Futures* und Optionen (→ *Option*) spezialisierte → *Börse*. Beispiel: → *EUREX* Deutschland in Frankfurt/Main oder die → *LIFFE* in London.

▶ **Termineinlagen**

Die Einlagen mit fester Laufzeit oder Kündigungsfrist bei Kreditinstituten (→ *Kreditinstitute*) **(Termingelder)**. Zwei Arten sind zu unterscheiden: **Festgeld** wird am → *Geldmarkt* für eine bestimmte Zeit (Monatsgeld, Dreimonatsgeld) festgelegt. Es wird nach Ablauf der vereinbarten Festlegungsfrist sofort fällig und in → *Sichteinlagen* umgewandelt oder – nach entsprechender vorheriger Vereinbarung – automatisch neu angelegt. **Kündigungsgeld** sind unbefristete Einlagen bei → *Banken*, die erst nach Kündigung und Ablauf einer Kündigungsfrist verfügbar werden. Die Mindesteinlage ist i. d. R. in beiden Fällen 5000 Euro oder höher.

▶ **Termingelder** → *Termineinlagen*

▶ **Termingeschäfte**

Geschäfte auf der Grundlage von → *Wertpapieren*, → *Devisen* oder Waren (Warentermingeschäfte), bei denen der Preis für den Kauf oder Verkauf für ein dem Termingeschäft zugrunde liegendes → *Basisgut* bei Abschluss des Geschäfts festgelegt wird. Die Erfüllung des Geschäfts (→ *Settlement*) erfolgt jedoch zu einem bestimmten Termin oder innerhalb einer vereinbarten Frist nach dem Abschlusszeitpunkt.

Dagegen ist beim **Kassageschäft (Spotgeschäft)** im **Kassahandel** der Erfüllungszeitpunkt (Lieferung, Abnahme und Bezahlung) i. d. R. zwei Tage nach Geschäftsabschluss.

Termingeschäfte werden an der → *Terminbörse* oder im → *OTC-Markt* abgeschlossen. Man unterscheidet:

● **Unbedingte Termingeschäfte** (→ *Futures*). Sie sind zum Fälligkeitstermin unbedingt zu erfüllen.

● **Bedingte Termingeschäfte** (→ *Optionen*). Diese können – müssen aber nicht – bis zum Fälligkeitstermin erfüllt werden. Für den

Fall der Nichterfüllung des Geschäfts erleidet der Käufer der Option einen Verlust in Höhe der bei Abschluss des Optionsgeschäftes gezahlten → *Optionsprämie*.

Motive für Termingeschäfte sind Möglichkeiten der Risikominderung (→ *Hedging*), die Spekulation auf steigende/fallende Preise sowie die → *Arbitrage*.

▶ **Terminhandel** → *Termingeschäfte*

▶ **Terminkontrakte**

Objekte für **unbedingte Termingeschäfte** (→ *Futures*) sowie für **bedingte Termingeschäfte** (→ *Option*), deren Menge und Preis, Art und Qualität sowie Erfüllungszeitpunkt für die Lieferung nach einheitlichen, standardisierten Verfahren festgelegt ist. Sie werden an der → *Terminbörse* oder im → *OTC-Markt* gehandelt. Beispiele: → *BOBL-Futures,* → *Bund-Futures,* → *DAX-Futures.*

Ein Terminkontrakt wird beendet durch Abnahme oder Lieferung, durch ein → *Kompensationsgeschäft* oder durch Barausgleich der Kursdifferenz.

Nur ein sehr kleiner Teil der Futures wird am vereinbarten Termin auch tatsächlich physisch übertragen. Vielmehr werden die Kontrakte bereits vorher oder zum Termin durch Rückkauf des leerverkauften (→ *Leerverkauf*) Kontraktes oder Verkauf eines gekauften Kontraktes erfüllt.

▶ **Terminkurs**

Der vereinbarte Preis für → *Termingeschäfte*.

▶ **Terms of Payment**

Die Bezeichnung für die zeitlichen Zahlungsgewohnheiten im → *Außenhandel*. Zahlt der ausländische → *Importeur* deutscher → *Güter* schneller bzw. deutsche Importeure ausländischer Güter langsamer, so verbessern sich die Terms of Payment. Der Effekt sind Devisenzuflüsse (→ *Devisen*) in das Inland. Das Umgekehrte gilt bei einer Verschlechterung der Terms of Payment, bei der die inländischen → *Währungsreserven* zurückgehen.

▶ **Terms of Trade**

Index zur Messung der Vorteile, die ein Land aus dem → *Außenhandel* zieht, so z. B. das Verhältnis eines Index der Ausfuhrpreise zu einem Index der Einfuhrpreise. Sinkende bzw. konstante Einfuhrpreise bei konstanten bzw. steigenden Ausfuhrpreisen bedeuten eine Verbesserung der Terms of Trade. D. h., für denselben Ausfuhrerlös können mehr → *Güter* eingeführt werden als vorher, was die Vorteile aus dem internationalen Handel vergrößert. Sinkende Terms of Trade bedeuten hingegen eine Verschlechterung der Außenhandelsposition.

▶ **Tertiärer Sektor** → *Dienstleistungen*

▶ **Testat** → *Bestätigungsvermerk*

▶ **TFT-Display** → *LCD-Display*

▶ **TIBOR**

(Tokyo Offered Interbank Rate) Der → *Referenzzinssatz* für kurzfristige Finanzgeschäfte der → *Banken* am japanischen Geldmarkt.

▶ **Tick**

Die kleinste mögliche Preisänderung für Kassageschäfte und → *Termingeschäfte*.

▶ **Tigerstaaten**

Ursprünglich auf die vier asiatischen → *Schwellenländer* Süd-Korea, Taiwan, Hongkong und Singapur bezogene Bezeichnung. Inzwischen zählen auch Malaysia, Thailand, Indonesien und die Philippinen zu diesem Kreis. → *WTO (World Trade Organization)*.

▶ **Tilgungsanleihen**

Form langfristiger → *Anleihen*, die nach einem festgelegten Tilgungsplan zurückzuzahlen sind. Die Rückzahlung kann erfolgen durch Auslosung, Kündigung oder durch Rückkauf an der → *Börse*.

▶ **Time Lag**

Die zeitliche Verzögerung des Eintritts eines Ereignisses.

▶ **Tobin-Steuer**

Zur Milderung negativer Auswirkungen der → *Globalisierung* diskutierte Steuer auf Geschäfte am → *Devisenmarkt*. Sie geht zurück auf einen Vorschlag des keynesianischen Wirtschaftsnobelpreisträgers James Tobin (→ *Keynesianismus*).

Danach soll jedes Geschäft mit → *Devisen* mit einer Abgabe von 0,01 bis 0,5 Prozent des Transaktionswertes belastet werden, um so kurzfristige internationale Finanztransaktionen (für 2001 z. B. rd. 300 Billionen US-Dollar) zu verteuern und Spekulanten abzuschrecken. Die Einnahmen aus der Steuer sollten z. B. nach den Vorstellungen von → *Attac* in die → *Entwicklungshilfe* fließen.

Obwohl auch die → *Enquête*-Kommission des Deutschen Bundestags zur „Globalisierung der Weltwirtschaft" im Juni 2002 und auch der Bundeskanzler die Idee unterstützten, war die Steuer in der politischen Diskussion bisher nicht durchsetzbar. Bezweifelt wird vor allem die erfolgreiche Abwehr von Spekulanten, die sich bei hochprofitablen Finanztransaktionen nicht von einer Steuer abhalten lassen.

▶ **Tochterunternehmen/Tochtergesellschaften** → *Mutterunternehmen*

▶ **Tokio-Runde** → *WTO (World Trade Organisation)*

▶ **Top-Down-Prinzip**

Bei Planungsprozessen in großen Konzernen (→ *Konzern*) angewendetes Verfahren, bei dem die zuständige Planungsabteilung in der Konzernspitze die Planungsgrößen für die einzelnen nachgeordneten Organisationseinheiten im Konzern festlegt. Wichtig ist bei diesem Planungsprozess, dass die nachgeordneten Hierarchieebenen von der Richtigkeit der vorgegebenen Planungsgrößen überzeugt werden. → *Balanced Scorecard.* Anders: → *Bottom-Up-Prinzip.*

▶ **Total Quality Management (TQM)**

Ein Mittel der Unternehmensführung zur Verbesserung der Qualität eigener Produkte und → *Dienstleistungen* (Qualitätsmanagement). Dabei wird unter Einbeziehung aller am Produktionsprozess beteiligten Bereiche z. B. in Qualitätsmanagementprojekten, durch besondere Mitarbeiterschulungen und Aufwertung des betrieblichen Vorschlagswesens versucht, betriebliche Prozessabläufe und deren Ergebnisse zu optimieren mit dem Ziel einer gesteigerten Kundenzufriedenheit.

▶ **Touchpad** → *Maus*

▶ **Touchscreen** → *Maus*

▶ **Trading**

Nur zur reinen Spekulation vorgenommene Geschäfte mit Wertpapieren (→ *Wertpapiere*) und → *Devisen.*

▶ **Trainee**

Vorbereitungsphase für Nachwuchsführungskräfte. Hierbei werden Fach- und Hochschulabsolventen in 12- bis 36-monatigen **Trainee-Programmen** auf die Arbeit in herausgehobenen Positionen vorbereitet. Die i. d. R. über ein → *Assessment-Center* ausgewählten Personen durchlaufen systematisch die verschiedenen Unternehmensbereiche in einem → *Konzern*, wobei sie sich i. d. R. durch eine Mitarbeit in konkreten Projekten bewähren müssen.

▶ **Tranche**

Teilbetrag einer Wertpapieremission, die in bestimmten Zeitabständen aufgelegt wird. → *Emission*.

▶ **Transeuropäische Netze (TEN)**

Im Vertrag über die → *Europäische Union (EU)* neu eingeführter Begriff. Er umfasst die Netze der Verkehrsinfrastruktur (→ *Infrastruktur*), der → *Telekommunikation* und Energie als gesamteuropäische Aufgabe. Bei den hierzu notwendigen Grundentscheidungen hat das Europäische Parlament (→ *EG (Europäische Gemeinschaft)*) Mitentscheidungsrecht. Die Kommission der EU hat hierzu Leitlinien herausgegeben mit dem Ziel, Projekte der nationalen Regierungen im Bereich der Infrastruktur zu koordinieren. Die Finanzierung der TEN erfolgt bei Energie und Telekommunikation durch die privaten Betreiber, im Bereich Verkehr zu 60 % aus den öffentlichen Haushalten (→ *Haushalt der EU* und der Mitgliedstaaten). Nach Schätzung der Kommission der EU erfordert der Aufbau der TEN bis zum Jahr 2010 Neuinvestitionen in Höhe von 400 Milliarden Euro.

Nach einer Entscheidung der Staats- und Regierungschefs der EU vom Dezember 2003 sollen 62 Milliarden Euro bis 2010 in 56 Projekte aus den Bereichen Verkehr, Telekommunikation und Energie investiert werden. Einen Schwerpunkt bildet dabei der Ausbau der innereuropäischen Verkehrsverbindungen. Hier sollen die wichtigsten Lücken in den länderübergreifenden, transeuropäischen Netzen geschlossen werden, um den wirtschaftlichen und sozialen Zusammenhalt zu fördern.

Die transnationalen Schienennetze wurden 2003 für den grenzüberschreitenden Güterverkehr geöffnet. Bis 2008 soll auf den europäischen Schienennetzen Wettbewerb herrschen. Für eine → *Liberalisierung* des Personenverkehrs gibt es noch keinen Zeitplan.

http://europa.eu.int/

▶ Transfer

Wertübertragung zwischen Gläubigerland und Schuldnerland im internationalen Zahlungsverkehr durch Versendung von Gold oder durch den Devisenhandel. → *Zahlungsbilanz.*

▶ Transfereinkommen

Begriff aus der VGR (→ *Volkswirtschaftliche Gesamtrechnung VGR)*) für → *Einkommen*, die ohne gleichzeitige ökonomische Gegenleistung einem Wirtschaftssubjekt zufließen (z. B. → *Ruhegehalt*, → *Rente*, Unterstützungszahlungen der → *Bundesagentur für Arbeit (BA)*, → *Sozialhilfe*, → *Wohngeld*). Transfereinkommen, auch **Einkommensübertragungen** genannt, bilden zusammen mit dem → *Volkseinkommen* das private Einkommen. → *Nationaleinkommen.*

▶ Transferzahlungen

Zahlungen des Staates an private Haushalte, z. B. aus der → *Sozialversicherung* oder von der → *Bundesagentur für Arbeit (BA)*. Im Gegensatz hierzu werden → *Subventionen* auch an Unternehmen gezahlt. → *Transfereinkommen.*

▶ Transithandel

Waren, die durch ein Land hindurchgeleitet werden, ohne dort gelagert, verändert oder verarbeitet zu werden.

▶ Transitorische Rechnungsabgrenzungsposten → *Rechnungsabgrenzungsposten (RAP)*

▶ Transnationale Unternehmen (TNCs)

Unternehmen, die grenzüberschreitend mit → *Tochterunternehmen/Tochtergesellschaften* tätig sind, aber noch nicht die Bedeutung eines Multis (→ *Multinationale Unternehmen*) erreicht haben.

▶ **Transparenz- und Publizitätsgesetz (TransPuG)**
→ *Corporate Governance*

▶ **Transparenzrichtlinie-Gesetz/Transparenzrichtlinie der EU**

Die beiden Vorschriften vom 22. 8. 2001 bzw. 26. 7. 2000 dienen dem Ziel, die Transparenz von Finanz- und Organisationsstrukturen für → *Öffentliche Unternehmen* und privatrechtliche Unternehmen (z. B. → *Kapitalgesellschaft*) zu verbessern. Danach müssen Unternehmen ab 2002 eine Trennung der internen Konten für die unterschiedlichen Geschäftsbereiche vornehmen und hierüber auf Verlangen der Kommission der EU (→ *EG (Europäische Gemeinschaft)*) Auskünfte erteilen. Hierdurch sollen wettbewerbsschädliche Quersubventionen vermieden werden.

http://www.rechtliches.de/info_TranspRLG.html

▶ **Trassant/Trassat**

Aussteller (Trassant) bzw. der Bezogene oder Akzeptant (Trassat) für einen → *Wechsel*.

▶ **Tratte**

Ein gezogener → *Wechsel*, insbesondere wenn er noch nicht mit → *Akzept* versehen ist. Gegensatz: → *Solawechsel*.

▶ **Treasuring** → *Finanzmanagement*

▶ **Treuhandanstalt**

Eine von der ehemaligen DDR-Regierung im März 1990 gegründete Institution zur Abwicklung der → *Privatisierung* von VEB (→ *Volkseigener Betrieb (VEB)*) und Einrichtungen. Mit dem Gesetz zur Privatisierung und Reorganisation des volkseigenen Vermögens **(Treuhandgesetz)** vom 17. 6. 1990 wurde eine grundlegende Reorganisation der noch neuen Institution eingeleitet. Als Ziele wurden in der → *Präambel* genannt
● die unternehmerische Tätigkeit des Staates durch Privatisierung so rasch und weit wie möglich zurückzuführen;

- die Wettbewerbsfähigkeit möglichst vieler Unternehmen herzustellen und somit Arbeitsplätze zu sichern und neue zu schaffen;
- Grund und Boden für wirtschaftliche Zwecke bereitzustellen.

Die Deutsche Post (→ *Bundespost*) und die Reichsbahn (→ *Bundesbahn*) fielen nicht unter die Regelungen des Gesetzes.

Mit dem → *Einigungsvertrag* wurde die Treuhandanstalt eine bundesunmittelbare → *Anstalt des öffentlichen Rechts* unter der Aufsicht des Bundesfinanzministers mit der Aufgabe, Volkseigene Betriebe (VEB) zu privatisieren, zu sanieren (→ *Sanierung*) bzw. nichtsanierungsfähige Betriebe zu schließen. Die Erlöse, die die Treuhandanstalt bei der Privatisierung erzielte, mussten ausschließlich auf dem Gebiet der ehem. DDR verwendet werden. Im Einzelfall konnten Erlöse auch zugunsten der Entschuldung der landwirtschaftlichen Produktionsgenossenschaften verwendet werden.

Die Treuhandanstalt war mit mehr als 4 Mio. Arbeitsplätzen in rd. 8000 ehemals volkseigenen Betrieben und Kombinaten (nach Aufspaltung waren es rd. 14 500 Unternehmen) der größte Arbeitgeber in Deutschland.

Nach einem Abkommen zwischen → *Gewerkschaften* und Treuhandanstalt vom April 1991 („Gemeinsame Erklärung") verpflichtete sich die Treuhandanstalt, durch finanzielle Zuschüsse einen → *Sozialplan* auch in Betrieben zu ermöglichen, die ansonsten nicht über die erforderlichen Mittel verfügten. Neben den VEB wurde auch der größte Teil des Vermögens der Massenorganisationen (u. a. auch des Freien Deutschen Gewerkschaftsbundes (FDGB) auf die Treuhandanstalt übertragen.

Bis Ende 1994 waren rd. 14 000 Unternehmen privatisiert. Die Erlöse hierfür betrugen rd. 38 Mrd. Euro. Es bestanden Zusagen der neuen Eigentümer über 1,4 Mio. Arbeitsplätze.

Die Treuhandanstalt wurde nach Beendigung ihrer Haupttätigkeit mit einem damals geschätzten Defizit von rd. 140 Mrd. Euro aufgelöst (→ *Solidarpakt*). Sie hatte zu diesem Zeitpunkt noch rd. 3700 Beschäftigte, von denen der größte Teil in die zum 1. 1. 1995 gegründeten fünf Nachfolgegesellschaften übernommen wurden, u. a. die **Bundesanstalt für vereinigungsbedingte Sonderaufga-**

ben (BvS) zur Übernahme der aus der Privatisierung entstandenen Verpflichtungen (z. B. das laufende Vertragsmanagement für rd. 42 000 Privatisierungsverträge) sowie darüber hinausgehende Vermögensaufgaben (z. B. Verwaltung und Verwertung des Sonder- und Finanzvermögens der ehemaligen Außenhandelsbetriebe, Parteien und Massenorganisationen). → *Vermögensgesetz.*

Seit dem 1. 1. 2001 sind die Restaufgaben der BvS und der weiteren Gesellschaften auf eine Tochtergesellschaft (→ *Mutterunternehmen*) der → *Kreditanstalt für Wiederaufbau (KfW)* übergegangen und Vermögensgegenstände (z. B. Bergwerkseigentum) dem Bund über eine bundeseigene Gesellschaft übertragen worden. Der → *Firmenmantel* der BvS bleibt aber weiter bestehen, bis alle nach dem Treuhandgesetz vorgesehenen Aufgaben erledigt sind.

Aufgrund einer gewaltigen Fehleinschätzung der tatsächlichen Vermögenswerte der ehemaligen Unternehmen in der DDR war zu Beginn der Tätigkeit der Treuhandanstalt noch angenommen worden, dass der Verkauf der volkseigenen Betriebe per Saldo mit einem Gewinn für den Bundeshaushalt abgeschlossen werden könnte. Tatsächlich wurde am 1. 1. 1995 ein Defizit in Höhe von 105 Mrd. Euro auf den → *Erblastentilgungsfonds* übertragen.

Die Kosten der gesamten Umwandlung der DDR-Wirtschaft, die zunächst auf 140 Mrd. Euro geschätzt wurden, lagen schließlich am 1. 1. 2001 bei rd. 118 Mrd. Euro.

▶ **Treuhänder**

Derjenige, welcher Rechte oder Sachen als Eigenrechte empfangen hat, mit der Bestimmung, sie nicht im eigenen Interesse zu gebrauchen. Geldmittel, die der Treuhänder bei Kreditinstituten (→ *Kreditinstitute*) für den **Treugeber** verwaltet, werden dort auf einem Treuhandkonto **(Anderkonto)** geführt.

▶ **Treu und Glauben**

Allgemeiner Rechtsgrundsatz im → *Privatrecht* (§ 242 BGB). Hiernach ist ein → *Schuldner* verpflichtet, seine Leistung (auch im Sinne → *Gläubigerschutz*) so zu bewirken, wie Treu und Glauben mit Rücksicht auf die **Verkehrssitte** es erfordern.

Die Auslegung des Begriffs Verkehrssitte ist von der jeweiligen Rechtsprechung geprägt und u. a. auch abhängig von den jeweiligen **Handelsbräuchen** (→ *Usancen*).

▶ **TRIPS (Trade Related Aspects of Intellectual Property Rights)** → *WTO (World Trade Organization)*.

▶ **Trust**

Eine Form des Unternehmenszusammenschlusses mit dem Ziel einer Marktbeherrschung. Innerbetriebliche → *Rationalisierung* und einheitliche Produktionskontrolle sind zwangsläufige Nebenziele. Die im Trust zusammengeschlossenen Unternehmen erhalten eine gemeinsame Leitung (meist in Form der → *Holdinggesellschaft*), wobei die wirtschaftliche, in der Regel auch die rechtliche Selbständigkeit der zusammengeschlossenen Unternehmen verloren geht. Der Trust ist weitergehend als ein → *Kartell*.

▶ **Trustcenter** → *Digitale Signatur*

▶ **Turnaround**

Verbesserung der Situation eines Unternehmens oder Branche, im engeren Sinne auch Bezeichnung für das Wiedererreichen der Gewinnzone (→ *Gewinn*).

U

▶ **UBA** → *Umweltbundesamt (UBA)*

▶ **Überbrückungsgeld**

    Maßnahme im → *Arbeitsförderungsgesetz/Arbeitsförderung* für → *Arbeitnehmer*, die eine selbständige Tätigkeit beginnen und hierdurch ihre → *Arbeitslosigkeit* beenden oder vermeiden wollen. Das Überbrückungsgeld dient zur Sicherung des Lebensunterhalts und wird für sechs Monate in der Zeit nach der Existenzgründung gezahlt. Es setzt sich zusammen aus einem Betrag, den der Arbeitnehmer als → *Arbeitslosengeld I* zuletzt bezogen hat oder bei Arbeitslosigkeit hätte beziehen können, und den darauf entfallenden pauschalierten Sozialversicherungsbeiträgen. Rechtsgrundlage ist das → *Sozialgesetzbuch (SGB)* (§ 57 SGB III).

▶ **Überbrückungskredit**

    Wird gewährt, um vorübergehend auftretenden Geldbedarf zu decken, z. B. bei nicht termingerechtem Eingang zugesagter Geldbeträge. → *Zwischenkredit.*

▶ **Übergangsgeld**

    Leistungen nach dem → *Sozialgesetzbuch (SGB)* bei Maßnahmen zur medizinischen → *Rehabilitation* oder Leistungen zur Teilhabe am Arbeitsleben (§ 20 SGB VI und § 21 SGB VI) bzw. während einer Maßnahme der Berufsförderung nach einem Arbeitsunfall (§ 49 SGB VII und § 50 SGB VII).

    Im öffentlichen Dienst (→ *Öffentlicher Dienst*) wird Übergangsgeld als Hilfe an ausscheidende Beschäftigte gezahlt bei unverschuldetem Verlust des Arbeitsplatzes. Es entspricht dem Sinne nach einer Abfindung im Rahmen von tarifvertraglichen → *Ratio-*

nalisierungsschutzabkommen. Rechtsgrundlage sind das Beamtenversorgungsgesetz (→ *Versorgungsbezüge*) bzw. die Bestimmungen im → *BAT (Bundes-Angestellten Tarifvertrag).*

▶ **Übernahmegesetz**

Gesetz zur Regelung von öffentlichen Angeboten zum Erwerb von Wertpapieren und von Unternehmensübernahmen (**Wertpapiererwerbs- und Übernahmegesetz – WpÜG –**) vom 20.12. 2001, das zusammen mit vier ergänzenden Rechtsverordnungen zum 1.1. 2002 in Kraft getreten ist. Es ist die Reaktion des Gesetzgebers auf die negativen Erfahrungen bei der Unternehmensübernahme der Mannesmann AG durch Vodafone. Es enthält u. a. Regelungen für Handlungsvollmachten des Vorstandes über mögliche Abwehrmaßnahmen (z. B. durch zeitlich begrenzte **Vorratsbeschlüsse**, die von der Aktionärsversammlung mit Dreiviertelmehrheit vom vertretenen → *Grundkapital* bewilligt sind). Außerdem über seine Informationspflichten gegenüber Aktionären und Beschäftigten (→ *Betriebsrat*) bei allen öffentlichen Angeboten zum Erwerb von → *Aktien* an einer inländischen → *Aktiengesellschaft (AG)* oder → *Kommanditgesellschaft auf Aktien (KGaA).* Hinzu kommen Vorschriften zum Überwachen von Übernahmen durch ein staatliches Aufsichtsorgan und die Schaffung der Möglichkeit von Barabfindungen durch Mehrheitsaktionäre an die übrigen → *Aktionäre* statt Aktientauschangebote.

Die Regelung erfolgte im Vorgriff auf eine Richtlinie der EU (→ *Europäische Gesetzgebung*) zu Unternehmensübernahmen (**Übernahme-Richtlinie**), die in allen Staaten der EU einheitliche Regeln schaffen soll. Diese Richtlinie vom 21. 4. 2004 verpflichtet u. a. den → *Vorstand* für den Fall eines Übernahmeangebots zur Neutralität. Einzelne Staaten der EU (→ *Europäische Union (EU)*) können aber die in ihrem Gebiet ansässigen Unternehmen von dieser Regel befreien – es sei denn, die Mehrheit der Aktionäre eines Unternehmens wünschen die Neutralität.

http://www.rechtliches.de/info_WpUeG.html
http://europa.eu.int/

▶ **Überschuldung**

Bezeichnung aus dem Insolvenzrecht (→ *Insolvenzverfahren*). Sie besteht, wenn das → *Vermögen* zur Deckung der → *Schulden* nicht mehr ausreicht. Im Falle der Überschuldung sind → *Juristische Personen*, insbesondere die → *Aktiengesellschaft (AG)* und die → *Gesellschaft mit beschränkter Haftung (GmbH)*, zum **Insolvenzantrag** verpflichtet.

▶ **Überstunden**

Bezeichnung für die Überschreitung der durch → *Tarifvertrag* bzw. durch → *Betriebsvereinbarung* festgelegten regelmäßigen → *Arbeitszeit*. Überstunden und → *Mehrarbeit* sind nicht identisch, weil die nach dem Arbeitszeitgesetz festgeschriebene Normalarbeitszeit von 48 Stunden durch Tarifverträge oder Betriebsvereinbarungen i. d. R. 40 Stunden oder weniger beträgt. Überstundenzuschläge ergeben sich aus den geltenden Tarifverträgen bzw. Betriebsvereinbarungen.

Die → *Gewerkschaften* wollen Überstunden auf ein betrieblich unbedingt erforderliches Mindestmaß begrenzen und grundsätzlich durch Freizeit abgegolten sehen. Überstunden gehen zu Lasten möglicher neuer Arbeitsplätze. Andererseits sind Überstunden kurzfristig gesehen oft die betrieblich einzige Möglichkeit, Engpässe z. B. durch unvorhersehbare Krankheitshäufung, plötzliche Auftragseingänge usw. zu überwinden. Jedoch weisen Überstunden als Normalzustand auf personelle Unterbesetzung hin.

Bei der Anordnung von Überstunden hat der → *Betriebsrat* bzw. → *Personalrat* ein Recht auf → *Mitbestimmung*. → *Bündnis für Arbeit*.

▶ **Übertragene Einkommen** → *Transfereinkommen*

▶ **Übertragungsgeschwindigkeit**

Die Geschwindigkeit der → *Datenübertragung* über → *Telekommunikationsnetze*. Sie wird gemessen in → *Bit* pro Sekunde **(bps)**. Das → *ISDN* arbeitet z. B. mit einer Übertragungsgeschwin-

digkeit von 64 000 (bps) (64 kbit/s). Höher ist die Übertragungsgeschwindigkeit mit → *DSL*. Die Übertragung über → *Breitbandverteilnetze* ist noch wesentlich schneller (→ *UMTS*). Die Standards werden festgelegt durch die Normen (→ *Normung*) der
→ *CCITT*.

▶ **Übertragungsrate**

→ *Übertragungsgeschwindigkeit*, mit der ein → *PC*, → *Modem*
oder → *Telefax*-Gerät arbeiten kann.

▶ **Überweisung**

Form des bargeldlosen Zahlungsverkehrs, bei dem Girokonto-
inhaber (→ *Giroeinlagen*) ihre → *Kreditinstitute* beauftragen, zu
Lasten ihres Kontos einen bestimmten Betrag einem anderen
Konto gutzuschreiben bzw. gutschreiben zu lassen.

▶ **Überzeichnung**

Bedeutet, dass die Nachfrage bei der → *Emission* von Wertpapieren (→ *Wertpapiere*) den angebotenen Gesamtbetrag, z.B. von
→ *Anleihen*, übersteigt. Bei Überzeichnung können entweder die
kleineren Zeichnungsbeträge bevorzugt berücksichtigt, die Zuteilung prozentual entsprechend dem Angebot herabgesetzt (→ *repartiert*) oder der Emissionsbetrag erhöht werden.

▶ **Überziehungskredit** → *Dispositionskredit*

▶ **Überziehungsprovision**

Berechnen → *Kreditinstitute* ihren Kunden als besonderen
Zinsaufschlag auf den überzogenen Betrag, wenn die genehmigte
→ *Kreditlinie* (z.B. beim → *Dispositionskredit*) überschritten wird.

▶ **UIT (Union International de Télécommunication)**

(ITU International Telecommunications Union) Abkürzung für
die **Internationale Fernmeldeunion**, Sitz Genf. Sie wurde 1932 ge-

gründet zur Abstimmung der Regeln für den internationalen Fernmelde- und Nachrichtenverkehr und ist seit 1947 eine Sonderorganisation der → *Vereinten Nationen (UN).* → *CCITT.*
http://www.itu.int/

▶ **Ultimo**

Der letzte Tag (im Geld- und Börsenverkehr der letzte Börsentag) des Monats. → *Börse.*

▶ **Ultimogeld**

Wird am → *Geldmarkt* ausgeliehen mit der Maßgabe einer festen Rückzahlung am → *Ultimo* ohne vorherige Kündigung.

▶ **Umgekehrtes Maßgeblichkeitsprinzip** → *Maßgeblichkeitsprinzip*

▶ **Umlaufrendite** → *Rendite*

▶ **Umlaufvermögen** → *Bilanz*

▶ **Umsatz**

Summe abgesetzter → *Güter* und erbrachter → *Dienstleistungen* (→ *Absatz*) bewertet mit den Verkaufspreisen (Preisen pro Leistungseinheit) bezogen auf einen bestimmten Abrechnungszeitraum (z. B. → *Geschäftsjahr*). → *Erlöse.*

▶ **Umsatzsteuer**

Bis zum 31. 12. 1967 existierte in der Bundesrepublik eine **Allphasenbruttobesteuerung**, die mit ihrem Steuersatz von zuletzt 4 Prozent vom jeweiligen Umsatz auf jeder Produktions- oder Dienstleistungsstufe einsetzte. Dies führte zu Wettbewerbsverzerrungen, die im Rahmen der angestrebten → *Steuerharmonisierung in der EU* unerwünscht waren.

Zum 1.1. 1968 wurde das System der Mehrwertsteuer **(Allphasennettoumsatzsteuer)** eingeführt. Rechtsgrundlage ist das **Umsatz-**

steuergesetz (UstG) i. d. F. vom 9. 6. 1999. Mit dem **Umsatzsteuer-Binnenmarktgesetz** wurden zum 1. 1. 1993 die Regelungen zur Erhebung der Umsatzsteuer den verabredeten Vorschriften in der EU (→ *Europäische Union (EU)*) angepasst.

Die Umsatzsteuer ist eine → *Indirekte Steuer* (→ *Verbrauchsteuern*) und ist eine → *Gemeinschaftsteuer* von Bund und Ländern. In ihrer fiskalischen Wirkung ist sie die zweitstärkste Steuerquelle. Besteuert wird der Mehrwert auf jeder Produktionsstufe **(Nettoumsatzsteuer)** mit einem **Regelsteuersatz** von derzeit 16 % (§ 12 Abs. 1 UStG). **Beispiel:** Der Produzent X, der dem Händler Y eine Ware zum Preis von 116 Euro verkauft, hat hiervon 16 Euro Mehrwertsteuer (16 %) an das Finanzamt abzuführen. Der Händler gibt die Waren an den Verbraucher Z zu einem Preis von 150 Euro plus MwSt (24 Euro) weiter. An das Finanzamt führt er nur 8 Euro ab, da er die bereits vom Produzenten X gezahlte Mehrwertsteuer in Höhe von 16 Euro von seiner Steuerschuld in Höhe von 24 Euro im Rahmen des → *Vorsteuerabzugs* absetzen darf. Das Nachsehen hat der Endverbraucher: Er muss die auf ihn abgewälzte MwSt voll über den Endpreis von 174 Euro bezahlen.

Nach § 12 Abs. 2 UStG gilt ein **ermäßigter Steuersatz** von 7 % bei Umsätzen für eine Reihe von → *Gütern* und → *Dienstleistungen*, wie z. B. Lebensmittel, Bücher, Zeitungen und Zeitschriften, für freie Berufe, kulturelle Veranstaltungen, Zahntechniker und Zahnärzte sowie – bis 31. 12. 2004 – für den Personenverkehr und den öffentlichen Nahverkehr innerhalb von 50 km. Für die Besteuerung von Umsätzen in der → *Land- und Forstwirtschaft* (§ 22 UStG) und für → *Kleingewerbe/Kleinunternehmer* (§ 19 UStG) sowie für die → *Einfuhrumsatzsteuer* (§ 21 UStG) gelten besondere Vorschriften.

2003 brachte die Mehrwertsteuer (Umsatzsteuer) dem → *Bundeshaushalt* Einnahmen von rd. 137 Mrd. Euro. Dies waren rd. 31 % des gesamten Steueraufkommens. 1968 waren es nur rd. 21 %. Die Sätze für die Mehrwertsteuer wurden seit 1968 (Einstiegssatz 11 %) mehrfach erhöht, zuletzt zum 1. 4. 1998 auf 16 %. Eine weitere Erhöhung auf 18 % ist ab 2006 geplant

Die **Steuerharmonisierung in der EU** ist derzeit noch erheblich durch die stark abweichenden Mehrwertsteuersätze in den einzelnen Staaten der EU beeinträchtigt. Sie reichen vom Mindestsatz 15 % in Luxemburg bis 25 % in Dänemark und Schweden. Siehe **Abb. 23** (Seite 695).

http://bundesrecht.juris.de/bundesrecht/ustg_1980/

▶ **Umschlagsgeschwindigkeit**

(Umschlagshäufigkeit) Messziffer zur Kennzeichnung des **Kapital-** oder **Lagerumschlages** oder einer anderen Bezugsgröße. Sie ist sehr gebräuchlich in Handelsunternehmen. Je höher die Umschlagsgeschwindigkeit ist, desto geringer ist die notwendige → *Gewinnspanne* zur Erzielung einer bestimmten → *Rentabilität*. **Beispiel:** Umsatz 500 000 Euro, eingesetztes → *Eigenkapital* 50 000 Euro, durchschnittlicher Lagerbestand 100 000 Euro. Die Umschlagsgeschwindigkeit des Eigenkapitals beträgt dann 10, die Umschlagsgeschwindigkeit des Warenbestandes 5.

Als betriebliche Kennzahl (→ *Kennzahlen*) ist die Umschlagsgeschwindigkeit – sofern sie auch noch mit anderen Bezugsgrößen berechnet wird – ein Instrument für unternehmenspolitische Entscheidungen. Dies gilt vor allem im Zeitvergleich und im horizontalen Vergleich mit anderen Unternehmen der gleichen Branche.

▶ **Umschulung**

Die Ausbildung für einen anderen als den erlernten Beruf mit dem Ziel, die beruflichen Chancen zu verbessern. Gründe für eine Umschulung können sein: Nichteignung für den ausgeübten Beruf aufgrund körperlicher oder intellektueller Mängel, vorausschauende Maßnahme im Zuge betrieblicher und struktureller Umstellungen – oft als Anpassungsqualifizierung im Rahmen von → *Betriebsvereinbarungen* bzw. in einem → *Sozialplan*.

Berufliche Umschulungsmaßnahmen werden nach dem → *Berufsbildungsgesetz* bei Vorliegen bestimmter Voraussetzungen von der → *Agentur für Arbeit* finanziell gefördert. → *Arbeitsförderungsgesetz/Arbeitsförderung*.

▶ UMTS

(Universal Mobile Telecommunications Systems) Die „dritte Generation" der Mobilfunkdienste (→ *Mobilfunk*), die u. a. den Gebrauch multimedialer Anwendungsfelder (→ *Multimedia*) per → *Handy* mit einer Übertragungsgeschwindigkeit von bis zu 2000 kbit/s (→ *Bit*) ermöglicht. Die Vorgängerstandards → *GMS* bzw. → *GPRS* haben nur eine Übertragungsgeschwindigkeit von 9,6 kbit/s bzw. 115 kbit/s. Der neue Standard UMTS – dessen Einführung 2004 begonnen hat – erfordert von den Telefongesellschaften enorme → *Investitionen* zum Aufbau der Netze. Hinzu kommen die Kosten zum Erwerb der notwendigen → *Lizenz* für die Funkfrequenzen. So zahlten im August 2000 die an der → *Auktion* teilnehmenden Telefongesellschaften einen Preis von knapp 50 Mrd. Euro an den Bundesfinanzminister.

Seit 2005 wird bereits eine weitere Neuentwicklung in der superschnellen Datenübermittlung erprobt, das **HSDPA** (*High Speed Downlink Packet Access*) mit einer Übertragungsgeschwindigkeit von bis zu 3600 kbit/sec.

▶ Umwandlung

Die Veränderung der Rechtsform eines Rechtsträgers (u. a. die → *Kapitalgesellschaft,* → *Partnerschaftsgesellschaft,* → *Personengesellschaft*, eingetragene → *Genossenschaften* und der → *Verein,* → *Versicherungsverein auf Gegenseitigkeit (VVaG))* ohne → *Abwicklung*. Diese kann aus steuerlichen, wirtschaftlichen oder rechtlichen Gründen erfolgen. Hierzu zählen z. B. die Erschließung neuer Möglichkeiten der → *Finanzierung*, die Ausnutzung von Steuervorteilen, eine Erhöhung der *Kreditwürdigkeit* (→ *Kreditwürdigkeit/Kreditwürdigkeitsprüfung)* oder eine Beschränkung der Haftung.

Die Vielzahl von Umwandlungsmöglichkeiten ergeben sich aus dem seit dem 1. 10. 1995 geltenden **Umwandlungsgesetz (UmwG)** vom 28. 10. 1994, mit dem Richtlinien der EU (→ *Europäische Gesetzgebung*) in deutsches Recht umgesetzt wurden. Gleichzeitig ist ein reformiertes **Umwandlungssteuergesetz (UmwStG)** in Kraft getreten, mit dem u. a. die Voraussetzungen für die Steuerfreiheit von Umwandlungen geregelt werden.

Das Umwandlungsgesetz unterscheidet **vier Arten** der Umwandlung von Rechtsträgern mit dem Sitz im Inland:

1. Verschmelzung

Sie kann erfolgen nach § 2 UmwG unter **Auflösung ohne Abwicklung** gegen Gewährung von Anteilen oder Mitgliedschaften des übernehmenden oder neuen Rechtsträgers an die Anteilsinhaber der übertragenden Rechtsträger. Dies

• im Wege der **Aufnahme durch Übertragung** des Vermögens eines oder mehrerer Rechtsträger als Ganzes auf einen anderen Rechtsträger oder

• im Wege der **Neugründung** durch Übertragung der Vermögen zweier oder mehrerer Rechtsträger jeweils als Ganzes auf einen neuen, von ihnen dadurch gegründeten Rechtsträger.

Zur Verschmelzung ist ein **Verschmelzungsvertrag** abzuschließen, ein **Verschmelzungsbericht** von den Vertretungsorganen der an der Verschmelzung beteiligten Rechtsträger zu erstellen sowie ein **Prüfungsbericht** durch die bestellten **Verschmelzungsprüfer** abzugeben. Alle beteiligten Rechtsträger haben die Verschmelzung zur Eintragung in das jeweilige Register (→ *Handelsregister,* → *Partnerschaftsregister,* → *Genossenschaftsregister* oder → *Vereinsregister*) am Sitz ihres Rechtsträgers anzumelden und – soweit sie als Rechtsträger bei der Verschmelzung untergehen – ihre Schlussbilanzen (→ *Bilanz*) einzureichen.

Die Vorschriften des Umwandlungsgesetzes zur Verschmelzung unterscheiden nach der Rechtsform und nach übertragenden und aufnehmenden Rechtsträgern.

2. Spaltung

Sie kann erfolgen nach § 123 UmwG entweder durch **Aufspaltung**, **Abspaltung** oder **Ausgliederung**.

(a) Aufspaltung: Ein Rechtsträger kann unter Auflösung ohne Abwicklung sein **Vermögen aufspalten**

• zur **Aufnahme** durch gleichzeitige Übertragung der Vermögensteile jeweils als Gesamtheit auf andere bestehende Rechtsträger oder

- zur **Neugründung** durch gleichzeitige Übertragung der Vermögensteile jeweils als Gesamtheit auf andere, von ihm dadurch gegründete neue Rechtsträger gegen Gewährung von Anteilen oder Mitgliedschaften dieser Rechtsträger an die Anteilseigner des übertragenden Rechtsträgers.

(b) Abspaltung: Ein Rechtsträger kann von seinem Vermögen einen oder mehrere Teile **abspalten**

- zur **Aufnahme** durch Übertragung dieses Teils oder dieser Teile jeweils als Gesamtheit auf bestehende Rechtsträger;
- zur **Neugründung** durch Übertragung eines oder mehrerer Teile jeweils als Gesamtheit auf einen oder mehrere, von ihm dadurch gegründete neue Rechtsträger gegen Gewährung von Anteilen oder Mitgliedschaften dieser Rechtsträger an die Anteilsinhaber des übertragenden Rechtsträgers.

(c) Ausgliederung: Ein Rechtsträger kann aus seinem Vermögen einen oder mehrere Teile **ausgliedern**

- zur **Aufnahme** durch Übertragung dieses Teils oder dieser Teile jeweils als Gesamtheit auf einen bestehenden oder mehrere bestehende Rechtsträger oder
- zur **Neugründung** durch Übertragung eines oder mehrerer Teile jeweils als Gesamtheit auf einen oder mehrere, von ihm dadurch gegründete neue Rechtsträger gegen Gewährung von Anteilen oder Mitgliedschaften dieser Rechtsträger an den übertragenden Rechtsträger.

Zur Spaltung ist ein **Spaltungs- und Übernahmevertrag** abzuschließen und ein **Spaltungsbericht** von den Vertretungsorganen der an der Verschmelzung beteiligten Rechtsträger zu erstellen. Alle übernehmenden Rechtsträger haben die Spaltung zur Eintragung in das jeweilige Register am Sitz ihres Rechtsträgers anzumelden. Danach wird die Spaltung in das Register am Sitz des übertragenden Rechtsträgers eingetragen.

Die Vorschriften des Umwandlungsgesetzes zur Spaltung sowie noch einmal speziell zur Ausgliederung unterscheiden nach der **Rechtsform** und **Art der Spaltung bzw. Ausgliederung**.

Entfallen durch Abspaltung oder Ausgliederung bei einem übertragenden Rechtsträger die Voraussetzungen für die → *Mitbestim-*

mung der Arbeitnehmer im → *Aufsichtsrat,* so gilt i. d. R. für die Arbeitnehmerbeteiligung ein Übergangszeitraum von 5 Jahren nach Wirksamkeit der Abspaltung oder Ausgliederung (§ 325 Abs. 1 UmwG). Für das Mandat des Betriebsrats gelten Überleitungsregelungen (§ 321 UmwG und § 325 Abs. 2 UmwG).

3. Vermögensübertragung

Nach § 174 UmwG kann ein Rechtsträger unter Auflösung ohne Abwicklung sein **Vermögen als Ganzes** auf einen anderen bestehenden Rechtsträger gegen Gewährung einer Gegenleistung an die Anteilsinhaber des übertragenden Rechtsträgers, die nicht in Anteilen oder Mitgliedschaften besteht, übertragen **(Vollübertragung)**. Daneben ist auch eine **Teilübertragung** auf einen oder mehrere andere Rechtsträger möglich. Allerdings sind die Übertragungsmöglichkeiten beschränkt und gelten nur für Übertragungen von Kapitalgesellschaften auf → *Gebietskörperschaften* sowie für Übertragungen innerhalb versicherungsspezifischer Rechtsformen.

4. Formwechsel

Ein Rechtsträger kann durch **Formwechsel eine andere Rechtsform** erhalten. Das Umwandlungsgesetz nennt hierzu die möglichen Rechtsformwechsel (§ 191 UmwG).

Zum Formwechsel ist ein **Umwandlungsbericht** mit ausführlicher Begründung und Vermögensaufstellung durch den formwechselnden Rechtsträger zu erstatten sowie ein **Umwandlungsbeschluss** der Anteilsinhaber der formwechselnden Gesellschaft erforderlich. Die neue Rechtsform ist beim zuständigen Register anzumelden. Dabei kann i. d. R. der Rechtsträger neuer Rechtsform seinen Firmennamen (→ *Firma*) beibehalten. Die Vorschriften des Umwandlungsgesetzes unterscheiden nach der Rechtsform und der Art des Formwechsels.

http://bundesrecht.juris.de

▶ **Umwandlungsgesetz** → *Umwandlung*

▶ **Umwandlungssteuergesetz**

In der zum 1. 10. 1995 in Kraft getretenen Fassung regelt u. a. die Möglichkeiten von Steuerbefreiungen bei einer → *Umwandlung*.

▶ **Umwelt-Audit-Gesetz** → *Öko-Audit-System*

▶ **Umweltberichterstattung**

Periodisch fortgeschriebene oder fallweise herausgegebene Berichte der Bundesregierung (z. B. Waldzustandsbericht), des Bundestags (z. B. der → *Enquête*-Kommissionen „Schutz der Erdatmosphäre" seit 1990 oder „Schutz des Menschen und der Umwelt – Bewertungskriterien für umweltverträgliche Stoffkreisläufe in der Industriegesellschaft" von 1994) oder vom → *Umweltbundesamt (UBA)*. In den Berichten werden die Umweltsituation in Deutschland und/oder auf der Erde beschrieben, eine Bilanz getroffener oder eingeleiteter umweltpolitischer Maßnahmen gezogen sowie ein Ausblick auf künftige Handlungsfelder in der Umweltpolitik beschrieben. Unterstützt werden die Berichte durch die **amtliche Umweltstatistik** des Umweltbundesamtes.

Darüber hinaus veröffentlicht der **„Rat von Sachverständigen für Umweltfragen"** seit seiner Gründung im Jahr 1971 als Bundestags-Drucksache in unregelmäßigen Zeitabständen **Umweltgutachten** und sonstige Stellungnahmen in Form von Sondergutachten.

Auch große deutsche Unternehmen (z. B. die Deutsche Telekom AG) geben seit den 90er Jahren in wachsender Zahl Berichte heraus, in denen sie ihre umweltpolitischen Aktivitäten beschreiben. → *Umweltbilanz*.

http://www.ranking-umweltberichte.de/bericht_d.html
http://www.bundesumweltamt.de

▶ **Umweltbetriebsprüfung** → *Öko-Audit-System*

▶ **Umweltbundesamt (UBA)**

Durch Gesetz vom 22. 7. 1974 in Berlin angesiedelte selbständige Bundesbehörde. Es liefert die wissenschaftliche Unterstützung des Bundesministers für Umwelt, Naturschutz und Reaktor-sicherheit in allen Fragen des Immissionsschutzes (→ *Bundesim-missionsschutzgesetz*) und der Abfallwirtschaft (→ *Abfallbeseiti-gung*), insbesondere bei der Ausarbeitung von Rechts- und Ver-waltungsvorschriften. Dem Bundesamt obliegt die Führung eines **Informationssystems** zur Umweltplanung und einer **zentralen Um-weltdokumentation**. Es betreibt eigene Aufklärungsarbeit gegen-über der Öffentlichkeit und koordiniert die Umweltforschung des Bundes und zur → *Umweltverträglichkeitsprüfung (UVP)* von Maßnahmen des Bundes. → *Umweltschutz*, → *Umweltbericht-erstattung*.

http://www.umweltbundesamt.de/

▶ **Umweltchemikalien** → *Chemikaliengesetz*

▶ **Umweltgesetzbuch**

Ein erstmals im Umweltbericht der Bundesregierung 1976 (→ *Umweltberichterstattung*) erwähntes Gesetzesvorhaben, das die zersplitterten Rechtsvorschriften zum Umweltschutz verein-heitlichen und mit europarechtlichen Vorschriften harmonisieren soll. Es wird von einer unabhängigen Expertengruppe vorbereitet und sollte ursprünglich bis zum Jahr 2000 fertig gestellt sein.

1999 wurde ein Einführungsgesetz und das „Erste Buch" des ge-planten Gesetzeswerks mit den übergreifenden Vorschriften als Entwurfsfassung fertig gestellt. Wegen politischer Meinungsver-schiedenheiten zwischen Bund und Ländern hat die Bundesregie-rung die weiteren Arbeiten am Umweltgesetzbuch jedoch vorerst gestoppt, bis die Anforderungen der Umwelt-Richtlinien der EU (→ *Europäische Gesetzgebung*) in einem → *Artikelgesetz* in deut-sches Recht umgesetzt sind.

http://www.umweltgesetzbuch.de/

▶ **Umweltgipfel (Konferenz von Rio)**

Fand Anfang Juni 1992 in Rio de Janeiro als Nachfolgekonfe-renz des 1. Umweltgipfels von Stockholm (1972) statt. Teilgenommen haben an dieser größten internationalen Konferenz der Vereinten Nationen → *(Vereinte Nationen (UN))* 178 Staaten, wobei 100 Regierungs- und Staatschefs sowie 15 000 Delegierte versammelt waren. Mit einer „ **Erklärung von Rio**" werden in 27 Grundsätzen Prinzipien zur → *Umweltpolitik* und → *Entwicklungshilfe* genannt. Die völkerrechtlich nicht verbindliche Deklaration soll moralischen Druck auf die Unterzeichnerstaaten ausüben und die Voraussetzungen für ein umweltverträgliches → *Wachstum* schaffen. Das → *Vorsorgeprinzip* und → *Verursacherprinzip*, die Verpflichtung der Staaten, eine **Umweltschutzgesetzgebung** zu schaffen, die Anerkennung eines notwendigen Technologietransfers durch die Industriestaaten, Zusammenarbeit bei Naturkatastrophen sowie die Erkenntnis „Friede, Entwicklung und Umweltschutz hängen voneinander ab und sind unteilbar" sind Prinzipien der Deklaration.

Außerdem wurden mit der **Artenschutzkonvention** und der **Klimarahmenkonvention** je eine völkerrechtlich verbindliche neue *Konvention* vereinbart.

Die **Klimarahmenkonvention** wurde von 159 Staaten unterzeichnet. Danach soll der Ausstoß von Kohlendioxyd (CO_2) so weit reduziert werden, dass der **Treibhauseffekt** stabilisiert und kontrolliert werden kann. Bei der **Weltklimakonferenz** 1997 in Kyoto mit Teilnehmern aus 168 Staaten verpflichteten sich 38 Industriestaaten im **Kyoto-Protokoll**, ihre Emissionen der sechs wichtigsten für den Treibhauseffekt verantwortlichen Gase im Zeitraum von 2008 bis 2012 gegenüber 1990 um durchschnittlich 5,2 % zu senken. Die USA übernahmen eine Reduktionsverpflichtung von 7 %, Japan um 6 %, die Länder der EU um 8 % – davon Deutschland sogar um 21 %.

1997 entfielen 41 % der CO_2-Emmissionen aller Industriestaaten auf die USA, auf Russland 11 %, Japan 9 % und Deutschland 7 %.

Seit 1990 hat der Anstieg von CO_2-Emissionen in den USA um 17 %, in den Ländern der 15 Staaten der EU (→ *Europäische Union (EU)*) um 3,9 % zugenommen – in Deutschland allerdings um rd. 15 % abgenommen. Die USA haben bei den Weltklimakonferenzen in Bonn (2001), Johannesburg (2003) und Buenos Aires

(2004) bekräftigt, das Klimaschutz-Abkommen in der vorliegenden Form nicht zu ratifizieren. Trotzdem wurde im November 2004 nach Ratifizierung des Protokolls durch Russland die für ein Inkrafttreten des Kyoto-Protokolls (am 16. 2. 2005) notwendige Mindestzahl von 55 Industriestaaten, auf die 1990 mindestens 55 % des CO_2-Ausstoßes der Industrieländer entfielen, erreicht.

Mit dem Handel von Emissionsrechten können Staaten mit niedrigen Emissionen Rechte an Staaten mit hohen Emissionen verkaufen (**Emissions-Handel**). Auch zwischen den Staaten der EU können seit 2005 nicht genutzte, aber zugeteilte Emissionsrechte gehandelt werden. Diese Rechte entstehen, wenn die in einer **Richtlinie der EU zum Emissionshandel** (→ *Europäische Gesetzgebung*) festgesetzte Emissionsobergrenze unterschritten wird. Jeder EU-Staat erstellt einen **Nationalen Allokationsplan (NAP)**, in dem festgelegt ist, wie viele Emissionszertifikate von ihm im Zeitraum 2005 bis 2007 insgesamt ausgegeben werden und wie sich diese auf die einzelnen Industrieanlagen verteilen.

http://www.bmu.de/

▶ **Umwelthaftungsgesetz**

Zum 1. 1. 1991 in Kraft getretene Regelung zur Einführung einer allgemeinen verschuldensunabhängigen Gefährdungshaftung für umweltgefährliche Anlagen. Die Liste umfasst ca. 100 Anlagetypen und enthält z. B. Kraftwerke, chemische Anlagen, Anlagen zur Be- und Verarbeitung von Abfällen und Reststoffen usw. Die Haftung schließt Schäden ein, die sich im störungsfreien Normalbetrieb ergeben. Der Betreiber einer Anlage muss beweisen, dass ein Umweltschaden nicht durch seine Anlage verursacht wurde. Für Anlagen mit besonders hohem Risiko muss eine Haftpflichtversicherung abgeschlossen werden. → *Umweltschutz*.

http://bundesrecht.juris.de/bundesrecht/umwelthg/

▶ **Umweltinformationsgesetz**

Am 16. 7. 1994 in Kraft getretenes Gesetz als Umsetzung einer entsprechenden Richtlinie der EU (→ *Europäische Gesetzgebung*) vom 7. 6. 1990. Darin wird jedem Bürger ein Rechtsanspruch auf „freien Zugang zu den bei Behörden vorhandenen Informationen über die Umwelt" eingeräumt. Ein Informationsanspruch besteht jedoch u. a. nicht, wenn internationale Beziehungen oder die Landesverteidigung berührt sind, soweit Gründe zum → *Datenschutz* der Informationsweitergabe entgegenstehen oder das → *Steuergeheimnis* verletzt würde. Besonders umstritten ist das Verbot auf Akteneinsicht während laufender behördlicher Verfahren – auch, weil hier der Einklang mit der Richtlinie der EU fehlt.

http://bundesrecht.juris.de/bundesrecht/uig/

▶ **Umweltkriminalität**

Die Bezeichnung für Straftaten gegen Bestimmungen zum → *Umweltschutz.* Im weiteren Sinne zählen hierzu auch alle Vergehen, die sich in unverantwortlicher Weise gegen Menschen, Tiere und Pflanzen in ihrem ökologischen Zusammenhang richten (→ *Ökosystem*). Mit dem 1. und 2. **Gesetz zur Bekämpfung der Umweltkriminalität** wurden die in Spezialgesetzen enthaltenen Regelungen 1980 und 1994 in das **Strafgesetzbuch** aufgenommen. Dies gilt z. B. für die Verunreinigung von Gewässern (→ *Wasserhaushaltsgesetz*), für die Luft- und Bodenverunreinigung oder Lärmverursachung (→ *Bundesimmissionsschutzgesetz (BImSchG)*, → *Bodenschutz*), die umweltgefährdende → *Abfallbeseitigung* oder den unerlaubten Umgang mit Kernbrennstoffen (→ *Atomgesetz*).

▶ **Umweltmanagement**

Umfasst die Einführung ökologischer Aspekte in alle Bereiche betrieblicher Tätigkeit im Sinne einer umweltorientierten Unternehmenspolitik. Hierzu zählen die Beschaffung, Produktion, Produktauswahl und -gestaltung, der Verbrauch von → *Ressourcen*, umweltspezifische Ausbildung usw. Hinzu kommen die Einbeziehung der → *Arbeitnehmer* in betriebliche Entscheidungen (z. B. über einen → *Öko-Tarifvertrag*), die Umsetzungskontrolle sowie die Kommunikation mit der Öffentlichkeit.→ *Öko-Audit-System*.

▶ **Umweltökonomie**

Wissenschaftliche Disziplin, die in die ökonomische Analyse den Faktor Umweltqualität einbezieht. Hierbei werden die durch industrielle Produktion verursachten Schäden (→ *Abfallbeseitigung*, → *Lärmschutz*, → *Bundesimmissionsschutzgesetz (BImSchG)* usw.) in Geld bewertet und nach dem Verursachungsprinzip denjenigen volkswirtschaftlichen Sektoren zugerechnet, die ursächlich für die Schäden verantwortlich sind. Die Erfassung und Bewertung der oft erst nach längeren Zeiträumen sichtbaren Umweltschäden und ihre verursachungsgemäße Zurechnung sind methodisch nicht einfach zu bewältigen.

▶ **Umweltökonomische Gesamtrechnung (UGR)**

Ein vom Statistischen Bundesamt (→ *Statistisches Bundesamt*) entwickeltes Gesamtsystem. Die Zielsetzungen sind eine Weiterentwicklung der → *Umweltstatistik*, eine Ergänzung der VGR (→ *Volkswirtschaftliche Gesamtrechnung VGR)*) um umweltrelevante Sachverhalte sowie die Verbesserung der Umweltinformationen bei der Mitarbeit an internationalen Vorhaben.

http://www.ugrtl.de/

▶ **Umweltpolitik**

Die bewusste und gezielte Berücksichtigung von Maßnahmen zum → *Umweltschutz*. Gestaltet wird sie durch staatliche Rechtsvorschriften, sei es durch Bund, Länder, → *Landkreise* und → *Gemeinden*. Aber auch Aktivitäten privater Institutionen und Gruppen, die sich für mehr Umweltschutz engagieren, sowie vorbildliches umweltfreundliches Verhalten von Unternehmen und Bürgern sind im weiteren Sinne Umweltpolitik.

Eine eigenständige Umweltpolitik gibt es in der Bundesrepublik erst seit Anfang der 70er Jahre. Sie beginnt mit dem 1972 verabschiedeten ersten Umweltprogramm der Bundesregierung und dem 1974 errichteten → *Umweltbundesamt*.

Die → *Einheitliche Europäische Akte* und der „Vertrag über die → *Europäische Union (EU)"* verweist die Umweltpolitik in die Zuständigkeit der EU. Allerdings sind bei Entscheidungen hierzu die einstimmige Beschlussfassung im Rat der Gemeinschaft und die Mitentscheidung des Europäischen Parlaments erforderlich.

Zu den **Instrumenten** zur Durchsetzung und Überwachung umweltpolitischer Maßnahmen zählen u. a.

- **Verbote** (z. B. für die Verwendung von Asbest) und Gebote (z. B. bei Altöl),
- **Zulassungspflicht** (z. B. Pflanzenschutzmittel),
- **Genehmigungspflicht** (z. B. → *Wasserhaushaltsgesetz*),
- **Deklarationspflicht** (z. B. für Lebensmittelzusätze),
- **Anmeldepflicht** (z. B. für neue Chemikalien, → *Chemikaliengesetz*),
- **Abgaben** (z. B. → *Abwasserabgabengesetz*),
- Festsetzung von **Grenzwerten** (→ *Bundesimmissionsschutzgesetz (BImSchG)*) und Richtwerten (z. B. Lebensmittelrückstände),
- → **Umweltverträglichkeitsprüfung**, → *Umwelthaftungsgesetz*,
- **direkter Schutz von Pflanzen und Tieren** (Artenschutz, → *Naturschutz*),
- Vergabe von **Umweltzertifikaten** (z. B. *Umweltzeichen*),
- Maßnahmen zur Förderung des **Umweltbewusstseins**,
- Maßnahmen zur Förderung umweltrelevanter **Forschung und Entwicklung**,
- Branchenabkommen als **freiwillige Verpflichtung** der → *Industrie* zur Erreichung bestimmter Umweltziele (z. B. um den FCKW-Gehalt in Spraydosen zu reduzieren),
- **Sanktionen** über das Umweltstrafrecht (→ *Umweltkriminalität*).

▶ **Umweltregister** → *Öko-Audit-System*

▶ **Umweltschutz**

Bezeichnung für alle Maßnahmen und Bestrebungen zur Erhaltung bzw. Wiederherstellung der natürlichen Lebensbedingungen von Pflanzen, Tieren und Menschen (→ *Ökosystem*). Dabei geht es insbesondere um den Schutz vor negativen Auswirkungen menschlicher Tätigkeiten und so genannter zivilisatorischer Errungenschaften. Seit 1994 ist der Umweltschutz Staatsziel unserer Verfassung nach Art. 20 a GG. Zuvor war bereits 1986 durch die → *Einheitliche Europäische Akte* der Umweltschutz als Aufgabe der EU (→ *Europäische Union (EU)*) bestimmt worden. Hierzu wurde ein Abschnitt „Umwelt" als Art. 174 bis 176 EGV in den **Vertrag zur Gründung der Europäischen Gemeinschaft** (EGV) aufgenommen. Mit der **Umweltintegrationsklausel** (Art. 6 EGV) im **Vertrag von Amsterdam** (→ *EG (Europäische Gemeinschaft)*) wurden 1997 die Ziele zum Umweltschutz konkret als Richtschnur für alle Gemeinschaftspolitiken und -maßnahmen festgeschrieben.

Zum Umweltschutz zählen **gesetzliche** oder **freiwillige** Maßnahmen

- zur Reinhaltung der **Luft** (z. B. im → *Bundesimmissionsschutzgesetz (BImSchG)*) und zum Schutz der **Erdatmosphäre** (→ *Umweltgipfel (Konferenz von Rio)*);
- zur Reinhaltung des **Wassers** (z. B. im Abwasserabgabengesetz, → *Abwasser*, oder → *Wasserhaushaltsgesetz*);
- zur **Lärmbekämpfung** (z. B. → *Lärmschutz*);
- zur **rationellen Energieverwendung** und **Energieeinsparung** (→ *Energiepolitik*, → *Ökosteuer*), zum → *Strahlenschutz*, → *Entsorgung* von Kernkraftwerken sowie zur Reaktorsicherheit;
- zur **Abfallbeseitigung** (z. B. im Abfallbeseitigungsgesetz, → *Recycling);
- zum **Schutz von Natur** und Landschaft (z. B. im → *Naturschutzgesetz*) sowie zum → *Bodenschutz*;
- zur Entwicklung **neuer Umwelttechnologien**, die der Förderung schadstoffarmer, abfallarmer, emissionsarmer sowie energie- und wassereinsparender Prozesse dienen;
- zur **Umweltüberwachung** und **Umweltplanung**, dies insbesondere unter Beachtung von Gesundheitsrisiken und -gefährdungen (→ *Umweltbundesamt (UBA)*);
- über **Kennzeichnungs- und Verwendungsvorschriften** im Lebensmittelrecht sowie beim Pflanzenschutz und sonstigen → *Umweltchemikalien* zum Schutz vor gefährlichen Stoffen;
- zur **Wohnumweltverbesserung**, z. B. durch Vorschriften zur Begrünung von Städten und Gemeinden, zum → *Lärmschutz* und

zur Auslagerung von Gewerbebetrieben mit hohen Lärm-, Luft-
und Abwasserbelastungen;

• zur **Umwelthaftung** (→ *Umwelthaftungsgesetz*) und zum **Umweltstrafrecht** im Strafgesetzbuch (Straftaten gegen die Umwelt
nach § 324 StGB bis 330 d StGB).

Für die Beschäftigten in den Betrieben sind konsequente **Ar-
beitsschutzmaßnahmen** notwendig (→ *Arbeitsschutz*), die die
Menschen vor den Gefährdungen ihrer Arbeitsumwelt schützen
(→ *Gefahrstoffe*, → *Chemikaliengesetz*).

Nach einer Untersuchung des Bundesumweltamtes aus dem
Jahr 1994 entfielen rd. 1 Million **Arbeitsplätze** auf den Bereich Umweltschutz. Etwa ein Viertel davon auf die Umweltschutzindustrie,
jeweils knapp 20 % auf die Vorleistungsproduktion und auf → *Gebietskörperschaften*, 13 % auf Maßnahmen zur Arbeitsförderung
(→ *Arbeitsförderungsgesetz/Arbeitsförderung*), der Rest auf Unternehmen aus dem Bereich der → *Entsorgung*, im → *Handwerk*
und beim Altstoffhandel.

▶ **Umweltschutzbeauftragte** → *Umweltschutz*

▶ **Umweltstatistik**

Eine → *Amtliche Statistik*, die auf der Grundlage des **Umwelt-
statistikgesetzes** vom 21.9. 1994 für Zwecke der Umweltplanung
(→ *Umweltschutz*) erhoben wird. → *Umweltökonomische Gesamtrechnung*.

http://www.rechtliches.de/info_UStatG.hatml

▶ **Umweltverträglichkeitsprüfung (UVP)**

Ein gesetzlich geregeltes Verfahren, mit dem die ökologischen
Folgen von geplanten Vorhaben (auch bei wesentlichen Änderungen von Altanlagen) ermittelt, beschrieben und bewertet werden.
Nach dem **Gesetz über die Umweltverträglichkeitsprüfung (UVPG)**
vom 12. 2. 1990 muss das Ergebnis der UVP so früh wie möglich
bei allen behördlichen Entscheidungen über die Zulässigkeit geplanter Vorhaben berücksichtigt werden. Die UVP erstreckt sich

auf die möglichen Auswirkungen auf Menschen, Tiere und Pflanzen, Boden, Wasser, Luft, Klima und Landschaft sowie auf Kultur- und Sachgüter. Sie wird unter Einbeziehung der Öffentlichkeit (Auslage der Unterlagen, Anhörungsverfahren) vollzogen. Allerdings können dabei keine Rechtsansprüche geltend gemacht werden.

Mit dem UVPG sowie weiteren Verwaltungsvorschriften wurde eine **Richtlinie der EU** (→ *Europäische Gesetzgebung*) vom 27. 6. 1985 über die **UVP „bei bestimmten öffentlichen und privaten Projekten"** in deutsches Recht umgesetzt.

Nachdem die Kommission der EU zum Zweck einer Harmonisierung der UVP in Europa am 3.3. 1997 eine novellierte Fassung der UVP-Richtlinie **(UVP-Änderungsrichtlinie)** in Kraft setzte, will die Bundesregierung die formellen Anforderungen gemeinsam mit weiteren Richtlinien in das → *Umweltgesetzbuch* in deutsches Recht übernehmen. → *Öko-Audit-System.*

http://www.umweltbundesamt.de/uvp/recht.htm

▶ **UN** → *Vereinte Nationen (UN)*

▶ **Unbedingtes Termingeschäft** → *Futures*

▶ **UNCTAD** → *Welthandelskonferenz (UNCTAD)*

▶ **Underlying**

Engl. Bezeichnung für → *Basisgut.*

▶ **Underperformer** → *Outperformer*

▶ **Uneinbringliche Forderungen**

→ *Forderungen* eines Unternehmens, die als nicht mehr einzutreiben angesehen und deshalb vollständig abgeschrieben (→ *Abschreibungen*) werden. → *Dubiose Forderungen.*

▶ **UNESCO**

(United Nations Educational, Scientific and Cultural Organization) Die Sonderorganisation der → *Vereinten Nationen (UN)* für Erziehung, Wissenschaft und Kultur. Ihre Ziele sind ein besseres gegenseitiges Verständnis der Völker ungeachtet von Rasse, Geschlecht, Sprache oder Religion.

http://www.unesco.de/

▶ **Unfallschutz**

Teil im → *Arbeitsschutz*. Seine wesentlichste Aufgabe ist die Unfallverhütung und Gefahrenvorbeugung. Jährlich legt die Bundesregierung einen **Unfallverhütungsbericht** vor. Wesentliche Teile des Unfallschutzes sind im **Gesetz über Betriebsärzte, Sicherheitsingenieure und andere Fachkräfte für Arbeitssicherheit (Arbeitssicherheitsgesetz – ArbSichG)** vom 12. 12. 1973 geregelt, welches u. a. die Bestellung von Betriebsärzten, Sicherheitsingenieuren und Fachkräften für Arbeitssicherheit in Abhängigkeit von Unfallrisiken, Gesundheitsgefahren und Beschäftigtenzahl vorschreibt.

Mit dem **Arbeitsschutzrahmengesetz**, einem → *Artikelgesetz* vom 7. 8. 1996, wurde die unübersichtliche Fülle von Gesetzen, Vorschriften und Richtlinien zum Arbeitsschutzrecht zusammengefasst und die Europäische **Arbeitsschutzrahmenrichtlinie** von 1989 und 1991 umgesetzt (→ *Europäische Gesetzgebung*).

Außerdem sind zur Umsetzung von EU-Richtlinien mehrere Verordnungen der Bundesregierung in Kraft getreten. So u. a. die **Betriebssicherheitsverordnung (BetrSichVO)** vom 27. 11. 2002, wonach u. a. Arbeitgeber immer dann, wenn kein ausreichender Schutz des Beschäftigten sichergestellt ist, geeignete persönliche Schutzausrüstungen zur Verfügung stellen müssen.

In der **Bildschirmarbeitsverordnung** der EU von 1990, die am 4.12. 1996 in deutsches Recht umgesetzt wurde, sind Mindestanforderungen an das Bildschirmgerät, den Arbeitsplatz, die Arbeitsumgebung, die Arbeitsorganisation sowie an die → *Software*-Ausstattung festgelegt.

Weitere Regelungen zum Unfallschutz enthalten das **Geräte- und Produktsicherheitsgesetz** vom 6. 1. 2004 und die → *Arbeits-*

stättenverordnung. Verantwortlich für den Unfallschutz sind neben Bund und Ländern die Träger der → *Unfallversicherung* und die → *Tarifparteien.* → *Bundesanstalt für Arbeitsschutz,* → *Standortdiskussion.*

http://www.sidiblume.de/

▶ **Unfallversicherung**

Ein besonderer Zweig der → *Sozialversicherung,* der 1997 als Siebtes Buch in das → *Sozialgesetzbuch (SGB)* aufgenommen wurde.

Die Unfallversicherung soll die → *Arbeitnehmer* während der Arbeit sowie auf dem Wege von und zur Arbeitsstelle schützen. Hierfür zahlen die → *Arbeitgeber* jeweils **allein** die Beiträge.

Unterschieden wird in Versicherung kraft Gesetzes (§ 2 SGB VII) und Versicherung kraft → *Satzung* (§ 3 SGB VII).

Die Versicherungsleistungen erstrecken sich auf die Hilfe nach Eintritt eines Arbeitsunfalls. So soll Verletzten die Wiederaufnahme ihres früheren Berufes erleichtert oder die Aufnahme eines anderen Berufs oder einer anderen Erwerbstätigkeit ermöglicht werden. Die Leistungen umfassen auch die Kosten für Heilbehandlungen, die Zahlung von Hinterbliebenen- und Verletztenrenten und Sterbegeld.

Versicherungsfrei sind nach § 4 SGB VII bestimmte Personenkreise wie → *Beamte,* Mitglieder geistlicher Genossenschaften, Ärzte, Heilpraktiker, Apotheker usw. Träger der gesetzlichen Unfallversicherung sind die kraft Gesetzes gebildeten Zwangsversicherungsgemeinschaften von Unternehmen gleichartiger Gewerbezweige **(Berufsgenossenschaften),** von Bund und Ländern sowie → *Gemeinden* mit über 500 000 Einwohnern **(Eigenversicherung** für die in ihrer Zuständigkeit Beschäftigten), die → *Bundesagentur für Arbeit (BA)* (z. B. für Arbeitslose) sowie **Gemeindeunfallversicherungsverbände.**

Neben der **gesetzlichen** Unfallversicherung gibt es noch die **privaten** Unfallversicherungen, bei denen sich Personen gegen verschiedene Unfallrisiken versichern können.

▶ **Unfriendly Takeover** → *Feindliche Übernahme*

▶ **UNICE**

(Union der industriellen Vereinigungen Europas) ist die Abkürzung für den 1958 gegründeten Europäischen Arbeitgeberverband (→ *Arbeitgeberverbände*). Sie nimmt die Interessen wahr für 41 Mitgliedsorganisationen in 30 europäischen Staaten. → *Sozialer Dialog in der EU*. Sitz ist Brüssel.

http://www.unice.org/

▶ **Universalbanken**

Bezeichnung für → *Kreditinstitute*, die sämtliche Bankgeschäfte betreiben. Im Gegensatz zum Universalbankensystem in Kontinentaleuropa werden in den angelsächsischen Ländern die → *Emission* für → *Wertpapiere* und der Handel an der → *Börse* von einem → *Broker* wahrgenommen.

▶ **Universaldienstleistungen**

Ein nach dem → *Telekommunikationsgesetz (TKG)* für die Öffentlichkeit vorzuhaltendes Mindestangebot von → *Telekommunikationsdienstleistungen*, zu denen alle Nutzer unabhängig von ihrem Wohn- oder Geschäftsort Zugang haben müssen. Sie müssen den Bereichen des **Sprachtelefondienstes** und des Betreibens von **Übertragungswegen** zugeordnet und für die Öffentlichkeit als **Grundversorgung** unabdingbar sein. Sie werden durch eine → *Rechtsverordnung* einschließlich vorgegebener Mindestqualität und Preisorientierungsmaßstäbe bestimmt. Die Einhaltung der Maßstäbe wird durch die → *Regulierungsbehörde für Telekommunikation und Post (RegTP)* überwacht.

Mit dem → *Postgesetz* und in einer Verordnung der EU für Postdienste in Europa (→ *Europäische Gesetzgebung*) wurden auch Universaldienste für Postdienstleistungen definiert.

▶ **Unlauterer Wettbewerb**

Nach dem **Gesetz gegen unlauteren Wettbewerb (UWG)** vom 3.7. 2004, das das alte UWG von 1909 ersetzte, unterliegen → *Kaufleute*, Unternehmen und Mitglieder der → *Freie Berufe* bestimmten Regeln, die einen fairen Wettbewerb sichern sollen. Die gesetzlichen Regelungen sollen Mitbewerber, → *Verbraucher* sowie sonstige Marktteilnehmer vor unlauterem Wettbewerb (§ 1 UWG) schützen.

Unlautere Wettbewerbshandlungen, die geeignet sind, den Wettbewerb zum Nachteil der Mitbewerber, der Verbraucher oder der sonstigen Marktteilnehmer nicht nur unerheblich zu beeinträchtigen, sind unzulässig (§ 3 UWG).

Das Gesetz nennt Beispiele für unlauteren Wettbewerb (§ 4 UWG). Hierzu zählen die Ausübung von Druck, die Ausnutzung der geschäftlichen Unerfahrenheit besonders von Kindern und Jugendlichen, verschleierte Werbemaßnahmen, unklare Teilnahmebedingungen für Gewinnspiele u.ä., Verbreitung falscher Informationen über Mitbewerber und deren Waren und Dienstleistungen oder das Anbieten nachgeahmter Waren eines Mitbewerbers. Verboten ist irreführende oder vergleichende Werbung sowie unzumutbare Belästigung durch Werbung, etwa durch Telefonanrufe oder elektronische Post.

Die Missachtung dieser Vorschriften kann zu Unterlassungs- und Schadenersatzklagen führen. Wer ein → *Betriebs- und Geschäftsgeheimnis* verrät, macht sich strafbar (§ 17 UWG).

http://bundesrecht.juris.de/bundesrecht/uwg/

▶ **Unselbständig Beschäftigte/unselbständige Erwerbspersonen**

In der Arbeitsmarktstatistik alle → *Erwerbspersonen*, die in abhängiger Stellung in Wirtschaft und Verwaltung beschäftigt sind.

▶ **Unterbeschäftigung** → *Vollbeschäftigung*

▶ **Unterbewertung**

Zu niedrige Bewertung von Aktivposten bzw. zu hohe Bewertung von Passivposten in der → *Bilanz*. Hierdurch wird der → *Gewinn* zu niedrig ausgewiesen; es entstehen → *Stille Rücklagen*.

▶ **Unterbilanz** → *Sanierung*

▶ **Untergrundwirtschaft** → *Schwarzarbeit, Schattenwirtschaft*

▶ **Unterhaltsgeld** → *Arbeitslosenversicherung*

▶ **Unterhaltssicherungsgesetz**

Gesetz über die Sicherung des Unterhaltes der zum Wehrdienst einberufenen Wehrpflichtigen und ihrer Angehörigen vom 9. 9. 1980. Es regelt die Leistungen an die Familienangehörigen eines zum Wehrdienst einberufenen Wehrpflichtigen. Dabei soll ein nach den bisherigen wirtschaftlichen Verhältnissen angemessener Lebensstandard für die Familienangehörigen gesichert werden.

http://www.wehrpflichtrecht.de/normen/usg.html

▶ **Unterhaltsvorschussgesetz**

Gesetz zur Sicherung des Unterhalts von Kindern allein stehender Mütter und Väter durch Unterhaltsvorschüsse oder -ausfallleistungen i. d. F. vom 2. 1. 2002. Es regelt den Anspruch eines Kindes im Rahmen der → *Sozialhilfe* für den genannten Personenkreis. Ab dem 1. 1. 1992 wurde die Leistungsdauer auf das 12. Lebensjahr (vorher 6. Lebensjahr) verlängert und die höchste Bezugsdauer von 3 auf 6 Jahre ausgedehnt.

http://bundesrecht.juris.de

▶ **Unternehmen**

(Unternehmung) Wirtschaftlich und organisatorisch selbständige Einheit, die örtlich (anders als ein → *Betrieb*) nicht gebunden sein muss und nach erwerbwirtschaftlichen oder gemeinwirtschaftlichen Grundsätzen arbeitet (→ *Erwerbswirtschaftliches Prinzip*, → *Gemeinwirtschaftliches Prinzip*). Ein Unternehmen kann aus einem oder mehreren Betrieben bestehen. Bei Zusammenschluss mehrerer Unternehmen (z. B. als → *Joint-Venture*, → *Strategische Allianzen*) oder bei einer → *Holdinggesellschaft* handelt es sich um übergeordnete unternehmerische Organisationsformen. → *Unternehmer.*

Unternehmensformen können unterschieden werden nach

(1) dem **Träger des Eigentums** als Privatunternehmen nach den Vorschriften im → *Privatrecht*, → *Gemischtwirtschaftliche Unternehmen* und → *Öffentliche Unternehmen*;

(2) der **Rechtsform** als → *Einzelfirma, Einzelkaufleute*, → *Personengesellschaft*, → *Kapitalgesellschaft*, → *Genossenschaften*, → *Stiftung* oder → *Versicherungsverein auf Gegenseitigkeit (VVaG)* oder als Unternehmensform des öffentlichen Rechts (→ *Körperschaft des öffentlichen Rechts*, → *Anstalt des öffentlichen Rechts*). Siehe **Abb. 42** und **Abb. 43**.

▶ **Unternehmensberatungsgesellschaften** → *Consulting*, → *Finanzunternehmen*

▶ **Unternehmensbeteiligungsgesellschaften**

Inländische → *Kapitalgesellschaft* mit mindestens einer Mio. Euro → *Eigenkapital*, die gegründet wird allein mit dem Zweck, → *Beteiligungen* (**Wagniskapitalbeteiligungen**) an anderen Unternehmen vorzunehmen. Ziel der mit dem **Gesetz über Unternehmensbeteiligungsgesellschaften (UBGG)** i. d. F. vom 9. 9. 1998 getroffenen Regelungen ist es, nicht börsennotierten Unternehmen (→ *Börse*) mittelbar Zugang zum → *Kapitalmarkt* für Eigenkapital zu verschaffen, die ihrerseits Aktien der Unternehmensbeteiligungsgesellschaft zeichnen.

Unternehmensbeteiligungsgesellschaften können u. a. erwerben: → *Aktien* oder stille Beteiligungen (→ *Stille Gesellschaft*) von nicht an der Börse gehandelten inländischen Gesellschaften, Geschäftsanteile an einer inländischen → *Gesellschaft mit beschränkter Haftung (GmbH)* oder → *Kommanditgesellschaft*

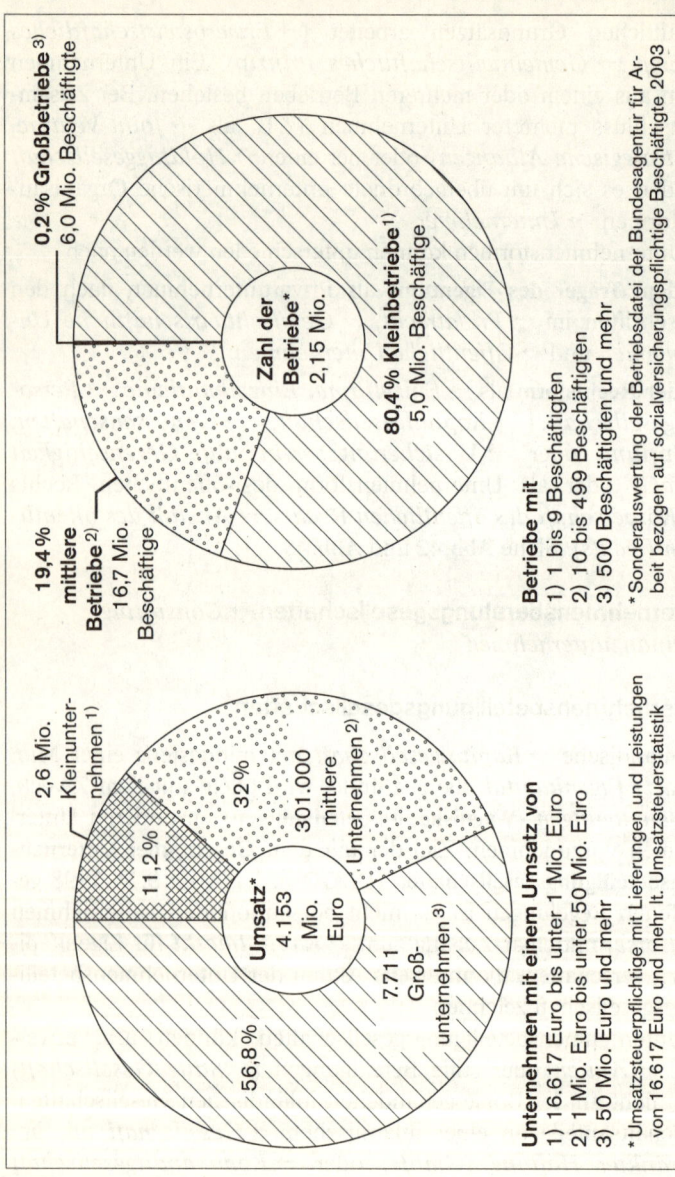

Abb. 42: Unternehmen und Betriebe nach Umsatz und Beschäftigten

Zahl der Betriebe*
2,15 Mio.

0,2 % **Großbetriebe**[3]
6,0 Mio. Beschäftigte

19,4 %
mittlere
Betriebe[2]
16,7 Mio.
Beschäftige

80,4 % **Kleinbetriebe**[1]
5,0 Mio. Beschäftigte

Betriebe mit
1) 1 bis 9 Beschäftigten
2) 10 bis 499 Beschäftigten
3) 500 Beschäftigten und mehr

* Sonderauswertung der Betriebsdatei der Bundesagentur für Arbeit bezogen auf sozialversicherungspflichtige Beschäftigte 2003

Umsatz*
4.153
Mio.
Euro

2,6 Mio. Kleinunter-
nehmen[1]

11,2 %

32 %
301.000
mittlere
Unternehmen[2]

56,8 %

7.711
Groß-
unternehmen[3]

Unternehmen mit einem Umsatz von
1) 16.617 Euro bis unter 1 Mio. Euro
2) 1 Mio. Euro bis unter 50 Mio. Euro
3) 50 Mio. Euro und mehr

* Umsatzsteuerpflichtige mit Lieferungen und Leistungen von 16.617 Euro und mehr lt. Umsatzsteuerstatistik

Rang	Firmenname	Land	Branche	Umsatz 2003 in Mill. Euro	Mitarbeiter 2003
1	Glencore International	Schweiz	Rohstoffhandel	48 300	1 700
2	Rewe-Gruppe	D	Handel	39 180	192 613
3	Robert Bosch	D	Autozulieferer	36 357	229 439
4	Vitol Holding	NL	Rohstoffhandel	36 184	n. v.
5	Aldi	D	HAndel	34 400	200 000
6	Intermarché	Fr	Handel	33 900	12 000
7	Schwarz Gruppe	D	Handel	32 800	80 000
8	Edeka Gruppe	D	Handel	31 160	200 000
9	Auchan	Fr	Handel	28 706	156 000
10	E. Leclerc	Fr	Handel	27 200	76 000
11	Spar International	NL	Handel	27 000	n. v.
12	Tengelmann	D	Handel	26 630	183 638
13	Haniel	D	Mischkonzern	23 038	53 706
14	Otto Gruppe	D	Handel	18 200	65 854
15	Bertelsmann	D	Medien	16 801	73 221
16	Phoenix Pharma	D	Pharmahandel	16 500	17 000
17	El Corte Inglés	Spanien	Handel	13 001	80 000
18	RAG	D	Energie, Technologie	12 864	77 680
19	Migros	Schweiz	Handel	12 846	81 004
20	Ikea International	Schweden	Möbelhandel	12 370	76 000

Abb. 43: Die 20 größten privaten Unternehmen in Europa 2003 (Quelle: Handelsblatt vom 24. 6. 2004)

(KG) sowie das → *Bezugsrecht* aus erworbenen Aktien. Sie können außerdem → *Darlehen* an Unternehmen vergeben, an denen sie beteiligt sind. Für die Anlage von verfügbaren Geldern der Unternehmensbeteiligungsgesellschaften gelten besondere Vorschriften. → *Finanzmarktreform*, → *Venture Capital*.

http://www.bafin.de/gesetze/ubgg.htm

▶ **Unternehmensergebnis vor Steuern**

Im handelsrechtlichen Gliederungsschema der → *Gewinn- und Verlustrechnung (GuV)* nach § 275 HGB (→ *Handelsgesetzbuch (HGB)*) nicht aufgenommene Hilfsgröße als Summe von betrieblichem Ergebnis, → *Finanzergebnis* und außerordentlichem Ergebnis (→ *Außerordentliches Ergebnis*). Vermindert um die → *Steuern* vom Einkommen und vom Ertrag und sonstigen Steuern ist das Resultat der → *Jahresüberschuss* bzw. der Jahresfehlbetrag in der Gewinn- und Verlustrechnung. Anders:→ *Ebit*.

▶ **Unternehmenshygiene**

Bezeichnet das Betriebsklima und den Umgang der Mitarbeiter eines Unternehmens untereinander und mit ihren Vorgesetzten. Sie ist Bestandteil der → *Unternehmenskultur*.

▶ **Unternehmenskodex** → *Corporate Governance*

▶ **Unternehmenskultur**

Ein System von Wertvorstellungen und Verhaltensnormen, die in einem Unternehmen aufgrund seiner Tradition (z. B. Prinzipien des Gründers) bzw. seiner selbstverordneten Ideologie gewachsen sind bzw. praktiziert werden. Das Ziel der Unternehmenskultur richtet sich auf gleichgerichtete kollektive Denk- und Handlungsstrukturen der Beschäftigten und ihrer → *Führungskräfte* sowohl nach innen (z. B. Führungsnachwuchs nur aus den eigenen Reihen, Systeme von Leistungsanreizen usw.) als auch nach außen (allgemeines Erscheinungsbild der Beschäftigten, → *Corporate Identity* usw.).

Mit Hilfe der Durchsetzung von Prinzipien der Unternehmenskultur sollen Kosten-, Resultats- und Leistungsorientierung der Beschäftigten erreicht und somit das unternehmerische Gesamtergebnis optimiert werden. → *Unternehmenshygiene.*

▶ **Unternehmensleitbild**

(Unternehmensphilosophie) Das Selbstverständnis eines Unternehmens, wie es von seinen Führungsorganen (→ *Vorstand,* → *Geschäftsführung,* → *Aufsichtsrat,* → *Gesellschafterversammlung,* → *Gesamtbetriebsrat*) ggf. unter Mitwirkung des Betriebsrats bzw. Gesamtbetriebsrats definiert wurde. Das Unternehmensleitbild beschreibt die Einstellung nach innen gegenüber den eigenen Mitarbeitern und nach außen gegenüber der Gesellschaft.

Das Unternehmensleitbild dient nach innen dem Ziel der Orientierung und Motivation der eigenen Beschäftigten und nach außen den Zwecken der Öffentlichkeitsarbeit (→ *Public Relations*) und politischen Selbstdarstellung.

Es umfasst die Bestandteile der → *Unternehmenskultur,* aber auch die Einstellung zur ethischen und sozialen Verantwortung, zum gesellschaftlichen Engagement **(Corporate Citizenship)** und das Verhalten gegenüber den Marktteilnehmern im Wettbewerb. Die → *Führungskräfte* des Unternehmens sind über die → *Führungsgrundsätze* zur Beachtung des Unternehmensleitbildes verpflichtet.

▶ **Unternehmensphilosophie** → *Unternehmensleitbild*

▶ **Unternehmensübernahme** → *Übernahmegesetz*

▶ **Unternehmens- und Vermögenseinkommen** → *Sozialprodukt (Nationaleinkommen)*

▶ **Unternehmensverträge**

Das → *Aktiengesetz (AktG)* nennt eine Reihe von Möglichkeiten für vertragliche Vereinbarungen einer → *Aktiengesellschaft (AG)* und → *Kommanditgesellschaft auf Aktien (KGaA)* mit anderen Unternehmen (§ 291 AktG und 292 AktG) sowie die Voraussetzungen für den Abschluss, die Änderung und Beendigung von Unternehmensverträgen (§ 293 AktG bis § 299 AktG). Hierzu zählen u. a. → *Beherrschungsvertrag* und → *Gewinnabführungsvertrag.* Für den Abschluss und Änderungen ist die Zustimmung der → *Hauptversammlung* mit mindestens drei Viertel vom bei der Beschlussfassung vertretenen → *Grundkapital* und die Eintragung im → *Handelsregister* erforderlich.

▶ Unternehmensziele

Aus dem eigenen → *Unternehmensleitbild* abgeleitete betriebswirtschaftliche Zielsetzungen, die zwischen → *Management*, Eigentümern oder → *Aufsichtsrat* und der Belegschaft (→ *Betriebsrat*) in einem dynamischen – d. h. sich im Zeitverlauf verändernden – Prozess jeweils festgelegt werden. Zielgrößen sind dabei z. B. zeitliche Vorgaben über das Erreichen einer bestimmten Umsatzgröße, → *Marktanteil,* → *Rentabilität,* → *Gewinn je Aktie* (→ *Shareholder Value*), aber auch im sozialen Bereich (z. B. für die → *Betriebliche Altersversorgung*) oder im Umweltbereich. → *Zielvereinbarungen.*

▶ Unternehmenszusammenschluss

Die Vereinigung von Unternehmen als → *Konzern* oder durch → *Verschmelzung.* Abgeschwächte Arten des Zusammenschlusses sind → *Strategische Allianzen*, das → *Kartell* oder eine meist zeitlich begrenzt und zweckbezogen tätige Arbeits- oder Interessengemeinschaft, z. B. die Bildung eines → *Konsortium,* → *Takeover,* → *Mergers & Acquisitions.* Alle Unternehmenszusammenschlüsse unterliegen den Vorschriften im → *Kartellgesetz.*

▶ Unternehmer

Bezeichnung für Einzelpersonen, die ein → *Unternehmen* besitzen und verantwortlich leiten (**Eigentümer-Unternehmer**). In der Regel erfolgt jedoch die Leitung eines Unternehmens durch beauftragte Personen (**Manager**), die das → *Direktionsrecht* ausüben. In Großunternehmen ist der Eigentümer-Unternehmer selten anzutreffen, häufig dagegen in kleineren Unternehmen. Großunternehmen in der Form von → *Kapitalgesellschaften* sind in der Regel auf viele Besitzer (z. B. → *Aktionäre*) aufgeteilt.

Im BGB (→ *Bürgerliches Gesetzbuch (BGB)*) (§ 14 Abs. 1 BGB) wird der Unternehmer definiert als „eine natürliche oder juristische Person (→ *Juristische Personen*) oder eine rechtsfähige → *Personengesellschaft*, die bei Abschluss eines Rechtsgeschäfts in Ausübung ihrer gewerblichen oder selbständigen beruflichen Tätigkeit handelt". → *Selbständige*, → *Gewerbe/Gewerbebetrieb*, → *Verbraucher*.

Im allgemeinen Sprachgebrauch wird der Unternehmer häufig mit dem Begriff → *Arbeitgeber* gleichgesetzt. In der marxistischen Theorie ist der Unternehmer identisch mit den Kapitalisten, also den Eigentümern an den Produktionsmitteln. Der Wirtschaftswissenschaftler **Schumpeter** nennt zwei Unternehmertypen: Der erste Typ ist der **kreative Unternehmer**, der neue Ideen durchsetzt und für eine dynamische Wirtschaft sorgt. Der zweite Unternehmertyp ist mehr der **verwaltende Betriebsleiter**, sei es als Eigentümer, Unternehmer oder angestellter Manager, dem keine dynamische Gestaltungsfunktion zukommt. Diese Typologie, die Schumpeter in den 20er Jahren entwickelte, wurde in den folgenden Jahrzehnten von anderen Wirtschaftswissenschaftlern weiter differenziert. → *Prinzipal-Agent-Theorie*.

▶ **Unternehmerlohn** → *Kalkulatorischer Unternehmerlohn*

▶ **Unternehmerverbände** → *Verband*

▶ **Unterstützungskasse** → *Betriebliche Altersversorgung*

▶ **Unverbindlicher Richtpreis** → *Preisempfehlungen*

▶ **Unverzinsliche Schatzanweisungen** → *U-Schätze*

▶ **Update**

Neue, verbesserte Version eines auf dem Markt befindlichen → *Computer*-Programms.

▶ **Upgrade** → *Downgrade*

▶ **Upload**

Übertragung einer eigenen → *Datei* auf einen anderen → *Server*. Erfolgt die Datenübertragung in umgekehrter Richtung, spricht man von **Download**.

▶ **Urabstimmung**

Die Befragung der Gewerkschaftmitglieder durch ihre Organisation, ob sie der Einleitung gewerkschaftlicher Kampfmaßnahmen zustimmen bzw. nach begonnenen Kampfmaßnahmen deren Fortsetzung oder Beendigung wünschen. → *Streik*.

▶ **Urbanisierung**

Verstädterung, d. h. die Ausbreitung städtischer Lebens- und Siedlungsformen.

▶ **Urheberrecht (Copyright)** → *Deutsches Patent- und Markenamt (DPMA)*

▶ **Urkunde**

Schriftliche Gedankenäußerung, die als Beweismittel bei Rechtsstreitigkeiten dient. Eine Unterschrift ist nicht zwingend erforderlich, jedoch für den Beweiswert erheblich.

▶ **URL**

(Uniform Resource Locator) Genaue Bezeichnung einer → *Adresse* im → *Internet*.

▶ **Urlaub**

Vom → *Arbeitgeber* bezahlte Freizeit, die der Wiederherstellung und Erhaltung der Arbeitskraft der → *Arbeitnehmer* dienen soll.

Eine Erwerbstätigkeit während des Urlaubs ist deshalb nicht erlaubt. Rechtsgrundlage ist das **Bundesurlaubsgesetz** vom 8. 1. 1963 mit spät. Änderungen. Durch → *Tarifvertrag* sind Abweichungen von diesem Gesetz zugunsten des Arbeitnehmers zulässig und heute die Regel. Sonderregelungen gelten für → *Heimarbeiter*, Seeleute, → *Schwerbehinderte* und → *Beamte*.

Der **gesetzliche Mindesturlaub** beträgt 24 Werktage (bis 1994 waren es 18 Werktage). Zwar steht im Gesetz, dass als Werktage alle Kalendertage gelten, die nicht Sonntag oder gesetzliche Feiertage sind. Jedoch wurde i. d. R. durch Tarifverträge der Urlaub auf die 5-Tage-Woche umgestellt, wodurch ein Mindesturlaubsanspruch von 4 Wochen und 4 Tagen entsteht.

Für die Beamten von Bund und Ländern gilt die **Bundesurlaubsverordnung** bzw. die Urlaubsverordnung des jeweiligen Bundeslandes.

Aufgrund tarifvertraglicher Vereinbarungen bzw. ergänzender Regelungen durch → *Betriebsvereinbarung* beträgt der tatsächliche Urlaub je nach Alter und z. T. auch nach Dauer der Betriebszugehörigkeit 6 Wochen und mehr. Die Mehrheit der Arbeitnehmer hat inzwischen einen Urlaubsanspruch von 6 Wochen bzw. 30 Arbeitstagen.

Eine besondere Form des Urlaubs ist die Beurlaubung, die durch besonderen Anlass bedingt ist. Hierzu zählen z. B. der → *Erziehungsurlaub*, der → *Bildungsurlaub*, bei Einberufung zum Wehrdienst, nach dem → *Mutterschutzgesetz*, für Stellensuche oder aus persönlichen Gründen (Todesfall in der Familie, Geburt eines Kindes). Beamte können für höchstens 3 Jahre ohne Bezüge beurlaubt werden.

bundesrecht.juris.de/bundesrecht/burlg/

▶ **Urlaubsgeld**

Ein für den → *Urlaub* zusätzlich zum normalen Lohn oder Gehalt gezahlter Betrag, der in der Regel durch → *Tarifvertrag* festgelegt ist. Im öffentlichen Dienst (→ *Öffentlicher Dienst*) gilt das **Urlaubsgeldgesetz** vom 15. 11. 1977 mit späteren Änderungen.

▶ **Urlaubsplan**

Die mit der Arbeitnehmervertretung (→ *Betriebsrat*, → *Personalrat*) gemeinsam aufgestellte systematische Übersicht über die Urlaubstermine der einzelnen → *Arbeitnehmer*. Sie gilt als Grundlage für die Einteilung der Urlaubsvertretungen und die individuelle Planung der Arbeitnehmer. → *Urlaub*.

▶ **Urproduktion**

In der → *Volkswirtschaftslehre (VWL)* übliche Bezeichnung für die Nutzung des Bodens durch Abbau oder Anbau in Gewinnungsbetrieben, z. B. Bergbau, Erdölförderung, → *Land- und Forstwirtschaft*, Fischerei usw. → *Dienstleistungen*.

▶ **Uruguay-Runde** → *WTO (World Trade Organization)*

▶ **Usancen**

Mündlich überlieferte oder schriftlich festgehaltene **Handelsbräuche**, die zum Gewohnheitsrecht werden können. → *Treu und Glauben*.

▶ **USB**

(Universal Serial Bus) Universelle – inzwischen serienmäßig vorgesehene – → *Schnittstelle* am → *PC* zum Anschluss für → *Peripheriegeräte*.

▶ **U-Schätze**

Abkürzung für unverzinsliche → *Schatzanweisungen*.

▶ **User**

Bezeichnung für den Benutzer eines → *PC*, von Diensten z. B. im → *Internet* oder sonstiger Computersysteme.

▶ **Usenet**

Ein → *Mailbox*-System für öffentliche Diskussionsforen im → *Internet*. Die Nutzung erfolgt über hierarchisch klassifizierte → *Newsgroups*, ggf. unter Zwischenschaltung einer Moderation, die den Inhalt der Nachrichten prüft. Erforderlich sind spezielle Programme (**Newsreader**), die vom jeweiligen → *Webbrowser* angeboten werden.

▶ **US-GAAP**

(United States Generally Accepted Accounting Principles) Bezeichnung für die US-amerikanischen Bilanzierungsvorschriften. Sie werden vom privatwirtschaftlich organisierten **FASB** *(Financial Accounting Standards Board)* im Auftrag der US-amerikanischen Börsenaufsicht (→ *SEC*) entwickelt und sind für alle am → *Kapitalmarkt* in den USA gelisteten Unternehmen verbindlich. Sie weichen in wesentlichen Punkten von den in Deutschland geltenden → *Rechnungslegungsvorschriften* ab.

Die Prinzipien des US-GAAP sind geprägt

● vom Denken zugunsten der Anteilseigner (→ *Shareholder Value*) und nicht – wie im deutschen Recht vorgeschrieben – zugunsten der Gläubiger (→ *Gläubigerschutz*);

● durch eine Vielzahl von Einzelregelungen, die sich durch die Rechtsprechung fallbezogen ändern können (**Case Law**) und nicht wie im deutschen Recht festen Rechtsnormen unterliegen (→ *Grundsätze ordnungsmäßiger Buchführung (GoB)*);

● durch weniger → *Bilanzierungswahlrechte* als Ausfluss des erwünschten hohen Informationsgehalts der Rechnungslegung (**Fair Presentation**);

● von größerer Freiheit des → *Board* bei der Festlegung der → *Dividende*, die sich nicht zwangsläufig am Ergebnis (→ *Jahresüberschuss/-fehlbetrag*) im → *Einzelabschluss* oder → *Konzernabschluss* orientieren muss;

● von einer eigenständig zu erstellenden → *Steuerbilanz*, die nicht zwangsläufig die Ergebnisse der → *Handelsbilanz* (→ *Maßgeblichkeitsprinzip*) zugrunde legen muss.

Die Rechnungslegung nach US-GAAP ist weitgehend nach Prinzipien aufgebaut, die auch nach → *IAS/IFRS*-Standards gelten. Sie gliedert sich im Wesentlichen in folgende Bestandteile:

- → *Bilanz* **(Balance Sheet)**;
- → *Gewinn- und Verlustrechnung (GuV)* **(Statement of Income)**;
- → *Kapitalflussrechnung* **(Cashflow Statement)**;
- Eigenkapitalverwendungsrechnung **(Statement of Change in Stockholders Equity)**;
- Erläuterungen und ergänzende Hinweise zur Bilanzierungspolitik **(Notes to Financial Statements)**.

Deutsche Konzerne (→ *Konzern*), die an den amerikanischen Börsen zugelassen sind oder werden wollen, müssen ihren → *Jahresabschluss* nach IAS/IFRS noch um einen Abschluss nach den Vorschriften der US-GAAP erweitern.

▶ **UVP** → *Umweltverträglichkeitsprüfung*

▶ **UWG** → *Unlauterer Wettbewerb*

V

▶ **Value Added**

Begriff aus der industriellen Produktionsstatistik (*Value Added to Materials by Manufacture*) für den in einer Periode von einem Unternehmen oder Industriebereich den vorhandenen Gütern (→ *Güter*) hinzugefügten Wert (→ *Nettoproduktionswert*).

▶ **Value Added Services (VANS)** → *Mehrwertdienste*

▶ **Valuta**

Im internationalen Geldhandel üblicher Begriff für eine ausländische → *Währung*.

▶ **Valutaklausel**

(Währungsklausel) Eine → *Wertsicherungsklausel*, die → *Handelsgeschäfte* durch Bezugnahme auf eine ausländische → *Währung* (z. B. Dollar, Euro) gegen Währungsunsicherheiten absichern soll.

▶ **Valutapapiere/Valuten**

Bezeichnung für ausländische bzw. auf ausländische → *Währung* lautende → *Wertpapiere*.

▶ **Valutierung**

Datum der **Wertstellung** auf Kontoauszügen der → *Kreditinstitute*. Zu diesem Datum erfolgt eine Verzinsung von Gut- und Lastschriften (→ *Lastschriftverfahren*).

▶ **Variable Kosten**

Veränderliche → *Kosten*. Begriff aus der → *Betriebswirtschaftslehre (BWL)* für den Teil der Gesamtkosten, dessen Höhe vom Beschäftigungsgrad des Betriebes abhängig ist. Beispiele: Materialkosten, Fertigungslöhne usw. Steigen diese Kosten im gleichen Verhältnis wie der Beschäftigungsgrad (Ausbringungsmenge), so nennt man sie → *Proportionale Kosten*. Steigen sie im Verhältnis langsamer als die Ausbringungsmenge, liegt **unterproportionale (degressive)** Kostenentwicklung vor. Steigen sie schneller als die Ausbringungsmenge, spricht man von **überproportionalen (progressiven)** Kosten. Gegensatz: → *Fixe Kosten*. → *Teilkostenrechnung*.

▶ **Variabler Handel** → *Börsenkurs*

▶ **VAT**

(Value Added Tax) Englische Bezeichnung für → *Umsatzsteuer*.

▶ **VDAX** → *Deutscher Aktienindex (DAX)*

▶ **VDE-Vorschriften**

Vom Verband Deutscher Elektrotechniker (VDE) herausgegebene Bestimmungen, die eine Gefährdung von Menschen, Tieren und Sachen durch elektrische Geräte und Anlagen verhindern sollen. Für bestimmte elektrische Geräte und Bauteile erteilt die VDE-Prüfstelle nach entsprechender Prüfung den Herstellern die Erlaubnis zum Anbringen des VDE-Zeichens. → *Unfallschutz*.

▶ **VEB** → *Volkseigener Betrieb (VEB)*

▶ **Venture Capital**

(Risikokapital, Wagniskapital) Die befristete Bereitstellung von haftendem Kapital an ein kapitalnehmendes junges Unternehmen. Die Kapitaleinlage wird häufig als → *Stille Gesellschaft* oder über einen **Venture Capital Fonds** vorgenommen, der sich durch Ausgabe von Anteilscheinen (Zertifikate) an Private oder institutionelle Anleger refinanziert. Gleichzeitig erfolgt oft auch eine Unterstützung für das → *Management* durch aktive Beratung, Betreuung und Kontrolle durch die Kapitalgeber.

Ziel ist es, zukünftige Ertragschancen des unterstützten Unternehmens zu nutzen, indem neben der Kapitaleinlage auch vorhandenes → *Know how* eingebracht wird. Gebräuchlich ist die Form des venture capital meist für kleinere Unternehmen (→ *Start-ups*), die an neuen Produkten mit hohem Verlustrisiko, aber auch gleichzeitig guten Ertragschancen arbeiten. → *Unternehmensbeteiligungsgesellschaften.*

▶ **Veranlagungsverfahren**

Die Feststellung von → *Steuern* über ein von den → *Steuerarten* abhängiges, gesetzlich vorgeschriebenes Verfahren. Voraussetzung ist eine Steuererklärung des Steuerpflichtigen für einen bestimmten **Veranlagungszeitraum** – i. d. R. ein Kalenderjahr. Es gilt für die → *Einkommensteuer*, → *Körperschaftsteuer*, → *Umsatzsteuer* und → *Gewerbesteuer* – früher auch für die → *Vermögensteuer.*

▶ **Veranlagungszeitraum** → *Veranlagungsverfahren*

▶ **Verarbeitende Industrie**

Bezeichnung in der amtlichen Statistik (→ *Amtliche Statistik*) für die Industriezweige, die → *Rohstoffe* be- und verarbeiten. Dies sind

● die → *Grundstoffindustrie* und Produktionsgüterindustrie;
● die → *Investitionsgüterindustrie*;
● die → *Verbrauchsgüterindustrie*;
● die → *Nahrungs- und Genussmittelindustrie.*

Der Bergbau und das → *Baugewerbe* zählen nicht zur verarbeitenden → *Industrie.* Sie werden gesondert ausgewiesen.

▶ **Verband**

Eine zum Zweck gemeinsamer Interessenvertretung gegründete Vereinigung. Sie kann in der Rechtsform einer → *Körperschaft des öffentlichen Rechts* oder einem → *Verein* oder in einer durch besonderes Gesetz errichteten Form (z. B. Wirtschaftsverband) erfolgen. In Deutschland existieren rd. 8500 hauptamtlich geführte Verbände.

Verbände regeln ihre Aufgaben und Tätigkeiten – neben den gesetzlich zugewiesenen Befugnissen – über die → *Satzung, Geschäftsordnung* und/oder die → *Allgemeinen Geschäftsbedingungen (AGB)*. Hierdurch ist ein eigenes **Verbandsrecht** entstanden.

Nach dem verfolgten **Zweck** können unterschieden werden:

- **politische Verbände** (z. B. politische Parteien);
- **Sozial- und Wohlfahrtsverbände;**
- **Kultur- und Sportverbände** und **konfessionelle Verbände** (z. B. Caritas, Evangelische Diakonie);
- **Berufsverbände** (→ *Berufsverbandsprinzip*) (z. B. im → *Handwerk*, für → *Freie Berufe*, **Standesverbände** (z. B. → *Deutscher Beamtenbund*) sowie **Wissenschaftsverbände;**
- **Wirtschaftsverbände** (z. B. → *Arbeitgeberverbände,* → *Gewerkschaften,* → *Industrie- und Handelskammer (IHK),* → *Landwirtschaftskammer,* → *Gemeinschaftsausschuss der deutschen gewerblichen Wirtschaft*);
- **Unternehmer-/Unternehmensverbände** wie die zahlreichen **Fachverbände** einzelner Wirtschaftszweige und ihre jeweiligen **Dachverbände** (z. B. → *Bundesverband der Deutschen Industrie (BDI),* → *Deutscher Sparkassen- und Giroverband,* → *Bundesverband deutscher Banken (BdB)*, Hauptverband des Deutschen Einzelhandels, Bundesverband Deutscher Zeitungsverleger) oder die → *Arbeitsgemeinschaft Selbständiger Unternehmen (ASU)*.

http://www.verbaende.com

▶ **Verbandsklage**

Eine Klage von Verbänden (z. B. → *Gewerkschaften,* → *Arbeitgeberverbände,* → *Verbraucherverbände*, Umweltverbände), mit der sie Interessen ihrer Mitglieder geltend machen. Eine Verbandsklage ist prinzipiell unzulässig, jedoch existieren Ausnahmebestimmungen z. B. zu Klagen der Verbraucherverbände, → *Industrie- und Handelskammer (IHK),* → *Handwerkskammer* gegen unwirksame Klauseln für *Allgemeine Geschäftsbedingungen (AGB)* oder für Umweltverbände nach der Gesetzgebung einiger Bundesländer (z. B. Hessen, Bremen) zum → *Naturschutz.* Nach einem Urteil des Bundesarbeitsgerichts (→ *Arbeitsgericht*) aus dem Jahr 1998 können Gewerkschaften gegen → *Betriebsvereinbarungen* klagen, die gegen einen geltenden → *Tarifvertrag* verstoßen. Damit wird das → *Günstigkeitsprinzip* eingeschränkt.

http://www.verbaende.com

▶ **Verbandstarifvertrag**

→ *Tarifvertrag,* der von der zuständigen Gewerkschaft (→ *Gewerkschaften*) mit einem Arbeitgeberverband (→ *Arbeitgeberverbände*) abgeschlossen wurde. → *Firmentarifvertrag.*

▶ **Verbindlichkeiten**

Die Schulden eines Unternehmens, die auf der Passivseite der → *Bilanz* ausgewiesen werden und entsprechend der Vorschriften im → *Handelsgesetzbuch (HGB)* (§ 266 Abs. 3 C HGB) zu gliedern sind.

Eventualverbindlichkeiten, z. B. aus einem → *Wechsel,* einer → *Bürgschaft* oder einer → *Gewährleistung,* sind nicht Bestandteil der Bilanz, sondern sind als *sonstige* finanzielle Verpflichtungen als Gesamtbetrag gesondert (**„unter dem Strich"**) auszuweisen (§ 251 HGB und für → *Kapitalgesellschaften* auch § 285 Pkt. 3 HGB).

Kapitalgesellschaften müssen den Betrag ihrer Verbindlichkeiten mit einer Restlaufzeit bis zu einem Jahr bei jedem gesondert ausgewiesenen Posten vermerken (§ 268 Abs. 5 HGB). Außerdem sind Verbindlichkeiten mit einer Restlaufzeit von mehr als 5 Jahren entsprechend dem Gliederungsschema der Bilanz in einem Gesamtbetrag auszuweisen (§ 285 Pkt. 1 und 2 HGB).

▶ **Verbrauch**

In der → *Volkswirtschaftslehre (VWL)* Bezeichnung für den Verzehr von → *Gütern* und → *Dienstleistungen* zur Befriedigung unmittelbarer oder mittelbarer menschlicher Bedürfnisse. Unterschieden wird zwischen dem **Verbrauch für private Bedürfnisse**

(→ *Konsum*, → *Privater Verbrauch*) und als **Verwendungsart** bei der Produktion von Gütern und Dienstleistungen.

▶ **Verbraucher**

Bezeichnung für das letzte Glied im Wirtschaftsprozess, die Konsumenten der → *Güter* und → *Dienstleistungen*. → *Konsum*.

Das BGB (→ *Bürgerliches Gesetzbuch (BGB)*) (§ 13 BGB) definiert Verbraucher als „jede natürliche Person, die ein Rechtsgeschäft zu einem Zweck abschließt, der weder ihrer gewerblichen noch ihrer selbständigen beruflichen Tätigkeit zugerechnet werden kann". → *Unternehmer*.

▶ **Verbraucherdarlehensvertrag**

Schriftlich abgeschlossener entgeltlicher Darlehensvertrag (→ *Darlehen*) zwischen einem → *Unternehmer* als Darlehensgeber und einem → *Verbraucher* als Darlehensnehmer unter Beachtung bestimmter inhaltlicher Formvorschriften (auszuzahlender Nettodarlehensbetrag, Gesamtbetrag der Teilzahlungen einschl. Tilgung, → *Zinsen* und sonstiger Kosten, Art und Weise der Rückzahlung, Zinssatz, → *Effektiver Jahreszins*, Sicherheiten) – sofern der Nettodarlehensbetrag 200 Euro übersteigt. Es besteht ein Widerrufsrecht innerhalb von 2 Wochen. Die Regelungen des **Verbraucherkreditgesetzes** von 1991 wurden mit dem → *Schuldrechtsmodernisierungsgesetz* zum 1. 1. 2002 im Zuge der Umsetzung entsprechender Richtlinien der EU (→ *Europäische Gesetzgebung*) angepasst und in das BGB (→ *Bürgerliches Gesetzbuch (BGB)*) integriert (§ 355 BGB bis § 359 BGB und § 488 BGB bis § 507 BGB). → *SCHUFA*.

▶ **Verbraucherinformationsgesetz**

Ursprünglich für Herbst 2002 geplantes Gesetz, das den Verbrauchern die Möglichkeit geben soll, bei den Lebensmittelbehörden und Veterinärämtern Informationen über Produkte einzuholen. Außerdem sollen diese Behörden vor bestimmten Produkten warnen und auf Mängel hinweisen. Gegründet werden soll ein

Bundesamt für Verbraucherschutz und Lebensmittelsicherheit sowie ein **Bundesinstitut für Risikobewertung**. Der Gesetzentwurf scheiterte 2002 an der Zustimmungspflicht des Bundesrats.

▶ **Verbraucherinsolvenzschutz** → *Insolvenzverfahren*

▶ **Verbraucherkreditgesetz (VerbrKrG)** → *Verbraucherdarlehensvertrag*

▶ **Verbraucherpolitik**

Bezeichnung für alle Maßnahmen und Initiativen zugunsten der → *Verbraucher*. Dies können Maßnahmen sein zur Wiederherstellung des Wettbewerbs, zum → *Verbraucherschutz* und zum Rechtsschutz in Streitfällen und schließlich zum Aufbau und zur Förderung von Informationsstellen durch → *Verbraucherverbände*.

Nach dem „Vertrag über die → *Europäische Union (EU)*" liegt der Verbraucherschutz in der Kompetenz der EU.

▶ **Verbraucherpreisindex** → *Lebenshaltungspreisindex*

▶ **Verbraucherschutz**

Sammelbegriff für alle Maßnahmen, die den Bürger in seiner Rolle als → *Verbraucher* vor Praktiken der Produzenten und Anbieter der → *Güter* und → *Dienstleistungen* schützen sollen. Hierzu zählen auch gesetzliche und sonstige Regelungen zur **Verbraucherinformation** (z. B. das geplante → *Verbraucherinformationsgesetz* und die Verbraucherberatung durch → *Verbraucherverbände*).

Bis 2002 war das Verbraucherrecht durch die Existenz einer Vielzahl von Einzelgesetzen und durch Urteile der Rechtsprechung sehr unübersichtlich. Mit der zum 1. 1. 2002 in Kraft getretenen Reform des Schuldrechts (→ *Schuldrechtmodernisierungsgesetz*) wurden geltende gesetzliche Vorschriften und Urteile der Rechtsprechung in das BGB (→ *Bürgerliches Gesetzbuch (BGB)*) eingearbeitet. Hierzu zählen

● das **Gesetz über Allgemeine Geschäftsbedingungen (AGB)** als § 305 BGB bis § 310 BGB,

● das Gesetz über den → *Fernabsatz* als § 312 b bis § 312 d BGB und § 355 BGB bis § 357 BGB,

● das **Haustürwiderrufsgesetz** (→ *Haustürgeschäfte*) als § 312 BGB und

● die Bestimmungen zum → *E-Commerce* als § 312 e BGB.

● Zusätzlich wurde zur **Regelung von Rechtsklagen** das Gesetz über Unterlassungsklagen bei Verbraucherrechts- und anderen Verstößen (UklaG) vom 26. 11. 2001 geschaffen.

● Neu geregelt wurden die **Verjährungsfristen** (→ *Verjährung*) und die Bestimmungen zur → *Garantie.*

● Die Bestimmungen zum **Verbraucherkreditgesetz** (→ *Verbraucherdarlehensvertrag*) wurden als § 358 BGB, § 359 BGB, § 488 BGB bis 506 BGB, § 607 bis § 610 BGB aufgenommen.

Zum Verbraucherschutz zählen auch das **Produkthaftungsgesetz** (→ *Produkthaftung*), die Bestimmungen des § 823 BGB zur **Produzentenhaftung** und das **Gesetz gegen unlauteren Wettbewerb** (→ *Unlauterer Wettbewerb*).

▶ **Verbraucherverbände**

Staatlich unterstützte Verbände zur Wahrnehmung der Interessen der Verbraucher durch Aufklärung und Beratung (z. B. die → *Arbeitsgemeinschaft der Verbraucher (AGV)*). Sie sind berechtigt, in Fällen von unlauterem Wettbewerb (→ *Unlauterer Wettbewerb*) zu klagen, z. B. gegen irreführende Werbung oder unrichtige Kennzeichnung.

▶ **Verbrauchsgüter**

Bezeichnung für → *Güter,* die dem → *Konsum* der Haushalte zugeführt werden. Im Gegensatz hierzu gehen die → *Investitionsgüter* an den volkswirtschaftlichen Sektor Unternehmen. Der Staat kann sowohl konsumieren als auch investieren. → *Kaufvertrag.*

▶ **Verbrauchsgüterindustrie**

(Konsumgüterindustrie) Unterscheidungsmerkmal für Industriezweige, die Güter erzeugen, die dem → *Konsum* dienen. Hierzu zählen die Möbelindustrie, die Papierindustrie, Druckereien, die kunststoffverarbeitende Industrie sowie die Schuh-, Textil- und Bekleidungsindustrie.

Im weiteren Sinne zählt auch die → *Nahrungs- und Genussmittelindustrie* zur Verbrauchsgüterindustrie. Die → *Amtliche Statistik* weist jedoch die Nahrungs- und Genussmittelindustrie getrennt aus.

▶ **Verbrauchskonzept** → *Volkswirtschaftliche Gesamtrechnung (VGR)*

▶ **Verbrauchsteuern**

(→ *Steuern*, die beim Kauf der → *Konsumgüter* erhoben werden, z. B. → *Tabaksteuer*, → *Mineralölsteuer*, → *Stromsteuer*, → *Branntweinsteuer*, Kaffeesteuer, Biersteuer usw. Mit dem **Verbrauchsteuer-Binnenmarktgesetz** vom Dezember 1992 wurden die verbrauchsteuerrechtlichen Regelungen den Vorschriften in der EU (→ *Europäische Union (EU)*) zur → *Steuerharmonisierung in der EU* angepasst. → *Steuerarten*.

▶ **Verbundene Produktion** → *Kuppelproduktion*

▶ **Verbundene Unternehmen**

(Nach dem → *Aktiengesetz (AktG)* (§ 15 AktG) Bezeichnung für rechtlich selbständige → *Unternehmen* als
● zueinander in Mehrheitsbesitz stehende Unternehmen und mit Mehrheit beteiligte Unternehmen (§ 16 AktG),
● abhängige (→ *Abhängiges Unternehmen*) und herrschende Unternehmen (→ *Beherrschungsvertrag*) (§ 17 AktG),
● Konzernunternehmen (→ *Konzern*) (§ 18 AktG)
● wechselseitig beteiligte Unternehmen (§ 19 AktG) oder
● Vertragsteile eines Unternehmensvertrags (→ *Unternehmensverträge*) (§ 291 AktG und 292 AktG).

Das Aktiengesetz enthält für verbundene Unternehmen eine Reihe von Sondervorschriften über die → *Rechnungslegung* sowie die Verantwortlichkeiten und die Sicherung der → *Gläubiger* und → *Aktionäre*.

▶ **Verdeckte Gewinnausschüttungen**

Zuwendungen an → *Gesellschafter*, die Nichtgesellschaftern vorenthalten werden, z. B. Ausgabe von → *Gratisaktien* und → *Genussscheine*, hohe Verzinsung von Gesellschafterdarlehen, zinslose Firmendarlehen an Gesellschafter usw. Verdeckte Gewinnausschüttungen sind als → *Einkommen* der Gesellschaft und des Empfängers zu versteuern. → *Einkommensteuer*.

▶ **Verdingungsordnung** → *Ausschreibungen*

▶ **Verein**

Personenvereinigung, die einen Gesamtnamen führt und deren Bestand vom Wechsel der Mitglieder unabhängig ist. Für die Bildung eines Vereins gelten die Bestimmungen im BGB (→ *Bürgerliches Gesetzbuch (BGB)*) (§ 21 BGB bis § 79 BGB).

Rechtsfähige Vereine entstehen durch Eintragung ins Vereinsregister (**eingetragener Verein**) beim zuständigen → *Registergericht* oder durch staatliche Verleihung, wenn der Vereinszweck auf einen wirtschaftlichen Geschäftsbetrieb (**wirtschaftlicher Verein**) gerichtet ist.

Nicht rechtsfähige Vereine, bei denen die beiden genannten Voraussetzungen fehlen, gelten die Grundsätze der → *Gesellschaft des Bürgerlichen Rechts (GbR)* (§ 54 BGB).

Unabhängig von der Rechtsform unterliegen Vereine der → *Körperschaftsteuer*, die wirtschaftlichen Vereine (z. B. die ärztlichen Verrechnungsstellen) auch der → *Gewerbesteuer*.

▶ **Vereinigung der kommunalen Arbeitgeberverbände (VKA)**

Verfolgt das Ziel einer Interessenvertretung ihrer Mitglieder (Städte, → *Landkreise* und → *Gemeinden*) auf arbeits- und tarifrechtlichem Gebiet. Ihr Sitz ist in Köln. → *Tarifverhandlungen,* → *Tarifgemeinschaft deutscher Länder (TdL).*

▶ **Vereinsregister** → *Verein*

▶ **Vereinte Nationen (UN)**

Die UN wurde 1945 als Nachfolgeorganisation des 1919 entstandenen **Völkerbundes** in San Francisco von 51 Staaten gegründet. Sitz ist New York. Nichtmitglieder sind u. a. die Schweiz, Nord-und Südkorea sowie Taiwan, das 1971 seine Mitgliedschaft an die VR China verlor. Deutschland zählt (ebenso wie vormals die DDR) seit 1973 zu den Mitgliedstaaten.

In der 111 Artikel umfassenden **Charta der UN** sind als wichtigste Ziele die Erhaltung des Weltfriedens und der internationalen Sicherheit, die Zusammenarbeit bei der Lösung internationaler wirtschaftlicher, sozialer, kultureller und humanitärer Aufgaben und Probleme sowie die Durchsetzung der Menschenrechte festgeschrieben. Dem Interessenausgleich zwischen Nord und Süd (→ *Nord-Süd-Konflikt*) kommt außerdem eine wichtige Bedeutung zu.

Organe der UN sind die Vollversammlung, der Sicherheitsrat, der Wirtschafts- und Sozialrat, der Treuhandrat, der Internationale Gerichtshof und das Generalsekretariat.

In der **Vollversammlung** haben alle 192 Mitgliedsstaaten (2004) unabhängig von ihrer Größe Sitz und Stimme. Die Versammlung tritt regelmäßig im September zu einer ordentlichen Jahrestagung zusammen. Auf Antrag des Sicherheitsrates oder der Mehrheit der Mitglieder können darüber hinaus Sondertagungen und außerordentliche Notstandstagungen einberufen werden. Die Schweiz wurde im September 2002 nach der Volksabstimmung Ende Februar 2002 als 190. Mitglied aufgenommen.

Der **Sicherheitsrat** besteht aus fünf ständigen Mitgliedern (China, Frankreich, Großbritannien, Russland und den USA) sowie weiteren 10 von der Vollversammlung jeweils auf zwei Jahre gewählten Mitgliedern. Jedes ständige Mitglied hat ein Vetorecht, d. h. es kann Beschlüsse des Sicherheitsrates blockieren. Deutschland und Japan streben nach der ab 2005 geplanten Reform einen ständigen Sitz an.

Hauptaufgabe des Sicherheitsrates sind die Bemühungen um die Aufrechterhaltung des Weltfriedens und der internationalen Sicherheit, Untersuchungen von Konflikten, die Verhängung von Sanktionen, Vorschläge für die Wahl des Generalsekretärs usw.

Der **Wirtschafts- und Sozialrat** ist für die wirtschaftlichen und sozialen Aktivitäten der UN zuständig und Koordinierungsstelle für ihre Sonderorganisationen und die internationalen nichtstaatlichen Organisationen. Hierzu hat er Fachkommissionen gebildet wie z. B. für Menschenrechte, für soziale Entwicklung, für Bevölkerungsfragen usw.

Der **Treuhandrat** soll Mandatsgebiete der UN (z. B. erfolgte dies für das frühere Deutsch-Südwestafrika – Namibia) in die Selbständigkeit führen. Er verliert durch die fortschreitende Entkolonialisierung der Erde an Bedeutung.

Der **Internationale Gerichtshof** in Den Haag klärt internationale Streitfragen, jedoch ohne hinreichende Kompetenz zur Durchsetzung seiner Entscheidungen.

Das Generalsekretariat ist die Verwaltung der UN mit einem Generalsekretär an der Spitze.

Wichtige Veröffentlichungen sind das Jahrbuch der UN, das Statistische Jahrbuch und das Demographische Jahrbuch.

2004 verfügte die UN über mehr als 70 Sonderorganisationen und Programme, die z.T. ein unkontrollierbares Eigenleben führen (→ *Welthandelskonferenz (UNCTAT)*, → *ILO*, → *UNESCO*, → *Internationaler Währungsfonds (IWF)*, → *Weltbankgruppe*, → *WTO (World Trade Organization)*, → *UIT (Union International de Télécommunication)*, → *FAO (Food and Agricultural Organization)*).

Kritiker verlangen deshalb eine strategische Kursänderung. Diese soll eine kleine, übersichtliche Organisation mit klaren Prioritäten, inneren Kontrollsystemen, Transparenz und präzise definierten Missionen garantieren.

http://www.uno.de/

▶ **Verfallklausel**

Vor allem für → *Abzahlungsgeschäfte* übliche vertragliche Vereinbarung, die besagt, dass bei nicht rechtzeitiger Zahlung der Raten die gesamte Restschuld fällig wird. → *Ratenkredit*.

▶ **Verfassung der EU** → *Europäische Union (EU)*

▶ **Verfügbares Einkommen**

Der Teil vom → *Nettoeinkommen*, der nach Einbeziehung von → *Transferzahlungen* den privaten Haushalten zur Verfügung steht.

In der → *Volkswirtschaftlichen Gesamtrechnung (VGR)* werden im **Konto der sekundären Einkommensverwendung** dem Primäreinkommen (Nettonationaleinkommen) der jeweilige Saldo aus empfangenen und geleisteten → *Einkommensteuer*, → *Beiträgen* zur → *Sozialversicherung*, monetären Sozialleistungen und sonstigen laufenden → *Transferzahlungen* hinzugefügt, um das verfügbare Einkommen der jeweiligen volkswirtschaftlichen Sektoren zu errechnen.

Im **Einkommensverwendungskonto** werden beim verfügbaren Einkommen – bezogen auf die jeweiligen Sektoren – die Zunahme betrieblicher Versorgungsansprüche hinzugefügt und die Konsumausgaben abgezogen. Der verbleibende Rest ist das volkswirtschaftliche **Sparen** in den jeweiligen Sektoren und im Sektor der gesamten Volkswirtschaft. → *Sparquote*.

▶ **Vergleich** → *Insolvenzverfahren*

▶ **Verjährung**

Jeder → *Anspruch* unterliegt der Verjährung. Rechtsgrundlage sind die Bestimmungen im → *Bürgerlichen Gesetzbuch (BGB)*. Die Verjährungsfristen wurden mit dem → *Schuldrechtmodernisierungsgesetz* ab 1. 1. 2002 neu geregelt.

● Die **Regelverjährung** beträgt nun **3 Jahre** (§ 195 BGB). Die Verjährungsfrist beginnt erst, wenn der Gläubiger Kenntnis vom Mangel hat (§ 199 Abs. 1 BGB).

● **Rechte an einem Grundstück** (z. B. auf Übertragung des Eigentums) verjähren nach **10 Jahren** (§ 196 BGB).

● **Herausgabeansprüche** aus Eigentum, familien- und erbrechtliche Ansprüche sowie rechtskräftig festgestellte Ansprüche u.ä. verjähren nach **30 Jahren** (§ 197 Abs. 1 und § 438 Abs. 1 Nr. 1 BGB). (Die 30-jährige Frist gilt auch für Schadensersatzansprüche wegen Verletzung von Körper und Gesundheit.) Für Ansprüche aus regelmäßig wiederkehrenden Leistungen oder Unterhaltsleistungen gilt dabei allerdings eine Verjährungsfrist von **3 Jahren** (§ 197 Abs. 2 BGB).

Im **Kaufrecht** (→ *Kaufvertrag*) und im **Werkvertragsrecht** (→ *Werkvertrag*) gelten andere Verjährungsfristen:

● Als grundsätzliche Verjährungsgrenze gelten im **Kaufrecht 2 Jahre** (§ 438 Abs. 1 Nr. 3 BGB). Dabei beginnt im Kaufrecht die Verjährung der Mängelgewährleistungsfrist, abweichend von den allgemeinen Regelungen, schon mit der Ablieferung der Sache (§ 438 Abs. 2 BGB).

Wurde der Mangel arglistig verschwiegen, gilt eine Verjährungsfrist von **3 Jahren** (§ 438 Abs. 3 BGB).

● Bei **Bauwerken** verjähren Mängelansprüche in **5 Jahren** nach Übergabe (§ 438 Abs. 1 Nr. 2 BGB).

● Für den **Verkauf gebrauchter Sachen** kann die Gewährleistungsfrist auf **1 Jahr** begrenzt werden (§ 475 Abs. 2 BGB).

Im **Werkvertragsrecht** beginnt die Verjährung von Mängelansprüchen nach § 634a BGB grundsätzlich mit dem Zeitpunkt der Abnahme des Werkes. Neu ist jedoch die Unterscheidung zwischen körperlichen (2 Jahre) und geistigen (3 Jahre) Werken. Gewährleistungsansprüche bei Bauwerken verjähren erst nach 5 Jahren, beginnend mit der Abnahme.

▶ **Verkäufermarkt** → *Käufermarkt*

▶ **Verkaufsoption** → *Put Option*

▶ **Verkehrshypothek**

Die normale, gesetzlich vorgesehene Form der → *Hypothek*. Gegensatz: → *Sicherungshypothek*.

▶ **Verkehrsinfrastruktur**

Die Bezeichnung für das gesamte → *Anlagevermögen* für Verkehrswege (Eisenbahnen, S-Bahn, U-Bahn, Straßen, Brücken, Wasserstraßen, Rohrfernleitungen) und Umschlagplätze (Bahnhöfe, Binnen- und Seehäfen, Flughäfen).

▶ **Verkehrspolitik**

Gesamtheit staatlicher Maßnahmen zur Gestaltung der Rahmenbedingungen und der Verhaltensregeln im Bereich des Transports der → *Güter,* → *Dienstleistungen* und i. w. S. auch von Nachrichten *(→ Informations- und Kommunikationstechnologien).* Verkehr findet statt auf Einrichtungen der → *Verkehrsinfrastruktur* und zur Nachrichtenübertragung.

Mit der **Verkehrsordnungspolitik** (→ *Ordnungspolitik*) gestaltet der Staat mit Hilfe gesetzlicher Rahmenbedingungen (→ *Regulierung,* Finanzierung von Verkehrswegen) die Verkehrsstruktur sowie über Einzelvorschriften für einzelne Verkehrszweige den Verkehrsablauf. Innerhalb der EU (→ *Europäische Union (EU)*) soll eine Harmonisierung der Vorschriften zur Verkehrspolitik erreicht werden. → *Transeuropäische Netze.*

▶ **Verkehrsteuern**

→ *Steuern,* denen eine Tauschbeziehung (Verkehrsakt) zugrunde liegt. Zu den Verkehrsteuern zählen die → *Umsatzsteuer,* → *Grunderwerbsteuer,* → *Kraftfahrzeugsteuer,* und → *Versicherungsteuer.* → *Steuerarten.*

▶ **Verkehrswert**

Der jederzeit erzielbare Verkaufspreis für ein wirtschaftliches Gut.

▶ **Verlust**

Negatives Ergebnis unternehmerischen Handelns. → *Gewinn.*

▶ **Verlustabzug**

Nach den Vorschriften im → *Einkommensteuergesetz (EStG)* (§ 10 d EStG) erlaubte Möglichkeit, positive und negative → *Einkünfte* aus den sieben Einkunftsarten – unter Beachtung bestimmter Höchstbeträge – gegeneinander zu verrechnen. Höhere Verluste können nach § 10 d Abs. 2 EStG in das nächste Jahr vorgetragen werden (→ *Verlustvortrag*). Die mit dem → *Steuersenkungsgesetz/Steuersenkungsergänzungsgesetz* rückwirkend zum 1. 1. 1999 eingeführten Beschränkungen des Verlustausgleichs (§ 2 Abs. 3 Satz 2 bis 8 EStG) wurden ab 1. 1. 2004 wieder aufgehoben. → *Verlustzuweisungsgesellschaften*.

▶ **Verlustrücktrag**

(Carry back) Nach den Vorschriften im → *Einkommensteuergesetz (EStG)* erlaubte Möglichkeit für → *Unternehmen* und → *Arbeitnehmer*, Verluste – etwa aus Vermietung und Verpachtung oder aus Unternehmertätigkeit und Vermögen – von einem Verlustjahr auf das vorangegangene (Gewinn-)Jahr zurückzutragen (§ 10 d Abs. 1 EStG). Verbleibende Verluste können dann auf die folgenden Veranlagungszeiträume vorgetragen werden. Man spricht dann von **Verlustvortrag** (§ 10 d Abs. 2 EStG). Der zurück- oder vorgetragene Verlust mindert in Gewinnjahren die Steuerschuld, weil die Verluste von dem Gesamtbetrag der steuerpflichtigen → *Einkünfte* abgezogen werden können. → *Verlustvortrag*.

▶ **Verlustvortrag**

Steuerrechtliche Möglichkeit, Verluste eines Jahres bilanztechnisch zu verteilen. → *Verlustrücktrag*.

Nach den Bestimmungen im → *Handelsgesetzbuch (HGB)* ist der Verlust eines Jahres in der → *Bilanz* gesondert auszuweisen und auf Rechnung des nächsten Jahres vorzutragen (§ 266 Abs. 3 A IV HGB und § 268 Abs. 1 HGB). Offene → *Rücklagen* müssen dabei nicht unbedingt zur Verlusttilgung herangezogen werden, dann etwa, wenn durch Auflösung von freien Rücklagen eine bestimmte → *Dividende* gezahlt werden soll. → *Verlustausgleich*.

▶ **Verlustzuweisungsgesellschaften**

(Abschreibungsgesellschaften) Bezeichnung für Unternehmen, deren Zweck darauf gerichtet ist, gut verdienenden oder vermögenden Personen Steuervorteile zu verschaffen. Die Unternehmen finanzieren steuerbegünstigte Objekte, vor allem im Rahmen der → *Strukturpolitik* für die Werftindustrie (ausgelaufen) oder in den neuen Bundesländern (→ *Investitionszulagengesetz*). Für ihre Gesellschaftsanteile erhalten die Kommanditisten (→ *Kommanditgesellschaft (KG)*) oder die stillen Gesellschafter (→ *Stille Gesellschaft*) Verlustzuweisungen, die aus der Verrechnung von → *Abschreibungen oder* → *Sonderabschreibungen* und sonstiger Aufwendungen stammen.

Nach dem → *Einkommensteuergesetz (EStG)* gelten für Verlustzuweisungsgesellschaften besondere, begrenzende Vorschriften für die Verrechnung negativer → *Einkünfte* (Verluste) mit anderen Einkunftsarten (§ 2 b EStG).

▶ **Vermögen**

Die Gesamtheit der einer natürlichen oder juristischen Person (→ *Juristische Personen*) gehörenden in Geld bewertbaren → *Güter*.

Bei Unternehmen stellt die Aktivseite der → *Bilanz* (**Anlagevermögen** und **Umlaufvermögen**) das Vermögen dar. Werden die → *Verbindlichkeiten* abgezogen, so ergibt sich das **Reinvermögen** (= → *Eigenkapital*).

Im weitesten Sinne wird unter Vermögen die Gesamtheit der Mittel verstanden, die für die gesellschaftliche Stellung eines Menschen mitbestimmend sind. Hierzu zählen neben dem → *Produktivvermögen* und dem sonstigen Privatvermögen auch die Ausbildung und Qualifikation. Aufgrund der einseitigen personellen Verteilung des Produktivvermögens gibt es seit den 50er Jahren Diskussionen um Mittel und Wege einer → *Vermögensumverteilung*.

▶ **Vermögensbeteiligung** → *Vermögenswirksame Leistungen*, → *Vermögensumverteilung*

▶ **Vermögensbildung** → *Vermögensumverteilung*

▶ **Vermögensbildungsgesetz** → *Vermögenswirksame Leistungen*

▶ **Vermögensgesetz**

Nach dem → *Einigungsvertrag* (Anlage III) wurden in einer „Gemeinsamen Erklärung zur Regelung offener Vermögensfragen" u. a. die Regularien der Eigentumsrückübertragung vereinbart. Dabei wurde auch das Prinzip Rückgabe vor Entschädigung festgelegt – eine folgenschwere Fehlentscheidung. Diese Grundsatzfestlegung sowie die ganzen Abwicklungsregularien erwiesen sich in der Folgezeit als unzureichend und führten zu Problemen bei der angestrebten schnellen Gewinnung von Investoren in den neuen Bundesländern. Deshalb waren Klarstellungen und zahlreiche gesetzliche Korrekturen notwendig. Mit dem **„Gesetz besondere Investitionen in der DDR (Investitionsgesetz)"** i. d. F. vom 22. 4. 1991, dem **„Gesetz zur Regelung offener Vermögensfragen (Vermögensgesetz)"** von 1991 i. d. F. vom 21. 12. 1998 und dem **„Gesetz über die Feststellung der Zuordnung von ehemals volkseigenem Vermögen (Vermögenszuordnungsgesetz)"** i. d. F. vom 29. 3. 1994 wurde den praktischen Notwendigkeiten teilweise, wenngleich immer noch unzureichend Rechnung getragen. Hauptprobleme waren die nicht mehr vorhandenen oder verschollenen Grundbücher (→ *Grundbuch*), die für den Eigentumsnachweis erforderlich sind, die Vielzahl der Anspruchsteller sowie die ungeklärten Entschädigungsregelungen.

Schließlich wurde mit dem „**Entschädigungs- und Ausgleichsleistungsgesetz**" von 1994 für Entschädigungen und Ausgleichsleistungen ein **Entschädigungsfonds** geschaffen. Darüber hinaus wurden 1998 mit dem **Vermögensrechtsbereinigungsgesetz** offen gebliebene Entschädigungsverbindlichkeiten aus dem Staatshaushalt der DDR geregelt und aus dem Erblasttilgungsfonds (→ *Erblast*) finanziert. Das **Vermögensrechtsergänzungsgesetz** vom 15. 9. 2000 enthält u. a. Entschädigungsregelungen für den Entzug beweglicher Sachen, wie z. B. Kraftfahrzeuge, Hausrat, Kunstgegenstände, die nicht mehr zurückgegeben werden können.

http://www.rechtliches.de/info_VermG.html
http://www.rechtliches.de/info_VZOG.html

▶ **Vermögensrechtsbereinigungsgesetz** → *Vermögensgesetz*

▶ **Vermögensteuer**

Eine Ende 1996 auf der Grundlage eines Urteils des Bundesverfassungsgerichts weggefallene Steuer (→ *Besitzsteuern*), die als → *Direkte Steuern* auf das Gesamtvermögen (→ *Vermögen*) erhoben wurde. Besteuert wurden natürliche (**private** Vermögensteuer) oder → *Juristische Personen* (**betriebliche** Vermögensteuer) unter Berücksichtigung bestimmter → *Freibeträge*. → *Steuerreform*.

▶ **Vermögensumverteilung**

Bezeichnung für die gesellschaftspolitische Zielsetzung einer Umschichtung vorhandener und neugebildeter → *Vermögen*, insbesondere der → *Produktivvermögen* zugunsten einer gleichwertigeren Beteiligung der → *Arbeitnehmer*. Für kaum ein anderes gesellschaftspolitisches Ziel wurden so viele Pläne entwickelt, die zu einer sozial gerechteren Verteilung der Produktivvermögen führen sollen. In der praktischen Umsetzung ist jedoch wenig geschehen. Auch scheiterten alle Versuche, das völlig unzureichende statistische Instrumentarium zur Erfassung der Verteilungsverhältnisse in der Bundesrepublik zu verbessern.

Erfolge in der Vermögensumverteilung waren bis Ende der 80er Jahre nach dem **1. und 2. Vermögensbeteiligungsgesetz** (624 DM-Gesetz) von 1984 und 1987 nicht messbar. Mit dem zum 1. 1. 1990 in Kraft getretenen **5. Vermögensbildungsgesetz** wurde deshalb die staatliche Förderung auch für → *Vermögenswirksame Leistungen* auf Produktivkapitalbeteiligungen (Investmentsparen) und Bausparen konzentriert.

Nach einer Ende 1999 veröffentlichten Studie des Prognos-Instituts, Basel, wurde der Nutzen der Sparförderung im → *Wohnungsbauprämiengesetz* und Vermögensbildungsgesetz in Frage gestellt. Beide Fördermaßnahmen hätten das Ziel einer Stimulierung der Vermögensbildung privater Haushalte und einer Umlenkung der Vermögensbildung vom reinen Geldsparen hin zum Erwerben von Produktivkapital nicht erreicht. Stattdessen sei es beim Bausparen zu Mitnahmeeffekten gekommen und das Aktiensparen sei ohnehin in den letzten Jahren präferiert worden.

Nach dem **Armutsbericht** 2001 (→ *Neue Armut*) betrug der Anteil der privaten Haushalte mit **Grundvermögen** (→ *Immobilien*) – zumeist als selbst genutztes oder vermietetes Wohneigentum – in Westdeutschland im Jahr 1962 rd. 31 %. Wegen dem gestiegenen → *Lebensstandard* stieg der Anteil der Arbeitnehmerhaushalte mit Grundvermögen bis 1998 auf 51 % und auf 44 % bei den Nichterwerbstätigenhaushalten – vor allem → *Rentner* und Pensionäre (→ *Ruhegehalt*). Die beteiligte Anzahl von Selbständigen-Haushalten blieb mit rd. 74 % dagegen stabil.

In Deutschland besaßen nach dem Armutsbericht 2003 10 % der privaten Haushalte 46,8 % (1998: 44,4 %) des Nettovermögens (**Geldvermögen** und Immobilien – abzüglich der Bau- und Konsumentenschulden). Die Hälfte aller Haushalte verfügte dagegen über nur 4 % des gesamten Nettovermögens. Die Zahl der Haushalte mit einem Vermögen von mehr als 500 000 Euro stieg von 1,1 Millionen (1998) auf 1,6 Millionen (2003). → *Wohneigentum*, → *Altersvermögensgesetz*. Siehe **Abb. 44**.

http://bundesrecht.juris.de/bundesrecht/vermbg_2/

▶ **Vermögensverteilung** → *Vermögensumverteilung*

▶ **Vermögensverwaltungsgesellschaften**

→ *Finanzdienstleistungsinstitute* nach den Vorschriften im → *Kreditwesengesetz (KWG)* (§ 1 Abs. 1 a KWG) – häufig als Tochtergesellschaften (→ *Mutterunternehmen*) der → *Kreditinstitute*.

▶ **Vermögenswirksame Leistungen**

Zahlungen, die der → *Arbeitgeber* unmittelbar für den → *Arbeitnehmer* erbringt. Hierfür erhalten Arbeitnehmer eine staatliche **Arbeitnehmersparzulage**, sofern sie bestimmte Anlageformen wählen und bestimmte Einkommensgrenzen nicht überschreiten.

Die vermögenswirksamen Leistungen können vereinbart werden durch

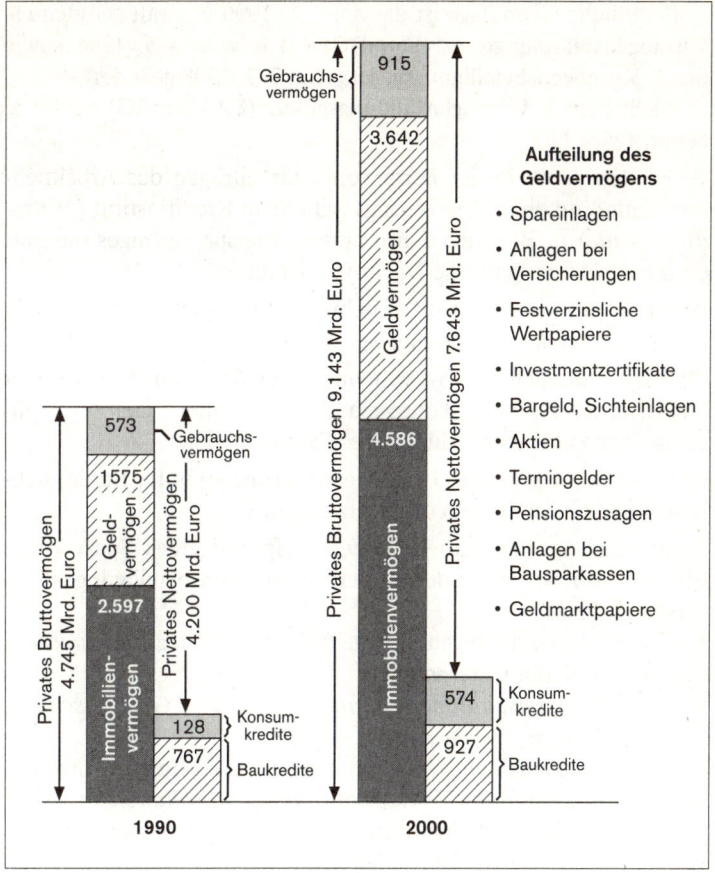

Abb. 44: Aufteilung des Privatvermögens 1990 und 2000 (Quelle: Bundesbank, März 2002)

● Einzelvertrag zwischen Arbeitgeber und Arbeitnehmer,
● → *Betriebsvereinbarungen* zwischen Arbeitgeber und → *Betriebsrat*,
● → *Tarifvertrag* zwischen Arbeitgeberverband (→ *Arbeitgeberverbände*) und → *Gewerkschaften*.

Rechtliche Grundlage ist das am 1.1. 1990 in Kraft getretene **5. Vermögensbildungsgesetz (VermBG)** i.d.F. vom 4.3. 1994 sowie das **3. Vermögensbeteiligungsgesetz** vom 7.9. 1998 geändert.

Nach dem **5. Vermögensbildungsgesetz** (§ 2 VermBG) sind u.a. begünstigt:

(1) Kontensparen in der Form von Sparbeiträgen des Arbeitnehmers aufgrund eines Sparvertrags mit einem Kreditinstitut (→ *Kreditinstitute*) (z.B. in der Form eines Ratensparvertrages oder als einmalige Zahlung für die Dauer von 6 Jahren);

(2) Aufwendungen des Arbeitnehmers, die nach dem → *Wohnungsbauprämiengesetz* angelegt werden;

(3) Aufwendungen des Arbeitnehmers für den Bau, Erwerb oder zur Erweiterung eines Wohngebäudes oder einer Eigentumswohnung oder zur Entschuldung eines Familienheims;

(4) Versicherungssparen (Lebensversicherungen) unter Berücksichtigung ganz bestimmter Voraussetzungen;

(5) Sparbeiträge des Arbeitnehmers aufgrund eines **Sparvertrags** über → *Wertpapiere* oder andere Vermögensbeteiligungen, so z.B. zum Erwerb

- von → *Aktien* des eigenen Arbeitgebers (→ *Belegschaftsaktien*) oder von anderen Unternehmen,
- von → *Wandelschuldverschreibungen* und → *Gewinnschuldverschreibungen*,
- von Genussscheinen (→ *Genussscheine)* und Investmentzertifikaten von Aktienfonds (→ *Kapitalanlagegesellschaften*),
- von Vermögensbeteiligungen in Form von Geschäftsanteilen von → *Genossenschaften* oder einer → *Gesellschaft mit beschränkter Haftung (GmbH)*,
- oder zur Begründung einer stillen Beteiligung (→ *Stille Gesellschaft*)
- von Genussrechten am Unternehmen des Arbeitgebers oder
- einer Darlehensforderung (→ *Darlehen*) gegen den Arbeitgeber.

Die staatliche Förderung wurde ab dem 1.1. 1999 auf Produktivkapitalbeteiligungen (Investmentsparen) und – mit abgesenkter Zulage – das Bausparen konzentriert, die von Arbeitnehmern kumulativ ausgeschöpft werden kann:

Investmentsparen (3. Vermögensbeteiligungsgesetz) 408 Euro pro Jahr Ansparsumme; Sparzulage 20 % in den alten, 25 % in den neuen Bundesländern.

Bausparen (5. Vermögensbildungsgesetz) 480 Euro pro Jahr Ansparsumme; Sparzulage 10 % in den alten und den neuen Bundesländern.

Voraussetzung für die Arbeitnehmersparzulage ist, dass die Einkommensgrenzen von 17 900 Euro/35 800 Euro (Alleinstehende/Verheiratete) nicht überschritten werden.

Die Anlage vermögenswirksamer Leistungen in Form von Konten- und Versicherungssparen sowie zum Erwerb von Gewinnschuldverschreibungen und Genussscheinen der Kreditinstitute verblieb als ungeförderte Anlageform im Katalog des Gesetzes.

Die Arbeitnehmersparzulage wird nach Ablauf der Sperrfrist nachträglich vom Finanzamt ausgezahlt.

Etwa 96 % der Arbeitnehmer hatten 2000 einen durch Tarifvertrag abgesicherten Anspruch auf vermögenswirksame Leistungen. Nach einer 1996 vorgenommenen Erhebung des Bundesministeriums für Arbeit und Sozialordnung wurde der Anspruch von ca. 80 % der Arbeitnehmer – davon rd. ein Drittel mit Arbeitnehmer-Sparzulage – wahrgenommen. Der durchschnittliche Anteil der Arbeitgeber betrug rd. 200 Euro pro Jahr bei einer durchschnittlichen Gesamtsparleistung von rd. 350 Euro. → *Vermögensumverteilung.*

http://bundesrecht.juris.de/bundesrecht/vermbg_2/index.html

▶ **Vermögenszuordnungsgesetz** → *Vermögensgesetz*

▶ **Verordnung** → *Rechtsverordnung*

▶ **Verordnung der EU** → *Europäische Gesetzgebung*

▶ **Verpfändung** → *Pfandrecht*

▶ **Verpflichtungsermächtigungen**

Begriff aus dem öffentlichen Haushaltsrecht (→ *Haushaltsplan*). Durch sie können einzelne Titel in den Haushaltsplänen kommender Jahre bereits im Vorgriff belastet werden, z. B. bei größeren Investitionsvorhaben, die über mehrere Haushaltsjahre laufen. Verpflichtungsermächtigungen sind im Haushaltsplan jeweils gesondert auf der Ausgabenseite auszuweisen. Sie erleichtern eine kontinuierliche Abwicklung der Vorhaben und deren Finanzierung.

▶ **Verrechnungsscheck**

Ein → *Scheck* mit dem quergeschriebenen Vermerk „**Nur zur Verrechnung**". Bezogene → *Kreditinstitute* dürfen den Scheck nicht bar ausbezahlen, sondern nur einem Konto gutschreiben.

▶ **Verschlüsselung** → *Kryptologie*

▶ **Verschmelzung** → *Fusion*

▶ **Verschuldungsgrad (Fremdkapitalquote)** → *Kapitalstruktur*

▶ **Verschuldungsgrenze**

Im Grundgesetz (Art. 115 GG) vorgeschriebene Beschränkung der → *Nettokreditaufnahme* öffentlicher Haushalte (→ *Öffentlicher Haushalt*) auf die im Haushalt veranschlagten Ausgaben für → *Investitionen*. Ausnahmen gelten nur bei einer Störung des gesamtwirtschaftlichen Gleichgewichts (→ *Magisches Viereck*). Probleme treten auf bei einer Politik des → *Deficit Spending*.

Weitere Beschränkungen ergeben sich aus dem Bundesbankgesetz (→ *Bundesbank*) und dem → *Stabilitäts- und Wachstumspakt* in der EU (*Europäische Union (EU)*). Für die → *Gemeinden* gelten besondere Bestimmungen.

▶ **Verschuldungsquote**

Anteil des Schuldenstandes an den Gesamtausgaben öffentlicher Haushalte (→ *Öffentlicher Haushalt*). → *Öffentliche Verschuldung*.

▶ **Verschwiegenheitspflicht** → *Schweigepflicht*

▶ **Versicherungen**

Private oder öffentlich-rechtliche Gesellschaften (→ *Öffentliches Recht*) mit dem Zweck, persönliche und wirtschaftliche Risiken gegen Prämienzahlung zu versichern. Dabei gilt das Prinzip, eine Gemeinschaft gleichartig Gefährdeter **(Gefahrengemeinschaft)** mit selbständigen Rechtsansprüchen durch die Möglichkeit einer wechselseitigen Inanspruchnahme der Versicherungsleistung im Schadensfalle i. d. R. nach dem → *Äquivalenzprinzip* abzusichern.

Die **privaten** Versicherungen sind an die Rechtsformen der → *Aktiengesellschaft (AG)* oder des → *Versicherungsvereins auf Gegenseitigkeit (VVaG)* gebunden. Sie unterliegen der Genehmigung und der Beaufsichtigung durch die → *Bundesanstalt für Finanzdienstleistungsaufsicht (BaFin).* Die **öffentlich-rechtlichen** Versicherungen entstehen durch Hoheitsakt. Hierzu zählen die gesetzliche Kranken-, Unfall- und Rentenversicherung (→ *Sozialversicherung).* → *Versicherungsvertragsgesetz.*

▶ **Versicherungsaufsichtsgesetz (VAG)** → *Bundesanstalt für Finanzdienstleistungsaufsicht (BaFin)*

▶ **Versicherungsfreiheit bei geringfügiger Beschäftigung**
→ *Arbeiterrentenversicherung*

▶ **Versicherungspflicht**

Die Verpflichtung für alle → *Arbeitnehmer* und Rentner sowie eine kleine Gruppe → *Selbständige* zur Mitgliedschaft in der → *Sozialversicherung.*

Lediglich in der → *Krankenversicherung* und → *Pflegeversicherung* sind Arbeiter und Angestellte mit einem Jahresarbeitsverdienst über der **Jahresarbeitsentgeltgrenze (Versicherungspflichtgrenze)** zur Kranken- und Pflegeversicherung, von der Versicherungspflicht befreit (§ 6 Abs. 4 SGB V). Sie ist mit 75 % der in der Rentenversicherung der Arbeiter und Angestellten geltenden

→ *Beitragsbemessungsgrenze* festgelegt und beträgt 46 800 Euro bzw. monatlich 3900 Euro (2005).

Für Personen, die mit ihrem regelmäßigen Jahresarbeitsentgelt die Versicherungspflichtgrenze überschreiten, besteht nach dem → *Sozialgesetzbuch (SGB)* (§ 6 Abs. 1 SGB V) die Möglichkeit einer freiwilligen Weiterversicherung, wenn sie zuvor mindestens 12 Monate pflichtversichert waren. Auch zur Autohaftpflichtversicherung und für die Feuerversicherung gilt eine Versicherungspflicht.

▶ **Versicherungspflichtgrenze** → *Versicherungspflicht*

▶ **Versicherungsteuer**

Eine → *Verkehrsteuer*, die nach dem **Versicherungsteuergesetz** i. d. F. vom 10. 1. 1996 auf das Versicherungsentgelt (Prämie) erhoben wird. Sie wird seit 1989 als staatliches Finanzierungsinstrument eingesetzt. 1989 wurde der Versicherungssatz von 5 % auf 7 %, zum 1. 7. 1991 auf 10 % (Solidaritätsgesetz), zum 1. 7. 1993 auf 12 % (→ *Solidarpakt*), ab 1. 1. 1995 auf 15 % und zum 1. 1. 2002 auf 16 % (zusammen mit einer Erhöhung der → *Tabaksteuer* als Finanzbeitrag für erhöhte Ausgaben für die innere Sicherheit nach den Anschlägen in New York) angehoben. Siehe **Abb. 37**.

http://www.rechtliches.de/info_VersStG.html

▶ **Versicherungsverein auf Gegenseitigkeit (VVaG)**

Eine bei → *Versicherungen* vom → *Marktanteil* (ca. 25 %) nicht unbedeutende private Gesellschaftsform zum Zweck der Versicherung von Vereinsmitgliedern. Die Mitglieder sind Versicherungsnehmer und Versicherer zugleich.

▶ **Versicherungsvertragsgesetz (VVG)**

Gesetz über den Versicherungsvertrag vom 30. 5. 1908 mit späteren Änderungen. Es regelt die Beziehungen zwischen den → *Versicherungen* und ihren Kunden in der **Individualversicherung** (Versicherung auf privatrechtlicher Basis durch Versicherungsvertrag für die Schadens-, Lebens- und private → *Unfallversicherung*). Es gilt u. a. nicht für die → *Sozialversicherung* und die Unterstützungskassen (→ *Betriebliche Altersversorgung*). Geregelt werden die rechtlichen Beziehungen zwischen den Vertragspartnern vor allem zum Schutz des Versicherungsnehmers. Ergänzende Bestimmungen enthalten noch die inzwischen weitgehend in deutsches Recht übergeleiteten versicherungsrechtlichen Richtlinien der EU (→ *Europäische Gesetzgebung*).

http://dejure.org/gesetze/VVG

▶ **Versorgungsamt**

Für die Erledigung bestimmter sozialer Angelegenheiten (z. B. Feststellung des Grads der Behinderung für → *Schwerbehinderte*) zuständige Behörde, die dem jeweiligen Landesversorgungsamt untersteht.

▶ **Versorgungsanstalt des Bundes und der Länder (VBL)**
→ *Betriebliche Altersversorgung*

▶ **Versorgungsbericht** → *Rentenreform*, → *Versorgungsbezüge*

▶ **Versorgungsbetriebe**

Erwerbswirtschaftlich ausgerichtete → *Kommunalbetriebe*. Falls sie keine eigene Rechtspersönlichkeit besitzen, müssen sie als → *Eigenbetriebe* zusammengefasst werden, z. B. Stadtwerke. → *Öffentliche Unternehmen*.

▶ **Versorgungsbezüge**

(Ruhegehalt) Bezeichnung der Pensionen für → *Beamte*, der Bezüge von Witwen und Waisen sowie Bezüge, die ein → *Arbeitnehmer* oder dessen Hinterbliebene von seinem öffentlichen Arbeitgeber (→ *Gebietskörperschaften*, → *Öffentliche Unternehmen*) erhält. Die Höhe des Ruhegehalts ist abhängig von der ruhegehaltsfähigen Dienstzeit und den ruhegehaltsfähigen Dienstbezügen. Grundlage ist das **Gesetz über die Versorgung der Beamten**

und Richter in Bund und Ländern (Beamtenversorgungsgesetz) i. d. F. vom 16. 3. 1999. Steuerfrei bleiben 40 % der Versorgungsbezüge, höchstens jedoch 3072 Euro jährlich (Versorgungsfreibetrag nach § 19 Abs. 2 EStG).

Versorgungsbezüge, die ein Arbeitnehmer aus einer gesetzlichen oder privaten Rentenversicherung erhält, werden dagegen wie Renten besteuert (→ *Alterseinkünftegesetz*).

Als eine der Konseqenzen aus den Ergebnissen und Vorschlägen des **Versorgungsberichts zur langfristigen Harmonisierung des Alterssicherungssystems der Beamtenversorgung** (→ *Rentenreform*) wurde mit dem **Versorgungsreformgesetz 1998** u. a. die Bildung von Versorgungsrücklagen zur Stärkung der Finanzierungsgrundlage der Beamtenpensionen eingeführt. Mit dem **Versorgungsrücklagengesetz** gelten für die Bundesbeamten Neuregelungen, wonach in den Jahren 1999 bis 2013 die jährlichen Besoldungs- und Versorgungsanpassungen um durchschnittlich 0,2 % vermindert werden. Mit dem Unterschiedsbetrag werden beim Bund und bei den Ländern rechtlich selbständige → *Sondervermögen* gebildet. Ab 2014 sollen die so gebildeten Rücklagen in Höhe von rd. 30 Mrd. Euro den öffentlichen Haushalten (→ *Öffentlicher Haushalt*) als Finanzierungshilfe für die Beamtenpensionen zur Verfügung stehen.

Nach der Einführung einer zusätzlichen privaten Altersversorgung in der gesetzlichen → *Rentenversicherung* (→ *Altersvermögensgesetz*) hat die Bundesregierung entsprechende Regelungen auch für die Beamten geschaffen. Mit dem **Versorgungsänderungsgesetz** vom 20. 12. 2001 wurden sie ab 2002 in das neue System des staatlich geförderten Aufbaus einer ergänzenden Altersversorgung einbezogen. Dabei wird das bisher höchstmögliche Versorgungsniveau der Beamten von 75 % der in den letzten drei Jahren bezogenen Besoldung bis 2010 auf 71,25 % absinken.

Um Doppelbelastungen der Beamten zu vermeiden, wird die bereits bestehende Versorgungsrücklage zwischen 2003 und 2010 ausgesetzt. Erst ab 2011 soll diese Rücklage wieder aufgebaut, bis 2021 insgesamt 3 % erreicht sind.

http://www.rechtliches.de/info_BeamtVG.html

▶ **Versorgungsfreibetrag** → *Versorgungsbezüge*

▶ **Versorgungswerte**

Begriff an der → *Börse* für die → *Aktien* der Versorgungsbetriebe.

▶ **Versorgungswirtschaft**

Sammelbezeichnung für die Unternehmen der Elektrizitäts-, Gas- und Wasserversorgung. → *Versorgungsbetriebe.*

▶ **Verteilungspolitik**

Die Bezeichnung für alle Maßnahmen zur Beeinflussung der → *Einkommensverteilung* und zur → *Vermögensumverteilung.*

Für den von den → *Gewerkschaften* beeinflussbaren Teil der Verteilungspolitik stehen die Instrumente der → *Tarifpolitik* und der → *Mitbestimmung* zur Verfügung. Die **staatliche** Verteilungspolitik konzentriert sich dagegen auf die → *Steuerpolitik* und → *Finanzpolitik* sowie auf die Gestaltung und Zahlung von → *Transferleistungen.*

Im weiteren Sinne zählen auch die Verkürzung der → *Arbeitszeit* und andere arbeitmarktpolitische Instrumente (→ *Arbeitsmarktpolitik*) zu den verteilungspolitischen Instrumenten, sofern sie den → *Arbeitsmarkt* entlasten und neue Arbeitsplätze schaffen bzw. bestehende Arbeitsplätze sichern.

Fehlgeschlagen sind bisher alle Versuche, mit Hilfe der → *Sparförderung* oder betrieblicher Modelle zur → *Vermögensbildung* eine Umverteilung vorhandener und neu hinzukommender → *Vermögen* zu erreichen. → *Ordnungspolitik.*

▶ **Verteilungsspielraum**

Eine Größe, die in der → *Tarifpolitik* eine Rolle spielt. Bei Tarifverhandlungen ergibt sich eine Orientierungsgröße für den Verteilungsspielraum aus der Addition der durchschnittlichen Preissteigerungen für die Lebenshaltung (→ *Lebenshaltungspreisindex*) und dem durchschnittlichen Produktivitätszuwachs

(→ *Produktivität*). Je nach der wirtschaftlichen Situation (→ *Konjunktur*), der Höhe der Unternehmensgewinne (→ *Gewinn*) und der Verschiebungen zu Lasten der Arbeitnehmereinkommen in der → *Lohnquote* nehmen die → *Gewerkschaften* noch einen besonderen **Verteilungszuschlag** in ihre Lohnforderung auf. Der Verteilungsspielraum ist demnach eine gewerkschaftspolitisch definierte Größe, die von der jeweiligen Ertragslage einer Branche, den wirtschaftlichen Rahmenbedingungen und den volkswirtschaftlichen Größen (→ *Volkswirtschaftliche Gesamtrechnung (VGR)*) Preisentwicklung und Produktivitätssteigerung abhängig ist. → *Verteilungspolitik*.

▶ **Vertikale Wettbewerbsbeschränkungen** → *Kartellgesetz*

▶ **Vertrag**

(Kontrakt) Mehrseitiges Rechtsgeschäft, mit dem private Rechtsverhältnisse begründet, aufgehoben oder geändert werden können. Voraussetzung ist die übereinstimmende Willenserklärung über den Abschluss und den Inhalt des Vertrags durch die Vertragsparteien. → *Vertragsfreiheit*.

Rechtsgrundlage sind die Vorschriften im BGB (→ *Bürgerliches Gesetzbuch (BGB)*) (§ 145 BGB bis § 157 BGB). Zu beachten sind weiterhin die Vorschriften zum elektronischen Geschäftsverkehr (→ *E-Commerce*) nach § 312 e BGB.

Spezielle Verträge sind u. a. der
- → *Kaufvertrag* (§ 433 BGB bis § 479 BGB),
- → *Darlehensvertrag* (§ 488 BGB bis § 498 BGB),
- → *Schenkungsvertrag* (§ 516 BGB bis § 534 BGB),
- → *Mietvertrag* und Pachtvertrag (§ 535 BGB bis § 597 BGB),
- → *Dienstvertrag* (§ 611 BGB bis § 630 BGB).
- → *Arbeitsvertrag* als besondere Art des Dienstvertrags,
- → *Werksvertrag* (§ 433 BGB bis § 651 BGB),
- Reisevertrag (§ 651 a BGB bis § 651 m BGB),
- → *Maklervertrag* (§ 652 BGB bis § 655 BGB).
- Verwahrungsvertrag (z. B. im → *Lagergeschäft*) (§ 688 BGB bis 700 BGB).

Daneben gibt es noch den **öffentlich-rechtlichen Vertrag** (→ *Öffentliches Recht*), z. B. Verträge zwischen → *Gebietskörperschaften* sowie **internationale Verträge**. Hier gelten nicht die Regelungen des BGB – es sei denn, es handelt sich um eine vertragliche Beziehung zwischen einer Behörde und privaten Personen auf Gleichordnungsbasis, z. B. beim Materialeinkauf.

▶ **Vertragsfreiheit**

Bedeutet, dass jedermann die Freiheit hat, selbst zu entscheiden, ob, wie und mit wem ein → *Vertrag* abgeschlossen wird und die Vertragsparteien den Inhalt und die Form eines Vertrags frei bestimmen können. Dies gilt jedoch nur, wenn nicht durch gesetzliche Bestimmungen inhaltliche und formale Vorgaben gemacht werden (z. B. beim → *Kontrahierungszwang* oder der Pflicht zur Beurkundung durch einen Notar beim Kaufvertrag über ein Grundstück).

▶ **Vertragsstrafe**

(Konventionalstrafe) hat ein Vertragspartner (→ *Vertrag*) zu zahlen, wenn er eine vertragliche Verpflichtung nicht oder nicht voll (z. B. zu einem vereinbarten Termin) erfüllen kann.
Rechtsgrundlagen sind die Vorschriften im BGB (→ *Bürgerliches Gesetzbuch (BGB)*) (§ 336 BGB bis § 345 BGB). → *Wettbewerbsklausel*.

▶ **Vertrauensleute**

Ehrenamtliche Funktionäre der → *Gewerkschaften* als betriebliche Nahtstelle zu den Gewerkschaftsmitgliedern. Sie werden auf Mitgliederversammlungen oder in geheimer Abstimmung für 3 oder 4 Jahre gewählt und genießen in einigen Gewerkschaften einen besonders vereinbarten Schutz (z. B. vor Kündigungen). Vertrauensleute üben oft auch in Personalunion ein Amt im → *Betriebsrat* oder → *Personalrat* aus.

▶ **Vertretbare Wertpapiere** → *Effekten*

▶ **Vertretbarkeit**

(Fungibilität) Die Eigenschaft von Objekten, im Geschäftsverkehr nach Anzahl, Gewicht oder Maß bestimmbar zu sein. Für Waren ist eine vorherige Typisierung bzw. klare Kennzeichnung erforderlich.

▶ **Verursacherprinzip**

Aus der → *Umweltökonomie* stammender Grundsatz, wonach derjenige die Kosten einer Umweltbelastung tragen muss, der sie verursacht hat. → *Umweltschutz*.

▶ **Verwaltungsakt**

Wichtigstes Handlungsinstrument der öffentlichen Verwaltung als Ausfluss hoheitlicher Tätigkeit (→ *Hoheitsakt*). Nur bei offenkundigen schwerwiegenden Fehlern ist ein Verwaltungsakt nichtig.

Die Rechtswirksamkeit eines Verwaltungsaktes (z. B. für einen → *Steuerbescheid* oder ein Bußgeld) kann nur durch einen termingerechten Widerspruch oder eine Beschwerde bei der ausstellenden Behörde angefochten werden. Diese oder ein → *Verwaltungsgericht* bzw. → *Finanzgericht* hat dann über eine Rücknahme oder Korrektur des Verwaltungsaktes zu entscheiden.

Rechtsgrundlage für einen Verwaltungsakt im → *Steuerrecht* ist die → *Abgabenordnung (AO)* (§ 118 AO bis § 133 AO), ansonsten das **Verwaltungsverfahrensgesetz** i. d. F. vom 23. 1. 2003 (§ 35 VwVfG bis § 53 VwVfG).

http://www.rechtliches.de/info_AO.html
http://bundesrecht.juris.de/bundesrecht/vwvfg/

▶ **Verwaltungsgericht**

Für Streitigkeiten von Personen und Institutionen mit → *Gebietskörperschaften* und deren Behörden zuständiges Gericht, soweit sie nicht durch Bundesgesetz einem anderen Gericht zugewiesen sind.

Rechtsgrundlage der **Verwaltungsgerichtsbarkeit** ist die **Verwaltungsgerichtsordnung (VwGO)** i. d. F. vom 19. 3. 1991. Hierin sind vier Klagearten vorgesehen:

● **Anfechtungsklage** mit dem Ziel, einen → *Verwaltungsakt* aufzuheben.

● **Verpflichtungsklage** mit dem Ziel, einen abgelehnten oder unterlassenen Verwaltungsakt durchzuführen.

● **Verpflichtungsklage** mit dem Ziel der Feststellung des Bestehens oder Nichtbestehens eines öffentlich-rechtlichen Rechtsverhältnisses (→ *Öffentliches Recht*) bzw. der Nichtigkeit eines Verwaltungsaktes.

● **Klage zur Feststellung** der Gültigkeit einer → *Rechtsverordnung* oder → *Satzung* bzw. eines Rechtsverhältnisses.

Vorausgehen müssen jeweilige **Vorverfahren** mit bestimmten Fristen und Formvorschriften (z. B. der **Widerspruch** bei Anfechtungsklagen oder Verpflichtungsklagen und ein ergangener Widerspruchsbescheid der zuständigen Behörde). Weitere Instanzen in einem Verwaltungsgerichtsverfahren sind das Oberverwaltungsgericht bzw. bei landesgesetzlichen Verfahren der Verwaltungsgerichtshof eines Bundeslandes und ggf. das Bundesverwaltungsgericht in Berlin als oberste Instanz. → *Verwaltungsrecht*.

▶ **Verwaltungsrat**

Das Überwachungsorgan für eine → *Körperschaft des öffentlichen Rechts* oder → *Anstalt des öffentlichen Rechts*. Er entspricht dem → *Aufsichtsrat* bei einer → *Aktiengesellschaft (AG)*, hat jedoch je nach den gesetzlichen oder satzungsrechtlichen (→ *Satzung*) Bestimmungen größere oder kleinere Befugnisse als ein Aufsichtsrat des Aktienrechts. **Beispiel:** Verwaltungsrat der Rundfunkanstalten.

▶ **Verwaltungsrecht**

Teilgebiet des öffentlichen Rechts (→ *Öffentliches Recht*). Es regelt die Beziehungen von Personen und Institutionen mit den → *Gebietskörperschaften* und deren Behörden. Das Verwaltungsrecht hat seine Grundlage in den jeweiligen Bundes- oder Landes-

gesetzen oder in Vorschriften der → *Gemeinden* und Gemeindeverbände. Hierin geregelt sind z. B. das Polizeirecht, Beamtenrecht
(→ *Beamte*), Schulrecht, Gewerberecht (→ *Gewerbe/Gewerbebe-
trieb*) und Steuerrecht. Streitigkeiten werden vom → *Verwaltungsgericht* entschieden.

▶ **Verzug**

Nimmt ein Gläubiger die ihm angebotene Leistung nicht an,
kommt er in **Annahmeverzug** (§ 293 BGB). Leistet ein Schuldner
auf eine Mahnung des Gläubigers nicht, die nach dem Eintritt der
Fälligkeit erfolgt, so kommt er durch die Mahnung in **Schuldnerverzug** (§ 286 BGB).

In beiden Fällen beschreibt das BGB (→ *Bürgerliches Gesetzbuch (BGB)*) verschiedene Rechtsfolgen (z. B. Zahlung von **Verzugszinsen** von 5 Prozentpunkten über dem → *Basiszinssatz* beim
Schuldnerverzug nach § 288 BGB). Bezugsgröße für den Basiszinssatz ist hierbei der Zinssatz für die jüngste Hauptrefinanzierungs-
operation der Europäischen Zentralbank (→ *Europäisches System der Zentralbanken (ESZB)*) vor dem ersten Kalendertag des
betreffenden Halbjahres (→ *Offenmarktpolitik*).

▶ **VGR** → *Volkswirtschaftliche Gesamtrechnung (VGR)*

▶ **VHS (Video Home System)**

Standard für analoge Videoaufzeichnungen (→ *Digitale Nachrichtenübertragung*).

▶ **Videokonferenz**

Von der Deutschen Telekom AG (→ *Bundespost*) und von privaten Gesellschaften angebotener Dienst der → *Telekommunikation*: In speziellen, an verschiedenen Orten eingerichteten Video-
Konferenzstudios befinden sich die Teilnehmer, z. B. für Ge-
schäftsbesprechungen, die live in Bild und Ton miteinander kommunizieren. Übertragen wird im → *ISDN* per Satellit oder über
→ *Glasfaserkabel*.

▶ **Video on Demand**

Anwendungsbereich von → *Multimedia*. Der Nutzer kann bestimmte Programme oder Filme aus einem breiten Angebot gegen Entgelt jederzeit abrufen.

▶ **Video-Telefonie**

(Voice over IP – VoIP) Telefonieren über das → *Internet* mit gleichzeitiger Übertragung bewegter Bilder, z. B. der telefonierenden Personen. Benötigt werden → *Handy* mit → *UMTS-Technik* oder IP-Telefon (→ *Internettelefonie*) mit Netzwerkanschluss mit oder ohne → *PC*.

▶ **Videotext**

Nachrichtendienst der Fernsehanstalten, der mit einer speziellen Ausstattung des TV-Geräts abgerufen werden kann.

▶ **Vierte Welt** → *Entwicklungsländer*

▶ **Vignetten-Verfahren**

Bei der Diskussion um die Einführung einer Straßenbenutzungsgebühr mögliches Verfahren, bei dem z. B. die Benutzungserlaubnis der Autobahn durch Kauf einer jährlich zu erneuernden Plakette (z. B. in der Schweiz und Österreich) erworben wird.

Nachdem man sich in der EU (→ *Europäische Union (EU)*) nach jahrelangen Diskussionen nicht auf eine allgemeine Abgabe für schwere LKW einigen konnte, wurde mit einer Richtlinie der EU (→ *Europäische Gesetzgebung*) als Übergangslösung bis zu einer verbindlichen einheitlichen Regelung die Möglichkeit einer **Euro-Vignette** geschaffen. Seit Anfang 1995 mussten LKW über 12 t in den drei Benelux-Staaten, in Dänemark und Deutschland für die Benutzung von Fernstraßen eine Jahresgebühr entrichten. An die Stelle der im August 2003 ausgelaufenen zeitbezogenen Regelung sollte ab 1. 9. 2003 in Deutschland eine streckenbezogene **LKW-Maut** treten. Die gefahrenen Strecken werden über ein elektronisches Erfassungssystem ermittelt. Rechtsgrundlage ist das

Gesetz zur Einführung von streckenbezogenen Gebühren für die Benutzung von Bundesautobahnen mit schweren Nutzfahrzeugen vom 12. April 2002.

Nach Schwierigkeiten mit der Anwendung des von dem Betreiberkonsortium *Toll Collect* entwickelten Erfassungssystems wurde die LKW-Maut mit einem durchschnittlichen Maut-Satz von 12,4 Cent pro Kilometer ab 1.1. 2005 eingeführt. → *Ökosteuer*, → *Kraftfahrzeugsteuer.*

▶ **Vinkulierte Namensaktien**

Begriff aus dem → *Aktiengesetz (AktG)* für → *Namensaktien*, die nur mit Zustimmung der Gesellschaft übertragen werden können (§ 68 Abs. 2 AktG). Durch die Ausgabe vinkulierter Namensaktien wird u. a. beabsichtigt, den Aktionärskreis überschaubar zu machen und gegebenenfalls unerwünschte Personen fern zu halten. Sie sind nur noch selten anzutreffen.

▶ **Virtuell**

Scheinbar, nicht wirklich.

▶ **Virtueller Arbeitsmarkt** → *Bundesagentur für Arbeit (BA)*

▶ **Virtuelles Unternehmen**

Im Zuge der → *Globalisierung* entstandene neue Organisationsform von Unternehmen, bei der nur noch organisatorische Tätigkeiten im Stammunternehmen verbleiben. Die jeweiligen Verantwortungszentren befinden sich in räumlicher Nähe zum internationalen Tätigkeitsbereich (z. B. Vertriebsvorstand in der Region der Hauptabsatzmärkte, Produktionschef in der Region von Produktionsschwerpunkten, der Verantwortliche für den Einkauf in der Region der Hauptzulieferer). Die Kommunikation erfolgt über festgeschaltete Netze zur → *Datenübertragung*. Die Vorteile liegen in der unmittelbaren Kundennähe bzw. in der Nähe zum jeweils unternehmerischen Handlungsfeld, in der dadurch möglichen schnellen Anpassungs- und Entscheidungsfähigkeit sowie der geografischen Unabhängigkeit. Im Stammunternehmen sind dafür keine besonderen Organisationsformen mehr nötig. → *Multimedia,* → *Informationsgesellschaft,* → *Call Center.*

Auch im Zusammenhang mit den Beschäftigungsmöglichkeiten für → *Scheinselbständige* spricht man bei dem auftraggebenden Unternehmen von virtuellen Unternehmen. Diese sind kleine Organisationseinheiten, die ihre Tätigkeiten von Personen in Scheinselbständigkeit durchführen lassen, die meist in voller Abhängigkeit stehen und ohne Arbeitnehmerrechte sind. → *Telearbeit.*

▶ **Virus**

Daten und Programme zerstörende Systeme im → *Computer,* die jährlich einen enormen volkswitschaftlichen Schaden verursachen. Ein Virus wird insbesondere über das → *Internet* oder bei der → *Datenfernübertragung* verbreitet.

● **Bootsektorviren** nisten sich im Grundlagenteil einer → *Festplatte* oder → *Diskette* (Bootsektor) ein und werden bei jedem Systemstart aktiv.

● **Cruising Viren** verbreiten sich in einem großen → *Netzwerksystem* auf der Suche nach einem bestimmten Datensystem (z. B. Finanzdateien), das sie zerstören oder manipulieren (z. B. bestimmte Buchungsvorgänge vornehmen).

● **Dateiviren** befallen bestimmte Programme, die beim Öffnen den Virus weitergeben.

● **E-Mail-Viren** werden beim Öffnen eines → *Attachment* weitergegeben.

● Ein **Wurm** ist ein besonderer Computervirus, der sich meist in Mehrbenutzer-Systemen selbsttätig beim Kopieren ausbreitet und Dateien zerstört.

Mit **Virensuchprogrammen** kann ein infizierter Datenträger aufgespürt und mit einem Virenkillerprogramm i. d. R. „geheilt" werden. Jedoch ist dabei auf eine regelmäßige Aktualisierung durch Herunterladen des jeweiligen → *Update* zu achten.

▶ **Voice over IP (VoIP)** → *Video-Telefonie*

▶ **VOL (Verdingungsordnung für Leistungen)** → *Ausschreibung*

▶ **Volatilität**

(Schwankungsbreite, -bereich) Ein Maßstab zur Bewertung vergangener und wahrscheinlich zukünftiger Schwankungen von Zinssätzen, → *Devisen* und Kursen für → *Wertpapiere* sowie von Preisen für die → *Futures* und → *Option.*

Die Volatilität wird mit Hilfe mathematischer Verfahren ermittelt als auf ein Jahr bezogene durchschnittliche Schwankungsbreite (Standardabweichung) um den Mittelwert der betrachteten jährlichen → *Zeitreihe.* Dies geschieht im Nachhinein (→ *Ex-post-Analyse*) als berechneter Erfahrungswert (**historische Volatilität**) und/oder für die Zukunft (→ *Ex-ante-Analyse*) für die zu erwartende Volatilität aufgrund der bekannten Volatilität des zurückliegenden Zeitraums.

Eine Berechnung der erwarteten Volatilität für das → *Basisgut* einer Option erfolgt mit Hilfe des bekannten Optionspreises (**implizite Volatilität**). Eine Option, deren Basisgut über eine hohe erwartete Volatilität verfügt, wird i. d. R. wegen der höheren Gewinnwahrscheinlichkeit höher bewertet als eine Option, deren Basisgut eine niedrigere erwartete Volatilität ausweist.

▶ **Volksaktien**

Bezeichnung für → *Aktien*, die aus der → *Privatisierung* von Bundesvermögen stammen und die z. T. zu Vorzugsbedingungen einkommensschwachen Personen angeboten wurden. Ziel war eine breite Eigentumsstreuung zur → *Vermögensbildung.* Dieses Ziel wurde jedoch nicht erreicht. Volksaktien wurden ausgegeben 1959 (*Preußag*), 1961 (*Volkswagenwerk*) und 1965 (*Veba*).

▶ **Volksbanken**

→ *Kreditgenossenschaften*, die zu einem erheblichen Teil aus mittelständischen Gewerbetreibenden bestehen. Sie arbeiten im

Verbund mit den → *Raiffeisenbanken* als → *Universalbanken* – insgesamt rd. 1400 Instituten. Spitzeninstitut ist die Deutsche Genossenschaftsbank (DG-Bank).

http://www.vrnet.de/

▶ **Volkseigener Betrieb (VEB)**

Bezeichnung für staatliche Betriebe in der ehemaligen DDR, die 1945 in der damaligen Sowjetischen Besatzungszone (SBZ) beschlagnahmt und später zu „Volkseigentum" erklärt wurden, sowie für Betriebe, die seit Kriegsende neu errichtet wurden. Bis 1951 waren sie unselbständige Filialbetriebe der ihnen übergeordneten Vereinigungen Volkseigener Betriebe (VEB). Sie wurden später in Kombinate umgewandelt und den Industrieministerien direkt unterstellt. Mehr als 95 % der Beschäftigten in der ehem. DDR arbeiteten in Betrieben im sozialistischen Eigentum (VEB) sowie in Genossenschaften verschiedener Formen. → *Treuhandanstalt.*

▶ **Volkseinkommen** → *Sozialprodukt (Nationaleinkommen)*

▶ **Volkswirtschaftliche Gesamtrechnung (VGR)**

Zahlenmäßige Darstellung der wirtschaftlichen Beziehungen zwischen den volkswirtschaftlichen Sektoren im → *Wirtschaftskreislauf* eines Landes für das abgelaufene Jahr bzw. für Halbjahres- und Quartalszeiträume.

Die Ergebnisse der VGR dienen u. a. der Darstellung und Erklärung makroökonomischer Zusammenhänge (→ *Makroökonomie*) und sind ein Instrument zur Vorbereitung und Begründung von Entscheidungen in der → *Wirtschaftspolitik,* → *Finanzpolitik* und → *Sozialpolitik.* Sie bilden außerdem die Grundlage der deutschen Daten für das jährliche Stabilitätsprogramm im Rahmen der EWWU (→ *Europäischen Wirtschafts- und Währungsunion (EWWU)).*

Die in der VGR üblichen Gliederungsschemata orientieren sich an international einheitlichen Rahmen-Standards. Seit 1999 sind durch die Verordnung der EU (→ *Europäische Gesetzgebung*) zum **„Europäischen System volkswirtschaftlicher Gesamtrechnungen (ESVG 1995)"** vom 25. 6. 1996 und die Kommissionsentscheidung zur Anwendung der **Bruttosozialproduktrichtlinie (BSP-Richtlinie)** vom 3. 9. 1997 die nationalen Statistik-Institutionen (in Deutschland → *Statistisches Bundesamt*) und → *EUROSTAT* verpflichtet, das ESVG 1995 anzuwenden. Dieses System orientiert sich weitgehend am **„System of National Accounts (SNA 1993)"**, das seit 1968 von den → *Vereinten Nationen (UN)* entwickelt und empfohlen wird.

Das seit 1960 in Deuschland angewandte eigenständige System der VGR wurde deshalb aufgegeben und teilweise geänderte Begriffe (z. B. → *Nationaleinkommen*, → *Primäreinkommen*) und eine geänderte Systematik eingeführt. Ziel ist das Erreichen von Vergleichbarkeit durch harmonisierte Berechnungsmethoden aller wichtigen Daten (vgl. hierzu Wirtschaft und Statistik, Heft 4/1999, hrsgg. vom Stat. Bundesamt, Wiesbaden).

Eine weitere wesentliche Revision erfolgte 2005: Während in der Vergangenheit die Daten der VGR auf der Grundlage von Preisen eines bestimmten Bezugsjahres (zuletzt in Preisen von 1995) ermittelt wurden, erfolgt dies nun auf die jährlich wechselnde Preisbasis des Vorjahres (also z. B. Ergebnisse für das Jahr 2005 in Preisen von 2004). Auch hier wurde verbindlichen europäischen Rechtsvorschriften entsprochen (siehe Tabelle S. 1086).

Die VGR dient in erster Linie als Instrument zur Ermittlung des Nationaleinkommens bzw. Volkseinkommens (→ *Sozialprodukt (Nationaleinkommen)*) eines Landes. Dabei werden seit 1999 die wirtschaftlichen Beziehungen zwischen den Sektoren **„Gesamte Volkswirtschaft", „Nicht finanzielle Kapitalgesellschaften", „Finanzielle Kapitalgesellschaften", „Staat"** sowie **„Private Haushalte", „Private Organisationen ohne Erwerbscharakter"** sowie **„Übrige Welt"** in einem geschlossenen Kontensystem, nach den Prinzipien der doppelten → *Buchführung* erfasst und ausgewiesen.

Es werden drei Gruppen von Sektorkonten erfasst:

I. **Produktionskonto** (vom Produktionswert zur Nettowertschöpfung)

II.1.1 **Einkommensentstehungskonto** (von der Nettowertschöpfung zum Netto-Betriebsüberschuss)

II.1.2 **Primäres Einkommensverteilungskonto** (vom Netto-Betriebsüberschuss zum Primäreinkommen/Nettonationaleinkommen)

II.2.3 **Konten der sekundären Einkommensverteilung** (vom Primäreinkommen zum verfügbaren Einkommen)

II.4 **Einkommensverwendungskonto** (vom verfügbaren Einkommen zur Restgröße Sparen)

III.1.1 **Konto der Reinvermögensänderung durch Sparen und Vermögenstransfer**

III.1.2 **Sachvermögensbildungskonto.**

Daneben wird vom Statistischen Bundesamt auch eine → *Input-Output-Rechnung* in der Form einer Input-Output-Tabelle (siehe **Abb. 17**, Seite 537) veröffentlicht. Sie ist Grundlage für die Analyse der Güter- und Produktionsbeziehungen der einzelnen Sektoren untereinander sowie mit dem Ausland (→ *Input-Output-Analyse*). Außerdem lassen sich die Auswirkungen der gesamtwirtschaftlichen Nachfrage auf die Produktion und auf die → *funktionelle Einkommensverteilung* erkennen.

Weitere ergänzende Bestandteile der VGR sind die **Finanzierungsrechnung** mit Hinweisen über die finanziellen Verflechtungen zwischen den Sektoren.

Hinzu kommt noch die von der → *Bundesbank* erstellte **Außenwirtschaftsrechnung**, die u. a. in der → *Zahlungsbilanz* die Güter- und Kapitalströme zwischen Inländern und dem Ausland darstellt. → *Umweltökologische Gesamtrechnung.*

http://www.destatis.de/indicators/d/vgrueb.htm

▶ **Volkswirtschaftlicher Kreislauf** → *Wirtschaftskreislauf*

▶ **Volkswirtschaftslehre (VWL)**

Teil der → *Wirtschaftswissenschaften*, der sich mit den gesamtwirtschaftlichen Zusammenhängen befasst und sie zu erklären versucht.

	Arbeits- produktivität[1]	Lohnkosten[2]	Lohnstück- kosten[3]	Sparquote[4] in %	Volkseinkommen je Einwohner Euro
	Veränderung gegenüber dem Vorjahr in %				
1991	–	–	–	12,9	14 910
1992	3,7	10,4	6,4	12,7	15 755
1993	0,5	4,1	3,5	12,1	15 862
1994	2,8	3,0	0,2	11,4	16 470
1995	1,7	3,5	1,9	11,0	17 110
1996	1,3	1,3	– 0,0	10,5	17 311
1997	1,9	0,8	– 1,1	10,1	17 533
1998	0,8	1,0	0,1	10,1	17 873
1999	0,7	1,1	0,4	9,5	18 118
2000	1,3	1,9	0,6	9,2	18 548
2001	0,8	1,6	0,8	9,4	18 934
2002	0,7	1,4	0,7	10,0	19 172
2003	1,0	1,5	0,5	10,7	19 400
2004	1,2	0,2	– 1,0	10,6	19 831

Ausgewählte Kennziffern der revidierten Volkswirtschaftlichen Gesamtrechnungen 2005 (Quelle: destatis)

1) Bruttoinlandsprodukt, preisbereinigt, verkettet, je Erwerbstätigen.
2) Arbeitnehmerentgelt je Arbeitnehmer.
3) Lohnkosten in Relation zur Arbeitsproduktivität.
4) Sparen in Relation zum verfügbaren Einkommen der privaten Haushalte.

Die Volkswirtschaftslehre kann unterteilt werden in die Gebiete Wirtschaftstheorie, Wirtschaftspolitik und empirische Wirtschaftsforschung.

In der **Wirtschaftstheorie** mit ihren Teilgebieten → *Mikroökonomie* und → *Makroökonomie* werden die ökonomischen Probleme mit Hilfe von mathematischen Modellen dargestellt.

Die **empirische Wirtschaftsforschung** versucht, mit Hilfe statistischer Erhebungen und experimenteller Forschung Datenmaterial zu beschaffen, das als Beweis der Richtigkeit der Modelle der Wirtschaftstheorie dienen kann. Beide Teilgebiete der Volkswirtschaftslehre ergänzen einander und liefern Entscheidungsunterlagen für die → *Wirtschaftspolitik*.

Neben der oben genannten Gliederung der Volkswirtschaftslehre ist auch folgende Einteilung verbreitet: Wirtschaftstheorie, → *Finanzwissenschaft*, Wirtschaftspolitik, Statistik, → *Ökonometrie*, Wirtschaftsgeschichte und Wirtschaftsgeographie.

▶ **Volkszählung**

Die statistische Erfassung der Bevölkerung eines Staates. Sie wird durchgeführt, um verlässliche Unterlagen zu erhalten über Zahl, Aufbau und Zusammensetzung der Bevölkerung. Außerdem können weitere Daten (z. B. Zahl der Wohnungen und Arbeitsstätten, Verteilung der Berufe usw.) erfragt werden.

In der Bundesrepublik wurden bisher in den Jahren 1950, 1961, 1970, 1987 Volkszählungen durchgeführt. Die letzte, ursprünglich für 1983 vorgesehene Volkszählung war politisch heftig umstritten. Nach einem Urteil des Bundesverfassungsgerichts vom 15. 12. 1983 musste das bereits 1982 vom Bundestag verabschiedete Volkszählungsgesetz wegen unzureichender Regelungen zum → *Datenschutz* geändert werden. Bedeutung erhielt dieses so genannte „**Volkszählungsurteil**" wegen der vom Bundesverfassungsgericht ausdrücklich betonten grundrechtlichen Verankerung eines Rechts auf „**informationelle Selbstbestimmung**". Danach hat der Datenschutz im Zusammenhang mit den Persönlichkeitsrechten Verfassungsrang.

Mit dem Gesetz über eine Volks-, Berufs-, Wohnungs- und Arbeitsstättenzählung (**Volkszählungsgesetz 1987**) vom 8. 11. 1985 wurden dann die Anforderungen des Bundesverfassungsgerichts erfüllt und die hierzu erforderlichen Daten zum Stichtag 25. 5. 1987 erhoben.

Mit einem **Zensusvorbereitungsgesetz** vom 27. Juli 2001 soll für die nächste Volkszählung – beginnend mit Stichprobenerhebungen seit Dezember 2001 – eine nachfolgende erste gesamtdeutsche Volkszählung vorbereitet werden. Ziel ist es, künftig durch einen Methodenwechsel auf eine Befragung aller Haushalte zu verzichten. Die Stichprobenerhebung soll Hinweise auf die Zuverlässigkeit der bei den Meldeämtern gespeicherten Verwaltungsdaten geben.

http://www.rechtliches.de/info_Zensusvorbereitungsgesetz.html

▶ **Vollbeschäftigung**

Bezeichnung für einen Beschäftigungsstand, bei dem jeder Arbeitsuchende ohne längeres Warten einen seiner Ausbildung und seiner Neigung entsprechenden und danach bezahlten Arbeitsplatz finden kann.

Sind lange Wartezeiten vorhanden, besteht also → *Arbeitslosigkeit*, so spricht man von **Unterbeschäftigung**. Unterbeschäftigung ist gekennzeichnet von sozialen Konflikten in der Gesellschaft und Gegensätzen in der → *Einkommensverteilung*. Deshalb zählt das Ziel der Vollbeschäftigung zu den fundamentalen Zielen der → *Wirtschaftspolitik*. Es hat in Zeiten anhaltend hoher Arbeitslosigkeit absoluten Vorrang vor den übrigen Zielen im → *Magischen Viereck*.

In der politischen Wirklichkeit hat sich die inhaltliche Definition von Vollbeschäftigung seit dem → *Stabilitätsgesetz* und dem hieraus abgeleiteten Magischen Viereck stark verändert. Während bis Anfang der 70er Jahre Vollbeschäftigung noch bei einer → *Arbeitslosenquote* von 0,7 bis 1,2 Prozent definiert (und erreicht) wurde, ist diese Zahl angesichts von Arbeitslosenquoten von 9 bis 11 Prozent und vor dem Hintergrund der Wirkungen der → *Globalisierung* ein illusorisches Idealbild. Siehe **Abb. 2**.

▶ **Vollkaufmann**

Der Begriff ist mit dem Handelsrechtsreformgesetz (→ *Handelsgesetzbuch (HGB)*) entfallen.

▶ **Vollkostenkalkulation/Vollkostenrechnung**

Kalkulationsverfahren, bei dem alle → *Kosten* (→ *Fixe Kosten* und → *Variable Kosten*) in vollem Umfang auf die → *Kostenträger* verrechnet werden. Da die Fixkosten proportionalisiert werden, d. h., unabhängig vom Beschäftigungsgrad wird jeder Produktionseinheit ein fester Anteil an den Fixkosten zugerechnet, verzerrt die Vollkostenrechnung je nach vorhandener Beschäftigung die Aussagefähigkeit der → *Selbstkostenrechnung* (Kalkulation). Deshalb ist sie für unternehmenspolitische Entscheidungen (z. B. die Ermittlung der Preisuntergrenze eines bestimmten Produkts oder einer Produktengruppe) unbrauchbar. Eine Weiterentwicklung der früher allein üblichen Vollkostenrechnung sind die verschiedenen Formen der → *Teilkostenrechnung*.

▶ **Vollmacht**

Eine rechtlich verbindliche Erklärung, dass eine oder mehrere Personen zur Vertretung befugt sind. Sie wird i. d. R. förmlos erteilt (Ausnahme: Grundstücksgeschäfte beim Grundbuchamt (→ *Grundbuch*)). Besondere Formen der Vollmacht sind die → *Prokura* und die → *Handlungsvollmacht*.

▶ **Vorauszahlung** → *Steuervorauszahlung*

▶ **Vorfälligkeitsentschädigung**

Ein Betrag, den → *Kreditinstitute* ihren Kunden bei vorzeitiger Rückzahlung langfristiger → *Kredite* (z. B. einer → *Hypothek*) in Rechnung stellen, sofern die vorzeitige Rückzahlung nicht vertraglich (→ *Vertrag*) vereinbart war. Nach einem Urteil des Bundesverfassungsgerichts vom November 2004 müssen die Kreditinstitute hiefür bestimmte Obergrenzen beachten.

▶ **Vorfinanzierung**

Vor allem im Bauwesen übliche Maßnahmen zur Überbrückung von vorübergehendem Kapitalbedarf. So werden kurzfristige → *Kredite* zunächst eingesetzt und später durch langfristige Kredite, z. B. → *Hypothekarkredite*, abgelöst. → *Zwischenkredit*.

▶ **Vorgezogene Altersrente** → *Rentenreform*

▶ **Vorleistungen**

Von in- und ausländischen Unternehmen bezogene → *Güter* und → *Dienstleistungen*, die später von inländischen Unternehmen in einem höherstufigen Produktionsprozess untergehen. Hierzu zählen → *Roh-, Hilfs- und Betriebsstoffe*, → *Halbwaren*, *Halberzeugnisse*, Bereitstellungskosten sowie der Aufbau einer → *Infrastruktur* (z. B. Straßen, Schienen- und → *Telekommunikationsnetze*). → *Produktionswert*.

▶ **Vorprodukte**

Für die Herstellung des Endprodukts benötigte Teile, deren Fertigung entweder in unternehmensfremden Zulieferbetrieben oder in Tochterunternehmen (→ *Mutterunternehmen*) erfolgt. Vorprodukte werden oft in Billiglohnländern produziert. → *Outsourcing*, → *Standortdiskussion*.

▶ **Vorratsaktien**

Bezeichnung für → *Aktien*, die bei ihrer Ausgabe von einem Dritten (z. B. von einem → *Bankenkonsortium*) übernommen und vom Vorstand der → *Aktiengesellschaft (AG)* abgerufen werden können. Die Gesellschaft darf allerdings nach den Vorschriften im → *Aktiengesetz (AktG)* (§ 71 AktG) die Vorratsaktien in der Regel nicht als → *Eigene Aktien* übernehmen.

▶ **Vorratsbeschlüsse** → *Übernahmegesetz*

▶ **Vorruhestand**

Das zum 1.1. 1997 in Kraft getretene → *Artikelgesetz* „**Gesetz zur Förderung eines gleitenden Übergangs in den Ruhestand**" vom 23. 7. 1996 brachte mit dem → *Altersteilzeitgesetz* grundlegende Neuregelungen für den seit 1984 in mehrfach geänderter Form (Vorruhestandsgesetz, Gesetz zur Altersteilzeit) möglichen Vorruhestand.

▶ **Vorsichtsprinzip** → *Grundsätze ordnungsmäßiger Bilanzierung (GoB)*

▶ **Vorsorgeaufwendungen** → *Sonderausgaben*

▶ **Vorsorgepauschale** → *Sonderausgaben*

▶ **Vorsorgeprinzip**

Bezeichnung für alle Maßnahmen im → *Umweltschutz*, die darauf ausgerichtet sind, Umweltschäden zu erkennen, zu vermeiden und zu minimieren.

▶ **Vorstand**

Organ der → *Aktiengesellschaft (AG)* nach § 76 AktG bis § 94 AktG. Er leitet die Gesellschaft in eigener Verantwortung und vertritt sie gerichtlich und außergerichtlich. Er wird vom → *Aufsichtsrat* bestellt mit einer Amtszeit von höchstens 5 Jahren. Eine erneute Bestellung ist zulässig.

Bei den der → *Mitbestimmung* unterliegenden Aktiengesellschaften ist neben den anderen Vorstandsmitgliedern ein → *Arbeitsdirektor* als gleichberechtigtes Mitglied zu benennen. Der Aufsichtsrat ernennt bei einem mehrköpfigen Vorstand ein Mitglied zum Vorsitzenden, der allerdings nur gleichberechtigtes Mitglied des Gremiums ist, wenn nicht in der Satzung oder in der Geschäftsordnung ausdrücklich eine andere Regelung vorgesehen wird. → *Direktorialsystem*, → *Kollegialsystem*.

Vorstand nennt sich auch das Leitungsorgan der → *Genossenschaften* und für den → *Verein*.

▶ **Vorsteuerabzug**

Begriff aus dem Umsatzsteuerrecht (§ 15 UStG und § 15 a UStG). Der hiernach erlaubte Abzug der bereits von Unternehmen vorangegangener Produktionsstufen gezahlten → *Umsatzsteuer* (Vorsteuer) bewirkt, dass jede Produktions- oder Dienstleistungsstufe nur ihrer eigenen → *Wertschöpfung* entsprechend zur Umsatzsteuer herangezogen wird.

Die Möglichkeit, die vorhandene Vorsteuer in der Umsatzsteuererklärung mit dem → *Finanzamt* zu verrechnen, ist missbrauchsanfällig. Deshalb sollte u. a. durch eine Verschärfung der Nachweispflicht und über einen direkten Informationsaustausch der Finanzbehörden nach dem **Gesetz zur Bekämpfung von Steuerverkürzungen bei der Umsatzsteuer und anderen Steuern (Steuerverkürzungsbekämpfungsgesetz)** vom 19.12. 2001 mehr Steuerehrlichkeit erreicht werden – was jedoch bis Ende 2004 nicht zum gewünschten Erfolg führte. Die Steuerhinterziehungsquote bei der Umsatzsteuer – vor allem über die organisierte Kriminalität – wird vom Ifo-Institut für 2004 auf mehr als 10 % geschätzt.

▶ **Vorwegabzug** → *Sonderausgaben*

▶ **Vorweganhebung**

Begriff aus dem Tarifvertragsrecht (→ *Tarifvertrag*). Hierbei wird der alte → *Tariflohn* zunächst um einen vereinbarten Betrag erhöht. Der sich ergebende Betrag wird dann um einen ausgehandelten prozentualen Zuschlag angehoben. Das Resultat ist der neue Tariflohn.

▶ **Vorzüge**

Umgangsprachliche Kurzbezeichnung für → *Vorzugsaktien*.

▶ **Vorzugsaktien**

Nach dem → *Aktiengesetz (AktG)* mit besonderen Vorrechten gegenüber den → *Stammaktien* ausgestattete Gattung von → *Ak-*

tien (§ 11 → *AktG*). Die Bevorrechtung kann sich insbesondere erstrecken auf die Verteilung des Reingewinns **(Dividendenvorrecht bei Vorzugsaktien)** und des Gesellschaftsvermögens (im Falle der → *Liquidation*) und auf das → *Stimmrecht*. Ein **Mehrfachstimmrecht** ist in Deutschland nach § 12 Abs. 2 AktG verboten.

▶ **Vorzugsdividende** → *Vorzugsaktien*

▶ **VRML**

(Virtual Reality Modeling Language) Eine Programmiersprache zum Darstellen beweglicher, dreidimensionaler Objekte im → *Internet*.

▶ **VVaG**

→ *Versicherungsverein auf Gegenseitigkeit (VVaG)*.

W

▶ **Wachstum** → *Wirtschaftswachstum*

▶ **Wachstumswerte**

Bezeichnung für → *Aktien* von Unternehmen, mit denen besonders günstige Umsatz- und Ertragserwartungen verbunden werden und deren Wachstumspotential an der → *Börse* als überdurchschnittlich – aber auch mit hohem Risiko für die Kapitalanleger – eingestuft wird. Beispiele hierfür sind Unternehmen, die → *Dienstleistungen* im → *Internet* und der → *Telekommunikation* anbieten oder Forschung z. B. auf dem Gebiet der → *Biotechnologie* betreiben. → *New Economy*.

▶ **Wagniskapital** → *Venture Capital*

▶ **Währung**

Die gesetzliche Ordnung des Geldwesens eines Landes, so insbesondere die Festlegung des Münzsystems, die Bestimmungen über die gesetzlichen Zahlungsmittel und die Festlegung ihres Austauschverhältnisses gegenüber den ausländischen Währungen (→ *Währungsparität*).

Im allgemeinen Sprachgebrauch versteht man unter Währung das gesetzliche Zahlungsmittel, z. B. Euro, Dollar, Franken usw. → *Valuta*.

▶ **Währungsanleihe** → *Anleihen*

▶ **Währungsklausel** → *Valutaklausel*

▶ **Währungsoptionsschein** → *Optionsscheine*

▶ **Währungsparität**

Wertverhältnis zweier Währungen über einen festgelegten → *Wechselkurs.*

▶ **Währungspolitik**

Bezeichnung für die Gesamtheit staatlicher Maßnahmen zur Sicherung der Stabilität der → *Währung* (z. B. Euro, Schweizer Franken, Britisches Pfund, Dollar) **nach innen** (Sicherung der inländischen → *Kaufkraft*) und **nach außen** (Aufrechterhaltung der → *Währungsparität*).

Die **nationale Währungspolitik** eines Landes oder eines Währungsraumes (→ *Europäisches System der Zentralbanken (ESZB)*) wird vor allem durch die → *Zentralbank* gesteuert. Sie steht in einem untrennbaren Zusammenhang mit der allgemeinen → *Wirtschaftspolitik,* → *Geldpolitik* und → *Finanzpolitik* eines Landes oder Währungsraumes. Die Stabilisierung der Währung im **internationalen Bereich** wird wesentlich beeinflusst von der → *Außenwirtschaftspolitik* und den hieraus folgenden Ergebnissen in der → *Zahlungsbilanz.*

Der institutionelle Rahmen für die **Internationale Währungspolitik** wird vom IWF (→ *Internationaler Währungsfonds (IWF)*) vorgegeben. Deshalb können nationale Maßnahmen der Währungspolitik langfristig nur dann wirksam bleiben, wenn sie auch international abgestimmt sind.

Mit Beginn der EWWU (→ *Europäische Wirtschafts- und Währungsunion (EWWU)*) haben die teilnehmenden Mitgliedstaaten der EU (→ *Europäische Union (EU)*) ihre Währungshoheit weitgehend aufgegeben. → *EG (Europäische Gemeinschaft).*

▶ **Währungsreform**

Neuordnung des Geldwesens eines Landes, wodurch eine zurückgestaute oder galoppierende → *Inflation* beendet wird. Zu jeder Währungsreform gehört die Einführung neuen Geldes und eine damit verbundene Reform der → *Wirtschaftspolitik.*

In Deutschland wurden bisher zwei Währungsreformen durchgeführt. Sowohl 1923 als auch 1948 wurden dabei die finanziellen Folgen der Weltkriege zu Lasten der breiten Masse der Bevölkerung bereinigt. 1923 sank der Wert der Mark auf ein Billionstel ihres Nennwertes. Die → *Rentenmark* wurde eingeführt.

Mit der **Währungsreform vom 21. 6. 1948** wurde in den drei westlichen Besatzungszonen ein neues Währungsgebiet geschaffen und hier die neue Recheneinheit Deutsche Mark eingeführt. → *Verbindlichkeiten* wie Lohn, Gehalt, → *Miete* und → *Zinsen* für → *Pacht* sowie → *Rente* und → *Pension*, außerdem Verbindlichkeiten aus einem → *Kaufvertrag* oder → *Werkvertrag* (soweit die Sachlieferung erst nach dem 21. 6. 1948 erfolgte) und Auseinandersetzungsansprüche aus gesellschafts-, familien- und erbrechtlichen Verhältnissen wurden im Verhältnis 1:1 umgestellt.

Alle anderen Forderungen (z. B. → *Spareinlagen*) und Verpflichtungen wurden dagegen im Verhältnis 10:1 abgewertet. → *Aktien* wurden in der nach den Vorschriften des **DM-Bilanzgesetzes** vom 21. 8. 1949 aufzustellenden ersten → *Bilanz* nach der Währungsreform neu bewertet. Der weitaus größte Teil der → *Kapitalgesellschaften* konnte dabei → *Stille Reserven* auflösen und die Umstellung des Kapitals von Reichsmark auf D-Mark im Verhältnis 1:1 vornehmen.

In der sowjetisch besetzten Zone (SBZ) hatte bereits 1945 eine Reform des Bank- und damit des Kreditwesens durch die Einrichtung von Landeskreditbanken in fünf Ländern stattgefunden. Wegen des bereits erkennbaren Aufbaus eines planwirtschaftlichen Systems (→ *Planwirtschaft*) in der sowjetischen Besatzungszone war die Umstellung des ohnehin staatlicher Kontrolle unterliegenden Geld- und Kreditsystems im Jahre 1948 nur noch eine reine Formsache. → *Währungs-, Wirtschafts- und Sozialunion*.

▶ **Währungsreserven**

Die einer → *Zentralbank* zur Verfügung stehenden Bestände an Gold und frei konvertierbaren (umtauschbaren) → *Devisen*; seit 1970 auch noch einschließlich der vom IWF (→ *Internationa-*

ler Währungsfonds (IWF)) zugeteilten Sonderziehungsrechte und sonstigen Ziehungsrechte auf den Fonds.

Die Währungsreserven eines Landes haben große Bedeutung bei der Stabilisierung der eigenen → *Währung* auf dem → *Devisenmarkt* sowie zur Abdeckung von Zahlungsbilanzdefiziten (Einfuhrüberschüssen). → *Zahlungsbilanz.*

▶ **Währungsswapgeschäfte** → *Swapgeschäfte,* → *Derivate*

▶ **Währungs-, Wirtschafts- und Sozialunion**

Im Herbst 1989 zwischen der Bundesrepublik und der DDR geschlossener → *Vertrag* **(Erster Staatsvertrag)**, der am 18. 5. 1990 von den beiden Finanzministern unterzeichnet und anschließend von den Parlamenten beider deutscher Staaten gebilligt wurde. In den Grundlagen des Ersten Staatsvertrags wurde bestimmt, dass sich die Vertragsparteien zur freiheitlichen, demokratischen, föderativen, rechtsstaatlichen und sozialen Grundordnung bekennen, wie sie im Grundgesetz festgelegt ist.

Ab 1. 7. 1990 existierte eine **Währungsunion** mit einem einheitlichen Währungsgebiet, der DM als gemeinsamer Währung und der Deutschen → *Bundesbank* als Währungs- und Notenbank.

Für die **Wirtschaftsunion** wurde die → *Soziale Marktwirtschaft* als gemeinsame → *Wirtschaftsordnung* festgelegt. Den Erfordernissen zum → *Umweltschutz* war dabei Rechnung zu tragen.

Die **Sozialunion** bildete mit der Währungs- und Wirtschaftsunion eine Einheit. Vereinbart wurde die Einführung einer der sozialen Marktwirtschaft entsprechenden Arbeitsrechtsordnung (→ *Arbeitsrecht*) und ein auf den Prinzipien der Leistungsgerechtigkeit und des sozialen Ausgleichs beruhendes System der sozialen Sicherung.

Alle entgegenstehenden Vorschriften in der Verfassung der ehemaligen DDR über die Grundlagen ihrer sozialistischen Gesellschafts- und Staatsordnung entfielen mit Inkrafttreten des Vertrags. In **9 Anlagen** und einer **Protokollerklärung** wurde im Einzelnen geregelt, welche Rechtsvorschriften der Bundesrepublik zum 1. 7. 1990 von der damaligen DDR-Regierung in Kraft zu setzen, aufzuheben, zu ändern oder neu zu erlassen waren (Anlagen I bis

IV), ebenso die von der BRD zu ändernden Rechtsvorschriften (Anlage V). In Anlage VI wurde aufgezählt, welche Regelungen von der DDR im weiteren Verlauf angestrebt werden sollten.

Durch den rasch folgenden → *Einigungsvertrag* vom 3. 10. 1990 (Beitritt) wurde das rechtliche Anpassungsprogramm durch weitgehende Übernahme des bundesdeutschen Rechtssystems und durch bestimmte Übergangsregelungen beschleunigt. Siehe **Abb. 45**.

http://www.jura.uni-sb.de/Vertraege/Einheit/

Staatsvertrag BR Deutschland – DDR
Die wichtigsten Vertragsinhalte

Währungs-union	Wirtschafts-union	Sozial-union	
• DM einzige Währung	*Die DDR schafft die Voraussetzungen für die soziale Marktwirtschaft*	*Die DDR schafft Einrichtungen entsprechend denen in der BR Deutschland*	*Die DDR schafft und gewährleistet nach dem Vorbild der BR Deutschland*
• Deutsche Bundesbank alleinige Zentralbank	• Privateigentum	• Renten-versicherung	• Tarifautonomie
• Umtauschkurse Mark der DDR:DM	• Freie Preisbildung	• Kranken-versicherung	• Koalitionsfreiheit
1:1 für Löhne und Gehälter, Renten, Mieten, Pachten, Stipendien	• Wettbewerb	• Arbeitslosen-versicherung	• Streikrecht
	• Gewerbefreiheit		• Mitbestimmung
	• Freier Verkehr von Waren, Kapital, Arbeit	• Unfall-versicherung	• Betriebs-verfassung
1:1 für Guthaben von natürlichen Personen bis zu bestimmten Höchstgrenzen	• ein mit der Marktwirtschaft verträgliches Steuer-, Finanz- und Haushaltswesen	• Sozialhilfe	• Kündigungs-schutz
2:1 für alle übrigen Forderungen und Verbindlichkeiten	• Einfügung der DDR-Landwirtschaft in das EG-Agrarsystem		

Die BR Deutschland gewährt für die Anschubfinanzierung der Sozialsysteme Mittel aus dem Bundeshaushalt und für den Haushaltsausgleich der DDR Finanzzuweisungen aus dem Sonderfonds „Deutsche Einheit" in Höhe von 115 Mrd. DM

Abb. 45: Die wichtigsten Bestandteile des Staatsvertrags zur Währungs-, Wirtschafts- und Sozialunion

▶ **WAIS**

(Wide Area Information Servers) Ein spezieller Dienst im → *Internet* zum Auffinden eingegebener Zitate oder Wörter in einer → *Datenbank*, die als WAIS- → *Server* dienen.

▶ **WAN**

(Wide Area Network) Verbindung zwischen mehreren Computern (→ *Computer*) über weite Strecken. → *Netzwerksystem*.

▶ **Wandelanleihen** → *Wandelschuldverschreibungen*

▶ **Wandelobligationen** → *Wandelschuldverschreibungen*

▶ **Wandelschuldverschreibungen**

(Wandelanleihen, Wandelobligationen) Besondere → *Schuldverschreibungen* einer → *Aktiengesellschaft (AG)*, bei denen neben dem Anspruch auf Rückzahlung im → *Nennwert* und der → *Zinsen* nach Wahl auch ein Umtauschrecht (→ *Convertible Bonds*) oder ein Bezugsrecht (→ *Optionsanleihen*) auf → *Aktien* des Anleiheemittenten (→ *Emission*) oder einer anderen Gesellschaft eingeräumt wird.

▶ **WAP**

(Wireless Application Protocol) Ein seit Ende 1999 verfügbarer Standard im → *Mobilfunk*, mit dem eine eingeschränkte Nutzung des → *Internet* (z. B. für → *M-Commerce*, Abruf neuester Nachrichten, Wetterberichte, Verkehrsinfos, Versenden und Empfangen von → *E-Mail*) auf der Basis des → *GSM*-Standards möglich ist. Voraussetzung ist ein WAP-fähiges → *Handy*, auf dessen → *Display* die Informationen dargestellt werden können.

Eine breite Anwendung der WAP-Dienste ist jedoch erst mit der Einführung schnellerer Übertragungstechniken wie → *GPRS* und → *UMTS* zu erwarten.

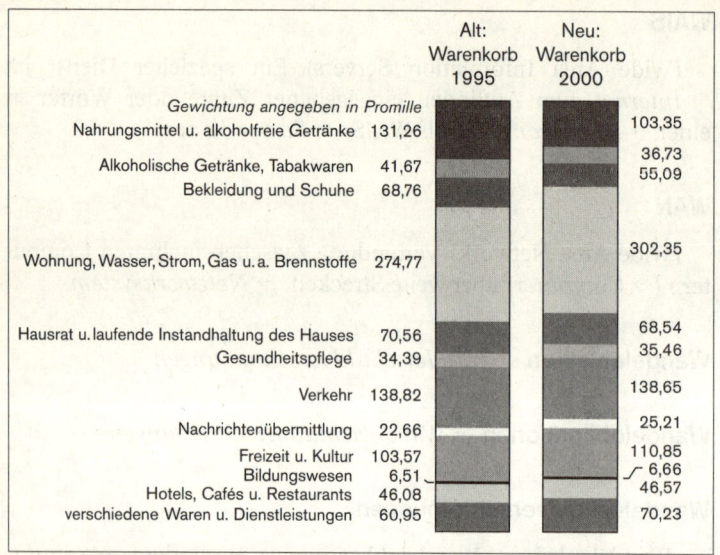

	Alt: Warenkorb 1995	Neu: Warenkorb 2000
Gewichtung angegeben in Promille		
Nahrungsmittel u. alkoholfreie Getränke	131,26	103,35
Alkoholische Getränke, Tabakwaren	41,67	36,73
Bekleidung und Schuhe	68,76	55,09
Wohnung, Wasser, Strom, Gas u. a. Brennstoffe	274,77	302,35
Hausrat u. laufende Instandhaltung des Hauses	70,56	68,54
Gesundheitspflege	34,39	35,46
Verkehr	138,82	138,65
Nachrichtenübermittlung	22,66	25,21
Freizeit u. Kultur	103,57	110,85
Bildungswesen	6,51	6,66
Hotels, Cafés u. Restaurants	46,08	46,57
verschiedene Waren u. Dienstleistungen	60,95	70,23

Abb. 46: Beispiel für den Warenkorb zur Berechnung des Preisindex für die Lebenshaltung aller privaten Haushalte

▶ **Warenbörse** → *Börse*

▶ **Warenkorb**

Für die Berechnung des → *Lebenshaltungspreisindex* erforderliche Zusammenstellung ausgewählter Waren. Bis 2000 wurde noch eine differenzierte Berechnung der durchschnittlichen Lebenshaltungskosten – bezogen auf eine bestimmte Indexfamilie (z. B. 4-Personen-Arbeitnehmerhaushalt mit mittlerem Einkommen) – vorgenommen. Dabei wurde jeweils ein auf die Indexfamilie ausgerichteter Warenkorb betrachtet, dessen Zusammensetzung als für deren Verbrauchsgewohnheiten repräsentativ angesehen wurde. So enthielt z. B. der Warenkorb der Renten- und Sozialhilfeempfänger wegen des niedrigen Durchschnittseinkommens dieses Personenkreises einen höheren Anteil an Ausgaben für Nahrungs- und Genussmittel als der Warenkorb eines 4-Personen-

Arbeitnehmerhaushaltes mit höherem Einkommen. Da sich die Verbrauchsgewohnheiten und die durchschnittlichen Verbrauchsausgaben durch Veränderungen im Anspruchsniveau und der Einkommen der jeweiligen Indexfamilien im Zeitablauf ändern, muss die Zusammensetzung des Warenkorbs in bestimmten Zeiträumen korrigiert werden. Dabei wird auch i. d. R. ein neues Basisjahr als Grundlage für die Berechnung zugrunde gelegt. Anfang 2004 erfolgte die letzte Neufestsetzung des Wägungsschemas für einen Warenkorb **aller privaten Haushalte** auf den Verbrauchsgewohnheiten des Jahres 2000. Der neue Warenkorb für die Lebenshaltung enthält 750 Waren und Dienstleistungen, deren jeweilige Preisentwicklung monatlich beobachtet und dann mit einem bestimmten – je nach beobachteter Verbrauchergruppe unterschiedlichen – Gewicht bei der Bestimmung für den Preisindex des verbraucherspezifischen Warenkorbs berücksichtigt werden. Siehe **Abb. 46**.

▶ **Warenoptionsschein** → *Optionsscheine*

▶ **Warenschulden**

Aufgrund von Warenlieferungen gegenüber den Lieferanten entstandene → *Verbindlichkeiten*. Sie stellen eine Form von kurzfristigem → *Fremdkapital* dar (→ *Lieferantenkredite*).

▶ **Warentermingeschäft** → *Futures*

▶ **Warenzeichen**

Wurde 1994 ersetzt durch den Begriff → *Markenzeichen*.

▶ **Warrant**

Aus den USA stammende Bezeichnung für → *Optionsscheine*.

▶ **Warrant Bond** → *Optionsanleihen*

▶ **Wartezeit** → *Rentenreform*

▶ **Wasserhaushaltsgesetz**

Gewässernutzungen und Einwirkungen auf Gewässer unterliegen den Vorschriften im Wasserhaushaltsgesetz i. d. F. vom 19. 9. 2002. Diese gelten z. B. für das Entnehmen und Ableiten von Wasser aus oberirdischen Gewässern, das Einbringen und Einleiten von Stoffen – insbesondere → *Gefährliche Stoffe (Gefahrstoffe)* sowie Wasch- und Reinigungsmittel – in oberirdische Gewässer und Küstengewässer sowie für das Entnehmen und Ableiten von Grundwasser (→ *Abwasser*) sowie die zulässige Schadstoffbelastung von Trinkwasser. Außerdem sind Regelungen zu beachten aus Richtlinien der EU (→ *Europäische Gesetzgebung*) und Übereinkommen zur Verhütung der Meeresverschmutzung, u. a. die **Gewässerschutz-Richtlinie** vom 17. 12. 1979, die mit der **Grundwasserverordnung** vom 18. 3. 1997 in nationales Recht umgesetzt wurden.

http://bundesrecht.juris.de/bundesrecht/whg/

▶ **Web** → *http://www*

▶ **Webbrowser** → *Browser*

▶ **Webdialer**

Bezeichnung für Programme, die einen → *PC* über eine bestimmte Telefonnummer mit einem → *Server* zum → *Internet* verbinden.

▶ **Webmaster**

Betreiber einer → *Webseite* im → *Internet*.

▶ **Webseite**

Deutsche Bezeichnung für eine Begrüßungsseite (Homepage) im → *Internet*. Dagegen ist der Begriff **website** umfassender, weil hier das gesamte Informationsangebot – beginnend mit der Homepage – über → *Hyperlink* abgerufen werden kann.

▶ **Website** → *Webseite*

▶ Wechsel

Die Hauptform dieses Wertpapiers (→ *Wertpapiere*) ist der **gezogene Wechsel (Tratte)**. Hierbei weist der Aussteller einen Dritten (den Bezogenen) an, dem Wechselnehmer eine bestimmte Geldsumme zu zahlen. Ihr liegt ein Warengeschäft zugrunde, wodurch sich der Wechselkredit durch hereinfließende Einnahmen selbst liquidiert.

Beim **Solawechsel (Eigenwechsel)** verpflichtet sich der Aussteller zur Zahlung einer Geldsumme an einem bestimmten Tage oder bei Sicht. Dem Solawechsel liegt **kein** Warengeschäft zugrunde. Er ist deshalb ein **Finanzwechsel**.

Ein Wechsel hat nach dem **Wechselgesetz (WG)** vom 21.6. 1933 mit spät. Änd. eine ganze Reihe formaler Bedingungen zu erfüllen (Art. 1 WG): Die ausdrückliche Bezeichnung als Wechsel, die unbedingte Zahlungsanweisung, den Zahlungsort, die Namen des Bezogenen und des Nehmers, die Verfallzeit, Tag und Ort der Ausstellung und die Unterschrift des Ausstellers.

Ist keine Verfallzeit angegeben, gilt der Wechsel als **Sichtwechsel**, d. h., er wird fällig bei Vorlegung. **Nachsichtwechsel** sind fällig in einer angegebenen Zeit nach Vorlegung. **Datowechsel** werden fällig in angegebener Zeit nach Ausstellung. **Tageswechsel** lauten auf ein bestimmtes Datum (Art. 33 WG bis Art. 37 WG).

Beim **Blankowechsel** kann der Wechselberechtigte bestimmte Angaben nachträglich einsetzen (z. B. die Wechselsumme).

Ein Wechsel wird durch → *Indossament* (Art. 11 WG bis Art. 20 WG) übertragen. Er muss dem Bezogenen innerhalb der **Verfallzeit** zur Zahlung vorgelegt werden, da sonst sämtliche Rückgriffsansprüche erlöschen. Zahlungspflichtig ist der **Bezogene (Akzeptant)**. Eine Verweigerung der Annahme oder der Zahlung muss durch → *Protest* (Art. 44 WG und Art. 79 WG bis Art. 87 WG) festgestellt werden. Hierbei haften alle **Indossanten** im Rückgriffswege für die Ansprüche aus dem protestierten Wechsel. Der Wechselinhaber kann bei jedem beliebigen Indossanten oder dem Aussteller Rückgriff nehmen.

Ein Wechsel kann an → *Kreditinstitute* in der Zeit bis zum Verfalltermin mit einem Zinsabschlag (früher → *Diskont, Diskont-*

satz) verkauft werden. → *Forderungen* aus Wechseln können im **Wechselprozess** geltend gemacht werden, der in vereinfachter und beschleunigter Weise das Eintreiben der Forderung ermöglicht.

▶ **Wechselbürgschaft**

→ *Bürgschaft*, in der sich der Bürge durch Unterschrift unter Beifügung eines Vermerks für die Zahlung der Wechselsumme verbürgt. Der Bürge haftet wie der Aussteller eines Wechsels (→ *Wechsel*), falls nicht angegeben ist, für wen die Wechselbürgschaft geleistet wurde. Rechtsgrundlage ist das **Wechselgesetz** (Art. 30 WG bis Art. 32 WG und Art. 47 WG).

▶ **Wechselkurs**

Das Verhältnis, zu dem die inländische → *Währung* gegen ausländische Währungen getauscht werden kann. Er stellt den Preis in inländischen Währungseinheiten dar, der für eine ausländische Währungseinheit zu zahlen ist. Man unterscheidet zwei Arten:

(1) Bei **festen Wechselkursen** gilt eine gleich bleibende *Parität*, die vom Staat, von der → *Zentralbank* oder im Rahmen internationaler Vereinbarungen vom IWF (→ *Internationaler Währungsfonds (IWF)*) festgesetzt wird.

(2) Beim **beweglichen (flexiblen) Wechselkurs** bilden sich die Austauschverhältnisse aufgrund von Angebot und Nachfrage am → *Devisenmarkt*. Durch Eingreifen der Zentralbank (Käufe oder Verkäufe) können die Schwankungen des Wechselkurses stabilisiert werden. → *Bandbreite*, → *Interventionspunkte*, → *Floating*.

▶ **Wechselprolongation**

Die Verlängerung des Zahlungsziels für einen → *Wechsel* aufgrund einer Vereinbarung zwischen Wechselinhaber und Wechselschuldner.

▶ **Wechselschicht** → *Schichtarbeit*

▶ **Weißbuch der EU** → *Grünbuch der Kommission der EU*

▶ **Weltbankgruppe**

Die Weltbankgruppe besteht aus fünf internationalen Institutionen. Sie wurden mit dem Ziel errichtet, ihre weniger entwickelten Mitgliedsländer (→ *Entwicklungsländer*) in jeweils unterschiedlicher Weise zu beraten und finanzielle Hilfen zu geben oder bei Dritten zu initiieren. Gefördert werden z. B. der Aufbau von Gesundheitszentren, Schulen, von Wasser- und Stromversorgung sowie Maßnahmen zum Schutze der Umwelt. Die Weltbankgruppe arbeitet in Abstimmung mit den UN (→ *Vereinte Nationen (UN)*).

● Die **Internationale Bank für Wiederaufbau und Entwicklung (IBRD) – Weltbank –** wurde zusammen mit dem IWF (*Internationaler Währungsfonds (IWF)*) nach der Währungs- und Finanzkonferenz der Vereinten Nationen in → *Bretton-Woods* eingerichtet. Sie begann ihre Tätigkeit im Juni 1946 und hat 184 Mitgliedsländer (2004). Sitz ist Washington (USA). Ihre Ziele konzentrieren sich auf die Unterstützung der Entwicklungsländer durch finanzielle Hilfen sowie auf eine Beratung in wirtschaftlichen, technischen und organisatorischen Fragen.

● Die 1956 gegründete **Internationale Finanz Corporation (IFC)** fördert privatwirtschaftliche Initiativen in den Entwicklungsländern durch die Gewinnung in- und ausländischer privater Kapitalgeber. Sie stellt außerdem erfahrenes Management für die Finanzierung und Leitung privater Objekte zur Verfügung, die nach den Statuten der Weltbank (sie vergibt Kredite nur an Regierungen oder gegen Regierungsgarantie) sonst nicht gefördert werden könnten. Die IFC hat 176 (2004) Mitgliedsländer. Nachdem die Verschuldung vieler Entwicklungsländer Ende der 50er Jahre die Bereitstellung neuer Kredite zu kommerziellen Bedingungen nicht mehr zugelassen hätte, wurde 1960 die **Internationale Entwicklungsorganisation (IDA)** als neue Finanzierungsinstitution der Weltbank geschaffen. Sie hat 163 Mitgliedstaaten (2004) und vergibt unverzinsliche Kredite an die ärmsten Länder der Welt mit längeren Laufzeiten (50 Jahre) als die der Weltbank.

● Das **Internationale Zentrum zur Beilegung von Investitions-Streitigkeiten (ICSID)** wurde 1966 gegründet. Es regelt über Schiedsgerichte Streitigkeiten zwischen Staaten und Staatsbürgern der 154 Mitgliedsländer (2004).

• 1985 wurde darüber hinaus noch die **Multilaterale Investitions-Garantie-Agentur (MIGA)** als weitere der Weltbank angegliederte Institution gegründet. Sie dient dem Zweck, politische Risiken privater Investoren in Entwicklungsländern abzudecken sowie Beratungsfunktionen für die kreditnehmenden Staaten wahrzunehmen. Die MIGA hatte 2004 164 Mitgliedsländer, davon zählten 22 zu den Industriestaaten.

Oberstes Organ der Weltbank ist der **Gouverneursrat (Board of Governors)**, in dem i. d. R. die Finanz- und/oder Wirtschaftsminister der Mitgliedsländer vertreten sind. Die Geschäfte werden von einem 22-köpfigen **Direktorium (Executive Directors)** mit einem Präsidenten an der Spitze geführt.

Die Mitgliedschaft bei der Weltbank ist gebunden an die gleichzeitige Mitgliedschaft beim Internationalen Währungsfonds (IWF), weil dort Verpflichtungen zur → *Währungspolitik* übernommen werden müssen. Ihre Darlehen haben eine Laufzeit von bis zu 25 Jahren. Der Zinssatz entspricht in der Regel dem jeweiligen Zinssatz am → *Kapitalmarkt*. Die ausgeliehenen Gelder beschafft sich die Weltbank aus Anteilen der Mitglieder, über → *Anleihen* oder Ausgabe anderer Schuldtitel.

http://www.worldbank.org/

▶ **Weltgesundheitsorganisation (WHO)**

Eine Sonderorganisation der UN (→ *Vereinte Nationen (UN)*). Sie verfolgt das Ziel, die Gesundheitsverhältnisse – insbesondere für → *Entwicklungsländer* – zu verbessern, Massenerkrankungen auszurotten und die hierzu notwendige medizinische Forschung zu fördern. Ein weiteres Ziel besteht in der Verbesserung der Ernährungssituation in den Entwicklungsländern.

http://www.who.int/

▶ **Weltgewerkschaftsbund (WGB)**

Ein 1945 gegründeter internationaler Zusammenschluss der → *Gewerkschaften*, dem nach Gründung des IBFG (→ *Internationaler Bund Freier Gewerkschaften (IBFG)*) im Jahre 1949 nur Organisationen der kommunistischen Gewerkschaftsverbände angehören. Durch die seit 1989 nach Aufgabe des Monopolanspruchs der Kommunistischen Partei erfolgte Auflockerung des Gewerkschaftssystems in den ehemaligen Ostblockstaaten hat der Weltgewerkschaftsbund immer mehr an Bedeutung eingebüßt. Sitz ist Prag.

http://www.wftu.cz/

▶ **Welthandelskonferenz (UNCTAD)**

(UN-Conference on Trade and Development) Eine durch Beschluss der UN-Vollversammlung seit 1964 als ständiges Organ eingerichtete **Handels- und Entwicklungskonferenz** der UN (→ *Vereinte Nationen (UN)*). Sitz ist Genf. Sie hat den Charakter einer **Regierungskonferenz** und verfolgt den Hauptzweck, Vorschläge und praktische Maßnahmen auszuarbeiten zur Förderung der Handelsbeziehungen zwischen Industrie- und → *Entwicklungsländern*. Hierbei geht es u. a. um eine Stabilisierung der Rohstoffpreise zugunsten der Lieferländer, die Anwendung eines Systems allgemeiner Zollpräferenzen sowie um Vorschläge zur Ausarbeitung eines internationalen Kodex für den Technologietransfer. Für die ärmsten und am wenigsten entwickelten Länder der Welt wurden mehrere Hilfsprogramme aufgestellt.

Organe sind die alle vier Jahre tagende **Konferenz**, der aus allen Mitgliedstaaten der UN bestehende **Handels- und Entwicklungsrat** sowie die **Hauptausschüsse** zu den Schwerpunktaufgaben der UNCTAD. → *WTO (World Trade Organisation)*, → *Multinationale Unternehmen*.

http://www.unctad.org/

▶ **Welthandelsorganisation (WHO)** → *WTO* *(World Trade Organization)*

▶ **Weltklima-Konferenz** → *Umweltgipfel*

▶ **Weltwirtschaftskrise**

Ganz allgemein versteht man hierunter den umfassenden wirtschaftlichen Zusammenbruch in allen Teilen der Weltwirtschaft.

Die bisher schwerste Weltwirtschaftskrise begann am 25. 10. 1929 mit einem gewaltigen Kurssturz (→ *Börsenkurs*) an der New Yorker Börse (sog. **Schwarzer Freitag**) mit Millionen von Arbeitslosen, Unternehmensschließungen, fallenden Löhnen und → *Deflation*, die 1931 zu einer allgemeinen Bankenkrise in Deutschland führte (→ *Banken*).

Die Hauptursachen der Weltwirtschaftskrise 1929 bis 1931 waren Konjunkturkrisen (→ *Konjunktur*) in der ganzen Welt, die zeitlich zusammenfielen, sowie die Störung des wirtschaftlichen Gleichgewichts als Folge des Ersten Weltkrieges und der übermäßig hohen Reparationszahlungen (→ *Reparationen*) Deutschlands besonders an die USA.

▶ **Werbungskosten**

Begriff aus dem → *Einkommensteuergesetz (EStG)* (§ 9 EStG) für Aufwendungen zum Erwerb, Erhalt und zur Sicherung von → *Einkommen*. Sie können von den jeweiligen steuerpflichtigen Einkünften (→ *Einkünfte*) abgezogen werden und entsprechen dem Grunde nach den → *Betriebsausgaben* für → *Selbständige*.

Falls keine höheren mit der jeweiligen Einkunftsart zusammenhängenden Werbungskosten abgezogen werden können, sind im Einkommensteuergesetz für drei Einkunftsarten → *Pauschbeträge* vorgesehen. Diese können ohne Nachweis bis zur Höhe der jeweiligen Einnahmen abgezogen werden (§ 9 a EStG):

In den → *Lohnsteuertabellen* ist für **Einkünfte aus nichtselbständiger Arbeit** ein jährlicher **Arbeitnehmer-Pauschbetrag** nach § 9 a EStG in Höhe von **920 Euro** (seit 1. 1. 2004) eingearbeitet (→ *Steuerreform*). Zu nachzuweisenden höheren Werbungskosten zählen bei den Einkünften aus unselbständiger Arbeit: Beiträge zu Berufsverbänden (→ *Gewerkschaften*), Aufwendungen für Fahrten zwischen Wohnung und Arbeitsstätte (→ *Entfernungspauschale*), Mehraufwendungen für doppelte Haushaltsführung aus beruflichen Gründen, Aufwendungen für Arbeitsmittel (z. B. für Anschaffung und Reinigung typischer Berufskleidung, Werkzeuge, beruflich genutzter → *PC*, Fachbücher, Aktentasche u. Ä.), alle Kosten im Zusammenhang mit der Berufsaus- und -fortbildung im eigenen Beruf (Höchstgrenze seit 1. 1. 2004 4000 Euro/Jahr), beruflich bedingte Umzugskosten, Dienstfahrten und Fahrten zu ständig wechselnden Arbeitsstellen mit eigenem Fahrzeug usw.

Für **Einkünfte aus Kapitalvermögen** beträgt der Pauschbetrag **51 Euro** bzw. **102 Euro** (zusammen veranlagte Ehegatten), bei den **Sonstigen Einkünften** (u. a. → *Versorgungsbezüge*, → *Rente*) ist er **102 Euro** pro Empfänger.

▶ **Werkstoffe** → *Roh-, Hilfs- und Betriebsstoffe*

▶ **Werkvertrag**

Bezeichnung für einen → *Vertrag* zwischen Besteller und Unternehmer zur Herstellung eines Werkes gegen eine vereinbarte Vergütung. Gegenstand des Werkvertrags kann sowohl die Herstellung oder Veränderung einer Sache als auch ein anderer durch Arbeit oder → *Dienstleistungen* herbeizuführender Erfolg sein. Rechtsgrundlage ist das BGB (→ *Bürgerliches Gesetzbuch (BGB)*) (§ 631 BGB bis § 651 BGB).

Ist das abgelieferte Werk mangelhaft, kann der Besteller **Nacherfüllung (Nachbesserung)** nach § 635 Abs. 1 und 2 BGB verlangen, d. h. die Erstellung eines neuen bzw. mangelfreien Werks einschl. der hiermit verbundenen Aufwendungen. Außerdem kann er ggf. **Mangelbeseitigung** zu Lasten des Unternehmers vornehmen, vom **Vertrag zurücktreten**, den **Preis mindern** und/oder **Schadenersatz** verlangen.

Ein **Kostenvoranschlag** ist im Zweifel (d. h. bei fehlender Absprache, die der Unternehmer beweisen muss) nach § 632 BGB Abs. 3 nicht zu vergüten.

Da der Auftragnehmer beim Werkvertrag Unternehmereigenschaften hat, unterliegt er nicht dem Schutz in einem → *Tarifver-*

trag. Das Ausweichen auf Werkverträge ist deshalb ein weit verbreitetes Mittel zum Einsparen von → *Personalnebenkosten.*

Bei einem **Dienstvertrag** wird im Unterschied zum Werkvertrag eine → *Dienstleistung* gegen eine vereinbarte Vergütung und nicht ein durch Arbeitsleistung erzielter Erfolg versprochen. Dienstverträge schließen z. B. der Rechtsanwalt oder → *Steuerberater* mit ihren Mandanten oder der → *Geschäftsführer* einer → *Gesellschaft mit beschränkter Haftung (GmbH)* mit den Gesellschaftern (→ *Gesellschafter*). Auch Klavierlehrer, Haushaltshilfen oder Babysitter schließen mündlich oder schriftlich einen Dienstvertrag. Rechtsgrundlagen für den Dienstvertrag sind § 611 BGB bis § 630 BGB.

Dienstverträge der → *Arbeitnehmer* heißen → *Arbeitsvertrag.* Hier gelten dann die Vorschriften des → *Arbeitsrechts.*

Die Abgrenzung zwischen Dienstvertrag und Werkvertrag ist fließend und muss bei rechtlichen Auseinandersetzungen im Einzelfall bestimmt werden. → *Verjährung.*

▶ **Wertaufholung** → *Zuschreibungen*

▶ **Wertaufholungsgebot** → *Teilwert*

▶ **Wertberichtigung**

(Indirekte Abschreibung) Form von → *Abschreibungen*, bei der der Wert einer auf der Aktivseite der → *Bilanz* zu hoch angesetzten Position (z. B. im Anlagevermögen) durch einen entsprechenden Ausgleichsposten auf der Passivseite (Wertberichtigung) korrigiert wird.

Während bei der direkten Abschreibung nur der jeweilige → *Buchwert* eines Vermögensgegenstandes auf der Aktivseite ausgewiesen wird, bleibt infolge des Ansatzes von Wertberichtigungspositionen auf der Passivseite der Bilanz der ursprüngliche Wert des Vermögensgegenstandes auf der Aktivseite der Bilanz voll erhalten.

Der Ansatz von Wertberichtigungen ist seit 1985 (→ *Bilanzrichtlinien-Gesetz*) für → *Kapitalgesellschaften* nach dem → *Handels-*

gesetzbuch (HGB) **nicht mehr zulässig.** Jedoch sind sie im → *Anlagespiegel* als kumulierte Abschreibungen für das Anlagevermögen ausgewiesen.

Wertberichtigungspositionen haben den Vorteil, dass auf der Aktivseite das volle Investitionsvolumen eines Unternehmens ersichtlich bleibt (→ *Investitionen*). Nachteilig für Unternehmensvergleiche wirkt sich dagegen die Aufblähung der Bilanzsumme aus.

▶ **Wertpapieranalyse** → *Aktienanalyse*

▶ **Wertpapierbörse** → *Börse*

▶ **Wertpapierdienstleistungen**

Nach der Definition im → *Wertpapierhandelsgesetz (WpHG)* (§ 2 Abs. 3 WpHG) die **Anschaffung, Veräußerung** und **Vermittlung** sowie die **Übernahme für eigenes Risiko zur Platzierung** von Wertpapieren (→ *Wertpapiere*), → *Geldmarktinstrumente* oder → *Derivate.* Auch die **Verwaltung** in diesen Objekten angelegter Vermögen zählt zu den Wertpapierdienstleistungen, sofern eigener Entscheidungsspielraum besteht. → *Finanzmarktreform.*

Wertpapiernebendienstleistungen sind u. a. die Verwahrung und Verwaltung von Wertpapieren für andere, sofern nicht das → *Depotgesetz* anzuwenden ist, oder die Gewährung von Krediten (→ *Kredite*) oder → *Darlehen* an andere zur Durchführung von Wertpapierdienstleistungen, die das kredit- oder darlehengewährende Unternehmen durchführt (§ 2 Abs. 3 a WpHG).

▶ **Wertpapierdienstleistungsunternehmen**

→ *Kreditinstitute,* → *Finanzdienstleistungsinstitute* und auf → *Wertpapierdienstleistungen* und -nebendienstleistungen spezialisierte Unternehmen. Rechtsgrundlage ist das → *Wertpapierhandelsgesetz (WpHG)*, in dem auch eine ganze Reihe von Ausnahmebestimmungen aufgezählt sind für Unternehmen, die nicht als Wertpapierdienstleistungsunternehmen gelten (§ 2 Abs. 4 WpHG).

▶ **Wertpapiere**

Urkunden, die ein privates Recht verbriefen, das ohne den Besitz der → *Urkunde* nicht ausgeübt werden kann. Die Urkunde besteht aus einem **Mantel**, der alle – vom jeweiligen Recht eines Wertpapiers abgeleiteten – Daten (z. B. → *Nennwert*, → *Wertpapierkennnummer*, → *Firma*, Ort, Datum, Zinstermine und Zinssatz) enthält, sowie dem **Bogen** (→ *Kupon* und Erneuerungsschein).

Das → **Wertpapierhandelsgesetz** vom 9. 9. 1998 unterscheidet folgende Wertpapiere (§ 2 Abs. 1 WpHG) – auch wenn keine Urkunde ausgestellt wurde:

→ *Aktien*, Zertifikate, die Aktien vertreten (z. B. → *Zwischenscheine*), → *Schuldverschreibungen*, → *Genussscheine*, → *Optionsscheine* und andere Wertpapiere, die mit Aktien oder Schuldverschreibungen vergleichbar sind – wenn sie an einem → *Markt* gehandelt werden können. Außerdem Anteilscheine, die von → *Kapitalanlagegesellschaften* oder einer ausländischen Investmentgesellschaft ausgegeben werden.

Eine **Klassifizierung** von Wertpapieren kann erfolgen nach der

(a) Art der Forderung
● **Geldpapiere** – verbriefen eine Geldforderung. Beispiele: Aktien, Schuldverschreibungen, → *Hypothekenbrief*, → *Wechsel*, → *Scheck*.
● **Warenpapiere** – verbriefen eine Warenforderung. Beispiele: → *Lagerschein*, → *Konossement*.

(b) Art des verbrieften Rechts
● **Forderungspapiere** – sind sachenrechtlich oder schuldrechtlich begründete Urkunden, die eine Geldforderung oder eine Warenforderung verbriefen.
● **Mitgliedschaftspapiere** – verbriefen ein Mitgliedschaftsrecht. Beispiele: Aktien, → *Zwischenscheine*.

(c) Art der → *Vertretbarkeit*
● **Vertretbare Wertpapiere** (→ *Effekten*). Beispiele: Aktien, Schuldverschreibungen, Optionsscheine, Investmentzertifikate (→ *Kapitalanlagegesellschaften*).

● **Nicht vertretbare Wertpapiere**. Beispiele: Wechsel, Scheck, Hypothekenbrief.

(d) Art der Übertragung

● **Inhaberpapiere** – lauten auf den Inhaber mit verbrieften Rechten, die vom jeweiligen Inhaber geltend gemacht werden können. Sie besitzen eine hohe → *Fungibilität*. Beispiele: → *Inhaberaktien* und auf den Inhaber lautende Schuldverschreibungen.

● → *Namenspapiere* (Rektapapiere) – ihre verbrieften Ansprüche lauten auf den Namen einer bestimmten Person und sind nur durch → *Zession* (Forderungsabtretung) zu übertragen. Beispiele sind: Hypothekenbrief, → *Grundschuldbrief*, Sparbuch (→ *Spareinlagen*).

● → *Orderpapiere* – ihre verbrieften Rechte lauten auf den Namen einer Person und sind durch → *Indossament* übertragbar. Beispiele: Wechsel, Schecks, → *Namensaktien* **(geborene Orderpapiere)** oder → *Konossement*, Lagerschein **(gekorene Orderpapiere)**.

▶ **Wertpapierfonds** → *Kapitalanlagegesellschaften*

▶ **Wertpapierhandelsgesetz (WpHG)**

Gesetz über den Wertpapierhandel i. d. F. vom 9. 9. 1998 – im Rahmen des zweiten Finanzmarktförderungsgesetzes (→ *Finanzmarktreform*) im Juli 1994 verabschiedetes Gesetz, das erstmals konsequente Vorschriften enthält zur Überwachung von börsennotierten Unternehmen und zur Bekämpfung von → *Insider*-Geschäften.

Es regelt u. a. die

● Begriffsbestimmungen für → *Wertpapiere*, → *Geldmarktinstrumente*, → *Derivate*, → *Wertpapierdienstleistungen* und Wertpapiernebendienstleistungen sowie zu → *Wertpapierdienstleistungsunternehmen* einschließlich der hierzu geltenden Ausnahmebestimmungen und zum organisierten Markt (→ *Organisierter Markt*);

● Aufgaben der → *Bundesanstalt für Finanzdienstleistungsaufsicht (BaFin)*;

- Insiderüberwachung;
- Mitteilungs- und Veröffentlichungspflichten bei Veränderungen des Stimmrechtsanteils an börsennotierten Gesellschaften (→ *Börse*);
- Verhaltensregeln für Wertpapierdienstleistungsunternehmen sowie
- Straf- und Bußgeldvorschriften.

http://www.bafin.de/gesetze/wphg.htm

▶ **Wertpapiernebendienstleistungen** → *Wertpapierdienstleistungen*

▶ **Wertpapierpensionsgeschäfte, Wertpapierpensionssatz**
→ *Pensionsgeschäfte*

▶ **Wertschöpfung** → *Sozialprodukt (Nationaleinkommen)*

▶ **Wertschöpfungskette**

(Leistungskette) Bezeichnung für das Zusammenwirken strategisch wichtiger Tätigkeiten eines Unternehmens. Dies gilt für die Bereiche Produktion, Vertrieb, Logistik und Kundenservice sowie für die Querschnittsfunktionen wie Personalbereitstellung, Beschaffung, Organisation, Forschung und Entwicklung.

Das **Ziel** einer genauen Kenntnis der Wertschöpfungskette ist für die → *Strategische Unternehmensführung* die Optimierung der einzelnen Prozesse und eine Verbesserung der Stellung des Unternehmens im Wettbewerb. Hierbei ist auch die Optimierung der Wertschöpfungskette anderer mit dem Unternehmen zusammenarbeitender Sektoren (z. B. Zulieferer) bedeutsam.

▶ **Wertsicherungsklausel** → *Nominalwertprinzip*

▶ **Wertstellung** → *Valutierung*

▶ **Wettbewerbsbeschränkungen, Gesetz gegen (GWB)**
→ *Kartellgesetz*

▶ **Wettbewerbsklausel**

(Konkurrenzklausel) Nach dem → *Handelsgesetzbuch (HGB)* zulässige vertragliche Vereinbarung **(vertragliches Wettbewerbsverbot)** zwischen → *Arbeitgeber* und → *Arbeitnehmer* (ausgenommen → *Auszubildende (Azubi)* und → *Volontäre*) bzw. → *Handelsvertreter* sowie zwischen einer Gesellschaft und ihren leitenden Personen (→ *Gesellschafter,* → *Vorstand,* → *Geschäftsführer*), wonach diese Personen **nach Beendigung ihres Dienstverhältnisses** für eine bestimmte Frist keine Tätigkeit bei Konkurrenzunternehmen annehmen dürfen.

Für die Wettbewerbsklausel mit Angestellten und Handelsvertretern gelten allerdings nach dem Handelsgesetzbuch (§ 74 HGB und § 90 a HGB) wesentliche Beschränkungen (z. B. Schriftform, Entschädigungszahlung), die den wirtschaftlich schwächeren Teil schützen sollen. Die Androhung einer → *Konventionalstrafe* ist ein mögliches Mittel zur Durchsetzung der Wettbewerbsklausel.

Für Handlungsgehilfen (→ *Handlungsgehilfe)* und leitende Personen gilt ein **gesetzliches Wettbewerbsverbot.** Hiernach darf dieser Personenkreis **während des Dienstverhältnisses** ohne die Einwilligung des Prinzipals (→ *Prinzipal*) bei Handlungsgehilfen (§ 60 HGB und § 61 HGB) bzw. der zuständigen Organe der Gesellschaft (§ 112 HGB und § 165 HGB, § 88 AktG und § 284 AktG) keine weitere Tätigkeit ausüben dürfen, die in Konkurrenz mit ihrem Unternehmen steht.

▶ **Wettbewerbspolitik**

Bezeichnung für alle Maßnahmen in der → *Wirtschaftspolitik,* die der Aufrechterhaltung oder Wiederherstellung eines freien Wettbewerbs dienen. Hierbei wird Wettbewerb als Merkmal des Leistungskampfes zwischen den Wirtschaftseinheiten am → *Markt* verstanden.

Wettbewerbspolitische Maßnahmen sind z. B. die Förderung mittelständischer Unternehmen, Hilfen bei regionalen und strukturellen Benachteiligungen am Markt (→ *Strukturpolitik*) oder die

Verhinderung von Wettbewerbsverzerrungen oder eines Missbrauchs wirtschaftlicher Macht (→ *Kartellgesetz*). → *Wettbewerbsrecht*.

▶ **Wettbewerbsrecht**

Sammelbezeichnung für Rechtsnormen, die den Wettbewerb fördern sollen. Hierzu zählen das → *Kartellgesetz*, das Gesetz gegen unlauteren Wettbewerb (UWG) (→ *Unlauterer Wettbewerb*) sowie internationale Vereinbarungen (z. B. → *Europäische Fusionskontrolle*).

▶ **Wettbewerbsverbot (Konkurrenzverbot)** → *Wettbewerbsklausel*

▶ **WHO (World Health Organisation)** → *Weltgesundheitsorganisation (WHO)*

▶ **Wiederbeschaffungskosten**

Die Kosten, die entstehen, um ausgeschiedene Wirtschaftsgüter (→ *Güter*) zu ersetzen.

▶ **Willenserklärung** → *Rechtsgeschäft*

▶ **Windfall Profits**

Bezeichnung für → *Gewinne*, die Unternehmen ohne eigenes Zutun erzielen.

▶ **Windhund-Verfahren**

Verteilungsverfahren (z. B. für staatliche Zuschüsse, Ein- oder Ausfuhrmengen) nach dem Kriterium „Zeitpunkt der Antragsstellung". Eine Quotierung bzw. Höchstmenge oder Höchstbetrag ist nicht vorgegeben.

▶ **Window Dressing**

Eine Bezeichnung für das Bestreben von Unternehmensvorständen, den → *Jahresabschluss* möglichst positiv zu gestalten **(Bilanzkosmetik)**. → *Bilanzpolitik*.

▶ **Windows**

Populäres → *PC*-Betriebssystem der Firma *Microsoft* mit hohem Bedienungskomfort. Auf der grafischen → *Benutzeroberfläche* **(Grafical User Interface = GUI)** werden mit Hilfe der → *Maus* die jeweils ausgewiesenen Symbole **(Icons)** angeklickt, um gewünschte Funktionen zu erreichen. Das Programm wird ständig weiterentwickelt. Mit den verschiedenen, jeweils weiterentwickelten Versionen von **Windows** werden u. a. Bedienungserleichterungen angeboten sowie Benutzer von → *LAN* und → *WAN* besonders angesprochen. So z. B. auch für Anwendungen im → *Multimedia*-Bereich. **Windows NT** ist ein → *Betriebssystem* für → *Server*-Dienste. **Word für Windows** ist ein spezielles Textverarbeitungsprogramm von Microsoft für das Betriebssystem Windows, das u. a. zur Erleichterung von Büroarbeiten entwickelt wurde.

▶ **Winterausfallgeld, Wintergeld** → *Arbeitslosenversicherung*

▶ **Wirtschaftliches Wachstum** → *Wirtschaftswachstum*

▶ **Wirtschaftlichkeit**

Ein unternehmenspolitisches Ziel, das jedem Unternehmen, unabhängig von seinem Zweck, seiner Rechtsform (öffentlich oder privat) und unabhängig vom → *Wirtschaftssystem* Aussagen darüber erlaubt, ob die → *Produktionsfaktoren*, die vorhandene Organisation usw. dem → *Wirtschaftlichkeitsprinzip* entsprechend eingesetzt sind.

In einer **Wirtschaftlichkeitsrechnung** soll aufgezeigt werden, ob Möglichkeiten zur Senkung der → *Kosten* bei gleicher Produktion bzw. eine Erhöhung der Produktion ohne gleichzeitige Kostenerhöhung (→ *Rationalisierung*) möglich ist. Dabei wird jeweils eine optimale Beschaffungs-, Produktions- und Absatzorganisation zugrunde gelegt und mit den tatsächlichen Verhältnissen verglichen (z. B. Soll/Ist-Vergleich). Außerdem können Aussagen für zwischenbetriebliche Vergleiche gewonnen werden. → *Wertschöpfungskette*.

▶ **Wirtschaftlichkeitsprinzip**

(Ökonomisches Prinzip, Rationalprinzip) Stellt die Bedingung, bei gegebenem → *Aufwand* einen möglichst großen → *Ertrag* zu erreichen **(Maximalprinzip)** bzw. einen vorgegebenen Ertrag mit den geringstmöglichen Mitteln zu erbringen **(Minimumprinzip)**.

▶ **Wirtschaftsausschuss** → *Betriebsverfassungsgesetz (BetrVG)*

▶ **Wirtschaftsgipfel** → *G7/G8-Konferenz*

▶ **Wirtschaftsgüter** → *Güter*

▶ **Wirtschaftsinformatik**

Spezieller Teil der → *Betriebswirtschaftslehre (BWL)*. Sie befasst sich als wissenschaftliche Fachrichtung mit dem Einsatz der → *Informations- und Kommunikationstechnologien* in Wirtschaft und Verwaltung (→ *Öffentlicher Dienst*). Dabei werden computergestützte Systeme (→ *Computer*) entwickelt für spezielle Anwendungsbereiche, z. B. für den Einkauf, Vertrieb, Information der Führungsebene (→ *Führungsinformationssystem (FIS)*), Planung (→ *Strategische Unternehmensführung*), → *Betriebsabrechnung*, → *Finanzbuchführung* u. a. m. Darüber hinaus werden die Erkenntnisse der Wirtschaftsinformatik u. a. in der → *Bürokommunikation* und individuellen → *Datenverarbeitung* sowie bei der Verknüpfung mit Datenverarbeitungssystemen der Fertigungstechnik eingesetzt. → *Informatik*.

▶ **Wirtschaftskreislauf**

Beschreibung der wirtschaftlichen Beziehungen aller Wirtschaftseinheiten (Sektoren) in einer Volkswirtschaft. Betrachtet werden der **Güterkreislauf** (→ *Güter*) und der entgegengerichtete **Geldkreislauf**.

Die **einfachste Darstellung** dieses Kreislaufs beschreibt die Beziehungen zwischen Unternehmen und Haushalten. Die Unternehmen produzieren → *Konsumgüter*, die von den Haushalten konsumiert werden. Dafür zahlen die Haushalte an die Unternehmen die geforderten Preise. Die Haushalte arbeiten in den Unternehmen. Die Unternehmen zahlen hierfür an die Haushalte Arbeitslöhne.

Der **Wirtschaftskreislauf** ist in Wirklichkeit wesentlich komplizierter. Er besteht in der Regel aus fünf Sektoren: **Unternehmen, private Haushalte, Staat, Ausland und Vermögensbildung (Sparen).**

Zwischen sämtlichen Sektoren bestehen Beziehungen. So zahlt z. B. der Staat Einkommen an den Sektor private Haushalte und für Leistungen an das Ausland, er zahlt für Güterkäufe an die Unternehmen und gleichzeitig auch → *Subventionen* an den Unternehmenssektor; er leistet → *Transferleistungen* an den Sektor private Haushalte und an den Sektor Vermögensbildung. Aus dem Sektor Vermögensbildung fließt die staatliche Ersparnis in Form staatlicher → *Investitionen* zurück.

Aus dem privaten Sektor („Haushalte") fließen die → *Direkte Steuern* an den Staat. Der Unternehmenssektor zahlt → *Indirekte Steuern* und direkte Steuern an den Staat.

Die Beziehungen der Sektoren untereinander kann man schematisch in Form einer grafischen Darstellung, in Kontenform mit Soll und Haben (→ *Buchführung*), in tabellarischer Form, in Form einer → *Matrix* oder als mathematisches Gleichungssystem darstellen.

Die Modelle des volkswirtschaftlichen Kreislaufs und die hieraus abgeleiteten Erkenntnisse liefern die Grundlage zur Erklärung makroökonomischer Zusammenhänge (→ *Makroökonomie*), für die → *Ökonometrie* und für die Vorbereitung und Begründung von Entscheidungen in der → *Wirtschaftspolitik*, → *Finanzpolitik* und → *Sozialpolitik*. → *Volkswirtschaftliche Gesamtrechnung (VGR)*. Siehe **Abb. 47.**

Wirtschaftskreislauf

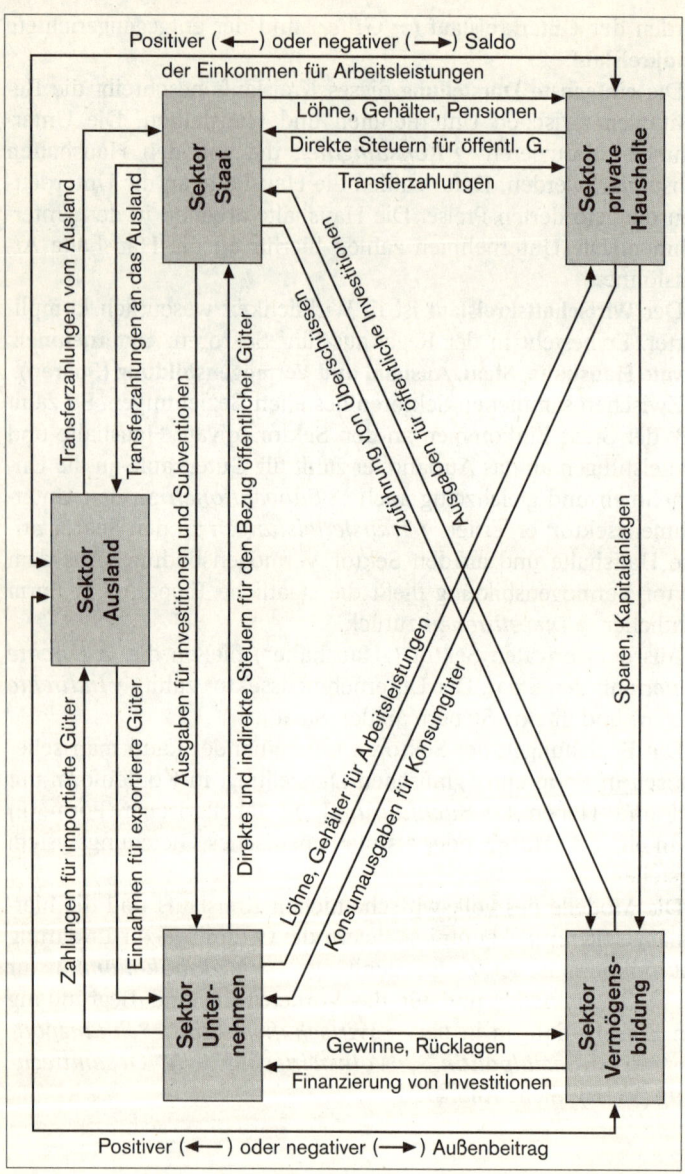

Abb. 47: Der Wirtschaftskreislauf

▶ **Wirtschaftskriminalität**

Betrifft die so genannten „Täter mit den weißen Kragen" und ist eine besondere, im Strafrecht erst seit dem 29. 7. 1976 mit dem **„Gesetz zur Bekämpfung der Wirtschaftskriminalität"** erfasste Spielart von Verbrechen.

Bei der Wirtschaftskriminalität handelt es sich in der Regel um **Subventionsbetrug** (→ *Subventionen*), **Kreditbetrug** (→ *Kredite*), um **Insolvenzbetrug** (→ *Insolvenzverfahren*), um illegale **Gewinnverschiebungen** ins Ausland, um das Ermöglichen von **Schwarzeinkäufen** im Großhandel (z. B. in der sog. Pommes-Connection im Gaststättengewerbe) und um **Computermanipulationen** (→ *Computer*). Die **Vortäuschung von Arbeitsverhältnissen** und die **Veruntreuung von Arbeitsentgelt** sowie alle Formen der → *Schwarzarbeit, Schattenwirtschaft* wurden mit einem 1986 in Kraft getretenen **„Zweiten Gesetz zur Bekämpfung der Wirtschaftskriminalität"** als zusätzliche Verbrechenstatbestände im Strafgesetzbuch erfasst.

Der volkswirtschaftliche Schaden, der durch Wirtschaftsstraftaten entsteht, beläuft sich jährlich auf zweistellige Milliardensummen. Insbesondere bei der Währungsumstellung im Zuge der → *Währungs-, Wirtschafts- und Sozialunion* kam es zu einer Häufung wirtschaftskrimineller Straftaten. → *Geldwäschegesetz.*

▶ **Wirtschaftsordnung**

Die Gesamtheit der allgemeinen Rahmenbedingungen, in denen der Wirtschaftsprozess abläuft und durch die → *Wirtschaftspolitik* konkretisiert wird. Sie wird geprägt vom jeweiligen → *Wirtschaftssystem* und wird umschlossen von rechtlichen Rahmenbedingungen (→ *Wirtschaftsverfassung*).

Wirtschaftssystem, Wirtschaftsverfassung und Wirtschaftsordnung werden jedoch häufig auch als synonyme Begriffe verstanden.

▶ **Wirtschaftsplan**

Der zu Beginn einer Wirtschaftsperiode aufgestellte Plan von privaten Haushalten oder Unternehmen. Er umfasst bei privaten

Haushalten die geplanten Einnahmen und geplanten Ausgaben der Periode.

Bei Unternehmen umfasst er u. a. den Produktions- und Absatzplan sowie den Finanzierungsplan (→ *Finanzierung*). Während des Ablaufs der Wirtschaftsperiode werden die Planzahlen mit den tatsächlichen Werten verglichen (Soll/Ist-Vergleich). Bei erkennbaren wesentlichen Abweichungen von den ursprünglichen Erwartungen im Wirtschaftsplan wird dieser angepasst.

Für bestimmte → *Öffentliche Unternehmen* (z. B. → *Eigenbetriebe*, → *Sondervermögen*) ersetzt der Wirtschaftsplan einen → *Haushaltsplan*. Er ist von den jeweiligen Betriebsleitungen bzw. Unternehmensvorständen zu Beginn eines Wirtschaftsjahres aufzustellen und muss vom zuständigen Aufsichtsgremium (z. B. → *Verwaltungsrat*) genehmigt sein. Er besteht aus der Erfolgsrechnung mit Aufwendungen (→ *Aufwand*) und Erträgen (→ *Ertrag*) **(Erfolgsplan)**, der Vermögens- und Finanzierungsrechnung **(Vermögens- und Finanzplan)** einschl. vorgesehener → *Verpflichtungsermächtigungen* sowie dem **Stellenplan** mit den aufgeschlüsselten Personalzahlen.

▶ **Wirtschaftspolitik**

Bezeichnung für die Gesamtheit staatlicher Maßnahmen zur Gestaltung von Rahmenbedingungen der → *Wirtschaftsordnung* (Rahmenbedingungen) und **Wirtschaftsstruktur** sowie zur Steuerung des **Wirtschaftsablaufs**. Dabei steht die Wirtschaftspolitik in engem Zusammenhang mit der nationalen → *Finanzpolitik* und → *Sozialpolitik* sowie den Vereinbarungen innerhalb der EWWU (→ *Europäische Wirtschafts- und Währungsunion (EWWU)*).

Die Ziele der Wirtschaftspolitik sind im → *Stabilitätsgesetz* von 1967 festgelegt. Bedeutsam für die staatliche Wirtschaftspolitik ist auch die laufende Überprüfung der Rahmenbedingungen, in denen sich der Wirtschaftsablauf vollzieht. → *Konzentration*, → *Vermögensumverteilung*, → *Ordnungspolitik*, → *Umweltpolitik*, → *Standortdiskussion*, Situation am → *Arbeitsmarkt*.

Teile staatlicher Wirtschaftspolitik sind die → *Außenwirtschaftspolitik*, → *Arbeitsmarktpolitik*, → *Konjunkturpolitik*,

→ *Strukturpolitik* und → *Wettbewerbspolitik*. Die nationale Wirtschaftspolitik wird ergänzt durch die → *Kreditpolitik* und die → *Geldpolitik* im ESZB (*Europäisches System der Zentralbanken (ESZB)*).

▶ **Wirtschaftsprüfer**

Angehöriger eines freien Berufsstandes (→ *Freie Berufe*), der nach der **Wirtschaftsprüferordnung (WPO)** i. d. F. vom 5. 11. 1975 die berufliche Aufgabe hat, betriebswirtschaftliche Prüfungen im → *Jahresabschluss* (→ *Wirtschaftsprüfung* nach den Regeln im → *Handelsgesetzbuch (HGB)* (§ 316 HGB bis § 324 HGB) bzw. auch nach → *IAS/IASF* durchzuführen und den → *Prüfungsbericht* sowie den → *Bestätigungsvermerk* über die Vornahme und das Ergebnis solcher Prüfungen zu erteilen. → *Prüfung des Jahresabschlusses.*

Nach dem → *KonTraG* wurden u. a. die Vorschriften verschärft zur Sicherung der Unabhängigkeit des Wirtschaftsprüfers: Dieser darf in den letzten fünf Jahren nicht mehr als 30 % (zuvor 50 %) seiner Gesamteinnahmen von einem Mandanten bezogen haben. Ein Prüferwechsel ist vorgeschrieben, wenn die Prüfer innerhalb von 10 Jahren den Bestätigungsvermerk in mehr als sechs Fällen unterschrieben haben. Außerdem wurden die Haftungsbestimmungen bei schuldhaftem Verhalten wesentlich erhöht (z. B. 4 Millionen Euro bei börsennotierten Gesellschaften).

Mit dem → *Bilanzrechtsreformgesetz* wurden weitere Regelungen eingeführt zur Sicherung der Unabhängigkeit der Wirtschaftsprüfer (§ 319 HGB und § 319a HGB). → *Wirtschaftsprüferkammer.*

http://www.rechtliches.de/info_WPO.html

▶ **Wirtschaftsprüferkammer**

Eine → *Körperschaft des öffentlichen Rechts* als Organisation aller → *Wirtschaftsprüfer*, vereidigten Buchprüfer, Wirtschaftsprüfungsgesellschaften und Buchprüfungsgesellschaften in Deutschland. Sie vertritt den Berufsstand gegenüber der Öffentlichkeit und hat ihre Mitglieder zu beraten und zu belehren (Berufsaufsicht). Sie führt das bundeseinheitliche Wirtschaftsprüfer-Examen und die Prüfung als vereidigter Buchprüfer durch und bestellt diese als Zulassungsstelle (§ 57 WPO). → *Corporate Governance.*

http://www.wpk.de/

▶ **Wirtschaftsprüfung**

Prüfung aller wirtschaftlichen Tatbestände eines Unternehmens auf Ordnungsmäßigkeit und Zweckmäßigkeit durch einen unabhängigen → *Wirtschaftsprüfer.* Geprüft wird nicht nur der → *Jahresabschluss*, sondern es werden auch spezielle Prüfungen, z. B. der → *Wirtschaftlichkeit*, Kreditwürdigkeit (→ *Bonität*), → *Rentabilität* usw. eines Unternehmens vorgenommen. → *Prüfung des Jahresabschlusses.*

▶ **Wirtschaftssystem**

Begriff, der von **W. Sombart** für eine als geistige Einheit gedachte Wirtschaftsweise geprägt wurde, die

(1) von einer bestimmten **Wirtschaftsgesinnung** beherrscht wird,

(2) eine bestimmte **Ordnung** und **Organisation** hat und

(3) eine bestimmte **Technik** anwendet.

Die Organisation einer Volkswirtschaft kann nach zwei Grundtypen unterschieden werden: → *Marktwirtschaft* (**dezentralisierte** Steuerung des Wirtschaftsablaufs) und → *Zentralverwaltungswirtschaft* (**zentralisierte** Steuerung des Wirtschaftsablaufs). In der Realität existieren jedoch nur Mischsysteme. → *Wirtschaftsordnung.*

▶ **Wirtschaftstheorie** → *Volkswirtschaftslehre (VWL)*

▶ **Wirtschafts- und Sozialausschuss der EU** → *EG (Europäische Gemeinschaft)*

▶ **Wirtschafts- und Sozialwissenschaftliches Institut in der Hans Böckler Gesellschaft (WSI)** → *Wirtschaftswissenschaftliche Forschungsinstitute*

▶ **Wirtschaftsverfassung**

Gesamtheit der rechtlichen Rahmenbedingungen und Grundlagen der → *Wirtschaftsordnung.* Hierzu zählen die Bestimmungen im Grundgesetz (z. B. → *Sozialstaatsprinzip*), die Gesetze und Verordnungen (→ *Rechtsverordnung*) zur Regelung des Wirtschaftsablaufs (z. B. → *Bürgerliches Gesetzbuch (BGB)*, → *Stabilitäts- und Wachstumsgesetz*, → *Kartellgesetz*, → *Handelsgesetzbuch (HGB)*, → *Kreditwesengesetz (KWG)*, → *Wirtschaftsstrafrecht*).

▶ **Wirtschaftswachstum**

Bezeichnung für die langfristige Entwicklung einer Volkswirtschaft. Als Maßstab zur Messung des Wirtschaftswachstums gilt die **reale Zunahme** vom → *Bruttoinlandsprodukt.*

Angemessenes Wirtschaftswachstum zählt nach dem → *Stabilitätsgesetz* mit zu den erklärten Zielen der → *Wirtschaftspolitik.* Bei einer Beurteilung der Zuwachsrate des wirtschaftlichen Wachstums müssen dessen Qualität (→ *Qualitatives Wachstum*) und das Ausgangsniveau mit beachtet werden. So besteht ein wesentlicher Unterschied in der Beurteilung, ob das Wachstum der Verbesserung der Lebensqualität dient (z. B. Verbesserung der → *Infrastruktur*, Bau sozialer Einrichtungen usw.) oder ob es lediglich aufgrund ungezügelter Produktion z. B. von Rüstungsgütern oder umweltschädlicher → *Güter* zustande kommt. Außerdem sind die Wachstumsraten in einer aufstrebenden Industriemacht (z. B. Japan und Deutschland in den 50er und 60er Jahren oder China im neuen Jahrtausend) größer als in Industrienationen mit bereits hohem Produktionsniveau und modernsten technischen Einrichtungen.

Wirtschaftswachstum und Veränderungen des allgemeinen Lebensstandards der Bevölkerung müssen als Gesamtheit beurteilt werden. → *Entwicklungsländer* können trotz hoher Wachstumsraten ihres Bruttoinlandsproduktes im → *Lebensstandard* ihrer Bevölkerung weit unter dem Standard der Industrienationen mit geringen Wachstumsraten liegen. → *Entwicklungshilfe.*

▶ **Wirtschaftswissenschaften**

Begriff für alle wissenschaftlichen Disziplinen, die sich mit der Erforschung der wirtschaftlichen Tätigkeit befassen. Im Gegensatz zu der in angelsächsischen Ländern üblichen einheitlichen Betrachtung der Wirtschaftswissenschaften ist in Deutschland an den Universitäten die Unterscheidung in → *Volkswirtschaftslehre (VWL)* und → *Betriebswirtschaftslehre (BWL)* gebräuchlich. → *Sozialwissenschaften.*

▶ **Wirtschaftswissenschaftliche Forschungsinstitute**

Institutionen, die auf dem Gebiet der Konjunkturforschung (→ *Konjunktur*) tätig sind, die sich mit der laufenden Analyse, Diagnose und → *Prognose* des Wirtschaftsablaufs und der Wirtschaftsstruktur beschäftigen, Forschungen der Einkommens- und Verteilungspolitik (→ *Einkommensverteilung*) betreiben sowie sonstige Forschungsschwerpunkte haben – je nach wissenschaftlichem Anspruch des jeweiligen Instituts auf den Gebieten der → *Wirtschaftswissenschaften.*

Die bedeutendsten Wirtschaftswissenschaftlichen Forschungsinstitute in der Bundesrepublik sind: Deutsches Institut für Wirtschaftsforschung **(DIW)**, Berlin; **HWWA** – Hamburgisches Welt-Wirtschafts-Archiv, Hamburg; Institut für Weltwirtschaft **(IfW)**, Kiel; **Ifo-Institut** für Wirtschaftsforschung, München; Rheinisch-Westfälisches Institut für Wirtschaftsforschung **(RWI)**, Essen; Institut für Wirtschaftsforschung Halle **(IWH)**. Sie erstellen jeweils im Frühjahr und Herbst ein **Gemeinschaftsgutachten** zur Beurteilung der Wirtschaftslage, u. a. mit Prognosen für das laufende und das kommende Jahr.

Zusammen mit dem gewerkschaftsnahen Wirtschafts- und Sozialwissenschaftlichen Institut (→ *Deutscher Gewerkschaftsbund (DGB)*) in der Hans-Böckler-Gesellschaft **(WSI)**, Düsseldorf, und dem den Arbeitgeberverbänden (→ *Bundesverband Deutscher Arbeitgeberverbände (BDA)*) verbundenen Institut der deutschen Wirtschaft **(IW)**, Köln, sind sie Mitglied in der **Arbeitsgemeinschaft deutscher wirtschaftswissenschaftlicher Forschungsinstitute e. V.**, der insgesamt 30 Forschungseinrichtungen angehören.

Das jeweilige Gemeinschaftsgutachten, das Gutachten vom → *Sachverständigenrat zur Begutachtung der gesamtwirtschaftlichen Entwicklung (SVR)* und die Gutachten des WSI und des IW liefern Anhaltspunkte zur Beurteilung der → *Wirtschaftspolitik* und der → *Finanzpolitik* in Deutschland und geben i.d.R. auch einen Überblick über Entwicklungen in der Weltwirtschaft. → *Tarifpolitik,* → *Memorandum Gruppe,* → *Zentrum für Europäische Wirtschaftsforschung (ZEW).*

http://www.diw.de/
http://www.hwwa.de/
http://www.uni-kiel.de/ifw/
http://www.ifo.de/
www.iwh-halle.de
http://www.rwi-essen.de/
http://www.boeckler.de/
http://www.iwkoeln.de/

▶ **Witwen-/Witwerrente** (Hinterbliebenenrente)
→ *Altersvermögensgesetz*

▶ **Wohneigentum**

Zum 1. 1. 1996 ist mit dem **Eigenheimzulagegesetz (EigZulG)** vom 15. 12. 1995 eine neue Regelung zur Förderung von Wohneigentum in Kraft getreten. Es ersetzte das **Wohneigentumförderungsgesetz**, mit dem seit dem 1. 1. 1987 eine steuerliche Förderung der zu eigenen Zwecken genutzten Wohnung im eigenen Haus erfolgte und das die bis dahin im → *Einkommensteuergesetz (EStG)* geltende **Nutzungswertbesteuerung** nach § 7 b EStG ablöste.

Die von jeweiligen Einkommen wegen der Wirkungen der → *Steuerprogression* abhängigen Förderbeträge beim selbstgenutzten Wohneigentum wurden beseitigt zugunsten einer **einkommensunabhängigen Zulagenregelung** im Rahmen der bis dahin schon geltenden Einkommensgrenzen. Die mehrfach geänderten Einkommensgrenzen betragen seit 1. 1. 2004 70 000/140 000 Euro (Alleinstehende/Verheiratete) plus 15 000/30 000 Euro für jedes Kind (§ 5 EigZulG). Der **Fördergrundbetrag** beträgt für acht Jahre jährlich 1 % der Bemessungsgrundlage, höchstens 1250 Euro (§ 3 EigZulG, § 8 EigZulG und § 9 Abs. 2 EigZulG). Die **Kinderzulage** beträgt 800 Euro je Kind (§ 9 Abs. 5 EigZulG).

Der Förderungsgrundbetrag erhöht sich um 2 % der Bemessungsgrundlage, jedoch höchstens um 256 Euro jährlich für bestimmte ökologisch förderungswürdige Aufwendungen, z. B. Einbau von Wärmepumpen oder Solaranlagen (§ 9 Abs. 3 Abs. EigZulG).

Außerdem kann **Erhaltungsaufwand** bis zum Zeitpunkt des Einzugs ohne Einkommensgrenzen bis zu 11 504 Euro als → *Sonderausgaben* abgezogen werden. Die Eigenheimzulage muss beim zuständigen → *Finanzamt* beantragt werden.

Die Eigenheimzulage wird in der aktuellen politischen Diskussion in der gegenwärtigen Form als Mittel zur Senkung öffentlicher Ausgaben zur Disposition gestellt.

http://bundesrecht.juris.de/bundesrecht/eigzulg/

▶ **Wohngeld**

Staatlicher Zuschuss zu privaten Aufwendungen von Personen für Wohnraum. Die Höhe des Wohngeldes ist abhängig vom Familieneinkommen, der Zahl der Haushaltsmitglieder und der Höhe der zu berücksichtigenden → *Miete*. Grundlage ist das **Wohngeldgesetz** von 1970 in der zum 23. 1. 2002 in Kraft getretenen Fassung.

Für Bezieher einer → *Rente*, von → *Arbeitslosengeld I* und *Arbeitslosengeld II* sowie für → *Schwerbehinderte* bei häuslicher Pflegebedürftigkeit und Alleinerziehende mit Kindern werden besondere Freibeträge (→ *Freibetrag*) anerkannt.

Zur Ermittlung des Wohngeldes gibt es amtliche Tabellen. Geleistet wird Wohngeld in der Form des **Mietzuschusses** (an Mieter) oder als **Lastenzuschuss** (an Eigentümer). Für die Auszahlung und die Entgegennahme der Anträge sind die **Wohngeldstellen** der → *Gemeinden* oder Landkreise zuständig. → *Sozialbudget*.

http://bundesrecht.juris.de/bundesrecht/wogg_2/

▶ **Wohnungsbaugesetz**

Das **2. Wohnungsbau- und Familienheimgesetz** vom 19. 8. 1994 wurde zum 1. 1. 2002 aufgehoben.

▶ **Wohnungsbauprämiengesetz**

Teil der staatlichen → *Sparförderung*. Ziel des inzwischen mehrfach geänderten Wohnungsbauprämiengesetzes (WoPG) i. d. F. vom 30. 10. 1997 ist die Förderung des Wohneigentums durch ein besonderes Anreizsystem. Es wird ergänzt durch das → *Eigenheimzulagegesetz*. Seit dem 1. 1. 1996 gilt eine erhöhte Einkommensgrenze von 25 600 Euro bzw. 51 200 Euro zu versteuerndem Jahreseinkommen. Außerdem wurden die Höchstbeträge für begünstigte Sparleistungen auf 512 Euro bzw. 1024 Euro angehoben. Die staatliche Prämie beträgt seit dem 1. 1. 1990 10 %. Kinderbegünstigende Sonderzuschläge sind seit 1990 entfallen. → *Steuerreform*.

http://bundesrecht.juris.de/bundesrecht/wopg/index.html

▶ **Word für Windows** → *Windows*

▶ **Working Capital**

(Nettoumlaufvermögen) → *Kennzahlen* zur Beurteilung der Liquiditätsentwicklung (→ *Liquidität*) eines Unternehmens. Das Working Capital ist die Differenz zwischen dem → *Umlaufvermögen* und den kurzfristigen → *Verbindlichkeiten*. Die Verhältniszahl von Umlaufvermögen zu den kurzfristigen Verbindlichkeiten ist die **Working Capital Ratio**. Die Liquiditätslage des Unternehmens hat sich verbessert, wenn diese Kennziffer steigt. Sie wird im Rahmen einer → *Bewegungsbilanz* oder → *Kapitalflussrechnung* interpretiert.

▶ **Workshop**

Bezeichnung für ein Arbeitstreffen, bei dem ein vorgegebenes Thema erörtert wird.

▶ **Workstation**

Bezeichnung für den Einzelarbeitsplatz am → *PC* in einem lokalen Rechnernetz (→ *LAN*).

▶ **World Wide Web (www)**

Zentrales System im → *Internet*. Es ermöglicht die Anwendung von → *Hypertext*, wobei neben Texten und Daten auch Bilder und Töne aus den Anwendungsformen von → *Multimedia* zur Verfügung stehen. Der Benutzer steuert seine Suchvorgänge mit dem → *Cursor* auf der einfach gestalteten → *Benutzeroberfläche*. Weltweite WWW-→ *Server* stellen die gesuchten Informationen zur Verfügung.

▶ **WSA** (Wirtschafts- und Sozialausschuss der EG) → *EG (Europäische Gemeinschaft)*

▶ **WSI (Wirtschafts- und Sozialwissenschaftliches Institut in der Hans-Böckler-Gesellschaft)** → *Wirtschaftswissenschaftliche Forschungsinstitute*

▶ **WTO (World Trade Organization)**

Am 1. 1. 1948 als **GATT** (**G**eneral **A**greement of **T**ariffs and **T**rade = Allgemeines Zoll- und Handelsabkommen) in Kraft getretenes Vertragswerk. Die ursprüngliche Zielsetzung war ein kollektiver Zollabbau bei Anwendung des Prinzips der unbedingten → *Meistbegünstigung*. Ein Verbot von → *Diskriminierung* und der Abbau von mengenmäßigen Beschränkungen wie Einfuhrkontingente (→ *Kontingent*) und → *Devisenbewirtschaftung* sollten bestehende Handelsschranken weitgehend beseitigen.

Erfolgreich war das GATT jedoch lediglich auf dem Gebiet der Zollpolitik. So hatten Ende der 60er Jahre aufgrund der Beschlüsse der **Kennedy-Runde** die wichtigsten Industrieländer ihre → *Zölle* um rd. 35 % im Durchschnitt gesenkt.

Ein allgemeiner Abbau mengenmäßiger Beschränkungen wurde dagegen nicht erreicht. Weitere Vereinbarungen für gemeinsame

Zollsenkungen unter Beteiligung der osteuropäischen Länder wurden in der so genannten **Tokio-Runde** (benannt nach dem 1973 bis 1979 in Tokio tagenden **Welthandelsausschuss**) getroffen.

Von 1986 bis 1993 fand eine weitere Verhandlungsrunde statt (**Uruguay-Runde**). Die 124 Staaten einigten sich im Dezember 1993 in Marrakesch in 15 Abkommen u. a. auf Zollsenkungen von durchschnittlich 40 % für Industrieprodukte, ein neues Streitschlichtungsverfahren, auf neue Regelungen über den Handel mit Dienstleistungen sowie zum Schutz geistigen Eigentums.

Außerdem wurde eine neue **Welthandelsorganisation (WTO)** vereinbart, die am 1. 1. 1995 mit Sitz in Genf als Weiterentwicklung des GATT gegründet wurde. Die WTO besteht aus drei Säulen:

● Das **GATT** als zuständige Organisation für den Warenhandel. Hierzu zählen Vereinbarungen gegen Handelshemmnisse wie → *Dumping* und → *Subventionen* sowie Bestimmungen zu grenzüberschreitenden Investitionen.

● Das **GATS (General Agreement on Trade in Services)** gilt für den Handel mit Dienstleistungen. Es umfasst u. a. Vereinbarungen zur Liberalisierung des Verkehrs, der → *Telekommunikation* sowie von Finanzdienstleistungen (→ *Finanzdienstleistungsinstitute*), die weitergeführt werden müssen.

● Das **TRIPS (Trade-related Aspects of Intellectual Property Rights)** ist ein Übereinkommen zum Schutz geistiger Eigentumsrechte. Es umfasst Bestimmungen zum Schutz von Patenten und Geschäftsgeheimnissen.

Eine ganze Reihe von Verpflichtungen aus der Uruguay-Runde sind bisher noch nicht eingelöst.

So fehlen anerkannte Regeln über den Austausch von Finanzdienstleistungen, zum internationalen Kapitalverkehr und zu einer völligen → *Liberalisierung* des Agrar- und Textilhandels. Keine Einigung gab es bisher auch über eine Vereinbarung von Umweltstandards und → *Sozialklauseln*, deren Regelung die WTO bei der → *ILO* belassen will. Vor allem die asiatischen → *Tigerstaaten* befürchten, dass sich die westlichen Industriestaaten mit Hilfe der Durchsetzung von Sozialklauseln und Umweltstandards Handelsvorteile verschaffen wollen.

Nachdem die Auftaktkonferenz in Seattle im Dezember 1999 scheiterte, einigten sich die WTO-Mitglieder im November 2001 in Doha (Katar) über die Wiederaufnahme einer neuen Welthandelsrunde (**Doha-Runde**). Nach erneutem Scheitern 2003 in Cancun (Mexiko) einigte man sich im August 2004 in der WTO-Ministerkonferenz in Genf auf ein Rahmenabkommen. Auf dessen Grundlage sollen die Verhandlungen fortgeführt werden und möglichst bis Ende 2006 abgeschlossen sein.

Streitpunkte sind vor allem der Abbau nationaler Subventionen für die Landwirtschaft in den Industriestaaten (Beispiel: Ziele der → *Agenda 2000* in der EU), um für die → *Entwicklungsländer* größere Exportmöglichkeiten zu schaffen. Außerdem steht ein weiterer Abbau von Zollschranken für Industriegüter und Regelungen für einen freien Dienstleistungsverkehr (→ *Dienstleistungen*) sowie ein Abkommen zur Sicherung von Patentrechten (→ *Patent*) auf der Tagesordnung.

2004 fielen 102 der 148 Mitgliedsstaaten der WTO in die Kategorie Entwicklungsland. China und Taiwan wurden 2001 aufgenommen, Russland und 30 weitere Staaten konnten dagegen bisher noch nicht beitreten – sie haben Beobachterstatus.

Oberste Instanz der WTO ist die **Minister-Konferenz**, die alle zwei Jahre mindestens einmal zusammentritt. Die Tagesgeschäfte der WTO führt ein **Allgemeiner Rat**, der seine Entscheidungen – je nach politischer Tragweite – mit einfacher Mehrheit, Zweidrittel- oder Dreiviertelmehrheit trifft und von einem Generalsekretär geführt wird.

In der internationalen → *Außenhandelspolitik* und → *Wirtschaftspolitik* steht die WTO gleichrangig neben dem IWF (→ *Internationaler Währungsfonds (IWF)*) und der → *Weltbankgruppe*, mit denen Kooperationsabkommen bestehen – ebenso wie mit der → *OECD* und der → *UNCTAD*.

Nach den **Weltinvestitionsberichten** der UNCTAD aus dem Jahr 1995 und 1999 treten die Ergebnisse von Abkommen regionaler Wirtschaftszusammenschlüsse und von privatrechtlichen Institutionen (z. B. → *Multinationale Konzerne*) immer mehr neben die Vereinbarungen im Rahmen der WTO. So hatte z. B. der Umsatz der multinationalen Konzerngesellschaften bereits 1992 mit 5,2

Billionen US-$ den Wert des internationalen Handels (4,9 Billionen US-$) übertroffen. 1998 erreichte das internationale Handelsvolumen einen Wert von 6,6 Billionen US-$ bei einem Umsatz der Multis von 11 Billionen US-$. → *Globalisierung.*

http://www.wto.org/

▶ **Wurm** → *Virus*

▶ **www** → *World Wide Web (www)*

X/Y/Z

▶ **Xenomärkte** → *Euromärkte*

▶ **Xetra** → *Computerhandel*

▶ **Yankee Bonds**

Von ausländischen Emittenten (→ *Emission*) in den USA ausgegebene Dollar- → *Anleihen*.

▶ **Yetti**

(young, entrepreneurial, tech-based interested) Bezeichnung für unternehmerisch denkende und technisch interessierte junge Menschen.

▶ **Yield Curve**

(Zinsertragskurve) Mathematische Funktion zur Abbildung der → *Rendite* von → *Anleihen* in Abhängigkeit von der Laufzeit.

▶ **Zahlungsbilanz**

Wertmäßige Gegenüberstellung aller außenwirtschaftlichen Beziehungen eines Landes für einen bestimmten Zeitraum. Sie wird in Deutschland von der → *Bundesbank* monatlich sowie als Jahresrechnung veröffentlicht und setzt sich zusammen aus:

● **Warenhandelsbilanz (Handelsbilanz)**. Sie umfasst den Saldo aus der Einfuhr und Ausfuhr von Waren;

● **Dienstleistungsbilanz**. Sie umfasst u. a. Abrechnungen für Transportleistungen, Reiseverkehr, Lizenzgebühren usw. Sie wird überwiegend geprägt von den Ausgaben deutscher Touristen im Ausland und ist deshalb seit langem negativ;

● **Bilanz der Übertragungen** ins Ausland. Sie umfasst u. a. die Überweisungen ausländischer Arbeitnehmer in ihre Heimatländer, Zahlungen Deutschlands an internationale Organisationen usw.;

● **Kapitalbilanz** für den kurz- und langfristigen Kapitalverkehr;

● **Devisenbilanz** mit den Veränderungen des Goldbestandes und der → *Devisenreserven*;

● **Rest- und Ausgleichsposten.** Sie sind bedingt z. B. durch Änderung der → *Terms of Payment*, im → *Wechselkurs* oder durch Zuteilungen von Sonderziehungsrechten des IWF (→ *Internationaler Währungsfonds (IWF)*).

Die Bilanzen a) bis c) bilden zusammen die **Leistungsbilanz.** Im Falle eines Exportüberschusses in der Leistungsbilanz spricht man von einer **aktiven**, im Falle eines Importüberschusses in der Leistungsbilanz spricht man von einer **passiven Zahlungsbilanz** (positiver bzw. negativer **Außenbeitrag**). → *Sozialprodukt (Nationaleinkommen).*

Zahlungsbilanzgleichgewicht **(außenwirtschaftliches Gleichgewicht)** liegt dann vor, wenn die Devisenbilanz für einen längeren Zeitraum ausgeglichen ist, also Zu- und Abflüsse von Gold und → *Devisen* sich insgesamt ausgleichen.

Ein **strukturelles Zahlungsbilanzungleichgewicht** liegt vor, wenn zwischen der Wirtschaftsstruktur eines Landes (z. B. → *Entwicklungsländer*) gegenüber dem seiner Handelspartner (z. B. Industrieländer) große Unterschiede liegen. Ein Zahlungsbilanzungleichgewicht kann auch entstehen, wenn die inländische Währung überbewertet (dies führt zu Leistungsbilanzdefiziten und Devisenabflüssen) bzw. unterbewertet ist (dies führt zu Leistungsbilanzüberschüssen und Devisenzuflüssen). Durch → *Abwertung* bzw. → *Aufwertung* der inländischen → *Währung* kann der → *Wechselkurs* verändert und so das Zahlungsbilanzungleichgewicht beseitigt werden. → *Floating.*

Liegt ein **Zahlungsbilanzdefizit** vor, so könnte dies durch Zollerhöhungen, → *Kontingente*, → *Devisenbewirtschaftung/Devisenzwangswirtschaft* und Ausfuhrförderungsmaßnahmen beseitigt werden. Solche Maßnahmen liegen allerdings nicht im Interesse freier internationaler Wirtschaftsbeziehungen und gelten in einer auf → *Freihandel* abgestellten Weltwirtschaft (→ *Europäischer Binnenmarkt*, → *WTO (World Trade Organization)*, → *Internationaler Währungsfonds (IWF)*) als nicht systemkonform. Siehe **Abb. 48** und **Abb. 49.**

http://wko.at/statistik/tahzb.htm

Hauptposten der Zahlungsbilanz (Mrd. Euro)

Mrd. Euro		
Position	2003	2004
I. Leistungsbilanz		
1. Außenhandel		
Ausfuhr (fob)	665,5	731,8
Einfuhr (cif)	533,5	575,8
Saldo	+ 132,0	+ 156,0
2. Dienstleistungen (Saldo)	− 44,2	− 43,7
3. Erwerbs- und Vermögenseinkommen (Saldo)	− 13,7	+ 0,1
4. Laufende Übertragungen (Saldo)	− 28,7	− 28,4
Saldo der Leistungsbilanz[1]	+ 45,2	+ 84,0
II. Saldo der Vermögensübertragungen[2]	+ 0,3	+ 0,4
III. Kapitalbilanz[3] (Nettokapitalexport −)		
Direktinvestitionen	+ 27,3	− 25,2
Wertpapiere	+ 64,9	+ 20,8
Deutsche Anlagen im Ausland	− 47,4	− 112,9
Ausländische Anlagen im Inland	+ 112,3	+ 133,7
Finanzderivate	− 0,1	− 4,2
Kreditverkehr[4]	− 135,4	− 87,8
Saldo der gesamten Kapitalbilanz	− 46,3	− 99,8
IV. Veränderungen der Währungsreserven zu Transaktionswerten (Zunahme: −)[5]	+ 0,4	+ 1,5
V. Saldo der statistisch nicht aufgliederbaren Transaktionen (Restposten)	+ 0,3	+ 13,9

1) Enthält auch die Ergänzungen zum Warenverkehr.
2) Einschließlich Kauf/Verkauf von immateriellen nichtproduzierten Vermögensgütern
3) Netto-Kapitalexport: −
4) Einschließlich Bundesbank sowie sonstige öffentliche und private Kapitalanlagen.
5) Ohne SZR-Zuteilung und bewertungsbedingte Veränderungen.

Abb. 48: Hauptposten der Zahlungsbilanz (Quelle: Deutsche Bundesbank, Geschäftsbericht 2004)

▶ **Zahlungsmittel**

Geld und geldgleiche → *Forderungen,* die dem Ausgleich von → *Verbindlichkeiten* dienen.

Gesetzliche Zahlungsmittel sind Geldarten, denen der Staat unbeschränkte Zahlungskraft beigelegt hat (Banknoten und Münzgeld). Zu den **geldgleichen Forderungen** zählen das → *Buchgeld,* über das mittels → *Scheck* oder Überweisung verfügt werden kann, und der → *Wechsel.* Im internationalen Zahlungsverkehr sind Gold und → *Devisen* als Zahlungsmittel notwendig.

▶ **Zahlungsunfähigkeit** → *Insolvenzverfahren*

▶ **Zehner-Gruppe** → *Internationaler Währungsfonds (IWF)*

▶ **Zeichnen, Zeichnung**

Die Abgabe eines Kaufgebots bei einer → *Emission* für → *Wertpapiere* während einer **Zeichnungsfrist**. Dabei wird durch Unterschrift auf dem **Zeichnungsschein** unter Anerkennung der **Zeichnungsbedingungen** die Verpflichtung übernommen, einen bestimmten Betrag neu ausgegebener und zum Verkauf angebotener → *Anleihen* oder → *Aktien* zu übernehmen. → *Überzeichnung.*

▶ **Zeitarbeit** → *Leiharbeit*

▶ **Zeitkonto** → *Gleitende Arbeitszeit*

Region	Anteil am deutschen Export 2003 (%)
Europa	74,0
EU-15	56,0
EU-25	64,0
Resteuropa	10,0

Region	Anteil am deutschen Export 2003 (%)
Nordamerika (Nafta)	10,8
Lateinamerika (ohne Mexiko)	1,2
Afrika	1,8
Naher und mittlerer Osten	2,3
Asien/Pazifischer Raum	9,9
Welt insgesamt	100,0

Abb. 49: Wohin gehen deutsche Exporte? (Quelle: Statistisches Bundesamt)

▶ **Zeitreihe**

Begriff für eine statistische Reihe, deren Reihungsgrund oder Reihungsmerkmale durch die Zeit bestimmt sind, z. B. das Zusammenstellen des → *Lebenshaltungspreisindex.*

▶ **Zeitwert** → *Tageswert*

▶ **Zentralbank**

Die für die → *Geldpolitik* zuständige Institution eines Staates oder einer Staatengemeinschaft (→ *Europäisches System der Zentralbanken (ESZB)*).

▶ **Zentralbankgeld**

Bezeichnung für das umlaufende Bargeld sowie die Einlagen der → *Banken* und Nichtbanken bei der → *Zentralbank.* Die Zentralbankgeldmenge ist in dem Konzept der → *Monetaristen* ein zentrales Steuerungsinstrument zur Beeinflussung der Wirtschaftsentwicklung.

▶ **Zentralbankrat** → *Bundesbank*

▶ **Zentraleinheit**

(Central Processing Unit [CPU]) Bezeichnung für den rechnenden und steuernden Hauptteil in einem → *Computer.* Er setzt sich zusammen aus dem **Zentralprozessor**, der die Anweisungen eines Computer-Programms versteht und ausführt, und dem **Zentralspeicher**. Dieser besteht u. a. aus dem Arbeitsspeicher (→ *RAM*), der die laufenden Programme und die hiermit bearbeiteten Informationen und Daten für den Zentralprozessor vorhält und nach der dort erfolgten Durchführung gegebener Anweisungen entsprechend speichert. → *Externer Speicher.*

▶ **Zentraler Kapitalmarktausschuss**

Ein 1957 vom → *Bundesverband deutscher Banken (BdB)* gegründetes freiwilliges Gremium, dem Vertreter der → *Banken* und wichtiger Emittentengruppen sowie der Bundesregierung und der → *Bundesbank* angehören. Es gibt bei einer beabsichtigten → *Emission* für → *Wertpapiere* der öffentlichen Hand sowie von privaten Emittenten Empfehlungen zum Volumen, zu den Konditionen und dem Zeitpunkt der Emission.

▶ **Zentraler Kreditausschuss (ZKA)**

Zusammenschluss der fünf Spitzenverbände der deutschen Kreditwirtschaft (Bundesverband der Deutschen Volksbanken und Raiffeisenbanken, → *Bundesverband deutscher Banken (BdB)*, Bundesverband Öffentlicher Banken Deutschlands, → *Deutscher Sparkassen- und Giroverband* und Verband deutscher Hypothekenbanken) als Interessenvertretung der Spitzenverbände der → *Kreditinstitute.*

http://www.zka.de

▶ **Zentralisation/ Zentralisierung**

Organisatorische Zusammenfassung von Teilaufgaben bzw. Funktionen in einer Stelle. Die Folge ist Spezialisierung bzw. Machtansammlung in der Spitze einer → *Hierarchie.*

▶ **Zentralprozessor** → *Zentraleinheit*

▶ **Zentralspeicher** → *Zentraleinheit*

▶ **Zentralverband des Deutschen Handwerks (ZDH)**

Spitzenvereinigung der Fachverbände und Kammern im → *Handwerk*. → *Deutscher Handwerkskammertag*.

▶ **Zentralverwaltungswirtschaft**

Dem marktwirtschaftlichen System (→ *Marktwirtschaft*) entgegengesetztes System, bei dem der Staat die Weisung gibt, was, wann, wo, wie viel und zu welchem Preis produziert werden soll und wie eine Zuteilung zu erfolgen hat. Die Steuerung des Wirtschaftsablaufs erfolgt im reinen Modell zentral über eine **staatliche Planungsbehörde**. Sie erteilt den einzelnen Betrieben die Anweisungen, was und wie viel zu produzieren ist, regelt die Zuteilung der → *Rohstoffe*, von neuen Maschinen und Arbeitskräften und verteilt die produzierten → *Güter*. Während im Marktmodell die Abstimmung zwischen Nachfrage und Angebot über den Preismechanismus (**dezentrale Steuerung des Wirtschaftsablaufs**) erfolgen soll, werden im Zentralverwaltungsmodell Bedarf und Produktionssoll von der Planungsbehörde aufeinander abgestimmt.

Um ein Funktionieren dieser Abstimmung sicherzustellen, bedarf es eines **Sanktions- und Kontrollsystems**. Abweichungen vom Planungssoll nach unten können mit einem Prämien- oder Privilegienentzug geahndet, Abweichungen nach oben durch Belohnungen und Auszeichnungen (z. B. die Verleihung von Orden) honoriert werden. Zwischen den verschiedenen Planungsinstanzen besteht ein genau geregelter Informationsfluss, über den die Anweisungen der zentralen Planungsbehörde an die nachgeordneten Behörden und Betriebe weitergegeben werden. Dabei werden die Plandaten auf dem Instanzenweg von oben nach unten immer feiner gegliedert.

Bei der Festlegung des **Planungssolls** liefern die Betriebe an ihre übergeordneten Planungsbehörden Daten und sonstige Informationen, die für die Zusammenstellung des volkswirtschaftlichen Gesamtplanes benötigt werden. Auszugehen ist dabei von den Produktionsmöglichkeiten, die von der Planungszentrale nach Produktgruppen zusammengestellt und dem **Bedarfsplan** gegenübergestellt werden.

Dem Bedarfsplan liegen die **politischen Zielsetzungen** zugrunde. Bedarf und Produktionsmöglichkeiten sind dann aufeinander abzustimmen und entsprechend den politischen Prioritäten zu ordnen. Reichen die Produktionsmöglichkeiten im Rahmen eines **Drei- oder Fünfjahresplanes** nicht aus, um die politischen Zielsetzungen zu erfüllen, so steht auch noch der Außenhandel als ergänzendes Instrument zur Verfügung.

Die umfassende Planung und Kontrolle des volkswirtschaftlichen Ablaufs durch staatliche Behörden führt zu einer starken **Bürokratisierung** (→ *Bürokratie*) der Wirtschaft. Ein Großteil an menschlicher Arbeitskraft wird durch die Notwendigkeiten des Verwaltungsablaufs gebunden. Unternehmenspolitische Entscheidungen sowie Korrekturen des Gesamtplans verlaufen mit erheblichen Verzögerungen.

In den früheren sozialistischen Systemen sowjetischer Prägung hatte man deshalb bereits viele Zugeständnisse gegenüber dem reinen Modell der Zentralverwaltungswirtschaft gemacht. Ebenso wie bei der Marktwirtschaft gibt es deshalb auch in der Zentralverwaltungswirtschaft verschiedene Stufen und Formen ihrer Verwirklichung.

▶ **Zentrum für Europäische Wirtschaftsforschung (ZEW)**

Auf die Bearbeitung international vergleichender Fragestellungen im europäischen Kontext spezialisiertes Forschungsinstitut. Es wurde 1991 gegründet mit Sitz in Mannheim.

http://www.zew.de/

▶ **Zerobond**

(Nullkupon-Anleihe) Bezeichnung für eine → *Anleihe* von Großbanken (→ *Kreditinstitute*) oder Staaten, bei denen die Zinszahlungen (→ *Zinsen*) nicht in regelmäßigen Abständen erfolgen. Sie werden mit einem um einen Zinsabschlag verminderten Ausgabekurs ausgegeben oder um einen aufgezinsten Rücknahmekurs fällig. Zerobonds haben im Allgemeinen lange Laufzeiten und unterliegen u. U. starken Zinsschwankungen. Sie sind → *Wert-*

papiere, deren → *Urkunde* nur aus dem Mantel ohne → *Bogen* besteht.

▶ **Zession**

Andere Bezeichnung für das durch→ *Vertrag* vereinbarte Abtreten von → *Forderungen* an eine andere Person. Sie ist z. B. die einzige Übertragungsart von Rektapapieren (→ *Namenspapiere*). Ihre Formen und rechtliche Gestaltung sind im BGB (→ *Bürgerliches Gesetzbuch (BGB)*) (§ 398 BGB bis § 413 BGB) geregelt.

▶ **Zeugnis** → *Arbeitspapiere*

▶ **Zielkostenrechnung** → *Target Costing*

▶ **Zielprojektion** → *Jahresprojektion*

▶ **Zielvereinbarungen**

Einzelvertragliche Festlegungen auf bestimmte → *Unternehmensziele* und/oder Erfolgsgrößen (→ *Erfolg*), die mit den verantwortlichen Leitern einer Organisationseinheit (z. B. → *Vorstand*, → *Geschäftsführung*, Bereichsleiter, Niederlassungsleiter) vom → *Aufsichtsrat* (bei Vorständen und Geschäftsführern) oder jeweils vorgesetzten Stellen vereinbart werden. Der jeweils erreichte Zielerreichungsgrad in der vereinbarten Laufzeit (z. B. → *Geschäftsjahr*) ist maßgeblich für die Bemessung der → *Tantieme* und sonstigen Formen der → *Erfolgsbeteiligung*.

▶ **Zinsen**

Preis für die Überlassung von Geld als Kredit, den der → *Schuldner* an den → *Gläubiger* zahlen muss.

▶ **Zinsabschlagsteuer/Zinssteuer**

Eine seit dem 1. 1. 1993 mit dem **Zinsabschlagsgesetz** vom November 1992 eingeführte Besteuerung von Zinseinkünften. Nach einem Urteil des Bundesverfassungsgerichts vom 27. 6. 1991 wurde der Gesetzgeber verpflichtet, bis zum 1. 1. 1993 Zinseinkünfte im → *Einkommensteuergesetz (EStG)* (§ 43 EStG bis § 45 e EStG) nicht nur rechtlich, sondern auch tatsächlich gleich zu belasten. Danach gilt bis zum Inkrafttreten der einheitlichen **Zinssteuer** (vgl. unten):

(1) Für Zinsen auf Kapitalforderungen (z. B. → *Sparbuch*, festverzinsliche → *Wertpapiere*, → *Festgeld*) wird von der auszahlenden Stelle (z. B. → *Kreditinstitute*, → *Bausparkassen*) ein Zinsabschlag in Höhe von 30 % einbehalten. Für → *Tafelgeschäfte* beträgt der Satz 35 %. Erfasst werden – mit Ausnahme bei Tafelgeschäften – nur Personen mit inländischem Wohnsitz.

(2) Ausgenommen vom Zinsabschlag sind → *Sichteinlagen* (Girokonten) mit nicht mehr als 1 % Verzinsung und Bausparzinsen, für die eine → *Arbeitnehmersparzulage* oder → *Wohnungsbauprämie* gezahlt wird oder die Verzinsung nicht mehr als 1 % beträgt, sowie → *Interbankgeschäfte*.

(3) Zinsen bleiben seit 1.1. 2000 (→ *Steuerreform*) steuerfrei bis zu einem jährlichen **Sparerfreibetrag** von – seit 1.1. 2004 in gekürzter Form – 1370 Euro bzw. 2740 Euro (Alleinstehende/Verheiratete) (§ 20 Abs. 4 EStG). Hinzu kommt ein → *Pauschbetrag* für → *Werbungskosten* von 51 Euro bzw. 102 Euro (§ 9 a EStG). Dies gilt nicht für Tafelgeschäfte.

(4) Der Sparerfreibetrag kann bereits beim Steuerabzug berücksichtigt werden durch Abgabe eines „**Freistellungsauftrags**". Hiermit erklärt der Sparer gegenüber seiner auszahlenden Stelle, bis zu welcher Höhe Kapitalerträge z. B. aus Zinsen auf → *Spareinlagen* oder Dividenden (→ *Dividende*) unterhalb von 1421 bzw. 2848 Euro (Alleinst./Verh.) vom Steuerabzug freigestellt werden sollen. Der Freistellungsauftrag kann auf mehrere Konten aufgeteilt werden, darf aber insgesamt die Summe von 1421 bzw. 2848 Euro nicht überschreiten (§ 44 a EStG). Er steht dem → *Finanzamt* zu Prüfungszwecken zur Verfügung. Die Freistellung erfasst zwei Drittel der steuerpflichtigen Sparer.

(5) Gezahlte Zinsabschläge werden bei der Veranlagung auf die → *Einkommensteuer* und → *Körperschaftsteuer* des Veranlagungszeitraums angerechnet.

(6) Für Dividenden und sonstige Kapitaleinkünfte gelten seit dem Steuersenkungsgesetz seit 1.1.2001 für die Körperschaftsteuer geänderte Besteuerungsgrundlagen. → *Kapitalertragsteuer*.

Im Rahmen der angestrebten → *Steuerharmonisierung in der EU* haben sich die Mitgliedsstaaten der EU *(→ Europäische Union (EU))* nach langwierigen Verhandlungen auf eine Zinssteuer-Richtlinie (→ *Europäische Gesetzgebung*) verständigt, die am 1.7.2005 in Kraft getreten ist. Danach sind Banken in den Mitgliedsstaaten der EU verpflichtet, Zinserträge von Nichtinländern den Finanzbehörden des jeweiligen Heimatstaates zu melden (Kontrollmitteilungen). In Belgien, Luxemburg, Österreich und der Schweiz können ausländische Anleger wählen, ob sie statt der Kontrollmitteilung eine einheitliche Zinssteuer von 15 % bevorzugen, die stufenweise bis 2011 auf 35 Prozent ansteigt und anonym an das Heimatland abgeführt wird. Auf die Einführung einer einheitlichen **Abgeltungssteuer**, bei der das Kreditinstitut automatisch die Steuern auf Zinseinkünfte an das Finanzamt abführt, wurde verzichtet.

Mit einem **„Gesetz über die strafbefreiende Erklärung"** vom 23.12.2003 wurde – beginnend mit Erklärungen von Steuerpflichtigen ab dem 1.1.2004 – in Deutschland eine befreiende Wirkung für Bußgeldbescheide und Strafbefehle zugesichert, sofern die Erklärung bis zum 31.3.2005 abgegeben wurde und eine pauschale Steuer von 25 % (Erklärungen bis Ende 2004) bzw. 35 % (Erklärungen bis Ende März 2005) auf seit 1993 unversteuerte Beträge (z. B. angelegt in → *Steueroasen*) abgeführt wurden.

▶ **Zinseszinsen**

Bezeichnung für → *Zinsen*, die durch Wiederverzinsung in Zukunft auflaufender Zinsen entstehen. Sie werden mit Hilfe finanzmathematischer Methoden berechnet und haben große Bedeutung in der Versicherungswirtschaft (→ *Versicherungen*) und bei der Bewertung von Unternehmen. → *Barwert*, → *Firmenwert*.

▶ **Zinsoptionsschein** → *Optionsscheine*

▶ **Zinsschein** → *Kupon*

▶ **Zinsspanne, Zinsmarge**

Eine übliche Kennzahl (→ *Kennzahlen*) der → *Kreditinstitute* für die Darstellung des Erfolgs ihrer Geschäftstätigkeit. Wird die Summe der Zinserträge zu den Aktivpositionen und die Summe der Zinsaufwendungen zu den Passivpositionen der → *Bilanz* in Beziehung gesetzt, so ergibt sich ein durchschnittlicher Soll- bzw. Habenzinsfuß. Die Differenz zwischen diesen beiden Zinssätzen ist der reine Zinsgewinn in % des Kapitals, die **Bruttozinsspanne**.

Die **Nettozinsspanne** ergibt sich, wenn noch der Verwaltungsertrag (Gebühren und Provisionen) und der Verwaltungsaufwand (Personal- und Sachaufwand) berücksichtigt werden. Sie entspricht dem **Reinertrag** der Geschäftstätigkeit.

▶ **Zinsswap** → *Swapgeschäfte*

▶ **Zinstender** → *Tenderverfahren*

▶ **Zivilrecht** → *Privatrecht*

▶ **Z-Netz**

Ein deutschsprachiges Netz für die → *Mailbox*.

▶ **Zölle**

Bezeichnung für → *Abgaben*, die beim Überqueren der Gebietsgrenze auf Einfuhr, Ausfuhr- und Durchfuhrgüter erhoben werden. **Zollbemessungsgrundlage** ist der **Warenwert** (heute gängigste Zollart), das **Gewicht** oder die **Stückzahl**.

Zölle können vom Staat autonom festgesetzt oder aber durch zweiseitige oder weltweite Vereinbarungen erhoben werden. Zweiseitige Handelsvertragszölle (*Bilateralismus*) sichern oft gegenseitige → *Meistbegünstigung* zu. Durch die Zollvereinbarungen innerhalb der → *WTO (World Trade Organization)* und anderer multilateraler Vereinbarungen (→ *Multilateralismus*) wurde das weltweite Zollniveau erheblich gesenkt.

▶ **Zollfahndung** → *Steuerfahndung*

▶ **Zollunion**

Mehrere Länder gehen in einem einzigen Zollgebiet auf (z. B. EU (→ *Europäische Union (EU)*), indem sämtliche → *Zölle* und sonstige Handelsbeschränkungen abgebaut und gegenüber der Außenwelt einheitliche Zölle und Handelsvorschriften angewendet werden.

▶ **Zonenrandförderung** → *Strukturpolitik*

▶ **Zugangsfaktor** → *Rentenformel*

▶ **Zurechnungszeit** → *Rentenreform*

▶ **Zusatzaktien**

(Freiaktien) Nach den Vorschriften im → *Aktiengesetz (AktG)* kann eine → *Aktiengesellschaft (AG)* Zusatzaktien durch Umwandlung eines Teils ihrer Kapitalrücklagen und Gewinnrücklagen (→ *Rücklagen*) in → *Grundkapital* ausgeben (§ 207 AktG bis § 220 AktG). Die → *Aktionäre* erhalten dafür → *Junge Aktien* entsprechend ihrer Beteiligung, z. B. für 3 Aktien erhält man kostenlos eine Zusatzaktie (§ 212 AktG). Die Ausgabe von Zusatzaktien ist eine Art der → *Selbstfinanzierung*.

▶ **Zusatzkosten** → *Aufwand*

▶ **Zusatzversorgung** → *Betriebliche Altersversorgung*

▶ **Zuschlagskalkulation**

Neben der → *Divisionskalkulation* (angewandt bei → *Massenfertigung* und → *Serienfertigung*) die häufigste Kalkulationsmethode zur Ermittlung der → **Selbstkosten**. Sie findet Anwendung bei → *Einzel- und Serienfertigung*, bei denen ein gleichmäßiges Aufteilen der Gesamtkosten, wie etwa bei Massenfertigung, nicht möglich ist.

Bei der Zuschlagskalkulation werden die → *Kosten* aufgeteilt in → *Einzelkosten* und → *Gemeinkosten* und möglichst verursachungsgemäß zugerechnet. Die Einzelkosten werden direkt auf die → *Kostenträger* verteilt, während die Gemeinkosten mit Hilfe von Kostenschlüsseln und Bezugsgrößen verrechnet werden. Die Zurechnung der Gemeinkosten für Material und Fertigung erfolgt durch Zuschläge auf die Material- bzw. Fertigungseinzelkosten. Dagegen werden die Verwaltungs- und Vertriebsgemeinkosten in der Regel als Zuschlag auf die → *Herstellkosten* berechnet (→ *Betriebsabrechnung*).

▶ **Zuschreibungen**

(Wertaufholung) Die Erhöhung für den → *Buchwert* von Vermögensgegenständen. Das Verfahren wird angewandt z. B. im Falle einer Wertzunahme des Vermögensgegenstandes, als Korrektur übermäßiger → *Abschreibungen* früherer Rechnungsperioden oder bei der Auflösung stiller Rücklagen (→ *Stille Rücklagen*). Nach den Vorschriften im → *Handelsgesetzbuch (HGB)* (§ 280 Abs. 1 HGB) gilt ein Zuschreibungsgebot **(Wertaufholungsgebot)** für → *Kapitalgesellschaften* bis zu den handelsrechtlich zulässigen Wertobergrenzen (→ *Anschaffungskosten* bzw. → *Herstellungskosten*) bei Wegfall der Gründe für zuvor vorgenommene außerplanmäßige → *Abschreibungen*. Nur wenn in der → *Steuerbilanz* die Abschreibung bei der Gewinnermittlung anerkannt wird, kann sie beibehalten werden (§ 280 Abs. 2 HGB). → *Teilwertabschreibung*.

Für andere Gesellschaftsformen gilt dagegen grundsätzlich ein **Beibehaltungswahlrecht** (§ 253 Abs. 5 HGB).

▶ **Zwangshypothek** → *Hypothek*

▶ **Zwangsvollstreckung**

Staatliches Machtmittel zum zwangsweisen Durchsetzen privatrechtlicher Ansprüche der → *Gläubiger* gegen das Vermögen oder gegen die Person der → *Schuldner*.

Nach der **Zivilprozessordnung (ZPO)** sind vor der Durchführung einer Zwangsvollstreckung bestimmte Voraussetzungen zu schaffen: **Vollstreckungsantrag** beim zuständigen Amtsgericht oder Gerichtsvollzieher, Vorliegen eines auf einem rechtskräftigen Urteil beruhenden **Vollstreckungstitels**, einer **vollstreckbaren** → *Urkunde* des Gerichts oder eines Notars und die **ordnungsgemäße Zustellung** durch nachvollziehbare Übergabe an den Schuldner.

Die Art der Zwangsvollstreckung ist je nach der Art des durchzusetzenden Anspruchs (Geldforderung, Herausgabe von Sachen, Unterlassungen) verschieden und erfolgt u. a. durch den **Gerichtsvollzieher** durch **Pfändung** von bestimmten Vermögensgegenständen (→ *Pfandrecht*) oder durch das **Vollstreckungsgericht** durch **Lohnpfändung** und/oder **Zwangsversteigerung**.

Geldforderungen staatlicher Organe, z. B. aus Steuerrückständen oder Ordnungsstrafen, werden durch ein besonderes Verfahren der Zwangsvollstreckung **(Beitreibung)** durchgesetzt.

▶ **Zwanziger-Gruppe** → *G 20*

▶ **Zweckverband**

Der Zusammenschluss der → *Gemeinden* und → *Gemeindeverbände* zur Erfüllung in gemeinsamem Interesse stehender Aufgaben entsprechend ihrer → *Satzung*. Sie haben die Rechtsform einer → *Körperschaft des öffentlichen Rechts* und finanzieren sich durch Beiträge und → *Gebühren* sowie durch öffentliche Zuschüsse oder Umlagen der beteiligten Gemeinden.

▶ **Zweifelhafte Forderungen** → *Dubiose Forderungen*

▶ **Zweikreissystem**

Vor allem in Großbetrieben übliche Organisationsform der → *Buchführung*, wobei die → *Finanzbuchführung* und die → *Betriebsbuchführung* zwei getrennte Buchungskreise bilden. Die Verbindung zwischen beiden Buchungskreisen erfolgt durch ein Ausgleichskonto. Die Betriebsbuchführung enthält die Konten der Fertigung, die Finanzbuchführung die Konten des Ein- und

Verkaufs, der Finanzen und des Anlagevermögens. Die Ausgleichskonten werden stets dann in Anspruch genommen, wenn ein Geschäftsvorfall buchungsmäßig beide Buchungskreise berührt.

▶ **Zweiter Arbeitsmarkt**

Bezeichnung für einen staatlich finanzierten **Ersatzarbeitsmarkt**, vor allem in Ostdeutschland. Er setzt sich zusammen aus ABM-Beschäftigten (→ *Arbeitslosenversicherung*), in Fortbildungs- und Umschulungsmaßnahmen befindlichen Personen und Kurzarbeitern (→ *Kurzarbeit*), die unter dem Tariflohnniveau (→ *Tarifvertrag*) oder als → *Ein-Euro-Job* bezahlt werden. Die „Unter-Tarif-Bezahlung" soll Unternehmen anreizen, verstärkt Langzeitarbeitslose (→ *Arbeitslosigkeit*) einzustellen. → *Hartz-Reform*.

Die → *Arbeitgeberverbände* fordern eine Ausweitung dieser Instrumente, die → *Gewerkschaften* sehen darin lediglich eine „Schönrechnerei" der Arbeitslosenstatistik und einen tendenziellen Ersatz von „Normalbeschäftigten" durch billigere Arbeitskräfte. → *Arbeitszeitflexibilisierung*.

▶ **Zwischenfinanzierung**

Die Bereitstellung kurzfristiger Mittel zur Überbrückung von Wartezeiten bei der Aufnahme von langfristigem → *Fremdkapital* bzw. bei der Schaffung von → *Eigenkapital*.

▶ **Zwischenkredit**

Kurzfristiger → *Kredit*, der bis zur Ablösung bereits zugesagter langfristiger Kredite als Teil der → *Vorfinanzierung* gegeben wird. Er ist besonders üblich bei der → *Finanzierung* von Bauvorhaben.

▶ **Zwischenlagerung** → *Atommüll*

▶ **Zwischenmeister** → *Heimarbeit*

▶ **Zwischenschein**

(Interimsschein, Anteilschein) Eine bei Gründung einer → *Aktiengesellschaft (AG)* oder bei einer → *Kapitalerhöhung* nach Eintragung ins → *Handelsregister* an die → *Aktionäre* ausgegebene vorläufige → *Urkunde* (**Anteilschein**).

Der Zwischenschein muss auf den Namen des Aktionärs ausgestellt sein und auf den gleichen Mindestnennbetrag wie die auszugebenden → *Aktien* lauten. Er ist ein Orderpapier (→ *Orderpapiere*) und gilt bis zur Ausstellung der endgültigen Aktien. Rechtsgrundlage sind die Vorschriften im → *Aktiengesetz (AktG)* (u. a. § 8 AktG, § 10 AktG, § 191 AktG und § 219 AktG).

▶ **Zwischenzeugnis** → *Arbeitspapiere*

▶ **Zwischenzinsen**

Bei vorzeitiger Rückzahlung verzinslicher → *Kredite* mögliche Vorauszahlung von → *Zinsen*. Für eine unverzinsliche Schuld ist nach dem BGB (→ *Bürgerliches Gesetzbuch (BGB)*) ein Verlangen auf Zwischenzinsen nicht berechtigt (§ 276 BGB).

Buchhaltung, Rechnungswesen, Controlling

Schneck/Morgenthaler/Yesilhark
Rating

Wie Sie sich effizient auf Basel II vorbereiten.
Wie läuft ein Rating ab, wie lauten die Fragen an das Unternehmen, welche Kriterien sind maßgeblich, und wie kann man sich als Unternehmen darauf vorbereiten? Mit Beispielen, Fällen und Anwendungsberichten.

1.A. 2004. 232 S.
€ 10,–. dtv 50871 €

Füser/Gleißner
Rating-Lexikon

800 Stichwörter mit Fakten und Checklisten zu Basel II.

1.A. 2005. 567 S.
€ 17,50. dtv 50882 €
Neu im Juni 2005 →

Horváth & Partners
Das Controllingkonzept

Der Weg zu einem wirkungsvollen Controllingsystem.
Wie setzt man Controlling in die Praxis um? Arbeitsschritte und Fallbeispiele.

5.A. 2003. 324 S.
€ 10,–. dtv 5812 €

Witt/Witt
Controlling für Mittel- und Kleinbetriebe

Bausteine und Handwerkszeug für Ihren Controllingleitstand.

2.A.1996. 488 S.
€ 12,73. dtv 5858 €

Witt
Controlling-Lexikon

Von ABC-Analyse bis Zwischenbericht.
Das Controlling-Lexikon zeigt, wie schlankes, modernes und effizientes Controlling aussieht.

1.A. 2002. 907 S.
€ 24,–. dtv 50851 €

Zeichenerklärung: § Rechtsberater € Wirtschaftsberater

Management und Marketing

Toptitel

Rittershofer
Wirtschafts-Lexikon

Über 4000 Stichwörter für Studium und Praxis.

3.A. 2005. 1214 S.
€ 20,–. dtv 50844 €

Neu im Oktober 2005

Toptitel

Schneck
Lexikon der Betriebswirtschaft

3500 grundlegende und aktuelle Begriffe für Studium und Beruf.

6.A. 2005. 1200 S.
€ 19,50. dtv 5810 €

Neu im April 2005

Toptitel

Schultz
Basiswissen Betriebswirtschaft

Management, Finanzen, Produktion, Marketing. Das Buch bietet einen Überblick über die gesamte Betriebswirtschaft und ist gleichermaßen Nachschlagewerk wie Handbuch für Studium und Praxis.

1.A. 2003. 328 S.
€ 9,50. dtv 50863 €

Pepels
Marketing-Lexikon

Über 3000 grundlegende und aktuelle Begriffe für Studium und Beruf.

2.A. 2002. 969 S.
€ 22,–. dtv 5884 €

Pepels
Praxiswissen Marketing

Märkte, Informationen und das Instrumentarium des Marketing.

1.A.1996. 349 S.
€ 10,17. dtv 5893 €

Schäfer
Management & Marketing Dictionary

Englisch-Deutsch/ Deutsch-Englisch. Die vollständig überarbeitete Neuauflage enthält in nun einem Band mehr als 26 000 Stichwörter.

3.A. 2004. 768 S.
€ 19,50. dtv 50887 €

Dichtl
Strategische Optionen im Marketing

Durch Kompetenz und Kundennähe zu Konkurrenzvorteilen.

3.A.1994. 303 S.
€ 8,64. dtv 5821 €